Historia Crítica
de la
Literatura Hispanoamericana

Historia Crítica de la Literatura Hispanoamericana

Desde los orígenes hasta el momento actual

ORLANDO GÓMEZ-GIL

Central Connecticut State College

HOLT, RINEHART AND WINSTON
New York   London   Toronto

Copyright © 1968 by Holt, Rinehart and Winston, Inc.
All Rights Reserved.

Library of Congress Catalog Card Number: 68-13504

90123 40 98765432

Printed in the United States of America

03-068820-5

DEDICATORIA

A Ofelia, mi esposa, sin cuyo estímulo, inspiración y ayuda, esta obra no habría sido una realidad.

Prefacio

El propósito esencial de esta obra es presentar un estudio crítico de la evolución histórica de la literatura hispanoamericana, desde sus orígenes hasta nuestros días, haciendo énfasis en sus valores estéticos y sociales y presentando aquellos factores y elementos que han configurado su fisonomía propia. Este libro no tiene el objetivo de abarcar toda la producción literaria de los países hispanoamericanos, sino la de presentar en forma pedagógica, vívida, sencilla y esquemática, las contribuciones de Hispanoamérica en conjunto a la literatura universal. Los autores que se destacan son aquéllos que ganan relevancia continental, comparada su obra con la de autores de otros países. Siguiendo en este sentido la orientación de Pedro Henríquez Ureña, Alfonso Reyes y otros críticos, nuestro estudio se concentra en los "autores mayores", pero sin dejar de estudiar aquéllos que, aunque secundarios, tienen importancia en el proceso de cada época. Se ha tratado de evitar la orientación de catálogo, diccionario o listas de nombres, fechas y países, o sea, la tendencia a citar el mayor número posible de autores, con datos muy escuetos sobre ellos. Creemos sinceramente que esto puede crear confusión en el estudiante y restarle tiempo y espacio a las figuras realmente señeras.

En esta obra se enfoca y estudia la literatura hispanoamericana como un todo orgánico, sin hacer énfasis en regiones, grupos de naciones o países. Hemos querido así exponer la unidad—no uniformidad—cultural de los países de lengua española en este Hemisferio. Esto no es óbice para que se den las tendencias específicas que las escuelas presentan a veces en algunos países en particular. Hemos procurado presentar en orden y con toda la organicidad posible, el proceso de esta literatura, de por sí tan compleja, variada y dispersa. A los autores realmente representativos, se les han hecho enfoques amplios para facilitar su estudio y comprensión.

El estudio está hecho en relación con las literaturas europeas más importantes y con la de los Estados Unidos, en lo necesario y pertinente, porque nos ha parecido el único medio de destacar influencias, antecedentes y demás aspectos, y explicarnos algunas razones de los rumbos y tendencias de nuestra producción literaria. Siempre se da un cuadro, lo más amplio posible de los antecedentes históricos, filosóficos y culturales de cada época; la génesis y desarrollo de los movimientos literarios, sus tendencias y autores más importantes; así como los caracteres específicos de dichos movimientos en la América Hispana.

En esta historia empleamos básicamente el método estético, pues se estudia por movimientos o períodos literarios y dentro de éstos, por géneros (poesía, ensayo, novela, cuento, teatro, crítica, historia). Esto sin desconocer que, en definitiva, lo esencial es el autor, su obra y sus méritos y valores. Aunque estamos conscientes de la

PREFACIO

relatividad del concepto de género literario, nos ha movido un propósito práctico: casi siempre los cursos de literatura se organizan por géneros y en muchos casos consisten en estudios de géneros determinados, por ejemplo, sobre la poesía, la novela, el teatro, el ensayo. También cada día son más frecuentes los cursos sobre períodos o movimientos determinados, como la era colonial, el barroco, la ilustración, el neoclasicismo, el romanticismo, el modernismo, las últimas corrientes novelísticas. Por ese motivo, vamos estudiando el desarrollo de cada género literario a través de los distintos períodos o escuelas, de manera que se puede seguir la formación y proceso de cada uno desde los orígenes hasta hoy, si así se desea.

Hemos procurado la mayor serenidad y objetividad en la crítica, alejados tanto de los que niegan los valores de esta literatura como de aquéllos que ven obras maestras por todas partes. Asimismo está libre de todo prejuicio religioso, político, social, literario o estético. Siempre se hace el estudio considerando la obra y a los autores en su época, teniendo en cuenta los gustos de su tiempo, las orientaciones de escuela y los valores permanentes. Debido a la naturaleza de esta obra, las citas están reducidas al mínimo, porque nos parece que pueden complicar el estudio, sobre todo de estudiantes con poca experiencia en este campo. En la crítica procuramos ser precisos y de recoger los criterios más autorizados, huyendo de las generalizaciones. Siempre evitamos afirmaciones que puedan levantar polémicas estériles. Generalmente se ofrecen de cada autor: breves datos biográficos; relación de sus obras sobresalientes; breve sumario del argumento de las obras más importantes, cuando esto es posible; y un estudio crítico amplio.

La obra se completa con una amplia bibliografía sobre los movimientos, épocas y autores, señalando las ediciones de las obras más importantes y los estudios críticos que se les han dedicado. También se acompaña un Índice Glosario-Alfabético con términos, personalidades o expresiones con alguna dificultad, para evitar su inserción en el texto y facilitar al estudiante la mayor cantidad de información posible.

Sin perder de vista el carácter elemental de la obra, estimamos que puede ser usada también en cursos avanzados y graduados. Esta historia puede ser usada con cualquier buena antología de la literatura hispanoamericana o de los géneros o períodos que se deseen y completada con las lecturas de las obras maestras en ediciones antológicas o individuales.

Ha sido nuestro objetivo hacer un estudio que pueda ayudar muy modestamente a comprender mejor esta excelente literatura, llena de originalidad y de contenido vital. Sin duda alguna, esta literatura forma parte ya del acervo artístico de la cultura occidental y su conocimiento gana más admiradores por día.

Queremos dejar expresa constancia de nuestro agradecimiento infinito a las bibliotecas públicas y de instituciones de enseñanza de los Estados Unidos y de los países hispanoamericanos, así como a las sociedades culturales de estos países. Una especial mención merecen los muchos colegas que han leído el manuscrito y ofrecido valiosos consejos y orientaciones sobre diferentes aspectos.

Orlando Gómez-Gil

Índice General

PREFACIO   vii

1 / GEOGRAFÍA, HISTORIA, CULTURA Y LITERATURA   1
La literatura y sus "medios", elementos o factores • Teoría de Taine • El medio geográfico • El medio histórico • El factor racial o humano • El medio económico, político y social • La lengua española en la América Hispana; Recepción y características • A qué llamamos literatura hispanoamericana • Semejanzas y diferencias entre la literatura española y la hispanoamericana • Importancia de esta literatura; Rasgos caracterizadores y permanentes • Épocas o períodos.

2 / SIGLO XVI   23
    LOS ORÍGENES
Las culturas pre-hispánicas • Rasgos comunes; contribuciones artísticas y literarias • Descubrimiento, conquista y colonización • Los cronistas de Indias; Clasificación • Los cronistas de la exploración y la conquista: Hernán Cortés, Bernal Díaz del Castillo • Los cronistas oficiales de la Corona: Gonzalo Fernández de Oviedo • Los cronistas generales: el padre José de Acosta • Los cronistas regionales: Pedro Cieza de León, Juan Suárez de Peralta, Ruy Díaz de Guzmán • Las crónicas de viajes, exploraciones y descubrimientos: Fray Gaspar de Carvajal, Álvar Núñez Cabeza de Vaca • Los cronistas eclesiásticos: Fray Bartolomé de Las Casas • Cumbre de los cronistas de Indias: El Inca Garcilaso de la Vega • La poesía épica; Antecedentes y características • La poesía épica heroica: Alonso de Ercilla y Zúñiga, Pedro de Oña, Juan de Castellanos • Los épicos menores • Ausencia de la épica en el Perú y México; Principales ensayos.

3 / LA POESÍA LÍRICA, EL ENSAYO, EL TEATRO Y EL CUENTO
    ESTADO DE LA NOVELA   61
Esquema de la poesía española en el Renacimiento • Los orígenes de la poesía lírica en Hispanoamérica • Contribución de los grandes poetas españoles: Gutierre de Cetina, Eugenio de Salazar y Alarcón, Juan de la Cueva • Caracterización de la poesía de este período • La poesía femenina: Leonor de Ovando • La poesía lírica en el virreinato de Nueva España • Francisco de Terrazas • Los exponentes de la poesía lírica en el Perú • La poesía satírica y la expresión del resquemor criollo: Mateo Rosas de Oquendo • El ensayo: las crónicas de Indias como nuestra primera ensayística • El teatro: el teatro indígena o precolombino • Las corrientes dramáticas del siglo XVI: El teatro misionero, El teatro didáctico o docente, El teatro "criollo": Cristóbal de Llerena, Fernán González de Eslava • Los gérmenes del cuento en los elementos de ficción de las crónicas de Indias: El Inca Garcilaso de la Vega • El "género ausente": la novela.

ÍNDICE GENERAL

4 / EL BARROCO Y EL ROCOCÓ — 85
Extensión y caracteres de la época: el ambiente histórico, político y social • El barroco en Europa y España • Los rasgos esenciales del barroco • La recepción del barroco en Hispanoamérica • Los géneros literarios en el barroco: Las generaciones barrocas • La poesía épica o narrativa: Bernardo de Balbuena • La épica religiosa: Fray Diego de Hojeda.

5 / LA CRÓNICA HISTÓRICA Y LA PROSA NOVELÍSTICA — 101
Diferencias y semejanzas con las crónicas del siglo XVI • Los cronistas mayores • Aportes del humanismo jesuita; Historiadores chilenos: Alonso de Ovalle y Diego de Rosales • Lucas Fernández de Piedrahita • La prosa novelística: su importancia como antecedentes de la novela • Los mejores autores de prosa novelística: Juan Rodríguez Freile, Francisco Núñez de Pineda y Bascuñán, Carlos de Sigüenza y Góngora.

6 / LA POESÍA LÍRICA, SATÍRICA Y POPULAR
EL MISTICISMO — 114
Caracterización de la poesía lírica durante el barroco • Los grandes poetas barrocos: Sor Juana Inés de la Cruz, Hernando Domínguez Camargo, La Amarilis Indiana, Clarinda, Jacinto Evia, Matías de Bocanegra, Juan Bautista de Aguirre • La poesía satírica: Juan del Valle Caviedes • La poesía tradicional y popular: el romancero hispanoamericano • El misticismo hispanoamericano: rasgos característicos • Los principales autores místicos: Sor Francisca Josefa del Castillo y Guevara, "La Madre Castillo".

7 / EL ENSAYO Y EL TEATRO — 135
Orientaciones generales del ensayo: su significación literaria y en la historia de la cultura y el pensamiento • Los principales ensayistas de la época: Sor Juana Inés de la Cruz, Carlos de Sigüenza y Góngora, Pedro de Peralta Barnuevo, Juan de Espinosa Medrano, "El Lunarejo" • El teatro durante el barroco • Las tres promociones dramáticas: alba, plenitud y rococó: Juan Ruiz de Alarcón, Sor Juana Inés de la Cruz, Pedro de Peralta Barnuevo.

8 / EL ROCOCÓ — 151
Época y naturaleza del rococó: su consideración como derivación atenuada del barroco • La poesía lírica: José Surí Águila, Juan José Arriola, Cayetano Cabrera Quintero, Joaquín Velázquez de Cárdenas y León, Francisco Antonio Vélez Ladrón de Guevara • La prosa del rococó: Pedro Agustín Morell de Santa Cruz, Martín Félix de Arrate, Antonio Paz y Salgado • El teatro del rococó: Eusebio Vela, Francisco del Castillo Andraca y Tamayo, Santiago de Pita.

9 / ILUSTRACIÓN Y NEOCLASICISMO
EL ENSAYO — 165
Antecedentes históricos y filosóficos • El iluminismo, ilustración o "Siglo de las Luces" • Los enciclopedistas • Características generales del neoclasicismo europeo y orientaciones generales del pensamiento enciclopedista • La ilustración y el neoclasicismo en Hispanoamérica • Bosquejo de la literatura de este período • El ensayo sociológico, cultural y didáctico: El doctor Santa Cruz Espejo • El ensayo político y social: Fray Servando Teresa de Mier, Bernardo de Monteagudo, Simón Bolívar.

10 / LA POESÍA NEOCLÁSICA — 183
La reacción seudoclásica en la poesía • La poesía latina • La poesía neoclásica • Sus modalidades esenciales por el tema • La vena lírica: Fray José Manuel Martínez de Navarrete • La poesía heroica, patriótica, política o civil: Características • Principales cultivadores: José Joaquín de Olmedo, Juan Cruz Varela • La poesía descriptiva: Manuel de Zequeira y Arango, Andrés Bello, José María Heredia • La poesía popular: Bartolomé Hidalgo.

ÍNDICE GENERAL

11 / LA SÁTIRA, LA FÁBULA, EL TEATRO Y LA NOVELA EN EL NEOCLASICISMO   212

La sátira: Esteban de Terralla y Landa • La fábula: Rafael García Goyena • El teatro neoclásico: Manuel Eduardo de Gorostiza, Felipe Pardo y Aliaga, Luis Vargas Tejada, José Agustín de Castro • Estudio del drama "Ollantay": origen, naturaleza, argumento, crítica y valores • Los orígenes de la novela hispanoamericana; La prosa imaginativa o con elementos novelescos: Concolorcorvo (Alonso Carrió de la Vandera), José Joaquín Fernández de Lizardi.

12 / EL ROMANTICISMO
LA POESÍA   238

Perfil histórico, social y literario de la época • Características del romanticismo europeo • Panorama de la América Hispana al advenimiento del romanticismo • La polémica de 1842 y su importancia en la recepción del romanticismo • Caracteres del romanticismo hispanoamericano: Influencias europeas y españolas • Géneros literarios • Los pre-románticos • La poesía romántica: Esteban Echeverría, José Mármol, Olegario Víctor Andrade, Gertrudis Gómez de Avellaneda, Gabriel de la Concepción Valdés, (Plácido), José Eusebio Caro, Gregorio Gutiérrez González, Rafael Pombo, Manuel Acuña, José Antonio Maitín, Juan Antonio Pérez Bonalde, Juan Zorrilla de San Martín.

13 / EL ENSAYO DURANTE EL ROMANTICISMO   277

División de la prosa romántica • Temática, base filosófica y objetivos del ensayo • Los precursores de la ensayística del romanticismo • Los ensayistas mayores: Domingo Faustino Sarmiento, Juan Montalvo, Eugenio María de Hostos, Enrique José Varona, Gabriel René-Moreno.

14 / LA LITERATURA GAUCHESCA   297

Orígenes de la literatura popular hispanoamericana • La literatura gauchesca como dimensión de la corriente criollista • Características generales • El escenario geográfico, histórico y social • El ente humano: el gaucho • La lengua gaucha: sus modalidades • Etapas en el desarrollo de esta literatura • El payador anónimo y su importancia en la formación de la literatura gauchesca • Los precursores • Los géneros literarios que comprende • La poesía gauchesca épica: Hilario Ascasubi, Estanislao del Campo, José Hernández • La corriente culta en la poesía gauchesca: Rafael Obligado • Transmigración hacia otros géneros literarios.

15 / LA NOVELA ROMÁNTICA   317

Características e influencias • Clasificación • La novela histórica: Manuel de Jesús Galván • La novela sentimental: Jorge Isaacs, Ignacio Manuel Altamirano • La novela política: José Mármol • La novela de idealización del indio: Juan León Mera • La novela abolicionista: La Avellaneda, Anselmo Suárez y Romero, Cirilo Villaverde • La novela costumbrista: Eugenio Díaz Castro, José Tomás de Cuéllar.

16 / COSTUMBRISMO, CUENTO Y TEATRO   344

Los cuadros de costumbre: concepto; importancia literaria y principales cultivadores • Las "Tradiciones": don Ricardo Palma • El cuento en el período romántico • El teatro romántico: Tendencias y orientaciones • El drama romántico: Francisco Javier Foxá y Lecanda, Ignacio Rodríguez Galván • La comedia romántica: Fernando Calderón, Manuel Ascensio Segura.

17 / EL REALISMO   360

Circunstancias históricas y literarias • Caracterización del realismo hispanoamericano • El "criollismo" • Instante transicional del romanticismo al realismo: Alberto Blest Gana • Eduardo Acevedo Díaz, Martiniano P. Leguizamón, Carlos María Ocantos, Roberto Jorge Payró, Clorinda Matto de Turner, Tomás Carrasquilla, José López-Portillo y Rojas.

ÍNDICE GENERAL

18 / EL TEATRO REALISTA — 376
El teatro realista: influencias, técnicas europeas y orientación hacia los problemas reales • El teatro rioplatense: sus orígenes • El teatro gauchesco y su importancia en el surgimiento de un auténtico teatro nacional • El teatro realista en otros países: José Joaquín Gamboa, José Antonio Ramos, Antonio Acevedo Hernández, Leónidas Yerovi • La comedia de caracteres: Gregorio Laferrère • El drama: Florencio Sánchez, Ernesto Herrera.

19 / EL NATURALISMO HISPANOAMERICANO — 388
Antecedentes europeos y españoles • Rasgos caracterizadores • Modalidades • Intención social del movimiento • Principales exponentes: Eugenio Cambaceres, Baldomero Lillo, Javier de Viana, Federico Gamboa, Carlos Loveira Chirino.

20 / EL MODERNISMO — 401
Ambiente universal: reflejo de un nuevo espíritu • Marco histórico, político y social • El modernismo como derivación de una orientación general de la cultura occidental • Rasgos estéticos más importantes • Cuatro instantes • Los precursores: José Martí, Manuel González Prada, Salvador Díaz Mirón, Manuel Gutiérrez Nájera, Julián del Casal, José Asunción Silva.

21 / PLENITUD DEL MODERNISMO — 426
Instante de apogeo: los géneros literarios • Rubén Darío, Amado Nervo, Leopoldo Lugones, Ricardo Jaimes Freyre, Guillermo Valencia, José Santos Chocano, Julio Herrera y Reissig, Enrique González Martínez.

22 / EL ENSAYO MODERNISTA — 450
Rasgos caracterizadores y división de la prosa modernista • El ensayo y su función dentro del movimiento • Los grandes ensayistas del modernismo: José Enrique Rodó, Enrique Gómez Carillo, Baldomero Sanín Cano.

23 / LA NOVELA Y EL CUENTO MODERNISTAS — 462
Tendencias de la narrativa artística • Papel del cuento y la novela en el modernismo • El cuento en el modernismo: Rasgos estilísticos y principales cultivadores • Novelistas mayores: Manuel Díaz Rodríguez, Carlos Reyles, Enrique R. Larreta, Augusto D'Halmar.

24 / LITERATURA CONTEMPORÁNEA: EL POSTMODERNISMO — 476
Panorama histórico, político y social de la época • División y características • La poesía postmodernista; sus tendencias más importantes • La poesía femenina: Gabriela Mistral, Delmira Agustini, Alfonsina Storni, Juana de Ibarbourou • Retorno a la sobriedad y sencillez formal y lírica: Enrique Banchs • El neorromanticismo: Porfirio Barba Jacob, Luis Lloréns Torres, Ricardo Miró, Andrés Eloy Blanco • Realismo poético, sentimental e irónico: Baldomero Fernández Moreno, Rafael Arevalo Martínez, Luis Carlos López, José Eustasio Rivera.

25 / EL ULTRAÍSMO O ESCUELAS DE VANGUARDIA — 504
La Europa de entreguerras: ambiente espiritual • Principales movimientos estéticos • El ultraísmo y la poesía nueva en España • Algunas características generales del vanguardismo • Recepción en nuestras letras • Períodos o etapas del vanguardismo • Transición del modernismo al vanguardismo: Ramón López Velarde, José Manuel Poveda, Mariano Brull y Caballero, José María Eguren • Apogeo del vanguardismo: Vicente Huidobro, Jorge Luis Borges, Pablo Neruda, César Vallejo, Jorge Carrera Andrade • El grupo mexicano de los "Contemporáneos": Carlos Pellicer, José Gorostiza • Otras figuras de las tendencias de vanguardia: Jacinto Fombona Pachano, Herib Campos Cervera, José Coronel Urtecho, Macedonio Fernández.

26 / EL ENSAYO DURANTE EL POSTMODERNISMO 545
    Transcendencia, base ideológica y tendencias del nuevo ensayo • Carlos Vaz Ferreira, Rufino Blanco-Fombona, Francisco García Calderón, Ventura García Calderón, Pedro Henríquez Ureña, José Vasconcelos, Alfonso Reyes.

27 / LA NOVELA Y EL CUENTO CONTEMPORÁNEOS 564
    La novela contemporánea: rasgos definidores y clasificación • El realismo al estilo europeo: Manuel Gálvez, Teresa de la Parra • La novela sicológica y filosófica: Eduardo Barrios, Pedro Prado • La novela regional o criollista: Rómulo Gallegos, José Eustasio Rivera; La novela gauchesca: su evolución y características • Los grandes maestros de la novela gauchesca: Ricardo Güiraldes, Benito Lynch.

28 / LA NOVELA DE LA REVOLUCIÓN MEXICANA 592
    Esquema histórico: etapas del período revolucionario • Hacia un concepto de la novela de la Revolución Mexicana • Técnica; características; deficiencias y limitaciones de esta novela • Posibles clasificaciones • Los grandes novelistas de la Revolución: Mariano Azuela, Martín Luis Guzmán, José Rubén Romero, Gregorio López y Fuentes, José Vasconcelos • Otros novelistas de la Revolución: Agustín Vera, Nellie Campobello, Francisco L. Urquizo, José Mancisidor, Rafael F. Muñoz, Mauricio Magdaleno, Miguel N. Lira.

29 / LA NOVELA INDIANISTA MODERNA
    EL CUENTO 611
    La novela indianista moderna: Antecedentes, características, orientaciones e importancia social y literaria • Los novelistas mayores: Alcides Arguedas, Jorge Icaza, Ciro Alegría • Las últimas corrientes de la novela indianista: Rosario Castellanos • El cuento en este período; orientaciones y grandes exponentes: Horacio Quiroga, Alfonso Hernández Catá, Carmen Lyra, Mariano Latorre, Enrique López Albújar, Froilán Turcios.

30 / EL TEATRO CONTEMPORÁNEO 631
    Evolución del teatro con posterioridad a Florencio Sánchez: rasgos, influencias • Dramaturgos: Samuel Eichelbaum, Armando Moock, Arturo Alsina, Conrado Nalé Roxlo, Xavier Villaurrutia, Rodolfo Usigli.

31 / LA LITERATURA ACTUAL: POSTVANGUARDISMO Y ÚLTIMAS
    PROMOCIONES 647
    Perfil histórico, social, político y filosófico de la época • Bosquejo y características de la literatura • La poesía: principales corrientes poéticas a la disolución del vanguardismo • Prolongación del vanguardismo: Emilio Adolfo Westfalen • La poesía popular; poesía negra a afro-antillana: Luis Palés Matos, Emilio Ballagas, Nicolás Guillén, Manuel del Cabral • La llamada "poesía pura": Eugenio Florit • La poesía de Claudia Lars, Jorge Rojas y Evariso Ribera Chevremont • Poesía existencial, trascendental y otras corrientes de última hora: Octavio Paz.

32 / LA NOVELA SUPRARREALISTA 669
    Ambiente espiritual de la época • Una nueva novelística: sus tendencias y orientaciones • Innovaciones técnicas más importantes • Las últimas corrientes novelísticas en Hispanoamérica: Eduardo Mallea, Alejo Carpentier, Agustín Yáñez, Miguel Ángel Asturias, Manuel Rojas, Arturo Uslar Pietri, María Luisa Bombal, Ernesto Sábato, Jaime Torres Bodet, Lino Novás Calvo • Persistencia del criollismo en la narrativa: Enrique Amorim, Juan Bosch, José de la Cuadra.

33 / EL ENSAYO EN LA ACTUALIDAD 703
    Características del ensayo actual: su contenido, temática y orientaciones • Francisco Romero, Ezequiel Martínez Estrada, Germán Arciniegas, Mariano Picón-Salas, Jorge Mañach • Otros ensayistas: Hispanoamericanos en los Estados Unidos.

34 / LAS PROMOCIONES MÁS RECIENTES: POESÍA, PROSA NARRATIVA,
ENSAYO Y TEATRO 716

Circunstancias que modelan el ambiente espiritual y social de la llamada "generación del 50" • La poesía: Daniel J. Devoto, Alí Chumacero, Cintio Vitier, Ernesto Mejía Sánchez, Idea Vilariño • La novela y el cuento: Augusto Roa Bastos, Juan Rulfo, Julio Cortázar, Carlos Fuentes • El teatro: Emilio Carballido, René Marqués, Sebastián Salazar Bondy, Wilberto Cantón, Agustín Cuzzani, Egon Wolff • La reciente promoción de ensayistas • La promesa futura: porvenir de la literatura hispanoamericana.

ÍNDICE-GLOSARIO 741

Historia Crítica
de la
Literatura Hispanoamericana

1 Geografía, historia, cultura y literatura

La literatura y sus "medios", elementos o factores
Los medios constitutivos

Toda literatura reconoce dos tipos de "medios", elementos o factores: los constitutivos o básicos y los complementarios o influyentes. Los primeros son aquéllos sin los cuales no puede existir la obra literaria. Resultan esenciales e imprescindibles a la existencia de la literatura, porque la integran y la forman. Todo arte tiene los suyos: unos comunes a otras artes y algunos propios. Los de la literatura son el hombre, la criatura humana, incluyendo su sicología, sensibilidad y espíritu; el genio, soplo inspiracional que dicta la obra de arte; y la lengua o idioma, como instrumento de expresión. Un estudio exhaustivo de cada uno de estos factores no parece propio en un trabajo de esta índole, pero el hombre y la lengua los estudiaremos en relación con algunos medios influyentes que les son afines.

Los factores complementarios
Teoría de Taine

Son los elementos influyentes en la obra literaria. No resultan imprescindibles, pero existen en la realidad y desde ella proyectan su influencia—a veces muy decisiva—sobre los factores anteriores, modificándolos, desviándolos de su naturaleza íntima o al menos impidiéndoles ser como serían normalmente sin ellos. Hipólito Taine en su monumental y discutida *Filosofía del Arte* se refirió a estos factores, señalando la raza, el medio y el momento. La primera es el elemento humano, el factor sociológico; el medio propiamente dicho puede ser geográfico, histórico, cultural y socio-económico. A continuación vamos a bosquejar aquéllos que tienen más influencia sobre la literatura hispanoamericana.

GEOGRAFÍA, HISTORIA, CULTURA Y LITERATURA

El medio geográfico
Concepto de Hispanoamérica

Hispanoamérica es un territorio inmenso de grandes contrastes físicos, dividido en diecinueve países de diferentes tamaños, carasterísticas nacionales y grados de desarrollo político, económico, social y cultural. Su extensión es varias veces mayor que la de los Estados Unidos y se extiende por la América del Norte, donde se encuentra México; la América Central con Guatemala, Honduras, El Salvador, Nicaragua, Costa Rica y Panamá; la América del Sur, con Venezuela, Colombia, Ecuador, Perú, Bolivia, Paraguay, Argentina, Chile, Uruguay; y las Antillas, en el Mar Caribe: Cuba, República Dominicana y Puerto Rico. Todos tienen el carácter de repúblicas con la excepción de Puerto Rico que es un estado libre asociado a los Estados Unidos. Todas estas naciones constituyen una verdadera unidad geográfica, histórica y cultural a pesar de algunas variantes que produce la división política y otros factores, gracias al elemento unificador homogéneo de la lengua española, el hecho de haber tenido un mismo pasado y mantener una manifiesta consciencia de destino común, no obstante los naturales regionalismos y nacionalismos. Nos parece que facilitará grandemente la comprensión de la literatura de estos países el estudio de unas nociones sobre el ambiente físico, histórico, humano, cultural y socio-económico que les son propios. Todos ellos tienen profunda influencia sobre las manifestaciones literarias, como se verá oportunamente.

Las montañas. Para algunos geógrafos, el sistema montañoso de toda América es uno solo. Un macizo comienza en Alaska, cruza el Canadá y los Estados Unidos divididos en varias cordilleras, al sur se divide en la Sierra Madre Oriental y la Sierra Madre Occidental, penetra en México, atraviesa toda la América Central y, al sur del Istmo de Panamá toma el nombre de los Andes los que bordean toda la costa del Pacífico y se extienden hasta la Tierra del Fuego, en el extremo austral del continente. Esta cordillera divide el continente en dos partes. Es el segundo sistema montañoso del mundo en elevación. Abunda, tanto en picos de gran altura como en volcanes activos y extintos. Muchos de estos países son muy montañosos, incluyendo el territorio insular y el hecho influye la vida en todos los aspectos.

Los grandes ríos. Otro factor geográfico que tiene importancia decisiva en la vida total de la América Hispana son sus grandes ríos, así como las cuencas que forman. Estos colosos de agua son: el Amazonas, el Orinoco, el Magdalena y el Río de la Plata, así como miles más no tan conocidos. En la América del Sur se halla el Amazonas, el río más grande del mundo. Baña territorios del Perú, Colombia, Venezuela, las Guayanas, Brasil, Bolivia y Ecuador. No son pocas las obras literarias que tienen relación con esta región, que juega un papel importante en la vida de millones de seres de varias naciones. Con razón se le llama al Orinoco el río de Venezuela. Su curso principal se realiza entre selvas enormes y "llanos" inmensos. El río ha jugado un papel importantísimo, tanto en la literatura como en las luchas por la independencia de América. De mucha importancia en la historia y la economía de Colombia ha sido el Magdalena, muy ligado también al arte literario. El sistema fluvial más importante de los tiempos modernos es el famoso Río de la Plata, verdadero estuario formado por los ríos Paraná, Paraguay y Uruguay. En sus márgenes están las capitales de tres naciones de la América del Sur: Buenos Aires, Asunción y Montevideo. Forma fronteras naturales con varios países y da vida a otras ciudades.

Las regiones. El gigantesco territorio de la América Hispana abunda en *mesetas* (siendo las más famosas las de Anáhuac en México; la de Guatemala, Perú y, sobre todo el Altiplano de Bolivia); las *llanuras costeras*, centros muy importante de población y actividad económica, son estrechas fajas de terreno a lo largo de las costas del Atlántico y del Pacífico; las famosas *pampas* existentes en territorios de Argentina, Brasil y Uruguay, ricas extensiones de terreno llano; los *llanos*, bañados por el Orinoco y sus afluentes son un factor vital en la vida venezolana. Otras regiones son los *valles*, donde la actividad humana y económica es importante como en el Valle de México, el valle Central de Chile y otros. Asimismo abundan los *desiertos*, sobre todo en Chile y México. Las *selvas* del Amazonas son impenetrables y las mayores del mundo. El sur de México está cubierto de selvas que se continúan por todos los países de la América Central.

Los lagos. En toda la América Hispana abundan los lagos, muchos de los cuales son de una belleza extraordinaria. Los hay en México y en toda la América Central. Los de Guatemala son muy hermosos y al sur de Chile y Argentina existe una región tan rica en ellos que la llaman la "Suiza del Sur", porque el paisaje y el clima son muy similares a los de aquel país.

Las ciudades. No abundan las ciudades extraordinariamente grandes, pero hay una tendencia general a la aglomeración de la población alrededor de aquéllas con mayor actividad económica, comercial y política. Hay dos ciudades que tienen más de cinco millones de habitantes y cerca de cincuenta y cinco sobrepasan los cien mil, mientras varias exceden del medio millón. Buenos Aires, la capital de la Argentina, es la ciudad más grande del mundo de habla española, seguida por México. Casi la mitad de la población de la América Hispana vive en las ciudades, y como éstas absorben la mayor parte de las actividades y del mejor elemento humano (mejor preparado y activo), el campo es atrasado y lleno de dificultades de todo tipo y miseria. El gran contraste entre la ciudad y el campo, ya señalado por Sarmiento en *Facundo*, es todavía hoy muy marcado.

Las zonas climáticas. En la América Hispana pueden encontrarse todos los climas del mundo. La situación geográfica y la altura sobre el nivel del mar, tienen gran importancia e influencia sobre la población y las zonas climáticas. La mayor parte de Hispanoamérica se encuentra situada en la zona tropical. Son regiones calurosas con dos estaciones solamente: la de lluvia y la de seca. Es más caliente en las partes llanas y fresco y hasta frío en las altiplanicies, montañas y mesetas. Las regiones más frías están en el extremo austral de la América del Sur. En ellas la población es relativamente escasa debido al rigor del invierno. Al sur del Trópico de Capricornio, entre éste y la zona fría, se encuentra la región templada, a la que pertenecen

Argentina, Uruguay, Paraguay, Chile y parte del Brasil. El cambio de estaciones y las condiciones del clima son muy similares a las demás zonas templadas del mundo. La inmigración europea ha sido muy abundante por razones climáticas y económicas.

El medio histórico: principales instantes en Hispanoamérica

Como en todos los países, el acontecer histórico es uno de los factores de más directa repercusión en la literatura hispanoamericana y su conocimiento, aunque sea esquemático, contribuye a la mejor comprensión de las tendencias y manifestaciones de las diferentes épocas literarias. Aunque el fondo histórico se dará siempre como introducción de los períodos o movimientos literarios, vamos a adelantar aquí sus momentos culminantes:

A. El mundo precolombino: las civilizaciones indígenas.

B. El período colonial (1492–1825), que comprende los siguientes momentos: 1. El descubrimiento, conquista y colonización. Trasplante cultural. 2. Creación de la nueva sociedad y florecimiento del mundo hispanoamericano colonial.

C. Recepción de las ideas de la ilustración y las Guerras de Independencia.

D. El período nacional o independiente (1825-hasta hoy): 1. Etapa de anarquía post-revolucionaria. Luchas civiles, despotismo y caudillismo. 2. Período de organización, y consolidación. Oligarquías políticas y financieras.

E. Época moderna y contemporánea, que se inicia con la Revolución Mexicana (1910–1921) y se extiende hasta hoy. Tiene dos épocas perfectamente distinguibles: 1. Un primer período que va desde esa Revolución hasta 1932. Impacto de la Primera Guerra Mundial y de la Revolución Rusa. Es una época de muchas dictaduras militares y oligárquicas. 2. Un segundo período que comprende la etapa más inmediata (1932–1967). Efectos de la Segunda Guerra Mundial, del gobierno de Roosevelt, del Laborismo inglés. Influencia de la "Guerra Fría". Nacionalismo; lucha ideológica; organización del régimen comunista de Castro en Cuba.

El factor racial o humano: las distintas razas resultantes

Sin entrar en el estudio sobre las teorías para explicar el origen del hombre americano, lo cierto es que América estaba poblada por distintas razas de indios cuando los españoles aparecieron en sus costas. Contraria a la práctica de otros poderes coloniales como holandeses, ingleses y belgas, los españoles mezclaron su sangre a la de los aborígenes. A fin de aliviar los trabajos que pesaban sobre los indios, los soberanos españoles autorizaron la introducción de negros esclavos. De esa forma entró el tercer elemento componente del "crisol de razas" que es la América Hispana. Posteriormente se produjo la inmigración de otros países europeos y en menor escala de los demás continentes. La raza india constituye todavía hoy un factor importante en la población del Perú, Bolivia, México, Ecuador y Guatemala, pero su cantidad es exigua en el resto de los países.

El encuentro de todas estas razas trajo su cruzamiento, produciendo: los *mestizos* (cruce de blancos e indios), los *mulatos* (liga de negros y blancos) y los *zambos o zambaigos* (constituídos por los que tienen sangre negra e india).

El *criollo*: Es el elemento humano nativo que surge de la mezcla de los peninsulares con las razas indígenas y negra o por la unión de españoles entre sí. Pero lo distingue el haber nacido en América, ser ésta su patria y tener, por ese motivo, intereses e ideales distintos que los españoles. La importancia del surgimiento del criollo hay que calibrarla teniendo en cuenta que es el protagonista y el hacedor palpitante y viviente de la historia y de la literatura hispanoamericanas. La verdadera literatura empieza cuando los criollos comienzan a crear obras literarias utilizando como instrumento de expresión la lengua de Castilla, pero no como se habla en España, sino con las naturales variantes sufridas en un medio completamente nuevo. Cuando el criollo comienza a intervenir en el acontecer político y social, comienza también a hacer historia y a escribirla.

El criollo tiene sus características distintivas; muchas de ellas son cualidades comunes a la raza hispánica y, otras, genuinamente americanas. Entre sus peculiaridades espirituales y sicológicas están: su carácter idealista y soñador; su precocidad; la espontaneidad y la liberalidad. Además, sobresale por su romanticismo innato; su indisciplina o resistencia a toda norma preestablecida, incluyendo las del propio idioma; el exceso de emoción que por lo general pone en las cosas; gran sentido de la dignidad y el honor; cierto sentimiento de frustración en los aspectos político, económico, social y hasta cultural; su apasionamiento; su realismo; cierto dejo de amargura y contrariedad íntima; su necesidad de expresar los problemas íntimos y colectivos. Este cuadro sicológico se completa con otras características, como son: su gallardía ante lo imposible; el peligro y lo irrealizable; independencia y rebeldía innatas; sentido crítico y de inconformidad con la realidad circundante; gran sentido del humor, que no pierde ni en los momentos más difíciles; despego por los trabajos manuales, porque su habilidad parece más intelectual que práctica y una profunda intuición democrática, aunque a veces ha sido presa del caudillismo, quizás por el peso ancestral de su apasionamiento y emocionalismo.

El medio económico, político y social
Características sobresalientes

La América Española es una de las regiones del mundo más ricas en recursos naturales, pero están mal aprovechados o se explotan por lo general en provecho de minorías y consorcios económicos, de manera que no existe una distribución equitativa de la riqueza nacional. Existen importantes yacimientos de minerales y facilidades para el cultivo de los productos más necesarios. La economía, sin embargo, continúa siendo básicamente agrícola y muchos de estos países tienen ingresos provenientes de un solo producto. Es una región productora de materias primas, aunque actualmente son varios los países que muestran un apreciable desarrollo industrial. Generalmente exportan materias primas e importan productos manufacturados. Esto constituye uno de los problemas más serios a que se enfrentan estas naciones.

Los países hispanoamericanos no lograron con su independencia de España, el bienestar y la felicidad que esperaban. La situación actual se debe en gran parte a que no ha habido un adecuado cambio en las viejas estructuras políticas, económicas y sociales de estas naciones. Muchas instituciones, vicios y prácticas de la colonia, sobreviven todavía. Esto ha respondido, tanto a causas internas como foráneas. Esta situación es aprovechada por las distintas ideologías, tendencias y partidos políticos para capitalizar en su favor, el descontento, que, indiscutiblemente, existe en importantes estratos sociales de los países hispanoamericanos. Otro factor contra el cual se rebela el hispanoamericano son las constantes dictaduras militares u oligárquicas, que han sido una verdadera plaga en varios países del Hemisferio. Esta realidad ha creado una situación política, económica, social y, hasta humana y sicológica, de gran impacto en la literatura y en las orientaciones de la vida en general de estas naciones.

La lengua española en la América Hispana
Recepción y características

El español que llegó a América y cuya recepción comienza precisamente en Santo Domingo al fundarse el primer establecimiento europeo, era la lengua que se hablaba en España en el Siglo de Oro. Era, por tanto, una lengua en su plenitud formativa. Pero no conservó su normalidad, sino que tan pronto comenzó su recepción, se inició el proceso de sus desviaciones y variaciones en uso. Estos cambios tuvieron lugar en la pronunciación de determinadas palabras o letras, en el acento prosódico, en la entonación (de aquí los llamados "acentos regionales") y los regionalismos lingüísticos, que se refieren al uso de palabras, estructuras gramaticales, frases y expresiones privativas de ciertas regiones. Estos fenómenos de los cambios no son exclusivos del español en América. También otras lenguas los han sufrido como el inglés, el portugués, holandés, francés y otras.

Es evidente que se ha exagerado las diferencias entre la lengua española y la que se habla en Hispanoamérica. Pero lo cierto es que las desviaciones sufridas no han podido destruir la lengua básica. Hay casos extremos de modificaciones, pero no tienen gran trascendencia en la generalidad del idioma por tratarse de áreas aisladas o por producirse sólo en la conversación o en otros aspectos reducidos. Los nativos de la lengua española de una región u otra o los extranjeros que hablen bien la lengua no tienen dificultad alguna para entenderse y hablarse e inclusive disfrutar estéticamente las obras literarias de esta literatura.

GEOGRAFÍA, HISTORIA, CULTURA Y LITERATURA

A qué llamamos literatura hispanoamericana

La literatura que vamos a estudiar nace a principios del siglo XVI, cuatro centurias después del inicio de las grandes literaturas europeas. Tanto el instrumento expresivo —la lengua española— como la vocación y el amor por este arte fueron traídos por los españoles. De aquí que nuestra literatura sea en sus inicios, una prolongación o rama de la peninsular. La literatura hispanoamericana es, pues, la literatura escrita en castellano en los diecinueve países que componen el complejo étnico-cultural de Hispanoamérica. Nuestro estudio comprende solamente a los autores, obras, movimientos y escuelas que alcanzan relevancia continental por sus méritos estéticos. No incluye el estudio y análisis de todas las obras producidas, ni de todos los autores o movimientos, sino de aquéllos que han ganado un lugar sobresaliente, porque han podido sobrevivir en un estudio comparativo en función continental.

Uno de los primeros problemas que se presentan al estudioso de esta materia es la pregunta de si existe realmente o no una literatura hispanoamericana. ¿Es posible la existencia de una literatura autónoma e independiente, en el sentido estricto de las palabras, usando un vínculo unificador homogéneo como es la lengua española? La cuestión fue muy debatida en el siglo XIX y principios del actual y no parece cerrada todavía completamente. Muchos críticos, tanto peninsulares como hispanoamericanos, afirmaron en el siglo pasado que esta literatura era una prolongación o rama de la española. Todavía hay críticos que así lo consideran, aunque su número se ha reducido con el tiempo. La tesis de la autonomía o independencia es defendida por la mayoría de los escritores y críticos hispanoamericanos, muchos de España, Francia, los Estados Unidos y otros países. Según ellos existió una vinculación inicial seguida de una separación gradual, hasta que se produce la ruptura total y definitiva. Hay discrepancias respecto al instante exacto de dicha separación total. Algunos la hacen coincidir con la consumación de la independencia política. Otros estiman que se produjo años antes y un tercer grupo cree que se logró gradualmente y en fecha posterior.

Dentro de los grupos partidarios de la autonomía o independencia de nuestra literatura, hay dos corrientes de opiniones. Unos no encuentran la necesaria unidad cultural ni en la producción artística y prefieren hablar de "las literaturas hispanoamericanas". Para ellos hay tantas literaturas nacionales como países: diecinueve literaturas, una por cada país donde la lengua oficial es la española. Algunos estiman que el concepto de literatura hispanoamericana responde a una orientación práctica, porque sería materialmente imposible estudiar las literaturas nacionales una por una y lo que se hace es escoger las figuras cimeras de cada país dentro de los diferentes movimientos o períodos literarios. La mayoría de los críticos estima, sin embargo, que hay unidad literaria, que esta literatura tiene sentido panamericano, porque arrancando de las producciones nacionales alcanza plenitud en plano continental. La unidad cultural en general y literaria en particular de la América Hispana es más evidente de lo que a primera vista parece. El criterio unitario y de la comunidad cultural es más defendible, aunque no se den todas las condiciones para hablar de una unidad o comunidad cultural. Ésta no puede ser completa por los factores de la geografía, la historia, la división política. Pero la sensibilidad, el espíritu y la conciencia de un destino común de todos los hispanoamericanos, vertebran su comunidad, primero sensible y luego literaria y cultural.

Semejanzas y diferencias entre la literatura española y la hispanoamericana

Entre ambas existen grandes similitudes porque por ellas fluye el espíritu ancestral, el genio de la raza hispánica, de la que no puede prescindir ningún mortal. Las semejanzas y diferencias entre nuestras literaturas, son las que puede haber de madre a hija. En efecto, la literatura hispanoamericana es hija de la española, pero una hija que abandonó la casa antes de la mayoría de edad y se fue a hacer vida independiente, quedándole el parecido físico y espiritual que le dicta un pasado común, pero al que la existencia aparte ha impreso perfil propio. La literatura de este continente tiene un acento americano y sus esencias y proyecciones bastante distintas de la madre. Hispanoamérica ha sido más cosmopolita, más abierta y permeable a las influencias de fuera y a las corrientes culturales y de pensamiento de otras latitudes. Por eso aquí son tan fuertes las influencias francesa, inglesa, alemana, italiana y norteamericana—en los años más recientes—. Estos países se han creado una personalidad propia como pueblos y un perfil cultural que en sus líneas generales difiere sustancialmente de la española. Los hispanoamericanos han tratado de crear una literatura capaz de reflejar el mundo americano, tanto en su aspecto físico y humano, como espiritual y cultural. Por ese motivo van a los países europeos y a los Estados Unidos en busca de modelos, pero sobre ellos han creado una literatura de gran originalidad y perfil inconfundible.

Importancia de esta literatura

Desde un cuádruple punto de vista puede considerarse la importancia del estudio de la literatura hispanoamericana: (1) como exponente directo y generalmente insustituible de la realidad político-económico-social de estos pueblos, así como de sus ideales, sicología, motivaciones y anhelos; (2) para el disfrute de obras literarias de real mérito literario y altos valores estéticos, con una gran originalidad; (3) como estudio de la más importante manifestación cultural de los pueblos hispanoamericanos; y (4) medio de conocer una literatura en idioma español que difiere esencialmente de la escrita en la península y que es una de las más originales del mundo en la actualidad.

Se nota un interés creciente por las obras literarias escritas en Hispanoamérica por el reconocimiento de que esta región ha hecho en el pasado y está haciendo en el presente, notables contribuciones en todas las ramas del saber: en la pintura, escultura, arquitectura, música, poesía, novela, ensayo, crítica, teatro y demás manifestaciones intelectuales y artísticas. Muchos de nuestros artistas, intelectuales y escritores pueden competir con los mejores del mundo en sus respectivas disciplinas. Los autores hispanoamericanos han rebasado ya el marco de las literaturas nacionales o del continente y son conocidos y estudiados, particularmente en Europa. Desde antes de la Independencia existió gran interés—sobre todo en Francia—por las manifestaciones literarias de estos países, siendo el poeta Heredia uno de los primeros en gozar de un amplio prestigio en el viejo continente. Posteriormente, muchos otros autores han despertado gran interés por los valores de sus obras. También en los Estados Unidos se nota un entusiasmo creciente por las manifestaciones de la cultura hispanoamericana, sobre todo por las de carácter literario. Semejante interés existe en los países más adelantados del mundo, donde se estudia y conoce el mundo literario de Hispanoamérica. Es de suponer que este interés por sus manifestaciones literarias vaya en aumento, a medida que se vayan descubriendo las efectivas contribuciones de esta región a la literatura occidental.

Rasgos caracterizadores y permanentes de la literatura hispanoamericana

Muchos han sido los intentos para definir la naturaleza de la literatura hispanoamericana, generalmente contradictorios entre sí, porque han dependido, en grado sumo, del punto de vista adoptado. Tampoco se nos escapa la dificultad de tal caracterización, dado lo cambiante de las corrientes culturales y literarias, agravada en este caso por tratarse de una producción literaria tan vasta, dispersa y compleja. Una rápida ojeada a las características esenciales nos daría el siguiente cuadro:

Carácter romántico y sentimental. Es el espíritu que la permea aun en nuestros días cuando históricamente ha muerto el romanticismo como escuela literaria. Se refleja en la actitud de independencia y rebeldía en que se sitúan la mayoría de los autores; la representación de lo nacional, de lo pintoresco y lo regional; la idealización de ciertos tipos; la lucha por la libertad del individuo, unida a un afán de justicia; anhelo de lograr formas nuevas. También se destaca por el énfasis en el sentimiento, la emoción y el patetismo. Subjetivismo, emocionalismo, sentimentalismo aparecen muy a menudo.

Espíritu democrático y popular. Nacionalismo. Expresión del alma nacional. Es innegable la participación preponderante de lo popular, tanto en el uso de temas tradicionales y folklóricos como en la presentación de hombres y mujeres comunes; de indios y trabajadores; de simples ciudadanos que surgen de la entraña misma del pueblo y se convierten en protagonistas palpitantes de esta literatura. Empleo del concepto moderno del héroe, según el cual éste no tiene que ser extraordinario o sobrenatural, sino que cualquier ente humano puede tener entidad estética y social suficiente para serlo. La literatura destaca en general los valores populares y defiende los ideales sociales más elevados. Asimismo es la expresión del alma nacional de estos pueblos. Refleja lo hispanoamericano con fidelidad que lo artístico no logra empañar. Hay afán por la búsqueda de lo auténticamente criollo y por el logro del llamado "panamericanismo literario". Las esencias de estos países quedan apresadas en la obra literaria.

Voluntad de estilo, individualidad y originalidad. Se sirve de modelos extranjeros, pero no se limita a copiarlos, sino de emplearlos en una forma nueva, capaz de crear una literatura propia. Se importan la técnica y las corrientes universales de la cultura, pero los temas, asuntos, personajes, conflictos y situaciones los pone el medio americano, a más de las variantes y modificaciones que se les introducen. Se asimilan todas las formas estéticas del mundo occidental, pero la literatura es inequívocamente americana.

Lucha entre regionalismo y universalismo. La afirmación de que esta es una literatura regional pierde su base cuando se examina con cuidado todo su proceso evolutivo. Más bien debía decirse que un rasgo caracterizador, que le presta gran dinamismo, es la lucha entre las tendencias del criollismo y del cosmopolitismo a través de toda su historia, con intervalos de predominio de uno u otro. Es literatura que refleja con toda fidelidad el medio americano, pero en la mayoría de los casos con una proyección universalista evidente. En todas las épocas se ha luchado por el universalismo, como lo demuestra de manera ejemplar y definitiva, el movimiento modernista de fines del siglo XIX y principios del XX. En la novela y el cuento contemporáneos se nota esa batalla entre lo local y lo mundial, con un predominio inicial de lo europeo, seguido luego del llamado superregionalismo, que a su vez cede el paso ante la adopción de las últimas corrientes novelísticas. Hoy en día parece que el cosmopolitismo ha ganado la victoria—aunque quizás no sea definitiva—no obstante la persistencia de corrientes regionalistas o criollistas.

Literatura en busca de su expresión definitiva. Síntesis del choque de dos culturas. El dualismo. Esta literatura es relativamente joven si se compara con las literaturas orientales o europeas. Lo que caracteriza a esas literaturas con alto grado de madurez es la sensación de haber hallado su estilo y sus medios expresivos propios. La nuestra —literatura en desarrollo—tiene una tendencia contraria: hay como un anhelo vital, como un desasosiego por encontrar las formas de expresión definitivas y concretas. Esto se nota en cierta inquietud de estilo, de técnicas que presentan los autores más representativos. El fenómeno fue admirablemente estudiado por don Pedro Henríquez Ureña en sus *Seis ensayos en busca de nuestra expresión*. Claro que, a medida que ha ido pasando el tiempo, la literatura y sus autores se muestran más dueños de sus respectivos estilos. La cultura hispanoamericana no puede negar su íntima naturaleza: es la síntesis resultante del choque de dos culturas, de modos de vida diametralmente opuestos: el europeo y el nativo. Esta fusión de elementos, vigente en la sociología y la historia, se muestra también en la obra literaria, quizás como en ninguna otra manifestación artística. Algunos se aventuran a vaticinar que el porvenir de la literatura será precisamente la integración más completa de los múltiples elementos que la componen, posiblemente con predominio europeo, como forma de elevar a entidad estética la realidad cultural, sociológica, humana y social de la América Hispana. Su dualismo viene dado por la yuxtaposición de elementos del realismo y del idealismo, cosa que también sucede en la peninsular. La corriente, idealista corre paralela a la tendencia realista, de presentar la verdad de la vida con toda fidelidad. Lo culto y lo popular se mezclan muy a menudo.

Literatura más de vocación que profesional. Ninguna literatura se ha producido en medio de tantas dificultades como la hispanoamericana. Nuestros escritores han tenido que ser al propio tiempo políticos, revolucionarios, luchadores o líderes sociales, periodistas, estadistas y hasta modestos empleados particulares o del estado. Añádase a esto la general pobreza de nuestros países, la falta de medios, la inestabilidad política, económica y social. Con razón decía Alfonso Reyes en su magistral ensayo "Valor de la literatura hispanoamericana":

> Nuestras escuelas y universidades son pobres, nuestras bibliotecas desorganizadas, nuestros recursos editoriales, casi primitivos, irrisoria nuestra compensación para los trabajadores del espíritu. A pesar de eso, la cultura atmosférica que en nuestras repúblicas se respira es, por término medio, superior a la que encontramos en países más afortunados.

Esta realidad esencial no niega el hecho cierto de que a partir del Modernismo comenzamos a tener hombres de letras "puros", en el sentido de que eran escritores profesionales, que vivían exclusivamente de su pluma. Pero aun hoy encontramos la heroicidad del cultivo de las letras en escritores eminentes que viven de puestos subalternos o de otros que entran de lleno a la política, el servicio exterior o la carrera administrativa.

Preocupación social. Beligerancia política y social. Sentido del honor y la dignidad. Una tendencia contemporánea de la literatura expresa la inquietud que debe sentir el artista ante los problemas del mundo. El escritor no puede vivir en una torre de marfil, como en otras épocas, sino preocuparse por lo que está sucediendo a su alrededor. Esa orientación ha existido en esta literatura desde el siglo XVIII hasta nuestros días. Pocas literaturas son tan beligerantes en lo político, social y económico como ésta, debido al influjo directo de los "medios" ya analizados. Muchos autores van a la cantera de esos problemas regionales y los presentan con todo realismo, sin ocultar su defensa de los humildes, los explotados y los verdaderos valores sociales, al tiempo que condenan la hipocresía, la simulación y el engaño. Esta parece ser preocupación propia de los países con serias dificultades de ese tipo, porque en puridad de verdad, la literatura tiende a reflejar la vida y no sólo estados ideales de la misma. Otro rasgo interesante es el sentido del honor y la dignidad que refleja. Esta literatura está construída sobre un repertorio de valores estéticos y sociológicos, siendo los de la persona humana los más esenciales. No es el antiguo concepto español del honor, con una dimensión básicamente erótica—aunque la tuvo también en otras direcciones —sino un anhelo de proteger, de defender al hombre contra todo lo que pueda desvirtuarlo o destruirlo, bien sea una situación social, política o económica; bien cualquier otra circunstancia que pretenda negar aquellos valores.

Énfasis, retoricismo, repentismo, improvisación. Como toda literatura en proceso de formación, en cambio constante en busca de formas definitivas, ésta presenta tales elementos, aunque con carácter decreciente. Se ha tratado de explicar este fenómeno en rasgos sicológicos del hispanoamericano y, sobre todo, en la existencia de escritores que al propio tiempo han tenido que ser revolucionarios, políticos, estadistas, así como en la necesidad de aplicar a menudo la literatura a medios de propaganda de ideales de ese tipo. Junto a sus cuadernillos de versos o de prosa, el escritor ha tenido a menudo que llevar la mochila del soldado o la proclama del revolucionario. El espíritu impetuoso y emocional del hispanoamericano, un obrar a impulsos, contrario al método de labor sostenida del sajón, por ejemplo, ha dejado huellas en el estilo de la literatura. Resulta imposible negar la propensión criolla al repentismo y la improvisación, debido fundamentalmente a las causas analizadas; pero en los grandes maestros la voluntad de estilo es evidente. Nadie escribió con más precipitación que Sarmiento o Martí y son ellos, precisamente, dos de las figuras que podemos ofrecer a una literatura universal. Por otro lado, tenemos buen número de escritores que escriben con reposo, serenidad y meditación, porque tienen plena conciencia del valor de la obra artística.

Diversidad, variedad y fragmentarismo. No es una sola región o país aportando escritores, sino diecinueve naciones con modalidades sicológicas diversas produciendo la literatura. Los autores no pueden negar el ancestro de su nacionalismo, las características de su medio propio y éste se proyecta en la obra, para hacerla más interesante, variada y diversa. Por esta razón, si no se sigue un riguroso método de selección, nos encontramos con miles de nombres y obras que dificultan la labor crítica y desorienta aun a los especialistas. A ese respecto ha escrito Alfonso Reyes en el ensayo mencionado, palabras muy atinadas:

> Tiene sus clásicos América, y ellos debieran estar en la memoria de todos. Pero en las recopilaciones particulares andan confundidos muchos otros que no lo son, aun cuando puedan ofrecer indiscutible valor casero.[1]

De aquí que don Pedro Henríquez Ureña señalara en sus *Seis ensayos en busca de nuestra expresión* que la historia literaria de la América Española debía escribirse alrededor de unos cuantos nombres centrales: Bello, Sarmiento, Montalvo, Martí, Darío, Rodó.[2] Naturalmente que a esa lista habría que añadir hoy en día otras muchas figuras. En los principales movimientos literarios hay coincidencia en los estilos y una continuidad en los postulados de escuela, sin negar la realidad del espíritu nacional. Aquella diversidad nunca es tan poderosa para negar la unidad cultural y literaria, pues resultan como matices distintos de una misma entidad estética.

---

[1] *Obras completas de Alfonso Reyes*, México, Fondo de Cultura Económica, 1960. Vol. XI, pág. 128. Véase el ensayo completo en págs. 126–135.

[2] *Obra crítica*, México, Fondo de Cultura Económica, 1960. Pág. 255.

GEOGRAFÍA, HISTORIA, CULTURA Y LITERATURA

Dinamismo y proyección hacia el futuro. Posible universalidad. La hispanoamericana es literatura de gran dinamismo y proyección hacia el porvenir. Su vitalidad le viene de la genuina vocación literaria del hombre de este continente, a quien no gusta mirar hacia atrás o permanecer estacionario, sino buscar las formas de expresión artística de hoy y de mañana. Analizar la evolución literaria de América es como asomarse a un proceso de calidad estética ascedente. De aquí el carácter progresivo que muestra su producción artística, siempre con afán de lo más moderno. Hispanoamérica está dentro de la tradición cultural de Occidente y su literatura es una derivación de las corrientes universalistas europeas, aunque con fuerte acento americano. Se presentan problemas y escenarios locales, pero el anhelo es siempre propender a la universalidad. De aquí que esta literatura cuente ya con un buen número de figuras para un público de todas las naciones.

Épocas o períodos de la literatura hispanoamericana

Son realmente deficientes las divisiones o clasificaciones de esta literatura. Parece aconsejable poner a un lado los períodos historico-políticos en todo lo posible, porque por lo general no son adecuados para calificar o abarcar etapas literarias. Nos parece preferible usar el método internacional de presentar los períodos, movimientos o escuelas literarias en una secuencia lógica. Debería tenerse presente que, en general, las épocas, movimientos o tendencias de la literatura hispanoamericana, coinciden o siguen las etapas de las literaturas europeas más importantes e influyentes en la nuestra. Sin embargo, los instantes de iniciación, plenitud y decadencia son raramente paralelos debido a que cada cultura tiene su ritmo propio.

En nuestro estudio vamos a dividir la literatura hispanoamericana en los siguientes capítulos, períodos o épocas:

    I. Los orígenes / Siglo XVI. Literaturas indígenas o precolombinas y nacimiento de todos los géneros literarios, con excepción de la novela.
   II. El barroco y el rococó. (1600–1750.)
  III. El neoclasicismo. (1750–1825)
  IV. El romanticismo. (1825–1888)
   V. El realismo y el naturalismo. (1850–1925)
  VI. El modernismo. (1882–1905)
 VII. Literatura contemporánea. (1905–1968)
     A. El postmodernismo. (1905–1932)
       1. Postmodernismo propiamente dicho. (1905–1918)
       2. Ultraísmo o escuelas de vanguardia. (1918–1932)
     B. Literatura actual: los últimos treinta y seis años. (1932–1968)
       1. El postvanguardismo. (1932–1950)
       2. Las promociones más recientes. (1950–1968)

GEOGRAFÍA, HISTORIA, CULTURA Y LITERATURA

Estas épocas deben tomarse como simple método de ordenar el estudio y nunca como casilleros cerrados, ya que en literatura todas las fechas y clasificaciones o divisiones son bastante convencionales, aunque respondan a una verdad esencial, debido a la imposibilidad de demarcar con precisión la marcha ingente del espíritu creador. Sobre todo en la época contemporánea, las demarcaciones y juicios se hacen más difíciles, por lo cambiante e inestable de la crítica y las valoraciones.

BIBLIOGRAFÍA GENERAL

1 HISTORIAS DE LITERATURAS INFLUYENTES

Abel, Darrel, *American Literature*, 3 vols., Great Neck, N.Y., Barron's, 1963.

Bishop, Morris, *A Survey of French Literature*, 2 vols., ed. rev., New York, Harcourt, 1965.

Brenan, Gerald, *The Literature of the Spanish People*, 2da. ed., New York, Meridian Books, 1957.

Cohen, J. M., *A History of Western Literature*, Baltimore, Penguin Books, 1956.

Chandler, Richard E. y Schwartz, Kessel, *A New History of Spanish Literature*, Baton Rouge, Louisiana State University Press, 1961.

Evans, B. Ifor, *A Short History of English Literature*, 10a. ed., Marmondsworth, Middlesex, Pelican Book, 1960.

Guthrie, Ramon y Diller, George E., *French Literature and Thought since the Revolution*, New York, Harcourt, 1942.

Marín, Diego y Río, Ángel del, *Breve historia de la literatura española*, New York, Holt, Rinehart and Winston, 1966.

Nitze, William A. y Dargan, E. Preston, *History of French Literature*, 3ra. ed., New York, Holt, Rinehart and Winston, 1938 (En inglés).

Otis, William Bradley y Needlema, Morris H., *An Outline History of English Literature*, 4ta. ed., 3 vols., New York, Barnes & Noble, 1960.

Río, Ángel del, *Historia de la literatura española*, 2 vols., ed. rev., New York, Holt, Rinehart and Winston, 1963.

Spiller, Robert E., *The Cycle of American Literature*, 7ma. ed., New York, The New American Library, 1955.

Trawick, Buckner B., *World Literature*, 2 vols., 5ta. ed., New York, Barnes & Noble, 1959.

2 HISTORIAS DE LA LITERATURA HISPANOAMERICANA

Anderson Imbert, Enrique, *Historia de la literatura hispanoamericana*, 3ra. ed., 2 vols., México, Fondo de Cultura Económica, 1961.

——, *Spanish American Literature: A History* (Traducida por John V. Falconieri), Detroit, Wayne State University, 1963.

Arrom, José Juan, *Esquema generacional de las letras hispanoamericanas*, Bogotá, Instituto Caro y Cuervo, 1963.

Aubrun, Charles Vicente, *Histoire des lettres hispanoaméricaines*, Paris, Armand Colin, 1954.

Barrera, Isaac J., *Literatura hispanoamericana*, Quito, Universidad Central, 1934.

Bazin, Robert, *Histoire de la litterature americaine de langue espagnole*, París, Hachette, 1953.

Coester, Alfred, *The Literary History of Spanish America*, 2da. ed., New York, Macmillan, 1928.

Díaz-Plaja, Guillermo, *Historia general de las literaturas hispánicas*, Barcelona, Editorial Barna, 1958. Varios autores bajo la dirección de Díaz-Plaja. 5 vols.

Diez Echarri, Emiliano y Roca Franquesa, José María, *Historia general de la literatura española e hispanoamericana*, Madrid, Aguilar, 1960.

GEOGRAFÍA, HISTORIA, CULTURA Y LITERATURA

Englekirk, John E., Leonard, Irving A., Reid, John T., Crow, John A., *An Outline History of Spanish American Literature*, 3ra. ed., New York, Appleton, 1965.

Gallo, Ugo, *Storia della letteratura ispano-americana*, Milano, Nuova Accademia Editrice, 1954.

Hamilton, Carlos, *Historia de la literatura hispanoamericana*, 2 vols., New York, Las Américas, 1960.

Henríquez Ureña, Pedro, *Las corrientes literarias en la América Hispánica*, 2da. ed., México, Fondo de Cultura Económica, 1954.

——, *Literary Currents in Hispanic America*, Cambridge, Harvard Univ. Press, 1945.

Lazo, Raimundo, *Historia de la literatura hispanoamericana, El Período Colonial (1492-1780)*, México, Porrúa, 1965; Vol. II, El siglo XIX, 1967.

Leguizamón, Julio A., *Historia de la literatura hispanoamericana*, 2 vols., Buenos Aires, Editoriales Reunidas, 1945.

Marinello, Juan, *Literatura hispanoamericana*, México, Universidad Nacional, 1937.

Olivera, Otto, *Breve historia de la literatura antillana*, México, Studium, 1957.

Perés, Ramón O., *Historia de la literatura española e hispanoamericana*, Barcelona, Sopena, 1960.

Sánchez, Luis Alberto, *Escritores representativos de América*, 3 vols., Madrid, Gredos, 1964.

——, *Nueva historia de la literatura americana*, 5ta. ed., Buenos Aires, Guaranía, 1950.

Torres-Rioseco, Arturo, *Nueva historia de la gran literatura iberoamericana*, Buenos Aires, Emecé, 1960. La edición más reciente fue hecha por Las Américas, New York, 1966.

Valbuena Briones, Ángel, *Literatura hispanoamericana*, Barcelona, Gustavo Gili, 1963.

Weisinger, Nina Lee, *A Guide to Studies in Spanish American Literature*, Boston, Heath, 1940.

Zuleta, E., *Panorama de las literaturas hispanoamericanas contemporáneas*, Madrid, Ediciones Guadarrama, 196?.

Zum Felde, Alberto, *Índice crítico de la literatura hispanoamericana*, 2 vols., México, Guaranía, 1954-1959.

3 ANTOLOGÍAS Y COLECCIONES DE TEXTOS EN ESPAÑOL E INGLÉS

Anderson, Imbert, Enrique y Florit, Eugenio, *Literatura hispanoamericana. Antología e introducción histórica*, New York, Holt, Rinehart and Winston, 1960.

Arciniegas, Germán, *The Green Continent*, New York, Knopf, 1944.

Beltrán, Oscar R., *Antología de poetas y prosistas americanos*, 4 vols., Buenos Aires, Anaconda, 1937.

Ghiraldo, Alberto, *Antología americana*, 2 vols., Madrid, 1920-23.

Hespelt, Herman E., Leonard, Irving A., Reid, John T., Crow, John A. y Englekirk, John E., *An Anthology of Spanish American Literature*, New York, Appleton, 1946.

Monterde, Francisco, *Antología de poetas y prosistas hispanoamericanos*, México, Universidad Nacional, 1931.

Onís, Harriet de, *The Golden Land: An Anthology of Latin American Folklore in Literature*, 2da. ed., New York, 1961.

Starr, Frederick, *Central America, Readings in Prose and Poetry from Central American Writers*, New York, Sanborn, 1930.

Torres-Rioseco, Arturo, *Antología de la literatura hispanoamericana*, 2da. ed., New York, Crofts, 1966.

Valle, Rafael Heliodoro, *Índice de la poesía centroamericana*, Santiago, Ercilla, 1941.

Wisinger, Nina Lee, *Readings from Spanish American Authors*, Boston, Heath, 1929.

Walsh, Thomas, *The Catholic Anthology*, ed. rev., New York, Macmillan, 1942.

——, *Hispanic Anthology*, New York y Londres, Putnam, 1920.

GEOGRAFÍA, HISTORIA, CULTURA Y LITERATURA

4 HISTORIAS Y ANTOLOGÍAS DE LAS LITERATURAS NACIONALES

Amunátegui, Solar, Domingo, *Las letras chilenas*, Santiago, Nascimento, 1934.

Arango Ferrer, Javier, *La literatura de Colombia*, Buenos Aires, Coni, 1940.

Arias, Augusto, *Panorama de la literatura ecuatoriana*, 2da. ed., Quito, Imprenta de la Universidad, 1948.

Arrieta, Rafael Alberto y otros, *Historia de la literatura argentina*, 6 vols., Buenos Aires, Peuser, 1958.

Babín, María Teresa, *Panorama de la cultura puertorriqueña*, Las Américas, 1964.

Balaguer, Joaquín, *Literatura dominicana*, Buenos Aires, Américalee, 1950.

Barrera, Isaac J., *Historia de la literatura ecuatoriana*, 4 vols., Quito, Ed. Ecuatoriana, 1953–55.

Bollo, Sarah, *Literatura uruguaya*, 2 vols., Montevideo, Ediciones Orfeo, 1965.

Castillo, Carlos, *Antología de la literatura mexicana*, Chicago, Univ. of Chicago, 1944.

Centurión, Carlos R., *Historia de las letras paraguayas*, 3 vols., Buenos Aires y Asunción, Ayacucho, 1947–51.

Colección Panamericana, 32 vols., Buenos Aires, W. M. Jackson, 1945, con reseña de la historia cultural de: Argentina, Bolivia, Brasil, Colombia, Costa Rica, Cuba, Chile, Ecuador, El Salvador, Guatemala, Honduras, México, Nicaragua, Panama, Paraguay, Perú, Puerto Rico, República Dominicana, Uruguay y Venezuela.

Díaz Arrieta, Hernán ("Alone"), *Historia personal de la literatura chilena*, 2da. ed., Santiago, Zig-Zag, 1962.

Diccionario de la literatura latinoamericana, Washington, D.C., Unión Panamericana, 1957–1962. Se han publicado los siguientes diccionarios:

——, *Argentina*, 1960–61. Consta de dos partes.

——, *Bolivia*, 1957.

——, *Chile*, 1958.

——, *Colombia*, 1959.

——, *Ecuador*, 1962.

Diez de Medina, Fernando, *Literatura boliviana*, 2da. ed., Madrid, Aguilar, 1954.

Finot, Enrique, *Historia de la literatura boliviana*, 2da. ed., La Paz, Gisbert, 1955.

García Calderón, Ventura (Editor), *Biblioteca de cultura peruana*, 13 vols., París, Desclée, De Bruuwer, 1938.

Gómez Restrepo, Antonio, *Historia de la literatura colombiana*, 4 vols., Bogotá, Imp. Nacional, 1945–47.

González, J. Natalisio, *Proceso y formación de la cultura paraguaya*, Asunción-Buenos Aires, Guaranía, 1938.

González Peña, Carlos, *Historia de la literatura mexicana*, 8va. ed. corregida, México, Porrúa, 1963.

——, *History of Mexican Literature*, ed. rev. traducida por Gusta Barfield Nance y Florence Johnson Dunstan, Dallas, Southern Methodist Univ., 1943.

Henríquez Ureña, Max, *Panorama histórico de la literatura cubana*, 2 vols., New York, Las Américas, 1963.

——, *Panorama histórico de la literatura dominicana*, Río de Janeiro, Companhia brasileira de Artes Gráficas, 1945.

Henríquez Ureña, Pedro y Borges, Jorge Luis, *Antología clásica de la literatura argentina*, 2da. ed., Buenos Aires, Kapelusz, 1937.

Jiménez Rueda, Julio, *Antología de la prosa en México*, 2da. ed., México, Botas, 1938.

——, *Historia de la literatura mexicana*, 7ma. ed., México, Ediciones Botas, 1960.

Latorre, Mariano, *La literatura de Chile*, Buenos Aires, Coni, 1941.

Lillo, Samuel, *Literatura chilena con una antología contemporánea*, 5ta. ed., Santiago, Nascimento, 1930.

Merino, Reyes, Luis, *Panorama de la literatura chilena*, Washington, D.C., Unión Panamericana, 1959.

Millán, María del Carmen, *Literatura mexicana*, México, Esfinge, 1962.

Miró Quesada, Carlos, *Rumbo literario del Perú*, Buenos Aires, Emecé, 1947.

Ortega, José J., *Historia de la literatura colombiana*, Bogotá, Cromos, 1935.

Otero Muñoz, Gustavo, *Historia de la literatura colombiana*, 5ta. ed., Bogotá, Ed. Voluntad, 1945.

Palcos, Alberto, *Grandes escritores argentinos*, 100 vols., Buenos Aires, Jackson, 193?-1944.

Picón-Salas, Mariano, *Literatura venezolana*, 3ra. ed., Caracas, Las Novedades, 1948.

——, *Formación y proceso de la literatura venezolana*, Caracas, Ed. Cecilio Acosta, 1940.

Remos y Rubio, Juan J., *Historia de la literatura cubana*, 3 vols., Habana, Lectura, 1944.

Revue Hispanique, París. Iniciadas en 1914, aparecieron cinco historias de países hispanoamericanos: Bolivia, Colombia, Perú, Santo Domingo y Uruguay.

Reyes, Alfonso, *Letras de la Nueva España*, México, Fondo de Cultura Económica, 1948.

Rojas, Ricardo, *Historia de la literatura argentina*, 4ta. ed., 9 vols., Kraft, 1957.

Rosenberg, S. L. Millard y Templin, Ernest H., *A Brief Anthology of Mexican Prose*, Stanford, Calif., Stanford Univ., 1928.

——, *A Brief Anthology of Mexican Verse*, Stanford, Calif., Stanford Univ., 1928.

Roxlo, Carlos, *Historia crítica de la literatura uruguaya*, 6 vols., Montevideo, Barreiro y Ramos, 1912-15.

Sánchez, Luis Alberto, *La literatura del Perú*, 2da. ed., Buenos Aires, Imp. de la Univ., 1943.

——, *La literatura peruana: Derrotero para una historia espiritual del Perú*, 6 vols., Lima, Ed. P.T.C.M.; Buenos Aires, Guaranía, 1950-51.

Sanín, Cano, Baldomero, *Letras colombianas*, México, Fondo de Cultura Económica, 1944.

Silva Castro, Raúl, *Panorama literario de Chile*, Santiago, Ed. Universitaria, 1961.

——, *Retratos literarios*, Santiago, Ercilla, 1932.

Scarpa, Roque Esteban, *Lecturas americanas*, 2da. ed., Santiago, Zig-Zag, 1948.

Starr, Frederick, *Readings from Modern Mexican Authors*, Chicago, Open Court, 1904.

Torres-Rioseco, Arturo, *Breve historia de la literatura chilena*, México, Studium, 1956.

Uslar Pietri, Arturo, *Letras y hombres de Venezuela*, México, Fondo de Cultura, Económica, 1948.

Vela, David, *Literatura guatemalteca*, 2 vols., Guatemala, Tipografía Nacional, 1943.

Zum Felde, Aberto, *La literatura del Uruguay*, Buenos Aires, Imp. de la Universidad, 1940.

——, *Proceso intelectual del Uruguay*, ed. rev. 2 vols., Montevideo, Uruguay, Claridad, 1944.

5 ESTUDIOS Y ANTOLOGÍAS SOBRE GÉNEROS O ASPECTOS PARTICULARES Y COLECCIONES DE ESTUDIOS CRÍTICOS

Albareda, Ginés de y Garfias, Francisco, *Antología de la poesía hispanoamericana*, 9 vols., Madrid, Biblioteca Nueva, 1957-61.

Alegría, Fernando, *La poesía chilena*, Berkeley y Los Angeles Univ. of California, 1954.

Arias, Augusto y Montalvo, Antonio, *Antología de poetas ecuatorianos*, Imprenta del Ministerio de Educación, Quito, 1944.

Balseiro, José A., *Expresión de Hispanoamérica*, 2 vols., San Juan, Instituto de Cultura Puertorriqueña, 1960-63.

Beltroy, Manuel, *Las cien mejores poesías líricas peruanas*, Lima, Euforión, 1921.

GEOGRAFÍA, HISTORIA, CULTURA Y LITERATURA

Blackwell, Alice Stone, *Some Spanish American Poets*, 2da. ed., Philadelphia, Univ. of Pennsylvania, 1937.

Blanco-Fombona, Rufino, *Grandes escritores de América*, Madrid, Renacimiento, 1917.

Bolívar Coronado, Rafael, *Parnaso costarricense; selección esmerada de los mejores poetas de Costa Rica*, Barcelona, Maucci, 1940?

Buzó Gómez, Sinforiano, *Índice de la poesía paraguaya*, Asunción y Buenos Aires, Tupá, 1943; 3ra. ed., Asunción, Nizza, 1959.

Caballero Calderón, Eduardo, *Los mejores poemas de los mejores poetas colombianos*, Caracas, 1952.

Caillet-Bois, Julio, *Antología de la poesía hispanoamericana*, Madrid, Aguilar, 1958; 2da. ed., 1965.

Cranfill, Thomas Mabry, *The Muse in México*, Austin, Univ. of Texas, 1959.

Carrión, Benjamín, *Los creadores de la nueva América*, Madrid, Soc. Gen. Esp. de Lib., 1928.

Casal, Julio J., *Exposición de la poesía uruguaya*, Montevideo, Claridad, 1940.

Cometta, Manzoni, Aida, *El indio en la poesía de América española*, Buenos Aires, Joaquín Torres, 1939.

Crispo Acosta, Osvaldo ("Lauxar"), *Motivos de crítica hispanoamericanos*, Montevideo, Mercurio, 1914.

Cúneo, Dardo, *Aventura y letra de América Latina; crítica literaria,* Buenos Aires, Pleamar, 1964.

Dauster, Frank, *Breve historia de la poesía mexicana*, México, Studium, 1956.

De Vitis, Machel A., *Florilegio del parnaso americano*, Barcelona, Maucci, s.f. 1927.

Espinosa, Francisco, *Cien de las mejores poesías líricas salvadoreñas*, San Salvador, Ministerio del Interior, 1951.

Ferro, Hellén, *Historia de la poesía hispanoamericana*, New York, Las Américas, 1964.

——, *Antología comentada de la poesía hispanoamericana*, New York, Las Américas, 1965.

García Prada, Carlos, *Antología de líricos colombianos*, 2 vols., Bogotá, Imprenta Nacional, 1936.

——, *Estudios hispanoamericanos*, México, Fondo de Cultura Económica, 1945.

González, Manuel Pedro, *Estudios sobre literaturas hispanoamericanas*, México, Cuadernos Americanos, 1951.

Henríquez Ureña, Pedro, *Obra crítica*, México, Fondo de Cultura Económica, 1960.

Jiménez, José Olivio, *Cien de las mejores poesías hispanoamericanas*, New York, Las Américas, 1965.

Korsi, Demetrio, *Antología de Panamá (parnaso y prosa)*, Barcelona, Casa Editorial Maucci, 1926.

Mead, Robert G., *Breve historia del ensayo hispanoamericano*, México, Studium, 1956.

——, *Temas hispanoamericanos*, México, Studium, 1959.

Menéndez y Pelayo, Marcelino, *Historia de la poesía hispanoamericana*, 2 vols., Santander, Aldus, 1948. Publicada como parte de la Edición Nacional de las Obras Completas.

——, *Antología de poetas hispanoamericanos*, 4 vols., Madrid, Tip. de la Rev. de Archivos, 1893-95. Reimpresa en 1927-28.

Miranda, Estela, *Poetisas de Chile y Uruguay*, Santiago, Nascimento, 1937.

Monguió, Luis, *Estudios sobre literatura hispanoamericana y española*, México, Studium, 1958.

Morales, Ernesto, *Antología poética argentina*, Buenos Aires, Ed. Americana, 1943.

Ory, Eduardo, *Los mejores poetas de Costa Rica*, Madrid, Compañía Ibero-Americana de Publicaciones, 1928.

Oviedo Ryes, I. Augusto, *Nicaragua lírica; antología de poetas nicaragüenses*, Santiago, Nascimento, 1937.

Oyuela, Calixto, *Antología poética hispanoamericana*, 5 vols., Buenos Aires, Estrada, 1919-1920,

Pagano, José León, *El parnaso argentino*, 9na. ed., Barcelona, Maucci, s.f.

GEOGRAFÍA, HISTORIA, CULTURA Y LITERATURA

Panero, Leopoldo, *Poesía hispanoamericana*, 2 vols., Madrid. Ed. Nacional, 1944.

Paz, Octavio, *Anthology of Mexican Poetry* (en inglés). Compuesta por Paz, prefacio de C. M. Bowra y traducción de Samuel Beckett, Bloomington, Indiana Univ., 1958.

Puig, Juan de la C., *Antología de poetas argentinos*, 10 vols., Buenos Aires, Biedma, 1910.

Ratcliff, D. F., *Venezuelan Prose Fiction*, New York, Instituto de las Españas, 1939.

Reyes, Alfonso, *Antología de Alfonso Reyes*, México, Fondo de Cultura Económica, 1965.

Ripoll, Carlos, *Antología del ensayo hispanoamericano*, New York, Las Américas, 1966.

Sánchez, María Teresa, *Poesía nicaragüense (Antología)*, Managua, Ed. Nuevos Horizontes, 1948.

Santos González, C., *Poetas y críticos de América*, París, Garnier, 1913.

Solar, Correa, Eduardo, *Poetas de Hispanoamérica*, Santiago, Cervantes, 1926.

Valera, Juan, *Cartas americanas*, 4 vols., Madrid, Imp. Alemana, 1915–16 (*Obras Completas*, vols. 41–44).

Valle, Rafael Heliodoro, *Índice de la poesía centroamericana*, Santiago, Ercilla, 1941.

Villagrán, Amaya, Víctor, *Poetas de Guatemala*, Guatemala, Ediciones El Libro, 1947.

Vitier, Medardo, *Del ensayo americano*, México, Fondo de Cultura Económica, 1945.

6 Ensayos sobre geografía, historia, aspectos políticos, económicos y sociales; filosofía e instituciones de la dominación española

Arciniegas, Germán, *El continente de siete colores (Historia de la cultura en América Latina)*, Buenos Aires, Sudamericana, 1965.

Badía Malgrida, Carlos, *El factor geográfico en la política sudamericana*, Madrid, Editorial Reus, 1946.

Bailey, Helen Miller y Nasatir, Abraham, P., *Latin America: The Development of Its Civilization*, Englewood Cliffs, N.J. Prentice-Hall, 1960.

Bourne, Edward G., *Spain in America, 1450–1580*, New York, Barnes & Noble, 1963.

Carlson, F. A., *Geography of Latin America*, 3ra. ed., rev., New York, 1952.

Fagg, John Edwin, *Latin America: A General History*, New York, Macmillan, 1963.

Haring, Clarence H., *The Spanish Empire in America*, New York, Oxford, 1952; última edición, Harinber Books de Harcourt, 1963.

Harris, Marvin, Race, *Tradition, and Culture in Latin America*, New York, Walker, 1963.

Herring, Hubert C., *A History of Latin America*, 2da. ed., New York, Knopf, 1963.

James, Preston E., *Latin America*, 3ra. ed., New York, The Odyssey Press, 1959.

Johnson, John J. (Editor), *Continuity and change in Latin America*. Varios ensayos. Stanford, California, Stanford Univ. Press, 1964.

Madariaga, Salvador de, *The Rise of the Spanish American Empire*, New York, Macmillan, 1947.

O'Gorman, Edmundo, *Fundamentos de la conquista de América*, México, Imprenta Universitaria, 1942.

——, *La idea del descubrimiento de América*, México, Centro de Estudios Filosóficos, 1951.

Ots, José María, *Instituciones sociales de la América española en el período colonial*, La Plata, Facultad de Humanidades y Ciencias de la Educación, Univ. de la Plata, 1934.

Pattee, Richard, *Introducción a la civilización hispanoamericana*, ed. rev., New York, Heath, 1948.

Prescott, William H., *History of the Conquest of Perú*, Philadelphia, J. B. Lippincott Co., 2 vols., 1874.

——, *The Conquest of México*, Garden City, N.T., Doubleday, Doran, and Co. Inc., 1937.

Tamayo, Jorge L., *Geografía de América*, México, Fondo de Cultura Económica, 1962.

Taine, Hipólito, *Filosofía del Arte*, Barcelona, Editorial Iberia, 1954.

GEOGRAFÍA, HISTORIA, CULTURA Y LITERATURA

Wilgus, Curtis A. y D'eca, Raul, *Latin American History*, New York, Barnes & Noble, 1963.
Wilgus, Curtis A., *The Development of Hispanic America*, New York, Farrar and Rinehart, 1941.
Zavala, Silvio, *Ensayos sobre la colonización española en América*, Buenos Aires, Emecé, 1944.
——, *La filosofía política en la conquista de América*, México, Fondo de Cultura Económica, 1947.

7 Interpretación de Hispanoamérica; concepto, caracteres generales y sentido de la literatura y de la cultura hispanoamericanas

Arciniegas, Germán, *Este pueblo de América*, México, Fondo de Cultura Económica, 1945.
——, *América mágica: los hombres y los meses*, Buenos Aires, Sudamericana, 1961.
Arrom, José Juan, *Certidumbre de América* (*Estudios de Letras, Folklore y cultura*), Habana, Anuario Bibliográfico Cubano, 1959.
Azorín, *Obras completas*, Madrid, 9 vols., Aguilar, 1943. Muchos artículos sobre la América hispánica.
Brady, Agnes Mary, *Historia de la cultura hispanoamericana*, New York, Macmillan, 1966.
Bunge, Carlos O., *Nuestra América*, 2da. ed., en *Obras*, Madrid, Espasa-Calpe, 1926.
Castro, Américo, *Iberoamérica: su historia y su cultura*, 3ra. ed. rev., New York, Holt, 1964.
Frank, Waldo, *América Hispana*, 2da. ed., Buenos Aires, Losada, 1959.
Gómez-Robledo, Antonio, *Idea y experiencia de América*, Fondo de Cultura Económica, 1958.
Henríquez, Ureña, Pedro, *Historia de la cultura en la América hispánica*, 6ta. ed., México, Fondo de Cultura Económica, 1963.
——, *Seis ensayos en busca de nuestra expresión*, en *Obra crítica*, México, Fondo de Cultura Económica, 1960.
Keyserling, Conde de, *Méditátions sud-américaines*, Paris, Slock, Delamain, 1932. *South American Meditations*, New York, Harper, 1932.
Lazo, Raimundo, *La personalidad de la literatura hispanoamericana*, Habana, Univ. de la Habana, 1935.
Loprete, Carlos A. y MacMahon, Dorothy, *Iberoaméricana: síntesis de su civilización*, New York, Charles Scribner's Sons, 1965.
Martí, José, *Nuestra América* en *Obras completas*, Tomo II, Habana, Editorial Lex, 1946.
Ortega y Gasset, José, *Obras completas*, Madrid, Revista de Occidente, 6 vols., 1947. Distintos artículos sobre la América Española.
Picón-Salas, Mariano, *De la conquista a la independencia: Tres siglos de historia cultural hispanoamericana*, 3ra. ed., México, Fondo de Cultura Económica, 1958.
——, *A Cultural History of Spanish America, from the Conquest to Independence*, traducida por Irving A. Leonard, Berkeley y Los Angeles, Univ. of California, 1962.
Reyes, Alfonso, *Obras completas*, 15 vols., México, Fondo de Cultura Económica, 1955–1963. Tiene muchos artículos sobre la materia. Especialmente Tomo XI.
——, *Antología de Alfonso Reyes*, México, Fondo de Cultura Económica, 1963.
——, *The Position of America, and other Essays*, New York, Knopf, 1950.
Rodó, José Enrique, *El que vendrá* en *Obras completas*, Madrid, Aguilar, 1956.
——, *El mirador de Próspero* (1914), Montevideo, Barreiro y Ramos, 1958 y también, México, Editora Nacional, 1962. Ver sobre todo el ensayo "Juan María Gutiérrez y su época".
Rojas, Ricardo, *Eurindia*, en *Obras*, Buenos Aires, 1924.
Sánchez, Luis Alberto, *¿Existe América Latina?*, México, Fondo de Cultura, Económica, 1945.
Siegfried, André, *América Latina*, Santiago, Ercilla, 1934.
Torre, Guillermo de, *Claves de la literatura hispanoamericana*, Madrid, Taurus, 1959.
——, *Tres conceptos de la literatura hispanoamericana*, Buenos Aires, Losada, 1961.

Unamuno, Miguel, *Algunas consideraciones sobre la literatura hispanoamericana*, Buenos Aires, Espasa-Calpe, Col. Austral No. 703, 1947.

———, *Obras completas*, Madrid, Afrodisio Aguado, 1958. Véase el Tomo VIII titulado *Letras de América y otras lecturas*, pp. 45–654.

Vasconcelos, José, *Obras completas*, 4 vols., México, Libreros Mexicanos Unidos, 1957–1961. Veáse especialmente "La raza cósmica" e "Indología".

Worcester, Donald E. y Schaeffer, Wendell G., *The Growth and Culture of Latin America*, New York, Oxford, 1956.

Yáñez, Agustín, *El contenido social de la literatura hispanoamericana*, México, El Colegio de México, 1944.

Zea, Leopoldo, *América como consciencia*, México, Cuadernos Americanos, 1953.

———, *The Latin American Mind,* traducida por James Abbot and Lowell Dunham, Norman, Univ. of Oklahoma, 1963.

Zum Felde, Alberto, *El problema de la cultura americana*, Buenos Aires, Losada, 1943.

———, *Índice critico de la Literatura Hispanoamericana*, México, Guaranía, 1954–1959. Véanse las Introducciones a ambos volúmenes.

8 Guías bibliográficas, revistas, obras de consulta general

Alonso, Amado, *Estudios lingüísticos: Temas hispanoamericanos*, Madrid, Gredos, 1954.

Bibliographies of Spanish American Literature. Preparada por el Harvard Council on Hispano-American Studies, 3 vols., Cambridge, Harvard Univ., 1931–35.

Biblioteca de Dialectología Hispanoamericana, 7 vols., Buenos Aires, 1930–49.

Carter, Boyd G., *Las revistas literarias de Hispanoamérica*, México, Studium, 1959.

Diccionario enciclopédico de las Américas: Geografía, historia, economía, política, literatura, arte, música, deporte, cine, teatro, etnografía, fauna, flora, ciencias generales, Buenos Aires, Editorial Futuro S.R.L., 1947.

Doyle, Henry Grattan, *A Tentative Bibliography of the Belles-Lettres of the Republic of Central America*, Cambridge, Harvard Univ., 1935.

Englekirk, John E., *La literatura y la revista literaria en Hispanoamérica*, México, *Revista Iberoamericana*, 1961–63.

Grismer, Raymond L., *A Reference Index to Twelve Thousand Spanish American Authors*, New York, Wilson, 1939.

Hanke, Lewis, Burgin Miron, Aguilera, Francisco, Haverstack, Nathan, A. y Pariseau, Earl J. (Editores), *Handbook of Latin American Studies*, 25 vols., Cambridge, Harvard Univ., 1935–51; Gainesville, Univ. of Florida, 1951.

Jones, Willis Knapp, *Latin American Writers in English Translations*, Washington, D.C., Pan American Union, 1944.

Leavitt, Sturgis E., Barret, Linton Lomas y Smither, William J., "A Bibliography of Theses dealing with Hispano-American Literature", *Hispania,* XVIII (1935), 169–182 y años subsiguientes.

Memorias de los Congresos Internacionales de literatura iberoamericana auspiciados por el "Instituto Internacional de Literatura iberoamericana". Se han celebrado once congresos hasta la fecha. Sede del Instituto: Univ. of Pittsburg, Pa.

Nichols, M. W., *Bibliographycal Guide to Materials on American Spanish*, Cambridge, Univ. of Harvard, 1941.

Pane, Remigio U., "*Two Hundred Latin American Books in English Translation: A Bibliography*", Modern Language Journal, XXVII (1943), 593–604.

Payró, Roberto P., *Historias de la literatura americana: guía bibliográfica*, Washington, D.C. Unión Panamericana, 1950.

GEOGRAFÍA, HISTORIA, CULTURA Y LITERATURA

Revistas: A menudo aparecen artículos de mucho interés sobre esta literatura, entre otras, en las siguientes: *Bulletin Hispanique* (Bordeaux, France), *Bulletin of Hispanic Studies*, (Liverpool Univ.), *Cuadernos* del Congreso por la libertad de la Cultura (París, France), *Cuadernos Americanos* (México), *Hispania* (órgano de la AATPS), *Hispanic Review* (Univ. of Pennsylvania), *Inter-American Review of Bibliography* (Unión Panamericana, Washington, D.C.), *Nosotros* (México), *Nueva Revista de Filología Hispánica* (México), *Quaderni Ibero-American* (Turín, Italia), *Revista Hispánica Moderna* (Columbia Univ.), *Revista Iberoamericana* (Pittsburg Univ.), *Sur* (Buenos Aires), *Revista de Occidente* (Madrid), *Symposium* (Syracuse Univ. Press), Revista *Américas* e *Inter-American Review of Bibliography* (*Revista Interamericana de Bibliografía*), ambas de la Pan American Union, Washington, D.C.

2 Los orígenes

Siglo XVI

Las culturas pre-hispánicas
Rasgos comunes; contribuciones artísticas y literarias

Con siglos de anterioridad a la llegada de los europeos, se formaron en la América hispana tres niveles de culturas o civilizaciones indígenas. Las *altas culturas* fueron tres: a) Los mayas, b) Los aztecas y c) Los Incas. Representantes de las *culturas intermedias* fueron: 1. Los taínos en Las Antillas, 2. Los araucanos en Chile, 3. Los aimaras, en Bolivia, 4. Los pampas, omaguacas y diaguitas al noroeste de la Argentina, 5. Los guaraníes en Brasil y Paraguay, 6. Los patagones al sur de Chile, 7. Los guetares en Costa Rica, 8. Los charrúas de Uruguay y 9. Los chibchas en las mesetas de Tunja, Bogotá y otras regiones de Colombia. Estos últimos eran los más avanzados en todo sentido dentro de esta categoría. Otras regiones fueron pobladas por pueblos indígenas de vida y conocimientos muy *primitivos y rudimentarios*. Como se ve, existió una gran variedad de pueblos. Asimismo hubo muchas lenguas. El notable filólogo Rivet ha clasificado las lenguas indígenas en ciento veinte y seis familias. De éstas, las más importantes fueron: la maya, perteneciente a la civilización de ese nombre; la quechua de los Incas del Perú y la náhuatl de los aztecas. En México existía gran fragmentarismo lingüístico, pero los Incas tenían unidad de idioma.

Pueden considerarse como características comunes a las tres grandes civilizaciones mencionadas, las siguientes:

1. Uno de sus grandes aportes fue el descubrimiento del maíz, verdadera base económica de esas culturas. Otros medios económicos fueron la pesca, la minería, la industria textil, la cerámica y la domesticación de pocos animales.

2. Desarrollaron grandes civilizaciones con conocimientos científicos y manifestaciones artísticas (arquitectura, escultura, pintura, cerámica, danzas, bailes, música, literatura) que asombraron a los europeos.

3. La existencia de tipos de organización social bastante avanzados para su tiempo. Los Incas, sobre todo, tuvieron carácter de verdadero imperio.

4. No conocían ni la rueda ni el caballo, esenciales instrumentos para los medios de transporte y como productoras de fuerza y de tracción, pero sí el fuego, el perro y habilidades manuales.

5. Tenían sus lenguas propias, bastante desarrolladas y diferentes métodos para escribir.

6. Gran desarrollo e incremento del cultivo de las plantas de la agricultura en general. Muchas de las plantas más útiles del mundo se deben a ellos.

7. Su red de caminos, puentes, acueductos y demás construcciones pueden compararse con los de los romanos.

8. Se encuentran manifestaciones literarias muy importantes. La más desarrollada fue el teatro de tipo ritual, que es la forma típica de todo teatro primitivo y antiguo. También conocieron la poesía lírica, épica y la prosa narrativa. Tenían afición a dejar constancia escrita de sus tradiciones religiosas, guerreras, míticas e históricas, así como de su poesía.

Los mayas. Estuvieron asentados en Guatemala, Honduras, El Salvador y los Estados de Yucatán, Campeche, Tabasco y Chiapas en México. Llegaron en el año 2000 a.C. Existieron dos imperios mayas: el primero o "Viejo Imperio" tuvo como centro a Petén, al norte de Guatemala y floreció entre el año 317 d.C. y 889. Al venir la decadencia de éste, se organizó el "Nuevo Imperio" hacia el año 900, con centro en Yucatán. Habían desaparecido antes de la llegada de los españoles en el siglo XV. Sobresalieron en sus conocimientos de métodos matemáticos avanzados y sus profundos conocimientos astronómicos estaban a la altura de los europeos de su época. Tenían escritura, que al principio fue simplemente ideográfica, llegando luego a la fonética. Fueron los arquitectos más refinados del Nuevo Mundo, como lo prueban los grandes centros religiosos, templos, palacios y pirámides que se conservan. Sus esculturas pueden compararse con las de las grandes culturas europeas. También cultivaron la pintura, la música, el baile y la danza. Por la profusión de elementos decorativos y la fina elaboración de las figuras humanas, se le ha llamado al arte maya "el barroco de la América pre-hispánica". Políticamente estaban organizados en ciudades-estados.

También las artes literarias florecieron entre ellos, siendo el *teatro*, de naturaleza ritual, el más importante junto a sus tradiciones religiosas, filosóficas e históricas. Se conserva la pieza dramática *Rabinal Achi* de los quichés, una tribu maya. La angustia indígena ante la conquista española está patente en la obra *El libro de Chilam Balam*. Su obra más famosas es el *Popol Vuh*, llamada la "Biblia maya". Sus narraciones tienen de mitología, religión, cosmogonía e historia de ese pueblo. La prosa narrativa tiene emoción, soltura y produce un encantamiento especial como si sobre ella flotara el espíritu de aquella raza vencida, pero inmortalizado a través de la literatura. Más valor histórico tienen los *Anales de los cakchiqueles,* con datos semejantes a los de la obra anterior.

Los aztecas. Constituyeron la civilización más brillante del centro y sur de México. Ésta y la de los Incas fueron las dos civilizaciones que encontraron los españoles en pleno esplendor al irrumpir en suelo de América en el siglo XVI. Los aztecas fueron un pueblo guerrero del norte que llegó al valle de Anahuac en el siglo XIII, logrando la conquista de los demás pueblos indios, sobre todo de los adelantados toltecas. En 1525 fundaron Tenochtitlán, la capital del imperio, situada donde hoy está la ciudad de México. Los aztecas fueron imperialistas y en sus conquistas llegaron hasta la América Central. Su organización política y social, de carácter feudal al principio, era bastante avanzada al llegar los europeos, con cierto parecido a un régimen teocrático y militar. Una religión politeísta lo dominaba todo. Practicaban los sacrificios humanos como el principal de los ritos sacerdotales. La economía de la Confederación tuvo al principio una base comunitaria, pero luego advino una aristocracia con reconocimiento de la propiedad privada. De la gran actividad del comercio, sobre todo en la capital, han dejado testimonio Hernán Cortés, Bernal Díaz del Castillo y otros cronistas. Poseyeron amplios conocimientos en astronomía, como lo demuestra el famoso "calendario azteca" que ha llegado a nosotros. Se distinguieron en la construcción de acueductos, caminos y fuentes. Fabricaban papel y en las artes brillaban a gran altura para su tiempo. Su arquitectura es notable por las pirámides. También practicaron con éxito la pintura y la escultura, así como la talla de piedras, la cerámica, la orfebrería y los tejidos. Los deportes y danzas rituales fueron también manifestaciones de su intensa vida artística. La educación estaba muy bien organizada e incluía gran variedad de conocimientos científicos y artísticos.

En cuanto a las artes literarias propiamente dichas, tenían un teatro ritual, dedicado al dios Quetzacoatl, que enseñó a los hombres las industrias, las artes y las ciencias. También tuvieron poesía en sus manifestaciones líricas y épicas. Entre las primeras sobresalen los *cantos de Netzahualcoyotl*, como los titulados "Solo un breve instante" y "El nacimiento de Huitzilopochtli; Canto de los pájaros, de Totoquihuatzin", "Principio de los cantos", "Canto en loor de los príncipes, cantado por un príncipe", "Canción de cuna", "Desdichado en la tierra", "El crepúsculo". De carácter ritual y épico tenemos el "Canto del Atamalcualoyan", "Canto de nuestro señor el desollado, bebedor de la sangre", "Canto a Mixcoatl", "Canto de cosas de México". La poesía del rey y filósofo de Tezcoco del siglo XV, Netzahualcoyotl, es de tono profético, con fuerte acentuación elegíaca. En general la nahuatl es poesía de hondura filosófica y angustia metafísica. Se conservan también narraciones en prosa como las del *Códice Ramirez*. Todas estas expresiones literarias han sido transmitidas por los cronistas.

Los Incas. Por su unidad de idioma, por su sistema de gobierno y procedimientos de conquista es la organización más parecida al Imperio romano. Inca significa "hijo del sol". Su religión era casi monoteísta, siendo el sol su dios principal, al que adoraban en suntuosos templos. Llegaron al valle del Cuzco alrededor del año 1100 y fundaron la ciudad de ese nombre, convirtiéndola en capital de su vasto imperio. Poco a poco fueron extendiendo sus dominios que incluían los países del Perú, Ecuador, gran parte de Bolivia y Chile, así como el norte de Argentina. Imponían su lengua—el quechua—y su civilización a todos los pueblos conquistados. El Inca o Emperador era el jefe supremo de la monarquía hereditaria con funciones militares y sacerdotales. La creencia era que descendía del sol. La sociedad estaba dividida en rigurosas clases sociales, pero la economía tenía ciertas bases colectivistas. Todo estaba dividido y clasificado a la perfección, de aquí el auge del estudio de las estadísticas. Sobresalieron en la construcción de caminos, puentes e inclusive tuvieron sistemas de correo. También dejaron acueductos, terrazas y edificios. La arquitectura era ciclópea —empleo de grandes piedras como unidad de construcción— y tuvo gran desarrollo como lo demuestra la ciudad de Machu-Pichu y otras. Se dice que tuvieron buenos cirujanos que hasta practicaban operaciones del cerebro.

Su cultura fue extensa y variada. Tenían un sistema de memorización consistente en los *quipus*, hechos a base de cordeles con nudos de distintos tamaños, colores y formas. Su literatura logró notable desarrollo, aunque parece era oral por la falta de escritura. Tenían teatro ritual con bailarines, poetas y pantomimas. Los *haravecs* eran cantores profesionales que recitaban poemas en público durante las festividades. Se conservan cantares y muestras de poesía lírica. La poesía se distingue por su sentimiento con gran fondo filosófico, como en la "Canción de ausencia", "Arawi", "Separación". De tono ritual y épico es el notable "Himno de Manko Capac". Al llegar los españoles, el Imperio incaico estaba en un momento de gran esplendor bajo el mandato del Inca Atahualpa, pero aquéllos aprovecharon la división política entre éste y su hermano Huáscar.

El siglo XVI
Descubrimiento, conquista y colonización
Su importancia cultural y literaria

En el siglo XVI se inicia el período de mayor grandeza política, económica, social y cultural de España. Bajo Fernando de Aragón e Isabel de Castilla, los Reyes Católicos (1474–1516) se obtiene, en nombre de los más grandes ideales nacionales, la unidad política de la nación y se organiza la primera monarquía moderna de Europa. El espíritu y el entusiasmo español parecen dispuestos a las mayores hazañas, tanto internas como exteriores. En el orden cultural se produce la unidad de la lengua, cuyo exponente es el *Arte de la lengua castellana* (1492) del humanista Antonio de Nebrija, que es la primera gramática impresa de un idioma moderno. La expedición de Cristóbal Colón, enviada bajo los auspicios de los soberanos, logra uno de los acontecimientos más memorables en los anales de la Humanidad: el descubrimiento de América. La exploración, conquista y colonización de los nuevos territorios comenzó en 1493 cuando el propio Colón estableció en la Isla la Española (Actual Haití y República Dominicana), el primer establecimiento europeo en América. Aquí tiene lugar el primer contacto de Europa con América y por este lugar entra la lengua española a este continente. Santo Domingo se convierte así en el centro esparcidor de la cultura española en los nuevos territorios hasta el momento en que viene su decadencia y la hegemonía política pasa a México y posteriormente también al Perú.

La conquista y colonización se siguió después, según se iban descubriendo nuevos territorios, bajo los reinados del Emperador Carlos V (1516-1556) y de su hijo Felipe II (1556-1598). Las conquistas más importantes fueron la de México por Hernán Cortés, efectuada de 1519 a 1521; la del Perú por Francisco Pizarro (1534-1537); la de Colombia dirigida por Gonzalo Jiménez de Quesada, quien fundó Santa Fé de Bogotá en 1538 y la conquista de Chile por Pedro de Valdivia, fundador de la ciudad de Santiago (1541), actual capital de la nación. La conquista de América es una de las grandes hazañas de la historia humana. Poco a poco se fueron conquistando todas las regiones de estos inmensos territorios. Simultáneamente se hicieron las exploraciones de los grandes ríos, tareas a menudo más duras, penosas y arriesgadas, y los descubrimientos de los océanos. Los años más difíciles fueron los de la exploración y conquista, de 1493 a 1542. Luego se produjo un período de guerras civiles entre los propios españoles, motivadas por el ansia de control político y de la riqueza, que terminaron hacia 1570.

La conquista había que realizarla venciendo obstáculos naturales enormes y en lucha con los indios, que defendían sus territorios y derechos. Una vez lograda la posesión de las regiones se procedía a los "repartimientos" y "encomiendas" como base de la explotación económica en beneficio de los colonos y de la Corona. Las relaciones entre españoles e indios dio lugar a la propagación de la llamada "leyenda negra" por el supuesto mal trato dado a los indígenas, aventada principalmente por los ingleses y franceses, enemigos tradicionales de España y ayudada por hombres de buena fé como el Padre las Casas. Aunque no cabe duda de que hubo grandes abusos, se incurrió en muchas exageraciones. Debe recordarse que España, a diferencia de otros poderes coloniales, permitió en su seno la discusión libre, tanto sobre la condición y tratamiento de los indios, como sobre los propios fundamentos jurídicos de la conquista. Los indios fueron considerados vasallos, no esclavos y se dictó una amplia legislación protectora, muy humana en su espíritu, muchas veces violada por la imposibilidad material de forzar su cumplimiento.

El régimen colonial. España jamás llamó a sus territorios de América "colonias", como otros poderes imperiales (Inglaterra, Francia, Holanda, Bélgica, Alemania), sino "reinos", porque así era la denominación de los que componían la pensínsula, y América se consideraba una extensión de los dominios de la Corona. Para el gobierno de estos territorios y su adecuada organización se crearon en España la *Casa de Contratación* (1503) y el *Real Consejo de Indias* (1524). La primera operó primero en Sevilla y luego en Cádiz. Tenía principalmente funciones económicas, pues dirigía todo el comercio, la navegación, así como todo lo relacionado con los descubrimientos, exploraciones y emigración. El régimen económico era monopolista, pues solo se podía comerciar con la Metrópoli a través de las ciudades indicadas. Más tarde se creó el segundo con funciones administrativas, políticas, judiciales, en los asuntos de paz y guerra y de asesoramiento al monarca. En las Indias se puso el gobierno, primeramente en manos de adelantados y gobernadores, pero más tarde se procedió a una mejor organización, dividiéndose el territorio en virreinatos y éstos en unidades administrativas más pequeñas llamadas audiencias, presidencias y capitanías generales. Los municipios eran las divisiones político-administrativas de la sociedad local. Los virreinatos estaban a cargo de un virrey, representante personal del propio soberano y eran los siguientes: 1. El virreinato de Nueva España, con su capital en la ciudad de México, establecido en 1534. Comprendía América Central, México, parte de California, La Luisiana, Texas, Nuevo México y la Florida. 2. El virreinato del Perú (1544) con capital en Lima. Llegó a superar a México como gran centro político y cultural en el período anterior a las guerras de Independencia. Le pertenecían Perú, Bolivia, Ecuador y Chile. 3. El virreinato de Nuevo Granada o de Santafé de Bogotá, con capital en esta última ciudad. Fue establecido en 1718, abolido en 1723 y reestablecido in 1793. Panamá, Colombia y Venezuela eran sus territorios. 4. Finalmente, se estableció el virreinato del Río de la Plata en 1776, con su capital en Buenos Aires y dominios sobre Argentina, Uruguay, Paraguay y parte de Bolivia. Los virreinatos más importantes fueron los de México y Perú hacia los cuales se polarizaron todos las actividades políticas, económicas, sociales y culturales.

Religión, educación y cultura. Al igual que en España, la religión oficial y única reconocida, fue el catolicismo, que llegó a ser la verdadera base ideológica de la conquista, puesto que a ésta se le dio como objetivo la necesidad de evangelizar a los indios. La iglesia mostró gran actividad desde los primeros momentos: cientos de misioneros vinieron a propagar la fe entre los nativos y criollos que iban surgiendo y las órdenes religiosas trataron de organizarse en seguida, aunque los jesuítas fueron los más fuertes económica y culturalmente. Bien pronto tuvo la iglesia participación preponderante en la educación, la evangelización, así como en la vida social y cultural. La conquista espiritual que se inició por lo religioso, se complementó con la llegada de instrumentos de educación y cultura. Desde temprano se intrudujeron la escuela primaria, la secundaria y las universidades. De éstas llegaron a funcionar hasta veintisiete, organizadas según los modelos de Salamanca y Alcalá de Henares. En la educación se daba siempre más importancia a las humanidades que a las ciencias. También vino la imprenta; la primera llegó a México, en 1536, casi un siglo antes que la primera existente en los Estados Unidos. Pronto la tuvieron casi todos los territorios. También se organizaron los Tribunales de la Inquisición. Se crearon y funcionaron tres: Lima (1570), Ciudad de México (1591) y Cartagena (1610), aunque fueron menos activos que en Europa. Parece que ejecutaron menos de cien personas en los doscientos setenta y siete años de operaciones.

Nacimiento de los géneros literarios. Características de la literatura. En el aspecto literario, los descubrimientos, conquista y colonización se efectúan cuando la literatura española vive el primero de sus Siglos de Oro (XVI y XVII). La España que conquista América está en la cima de su prestigio y poder político y su cultura vive el momento de más apogeo y esplendor. Los españoles trajeron a este continente la afición literaria de carácter europeo, de manera que el siglo XVI tiene una gran trascendencia en ese aspecto, porque en él se encuentran los orígenes de nuestra literatura y se produce el nacimiento de los principales géneros literarios. En este período surgen la *historia*—entonces más género literario que una verdadera ciencia— revelada en las Crónicas de Indias, la *poesía épica*, la *poesía lírica*, el *ensayo* y el *teatro*. En algunos cronistas, sobre todo en el Inca Garcilaso de la Vega, aparecen narraciones que bien pueden considerarse como *cuentos*. A la *novela* se le puede llamar el "género ausente" y en su oportunidad veremos las causas que motivaron su aparición tardía en nuestras letras, ya que la primera propiamente dicha se publica en 1816.

La literatura del siglo XVI presenta características muy acusadas. La primera es su escolasticismo, por la poderosa influencia de la Iglesia y de las corrientes en boga. Otra es su formalismo, porque el estilo parece vaciado en moldes fijos. El fragor de la lucha por la conquista y la violencia y fiereza de ésta, imprimen a la obra literaria una rudeza característica, pero al mismo tiempo su naturalidad y espontaneidad. La literatura es pobre en general, aunque aquí tenemos ya las primeras obras maestras de esta literatura. Hay predominio de los géneros narrativos, sobre todo en prosa, pero se cultivan otros con bastante calidad. Se vive un momento transicional: hay una lucha de las ideas renacentistas por abrirse paso por entre los conceptos medievales, repitiendo el proceso que vive el arte en la península. En las primeras manifestaciones literarias, sobre todo en la incipiente poesía lírica, veremos el forcejeo entre los metros tradicionales—clasicismo—y los italianos y cómo éstos terminan por imponerse. A las colonias no llegó el esplendor del Siglo de Oro por razones históricas y las circunstancias de la época, pero sí la tradición literaria de orientación española y europea.

Los cronistas de Indias y su contribución a la formación de una conciencia hispanoamericana

Los estudios de historia habían comenzado a tener gran incremento en España desde el siglo XV, pero todavía con más carácter literario que de ciencia de la investigación del acontecer humano. En el siglo XVI, la influencia renovadora del Renacimiento comenzó a infiltrar los estudios históricos de un nuevo espíritu científico, demostrado en el empleo de bases documentales y la imitación de los grandes historiadores clásicos Tácito, Tito Livio y Salustio. Este auge asombroso de los estudios históricos en España y Europa coincidió con la conquista y colonización de América, por lo que la actividad de los historiadores se polariza hacia nuestro hemisferio en busca de nuevos hechos y acontecimientos que analizar, registrar y preservar para la posteridad. Así surgen los historiadores o cronistas de Indias, que son los que nos han dejado los recuentos de los múltiples acontecimientos, hechos, hazañas, peripecias e incidencias del inicio de la civilización española en el Nuevo Mundo.

Resultan estas crónicas, la historia más interesante que se compone en el siglo XVI. Sin ser las de más méritos literarios o valores estéticos, resultan las más útiles, porque narran las actividades de los conquistadores de un Nuevo Mundo. La mayoría de estos escritores no son historiadores profesionales, sino soldados, capitanes, capellanes, clérigos, secretarios de conquistadores, aventureros o simples hombres de acción que se deciden a escribir sus experiencias, lo que sus ojos han visto y sus oídos escuchado directamente en el escenario de los hechos. Por los escritos de estos hombres ha sido posible preservar la mayor parte de la información que tenemos acerca de las distintas razas aborígenes, del medio físico y los propios acontecimientos de la conquista. Estas historias fueron escritas en el espíritu de las viejas crónicas españolas, en las cuales el escritor imprime algo de sabor épico a sus narraciones. Muchas de ellas no tienen otro valor que la espontaneidad, la rudeza, el estilo directo, la frescura de los relatos. No es la pluma del erudito sentado en su biblioteca la que compone estas crónicas, sino el brazo de testigos presenciales la mayoría de las veces. Todavía está fresco en ellas el fragor de las batallas o lo abrupto de paisaje; la violencia del choque de dos civilizaciones. Muchas de estas crónicas se leen con deleite todavía hoy; otras son como fárragos pesados. Hay en algunas una tendencia a justificar la conducta de los españoles frente a los indios; pero hay historiadores que con toda valentía muestran su simpatía por las razas vencidas y pregonan las injusticias y crímenes.

La labor de estos escritores reviste la mayor importancia porque dieron a conocer a la América en Europa, donde el descubrimiento, la conquista y el establecimiento de los europeos produjeron un impacto extraordinario en la política, la economía, la cultura, la literatura y, hasta en la filosofía. Por otro lado, ofrecen la primera interpretación de la realidad y del hombre americano. Son las fuentes más remotas de la historia de estos países, sin cuyo conocimiento no se pueden entender muchos problemas que nos afectan todavía hoy. Estas crónicas constituyen el alba de nuestra cultura y vida literaria siguiendo modelos europeos. Resultan imprescindibles para conocer la filosofía y los móviles de la propia empresa conquistadora. Por su forma, asunto y técnica—en la que sobresale lo espontáneo—constituyen un género literario muy especial, porque en general aúnan en sí muchos otros géneros, como son la historia, la narración, el ensayo y hasta los géneros de ficción.

La labor más importante de los cronistas de Indias está en su contribución a la formación de una conciencia hispanoamericana. Con los relatos sobre las costumbres, heroísmos, incipiente obra literaria del nativo, las características de su espíritu y sensibilidad, las diferencias entre criollos y españoles, los cronistas cooperaron en forma decisiva al despertar de la conciencia del hombre americano, proyectada hacia dos vertientes: el conocimiento de que sus intereses, ideales, puntos de vista y sensibilidad eran diferentes y contrarios a los de los españoles y la afirmación de una individualidad, de una personalidad propia.

Clasificación de los cronistas de Indias

Un intento de ordenamiento de estas crónicas ayudará grandemente a su estudio y comprensión. Tomando en cuenta el instante a que se refieren se han dividido en crónicas del descubrimiento; de la conquista y colonización, y en crónicas de viajes, exploraciones y descubrimientos. Atendiendo a la nacionalidad del autor, en cronistas nativos o criollos y españoles; por el estado civil, eclesiásticos y laicos. Por la zona que abarcan se les considera crónicas regionales, si cubren un país, región o acontecimiento particular y generales si se refieran a la conquista, colonización u otros aspectos en conjunto. Las hay en prosa, que son la inmensa mayoría, y las crónicas rimadas, más bien pertenecientes a los poemas semiépicos. Por la acción gubernamental se consideran particulares y oficiales. Por las fuentes las hay de testimonio directo e indirecto. Las primeras fueron escritas por quienes vivieron y presenciaron los hechos y las segundas emplean materiales y testimonios ajenos. Por lo general, una crónica o autor admite más de una clasificación, como se verá según estudiemos a los escritores más sobresalientes. Pasan de cien los cronistas de Indias, pero aquí estudiaremos a las cumbres de este género literario.

Los cronistas del descubrimiento
Cristóbal Colón y el preámbulo de las letras hispanoamericanas

El primer europeo de quien conocemos sus impresiones, puntos de vista y lo que escribió sobre América, fue su descubridor, el genovés CRISTÓBAL COLÓN (1451–1506), quien estaba entonces al servicio de España. Colón dejó sus impresiones sobre el Nuevo Mundo en sus *Cartas sobre el descubrimiento*, escritas entre 1493 y 1504, la primera de las cuales fue impresa en 1493; su *Diario de viaje*, que se conserva extractado por el Padre Bartolomé de Las Casas, así como su *Memorial para los Reyes Católicos* (¿1469?). Puede considerársele como el primer historiador o cronista de Indias y es de lamentar que nunca publicase sus proyectadas memorias. El almirante aprendió español en Portugal y la propia España, pero como no era su lengua nativa, su estilo se resiente a veces de lo pintoresco, sin afeites artísticos. Es un estilo bastante desgarbado y con giros italianos. Ha sido alabado con frecuencia por su pintura del medio físico americano, aunque otros críticos más exigentes lo han encontrado monótono y artificial. Aunque no era hombre de letras, sus descripciones del paisaje y del hombre americanos, a menudo presentan gran fuerza y encanto en la expresión. Mostró más habilidad en la pintura del primero que del segundo, por la simple razón de su dificultad para comunicarse con los indios. Tenía un gran sentimiento de la naturaleza. Siempre habla en la forma más encomiástica, tanto de la naturaleza como de los indios, lo que constituyó la fuente para la diseminación de dos ideas: la de América como la tierra de la abundancia y la riqueza y la del "salvaje noble", el hombre en estado de naturaleza, ideas esenciales en el Renacimiento y en el romanticismo.

Su tono es persistentemente hiperbólico. Hablando de Cuba (octubre 28) dice que "es la tierra más hermosa que ojos humanos vieron". En diciembre 25 escribe en su *Diario de Viaje*: "Le aseguro, Majestad, que no hay mejor tierra o pueblo. Aman a sus vecinos como a sí mismos y su habla es la más suave del mundo, y mansa, y siempre con una sonrisa". Describe a los indígenas como seres simples, alegres, virtuosos, mansos. La naturaleza es casi paradisíaca. Algunos críticos estiman que Colón describe, no exactamente lo que vio, sino haciendo un esfuerzo para confirmar las leyendas, sueños y romances renacentistas sobre países utópicos y reinas amazonas. Aunque era indudablemente hombre de mentalidad renacentista, creemos que sus exageraciones se debieron a otras causas, como es la emoción infantil e ingenua de quien descubre algo o llega a la meta de sus sueños, y porque es indudable que la majestad de esta naturaleza y aquellos primitivos hombres tuvieron que ejercer una impresión grande en la mente de un hombre europeo. Otra razón es el deseo de aumentar el mérito de su empresa, cosa hasta cierto punto muy humana.

Sus cartas fueron lo mejor que escribió. Ellas tienen valor tanto científico como literario y resultan imprescindibles para el estudio de los comienzos de nuestra historia y literatura. Fueron leídas en toda Europa y causaron un impacto tremendo en la imaginación de los hombres de aquel tiempo. Aquí el estilo vuelve a ser enfático y su entusiasmo en la forma de describir el mundo físico, a veces desmesurado, pero hay que tener en cuenta que con esto seguía la moda de la época, de la cual no es fácil que pueda sustraerse un escritor, y menos quien no tiene el debido entrenamiento como es el caso del almirante. Lo desagradable, lo feo y desilusionador quedan siempre fuera de su pluma. Sus cartas tienen mucho de medio de propaganda para estas tierras, cuyo descubrimiento acaba de realizar. Presentan el extraordinario mérito de haber realizado el primer esfuerzo para interpretar el mundo que había descubierto y a sus pobladores. Sus trabajos son como el preámbulo de las letras hispanoamericanas.

Los cronistas de la exploración y la conquista
Hernán Cortés y sus "Cartas de Relación"

Mucho más interés y valor ofrecen los cronistas que hemos de estudiar ahora, porque unas veces fueron protagonistas directos de los hechos que narran y otras, testigos presenciales de la epopeya. Entre estos cronistas se destaca en primer lugar HERNÁN CORTÉS (1485–1547), conquistador de México o Nueva España y el más directo historiador de su propia hazaña. Cortés nació en Medellín, España, siendo de familia noble. Asistió durante dos años a la Universidad de Salamanca, y, aunque mostró más interés por las diversiones que por los estudios, obtuvo alguna cultura de ese famoso centro cultural. En 1504 vino a Santo Domingo donde se convirtió en colono. Habiendo conocido a Diego Velázquez, se casó con su cuñada e intervino en la conquista de Cuba. En 1511 era secretario de Velázquez al ser nombrado éste Gobernador de aquella isla. Cortés desdeñaba la vida tranquila, por lo que obtuvo una comisión de Velázquez para la conquista de México. Salió hacia territorio azteca el 18 de noviembre de 1518, cuando tenía 33 años de edad. Entrando por la isla de Cozumel, llegó a Veracruz y estaba en las orillas de los lagos de Tenochtitlán—la capital india—en noviembre de 1519, gracias a su trato diplomático con los indios.

Entró a la ciudad mediante amistad con los indígenas, pero tuvo que regresar a Veracruz a combatir las fuerzas enviadas por Velázquez, al mando de Pánfilo de Narváez. Persuadió a esos españoles a seguirlo y, al fin, conquistó la cuidad de México, organizando inmediatamente el gobierno local. La conquista de México había durado de 1519 a 1521 y está considerada como uno de los hechos más audaces de la historia. En octubre de 1522, el Rey lo nombró Gobernador y Capitán General de Nueva España, pero Cortés tenía enemigos, tanto en México como en la península a donde tuvo que ir en 1528 para presentar su defensa ante la Corona. Carlos V reconoció sus méritos otorgándole el título de marqués del Valle de Oaxaca. En 1530 regresó a Nueva España, pero sintiéndose molesto por las intrigas políticas, volvió a su patria. Dirigió una expedición a Argelia, muriendo más tarde, en 1547. Dejó un hijo—Martín Cortés— que luchó por los derechos de su padre. Cortés se sentía de América y en su testamento pidió que sus despojos fueran llevados a México, cuna de su inigualable hazaña.

Fue Cortés un escritor sin proponérselo, porque sus largas y famosas cartas a Carlos V no tenían como finalidad escribir una historia de la conquista de México, sino meras informaciones al Emperador. Su obra más notable son las cinco *Cartas de Relación* que le envío a ese monarca entre 1519 y 1526. Su título completo es *Cartas de Relación sobre el descubrimiento y la conquista de la Nueva España*. La primera y la quinta de estas cartas se perdieron, siendo halladas más tarde en la Biblioteca Imperial de Viena. La primera colección completa se publicó en Madrid en 1852. Todas fueron traducidas a varias lenguas y muy leídas en el propio siglo XVI. Las *Cartas de Relación* han sido comparadas con los *Comentarios* de Julio César y el *Anabasis* de Jenofonte. Sin duda tiene muchos puntos de contacto con los primeros, pero su gran diferencia está en la simpatía y a veces admiración que muestra hacia el pueblo conquistado, los aztecas. Es el primer español que se detuvo impresionado por las costumbres, usos, instituciones, organización y cultura de los indígenas y que no tiene rubor o temor de expresar el interés y elogios que despiertan en él.

Las *Cartas de Relación* tienen extraordinario valor documental. Desde el punto de vista crítico, encontramos que sus relatos son vívidos y su estilo terso, pulido y expresivo. Su prosa se caracteriza por su limpidez y precisión. Pero este lenguaje sencillo, de expresiones directas, exentas de pompa porque está escrito en un tono casi familiar, alcanza a veces la grandiosidad. La sencillez no puede disimular que paralelamente a la pluma que corre sobre la cuartilla, está sucediendo la epopeya misma, llena de heroísmos y acontecimientos múltiples. Tiene toda la frescura, la familiaridad y sencillez del género epistolar. Sus mejores páginas son aquéllas en que describe con admiración y exaltación evidentes, la organización social, el heroísmo, los templos, edificios, las ciudades, mercados, costumbres y la religión de los aztecas. No oculta su asombro como hombre europeo ante el esplendor de la civilización india y sus diferencias con la cultura europea. Aunque es el propio héroe quien narra la epopeya, no pierde casi nunca la serenidad y objetividad, tan esenciales al buen historiador. En sus relatos se da a sí mismo el lugar que le corresponde, sin olvido de los demás compañeros de aventura. Cortés es siempre historiador a quien puede creerse, aunque a veces se exalta su fantasía e imaginación, produciendo cuadros que parecen fuera de la realidad. Sus cartas pueden leerse todavía hoy porque el lector está frente a un estilo claro y vigoroso y puede imaginar al recio y bravo soldado sentarse a escribir después de cada combate o peripecia de la conquista, anheloso de que la fantasía no le quite el realismo de su relato.

Bernal Díaz del Castillo y su defensa del conquistador anónimo

El más verídico de los historiadores de Indias es, por consenso casi unánime de la crítica, BERNAL DÍAZ DEL CASTILLO (1495 ó 1496-1584), compañero de Hernán Cortés en todo el proceso de la conquista de México, pues vino con él desde Cuba. Nació en Medina del Campo, España, donde su padre era regidor. Ingresó en el ejército como simple soldado y en 1514 embarcó para América con Pedro Arias Dávila, pasando tres años en Cuba, desde donde participó en todas las expediciones para conquistar a México. Fue uno de los hombres más cercanos a Cortés, por ser miembro de la expedición organizada por éste. Él mismo cuenta que César participó en cien batallas, pero que él tomó parte en ciento diecinueve durante la conquista de México. Parece que sus méritos militares no fueron pocos, porque llegó a capitán y el propio Cortés lo recomendó especialmente al Emperador en carta desde México. Ya en su vejez se retiró a vivir a Guatemala, a disfrutar de la "Chamula"—una modesta encomienda —llegando a ser regidor de Santiago de los Caballeros. Las crónicas de Paulo Giovio, Gonzalo Illescas y, sobre todo, la de López de Gómara, le impulsaron a ampliar una obra que ya había comenzado, a fin de corregir las inexactitudes, errores e injusticias de apreciación que habían cometido. La crónica de López de Gómara presenta los hechos dando la impresión de que Cortés solo hizo la conquista de México, pues apenas menciona a sus colaboradores. Díaz del Castillo, sin rebajar la grandeza del héroe máximo, nos presenta a aquéllos que anónimamente ayudaron a realizar la portentosa hazaña. En 1568, a la edad de setenta y dos años, dio término a su *Historia verdadera de la conquista de Nueva España*, publicada en Madrid en 1632.

La obra refleja con extraordinaria fidelidad el espíritu colectivo y popular que animaba a los conquistadores. Hombre de escasa instrucción, su relato tiene todo el encanto de quien dotado con el genio de la narración se sienta a contarnos todo lo que ha pasado delante de sus ojos, en tiempos azarosos y de terribles luchas. Díaz del Castillo no tiene cultura literaria, no ha aprendido en la retórica a organizar la obra que tiene delante; pero posee la intuición de lo que es un relato. Esto, unido a su estilo vigoroso, rudo, lo corona de espontaneidad y frescura. Su lenguaje es directo, coloquial, común, llamando a las cosas por sus nombres. Pero es un maestro de la pintura del paisaje y de las batallas; un retratista de primera línea. Nada de lo sucedido escapa a su ojo avisor: el nombre y apellidos de todos los soldados, el color del pelo, los rasgos de su carácter o sicología, el apodo y, hasta el nombre de los caballos. No hay detalle por minucioso que sea que escape a su observación y luego a su prodigiosa memoria. Su estilo es de gran desenvoltura, pujante, lleno de fuerza y expresión, pero nunca retórico o enfático. A esto hay que añadir su naturalidad, su penetrante sentimiento, la vida que infunde en cuanto narra.

Esta obra en tres volúmenes es la mejor crónica que se escribiera sobre la conquista. Es una verdadera obra maestra en su género. Libre de artificios y de afeites retóricos, el relato fluye constante y espontáneo. Díaz del Castillo escribió su obra sin puntuación casi, dada su escasa instrucción. La pluma corría al fluir del pensamiento y la memoria, para darle alcance a tanto recuerdo pormenorizado. Las imágenes, los hechos, las batallas, los personajes, los animales, surgen del relato con vida propia, como cosas reales y no fingidas. Se tiene la impresión de que efectivamente se está delante de un testigo presencial, que cuenta todo lo que vio a plenitud de honestidad. Díaz del Castillo saca a Cortés del centro de alabanzas de López de Gómara y lo pinta rodeado de sus compañeros de armas, de aquellos anónimos conquistadores sin los cuales no hubiera sido posible la conquista, pero sin menoscabo del valor, astucia y genio indiscutible del héroe máximo. Menéndez y Pelayo se preguntaba si existiría en la literatura universal otro libro igual en méritos. Realmente el único cronista de Indias que puede comparársele es el más grande de todos: el Inca Garcilaso de la Vega. Hoy en día la obra está traducida a casi todos los idiomas modernos, entre ellos el inglés.

Los cronistas oficiales de la corona: Gonzalo Fernández de Oviedo

Cuando vaya a escribirse la historia de los hombres de más extraordinaria actividad física e intelectual en el mundo, seguramente habrá que mencionar al español GONZALO FERNÁNDEZ DE OVIEDO (1478-1557), primero en ocupar el cargo oficial de cronista de Indias creado por Carlos V. Nació en Madrid y fue educado en la corte de Fernando e Isabel. Presenció y a veces participó en los acontecimientos más memorables de su tiempo. Peleó en Italia a las órdenes del famoso general español, el Gran Capitán; presenció la toma de Granada; vio la entrada triunfal de Colón en Barcelona y la cautividad en Madrid de Francisco I de Francia. Hombre con muchas características del caballero del Renacimiento, en 1514 se embarcó para América como soldado. Fue veedor en varias ciudades; veedor de las fundiciones de oro y regidor de Darién; gobernador de Cartagena y alcaide de la fortaleza de Santo Domingo y regidor perpetuo de dicha ciudad. Cruzó doce veces el océano, verdadera hazaña para su tiempo, en viajes a España y otros lugares. En los últimos años de su vida, fue nombrado Cronista Oficial de Indias por el Emperador y con este carácter escribió su famosa *Historia general y natural de las Indias, islas y Tierra Firme del mar océano*. La primera parte se imprimió en Sevilla en 1535 y las dos restantes— entre ellas la referente a la conquista de México—no vieron la luz pública hasta 1851-1855, editadas por don Amador de los Ríos. Antes había escrito *Claribalte* (1519), novela de caballería y aventuras, así como *Batallas y Quinquagenas*, obra muy valiosa con incontables diálogos entre Sereno, que pregunta y el Alcalde que las contesta. Este último, de Santo Domingo, es el propio Fernández de Oviedo. En 1526 escribió *Sumario de la Natural Historia de las Indias,* que es la primera descripción amplia de la flora y fauna de múltiples regiones de la América Hispana. Ampliación de esta obra fue su Historia Natural, ya citada, escrita entre 1526 y 1549, con varios libros y cientos de páginas. Todas sus obras forman más de veinte volúmenes. En 1556 publicó *Las Quincuagenas,* compuestas en versos de arte menor, realmente pobres en su mayoría.

Se despojó de su mentalidad renacentista y escribió su historia derivándola de su observación directa de la naturaleza americana. Su interpretación de la historia lo lleva a justificar la política imperial de Carlos V y la implantación de un imperio español universal, cuya base ideológica fuera el catolicismo. Defendió la conquista y culpó a los indios de su estado miserable y del sometimiento de que eran objeto, ya que según él no tenían virtudes para ser hombres libres. Esta actitud le ganó la enemistad con el padre Bartolomé de las Casas. Tenía una asombrosa memoria e hizo muy notables observaciones, tanto de la naturaleza y las costumbres de los indios, como de los hechos y acontecimientos de la conquista y de los primeros años de la vida colonial. Su obra es muy interesante y es de obligada consulta en relación con los albores de la historia y literatura hispanoamericanas.

Los cronistas generales: el padre José de Acosta

Más valor concede la crítica a la obra del padre jesuíta JOSÉ DE ACOSTA (1539-1600), originario de Medina del Campo, España, donde ingresó todavía muy joven en la orden de la Compañía de Jesús. En 1586 estaba en México, pero antes había residido por largos años en el Perú. De México pasó a España, donde ocupó importantes cargos. Pasó sus últimos años en Valladolid. Su obra de más mérito, *Historia natural y moral de las Indias,* se imprimió por primera vez en Sevilla en 1590. Seis ediciones se hicieron en España, a más de las traducciones al francés, italiano, inglés, holandés, alemán y al latín. Como puede apreciarse, la obra gozó de extraordinario prestigio en su tiempo. Por su contenido, por sus ideas, por la posición que asume el genial jesuíta, por la interpretación que intenta del mundo americano, su obra es fundamental para entender el proceso de nuestra cultura. Realmente su libro no es una crónica en el sentido tradicional del vocablo, sino un verdadero tratado, un vigoroso ensayo de interpretación filosófica, sociológica y científica del mundo y del hombre hispanoamericanos. Como indica su título, la obra se divide en dos partes: la primera está dedicada a la Historia Natural de América, refiriéndose a los orígenes del hombre americano, geografía, metales, plantas, animales y todo lo demás relacionado con el mundo físico y natural de este hemisferio. Es infinito el número de datos y observaciones que llega a acopiar en este aspecto. Los tres libros restantes se refieren a la Historia "Moral", constituyendo un verdadero tratado de sociología: cultura, religión, política, historia, educación y otros aspectos de dimensión social.

Estudia a los indios incas y a los mexicanos, tratando de su posible origen, idolatría, organización social y política, costumbres, creencias.

Sobresale en el padre Acosta su independencia de criterio, a pesar de pertenecer a una orden religiosa. Tal autonomía la define cuando dice: "Dejarme he de ir por el hilo de la razón hasta que de él todo me desaparezca de los ojos". Muy a menudo arremete contra la filosofía y lo que había escrito Aristóteles. Pero en general siempre pone un límite teológico a su pensamiento, en otros aspectos bastante liberal, para su tiempo y condición. En él es más grande el crítico—que todo lo escudriña y analiza —que el narrador. A través de este estilo no se conforma con relatar lo que ha visto en el mundo físico o sociológico, sino que aventura tesis y teorías sobre la naturaleza, el hombre y las sociedades americanas, pero no con base en lo que antes se creía, sino en lo que le dicta su razón y experiencia. Su libro es un alto exponente del grado de desarrollo de la ciencia y de la filosofía española a fines del siglo XVI. Como historiador y sociólogo no ve diferencia entre el hombre europeo y el indígena, desde el plano espiritual. Desde el punto de vista del pensamiento y de su preocupación por América, ningún autor antes que él había promovido investigaciones y elaborado teorías sobre tan extenso repertorio de problemas de esta parte del mundo. Tocó casi todos los puntos de interés del mundo americano de su tiempo y, todo desde un punto de vista histórico, filosófico y científico, con gran novedad e interés. La Academia de la Lengua Española lo consideró entre los escritores que constituyen autoridad en el uso del idioma, por su estilo y conocimientos lingüísticos. Son cualidades de su prosa la sobriedad, la elegancia y la riqueza de vocabulario. Le brota siempre atildada, sabrosa, flúida. Acosta destaca aspectos y problemas que los otros cronistas no tuvieron en cuenta, a pesar de su enorme importancia.

Los cronistas regionales
Pedro Cieza de León y la historia del Perú

Estas crónicas tienen la importancia de que, rehuyendo la acumulación de datos generales sobre toda la conquista, concentran su enfoque en un material histórico más concreto y limitado, por lo que resultan de mucho interés para conocer las regiones o los acontecimientos particulares de que tratan. En este grupo están muchos de los grandes cronistas que produjo el siglo XVI. Muchas fueron las crónicas que se compusieron sobre el Perú, únicamente igualadas en número por las dedicadas a la conquista de México. En ellas se destaca por el verismo de sus narraciones, PEDRO CIEZA DE LEÓN (1518?–1560). Nació en Llerena, población de Extremadura, España y pasó algún tiempo de su niñez en Sevilla, de donde salió hacia Cartagena de Indias cuando tenía trece años (hacia 1534), en la expedición de Rodrigo Durán. Recorrió enormes distancias y extensiones de tierras. Estuvo en Cali, asistió a la fundación de Cartago en 1540 y tomó un descanso en Cartagena. Alrededor de 1541 comenzó a escribir su *Crónica del Perú* en la ciudad colombiana de Cartago y la terminó en Lima en 1550, diecisiete años después de su llegada. Presenció y tomó parte en las luchas intestinas entre españoles después de terminada la conquista. El "Pacificador" Gascas, enviado por el Rey para dirimir las discordias le nombró cronista oficial y este nombramiento le dio facilidades para escribir su historia, así como acceso a la documentación disponible. En 1550 regresó pobre y enfermo a España, logrando la publicación de la primera parte de su obra.

Cieza de León, una de las plumas más ágiles de los cronistas de Indias, tuvo la intención de escribir una obra de grandes proporciones y siguiendo un riguroso plan. La obra constaría de las siguientes partes: *Primera Parte o Crónica del Perú*, que es la publicada en Sevilla en 1553; la segunda parte referente a *Del señorío de los Incas*, publicada en 1880 en Madrid, como el Tomo V de la Biblioteca Hispano Ultramarina; la tercera parte se comenzó a publicar en 1946 y la cuarta parece que se ha perdido. La primera parte fue traducida en seguida a varios idiomas europeos. Según los propósitos del autor, la obra debía ser una *Historia general del Perú*, desde sus orígenes hasta el presente. Constaría de siete partes y cada libro llevaría como título el nombre de una batalla a campaña famosa. Estamos frente a un escritor que, aunque nacido en España, puede considerarse americano, porque llegó a la edad de trece años y aquí pasó sus años formativos. Tenía un alto concepto de su oficio de historiador, por lo que trató siempre de darle base documental o al menos de testimonios irrefutables a su crónica. Interrogaba a los testigos con toda formalidad, dejando fuera de la obra todo lo que le olía a novelesco o que no podía tener comprobación adecuada. Poseía erudición histórica, la que se nota en su estilo y en el plan de la obra.

La historia de Cieza de León es una de las obras más serias, objetivas e interesantes que se escribieron sobre el Nuevo Mundo. Como historiador se caracteriza por su objetividad, seriedad, veracidad y prolijidad. Sentía el deseo y el placer de narrar lo que veía e investigaba. Él mismo afirma que "muchas veces cuando los otros soldados descansaban, cansaba yo escribiendo". Tanto Prescott como el gran historiador inglés Clements R. Markham estiman la veracidad de sus relatos y lo tienen como una de las fuentes imprescindibles para la historia no sólo del Perú, sino también de Colombia, ya que en la primera parte de la crónica se refiere extensamente al Nuevo Reino de Granada. Cieza de León es el único rival digno del Inca Garcilaso de la Vega—el más grande historiador de Indias—a quien aventaja en realismo histórico e iguala en tensión narrativa, aunque no lo alcanza en el estilo, porque la del Inca es una de las prosas más célebres de todo el Siglo de Oro español.

Los cronistas regionales de México
Juan Suárez de Peralta

El primero de los cronistas criollos nacidos en Nueva España fue JUAN SUÁREZ DE PERALTA (nació entre 1535 y 1540 y murió después de 1590). Nació en México, siendo hijo de Juan Suárez, conquistador, hermano de doña Catalina, primera esposa de Hernán Cortés y uno de los primeros pobladores de ese país. Pasó su juventud en México, con la libertad y la trivolidad propias de los hijos de conquistadores. Él mismo afirma que "no tenía sino una poca de gramática, aunque mucha afición de leer historias y tratar con personas doctas". Parece que aprovechó muy bien su posición social para vivir una vida intensa y observar bien de cerca el desenvolvimiento de aquella sociedad. Desde muy joven fue muy aficionado al deporte hípico y llegó a tener grandes conocimientos sobre los caballos y la caballería. Participó en las grandes fiestas que se organizaron para recibir en 1563 a don Martín Cortés, hijo del conquistador y segundo Marqués del Valle de Oaxaca. Por este tiempo se casó con la hija del conquistador Alonso de Villanueva Tordesillas. Presenció los trágicos conflictos originados por la presencia de Martín Cortés en la Nueva España, los que luego relata con la vivacidad de un testigo presencial. La ruina económica y las turbulencias políticas lo hicieron trasladarse a España, donde llegó en 1579. Aquí escribió muchas de sus obras y trabó amistad con don Luis de Velasco II, con quien presumiblemente volvió a México, al ser éste nombrado virrey. Se ignoran el lugar y fecha de su fallecimiento.

Entre sus obras debemos mencionar: *Tratado de la caballería de la gineta y brida*, publicada en Sevilla en 1580. La obra, a más de exponer sus aficiones y conocimientos sobre el deporte ecuestre, pasa por ser el primer libro de autor americno sobre temao profano en ser publicado. Luego escribió el *Libro de Alveitería*, cauyo manuscrit permanece inédito, en la Biblioteca Nacional de Madrid. En 1589 terminó su tratado del *Descubrimiento de las Indias y su conquista,* compuesta de 44 capítulos. En los diecisiete primeros se narra "el origen y principio de las Indias e indios", así como la conquista de Nueva España. Aquí no es original porque sigue muy de cerca a otros cronistas, entre ellos a Fray Toribio de Benavente ("Motolinía"), Fray Diego Durán y Fray Bernardino de Sahagún. Los últimos veintisiete capítulos son una amena descripción de la ciudad de México. Presenta un cuadro muy interesante de los criollos en el México del siglo XVI. Hay dos puntos esenciales en la obra de Suárez de Peralta. En ellas comienzan a perfilarse las diferencias entre "criollos" y españoles y a destacarse las distintas personalidades entre los hijos de españoles y conquistadores, pero nacidos en América, y los peninsulares. Por otro lado, su obra es de imprescindible consulta por los cuadros tan vivos, amenos y sagaces que ofrece de la sociedad de su tiempo. Con estilo que basa su interés en el detalle curioso y en su sencillez, se gozó en pintar cuanto vio y observó, por lo que ha dejado un amplio y colorido panorama de los distintos aspectos de la sociedad del siglo XVI. Ocupa un lugar bien cerca de Bernal Díaz del Castillo; así de grande es este primitivo cronista, que pinta en sabrosas pinceladas sus experiencias y observaciones. Siempre habla de su patria con orgullo y sus excelencias le hacen afirmar que "no podrá haber otro México y su tierra".

Ruy Díaz de Guzmán,
fundador de los estudios históricos en la Región de la Plata

El primer historiador de la Argentina y, por tanto, el fundador de esa ciencia en el Virreinato del Río de la Plata, fue el criollo RUY DÍAZ DE GUZMÁN (1554?-1629), hijo de una mestiza paraguaya y de un español. Nació en Paraguay, uno de los territorios formantes del virreinato. Por sus venas corría sangre de los dos rivales políticos de la región: de Álvar Núñez Cabeza de Vaca, por línea paterna y de Domingo Martínez Irala, por la materna. Desde joven ingresó en el ejército, participando en todos los hechos militares de importancia de la época. Viajó extensamente por todos los territorios que componían esa región. Su niñez transcurrió en Asunción, actual capital paraguaya; vivió tres años en Buenos Aires y por algún tiempo en Santiago del Estero, Salta, La Plata, Tucumán y Charcas.

A su obra se le llamó la *Argentina manuscrita* (1612), porque nos ha llegado, no en la forma original, sino en varios códices copiados por los jesuítas, y para distinguirla del poema *La Argentina* (1602) de Martín del Barco Centenera, publicada en Lisboa diez años antes. Posiblemente Díaz Guzmán escribió su obra en la provincia de Charcas, donde está fechada la dedicatoria en 1612. Los originales se han perdido, quedando solamente copias manuscritas de segunda o de tercera mano. La obra se divide en tres partes, constando de 18, 16 y 19 capítulos, respectivamente. La primera parte trata desde el descubrimiento hasta Irala; la segunda, desde Álvar Núñez hasta la venida del Obispo Latorre; y la tercera, desde 1555 hasta la fundación de Santa Fé. A partir de la edición de 1855, las impresiones de la obra se han multiplicado, dado el interés que presenta. Sus fuentes fueron el "Romance" de Luis de Miranda y el poema de Barco Centenera. La principal característica del libro es que mezcla hechos históricos con otros producto de la fantasía, al punto de que recoge leyendas, creencias, fábulas, consejos y hechos fabulosos. Fue el primero en introducir varias leyendas o fábulas como son la historia de la Maldonado, la de los enanos y, sobre todo la Leyenda de Lucía Miranda, que ha tenido larga vida en la literatura—novelas y dramas—posterior. Es una historia total sobre los primeros cincuenta años de todos los territorios que componían esa zona. Su estilo se destaca porque une a cierta corrección gramatical y sintáctica, una pésima ortografía, lo que no deja de ser muy curioso. El lenguaje es preciso, castizo siempre, pero demasiado denso y frío, aunque a veces se anima y la narración cobra eufonía y vivos colores. Es la primer crónica sobre esa región escrita por un criollo y con ella se inician los estudios históricos en esos países.

Las crónicas de viajes, exploraciones y descubrimientos
Fray Gaspar de Carvajal y Álvar Núñez Cabeza de Vaca

Más peligros, dificultades y angustias producían a veces los viajes por las tierras vírgenes y llenas de selvas de América, los descubrimientos y exploraciones de los grandes ríos y los largos viajes por los mares, que la misma lucha por la conquista de los territorios. De aquí que estas crónicas estén salpicadas de violencia y salvajismo. Algunos de estos cronistas vivieron las más terribles penalidades de todo proceso, como veremos en sus autores más representativos.

Fray Gaspar de Carvajal. De mucho dramatismo y realismo es la obra *Relación* *del Nuevo Descubrimiento del famoso río Grande de las Amazonas*, publicado por primera vez en el siglo XIX (1894). FRAY GASPAR DE CARVAJAL era miembro de la expedición de Orellana al fabuloso río. Este intrépido fraile es el mismo Orellana que quedó deslumbrado por las leyendas del país de la canela, de El Dorado y otras muchas. En la peligrosa aventura, Carvajal quedó tuerto, pero su relato es tan directo que Fernández de Oviedo dijo de él que "debe ser creído en virtud de aquellos flechazos de los cuales el uno le quitó o quebró el ojo", dando a entender que su narración tiene el inapreciable valor de ser contada por quien fue un testigo presencial y ser algo vivido directamente. Carvajal es un vigoroso observador y un narrador realista, pero a veces se le nubla la visión por las leyendas y mitos de que tiene lleno el cerebro, sobre mujeres amazonas y otras fábulas que andaban de boca en boca entre los conquistadores. Así cuando ve algunas indias peleando bravamente junto a sus hombres, piensa que son las legendarias amazonas. También su fantasía le hace afirmar que cuando el peligro era más grande, vio un pájaro muy raro que "comenzó a cantar a muy gran prisa 'huid' ". Lo fantástico no termina ahí: también nos relata algunas intervenciones directas de Dios para salvar a los conquistadores. La crónica de Carvajal, escrita con la rudeza propia de quien participa en aventuras tan arriesgadas, tiene observaciones muy interesantes sobre la región hasta la desembocadura del río en el Atlántico, a la que él llama muy gráfica y acertadamente, "las bocas del dragón". De los indios nos da detalles sobre su aspecto físico, sus mujeres, sus bailes, armas, embarcaciones (piraguas) y hasta de sus instrumentos musicales. Aunque sin elegancias literarias, el relato del valiente fraile, a quien su aventura le costó un ojo, debe creerse en sus partes realistas como decía Fernández de Oviedo, porque es cosa vivida.

Álvar Núñez Cabeza de Vaca y sus "Naufragios". Ningún conquistador o cronista de Indias pasó las penurias, trabajos y penalidades que ÁLVAR NÚÑEZ CABEZA DE VACA (1490?–1564?), a quien se le suele considerar como cronista regional de México y Paraguay. Nació Álvar Núñez en la ciudad de Jerez de la Frontera, España y fue nieto del Adelantado Pedro de Vera, muy amigo de los Reyes Católicos. El origen de su original segundo apellido se remonta a la famosa batalla de las Navas de Tolosa. Aquí su abuelo ayudó al Rey Sancho, monstrándole un paso secreto que antes había señalado con una cabeza de vaca. Por esa razón el Rey lo hizo noble en forma vitalicia y le cambió el nombre para "Cabeza de Vaca". Álvar Núñez fue Tesorero del Rey en Sevilla, lo que demuestra su alta posición política. Participó en la expedición y conquista de la Florida, dirigida por Pánfilo de Nárvaez (1527). Esta aventura tuvo un trágico desenlace, pues de 600 españoles sólo quedaron vivos, cuatro. Los indios no se los comieron porque estaban muy flacos y mugrientos. Anduvo de tribu en tribu, en una peregrinación de nueve o diez años, en que recorrió miles de millas, desde el Golfo de México hasta el de California. Al fin, en 1537 pudo regresar a España casi como único sobreviviente. Aspiró entonces a gobernador del Paraguay y el Rey lo nombró adelantado con el deber de continuar la conquista de "las provincias de la Plata". En 1541 entró en Asunción pero una sedición de

LOS ORÍGENES / SIGLO XVI

españoles le depuso del cargo, siendo ecandenado y enviado a prisión. Los sediciosos nombraron adelantado a Domingo Martínez de Irala. Enviado preso a España, Núñez apeló la sentencia y dicen que se retiró a Sevilla.

Su obra *Naufragios* es una "relación" de la expedición a la Florida y fue escrita personalmente por Álvar Núñez. Se editó en Zamora, España, en 1542 con el título de *Relación que dio Álvar Núñez Cabeza de Vaca de lo acaecido en las Indias*. También se le suele atribuir la paternidad de la obra *Comentarios de Álvar Núñez Cabeza de Vaca*, pero es realmente obra de su secretario, Pero Hernández, a quien ayudó en algunos capítulos. La primera impresión de los *Comentarios* se hizo en Valladolid en 1555 con el título que se deja expuesto, lo que ha sido el principal causante de la confusión sobre su paternidad. Por la afinidad de asuntos y del personaje principal, ambas fueron publicadas juntas como *Comentarios y Naufragios* de Álvar Núñez Cabeza de Vaca. Son varias las ediciones en que aparecen juntas. La obra *Naufragios* tiene hoy en día más interés para el etnógrafo que para el historiador, por la cantidad de datos que aporta sobre los indios. Ha sido traducida a varios idiomas modernos. Esta crónica o "relación" puede leerse, no solamente por el interés de sus aventuras, sino por su estilo lleno de detalles curiosísimos y por la gran fluidez de la narración. El título le viene muy bien porque relata todos los sufrimientos y penuarias del autor. Se distingue de las demás crónicas por la rapidez del hilo narrativo, así como por la gran cantidad de noticias y detalles que aporta sobre la extensa región que recorrió y sus habitantes, de los que tuvo un conocimiento directo y personal. El cronista sabe producir, conservar y subir—según el caso—la emoción del relato. Muchas crónicas no son leíbles actualmente por su densidad y pesadez de estilo, pero la de este rudo relator es una buena excepción.

Los cronistas eclesiásticos
Fray Bartolomé de las Casas y la defensa apasionada de los indios

Son autores de crónicas generales o regionales que, perteneciendo al sacerdocio, dejaron obras de gran interés desde el punto de vista histórico, literario, cultural, indígena y a veces hasta filosófico de las Indias. Aquí podrían incluirse cientos de religiosos que dejaron por escrito sus impresiones sobre la conquista, los indios o la propia labor misionera. Sus testimonios resultan de mucho interés para el estudio de los primeros años de la colonización, así como para una correcta interpretación de la filosofía, aciertos y errores de la obra colonizadora de España, así como de la raíz de una serie de problemas que todavía afectan a estos países hoy en día. Los tres más sobresalientes son Fray Toribio de Benavente, "Motolinía" (murió en 1569), Fray Bernardino de Sahagún (1500–1590) y, especialmente Fray BARTOLOMÉ DE LAS CASAS (1474–1566), llamado con toda razón el "protector o defensor de los indios". Nació en Sevilla y como buen andaluz demostró exhuberancia en todas sus actividades: en sus escritos, en sus luchas en favor de los indígenas, en sus viajes. Era hijo de un militar que acompañó a Colón en su primer viaje al Nuevo Mundo. Estudió en la

Universidad de Salamanca, alcanzando la licenciatura. Era hombre de bastante instrucción humanística, que luego completó en sus estudios para clérigo. En 1502 pasó con Ovando a la Isla de La Española. Fue encomendero y colono, pero siempre se distinguió por su buen trato a los indios. En 1510 decidió ingresar al clero como dominico y es el primer sacerdote en cantar su misa inicial en América. Luego se trasladó a Cuba donde pronunció un célebre sermón criticando la conducta de los peninsulares hacia los indígenas en 1514. Desde ese momento se echó sobre los hombros la tarea de defender a los indios. Con ese ideal por divisa, viajó, escribió, apeló a todas las autoridades, ideó nuevos métodos de colonización y cruzó muchas veces el océano para ir a España. A los setenta años fue nombrado Obispo de Chiapas, México. En uno de sus viajes a España, le sorprendió la muerte en Madrid.

Las Casas representa la conciencia de España como nación frente a la tiranía y los desmanes del poderoso frente al débil. Demuestra que la propia raza que producía a los conquistadores tiránicos, era capaz de dar la fuerza que se oponía tenazmente a la opresión, luchando por la salvaguarda de la libertad. La influencia del Obispo de Chiapas fue tremenda, tanto en las medidas de gobierno como en el pensamiento filosófico y jurídico de la época. Asimismo influyó en el pensamiento de Francisco de Vitoria, cumbre del pensamiento español de este tiempo. De toda su ingente labor en favor de los indios, no es la menos importante su obra como escritor. Compuso una *Historia general de las Indias*, que cubría desde el descubrimiento hasta 1520, terminada hacia 1527 y publicada en 1875; la *Historia apologética,* conocida también como el *Apologético,* un complemento o suplemento de la anterior, publicada en 1909; y, sobre todo, su famosa *Brevísima relación de la destrucción de las Indias* (1542), dedicada al Emperador Carlos V, habiendo sido impresa en Sevilla en 1552. Este trabajo—verdadero ensayo—causó sensación en los círculos políticos y sociales de Europa en su tiempo. Asimismo fue aprovechado por las potencias enemigas de España como una de las bases de la famosa "leyenda negra". Aunque el ensayo tiene un fondo de verdad evidente, algunas afirmaciones y cifras están exageradas, posiblemente con el propósito de llamar la atención sobre la condición de los indígenas. Menéndez y Pelayo no le otorga categoría de buen historiador por su apasionamiento y falta de objetividad, que son imprescindibles a aquél. Es innegable que para defender la causa de los indios cayó en abultamientos de la realidad. Pero también es cierto que con toda valentía expuso crímenes, abusos y atropellos a los que ha querido quitársele importancia.

Las Casas pertenece, más que a la literatura o a la historia, al grupo de los benefactores de la humanidad, a los defensores de las libertades humanas. Como en el caso de muchas otras figuras de América, en él es más grande el hombre que el escritor, aunque tiene grandes méritos como autor. Poseía cualidades excepcionales de retratista, como lo prueban los rápidos, pero acertados bocetos descriptivos de Diego Velázquez, Pánfilo de Nárváez, Hernán Cortés, Juan de Grijalba, Alonso de Ojeda y otros muchos. Dos líneas bastan a veces para darnos un retrato físico y sicológico. Como buen andaluz, siempre asoma el humor a su obra, a veces teñido

LOS ORÍGENES / SIGLO XVI

de ironía, aun cuando describa los aspectos más sombríos de la colonización. La prosa es precisa, corta, pero su estilo se reciente a veces de sermoneo y de tono enfático; a ratos monta en cólera, pero es más abundante la fina ironía. Demuestra finura intelectual y agudeza mental en la polémica. Lo esencial en su obra no es, sin embargo, el estilo, sino sus ideales y la firmeza, valentía y constancia con que los sostuvo y defendió. Su obra tiene valor con independencia de su vida o de su causa, siempre que se sepa distinguir, a través de la crítica más severa, dónde están las exageraciones y dónde la verdad. La crítica moderna estima que en sus obras hay más rigor histórico del que a primera vista se cree. Gracias a las Casas conservamos extractado el *Diario de Viaje* de Colón. Sus obras son de obligada lectura para conocer los primeros años de la historia de América.

El Inca Garcilaso de la Vega: cumbre de los cronistas de Indias

Llegamos así al más grande prosista que dio la América hispana durante todo el período colonial y uno de los más grandes de la lengua española de su tiempo, el INCA GARCILASO DE LA VEGA (1539-1616). Nació en el Cuzco, capital de los Incas, fruto de los amores del capitán español Garcilaso de la Vega y Vargas con una princesa Inca, Palla Isabel Chimpu Ocllo, emparentada con el último rey del Imperio y prima de Atahualpa, último emperador de los Incas. Por línea paterna le alcanza sangre de múltiples hombres de letras y de la nobleza española, entre ellos el Marqués de Santillana y Jorge Manrique. También era pariente del gran poeta español del Renacimiento que lleva su mismo nombre. En el Cuzco, mientras recibía la cultura incaica, se le preparó dentro de los moldes de una cultura humanística y europea. En 1560—a los 21 años de edad—salió para España y nunca más volvería al Perú. Quiso en Madrid lograr la restitución del patrimonio correspondiente a su madre, la princesa, pero no tuvo éxito. Entró luego en el ejército, visitando Italia y otros lugares con el Príncipe, futuro Felipe II. Más tarde profesó y entró en el sacerdocio, entregándose de lleno a una vida de ascetismo religioso, así como a la meditación y al estudio. Se hizo de una amplia cultura humanística y trabó amistad con algunos ingenios de la época, entre ellos con Luis de Góngora y Argote. Pasó los últimos años de su vida en Córdoba, donde murió el mismo día que Cervantes y Shakespeare. Parece que se le tenía en gran estima porque sus restos descansan en la famosa Mezquita de Córdoba bajo una solemne lápida.

La primera obra en darle renombre merecido fue la traducción que hizo del italiano al español de la obra *Tres diálogos de amor* (1590) del judío español León Hebreo, una de las obras maestras del Renacimiento, cuyo asunto es la concepción neoplatónica del amor. Los críticos están de acuerdo en que el estilo de la traducción es superior al desaliñado texto original. Esta obra le dio gran prestigio como renacentista. En 1605 entra a las prensas su obra *La Florida del Inca o Historia del Adelantado*

Hernando de Soto, que narra las infortunadas aventuras del famoso e intrépido conquistador español en la península floridana. Tres años después publicó la que se considera su obra maestra, la primera parte de los *Comentarios reales* (1609), en la que trata del origen de los Incas, reyes que fueron del Perú, de su idolatría, leyes y gobiernos en paz y en guerra, de sus vidas y conquistas y todo lo que fue aquel imperio y su república antes de la llegada de los españoles. La segunda parte de los *Comentarios reales* fue publicada después de su muerte, en 1617, aunque había sido terminada hacia 1613. La crítica sobre los valores permanentes del Inca Garcilaso de la Vega deben dirigirse hacia estos aspectos: sus ideas y filosofía; la historicidad de sus obras; y, ya desde un punto de vista más literario, la valoración de su estilo. El Inca no fue—como se ha repetido—la encrucijada de dos culturas—sino de cuatro y todas dejaron huellas perdurables en él, en su obra, en sus líneas temáticas, en su estilo: la cultura clásica, la renacentista, la española propiamente dicha y la indígena. De la primera toma lo balanceado del estilo, la armonía de su prosa y de las ideas; de la española, el dualismo realismo-fantasía o idealidad, tan presente en toda su obra; del Renacimiento su nueva cosmovisión, su humanismo, la elegancia de su estilo y su filosofía sobre el amor y el hombre, así como su pensamiento sobre la posibilidad de un estado ideal en la naturaleza y en los hombres; de la cultura india, su misticismo, su nostalgia en sordina, su añoranza, el sentido elegíaco y de congoja que impregna toda su obra.

Lo más discutido de toda su obra es lo referente a la historicidad. En *La Florida del Inca* se han encontrado errores en los detalles y las descripciones, así como en las fechas. Todo esto es posible, porque el autor nunca estuvo en esos territorios y, según confesión escribió esta obra y, en parte los *Comentarios* sobre testimonios de individuos que iban y venían. La obra fue muy leída y famosa y se supone que la tenía escrita ya en 1587. A los *Comentarios reales,* no solamente se le han tratado de hallar inexactitudes históricas, sino que se le hacen estas dos críticas: el silencio del Inca respecto a las otras culturas y reinos indios del Perú y la llamada concepción utópica del reino Incaico, como modelo de gobierno ordenado y justiciero. La mayoría de estas críticas provienen del hecho de considerarlo como historiador, cuando el autor, siguiendo una corriente renacentista de su tiempo, tiene más preocupación artística que histórica. Quería crear ante todo una obra de arte y como escritor fue a buscar sus materiales a la historia, para conservar en forma amena lo más interesante de la civilización incaica. Quería producir una obra de arte valiéndose de acontecimientos reales. En relación con los *Comentarios reales,* alrededor de los cuales se ha centrado la polémica sobre la historicidad, el notable americanista inglés Clements R. Markham y el gran estudioso peruano Riva Agüero están de acuerdo en que los descubrimientos realizados confirman lo escrito por Garcilaso. El primero afirma que esa obra es la más valiosa autoridad para la civilización peruana y la historia del Perú. El segundo afirma: "La rehabilitación de los *Comentarios reales* se consolida más cada día".

Desde el punto de vista de su estilo, su lenguaje es castizo; sus períodos largos, pero bien redondeados y balanceados. Estas cualidades no le restan vitalidad a la narración, que unas veces se mantiene sostenida y otras decrece o aumenta en exaltación, como mejor cuadre o lo demande la naturaleza del relato. A cada paso asoma a sus páginas su cultura humanística y los ideales del humanismo renacentista. Es un escritor que deja ver sus añoranzas, nostalgias y congojas por un imperio ya ido y de una raza vencida a la cual perteneció, pero no con vagidos de resentido, sino como caballero renacentista del ideal y la ilusión. Se ha insistido, con razón, en la presencia de la ironía y el humorismo del autor, como negación de su resentimiento o amargura. Captó, como no ha podido hacerlo nadie, el verdadero espíritu de la civilización indígena. Su único rival de mérito es Pedro Cieza de León, a quien supera en la maestría artística de la narración. Su estilo, a pesar de la época en que escribe, no presenta elementos culteranos, aunque hay huellas muy sutiles del barroco en cierto pesimismo, en los contrastes que presenta entre el mundo de ayer, que mueve a la esperanza y el momento presente, que inclina a la desilusión. El gran escritor prueba el valor de esta literatura; en el mismo siglo XVI ganó un puesto entre los genios más ilustres del Siglo de Oro español, debido a los quilates de su prosa.

La poesía épica: antecedentes europeos
Características en Hispanoamérica

La poesía épica estaba en el punto más alto de su prestigio en toda Europa en el siglo XVI, especialmente por las contribuciones de los tres grandes épicos italianos: Boiardo, Ariosto y Torquato Tasso. A todo quería dársele aliento épico: al amor, la mitología, la leyenda, la naturaleza, los hechos históricos, lo cómico y burlesco. La rica fantasía y las imágenes brillantes de Ariosto deslumbraban, tanto a los poetas que empezaban como a los ya maduros. Había una verdadera apoteosis de la poesía épica. Como en el Siglo de Oro se desarrollaron en España todos los géneros literarios con amplitud, la poesía épica fue motivo también de intenso cultivo. Los poetas interesados en el género estudiaban tanto a las tres luminarias italianas como a los griegos y latinos. El amplio florecimiento que la épica tuvo en la península, hizo que se cultivara el género en todas sus manifestaciones. De la poesía narrativa de carácter épico en su dimensión heroica tenemos buenos ejemplos en *La araucana* de Ercilla, el *Bernardo* de Balbuena, la *Dragontea* y *Corona Trágica*, de Lope de Vega; en la de carácter burlesco sobresalen *La Mosquea,* de José de Villaviciosa, la *Gatomaquía* del propio Lope de Vega. Inclusive se cultivó la religiosa, cuyos principales exponentes son *La Cristiada* de Diego de Hojeda y el *Monserrate,* de Cristóbal de Virués.

Es natural que los acontecimientos, hazañas y hechos de la conquista de América, con los cuales nacía un Nuevo Mundo, tan llenos de heroísmos, violencias y gran variedad de eventos, fueran material ideal y con entidad estética suficiente para despertar la inspiración de muchos poetas y lograr el auge de la épica en Hispanoamérica. El género tuvo muy pronto multitud de cultivadores, algunos de los cuales mostraron verdaderos méritos. Como dato singular puede recordarse que los cuatro mejores poemas épicos modernos escritos en español, fueron compuestos en América: la heroica o histórica en Chile con Ercilla y Oña, la novelesca y fantástica en México con Balbuena y la sagrada en el Perú con Hojeda. Las características generales de esta poesía épica de la América española son las siguientes: a) No existe una épica de la conquista en general o del nacimiento del Nuevo Mundo, sino sobre temas locales o regionales en su radio de acción. No hubo, al parecer, el intento de describir en su conjunto, el nacimiento de un mundo nuevo a la historia humana. b) Los poemas épicos usan como material estético, hechos concretos de la conquista. c) Esta poesía sigue los grandes modelos italianos, aunque tiene presente también a los clásicos. La gran influencia es Ariosto, bien directamente, bien a través de los épicos españoles. d) Esta épica refleja, en forma directa, la realidad física y sociológica de este Hemisferio, de aquí su gran americanismo. e) Presenta valor histórico y literario o estético. f) La aparición de la poesía épica en el alba de su historia demuestra la sostenida vocación literaria de Hispanoamérica y su interés en el cultivo y desarrollo de todos los géneros.

No parece el genio hispanoamericano muy abierto a la épica en verso, aunque a veces se ha logrado cierta grandeza épica en otros géneros literarios Todo hace indicar que la más genuina poesía de este tipo está en las viejas crónicas, generalmente escritas en prosa. Los cinco mejores poemas épicos escritos o relacionados con la América hispana son: Chile: Alonso de Ercilla y Zúñiga, *La araucana;* México y Puerto Rico: Bernardo de Balbuena, *Grandeza Mexicana* y el *Bernardo*; Chile: Pedro de Oña, *El arauco domado*; Perú, Diego de Hojeda, *La Cristíada* y Cuba: Silvestre de Balboa, *Espejo de paciencia*. De estos autores, Ercilla y Oña pertenecen al siglo XVI, mientras que Balbuena, Hojeda y Balboa corresponden al barroco del siglo XVII.

La poesía épica heroica:
Alonso de Ercilla y Zúñiga y "La araucana"

El mejor poema épico de la lengua castellana y la primera obra literaria sobre América que alcanza realmente mérito estético, es *La araucana* (sus tres partes aparecieron en 1569, 1578, 1589) escrita por ALONSO DE ERCILLA Y ZÚÑIGA (1533–1596). El gran poeta nació en Madrid en el seno de una familia muy prominente. Pasó su niñez y primera juventud en el Palacio Real, donde fue educado junto al Príncipe, futuro Felipe II, con quien viajó por los principales países de Europa. Poseía una buena educación humanística cuando a los veintiún años vino a América. Ercilla participó activa y personalmente en la lucha de los españoles contra los indios araucanos de Chile, que habían resistido por mucho tiempo el ser sometidos a los españoles. A su regreso a España, Felipe II lo nombró su embajador en varios países. El resto de sus días los pasó en la oscuridad, aunque no en la pobreza como se ha afirmado. Por su carácter de soldado que luchó contra los araucanos, Ercilla se convirtió en el primer poeta épico que es, al propio tiempo, actor del hecho histórico que narra, lo cual concede al poema cierto carácter biográfico. Lo más esencial de la primera parte de la obra fue escrita en el mismo campo de batalla, "escribiendo muchas veces en cuero por falta de papel y en pedazos de cartas, algunos tan pequeños que apenas cabían sus versos, que no costó después poco trabajo juntarlos". Ercilla muestra su predilección por el enemigo y opaca a don García, el jefe de los soldados españoles, posiblemente por una disputa que tuvo con él. El largo poema consta de 37 cantos, 2700 octavas reales, con un total de 21,600 versos y el prólogo. El plan de la obra consistía en narrar los hechos de la historia de Chile, en riguroso orden cronológico. Desde su primera edición, la obra gozó de fama extraordinaria en toda España, la que se extendió a los demás países europeos. En 1824 se hizo una importante traducción al francés y otra en 1869. La alemana se hizo en 1831. Actualmente, *La araucana* está traducida a todos los idiomas modernos.

Ercilla muestra gran habilidad para describir el movimiento, tanto de personas como de los propios acontecimientos. Manifiesta siempre gran admiración y simpatía por los indios, alabando su valor y coraje en la defensa de su libertad y de su tierra. El protagonista de la obra es colectivo. Sabe pintar la naturaleza—porque el poema tiene algunas descripciones bellísimas—pero no lo hacía con mucha frecuencia, quizás siguiendo una corriente de la época en que el "color local" no era relevante. Es fiel en la descripción geográfica y en la exposición histórica, pero algunos jefes indios y mujeres indígenas están bastante idealizados. Se ha celebrado la creación y el desarrollo sicológico de los caracteres hechos por Ercilla. El retrato es siempre sobre el físico, el carácter y el aspecto moral y sicológico. Siente viva admiración por las indias y alaba su fidelidad conyugal y otras prendas femeninas. Hasta en la invención de nombres muestra gran felicidad: Tucapel, Colocolo Lautaro, Caupolicán, entre los jefes y las mujeres: Guacolda, Tegualda, Fresia, Glaura. Las arengas de Colocolo ganaron el elogio de Voltaire. Otro aspecto interesante es el realismo, sobre todo en la descripción de la guerra. Se ha alabado su arte de contar y narrar batallas, encuentros personales y hechos bélicos en general. Es cierto que por su libro transcurren numerosas batallas, pero nunca se repiten. Algunos críticos lo hallan monótono en este aspecto, pero Menéndez y Pelayo lo compara con Homero. Este crítico afirma que después de Homero nadie lo ha hecho como él. No son batallas de retablo, sino captadas de la realidad. También tiene momentos líricos de gran belleza y emoción.

En cuanto a las influencias encontramos que el gran modelo es Ariosto, pero también se notan huellas y coincidencias con Boiardo y Tasso. También ofrece reminiscencias de los épicos clásicos, entre ellos Virgilio y Lucano, que parecen ser los más importantes. La obra muestra su cultura clásica y renacentista y su indiscutible inspiración poética. La versificación en general muestra soltura y facilidad; fluidez y espontaneidad; sinceridad y realismo; pero a veces cae en prosaísmos y descuidos en la contrucción. Pule poco su obra, que a veces adolece de cierta afectación, cosa que, por otro lado, es bastante frecuente en este género. En general, los defectos que puedan hallarse en Ercilla, se encuentran también en poetas más altos que él, como el propio maestro Ariosto. La obra de Ercilla presenta un fuerte *chilenismo*, demostrado en la conclusión del poema en el que no hay vencedores ni vencidos, a más de otros elementos muy visibles. La obra tiene más color local del que se le supone y cuando se comparan es fácil notar que tiene más elementos hispanoamericanos que españoles. Los chilenos la consideran como obra suya y uno de los primeros monumentos de su rica literatura. La crítica ha estado muy dividida; algunos la consideran una simple "crónica rimada" y otros una de las grandes obras de la literatura universal. Parece que lo cierto está en un prudente término medio: *La araucana* es un buen poema épico que honra por igual a la literatura de España y de Hispanoamérica.

Los continuadores de Ercilla
Pedro de Oña y el "Arauco domado"

Ya en la prosa hemos visto surgir al "criollo" en la gran figura del Inca Garcilaso de la Vega. La primera gran aparición del nativo en la poesía del continente es PEDRO DE OÑA (1570–1643?), quien sin alcanzar ni superar a Ercilla, le queda más cerca en estatura literaria. Se le ha llamado con toda justicia el "patriarca" de la literatura chilena. Nació en la ciudad de los Infantes de Engol, provincia de Valdivia, que servía de guarnición en la lucha contra los indios araucanos. Quedó huérfano antes del año de nacido, porque su padre, un capitán español, murió en la lucha contra dichos indígenas. Pasó su niñez y primera juventud en Chile y antes de cumplir veinte años fue enviado a Lima, capital del virreinato del Perú, ingresando en la famosa Universidad de San Marcos en 1590. Aunque él se firmaba Licenciado, hay dudas actualmente sobre su posible graduación. En la famosa ciudad de Lima comienza su carrera literaria, mostrándose muy activo en los cenáculos de poetas y escritores de la época. Muy pronto formó parte del grupo de literatos que se organizó en la corte del Virrey, logrando la protección de éste, don García Hurtado de Mendoza, octavo Virrey del Perú. Después de ocupar importantes cargos públicos como cortesano, pasó los últimos años de su vida en la oscuridad, aunque de vez en cuando un destello volvía a iluminarla, cuando publicaba alguna obra.

Publicó su obra maestra, el *Arauco domado* en Lima en 1596. Aunque es inferior a la de Ercilla, constituye el mejor poema épico escrito por un hispanoamericano. Consta de 19 cantos, 1988 octavas reales y un total de 15904 versos endecasílabos. Oña introdujo modificaciones a la octava real que la mejoraron en ligereza y facilidad. Se publicó como "primera parte", pero nunca se han visto ediciones del famoso poema. El poema fue escrito a petición del propio Virrey a fin de subsanar la preterición de que fue objeto en el poema de Ercilla. Oña emplea los mismos materiales históricos y heroicos usados por su predecesor, haciendo una nueva versión de ellos. Toma el hilo de la narración en el canto XIII de *La araucana* y lo continúa, situando a don García—ahora Virrey—como el héroe indiscutible de todos los cantos. La obra fue escrita "por encargo" de ese alto funcionario y compuesta con mucha precipitación, pues el mismo Oña confiesa que tuvo que escribir dieciocho mil versos en tres meses. El autor sigue la huella de los grandes poetas épicos del Renacimiento y la de Ercilla, de quien siempre habla en la forma más elogiosa posible. El poema debe ser juzgado en sus verdaderas circunstancias: es obra de un joven bardo, hecha con mucha premura; de aquí la sensación de improvisación que ofrece muy a menudo. Mientras Ercilla casi ignoró a don García, Oña casi lo endiosa. Pinta la naturaleza con ojos del Renacimiento, pero no la verdadera de su país. Sus versos son frescos, naturales y la narración está hecha con desenfado y corre con fluidez e interés. Muestra siempre su poderosa imaginación y cierta voluptuosidad narrativa, como en la famosa escena del baño de Fresia y Caupolicán. Ni las descripciones de batallas, ni la creación y desarrollo de caracteres tienen la maestría de Ercilla. Sus escenas bucólicas muestran la influencia de Garcilaso de la Vega. Oña poseía un auténtico talento poético: riqueza de fantasía, abundancia y precisión de las imágenes, símiles y metáforas. A su obra asoma ya cierto barroquismo.

Aunque sus otras obras no respondieron a las esperanzas que se pusieron en el joven bardo, es preciso dar una rápida noticia sobre ellas. El *Ignacio de Cantabria* (1636), fue publicado en Sevilla y muestra la fuerte influencia sobre su estilo del gongorismo. El estilo se ha complicado y contorsionado; las imágenes son más audaces y oscuras. Demoró quince años en escribir este poema en loor de San Ignacio de Loyola, fundador de la orden de los Jesuítas, la cual hizo una edición muy primorosa de la obra. Aunque publicada póstumamente, *El Vasauro* estaba terminado ya en 1635. La primera edición completa es de 1941. La obra es también de carácter cortesano. La acción transcurre en España y tiene por centro la valiosa ayuda de los antepasados del Virrey del Perú a los Reyes Católicos. Otras obras menos importantes de Oña son: *Temblor de Lima* (1609) y *Río Lima al río Tibre* (1611?). Oña es el primer gran poeta criollo de la América Hispana, siendo al verso lo que el Inca Garcilaso es a la prosa.

Juan de Castellanos: un poeta épico "sui géneris"

Correspondió a JUAN DE CASTELLANOS (1522–1607), aventurero y andariego español, ser el autor de uno de los libros más curiosos y discutidos de la época colonial: *Elegías de Varones Ilustres de Indias* (1589), que tiene, además, la importancia de ser el primer monumento de la escasa producción literaria del Virreinato de Nueva Granada en estos primeros tiempos coloniales. Nació en Alanis, pueblo perteneciente al arzobispado de Sevilla. Muy joven—a los trece o catorce años—vino a América, recorriendo casi todo el continente, incluyendo las islas. Esto le dio un conocimiento de su geografía, historia, hombres, cosas, acontecimientos que pocos escritores de su tiempo igualan. Por todos lados paseó su curiosidad, su socarronería y su gracia andaluza. Aparentemente cansado de esa vida y ansioso de más sosiego para su espíritu, ingresó en el sacerdocio en 1559. En 1561 pasó a ser "Beneficiado de Tunja", ciudad de Colombia bastante importante en este tiempo, donde pasó el resto de sus años. En este lugar era el centro de una especie de tertulia literaria que reunía a los escasos ingenios de la época. Se asegura que escribió también "un libro en octavas rimas, de la vida, muerte y milagros de San Diego de Alcalá", que no ha podido ser hallado.

Las *Elegías* constan de cerca de ciento cincuenta mil versos endecasílabos, que la hacen el poema más grande de la lengua española y uno de los más extensos del mundo. Consta de unas doce mil octavas reales y de miles de versos sueltos. En la lucha entre la escuela tradicional y los italianizantes, Castellanos se puso de parte de éstos, logrando buen dominio y maestría en la construcción de las octavas reales. El título de la obra es muy apropiado porque tenía por objeto dar a conocer las penurias, penalidades y en ocasiones frecuentes, las trágicas muertes que sufrieron la mayoria de los conquistadores. Juan de Castellanos es un poeta *sui generis*, porque en realidad es en extremo difícil clasificar su libro. ¿Qué son las *Elegías*, un libro histórico o literario; una crónica rimada o un poema épico? En realidad tiene un poco de todo, sin que llegue a ser completamente una cosa u otra. Su aporte de datos y personajes de la conquista es realmente fabuloso. Castellanos cuenta todo lo que vio y todo lo que oyó. Poseía una memoria privilegiada, aunque la misma le falla algunas veces, sobre todo en las fechas. Su mérito histórico es tan grande que está considerado junto a Fernández de Oviedo y al Padre las Casas en las fuentes más preciosas de los primeros años de la colonia. Sus fuentes fueron orales y el *Compendio historial* de Gonzalo Jiménez de Quesada. Todo hace indicar que escribió la obra primeramente en prosa, transcribiéndola luego en verso siguiendo el consejo de algunos amigos que quizás lo convencieron de que podía emular a Ercilla.

Su facilidad de versificación y de memoria es realmente asombrosa. Pero escribió tanto que, en general, la obra es desaliñada, tediosa, a veces prosaica. Por el conjunto del libro, sin embargo, sobresalen octavas, pasajes, descripciones y semblanzas de verdadero mérito poético. De aquel inmenso bosque pueden espigarse algunos ramilletes con belleza literaria permanente. Castellanos es el mejor de los poetas épicos menores y supera a Ercilla y a Oña en el valor histórico de su obra, que pocas crónicas antiguas pueden igualar. Unía a su extraordinario don de observación y de oído, la fantasía, a menudo llena de la picardía y gracia andaluza. La obra es quizás demasiado larga y densa para el lector moderno, pero una selección de sus octavas realmente antológicas, producen mucho deleite estético. Menéndez y Pelayo ha sintetizado el juicio sobre los valores de esta obra al decir que "su libro unas veces entretiene y otras ayuda a conciliar el sueño".

Los épicos menores
Ausencia de la épica en el Perú y México
Principales ensayos

Existe una gran diferencia por la calidad estética y la importancia literaria, entre los "épicos mayores", ya estudiados, y los "menores" que mencionaremos ahora.

LOS ORÍGENES / SIGLO XVI

Asimismo llama la atención que el Perú y México, los dos virreinatos más importantes, con las conquistas más famosas del Nuevo Mundo, no cuenten con una poesía épica de mérito, mientras que Chile, donde la conquista no alcanzó esa importancia, sea la única que tiene una poesía digna de mención. Los tres ensayos más conocidos en el Perú son: la obra titulada *Conquista de la Nueva Castilla,* cuyo manuscrito fue descubierto en Viena en 1848 y posiblemente anterior a *La araucana*. Su valor estético es mínimo. Pedro de la Cadena (España; siglo XVI) es autor de una obra titulada *Los Actos y Hazañas valerosas del Capitán Diego Hernández de Serpa*, que nunca llegó a ver la luz pública. El poema es de poco valor en general. Más méritos tiene el titulado *El Marañón* (terminado en 1578 y dedicatoria de 1596) escrito por Diego de Aguilar y Córdova (España; siglo XVI). El poeta fue alabado por Cervantes, lo que no significa mucho si se tiene en cuenta la natural benevolencia crítica del autor del *Quijote*.

La epopeya que, sin lugar a dudas, constituía la conquista y el ejemplo de *La araucana* de Ercilla, fueron incentivo literario suficiente para que también en México, algunos poetas trataran de darle expresión y aliento épicos a las extraordinarias hazañas de Cortés y demás compañeros. Francisco de Terrazas, el primer poeta mexicano de nombre conocido, es el autor del mejor ensayo épico del siglo XVI, titulado *Nuevo Mundo y conquista*. El mexicano tenía más inclinación natural para lo lírico que para lo épico. Sabe mostrar corrección, soltura y elevación en los versos, pero le falta la rotundidad, vigor y fuerza propias de este género. La estrofa le sale demasiado suave, tierna y blanda para cantar hechos tan duros y violentos. Lo mejor del poema son precisamente los pasajes idílicos de delicadeza lírica. Sigue a Terrazas en mérito, aunque bastante alejado de su calidad poética, GABRIEL LOBO Y LASSO DE LA VEGA (1558-1617) que escribió no una, sino dos obras épicas, al parecer tratando de acertar. Sus dos poemas se titulan: *Cortés valeroso* (1588) y *Mexicana* (1594). Era buen versificador, pero sus obras no pasan de ser medianías literarias.

Otro poeta de esta época es ANTONIO DE SAAVEDRA GUZMAN (Siglo XVI), casado con una nieta de Jorge Alvarado, capitán de las fuerzas de Cortés y hermano del célebre conquistador don Pedro de Alvarado. Desde muy joven se dedicó al estudio de las humanidades y de las bellas letras, sobre todo a la historia y la poesía, Ocupó algunas posiciones públicas de importancia. Empleó más de siete años en reunir datos y materiales para su futuro poema, que al parecer compuso para hacer méritos para sus pretensiones en la corte de Madrid. Según propia confesión "escribió y acabó en setenta días de navegación con balances de nao" un poema épico que tituló *El Peregrino Indiano* (1599) con versos laudatorios de Vicente Espinel y de Lope de Vega. La obra sigue el ciclo de Terrazas y tiene por asunto las hazañas de Cortés, desde su salida de Cuba hasta la conquista del imperio azteca. Es el primer libro impreso de poeta nacido en Nueva España. Realmente no tenía mucho talento épico, aunque el crítico Ticknor "encuentra poesía y verdad en su obra". Tiene mucho valor histórico, pero a veces se aparta de la historia para introducir algo de "máquina épica", consistente en alegorías, hechicerías y encantamientos. Relata una tempestad promovida por el demonio para hacer naufragar las naves del héroe. Aunque la versificación es en general desaliñada y ampulosa, varias descripciones de operaciones militares y ciertos instantes líricos, alcanzan bastante mérito. Es bella la dulzura que asoma a las octavas tituladas "Tirano amor" del Canto XVIII. Nicolás Fernández de Moratín se inspiró en esta obra para escribir su famoso poema *Las naves de Cortés destruídas*, llenas de bellas imágenes y genuina poesía.

BIBLIOGRAFÍA

1 GENERAL

(Véase Bibliografía del Capítulo I, especialmente las historias generales de esta literatura y las historias de Hispanoamérica)

2 EL MUNDO PRE-COLOMBINO: LAS CIVILIZACIONES INDIAS

Arias-Larreta, Abraham, *Literaturas aborígenes: azteca, incaica, maya-quiché*, 8va. ed., Los Angeles, The New World Library, 1962.
——, *History of Indo-American Literature*, Starkville, Missouri, The New World Library, 1964. Vol. I: Pre-Columbian Literature; Vol. II: From Columbus to Bolívar.
Baudizzone, Luis A., *Poesía, música y danza inca*, Buenos Aires, Nova, 1943.
Canals Frau, S., *Las civilizaciones prehispánicas de América*, Buenos Aires, 1955.
——, *Prehistoria de América*, Buenos Aires, 1950.
Collier, John, *Indians of the Americas: The Long Hope*, 7a. ed., New York, The New American Library, 1959.
Garibay K, Angel María, *Historia de la literatura náhuatl*, 2 vols., México, Porrúa, 1953.
Hagen, Víctor W. von, *The Aztec: Man and Tribe*, 4ta. ed., New York, The New American Library (Mentor), 1964.
——, *World of the Maya*, 3ra. ed., New York, The New American Library (Mentor), 1963.
——, *Realm of the Incas*, 7ma. ed., New York, The New American Library (Mentor), 1963.
Lara, Jesús, *La poesía quechua*, México, Fondo de Cultura Económica, 1947.
Markham, Clements R., *Los Incas del Perú*, Lima, 1920. Versión castellana de Manuel Beltroy. Edición en Londres, 1856.
Morley, Sylvanus Griswold, *The Ancient Maya*, 3ra. ed., rev., Stanford, Stanford Univ. Press, 1956.
Vaillant, George C., *The Aztecs of Mexico: Origin, Rise and Fall of the Aztec Nation*, Harmondsworth, Middlesex, Pelican Book, 1950.
Vidal Martínez, Leopoldo, *La poesía de los Incas*, Lima, Editorial Amauta, 1947.
Wissler, Clark, *The American Indian: An Introduction to the Anthropology of the New World*, 2da. ed., Nueva York, Oxford University Press, 1922.

3 ORÍGENES Y CARACTERES DEL SIGLO XVI

Arjona, Doris Kind y Vázquez Arjona, Carlos, *Siglo de aventuras*, New York, Macmillan, 1943.
Benítez, Fernando, *La vida criolla en el siglo XVI*, México, El Colegio de México, 1953.
Carbia, Rómulo D., *Historia de la leyenda negra hispanoamericana*, Madrid, Consejo de la Hispanidad, 1944.
Crow, John A., *The Epic of Latin America*, Garden City, N.Y., Doubleday, 1952.
Chapman, Charles E., *Colonial Hispanic America: A History*, New York, Macmillan, 1933.

LOS ORÍGENES / SIGLO XVI

Fernández de Navarrete, M., *Colección de los viajes y descubrimientos que hicieron por mar los españoles desde fines del siglo XV*, Madrid, 1825–1837.

Gallegos Rocafull, José M., *El pensamiento mexicano en los siglos XVI y XVII*, México, Centro de Estudios Filosóficos, 1951.

Henríquez Ureña, Pedro, *Las corrientes literarias en la América hispánica*, 3ra. ed., México, Fondo de Cultura Económica, 1964.

Herring, Hubert C., *A History of Latin America*, 2da. ed., New York, Knopf, 1961.

Historiadores primitivos de Indias, Tomo XXII, Madrid, Biblioteca de Autores Españoles, 1946.

Iglesias, Ramón, *Cronistas e historiadores de la conquista de México: Ciclo de Hernán Cortés*, México, El Colegio de México, 1942.

Kirkpatrick, F. A., *Los conquistadores españoles*, Buenos Aires, Espasa-Calpe, 1940. Traducción de Rafael Vázquez Zamora.

Leonard, Irving A., *Books of the Brave*, Cambridge, Harvard Univ., 1949.

——, *Los libros del conquistador*, México, Fondo de Cultura Económica, 1953.

Lummis, Carlos F., *Los exploradores españoles del siglo XVI: Vindicación de la acción colonizadora española en América*, Buenos Aires-México, Espasa-Calpe, 1945. Traducción de Arturo Cuyás.

Méndez, Plancarte, Gabriel, *Humanismo mexicano del siglo XVI*, México, Imprenta Universitaria, 1946.

Moses, Bernard, *Spanish Colonial Literature in South America*, New York, Hispanic Society, 1922; 2da. ed., New York, Krauss, 1961.

Otero, Gustavo Adolfo, *Life in the Spanish Colonies: La vida social en el coloniaje*, Nueva York, A Bertrand Bilingual Text, 1955.

Pereyra, Carlos, *Breve historia de América*, Santiago de Chile, Zig-Zag, 1938.

——, *La obra de España en América*, Madrid, Aguilar, 1930.

Quesada, Vicente G., *La vida intelectual en la América Española durante los siglos XVI, XVII y XVIII*, Buenos Aires, Cultura Popular, 1917.

Romera-Navarro, M., *Historia de la literatura española*, Boston, Heath, 1949.

Sierra, Vicente D., *Sentido misional de la conquista de América*, Madrid, Consejo de la Hispanidad, 1944.

——, *Así se hizo América*, Madrid, Ediciones Cultura Hispánica, 1955.

Solá, Miguel, *Historia del arte hispano-americano: Arquitectura, escultura, pintura y artes menores en la América española durante los siglos XVI, XVII y XVIII*, Barcelona, Editorial Labor, 1935.

Torres-Rioseco, Arturo, *The Epic of Latin American Literature*, Berkeley y Los Angeles, Univ. of California Press, 1953–58.

Worcester, Donald E., y Schaeffer, Wendel G., *The Growth and Culture of Latin America*, New York, Oxford, 1956.

4 LOS CRONISTAS DE INDIAS

a) REFERENCIAS GENERALES

Anderson, Imbert, *Historia*, I, 19–63.

Iglesias, Ramón, *Cronistas e historiadores de la conquista de México: Ciclo de Hernán Cortés*, México, El Colegio de México, 1942.

Moses, Bernard, *Spanish Colonial Literature in South America*, New York, Hispanic Society, 1922; 2da. ed., New York, Kraus Reprint, 1961; Caps. II, III, IV.

Torres-Rioseco, *Nueva historia*, 9–19.

LOS ORÍGENES / SIGLO XVI

b) LOS GRANDES CRONISTAS DE INDIAS

CRISTÓBAL COLÓN

Textos

El primer viaje de Cristóbal Colón, Madrid, Instituto Histórico de Marina, 1943.
Los cuatro viajes del Almirante y su testamento (1946), 3ra. ed., Buenos Aires, Espasa-Calpe, 1958 (Col. Austral, 633).
Four Voyages to the New World: Letters and Selected Documents, New York, Corinth Book, 1961; (edición bilingüe editada por R. H. Major e introducción de John E. Fagg).
Journals and Other Documents on the Life and Voyages of Christopher Columbus, New York, The Heritage Press, 1964. Traducción de Samuel Eliot Morison.

Crítica

Ballesteros y Beretta, Antonio, *Cristóbal Colón y el descubrimiento de América*, 2 vols., Barcelona, Salvat, 1945.
Iglesias, Ramón (Editor), *Vida del Almirante Don Cristóbal Colón*, México, Fondo de Cultura Económica, 1947.
Keen, Benjamin (traductor), *The Life of the Admiral Christopher Columbus by his Son Ferdinand*, New Brunswick, N.J., Rutgers Univ. Press, 1959.

HERNÁN CORTÉS

Textos

Cartas de relación de la Conquista de México, México, Porrúa, 1942.
Cartas de relación de la Conquista de México, Buenos Aires, Espasa-Calpe, 1945 (Col. Austral, 547).
Cartas y relaciones con otros documentos relativos a la vida y a las empresas del conquistador, Buenos Aires, Emecé, 1946; editados por Nicolas Coronado.
Letter of Cortés, 2 vols., New York, Putnam, 1908; traducidas y editada por Francis A. MacNutt.
Five Letters, New York, Robert M. McBride, 1929; traducidas y editadas por J. Bayard Morris.
Historiadores primitivos de Indias, Madrid, 1946 (Biblioteca de autores españoles, 22).

Crítica

Benítez, Fernando, *In the Footsteps of Cortés*, New York, Pantheon, 1952.
Madariaga, Salvador de, *Hernán Cortés*, 2da. ed., Buenos Aires, Sudamericana, 1943.
——, *Hernán Cortés, Conqueror of Mexico*, 2da. ed., Chicago, Regnery, 1956; 1ra. ed., New York, Macmillan, 1941.
Pereyra, Carlos, *Hernán Cortés*, 5ta. ed., Buenos Aires, Espasa-Calpe, 1953 (Col. Austral, 236).
Wagner, Henry P., *The Rise of Fernando Cortés*, Los Ángeles, Cortés Society, 1944.

BERNAL DÍAZ DEL CASTILLO

Textos

Historia verdadera de la conquista de la Nueva España, 2 vols., México, Porrúa, 1955; editada por Joáquín Ramírez, Cabañas.
Historia verdadera de la conquista de la Nueva España, México, Fernández, 1961.
Historia verdadera de la conquista de la Nueva España, México, Editorial P. Robredo, 1933.
The Bernal Díaz Chronicles, Garden City, N.Y., Doubleday, 1957; traducida y editada por Albert Idell.

LOS ORÍGENES / SIGLO XVI

Crítica

Carreño, Alberto M., *Bernal Díaz del Castillo, descubridor, conquistador y cronista de Nueva España*, México, Ediciones Xochitl, 1946.

Graham, R. B., Cunninghame, *Bernal Díaz del Castillo*, Londres, 1915.

Lazo, Raimundo, *Historia*, 25-31.

Valbuena Briones, Ángel, *Literatura hispanoamericana*, 1-25.

GONZALO FERNÁNDEZ DE OVIEDO

Textos

Historia general y natural de las Indias, Islas y Tierra Firme del Mar Océano, 4 vols., Madrid, Real Academia Española, 1851. Con un estudio sobre la vida y escritos de Oviedo por Don José Amador de los Ríos.

Sumario de la natural y general historia de las Indias (Toledo, 1526), reproducido en los *Historiadores primitivos de Indias*, Madrid, Biblioteca de Autores Españoles, 1858, tomo 22.

Historia... de las Indias, Madrid, Biblioteca de Autores Españoles, I. Rivadeneyra, 1877.

Las Quincuagenas de la nobleza española, Madrid, Real Academia Española de la Historia, 1880. Sólo se publicó el tomo I, bajo la dirección del académico don Vicente de la Fuente.

Crítica

Henríquez Ureña, Pedro, *Obra crítica*, 350-351.

Menéndez y Pelayo, *Historia*, I, 387-390.

PADRE JOSÉ DE ACOSTA

Textos

Historia natural y moral de las Indias, México, Fondo de Cultura Económica, 1940; 2da. ed., 1962; Edición y estudio de Edmundo O'Gorman.

Crítica

González Peña, *Historia*, 47-49.

Lazo, *Historia*, 87-92.

Picón-Salas, *De la conquista a la independencia: tres siglos de historia cultural hispanoamericana*, 3ra. ed., México, Fondo de Cultura Económica, 1958, 125-128.

PEDRO CIEZA DE LEÓN

Textos

La Crónica del Perú, en *Historiadores primitivos de Indias*, Madrid, 1862 (Biblioteca de Autores Españoles, Tomo II); tomo 26 en la edición de 1947.

Crónica general del Perú, Lima, Ed. de la Colección Urteaga, 1924. Vol. VII; editada por H. Urteaga.

El señorío de los Incas, Buenos Aires, Ediciones Solar, 1942; prólogo y notas de Alberto Mario Salas.

La crónica del Perú, 3ª ed., Madrid, Espasa-Calpe, 1962 (Col. Austral, 507).

Crítica

Barrera, Isaac J., *Literatura hispanoamericana*, Quito, Univ. Central, 1934.

Henríquez Ureña, *Corrientes*, 24, 48, 53, 68.

Lazo, *Historia*, 81-87.

JUAN SUÁREZ DE PERALTA

Textos

Noticias históricas de la Nueva España, Madrid, 1878. Edición y estudio de Justo Zaragoza.

Tratado del descubrimiento de las Indias y su conquista . . . y del suceso del marqués del Valle, etc., México, Imp. Universitaria, 1945.

Crítica

Anderson Imbert, *Historia*, I, 56-57.
González Peña, *Historia*, 27-29.
Lazo, *Historia*, 33-36.

RUY DÍAZ DE GUZMÁN

Textos

La Argentina, Buenos Aires, Colección Estrada, 1943.

Crítica

Rojas, Ricardo, *Historia de la literatura argentina*, "Los coloniales".

FRAY GASPAR DE CARVAJAL

Textos

Relación del nuevo descubrimiento del Río Grande las Amazonas, México, Biblioteca Americana, 1955.

Crítica

Anderson Imbert, *Historia*, 43-44.

ÁLVAR NÚÑEZ CABEZA DE VACA

Textos

Naufragios y comentarios, con dos cartas, Madrid, Espasa-Calpe, 1936; primera edición en Austral, 304, 1942.

Los naufragios y relación, Boston, Heath, 1941; editada por Espinosa y Mercado.

Naufragios de Álvar Núñez Cabeza de Vaca, Madrid, *Historiadores primitivos de Indias*, 1946 (Biblioteca de Autores Españoles, XXII).

Spanish Explorers in Southern United States, 1528-1543: the Narrative of Alvar Nuñez Cabeza de Vaca, New York, Barnes and Noble, 1953; editado por Frederick W. Hodge.

Adventures in the Unknown Interior of America, New York, Collier, 1962; traducida por Cyclone Covey.

Crítica

Hallenback, Cleve, *Álvar Núñez Cabeza de Vaca: Journey and Route*, Glendale, California, Arthur H. Clark, 1940.

Long, Haniel, *The Power within us; Cabeza de Vaca's Relation*, New York, Duell, Solan and Pearce, 1944.

Rojas, "Los Coloniales" en *Historia de la literatura argentina*.

LOS ORÍGENES / SIGLO XVI

FRAY BARTOLOMÉ DE LAS CASAS

Textos

Historia de las Indias, 3 vols., México, Fondo de Cultura Económica, 1951; editada por Agustín Millares Carlo con introducción de Lewis Hanke.

Doctrina, 9a. ed., México, Univ. Nac. Autónoma, 1951. Prólogo y selección de Agustín Yáñez.

Brevísima relación de la destrucción de las Indias, Buenos Aires, Editorial Mar Océano, 1953; edición y prólogo de Gregorio Weinberg.

The Tears of the Indian (*Brevísima relación de la destrucción de las Indias*), Stanford, California, Academic Reprints, 1953.

Crítica

Brion, Marcel, *Bartolomé de las Casas "Father of the Indians"*, New York, Dutton, 1929; introducción de Ernesto Montenegro.

Hanke, Lewis, *Bartolomé de las Casas, an Interpretation of his Life and Writings*, The Hague, M. Nijhoff, 1951.

——, *Bartolomé de las Casas, Historian: An Essay in Spanish Historiography*, Gainesville, Univ. of Florida Press, 1952.

——, *La lucha por la justicia en la conquista de América*, Buenos Aires, Sudamericana, 1949.

Martínez, Manuel María, *Fray Bartolomé ae las Casas, Padre de América*, Madrid, Imp. Rafa, 1958.

Menéndez Pidal, Ramón, *El Padre las Casas: su doble personalidad*, Madrid, Espasa-Calpe, 1963.

INCA GARCILASO DE LA VEGA

Textos

Páginas de los comentarios reales, 6ta. ed., Buenos Aires, Estrada, 1952; editada por Julio Noé.

Comentarios reales: selección, Lima, Ministerio de Educación Pública, 1958.

Comentarios reales de los Incas, 2da. ed., 2 vols., Buenos Aires, Emecé, 1944; editados por Ángel Rosenblat.

Comentarios reales, 3ra. ed., Buenos Aires, Espasa-Calpe, 1950 (Col. Austral, 324).

Comentarios reales de los Incas, 3 vols., Lima, Univ. Mayor de San Marcos, 1959; editado por José Durán.

La Florida del Inca. Historia del Adelantado Hernando de Soto, México, Fondo de Cultura Económica, 1956; editada por Emma S. Speratti Piñero, prólogo de Aurelio Miró Quesada y bibliografía de José Durand.

Obras completas, 3 vols., Madrid, 1960 (Biblioteca de Autores Españoles, 132); editadas por Carmelo Sáenz de Santa María.

Diálogos de amor de León Hebreo, Buenos Aires, Espasa-Calpe, 1947 (Austral, 704).

Crítica

Arocena, Luis A., *El Inca Garcilaso y el humanismo renacentista*, Buenos Aires, Centro de Profesores de Enseñanza Secundaria, 1949.

Fitzmaurice-Kelly, Julia, *El Inca Garcilaso de la Vega*, Londres, Oxford Univ. Press, 1921.

Menéndez y Pelayo, *Historia*, II, 73–77.

Miró Quesada Sosa, Aurelio, *El Inca Garcilaso*, 2da. ed., Madrid, Cultura Hispánica, 1948.

Porras Barrenechea, Raúl, *El Inca Garcilaso en Montilla (1561–1614)*, Lima, Ed. San Marcos, 1955.

Sánchez, Luis Alberto, *Escritores representativos*, I, 23–40.

5 LA POESÍA ÉPICA

a) ESTUDIOS GENERALES

Abercrombie, Lascelles, *The Epic*, Garden City, N.Y., Doran (Doubleday), 1914.
Alegría, Fernando, *La poesía chilena*, México, Fondo de Cultura Económica, 1954.
Amunátegui Solar, Domingo, *Las letras chilenas*, Santiago, Nascimento, 1934.
Méndez Plancarte, Alfonso, *Poetas novohispanos. Primer siglo (1521-1621)*, México, Biblioteca del Estudiante Universitario No. 33, 1942.
Menéndez y Pelayo, *Historia*, Tomos I y II.
Merino, Félix, *Poesía épica de la Edad de Oro: Ercilla, Balbuena, Hojeda*, Zaragoza, Ebro, 1955.
Pierce, Frank, *The Heroic Poem of the Spanish Golden Age: Selections*, New York, Oxford, 1947.
——, *La poesía épica del Siglo de Oro*, Madrid, Editorial Gredos, 1961.
Sánchez, Luis Alberto, *Los poetas de la colonia y la revolución*, 2da. ed., Lima, 1947.
Solar Correa, Eduardo, *Semblanzas literarias de la colonia*, 2da. ed., Santiago, Difusión Chile, 1945.
Trawick, Buckner B., *World Literature*, Vol. II, *The Romantic Epic*.

b) POETAS ÉPICOS SOBRESALIENTES

ALONSO DE ERCILLA Y ZÚÑIGA

Textos

La araucana, Madrid, Aguilar, 1946; prólogo de Concha de Salamanca.
La araucana, Buenos Aires, Espasa-Calpe, 1947 (Austral, 722); prólogo de Antonio de Undarraga.
La araucana, 2 vols., México, Univ. Autónoma, 1962 (Nuestros clásicos, 25); introducción de Arturo Souto.
The Araucaniad, Nashville, Vanderbilt Univ. Press, 1945; traducida por Charles Maxwell Lancaster y Paul Thomas Manchester.

Crítica

Alegría, *Poesía chilena*, 1-55.
Medina, José Toribio, *Vida de Ercilla*, México, Fondo de Cultura Económica, 1948; prólogo de Ricardo Donoso.
Menéndez y Pelayo, *Historia*, II, 222-237.
Sánchez, *Escritores representativos*, I, 9-22.
Solar Correa, *Semblanzas*, 11-48.

PEDRO DE OÑA

Textos

Arauco domado, Santiago, Academia Chilena, 1917; editado por José Toribio Medina.
Arauco domado, Madrid, Cultura hispánica, 1944 (edición en facsímile).
El temblor de Lima de 1609, Santiago, 1909 (edición de José Toribio Medina).
Arauco Tamed, Albuquerque, Univ. of New Mexico Press, 1948; traducido por Charles Maxwell Lancaster y Paul Thomas Manchester.

Crítica

Alegría, *Poesía chilena*, 56–102.

Dinamarca, Salvador, *Estudio del Arauco domado de Pedro de Oña*, New York, Hispanic Institute, 1952.

Menéndez y Pelayo, *Historia*, II, 238–250.

Sánchez, *Escritores representativos*, I, 52–62.

Solar Correa, *Semblanzas*, 51–98.

JUAN DE CASTELLANOS

Textos

Elegías de varones ilustres de Indias, Madrid, Biblioteca de Rivadeneyra.

Elegías de varones ilustres de Indias, Madrid, Colección de Escritores Castellanos, 1887.

Elegías de varones ilustres de Indias, Caracas, Editorial Sur-América, 1932.

Crítica

Diccionario . . . Colombia, 26–29.

Gómez Restrepo, *Historia de la literatura colombiana*, I, 31–75.

Menéndez y Pelayo, *Historia*, I, 414–423.

Otero Muñoz, Gustavo, *Historia de la literatura colombiana*, 12–15.

——, "Joan de Castellanos" en *Semblanzas colombianas*, Bogotá, Biblioteca de historia nacional, 1938; Vol. I, 28–55.

c) LOS ÉPICOS MENORES

(Véase Menéndez y Pelayo, *Historia*).

ANTONIO SAAVEDRA GUZMÁN

Textos

El peregrino indiano, Madrid, Pedro Madrigal, 1599.

"Tirano amor" (del Canto XVIII) en: Anderson Imbert y Florit; y Méndez Plancarte, "*Poetas novohispanos*".

Crítica

Menéndez y Pelayo, I, 36–38.

3 La poesía lírica, el ensayo, el teatro y el cuento
Estado de la novela

Esquema de la poesía española en el renacimiento

En el siglo XVI, primer período del llamado Siglo de Oro, se produce en España la llamada revolución italiana o petrarquista, consistente en la adopción de los metros prevalecientes en la península itálica y que revolucionó la lírica castellana. Juan Boscán fue el iniciador de esta renovación, pero es el genio de Garcilaso de la Vega quien la lleva al triunfo definitivo. De esta forma es precisamente la poesía española la primera manifestación literaria en adoptar en su totalidad, la estética del Renacimiento. Esta adopción no fue unánime, pues hubo algunos, capitaneados por Cristóbal de Castillejo, que siguieron alimentando la vieja escuela tradicional y escribiendo en los metros antiguos. Las formas importadas terminaron por prevalecer y fueron factor decisivo en el florecimiento que vive la poesía lírica, junto con los demás géneros literarios, durante la Edad de Oro (siglos XVI y XVII).

Los orígenes de la poesía lírica en Hispanoamérica
Las primeras manifestaciones

Pueden distinguirse cuatro etapas en la llegada de las formas poéticas al Nuevo Mundo. La poesía más antigua en llegar a nuestro suelo fueron los romances traídos por los primeros soldados y conquistadores. Los romances españoles antiguos se transmitían oralmente y era precisamente el pueblo y los soldados quienes más inclinación presentaban para memorizarlos. ¡Cuántas veces la repetición de un viejo ejemplar del romancero sería el único consuelo y alivio espiritual de los rudos conquistadores! Son los versos lírico-épicos con fuertes elementos caballerescos todavía, los que iluminan el alba de nuestra historia literaria, abriendo el capítulo de la poesía lírica. Luego vino la etapa de los copleros, autores generalmente anónimos de coplas y cantares. Habría que incluir aquí también las imitaciones de los romances españoles y su adaptación a las circunstancias y hechos nuevos que encontraban. La copla adquiere a veces forma de "pasquín", como los dirigidos a Cortés por los primeros colonos, expresando su protesta por no haber recibido lo que esperaban en el reparto de recompensas. La copla sirve de vehículo a la protesta, a los chascarrillos de los soldados o conquistadores o para expresar sus penas de amor y contrariedades.

Traspasada la mitad del siglo XVI, nuestra poesía se convierte en "poesía de circunstancias", para celebrar onomásticos, para ser leídas en festejos o fiestas o para dar la bienvenida a algún virrey, obispo o alto funcionario. Esta poesía supone un paso de avance sobre la anterior. En el último cuarto del siglo XVI, por la influencia de los medios de cultura, la estimación que se otorgaba a la poesía—no sometida a ninguna restricción de tipo legal—y por la labor de los ingenios peninsulares que visitaban estos países, comenzaron a aparecer poetas genuinos, con bastante inspiración. Coexisten entonces dos corrientes poéticas: la poesía escrita en latín y la castellana y ésta a su vez orientada hacia los metros tradicionales y, sobre todo a los italianos, que terminan por imponerse rotundamente. Como medio de proteger y auspiciar la poesía, estimulando a los autores, era muy corriente la celebración de certámenes poéticos. No hay noticias de que se celebraran en el Perú en este siglo, pero en México hubo uno en 1585 al que concurrieron más de 300 poetas. La noticia de este concurso la da Bernardo de Balbuena, él mismo un participante y ganador en dicha justa. El siglo XVI, cuna de casi todos los géneros literarios, lo fue también de la poesía lírica, que tanta importancia tendrá en el desarrollo de esta literatura.

Contribución de los grandes poetas españoles:
Gutierre de Cetina, Eugenio de Salazar y Alarcón y Juan de la Cueva

Contribuyó en forma decisiva a esta etapa de formación de la literatura, la visita de algunos de los mejores ingenios españoles a América, la que tuvo el doble efecto de producir estímulo en el florecimiento de la vida literaria y en el arraigo de las nuevas doctrinas y corrientes estéticas. Entre los ingenios que nos visitaron en este siglo hay que citar a Micael de Carvajal, uno de los mejores dramaturgos del teatro pre-lopesco; Eugenio de Salazar y Alarcón, Juan de la Cueva, Fray Alonso de Cabrera, Gutierre de Cetina, Luis de Carvajal, místico judío; Lázaro Bejarano, verdadero eramista y autor satírico. También estimularon la actividad literaria, sin haber estado nunca en América, los mejores autores españoles, al reconocer los méritos y dar crédito a los incipientes autores. Así Miguel de Cervantes, tres veces hizo peticiones para venir a América, además, en su *Canto de Calíope*, publicado con *La Galatea* (1584) elogia a muchos autores hispanoamericanos. También su *Viaje del Parnaso* (1614) contiene juicios críticos muy favorables. Lope de Vega estimuló nuestra literatura y criticó muy favorablemente a nuestros escritores, sobre todo en el *Laurel de Apolo* (1630). Otros grandes ingenios expresaron sus deseos de venir a América sin poder hacerlo: Fray Luis de León, San Juan de la Cruz, Diego Hurtado de Mendoza y otros muchos. Los

LA POESÍA LÍRICA, EL ENSAYO, EL TEATRO Y EL CUENTO

tres autores que ejercieron una influencia más directa y personal fueron: Eugenio de Salazar y Alarcón, Gutierre de Cetina, con influencias directas sobre Francisco Terrazas, primer poeta lírico de nombre conocido, y Juan de la Cueva.

Intento de caracterización de la poesía de este período

Se advierte una asimilación gradual, sostenida y más tarde completa de la estética renacentista en los géneros literarios que se cultivan en el siglo XVI, particularmente en la poesía épica y lírica. Esta conversión hacia lo europeo no es un movimiento general de todo el pueblo, sino que es dirigido por la clase culta, muy interesada en estas formas, sin que lleguen a permear completamente todos los estratos de la sociedad. Las características generales de esta incipiente poesía lírica podrían resumirse así:

a) Comienza siendo ruda, bronca y desaliñada, propia de los tiempos que corrían, pero evoluciona hacia formas más estilizadas y de perfección.

b) Presencia de elementos de idealización, con fuerte acentuación en lo erótico y lo idílico.

c) Son frecuentes también los temas elegíacos, así como los religiosos.

d) La influencia directa del Renacimiento se nota, no solamente en el uso de los nuevos metros, sino también en la filosofía y el platonismo expresado en su contenido.

e) Ya se notan influencias respecto a la poesía peninsular e infiltración de lo criollo.

f) Aunque algunas de las poesías de esta época pueden compararse en calidad con las que se producen en España, la producción lírica de verdadero mérito es muy escasa. Hay preocupación por la elegancia, el refinamiento, quizás por la influencia del petrarquismo, a pesar de que todavía se oye en la lejanía el fragor bélico de la conquista. En realidad, la América Hispana no produjo en este siglo un poeta lírico de primera magnitud. Francisco de Terrazas fue el único en acercarse a esa meta, pero no produjo lo suficiente.

Se ha tratado de hallar las posibles causas para la escasez de la producción lírica de valor estético en esta etapa. He aquí las principales razones que se han dado:

1. La ausencia de la mujer, ya que los conquistadores, soldados y primeros pobladores, venían solos, dejando a sus familias en Europa, por lo menos en los primeros tiempos.

2. El ambiente de la época, más propicio a que la inspiración se disparara hacia lo heroico, lo histórico y lo épico que hacia lo lírico.

3. El estado incipiente de la cultura, a pesar de los esfuerzos de la universidad, la iglesia y la poca gente culta, que era una rémora para la aparición de un verdadero genio.

La poesía femenina: la figura de Leonor de Ovando

Santo Domingo—hoy la República Dominicana—es país de primicias históricas. Fue el primer territorio en ser conquistado, colonizado y organizado como unidad político-administrativa, por el propio Colón. También es el primer lugar donde se implanta la organización, el régimen de vida y la cultura europea y primer centro civilizador en América. Todo hace indicar que las letras alcanzaron gran florecimiento, pues a la ciudad de Santo Domingo se le llamó en un tiempo "la Atenas del Nuevo Mundo". Juan de Castellanos y otros cronistas nos dan noticias muy interesantes sobre las distintas manifestaciones literarias, sobre todo en el campo del verso. Dentro de la poesía, comenzó a cultivarse, desde muy temprano, la lírica, teniendo Santo Domingo la gloria de haber producido la primera poetisa de nombre conocido en la historia literaria de Hispanoamérica. Fue esta poetisa SOR LEONOR DE OVANDO (? -después de 1609), natural de Santo Domingo y, por tanto perteneciente a la primera generación de figuras literarias criollas. Las primeras y casi únicas noticias que tenemos de la poetisa se deben a Eugenio de Salazar y Alarcón, en su manuscrito *Silva de Poesía, compuesta por Eugenio de Salazar,* que se conserva en la Academia Española de la Historia. Este autor menciona también a la señora doña Elvira Mendoza, "ilustre poetisa" y al poeta Francisco Tostado.

Su devoción por Sor Leonor de Ovando es tanta que le dedicó cinco sonetos con motivo de las celebraciones de Navidad, Pascua de Reyes, Pascua de Resurrección, Pascua de Pentecostés y Día de San Juan Bautista. La poetisa le contesta cada composición con un soneto suyo, a veces repitiendo los mismos consonantes usados por su admirador y amigo. Se conservan, pues, de Leonor Ovando, seis composiciones solamente: cinco sonetos y unos "versos sueltos" en respuesta a unas sextinas del propio Salazar, en los que abundan las asonancias propias de esa época. En estos sonetos la autora demuestra cierto dominio de la técnica clásica del soneto, bastante desenvoltura en la versificación. Combina sentimientos de cortesía y galanura con expresiones religiosas y místicas. En el primero de estos sonetos nos da una estampa emocionante y de verdadera inspiración de la Navidad:

EN LA PASCUA DE NAVIDAD

El Niño Dios, la Virgen y Parida,
el parto virginal, el Padre Eterno,
el portalico pobre, y el invierno
con que tiembla el autor de nuestra vida,

sienta, señor, vuestra alma, y advertida
del fin de aqueste don y bien superno,
absorta está en aquel, cuyo gobierno
la tenga con su gracia guarnecida.

Las Pascuas os dé Dios qual me las distes
con los divinos versos de esa mano;
los quales me pusieron tal consuelo,

que son alegres ya mis ojos tristes,
y meditando bien tan soberano,
el alma se levanta para el cielo.

LA POESÍA LÍRICA, EL ENSAYO, EL TEATRO Y EL CUENTO

Hay en todos sus versos verdadero fervor y misticismo. En los "versos sueltos" está también presente la comunión mística con el Esposo, así como ciertos anticipos del conceptismo, pues en unos versos aparece jugando con el significado y el sonido semejante de las palabras. Son versos de emoción franca y limpia, de sincero sentimiento religioso y de cierto alarde de clasicismo en la estructura del soneto. Sus versos están bien para esta época de la historia de nuestras letras, tan poco propicia al cultivo de la poesía subjetiva.

La poesía lírica en el virreinato de Nueva España
Principales cultivadores

Ningún país de Hispanoamérica superó a México en el siglo XVI en cuanto a la cantidad y la calidad de la poesía lírica. Esa producción, que no pasa de ser de mediana calidad si se le compara con la peninsular, es lo mejor que se produjo en este continente en esta época. Se hacen visibles tres corrientes muy distintas en la producción poética: a) petrarquista, madrigalesca, galante y amatoria; b) religiosa y mística; c) satírica o humorística. La poesía se distingue por cierto mexicanismo, que resulta de su reflejo de la sicología, sentimientos y maneras propias de los mexicanos. La corriente madrigalesca es producto de una sociedad colonial que trata de emular el esplendor de vida y de cultura de las grandes ciudades españolas. La poesía religiosa y mística expresa la preocupación por las hondas cuestiones que se debaten en este tiempo. Esta corriente y la profana trascendente hallan motivos en la inquietud filosófica y, sobre todo, religiosa que se nota en toda Europa. Técnicamente responden al instante transicional que se vive: hay cultivo de los viejos moldes del siglo XV, pero es más fuerte la orientación renacentista. La poesía satírica está basada esencialmente en la crítica de condiciones y tipos producidos por un ambiente todavía pobre y en la exposición de las diferencias entre los peninsulares y los criollos. A menudo los autores cultivan más de un género literario y más de una corriente poética.

Francisco de Terrazas,
el mejor lírico hispanoamericano del siglo XVI

Es FRANCISCO DE TERRAZAS (1525?-1607?) no solamente el mejor lírico de México en este período, sino el primero en méritos literarios de toda la literatura hispanoamericana. Aunque se tienen muy pocos datos biográficos, se sabe que era el primogénito del conquistador del mismo nombre, quien vino al virreinato con Cortés. El padre ocupó relevantes posiciones públicas, pues fue Mayordomo de Cortés y Alcalde ordinario de la ciudad de México. Aunque se ignoran las fechas exactas del nacimiento y muerte del poeta, no hay duda de que es el bardo mexicano más antiguo de nombre conocido. En el *Canto de Calíope* que forma el libro sexto de *La Galatea* (1584), Cervantes hace una mención elogiosa de este poeta. En esos versos, Cervantes lo llama "nuevo Apolo", lo considera entre los "ingenios soberanos" y afirma que su nombre es muy conocido en España y América. Hay la conjetura de un viaje del poeta a España, así como sobre su posible amistad con el poeta Gutierre de Cetina, dada la gran influencia del sevillano en algunos de sus versos. El cronista Dorantes de Carranza afirma que fue "excelentísimo poeta toscano, latino y castellano", o sea que escribía en tres idiomas y en todos demostró poseer calidad artística.

La obra de Terrazas no es muy abundante. Solamente se conservan de él: nueve sonetos, veintiún fragmentos de un poema épico titulado *Nuevo Mundo y Conquista*, unas décimas sobre materia teológica dirigidas a González de Eslava y una *Epístola amatoria* en tercetos. El autor es uno de los poetas que se abraza firmemente a la nueva poesía, basada en la estética del Renacimiento. Son por lo general poemas amatorios, galantes, con fuerte influencia del petrarquismo. Aunque escribió un poema épico, lo cierto es que el genio de Terrazas es primariamente lírico. Sus versos son madrigalescos e idílicos, mostrando fuerte influencia de Gutierre de Cetina y algo de Fernando de Herrera y de la escuela sevillana. Es el suyo un verso suave, refinado, lleno de galantería y lirismo. Adolece de falta de imaginación brillante, pero es poeta muy cuidadoso de la forma, como lo demuestran, sobre todo, sus sonetos "fechos al itálico modo". En el soneto logró pequeñas obras maestras para su tiempo. Aunque es una composición difícil, Terrazas logró dominar su técnica. El mejor de estos sonetos es el titulado "A unas hermosas piernas", lleno de sensualidad, con una fina vena frívola y pagana. Otro muy notable es el dedicado "A una dama que despabiló una vela con los dedos", en que el poeta anticipa giros propios del conceptismo que muy pronto invadiría nuestra literatura. De mucho donaire es el titulado "Dejad las hebras de oro ensortijado". Un aire de aristocratismo le quita a su poesía todo vestigio de color local. Suavidad melancólica, con tintes elegíacos como se desprende de algunos sonetos. Demostró ser un verdadero poeta, quizás más grande que el ambiente en que vivió. Su poesía se caracteriza por su gran subjetivismo y poder de expresión y a ella asoma a veces una tenue veta de protesta social como cuando se queja de su patria, que es como una madrasta para sus propios hijos. Es, sin lugar a dudas, el mejor poeta lírico de México y de la América Hispana en este siglo.

Breve noticia de los exponentes de la poesía lírica en el Perú

Aunque Cervantes y Lope de Vega mencionan más poetas del Perú que de México, lo cierto es que la producción de éste supera la de aquél, tanto en cantidad como en calidad y méritos literarios. Todo hace indicar que la poesía lírica tuvo también en ese virreinato un amplio cultivo, aunque no se conserven muchas muestras. La composición poética más antigua del Perú está escrita en coplas de arte mayor, imitando el metro de Juan de Mena, y no en la medida italiana, y trata de la muerte del adelantado don Diego de Almagro. Es de notar que fueron muy abundantes en este país los romances que imitan a los antiguos históricos españoles. Más tarde llegó la etapa de los copleros, los improvisadores y repentistas. Estas coplas son de carácter popular, de metro antiguo y muy cultivados por los soldados y pobladores de los primeros tiempos. Se usaban mucho para expresar burla, escarnio y crítica a los funcionarios, cosa muy común todavía hoy en los países hispanoamericanos. A medida que nos vamos acercando a los finales del siglo XVI, la poesía lírica va ganando en calidad y méritos, aunque en el Perú son siempre versos laudatorios o de circunstancias. Entre los poetas más antiguos de este país están los que escribieron los versos laudatorios—sonetos—para la obra *El Marañón* (1578) escrita por el poeta español don Diego de Aguilar y Córdoba. Estos poetas son: Carlos Maluenda; Miguel Cabello Balboa, autor del mejor de esos sonetos; Gonzalo Fernández de Sotomayor, don Sancho Marañón, don Pedro Paniagua de Loaisa y don Diego Vaca de la Vega. Aunque son sonetos bastante bien construidos, no pasan de ser poesía de circunstancia. Tanto Cervantes como la anónima poetisa autora del *Discurso en loor de la poesía* (siglo XVII) mencionan a otros muchos poetas, pero hay pocas dudas de sus escasos méritos artísticos.

La poesía satírica y la expresión del resquemor criollo

El sentido crítico y humorístico del hispanoamericano se disparó hacia la poesía satírica, desde los primeros días de la colonia y su ingenio nos ha dejado algunas muestras, tanto en autores, como en obras, que vale la pena recordar, aunque sea muy rápidamente. La vena satírica y humorística es una de las constantes de nuestra literatura. Es una tradición que va desde los "pasquines" y "coplas" anónimas o de autor conocido, pasando por Mateo Rosas de Oquendo, la sátira anónima del siglo XVI, Valle Caviedes y Esteban de Terralda y Landa hasta nuestros días. La oposición al ambiente, a la organización social, y a regímenes y figuras políticas es a menudo expresada en la sátira, tanto poética como en prosa, al punto de que generalmente este género es el barómetro de la temperatura política y social.

Esta tradición vigente todavía hoy en día nació en la sátira del siglo XVI, que pinta la sociedad de este tiempo, los tipos humanos y el pensamiento e ideales de los criollos. La sátira no es sólo una manera regocijada de ver la realidad, sino que contiene ya, en forma incipiente, ciertos rasgos de protesta contra la propia organización social, que permite el encumbramiento del "advenedizo" y de otros "parásitos sociales" creados en el proceso de desarrollo y formación de esta nueva sociedad. Generalmente es de autores criollos; pero hay varias de españoles ya asimilados al medio. Aunque casi todas las que se conocen son anónimas, se ve en ellas la mano y, sobre todo, la intención y el sentimiento del criollo preterido. Expresa esencialmente las diferencias entre los peninsulares y criollos. Estas discrepancias, que son la crónica y la sátira las primeras en exponer con toda franqueza, serán la causa fundamental del hecho político y social más trascendente de estos países: las guerras de Independencia y la subsiguiente autonomía del poder español. Contra un fondo de problemas y realidades sociales de su tiempo, el poeta expresa su crítica y oposición, en una forma cómica. El regocijo, la gracia, la intención hacen muy tenue cierto tono de amargura y desencanto que se deja entrever. La sátira se convierte así en verdadero retrato de una época.

Hacia dos vertientes se orienta esta poesía satírica: hacia *la sátira anónima* y la de *autores conocidos*. Son los poemas satíricos de autor desconocido los primeros en aparecer. Al correr del siglo XVI muchos conquistadores o sus hijos y nietos llegaron a empobrecerse. Como una "recomendación" o "una buena relación" valía más que los méritos propios para lograr un destino o para ascender, se daba el caso muy frecuente de que los llamados "advenedizos"—venidos de España o nacidos en América—tuvieran las mejores posiciones. La poesía satírica se encargó de expresar las quejas contra esa situación. Pero también se hizo eco de los conflictos, rivalidad y diferencia entre peninsulares y criollos y la natural "ojeriza" que existía, indudablemente, entre ellos.

En el mismo manuscrito en que se encontraron los fragmentos del poema épico de Terrazas,[1] aparecieron tres sonetos satíricos de autor anónimo. Las teorías sobre el posible origen y significación de estos sonetos ha aumentado con el tiempo. Menéndez y Pelayo sostenía que al parecer eran de un mismo autor,[2] pero últimamente ha tomado cuerpo la idea de que los dos primeros son como una crítica de los peninsulares a los nativos, o más concretamente, a México y que el último es la debida respuesta de algún poeta satírico mexicano a los desplantes del o de los peninsulares. Asimismo el primero, que es como una descripción de México, es atribuido a Mateo Rosas Oquendo y se ha subtitulado "El Gachupín Maldice de México". Por su gran interés, vamos a reproducirlo:

Minas sin plata, sin verdad mineros,
Mercaderes por ella codiciosos,
Caballeros de serlo deseosos,
Con mucha presunción bodegoneros;

Mujeres que se venden por dineros,
Dejando a los mejores más quejosos;
Calles, casas, caballos muy hermosos,
Muchos amigos, pocos verdaderos.

Negros que no obedecen sus señores,
Señores que no mandan en su casa,
Jugando sus mujeres noche y día;

Colgados del Virrey mil pretensores,
"Tianquez", almoneda, behetría,
Aquesto, en suma, en esta ciudad pasa.

---
[1] *Memorias de la Academia Mexicana*, correspondiente de la Real Española, Tomo II, págs. 357–425.
[2] *Historia de la poesía hispanoamericana*, Santander, Aldus, Tomo I, 1948, pág. 40.

Pero el anónimo poeta no se detuvo ahí, todavía en otro soneto siguió con la crítica más despiada para la sociedad y tipos de su tiempo. Dice así el soneto número dos de ese manuscrito:

> Niños soldados, mozos capitanes,
> Sargentos que en su vida han visto guerra,
> Generales en cosa de la tierra,
> Almirantes con damas muy galanes;
>
> Alféreces de bravos ademanes,
> Nueva milicia que la antigua encierra,
> Hablar extraño, parecer que atierra,
> Turcos rapados, crespos alemanes.
>
> El favor manda y el privado crece,
> Muere el soldado desangrado en Flandes
> Y el pobre humilde en confusión se halla,
>
> Seco el hidalgo, el labrador florece,
> Y en este tiempo de trabajos grandes,
> Se oye, se mira, se contempla y calla.

La réplica a los anteriores no se hizo esperar. Posiblemente otro autor anónimo, quizás tomando la defensa de México y de la organización de la sociedad y de las cosas de este tiempo, escribió:

> Viene de España por el mar salobre
> A nuestro mexicano domicilio
> Un hombre tosco, sin algún auxilio,
> de salud falto y de dineros pobre.
>
> Y luego que caudal y ánimo cobre,
> Le aplican en su bárbaro concilio
> Otros como él, de César y Virgilio
> Las dos coronas de laurel y robre.
>
> Y el otro, que agujetas y alfileres
> Vendía por las calles, ya es un Conde
> en calidad, y en cantidad un Fúcar:
>
> Y abomina después el lugar donde
> adquirió estimación, gusto y haberes,
> ¡Y tiraba la jábega en Sanlúcar!

A más de la indiscutible gracia, crítica social y marcada intención de protesta social, cabe admirar la perfección de estos sonetos, que se adivinan escritos por poetas estimables.

A esta musa anónima, siguió una sátira de autor conocido. El más notable de ellos fue MATEO ROSAS DE OQUENDO (1559? — 1621), poeta sevillano al parecer muy aficionado a los viajes, porque anduvo extensamente por Francia e Italia. Vino a América en 1585, a la edad de treinta y cuatro años y aquí continuó su largo peregrinaje, pues estuvo en Tucumán—donde fue encomendero—y otras regiones de Argentina; hizo larga estancia en Lima—según propia confesión ocupó el cargo de "criado" del Virrey y estudiante aventajado de "Artes y Nigromancia"—así como en México (1612). En 1621 todavía vivía en la capital virreinal del Perú.

En Lima escribió una obra de cierta extensión titulada *Sátira a las cosas que pasan en el Perú, año de 1598*. Durante su estancia en la otra capital virreinal, México, compuso su *Sátira que hizo un galán a una dama criolla que le alababa mucho a México*. Sus sátiras fueron publicadas por Alfonso Reyes (1889-1959), el gran humanista mexicano, en *Capítulos de Literatura Española* (1939). La primera de estas obras es una pintura de la sociedad y del tiempo a que se refiere el título, con énfasis en los ataques a las mujeres de reputación dudosa, así como contra los impostores. También arrecia la crítica contra los que siendo pobres y gañanes en la península quieren pasarse en América como miembros de la nobleza. La segunda sátira es una crítica de la sociedad mexicana de esa época y directamente contra algunos criollos y sus formas de vida. Pero no se le tome como un exponente del resentimiento español contra la vida criolla, porque lo cierto es que sus dardos van dirigidos a todas partes.

Como escritor que nace en el siglo XVI y que muere ya bien comenzado el siguiente, su estilo va cambiando de tonalidades. Ya en los últimos años es evidente el rastro de la nueva moda, patente en el naturalismo barroco de la forma de describir la sociedad y algunas contorsiones en el verso. Rosas de Oquendo es a veces amargo, pero la amargura y la crítica franca no llegan nunca a oscurecer su don de versificación ni su picardía regocijante. La época era muy propicia para la sátira y Rosas de Oquendo—como antes el poeta anónimo—supo ver la sociedad y a sus componentes a través del prisma de su humor, al que alguna vez asoma cierta desilusión por la forma en que ve ir las cosas. Sus sátiras están bien desenvueltas y mejor escritas. Debe apuntársele su gran empeño en emplear la lengua popular con sus giros propios. Por sus obras desfilan los mexicanos y peruanos hablando como lo hacen en su conversación diaria. El gran crítico que había en Alfonso Reyes supo ver calidad y méritos literarios en la obra satírica del sevillano. Por nuestra parte, creemos que es merecedor de que se le estudie con la debida amplitud.

El ensayo: las crónicas de Indias como nuestra primera ensayística
Temática y orientaciones

Aunque hay una amplia polémica al respecto, parece que la orientación general es considerar el ensayo como un género literario, sin dejar de tener en cuenta lo relativo de este concepto y lo expresado al respecto por Benedetto Croce, porque su contenido no se agota en la disquisición intelectual y lógica, sino que tiene una proyección estética evidente y consustancial. Puede ser científico, filosófico, histórico, literario o de cualquier otra índole, pero nunca pierde el carácter de obra artística que usa la palabra como medio de expresión. Podemos decir que el ensayo consiste en una exposición, generalmente escrita en prosa—la hay también en verso—en la que se estudia algún hecho o aspecto de la realidad en particular y que se caracteriza por:

a) La profundidad del análisis

b) Su carácter subjetivo, en cuanto contiene los puntos de vista personales del autor sobre dicha materia

c) Su flexibilidad, tanto en su contenido, como en su forma, extensión y asunto

d) Su aspecto intelectual no borra, sino confirma, su dimensión estética, siendo esto la clave para su consideración como parte de la producción literaria de un país

e) Suele tener descripción, narración, argumentación

f) Aspectos filosóficos y de interpretación

g) Hay obras que se escriben específicamente como ensayos y algunas no escritas con esa finalidad, tienen tal carácter.

En el concepto amplio que se tiene hoy del ensayo, éste nació en las literaturas clásicas. Pero el ensayo moderno nació con el gran escritor francés Michel de Montainge (1533-1592), quien usa la palabra y la propia estructura del género por primera vez. Son los escritores ingleses, a partir de Francis Bacon (1561-1626) los que lo han cultivado con mayor frecuencia y precisión, al punto de que se ha hablado del ensayo como un género de procedencia sajona. En los siglos XIX y XX, el ensayo ha tenido numerosos cultivadores en Alemania, Francia, Inglaterra, Italia y demás países de Europa, así como en los Estados Unidos. Muchas de las grandes figuras literarias de estas dos centurias, pertenecen casi por completo al género de la ensayística. En España es más reciente su aparición, aunque en un concepto amplio se le puede otorgar tal denominación a muchas obras de la Edad Media, siglos XVI y XVII. En el siglo XVIII tuvo un amplio cultivo hasta llegar al siglo XX, donde el género llega a su cumbre.

El ensayo ha sido uno de los géneros más importantes de la literatura hispanoamericana, sobre todo a partir del neoclasicismo, pero sus raíces más profundas están en el siglo XVI, origen de casi todos los géneros literarios. Muchos de los grandes nombres de esta literatura, hay que situarlos en el casillero del ensayo, porque ha sido precisamente en este género donde han logrado verdadera fama y prestigio. Entre las características de esta ensayística hay que señalar el predominio de la temática nacional o americana en la mayoría. El gran tema del ensayista americano es América misma, desdoblada en lo regional, lo nacional y lo panamericano. Pocos son los escritores que se dedican a tratar temas de carácter abstracto o universal, aunque es indudable que algunos de los grandes escritores prefieren estos asuntos. La influencia determinante de la historia, la geografía y lo social parece ser la segunda característica, complementada por un ansia de autodefinición y crítica. Los mejores ensayistas tratan de explicarse qué ha sido América, qué factores han influido en su conformación y qué puede llegar a ser. La esencia y el destino del continente parece ser el tema de mayor importancia. Aunque esto es cierto, a medida que transcurre el siglo XX se nota una tendencia hacia la mayor universalidad de los temas y asuntos, aunque siga persistiendo el predomonio de lo hispanoamericano como asunto central.

¿Quiénes fueron los primeros ensayistas del continente americano y cuáles son las primeras obras escritas en esta región que por sus elementos y composición merecen el nombre de ensayos? Entendiendo el género en su sentido más amplio—que es en definitiva el concepto moderno y más difundido—fueron los cronistas de Indias los primeros ensayistas de nuestro continente. Estas obras tienen casi todas las características que hemos analizado al estudiar la dimensión conceptual de este género literario, sobre todo aquélla que se refiere al énfasis en el punto de vista personal del autor sobre un asunto o aspecto individualizado de la realidad. La temática central y muchas de las características que hemos señalado como generales en el ensayo hispanoamericano, están presentes en estos primeros intentos. El tema central de todas las crónicas es América. Se estudia este continente en todos los aspectos, existiendo, por tanto, ensayos históricos, políticos, filosóficos, religiosos, indigenistas, costumbristas, científicos (sociológicos, etnográficos, de historia natural), biográficos, etc. Las *Cartas de Relación* de Cortés son esencialmente históricas, pero a ellas asoman aspectos políticos. En las obras de Gonzalo Fernández de Oviedo hay una mezcla de lo histórico, lo politico y lo científico, mientras que la *Verdadera historia de la conquista de la Nueva España*, de Bernal Díaz del Castillo, es esencialmente histórica. La *Historia de las cosas de la Nueva España*, de Fray Bernardino de Sahagún es un ensayo sobre etnología, pero la *Historia natural y moral de las Indias* del famoso jesuita, padre José de Acosta, es de naturaleza filosófica y científica. La ensayística del padre Bartolomé de las Casas y de Fray Toribio de Benavente (Motolinía) tiene fuerte acentuación indigenista, por sus grandes preocupaciones por el indio como ente humano.

El ensayo hispanoamericano que nace así, irá perfeccionándose con el transcurso del tiempo y la mayor madurez, profundidad y amplitud de miras de los escritores, unidas a una mejor comprensión de la verdadera esencia de este género, producirán su perfeccionamiento, hasta llegar al siglo XX, cuando el ensayo es uno de los géneros más cultivados y más importantes dentro del ámbito intelectual de Hispanoamérica.

El teatro: rápida noticia del teatro indígena o pre-colombino

Es un hecho comprobado que, sobre todo las tres principales civilizaciones indias pre-hispánicas—ya analizadas en otra parte de este estudio—conocían el teatro y que éste se había desarrollado desde formas muy simples e indisolublemente asociadas a la música, hasta piezas más evolucionadas, inclusive con diálogos y cierto movimiento o juego escénico. El grado de desarrollo del teatro no era el mismo en todos los grupos indígenas. Se puede trazar una línea que va desde las civilizaciones con formas más simples y rudimentarias, hasta las más complejas. Pero realmente, la historia completa de este teatro está todavía por escribirse. Este teatro aborígen era básicamente rítual y pantomímico, como cuadra a todo teatro primitivo. Hay pocas dudas de que primero existió la música y la poesía o narraciones épicas y que la actividad teatral surgió primero como simples gestos y elementos mímicos que acompañaban a la música y que luego fue adquiriendo contenido épico en formas posteriores, en que se trataba de representar en el teatro, las grandes hazañas y hechos de la raza respectiva.

Hay reiteradas pruebas del gran interés que mostraban los indígenas por estas formas del arte. Según testimonio de varios de los cronistas de Indias, casi todas estas culturas—y las grandes sin excepciones—habían construído verdaderos teatros, donde hacían sus representaciones. Las estructuras de los de los incas, mayas-quichés y aztecas eran realmente impresionantes, según las descripciones de los cronistas. Hernán Cortés describe el de la plaza principal de Tenochtitlán; existió un imponente anfiteatro de los incas en el Cuzco, capital de su imperio y se conserva el escenario de los mayas en su ciudad sagrada, Chichén Itzá, en Yucatán.

Las formas del teatro indígena se pueden agrupar en tres niveles distintos, de acuerdo con su desarrollo. El primer nivel corresponde a las formas más simples y embrionarias, consistentes en bailes y pantomimas con música. Este arte coreográfico con multitud de formas fue cultivado por todas las culturas. A este grupo pertenecen especialmente los "areítos" y danzas de los taínos y demás indios de las Antillas. Un segundo escalón está formado por los simples disfraces y usos de máscaras, también acompañados de música y danza, pero todavía sin diálogos para expresar las ideas. Los movimientos mímicos y los disfraces hacían el papel del diálogo. Finalmente tenemos formas bastante evolucionadas en los mayas, incas y aztecas en las que ya existen verdaderos diálogos y lo escénico se complica, como en el caso del drama guerrero quiché (tribu de los mayas), *Rabinal Achi*.

De los aztecas se conserva una especie de poema con el título de *Himno a Tláloc*, que tiene todos los indicios de una pieza teatral en la que aparece el diálogo. Don Ángel M. Garibay K., en su *Historia de la literatura náhuatl* ofrece varios poemas o composiciones con fuertes elementos dramáticos y teatrales.[3] También los incas tuvieron actividades dramáticas. Practicaban el canto, la danza y los famosos *taquis*. Por testimonio de Pedro Cieza de León, José de Acosta y el Inca Garcilaso de la Vega sabemos que tenían grandes teatros, con sus gradas y muy adornados durante las representaciones. Este embrionario teatro indígena que hemos recorrido tan someramente, tuvo una gran influencia posterior en los inicios de la dramática hispanoamericana.

Las corrientes dramáticas del siglo XVI
Clasificación

La llegada del teatro europeo a la América Hispana se produce en el propio siglo XVI y su cultivo comenzó respondiendo a estas dos razones fundamentales: la

---
[3] Editorial Porrúa, México, 1953-1954; 2 vols.

evangelización de los naturales y el entretenimiento de los primeros pobladores. Esos motivos son los que determinan sus características, elementos y corrientes en los primeros tiempos. Es evidente que las primeras piezas fueron adaptaciones de obras españolas u originales de sacerdotes peninsulares, pero que muy pronto surgieron los escritores nativos, bien por haber nacido en este continente, bien por haber sido asimilados desde muy jóvenes a su cultura. Las propias circunstancias de sus orígenes determinan las corrientes con que se inicia la historia del teatro hispanoamericano. La consideración de todos los tipos de piezas dramáticas, nos daría el siguiente cuadro:

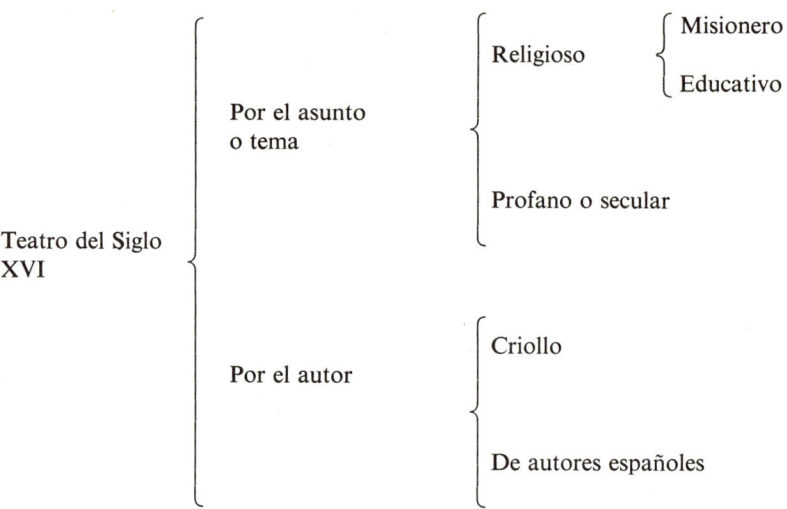

En la práctica hay una gran mezcla o combinación de estas corrientes. Por ejemplo, el teatro criollo puede ser religioso o profano e igual podemos decir del escrito por autores españoles. También hubo representaciones de las obras de los grandes dramaturgos españoles de la época, pero éstas, muy escasas en el siglo XVI, alcanzan todo su esplendor en las dos centurias siguientes.

El llamado teatro misionero
Sus características

La existencia de formas dramáticas tan variadas entre los indios, que demuestran su afición por el teatro, hizo concebir a los misioneros la idea de trocar lo profundo de las doctrinas cristianas en más simples y gráficas lecciones, capaces de llegar más fácilmente a las mentes de aquellos hombres primitivos. En vez de introducir de pronto el teatro español en el estado de su desarrollo, aprovecharon aquellas incipientes manifestaciones para las primeras representaciones, en las que los propios indios fueron las pantomimas vivientes. De esa manera se tomaban piezas españolas—sobre todo autos sacramentales—o se escribían nuevas por los propios sacerdotes o autores con capacidad para ello y se vertían a la lengua nativa de los indios. Por eso hemos afirmado que este teatro en sus orígenes es una fusión de elementos indígenas y europeos, pues a través del rudimento del drama aborígen, se le da forma comprensible y simple a ideas religiosas y europeas.

Servía este primitivo teatro de vehículo para la predicación del evangelio y de ideas morales, cumpliendo a cabalidad su cometido de llevar a aquellas almas y mentes sencillas y rudimentarias, el mensaje de Cristo, no en fórmulas abstractas que estaban fuera del alcance de sus entendimientos, sino en una forma sencilla y gráfica, cuya verdad era fácil de comprender y asimilar. Así por medio del teatro misionero, los temas más complicados y profundos del Evangelio se hacían de un valor plástico e ilustrativo incomparables. Así es que el más remoto origen del teatro hispanoamericano está en esta fusión primitiva y simple de los elementos dramáticos aborígenes y españoles. Al principio predominaron los elementos religiosos—lo que parece ser común a todo teatro, inclusive en España—a los que luego van incorporándose los elementos profanos o seculares. Así, muy lentamente, comienza a desarrollarse el teatro y en el transcurso del tiempo va adquiriendo sus elementos definitivos y despojándose de aquéllos que le son ajenos.

Sorprende grandemente la temprana aparición del teatro en el siglo XVI. En agosto de 1521 cae Tenochtitlán en poder de Cortés y en enero de 1526, todavía con la ciudad medio destruída, se prepara una función teatral. En efecto, la primera representación dramática de que se tenga constancia documental tuvo efecto en esa fecha. Las dramatizaciones primitivas se mezclaban con los servicios normales de la iglesia, sobre todo en los primeros tiempos. Otras veces se construían grandes escenarios al aire libre, adornados con toda clase de plantas y animales vivos. Muy famosas fueron las representaciones de Tlaxcala en 1538, descritas por el cronista Fray Toribio de Benavente ("Motolinía"). El día de San Juan Bautista se escenificaron cuatro autos. Según el cronista, los autos fueron escritos en prosa y en lengua náhuatl. Durante la fiesta de la Encarnación representaron el famoso *Auto de Adán y Eva* o *Auto de la caída de nuestros primeros padres,* en el mismo lugar y año. La pieza fue posiblemente escrita por el propio fray Benavente y se dice que hizo llorar a todos de emoción.

También en el virreinato del Perú tenían lugar actividades dramáticas de este tipo. El Inca Garcilaso de la Vega ha dejado constancia de estas representaciones dirigidas por los religiosos. El Inca nos habla de representaciones en Cuzco, Potosí y Lima y termina celebrando a los muchachos indios que hacían de actores y actrices.

El teatro didáctico o docente: sus funciones e importancia

Paralela a este teatro catequista que hemos analizado, existió una dramática de orientación didáctica y escolar, generalmente desarrollada por los alumnos de los colegios y que es, sin duda alguna, curioso antecedente de nuestro actual teatro universitario. Los elementos del drama europeo son más intensos en este teatro, que es hijo legítimo de una vieja tradición universitaria española en Salamanca, Alcalá de

Henares y otras grandes universidades. Los centros de estas actividades del teatro escolar fueron las dos espléndidas capitales virreinales: México y el Perú, teniendo como promotores a los colegios de la Compañía de Jesús. Estas piezas dramáticas son generalmente coloquios o tragedias con diálogos en latín. En una época posterior se escribían totalmente en castellano. Era un teatro de circunstancias siendo los coloquios escritos especialmente para celebraciones o actos de importancia. Los actores eran los propios estudiantes y los autores el profesor de latín o cualquier otro padre. Este teatro de academia desapareció al faltarle el favor popular. Una de las primeras representaciones de este tipo tuvo lugar en Lima, con la obra *Historia alegórica del Anticristo y el Juicio Final* (1559). También en México hubo representaciones de esta clase, sobre todo en 1578. Los cuatro colegios que tenían entonces los jesuítas hicieron sendas representaciones. Ese año se montó la tragedia *Triunfo de los santos,* que pertenece a ese género dramático.

El teatro "criollo": orientaciones

Mientras tanto, la América Hispana iba produciendo sus propios dramaturgos. En la segunda mitad del siglo XVI se produce una lenta decadencia de la dramática misionera, que tanta vitalidad mostró al principio, facilitando el surgimiento del verdadero teatro criollo escrito por americanos no aborígenes. Asimismo se van ampliando sus temas y mejorando la técnica. Al drama exclusivamente religioso de los primeros tiempos, vienen a unirse piezas dramáticas de carácter profano. Sin embargo, no existe todavía una distinción cerrada entre ambos teatros, porque es muy común representar obras religiosas en honor de personajes políticos, como los virreyes y piezas profanas en las ceremonias de investidura o bienvenida de dignatarios eclesiásticos.

A fines del siglo hay ya tres corrientes dramáticas bien diferenciadas: el teatro religioso con sus variantes catequístico y escolar, y el profano o de simple entretenimiento y diversión. Este a su vez se puede dividir en teatro europeo, favorito de la nobleza con el control político y económico y un teatro de dramaturgos nacionales o locales que eran más apreciados por el pueblo humilde. Pero las piezas de este último también subían a los palacios. Más tarde pueden verse representaciones de obras locales junto a las grandes creaciones del teatro español del Siglo de Oro.

Son características de este teatro criollo:

a) La lucha contra el drama español, que estaba precisamente caminando hacia su apogeo, así como contra la preferencia del público pudiente, formado por la "élite" política y social.

b) Es la corriente que más importancia tiene desde el punto de vista de nuestro estudio, por constituir las raíces de la genuina dramática hispanoamericana.

c) Mostró gran vitalidad hasta la Independencia (1825). Aunque parezca increíble, después de ella, comienza su decandencia.

d) Responde a la sensibilidad y mentalidad propias del nuevo hombre americano.

e) Es un teatro de estructura y técnica europeas, pero con espíritu y proyección americana.

f) Un teatro casi de circunstancias, embrionario, generalmente de piezas breves y de poca importancia, pero que produjo algunas obras comparables a las españolas de su tiempo, como son el entremés de Llerena y algunos coloquios de González de Eslava.

g) Prepara el camino para el auge del teatro en los siglos XVII y XVIII.

h) Aunque la producción dramática es copiosísima, son muy pocos los manuscritos que nos han llegado, pero existe siempre la posibilidad de nuevos descubrimientos.

Los mejores dramaturgos de la época son Fernán González de Eslava, Cristóbal de Llerena, seguidos de Fray Andrés del Olmo (1491?–1571) y Juan Pérez Ramírez (1545–?), de los cuales estudiaremos los dos primeros.

Cristóbal de Llerena y los orígenes del teatro hispanoamericano

Es muy posible que las primeras representaciones de dramas europeos, así como adaptaciones de ellos, tuvieran lugar en Santo Domingo, por ser este lugar donde se inicia la conquista y colonización española en América. Parece que la festividad del Corpus Christi brindaba oportunidad para las representaciones más brillantes. Se seguía la costumbre medieval de brindar en la propia iglesia escenificaciones de obras, tanto religiosas como cómicas, como medio de mantener la atención de los feligreses. Muchas veces el tablado se levantaba cerca del altar mayor. Debió existir buen número de dramaturgos en la antigua Isla de La Española, pero sólo nos ha llegado una obra escrita por CRISTÓBAL DE LLERENA (1540?–1627), a quien puede considerarse como el mejor dramaturgo de la época en Santo Domingo y entre los mejores de América. Es realmente lamentable que sólo se conserve de él un entremés. Era canónigo, organista y director del coro de la Catedral y catedrático de gramática latina en la Universidad de Gorjón de Santo Domingo, su ciudad natal. Fue capellán menor y mayor del Hospital de San Nicolás (1575–1576). En 1583 es destituído de su cátedra y mandado a prender por don Rodrigo de Rivero, visitador del Colegio de Gorjón, al parecer por dar consejos a dos estudiantes de no decir la verdad en unas investigaciones; pero al poco tiempo vuelve a su cátedra en dicha Universidad.

En 1588 con motivo del estreno de su célebre entremés, que estudiaremos seguidamente, los Oidores de la ciudad lo destierran a Río de la Hacha, en Nueva Granada. Posteriormente le fue perdonada la condena por el propio Monarca, Felipe II. El Arzobispo de Santo Domingo, Fray Andrés de Carvajal, en carta al Rey, lo describe así:

> ... sin maestros, lo ha sido de sí mismo y llegado a saber tanto latín que pudiera ser catedrático de prima en Salamanca, y tanta música que pudiera ser maestro de capilla en Toledo, y tan diestro en negocio de cuentas que pudiera servir a V.M. de contador. . . . . . . Entre otras gracias es ingenioso en poesía y compone comedias con que suele solemnizar las fiestas y regocijar el pueblo.

El 23 de junio de 1588, en ocasión de la Octava de solemnidad del Corpus Christi, los estudiantes universitarios representaron en la catedral primada de América un entremés de Cristóbal de Llerena, llamado a ser muy famoso. El entremés tiene un argumento muy sencillo: Cordellate, típico bobo del teatro español es una alegoría del pueblo, ayer lleno de bienestar y hoy falto de todo, al punto de que tiene que recurrir a la pesca como único medio de subsistencia. En su diálogo con el "gracioso", le dice que ha echado del vientre un monstruo, por eso es que antes era tan rojillozo, que "tiene el rostro redondo de hembra, el pescuezo de caballo, el cuerpo de pluma, la cola de peje". En sus diálogos Cordellate y el gracioso critican las nuevas regulaciones sobre la moneda, que afectan al pueblo, así como la violencia de los gobernantes. Acuden entonces dos Alcaldes a amonestarlos y cuatro figuras legendarias o mitológicas—Calcas, Edipo, Delio y Proteo—a adivinir el significado de ese monstruo. Terminan por comprender que no es un presagio, sino que ese monstruo representa el estado de la sociedad, en la que hay corrupción de las costumbres, entre ellas la liviandad de las mujeres y los errores y males del gobierno. El entremés termina cuando uno de los Alcaldes afirma que "a el otro cabildo se verá y acordará bien este negocio".

Este entremés, escrito en prosa, está lleno de referencias clásicas, como son la existencia del monstruo que también aparece en la Epístola de Horacio *Ad Pisones*, así como las referencias de los personajes legendarios a Ovidio, Terencio y Fedria. Es interesante el uso del lenguaje popular y de los giros idiomáticos propios de la época y de la región, que a veces resultan bastante oscuros para el lector moderno. La obra está en la tradición renacentista por el estilo, pero la estructura y la marcada intención de sátira social cae bien dentro de la tradición del teatro español de este género. La beligerancia política le ganó un destierro al autor, apareciendo así en el teatro una de las constantes de la literatura hispanoamericana: la preocupación y protesta política y social.

Fernán González de Eslava, primer dramaturgo hispanoamericano

Sin embargo, la gran figura del teatro colonial del siglo XVI, no sólo de México, sino también de América, es FERNÁN GONZÁLEZ DE ESLAVA (1534?–1601?). Aunque se tienen pocos datos sobre su vida, se sabe que nació en las cercanías de Sevilla y que vino a México cuando tenía sólo 24 años en 1558, de manera que pasó las dos terceras partes de su vida en América. En este país cursó sus estudios e ingresó en el sacerdocio hacia 1572. Participó activamente en el movimiento cultural con otros ingenios de la época como Francisco de Terrazas. En 1563 se vio envuelto en una denuncia contra él, Terrazas y Ledesma por unas coplas que no fueron del agrado de la Inquisición. Sospechoso de ser el autor de un entremés en que se criticaban las alcabalas y que disgustó al Virrey, don Enríquez de Almansa, fue enviado a la cárcel. González de Eslava es un caso típico de absorción total de la sensibilidad hispanoamericana, por lo que pertenece por entero a esta literatura.

LA POESÍA LÍRICA, EL ENSAYO, EL TEATRO Y EL CUENTO

De los estudios que sobre su vida se han hecho se desprende que gozó de gran renombre y estimación en su tiempo, ganados por su brillante talento. Hoy podemos asegurar, sin ningún género de dudas, que fue el mejor dramaturgo de México y de América en el siglo XVI y uno de los mejores de la lengua española en el género que cultivó. El tiempo no ha hecho sino confirmar sus valores literarios, de manera que cada nuevo estudio confirma la estima en que lo tuvieron el primer compilador de su obra y el propio don Marcelino Menéndez y Pelayo.

La producción que nos queda de él se reduce a: dieciséis coloquios, ocho loas, cuatro entremeses (uno independiente y tres intercalados en coloquios) y algunas poesías líricas. Tanto su producción dramática como lírica, le ganaron la estima de sus contemporáneos y el reconocimiento unánime de la crítica. En 1610, unos años después de su muerte, el padre agustino FERNANDO VELLO DE BUSTAMANTE, gran amigo y admirador del poeta, publicó sus *Coloquios espirituales y sacramentales y poesías sacras*. Los coloquios pueden dividirse, atendiendo a su asunto en históricos, religiosos o morales, de costumbres o de circunstancias. Catorce están escritos en verso y constan de un solo acto. El Coloquio III dedicado a la consagración del Arzobispo Moya de Contreras consta de siete jornadas y está escrito en prosa y verso, y el XVI titulado "Del Bosque divino" consta de dos jornadas y también está en prosa y verso.

Constituyen lo más importante de su obra dramática y en ellos la alegoría juega un papel decisivo. Sabía sacar buen provecho de los hechos cotidianos y de la escena contemporánea, siendo un fiel pintor de costumbres y circunstancias. Cuando el Virrey Enríquez de Almansa hizo construir siete fuertes en el camino de Zacatecas, escribió el Coloquio V presentando dichos fuertes como los Siete Sacramentos. Como se ve, a veces la alegoría resultaba bastante ridícula, forzada y lejana de la realidad. La Fortaleza, el Entendimiento y la Fe son entidades alegóricas que intervienen en el Coloquio VI, dedicado a celebrar la entrada del Conde de la Coruña.

Por su estructura y contenido, los coloquios recuerdan algo a los autos sacramentales, tan cultivados en el teatro español. Algunos tienen pasajes realmente antológicos. Fervor y sencillez, no exenta de extravagancia y trivialidad, presentan los monólogos de Jonás en el Coloquio VII. Muy interesante y movido es el debate entre la Riqueza y la Pobreza en el XIII. Uno de los más hermosos es el último, XVI, "Del Bosque divino", en el que hay elevación poética y rica fantasía.

Su vena por lo popular, lo picaresco y lo picante se le sale en los entremeses, que son cuatro. El independiente es el *Entremés de entre dos rufianes* o el *Entremés del Ahorcado*. Los otros tres están como formando parte de los Coloquios VI, VII y XVI y son verdaderas obrillas maestras de su género. Sobresalen por su sentido del humor, por su valor lingüístico donde se unen mexicanismos y expresiones de la lengua náhuatl, así como giros de la lengua popular. La acción es vívida y movida; los chistes y situaciones llenos de donaire y agudeza e impregnadas de cosa de pueblo, con fuerte realismo. El retrato de costumbres, el humorismo, la gracia y la desenvoltura de la versificación, completan las cualidades de los entremeses, que pueden ponerse al lado de los buenos de la lengua española, sin gran desmérito.

Por último, tenemos las loas, que fueron ocho. Son obritas de un solo personaje, pero muy estimables. La perfección en la versificación y lo variado del tono y lo ingenioso de las composisiones, las hacen estimables todavía hoy.

González de Eslava sabía manejar las situaciones y el diálogo; y captar el sentido teatral de los hechos contemporáneos. Los coloquios son de trama sencilla, con una técnica teatral propia del instante en que se escriben. Los personajes o son alegóricos o tienen realismo de pueblo; son simbólicos de lo popular o partes de la alegoría. Tenía dotes de buen versificador y una fina y certera intuición de lo popular y lo teatral. Por su generación perteneció al llamado teatro pre-lopesco. Es realmente lástima que viviera prisionero de tres factores que quizás le impidieron dar a su obra más vuelos: la sombra de la Inquisición, que censuraba previamente toda obra, lo político y el ambiente general de la época que le tocó vivir. Pero, así y todo, González de Eslava se ha ganado la consideración de uno de los clásicos de los primeros tiempos de la literatura hispanoamericana.

Menéndez y Pelayo sintetiza en esta forma la crítica sobre su personalidad:

> Fue Eslava ingenio de grandísima facilidad y rica vena; pródigo, aunque no selecto, en los donaires; rico de malicia y de agudeza en las alusiones a sucesos contemporáneos; excelente versificador, sobre todo en quintillas; bien fundado y macizo en la doctrina teológica. ... que inculca y expone en forma popular y amena. ..... Por el candor y la ingenuidad del diálogo, por la sencilla estructura y poco artificio de la composición, y aun por el uso inmoderado del elemento cómico y grotesco, pertenece al teatro anterior a Lope de Vega.[4]

Los gérmenes del cuento en los elementos de ficción de las crónicas de Indias Cuentos del Inca Garcilaso de la Vega

El cuento hispanoamericano tiene su más remoto origen en los pasajes novelescos, bastante abundantes a veces, en las crónicas de Indias, o en algunos relatos breves, de acción rápida y entretenida, en los que a pesar de tener una base histórica indudable, se adivinan ya los elementos de este género, tan cultivado a partir del siglo XIX. En casi todas las crónicas pueden encontrarse estos pasajes. Sabido es que el Inca Garcilaso de la Vega, el más famoso cronista y prosista del siglo XVI, intercaló muchos relatos que son verdaderos cuentos en sus obras y, sobre todo, en los clásicos *Comentarios Reales*, posiblemente con el objeto de aliviar al lector de tanto dato histórico y hacerle más amena su a veces pesada lectura. ¿Acaso no hay fuertes elementos del cuento en el relato del naufragio de Pedro Serrano, que puede leerse casi al terminar el Capítulo VIII del Libro I? Muchas otras narraciones de este tipo pueden encontrarse en Garcilaso.

---

[4] Menéndez y Pelayo, Marcelino, *Historia de la Poesía Hispanoamericana*, Santander, España, 1948, Tomo I, p. 42.

LA POESÍA LÍRICA, EL ENSAYO, EL TEATRO Y EL CUENTO

El "género ausente": la novela; sus causas

La novela fue el género ausente del siglo XVI porque sobre su impresión y, hasta su simple lectura, recayeron desde un principio, prohibiciones muy específicas con fuertes castigos. En efecto, por real cédula del 4 de abril de 1531, se prohibía que vinieran al continente "libros de romances de historias vanas o de profanidad, como son el *Amadís* e otros de esta calidad, porque éste es mal ejercicio para los indios e cosa en que no es bien se ocupen ni lean". En disposiciones posteriores llegaron a introducirse severos castigos para los que violasen tales restricciones. Es de señalar que únicamante la novela estuvo sometida al celo moralizador y cristiano de las autoridades españolas, siendo ésta una causa fundamental para su ausencia del escenario de las letras en el siglo de las primicias. Ya en la centuria siguiente, la curiosidad y ansiedad por estas obras agudizaría el genio precoz del criollo para inventar los medios burladores. El contrabando en las formas más ingeniosas que se puede imaginar, serviría de vehículo para la introducción de las mejores obras de ficción españolas.

BIBLIOGRAFÍA

1 GENERAL

(Consúltense las antologías y estudios generales sobre la poesía; las antologías e historias generales de esta literatura; y especialmente: Arrom, *El teatro* y *Esquema;* Anderson Imbert, *Historia;* González Peña, *Historia;* Henríquez Ureña, *Corrientes* y *Obra crítica;* Moses)

2 POESÍA LÍRICA

Castro Leal, Antonio, *Las cien mejores poesías líricas mexicanas*, México, Porrúa, 1961.

Dauster, Frank, *Breve historia de la poesía mexicana*, México, Studium, 1956.

Henríquez Ureña, Pedro, "La cultura y las letras coloniales en Santo Domingo" en *Obra crítica*, México, Fondo de Cultura Económica, 1960, 331–444.

Jiménez, José Olivio, *Cien de las mejores poesías hispanoamericanas*, New York, Las Américas, 1965.

Méndez Plancarte, Alfonso, *Poetas novohispanos*, 3 vols., 2da. ed., México, Univ. Nac. Autónoma, 1964. Tomo I, véanse la introducción y la antología.

Menéndez y Pelayo, *Historia* y *Antología.*

Sánchez, Luis Alberto, *La literatura peruana*, Vol. I.

LEONOR DE OVANDO

Textos

Sonetos y versos sueltos en Henríquez Ureña, "La cultura y las letras coloniales en Santo Domingo" (1936) en *Obra crítica*, 370–373. También en Menéndez y Pelayo, *Antología de poetas hispanoamericanos*, Tomo II.

Crítica

Henríquez Ureña, *Obra crítica*, 352–356.

Menéndez y Pelayo, *Historia*, I, 292–295.

Olivera, *Literatura antillana*, 12–13.

LA POESÍA LÍRICA, EL ENSAYO, EL TEATRO Y EL CUENTO

FRANCISCO DE TERRAZAS

Textos

Poesias, México, Porrúa, 1941; edición y prólogo de Antonio Castro Leal.

Selecciones de sus poesías en: Anderson Imbert y Florit; Caillet-Bois; Méndez Plancarte; Menéndez y Pelayo, *Historia y Antología*.

Crítica

Dauster, *Poesía mexicana*, 20–21.

García Icazbalceta, Joaquín, *Francisco Terrazas y otros poetas del siglo XVI*, México, Memorias de la Academia Mexicana, 1884, Vol. II.

Menéndez y Pelayo, *Historia*, I, 31–38.

Ortiz de Montellano, Bernardo, *Literatura indigena y colonial mexicana*, México, Secretaría de Educación Pública, 1946.

POESÍA LÍRICA EN EL PERÚ

(Véanse Menéndez y Pelayo y Sánchez, Luis Alberto)

3 POESÍA SATÍRICA

MATEO ROSAS DE OQUENDO

Crítica

Menéndez y Pelayo, *Historia*, I, 39–40.

Reyes, Alfonso, "Capítulos" en *Obras completas*. Contiene un magnífico estudio sobre Mateo Rosas de Oquendo.

4 EL ENSAYO

(Consúltese bibliografía referente a los cronistas de Indias)

Gallegos y Rocafull, José M., *El pensamiento mexicano de los siglos XVI y XVII*, México, Imp. Universitaria, 1951.

Mead, Robert G., *Breve historia del ensayo hispanoamericano*, México, Studium, 1956. Véanse Caps. I y II, así como la amplia bibliografía.

5 EL TEATRO

a) ESTUDIOS GENERALES

Amunátegui, Miguel Luis, *Las primeras representaciones dramáticas en Chile*, Santiago, Imprenta Nacional, 1888.

Arrom, José Juan, *El teatro de Hispanoamérica en la época colonial*, La Habana, Anuario Bibliográfico Cubano, 1956. Caps. I y II.

——, "Entremeses coloniales" en sus *Estudios de literatura hispanoamericana*, La Habana, Anuario Bibliográfico Cubano, 1950.

Henríquez Ureña, Pedro, "El teatro de la América española en la época colonial" (1936) en *Obra crítica*, 698–718. En las "notas" contiene una amplia bibliografía.

Johnson, Harvey Leroy, "Jesuit School Plays Before 1650" en su *Triunfo de los Santos*, Filadelfia, Univ. of Pennsylvania Press, 1941.

Jones, Willis Knapp, *Breve historia del teatro latinoamericano*, México, Studium, 1956. Cap. I y bibliografía.

LA POESÍA LÍRICA, EL ENSAYO, EL TEATRO Y EL CUENTO

Lohmann Villena, Guillermo, *El arte dramático en Lima durante el virreinato*, Madrid, Escuela de Estudios Hispanoamericanos de la Univ. de Sevilla, 1945.

——, "El teatro en Lima en el siglo XVI. Las primeras representaciones", Lima, *Cuadernos de Estudios* del Instituto de Investigaciones Históricas, 1939, I, 45–75.

Magaña Esquivel, Antonio y Lamb, Ruth S., *Breve historia del teatro mexicano*, México, Studium, 1958.

Monterde, Francisco, *Bibliografía del teatro en México*, México, Monografías Bibliográficas Mexicanas, 1934.

Pasquariello, Anthony M., "The Entremés in Sixteenth-Century Spanish America", *Hispanic American Historical Review*, XXXII, 1952, 44–58.

Rojas Garcidueñas, José J., *El teatro de Nueva España en el siglo XVI*, México, Imp. de Luis Álvarez, 1935.

——, *Autos y coloquios del siglo XVI*, México, Biblioteca del Estudiante Universitario, 1939.

Torres Revello, José, "El teatro en la colonia", La Plata, *Humanidades*, XXIII, 1933, 145–165.

——, "Orígenes del teatro en Hispano-América", Buenos Aires, *Cuadernos de la Cultura Teatral*, VIII, 1937, 33–64.

Torres-Rioseco, Arturo, "Teatro indígena en México", en sus *Ensayos sobre literatura latinoamericana*, México, Fondo de Cultura Económica, 1953.

Trenti Rocamora, José Luis, *El teatro en la América colonial*, Buenos Aires, Editorial Huarpes, 1947; prólogo de Guillermo Furlong.

Vargas Ugarte, Rubén, *De nuestro antiguo teatro: Colección de piezas dramáticas de los siglos XVI, XVII y XVIII*, Lima, Univ. Católica del Perú, 1943.

b) DRAMATURGOS MÁS SOBRESALIENTES DEL SIGLO XVI

CRISTÓBAL DE LLERENA

Textos

Entremés. Véase el texto completo en Henríquez Ureña, Pedro, *Obra crítica*, 374–377.

Crítica

Henríquez Ureña, *Obra crítica*, 357–358.

Icaza, Francisco A. de, "Cristóbal de Llerena y los orígenes del teatro en la América española", *Revista de Filología Española*, 1921, VIII, 121–130. Inserta el entremés y un estudio crítico.

FERNÁN GONZÁLEZ DE ESLAVA

Textos

Coloquios espirituales y sacramentales y poesías sagradas, 2da. ed., México, Imprenta F. Díaz de León, 1877; editada por Joaquín García Icazbalceta.

Coloquios espirituales y sacramentales, 2 vols., México, Porrúa, 1958; editados por José Rojas Garcidueñas.

"Entremés del ahorcado" en E. Herman Hespelt, *An Anthology*, 90–93.

"Coloquio de los cuatro doctores de la Iglesia" y "Coloquio del Conde de la Coruña" en Rojas Garcidueñas, *Autos y coloquios*.

"Coloquio de los siete fuertes", "Coloquio de la pestilencia" y un "entremés" en *Teatro de Nueva España* por el propio Rojas Garcidueñas.

Crítica

Alonso, Amado, "Biografía de Fernán González de Eslava" *Revista de Filología Hispánica*, II (1940), 213–321.

LA POESÍA LÍRICA, EL ENSAYO, EL TEATRO Y EL CUENTO

Arrom, *Teatro*, 64-70.
Menéndez y Pelayo, *Historia*, I, 41-45.
Rojas Garcidueñas, *Teatro de Nueva España*, Cap. VI.
Weber de Kurlat, Frida, *Lo cómico en el teatro de Fernán González de Eslava*, Buenos Aires. Instituto de Literatura Española, 1963.

6 EL CUENTO Y LA NOVELA

Alegría, Fernando, "Orígenes" (Cap. I) de *Historia de la novela hispanoamericana,* 1959, 2da. ed., México, Studium, 1965.

Arrom, José Juan, "Hombre y mundo en dos cuentos del Inca Garcilaso" en *Certidumbre de América*, La Habana, Anuario Bibliográfico Cubano, 1959.

4 El barroco y el rococó

Extensión y caracteres de la época: el ambiente histórico, político y social

El presente período se extiende desde 1600 hasta más allá de 1750. En estos ciento cincuenta años se producen multitud de hechos y acontecimientos de gran trascendencia en todos los aspectos de la vida. En general, esta época se corresponde con el proceso de la decadencia política española. La entrada del siglo XVII arrecia la declinación del prestigio español como gran potencia europea y señala la pérdida de la hegemonía política.[1] España va perdiendo su control, tanto en sus dominios de Europa como en los mares, que pasa ahora a manos de ingleses, franceses y holandeses. Hasta la muerte de Felipe II, España era la primera potencia europea y vale decir, del mundo. Pero bajo los últimos Austrias esa grandeza sufre su más completa declinación. Con la subida al trono de Felipe III (1598–1621) se acentúa el proceso de desintegración interna, se acelera en el reinado de Felipe IV (1621–1665) y llega al punto más bajo con Carlos II (1665–1700), "El Hechizado", un rey enfermizo y débil. Los nuevos soberanos no tienen los ideales de los anteriores, vienen con una mentalidad epicúrea a disfrutar de todos los placeres y ventajas del poder. Querrán todo su tiempo para ese disfrute y dejarán en manos de "privados", "validos" y "favoritos" las riendas del gobierno. El oportunismo político impide ahora escoger hombres de las cualidades de los consejeros de los Reyes Católicos, de Carlos V y Felipe II. Los "privados"—el Duque de Lerma, de Felipe III y el Conde-Duque de Olivares, de Felipe IV y otros—son los que dirigen los negocios del estado, con franca apatía hacia los verdaderos intereses de la nación.

Al terminar la famosa Guerra de los Treinta Años, con la Paz de Westfalia (1648), España ha dejado prácticamente de ser el árbitro de la política europea. Sus antiguos territorios se van desprendiendo de la Corona: Holanda logra su independencia y otras posesiones europeas cambian de manos. Inclusive Portugal logra su independencia. Lentamente Francia se va haciendo la gran potencia de Europa, llenando así el

---

[1] La llamada "decadencia española" ha sido tema muy debatido y casi todos los grandes escritores españoles se oponen a ella. El notable ensayo de Azorín "La famosa decadencia" ilustra muy bien esta actitud.

EL BARROCO Y EL ROCOCÓ

vacío político dejado por España. Al terminar el siglo, el predominio francés es muy evidente, al grado de que en 1700 se inicia directamente al ascender al trono de España la dinastía de los Borbones, con Felipe V (1700-1746), nieto de Luis XVI de Francia. Las guerras de sucesión al trono no harán sino acentuar esta declinación en el control político español. Aunque hubo esfuerzos aislados para hacer resurgir a la nación, resultó imposible levantar a España de donde la había situado una conjunción de factores: la debilidad financiera y económica, el debilitamiento del poderío militar y naval y la falta de los sentimientos patrióticos y religiosos del siglo anterior. A todo esto, únase la incuria e irresponsabilidad de los últimos Austrias y se tendrá el cuadro completo.

El barroco en Europa y España: circunstancias que lo hicieron posible

La palabra *barroco* fue usada por los escolásticos para designar un tipo de silogismo (barocco) y luego los humanistas del renacimiento simbolizaron con ella lo burlesco y la confusión mental. Un tercer uso fue para designar un estilo arquitectónico con la acepción de "extravagante". En su carácter de estilo artístico surgió como reacción contra el clasicismo, oponiendo al sentido de equilibrio, armonía y razón renacentistas, formas más dinámicas, de gran vitalidad y con profusión de motivos ornamentales. Aunque existió en varios países, en ninguno tuvo el barroco la recepción que en España, de aquí que se le considerase al principio como un estilo exclusivamente español, lo que han desmentido plenamente los estudios críticos modernos. Algunos han visto manifestaciones de esta escuela inclusive en las culturas clásicas. Modernamente tuvo sus inicios en Italia, en las obras de Miguel Ángel, Torcuato Tasso y otros muchos, poniendo término al renacimiento. Nació primeramente en las bellas artes, para distinguir una modalidad arquitectónica, extendiéndose luego a las artes plásticas, a la música y demás artes. Más adelante penetra también la literatura. Las circunstancias que engendran el barroco son múltiples. El renacimiento representó un redescubrimiento de la antigüedad clásica y un nuevo culto a sus formas, conjuntamente con la exaltación del mundo y del hombre. Esta última incluía un gran optimismo sobre las posibilidades del hombre para obtener todo lo que desease. Con el transcurso del tiempo vino el individuo a darse cuenta de que la vida humana no era lo que postulaba el renacimiento con su ingenuo optimismo sobre el hombre y el mundo, sino algo pasajero, que puede bien compararse con las brumas de un sueño, breve, teatral, efímero, donde es muy difícil separar lo real de lo fingido. Se produjo entonces un desequilibrio sicológico, representado por el pesimismo, el desengaño, la indiferencia y la desilusión que se había apoderado de muchos seres. Una incertidumbre, una angustia permeaba las almas, poniéndolas en tensión espiritual.

En lo que hace a España hay que añadir otras razones de índole nacional. La nación había estado en la cúspide del poder político, consideraba que era capaz de alcanzarlo todo, pero poco a poco fue perdiendo su amplio poder. La decadencia en todos los órdenes, el atraso socio-económico de las grandes masas, unido a los fracasos militares ya evidentes, produjo dos tipos diferentes de reacciones. Había en algunos preocupación y tristeza, eran éstos los espíritus realmente empeñados en la grandeza del país, como es el caso de Quevedo; así como una reacción de desilusión por la vida total, desdoblada al propio tiempo en dos sentimientos contradictorios: uno de epicureísmo, de evasión de la realidad circundante, mediante la entrega al disfrute de placeres, en toda dimensión profana; y otra de recogimiento, de desengaño, de contemplación constante de la muerte y de la posible salvación, en todo su alcance religioso. En este sentido, el barroco es elocuente revelador de la crisis espiritual, moral, sicológica, económica, militar; en una palabra, de la conciencia española. Al verse de pronto rodeada de enemigos por todas partes, España no halla otro camino que dar la espalda a las corrientes de pensamiento—culturales y filosóficas de Europa—replegarse en sí misma y colocar lo religioso como centro del mundo hispano. La religión se convierte así, al propio tiempo que en coraza defensiva contra los enemigos del imperio, en puerta de escape del desequilibrio anímico de la época. Se vio en la religión el único refugio seguro contra la trágica angustia del hombre. Desde este punto de vista se puede considerar al barroco como un arte de evasión; el artista quiere ocultar tras la profusión ornamental o lo estructural contorsionado, la realidad de su espíritu. En este estilo está el alma española de la época en sus ideales políticos, religiosos y morales. El barroco es también expresión de la búsqueda de más libertad en el arte por el escritor o artista. El verdadero artista siente el anhelo de la renovación artística capaz de conducirlo a una mayor originalidad.

El barroco llegó a permear toda la vida española, encontrándose muestras en la arquitectura, la escultura, la pintura, en la literatura y hasta en la política y la vida religiosa. Aunque el barroco comienza cuando se inicia la declinación política, económica y social de España, es necesario aclarar que no es un movimiento decadente, sino todo lo contrario, tendencia artística y cultural de tremenda vitalidad y dinamismo. La literatura española llega a su apogeo en los primeros treinta años del siglo XVII, precisamente cuando el nuevo estilo domina casi totalmente.

Vertientes del barroco. Para algunos que quizás no tengan una idea muy clara de la verdadera esencia del barroco, lo confunden con sus dos manifestaciones extremas y estiman que el estilo se agota en el gongorismo o culteranismo y el conceptismo. Nada más lejos de la realidad, porque hay que distinguir entre las formas culteranas o conceptistas y sus tendencias más moderadas. Por eso puede hablarse de barroco *radical* y barroco normal.[2] En el primero caben los extremos y en el segundo aquellas manifestaciones de estructura formal corriente (no hay profusión ornamental o hermetismo en las imágenes o expresiones), pero que reflejan el estado de ánimo de la época: desencanto, desilusión, incertidumbre, etc.

---

[2] Hay autores en ambas tendencias y algunos cultivan las dos. Góngora y Sor Juana Inés de la Cruz son los ejemplos más elocuentes de esta última posición.

EL BARROCO Y EL ROCOCÓ

Las dos formas extremas de la literatura barroca en España. Formas afines en otros países. Constituyen las "avanzadas", los extremos del estilo, la culminación más radical del ansia renovadora de la escuela. Estas formas del barroco radical se llamaron en España el gongorismo o culteranismo y el conceptismo. También las hubo en otras literaturas occidentales donde también floreció el barroco: el *Preciosismo* (preciosité) en Francia; *Marinismo* en Italia, el *Eufuismo* en Inglaterra. Son los extremismos del barroco, pero que no agotan todo el contenido del estilo, como ya hemos señalado. El propio vigor interno del estilo, su dinamismo y vitalidad, produjeron estas dos orientaciones, en su incesante búsqueda de lo nuevo, lo extraordinario, lo original, lo que causa asombro.

Los rasgos esenciales del barroco

El barroco representa una superación del arte renacentista, en cuanto su propio dinamismo lo condujo a la realización y descubrimiento de nuevas formas y modalidades artísticas. Es un arte más complicado y dinámico. Arte fuertemente expresivo, que apela, no a la razón, sino al sentimiento, mediante el énfasis en lo sensorial y llamativo: sonidos, colores, abundancia de adornos. Presentación de contrastes; confrontación de elementos distintos; contraposición de lo serio y lo cómico; lo claro y lo oscuro; lo ideal y lo real.[3] Hay veces que lo barroco no está en lo complicado y el retorcimiento de la forma, sino en el contenido, en el fondo, como cuando el poeta canta al desengaño, a lo feo, a la desilusión, a la brevedad de la vida, a lo pasajero de la felicidad y otros temas propios de la época barroca.

En sus formas radicales, el barroco es profundamente renovador. Hay obsesión por la originalidad y ésta únicamente puede buscarse en la introducción de formas y asuntos nuevos. El ansia de originalidad rompe el punto de equilibrio y de mesura. Dinamismo en la concepción de la vida, de la sociedad y del individuo. Gran riqueza metafórica. La imagen nueva y original es el centro del nuevo estilo. Arte de evasión y de ocultamiento. La intención, los ideales del artista no se presentan con meridiana claridad como en el arte clásico, sino que quedarán ocultos, bien en la profusión de adornos, bien en el artificio de las formas, bien en la riqueza metafórica y de imágenes. Gusta de lo hiperbólico, lo desmesurado y exagerado. Representa una reacción contra el cansancio producido por los viejos temas, formas y estilos. Es arte de difícil comprensión, para minorías. Gran tendencia hacia lo satírico por el anhelo de expresar la realidad unilateral o los contrastes. También la sátira es forma de evasión de la realidad o de crítica de la misma, en forma muy vedada. En broma o en una metáfora llena de hermetismo se dicen las cosas más serias y profundas.

La recepción del barroco en Hispanoamérica

El siglo XVI fue un período de grandes luchas, de verdadera exaltación y fiebre heroicas, con la finalidad de conquistar las nuevas tierras. Es el siglo del trasplante

---

[3] Hay buenos ejemplos en *Don Quijote* de Cervantes y en la pintura de Ribera.

cultural. El XVII es algo diferente. En él se consolidan las instituciones producto del trasplante iniciado y se culmina la organización de la nueva sociedad. Se le puede llamar el siglo del disfrute, en movimiento parecido a lo que está sucediendo en la península. Ahora la sociedad se vuelve sedentaria y comienza su gusto por el refinamiento y su afán de delinear un perfil propio. La nueva sociedad tiene base aristocrática, por la rígida estratificación social y los fundamentos feudales. En lo más alto de la escala social están los peninsulares, que controlan todo el poder político, económico y social. Más abajo están los criollos que iban lentamente formando una especie de burguesía con poder económico, pero sin reconocimiento político o social. El último escalón lo constituyen los indios y los negros, que son la mano de obra, mediante trabajo esclavo o forzado, que es la base de la economía. Los resquemores, diferencias y rivalidades entre españoles y criollos se van acentuando con el tiempo.

La base económica de esta sociedad es la minería, pues la búsqueda de metales preciosos fue uno de los incentivos de la conquista. Tanto el peninsular como el criollo eran poco dados, en general, al trabajo manual, que quedaba entonces en manos del escalón inferior de los estratos sociales. El desarrollo del mundo colonial se produjo con bastante rapidez, pero en forma desigual de país a país. Junto a la industria minera se comenzó la agricultura, la ganadería y otras actividades con base en la tierra. Esas actividades y las comerciales tuvieron más importancia que las industriales. El régimen político y hasta administrativo era de férreo carácter, tendiendo a la centralización como en España, de manera que todo giraba alrededor del virrey y los demás altos dignatorios. El poder se ejercía en nombre de la monarquía que reinaba en España. Era una sociedad sin libertad crítica o de pensamiento en lo que no se diferenciaba mucho de la existente en la propia metrópoli. En esa sociedad floreció ampliamente la cultura, porque la crítica moderna rechaza la expresión de "siesta colonial" repetida por algunos, dando a entender que la nueva sociedad se entregó a la molicia y al disfrute de los bienes, lujos y placeres. La vida fue vana, fácil y superficial para unos; pero profunda, de estudios y muy seria para otros. Inmediatamente comenzó el florecimiento cultural en todos los órdenes, a pesar de las grandes dificultades y restricciones. Las artes—entre ellas, la literatura—eran patrocinadas por el gobierno, la iglesia, las universidades y las escuelas. Había academias y salones literarios, muchas veces en el propio palacio virreinal. La pintura y la escultura, aunque no llegaron a la altura de la española, florecieron también, produciendo la arquitectura las mejores obras. Los grandes centros de la vida colonial, incluyendo las artes, continuaban siendo las capitales virreinales: primero México, más tarde Lima y en épocas más recientes Santa Fé de Bogotá, Quito y Buenos Aires. El siglo XVII y la primera mitad del XVIII tiene la importancia de ser una etapa de consolidación de la literatura. El único modelo a imitar era España, pero la labor cultural de esta época demuestra ya la voluntad del hispanoamericano de producir una literatura de perfiles propios y autóctonos.

El poder de la iglesia fue tremendo y decisivo desde los primeros momentos, al ser el catolicismo la base ideológica casi única de la conquista y la colonización y la que presidió la formación de la nueva sociedad. La religión, la cultura y los instrumentos de la contra-reforma—el Santo Oficio o Inquisición y los índices de libros prohibidos así como la autorización de impresión—estaban en manos de la iglesia. Las colonias quedaron también cerradas por más de una centuria a las corrientes del pensamiento que bullían en toda Europa y que conformaron el mundo posterior. La base espiritual era el catolicismo y en la cultura imperaban los dogmas del escolasticismo. El florecimiento cultural estaba sometido a las presiones, dificultades y rémoras de una sociedad que no era libre política o espiritualmente.

En la sociedad, la época y la cultura que hemos descrito a grandes rasgos, se produce la recepción del estilo barroco en los países de la América Hispana. El nuevo estilo llegó no sólo porque imperaba en la península, sino fundamentalmente porque tanto en su filosofía y esencia, como en sus técnicas artísticas se adaptaba muy bien a rasgos esenciales y típicos del carácter y alma del hispanoamericano. De aquí que el hijo de esta región viera en ese estilo la manifestación de algo que le era íntrinseca y espiritualmente suyo. El barroco literario hispanoamericano, si bien sigue el modelo peninsular, tiene sus tendencias y orientaciones propias, porque reflejan la realidad de este continente y la intimidad del hombre americano. En esta recepción del barroco y en el ambiente cultural en general hay que destacar la influencia que, indiscutiblemente tuvieron eminentes escritores españoles que vinieron a la América. En este período fueron importantes las visitas de Mateo Alemán (1547–1614?), el famoso autor del *Guzmán de Alfarache* (1599), novela picaresca con fuerte barroquismo en la pintura de lo desagradable, feo y amargo de la existencia. Alemán vino a México en 1608. Mientras Cervantes intentó por tres veces venir a estas tierras, sin lograrlo. Tirso de Molina (1584?–1648) estuvo en Santo Domingo como visitador de los conventos de su orden religiosa (1616–1617). Parece que las Indias lo impresionaron mucho porque dejó huellas de sus recuerdos de esta región en algunas obras.

Los géneros literarios en el barroco
Las generaciones barrocas

Es casi imposible la clasificación de las obras literarias de este período, por la profusión y abundancia de la producción, por el hecho de que casi todos los autores cultivan más de un género—a veces casi todos—y por la existencia de obras muy difíciles de encajar en el casillero de los géneros tradicionales y de los que presentan carácter híbrido o combinado, por gozar de las características de más de un género literario. La renuncia a clasificar sembraría más dificultades que ventajas, por lo que nos decidimos a estudiar el largo período, dividiendo la materia por géneros, de acuerdo con el plan de esta obra. Los géneros más importantes son:

1. La poesía épica o narrativa
2. La crónica histórica

3. La prosa novelística
4. La poesía lírica
5. El ensayo crítico y filosófico
6. La sátira
7. El misticismo y el ascetismo
8. El teatro.

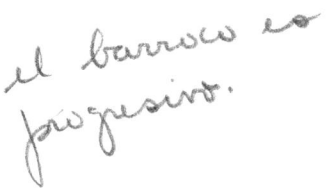
el barroco es progresivo.

El barroco hispanoamericano se presenta en las dos modalidades que hemos señalado para el peninsular: a) autores que representan las tendencias extremas (gongorismo y conceptismo), en los que privan el estilo complicado, la oscuridad, la afectación y el ansia de originalidad; b) escritores barrocos, pero no culteranos, cuyas obras expresan los sentimientos de la escuela: desilusión, pesimismo y desencanto ante la transitoriedad de la vida. Algunos escritores, como Sor Juana Inés de la Cruz, cultivan ambas modalidades, como lo hiciera el propio Góngora. Es bastante generalizado el error de afirmar que el barroco de la América Hispana se concretó a la imitación general de Góngora y Quevedo. En realidad hubo las dos tendencias señaladas.

Debido a la gran extensión del período, pueden distinguirse tres generaciones de escritores barrocos y una cuarta que corresponde al rococó. Cada generación tiene características propias a más de las generales del movimiento y es curioso notar que en cada una predominan uno o dos géneros literarios. El barroco es progresivo, en el sentido de que se va haciendo más complicado a medida que se avanza en el tiempo. Las primeras obras, escritas al principio de la centuria, ofrecen pocos elementos barrocos, pero a medida que transcurre el siglo, el estilo se va haciendo más oscuro y contorsionado hasta llegar el instante en que el estilo es dominado totalmente por la obsesión de lo sensorial, lo decorativo y oscuro.

La poesía épica o narrativa
Principales figuras

La épica culta o erudita fue iniciada en España, siguiendo el gran auge que tuvo el género en Italia, durante el Reinado de Felipe II (1556-1598), pero su desarrollo formidable continuó durante la primera parte del siglo XVII, tanto en la península como en América. Las cuatro direcciones fundamentales cultivadas fueron: la *fantástica*, la *religiosa*, la *burlesca* y la *histórica*. Respecto a América, aunque en el siglo XVII la sociedad entró en una etapa sedentaria, de mayor refinamiento, y se apagaron en la lejanía el estruendo de las luchas de los conquistadores, la poesía épica no dio signos de agotamiento, sino por el contrario, de magnífico florecimiento, al punto de producir hasta tres autores de verdadero mérito, entre ellos a Bernardo de Balbuena, que ocupa sitio de honor por derecho propio en la Edad de Oro de España y que es segundo sólo de Ercilla.

Aquí se podrá contrastar el estilo sencillo de la épica del siglo XVI—escrita en la moda renacentista—con el más complicado, lleno de adornos y abundantes metáforas, color y sonido de los poetas del barroco. Los poetas épicos mayores son: Bernardo de Balbuena, Silvestre de Balboa y Fray Diego de Hojeda. Entre los menores citaremos a: don Juan Mendoza Monteagudo, Francisco Ruiz, Gaspar Pérez de Villagrá, Martín del Barco Centenera, Juan de Miramontes y Zuázola, Arias de Villalobos y otros.

Bernardo de Balbuena: "Grandeza Mexicana" y el "Bernardo"

La segunda gran figura en la poesía épica española y en la relacionada con la América Hispana, es la de BERNARDO DE BALBUENA (1562?–1627). El autor firmaba—aunque no siempre—"Balbuena", pero etimológicamente su apellido es "Valbuena". El poeta nació en Valdepeñas, España y era hijo ilegítimo. Don Victoriano Salado Álvarez aventuró la hipótesis de que había nacido en México, pero no hay fundamentos para creer tal cosa. Llegó a México, donde su padre había establecido su residencia, cuando todavía era muy niño (1564); aquí recibió su educación y fue ordenado sacerdote, de manera que pasó sus años formativos en América. El americanismo de Balbuena es punto que ya hoy no se discute. En 1592 se ordenó sacerdote y en 1606 viajó a España en busca de un ascenso, permaneciendo cuatro años en España y logrando el Doctorado en Teología en la Universidad de Sigüenza. Viajó luego a Sevilla y en 1610 fue electo Abad de la Isla de Jamaica y en 1620, Obispo de Puerto Rico. También estuvo varias veces en Santo Domingo. Mientras era Obispo de Puerto Rico, su palacio fue atacado y saqueado por los piratas holandeses (1625), perdiéndose muchas de sus obras y libros. En los últimos años de su vida pidió al Rey regresar a México o Lima, pero murió en Puerto Rico en 1627, el mismo año que Góngora.

Sus obras más notables son, por orden de aparición, *La Grandeza Mexicana* (México, 1604), *El Siglo de Oro en las Selvas de Erífile*—(1608) y el *Bernardo o Victoria de Roncesvalles* (1624), que es considerada su obra maestra. También escribió una *Cosmografía* en verso que se perdió con el ataque de los piratas; una carta al Dr. Antonio de Ávila y Cadena, que acompaña la edición primitiva de *Grandeza Mexicana*, y el *Compendio Apologético en alabanza de la poesía*, obras menores, pero de importancia para comprender mejor la estética del autor.

Su obra más importante desde el punto de vista de nuestro estudio—ya que el *Bernardo* es la mejor, pero de tema fantástico y europeo—es *Grandeza Mexicana*, un largo poema que consta de nueve partes o cantos y escrita en tercetos. Con su natural y asombrosa facilidad descriptiva va describiendo las bellezas de México, sus calles las costumbres y vestidos de la gente; el pueblo, los metales preciosos, la topografía, los árboles y, hasta los caballos; en una palabra, todo lo que constituye la realidad externa e interna del México de los últimos tiempos del siglo XVI. Es un intento de dar una pintura completa de México en los aspectos natural o físico, espiritual, político y social. De la importancia de la obra hablan las cinco ediciones que tuvo en el siglo XIX. Es quizás lo más leíble de Balbuena en la actualidad. En esta obra

EL BARROCO Y EL ROCOCÓ

refleja sus extraordinarias facultades descriptivas, en las que supera a todos los poetas españoles.

El juego natural de la fantasía, no priva al poema de su valor histórico, por el verismo de las escenas y pinturas que hace. Describe con más realismo e interés la ciudad que el campo. Aun los caballos—por los que parece sentía gran afición—salen muy bien retratados de su pluma. Basta para comprobar su poder descriptivo, a más de su amor por ese país, esta octava dedicada a México:

>Del placer madre, piélago de gente
>De joyas cofre, erario del Tesoro,
>Flor de ciudades, gloria de poniente;
>
>De amor el centro, de las musas coro,
>De honor el reino, de virtud la esfera,
>De honrados Patria, de avarientos oro,
>
>. . . . .
>
>Templo de la beldad, alma del gusto,
>Indias del Mundo, cielo de la tierra.

El poema presenta ya cualidades caracterizadoras del estilo de Balbuena: la brillantez y profusión de las imágenes y la opulencia del lenguaje. A diferencia del Inca Garcilaso y de Ruiz de Alarcón—otros dos grandes escritores hispanoamericanos—el estilo de Balbuena es francamente barroco en esencia y en la forma.

El siglo de Oro en las Selvas de Erifile (1608) es una especie de novela pastoril en verso o también una colección de églogas, pues el poeta tuvo la intención de renovar esa forma poética. Se percibe en este género la influencia más directa de Teócrito y de Virgilio. Sus doce églogas imitan también al segundo y a Sannazaro, siendo el estilo muy simple. Junto a cuadros realmente idílicos, los hay muy realistas con los nombres de los más simples animales; pero siempre se encuentra el toque barroco aquí y allá. En reconocimiento de sus méritos, la Real Academia Española de la Lengua ordenó una edición especial de esta obra en 1821.

La obra maestra de Balbuena es su poema épico-caballeresco y fantástico *Bernardo o Victoria de Roncevalles* (1624), que narra las aventuras de Bernardo el Carpio y su victoria sobre los Doce Pares de Francia. El largo y profuso poema épico tiene más de cinco mil octavas reales y cerca de cuarenta y cinco mil endecasílabos. Balbuena quería ser considerado como el Ariosto español. Esta obra está dividida en veinticuatro cantos. Para que se vea hasta qué punto estaba México en el corazón del poeta, vamos a recordar que en uno de sus cantos el héroe del poema es traído a México donde los adivinos de Tlaxcala le revelan la futura conquista de México. La mayor influencia en este poema es la de Ariosto, como se desprende del uso de elementos maravillosos y otros aspectos. También contiene elementos de la literatura caballeresca.

El *Bernardo* está considerado entre los mejores poemas épicos del siglo XVII. Hay en él, como en casi todas las obras de Balbuena, el lujo sensorial, producido por la profusión de colores, sonidos y efectos musicales. Es exuberante el lujo de comparaciones y metáforas y la gran riqueza del vocabulario. Mientras algunos poetas dan la sensación de que le falta imaginación, el efecto que siempre produce la lectura de Balbuena, es que le sobra. Para que pueda verse la riqueza de imágenes y las brillantes descripciones, vamos a reproducir dos octavas en las que se describe el viaje del hada Alcina:

> Humillando jazmines y azucenas,
> rosas y lirios que el placer retoza,
> de blanco aljófar y de olores llenas
> las ruedas van de la imperial carroza;
> y la playa, el cristal y ondas serenas
> la Hada mira y con la vista goza
> de un florido tapiz y alfombra rica
> de cuanto abril y mayo multiplica.
>
> Del inmortal laurel en la guirnalda
> que en torno ciñe el lago, considera
> bruñidas plata y cercos de esmeralda,
> que un resplandor en otro reverbera;
> y en las floridas rosas de su falda,
> de pedrería una estrellada esfera
> de no menor beldad que la que en vuelo
> trastorna por sus bóvedas el cielo.

La brillantez de las descripciones de Balbuena no encuentran paralelo en la literatura española, donde no hay poeta que lo iguale o supere en ese aspecto. Su exuberancia de léxico, la pompa y variedad de su fantasía e imaginación; la perfección formal en la construcción del verso; la opulencia de colores, la profusión de elementos decorativos y ornamentales; la artificiosidad, producto de su poderosa fantasía, que nunca quiebra la simplicidad o sencillez de la expresión, hacen de Balbuena el mejor poeta épico del barroco.

No cabe duda de que estamos frente a un gran poeta que sabe buscar las palabras con la sonoridad apropiada, capaces de producir el efecto musical deseado. Hay en su estilo mezcla de las más tiernas notas, con las más brillantes descripciones y los más líricos pasajes. En su estilo encontramos primores y luminosidades. Tal vez si hubiera sabido concretar más su enorme caudal poético, habría llegado a ser uno de los grandes poetas españoles de todos los tiempos. A pesar de sus grandes defectos, como son las enumeraciones interminables y el valor convencional de muchas de sus descripciones, sobre todo del campo, en que parece que el poeta está cantando más lo que recuerda de los clásicos, que lo que realmente está mirando, Balbuena tiene un alto puesto en nuestra poesía narrativa. Sus obras son hoy muy poco leídas, pero valdría la pena entresacar de su conjunto de sus tres obras maestras algunos pasajes antológicos para recrearse con su poderoso y vigoroso estilo.

Sobre su barroquismo se ha escrito mucho. Claro que no es el barroquismo consistente en la ocultación de la idea detrás de la metáfora. Por el contrario, en Balbuena el barroco consiste en adornos y en profusión de elementos de valor sensorial, que en vez de oscurecer el concepto, lo abrillantan más.

La épica religiosa: Fray Diego de Hojeda y "La Cristiada"

La épica religiosa ha tenido dos manifestaciones en la América Hispana. La primera es un poema épico anónimo de México, titulado *Poema de la Pasíon*, que se haya en manuscrito y se considera de principios de siglo. Ya en el anónimo poema hay metáforas e imágenes que son genuinamente barrocas como aquella de:

> colores
> de olorosos y suaves esplendores; o
> el olfato del oído.

El poema presenta elementos tradicionales y barrocos, pero no se puede negar que esa expresión "el olfato del oído", ofrece el mismo atrevimiento metafórico que veremos luego en los maestros de la escuela. El lenguaje en su mayoría es simple, llano, delicado, pero casi siempre está presente el barroquismo incipiente, como en la estrofa:

> En la boca del viento no se oyeron
> las lenguas de los arboles ojosos,
> o porque ellos entonces no movieron
> las ramas, de los tristes temerosos,
> o porque ellas entonces resistieron
> los golpes de los vientos procelosos,
> o porque todo en gran silencio estaba
> para escuchar lo que el Criador oraba. . . .

Sin embargo, el más bello épico religioso de la literatura hispanoamericana en el período del post-renacimiento, es *La Cristiada* escrita por FRAY DÍEGO DE HOJEDA (1571–1615) en Lima y publicada en Sevilla en 1611. Nació el poeta en Sevilla, llegando a los quince años a Lima, Perú, contrariando la voluntad de sus padres. Es un caso de absorción total por nuestra cultura, por la edad a que vino a América. Ingresó en la Orden de los Dominicos, ordenándose sacerdote el primero de abril de 1591. Todos los datos que se tienen sobre Hojeda confirman que era sacerdote de gran consagración y santidad, al punto de que se dice que sus múltiples penitencias, humillaciones y sufrimientos le hicieron quedarse casi ciego. Era un verdadero místico. Sus deberes con el sacerdocio no lo apartaron de su vocación literaria, llegando a adquirir una gran cultura. Formó parte de un cenáculo, tertulia o academia literaria reunida en torno del Virrey de Montesclaros, a quien está dedicada su obra maestra. También gozó de la amistad del llamado Virrey-poeta, Príncipe de Esquilache. En estos cenáculos compartió con los escritores más notables de la época en el Perú, como Pedro de Oña, el primer gran poeta nacido en América. Las pláticas en esta especie de Academia seguramente que lo pusieron en contacto directo con los autores clásicos, italianos y españoles, ya que muchos de sus amigos se distinguían como traductores, comentadores o estudiosos de esas literaturas. Que Hojeda gozaba de gran fama como poeta lo demuestran tres hechos: su asidua asistencia a las mencionadas tertulias, la inserción de una *Canción* suya en la primera edición del *Arauco Domado* de Oña (1596) y la mención que de él se hace en el *Discurso en loor de la poesía*, de autor anónimo, inserto en el *Parnaso Antártico* del también poeta sevillano Diego Mexía de Fernangil en 1608.

Fue Regente de los estudios de los Predicadores en Lima y maestro y lector de teología. En un convento de Lima fue donde escribió *La Cristiada*, la cual consta de doce cantos, 1974 octavas reales italianas y 15,792 versos endecasílabos de ese estilo. La famosa obra, si bien le granjeó gloria literaria, le produjo muchos sinsabores por las intrigas, mumuraciones y críticas de sus propios hermanos de la Orden, en la que ocupó cargos muy importantes, entre ellos el de Vicario de todos los conventos dominicos en la provincia del Perú. Más tarde fue degradado e inclusive desterrado a Huanco, villa cerca de la selva donde la vida era sumamente peligrosa. Murió el 24 de octubre de 1615 y se cuenta que los dominicos de esa región se robaron y ocultaron los restos, cuando el Provincial quiso trasladarlos a Lima, por considerarlos de un verdadero santo. Más tarde sus despojos fueron trasladados a la antigua capital del Virreinato del Perú.

Su obra maestra, *La Cristiada* tiene como asunto la vida, pasión y muerte de Cristo. Las fuentes de la obra fueron los Evangelios, La Patrística, Santo Tomás, San Pablo, San Agustín, Suárez y otros. También es notable la influencia de los grandes poetas épicos desde Homero pasando por Virgilio, Dante, Boiardo, Tasso y Ariosto. A menudo el autor refleja sus lecturas de los místicos y ascetas españoles, sobre todo de Fray Luis de Granada, autor de *Meditaciones sobre la Pasión*. La obra sigue un riguroso plan, superior al de las demás épicas escritas en español. El poema es barroco como lo prueban sus adornos, la exuberancia verbal, su colorido metafórico y el uso continuado que hace el poeta de los contrastes. La obra, más que de un poeta épico es el producto del alma de un místico, que busca en la compañía de Cristo y en el ejemplo de su vida, consuelo para sus angustias y tormentos de su vida, en pos de la santidad. Aunque su valor poético y artístico no es sostenido, hay instantes en que alcanza verdadera grandeza a través de una poesía auténtica. Era un poeta bien dotado y, aunque su obra es en general pesada por las disquisiciones teológicas y digresiones que contiene, algunos pasajes son de innegable belleza y causan honda impresión estética. La obra de hojeda ha sido comparada con el *Paraíso Perdido* de John Milton y *El Mesías* del gran poeta alemán Friedrich G. Klopstock aunque en realidad presenta las mismas flaquezas de ellos, sin tener la universalidad que alcanzaron.

Los valores del primero de los épicos sagrados de nuestra lengua permanecieron ignorados por muchos años, hasta que fueron descubiertos y reconocidos por el gran poeta y crítico Manuel José Quintana y por el propio Marcelino Menéndez y Pelayo. En ambos críticos pueden hallarse magníficos estudios de este poeta. En su obra pueden hallarse los mismos defectos que en los grandes poetas de la épica sagrada. Hay mucho escolaticismo, disgresiones bíblicas, disertaciones y discusiones teológicas; carece de una buena pintura de caracteres, tan esencial al género épico; la inspiración es a veces desmayada y a muchos versos les falta el toque de la mano maestra. A ratos la obra parece más bien producto de un orador sagrado y otras tiene demasiada exuberancia verbal. Sin embargo, los pasajes de la escena en que Cristo lava los pies a sus discípulos; la del huerto y la descripción de su cuerpo desnudo y los azotes al Redentor, pueden catalogarse entre lo mejor que produjo la poesía mística española. Los defectos antes señalados han impedido al poema de Hojeda ocupar el sitio que le correspondería en el Siglo de Oro. Véase la elocuencia, la sinceridad y el sentido místico en estos versos del Libro VIII:

> Yo pequé, mi Señor, y tú padeces
> Yo los delitos hice, y tú pagas;
> Si yo los cometí, tú, ¿qué mereces
> que así te ofenden con sangrientas llagas?
> Mas, voluntario, tú, mi Dios, te ofreces,
> Tú, del amor del hombre te embriagas
> Y así porque les sirva de disculpa
> Quieres llevar la pena de su culpa.

Todo el poema se concentra en Cristo, cuyo amor y sentido de la justicia es infinito. Pero en medio de la pompa solemne y épica, asoman a veces momentos líricos, como este del Canto I, que son de verdadero encanto:

> Las secas flores que en el vaso estaban
> Tocadas del Señor reverdecían;
> De su beldad, beldad participaban,
> Y olor de sus olores recibían;
> Sus dulces manos con amor besaban
> Con las hojas y labios que fingían,
> Todos en ser primeros compitiendo
> Con envidia suave y mudo estruendo.

> El agua, que en sus manos venerables
> Iba de puro gozo alborozada
> Si no conceptos, voces admirables
> Formas quisiera dellas, regalada,
> Y lavando los pies, en agradables
> Gotas a locas perlas desatada,
> Se despeñaba de tocar el suelo
> Por ser agua que estuvo sobre el cielo.

Se ha negado el americanismo de Hojeda, alegando que es quizás el poema épico nuestro más exento de color local. Claro que no puede tener mucho color regional, poema que toca tema tan universal, aunque es necesario indicar que el poema respira en varios lugares auténticas reminiscencias limeñas. La dinámica barroca del poema es innegable y quien con escalpelo de crítico, sepa entresacar de sus doce cantos los tesoros que encierra de genuina poesía en muchas de sus inspiradas octavas, sabrá por qué Hojeda está considerado entre los escritores representativos de la América Hispana.

BIBLIOGRAFÍA

1 REFERENCIAS GENERALES

(Consúltense la bibliografía de los capítulos anteriores; antologías y estudios generales sobre la poesía; y, especialmente: Anderson Imbert, *Historia*, I; Crow, *Epic;* Englekirk, *An Outline History;* González Peña, *Historia;* Henríquez Ureña, *Corrientes*, III; Jiménez Rueda, *Historia;* Méndez Plancarte, *Poetas novohispanos;* Menédez y Pelayo, *Historia y Antología;* Picón-Salas, *De la conquista*, V, VI, VII; del Río, Tomo I, XI; Sánchez, *La literatura del Perú;* Torres-Rioseco, *Epica* y *Nueva historia;* Moses)

2 SOCIEDAD DEL SIGLO XVII; NATURALEZA DEL BARROCO

Amunátegui Solar, Domingo, *Jesuitas, Gobernantes, Militares y Escritores*, Santiago, Ercilla, 1934.
——, *La sociedad de Santiago en el siglo XVII*, Santiago, 1937.
——, *Las letras chilenas*, Santiago, Nascimento, 1934.
Arias, Augusto, *La estética del barroco*, Quito, Talles Tipográficos Nacionales, 1932.
Barreda Laos, Felipe, *La vida intelectual del virreinato del Perú*, Buenos Aires, 1937.
Carilla, Emilio, *El gongorismo en América*, Buenos Aires, Univ. de Buenos Aires, 1946.
Castro, Américo, "Las complicaciones del arte barroco", Madrid, *Tierra Firme*, No. 3 (1935).
Coutinho, Afranio, *Aspectos de literatura barroca*, Río de Janeiro, 1950.
Díaz-Plaja, Guillermo, *El espíritu del barroco: tres interpretaciones*, Barcelona, 1940.
Hatzfeld, Helmut, *Estudios sobre el barroco*, Madrid, Gredos, 1964?
——, "Recent Baroque Rheories" en *Boletín del Instituto Caro y Cuervo*, Bogotá, IV (1948), págs. 461-491.
Henríquez Ureña, Pedro, "Barroco de América", en el periódico *La Nación* de Buenos Aires, 23 de junio de 1940.
Igual Ubeda, Antonio, *El Barroquismo*, Barcelona, Seix Barral, 1945.
Jiménez Rueda, Julio, *El humanismo, el barroco y la contrareforma en México virreinal*, México, Editorial Cultura, 1951.
Kelemen, Pál, *Baroque and Rococo in Latin America*, New York, Macmillan, 1951.
Leonard, Irving A., *La sociedad colonial en La Colonia hispanoamericana*, Washington, D.C., The George Washington Univ., 1936.
——, *Baroque Times in Old Mexico*, Ann Arbor, Univ. of Michigan, 1959.
Macri, O., "La historiografía del barroco literario español", en *Thesaurus Boletín del Instituto Caro y Cuervo*, Bogotá, XV (1960), págs. 1-70.
Mark, James, "The uses of the term Baroque", en *Modern Language Review*, Vol. 33, 1933, págs. 547-563.

Picón-Salas, M., "Entrada del siglo XVII", "El barroco de Indias" y "Erudición, temas y libros de la época barroca", Caps. V, VI y VII de su *De la conquista*. . . .

Quesada, Vicente G., *La vida intelectual en la América española*, durante los siglos XVI, XVII y XVIII, Buenos Aires, La Cultura Popular, 1917.

Schons, Dorothy, "La influencia de Góngora en la literatura mexicana del siglo XVII", en *Hispanic Review*, vol. VII, No. 1, enero, 1939.

Valbuena Briones, Ángel, "El barroco, arte hispánico", Cap. IV de su *Literatura Hispanoamericana*.

Wölfflin, Enrique, *Conceptos fundamentales de la historia del arte*, 2da. ed., Espasa-Calpe, 1952.

3 LA POESÍA ÉPICA O NARRATIVA

a) ESTUDIOS GENERALES

García Calderón, Francisco, *Latin America: Its Rise and Progress* (Les Démocraties latines de l'Amérique), New York, Scribner's, 1913.

García Calderón, Ventua, (Editor), *Biblioteca de cultura peruana*, 13 vols., París, Desclee, De Bruuwer, 1938.

Gutiérrez, Juan María, *Escritores coloniales americanos*, Buenos Aires, Raigal, 1957.

Medina, José Toribio, *Biblioteca Hispanoamericana*, 7 vols., Santiago, 1907.

Pierce, Frank, *La poesía épica del Siglo de Oro*, Madrid, Gredos, 1961.

——, "The Canto Epico of the Seventeenth and Eighteenth Centuries", *Hispanic Review*, XV No. 1, 1947.

Pirotto, Armando, *La literatura en América: El coloniaje*, Montevideo, 1937.

Reyes, Alfonso, *Letras de la Nueva España*, México, Fondo de Cultura Económica, 1948.

Valcárcel, Luis E., *Ruta cultural del Perú*, México, Fondo de Cultura Económica, 1945.

b) PRINCIPALES POETAS

BERNARDO DE BALBUENA

Textos

La grandeza mexicana de Bernardo de Balbuena, Urbana, Univ. of Illinois Press, 1930; editada por John Van Horne.

Grandeza mexicana y fragmentos del Siglo de Oro y El Bernardo, 2da. ed., México, Imprenta Universitaria, 1954; editada por Francisco Monterde.

Selecciones en: Anderson Imbert y Florit, 99-102; Caille-Bois, 39-44; Méndez Plancarte, I, 97-115; Pierce, 167-231.

Crítica

Fucilla, J. G., "Bernardo de Balbuena's Siglo de Oro and its Sources", *Hispanic Review*, Philadelfia, XV, 1945.

Horne, John Va, *El Bernardo of Bernardo de Balbuena: A Study of the Poem with Particular Attention to its Relations to the Epics of Boiardo and Ariosto and to its Significance in the Spanish Renaissance*, Urbana, Univ. of Illinois Press, 1927.

——, *Bernardo de Balbuena: biografía crítica*, Guadalajara, México, Imp. Font., 1940.

Menéndez y Pelayo, *Historia*, I, 45-56.

Pierce, Frank, "El Bernardo de Balbuena, a baroque fantasy", *Hispanic Review*, XIII, 1945.

Rojas Garcidueñas, José, *Bernardo de Balbuena: la vida y la obra*, México, Instituto de Investigaciones Estéticas, 1958.

Sánchez, Luis Alberto, "Bernardo de Balbuena" en *Escritores representativos*, I, 41-51.

DIEGO DE HOJEDA

Textos

La Christiada, de Fray Diego de Hojeda, Washington, D.C., Catholic University, 1935; editada por la Hermana Mary Helen Patricia Corcoran.

La cristiada, 2 vols., Lima, Ed. P.T.C.M., 1947; editada por Rafael Aguayo Spencer.

Selecciones en: Anderson Imbert y Florit, 103-104; García Calderón, *Biblioteca*, VII, 21-45; Merino, Félix, *Poesía épica de la edad de oro: Ercilla, Balbuena, Hojeda*, Zaragoza, Ebro, 1955; Pierce, 91-166.

Crítica

Lazo, *Historia*, 142-145.

Meyer, Sister Mary Edgar, *The Source of Hojeda's La cristiada*, Ann Arbor, Univ. of Michigan Press, 1953.

Sánchez, "Diego de Hojeda" en sus *Escritores representativos*, 63-69.

5 La crónica histórica y la prosa novelística

Diferencias y semejanzas con las crónicas del siglo XVI

Sorprende la extraordinaria vitalidad de este género. Casi cien años escribiendo crónicas en el siglo XVI no lograron agotar ni los temas ni los intentos de componer otras nuevas. Hay diferencias de estilo y de fondo entre las antiguas crónicas escritas en el siglo XVI y las que ven la luz ya comenzado el período barroco. Aquéllas no fueron en general obras de eruditos, sino de testigos presenciales que muchas veces intervinieron personalmente en los hechos narrados. Por eso tienen toda la frescura, la rudeza y la espontaneidad que les brinda la inmediatez de los acontecimientos. El rudo estilo es una mezcla de la prosa tradicional española y la que se va abriendo paso con la recepción de las ideas renacentistas. Las del siglo XVII son escritas por lo general por eruditos o al menos por estudiosos y muchas veces por verdaderos intelectuales. Aquéllos escribían casi contemplando las batallas o atravesando los peligrosos ríos. Éstas son compuestas, por lo general, por hombres sentados en sus despachos, con un gran bagaje cultural y humanista, a los que asoma ya la preocupación del bien escribir literario. La crónica del siglo XVI sólo pretendía dar a conocer una nueva realidad; pero la del siglo XVII tiene también otro tipo de preocupación: la de orientar, la de educar, la de presentar la historia algo a lo romano, o sea como "maestra de la vida", que diría Cicerón. En ellas la erudición suplanta la frescura de las viejas, porque muchas veces tienen de historia, pero también mucho de tratados y de orientación. Por eso estas últimas tienen la importancia de ser hitos de trascendencia en el devenir y desarrollo del pensamiento en América. En cuanto al estilo, desde fines del siglo XVI se nota que la prosa se va complicando, va ensanchándose en ideas, adornos y en vocabulario, hasta llegar a la plenitud barroca.

Frente a unas y otras, el crítico queda a veces perplejo, preguntándose cuáles tienen más valor. En sentido general parece que son superiores las crónicas del siglo de la conquista. A la mayor erudición y perfección artística de las más recientes, se opone el crudo realismo, la sencillez y espontaneidad de las antiguas. Desde otro punto de vista hay que convenir en que los historiadores de ambas centurias se complementan en vez de excluirse. Aquéllos son más grandes en el realismo, en su misma rudeza; éstos los aventajan en la interpretación filosófica de la historia, que es también esencial en este género. No hay en el siglo XVII autores que estén a la altura de Hernán Cortés, Bernal Díaz del Castillo, y, sobre todo del Inca Garcilaso de la Vega. Estas nuevas crónicas son manifestaciones del ensayo en esta época.

Los cronistas mayores
Presentación de los más importantes

Las crónicas de este período pueden clasificarse en: privadas y oficiales; de autores nativos o españoles; religiosos o laicos; regionales (que son las más abundantes) y generales (bastante escasas) y en "mayores" o más importantes y "menores". En esta época hay dos mangíficos aportes del llamado "humanismo jesuíta": los chilenos Fray Alonso de Ovalle y Fray Diego Rosales; y dos magníficos cronistas oficiales de la Corona, Antonio de Herrera y Tordesillas (1549-1625), autor de las *Décadas* (publicadas en 1601-1615) y, especialmente Antonio de Solís y Rivadeneyra (1610-1686), que escribió una *Historia de la conquista de México* (1684) en un estilo literario de mucho valor. También se distinguieron tres historiadores nativos: Lucas Fernández de Piedrahita, Felipe Huaman Poma de Ayala y Fernando de Alva Ixtlilxochitl.

La crónica se cultivó también abundantemente en este período, de manera que sólo estudiaremos aquellos autores más representativos.

Aportes del humanismo jesuíta
Historiadores chilenos: Fray Alonso de Ovalle y Fray Diego Rosales

Chile y México fueron los países que más y mejores cronistas produjeron en este tiempo, seguidos muy de cerca por el antiguo virreinato de Nueva Granada (Colombia y Venezuela). Los aportes del humanismo jesuíta abarcó la historia, el ensayo, la poesía y la mística. En los respectivos géneros se verán lo valioso del intelecto de este grupo y sus aportaciones efectivas a esta literatura y al pensamiento hispanoamericano.

Fray Alonso de Ovalle. Entre los buenos intelectuales jesuítas de este período sobresale el padre ALONSO DE OVALLE (1601-1651). Nació en Santiago, Chile y estudió en el colegio de los jesuítas, donde descolló desde muy joven por su talento. Contrariando a sus padres hizo su ingreso en la orden, que lo envió a estudiar a Córdoba, Argentina. Después de ocho años de ausencia volvió a su ciudad natal, donde se ordenó de sacerdote. Siempre le gustaron las tareas difíciles y pronto lo vemos de director de instrucción religiosa de los negros. Más tarde fue catedrático de teología y rector de un seminario de la orden. En 1640 fue enviado a Roma y Europa en misión de la orden y del gobierno encaminada a despertar interés y conseguir más misioneros para ese país. En 1642 ya estaba en Cádiz, viajando luego a Sevilla, Madrid y otras ciudades. En Europa se dio cuenta en seguida del desconocimiento casi total que sobre Chile y América en general había, y esto lo decidió a escribir su obra maestra, la *Histórica Relación del Reino de Chile,* cuyo borrador fueron posiblemente los apuntes que llevaba para sus charlas y exposiciones. La obra fue escrita en Roma y publicada en 1646. Por esta obra se considera a Ovalle como el primer historiador de Chile. Emprendió el viaje de regreso en 1650 y a fines de ese año ya estaba en Panamá con dieciséis jesuítas que habían aceptado trabajar en Chile en la obra misionera. Ovalle murió en Lima, sin haber llegado a su patria.

La primera característica de la obra de Ovalle es que el material histórico y la obra de arte corren paralelos. Llegó a desarrollar un verdadero estilo literario, al punto de que está considerado entre los escritores que constituyen autoridad en el idioma. Esto no quiere decir que su obra carezca de defectos, porque en realidad los tiene. En general no fue muy feliz en la construcción de los párrafos, que a veces resultan lentos y pesados, con repetición y reiteración de algunos vocablos y palabras. Pero donde alcanza la grandeza de un verdadero clásico del idioma es en sus descripciones del paisaje de Chile. Ovalle es en general menos objetivo que Diego Rosales, porque la nostalgia de la patria lejana le empaña a veces el sentido crítico. Pero la obra está llena de hermosas descripciones del suelo, del paisaje y de las cosas de Chile. Tiene sentido evocador de una patria distante en la geografía, pero muy metida en el alma del escritor. Para que se note su emoción de evocación, veamos el siguiente párrafo en que describe el paisaje andino y sus caminatas por esos senderos:

> Rayando el sol en aquella inmensidad de nieves y en aquellas empinadas laderas y blancos costados y cuchillas de tan dilatadas sierras, hacen una vista que aún a los que nacemos allí y estamos acostumbrados a ella, nos admira y da motivos de alabanzas al Criador, que tal belleza pudo criar.

Ovalle tuvo por intención dar a conocer la historia, la geografía y las cosas de Chile a los extraños, pero la obra se le volvió en las manos un manojo de recuerdos y añoranzas, por las que desahogó la emoción y la nostalgia de la lejanía de la patria.

Fray Diego de Rosales. Más sentido de la Historia tenía quien es actualmente considerado el más connotado cronista e historiador de Chile, el padre jesuíta DIEGO DE ROSALES (1603?–1677). Nació en España y ya en 1625 era catedrático en conventos de su Compañía. Español de nacimiento, nadie sintió tan profundamente las cosas de su patria de adopción. Como tantos otros sacerdotes, dio a su país adoptivo lo mejor de su talento y de sus actividades. Vino a América relativamente joven, estando primeramente en Lima y de aquí pasó a Santiago, Chile, donde terminó sus estudios sacerdotales y se ordenó de sacerdote. Llegó a tener un amplio conocimiento de los indios, del país en general, de geografía, de las costumbres, así como de los elementos más representativos de la vida civil y eclesiástica.

Entre sus obras hay que señalar: *Historia general del Reino de Chile,* que es su obra maestra y que no fue editada hasta 1877; el *Manifiesto Apologético* (1670), su *Dictamen*

LA CRÓNICA HISTÓRICA Y LA PROSA NOVELÍSTICA

(1672) y *Conquista espiritual de Chile*, que permanecen inédita. La absorción de Rosales a la sensibilidad y el espíritu de Chile fue completo, por lo que hay que considerarlo como a un chileno más. Casi todas sus obras coinciden en un punto: la defensa de los indios, aunque son ricas también en datos históricos, eclesiásticos, geográficos, costumbristas y demás aspectos interesantes del país. En sus obras priva la pasión del defensor de causas nobles sobre el erudito; pero hay encanto e interés en las historias que escribe.

Lucas Fernández de Piedrahita, el mejor cronista colombiano de la época

El historiador más grande de Colombia en esta época es LUCAS FERNÁNDEZ DE PIEDRAHITA (1624–1688) a quien se debe una de las crónicas particulares y regionales de más encanto de las producidas en el período barroco. Nació en Bogotá el 6 de marzo de 1624 y murió en la ciudad de Panamá en 1688. Su madre, doña Catalina Collantes, era nieta de doña Francisca Coya, princesa de la casta de los Incas del Perú. Cursó sus primeros estudios en el colegio de San Bartolomé y obtuvo el Doctorado en Divinidades en la Universidad Tomística de Bogotá. Ocupó cargos muy importantes en la jerarquía eclesiástica llegando a ser Provisor y Gobernador del Arzobispado. Tuvo grandes disputas con la Audiencia Real, debido a los desmanes de ésta. Por este motivo tuvo que ir a España y comparecer ante el Real Consejo de Indias. Los seis años que pasó en España los aprovechó en profundas investigaciones históricas. A más de cumplir allí con sus menesteres eclesiásticos, empleó mucho tiempo en registrar todos los archivos y documentos que consideró útiles para la obra que ya tenía en mente. Leyó todas las crónicas antiguas que pudo hallar, sobre todo a Juan de Castellanos, a quien muchas veces prosificó y al Adelantado Jiménez de Quesada. El Consejo de Indias lo absolvió de los cargos de la Real Audiencia y lo nombró Obispo de Santa Marta en Colombia, siendo confirmado por el Papa en 1669. En una ocasión fue secuestrado por los piratas ingleses, que lo torturaron y llevaron a la isla Providencia, cuartel general del jefe, Sir Henry Morgan, porque lo creían rico, cuando en verdad vivía en la pobreza. En 1686 fue ascendido al Obispado de Panamá donde continuó sus actividades en favor de los indios y acrecentó su fama de gran predicador. Aquí murió sin ver editada su obra maestra que lleva por título *Historia de las Conquistas del Nuevo Reino de Granada*, de la cual se perdió el segundo tomo. También escribió comedias, pero no han sido halladas.

A Fernández de Piedrahita se le ha desconocido con la excepción de en Colombia y España. Se estudian otros cronistas con menos valores y se ignora al Obispo de Panamá. Ya hoy va saliendo del olvido uno de los mejores cronistas de la era colonial. Respecto a su obra, él mismo afirma que escribe "en estilo nuevo", lo que otros ya habían escrito sobre este período de la América Hispana. Su obra contiene un magnífico estudio de las civilizaciones pre-hispánicas, sobre todo de los Chibchas. Siempre habla con admiración de estas culturas indígenas. Desde un punto de vista técnico, la obra no sigue un riguroso plan; siendo desigual en méritos. Por momentos es historiador y prosista sostenido, que va llevando adelante el relato con hermosura y elegancia en el lenguaje; pero a veces decae haciéndose bastante denso y monótono. Su calidad de eclesiástico le sale al estilo, abusando a menudo de los períodos largos en que sobresale el tono didáctico, filosófico, sentencioso y oratorio. Sabe darle a su obra intención de charla, por lo general muy animada, que es uno de los valores y originalidades del libro.

Fernández de Piedrahita no se limita a dar noticias históricas de los indígenas o de los conquistadores, sino que emplea la crítica histórica y el análisis filosófico, rodeando la mayoría de los hechos que apunta con interpretaciones a la luz de la filosofía y la moral. Solamente se conserva la primera parte de su obra, editada en Amberes en 1688, el mismo año de su muerte. En 1881 se hizo otra en Bogotá, con un buen prólogo de don Miguel Antonio Caro. Fernández de Piedrahita forma con el Inca Garcilaso de la Vega y don Fernando de Alba Ixtlilxochitl, el trío de grandes historiadores nativos por los que corre sangre indígena. Se ha dicho que Piedrahita es a la literatura colombiana, lo que el Inca Garcilaso es a la peruana. A pesar de la evidente exageración, la afirmación constituye un gran elogio y demuestra la estima en que se tiene a este Obispo-escritor colombiano. Su riqueza de vocabulario; su estilo a la vez sencillo y brillante; su preocupación por el análisis crítico y la veracidad de sus relatos, permiten considerarlo como uno de los cronistas americanos más importantes de todos los tiempos.

La prosa novelística (con elementos de ficción)
Su importancia como antecedentes de la novela

Durante todo el período colonial no se escribieron verdaderas novelas en la América hispana, debido principalmente a la prohibición que pesaba sobre su importación y, lo que es más grave todavía, respecto a su impresión. La falta de libertad que existía sobre el escritor, se ensañó ferozmente con la novela. De esa manera, aunque la novela española estaba en todo su esplendor con Cervantes, Mateo Alemán y otros, las colonias quedaban al margen. La real cédula de condenación del género hacía referencia sólo a los indígenas, pero de hecho estaban incluídos también peninsulares y criollos. A pesar de la prohibición terminante, venían muchas novelas de contrabando y se sabe que *Don Quijote* y el *Guzmán de Alfarache* vinieron poco tiempo después de ser publicados, pero esto añadía poco, pues las ediciones, que son lo más importante, estaban vedadas.

Por esta razón en parte y por otra con el objeto de exponer aspectos de la realidad e ideas propias que no podían expresarse abiertamente, debido a las restricciones que pesaban sobre el pensamiento—llevadas con mucho celo por el Santo Oficio o Inquisición—algunos autores escribieron una serie de trabajos que si bien tienen la apariencia externa de simples "crónicas" o de carácter religioso, lo cierto es que contienen abundantes elementos imaginativos o de ficción que permiten considerarlos como antecedentes remotos de la novela, que no surge sino en 1816 con la publicación del *Periquillo Sarniento* de Fernández de Lizardi.[1] Sobre un fondo histórico o sobre hechos verídicos, los autores construyen una narración, en lo que lo más importante e interesante es precisamente la presencia de aspectos de ficción y de imaginación. A veces son puros productos de la fantasía del autor. Aparte de sus valores intrínsecos que a veces llegan a ser notables, como más adelante se verá, estas obras tienen la gran importancia de constituir las verdaderas semillas de la novelística hispanoamericana, que llegaría a ser con el tiempo, el género literario más importante de nuestra literatura en el siglo XX. Estos autores son los verdaderos precursores de la novela hispanoamericana. Sin estos primeros bosquejos o relatos nuestra novelística no hubiera alcanzado el rápido desarrollo que logró, sobre todo a partir del Romanticismo.

Aunque casi toda la crítica está de acuerdo en reconocer que la primera novela hispanoamericana es el *Periquillo Sarniento* de Lizardi, no faltan los que ven en estos esbozos de ficción, las verdaderas primeras novelas de la América Hispana. En nuestra opinión, aun cuando reconozcamos que en estos relatos la ficción es más importante a veces que lo real, estos ensayos que analizaremos ahora son un antecedente esencial de la novela, pero ésta no aparece en el continente hasta el neoclasicismo en la obra antes señalada.

La mayoría de estos relatos tienen valor autobiográfico, pues narran experiencias personales de sus autores. En forma encubierta y vedada exponen puntos y hacen narraciones que harían muy poca gracia a la Inquisición de estar escritos en estilo directo y exponiendo abiertamente su verdadera intención. Por esta época muy poca era la literatura amena que se escribía, de aquí el gran éxito que obtuvieron en su tiempo las obras de estos autores. Las obras de Pineda y Bascuñán y de Rodríguez Freile pasan por ser las más leídas y comentadas de Chile y Colombia, respectivamente, en este período de tanta escasez literaria.

Los mejores autores de prosa novelística
Juan Rodríguez Freile y la dimensión picaresca

En el que sería virreinato de Santa Fe de Bogotá—establecido definitivamente en 1739—encontramos a un cronista muy original, JUAN RODRIGUEZ FREILE (1566–1640?). nativo de esa ciudad, de padre conquistador español, que tuvo la oportunidad de leer mucho, observar y vivir más. Uno de sus libros favoritos—y el dato es muy interesante para señalar las características de su obra—es precisamente *La Celestina*, de Fernando de Rojas. Un contemporáneo lo describe a los cuarenta años como "muy gordo y muy cargado", lo que no deja de ser un buen retrato de su físico. Hacía 1636 escribió un libro que es uno de los más interesantes de esta época. Se titula esta especie de crónica *Conquista y descubrimiento del Nuevo Reino de Granada*. El largo título se continúa con la siguiente frase: "con algunos casos sucedidos en

---
[1] Ver Capítulo XI, de esta obra.

este reino, que van en la historia para ejemplo y no para imitarlos, por el daño a la conciencia". Es el ejemplo clásico de una obra en la que el autor tiene que esconder detrás de un título, al parecer muy histórico e inofensivo, un producto de su imaginación y de sus observaciones. La obra fue bautizada muy pronto como *El Carnero* y con este título ha hecho feliz historia en la literatura colombiana. De crónica, en el sentido tradicional que hemos estudiado, tiene muy poco, casi nada. Es más bien una sucesión de cuentos, anécdotas, aventuras, amoríos, crímenes, intrigas y toda la gama de lo escandaloso, todo salpicado de picardía y muy adecuado para el entretenimiento. Muchas veces parecen cuadros arrancados a la galería del *Decamerón* de Boccacio.

Lo primero que llama la atención es el nombre que se le puso de *El Carnero*. En busca de la razón de este nombre han acudido los críticos a toda clase de explicaciones. Unos dicen que se llamó así porque la obra fue encuadernada en piel de dicho animal; otros por el desfile de maridos a quienes les "han pegado los cuernos"; los de más allá se remontan al *Libro de los Gatos* (1400-1420) y afirman que es una alusión a las comidas, vinos, manjares y demás placeres mundanos; también se afirma que "carneros" eran las fosas comunes de iglesias y hospitales a las que iban a parar los muertos. Sea una cosa u otra, todavía no se ha dado con la clave del nombre, aunque es posible que uniendo todos esos significados se pueda llegar a comprender la razón del nombre, que no es tan peregrino como a primera vista aparece.

Rodríguez Freile es ya autor barroco, demostrado en la vitalidad y abundancia de su prosa, tosca y directa casi siempre y complicada por generalidad. Son los suyos relatos sabrosos, llenos de amenidad, a los que asoma lo galante, mundano y liviano. Su libro es una crónica, pero no del Reino, sino de la vida de Santa Fe de Bogotá, en los aspectos que hemos señalado. Aunque se confiesa misógeno, vive obsesionado por la belleza de las mujeres, a cuya conquista, más que a la militar y política del Reino parece referirse el título de la obra. Malicia, escabrosidades, la vida bulliciosa y mundana, de vez en cuando algún crimen o venganza, todo se mezcla a maravilla en este libro originalísimo, pariente directo del Boccacio y de *La Celestina*, por lo mundano y por el elemento picaresco que lo rodea.

La obra tiene elementos de varios géneros: mucho de costumbrismo, de sátira social y política, de aventuras y elementos picarescos y caballerescos. En el libro se mezcla lo histórico y lo fingido; lo real y lo imaginado en una corriente narrativa que refresca de la pesadez mental que dejan otras crónicas, porque por ellas corre un raudal de buen humor. Todo esto, unido a sus diálogos movidos y una narración que fluye sin trabajo, llena de todos los resortes de los elementos novelescos, dieron al libro una gran popularidad entre los bogotanos que veían en él un retrato de su ciudad, de su gente, sobre todo de la que describe con tanto realismo. Rodríguez Freile fue uno de los mejores autores de su tiempo. Quien comenzó imitando y siguiendo a grandes autores de España y de otros países, se convierte luego en uno de los precursores más notables de la novelística hispanoamericana sobre todo en sus vertientes costumbrista y picaresca. Sus tipos no alcanzan rango universal porque son muy bogotanos. En esto se parece a otro grande de las letras hispanoamericanas, a Ricardo Palma; pero mientras éste pinta lo gracioso de Lima, aquél nos presenta lo escabroso de Bogotá.

Al principio nuestro autor da la impresión de que desea ser realista y utilizar los "casos" que presenta para moralizar y evitar que sean imitados y que produzcan "daño a la conciencia" Pero luego, ya metido en los trajines del hilo narrativo, se olvida de su objetivo, lo traiciona su vena de narrador natural y se goza entonces dándonos a conocer un sin fin de chismes, peripecias y escaramuzas, todas entretenidas y picantes. En una época de silogismos, de sermones gongoristas, de místicos y empacho de escolástica, Rodríguez Freile nos da una visión risueña de aquella colonia en cuadros que parecen instantáneas de sus tipos y costumbres.

La dimensión romántica e indianista
Francisco Nuñez de Pineda y Bascuñán y el "Cautiverio Feliz"

Otra orientación presenta la obra de FRANCISO NÚÑEZ DE PINEDA Y BASCUÑÁN (1607–1682), nativo de Chile, autor de *Cautiverio Feliz y Razón de las Guerras dilatadas de Chile* (1673), o simplemente el *Cautiverio Feliz,* que pasa por haber sido el libro más famoso y leído en Chile durante la colonia. La fama une a *El Carnero* con el *Cautiverio Feliz:* fueron los libros más populares de su tiempo en sus respectivos países y ambos tienen elementos verídicos; pero los separa y diferencia su línea temática: *El Cautiverio Feliz* es romántico-histórico con acentuación indianista; *El Carnero*, histórico-picaresco con acentuación costumbrista. El propio autor se encarga de darnos en su libro los datos esenciales de su biografía. En efecto, nació en Chillán, pequeño poblado al sur de Chile. Su padre fue el general Álvaro Núnez de Pineda y Bascuñán, peninsular, quien al parecer era temido y respetado por los "mapuches" y su madre pertenecía a familia muy distinguida. Al quedar huérfano cuando todavía era muy niño, el padre confió su educación a los jesuítas, hecho que tiene directo efecto en su estilo e ideas. Con los clérigos se hizo de una notable cultura clásica y divina. Llegó a conocer bastante bien a los más notables autores clásicos, tanto griegos como romanos, así como el pensamiento de los padres de la iglesia. A través de su obra, se nota su obsesión por dar a conocer el pensamiento de esos sabios varones, ya que usa mucho de las citas.

Pero los tiempos eran azarosos y no tuvo otro camino que tomar la carrera de las armas, siguiendo el rumbo de su padre. Su primera misión fue combatir a los araucanos o mapuches, que durante tres siglos pelearon ferozmente con los españoles. El 15 de mayo de 1629 cayó prisionero de los indios, siendo confiada su custodia al cacique Maulicán, al parecer buen amigo de su padre. La larga estancia de siete meses como prisionero la pasó haciendo de misionero, aprendiendo la lengua y, sobre todo observando las costumbres, fiestas, ideas y demás aspectos de la raza araucana. El 27 de noviembre obtuvo su libertad mediante el pago del rescate correspondiente y el 7 de diciembre del propio año llegaba a Chillán, su pueblo natal. Quizás por la notoriedad que logró durante su secuestro, bien por sus conocimientos de los indios, fue ascendiendo con rapidez en cargos oficiales. Llegó a general y Gobernador de la provincia de Valdivia.

Como Bernal Díaz del Castillo, escribió su obra ya en la vejez pues contaba con sesenta y siete años al fechar la última página en 1673. Entre su cautiverio y el relato hay nada menos que la distancia de cuarenta años. La obra es más bien un libro de memorias, en las que el autor da rienda suelta a su fantasía, entroncando así en los trabajos de ficción e imaginación. El libro realmente no pasa de ser una mediocridad literaria, pero fue de las mejores escritas en este tiempo y sinceramente creemos que merece un mejor lugar del que se le ha asignado hasta el presente por la crítica literaria. Hay sinceridad y frescura en la narración, tiene momentos de delicioso lirismo junto a destellos descriptivos de interés. Lo lírico y lo épico andan juntos. El estilo es llano por generalidad, aunque a veces no oculta las afectaciones y rebuscamientos de la escuela a que pertenece. Se ha señalado su gongorismo, sin hacer énfasis en su conceptismo, cuando lo cierto es que en su estilo hay de ambas modalidades, pruebas reiteradas.

Una de las mejores cosas que contiene el largo relato son los romances y composiciones que el autor inserta muy a menudo y que demuestran que era casi mejor poeta que prosista. Notables son los que dedica al cacique Maulicán, a quien admira profundamente; aquéllos en que expresa la piedad y otros en que con sentimiento y tono filosófico habla de los giros de la fortuna. En toda su obra, Bascuñán demuestra su simpatía por los indios y llega a condenar los atropellos y abusos cometidos por los españoles. Si la primera parte indica que narra las aventuras que vivió durante su secuestro, la segunda trata de enfocar las causas verdaderas para las largas y frecuentes guerras con aquellos indios. El libro tiene aliento de protesta social y es significativo que ya desde esta época, los escritores americanos demuestren interés por los indios y por los humildes. El relato es agradable y Bascuñán demuestra que es autor capaz de captar la atención del lector y de mantenerlo interesado. Es rico en datos etnográficos por las descripciones que hace. Dice que nunca sucumbió a la tentación de las indias que se le insinuaba o ante las que le eran ofrecidas por los propios caciques.

En Bascuñán hay ya asomos de protesta contra el gobierno y tiranía ejercidos en suelo patrio por el extranjero, cualquiera que éste sea y añade que una de las causas que se oponen a la grandeza de Chile es "que a gobernarle vengan forasteros". Después añade: "debe gobernar su patria algún natural experimentado, un hijo de ella". Por otro lado, el autor se muestra siempre caballeresco y cristiano. Sabe admirar la belleza, pero no se deja vencer por la tentación que le ofrece la abundancia de mujeres indias.

La de Bascuñán demuestra, de manera categórica, que las obras de ficción se iban abriendo paso por entre una gran maraña, en que las verdaderas intenciones del autor, quedaban sepultadas entre adornos, alambicamientos y generalmente detrás de títulos o temas que parecían de otra índole o al menos inofensivos.

Carlos de Sigüenza y Góngora y sus "Infortunios de Alonso Ramírez"

Las dos figuras intelectuales más sobresalientes del barroco hispanoamericano fueron el peruano Pedro de Peralta y Barnuevo y el mexicano CARLOS DE SIGÜENZA GÓNGORA (1645-1700). Nació éste en México de padres criollos y españoles, en pleno apogeo del barroco. Procedía de una familia acomodada, pues su padre había sido preceptor del hijo de Felipe IV, así como funcionario del virrey de México. La madre era prima de Luis de Góngora y Argote, el famoso poeta culterano. Recibió su educación con los Jesuítas, de cuya Orden se separó más tarde, para volver a ella en sus últimos años. Fue la figura intelectual y humanista más sobresaliente de México en todo el período colonial, distinguiéndose como poeta, historiador, matemático, astrónomo, geógrafo, anticuario, filósofo y narrador. En 1672 ganó la cátedra de matemáticas y astronomía en la Universidad de México y fue cronista oficial de la corte del virrey de México, el Conde de Galve. Sigüenza y Góngora pertenece más bien a la historia del pensamiento y la cultura, aunque también dejó obras literarias de mucho mérito, sobre todo en los campos de la historia y la narrativa. Su mérito intrínseco no está tanto en las obras que dejó, como en la gran labor realizada por él en el campo del pensamiento y por su personalidad intelectual. Fue un temprano discípulo de René Descartes; se opuso a la filosofía escolástica, así como al método peripatético y a la repetición vacía de silogismos como sistema de cultura. Encomiásticos son los esfuerzos que realizó por superar el viejo edificio de la escolástica y abrir las puertas al pensamiento científico, político y filosófico de la época y ponerlo a tono con las corrientes entonces en boga en Europa. Es uno de los precursores del pensamiento de la ilustración en Hispanoamérica. Cultivó la amistad de las grandes figuras literarias, intelectuales, sociales y políticas de la época. Fue uno de los mejores amigos de Sor Juana Inés de la Cruz, quien le dedicó un soneto en que lo llama "dulce, canoro cisne mexicano" como prueba de amistad y admiración. En 1693 formó parte de una expedición científica y levantó mapas e hizo mediciones de Pensacola, en la Florida.

Sigüenza y Góngora fue uno de los escritores más fecundos de la época. En vida llegó a ver impresas solamente doce de sus obras, pero dejó manuscritos que formarían como veintiocho tomos de obras de distintas especialidades. En el campo de la poesía dejó la obra *Triunfo Parthénico* (1693), reseña y antología del certamen poético celebrado por la Universidad de México en 1682 para honrar a la Inmaculada Concepción. Constituye una cabal representación de lo que era la poesía mexicana en el último cuarto del siglo XVII. En ese concurso Sigüenza y Góngora obtuvo un primer premio con una "Canción", escrita en la moda culterana. El autor tenía sentido de la técnica del verso y ofrece momentos felices, pero no parece que fuera el verso su campo más propicio. Su verdadero camino era la prosa, distinguiéndose en la historia, el ensayo y la narrativa. Aunque sus mayores contribuciones fueron en el campo de las ciencias, sus obras más leíbles en nuestros días son aquéllas en las que como cronista de la corte del virrey, Conde de Galve, recogió acontecimientos contemporáneos y sus *Infortunios de Alonso Ramírez* (1690).

Mucho valor tienen sus ensayos en los que trata de popularizar conocimientos científicos con el doble propósito de divulgar la verdad y de combatir supersticiones y créencias que aprisionaban el espíritu humano, de espaldas a los logros de la ciencia de aquel tiempo. Merece mencionarse su famosa *Libra astronómica y filosófica* (1690) en la que rebate las críticas que le hiciera el jesuíta alemán, padre Eusebio Francisco Kino, a su célebre *Manifiesto filosófico contra los cometas* (1681). En este último ensayo, Sigüenza y Góngora atacó la creencia, tan popular como equivocada de que esos cuerpos celestes traen y anuncian calamidades. Este *Manifiesto* fue escrito con motivo de la alarma que produjo la aparición de un cometa en noviembre de 1680. El padre Kino llegó a afirmar cosas tan peregrinas como que los cometas se forman "de lo exhalable de los cuerpos de los difuntos y del sudor humano". Mostró sus talentos de buen historiador en las obras de este tipo, sobre todo en las tituladas *Relaciones históricas de los sucesos de la armada de Barlovento* (1691) y *Alboroto y motín de México del 8 de junio de 1692* (1692).

A más de pensador, Sigüenza y Góngora era un excelente narrador como lo demuestran sus *Infortunios de Alonso Ramírez* (1690). Este relato tiene mucho de historia, pero también de obra de imaginación y está considerada, con toda razón, como una de las semillas de la novela mexicana e hispanoamericana. Parece que el personaje existió realmente y que llegó a conocer a Sigüenza, quien interesado en la vida y peripecias del puertorriqueño, se decidió a escribir su historia. La obra está contada en primera persona siguiendo el modelo de la picaresca española y trata de las desventuras de Alonso Ramírez, un joven de la ciudad de San Juan, Puerto Rico, en un viaje alrededor del mundo. Después de muchas dificultades, el protagonista regresa a la ciudad de México, donde cuenta al autor todo lo que ha pasado.

La obra tiene un interesante hilo narrativo. La prosa corre ligera, notándose la gran influencia de la novela picaresca, aunque la narración tiene también mucho de libro de aventuras. El estilo es a veces barroco, pero no tan hermético que no se pueda entender. Algunos párrafos son largos, densos y a menudo lentos. Ramírez es una especie de Lazarillo, cuyas hazañas se cuentan en una prosa relativamente simple, por lo general carente de las afectaciones propias del estilo de ese tiempo. Las humillaciones que sufre este criollo a mano de piratas ingleses y otras dificultades indican el grado de decadencia a que había llegado el poderío español. Sobre una base posiblemente histórica y real. Sigüenza y Góngora supo crear un relato breve, liviano, con elementos novelescos bien acusados.

BIBLIOGRAFÍA

(Consúltense las historias y antologías generales de esta literatura y las nacionales de Colombia, Chile y México)

1 REFERENCIAS GENERALES

Encina, Francisco Antonio, *La literatura histórica chilena y el concepto actual de la historia*, Santiago, Nascimento, 1935.

LA CRÓNICA HISTÓRICA Y AL PROSA NOVELÍSTICA

Medina, José Toribio, *Historia de la literatura colonial de Chile*, Santiago, Imprenta de la Librería Mercurio, 1878.

Merino, Reyes, Luis, *Panorama de la literatura chilena*, Washington, D.C., Unión Panamericana, 1959, Cap. IV.

Otero Muñoz, Gustavo, *La literatura colonial de Colombia*, La Paz, Imprenta Artística, 1928.

Vega, Miguel Ángel, *Literatura chilena de la conquista y de la Colonia*, Santiago, Nascimento, 1954.

2 La crónica histórica

FRAY ALONSO DE OVALLE Y FRAN DIEGO ROSALES

(Véanse las historias y antologías de la literatura chilena; los estudios mencionados en las referencias generales; y, Solar Correa, Eduardo, *Semblanzas literarias de la Colonia*, 2da. ed., Santiago, Difusión Chile, 1945 y Torres-Rioseco, *Breve historia de la literatura chilena*)

LUCAS FERNÁNDEZ DE PIEDRAHITA

Textos

Historia general de las conquistas del Nuevo Reino de Granada, 4 vols., Bogotá, Biblioteca Popular de Cultura Colombiana, 1942.

Crítica

Diccionario .... Colombia, 39–41.

Gómez Restrepo, Antonio, *Historia de la literatura colombiana*, II, 161–170.

Otero Muñoz, Gustavo, "Lucas Fernández de Piedrahita" en *Semblanzas colombianas*, I, 78–85.

Sanín Cano, Baldomero, *Letras colombianas*, 30–31.

3 La prosa novelística

JUAN RODRÍGUEZ FREILE

Textos

El Carnero, Conquista y descubrimiento del nuevo Reino de Granada, Bogotá, Biblioteca Popular de Literatura Colombiana, 1942 (Tomo 31, Cronistas).

Selecciones en : Anderson Imbert y Florit, 90–94.

Crítica

Anderson Imbert, *Historia*, I, 87–88.

Véanse también los estudios e historias de la literatura colombiana.

FRANCISCO NUÑEZ DE PINEDA Y BASCUÑÁN

Textos

Cautiverio feliz y razón de las guerras dilatadas de Chile, Santiago, Imp. de El Ferrocarril, 1863 (Col. de Historiadores de Chile y documentos relativos a la historia nacional, 3); prólogo de Diego Barros Arana.

El cautiverio feliz de Francisco Núñez de Pineda y Bascuñán, Santiago, Zig-Zag, 1948; editado por Ángel C. González.

Crítica

Sánchez, "Francisco Núñez de Pineda y Bascuñán" en *Escritores representativos de América*, I, 80–88.

Seguel, Gerardo, *Francisco Pineda y Bascuñán*, Santiago, Ercilla, 19. . . .

Toribio Medina, José, *Historia de la literatura colonial de Chile*, Santiago, Imp. de la Librería Mercurio, 1878, I, 309-322.

Vicuña, Alejandro, *Bascuñán, el cautivo*, Santiago, Nascimento, 1948.

CARLOS DE SIGÜENZA Y GUNGORA

Textos

Poemas, Madrid, Ed. G. Sáez, 1931; editados por Irving A. Leonard y Ermilo Abreu Gómez.

Alboroto y motín de México del 8 de junio de 1692, México, Museo Nacional de Arqueología, 1932; editado por Irving A. Leonard.

Obras con una biografía, México, Sociedad de Bibliófilos Mexicanos, 1928; editadas por Francisco Pérez Salazar.

Triunfo parténico, México, Ediciones Xochitl, 1945; editado por José Rojas Garcidueñas.

Relaciones históricas, 2da. ed., México, Imprenta Universitaria, 1954; editada por M. Romero de Terreros.

Obras históricas, 2da. ed., México, Porrúa, 1960.

"Los infortunios de Alonso Ramírez" en *Relaciones históricas*, ya citadas.

Crítica

Leonard, Irving A., *Don Carlos de Siguenza y Góngora, a Mexican Savant of the Seventeenth Century*, Berkeley y Los Ángeles, Univ. of California Press, 1929.

Rojas Garcidueñas, José, *Don Carlos de Sigüenza y Góngora, erudito barroco*, México, Ediciones Xochitl, 1945.

Sánchez, Luis Alberto, "Carlos de Sigüenza y Góngora" en *Escritores representativos*, I, 100-108.

Sibirsky, Saúl, "Carlos de Sigüenza y Góngora (1645-1700), *Revista Iberoamericana*, XXXI, No. 60 (1965), 195-207.

6 La poesía lírica, satírica y popular

El misticismo

Intento de caracterización de la poesía lírica durante el barroco

La poesía lírica, que ya hemos visto nació en el siglo XVI, continuó desenvolviéndose durante el barroco, representando un gran paso de avance en desarrollo y valores estéticos, respecto a la de la centuria precedente. Hacia 1600 el estilo poético fue cambiando perceptiblemente bajo la influencia de la nueva escuela. El verso refleja el ambiente espiritual, filosófico y hasta histórico de la época. Hay manifestaciones de las dos tendencias del barroco que han quedado analizadas: el barroco radical o extremo y el barroco normal. Respecto al primero se nota que el estilo es más ornamentado, intrincado, con gran riqueza de imágenes, juego de palabras y en muchos casos lleno de pedantería y extrema artificiosidad. Muchos versos se caracterizan por su oscuridad y afectación. Esta poesía es difícil de apresar en una caracterización general, dado el individualismo estilístico del barroco. La tendencia predominante es el culteranismo o gongorismo, que constituía una verdadera epidemia. El conceptismo aparece una que otra vez. Pero hay poesía que no toca esas manifestaciones extremas, o sea, que es barroca, pero no culterana.

Se nota que son mujeres la mayoría de los cultivadores del verso. En su mayoría es poesía cortesana, porque en ella no alientan las ansias del pueblo y sus necesidades, salvo raras excepciones. En cuanto a la temática, los asuntos más abundantes son el religioso o místico, el amor y asuntos de circunstancias. Siempre están presentes los temas esenciales del barroco: el desengaño, la desilusión, el pesimismo, la angustia, la reiteración de contrastes. Hay ausencia de verdaderos genios poéticos, cosa que también sucedía en España a la muerte de Góngora, Quevedo y Calderón. Sor Juana Inés de la Cruz constituye la posible excepción. En general, la producción literaria, incluyendo a la poesía lírica, de la época colonial, es superior a lo que el ambiente propiciaba. Ha habido en el siglo XX una revalorización de los autores barrocos hispanoamericanos paralela a la del genio de Góngora y Quevedo. En el siglo anterior se hablaba a menudo de "escuelas de mal gusto" para referirse al gongorismo y al conceptismo, pero este concepto ha sido completamente abolido, porque se ha reconocido que Góngora, Quevedo, Calderón y sus seguidores no hacían sino ir en busca de nuevos horizontes expresivos y temáticos, que a lo largo contribuyeron al enriquecimiento de la literatura y hasta de la lengua. Hubo en las colonias, sobre todo en México, una glorificación del gongorismo. El gongorismo se palpa hasta en los títulos largos, enrevesados y culteranos. Han perdurado no los poetas que hicieron de los desafueros un estilo, sino aquéllos de verdadero genio.

El largo período del barroco no fue en la poesía lírica, ni en los demás géneros un todo homogéneo, sino una continuidad histórica y literaria en la que se notan distintos tonos, que comienzan siendo muy tenues, llegan a un punto o clímax, para desde aquí iniciar el descenso lento y la decadencia definitiva. Los pre-barrocos son los que inician el estilo y donde cabría perfectamente Pedro de Oña. Luego viene el alba del barroco con Balbuena, la Amarilis Indiana, Matías de Bocanegra, Luis de Sandoval y Zapata y otros. Seguidamente se produce la plenitud, entre 1650 y 1725 con Sor Juana Inés de la Cruz, Carlos de Sigüenza y Góngora, Pedro de Peralta y Barnuevo, Juan del Valle y Caviedes, Juan de Espinosa Medrano y otros. Finalmente asistimos al ocaso o decadencia del barroco, que desde 1725 en adelante se diluye primero en el rococó y termina por desaparecer ante la reacción neoclásica.

Sor Juana Inés de la Cruz
Las dos tendencias del barroco

La más grande de todas las poetisas que florecieron en el período colonial fue SOR JUANA INÉS DE LA CRUZ (1651-1695), mujer de conocimiento enciclopédico a quien no iguala ninguna otra persona de su sexo en el renacimiento europeo. Gozó de extraordinaria fama, tanto en América como España, formándose una verdadera leyenda alrededor de su belleza, conocimientos y facilidad como poetisa. Ella es, sin discusión alguna, el poeta más grande de la lengua castellana en la segunda mitad del siglo XVII, correspondiente al reinado de Carlos II (1665-1700). Se le llamó la "décima musa" mexicana y nació en San Miguel de Nepantla, a unos sesenta kilómetros de la ciudad de México. Juana Inés fue una niña prodigio. A los tres años comienza su aprendizaje de lectura y escritura, pues viendo que a su hermana le daban clases, le dijo a la maestra que su madre quería que también le diera lecciones a ella. Luego le pidió a su madre que la enviara vestida de varón a la Universidad de México. Tenía verdadera sed de conocimientos. Aprendió latín con sólo veinte lecciones. A los dieciséis años era muy famosa por su espiritual belleza, sus conocimientos y exquisito don de versificación, pues tenía más facilidad para escribir en verso que en prosa. Estos atributos le abrieron las puertas del palacio virreinal donde llegó a ser dama de honor de la virreina, marquesa de Mancera. Por iniciativa del virrey fue una vez examinada por un tribunal compuesto de los cuarenta hombres más sabios del virreinato, saliendo

LA POESÍA LÍRICA, SATÍRICA Y POPULAR

airosamente de la prueba. Tenía más genio para las ciencias que para las letras y es lástima que, prisionera de la época que le tocó vivir, no se pudiera desarrollar su genio plenamente en ambos campos. Parece que decidió hacerse monja porque consideraba que el matrimonio no era buen estado para llevar adelante su vocación. Esta actitud y los versos de amor que escribiera han dado pie a rumores sobre algún desengaño amoroso o al menos una historia de amor, pero no han podido ser comprobados. En febrero de 1669 ingresó definitivamente en el Convento de San Jerónimo, asistiendo los virreyes, marqueses de Mancera, a la ceremonia. Sus fuertes deberes religiosos no la apartaron de sus libros, mapas, instrumentos musicales y científicos. Debido a las críticas de que era objeto por su devoción al estudio, decidió vender su biblioteca y dedicar su producto a los pobres. A esta decisión siguió una época de grandes sufrimientos y laceraciones, demostrativas de su gran vocación religiosa. Murió víctima de una epidemia que atacó a toda la población y a las monjas del convento, a cuyo cuidado se consagró por entero.

La obra literaria de Sor Juana Inés de la Cruz es bastante copiosa. Sus *Obras Completas* forman cuatro volúmenes y es posible que en el futuro se descubran algunas cosas nuevas. Sus obras se dividen en tres grandes grupos: la prosa, la poesía y el teatro.[1] Aunque su producción lírica es lo fundamental, seguida de su teatro, también dejó notables aportes en prosa en forma de cartas, ensayos, tratados y escritos diversos. De estos trabajos, se conservan dos cartas que son verdaderos ensayos. Uno es la *Carta Athenagórica* (1690) en la cual refuta ideas del famoso predicador jesuita, padre Antonio Vieira. Es tan rico en doctrina religiosa que el obispo de Puebla la publicó con ese título porque era una "carta digna de la sabiduría de Atenea" y precedida de una misiva dirigida a Sor Juana en la que después de lisonjear su talento, le recomendaba apartarse de las letras profanas y poniendo los ojos en el cielo se consagrase por entero a la religión. Después de algún tiempo, gastado posiblemente en la meditación de la respuesta, Sor Juana le dirigió su famosa *Respuesta a Sor Philotea de la Cruz* (1691), verdadero ensayo biográfico y feminista que es uno de los documentos de ese tipo más interesantes de la lengua española. La obra no sólo vale como antecedente imprescindible para conocer aspectos esenciales en el estudio sicológico de la escritora, sino que es todo un tratado de defensa del derecho de la mujer a la cultura y a la participación plena en la vida social en general, con lo cual se erige inconscientemente en una de las precursoras del movimiento feminista moderno. La carta tiene auténtico acento y donaire femenino en prosa digna de Santa Teresa.

La gran fama de Sor Juana descansa merecidamente en su producción lírica, en la cual no la iguala ningún poeta peninsular o hispanoamericano de la segunda mitad del siglo XVII. Escribió en las dos tendencias del barroco versos religiosos y profanos. Su poesía en general sigue las siguientes tendencias: la amorosa, la religiosa, la filosófica y la popular. Algunos han pensado que tuvo que haber experimentado el

---

[1] El teatro será analizado en el Capítulo VII, págs. 144-145.

amor dados el profundo conocimiento y la sinceridad en la expresión de ese sentimiento. Creemos que este amor en el que tan perita se muestra es de naturaleza intuicional, dado el genio de la autora. En sus poesías se refiere a todas las gamas de este sentimiento. Sus mejores sonetos de amor son los titulados: "Esta noche, mi bien, cuando te hablaba", "Al que ingrato me deja, busco amante" y, sobre todo, "Deténte sombra de mi bien esquivo". Pero también dedicó redondillas, romances y endechas a cantar este sentimiento universal. Muy famosas son las "Redondillas contra las injusticias de los hombres al hablar de las mujeres" y "Redondillas en que describe racionalmente los efectos irracionales del amor". También cantó lo religioso, demostrando en forma sencilla y honda su devoción y amor a Dios. Muchos sonetos, romances y villancicos expresan con toda sinceridad su amor a la Divinidad. Famoso es su "Romance en que expresa los efectos del amor divino". Gran importancia tienen los versos en que sigue la orientación filosófica tan en boga en estos tiempos, mostrando su pleno barroquismo en la sensación de pesimismo, desengaño, desilusión y expresión de la transitoriedad de la vida que la asalta a cada instante. Buenos ejemplos son sus sonetos: "Este que ves, engaño colorido" con su última línea: "es cadáver, es polvo, es sombra, es nada", que parece resumir la filosfía barroca. También de esta tendencia es el titulado "Diuturna enfermedad de la esperanza". La expresión de la brevedad, transitoriedad y vanidad de la vida está presente en el que comienza: "Rosa divina que en gentil cultura" y "Miró Celia una rosa que en el prado". En esta vena se mostró mujer muy de su siglo, recogiendo toda la angustia metafísica que aprisionó al individuo en este período.

Otro de los aspectos esenciales de Sor Juana es la vena popular que corre por sus versos. No se puede negar que su poesía es en general cortesana y aristocrática y mucha de ella de circunstancias y hecha por encargo, como ella misma confiesa. Pero también supo pulsar lo típico del sentimiento del pueblo, demostrando tener un fino oído para captar las expresiones que más profundamente expresan lo genuinamente popular. En muchos villancicos, glosas, loas y sainetes se apoderó de ese espíritu. Con mucha gracia y humor desfilan por sus composiciones los negros y negras, los portugueses, convirtiéndose así en una de los precursores de la poesía negra o antillana, que tanta importancia cobraría a la disolución del vanguardismo. También cultivó la poesía culterana o gongorista radical, siendo el gran ejemplo su notable poema "Primero sueño", escrito en imitación de las "Soledades" de Góngora. La mayoría de los críticos están de acuerdo en que es una obra maestra. Por nuestra parte, lo consideramos muy digno del gran poeta cordobés. Así comienza esta composición:

> Piramidal, funesta, de la tierra
> nacida sombra, al cielo encaminaba
> de vanos obeliscos punta altiva,
> escalar pretendiendo las estrellas . . .

Este poema tiene novecientos setenta y cinco endecasílabos y hectasílabos y desarrolla el proceso del sueño, cuando el cuerpo se entrega a ese descanso reparador, el subconsciente vaga ininterrumpidamente hasta despertar al otro día y solamente recordar en penumbra simples aspectos del mismo. Amado Nervo, en su biografía de la poetisa dice que ella dio la síntesis del poema en la siguiente forma: "Siendo noche me dormí; soñé que de una vez quería comprender todas las cosas de que el Universo se compone; no pude ni aun divisar por sus categorías ni a un solo individuo. Desengañada amaneció y desperté". Aunque se ha afirmado lo contrario, es más conceptista que culterana en su poesía, sobre todo por el uso de las antítesis, juego de conceptos y otras combinaciones propias de ese estilo. Mostró gran maestría en la versificación a la que introdujo algunas innovaciones como los romances decasílabos. La "décima musa" mexicana es la cumbre de la poesía de la época barroca. Todos los demás poetas le quedan a gran distancia.

Hernando Domínguez Camargo y el gongorismo en Colombia

El barroco alcanzó amplio cultivo en Colombia, produciendo a dos de las figuras más importantes de la literatura colonial, en la poesía y la prosa mística, respectivamente: HERNANDO DOMÍNGUEZ CAMARGO (1601-1656) y La Madre Castillo. Nació el primero en Bogotá, y murió al parecer en Tunja, siendo por tanto neogranadino por los cuatro costados. Ingresó en la orden de los Jesuítas, la que abandonó después para continuar como sacerdote secular. Llegó a doctorarse y a gozar de prestigio como intelectual y poeta, siendo conocido en todo el Reino por el "doctor Domínguez Camargo". Lo que nos ha quedado de su obra literaria, posiblemente mucho más extensa de la que conocemos, nos indica que fue hombre atento a las tendencias literarias de su época y que leyó con verdadera pasión a los artífices del culteranismo y del conceptismo, Góngora y Quevedo. Del primero adoptó la pasión por las metáforas llenas de color, movimiento y expresión; del segundo, el culto a las antítesis y el juego de conceptos.

La obra de Domínguez Camargo, toda de carácter poético, consta del *San Ignacio de Loyola, fundador de la compañía de Jesús* (1666) poema heroico publicado en Madrid y de sonetos y romances. El primero es una obra inconclusa que consta de mil doscientas octavas reales y con ella el poeta sigue la moda de su tiempo de escribir poemas relatando las vidas de grandes religiosos. Antecedente de estos poemas hagiográficos son las biografías de San Ignacio de Loyola escritas por Rivadeneyra y Nieremberg. El poema no solamente cuenta la vida de San Ignacio en versos en que alterna lo culterano y lo conceptista, sino que hace patente, demasiado a las claras, que se intenta para la defensa de la religión oficial española contra las distintas "herejías" que habían surgido. Precisamente se trataba de enfrentar a éstas la vida ejemplar de los que ayer llevaron el pendón del catolicismo, vale decir de la contrarreforma.

También escribió Domínguez Camargo *sonetos* y *romances* que aparecen recogidos en un *Ramillete de varias flores poéticas recogidas y cultivadas en los primeros abriles de sus años* (1675), recopiladas por don Jacinto de Evia. Sus romances más famosos son los titulados "La muerte de Adonis", que recuerda el "Angélica y Medoro" de Góngora y "A un salto, por donde se despeña el arroyo de Chillo", que comienza,

> Corre arrogante un arroyo
> por entre peñas y riscos,
> que enjaezado de perlas
> es un potro cristalino.

En esta celebrada composición, compara a un arroyo con un brioso corcel, destacándose por la maestría con que va desenvolviendo la metáfora escogida, siempre llena de novedad, relieve y color. Puede ponerse al lado de los buenos romances de Góngora.

Todas las obras de Domínguez Camargo han pasado por tres etapas en cuanto a la crítica. Primeramente gozaron de gran fama; luego se les tildó de poeta de mal gusto al punto de que Menéndez y Pelayo afirma que "su Poema Heroico de San Ignacio de Loyola es, sin duda, uno de los más tenebrosos abortos del gongorismo, sin ningún rasgo de ingenio que haga tolerable sus aberraciones".[2] El gran crítico no hacía sino seguir la tendencia de la época respecto a Góngora. Pero hacia 1920 se produce la total revalidación del gran poeta cordovés y con ella la de todos sus seguidores. En 1927 se celebró el centenario de Góngora en Colombia, publicándose muchas de las poesías de Domínguez Camargo. El total redescubrimiento de los valores artísticos del poeta colombiano condujo a la edición crítica de sus obras por el prestigioso Instituto Caro y Cuervo de Bogotá.

Ya desde el principio se dolía Jacinto Evia de publicar escasas composiciones del neogranadino en su *Ramillete,* afirmando que "el dolor que tengo es que sean tan pocas siendo tan buenas". Hoy la crítica lo sitúa como el poeta más importante del siglo XVII colombiano y entre los más altos representantes del gongorismo en América. Muchas de sus composiciones son realmente antológicas, constituyendo verdaderas joyas por la belleza, la riqueza metafórica y la claridad de la expresión poética. Debe destacarse también el "criollismo" de Domínguez Camargo expresado en sus romances descriptivos y en sus evocaciones del paisaje nacional. A veces se le escapan frases como "mi América," "mi cuna" y otras por el estilo que demuestran que era hombre de sentimientos muy americanos.

La Amarilis Indiana

Los críticos e investigadores no han podido descifrar todavía el misterio que rodea la verdadera identidad de esta famosa poetisa, que es una de las más altas representantes de la poesía femenina durante el barroco. La única obra que se conoce de la inmortal incógnita es una *Epístola en silvas a Lope de Vega*, escrita poco antes de

---

[2] Marcelino Menéndez y Pelayo, *Historia de la Poesía Hispanoamericana*, Santander, 1948. Tomo I, p. 424.

1621, a la cual contestó Lope en la composición en tercetos titulada "De Belardo a Amarilis", publicada a continuación de su *Filomena*. La composición está formada por unos versos autobiográficos en los que la poetisa hace una declaración de amor platónico a Lope, pero llena también de expresiones de admiración, lisonja y alabanza para el gran poeta. Está considerada como una de las mejores críticas y elogios en verso hechos en honor del Fénix de los Ingenios. La primera prueba de las excelencias de la poesía nos viene dada por el hecho de que el propio Lope se dignara en contestarle en seguida. Es notable el toque femenino, que corre por toda la composición, representado por las suaves insinuaciones y, sobre todo por la discreción, cortesía, delicadeza y donosura de que hace gala la autora. Esta epístola en silvas puede considerarse como la mejor poesía del Perú en estos tiempos, por la riqueza del vocabulario poético, por el desenvolvimiento de las ideas y por la perfecta organización formal. La obra de la poetisa criolla es superior a la respuesta de Lope, lo que ya significa mucho para su gloria.

Clarinda o la anónima poetisa peruana autora del "Discurso en loor de la poesía"

Sigue a Amarilis en mérito otra poetisa peruana anónima, que sólo nos ha llegado con el nombre de CLARINDA (siglo XVII). Se sabe que era criolla, natural del Perú y vecina de Lima. Fue discípula predilecta del poeta sevillano Diego Mejía de Fernangil (c. 1564– c. 1620), a quien debemos los pocos datos que sobre ella conocemos y la única composición suya de que se tiene noticia. El poema lleva por título *Discurso en loor de la poesía* (1608), escrito en tercetos. La larga composición tiene de historia literaria, de tratado o ensayo sobre la poética e ideas personales de la autora. Expresa conceptos muy elevados sobre la poesía, remontándose hasta su posible origen. La composición vale también por sus méritos intrínsecos como poesía lírica en la que la versificación se caracteriza por su limpidez, gracia y elegancia. A veces el estilo se contorsiona porque es una de las primeras muestras del barroco hispanoamericano. Como bien ha dicho el gran poeta colombiano Rafael Pombo, "rara vez en verso castellano se ha discurrido más alta y poéticamente sobre la poesía".

Jacinto de Evia: poeta y antólogo

El primer poeta del Ecuador que vio sus versos publicados fue el maestro JACINTO DE EVIA (1620– ?), natural de Guayaquil, editor de un *Ramillete de varias flores poéticas recogidas y cultivadas en los primeros abriles de sus años*, en Alcalá de Henares, en 1675, una especie de antología de poetas de su generación. El *Ramillete* contiene versos del propio Evia, del colombiano Domínguez Camargo y del sevillano Fray Antonio Bastida. Los tres poetas son gongoristas, siendo el antólogo el menor de todos y más inclinado a Calderón que al cordovés. En el Ramillete hay composiciones de todo tipo, con temas variados y metros diversos. Encontramos poesías fúnebres, heroicas, panegíricas, amorosas, sagradas, burlescas. Casi todos son versos de circunstancias. Parece que lo mejor del *Ramillete* son los romances de Domínguez Camargo y la paráfrasis del idilio de la rosa hecha por el padre Bastida.

Pero aparte de sus méritos como recopilador, a Evia hay que estudiarlo como poeta y aquí encontramos que tiene dos estilos barrocos: el extremo en que se vuelve alambicado y la imagen se torna más difícil de comprender; y el barroco de diáfanas linfas, donde hay gracia y elegancia, como en unas glosas de las "Flores amorosas", que comienza así:

> Entre esperanza y temor
> vive dudosa mi suerte,
> el desdén me da la muerte
> pero la vida, el amor.

> . . . .

> A un jilguero enamorado
> mis penas dije constante,
> por ver si hallo en un amante
> remedios a mi cuidado. . . .

También tiene la rara antología varios opúsculos en prosa, como el titulado *El sueño de Celio,* que es una especie de novela. Tiene otras en latín y castellano. El ecuatoriano Evia tiene el gran mérito de haber sido el compilador de este *Ramillete*, exponente parcial del gongorismo hispanoamericano.

Matías de Bocanegra y su "Canción alegórica a la vista del desengaño"

Volviendo a México, nos encontramos que siguen a Sor Juana, aunque a gran distancia en cuanto a calidad artística, el padre MATÍAS DE BOCANEGRA (1612–1668) y Luis de Sandaval y Zapata. Matías de Bocanegra nació en la bella ciudad de Puebla, México, e ingresó joven en la Orden de los Jesuítas. Llegó a ser un verdadero erudito en ciencias, letras y en todo saber humano, lo que le abrió las puertas para ser consejero de obispos y virreyes. A pesar de ser hombre de erudición, lo que más interesa de su biografía es su producción literaria, en la que sobresalió notablemente, sobre todo cuando se le compara con las víctimas de tanto gongorismo de su época.

En el campo literario conocemos de él una comedia titulada *Comedia de San Francisco de Borja* (1640) y se le atribuye—sin muchos fundamentos—la que lleva por título *Sufrir para nerecer*. Fue un brillante orador sagrado habiendo dejado buen número de *Sermones*, que muestran riqueza de doctrina cristiana y la orientación de una mente lúcida. Lo que más fama le ha dado es su producción lírica, o diríamos mejor una de las composiciones que caen dentro de este casillero. Entre sus poesías líricas tenemos: "Viaje del Marqués de Villena" (1641), "Teatro Jerárquico de la Luz" (1642), cuyo sólo título es bastante para notar la influencia barroca, y, sobre todo, *Canción alegórica a la vista del desengaño, cuya fecha se ignora.*

Esta canción gozó de una extraordinaria fama durante los días coloniales, pues pocas composiciones han sido más editadas, elogiadas e imitadas que ésta. En el famoso poema, Bocanegra contrasta la vida mundana y la religiosa. A detalles de una y otra, así como de las ventajas que ofrecen las mismas. En la primera se goza de extraordinaria libertad, pero la vida está expuesta a los peligros y acechanzas del mundo y del diablo. La segunda, aunque apartada de los placeres y falta de albedrío, tiene en cambio el encanto de la comunión con Dios, llena de dulzura, arrobamiento, tranquilidad y serenidad. Desde el umbral de su misticismo, el poeta se decide por esta última.

La poesía es digna de figurar en una antología de la literatura hispanoamericana, porque es realmente representativa de nuestro barroco. El padre Bocanegra demuestra con ella que era poeta de inspiración sostenida, en que la suavidad de la elocución gana terreno al retoricismo verbal de la época. Si miramos a los poetas de su tiempo, veremos que el jesuíta está por encima de todos ellos, si exceptuamos a Sor Juana, que es como una cumbre solitaria en la poesía colonial. Los versos se desgranan fácilmente llevando al lector a través de la delicadeza de su entonación y la sinceridad del sentido místico que sabe imprimirle. El barroquismo de Bocanegra está más en el tema y en la forma en que lo trata, que en el alambicamiento de la expresión de la que supo huir para ganar formas claras y leíbles. En efecto, el sentimiento religioso, llega a alcanzar categoría de místico y está tratado a la manera en que el barroco, español e hispanoamericano tocaron el asunto, que fue uno de los favoritos de esa tendencia literaria.

Juan Bautista de Aguirre y la transición del barroco al rococó y neoclasicismo

También hay autores que, nacidos en pleno auge del barroco, viven hasta los primeros vagidos de la ilustración, de manera que su estilo va cambiando de un enrevesamiento notable a las suaves líneas del rococó, hasta anunciar una temprana influencia francesa. En este grupo sobresale el padre jesuíta ecuatoriano JUAN BAUTISTA DE AGUIRRE (1725–1786), miembro de aquel grupo de insignes prelados que tuvieron que tomar el camino del destierro en 1767. Su obra literaria abarca el verso, la prosa y la oratoria sagrada y se concreta a lo siguiente: Poesía: *Versos castellanos, Obras juveniles, Miscelánea; Monserrate, poema heroico sobre las acciones y vida de San Ignacio de Loyola* (inconcluso). En la prosa sobresalen sus *Lecciones de Filosofía* en tres volúmenes y en la oratoria sagrada: la *Oración fúnebre al Ilustrísimo Señor Juan Nieto Polo Aguilar, arzobispo de Quito* (1760). Dentro de la línea gongorista está su *Monserrate* del cual sólo se conservan fragmentos. Las imágenes son de un gongorismo encantador con imágenes muy audaces.

En la poesía lírica nos dejó una veintena de composiciones en las que usa todo tipo de metros y estrofas sobre asuntos morales, amorosos, líricos, satíricos, descriptivos y religiosos. También cultivó una poesía metafísica y meditativa con notables aciertos. Su barroco está lleno de brillantez y colores sin caer en las oscuridades de algunos. Del estilo barroco es buen ejemplo un par de sonetos "A una rosa", en que compara la vida de esta flor con las mudanzas de la vida. Combina conceptismo y gongorismo. En su "Carta a Lizardo", se distingue por su carácter meditativo y filosófico y su técnica barroca. El tema de la muerte está reiterado en su poesía, acaso por influencia del destierro. Pero con el correr del tiempo, cambió también su estilo, tanto en la prosa como en el verso. La primera gana en claridad y espontaneidad, mientras que sus versos van entrando en un ritmo galante, alegre, ligero como en "Afectos de un amante perseguido", "A una dama imaginaria", en que con gracia y galantería pinta a una mujer bella y desdeñosa. Dentro de este estilo rococó apresó una tendencia madrigalesca y de requiebros como en las cuartetas de "A unos ojos hermosos". También es autor de unas décimas de tipo satírico en que se burla de Quito y se deshace en elogios hacia Guayaquil, que fueron muy famosas en su tiempo. Es uno de los autores hispanoamericanos a quienes la crítica moderna debe hacer justicia, porque tiene méritos para ello.

La poesía satírica: Juan del Valle Caviedes

Paralela a esta poesía lírica culta y muchas veces cortesana, se produjo el cultivo de la poesía popular, representada por una orientación satírica, burlesca y festiva y por el romancero hispanoamericano. La primera venía a dar escape a esa cualidad sicológica dominante del hombre de esta región que es el humorismo. Esta poesía es la expresión del inconformismo contra el medio social, político, económico y cultural de la sociedad barroca. Manifiesta el desequilibrio anímico de la época orientado ahora hacia una sátira despiadada contra la sociedad, su organización y contra ciertos elementos y tipos sociales, llegando a veces al sarcasmo más virulento. Su orientación general es la transmisión oral, salvo contados casos; de aquí la dificultad de encontrar muchas veces las producciones que gozaron de más fama y popularidad. La gran influencia fueron Aretino y otros autores clásicos y, entre los españoles, el genio de Quevedo.

Esta poesía tuvo gran número de cultivadores en los virreinatos, particularmente en Perú y México, pero es casi imposible su estudio, porque la mayoría de las obras no se publicaban, corriendo en manuscrito y en copias a mano y, sobre todo, mediante la transmisión oral, de boca en boca. No hay autor que supere dentro de la sátira hispanoamericana a JUAN DEL VALLE CAVIEDES (1652?–1697). Por mucho tiempo se le consideró peruano nativo, pero hoy se sabe que nació en Porcuna, Andalucía y que vino cuando niño al Perú. A pesar de ese origen, es peruano—mejor diríamos, limeño—ciento por ciento. Su padre era un rico comerciante español, con quien trabajó en oficios mercantiles hasta los veinte años. A esa edad fue enviado a España, de donde regresó a Lima después de estar menos de tres años, a causa de la muerte de su padre. Dueño a los veinticinco años de una pequeña fortuna, se lanzó a la vida de los placeres, gastando su salud y su dinero entre licores, mujeres y demás diversiones. Parece que contrajo sífilis debido a la vida desordenada que llevaba. En 1681 comenzó a escribir versos, descubriendo en sí mismo una vena de inspiración y de sátira que lo harían famoso. Después de haberse recuperado de una seria enfermedad decidió enmendarse: contrajo matrimonio y con el resto del dinero puso un pequeño negocio —un "cajón de Ribera"—especie de tienducho donde se vendía toda suerte de baratijas, cerca del palacio de los virreyes. Por eso se le llamó el "poeta de la Ribera". Poco tiempo después quedó viudo y es probable que se entregara nuevamente a la bebida, terminando sus días en 1697. No era hombre de gran cultura formal, pero sí de muchas y variadas lecturas y con un fino, atento y estupendo don de observación y una clara intuición de lo popular.

Las obras de Valle Caviedes pueden clasificarse así: Poesía satírica: *Diente del Parnaso*; poesía lírica: sonetos, romances, endechas y otras composiciones; Teatro: *El entremés del amor Alcalde, El baile del amor médico* y *El baile del amor tahur*. Y prosa: *Carta a Sor Juana Inés de la Cruz*. Entre sus obras de sátira social se encuentra su obra maestra *Diente del Parnaso*, con alusión a su sentido hiriente como los dientes, escrita entre 1683 y 1691, copiado en 1693 y publicado casi dos siglos despues de su muerte, en 1847. Sus obras corrían manuscritas de mano en mano y llegó a gozar de una fama extraordinaria. El eje central de sus vitriolos satíricos fueron los médicos, a los que dedicó sus más hirientes burlas y sátiras, pero también desfilaron por su punto de mira todos los elementos sociales: hipócritas, beatas, santurrones, caballeros del hampa, damas encopetadas pero de moral dudosa, prostitutas, falsos sabihondos, falsos devotos y mojigatas. También es común encontrar burlas contra personas con defectos y peculiaridades físicas, como corcovados y hombres pequeños; viejos y narizones; judíos, curas y hasta la propia iglesia. A los médicos llega a citarlos por sus nombres y se ríe de su proverbial incapacidad en estos tiempos:

> A los médicos no los satisfago
> y salvedades no hago.
>
> A todos por idiotas los condeno
> porque ninguno hay bueno,
> desde Bermejo, tieso y estirado
> hasta Liseras, giba y agobiado.

Muy famosas son sus décimas "Coloquio que tuvo con la muerte un médico moribundo". Detrás de la risa burlona y el gracejo de sus versos se encuentra, a veces, una firme inquietud social, espresada en defensa de los más humildes como en los "Privilegios del pobre". Otras veces ataca la superficialidad o las hipocresías de una sociedad en que valen mucho las apariencias, como en su soneto "Para ser caballero" o se dirige a las demás de moral dudosa o a las prostitutas en su romance "A una dama que, yendo a Miraflores, cayó de la mula en que iba", en la que hay expresiones obscenas e imágenes casi pornográficas, aumentadas en otras composiciones.

Este mismo Valle Caviedes era un poeta lírico admirablemente bien dotado de sensibilidad e inspiración y por las obras que nos ha dejado puede considerarse entre los mejores poetas que produjo la época del barroco. Muy inspirado es su romance elegíaco "A la muerte del maestro Baes". También cultivó la poesía amatoria, de mucha sensibilidad y delicadeza. A veces el ritmo ligero, galante y fino parece anunciar las líneas suaves del rococó, pero hay juego conceptista de significados, como en "A la ausencia de una dama", "Metáfora de un ruiseñor explicando sus pesares", "A los ojos de una dama". También ofrece un tercer tono, esta vez místico y religioso en instantes de arrepentimiento y de enmienda de una vida que conoció todos los excesos. Aquí sobresalen: "Lamentaciones sobre la vida en pecado" con influencia directa de *La vida es sueño* de Calderón. También pulsó la lira sacra y con verdadero fervor y devoción escribió su bello "Romance a Jesucristo".

Lo más débil de su obra es la producción teatral, aunque no deja de ser un aporte lleno también de gracia al teatro colonial. Son piezas breves y ligeras, con influencia de Sor Juana Inés de la Cruz. El barroco de Caviedes no está en el estilo, que nunca es enrevesado, sino en su burla e inconformismo contra el medio, en la violencia, el tono agresivo y lo descarnado de su burla, que rompe todo equilibrio y punto de ponderación. Apartándose del estilo alambicado y de la exuberancia verbal de su tiempo, prefirió cultivar uno lleno de llaneza, en el que los juegos de conceptos suplantan a la brillantez y riqueza metafórica del culteranismo. Ha sido comparado con dos grandes ingenios: Quevedo y François Villon. Lo separa de Quevedo la preocupación de éste por los destinos de su patria. En Caviedes no hay voluntad de reforma social. Satiriza las costumbres, pero con una dimensión caricaturesca. También ofrece similitudes y divergencias con el escritor francés mencionado. A veces muestra signos de rebeldía contra el estado social de decadencia a que había llegado la colonia, pero la misma se ahoga en el ingenio mordaz y la viveza criolla en ver tales defectos. Se le debe a Caviedes el reconocimiento y el honor que merece en las letras hispanoamericanas. Cuando se le estudie a fondo, se verá que es una de las figuras verdaderamente representativas del barroco.

La poesía tradicional y popular: el romancero hispanoamericano

Durante mucho tiempo se dudó—debido a la falta de investigaciones y estudios—de la existencia de romances en la América hispana. Pero hoy se sabe que existieron desde los primeros momentos y lo que todavía es más sorprendente, que existen todavía hoy y que son repetidos, sobre todo en las zonas rurales. Se han descubierto romances en todos los países de América, aunque parece que el mayor número procede de Chile. Si de algunos países no se conocen todavía es por falta de investigaciones.

El romancero hispanoamericano está formado de romances españoles viejos, que se han ido transformando y sufriendo variaciones, como en todas partes a donde han llegado. En general existen los mismos romances españoles: históricos, fronterizos, líricos, moriscos y otros, pero al producirse la recepción, se notan las siguientes variantes:

a) Romances alterados, rehechos o transformados. Son aquellos romances españoles que han sufrido cambios en algunos versos, en sus inicios o terminaciones o que están incompletos o los que se le ha cambiado la idea en todo o en parte.

b) Romances adaptados. Son los que se aplican a nuevas situaciones de este continente. Se hace un nuevo romance, con tema americano, pero siguiendo muy de cerca la rima, la idea poética y hasta la música o melodía del antiguo español.

c) Romances propios. Se han escrito muchos nuevos, con motivos y asuntos hispanoamericanos, siguiendo los patrones del romancero tradicional y popular de España.

d) Romances modernos. Son los escritos por poetas cultos y conocidos, cuya produccion es muy abundante.

La cosecha de romances es muy grande y sólo falta la labor paciente de investigadores en cada país. Los trabajos adecuados ya han sido iniciados en casi todos. A veces en un mismo país hay versiones regionales de un romance, como existen en España y versiones comunes a distintos paises. Algunos estiman que el hispanoamericano goza más del romance que el propio español. A estos romances se les han introducido las variantes lingüísticas de cada país. A veces hay varias versiones de un mismo romance, sobre todo de país a país. Las primeras noticias de romances hispanoamericanos nos fueron dadas por los cronistas de Indias, pero algunos críticos negaron su existencia. El primero en arrojar luz sobre el problema fue el erudito colombiano Rufino José Cuervo. Después vinieron los estudios de Ramón Menéndez Pidal, Pedro Henríquez Ureña y otros críticos, llenos de interés sobre materia tan interesante para el amante de la poesía popular. Sería conveniente un estudio global comparativo de todo el romancero hispanoamericano para ver las distintas versiones por regiones y paises. Algunos de los romances más populares son: en el Perú: "Las señas del marido" (versión de Lima); en Chile: "Las señas del marido", "La adúltera", "Blanca Flor y Filomena", "El Conde Alarcos", "La Magdalena", "La virgen, el niño y el ciego", "El bandido Agustín Urria", "El galán y la calavera"; en Argentina: "Escogiendo novia", "El niño perdido", "La aparición", "Delgadina" (uno de los más difundidos en distintos países); en Uruguay: "Silvana" y "Muerte de Elena".

El misticismo hispanoamericano: rasgos característicos
Los principales autores místicos

Hubo mucho retraso en la aparición del ascetismo y misticismo en la América Hispana, ya que los mismos no florecen simultáneamente con los españoles (siglo

XVI), sino en el siglo XVII cuando la fiebre de la mística iba de pasada en la península, aunque todavía se cultivaba. Una razón para este atraso puede ser que el siglo XVI fue muy fragoroso por la conquista, y la sociedad vino a lograr el debido sosiego, tranquilidad y estabilidad en el siglo XVII, con un ambiente propicio a la explosión de lo místico. El florecimiento de este género se debe también al ambiente espiritual creado por la Contra-reforma. Muchas almas sensibles vivían sacudidas por las inquietudes de la época y quisieron de verdad hallar comunión íntima y personal con Dios, quizás en muchos casos como forma de evasión de este mundo. El criollo es menos religioso, menos místico que el español, posiblemente por su carácter más terreno, "más de esta vida", pero el género tuvo bastante cultivo. Nuestros místicos reciben la influencia de los españoles, pero no tratan de imitarlos, sino de producir obras originales. Al igual que en España, muchos escritores no religiosos escribieron obras ascéticas y místicas y hay figuras de la iglesia que no fueron místicas como la propia Sor Juana Inés de la Cruz. Representan formas solemnes y elevadas en que se da escape a la devoción religiosa, tan característica del barroco. Presentan cierta mezcla de lo humano (sentimental) y lo divino. El tema devoto se trata con realismo humano. Lo bíblico, la experiencia personal del escritor se combinan en todas estas obras. Hay abundancia de literatura hagiográfica con la vida de grandes religiosos y santos.

Los principales místicos hispanoamericanos son: Fray Diego de Hojeda (1571-1615); Fernando de Valverde (siglo XVII), autor de *Vida de Jesucristo* (1688); Francisca Josefa del Castillo y Guevara (1671-1742), Pedro de Peralta y Barnuevo (1663-1743) con su *Pasión y triunfo de Cristo*; Manuel Lacunza (1731-1801); Diego de Córdova y Salinas (Siglo XVII), en su *Vida de Pedro Claver*; Alonso de Andrade (siglo XVII) autor de *Crónica de los doce apóstoles y Vida y milagros del apóstol padre Francisco Solano* (1657); Santa Rosa de Lima (1586-1617), una de nuestras místicas más famosas y conodidas; Juan de Allonza (siglo XVII), que escribió *Cielo estrellado de mil y veintidós ejemplos de María* (1691). Las obras ascéticas y místicas de la época barroca merecen un estudio amplio, serio y profundo, que todavía no se ha hecho.

La cumbre del misticismo hispanoamericano: Sor Francisca Josefa del Castillo y Guevara, "La Madre Castillo"

Su prosa sitúa a SOR FRANCISCA JOSEFA DEL CASTILLO Y GUEVARA, "La Madre Castillo" (1671-1742) entre los grandes místicos hispánicos de todos los tiempos. Nació en Tunja, Boyacá, Colombia, muriendo en el convento de Santa Clara de la propia ciudad. Era éste un oscuro convento en una ciudad fría, solitaria y aislada. Su padre fue un rico comerciante peninsular y la madre una criolla de familia prominente. Hubo en su familia una persistente vocación religiosa: tres de sus hermanos abrazaron el sacerdocio y dos hermanas fueron monjas y su propia madre al enviudar entró en el convento. Era una niña muy enfermiza y endeble, pero mostró gran sensibilidad desde pequeña. Era sensitiva, cariñosa, sincera y tímida. De aquí su gran inclinación a la soledad. Muy propensa a llorar, sufría frecuentes alucinaciones y temores. Tenía gran afición por la lectura de comedias, sobre todo por las de capa y espada, como Santa Teresa la tuvo por los libros de caballería.

Ya adolescente, sintió un amor platónico por un primo, ganando la reprimenda de su padre. Poco después decidió entrar en el convento de Santa Clara, como ella misma dice para "salvarse para el cielo". Sus compañeras viéndola tan contemplativa la trataban despectivamente como "la visionaria". Después de iniciado su noviciado, estudió a los grandes místicos españoles y aprendió latín sin maestros. Comenzó a escribir por consejos de su confesor, quien reconoció su cultura y facilidad para expresar sus ideas y experiencias religiosas. En el convento ocupó todos los cargos, llegando a ser abadesa. En Colombia se le tiene por una de las grandes figuras literarias y religiosas. Supera a Santa Teresa en las mortificaciones y sufrimientos que tuvo que experimentar.

Debe su puesto en la literatura a las obras en prosa que escribió, pero también dejó algunas poesías. Al morir dejó los manuscritos de dos obras en prosa: *Mi Vida*, especie de memoria o diario de su existencia y sus *Afectos* luego publicados como *Sentimientos Espirituales*. En esta última aparecen sus poesías. También escribió algunos opúsculos de menor importancia. *Mi Vida* o *Su Vida*—que de las dos formas es conocida—es realmente una autobiografía, escrita también día a día, con aire de confidencia, de intimidad, de carácter confesional, en la que cuenta con todo detalle sus experiencias en el convento, llegando a los detalles más simples y dando amplia cuenta de las rencillas peleas y demás flaquezas de las reclusas. Hay que recordar que tuvo que luchar con hermanas de claustro que por ser de poca cultura no entendieron la exquisita sensibilidad de su espíritu. Vivió atormentada por éste y otros flagelos, como Sor Juana vivió apesadumbrada y resistiendo el oscurantismo que se oponía a su mente lúcida y racionalista. La mística por excelencia de la América Española escribió también *Los Afectos o Sentimientos Espirituales*, una especie de diario devocional donde cuenta sus experiencias íntimas en sus relaciones con Dios. Tiene más valor místico que su *Vida*. Los *Afectos* fueron comenzados cuando tenía veintitrés años y se nota cómo el estilo va cambiando y haciéndose más seguro, más lleno de claridad y sencillez.

Vivió en constante temor de perder el favor divino, lo que queda expresado en sus *Afectos Espirituales*:

¡Oh temor, oh temblor! ¡Señor Dios mío, que eres bueno y confortas en el día de la tribulacion! Día de tribulación y angustia es el día de mi vida; confórtame en este temeroso día para que no te pierda. Dios de la majestad, no te apartes de mí, no me dejes conmigo, no me dejes sin ti.

(*Afectos*. Afecto 41, Volumen I)

Hay diferencia entre una y otra prosa. En la de los *Afectos* se exalta su misticismo, sus visiones de Dios, sus temores de perder su protección y ayuda y la seguridad de la grandeza de Dios como único bien apetecible. Es libro de exaltación mística, de devoción angustiosa. Pero en su *Vida* se ve su religiosidad a través de los simples detalles, episodios, anécdotas, encuentros y conversiones de cada día:

> ... Estaba yo un día en mi retiro, considerando en el paso de los azotes que dieron a Nuestro Señor, y pareciéndome caía al desatarlo de la columna, sentía lo mismo que la vez pasada, aquella ansia y deseo de ayudarlo a levantar, pero ahora, al contrario de lo que me sucedió la otra vez, sentía al llegar mi alma a Él, que se desaparecía mi cuerpo, porque se había espiritualizado, o yo no sé cómo me dé a entender: parece que se desaparecía de los ojos o conocimientos del alma, y la hacía quedar con gran pena.
>
> <div align="right">(<i>Su Vida.</i> Capítulo XXV)</div>

Por instantes llega a expresar el afable estado de un alma que está segura de su unión con el Amado, el Señor:

> Pues por aquel tiempo yo vi a mi alma tan mudada, y tan renovados en ella los buenos deseos que en otro tiempo Nuestro Señor me había dado, que yo misma no me conocía, ni sabía con qué así me había encendido Nuestro Señor el alma.
>
> <div align="right">(<i>Su Vida.</i> Capítulo XXV)</div>

Menos valor que su prosa, pero también expresión de su alma tierna y arrobada, son sus versos incluídos en los *Afectos*. Son versos de metros e ideas muy sencillas, expresan con ternura, devoción y delicadeza sus sentimientos religiosos. En ellos se exalta su amor a través de un lirismo que recuerda demasiado al *Cantar de los Cantares*:

Deliquios del Divino Amor

El habla delicada
del Amante que estimo,
miel y leche destila
entre rosas y lirios.

Su melíflua palabra
corta como rocío,
y con ella florece
el corazón marchito.

Tan suave se introduce
su delicado silbo,
que duda el corazón
si es el corazón mismo.

Incide en la técnica de los místicos españoles de usar sentimientos del amor humano en la expresión de las relaciones entre el individuo y Dios. Es evidente la influencia no de las églogas y versos pastoriles, sino de la Biblia y, sobre todo del *Cantar de los*

Cantares, en estos poemitas, llenos de un dulce encanto, por su suavidad, ligereza y profunda devoción a un tiempo:

> Al monte de la mirra
> he de hacer mi camino,
> con tan ligeros pasos,
> que iguale al cervatillo.
>
> Mas, ¡ay! Dios, que mi amado
> al huerto ha descendido,
> y como árbol de mirra
> suda el licor más primo.
>
> De bálsamo es mi amado,
> apretado racimo,
> de las viñas de Engadi
> el amor le ha cogido. . . .

Su prosa es barroca así por la exuberancia, color y brillo como por el tema y la forma en que enfoca las inquietudes propias de esa edad. En su estilo no hay rigor, todo viene al papel con el desorden y cierta precipitación como de quien desea dejar expresados todas sus experiencias y observaciones. En ambos libros los párrafos son largos y densos, propios de la prosa de la época; pero iluminados a ratos por metáforas valiosas y siempre exentas del fárrago de discusiones filosóficas o doctrinales. Cuando se compara su estilo con el de Santa Teresa, se nota en el de ella más naturalidad. A pesar de la época su prosa está libre de afectaciones, pues corre más que ligera, briosa, con mucho donaire y precisión en los símiles e imágenes. A veces no se sabe qué admirar más, si la devoción y la emoción mística o la transparencia del estilo, que parece huerto bíblico en mañana de sol. Hay un lirismo apasionado que salta de la prosa al verso y que fue sin duda aprendido en el *Cantar de los Cantares*.

Se ha discutido el valor de uno y otro de sus trabajos en prosa. Sin desestimar el mérito de ambos, creemos que los *Afectos* o *Sentimientos Espirituales* es su obra más lograda, tanto desde el punto de vista literario como del místico. "La Madre Castillo" es a la prosa colonial lo que fue Sor Juana Inés a la poesía, superándola en misticismo, aunque quedándole muy atrás en cuanto angustia e inquietud intelectual, por la influencia del medio, pues mientras la monja de Tunja se moría en la oscuridad de una fría región, Sor Juana impresionaba en el brillo de la corte virreinal. Gómez Restrepo la considera una de las cuatro grandes figuras coloniales, junto al Inca Garcilaso de la Vega, Ruiz de Alarcón y Sor Juana Inés. Menéndez y Pelayo después de citar a los grandes místicos españoles afirmaba que "pide la justicia que se añada a éstos el nombre de Sor Francisca Josefa de la Concepción Castillo y Guevara". "La Madre Castillo" es la prosista más importante de la época colonial, su prosa puede ponerse al lado de la buena del siglo XVI español y, es, además, una genuina representante de un aspecto sumamente interesante del barroco.

LA POESÍA LÍRICA, SATÍRICA Y POPULAR

BIBLIOGRAFÍA

1 REFERENCIAS GENERALES

(Consúltense las antologías e historias generales y nacionales correspondientes de esta literatura, así como las antologías y estudios sobre la poesía; y, especialmente: Caillet-Bois; Menéndez y Pelayo, *Historia y Antología;* Méndez Plancarte, Alfonso, *Los poetas novohispanos*)

García Nieto, José y Comes, Francisco-Tomás, *Poesía hispanoamericana: de Terrazas a Rubén Darío*, Madrid, Ediciones Cultura Hispánica, 1964.

Saz, Agustín de, *La poesía hispanoamericana*, Barcelona, Seix Barral, 1948, Cap. II.

2 LA POESÍA LÍRICA DEL BARROCO

SOR JUANA INÉS DE LA CRUZ

Textos

Poesías completas, 2da. ed., México, Botas, 1948; editadas por Ermilo Abreu Gómez.

Poesías líricas, 2da. ed., México, Porrúa, 1950; editadas por Joaquín Ramírez Cabañas.

Obras escogidas. 8va. ed., Buenos Aires, Espasa-Calpe, 1951 (Col. Austral, 12); editadas por Pedro Henríquez Ureña; 10a. ed., México, Espasa-Calpe Mexicana, 1959 (Col. Austral, 12).

El primer sueño, México, Imp. Universitaria, 1951; editada por Alfonso Méndez Plancarte.

Obras completas, 4 vols., México, Fondo de Cultura Económica, 1951-1957; editadas por Alfonso Méndez Plancarte. El tomo IV ha sido preparado por Alí Chumacero y Alberto G. Salceda.

Poesías escogidas, 2da. ed., Buenos Aires, Ángel Estrada, 1945; prólogo de Francisca Chica Salas.

Crítica

Abreu Gómez, Ermilo, *Sor Juana Inés de la Cruz: bibliografía y biblioteca*, México, Monografías Bibliográficas Mexicanas, 1934.

Arroyo, Anita, *Razón y pasión de Sor Juana Inés*, México, Porrúa, 1952.

Campoamor, Clara, *Sor Juana Inés de la Cruz*, Buenos Aires, Emecé, 1944.

Chávez, Ezequiel A., *Ensayo de psicología de Sor Juana Inés de la Cruz*, Barcelona, Araluce, 1931.

Gutiérrez, Juan María, *Escritores coloniales*, 295-343.

Jiménez Rueda, Julio, *Sor Juana Inés de la Cruz en su época*, México, Porrúa, 1951.

Nervo, Amado, *Juana de Asbaje*, Vol. VIII de sus *Obras completas*, 29 vols., Madrid, Biblioteca Nueva, 1920-1928; editadas por Alfonso Reyes.

Pfandl, Ludwig, *Sor Juana Inés de la Cruz. La Décima Musa de México*, México, Instituto de Investigaciones Estéticas, 1963.

Reyes, Alfonso, *Medallones*, Buenos Aires, Espasa-Calpe, 1951 (Col. Austral, 1054). También en *Obras completas*.

Salinas, Pedro, "En busca de Juana de Asbaje", *Memoria del Segundo Congreso del Instituto Internacional de Literatura Iberoamericana*, Berkeley-Los Angeles, Univ. of California Press, 1941.

Torres-Rioseco, Arturo, *New World Literature. Tradition and Revolt in Latin America*, Berkeley-Los Angeles, Univ. of California Press, 1949; Cap. III.

Vossler, Karl, "La décima musa de México" (ensayo, 1934); inserto en la introducción de *Obras escogidas*, 10a. ed., México, Espasa-Calpe Mexicana, 1959; citada.

LA POESÍA LÍRICA, SATÍRICA Y POPULAR

HERNANDO DOMÍNGUEZ CAMARGO

Textos

Obras, Bogotá, Publicaciones del Instituto Caro y Cuervo, 1960; editadas por Rafael Torres Quintero.
Selecciones en: Anderson Imbert y Florit, 110–111; Caillet-Bois, 54-55.

Crítica

Véanse las *Historias* de Gómez Restrepo y Otero Muñoz.

LA AMARILIS INDIANA

Textos

"Epístola a Belardo" en Caillet-Bois, 35–39.

Crítica

Menéndez y Pelayo, *Historia*, II, 81–00.
Sánchez, Luis Alberto, *Poetas de la colonia y de la revolución*, Lima, 1947.

CLARINDA O LA ANÓNIMA POETISA PERUANA

Textos

"Discurso en loor de la poesía" en Caillet-Bois, 24–35.

Crítica

Menéndez y Pelayo, *Historia*, II, 90–93.
Sánchez, *Poetas de la colonia y de la revolución*.

JACINTO DE EVIA

Textos

Ramillete de varias flores poéticas, Alcalá de Henares, 1675.
Selecciones en: Anderson Imbert y Florit, 110–111; y Caillet-Bois, 61–62.

Crítica

Menéndez y Pelayo, *Historia*, I, 424.

FRAY MATÍAS DE BOCANEGRA

Textos

"Canción a la vista de un desengaño" en Caillet-Bois, 58–61; Castro-Leal, *Las cien mejores poesías líricas mexicanas*, 5ta. ed., México, Porrúa, 1961; Méndez Plancarte, *Poetas novohispanos*.

Crítica

González Peña, *Historia*, 120–121.
Jiménez Rueda, *Historia*, 115.
Menéndez y Pelayo, *Historia*, I, 62.

LA POESÍA LÍRICA, SATRÍCA Y POPULAR

JUAN BAUTISTA AGUIRRE

Textos

Poesías y obras oratorias, Quito, Imprenta del Ministerio de Educación, 1943. Estudio preliminar y texto establecido de los versos por Gonzalo Zaldumbide; texto de la prosa por Aurelio Espinosa Polit.

Selecciones en: Anderson Imbert y Florit, 156–157; Caillet-Bois, 76–80.

Crítica

Barrera, Isaac J., *Historia*, II, 157–181.
Carilla, Emilio, *Un olvidado poeta colonial*, Buenos Aires, 1943.
Sánchez, "Juan Bautista de Aguirre" en *Escritores representativos*, I, 149–160.

3 LA POESÍA SATÍRICA

JUAN DEL VALLE Y CAVIEDES

Textos

Obras de don Juan del Valle y Caviedes, Lima, Editorial Stadium, 1947 (Clásicos peruanos, I); editadas por Rubén Vargas Ugarte.
Reedy, Daniel R., "Poesías inéditas de Juan del Valle y Caviedes", *Revista Iberoamericana*, XXIX, No. 55, 1963, 157–190.
Selecciones en: García Calderón, Biblioteca, V, 203–271; Anderson Imbert y Florit, 111–113.

Crítica

Kolb, Glenn L., *Juan del Valle y Caviedes. A Study of the Life, Times, and Poetry of a Spanish Colonial Satirist*, New London, Connecticut College, 1959.
Reedy, Daniel R., *The Poetic Art of Juan del Valle y Caviedes*, Chapel Hill, Univ. of North Carolina Press, 1964.
Sánchez, Luis Alberto, "Un Villón criollo", *Revista Iberoamericana*, II (1940), 79–86.

4 POESÍA POPULAR O TRADICIONAL: EL ROMANCERO HISPANOAMERICANO

Hamilton, Carlos D., *Historia*, I, 65–68.
Henríquez Ureña, Pedro, "Romances en América", en *Obra crítica*, 579–594.
Menéndez Pidal, Ramón, *Los romances de América y otros estudios*, 6ta. ed., Madrid, Espasa Calpe, 1958 (Col. Austral, 55).

5 EL MISTICISMO

SOR FRANCISCA JOSEFA DEL CASTILLO Y GUEVARA, "LA MADRE CASTILLO"

Textos

Mi vida (o, Su vida), Bogotá, Biblioteca Popular de Cultura Colombiana, 1942.
Su vida. Escrita por ella misma, Bogotá, Biblioteca de Autores Colombianos, 1956.
Selecciones en: Anderson Imbert y Florit, (Prosa y verso), 147–152; Caillet-Bois, 75–76.
Afectos espirituales, Bogotá, Biblioteca Popular de Cultura Colombiana, 1942.

LA POESÍA LÍRICA, SATÍRICA Y POPULAR

Crítica

Diccionario . . . Colombia, 29–32.

Gómez Restrepo, Antonio, "Madre Francisca Josefa del Castillo y Guevara" en *Historia de la literatura colombiana*, II, 41–89.

Menéndez y Pelayo, *Historia*, I, 431.

Otero Muñoz, Gustavo, "La Madre Castillo" en *Semblanzas colombianas*, I, 101–111.

Sánchez, "La Madre Castillo", en *Escritores representativos*, I, 140–148.

7 El ensayo y el teatro

Orientaciones generales del ensayo
Su significación literaria y en la historia de la cultura y el pensamiento

El incipiente ensayo del siglo XVI concentró su mayor interés en lo histórico, con la narración externa de los hechos y hazañas de la conquista, con ligeros apuntes a veces sobre la interpretación del Nuevo Mundo. Existía, por tanto, un predominio de lo americano, como ya se ha señalado. La ensayística del barroco amplía considerablemente su temática, tocando aspectos filosóficos, políticos, religiosos, literarios, históricos, administrativos, jurídicos y de la cultura que no habían sido tratados anteriomente. Además, se tratan y estudian temas universales e hispanoamericanos, aunque en esta combinación sigue habiendo predominio de lo panamericano, que es una orientación general y firme de nuestra ensayística. El ensayo del siglo XVII y primera mitad del XVIII presenta un repertorio más amplio de ideas, así como una mayor madurez y profundidad en el pensamiento. Hay también diferencias estilísticas entre ambas centurias: la prosa del siglo XVI es llana y la barroca más engolada y complicada, con muchos adornos retóricos y verbales.

A juzgar por estos ensayos, el intelecto colonial seguía como castrado porque no estaban a su alcance los métodos de observación, investigación, de crítica y experimentación que el racionalismo hacía realidad en Europa. La cultura como proceso de elaboración y síntesis de ideas apenas se conocía, por lo que el saber de nuestros intelectuales—como es el caso de los "dos gigantes" de sabiduría de la época, Carlos de Sigüenza y Góngora y Pedro de Peralta y Barnuevo—aparece por lo general como un aluvión de datos y conocimientos propios de "sabelotodos", a los que no puede sintetizarse porque faltan los instrumentos críticos adecuados. Pero no es cierto que se vivía de espaldas completamente a lo que sucedía en Europa, sino todo lo contrario. A veces el pensamiento es meramente intuicional, se llega al conocimiento con los más primitivos métodos de investigación, pero nuestros espíritus más avisados tienen un oído y un ojo puestos en la distancia para oir y ver qué sucede más allá del Atlántico.

Correspondió al ensayo como vehículo esencial del pensamiento en todas las épocas, la tarea de ir preparando el camino del nuevo ideario, de manera lenta, pero sostenida, significando así por su inquietud intelectual e ideológica como por su valor literario, un paso de avance respecto al de la centuria anterior. De aquí parte su gran importancia cuando se trata de su significación literaria y en la historia de nuestra cultura y pensamiento. La obra de Sor Juana Inés, de Sigüenza y Góngora, de Peralta Barnuevo y otros indica un cierto grado de rebeldía—aunque muy disimulada—contra el ambiente espiritual del período e indirectamente contra la ideología y demás aspectos que lo hacían posible. El propio Peralta y Barnuevo tuvo problemas con la Inquisición en su respetable ancianidad. El contenido del ensayo, quizás como ningún otro vehículo de expresión, refleja nítidamente estas preocupaciones. Desgraciadamente, a veces el ambiente fue más fuerte—por los poderosos órganos de represión y los cerrados dogmas del escolaticismo—y frustró el gran complejo intelectual que ya se hace realidad en los escritores que estudiaremos ahora.

Nómina de los principales ensayistas de la época

Atendiendo a sus valores intrínsecos y a la importancia de su pensamiento, podemos formar dos promociones con los ensayistas de este período. Al grupo de mayor trascendencia pertenecen: Carlos de Sigüenza y Góngora, Sor Juana Inés de la Cruz, Pedro de Peralta Barnuevo y Juan de Epinosa Medrano, "El Lunarejo"; seguidos por: Gaspar de Villarroel, Dr. Juan de Solórzano y Pereira, Gaspar Escalona Agüero, Antonio de León Pinelo, Pedro Vicente Maldonado, Juan José de Aguiara y Eguren, padre José Gumilla, Pedro Lozano y otros muchos.

Sor Juana Inés de la Cruz y Carlos de Sigüenza y Góngora como ensayistas

El hecho de que ya hallamos estudiado *in extenso* a estas dos figuras no nos puede relevar de apuntar algunas ideas adicionales sobre su producción ensayística, que por otro lado, tiene la mayor importancia en la historia de nuestras letras. Dos obras de la monja de Nepantla tienen carácter de verdaderos ensayos: la notable *Carta Atenagórica* en que refuta conceptos del famoso predicador jesuíta, padre Vieira y la *Carta a Sor Philotea de la Cruz*. A ambas ya nos hemos referido y sólo vamos ahora a completar ideas. En ambas se muestra la curiosidad intelectual de Sor Juana Inés y su repertorio de ideas que por su liberalidad pertenecen más a los inicios de la Ilustración que al barroco. La más notable es la segunda, que constituye uno de los más admirables ensayos autobiográficos no sólo de América, sino de las literaturas hispánicas. Combina las ideas y el pensamiento con el estilo que es genuinamente barroco, constituido por la abundancia verbal, las citas eruditas y latinas y los períodos largos, pero el barroquismo nunca llega a ser tan denso como para quitarle el discurrir ligero del pensamiento y su amenidad.

En cuanto a Sigüenza y Góngora—que comparte con Peralta Barnuevo la cima de la sabiduría escolástico-barroca—baste agregar que el erudito y el pensador que habían en él impulsaron su vena ensayística, produciendo algunos ensayos: unos para criticar serios errores de la época, producto del desconocimiento y la ignorancia, y otras en su afán de dar a conocer a amplios públicos, las verdades que la experimentación y la ciencia permitían conocer y que eran motivo de supersticiones y falsas creencias. Era una forma de popularizar conocimientos científicos, lo que sería luego una de las grandes conquistas de la Ilustración.

Pedro de Peralta Barnuevo: el erudito, el poeta, el ensayista y el místico

La cumbre de la cultura escolástica-barroca del período colonial la constituye don PEDRO DE PERALTA BARNUEVO (1663-1743), quien llegó a distinguirse como matemático, jurista, teólogo, astrónomo, ingeniero, poeta, historiador, ensayista y dramaturgo. La posición de su familia y su gran talento le proporcionaron relaciones muy estrechas con el mundo oficial y eclesiástico de la época. Perteneció a la Academia de Palacio organizada por el virrey Castell-dos-Rius; ocupó una cátedra de derecho en la Universidad de San Marcos y ganó la de matemáticas en 1709. Fue cosmógrafo mayor del Reino en 1712 y el virrey Ladrón de Guevara lo recomendó para el cargo de ingeniero mayor. En 1715 alcanzó la rectoría de la Universidad de San Marcos, quizás el honor más elevado que podía ofrecer la vida intelectual de la colonia, dada la fama de esa institución. Al año siguiente se le reeligió para el cargo.

Aunque nunca salió de Lima, se cuidó mucho de mantener relaciones por correspondencia con lo más granado de la intelectualidad europea, así como con las Academias. Uno de sus admiradores más firmes fue el padre Benito de Feijóo, una de las mentes españolas más lúcidas de su tiempo. Refiriéndose a Peralta Barnuevo, el erudito español dijo: "sujeto de quien no se puede hablar sin admiración, porque apenas—ni aun apenas—se hallará en toda Europa hombre alguno de superior talento y erudición". Menéndez y Pelayo lo consideraba un "monstruo de erudición". A más de catedrático y rector de la Universidad, Peralta fue también miembro del Tribunal de la Inquisición, con el cual tuvo serios problemas ya en su ancianidad.

Contando sus obras cortas y extensas, Peralta Barnuevo dejó unas cuarenta y ocho. Escribió ensayos científicos sobre astronomía, el tiempo, ciencias naúticas, ingeniería, matemáticas y arte militar. También cultivó el ensayo histórico con su *Historia de España vindicada* (1730), primer tratado de historia comparada escrito en este continente. En ella hace una comparación entre la dominación española en América y la de los romanos en España. Es un excelente ensayo de filosofía de la historia con acentuación en la del Nuevo Mundo. No deja de expresar el grado de subordinación en que vivían los criollos, con criterio bastante independiente a pesar de sus lazos oficiales. Fue culterano en la forma, quizás porque era casi la única manera de llamar la atención, pero su pensamiento presenta indicios racionalistas en el fondo.

La crítica tiene una deuda con Peralta y es el estudio de su producción poética, tanto en el campo épico como en el lírico. Como poeta épico escribió su poema "Lima Fundada" (1732), compuesto de 1183 octavas reales, en las que narra la conquista del

Perú por Francisco Pizarro hasta la fundación de Lima en 1535. Como característica formal cabe destacar una gran cantidad de notas históricas y genealógicas escritas al margen como aclaratorias del relato, con mucho valor histórico, aunque improcedentes en un poema de esa índole. El gongorismo de la expresión y el prosaísmo de un innecesario aparato de erudición presiden esta obra, que no pasa de ser una medianía, aunque tiene muchas octavas que demuestran que Peralta era un poeta bien dotado. Si se compara con los numerosos cantos épicos de la era colonial, hay que situarlo entre los mejores productos literarios de ese género. En Peralta hay dos poetas, fácilmente distinguibles: el cortesano y el popular; el serio y el de circunstancias.

Cinco años antes de morir—en 1738—escribió un libro titulado *Pasión y triunfo de Cristo*, en el que muestra cierta desilusión con la ciencia por su incapacidad para explicar aspectos espirituales del hombre. El libro místico muestra intimidad, sentida devoción y sencillez, ajena al aparato de erudición de que trataba siempre de dar muestras. La obra se hizo muy famosa porque le ocasionó serios problemas con el Tribunal del Santo Oficio. Únicamente su personalidad y, sobre todo su edad, lo salvaron de la cárcel. Este librito vale mucho más que la profusión de literatura cortesana y esotérica que escribió siguiendo una orientación adulatoria y de circunstancias a la que se veía reclamado por el ambiente. Peralta y Barnuevo fue una víctima del ambiente cultural y mental del barroco, como lo fueron otros escritores de este período, pero así y todo es uno de los personajes más interesantes de las letras hispanoamericanas.

El ensayo de crítica literaria: Juan de Espinosa Medrano, "El Lunarejo"

Una de las figuras más recias y más injustamente olvidadas de nuestras letras coloniales lo es el doctor JUAN DE ESPINOSA MEDRANO, "El Lunarejo" (1640?–1688) a pesar de ser por sus méritos literarios una de las grandes personalidades de ese período. Nació hacia 1640 si hemos de atenernos a su propia confesión: después de la muerte de Góngora (1627) y después de la publicación del libro de Faria Souza (1639). Vio la primera luz en el pueblicito de Calcauso, en los Andes, provincia de Aymaraes, Perú. Era hijo de indios, llamados Agustín y Paula. Se le apodó "El Lunarejo" por un lunar que tenía en la cara. Estudió las primeras letras en su ciudad natal con el cura de la parroquia de Mollebamba de la cual era monaguillo. Tal era la inteligencia del joven indígena que el sacerdote le consiguió una beca para el Seminario de San Antonio de Abad, en el Cuzco. En 1696 ingresó en la Universidad del Cuzco, en la cual llegó a doctorarse, aunque el dato no es muy seguro. Lo cierto es que pronto ganó fama como hombre cultísimo y, sobre todo por ser un extraordinario orador sagrado. La fama de su precocidad corrió pronto y llegó hasta la misma España. Se decía que a los doce años tocaba algunos instrumentos musicales; a los catorce escribía autos y comedias de los que se conserva "El robo de Proserpina", y a los dieciséis enseñaba una cátedra de Artes. Fue profesor de Teologiá del

Seminario de San Antonio y Arcediano de la Catedral del Cuzco. Su gran talento pudo vencer la mayoría de los obstáculos que se le oponían en su camino por la descriminación a que estaba sometida su raza, pero al fin logró muchos honores eclesiásticos e intelectuales. Al morir gozaba de tanto prestigio literario y eclesiástico que en sus funerales participaron Monseñor Juan Bravo Dávila, Arzobispo de Tucumán y Monseñor Manuel de Mollinedo y Angulo, Obispo del Cuzco.

Espinosa Medrano se distinguió en tres campos de la literatura, dejando en todos obras muy notables. Entre sus trabajos debemos mencionar: I. *Ensayo: El apologético en favor de don Luis de Góngoro, príncipe de los poetas líricos de España* (1662), que es su obra maestra y un *Curso de Philosophia Thomistica* (Roma, dos tomos, 1688). II. *Oratoria: La novena maravilla*, que reúne treinta de sus preciosos sermones, que publicaron en Madrid los "desconsolados discípulos" del gran mestizo. III. *Teatro*: También cultivó el teatro, conservándose de él las siguientes piezas: *Amar su propia muerte* (drama bíblico escrito en español) y el *Auto Sacramental del Hijo Pródigo*, en quechua. También se le ha atribuído, sin fundamento alguno, la paternidad del célebre drama quechua *Ollantay*, sobre el cual hablaremos más adelante.

En 1693 salieron publicados unos *Comentarios* del caballero portugués don Manuel de Faria y Souza haciendo la apología del gran poeta lusitano Luis de Camoens (1524?-1580) y censurando fuertemente a Luis de Góngoro, con el propósito de hacer subir los valores del primero. A fin de defender al poeta cordobés de los ataques de Faria y Souza, Espinosa Medrano escribio su *Apologético*, que vio la luz en 1662 en forma de folleto de cuarenta y siete páginas. Este ensayo de crítica literaria—el primero que se escribe en la América Hispana—es suficiente para darle gloria literaria a "El Lunarejo". En una prosa muy del barroco, llena de tersura, elegancia, imágenes y circunloquios, Espinosa Medrano procede a la defensa de Góngora en forma tan contundente que pasa por ser una de las más sesudas críticas que se hayan hecho, tanto del poeta, como del gongorismo o culteranismo. El profundo alegato une en su barroquismo, mucho del culteranismo y bastante del conceptismo, este último a la manera de Gracián. "El Lunarejo" no procede a escribir grandes y enfáticos párrafos llenos de adjetivos en defensa de Góngora, sino que adoptando un método muy moderno que en la actualidad siguen Dámaso Alonso y otros grandes críticos, procede al análisis en detalle del estilo del cordobés, llegando al estudio minucioso de la construcción y sintaxis, figuras de lenguaje usadas (hipérbolas, elipe y otras), así como de los adjetivos, tropos, latinismos y demás vocabulario.

Sabe mantener el tono polémico a gran cultura reconociendo los méritos del adversario como cuando afirma: "Hombre de crédito es mi antagonista, que hace glorioso el triunfo la valentía del enemigo . . ." Pero a veces las inconsistencias y dislates de Faria y Souza lo sacan de quicio y entonces no puede evitar afirmaciones y calificativos fuertes. Espinosa Medrano consagra a Góngora como un alto poeta que no hizo sino afanarse por sacar a la poesía del estancamiento en que estaba, abriéndole nuevos cauces a través de procedimientos nunca intentados, para apresar la belleza y enriquiciendo de paso, no sólo las formas y posibilidades de las formas poéticas propiamente dichas, sino de la misma lengua castellana con nuevos vocablos, giros, expresiones y estructuras.

El propio Menéndez y Pelayo se emocionó ante este ensayo escrito en párrafos de la mejor prosa barroca, con argumentos que relucen como el acero, al afirmar: "La prueba de que no faltaban estudios ni ingenio. ... nos la da el hecho de haber salido precisamente del Perú la mejor y más ingeniosa poética culterana. ... docta y aguda", para continuar diciendo: "El Apologético de Espinosa es una perla caída en el muladar de la poesía culterana".[1]

Tanto en su *Curso de Philosophia Thomistica* como en sus sermones recogidos en *La Novena Maravilla*, contrastan la profundidad de las ideas y la mucha doctrina con el gusto barroco de la época en cuanto al estilo. Espinosa Medrano dio lustre a las letras peruanas de su tiempo con su obra como poeta, orador sagrado, ensayista, dramaturgo y profesor. Para sus contemporáneos fue una especie de "oráculo" e inclusive se llegaron a recopilar los panegíricos que se le dedicaron con el título de *Gloria enigmática del doctor Juan de Espinosa Medrano*. El Apologético no sólo es un elogio de Góngora, sino también una defensa de la estética barroca, hecha en una prosa de gran porte estilístico y una lucidez literatria formidable, todo presidido por el buen juicio y la serenidad crítica. Con su ensayo demostró que no seguía a Góngora por ser la moda del siglo, como hacían muchos que oían campanas y no sabían dónde o por qué, sino porque comparando los estilos había desentrañado el gran mensaje, la revolución que el gongorismo traía para la poesía y la literatura en general. Ese mismo juicio de este eminente mestizo es la conclusión a que ha llegado la crítica moderna respecto a Góngora.

La belleza, hermosura y lo terso de la prosa del Apologético está también presente en los sermones de *La Novena Maravilla*, donde en una página sobre Santo Tomás de Aquino afirma: "Ve más Tomás durmiendo que todos los sabios velando", para luego decir en su muerte, a la manera culterana: "Cómo te despeñaste, relámpago, anochecidos tus rayos, difuntas tus luces". El lirismo que en su prosa solo nos da su resplandor, se muestra en todo su apogeo en su poesía, contenida en sus obras teatrales. Demostrando que el genio no conoce razas ni fronteras, este indio andino supo, a golpes de talento, labrarse él mismo un sitial distinguido en la literatura.

El teatro durante el barroco: ambiente y estado general de la escena

Aunque el teatro hispanoamericano ha sido la cenicienta de la crítica literaria al darle bastante poca atención, lo cierto es que siempre ha existido un extraordinario gusto y entusiasmo por él, desde sus orígenes en el siglo XVI. El primer teatro fundado en América fue la Casa de Comedias, de don Francisco de León, en México, donde se daban representaciones desde 1597. El primer corral de Lima, el de Santo Domingo, fue edificado por el actor Francisco Morales antes de 1600 o hacia 1602. Este mismo año el virrey Luis de Velasco autorizó la construcción del corral de la Comedia

---

[1] *Historia de la poesía hispanoamericana*, II, 117.

Vieja, cuyas entradas irían a los fondos del hospital de San Andrés. La actriz María del Castillo abrió el corral del Mesón Blanco en 1616 y años más tarde—1626—el actor y empresario Alonso de Ávila abrió el corral que llevaba su nombre. El poeta Bernardo de Balbuena afirma en la *Grandeza Mexicana* que en 1604 había en México "fiestas y comedias nuevas cada día". En 1673 funcionaba en México otro teatro dentro del Hospital Real con una compañía dramática estable. Más tarde se erigió el llamado Coliseo Viejo y en 1752 se comenzó a construir el nuevo Coliseo o Teatro Principal. En el Perú también siguió la construcción de coliseos y teatros, en una época posterior.

El gusto por este arte era firme y de enorme amplitud: el teatro fino y elegante tenía lugar en los palacios; en los corrales se representaban piezas populares; en los conventos, obras religiosas. A las casas de comedias y coliseos asistía un público heterogéneo que incluía a todas las clases sociales. Los caracteres y tendencias dramáticas del barroco están bien definidas. Tanto el gusto dramático como el teatro en general de esta época suponen un paso de avance considerable sobre el arte del siglo precedente. Es un teatro de carácter definidamente español, pero va perdiendo este carácter hacia mediados del siglo XVIII dando paso a la influencia francesa. Es evidente la fuerte nota americanista de muchas de las piezas. Hay pocas figuras de verdadero valor y las obras padecen de cierto grado de improvisación. A veces los autores escriben muy poco y otras no acaban de encontrar la orientación para la creación de una verdadera dramática. El quehacer dramático es más bien de ocasión y de circunstancias, salvo en figuras como Ruiz de Alarcón, Sor Juana Inés y algún otro. Existe cierta timidez por parte de los criollos a competir con los grandes maestros del drama español. Casi toda la producción teatral criolla es de piezas breves: loas, bailes, decurias, fines de fiesta, entremeses, sainetes, autos. El género más en boga era la *loa* de pocos personajes y de carácter simbólico o alegórico. En cuanto al estilo, el rasgo esencial es la exuberancia verbal y el recargo de elementos decorativos y externos. Hay recargo de aparato de erudición y con frecuencia se usan elementos mitológicos o griegos, mezclándolos con elementos reales o americanos. Mientras en Lima hubo una propensión al teatro cortesano, en México es más fuerte la corriente popular.

Las tres promociones dramáticas: alba, plenitud y rococó

Por razones perfectamente explicables se da el fenómeno de que mientras se vive el auge del teatro peninsular, el nuestro se muestra muy débil, como sucede hasta 1681, año de la muerte de Calderón; y a partir de esa fecha, mientras viene la decadencia del teatro español, vivimos el auge del nuestro, llegando a su punto más alto. A medida que nos acercamos a la mitad del siglo XVIII comienzan a conocerse las obras del teatro francés, de manera que entran en penumbra los españoles, comenzando la gran influencia francesa en nuestro teatro y en la literatura en general, lo que culmina en el neoclasicismo.

EL ENSAYO Y EL TEATRO

Hay tres etapas bien definidas en el teatro barroco, a las que se corresponden tres promociones de autores dramáticos. Ellas son: el *alba* o inicio en que descuellan: Juan Ruiz de Alarcón, Diego Mejía de Fernangil, Francisco Bramón, Matías de Bocanegra, Agustín Salazar y Torres, Fernando Fernández de Valenzuela, Juan de Cueto y Mena y Juan de Espinosa Medrano. Después viene la época de *Plenitud* barroca en la que escriben: Sor Juana Inés de la Cruz, Francisco Acevedo, Juan del Valle Caviedes, Lorenzo de las Llamosas, Pedro de Peralta Barnuevo. Y, finalmente, la etapa de líneas suaves del *rococó*, con el que se inicia la disolución y total desaparición del barroco, para darle paso al neoclasicismo. Aquí veremos a: Cayetano Cabrera Quintero, poeta y dramaturgo, Eusebio Vela, Santiago Pita, Josefa de Azaña y Llano y Fray Francisco del Castillo y Andraca. Solamente tenemos espacio para estudiar a algunos de los más sobresalientes.

La primera generación barroca
La gran figura de Juan Ruiz de Alarcón

En el arte dramático, ningún hispanoamericano supera a JUAN RUIZ DE ALARCÓN (1580?–1639), criollo con sangre española. Vio la luz en Real de Minas de Tasco o en la ciudad México, miembro de una familia de linaje venida a menos. Inició sus estudios de Artes y Cánones en la Universidad de México, continuados en la de Salamanca en 1600, al obtener una beca. Después de practicar como Abogado en Sevilla, las dificultades económicas lo hacen regresar a su patria en 1608. Ingresa nuevamente en la Universidad de México y en 1609 obtiene el título de licenciado en leyes, no así el doctorado, a pesar de habérsele otorgado dispensa de pompa por razones de pobreza. Más tarde fracasa tres veces en sus intentos de ocupar alguna cátedra en dicha institución. Las razones de su fracaso no son la falta de inteligencia, que le sobra, sino un gran defecto físico: era de muy pequeña estatura y corcovado, con jorobas en la espalda y el pecho. Desilusionado se vuelve definitivamente a España en 1613. En la capital hizo vida de pretendiente, alegando su abolengo y linaje, pero sin obtener éxito alguno. Su peculiaridad física dio motivo a que casi todos los ingenios españoles de la época cebaran en él las burlas. Posteriormente se da por entero a escribir para el teatro—lo que al parecer había iniciado ya en México—y en 1617 estrena en Madrid *Las paredes oyen*, una de las mejores comedias del Siglo de Oro. En 1633 es nombrado Relator titular del Real Consejo de Indias. En los últimos años de su vida gozaba de cierto bienestar económico, pues según Alfonso Reyes tenía casa, coche, criados y dinero para sus amigos. Está enterrado en la parroquia de San Sebastián junto a Cervantes, Lope de Vega, Espronceda y otros ingenios españoles.

Ruiz de Alarcón escribió solamente veinticuatro comedias, cantidad que parece exigua en comparación con la enorme producción dramática de un Lope, un Tirso o un Calderón. Pero lo que le faltó en abundancia lo ganaron estas obras en calidad dramática y poética. La clasificación de su teatro incluye comedias de enredo, de tesis, de caracteres; dramas y tragedias, de magia y encantamiento, heroicas y religiosas. En todas brilló a gran altura. Aunque el menos fecundo de todos los grandes dramaturgos del Siglo de Oro, es el más moderno, por el espíritu, la estructura y el carácter de su teatro. La fórmula de Alarcón difiere fundamentalmente de todo el teatro clásico español: su metodo consiste en introducir en una comedia un carácter y a través de este tipo, desarrollar una tesis moral, elevando así a la categoría de elementos estéticos, emociones o principios morales, cosa muy difícil de lograr en literatura. Después de Lope de Vega el verdadero revolucionario del teatro del Siglo de Oro es Ruiz de Alarcón, porque sin aspavientos, sin oponerse directamente a la fórmula dramática de Lope, fue variando la comedia, si no en su estructura o elementos externos, sí en su espíritu, en su mensaje, en los asuntos, oponiendo a la simple ansia de deleitar o entretener, la trascedente misión de corregir vicios y defectos sociales, planteando así una verdadera y alta función social para el teatro. Sin expresarlo abiertamente, criticó los vicios esenciales de la sociedad en que vivía, así como al mentiroso o embustero, al maldiciente, al hipócrita, al que vive de las apariencias o vicios como la inconstancia y la ingratitud. Al propio tiempo exalta virtudes esenciales como son la sinceridad, la nobleza, la dignidad humana, la modestia, la piedad, la gratitud, la lealtad, el valor y la sinceridad. A pesar de ser un moralista, sus obras no tienen nada de sermoneo o de intención didáctica, sino que a través del genio del dramaturgo los valores éticos y morales se transmutan en elementos estéticos y desde éstos, descubre al público el valor esencial que trata de destacar.

Ruiz de Alarcón es el verdadero creador de la comedia moderna de caracteres en el teatro europeo, pues en él bebieron luego Corneille y Molière, a quienes se reputa como los iniciadores de ese género en Francia. Es un excelente creador de caracteres, prefiriendo no los personajes importantes, sino escogiendo a individuos simples, cotidianos y corrientes, como héroes de sus obras. Traza mejor los caracteres masculinos que los femeninos, lo contrario de Lope. Las cuatro obras maestras de Ruiz de Alarcón son: *La verdad sospechosa, Las paredes oyen, No hay mal que por bien no venga* y *Los pechos privilegiados*. La más notable es la primera en la que el protagonista, don García, joven, rico, buen mozo y brillante, pierde el amor de la mujer que ama—Jacinta—por la ensarta de mentiras a que es aficionado, teniéndose que casar con otra, muy hermosa también—Lucrecia—pero a quien no quiere. No pinta a García en forma desagradable ni le impone un castigo demasiado violento, prueba de que no era un resentido. Esta comedia fue casi literalmente copiada por Corneille en *Le menteur* con la que inicia la comedia de carácter en Francia. Tan notable como ésta, al punto de que algunos críticos la consideran como su obra maestra, es *Las paredes oyen*, cuyo protagonista es un galán, ahora maldiciente, que también recibe su merecido. En ella el autor se hace su propio retrato en la figura de don Juan, uno de los caracteres. En ella don Mendo, apuesto y rico pierde el amor de doña Ana porque le gusta hablar mal de la gente, mientras que don Juan, vence las dificultades de su físico mediante la gallardía espiritual y la nobleza y gana el corazón de la heroína, a quien la criada Celia le dice:

> En el hombre no has de ver
> la hermosura o gentileza:
> su hermosura es la nobleza,
> su gentileza el saber.

Otras buenas comedias de Ruiz de Alarcón son: *El tejedor de Segovia, Ganar amigos; La prueba de las promesas,* un estudio sobre la ingratitud; *Los favores del mundo; Mudarse por mejorarse* y otras muchas. En Ruiz de Alarcón todo ha sido discutido. Primero se puso en tela de juicio el puesto que le correspondía en la dramática del Siglo de Oro, pero ya hoy nadie osa negarle su puesto como uno de los "cuatro grandes" de ese teatro. Actualmente, sin embargo, se ha levantado la cuestión de su nacionalidad y México lo reclama para sí, habiendo sido el gran crítico Pedro Henríquez Ureña el primero en plantear el mexicanismo del dramaturgo, en una famosa conferencia de 1914. Ruiz de Alarcón debe considerarse como mexicano por las siguientes razones: si bien triunfó en Madrid, no se produjo en él una total absorción de la sensibilidad española, ni una identificación total con el ambiente, la mentalidad, ni siquiera con la dramática, ya que es un caso aparte como reconocen casi todos los críticos; vivió en México los años formativos y es casi seguro que allí escribió dos o tres de sus primeras comedias, como ha dicho Hartzenbusch, uno de sus mejores críticos. Se han descubierto giros mexicanos en su lenguaje y se notan en su teatro características que son trasunto de cualidades sicológicas del mexicano. Don Marcelino Menéndez y Pelayo parece resumir la crítica sobre el eminente mexicano al decir: "su estatua queda colocada para siempre donde la puso Hartzembusch, "en el templo de Menandro y Terencio, precediendo a Corneille y anunciando a Molière".

Plenitud barroca
Labor teatral de Sor Juana Inés de la Cruz

Muerto Calderón de la Barca (1681) se produce en la América Hispana el apogeo del drama criollo, llegándose así a la plenitud del barroco en el teatro, período que puede enmarcarse entre esa fecha y el 1740. Después de esa fecha comienza el movimiento a desleírse en el tono más ligero del rococó hasta que desaparece totalmente. La figura central de esta etapa es SOR JUANA INÉS DE LA CRUZ (1648?–1695),[2] que es segunda solamente de Juan Ruiz de Alarcón, en la historia del teatro de este período. También en el teatro brilló el genio de la "décima musa" mexicana a considerable altura. Sus obras dramáticas más importantes son las que daremos a continuación. Como autora dramática sigue muy de cerca a Pedro Calderón de la Barca (1600–1681), cuyo estilo pomposo y briosa inspiración imita a cada instante. Escribió dos comedias calderonianas: *Los empeños de una casa,* con una *loa,* tres *letras,* dos *sainetes* y *saraos*

---
[2] Véase el estudio como poetisa en el Capítulo VI, págs. 115–118.

de cuatro naciones. Imita a Calderón hasta en el título de su comedia *Los empeños de un acaso.* La acción ocure en Toledo y es una comedia de enredos y equívocos con un gracioso mexicano llamado Castaño. En amores todos los destinos están encontrados y el final sólo es feliz para don Carlos y doña Leonor, que han sido los únicos sinceros. A través de la protagonista expresa muchas de sus preocupaciones e ideas. Aquí reitera su creencia en la posibilidad para una joven de obtener la gloria en un plano mundano. Abundan también las reflexiones e ironías al estilo de Calderón. Entre el segundo y tercer acto intercala una pieza burlesca llena de buen humor donde se ríe de ella misma. La obra es representable todavía hoy por su humorismo regocijado, el derroche de ingenio, la gracia y la frescura y fluidez de la trama.

Su otra comedia es la titulada *Amor es más Laberinto* (1688) que fue escrita en colaboración con su primo, el Licenciado Juan de Guevara. De ella son los actos primero y tercero. Ella misma afirma que la obra, "contra el genio fue hecha por encargo". En esta comedia, por muchos conceptos inferior a la anterior, lo galante y lo mitológico se dan la mano, mientras que los enredos, situaciones hacen honor al título de la obra.

Se conservan tres Autos Sacramentales, todos escritos siguiendo los bríos de inspiración y el lenguaje entre culterano y conceptista de Calderón, que fue el gran maestro de ellos. El mejor es *El Divino Narciso* (1689), que es uno de los más bellos de la lengua castellana. Hay color local en el prólogo donde se introducen canciones y bailes mexicanos así como el rito azteca de las peticiones al dios de las siembras. En cierto sentido imita la comedia calderoniana *Eco y Narciso.* Toma el mito de Narciso por Ovidio, pero en vez de presentarlo como símbolo del hombre irredimido, ahora Narciso toma la forma de Cristo, que se contempla en la fuente y viéndose a sí mismo ve a la naturaleza humana. Cristo "viendo en el hombre su imagen / se enamoró de sí mismo". Siguiendo el hilo bíblico, al final Narciso (Cristo) muere por su amor, dejando un símbolo que lo representa: la hostia de la eucaristía. Ofrece gran originalidad al Auto esta mezcla de intelectualismo y color local; de indios y entes clásicos y paganos; de temas bíblicos (sobre todo del *Cantar de los Cantares* y de los Evangelios) y de la tradición greco-latina. La obra tiene otro especial encanto: lo sagrado está tratado con cierto aire pastoril y bien al fondo se nota hasta cierta sensualidad, pero bien diluída, en la alegoría. Pero nada es capaz de restarle solemnidad, majestad y grandeza al tema divino. Las partes líricas del Auto se cuentan entre lo mejor de la poesía castellana.

Otros autos notables son: *El Mártir del Sacramento, San Hermenegildo,* rico en disquisiciones teológicas en que está presente el pensamiento de la autora y *El Cetro de José,* que recuerda a Calderón por lo caudalosa de la inspiración. En su introducción vuelve a expresar sus especulaciones sobre la situación de los indios y su deficiente cristianización por la iglesia. Su producción dramática se completa con trece *Loas* independientes, incluyendo el *Encomiástico* (poema) en honor de la virreina condesa de Galve (1688); nueve *Letras Sagradas* en forma dramática y cuatro *Letras profanas* para ser cantadas; once *Villancicos* dramáticos y tres líricos breves.

EL ENSAYO Y EL TEATRO

Pedro de Peralta y Barnuevo como dramaturgo
Comienzo de la influencia francesa

Casi toda la crítica está de acuerdo en que lo realmente duradero de PERALTA BARNUEVO—a más de su papel e importancia netamente intelectual—está en su obra dramática, que aunque no fue muy abundante, sí muestra cualidades literarias. Tanto en su pensamiento como en su obra dramática deja traslucir la influencia francesa que ya se iba abriendo camino entre nuestras mentes pensantes. La primera de sus comedias es una mitológica titulada *Triunfos de Amor y Poder*, en la que mezcla personajes mitológicos y humanos. En ella se entrecruzan los amores de Hipomenes y Atalante y las transformaciones de la ninfa Io y de Argos. Tiene mucho de zarzuela, pero a lo italiano y se representó en el palacio de los virreyes en 1711 "en celebración de la famosa victoria obtenida por su Majestad en la batalla de Villaviciosa, el año de 1710". La obra tiene mucho parecido, tanto en el argumento como en el aparato escénico con *También se vengan los dioses* de Lorenzo de las Llamosas. Esta pieza escrita para celebrar la mencionada victoria de Felipe V presenta entes mitológicos y humanos en devaneos amorosos entre sí. Tiene partes cantadas como si fuera una zarzuela, pero con tramoya italiana. Del teatro español tiene bien poco. Fue representada por orden del Virrey, don Diego Ladrón de Guevara.

Diez años más tarde—en 1720—se estrenó la comedia *Afectos vencen finezas*, como parte de los festejos al "excelentísimo e ilustrísimo señor don fray Diego Morcillo, virrey del Perú" y arzobispo de la Plata. El ambiente es griego y entre sus personajes están Orandates, príncipe de Escritia y su criado Araso. El estilo es declamatorio y la comedia de verdadero corte calderoniano, así por la ejecución como por el lenguaje. Se ha dicho que estas comedias, sobre todo esta última, reflejan el estado de ánimo—desencanto sombrío, desilusión, cansancio, aletargamiento—a que había llegado el barroco, en lo cual hay mucho de razón.

Pero Peralta siguió haciendo incursiones por la literatura francesa. En 1719 escribió su tercera comedia, *La Rodoguna*, que es una adaptación de *Rodogune* de Corneille; pero si se tiene en cuenta que el asunto había sido tomado de España, el peruano no hizo sino devolver al teatro hispánico lo que por derecho le pertenecía. Peralta aumenta los personajes, agregando entre ellos un gracioso llamado Siscón; así mismo varía el argumento y añade una acción secundaria consistente en una intriga amorosa, sin relación con la acción principal. Peralta no sigue el hilo trágico de la obra original, pues añade escenas de suspenso como el sueño de Cleopatra, y aires ligeros, representados por cancioncillas y arias. La trama de la adaptación está bien urdida y sus versos demuestran que Peralta era un magnífico versificador, pero realmente su importancia está en que con ella Peralta se convierte en un precursor del neo-clasicismo que, con base en la literatura francesa y como reacción contra el barroco, barrerá con ese estilo y clarificará las almas y los estilos.

De tono más ligero son las piececillas escritas para ser representadas con dichas comedias. Tiene un entremés que por su factura, asunto y ligereza podría ser representado hoy. Tiene movimiento de zarzuela en que cuatro muchachas—Mariquita, Chepita, Panchita y Chanita—buscan a sus galanes: un sacristán, un maestro, un mercachifle y un maestro de danza, respectivamente. La obra tiene mucho sabor limeño en las expresiones y giros. Luego vienen sus dos *bailes*: el titulado *Baile del Mercurio Galante* presenta a Mercurio—tomado de la mitología griega—juzgando a cinco damas y a sus galanes. A ella asoma el costumbrismo porque los caracteres son caricaturas humorísticas de personajes reales de la ciudad. Al final los galanes se llevan a sus damas y el juez y el alguacil entonan una canciocilla muy llena de intención.

El segundo baile presenta al amor barquero haciendo de juez, recayendo sus sentencias sobre un amante, un mercader, un poeta, un valiente, una dama, una casada y una viuda. Lo conceptista del estilo y las ironías se unen a reminiscencias mitológicas otra vez, pero todo con gracia y donosura:

>   Cupidillo barquero, ¡hola!
>   ¿Ah de la barca de nácar!
>   ¿Ah de la concha de Venus
>   donde, para herir las olas,
>   sirven de flecha los remos!

Para sus dos "fines de fiesta" vuelve otra vez a la literatura francesa. En el primero hace una adaptación de *"Troisième Intermède* de *Le Malade Imaginaire*, de Molière (1622–1673). El segundo está basado en el tercer acto de *Les femmes savantes* del propio autor. Es el primero de estos "fines de fiesta" una sátira contra los médicos, siguiendo, aunque no alcanzando, las virulentas sátiras de Caviedes. La obra tiene por acción el examen de grado de unos médicos. Abundan las expresiones latinas en el estilo, que es bastante pedante, aunque no exento de humorismo a ratos. Es una obra apropiada al gusto del público de la época. El segundo "fin de fiesta", basado como se ha dicho en escenas del tercer acto de *Les femmes savantes*, es una caricatura ridiculizadora y satírica contra las damas cultas. El centro de la sátira es como una tertulia de mujeres muy sabihondas.

Peralta Barnueva fue un poeta cortesano y en ese tipo de poesía—generalmente de circunstancias—se muestra galante, ágil de ingenio y con finura y cortesía. Pero también escribió en el tono popular, como en sus obrillas ya citadas y en ellas muestra una gracia y espontaneidad admirables. Usa entonces expresiones, dichos y giros populares muy limeños, así como giros festivos y satíricos. En esta vena se muestra poeta más personal.

BIBLIOGRAFÍA

1 REFERENCIAS GENERALES

(Consúltense las antologías e historias generales de esta literatura y las de los países de estos autores; la bibliografía general sobre el ensayo y el teatro en los capítulos anteriores correspondientes)

EL ENSAYO Y EL TEATRO

2 EL ENSAYO

a) ESTUDIOS DE CONJUNTO

(Véanse principalmente Mead, *El ensayo;* Sánchez, *Escritores representativos* y *La literatura del Perú;* Vitier, *El ensayo;* y Zum Felde, *Índice crítico,* I)

Menéndez y Pelayo, *Historia de la poesía hispanoamericana.*
Picón-Salas, *De la conquista a la independencia.*
Valcárcel, Luis E., *Ruta cultural del Perú.*

b) ENSAYISTAS MÁS SOBRESALIENTES

SOR JUANA INÉS DE LA CRUZ

(Véanse la bibliografía general sobre la autora en el Cap. VI)

Respuesta a Sor Filotea de la Cruz, México, Botas, 1929; edición de Ermilo Abreu Gómez. Véase también en sus *Obras completas;* Anderson Imbert y Florit, 136-147.

CARLOS DE SIGÜENZA Y GÓNGORA

(Véase la bibliografía sobre el autor en el Cap. V)

PEDRO DE PERALTA BARNUEVO

Textos

Pasión y triunfo de Cristo, se insertan fragmentos en García Calderón, Biblioteca, VII, 184-194.

Crítica

Menéndez y Pelayo, *Historia*, II, 134-140.
Sánchez, "Don Pedro de Peralta" en *Escritores representativos*, I, 127-139.

JUAN DE ESPINOSA MEDRANO

Textos

Apologético en favor de D. Luis de Góngora, Lima, Imp. de Juan Quevedo y Zárate, 1694. También en García Calderón, *Biblioteca peruana.*

Crítica

Menéndez y Pelayo, *Historia*, II, 115-118.
Sánchez, "Juan Espinosa Medrano, "El Lunarejo" en *Escritores representativos*", I, 89-99.

3 EL TEATRO

a) ESTUDIOS DE CONJUNTO

Arrom, José Juan, *El teatro*, Caps. III y IV.
Henríquez Ureña, Pedro, "El teatro de la América española en la época colonial", en *Obra crítica*, 698-718.
Lohmann, *El arte dramático en Lima durante el virreinato.*
Ortega Ricaurte, José Vicente, *Historia crítica del teatro en Bogotá*, Ediciones Colombia, 1927.
Schilling, Hildburg, *Teatro profano en la Nueva España; fines del siglo XVI a mediados del XVIII*, México, Imp. Universitaria, 1958.
Usigli, Rodolfo, *Caminos del teatro en México*, México, Imp. de la Secretaría de Relaciones Exteriores, 1933.

EL ENSAYO Y EL TEATRO

Usigli, Rodolfo, *México en el teatro*, México, Imprenta Mundial, 1932.
Vargas Ugarte, Rubén, *De nuestro antiguo teatro*, Lima, 1942.

b) LOS DRAMATURGOS "MAYORES"

JUAN RUIZ DE ALARCÓN

Textos

Obras completas, México, Fondo de Cultura Económica, 1957; edición, prólogo y notas de Agustín Millares e Introducción de Alfonso Reyes.
Comedias escogidas, 2 vols., México, Univ. Nac. Autónoma, 1958. Edición, prólogo y notas de Agustín Millares Carlo.
La verdad sospechosa, Zaragoza, Clásicos Ebro, 1961. Selección, estudio y notas de Eduardo Julia Martínez.
Teatro, Madrid, Clásicos Castellanos de la Lectura, 1923. Edición, prólogo y notas de Alfonso Reyes.
Cuatro comedias ("Las paredes oyen", "Los pechos privilegiados", "La verdad sospechosa", "Ganar amigos"), México, Porrúa, 1961. Estudio, texto y comentarios de Antonio Castro Leal.

Crítica

Abreu Gómez, Ermilo, "Los graciosos en el teatro de Ruiz de Alarcón", México, Instituto de Investigaciones Lingüísticas, III, 1935, 189-201.
Castro y Calvo, J. M., "El resentimiento de la moral en el teatro de don Juan Ruiz de Alarcón", Madrid, *Revista de Filología Española*, XXVI, 1942, 282-297.
Castro Leal, Antonio, "Juan Ruiz de Alarcón. Su vida y su obra" Mexico, *Cuadernos Americanos*, 1943.
Henríquez Ureña, Pedro, D. Juan Ruiz de Alarcón. Su vida y su obra (Conferencia, 1913) en "Seis ensayos en busca de nuestra expresión" y en *Obra crítica*, 272-282.
Jiménez Rueda, Julio, *Juan Ruiz de Alarcón y su tiempo*, México, 1939.
Monterde, Francisco, *D. Juan Ruiz de Alarcón*, México, 1939.
Reyes, Alfonso, "Prólogo, notas y apéndices", en el *Teatro de Ruiz de Alarcón*, Madrid, La Lectura, 1918.
——, *Medallones*, Buenos Aires, Espasa-Calpe, 1951 (Col. Austral, 1054), 27-94. También en *Obras completas de Alfonso Reyes*.
Sánchez, "Juan Ruiz de Alarcón y Mendoza", en *Escritores representativos*, I, 70-80.
Silverman, J. H., "El gracioso de Juan Ruiz de Alarcón y el concepto de la figura del donaire tradicional", *Hispania*, XXXV, 1952, 64-69.

SOR JUANA INÉS DE LA CRUZ

Textos

Obras completas y bibliografía general sobre la autora en el Cap. VI.
Los enredos de una casa, 2da. ed., México, Univ. Nac. Autónoma, 1952 (Bibl. del Estudiante Universitario, 14); editada por Julio Jiménez Rueda.

Crítica

(Consúltese la bibliografía general sobre la autora en el Cap. VI)

EL ENSAYO Y EL TEATRO

PEDRO DE PERALTA BARNUEVO

Textos

Obras dramáticas de Pedro Peralta Barnuevo, Santiago, Imprenta Universitaria, 1937; editadas por Irving A. Leonard. Incluye un apéndice con poemas inéditos.

Crítica

Anderson Imbert, *Historia*, I, 141–143.
Arrom, *El teatro*, 142–151.
Gutiérrez, Juan María, *Escritores coloniales americanos,* Buenos Aires, Raigal, 1957, 7–212.
Lohmann Villena, Parte III, Cap. III.
Menéndez y Pelayo, *Historia*, II, 134–140.
Sánchez, *Escritores*, I, 127–139.

8 El rococó

Época y naturaleza del rococó
Su consideración como derivación atenuada del barroco

El rococó se produce en Francia en la primera mitad del siglo XVIII, durante los últimos años del reinado de Luis XIV y gran parte del régimen de Luis XV. El nuevo estilo despide al neoclasicismo y anuncia la ilustración, porque se produce en medio de ellos. En España, muchos lo hacen coincidir con la época neoclásica, sin faltar quienes nieguen su existencia. En Hispanoamérica, debido al retraso con que llegan los movimientos europeos y al hecho de que ilustración (en el campo filosófico e ideológico) y neoclasicismo (en el arte) coinciden en el tiempo, el rococó los anuncia y prepara a ambos. El tránsito del barroco al rococó no se produjo en forma violenta y precipitada, de la noche a la mañana, sino a través de un proceso lento de años en que el exceso de decoración y motivos ornamentales de aquél se suaviza hasta desaparecer, para darle paso a la nueva moda del seudoclasicismo, basado en el estilo francés. Este instante que, entre nosotros sirve de tránsito del barroco al neoclasicismo es el rococó. La fuerza expresiva del barroco evoluciona hacia una decoración todavía abundante, pero ahora de líneas graciosamente retorcidas, llenas de un delicioso refinamiento y una delicadeza ligera. Exquisitez, delicadeza, encanto, gracia, se unen a lo frívolo y artificioso para darnos lo esencial de las características del nuevo estilo, que es, por todos los conceptos importado de Francia. Como el barroco del que se deriva, el rococó fue un estilo arquitectónico y artístico del siglo XVIII, que se caracteriza por una ornamentación llena de delicadeza y blandura. Nacido en esas artes, luego se le ha aplicado a determinadas manifestaciones artísticas—entre ellas a la literatura—que se distinguen por su exquisitez y artificiosidad. Se ha definido el rococó (Rocaille) como un estilo de ornamentación florida, caracterizado por líneas decorativas muy suaves, que fue muy popular en Europa en el siglo XVIII. Se usa para connotar un tipo de preciosismo, de superrefinamiento y delicadeza que permea, no solamente la decoración, sino también la pintura, la arquitectura, la literatura, la

EL ROCOCÓ

poesía y la música. En su punto mejor el rococó es delicado, pulido, lleno de contención, y con mucho de superficial. Filosóficamente expresa la facilidad, comodidad y tranquilidad.

Desde el punto de vista histórico, el rococó es la expresión artística de la burguesía francesa, que había llegado al punto más alto en los años finales de Luis XIV y casi todo el reinado de Luis XV. La burguesía comienza entonces a vivir una vida regalada. Se vivía un apoteosis de la vida fácil, sin importar a dónde conducía todo aquello. El refinamiento de esta sociedad se extendió a todos los aspectos de la vida: es la época de los jardines más hermosos, de estatuas y estatuillas, de decoraciones interiores preciosas; de pinturas que reflejan el nuevo espíritu. Surgen entonces también los "salones literarios", cuya verdadera creadora había sido Catherine de Vivonne, Marquesa de Rambouillet. Las artes y la inteligencia fueron abandonando a Versalles para congregarse en estos "salones", cuyas actividades condujeron al abuso del preciosismo y la afectación. Se daban la mano racionalismo, conformismo, ortodoxia, orden, refinamiento y etiqueta. La pintura produce los nombres de Watteau, Fragonard, Boucher y otros, cuyos lienzos expresan gráficamente los ideales de la época. Hacia 1725 el estilo rococó permeaba todas las artes, incluyendo la literatura.

Con estos antecedentes resulta fácil intentar una enumeración de los rasgos del nuevo estilo:

1. El tono de desequilibrio y violencia que representaba el barroco, se cambia ahora por un arte que tiende hacia el balance de formas, a través de la eliminación de los contrastes fuertes. El barroco tuvo por base filosófica la creencia de que el hombre venía a vivir una vida transitoria, llena de sufrimientos y desilusiones. El rococó tiene por base lo grácil, el encanto de la vida que se ha hecho fácil y muelle a través del dinero. Es arte de "elites", patrocinado unas veces por el mundo oficial y otras por la nobleza y la burguesía. Refleja el ansia de vivir, de rodearse de las cosas más hermosas.

2. En el rococó el tono es claro, lleno de movimiento y gracia; de flores, rosas, jardines y ninfas.

3. Presencia de elementos de exquisita elegancia de un mundo sensual y galante, como el de Versalles, los grandes salones y las mansiones de París.

4. El estilo se aligera de adornos y va en busca de una mayor corrección. Su fuerza está en el atildamiento, en la sensación de facilidad y confort. Es natural que no se puedan encontrar en las colonias de España en América, el esplendor de París, pero la etapa del rococó en la América Hispana coincide con la formación de una fuerte burguesía criolla y peninsular, el refinamiento de las cortes, así como con cambios sustanciales en la política de España en el plano económico, liberalizándose más el comercio y el sistema de las flotas. Hay también auge en los órganos de cultura y de orientación pública con la aparición de los primeros periódicos de verdadera importancia. Lo que está sucediendo en Europa, llega también a Hispanoamérica sobre todo bajo el reinado de Carlos III (1759-1788). En efecto, hubo rococó entre nosotros, como para preparar el camino de la gran reacción clásica que vendrá próximamente.

EL ROCOCÓ

La poesía lírica: corriente popular y callejera;
tendencia erudita, culta o académica

Los primeros impactos del nuevo estilo se hicieron sentir en la poesía lírica y el teatro, pero también hay influencia francesa en la prosa de un Juan Bautista de Aguirre (1725-1786), quien aunque poeta barroco escribió muchas composiciones que por su ligereza y gracia tienen el sello del rococó. En la escasa producción lírica de la época se hacen patentes dos modalidades bien distintas: hay una musa callejera y popular, que recoge y canta lo más cerca del pueblo y que no tiene los afeites retóricos de la poesía de academias, pero a la que no se puede negar sinceridad y espontaneidad. La otra está constituída por la poesía culta y académica, caracterizada a su vez por ser producto de hombres de erudición o cuando menos de estudio. Es de hacer notar que el rococó penetró y está presente en la poesía popular, mientras que el barroco persiste en la poesía erudita, subsistiendo casi hasta terminar el siglo. Se da el caso de un poeta como Francisco Ruiz de León (?-1638), que es completamente culterano en la poesía épica, de la que es buena muestra su poema *Hernandia* (1755), mientras que presenta líneas más atenuadas y claras en sus décimas *Mirra dulce para aliento de pecadores* (1791), poema lírico de inspiración religiosa en que se narran los dolores de la Virgen María al pie de la Cruz.

La vena popular: José Surí y Aguila

La toma de La Habana por los ingleses en 1762 debido a la guerra entre España e Inglaterra a causa del llamado "Pacto de Familia" demostró que por esa época y aun antes, existían versificadores en Cuba, pero de este tiempo el que realmente merece recordarse es JOSÉ SURÍ Y ÁGUILA (1696-1762), que es posiblemente el primer poeta cubano de nombre conocido. Nació en Santa Clara, en la provincia central de la Isla y por mucho tiempo se dedicó a labores agrícolas en la región de Remedios. Pero en él era muy fuerte el ansia de saber, de manera que regresó a su ciudad natal donde en forma autodidacta hizo estudios de historia general y sagrada, literatura, latín y medicina. En todas estas disciplinas—sin conexión entre sí—logró conocimientos amplios y profundos. Tal era su sabiduría en medicina que se dedicó a ejercer de médico en Santa Clara sin tener el título para ello. Denunciado, presentó ante el Protomedicato de La Habana un tratado de medicina en verso, al parecer tan correcto que esa institución le otorgó el título de médico y farmacéutico. Luego fue sub-delegado de farmacia en esa ciudad y médico, cirujano y mayordomo del Hospital de la Caridad.

Sus facultades para la versificación eran extraordinarias y le ganaron una fama única en su provincia y en la isla. No había festividad o acontecimiento que no contara con los versos de la lira de Surí y Águila. De él se cuenta que una vez en Sancti Spíritus—bella ciudad colonial de Las Villas—le fue dado el panegírico que pronunciaría el sacerdote e inmediatamente lo recitó completo en versos. Debido a que casi toda su labor poética fue repentista y versos de circunstancias, solamente se conocen de él seis romances que fueron recogidos por don Manuel Dionisio González (1815–1883) en su obra *Memoria histórica de la vida de Santa Clara* (1858), salvándolos así para la posteridad. También escribió obras teatrales consistentes en *loas* para procesiones y festividades religiosas u homenajes a algún Rey o dignatario. Muy famoso es su romance dedicado *A la Purísima Concepción* de la cual dijo Menéndez y Pelayo "que no sólo prueba la ardiente devoción del humilde poeta, sino la facilidad y donaire con que versificaba". En esta composición ofrece el ejemplo de un barroco un poco a lo Balbuena, sin contorsiones en la sintaxis, pero abundante en colores, musicalidad y piedras preciosas. Ya en él se nota un estilo más transparente y claro:

> En los éxtasis de Patmos,
> Juan, águila caudalosa,
> la gran ciudad del Empireo
> vio y describe en esta forma.
> Los fundamentos del muro
> eran de piedras preciosas,
> jaspe, zafiro, topacio,
> esmeralda y calcedonia,
> de crisólido y berilo
> sardio, jacinto, sardonia,
> crisopacio y ametisto
> de estructura cuadrilonga.
>
> Reducidas doce puertas
> tenía la ciudad hermosa,
> tres a Oriente, tres al Austro,
> seis a Occidente y al Bóreas:
> un querubín cada puerta
> guardaba, y la ciudad toda
> era de oro acrisolado,
> cristalino y sin escoria:
> doce raras margaritas
> eran las puertas vistosas,
> y para que todos entren,
> abiertas a todas horas. ...

Aunque poeta bien todado, Surí no pasó de los versos de circunstancias o de ocasión, generalmente llenos de bastante mal gusto, aunque a veces demuestra aciertos y entonces sus versos expresan cierto donaire, frescura y espontaneidad. En él es patente la modalidad del nuevo estilo.

La poesía culta: Juan José Arriola, Cayetano Cabrera Quintero
Joaquín Velázquez de Cardenas,
León y Francisco Antonio Vélez Ladrón de Guevara

Pero los hombres de formación humanista y de estudios cultivaron una poesía erudita y académica que, sin zafarse completamente de la moda del barroco, van mostrando los cambios de tonalidad y la llegada del nuevo estilo. El primero digno de mención es el presbítero jesuíta: JUAN JOSÉ DE ARRIOLA (1698–1768), cuyo primer triunfo se debió a su *Canción famosa a un desengaño*, que se cuenta entre las mejores imitaciones de la "Canción" de Matías de Bocanegra, cuando se puso de moda imitar esa célebre composición de este último. A través de una bella edición, el notable crítico y erudito mexicano Alfonso Méndez Plancarte ha dado a conocer también sus *Décimas de Santa Rosalía*, cuya excelencia está tanto en el fondo y la devoción como en la fácil versificación. Por el vocabulario y las expresiones, Arriola tiene todavía un pie en el barroco, pero no en el intrincado de Góngora, sino en el más fácil de Calderón; mientras que la expresión más sencilla, sin retorcimientos sintáxticos, lo acerca al nuevo estilo que vendrá pasada la mitad del siglo, a través del rococó. Supo huir del culteranismo oscuro y de los latinismos, pero en cambio nos dejó una poesía de formas cuidadosas, haciendo honor a la corrección y atildamiento de que hace gala la nueva forma artística. La gracia del rococó está presente, como se desprende de estos versos:

> Pájaro-bajel: desplegando el abanico
> de sus dos veleras alas.

A más de sus poesías líricas, dejó una comedia titulada *No hay mayor mal que los celos*, de escaso valor.

También presbítero y mexicano fue CAYETANO CABRERA QUINTERO (?–1775), que se distinguió en la poesía lírica, en la historia y en el teatro. Este erudito había ganado primero reputación como traductor de Homero, Juvenal y Horacio, así como por su *Escudo de armas de la ciudad de México*, historia que combina lo denso de la prosa con lo voluminoso del tratado. Como poeta escribió en latín y en español. Sentía afición por los epigramas de los que dejó cerca de doscientos, y por las décimas. Muy conocido es su poema titulado *Predicación de San Francisco a las aves*. Como en el caso de Arriola, Cabrera Quintero deja percibir los últimos reflejos del barroco en un estilo más grácil y transparente, pero en el que algunas expresiones o notas de estilo denuncian de donde proceden. Como autor dramático dejó dos comedias: *La esperanza malograda* y *El iris de Salamanca*.

Más dentro del nuevo estilo está JOAQUÍN VELÁZQUEZ DE CÁRDENAS Y LEÓN (1732–1789), también de México, cuyos sonetos son como volutas rococós por su sensualidad, elegencia y artificiosidad, de lo cual es buen ejemplo el titulado "A una señorita a quien estando mirándose en un espejo se le cayó e hizo pedazos":

> Ojos son los espejos, pues reciben
> la imagen que después nos representan,
> y copias tantas a la vista ostentan
> cuantas sacan a luz y en luz conciben.

En el Santaferino (Colombia) FRANCISCO ANTONIO VÉLEZ LADRÓN DE GUEVARA (1721–d. 1781) el rococó presenta una vena cortesana directa, pues el poeta sentía el placer de dirigir versos a damas de la alta sociedad y hasta a los virreyes. Su verso se torna así más artificioso, juguetón y galante. Un espíritu ligero, amable y frívolo—tan propio de la nueva moda—permea sus composiciones. En este estilo está concebida "A una beldad amiga suya le arrebató el viento el sombrero", así como sus redondillas "En el cumpleaños de una dama". A veces se alejaba de los salones elegantes de una sociedad virreinal que aspiraba a parecerse a la europea, para expresar su vivo sentimiento de la naturaleza, que a sus ojos no es salvaje o bravía, sino encantadora y llena de gracioso movimiento como en su romance en que describe la catarata del Salto.

También cultivó la poesía humorística e ingeniosa como en las redondillas tituladas "A un agudo dolor de muelas de una dama muy sufrida y modesta", mostrando que el ingenio puede brillar también en lo fútil. Alejado de la chabacanería que asoma a su coterráneo Alvarez de Velasco y Zorrilla, mostró buen gusto literario. Fue el poeta colombiano más famoso de la Colonia, después del gongorista Domínguez Camargo.

La prosa del rococó: su orientación hacia el historicismo y lo satírico

Sin poder igualar la calidad de la del barroco, la prosa del rococó suaviza su sintaxis, haciéndose más transparente y orientándose fundamentalmente hacia las descripciones de accidentes geográficos y ciudades y hacia la historia. Aquí debemos mencionar al Obispo PEDRO AGUSTÍN MORELL DE SANTA CRUZ (1694-1768), nacido en la ciudad de Santiago de los Caballeros, en Santo Domingo. En la famosa Universidad de Santo Tomás de Aquino, en dicha Isla, obtuvo los títulos de Bachiller y Licenciado en Cánones. A los veintiún años era canónigo de la catedral de Santo Domingo. Trasladado a Cuba, fue Deán de la Catedral de Santiago de Cuba y más tarde—1751— Obispo de Nicaragua. Llegó a la cima de su carrera eclesiástica cuando fue hecho Obispo de Cuba en 1753. A pesar de sus muchos deberes en 1757 obtuvo su doctorado en la Universidad de La Habana. Cuando la toma de La Habana por los ingleses, el Obispo, hombre enérgico y activo, se opuso a la misma, lo que decretó su encarcelamiento y destierro.

Oriéntadose como escritor hacia la historia, el Obispo Morell de Santa Cruz escribió tres obras notables: *Relación de las tentativas de los ingleses en América*, que se ha extraviado; *Visita Apostólica a Nicaragua y Costa Rica* (publicada en 1909) y, sobre todo su *Historia de la Isla y Catedral de Cuba* (publicada en La Habana en 1929). Esta última obra quedó inconclusa. Según su plan, constaría de dos libros: en el primero trataría de Colón, del descubrimiento, la conquista y colonización de Cuba y en el segundo narraría la vida de la isla en forma cronológica, tomando por base sus distintos gobernadores y obispos. En el primero de sus libros se limitó a traducir la *Histoire de l'Isle Espagnole de Saint-Domingue* del padre Pierre François Xavier de Charlevoix, lo que motivó que se le acusara injustamente de plagio, que es muy difícil probar, pues las circunstancias en que se ha conservado el manuscrito no permiten hacerse una idea de las intenciones de Morell. Aunque la obra no está terminada, se destaca por su fidelidad histórica, por lo que resulta fuente importantísima para la historia de Cuba de los primeros años. Es asimismo el más antiguo ensayo histórico sobre ese país. Morell no era un historiador profesional, lo que unido a sus faltas de estilo, decretan los defectos esenciales de la obra, que se ven compensados por su valor histórico intrínseco.

De estilo más correcto y ya con verdadera vocación para la historia, apareció en

Cuba el historiador JOSÉ MARTÍN FELIX DE ARRATE (1701-1765), habanero por nacimiento de cuyo ayuntamiento fue Regidor perpetuo. Escribió una obra titulada *Llave del Nuevo Mundo, antemural de las Indias Occidentales*, que tiene como subtítulo: "La Habana descripta: noticias de su fundación, aumentos y estado" (1761). Es una historia particular de la bella capital de Cuba, rica en datos sobre la ciudad y las costumbres de la época, aunque no exenta de algunos errores históricos, muy frecuentes en las obras de aquellos tiempos. La obra trata de ensalzar la instrucción e ilustración de los hijos de aquella isla, como forma de rebatir con ardiente tono polémico, los juicios emitidos por don Manuel Martí, Deán de Alicante sobre el atraso intelectual de Cuba y demás colonias. Es un alegato de intenso cariz polémico y de defensa de la cultura colonial. Arrate había leído a Peralta Barnuevo, a quien ponía de ejemplo del adelanto de la América Hispana, y de quien afirma sigue las huellas. Esta prosa del rococó se aligera de los alambicamientos del gongorismo en cuanto al estilo, mientras que por el tono de sus ideas va preludiando los nuevos tiempos que ya comienzan a vislumbrarse.

Prosa satírica: Antonio Paz y Salgado

Pero no toda la prosa se perdió en el fárrago de la erudición y de la historia. También la hubo amena, de tono más ligero, del que es buena muestra la orientación satírica y humorística que aparece en algunos autores. En este ambiente culturalmente pobre no abundan ni los nombres ni la calidad, pero se distingue ANTONIO PAZ Y SALGADO (c. 1700-1757). Este jocoso guatemalteco era abogado y dejó muestras de su ingenio picante y satírico en varias obras en que se combinan: narración, anécdotas y humorismo. La primera de sus obras se titula *Instrucción de Litigantes* (1742), que tiene valor todavía hoy por la forma festiva con que revela aspectos interesantes de la profesión. Asimismo es una sátira contra la sociedad de su tiempo, muy adicta al camorreo judicial. Ese mismo año escribió *El Mosqueador* o "abanico con visos de espejo para ahuyentar y representar todo género de tontos, moledores y majaderos". Aquí la sátira social cala más hondo y amplía los tipos a quienes dirige los dardos de su crítica. Propone dieciséis reglas con sus anécdotas para defenderse de esos especímenes. También escribió una especie de autobiografía con el título de *El peregrino con guía y medicina universal del alma*.

El estilo de Paz Salgado se caracteriza porque mientras por un lado recuerda mucho a Quevedo, por otro se convierte en precursor de los "cuadros de costumbres" entre nosotros, que tanto florecerían en el romanticismo. En sus obras citadas se muestra unas veces irónico, otras satírico y siempre lleno de gracia y picardía.

El teatro del rococó: modalidades

El género literario donde más se notan los cambios de actitud, de estilo y de sensibilidad es precisamente el teatro, que constituye la producción más importante de este período. Los dramaturgos de está época siguen las corrientes generales que caracterizan al rococó y que ya hemos analizado al inicio de este capítulo. Como instante de tránsito del barroco al neoclasicismo, se notan en algunas de las obras muchas de las características que habrá de tener ese nuevo movimiento.

Eusebio Vela

La figura más importante del teatro en el Virreinato de México en la primera mitad del siglo XVIII fue EUSEBIO VELA (1688-1737), natural de Toledo y descendiente de una familia de artistas. Parece que vino a la Nueva España todavía joven con la compañía teatral de su hermano José, en 1713 y aquí se aclimató, vivió y murió. Llevaba en sus venas sangre de cómico, por lo que fue empresario, dueño de compañías, director teatral, actor y escritor dramático y en todos llegó a distinguirse en sus días. Como dramaturgo dejó unas catorce comedias, de las cuales sólo tres se han conservado: *Si el amor excede al arte, ni amor ni arte a prudencia*; *La pérdida de España por una mujer*; y *El apostolado en Indias y martirio de un cacique*.

La primera es de carácter mitológico y presenta las aventuras de Telémaco en la isla de Capilso, con profusión de instantes de magia y encantamiento y abuso de efectos escénicos, alarde de tramoya y vistoso e impresionante aparato teatral. En la escena hay cambios de jardines, montañas, columnas, fieras, figuras mitológicas, una tempestad, una nave que naufraga. La obra tiene como única finalidad deslumbrar a un público que iba en busca de una buena dosis de entretenimiento y que Vela, con gran instinto escénico, le da por el gusto. A pesar del estruendoso eco de las tramoyas, la comedia se distingue por lo sencillo de la trama y la llaneza de la versificación. En otras palabras: ahora el rebuscamiento y la complicación está en la utilería teatral y el estilo se deja invadir de sencillez y claridad.

En la segunda de las piezas mencionadas, *La pérdida de España por una mujer*, se escenifica el hecho histórico de don Rodrigo, que ya había sido tratado por Zumaya. También hay aquí escenas de magia, de sorpresas y espanto. Vela—que no dejó nunca de ser buen español—tenía el propósito de tocar las fibras patrioteras de su auditorio, y a veces los diálogos recuerdan latiguillos de los discursos de algunos políticos.

Más interés para el público de hoy día tiene la comedia *Apostolado en las Indias y martirio de un cacique*, a la que sirven de tema asuntos y hechos de la conquista. En ella se mezclan hechos históricos y la fantasía del autor. Comienza con la llegada a México de doce misioneros dirigidos por Fray Martín de Valencia, a quienes recibe el propio Cortés. Durante un sermón Fray Valencia produce milagrosamente la conversión de muchas indígenas, entre los cuales está el hijo del cacique Axotencalt, que ahora tiene el nombre cristiano de Cristóbal. El cacique sigue fiel a sus dioses y a su raza y urde una conspiración contra los españoles, de la cual informa otro cacique a Cortés. Axotencalt es condenado a morir en la hoguera y al otro se le da el cacicazgo y la mujer del muerto. Como puede notarse fácilmente la obra está hecha desde el punto de vista de los españoles y con la intención de defender a los conquistadores. En esta obra, Vela sigue el modelo de la comedia española, pero en cuanto al "gracioso", en vez de uno emplea tres.

Francisco del Castillo Andraca y Tamayo, "El Ciego de la Merced"

Poeta y dramaturgo de vena popular fue FRAY FRANCISCO DEL CASTILLO ANDRACA Y TAMAYO (1716-1770), que pasa por ser el más ingenioso poeta y dramaturgo del Perú en su tiempo. Aunque los datos de su biografía lindan entre la seriedad de lo histórico y lo posible de la chismografía, se sabe que sus contemporáneos lo tenían como un verdadero prodigio, dadas sus extraordinarias facultades para la improvisación de versos. Fue un tremendo repentista por lo que su presencia era obligada en todas las celebraciones, actos públicos, reuniones sociales, banquetes, bodas y funerales. Sin esfuerzo alguno, este fraile mercedario sabía apresar en versos improvisados toda una gama de sentimientos y acontecimientos, usando para ello distintos metros y estrofas.

Perteneció a la pléyade de sacerdotes simpáticos, de fácil y picante ingenio, tan fáciles de encontrar en el clero de los países hispanoamericanos, pero en este caso la gracia y la picardía se unen a una gran facilidad de versificación. Conocido por el "Ciego de la Merced", por el defecto físico que padeció desde niño, gozó de gran fama entre sus contemporáneos, recibiendo el halago del pueblo y de los grandes escritores posteriores, entre ellos el de don Ricardo Palma.

También escribió el "Ciego de la Merced" una copiosa obra teatral compuesta de comedias como: *La Conquista del Perú* (1747), *Mitrídates, rey del Ponto, El Redentor no nacido, mártir, confeso y virgen San Ramón, Todo el ingenio lo allana*; un auto sacramental: *Guerra es la vida del hombre* y algunas piezas menores, entre ellas dos entremeses: *El entremés del Justicia y Litigantes*, el *Entremés del viejo niño*; un sainete, un fin de fiesta, loas y una introducción. Entre las comedias se destaca la titulada *La Conquista del Perú*, cuya característica formal es que consta de tres acciones o planos que se van desarrollando paralelamente. La primera es de amores en la que cuatro parejas de enamoradas, después de muchos enredos, logra cada cual la mano de quien realmente ama. Los personajes tienen nombres indios, sin serlo. En otra acción simultánea de la anterior, se vaticina la destrucción del imperio Inca y el triunfo de los españoles con Pizarro de líder. Un tercer plano dramático presenta a Pizarro moviéndose desde Panamá hasta llegar al Cuzco, donde propicia la boda de muchos de sus nuevos súbditos, en señal de triunfo. La influencia de la escena española es fuerte en esta obra, de estructura simple, a pesar de la simultaneidad de acciones. Por otro lado, hay que destacar que el exceso de parte narrativa roba tiempo y espacio para la acción dramática, lo que resulta en una pieza bastante pesada. La ideología es de franco ensalzamiento de los conquistadores.

Expresión de los tiempos en que escribe es su drama *Mitrídates, rey del Ponto,* con muy cercana influencia francesa, al punto de que está dividida en tres jornadas como postulaba el neoclasicismo. El argumento es sencillo: Mitrídates quiere guerrear, pero lo pusilánime de su carácter hace que se ahogue en discursos su iniciativa. Después de grandes indecisiones y mucha declamación, el Rey decide pelear, pero el pueblo que se niega a hacerlo, lo destrona, lo cual provoca su suicidio. Al igual que en la pieza anterior, un exceso de narración mata el desenvolvimiento de la acción, que únicamente adquiere ligereza al final de la obra.

Lo mejor del teatro de Fray Castillo Andraca y Tamayo son sus piezas menores. Aquí está todo lo picante, la gracia chispeante y el humor juguetón de este limeño, que hace honor al tradicional carácter de la capital peruana. Las piezas de este tipo son un sainete, un fin de fiesta, varias loas y dos entremeses. La más famosa de estas obrillas es *El Entremés del Justicia y Litigantes*, en el cual un juez en conocimiento de la inocencia de un reo a quien ha mandado a la horca, hace las prevenciones del caso para suspender la ejecución. Entonces comienza el enredo en que el público está suspenso de si llega o no la orden a tiempo. Las quejas de muchos litigantes impiden al Juez dictar el mandamiento. La pieza termina felizmente, cuando el propio reo entra corriendo y seguido de cerca por el verdugo que trae en sus manos la soga con que debía ejecutarlo. Lo primero que debe destacarse es el realismo de los personajes, así como la naturalidad y soltura del diálogo y la gracia de las situaciones y enredos. Los tipos—muy limeños—están pintados con exactitud.

En el *Entremés del Viejo Niño* los personajes son: un vejete, un arriero, Pobreza y Desperdicio. Como todo entremés, hay enredo, fajatiñas, pero todo termina en felicidad con el matrimonio de los protagonistas. Aquí también sobresale por el realismo de los tipos y del ambiente. El humorismo salta tanto del diálogo, lleno de juego de palabras, como de las situaciones y la propia facha de los protagonistas. En sus piezas breves, El "Ciego de la Merced" recuerda a veces a Caviedes por el vitriolo que pone en su sátira social, pero en general nos luce más atrevido y aguerrido que aquél en sus burlas, sabrosas y apicaradas y a ratos hirientes.

Santiago de Pita y la obra maestra del teatro de esta época

Sin embargo, la comedia más interesante de todo este período es la titulada *El Príncipe jardinero y el fingido Cloridano,* de la que es autor el cubano SANTIAGO DE PITA (?-1755), habanero por nacimiento y capitán del Ejército. La paternidad de la obra dio mucho que hacer a críticos y eruditos, pero ya hoy está decidido que fue Pita el autor de la que bien puede considerarse como joya del teatro del rococó hispanoamericano. Eran sus padres miembros de dos de las familias más antiguas y de más abolengo de La Habana. En 1742 Pita formó parte de la expedición española a San Agustín de la Florida, como refuerzo de las tropas que luchaban contra las posesiones inglesas en Georgia. De regreso a La Habana, fue nombrado Alcalde ordinario de esa ciudad, de la que ya era regidor.

Para el título y lo fundamental de la trama, Pita usó *Il principe jiardiniero*, obra dramática en prosa y tres actos del autor florentino Giacinto Andrea Cicognini (1606–1660), aunque escribió la suya en verso y varió el argumento y los lugares de la acción. Fue impreso por primera vez *El Príncipe jardinero y el fingido Cloridano* en Sevilla hacia 1730. El argumento es el siguiente: Fadrique, príncipe de Atenas, mata en duelo al hijo del Rey de Tracia, quien pregona que casará a su hija Aurora con quien entregue al matador. Fadrique se prenda de Aurora a través de un retrato suyo y en unión de su criado y gracioso, Lamparón, se coloca de criado en el palacio del Rey de Tracia. Las dos hijas del Rey y las dos criadas se enamoran del supuesto jardinero que se hace llamar Cloridano. Entretanto el Rey de Tracia insta a Aurora a que escoja marido entre los príncipes Polidoro y Melandro, pero ella ama a Fadrique. Enterado el listo Lamparón de los planes matrimoniales del Rey, avisa al general ateniense Teágenes, que marche hacia Tracia. Mientras, en un torneo en que Fadrique toma parte gana el premio y lo concede a Aurora, desapareciendo acto seguido. El Rey ordena su persecución y es apresado y enviado a la prisión. Aurora, pérdidamente enamorada, hace esfuerzos por librarle, cuando llega el general ateniense Teágenes. La obra termina muy felizmente, porque aclarados todos los enredos, Aurora y Fadrique se casan.

Es evidente la influencia del teatro español en la obra, sobre todo la de Lope de Vega, Moreto, Cervantes, Calderón y de Sor Juana Inés de la Cruz. El lenguaje es bastante artificioso, pero muy elegante y terso y la acción tiene una desenvoltura natural, rápida, capaz de mantener el interés de la intriga y el enredo. Bien lejos del intrincado culteranismo, la obra goza del tono dulce, de colores suaves y la artificiosidad de la época en que fue escrito. Además, Pita era un magnífico versificador como lo demuestran estas décimas que recita Fadrique:

> Si he morir de miraros
> y de no veros también,
> digo que elijo más bien
> morir antes que dejaros.
> Imposible es olvidaros,
> y así, en tal severo mal,
> de mi destino fatal
> quiero a muerte condenarme,
> por no llegar a ausentarme
> de vuestra luz celestial.

> No me da el morir temores
> que ya lo que es morir sé,
> porque ha muchos días que
> me tenéis muerto de amores.
> Testigos son estas flores
> y estas cristalinas fuentes
> de mis supiros ardientes,
> pues, de mi llanto el raudal
> suele aumentar el cristal
> de sus líquidas corrientes.

Una síntesis de la crítica nos haría ver que: 1. Es drama con fuertes elementos románticos y caballerescos. 2. Sus versos son en general hermosos y flúidos, dignos de los buenos poetas españoles. 3. Es una comedia bien construída en que se llega al final de bodas con el encanto de un cuento. 4. Su mundo es idealizado y la historia y los personajes tienen todo el tono dulzón del Rococó. 5. Es innegable el mérito del estilo, lleno de frescura, de luminosidad y artificio. 6. Basta decir para medir el éxito

EL ROCOCÓ

de la pieza que de ella se han hecho trece ediciones y que sus representaciones se sucedían, tanto en América como en la misma España. Tiene tanto mérito que se le atribuyó por mucho tiempo a Lope de Vega.

BIBLIOGRAFÍA

1 OBRAS Y ESTUDIOS GENERALES

(Consúltense las historias y antologías generales de esta literatura; las nacionales de los países a que pertenecen estos autores; y Arrom, *Esquema generacional* y *El teatro*; Dauster, *Poesía mexicana*; Jones, *Breve historia del teatro*; Menéndez y Pelayo, *Historia y Antología*)

Christensen, Erwin E., *A Pictorial History of Western Art*, New York, New American Library, 1964 (Mentor Book).

Pellicer, A. Cirici, *El rococó*, Barcelona, Editorial Seix Barral, 1948.

Remos Rubio, Juan J., "Literatura Cubana", Libro V de su *Curso de la literatura castellana*, La Habana, Cultural, 1928.

Salazar y Roig, Salvador, "Literatura Cubana" en el Tomo II de su *Curso de literatura castellana (histórica)*, 2 vols., La Habana, Cultural, 1926.

2 POESÍA LÍRICA

a) CORRIENTE POPULAR Y CALLEJERA

JOSÉ SURÍ Y ÁGUILA

(Consúltense los estudios críticos en Henríquez Ureña, Max, *Panorama histórico de la literatura cubana*; y en las obras de Remos y Salazar, ya mencionadas)

b) CORRIENTE CULTA, ERUDITA, ACADÉMICA

(Para Juan José Arriola, Cayetano Cabrera Quintero, Joaquín Velázquez de Cárdenas y León, véase a Dauster, *Poesía mexicana* y las "historias" de González Peña y Jiménez Rueda; y para Francisco Antonio Vélez Ladrón de Guevara, las historias de la literatura colombiana, especialmente Gómez Restrepo y Otero Muñoz)

3 PROSA HISTÓRICA Y SATÍRICA

PEDRO AGUSTÍN MOREL DE SANTA CRUZ

Textos

Historia de la Isla y catedral de Cuba, La Habana, Academia de la Historia, 1929.

Crítica

Henríquez Ureña, Remos y Salazar, obras ya citadas.

JOSÉ MARTÍN FÉLIX DE ARRATE

Textos

Llave del Nuevo Mundo, antemural de las Indias occidentales, La Habana, Sociedad Económica de Amigos del País, 1830.

Crítica

Arrom, Henríquez Ureña, Remos y Salazar.

EL ROCOCÓ

ANTONIO PAZ Y SALGADO

Textos

Instrucción de litigantes o guía para seguir pleitos, Guatemala, Imprenta de Sebastián Arévalo, 1742.

Crítica

Arrom, *Esquema generacional,* 91-92.

4 TEATRO

a) GENERAL

Arrom, *El teatro,* Caps. IV y V. *Esquema generacional,* Cap. IX.

Ballinger, Rex Edward, *Los orígenes del teatro español y sus primeras manifestaciones en la Nueva España,* México, Univ. Nac. Autónoma, 1951.

Johns, Harvey L., "Notas relativas a los corrales de la ciudad de México, 1626-1641", *Revista Iberoamericana,* III (1941), 133-137.

Lohmann, *El arte dramático en Lima durante el virreinato.*

Perrier, José Luis, *Bibliografía dramática cubana; incluye a Puerto Rico y Santo Domingo,* New York, The Phos Press, 1926.

Spell, Jefferson Rea., "The Theatre in New Spain in the Early Eighteenth Century", *Hispanic Review,* XV, 1947, 137-164.

b) LOS MEJORES DRAMATURGOS

EUSEBIO VELA

Textos

Tres comedias de Eusebio Vela: Apostolado en Indias y martirio de un cacique; Si el amor excede al arte, ni amor ni arte a la prudencia; La pérdida de España, México, Imprenta Universitaria, 1948. Edición, introducción y notas de Jefferson Rea Spell y Francisco Monterde.

Crítica

Arrom, *El teatro,* 93-94.

Jones, *Teatro latinoamericano,* 33-34.

María y Campos, Armando de, *Andanzas y picardía de Eusebio Vela,* México, Populares, 1944. También en *Boletín* No. 16 (marzo, 1947).

FRANCISCO DEL CASTILLO ANDRACA Y TAMAYO

Textos

Obras de Fray Francisco del Castillo Andraca y Tamayo, Lima, Editorial Studium, 1948; editadas por Rubén Vargas Ugarte.

"El entremés del Justicia y litigantes" en Vargas Ugarte, Rubén, *De nuestro antiguo teatro,* Lima, Univ. Católica del Perú, 1943, 262-275.

Crítica

Arrom, *El teatro,* 167-173.

Englekirk, *An Outline History,* 35-36.

Lohmann, *El arte dramático,* 413-425.

EL ROCOCÓ

Ricardo Palma, *Apéndice a mis últimas tradiciones peruanas*, Barcelona, Maucci, 1910, 269–280.
——, *Tradiciones peruanas completas*, Madrid, Aguilar, 1957, 603–608.

SANTIAGO DE PITA

Textos

El príncipe jardinero y el fingido Cloridano, comedia sin fama del capitán don Santiago de Pita, natural de La Habana, La Habana, Úcar, García y Cía., 1951; estudio preliminar, edición y notas de José Juan Arrom.

Crítica

Arrom, *Estudios de literatura hispanoamericana*, La Habana, Úcar, García y Cía., 1950, 33–70.
——, *Historia de la literatura dramática cubana*, 32–35.
——, *El teatro de Hispanoámerica*, 160–162.
Henríquez Ureña, Max, "El príncipe jardinero y su verdadero autor: Santiago de Pita" en su *Panorama histórico de la literatura cubana*, 62–65.
Jones, *Teatro latinoamericano*, 35–36.
Olivera, *Literatura antillana*, 17.

9 Ilustración y neoclasicismo

El ensayo

Antecedentes históricos y filosóficos
El iluminismo, ilustración o "Siglo de las Luces"
Los enciclopedistas

Suelen andar muy unidos los términos racionalismo, neoclasicismo e ilustración como tendencias de la filosofía, la literatura y el pensamiento durante los siglos XVII y XVIII, respectivamente. Los tres movimientos están íntimamente relacionados y cooperaron en forma decisiva a modelar el perfil de la edad moderna en la historia humana. El racionalismo hizo posible, por un lado, la revolución estética que significó la escuela seudo-clásica y, por otro, la transformación de la ciencia y el pensamiento representado por la ilustración. Todos juntos formaron la nueva mentalidad que derrumbó el viejo orden. El viejo edificio del escolasticismo basado en la fe y en los dogmas eclesiásticos comenzó a sufrir la sacudida de los vientos del racionalismo, que postulaba que todo conocimiento tenía que tener como base la razón, la experiencia y la observación, es decir, la debida comprobación y análisis. René Descartes (1596–1650) fue el padre del racionalismo, luego complementado con el pensamiento de distintos filósofos ingleses, alemanes y, especialmente franceses. Bacon, Copérnico, Locke, Kepler, Newton, Leibnitz, Franklin y otros abren nuevos horizontes al conocimiento humano. Siguiendo esta línea de pensamiento, Sir Isaac Newton (1642–1727), en su obra "Los principios matemáticos y la Filosofía Natural" (1687) afirmaba que era posible la explicación científica y racional del mundo y de la naturaleza. John Locke (1632–1704) decía que "los problemas básicos no pueden ser resueltos sin el análisis de la estructura de la experiencia humana". Baruch Spinoza (1632–1677) había afirmado que la razón es la marca distintiva del animal humano y que el más alto bien de la vida, la meta de la ética es vivir de acuerdo con la razón y perfeccionar lo más posible el desenvolvimiento de la razón". Leibnitz, Christian Wolff, Hume, Bacon y otros filósofos abundaron en el tema.

ILUSTRACIÓN Y NEOCLASICISMO

Postulando el racionalismo, como nueva orientación filosófica, la razón como base de todo conocimiento, desde el punto de vista artístico se fue a buscar en los clásicos, el equilibrio, el balance que llevara al mundo estético la dimensión de la razón. Se tiende entonces en la literatura a identificar belleza y verdad; de aquí el auge tan extraordinario del llamado neoclasicismo, que postulaba la imitación de los clásicos como único arte verdadero y posible. El neoclasicismo se convierte así en una orientación de las literaturas europeas esencialmente durante los siglos XVII y XVIII, aunque sus límites cronológicos varían de un país a otro. Como el renacimiento, el barroco y otros grandes movimientos literarios, el neoclasicismo invadió a todos los países, aunque su centro estuvo, por razones políticas y artísticas, en Francia. Este cambio esencial, primero en la filosofía y luego en la estética, llegó en el siglo XVIII a producir una verdadera revolución en la ciencia, en el pensamiento en general y en todos los aspectos político y social, por lo que se le ha llamado a ese movimiento de emancipación intelectual "ilustración", "iluminismo" o "Siglo de las Luces". Lo que sucedió en la práctica fue que otros filósofos tomaron las ideas racionalistas dándoles, por un lado, aplicación a las ciencias y por otro, dimensión política, ideológica y sociológica. En este último grupo están los enciclopedistas franceses, así como Montesquieu, Voltaire, Diderot, d'Alembert y Rousseau, encargados de preparar el camino ideológico del mundo moderno que ya se vislumbra. Diderot y d'Alembert vuelven a ratificar las bases racionales de la ciencia y la filosfía; Voltaire se erige en campeón de la libertad de pensamiento. La dimensión política se la da Rousseau al atacar el llamado "derecho divino" de los reyes, base de la monarquía y postular la prioridad de "la voluntad general sobre la voluntad individual", base de la democracia liberal, que llegó a ser el supremo ideal del momento. Los rumbos jurídicos de la sociedad política ya esbozada los dio Montesquieu al postular la división del Estado en tres poderes independientes para salvaguardar la libertad.

La culminación de esta labor renovadora en todos los ámbitos fue la publicación de los treinta y cuatro volúmenes de la *Enciclopedia,* verdadero resumen de todos los conocimientos en las ciencias, las artes y los oficios y faro del pensamiento liberal y avanzado de la época. La *Enciclopedia francesa* no sólo intentaba reunir y sistematizar todo el conocimiento logrado por el hombre, sino que sus colaboradores aprovecharon la oportunidad para atacar toda forma de tiranía, personal o colectiva, defender la libertad individual, la razón y la perfectibilidad humanas. La gran obra jugó un papel muy importante en la ideología y en la formación del perfil del mundo moderno. Las ideas más avanzadas de la época estaban en la *Enciclopedia*, por lo que suele hablarse de un "enciclopedismo revolucionario". La ilustración arrojó luz sobre todos los aspectos de la vida humana. Bajo el escolaticismo la fe era la respuesta a todos los problemas e interrogantes; de ahora en adelante sería la razón, lo racional. Claro que ninguna ideología ha podido destruir el innato sentido religioso del hombre, puesto que la ciencia no se ha mostrado todavía capaz de dar respuesta a todas las ansias del alma humana.

El neoclasicismo y la ilustración también llegaron a España, sobre todo bajo el reinado de Carlos III (1759-1788), partidario del "despotismo ilustrado" y cuyos ministros y consejeros Conde de Aranda, Campomanes y Floridablanca compartían el ideario del enciclopedismo. Este monarca trató de encarar la problemática de España con un sentido moderno, introduciendo reformas sustanciales y medidas de gobierno altamente beneficiosas e inspiradas en los ideales de la ilustración. Ambos movimientos no tuvieron el alcance que se esperaba, debido a circunstancias especiales del espíritu nacional español.

Características generales del neoclasicismo europeo y orientaciones generales del pensamiento enciclopedista

El neoclasicismo es una tendencia de la literatura universal, cuyos rasgos esenciales son los siguientes:

1. Predominio de la razón, la reflexión, el balance, equilibrio, serenidad y sentido común, como reacción contra la violencia y el desequilibrio del barroco.

2. Imitación de los clásicos, pero no directamente, sino a través de los modelos franceses. Sólo es válido el arte clásico.

3. Gran respeto a las tres unidades dramáticas de tiempo, lugar y acción.

4. Decisiva orientación didáctica y pedagógica de la literatura. El arte tiene una finalidad docente.

5. Afán de perfección que determina cierto grado de simplicidad, austeridad y seriedad en el arte, que ahora se distingue por sus líneas severas.

6. Espíritu normativo. El autor debe someterse a los dictados de los preceptistas, cuyas reglas han de seguirse religiosamente.

7. Deseo de dar a la obra de arte más sentido de verosimilitud, de imitación de la vida y cierta orientación universalista.

8. La obra de arte debe tener una lección moral y educativa, para estar en consonancia con los ideales clásicos.

9. Anhelo de corrección, pulimento, cuidado, concentración, disciplina, moderación y buen gusto, que a veces restan a las obras literarias, espontaneidad, vigor y afecta la inspiración, imaginación y emoción del autor.

10. Se busca la precisión y la lógica, como opuestos al desenfreno y extremado ímpetu del barroco. Todo esto conduce a cierto grado de prosaísmo y mucho rigor en las reglas, la preceptiva y la gramática. El neoclasicismo fracasó en Europa, con la excepción de Francia.

A este movimiento artístico se unió la ilustración o enciclopedismo, que revolucionó las bases de la ciencia y del pensamiento. Fue la revolución que cambió las viejas estructuras científicas, políticas, económicas y sociales que había edificado el "viejo orden" y el barroco y que echó las bases de uno nuevo y distinto. El enciclopedismo sacudió intelectualmente el andamiaje espiritual creado por el escolaticismo y propugnó un reformismo social revolucionario y la teoría del progreso indefinido del hombre. La base de este amplio movimiento está en la libertad, la guerra a muerte contra todo tabú religioso o político y en una fe ciega en las posibilidades de la ciencia moderna. El tono racionalista y crítico que ahora adquiere el quehacer intelectual, propicia cambios sustanciales en la política, lo social, y la economía, con la libertad del individuo y de las naciones como común denominador. Todo esto conduce a una violenta crítica ante-religiosa y a una tendencia anti-tradicionalista. Había un anhelo ferviente, una fiebre de renovación total en el plano universal, nacional e individual. Se estimula, en nombre de esos ideales, la educación pública. Se anhela "abrir el libro de la naturaleza" para desentrañar sus secretos y ponerlos al servicio del hombre. Se lleva el nuevo concepto de la libertad al comercio, la industria, al gobierno, a las prácticas religiosas, combatiendo el fanatismo, los abusos de autoridad, la tiranía, el atraso cultural y, en fin, todo lo que sea valladar para la plena realización de la persona humana. Un anhelo de reforma y renovación lo permea todo. Cambio, renovación, revolución, transformación, progreso, modernidad, son los signos de los nuevos tiempos. La fe en los ideales de la ilustración se afianzaron cuando sus postulados básicos produjeron dos hechos concretos de gran importancia en la historia humana: la Revolución de Independencia de los Estados Unidos (1776) y la Revolución Francesa (1789). Después de estos hechos nadie dudaba de que estas ideas tenían en realidad un efectivo poder revolucionario y transformador.

La ilustración y el neoclasicismo en Hispanoamérica

El perfil de la sociedad hispanoamericana del barroco fue cambiando gradual y sostenidamente hasta ser completamente distinta hacia la segunda mitad del siglo XVIII, debido al influjo de ideas de fuera y a condiciones internas propias. La característica esencial de esta sosiedad es el surgimiento de una aristocracia criolla con notable capacidad económica y cultural a la que se le negaba todo poder político y representación social. Esta clase no ocultaba su descontento ante una filosofía que propendía a la represión y a darle la espalda al pensamiento avanzado europeo; los abusos políticos; un sistema económico y comercial monopolista; un sistema administrativo y educacional anticuados ante la realidad del mundo del aquel momento; el exceso de cargas impositivas (impuestos). Las ideas de la ilustración en los aspectos científico, filosófico, político y literario hallaron un campo abonado en los países de Hispanoamérica, por lo que su recepción se produjo con gran rapidez, combinándosele con inquietudes, desasosiego e ideas propias de los hispanoamericanos. La conciencia hispanoamericana despertó no sólo por las doctrinas que le venían de fuera, sino también por factores internos, casi tan importantes como aquéllos. La propia España se dio cuenta de la situación, pero el único gobernante que realmente hizo algo efectivo fue Carlos III. Este monarca dictó una serie de medidas muy beneficiosas, pero quizás algo tardías y sin el alcance debido. La influencia beneficiosa de la ilustración se hizo sentir en todas las actividades.

Hacia mediados del siglo XVIII (1750) era ya evidente la profunda crisis de la cultura española en las colonias, debido no solo a la decadencia política gradual de la metrópoli, sino también a la recepción de las corrientes liberales del pensamiento europeo, sobre todo francés, de alto voltaje revolucionario, conjugadas con factores nativos de importancia. Aquel gran movimiento de ideas puso en crisis a la escolástica y a la cultura colonial y al imperio político al que habían servido de base ideológica. Además, puso en crisis el "principio de autoridad", al demostrar la invalidez de su base filosófica. Por eso podemos afirmar que la ilustración y el neoclasicismo fueron como la antesala ideológica de las Guerras de Independencia (1808–1825) que derrumbaron el imperio colonial para dar paso a la vida independiente de estas naciones. Su influencia renovadora se dejó sentir, no solamente en los medios revolucionarios y más liberales, sino también en las logias masónicas y hasta dentro de la propia iglesia, ya que muchos sacerdotes enseñaban las nuevas doctrinas, las defendían y abrazaban. Las colonias se convirtieron, en la etapa inmediatamente anterior a las Guerras, en verdaderos hervideros revolucionarios, inflamados por las nuevas ideas.

Las modalidades del clasicismo son muy especiales en Hispanoamérica. Éste toma las líneas generales y las bases estéticas e intelectuales del europeo, pero al producirse su conjunción con elementos propios, las acondiciona al medio americano, las adapta al instante histórico que se vive, surgiendo de esta combinación una orientación estética en muchos aspectos distinta de la importada. Fue en la literatura donde el neoclasicismo tuvo más impacto entre nosotros. La producción literaria de esta época presenta las siguientes modalidades y orientaciones: 1. El neoclasicismo llegó con gran retraso a la América Hispana en comparación con Europa. 2. Toda la literatura de la época sobresale por su clara y definida intención política y social. La obra literaria fue un magnífico instrumento contra la dominación española. 3. En este período nace la novela, uno de los géneros literarios más importantes de Hispanoamérica, con *El Periquillo Sarniento* de Fernández de Lizardi. 4. La última etapa del seudo-clasicismo (1808–1825) se caracteriza por la presencia de fuertes elementos románticos con los propios de aquel movimiento. 5. El período del neoclasicismo representa el instante de la emancipación intelectual, cultural, literaria y artística, que se produce con anterioridad al logro de la separación política. 6. Por la índole natural de este instante, el ensayo alcanza una gran importancia en el cuadro general de esta literatura.

Bosquejo de la literatura de este período

Durante el neoclasicismo se cultivaron todos los géneros literarios, pero los principales fueron la ensayística de orientación política y revolucionaria y la poesía lírica, que también presenta fuerte tendencia de militancia, de propaganda y estímulo a los ideales emancipadores. Todos los géneros literarios—sobre todo el ensayo—y el periodismo cooperan de manera decisiva al cambio de mentalidad, a la transformación ideológica indispensable para el ideal de cambios políticos y sociales. Los cambios más radicales y fundamentales ocurren en el campo del pensamiento; de aquí la importancia que adquiere la ensayística. Mientras la influencia española va decayendo, la francesa se hace más importante. El siguiente es un cuadro esquemático de los principales géneros literarios cultivados:

I. *El ensayo*
   1. Histórico
   2. Científico y naturalista
   3. Filosófico
   4. Sociológico, cultural y didáctico
   5. Económico
   6. Político y social

II. *La poesía*
   1. Poesía latina
   2. Poesía neoclásica: lírica
      sátira
      fábula

III. *El teatro*

IV. *La novela*
   1. Antecedentes en la prosa de imaginación o de simples elementos novelescos
   2. La novela propiamente dicha

El ensayo sociológico, cultural y didáctico
El doctor Santa Cruz Espejo y la crítica de la cultura colonial

Uno de los arquetipos humanos más sobresalientes de esta época histórica fue el quiteño FRANCISCO JAVIER EUGENIO DE SANTA CRUZ Y ESPEJO (1747-1795), que se distinguió como periodista, científico, ensayista, publicista, médico y el más destacado representante del enciclopedismo revolucionario en el Ecuador. Era hijo de un indio de Cajamarca y de una mestiza de Quito. Como su padre era asistente en un médico del Hospital de San Juan de Dios, se aficionó a la medicina, graduándose de la Universidad Nacional de Quito, en la que también cursó estudios de Teología, Derecho y Filosofía. Era una mente enciclopédica, con un profundo sentido crítico y un espíritu de inconformidad y descontento con la cultura, organización social y situación coloniales. Es tan representativo de esta época como un Miranda, un Caldas, un Nariño, un Sanz o un Salas. Se convirtió así en el más acérrimo enemigo del sistema colonial español en esa región. Su actividad revolucionaria se desarrolló, tanto en el campo político como en el de las ideas y la cultura, pues creía que todo cambio debía comenzar por producir reformas sustanciales en los métodos educativos.

Actividades de tan prominente enemigo no podían pasar inadvertidas al celo integrista de las autoridades españolas, quienes le exigieron ir "a sincerarse" con el Virrey. Entre los cargos que se le hacen y que se envían a Santa Fe de Bogotá están:

> Hierven las ideas liberales, no solamente en la cabeza de Espejo, sino en la de muchos literatos y personas de grande influencia, por lo que le remito a Bogotá, sin formularle causa alguna, pues temo que resulten complicados los sujetos más principales y distinguidos.

Hizo el viaje a pie y con fondos propios, permaneciendo en Bogotá dos años en destierro. Aquí hizo contacto y estrecha amistad de ideales con Antnio Nariño, precursor de la Independencia colombiana y desde allí envío a los correligionarios de Quito un célebre *Discurso*, lleno de ideas progresistas y liberales. De regreso a Quito se le nombró Secretario de la Sociedad Patriótica de Quito, fundada por inspiración de la Corte. Con ese carácter publicó el primer periódico ecuatoriano titulado *Primicias de la Cultura en Quito* (5 de enero de 1792) que duró tres meses ahogado por un ambiente que no era propicio para este tipo de publicaciones. Luego se le nombró bibliotecario de la biblioteca dejada por los jesuítas cuando su expulsión. Por este tiempo Espejo era acusado de cuanto documento subversivo sin firma o movimiento se enteraban las autoridades. Delatado por sus ideas y actividades se le acusó de fraguar conspiraciones contra el régimen español y se le envió a la cárcel. Aquí enfermó gravemente, siendo trasladado al hospital donde falleció en diciembre de 1795.

Las obras completas del doctor Espejo—nombre por el que era conocido—han sido publicadas en tres tomos (Quito 1912-1923) y todavía han quedado artículos, ensayos y demás escritos sueltos que podrían formar un cuarto volumen. Escribió obras didácticas, científicas, periodísticas y políticas. Entre las primeras cabe citar *El Nuevo Luciano o despertador de Ingenios* (1797), constituído por nueve diálogos a la manera grecorromana y renacentista, entre Murillo y Mera (este último representa al propio Espejo), en que se discute de todo lo humano y lo divino, o sea crítica, estética, retórica, filosofía, teología, estado de la cultura, sistema educacional, plan de estudios y otros. El diálogo tercero es sobre la retórica y la poesía. Su crítica y ataque es siempre abierto, audaz, cáustico, violento. Su anhelo era satirizar el atraso científico, cultural y social de España. A esta obra se le considera como la crítica más acertada que se le hiciera a la cultura colonial del siglo XVIII, así como una brillante exposición de ella. En este trabajo imita a Luciano (siglo segundo), el más grande de los sofistas griegos, lo que prueba su cultura clásica nada despreciable. La obra es una crítica de los métodos de enseñanza de las escuelas y universidades dejados por los jesuítas. En su crítica examina el programa de estudios de cada asignatura, punto por punto. La vena satírica y la ironía mordaz están siempre presentes al satirizar a personas de la sociedad quiteña o el sistema colonial en general. La obra circuló ampliamente en forma manuscrita. *El nuevo Luciano* está considerado entre las obras más valiosas que se escribieron en América en este tiempo, siendo infinito su aporte a los nuevos rumbos que se vislumbraban.

Luego escribió *La Ciencia blancardina* y el *Marco Porcio Catón*, que son una continuación de la anterior con el objeto de tratar tópicos que había pasado por alto. En el último fingía la defensa de las personas satirizadas en *El nuevo Luciano*, a la que refutaba seguidamente con nuevos argumentos y sátiras. Siguiendo una orientación muy propia de la ilustración trató de hacer llegar estas ideas modernas al mayor número posible de individuos, al objeto de poner en movimiento a toda la sociedad en favor del nuevo ideario. Así surgió su periódico *Primicias de la cultura en Quito*

(1792), que fue el primer vocero de opinión pública que llevó las nuevas inquietudes al pueblo ecuatoriano, En el primer número, refiriéndose a lo inaccesible que era la cultura y el progreso para las colonias, afirmaba lo siguiente:

> Estamos en el ángulo más remoto y oscuro de la tierra, a donde apenas llegan unos pocos rayos de refracción desprendidos de la inmensa luz que baña a regiones privilegiadas; nos faltan libros, instrumentos, medios y maestros que nos indiquen los elementos de las facultades y nos enseñen el método de aprenderlos.

Hombre característico del enciclopedismo, también escribió ensayos científicos de los cuales el más famoso es *Reflexiones . . . . acerca de un método seguro para preservar a los pueblos de viruelas*, con las que se convierte en precursor de las ideas de Pasteur. A este trabajo ha hecho elogios la crítica científica moderna, por su admirable valor, a pesar del estado de la medicina en esa época. También escribió una *Defensa de los curas de Riobamba* por cuestiones suscitadas entre ellos y los grandes propietarios de la región. Aquí aprovecha para emitir severas críticas contra la organización administrativa. También dejó muchos escritos sobre disertaciones científicas y políticas, opiniones o informes legales y, hasta sermones que escribía para su hermano clérigo, llamado Juan Pablo.

Su pensamiento es en todo momento subversivo, por lo corrosivo de sus críticas, comentarios y hasta sarcasmos. Sin embargo, su contribución a la cultura general y a la formación de una conciencia progresista y en favor del mejoramiento del medio, fue incalculable. Pero nada de esto es comparable a la labor que realizaba entre la juventud y demás sectores sociales en sus conversaciones y consejos en las tertulias donde se discutían los temas de más palpitante interés y actualidad y, sobre todo las nuevas ideas y el nuevo orden que se había gestado en Europa. Su obra dejó honda huella en la conciencia y el pensamiento de sus conciudadanos.

Espejo estaba en comunicación constante con los mejores ingenios y las figuras revolucionarias más importantes de América. No desperdiciaba ocasión para criticar —a veces en forma violenta y sarcástica— el medio político, económico y social prevaleciente, del cual se sentía plenamente descontento e inconforme. Tenía un profundo y agudo sentido crítico y sabía manejar la ironía con mano maestra. Muchas veces por defender a los humildes o causas justas se enfrentó a los poderosos y a las propias autoridades, que a pesar de considerarlo peligroso, no se atrevían mucho contra él, dado el gran prestigio de que gozaba.

Es uno de los hispanoamericanos que deben considerarse precursores del cambio de mentalidad en nuestra cultura y de los que ayudó a adelantar los ideales de la autonomía política y cultural. Personifica como pocos aquel "complejo de atraso" del hispanoamericano de la época y la fiebre por producir los cambios necesarios para traer el mundo moderno que se soñaba. Atacó los fundamentos de la desigualdad y privilegio de la sociedad colonial y no ocultó su afán de un cambio profundo. Patrocinó una especie de insurgencia continental de los intelectuales y espíritus ilustrados contra los viejos valores. Espejo está entre los miembros de aquella activa minoría intelectual criolla que echaron las bases de la ideología de la independencia cultural y política a través de sus escritos, discursos, prédicas, ensayos, artículos o simple actuación personal. Es una de las grandes figuras del pensamiento hispanoamericano.

El ensayo político y social
Las ideas de la ilustractión como fundamento ideológico de la
Revolucion de Independencia

Esta variada gama del ensayo que hemos analizado, fue factor decisivo en el logro del cambio de mentalidad esencial para la lucha por la autonomía política, empeño que se vio coronado por la labor específica que en ese sentido quedó confiado al ensayo político y social. Fue éste, verdadero vehículo de las ideas de la ilustración en el campo político, e que perfiló los ideales de la lucha independentista, formuló a crítica contra el régimen imperante y propugnó la total separación de la antigua metrópoli, como la única táctica posible para realizar las transformaciones que la nueva doctrina postulaba.

Primeramente los criollos no querían una ruptura definitiva con la metrópoli, sino seguir siendo parte del imperio español en base de igualdad política, económica y social, como demuestran los grupos que se formaron en defensa de Fernando VII cuando la ocupación francesa de la península en 1808. Posteriormente la emancipación absoluta fue el único ideal de la lucha.

Este género literario ayudado por los demás géneros y el artículo de periódico fue esencial en la expansión de la nueva ideología revolucionaria, cuyos objetivos eran el logro de los supremos valores de la libertad política, individual y colectiva. El reformismo social aventado por la Enciclopedia se entró por este género, que preparó como ninguno la ideología de la lucha. En este instante casi no existe la literatura que llamaríamos "pura". La obra literaria—ensayo, novela, poesía lírica, prosa, artículos de periódicos, teatro—se distingue por su beligerancia política. Constituye lo que hoy se llama "literatura comprometida". Todo está matizado con el ansia de cambio, de libertad e independencia y casi desentona del conjunto quien distraiga sus talentos por otros rumbos. El ensayo político es, a la vez, la plena confirmación del grado de madurez a que habían llegado algunos de los líderes de nuevo orden, el mejor coadyudante en la formación de una conciencia política hispanoamericana. No se puede entender nuestro neoclasicismo si no se está seguro de esta firme dimensión política, social, combativa, de acción, de insurgencia que lo permea todo.

Fray Servando Teresa de Mier

Una de las personalidades de más originalidad y colorido de esta época es FRAY SERVANDO TERESA DE MIER (1763–1827), miembro de una familia de abolengo de

Monterrey, México. Abrazó el sacerdocio en la compañía de los dominicos y sus inquietudes intelectuales lo llevaron a doctorarse. Desde muy joven corrió su fama de elocuente orador sagrado. Un hecho vino a cambiar por completo su vida: el comentado sermón que pronunció el 12 de diciembre de 1794 delante del virrey, del arzobispo y de los miembros de la Audiencia en el cual modificaba algunos puntos ya aceptados por la iglesia sobre la aparición de la Virgen de Guadalupe, y afirmaba que Santo Tomé había predicado el evangelio en América con anterioridad a la llegada de los españoles, a fin de restar valor a esa labor de la conquista. Este atrevimiento decretó la pérdida de todos sus derechos y su destierro al convento de las Caldas, cerca de Santander. Comienza entonces su largo peregrinaje compuesto de viajes, aventuras, peligro, persecusiones y encarcelamientos que lo llevan de España a París, de Francia a Londres, de aquí a México otra vez; luego a los Estados Unidos, más tarde a la Habana y, finalmente a su patria nuevamente. Hizo un verdadero arte de la fuga, pues se cuenta que se escapó de encierros y prisiones seis veces.

Era una mentalidad formada en las ideas de la escolástica, pero había abrazado el ideario político de la ilustración y era un decidido partidario de la independencia americana. Al saber el levantamiento de Hidalgo vino a México, pero cayó prisionero de los españoles de cuyas prisiones se fugó en seguida. Al reunirse el primer Congreso Constituyente, del cual fue elegido diputado, se logra su libertad, pero cuando Iturbide se corona Emperador, se lo reprocha en una audiencia personal y esto le gana su última prisión, logrando su libertad en 1823. Ese año es reelecto para el Congreso Constituyente donde pronuncia su célebre Discurso del 13 de diciembre abogando por la república centralista y que es conocido como la *Profecía del Doctor Mier sobre la Federación Mexicana*. En México se le tiene como un patriota y como uno de los hombres que hicieron posible la Independencia con sus esfuerzos y sacrificios. El primer Presidente de México, Guadalupe Victoria, lo llevó al Palacio Presidencial y el Congreso acordó una pensión para él en 1824. Su muerte constituyó un verdadero duelo y sus funerales fueron los más solemnes que recuerda el México de ese tiempo.

Esta dimensión revolucionaria, política e enciclopedista de Mier no amengua su importancia como figura literaria; por el contrario, demuestra que los hombres de esta época tuvieron que ser hombres de pensamiento y de acción. Escribió el doctor Mier una *Apología y relaciones de su vida* (1817) publicadas por primera vez en el año indicado y de la cual existe una edición moderna con prólogo de Alfonso Reyes, con el título general de "*Memorias*". También es conocida como *Viajes*. En ella relata los primeros incidentes de su vida y las incidencias del famoso sermón. Las *Relaciones* cubren lo sucedido en Europa desde su llegada a Cádiz (1795) hasta su escape a Portugal. También escribió su *Historia de la revolución de Nueva España*, con el seudónimo de D. José Guerra y publicada en Londres en 1813 en dos tomos. Escrita con el desorden y el desaliño propio de quien no era un verdadero historiador, tiene el mérito de ser la primera obra sobre el acontecimiento que se publicaba. También dejó multitud de cartas, el mencionado Sermón y discursos patrióticos y de polémica política y religiosa.

La primera de sus obras—*Apología*—tiene mucho de novela picaresca por la riqueza de episodios autobiográficos de una vida inquieta, agitada y batalladora. El estilo de su prosa se confunde con su vida: es agitada, de altibajos, porque no podía escribir sostenidamente quien tan apresuradamente vivió. Falta a su historia la objetividad del historiador, teniendo más de alegato político, apología de la revolución y defensa de su causa. La *Apología* es la mejor de sus obras. En ellas muestra una espontaneidad, donaire y frescura en el relato, que corre presuroso y nervioso, entre mil acontecimientos llenos de buen humor e interés. Quizás el más grave defecto de su prosa sea cierto tono oratorio, posiblemente remedo de su verdadera vocación de tribuno magnífico. Si por sus actividades es hombre de la ilustración, por sus ideas es escolástico, pues basa su defensa de la Independencia en ideas aprendidas en el pasado a muchas de las cuales da una interpretación propia. Su espíritu enciclopedista se enlazaba con un razonamiento aprendido en la escolástica. Son abundantes sus citas del latín, En su *Profecía* brilló muy alto por la profundidad de su pensamiento político y la irrebatibilidad de sus argumentos, a pesar de que el Congreso votó en favor de la Federación, idea que Mier combatía por irrealizable y perjudicial.

Bernardo de Monteagudo, propagandista de la Revolución

El más caracterizado de los escritores revolucionarios argentinos fue BERNARDO DE MONTEAGUDO (1785–1825), quien se distinguió como periodista, agitador, estadista, propagandista del ideal revolucionario, pensador y panamericanista. Nació en San Miguel de Tucumán en la Argentina y el cabildo de Jujuy, donde residió su padre, costeó sus primeros estudios. Luego terminó su doctorado en derecho en la famosa universidad de Chuquisaca (1808). Tuvo una participación preponderante en la Revolución de seis países. Fundó varios periódicos y estuvo muy cerca de algunos de los líderes más prominentes de este tiempo: Bernardino de Rivadavia, el General San Martín, Simón Bolívar y otros. En Lima, se le nombró Ministro de Estado, siendo perseguido después de la retirada de San Martín, pero hizo amistad con Bolívar, quien le dio su apoyo en reconocimiento de sus méritos revolucionarios e intelectuales. Al volver al Perú después de un destierro en Ecuador, fue asesinado por orden de sus enemigos políticos. Murió cuando todavía estaba en el pináculo de su carrera.

Este espíritu tremendamente meteórico todavía tuvo tiempo para escribir memorias, artículos de periódicos, pronunciar discursos, ensayos, cartas y proclamas. Sus obras principales son: *Memoria* (Quito, 1823), conocida como su "*Memoria política*"; *Ensayo sobre la necesidad de una federación general entre los estados hispanoamericanos y plan de su organización* (1924); artículos y discursos de *Propaganda revolucionaria* (1812–1821); *discursos patrióticos* pronunciados en distintos países de América; *Cartas*, dirigidas a líderes políticos como Simón Bolívar.

Si Moreno es el doctrinario de la Revolución, Monteagudo es su más importante agitador y propagandista. Hombre excesivamente inquieto, vehemente y activo, tenía el carácter ideal para llevar la antorcha revolucionaria de un país a otro, enarbolando una argumentación convincente, sostenida, tanto por su talento como por su demagogia. Monteagudo fue básicamente un orador que electrizaba a las muchedumbres, a las que llevaba un mensaje directo, lleno de pasión y fuerza. El propio Echeverría escribió de él:

> El de gran corazón y genio agudo,
> del porvenir Apóstol elocuente.

Tenía una gran personalidad como orador, con base en una notable cultura política adquirida en la práctica y en el estudio de los grandes pensadores como Rousseau, Voltaire, Montesquieu y otros. En el papel de propagandista no lo iguala nadie en la América del Sur, aparte de ser el primer escritor político de la Revolución Argentina, superior a Moreno. La doctrina de la revolución se volvía en sus manos material ideal para la agitación de las grandes multitudes. Su *Memoria Política* merece elogios por la hondura del pensamiento y debía colocarse al lado de nuestros grandes documentos políticos. Fue más odiado que amado; pero hoy en día su nombre ha sido reivindicado y la nación argentina le ha erigido un monumento. Viajó por casi toda la América y su nombre forma parte de la historia de seis naciones en cuyas independencias intervino activamente.

A su gran capacidad de expresión, al movimiento dinámico de su prosa—tanto escrita como oral—se une una cultura nada despreciable y una sensibilidad notable para enfocar la problemática y prever el movimiento de las masas. Su cultura se formó de las ideas tradicionales, de la doctrina de la ilustración, sobre todo del "Espíritu de las Leyes" de Montesquieu y del conocimiento de los grandes historiadores clásicos, principalmente latinos. Supera a Moreno en la amplitud de su pensamiento, pues tuvo el ideal panamericanista de ver a todos los pueblos de América unidos en un macizo haz de pueblos libres. "Yo no renuncio—escribe en su destierro—a la esperanza de servir a mi país, que es toda la extensión de América". Hoy en día cuando tenemos la seguridad de que a la América únicamente la salvará su estrecha unión alrededor de sus ideales democráticos básicos, comprendemos el sentido profético de Monteagudo. Su obra en general se reciente de festinación, de vehemencia, de tono declamatorio, pero hay que recordar que era el vehículo apropiado para llegar a las masas, que era su objetivo. Monteagudo es una de las cumbres del pensamiento político hispanoamericano en este período. Parte de sus ideas valen para el momento revolucionario; pero de sus escritos se espigan muchos pensamientos que todavía hoy tienen vigencia práctica y doctrinal.

La cima del pensamiento político: Simón Bolívar; vida, obras, valores literarios

Como buen ejemplo de representante de la ilustración, SIMÓN BOLÍVAR (1783-1830) sabe unir en su personalidad fulgurante, al hombre de espada y al hombre de letras.

Bolívar nació en Caracas, de padres acomodados, quienes murieron antes de que el futuro Libertador de la América del Sur cumpliera los diez años. Por ese motivo, vivió con su tío materno, don Carlos Palacios, que le deparó los mejores profesores, pues son sus tutores intelectuales Miguel José Sanz, Andrés Bello y, especialmente, Simón Rodríguez. Desde muy temprano mostró interés por los grandes guerreros y decididas inclinaciones tribunicias y literarias. Aprovechando su curiosidad de adolescente, el maestro favorito le fue infiltrando lenta y seguramente sus principios radicales. A los diecisiete años, Bolívar viajó a Madrid para continuar sus estudios, poniéndose al día en las corrientes del pensamiento de la época y leyendo a los autores franceses de la vanguardia revolucionaria, como Rousseau, Montesquieu, Voltaire y a los españoles de la ilustración. Viajó extensamente por Europa y luego por los Estados Unidos. A su regreso a Venezuela murió su mujer, golpe que le produjo hondo quebranto espiritual, por lo que decide volver a Europa, primero a Madrid y luego a Francia, donde encuentra a Simón Rodríguez, desterrado político. Con su maestro viaja a Roma y en el Monte Aventino jura delante de él no descansar hasta ver a su patria libre de la dominación española. Meses más tarde regresó nuevamente a su patria e inmediatamente comenzaron sus actividades revolucionarias.

Poco a poco sus condiciones naturales lo convierten en el líder indiscutible de la revolución en Venezuela. Fracasados los intentos de libertar a Venezuela, pasó a Colombia, cuya independencia declaró en 1813. Llevó nuevamente la lucha a su patria, pero es derrotado nuevamente, tomando asilo en Kingston, Jamaica (1815) donde escribe su famosa *Carta de Jamaica*. A su regreso liberta a Colombia y Venezuela definitivamente y decide emancipar al Ecuador, lo que logra en dos meses. El 26 y 27 de julio de 1822 tiene lugar la famosa *Entrevista de Guayaquil*, entre él y el General San Martín. Este último decide retirarse del Perú y meses más tarde el genio militar de Bolívar ganaba las batallas de Junín y Ayacucho, que dan término a la dominación española en la América del Sur. Fue Presidente de la República de la Gran Colombia (Venezuela, Colombia, Ecuador), agrupación de países que trataba de evitar la fragmentación en muchas repúblicas. Cuando el regionalismo, el nacionalismo y las apetencias personales triunfaron, él se retiró enfermo, pobre y desilusionado a Santa Marta. Allí murió en 1830 con grandes dudas sobre la verdadera grandeza de su obra.

El héroe epónimo de la libertad sudamericana, cuyas hazañas admiten parangón con las más memorables de la historia, fue un genio múltiple, que se desdobló en guerrero, político, estadista, orador y literato. En todas estas facetas supo brillar a altura extraordinaria. Escribió más de tres mil cartas políticas, amistosas y de amor; doscientas proclamas y discursos; cultivó la crítica literaria; compuso ensayos políticos y sociales; elaboró constituciones y demás documentos políticos. Sus cartas amorosas enviadas a Manuelita Sáenz están llenas de frescura y de la primaveral lozanía de su corazón. Impresiona cómo un hombre tan duro en el combate, podía ser tan suave y tierno en el amor. De sus cartas de carácter político y social, la más famosa es la que lleva por título *Carta de Jamaica* o "Carta a un caballero que tomaba gran interés en la causa republicana en la América del Sur", escrita en Kingston el 6 de septiembre de 1815 y dirigida posiblemente al Duque de Manchester, Gobernador de dicha isla. La carta presenta un balance de la situación política y social de estos pueblos, así como una profecía muy acertada sobre su desenvolvimiento futuro en esos aspectos. Aquí Bolívar se distingue por su preocupación por la prosperidad, felicidad y estabilidad de estas naciones; por su sentido profético; por su profunda visión política y social y su estatura de estadista; el idealismo y sentimiento paternal con que mira estos pueblos; la dimensión americanista de su pensamiento, que se solaza en la proclamación de la unidad y fraternidad entre los países de América, ya que tienen comunidad de origen, idioma, religión, costumbres e ideales. Su ideario es siempre de firme orientación democrática, con base en los ideales de la ilustración, cuyos autores había leído y asimilado perfectamente. Sorprende el realismo con que analiza y enfoca los problemas de América, distinguiendo entre lo ideal y lo que la realidad demanda que se haga. El tiempo ha confirmado plenamente la mayoría de sus afirmaciones en este documento. Por eso la *Carta de Jamaica* es el monumento más extraordinario del pensamiento político hispanoamericano, por su hondura, alcance y tono profético.

Dejó Bolívar arengas, proclamas y manifiestos. Las primeras se han comparado con las de Napoléon por su tono enérgico y su fuerza de convicción. De todos los manifiestos que escribió, el más notable es el *Manifiesto de Cartagena*, muy brillante a pesar de las dificultades que presenta este género de documento a la opinión pública. En cuanto a sus piezas oratorias, la más famosa es la conocida como *Discurso en el Congreso de Angostura*, que él mismo llamó "la profesión de mi conciencia política", pronunciado con ocasión de presentar un proyecto de Constitución para Venezuela. Presenta gran influencia de Montesquieu y Rousseau. También demuestra que conocía perfectamente el pensamiento de los demás pensadores políticos de su tiempo. Otro discurso memorable es el llamado *Discurso en el Congreso de Lima* (1825), en que renuncia a la dictadura con que había sido investido un año antes. También elaboró dos *Constituciones políticas*: la primera de la República de la Gran Colombia y la primera de Bolivia (1826). Se distinguió en otro tipo de literatura como en *Mi delirio en el Chimborazo*, especie de poema en prosa, lleno de inspiración, poder imaginativo y lirismo. Se muestra deslumbrado por la maravillosa naturaleza americana y ella parece transformarse para darle la visión de lo transitorio del tiempo y de lo pequeño del hombre en presencia del infinito. No puede ocultar su orgullo por haber puesto su pie, donde "ninguna planta humana había hollado". También sobresalió como crítico literario de aguda penetración. Escribió la mejor crítica sobre el gran poema de Olmedo, "La Victoria de Junín; Canto a Bolívar". Juzgador exigente, pocos son los juicios sobre esa obra que superen al suyo.

Su estilo es siempre claro, pero calado de una fuerza y energía que transmiten convicción y expresan el sentir íntimo de su doctrina democrática. El idealismo que inflama sus páginas nunca es capaz de borrar el sentido práctico del estadista. Conoce a los países hispanoamericanos, sabe sus virtudes, sus vicios, su sicología, sus debilidades y grandezas. Fue un agudo y acertado analista de las condiciones políticas, económicas y sociales de las nuevas naciones en estilo transparente, vívido, enérgico, pero muy sereno y objetivo. Se destaca por su sinceridad, objetividad, mesura y por un ideario de raíz democrática basada en lo mucho que aprendió de los autores de la *Enciclopedia*. Como pensador rehuye las fórmulas abstractas y complejas y como estadista prefiere las soluciones claras, precisas, de largo alcance. Sus frases ágiles están escritas en muy buena prosa, no exenta a veces de galicismos propios de sus lecturas. El tono de admonición y vigor de este tipo de literatura no llega nunca a obturar la nitidez del pensamiento ni la fuerza convincente del argumento. Previó como pocos el desborde de la latente anarquía del mundo colonial en las futuras repúblicas y, adelantándose a él, propuso remedios, muchos de los cuales no se comprendieron en su tiempo. El tiempo se ha encargado de corroborar muchas de sus afirmaciones y temores. Fue un apasionado defensor del panamericanismo, o sea, la unión de todos los pueblos de América. Sintetizando podríamos decir con García Calderón que

> él fue el pensador de la Revolución, el primer
> sociólogo de estas románticas democracias.

BIBLIOGRAFÍA

1 GENERAL

(Véanse las historias generales de esta literatura, las nacionales de los autores que se estudian y, especialmente: Anderson Imbert I, V–VIII; Arrieta, 225–422; Coester, II–III; Crow, *Epic*, XXI–XXV; Fagg, V, VI; Henriquez Ureña, *Corrientes*, IV; *Historia de la cultura*, IV; Herring, Parte III, XIII–XVII)

2 CARÁCTER GENERAL DE LA ÉPOCA: REFORMA, ILUSTRACIÓN, REVOLUCIÓN

Arciniegas, Germán, *El continente*. . . . . Caps. XI, XII, XIII.

Cassirer, Ernest, *The Philosophy of the Enlightenment*, Princeton, Princenton Univ. Press, 1951. Traducción de Fritz C. A. Koelln y James P. Pettegrove.

Crawford, William Rex, *A Century of Latin American Thought*, ed. rev., Cambridge, Harvard Univ., 1961.

Chapman, Charles E., *Colonial Hispanic America: A History*, New York, Macmillan, 1933.

——, *Republican Hispanic America*, New York, Macmillan, 1937.

Gandía, Enrique de, *La independencia americana*, Buenos Aires, Compañía General Editora, 1961.

García Calderón, Francisco, *Latin America: Its Rise and Progress*, Londres, T. Fischer Unwin Ltd., 1919. Traducción de Bernard Miall.

Hazard, Paul, *La Crisis de la Conscience Europiene*. Traducida por J. Lewis May con el título: *The European Mind. The Critical Years, 1680–1715*, New Haven, Yale Univ. Press, 1953.

Machado Ribas, Lincoln, *Movimientos revolucionarios en las colonias españolas de América*, Buenos Aires, Editorial Claridad, 1940.

Moses, Bernard, *The Intellectual background of the Revolution in South America, 1810–1824*, New York, Hispanic Society, 1926.

——, *Spanish Colonial Literature in South America*.

ILUSTRACIÓN Y NEOCLASICISMO

Moses, Bernard, *South America in the Eve of Emancipation: The Southern Spanish Colonies in Half-Century of their Dependence,* Nueva York y Londres, Putnam's Sons, 1908.

Pérez Marchand, M. Lina, *Dos etapas del siglo XVIII en México*, México, 1945.

Robertson, William S., *Rise of the Spanish-American Republics: As Told in the Lives of their Liberators*, New York, D. Appleton and Co., 1928.

Sarrail H., Jean, *La España ilustrada de la segunda mitad del siglo XVIII*, México, Fondo de Cultura, Económica, 1957. Traducción del original en francés, París, 1954.

Spell, Jefferson Rea, *Rousseau in the Spanish World Before 1833: A Study in Franco-Spanish Literary Relations*, Austin, Univ. of Texas Press, 1938.

Thomas, Alfred B., *Latin America, A History,* New York, Macmillan, 1956.

Whitaker, Arthur P. (Editor), *Latin America and the Enlightenment*, 2da. ed., Ithaca, N.Y., Great Seal Books, 1961.

3 EL NEOCLASICISMO

Carilla, Emilio, *La literatura de la independencia hispanoamericana*, Buenos Aires, Editorial Universitaria (EUDEBA), 1964.

Pellicer, A. Cirici, *El Neoclasicismo*, Barcelona, Seix Barral, 1947.

4 EL ENSAYO: OBRAS DE CONJUNTO

Anderson Imbert, E. y Florit, Eugenio, *Literatura hispanoamericana. Antología e Introducción histórica.*

Gaos, José, *Antología del pensamiento de lengua española*, México, Editorial Séneca, 1945.

Hespelt, Leonard, Reid, Crow y Englekirk, *An Anthology of Spanish American Literature.*

Insúa Rodríguez, Ramón, *Historia de la filosofía en Hispanoamérica*, Guayaquil, Univ. de Guayaquil, 1945.

Mead, Robert G., *Breve historia del ensayo hispanoamericano.*

Méndez Plancarte, Gabriel, *Humanistas del siglo XVIII*, 2da. ed., México, Imprenta Universitaria, 1962.

El pensamiento argentino, Santiago, Ercilla, 1937. Prólogo y selección de Alberto Ghiraldo.

Picón-Salas, Mariano, *De la conquista a la independencia: tres siglos de historia de la cultura hispanoamericana*, 3ra. ed., México, Fondo de Cultura Económica, 1958, Caps. VIII y IX.

Unión Panamericana, *Antología del pensamiento social y político de América Latina*, Washington, D.C. Unión Panamericana, 1964. Introducción de Leopoldo Zea; selección y notas de Abelardo Villegas.

Vitier, Medardo, *El ensayo americano.*

Zum Felde, Alberto, *Índice crítico*, Tomo I, "El ensayo y la crítica".

5 EL ENSAYO SOCIOLÓGICO, CULTURAL Y DIDÁCTICO

FRANCISCO JAVIER EUGENIO DE SANTA CRUZ Y ESPEJO

Textos

Escritos del Doctor. . . . . Espejo, 3 vols., Municipalidad de Quito, 1912–1923.

El Nuevo Luciano de Quito (1779), Quito, Clásicos Ecuatorianos, 1943; prólogo de Isaac J. Barrera.

Primicias de la Cultura de Quito, Quito, Unión Nacional de Periodistas, 1944.

Escritos médicos, comentarios e iconografía, Quito, Imprenta de la Universidad, 1952.

ILUSTRACIÓN Y NEOCLASICISMO

"Discurso dirigido a la muy ilustre ciudad de Quito" . . . en: Arias, Augusto, *Panorama de la literatura ecuatoriana*, 2da. ed., Quito, Imprenta de la Universidad, 1948.
Selecciones en Anderson Imbert y Florit, 157–159.

Crítica

Anderson Imbert, *Historia*, I, 159-160.
Barrera, Isaac J., *Historia de la literatura ecuatoriana*, Vol. II, 63–87.
Diccionario. . . . . *Ecuador*, 20–24. Amplia bibliografía.
Varios: *Apoteosis de Espejo*, Quito, Ediciones del "Comité pro-bicentenario de Espejo", 1947. Ensayos de varios escritores sobre el autor.

6 El ensayo político y social

FRAY SERVANDO TERESA DE MIER

Textos

Memorias, Madrid, Editorial América, 1917 (Biblioteca "Ayacucho", dirigida por Rufino Blanco-Fombona).
El pensamiento del Padre Mier, México, Secretaría de Educación Pública, 1944. Con una nota biográfica de Vito Alessio Robles.
Fray Servando Teresa de Mier: Escritos y memorias, México, Univ. Nacional Autónoma, 1945.
Memorias de Fray Servando, Monterrey, México, 1946.
"Profecía del doctor Mier sobre la Federación Mexicana" en la *Antología* de la Unión Panamericana, ya citada.
"Viajes" en Anderson Imbert y Florit, 178–182.

Crítica

González Peña, *Historia*, 196–199.
Reyes, Alfonso, "Prólogo a Fray Servando" en *Obras completas*, 544–560.
Villegas, Abelardo, "Fray Servando Teresa de Mier", en la *Antología* citada, 237–238.
Zea, Leopoldo, en la "Introducción" a dicha *Antología*, 25–26.

BERNARDO DE MONTEAGUDO

Textos

Obras políticas, Buenos Aires, Roldán, 1916 (Biblioteca Argentina, 7), 75–88; editadas por Ricardo Rojas.
Escritos políticos, Buenos Aires, "La Cultura Argentina", 1916; editados por Mario A. Pelliza e introducción de Álvaro Melián Lafinur.
El pensamiento de Bernardo Monteagudo, Buenos Aires, Biblioteca del pensamiento argentino, 1944; editado por Gregorio Weinberg.

Crítica

Diccionario. . . . . *Argentina*, I, 144–146.
Echagüe, Juan Pablo, *Monteagudo, una vida meteórica*, Buenos Aires, 1942.
Fernández, Francisco F., *Monteagudo*, drama histórico en tres actos, Buenos Aires, Facultad de Filosofía y Letras, Univ. de Buenos Aires, 1926.
Moses, *Intellectual background*, Caps. V, VII, IX.

Rojas, *Historia*, V, 39–58.

Vedia y Mitre, Mariano de, *La vida de Monteagudo*, 3 vols., Buenos Aires, Kraft, 1950.

SIMÓN BOLÍVAR

Textos

"Carta de Jamaica", en Hespelt, *An Anthology*, 161–166.

Discursos y proclamas, París, Garnier, 1933; editados por Rufino Blanco-Fombona.

Bolívar, México, Secretaría de Educación Pública, 1943 (El pensamiento de América, 5); editado por Francisco Monterde.

Cartas del Libertador corregidas conforme a los originales, New York, Colonial Press, 1951; editadas por Vicente Lecuna.

Address to the Venezuelan Congress at Angostura, Cambridge, England, Cambridge Univ. Press, 1933 (Cambridge Plain Texts).

Obras completas, La Habana, Editorial Lex, 1950.

Selected Writings, New York, Colonial Press, 1951; editados por Vicente Lecuna.

Crítica

Belaúnde, Victor Andrés, *Bolívar and the Political Thought of the South American Revolution*, Baltimore, The John Hopkins Univ. Press, 1938.

Cova, J. A., *El Superhombre* (Biografía del Libertador), Caracas, Ed. La Torre, 1940.

Frank, Waldo D., *Birth of a World: Bolívar in Terms of his Peoples*, Londres, V. Gollancz, 1953.

Madariaga, Salvador de, *Bolívar*, New York, Pellegrini & Cudahy, 1952.

Masur, Gerhard, *Simón Bolívar*, Albuquerque, Univ. of New Mexico Press, 1948.

Picón-Salas, *Formación y proceso*, 71–76.

Rodó, José Enrique, "Bolívar" en *Hombres de América*, México, Ed. Novaro-México, 1957. También estudia a Rubén Darío y a Juan Montalvo.

10 La poesía neoclásica

La reacción seudoclásica en la poesía
Corrientes más importantes

Aunque con notable retraso respecto de Europa, la cultura de los países hispanoamericanos se incorpora al gusto del neoclasicismo, surgiendo en la segunda mitad del siglo XVIII un nuevo humanismo, cuya principal característica es la de representar una violenta reacción contra el culteranismo que se había enseñoreado durante los siglos XVII y primera mitad del XVIII. La lucha contra los alambicamientos del gongorismo y de la filosofía del barroco, ya iniciada tímidamente en la época del rococó, se reanima con fuerza hacia mediados del siglo XVIII, respondiendo a las causas siguientes:

a) La tremenda labor intelectual, de educación y divulgación mantenida por los jesuítas, que tendía a la restauración del equilibrio, armonía, claridad y balance del gusto clásico.

b) La influencia de los neoclásicos españoles, cuyas obras estaban basadas en el gusto francés, pues todavía eran muy firmes los lazos que nos ligaban a España.

c) Las reformas que en el orden político, económico, social y, sobre todo cultural, había iniciado Carlos III asistido de sus grandes ministros, todos seguidores del enciclopedismo. Si en el pensamiento y el ensayo la gran influencia es francesa con algo de los españoles, en el verso es casi totalmente peninsular, posiblemente por las semejanzas entre las condiciones sociales y políticas de la Metrópoli—que luchaba contra la intervención francesa—y las de las colonisa. Las influencias más constantes fueron: Meléndez Valdés, Quintana, Cienfuegos, Arriaza, Cadalso. En un segundo plano: Jovellanos y Gallego, así como los fabulistas Iriarte y Samaniego. También existe una fuerte influencia general de los clásicos, sobre todo de los latinos y de los grandes poetas del Siglo de Oro español: Fray Luis de León, Lope de Vega, Fernando de Herrera, Garcilaso de la Vega. También se nota el influjo de los grandes poetas franceses de la época.

Las características esenciales de la poesía de este período son las siguientes:

LA POESÍA NEOCLÁSICA

1. La poesía neoclásica representó una fuerte reacción contra el barroco y un ansia de incorporar la nuestra a las más recientes venas poéticas europeas. Al abandonarse los adornos y alambicamientos del barroco se cayó por lo general en el prosaísmo, ayudado también por el conjunto de reglas y preceptos a que estaba sometido el artista.

2. La poesía en general trata de seguir la elegancia académica propia de la época, así como su artificiosa retórica, producto del predominio de un preceptismo que se decía basado en los clásicos, olvidando que los autores clásicos nunca usaron preceptos.

3. Renacimiento de los estudios clásicos, porque la nueva tendencia postula una vuelta a los ideales de la cultura griega y latina, aunque esta última es la más sobresaliente.

4. Influencia del ambiente político y social. La poesía asume intención de exposición de la realidad americana en unos casos y revolucionaria y civil en otros. Notable papel de la tradición indígena, así como del paisaje y de los tipos americanos. Asomo de un nacionalismo naciente, expresado en el culto al concepto de "patria". Es evidente la dimensión panamericanista de esta poesía al cantar la naturaleza, al hombre, las tradiciones, los problemas y héroes hispanoamericanos. El seudoclasicismo tendió a lograr una hermandad abstracta de Iberoamérica.

5. Nuestra poesía, si bien sigue las orientaciones generales de la escuela seudoclásica, se impregna de la realidad americana con un sello de originalidad y autenticidad inconfundibles.

6. Comienza la descripción y admiración de la naturaleza americana.

7. Evidente presencia del sentimentalismo dieciochesco francés.

8. La fuerte y constante presencia de elementos románticos permite considerar la época neoclásica entre nosotros, realmente como un gran período pre-romántico.

9. Hay un predominio de la poesía patriótica sobre la puramente lírica, de manera que el verso en general tiene más valor histórico o sociológico que estético, salvo en los casos de Olmedo, Bello, Heredia y quizás Juan Cruz Varela.

10. Un balance de la escuela neoclásica demuestra que ella significó una apropiada reacción contra los excesos del barroco, que entre nosotros ya no daba más de sí abriendo el camino a nuevas formas poéticas.

Las corrientes más importantes de la poesía neoclásica son:

      a. La poesía latina
      b. La poesía neoclásica: lírica
                                     sátira
                                     fábula

La poesía latina

Es natural que en la época clásica existiera mucho interés por la poesía escrita en latín, cuyo cultivo no había sido nunca interrumpido, sobre todo por parte de miembros del clero. La edad clásica produjo tres notables poetas latinos, los padres jesuitas

DIEGO JOSÉ ABAD (1727-1779), mexicano de nacimiento; el padre FRANCISCO JAVIER ALEGRE (1729-1788), el más insigne latinista de México; y, sobre todo el padre guatemalteco RAFAEL LANDÍVAR (1731-1793), el más importante de los tres poetas latinos, cuya obra maestra tiene un acento hispanoamericano de que carecen los otros.

La poesía neoclásica
Sus modalidades esenciales por el tema
La vena lírica

A esta poesía escrita en la lengua clásica del Lacio siguió la escrita en castellano, y que se orienta por cuatro cauces distintos: la lírica, la sátira, la fábula y la dramática.

Desde el punto de vista de nuestro estudio la que más nos interesa es la poesía lírica escrita en castellano durante este período, porque es la que más ricos valores presenta. Hacia cuatro vertientes distintas se orienta esta poesía lírica: una *poesía subjetiva e intimista,* expresiva de los sentimientos comunes a todo verso de este tipo; una *poesía descriptiva* en que se canta a la naturaleza física, al paisaje, a la realidad exterior de América; una *vena patriótica, heroica, política o civil* que recoge las palpitaciones políticas y sociales de la revolución y de la independencia; y una cuarta orientación compuesta por *la poesía popular*, que viene a cantar lo folklórico, lo nativo, lo profunda y genuinamente del pueblo.

La vena subjetiva e intimista
Fray José Manuel Martínez de Navarrete

Ya hemos visto que el neoclasicismo se inicia en nuestra poesía con una rica producción en latín, principalmente cultivada por los padres jesuítas. Sigue entonces un breve instante de gran prosaísmo, desembocándose entonces en una poesía de tipo pastoril, suave, arcádica, bucólica, insulsa, en la que se imita a los españoles, quienes a su vez habían ido a la Edad Clásica de la península y a los neoclásicos franceses en busca de modelos. Más adelante surge la poesía expresiva de sentimientos subjetivos y líricos en general. A esta orientación pertenecen José Manuel Sartorio, José Manuel Martínez de Navarrete, José Fernández Madrid, José Antonio Miralla, José María Gruesso y otros.

La reacción clásica se orientó en México hacia el prosaísmo como modo de combatir los excesivos retorcimientos del barroco, cuyo máximo representante es Sartorio y el genuino neoclasicismo, representado principalmente por Navarrete. Entre ambas corrientes existió una poesía artificiosa y sensiblera, llena de falsos pastores y pastoras con profusión de Cloris y Arnadas y con todo el tinglado de este tipo de poesía pastoril y bucólica.

Quien verdaderamente recoge el cetro de la poesía mexicana que yacía abandonado desde la muerte de Sor Juana Inés de la Cruz, es Fray JOSÉ MANUEL MARTÍNEZ DE NAVARRETE (1768-1809), considerado por la crítica moderna como el más genuino poeta neoclásico de México y el único auténtico continuador de la monja inmortal. Él y Sor Juana constituyen las dos más altas figuras de la poesía colonial de ese país. El padre Navarrete fue el verdadero restaurador de la poesía lírica en México, después del prosaísmo constante de Sartorio. Nació en Zamora de Michoacán de familia hidalga, pero pobre. Hizo sus estudios en su ciudad natal y luego se trasladó a México. Abrazó la vida sacerdotal ingresando en el convento franciscano de San Pedro y San Pablo en Querétaro. Estudió latin, teología y filosofía. Fue profesor de Latinidad en el convento de su orden y luego predicador, cura y guardián del convento. Era hombre muy sencillo y modesto; amable y tímido; de grata y atrayente personalidad. Su vida carece de colorido e incidentes notables, siendo su obra poética lo más interesante alrededor de su existencia. Es el más genuino representante de aquella poesía bucólica y pastoril, tanto del gusto neoclásico, que los epígonos de esta escuela supieron resucitar y a tal punto llegó su calidad en ella que fue nombrado *Mayoral* de la Arcadia que se reunía en México, al considerarlo como el mejor poeta de México en esta época. Publicó sus primeras poesías en el *Diario de México* fundado en 1806 por don Carlos María Bustamante, que se constituyó en el órgano extraoficial y divulgador de la nueva escuela neoclásica.

Con el título de *Entretenimientos poéticos* se publicaron sus poesías en dos volúmenes en México en 1823. Es fácil advertir cuatro tipos de poemas en ellas: una poesía pastoril y arcádica; las anacreónticas o amatorias; las contemplativas de la naturaleza; y sus poemas morales, religiosos y elegíacos. Las primeras fueron casi todas escritas en la juventud del poeta y las otras, más ricas en fondo y hondura, en su madurez. En el primer estilo sus influencias más directas son Garcilaso, Lope de Vega, Gil Polo y su obra "La Diana enamorada" y Meléndez Valdéz, principalmente. A pesar de estar por encima de cualquier poeta de su época, no alcanza a darnos la visión de auténticos paisajes, ni las emociones y sensualidad lírica e idílica en la que fue maestro consumado el primero de los poetas mencionados. Ejemplo de lo que acabamos de decir se halla en la segunda égloga de "Las Flores de Clorila". Sin embargo, hay verdadero sentimiento de la naturaleza en su poema, también bucólico, "La mañana", que comienza:

>   Ya se asoma la cándida mañana
>   con su rostro apacible; el horizonte
>   se baña de una luz resplandeciente
>   que hace brillar la cara de los cielos . . .

Oid esta estrofa tan llena de ternura filial de la propia composición:

>   . . . . Mis hijitos,
>   después de recibirme con mil fiestas,
>   penderán de mi cuello: ciertamente
>   que vendré a ser entonces como el árbol
>   de que cuelgan racimos los más dulces.

Sus églogas llenas de Cloris, Celias, Anardas, Filis y otros nombres tan comunes en la producción pastoril, no valen gran cosa, salvo cuando se entresacan pasajes realmente antológicos.

Más evidente es la imitación de Meléndez Valdés en sus poesías amorosas. Su extensa colección de odas eróticas hace a veces dudar de la moral del franciscano. Todavía hoy existe la polémica alrededor de este escabroso punto. Para algunos su espíritu religioso es irreprensible, ya que cantaba siguiendo la moda retórica de la escuela neoclásica. Pero otra cosa que se desprende de los estudios de Manuel Toussaint para quien sus amores no fueron completamente imaginarios, pues su Clorila parece que fue la dama Josefa Camargo de Celia, y doña Dolores Viteli también le sirvió de inspiración. Sus versos amorosos son en general insípidos y aburridos, en los que se une lo trivial y la falta de auténtico sentimiento, como aparece en Meléndez Valdés, por ejemplo. Es esta vena lírica la menos perdurable en Navarrete, aunque por ella se le ha juzgado por lo general, con evidente injusticia.

Sus mejores y más preudurables poesías están en el grupo de sus composiciones morales, religiosas y elegíacas, donde sí es fácil encontrar obras de mucho mérito. Aquí cabría mencionar su "Poema eucarístico de la Divina Providencia", que sobresale por sus apropiados momentos descriptivos; "El alma privada de la gloria", que vale por su sana inspiración, aunque en realidad la ejecución no está a la altura de las ideas que desea expresar; "La noche triste" dedicada a cantar la muerte de su madre y en sus "Ratos Tristes':

>¡Dulces momentos, aunque ya pasados,
>A mi vida volved, como a esta selva
>Han de volver las cantadoras aves,
>Las vivas fuentes y las flores suaves
>Cuando el verano delicioso vuelva!

En esta poesía expresiva de los estados subjetivos e íntimos, tan rica en lirismo y en expresiones del alma, sigue la huella de Fray Luís de León y podemos colocarlo muy cerca del español Cienfuegos. El crítico argentino Juan María Gutiérrez, a quien a veces su hispanoamericanismo le nubla el buen juicio, afirmó que esta poesía "rivaliza con el autor de la "Noche serena" en elevación y candor", lo cual nos parece una exageración. Navarrete es un magnífico poeta para su tiempo y para su medio y tiene un puesto no muy lejos de Meléndez Valdés y de Fray Diego González y el más alto de México en su tiempo, pero no admite comparación con Fray Luís de León.

El poeta tiene a ratos gran limpidez musical; serenidad ante el paisaje y las emociones; mezcla a menudo gracia, elegancia, corrección, espontaneidad, riqueza de vocabulario; sentido de la armonía poética. Es un poeta natural que sabe tocar la cuerda sensible de su inspiración produciendo una poesía generalmente blanda, amorosa, apacible y de rico contenido filosófico; pero no es un poeta perfecto. Muchas de sus composiciones son en extremo extensas; en otras las ideas están por encima de lo que logra expresar; su inspiración es a ratos desigual. Con más imaginación y fuerza lírica, hubiera sido un gran poeta.

Así y todo su poesía cubrió un hito de gran importancia en la poesía mexicana, porque la sacó del prosaísmo a donde la habían llevado Sartorio y otros poetas menores, orientándola hacia el campo del buen gusto y del lirismo genuino. En la poesía elegíaca, contemplativa de la naturaleza, filosófica y aquélla en que llora su juventud ya ida, enriqueciéndola con expresiones de alto vuelo filosófico, siguió muy de cerca la escuela de Fray Luis de León y nos dejó una poesía que, aunque no exenta de los defectos de la extensión y de la languidez, es de lo más perdurable de su producción general y del seudoclasicismo de ese tiempo.

La poesía herioca, patriótica, política o civil
Características
Principales cultivadores

Los acontecimientos políticos que se precipitaban con rapidez pasmosa hicieron que los suaves y melífluos acentos líricos que hemos visto se vieran sustituídos por una avalancha de poemas de gran aliento épico, capaces de cantar en versos llenos de sonoridad y de aparato retórico la epopeya de la independencia, sus héroes, hazañas, batallas y acontecimientos más importantes. Este entusiasmo febril dio nacimiento a una poesía civil vigorosa y sonante, que se prolongó a los primeros años de la vida independiente de estos países, para cantar entonces las heroicidades en la lucha contra los nuevos tiranos que iban emergiendo en las sombras de la anarquía. Esta vena heroica y patriótica tiene su origen en la profusión de cantos, himnos y versos llenos de fervor y entusiasmo dedicados a alabar las heroicidades de los criollos en la resistencia y rechazo de las dos invasiones inglesas a Buenos Aires en 1806 y 1807. Esta poesía civil o patriótica encuentra su fuente de inspiración en el movimiento, sicología y aspiraciones del alma colectiva. La poesía heroica no es distinta del neoclasicismo sino una dimensión circunstancial del mismo, impregnado de elementos románticos por la índole del tema. La fraseología, la forma, las alusiones, las imágenes son en general de corte neoclásico con vislumbres románticos.

En esta poesía está presente un gran entusiasmo por la causa de la libertad, la justicia, la independencia. Capta el verdadero frenesí de los ideales liberales y de la lucha por conquistar tales valores. Se destaca por su deslumbrante entonación heroica y profundo fervor cívico. Sobresale por su grandilocuencia, versos sonoros, vibrantes, con metáforas llenas de color, sonido y fuerza. Las imágenes son a veces como relámpagos. El gesto declamatorio es el tono dominante de esta poesía apasionada y retórica. Esta poesía contribuyó en grado sumo, primero a la formación de una conciencia revolucionaria y militante y luego a la política de nuestros pueblos. Esta poesía política y guerrera es una de las producciones más interesantes y genuinamente hispanoamericanas que produjo el neoclasicismo. Las reminiscencias clásicas son directas y entrecruzadas con la imitación de los pre-románticos españoles. Las

LA POESÍA NEOCLÁSICA

influencias más evidentes son la realidad concreta de estos países y el guión ideológico creado por la Ilustración; el sentimentalismo, filantropismo y humanitarismo dieciochesco francés. Los grandes modelos a seguir fueron Manuel José Quintana, verdadero oráculo poético de los bardos de la independencia, así como Juan Nicasio Gallego, Alvarez Cienfuegos y Fernando de Herrera. También influyen los clásicos latinos y griegos y Víctor Hugo.

Los poetas más importantes de esta corriente pasan de una docena, pero realmente merecen sobrevivir en fama literaria el ecuatoriano José Joaquín Olmedo seguido del cubano José María Heredia y el argentino Juan Cruz Varela.

José Joaquín de Olmedo, el cantor de la Independencia americana

Ninguno de los poetas civiles—salvo Heredia y eso en otro tipo de poesía—resiste ser comparado con el ecuatoriano JOSÉ JOAQUÍN DE OLMEDO (1780-1847), que es nuestro más sobresaliente poeta civil de la era neoclásica. Se le llama "el vate del Guayas", porque nació en la ciudad de Guayaquil, bañada por ese caudaloso río Su madre era criolla y su padre de Málaga, España. Cursó sus primeras letras en Quito y sus estudios superiores de derecho y filosofía en el Colegio de San Carlos y en la famosa Universidad de San Marcos de Lima, donde obtuvo el doctorado en 1805 y una amplia cultura enteramente clásica. Tenía una honda cultura literaria tanto clásica como europea y española. Por su lectura de los enciclopedistas tuvo cierta vez problemas con la Inquisición. A pesar de su carácter retraído, tímido y apacible, participó activamente en la vida pública, desde su juventud. Su personalidad es en cierto sentido reflejo de la sociedad ordenada y jerarquizada en que vivió. Comenzó con gran entusiasmo español y monárquico y aún cuando más tarde se hizo republicano, siguió conservando ideas políticas unipersonalistas. Su carácter, su cultura y, sobre todo los acontecimientos revolucionarios tuvieron una influencia decisiva en su inspiración y en su obra. Era de naturaleza apacible, pero decidido y de gran voluntad.

En 1810 fue nombrado Diputado a las Cortes liberales de Cádiz, permaneciendo en España hasta el regreso de Fernando VII en 1814. Allí pronunció un discurso contra la mita y estampó su firma en la Constitución de 1812, junto a Quintana, Gallego y otros liberales españoles. Aprovechó su tiempo en España para ponerse en contacto con los mejores poetas y escritores de su tiempo y en algunas lecturas. En 1820 Guayaquil se proclamó ciudad independiente y Olmedo pasó a formar parte de su Junta de Gobierno. Después de la Batalla de Ayacucho, que consolidó la Independencia americana, Bolívar lo nombró Ministro Plenipotenciario en Londres, donde estrechó gran amistad con Andrés Bello (1781-1865), otro de los más ilustres sudamericanos de este tiempo. En Europa estuvo hasta 1828 y fue allí donde publicó en esmerado cuaderno, su famoso Canto, en constante consulta con Bolívar sobre el formato y demás aspectos de la publicación. Al regresar a su patria resultó electo Vice-Presidente de la República con el General Flores de Presidente. Por desavenencias con éste, cuyas hazañas había cantado en otra de sus famosas odas, se le nombró jefe del Gobierno Provisional que sustituyó a aquél, despues del triunfo de la revolución que se inició en Guayaquil. Más tarde se le postuló para la Presidencia de la República, pero fue derrotado por don Vicente Ramón Roca. Murió en la ciudad donde había visto la primera luz, el 10 de febrero de 1847. Olmedo no fue un escritor fecundo, pero sus obras pueden dividirse en tres grupos: sus poesías líricas subjetivas y heroicas; las traducciones y los trabajos en prosa. Como poeta dejó unas noventa composiciones, de las cuales no llegan a seis las realmente antológicas. En su juventud escribió: "Mi retrato" (1803), versos ligeros y hermosos de un romance a veces chistoso; "El árbol" (1808) donde es evidente la influencia de Meléndez Valdés, con ciertos arrestos altisonantes a lo Quintana; "Elegía en la muerte de la princesa doña María Antonia de Borbón" (1807), de tono cortesano y que transparenta sus ideas políticas monásticas en este tiempo. A su edad madura corresponden: cuatro poemas magistrales: la "Silva a un amigo en el nacimiento de su primogénito" (1817), lleno de gravedad y sincera melancolía que recuerda el estilo de Leopardi, aunque encaja en la escuela de Cienfuegos. Al final de su vida escribió un soneto "En la muerte de mi hermana" (1837), que aunque es muy citado tiene algunos ripios y versos forzados, pero un soberbio apóstrofe. Toda su gloria, sin embargo, descansa en los dos cantos líricos-heroicos: *La victoria de Junín; canto a Bolívar* (1824) y el que escribió diez años después, *Al General Flores, vencedor en Miñarica* (1835). Asimismo son notables la traducción de las tres primeras epístolas del *Ensayo sobre el hombre* (An Essay on Man) del gran poeta inglés Pope (1823), que transparenta la influencia del liberalismo, sobriedad y sentido humano de la poesía inglesa y que puede colocarse entre la mejor poesía filosófica escrita en español. También dejó *La nave*, de Horacio; y la "Canción indiana" del *Atala* de Chateaubriand. Finalmente tenemos sus trabajos en prosa que incluyen: mensajes, discursos, biografías, artículos sobre distintos asuntos y crítica literaria.

La obra que le ganó fama inmortal a Olmedo fue su *Victoria de Junín; canto a Bolívar* (1824), que lo situó entre las grandes figuras del parnaso americano y junto a Quintana y Cienfuegos en la lírica heroica en lengua española. La obra fue escrita primeramente en prosa y luego iban brotando los versos. Al principio el poeta quiso cantar la hazaña constuída por la victoria de Junín. Pero luego se produce la gran batalla de Ayacucho, que es la que realmente liquida el poderío español y Olmedo se ve precisado a variar sus planes para cantar también este asunto. De pronto se encontró con el dilema de que rompía las unidades de acción y de lugar si incluía esta última, dogma sagrado para el neoclasicismo. Pero al mismo tiempo, ¿era posible dejar fuera la segunda batalla, que tiene mucha más importancia? Además había otro problema: el héroe central del poema era Bolívar, pero el Libertador no estuvo presente en Ayacucho, siendo dirigida esta Batalla por el General Sucre, uno de los lugartenientes de aquél. Olmedo resolvió el problema, siguiendo una tendencia de la epopeya antigua de hacer aparecer una figura veneranda, en este caso el Inca Huayna-Capac, emperador anterior a la llegada de los españoles y padre de Huáscar

LA POESÍA NEOCLÁSICA

y Atahualpa. De esta manera hay tres partes distintas en el poema: la primera canta la batalla y consiguiente victoria de Junín; la segunda es la aparición del Inca y su largo discurso lleno de las ideas filosóficas del siglo XVIII, quien profetiza el futuro narrando el triunfo final en Ayacucho; y la tercera es una narración de esa famosa batalla. El poema termina con las vestales y el himno de las vírgenes del sol rodeando al Inca y la entrada triunfal de Bolívar en Lima. Los últimos versos expresan un deseo de paz y de retorno a la naturaleza americana, expresión de neto corte neoclásico.

Olmedo escribió el poema a petición de Bolívar, pero sin ningún deseo de elogio personal. El poeta estuvo en constante contacto con el héroe a través de todo el largo y trabajoso proceso de construcción, pues la composición fue elaborada lentamente en más de cinco meses de producción y corrección. La mejor crítica de la famosa Oda se debe al propio Bolívar, que se conserva en una carta suya a Olmedo. En ella Bolívar se muestra como hombre de amplias lecturas, de gusto exquisito y fina intuición estética. Entre otras muchas cosas, le dice al poeta: "Usted debió haber borrado muchos versos que yo encuentro prosaicos y vulgares; o yo no tengo oído musical.... Confieso a usted humildemente que la versificación de su poema me parece sublime; un genio le arrebató a usted a los cielos. Usted conserva en la mayor parte del canto un claro vivificante y continuo: algunas de las inspiraciones son originales; los pensamientos nobles y hermosos".... Y continúa el Libertador: "Usted dispara donde no se ha disparado un solo tiro; usted abrasa la tierra con las ascuas del eje y de las ruedas de un carro de Aquiles que no rodó jamás en Junín; usted se hace dueño de todos los personajes: de mi forma un Júpiter, de Sucre un Marte, de Lamar un Agamenón y un Menelao, de Córdova un Aquiles, de Necochea un Patroclo y un Ayax. De Miller un Diomedes y de Lara un Ulises.... Usted nos hace a su modo poético y fantástico y para continuar en el país de la poesía y la ficción de la fábula, usted nos eleva con su deidad mentirosa como el Águila de Júpiter levantó a los cielos a la tortuga para dejarla caer sobre una roca que le rompiese sus miembros rastreros. Usted, pues, nos ha sublimado tanto, que nos ha precipitado en el abismo de la nada, cubriendo con una inmensidad de luces el pálido resplandor de nuestras opacas virtudes. Si yo no fuese tan bueno y usted tan poeta, me avanzaría a creer que usted había querido hacer una parodia de la "Iliada" con los héroes de nuestra pobre farsa". A pesar de estas reiteraciones de modestia, Bolívar le dio su visto bueno al poema y estuvo siempre muy complacido con él.

Lo que más fuertemente ha sido criticado en el largo poema ha sido el recurso de la aparición del Inca, incluyendo a Menéndez y Pelayo. Sin embargo Andrés Bello la defiende. Bolívar califica al Inca de "hablador y embrollón" y estima que se coge el poema. En nuestra opinión, el recurso de la aparición no merece tanta crítica, como el discurso que es cierto que es demasiado extenso, opacando a veces la propia figura del Libertador. El poema adolece de otros defectos como son: a veces es rimbombante (el adjetivo es del propio Bolívar), así como muchos versos vulgares, declamatorios; lugares comunes y algunos adjetivos gastados del neoclasicismo; otras veces es bastante desigual.

Sin embargo, a Olmedo se le ha llamado "el Píndaro de Hispanoamérica" por su alta entonación y sostenida inspiración poética y por la sublimidad que alcanza a ratos; así como el "Quintana americano", por la vehemencia y tono grandilocuente, lo cual no deja de ser un gran elogio. El poema no está exento del énfasis y espíritu declamatorio de las odas de ese género, pero su vibrante y sonora ejecución, su riqueza de léxico, sus descripciones de la naturaleza, de batallas y héroes y la filosofía que fluye de las silvas son realmente admirables. Algo en que Olmedo era un maestro es en la pintura de la naturaleza, pues tenía un gran sentimiento del paisaje americano, que le da profundo "sabor local" a la composición. El fondo de su famoso poema son los Andes, las selvas y el suelo de América.

La composición presenta casi todas las características de la poesía neoclásica, aunque no deja de tener elementos románticos, tan presentes en todo el neoclasicismo hispanoamericano. Hay constante combinación de elementos líricos, épicos y narrativos. Abundan las alusiones clásicas, las referencias mitológicas greco-romanas, a veces a través de simples reminiscencias y también indígenas y nativas. Como en la poesía clásica, usa con más frecuencia los símiles que las metáforas, aunque ambas figuras de elegencia son magníficas. El poeta más imitado es Horacio. Se percibe la fuerza de la Oda 5a., Libro III en el comienzo:

> El trueno horrendo que en fragor revienta,
> y sordo retumbando se dilata
> por la inflamada esfera,
> al Dios anuncia que en el cielo impera. . . .

Tampoco faltan reminiscencias de Virgilio, Lucrecio y otros poetas latinos. A veces se percibe el aliento de Homero y Tirteo; otras el de Hugo. Entre los españoles, Gallego, Martínez de la Rosa y, sobre todo José Manuel Quintana. Ningún poema ha exaltado la gloria de Bolívar y sus seguidores y la epopeya de la Independencia americana con más quilates que Olmedo. Supo traducir la épica y heroica jornada por nuestra libertad en versos sonoros, y de gran aliento lírico y épico, sin olvidar acompañarlos de altos sones por la libertad y la democracia.

Si en *La Victoria de Junín; canto a Bolívar*, Olmedo rinde tributo a la Independencia, en su celebrada oda *Al General Flores, Vencedor en Miñarica*, elogia a uno de los héroes de tantos episodios de las luchas internas que tan a menudo se suceden en la América Hispana, cosa que ha sido fuertemente criticada. No obstante, este canto es superior en perfecciones formales al primero. Olmedo era más dueño de su estilo y produjo su mejor creación en cuanto al plan y la forma, a pesar de que el asunto no tenía la grandeza del primer poema. Parece que su experiencia previa le valió de mucho. La composición luce desproporcionada al asunto que canta, pero desde un punto de vista estético está mejor lograda que el anterior. El tema es inferior; pero la calidad poética muy superior. La obra poética dejada por Olmedo, aunque no muy abundante en títulos, lo sitúa como el mejor poeta civil de nuestro parnaso, formando el grupo de los "tres grandes" poetas americanos del neoclasicismo, junto a Gallego y Quintana en las literaturas hispánicas y entre los más notables poetas líricos de la América Hispana de todos los tiempos.

Juan Cruz Varela, poeta del progresismo de los nuevos tiempos

Muy próximo a Olmedo, Bello y Heredia está JUAN CRUZ VARELA (1794-1839), considerado como el mejor poeta del neoclasicismo de la Argentina. Nació en Buenos Aires y murió en Montevideo durante el largo destierro contra la tiranía de Rosas. Hizo estudios en el famoso Colegio de San Carlos, matriculándose más tarde en la Universidad de Córdova, a cuya ciudad fue a residir. También cursó estudios en el Seminario Conciliar y en el Colegio de Monserrat. Llegó a doctorarse en teología, dejando incompletos sus estudios de jurisprudencia. Cruz Varela se hizo de una profunda cultura clásica y en él es evidente que fue más intelectual que verdadero poeta. A fines de 1818 volvió a Buenos Aires participando activamente en la vida pública en el aspecto cultural y político. Fue amigo entrañable y colaborador de Bernardino de Rivadavia y defensor de su política liberal y reformista basada en los ideales del Iluminismo, llevada a cabo primero como Ministro de gobierno de la Provincia de Buenos Aires (1821-1824) y luego como Presidente de la República (1826-1827). Ocupó cargos en dichos gobiernos así como el de Secretario del Congreso General Constituyente de 1826. Defendió denodadamente las reformas de Rivadavia hasta su muerte. A la caída de éste sufrió prisiones y persecuciones y en 1829 tomó asilo en Montevideo con su esposa y sus dos hijitas, huyendo del terror desatado por el tirano Juan Manuel Rosas (1828-1852). Diez años vivió en el exilio en Montevideo, lleno de penurias y privaciones como es casi siempre la vida de todos los desterrados políticos.

Cruz Varela es un poeta clásico de inspiración amplia, pudiéndose dividir sus obras en los siguientes períodos. Las primeras son las obras de su juventud, que compuso mientras estaba en el colegio. Son poesías generalmente de tema erótico o en que expresa otros sentimientos juveniles. Aquí debe incluirse el poema erótico-mitológico "La Elvira" (1817) en octavas reales y con estrecho parecido con "La Silvia" del poeta español Juan Bautista Arriaza. Hay lozanía y frescura en estos primeros ensayos. También en la vena amorosa están: "Mi inclinación primera", "Mi pasión", "El enojo", "El jardín de Delia", "A Delia después de la Ausencia", "La reconciliación", "A Delia" y "A Laura". A ratos tiene aciertos en estas anacreónticas. En su oda "Al bello sexo argentino" vuelve a imitar a Arriaza y es de corte galante. En otras composiciones canta a la amistad como en "A un amigo, en su larga enfermedad" (1818), "A un amigo, en la muerte de su padre" (1820). En todas estas poesías es evidente la influencia de sus lecturas clásicas y específicamente de Cadalso, Arriaza, Meléndez Valdés y, sobre todo la melancolía y sentimientos de Cienfuegos, como se comprueba en la "Elegía" que dedicó en 1820 a la muerte de su padre. A esta primera época pertenecen también algunos versos latinos y una traducción de la elegía tercera del Libro I de los *Tristes* de Ovidio. Más tarde tradujo, con poca suerte, algunas odas de Horacio.

El segundo instante de su vida literaria está constituído por sus incursiones en el teatro, cuya labor será analizada en el lugar correspondiente. Pero Cruz Varela fue básicamente un poeta lírico, de aquí que sigan en orden sus *Odas patrióticas* inspiradas y dedicadas a ensalzar hechos históricos contemporáneos y cuya primer característica es los títulos kilométricos que solía emplear. Fue la primera la oda titulada "A los valientes defensores de la libertad en la llanura de Maipo" (1818), en la que elogia el triunfo de las armas insurrectas al mando de los Generales San Martín y Balcárcel; "A la muerte del General Manuel Belgrano", "A la libertad de Lima por las armas de la patria". Ninguna de ellas es obra maestra y valen más trozos aislados en los que hay indudablemente buena poesía, legítima inspiración y noble elevación. Gracias a sus estudios de Cienfuegos y del italiano Monti, llegó a poseer notable maestría en este tipo de composición, no exentas de los lugares comunes y los artificios retóricos de la escuela seudoclásica.

Un cuarto instante corresponde a sus *poesías políticas y sociales* que dedicó a comentar poéticamente las trascendentales reformas políticas, culturales y sociales de Bernardino de Rivadavia. No hubo iniciativa reformista del famoso estadista que no encontrara eco en la pluma de periodista de Cruz Varela, y, sobretodo en su numen de poeta. Aquí encontramos gran abundancia de odas: "Sobre la invención y libertad de la imprenta", en la que sigue muy de cerca a José Manuel Quintana; "A la erección de la Universidad"; "Al establecimiento de la Sociedad Filarmónica" y "La profecía de la grandeza de Buenos Aires", en elogio de los trabajos hidráulicos dispuestos por el Gobierno y que mereció el más cálido elogio de su mejor crítico. José María Gutiérrez. En la primera de las odas mencionadas hay estrofas, ideas y movimientos poéticos dignos de Quintana, aunque en general posee los lugares comunes y los comentarios filosóficos del humanitarismo del siglo XVIII. En general imita más a Cienfuegos que a Quintana.

Sin embargo, la imitación del último en lugar de la de Cienfuegos lo acompañó en *la etapa postreta del destierro en Montevideo*, donde escribió una de sus más celebradas composiciones: "Campaña del ejército republicano al Brasil y triunfo de Ituzaingó: canto lírico", conocida también como *Triunfo de Ituzaingó*, dedicada a cantar la honrosa victoria en 1827 de los ejércitos coaligados de argentinos y uruguayos contra doce mil brasileños reforzadas por una compañía de infantería alemana. Con este poema quiso emular el *Canto a Junín* de Olmedo. Bello dedicó elogios al poema en su *Repertorio Americano* y le hizo algunos reparos que luego Cruz Varela recogió en la corrección de la versión definitiva. Bello alabó la perfección de los diez versos de la introducción en la que canta el porvenir de su héroe y de su patria. Aunque el poema tiene momentos muy felices, adolece de los defectos comunes a este tipo de composición: la reiteración de hipérboles, el énfasis bombástico, la hinchazón y la desigualdad y cierto detallismo en el recuento de los aspectos de la lucha. La entonación majestuosa y la ejecución valiente y decidida, la limpidez y corrección de la locución en muchas de sus estrofas, han hecho que se le considere como uno de sus mejores poemas y entre los de más valor en la lírica argentina. Cuando la dictadura de Rosas descargaba todo su peso sobre los argentinos, esto dio motivo a Cruz Varela para escribir su bien llamado "canto del cisne", que constituye su composición más lograda y que la crítica considera como la mejor de su repertorio: "El veinticinco de mayo de 1838 en Buenos Aires", que constituye una vehemente inventiva contra el tirano Rosas. Es la última y la más bella de sus composiciones líricas. En ella imitó las palabras y, sobre todo el movimiento poético del *Adelchi* de Manzoni.

Sin lugar a dudas, Cruz Varela fue el poeta más inspirado de la literatura argentina en este período y en el cuadro general del neoclasicismo hispanoamericano, su figura ha de colocarse bien próxima a los llamados "tres grandes", aunque a poca distancia de ellos. Antes de él habían existido versos en Argentina; pero es él, el primer verdadero poeta aparecido en la Región del Plata.

La poesía descriptiva: su importancia
Manuel de Zequiera y Arango

Siguiendo un cauce clásico, a más de que el enciclopedismo postulaba el descubrimiento del "libro abierto" de la naturaleza, algunos poeta se dieron a la observación directa de la geografía y la naturaleza en general de Hispanoamérica, a fin de trasladar su maravillosa presencia al lenguaje poético. Antecedentes de esta tendencia hacia lo nativo fueron el *Atala* de Chateaubriand y el *Viaje a las regiones equinocciales del Nuevo Continente* de Alejandro Humboldt, donde se hallan los "Paisajes de las cordilleras". Asimismo es interesante recordar el interés de los clásicos griegos y latinos en la naturaleza. Es natural que el neoclasicismo que había buscado nuestra independencia política, tanto como la intelectual y artística, sintiera especial encanto en volver los ojos a la majestuosa naturaleza de estos países. Esta poesía tiene un panamericanismo evidente, capaz de borrarle cualquier matiz regionalista. Es posible que sea la vena más original de toda la poesía neoclásica, esta directa comunicación con el paisaje como fuente de goce estético a través de la ejecución poética. Se caracteriza también esta poesía por el amor, la admiración, asombro y simpatía ante la naturaleza física en todos sus aspectos y contrastes. Aparecen el sentido del color, del movimiento, de los frutos de la naturaleza apresados en una vena pictórica inigualable. No es una fría observación, sino que ella suscita en el alma del poeta sincero sentimiento de nostalgia, melancolía y soledad. Esta observación está acompañada casi siempre de reflexiones filosóficas y de gran sentido humano, grave y profundo, así como de una firme orientación didáctica. El encuentro con la naturaleza como tema de la poesía es producto de la idea del panamericanismo literario, ya que se consideró que éste debía comenzar por su conocimiento y destacar lo propio, lo nativo como fundamento de la originalidad y autonomía de nuestro arte. Hay una verdadera conjunción de lo objetivo (expresada en la acción de observar y contemplar) y lo subjetivo (presencia de las emociones del espíritu del autor ante la naturaleza).

LA POESÍA NEOCLÁSICA

De dos maneras se hace esta descripción: la analítica, que se recrea en la reproducción minuciosa de los detalles; y la sintética, en que la naturaleza está vista en trazos generales. Entre los iniciadores de esta corriente de la poesía lírica están los *precursores:* el argentino Manuel José de Lavardén (1754–1809), autor de la famosa oda "Al Paraná" (1801); y los cubanos Manuel de Zequeira y Arango y Manuel Justo de Rubalcava (1769–1805) y los *grandes maestros:* Andrés Bello y José María Heredia.

El poeta cubano más notable hasta José María Heredia es MANUEL DE ZEQUEIRA Y ARANGO (1746–1846), habanero por nacimiento que cursó estudios en el Seminario de San Carlos donde se hizo de una notable cultura clásica. Siendo miembro del ejército español viajó y tomó parte en una campaña en Santo Domingo en 1793. En 1810 ya con el grado de Teniente Coronel e Inspector de tropas fue a la América del Sur y peleó contra los ejércitos de Bolívar. Cuando estaba en el pináculo de su prestigio y bienestar como militar, se acentuó en él una enfermedad mental y se quedó completamente loco en Matanzas hacia 1821. Le dio por creerse descendiente de la dinastía borbónica y que al ponerse el sombrero se hacía invisible. De aquí el dicho "Acaso tenga el sombrero de Zequiera", para indicar que alquien pasaba inadvertido.

Cultivó Zequiera diversos géneros literarios, entre ellos: los artículos de costumbres, epigramas, églogas a la manera horaciana, letrillas y el poema épico. En este último género merece mencionarse su canto a la *Batalla de Cortés en la Laguna de México*, que consta de más de setecientos versos, y en la que algunos aciertos descriptivos se ven empañados por la entonación grandilocuente y el excesivo retoricismo y artficiosidad propios de la escuela neoclásica, a más de muchas incorrecciones. A este género pertenecen también los poemas al "Dos de Mayo" y "Primer Sitio de Zaragoza".

Su poesía más famosa y correcta con matices descriptivos de la naturaleza americana es su poema "A la piña", romance de pie quebrado escrito en cuartetos de tres endecasílabos. En ella es evidente la influencia del poeta español Esteban Manuel de Villegas (1595–1669), así como de sus lecturas clásicas. La composición tiene instantes en que merece el calificativo de horaciana aunque no está exenta de expresiones que la afean notablemente como: "la odorífera planta fumigable", para referirse al tabaco "el dulce zumo del sorbete indiano", "obelisco rural" y otras pocas. Apesar de esos rasgos que desdicen del buen gusto, la composición se destaca por su pureza bastante clásica y su sobriedad y, sobre todo por ser antecedente de nuestra rica poesía descriptiva de la naturaleza. Su segunda obra maestra es el soneto "La Ilusión", perfecto, salvo por el uso de los adjetivos "rubicundo" y "furibundo" de pésimo efecto al oído. En el primero de los poemas mencionados Zequiera describe a la piña desde que nace hasta que es coronada en el Olimpo como pompa de la patria del poeta. Canta al trópico y tiene verdadera emoción americana al describir nuestras bellezas y una de las frutas más preciadas. La profundidad filosófica del segundo es magnífica. Estos poetas cubanos realizaron en Cuba labor parecida en favor de la restauración de la pureza clásica, a la orientada por el padre Navarrete en México, aunque hay en los cubanos una mayor orientación hacia la oda heroica y la poesía grandilocuente, mientras que en el mexicano priva la poesía filosófica, meditativa y moral.

LA POESÍA NEOCLÁSICA

Andrés Bello: el erudito, el poeta, el lingüista y el humanista

Cupo a Venezuela la gloria de haber sido la cuna de los dos hombres más sobresalientes del siglo XIX en el campo de las letras y de las armas: Andrés Bello y Simón Bolívar. Otras figuras alcanzaron mayor fama literaria que Bello; pero pocos lo han igualado en lo venerable de su figura, como educador de Chile y de todo el Continente. Por su labor como sicólogo, filósofo, jurista, crítico literario, gramático, pedagogo, publicista, poeta y su ingente labor de animador de cultura, bien se le puede llamar "el patriarca de las letras hispanoamericanas", sin que le quede ancho tal calificativo. Nació ANDRÉS BELLO (1781–1865) en Caracas el 29 de noviembre de 1781. Su amor por la cultura surgió en su niñez, puesto que ahorraba centavos para comprar las obras de Calderón, quien junto a Cervantes eran sus autores españoles favoritos. En el Convento de la Merced, en el Seminario de Santa Rosa y en la Universidad de Caracas, hizo sus estudios de filosofía y latinidad. Su formación fue enteramente clásica. Pronto comenzó a destacarse por su cultura y por su gran curiosidad intelectual. Fue también maestro privado de Simón Bolívar, quien siempre lo tuvo en muy alta estima. Aunque se ha dicho que al principio no fue muy partidario de la insurrección contra España, en 1810 se le comisionó por la Junta de Caracas para que junto con López Méndez y el propio Simón Bolívar se trasladara a Londres a recabar ayuda para la Revolución. En Londres permaneció desde esa fecha hasta 1829. En estos veinte años completó su formación intelectual en el esplendor de la cultura europea, aprovechándose de museos, colecciones y bibliotecas para sus estudios sobre la Edad Media, filología, literatura y derecho; dio clases de español para ganarse la vida y sirvió de Secretario de la Legación de Colombia. Junto con otros hispanos exilados fundó el *Censor Americano* en 1820, *La Biblioteca Americana o Miscelánea de Literatura, Artes y Ciencias* (1823) y más tarde el *Repertorio Americano* (1825-27), pregonero de la pujante aunque incipiente cultura de la América de lengua española. Fue ésta una revista de inolvidable recuerdo para las letras americanas en las cuales hacía comentarios literarios y gramaticales y publicó sus primeras obras. Cuando llevaba unos veinte años en Inglaterra recibió dos honrosas invitaciones: una de Simón Bolívar para que viniera a trabajar a Colombia y la otra del Presidente Portales de Chile, quien le nombró Oficial Mayor del Ministerio de Relaciones Exteriores. En 1829 aceptó la invitación de Chile a cuya República se trasladó para llegar a ser la principal figura literaria.

Inició los estudios gramaticales en Chile y en la América Hispana, porque siempre pensó que la base de la creación literaria son las buenas formas del lenguaje. Realizó labor de civilizador, de orientador de la juventud y de la cultura total de un país que no era el suyo, obra que no tiene repetición en los anales de nuestra historia cultural. Resultó así el Mentor de todo un Continente, a más de animador de cultura y de humanista en el cabal sentido de la palabra. Dio clases de gramática, tanto en su casa como en instituciones y escribió su famoso Tratado, que es el mejor que existe sobre la lengua de Cervantes. Fundó la Universidad de Chile de la que se le nombró primer Rector. Memorable es su discurso de investidura en 1847, en el cual se encuentran muchas de sus ideas de orientador y literato. Redactó el Código Civil chileno, que es modelo por lo impecable y la justeza de sus preceptos. También se distinguió como internacionalista.

Aunque hombre de extensa cultura y familiarizado con las grandes corrientes del pensamiento de la ilustración y del romanticismo, nunca mostró frenético entusiasmo por ellas. Defendía la pureza y unidad del idioma, pero con las puertas bien abiertas a las innovaciones necesarias y bien cerradas al desenfreno gramatical, ya comenzado y que hubiera terminado por arruinar el español hispanoamericano. Es famosa su polémica a este respecto con Sarmiento y otros argentinos exiliados, a la cual nos referimos en otra parte de este trabajo.[1] En 1872 se publicó por primera vez una edición oficial de sus obras que consta de quince volúmenes. Aquí se hallan sus obras capitales. Aunque de espíritu renovador, estuvo en favor del mantenimiento de la tradición española como base de nuestra cultura.

Bello es representativo del intelectual hispanoamericano por lo enciclopédico de sus conocimientos. Por esta razón murió venerado por todo un Continente. Todavía hoy es una autoridad en ramas tan disímiles del conocimiento humano como la gramática, el Derecho internacional, estudios de crítica literaria, Derecho civil; estudios medievales. En ese conjunto prodigioso, lo que menos interesa quizás es su labor poética y, sin embargo, también veremos que alcanzó extraordinaria altura, al punto de estar entre los grandes poetas del hemisferio.

Al analizar su extensa obra, podemos dividirla siguiendo la ya clásica división tripartita de Miguel Antonio Caro,[2] uno de sus críticos más competentes. A la primera etapa se le llama la Etapa de Caracas y cubre desde su nacimiento hasta 1810. Es un período de iniciación, de tanteos y balbuceos literarios, en la que muestra dotes críticas y sigue los modelos latinos. En poco tiempo se hizo de una reputación como hombre estudioso y capaz. A estos ensayos juveniles pertenecen: *Al Anauco* (1800), su primera composición en heptasílabos asonantados; *Venezuela consolada* (1804); *Canto a la Vacuna* que recuerda la de Quintana al menos por el título; *A la noche*, imitación de Horacio y Lope de Vega; *Egloga,* adaptada de Virgilio; *A un samán; Mis deseos; A una artista* y el soneto "A la victoria de Bailén" (1890), que siempre tuvo en muy alta estima y con el que se despide de Venezuela.

La etapa de Londres (1810–1829) fue decisiva porque en ella completó su cultura en un medio europeo y maduró el poeta y el humanista que había en él. La sobriedad de su estilo y el idealismo práctico de su obra de civilizador deben mucho, sin discusión alguna, al genio inglés. Pero además, es época de fecunda labor periodística desplegada en la fundación y edición de revistas con las inquietudes de América y las profundas investigaciones sobre Filología y la Edad Media. En su revista *Repertorio Americano* (1825) publica notables trabajos filológicos y de crítica literaria, así como

---

[1] Ver "La polémica de 1842", en el Cap. 12 de esta obra.
[2] Miguel Antonio Caro, en el prólogo a las *Poesías de Bello*, publicadas en la *Colección de Escritores Castellanos*, 1881.

las llamadas *Silvas americanas*. La primera de éstas es una *Alocución a la poesía* (1823), que apareció publicada por primera vez en el *Repertorio*, en forma de fragmentos, ya que el poeta intentaba publicar un poema épico de gran aliento sobre *América*, que nunca llegó a completar. Ya aquí se ve el gran poeta que sería Bello, a pesar de su forma fragmentaria. En 1826 en el propio *Repertorio Americano* publicó su celebrada *Silva a la agricultura de la Zona Tórrida* que fue uno de los poemas más famosos de las letras hispanoamericanas en el siglo XIX. La deuda de Bello con Virgilio—ver el Libro II de las *Geórgicas*—es tremendo, porque es poeta virgiliano por excelencia.

Es patente en las poesías de Bello, como buen neoclásico, el influjo de los poetas latinos, entre ellos Lucrecio, Horacio y Virgilio, siendo éste a quien sigue más de cerca. Entre los españoles lo influyen Rioja, Arriaza y Maury. La glorificación del campo en oposición a los males de la ciudad es de corte clásico, y en especial de Virgilio. Con razón Menéndez y Pelayo lo llama "el más virgiliano de nuestros poetas".[3] La Silva no está exenta de defectillos y prosaísmos, a veces la moral toma forma de sermón, pero sus virtudes son infinitamente superiores. Es un poema descriptivo-didáctico, en el que se vislumbran las remembranzas nostálgicas del desterrado por su lejana patria. Sabe darle animación a las descripciones e influirle vida poética a la naturaleza. No fue un poeta fecundo, porque su genio lírico tenía sus limitaciones, pero en sus pocas obras—casi todas antológicas—se ve su alta calidad artística. Es, sin lugar a dudas, de los clásicos de América por la perfección formal, por el cuidado de su vocabulario, por la limpidez de la alocución poética, por el ritmo sereno y grave que recuerda a los clásicos.

Bello es un maestro consumado en el uso del adjetivo, preciso y adecuado al objeto descrito. De la Silva son: "los albos jazmines" del café; al maíz llama "jefe altanero de la espigada tribu"; sarmientos trepadores"; "las rosas de oro y el bellón de nieve del algodón"; "las urnas de púpura del cacao". Asimismo se destaca por su gran sentimiento de la naturaleza americana. El aspecto práctico y didáctico está siempre presente. No en balde el poema está dedicado a la agricultura que es actividad creadora que tiene por base el campo y no la belleza inerte del paisaje que cantaron otros. Sus descripciones son admirables y muy superiores a las de Balbuena. Los versos son la parte más perdurable de su gran obra. En ellos hay serenidad clásica y hondo lirismo. La inspiración no es desordenada y enfática, sino que corre como arroyuelo manso lleno de murmullos. Quizás nadie como Miguel A. Caro ha concretado el valor de la poesía de Bello al decir de la misma lo siguiente: "Hay en la poesía de Bello cierto aspecto de serena majestad, solemne y sonora melancolía; y ostenta él más que nadie, pureza y corrección sin sequedad, decoro sin afectación, ornato sin exceso, elegancia y propiedad juntas, nitidez de expresión, ritmo exquisito; los más altos y preciados dotes de elocución y estilo".[4]

---

[3] Menéndez y Pelayo, Marcelino, ob. cit., Tomo I, p. 373.
[4] Miguel A. Caro, ob. cit.

LA POESÍA NEOCLÁSICA

Finalmente nos toca analizar su etapa de Chile (1829-1865), período de fecunda creación en oposición a la época formativa de Londres. Aquí hay que señalar sus obras en prosa y sus versos, divididos éstos en obras originales y sus famosas traducciones. También es honrosa su gran labor periodística en la *Revista de Valparaíso, El Mercurio* y otras publicaciones. Sus obras en prosa de esta fecunda jornada suelen clasificarse en *Jurídicas: Proyecto de Constitución* (1832), el *Código Civil Chileno* (1855) modelo por su precisión expresiva y su limpidez jurídica; los *Principios del Derecho de Gentes* (Derecho internacional) (1832). En el campo de la filosofía y la sicología dejó su *Filosofía del Entendimiento* (1843), obra de gran penetración y la más importante en su tiempo. Capítulo aparte merecen sus obras sobre filología, gramática y crítica literaria donde destacan: *Estudios sobre el poema del Cid* que sitúa al autor muy cerca de Fernando Wolf, Milá y Fontanals, Menéndez y Pelayo y el propio Ramón Menéndez Pidal; y la *Gramática de la lengua castellana* (1847), el más célebre y acertado tratado de este tipo.

Sus obras poéticas de esta última etapa pueden clasificarse en *originales y traducciones*. Entre las primeras merecen la cita: su *Oda al 18 de septiembre* (1841), de corte didáctico y político elevado; y *El Incendio de la Compañía* (1841), canto elegíaco de doscientos ochenta y cinco versos en octosílabos y quintillas. También comenzó un largo poema titulado *El proscripto*, especie de testamento o autobiografía del que dejó unos dos mil versos (los primeros cinco cantos). Sin embargo, donde brilla Bello a gran altura es en sus traducciones, imitaciones o adaptaciones. De todas la mejor es la traducción del *Orlando Enamorado,* obra maestra en su género a pesar de estar incompleta.

Su obra más famosa en este genero es su magnífica *Oración por todos* (1843), posiblemente su mejor composición, que es una paráfrasis o adaptación de *La prière pour tous* de *Les Feuilles d'automne* (1831) de Víctor Hugo. Es en parte una traducción y en parte una adaptación de la de Hugo, escrita en octava italiana y en octavillas. Bello imitó sólo las primeras cuatro de las diez partes del poema original. El de Bello es muy superior al original, pues era un maestro en la captación de las ideas para desenvolverlas luego de acuerdo con la inspiración de su genio propio. En ella hay elementos neoclásicos: la exaltación del valor de la virtud, la alabanza a lo sano de la vida sencilla y de trabajo; la recompensa de la pureza; contra las falsas alegrías de la vida y cierto filantropismo de la tercera parte. Elementos románticos son: la blandura del verso, el tono crepuscular, la melancolía, el recuerdo. Es constante la presencia de alto grado de espiritualidad, filosofía profunda. El poema aspira—y lo logra—elevar el alma a regiones de alta comunión cristiana en busca de lo trascendente. Pocos poemas se encuentran en nuestra literatura más admirados o famosos que éste.

El tono general de la obra de Bello es educativo y docente; pero la grandeza de su genio estriba precisamente en el hecho de que esa orientación no fue un obstáculo para ser al mismo tiempo un gran poeta, un jurista insigne, un sicólogo prominente; un humanista de saber profundo y enciclopédico. Hay gran madurez en toda su obra, que es siempre maciza, cargada de sabiduría y de profundidad. Bello no es un rígido defensor de modelos y teorías clásicas, como se le ha querido pintar, sino un humanista lleno de flexibilidad y espíritu de adaptación. Lo que sí combate son los excesos y desbordes cáoticos y las faltas elementales de respeto a la lengua, al buen gusto y hasta al sentido común, que tanto abundaban por aquellos días. Su nombre está grabado en la historia de nuestra cultura como el campeón indiscutible de nuestra emancipación intelectual en todos los órdenes y en la literatura como consumado artista del verso y de la erudición.

José María Heredia, precursor del romanticismo y cantor de la naturaleza americana

De la trilogía Olmedo, Bello y JOSÉ MARÍA HEREDIA (1803-1839) es éste el de más fama como poeta lírico, a pesar de ser el más joven de los tres. Heredia fue uno de los primeros poetas hispanoamericanos en ganar reputación en Europa. Nació el famoso "Oda al Niágara" en Santiago de Cuba, de padres emigrados de Santo Domingo cuando la invasión haitiana. Su padre, el doctor Francisco Heredia y Mieses, era miembro del Poder Judicial español, quien después de desempeñar puestos secundarios en Cuba, pasó a ocupar el cargo de Oidor-Regente en la Audiencia de Caracas (1812-1817), en cuya Universidad comenzó Heredia sus estudios de derecho. Aunque el padre no fue hombre de ideas liberales, sí se distinguió por la honestidad y austeridad de su carácter, prendas que heredería el bardo. Es fama que Heredia leía versos de Horacio con gran facilidad a los ocho años. Su padre, el doctor Heredia, fue trasladado más tarde a México (1818) donde murió en 1820, quedando el futuro poeta a cargo de toda la familia.

En 1818 Heredia regresó a Cuba e ingresó en la Universidad de La Habana donde recibió el grado de Bachiller en Leyes. Aquí entabló amistad con el gran humanista don Domingo del Monte. Ejerció brevemente la abogacía en Matanzas, ya que se le complicó en la conspiración de los "Rayos y Soles de Bolívar" como miembro de la logia de los Caballeros Racionales y tuvo que huir a Boston disfrazado en un barco. El excesivo e injusto castigo, hizo de Heredia un poeta de ideas completamente separatistas. En los Estados Unidos vivió en Boston y en Nueva York. En esta ciudad se ganaba la vida dando clases de español. Sus dos años en este país fueron de gran infelicidad debido al clima y al idioma. El 15 de junio de 1824 con una copia del *Atala* de Chateaubriand en el bolsillo visita las famosas Cataratas del Niágara y escribe su gran oda. Después de publicar sus *Poesías* (1825) en la ciudad de los rascacielos, pasa a México invitado por el Presidente Guadalupe Victoria. Durante el viaje por vapor (1825) escribe dos de sus más famosas poemas: el "Himno del desterrado" y "Vuelta al sur".

En México ocupó varios cargos oficiales llegando a ser Ministro de la Audiencia de Toluca y Diputado. La anarquía y condiciones prevalencientes en la nación sembraron su espíritu de hondo pesimismo en relación con la redención de los países hispanoamericanos. Es entonces cuando escribe su carta al General Miguel Tacón, Capitán General de Cuba (1836) a donde regresa ese año. Está pobre y enfermo y como su regreso levanta la protesta de los jóvenes liberales, vuelve a México, pero ahora el nacionalismo opone barreras a sus deseos de conseguir un buen empleo. Lo único que logra es un modesto cargo de redactor en el *Diario del Gobierno* y para el *Calendario de las señoritas mexicanas*. El 7 de mayo de 1839 muere de tuberculosis en los brazos de su abnegada esposa, doña Jacoba Yánez.

Heredia fue jurista, parlamentario, poeta, dramaturgo, historiador, revolucionario, periodista y crítico literario. Aunque su fama de poeta ha opacado su labor en estos otros campos, se encuentran en toda su obra aciertos muy notables. La complejidad de su arte nace del hecho de ser clásico por su formación; prerromántico por sus grandes influencias—Cienfuegos y Quintana—y por las circunstancias e infortunios de su vida el más cabal representativo del Romanticismo.

Las influencias más notables de Heredia son: Meléndez Valdés en las primeras composiciones; Cienfuegos, poeta muy inferior a él, a quien sigue constantemente; Quintana (en la vehemencia, fervor patriótico, versos resonantes y énfasis); así como Gallego, Jovellanos y Lista. Byron le influye en cuanto a la emoción frente a la grandeza de las fuerzas de la naturaleza. También hay huellas en él de la filosofía libertaria y el humanitarismo del siglo XVIII; de Chateaubriand y Volney. La innegable nota neoclásica de su poesía le viene de sus primeras lecturas y de su formación enteramente clásicas. Pero era, temperamentalmente hablando, un romántico genuino. Los temas de Heredia giran todos alrededor de sus grandes amores: la mujer, la patria, la libertad, la naturaleza americana, la gloria, la fama y Dios. La ausencia de ellos durante casi toda la vida del poeta produce esa nota tan característica de su obra que es la nostalgia. Respecto a sus poemas de amor hay que afirmar que Heredia no fue un gran poeta amatorio. Su capacidad para amar está en razón inversa a su inhabilidad para expresar ese sentimiento. Escribió en este campo el soneto "A Flérida", que es una joya, "El desamor"; "Desengaños" y otras muchas, pero no es capaz de vaciar en versos, la pasión que siente. De estas composiciones ha dicho Cánovas del Castillo que "son cartas de amor que ganarían mucho con estar en prosa."

En el género donde Heredia no tiene rival en toda nuestra literatura es en la poesía descriptiva de la naturaleza americana. Su visión del paisaje es sintética, porque no entra en detalles, sino que nos ofrece en conjunto la visión de ese cuadro deslumbrante. Su poder descriptivo es extraordinario, así como muy verdadero su sentimiento. Fue el primer gran poeta que otorgó categoría estética a la exuberante naturaleza física continental. Su exaltado amor por la naturaleza es en cierto sentido un recurso de evasión de su espíritu, que quiere olvidar, aunque sin lograrlo, sus propios azares e infortunios en la recreación de las fuerzas naturales. Pero a ellas va también guiado por su instinto para la expresión de lo genuinamente criollo y americano. Dueño de una fantasía e imaginación poderosísimas, es único en su habilidad para convertir en categorías estéticas, los movimientos de la naturaleza, en que se unen lo objetivo del realismo de las descripciones con el subjetivismo representado por

LA POESÍA NEOCLÁSICA

los sentimientos y meditaciones que aquellos despiertan en su espíritu. Nadie lo ha superado en esa capacidad para expresar la realidad de la naturaleza en relación con sus propios sentimientos e ideas. En este género se encuentran los mejores poemas del cubano: Meditación "En el Teocalli de Cholula" (1820), "En una tempestad", "Himno al sol", "Al océano", y otras. "En el Teocalli de cholula" es su composición mejor lograda, a pesar de estar escrita por un joven de diecisiete años. La visión crepuscular, la descripción de la naturaleza y la meditación profunda sobre espacio y tiempo colocan esta composición entre lo mejor de la lírica castellana. El poeta comienza con la descripción de la naturaleza que contempla desde la pirámide: vegetales, frutos, volcanes, montañas, ruinas, hielo, nieve, crepúsculo, noche, el templo. Caída la noche comienza el vuelo de su imaginación, produciéndose una visión retrospectiva: está ahora en tiempo de los reyes aztecas a los que describe en todo su esplendor, con sus sacrificios humanos, ritos y supersticiones. Impresiona la gran fidelidad de su pintura en ese viaje a través del tiempo. Lo más importante es su meditación filosófica sobre la transitoriedad del hombre y la supervivencia de las formas del despotismo. Lo que más le impresiona es lo que está en más estrecha relación con su circunstancia y tiempo personal: la tiranía y la superstición, sobre las que hace prevalecer sus ideas cristianas y libertarias. Como en casi todos sus poemas, está presente la reflexión filosófica y moral y la lección que se desprende de lo que narra, con lo cual se afilia al neo-clasicismo.

Sin embargo, ningún poema de Heredia ha gozado de la fama de su "Oda al Niágara", que Menéndez y Pelayo consideró entre las Cien Mejores poesías líricas de la lengua castellana, a pesar de que consideraba superior "En el Teocalli de Cholula". Haciendo uso de sus extraordinarias dotes descriptivas, traslada a lenguaje poético una acuarela llena de realismo del prodigioso torrente y, como siempre deja brotar las resonancias y evocaciones que en su espíritu produce el movimiento del fenómeno natural. Así corren por sus versos la emoción de la tierra nativa, la mujer, Dios, su condición de desterrado, sus inquietudes filosóficas. Su oda tiene toda la grandiosidad del torrente que describe. Los elementos onomatopéyicos están en todo el poema, como aquellos versos en que hay una perfecta imitación del movimiento del agua:

> Sereno corres, majestuoso y luego
> en ásperos peñascos quebrantado,
> te avalanzas violento, arrebatado,
> como el destino irresistible y ciego...

Otro recuerdo que viene siempre a su memoria es el de la patria todavía esclava de una potencia extranjera, en un tiempo en que ya todos los países de América gozan de libertad:

> Mas, ¿qué en ti busca mi anhelante vista
> con inutil afán? ¿Por qué no miro
> alrededor de tu caverna inmensa
> las palmas, ¡ah! las palmas deliciosas

> que en las llanuras de mi ardiente patria
> nacen del sol a la sonrisa, y crecen,
> y al soplo de las brisas del Oceano,
> bajo un cielo purísimo se mecen. . . .

Heredia no es el cantor de la naturaleza externa solamente, ni siquiera el poeta que sabe arrancarle concreciones estéticas al paisaje a través de imágenes y descripciones. Es algo más: en su poesía, aun aquellas de índole más frívola, brota siempre la profunda meditación, el pensamiento trascendente, en busca de la respuesta última a grandes interrogantes. Aun en la oda "Al Niágara", donde lo externo y objetivo debían ser lo fundamental, encontramos aquella búsqueda.

El trasunto neoclásico de su poesía, a más de ciertos aspectos formales viene dado por la nota moralizadora y de ejemplo que añade siempre. Heredia al igual que Byron fue atraído por las fuerzas violentas de la naturaleza, como lo demuestra también su poema "En una tempestad". Aquí la fuerza del viento refleja sus propias caóticas emociones, mientras que otras escenas presentan el sentido de soledad en que se haya el poeta. En su "Himno al sol" reitera esta tendencia de mezclar lo lírico con reflexiones muy profundas y subjetivas.

El cubano gozó fama extraordinaria en su tiempo como poeta civil, político o revolucionario y algunos de sus poemas en este campo tienen valores sobresalientes. No creemos acertado el juicio de Menéndez y Pelayo de que es lo más dezlenable de la producción herediana. La injusticia de esa afirmación brota en seguida cuando se consideran la "Epístola a Emilia", "La Estrella de Cuba", "La Vuelta al Sur", "A los habitantes de Anahuac", "Himno de Guerra", el "Himno del desterrado" y muchos otros. Este último puede considerarse entre la mejor poesía heroica de España y del Continente. Heredia es el poeta que embuído de una ideología y militancia separatista, trata de levantar los ánimos y mover las conciencias hacia el ideal de la independencia. Sobresale por su defensa de la libertad, la exaltación del recuerdo de su patria y la seguridad de que volverá a ser libre. Todo su amor a la tierra nativa, a la justicia, a la libertad se concretan en estos versos del "Himno del desterrado":

> ¡Cuba! al fin te verás libre y pura
> como el aire de luz que respiras,
> cual las hondas hirvientes que miras
> de tus playas la arena besar.
>
> Aunque viles traidores le sirvan,
> del tirano es inútil la saña. . . .

Los cubanos en el destierro y los que luchaban en Cuba contra la tiranía se sentían levantados en su heroísmo al oir esta estrofa de "La Estrella de Cuba":

> Al oir nuestra voz elocuente
> todo el pueblo en furor se abrazaba,
> y la estrella de Cuba se alzaba
> más ardiente y serena que el sol.

También cultivó la poesía de meditación filosófica y moral remedo de lo cual hay esparcido en todas sus composiciones y específicamente en las tituladas "Misantropía", "En mi cumpleaños", "Desengaños", "Placeres de la Melancolía" y algunas más.

Pero la labor poética de Heredia no agota de ningún modo su producción literaria. También cultivó el teatro a través de imitaciones, refundaciones, adaptaciones y traducciones y en obras originales. En la prosa de ficción se conoce de él la traducción que hizo de *Waverley* o *Ahora sesenta años* de Walter Scott en tres volúmenes (1833). Nos dejó un cuento titulado *Historia de un salteador italiano* (1841) con muchos elementos románticos. Cultivó Heredia también el periodismo, la oratoria y la redacción de escritos políticos y revolucionarios. También se conservan de él muchos discursos parlamentarios y escritos políticos que aumentan su producción en prosa. En los últimos años se ha discutido mucho sobre Heredia como crítico literario. Su labor crítica se encuentra en crónicas y reseñas literarias y teatrales para *El Iris* y *La Miscelánea* y otras publicaciones. Su mejor trabajo crítico es su *Ensayo sobre la novela* (1832), publicado en *La Miscelánea,* aunque nos dejó otros como *Poetas ingleses contemporáneos,* en que se destaca sobre todo el estudio de Byron; y sendos ensayos dedicados a Rousseau y Walter Scott. Muchas de las opiniones de Heredia son incambiables hoy día a pesar del tiempo transcurrido. Amado Alonso y Julio Caillet-Bois en un estudio sobre *Heredia crítico literario* lo consideran como "el primer crítico de nuestra lengua en el siglo XIX, hasta la aparición de Menéndez y Pelayo". Para nosotros lo fue sin duda, pero en su tiempo, ya que a esa centuria pertenecen Manuel Milá y Fontanals (1818-1884) don Alberto Lista (1775-1848) y el propio Andrés Bello (1781-1865) que le superan, pero que escribieron con posterioridad a él. Finalmente dejó Heredia un copioso *Epistolario* con cartas a amigos y parientes, cuyo contenido es esencial para conocer aspectos de su obra, las tribulaciones de su espíritu ayudando a una mejor comprensión de su obra total.

La poesía popular: sus fuentes
Bartolomé Hidalgo el "Homero" de la literatura gauchesca

Paralela a la poesía culta, refinada y académica que hemos analizado, se produjo en toda la América hispana una corriente de profunda raíz popular, de gran valor sugestivo, aunque en general sin alcanzar la calidad estética de aquélla. Es fácil seguir el proceso evolutivo de esta corriente de nuestra literatura: con bases remotas en la riqueza folklórica peninsular, como son la poesía regional gallega, las Églogas de de Juan del Encina, las coplas del Mingo Revulgo y el venero pujante del romancero, vemos ya esbozos en el siglo XVI, de lo cual es buen exponente González de Eslava. Durante el Barroco, Sor Juana Inés de la Cruz nos muestra grandes preocupaciones por lo popular, en su poesía y, sobre todo en sus piezas teatrales y sus villancicos. El clima espiritual del neoclasicismo y el ambiente general del período de las Guerras de Independencia, favorecieron esta corriente vernácula. Sin embargo, su plenitud se haya en el romanticismo y el realismo en la llamada literatura gauchesca. En el

LA POESÍA NEOCLÁSICA

post-modernismo y más concretamente en el vanguardismo, se continúa esta forma vernácula y autóctona en la llamada poesía negra o afro-cubana, que tiene al negro como centro temático. El núcleo ideológico de esta poesía es la expresión del alma del pueblo. Es esencial en el proceso del sentimiento nacionalista y de reafirmación de lo nacional e hispanoamericano.

Si durante este período en el campo político se trató de buscar la independencia, en el ámbito literario se guiso hallar lo genuinamente americano y criollo, pues esta poesía trata de apresar lo auténtico, lo autóctono, lo vernáculo de América, extendiéndose hacia la expresión de los sentimientos, sicología y anhelos no de las minorías, sino del hombre del pueblo. Los poetas de este género no fueron muy diestros en el manejo del instrumento poético, pero sí muy originales. Es una poesía rica en elementos folklóricos, populares y tradicionales. Presenta las ansias, ideales e ideas del pueblo y descubre las reconditeces de su alma y sentir ante el lector. Esta corriente es una de las más interesantes en la lírica de este tiempo.

Uno de los iniciadores de la poesía popular en la América Hispana es el uruguayo BARTOLOMÉ HIDALGO (1788-1822). En memorable carta que Mitre escribió a José Hernández, el famoso autor de *Martín Fierro*, le decía que "en el género gauchesco, Hidalgo será siempre el Homero", dando a entender que el uruguayo había sido el creador, el fundador de ese género popular. Realmente el iniciador de esa literatura es el payador anónimo, pero Hidalgo es el primero en el tiempo de los poetas de este género que dejaron obra escrita. Hizo sus primeras y casi únicas letras en el Colegio de los Franciscanos, quedando huérfano a los doce años, con la responsabilidad de su madre y tres hermanitos. En sus tiempos libres leyó intensamente. Más tarde lo vemos trabajando en un establecimiento del padre de José Artigas, el héroe nacional uruguayo, con quien entabla amistad. Estuvo en las luchas contra las invasiones inglesas a Montevideo, en cuyo sitio participó en 1811, precisamente como soldado de Artigas, En 1811 se le declaró "Benemérito de la Patria", cuando sólo contaba veintitrés años. En 1815 llegó a ser Ministro de Hacienda y en 1816 se le nombró Director de la Casa de la Comedia. Rehusando otros cargos públicos es notorio que vivía de la venta de sus "cielitos" y "diálogos" que gozaban de una fama tremenda. Murió de tisis cerca de Buenos Aires.

Hidalgo es el prototipo del poeta popular, tanto por las mil vicisitudes de su vida, como por la intuición exacta del alma del pueblo. Sus obras comprenden: *poesías heroicas* entre las que se destaca su "Marcha Oriental" (1811). Estas composiciones expresan una militancia patriótica contra el poderío español y llaman a los gauchos a pelear por su libertad. Fue asimismo uno de los creadores del llamado "teatro unipersonal" —en el que habla un solo actor, pero hay pantomina de otros— siendo notable su obrilla *Sentimientos de un patriota,* que estrenó en 1811. Pero la fama de Hidalgo se basa principalmente en sus *Cielitos,* compuestos entre 1811 y 1816 y sus *Diálogos,* de 1821 a 1822. Entre los cielitos más famosos se mencionan el "Cielito a la aparición de la escuadra patriótica en el Puerto de Montivideo" (1814), "El Gaucho de la Guardia del Norte contesta al Manifiesto de Fernando VII" (1820),

Extraordinaria fama lograron también los tres "diálogos" entre el guacho Ramón Contreras, el héroe y el capataz de la hacienda Jacinto Chano. Ninguno alcanzó, sin embargo, el éxito del tercero titulado "Diálogo patriótico interesante entre Jacinto Chano, capataz de una estancia en las islas del Tordillo y Ramón Contreras, el gaucho de la guardia del norte" (1821). Aquí relata el gaucho todo lo que vio en las fiestas mayas de Buenos Aires con gracia, socarronería y dando a traslucir la mentalidad del paisanaje.

El estilo de Hidalgo es plebeyo y espontáneo, a través del cual el paisano hace sus comentarios sobre acontecimientos políticos y de actualidad. Tienen gran valor artístico y folklórico estas obrillas escritas en un lenguaje fácil y espontáneo. Hidalgo es un maestro cuando canta los sentimientos del hombre de la campaña, su participación en las Guerras de Independencia y sus luchas por la libertad. Sobresalen las "relaciones", "cielitos" y "diálogos" por: 1. La idea de patria; la protesta airada del paisanaje; su amor a la libertad y su consiguiente odio al español. 2. Exposición de la sicología, ansias y mentalidad del gaucho. 3. Humorismo socarrón. 4. Hidalgo representa la transición de la poesía oral de las improvisaciones del payador a la forma escrita de la misma. Estas obras se dedican a cantar acontecimientos cívicos o sociales. También relatan las impresiones de los gauchos frente a acontecimientos políticos y sociales. 5. En ellas está siempre la protesta social ante lo que el gaucho considera injusto desde su punto de vista. 6. El tono irónico y socarrón de muchos de estos "diálogos" en que se comenta la política es algo delicioso. 7. Por otro lado, pintan muy bien las costumbres, sentimientos, ideas y el estado social y político de la época.

Cuando se analiza la obra total de Hidalgo y se le calibra su entrañable sabor popular, se comprende en seguida la inmensa popularidad que gozó en su tiempo y que no ha decaído visiblemente con el transcurso de los años.

BIBLIOGRAFÍA

1 GENERAL

(Véanse las historias generales de esta literatura; las antologías e historias de México, Ecuador, Argentina, Cuba, Venezuela, Uruguay así como: Albareda y Garfias, *Antología;* Anderson Imbert y Florit, *Literatura* (Antología); Caillet-Boist, *Antología;* Ferro, Hellen; Hespelt, *An Anthology;* Menéndez y Pelayo, *Historia y Antología;* Oyuela, Calixto; Panero, Leopoldo)

Hills, E. C., *Bardos cubanos*, Boston, Heath, 1901.
——, *The Odes of Bello, Olmedo and Heredia,* New York y Londres, Putnam, 1920.
—— y Morley, S. G., *Modern Spanish Lyrics*, New York, Holt, 1913.

2 LA POESÍA NEOCLÁSICA SUBJETIVA E INTIMISTA

FRAY JOSÉ MANUEL MARTÍNEZ DE NAVARRETE

Textos

Poesías profanas, México, Porrúa, 1937. Prólogo de Francisco Monterde.

A POESÍA NEOCLÁSICA

Antología del Centenario, México, 1910.
La poesía mexicana de la Independencia por Luis G. Urbina, 2da. ed., México, 1942.
Antología . . . de Menéndez y Pelayo.

Crítica

(Véase la crítica de Menéndez y Pelayo, González Peña, y Jiménez Rueda en las obras citadas en el Cap. I)

3   La poesía patriótica

JOSE JOAQUÍN DE OLMEDO

Textos

Poesías, París, Garnier, 1896; editadas por Clemente Ballén.
——, *Obras completas: poesías*, Quito, Casa de la Cultura Ecuatoriana, 1945; editadas por Aurelio Espinosa Polit.
——, *Poesías completas*, México, Fondo de Cultura Económica, 1947.

Crítica

Barrera, *Historia*, III, 33–73 y Literatura, 210–237.
Caro, Miguel Antonio, "Olmedo: la Victoria de Junín, cartas inéditas" en *Estudios de Crítica literaria y gramatical*, Tomo I: Estudios Literarios, Bogotá, 1955.
Castillo, Abel Romero, *Olmedo y Bolívar*, Guayaquil, Imp. de la Universidad, 1950. Respuesta a Luis Alberto Sánchez.
Diccionario . . . Ecuador, 51–55. Contiene estudio crítico y buena bibliografía.
Duarte Valverde, Angel, *Olmedo: breve ensayo histórico-crítico sobre su obra literaria*, Guayaquil, Colegio Nacional Vicente Rocafuerte, 1953.
Espinosa Polit, Aurelio, *Olmedo en la historia y las letras*, Quito, 1955.
——, *Poesías completas*. Véase los prólogos de las ediciones de Quito, 1945 y México, 1947.
Giusti, Roberto F., "El poeta y el héroe" en sus *Poetas de América*, Buenos Aires, Losada, Col. Contemporánea, 1956.
Guevara, Darío, *Olmedo, actor y cantor de la gran epopeya libertadora de América*, Quito, Casa de la Cultura Ecuatoriana, 1958.
Monguió, Luis, "Las tres primeras reseñas londinenses de 1826 de La Victoria de Junín", *Revista Iberoamericana*, No. 58 (1964), 225-237.

JUAN CRUZ VARELA

Textos

Poesías, Buenos Aires, 1943. (Biblioteca de Clásicos argentinos, 9); prólogo de Manuel Mujica Láinez.
Tragedias, Buenos Aires, 1915 (Biblioteca Argentina, 6); prólogo de Ricardo Rojas.

Crítica

Diccionario . . . Argentina, I, 187-189. Contiene estudio crítico y bibliografía.
Véanse también: Beltrán, *Antología;* Caillet-Bois, Menéndez y Pelayo (*Historia y Antología*), Oyuela, Tomo I; Rojas, IV, 632-658.

LA POESÍA NEOCLÁSICA

4 LA POESÍA DESCRIPTIVA DE LA NATURALEZA AMERICANA

MANUEL DE ZEQUEIRA Y ARANGO

Textos

Poesías, New York, 1829. Edición incompleta hecha por el padre Félix Varela.

Poesías, Habana, 1852. Edición aumentada, pero incompleta hecha por su hijo, Manuel Zequeria y Caro, con una nota biográfica.

Ver también: Caillet-Bois, Estenger, Rafael, *Cien de las mejores poesías cubanas*, La Habana, Ediciones Mirador, 3ra. ed., 1948; Menéndez y Pelayo, *Historia y Antología*.

Crítica

Chacón y Calvo, José María, *Los orígenes de la poesía en Cuba*, La Habana, 1913.

——, *Las cien mejores poesías cubanas*, New York, Las Américas, 1966.

Estenger, Rafael. Ver obra citada anteriormente.

Henríquez Ureña, Max, *Panorama histórico de la literatura cubana*.

Remos y Rubio, Juan J., *Proceso histórico de las letras cubanas*, Madrid, Ed. Guadarrama, 1958.

Salazar y Roig, Salvador, "Literatura Cubana" en Tomo II de su *Curso de Literatura Castellana (Histórica)*, La Habana, Cultural, 1926.

ANDRÉS BELLO

Textos

Obras completas de don Andrés Bello, 15 vols., Santiago de Chile, Imprenta de P. G. Ramírez, 1881-1893.

Obras completas, Caracas, Ministerio de Educación, 1951-1962.

Obras completas, 7 vols., Madrid, Dubrull, 1882-1906.

Antología, 2da. ed., Caracas, J. Villegas, 1953. Prólogo y notas de Pedro Grases.

Bello. Antología. Selección y prólogo de Gabriel Méndez Plancarte, México, Ediciones de la Secretaria de Educación, 1943.

Antología poética, Buenos Aires, Estrada, 1945; editada por Eugenio Orrego Vicuña.

Poesías, Caracas, Ministerio de Educación, 1952 (*Obras completas*, I); prólogo de Fernando Paz Castillo.

Crítica

Agudo Freytes, Raúl, *Andrés Bello, Maestro de América*, Caracas, Impresores Unidos, 1945.

Amunátegui, Miguel Luis, *Vida de don Andrés Bello*, Santiago de Chile, Imprenta Pedro G. Ramírez, 1882.

——, *Nuevos estudios sobre Andrés Bello*, Santiago de Chile, Imprenta Litografía y Encuadernación Barcelona, 1902.

Arciniegas, Germán, *El pensamiento vivo de Andrés Bello*. Antología, 2da. ed., Buenos Aires, Losada, 1958.

Balbín de Unquera, Antonio, *Andrés Bello, su época y sus obras*, Madrid, Imprenta de M. G. Hernández, 1910.

Caldera Rodríguez, Rafael, *Andrés Bello. Ensayo*, Caracas, Editores Parra León Hnos., 1935.

——, *Andrés Bello, su vida, su obra y su pensamiento*, Buenos Aires, Atalaya, 1946.

Cornejo, Justino, *Bello: precursor universal*, Guayaquil, Universidad de Guayaquil, 1956.

Crema, Edoardo, *Andrés Bello a través del romanticismo*, Caracas, Talleres de Gráficos Sitges, 1956.

LA POESÍA NEOCLÁSICA

Grases, Pedro, *Andrés Bello, el primer humanista de América,* Buenos Aires, Ediciones Tridente, 1946.

———, *Doce estudios sobre Andrés Bello,* Buenos Aires, Nova, 1950.

———, *En torno a la obra de Bello,* Caracas, Tipografía Vargas, 1953.

Lira, Urquieta P., *Andrés Bello,* México, Fondo de Cultura Económica, 1948.

Orrego Vicuña, Eugenio, *Don Andrés Bello,* Santiago de Chile, Imprenta y Litografía Leblanc, 1940.

Pérez Luciani, Lucy, *Andrés Bello* (1781–1865), Caracas, Ediciones de la "Fundación Eugenio Mendoza", 1952.

Semana de Bello en Caracas, Vols. I–VI, Caracas, Ediciones del Ministerio de Educación, 1953–1957.

Wylie, John Cook, *A Georgic of the Tropics,* Charlottesville, Va., Lindsay Printing Corp., 1954.

JOSÉ MARÍA HEREDIA

Textos

Obras poéticas, 2 vols., New York, N. Ponce de León, 1875.

Poesías líricas, París, Garnier, 1893; prólogo de E. Zerolo.

Poesías, discursos y cartas, 2 vols., La Habana, Cultural, 1939.

Poesías completas, 2 vols., La Habana, Municipio de La Habana, 1940–41.

Selecciones de las poesías de Heredia pueden encontrarse en Helspelt; Anderson-Florit; Beltrán, *Antología;* Caillet-Bois; Hills, *Odes;* Menéndez y Pelayo, II, Oyuela, I, Torres-Rioseco, *Antología;* Estenger; Chacón y Calvo.

Crítica

Carilla, Emilio, "La lírica de Heredia" y "La prosa de José María Heredia" en *Pedro Henríquez Ureña y otros estudios,* Buenos Aires, 1949.

Chacón y Calvo, José M., *Estudios heredianos,* La Habana, Editorial Trópico, 1939.

Esténger, Rafael, *Heredia o la incomprensión de sí mismo,* La Habana, Editorial Trópico, 1938.

González, Manuel Pedro, *José María Heredia, primogénito del romanticismo hispano,* México, El Colegio de México, 1955.

Henríquez Ureña, Max, *Panorama histórico de la literatura cubana.* Tomo I, 101–117.

Mañach, Jorge, "Heredia y el romanticismo," Madrid, *Cuadernos Hispanoamericanos,* No. 86, 1957, 195–220.

Remos Rubio, Juan J., Tomo I, Cap. XII.

Salazar y Roig, Salvador, "Literatura cubana" en su *Curso de Literatura Española* (*Histórica*).

5 LA POESÍA POPULAR

BARTOLOMÉ HIDALGO

Textos

Cielitos y diálogos patrióticos, Buenos Aires, Ciordia y Rodríguez, 1950; con un estudio sobre los orígenes de la poesía gauchesca.

Selecciones de las poesías de Hidalgo pueden encontrarse en: Beltrán, *Antología,* II; Caillet-Bois; Henríquez Ureña y Borges, Oyuela, I.

LA POESÍA NEOCLÁSICA

Crítica

Caillava, Domingo A., *Historia de la literatura gauchesca en el Uruguay*, Montevideo, C. García, 1945, 29-38.

Falçao, Espalter, Mario, *El poeta uruguayo Bartolomé Hidalgo, su vida y sus obras,* 2da. ed., Madrid, Gráficas Reunidas, 1929.

Fusco Sansone, Nicolás, *Vida y obras de Bartolomé Hidalgo*, Buenos Aires, 1952.

García, Serafín J., *10 poetas gauchescos del Uruguay*, Montevideo, Librería Blundi, 1963. Hidalgo, 21-34. La Introducción es un buen estudio de la poesía gauchesca en ese país.

Leguizamón, Martiniano, *El primer poeta criollo del Río de la Plata*, 2da. ed., Paraná, 1944.

11 La sátira, la fábula, el teatro y la novela en el neoclasicismo

La sátira: su trascendencia política y social
Principales cultivadores

Que la vena satírica es una de las constantes de la literatura hispanoamericana lo demuestra a plenitud el hecho de que desde sus orígenes se ha cultivado extensamente. Si bien el antiguo virreinato de la Nueva España aventaja al del Perú en algunos aspectos, la gloria de la mejor sátira se la lleva el segundo. En efecto, los tres grandes humoristas de las letras hispanoamericanas pertenecen por vecindad y espíritu, a Lima: Rosas de Oquendo en el siglo XVI, Valle Caviedes en el XVII y Terralla y Landa en el XVIII. Los tres habían nacido en España, pero pertenecen a la literatura hispanoamericana. Hubo profusión de sátira, tanto anónima como firmada. En México fue tan abundante que se ha escrito un libro completo solamente sobre la primera.[1] Pero los autores de verdadero mérito son muy escasos bien porque no los hubiera, bien porque no nos han llegado sus obras. En cuanto a las influencias no cabe duda que la general es el espíritu crítico y mordaz del siglo XVIII, tanto de España como de Francia. Pero la gran influencia en todos los poetas satíricos es la de Quevedo, luego la de Góngora, Lope de Vega e Iglesias de las Casas, así como la de los autores del siglo XVIII español, el padre Isla y los fabulistas. Esta abundantísima poesía satírica no hacía sino seguir una de las orientaciones favoritas del neoclasicismo.

Esta poesía humorística y burlona se orientó hacia tres corrientes: la crítica de los tradicionalistas contra las nuevas ideas y sus defensores y las censuras a veces cargadas de ironía contra la frivolidad de la sociedad y los cortesanos. Más adelante se hizo eco de las inquietudes revolucionarias y estaba entonces cargada de intención política y social. La sátira fue un arma quizás más eficaz que los rimbombantes versos patrióticos en la formación de una disconformidad cardinal contra la situación imperante,

---

[1] José Miranda y Pablo González Casanova, *Sátira anónima del siglo XVIII*, México, 1953.

aspecto que es esencial en la vertebración de toda lucha revolucionaria y reformadora. Las damas encopetadas, los arribistas, los politiqueros y toda la laya de abusadores sociales le han tenido siempre terror al flagelo de la literatura humorística y burlona. El objetivo de esta última orientación fueron los españoles, la moral, las costumbres, tipos humanos y condiciones prevalecientes. Es una crítica regocijada contra la sociedad en todos sus aspectos. La sátira no pretende sólo divertir, como fuente de humorismo, sino que consciente e inconscientemente expone estados sociales realmente lamentables. El género jugó un papel de primera magnitud en la maduración de la revolución ideológica que produjo la crisis del mundo colonial y su consiguiente desplome. Luego sirvió de jocoso censor de las condiciones existentes después de ganada la independencia. Es una crítica mordaz, a veces hiriente de los estados sociales.

También tiene el género una innegable dimensión subjetiva: a veces expresa una reacción de amargura, desilusión y desencanto frente a las condiciones políticas y sociales prevalecientes y la organización política y social en general. La sátira incorpora a la poesía una enorme riqueza de lenguaje y giros populares, así como expresiones regionales.

La sátira anónima fue la más abundante, pero se conservan muchos nombres de autores con valores relativos: el cubano Mariano José de Alva Monteaguado (1761–1800); el peruano don Joaquín de Larriva (1780–1832); en México, Anastasio María de Ochoa y Acuña (1783–1833).

Esteban de Terralla y Landa y su "Lima por dentro y fuera"

No hubo en América una ciudad tan propicia al género festivo y satírico como Lima, con su cara risueña y su espíritu lleno de la gracia del mediodía español. La sal, gracia y picardía de Lima hizo que se le llamara la "Andalucía de América", sin que haya mucha exageración en ello. Debido a su importancia política, económica y social era proverbial la opulencia de esta antigua capital virreinal. A este ambiente de buenos vividores, mujeres bonitas, cortesanos, burgueses sibaritas y amantes del buen vivir, políticos y oportunistas vino a carenar un andaluz que primeramente había estado en México y que pasó a la capital del virreinato del Perú en busca de mejor fortuna. Era este joven ESTEBAN DE TERRALLA Y LANDA (última mitad del siglo XVIII), a quien la fortuna se le mostró siempre esquiva, de aquí su resentimiento y amargura. Pronto ganó fama por sus dotes de componedor de acertijos al punto de que se le apodó como "el poeta de las adivinanzas". Asimismo era conocido como "coplero" del Virrey don Teodoro de la Croix.

No cabe duda de que era poeta de gran inspiración, pues escribió poesías de circunstancias; muchas poesías líricas no exentas de algún valor; artículos de costumbres; cuatro *loas*; así como abundante poesía satírica. Entre su copiosa producción de circunstancias hay que mencionar el "Lamento métrico general, llanto funesto y gemido triste por el nunca bien sentido doloroso ocaso de nuestro augusto monarca don Carlos III" (1789) con más aire de parodia bufona que de otra cosa. Hasta el título con gran remedo de la época barroca no puede ser más ridículo. También compuso la "Alegría Universal, Lima Festiva y encomio poético al recibimiento del virrey Gil de Lemus" (1790) y "El Sol en el Mediodía: año feliz y júbilo particular con que la nación Índica. . . . solemnizó la exaltación al trono de Carlos IV" (1790), compuesto de una introducción y once cantos y escrito en endecasílabos pareados. Más valor que esta poesía cortesana, atrabiliaria donde impera tanta zalamería y adulación tiene *"Vida de Muchos"* o sea una semana bien empleada por un "currutaco" de Lima, publicada en el *Diario Erudito* del cual era asiduo colaborador. Narra esta obra las aventuras día por día, posiblemente del mismo autor. Tiene algunos cuadros, observaciones y rasgos interesantes.

Pero ninguna de estas obras le ganó la fama que su *Lima por dentro y fuera* (1797) que es una sátira despiadada contra la ciudad de Lima y escrita en diez y siete romances. Toda la vida de Lima está retratada, sobre todo sus mujeres, tipos y aspectos sociales. Al salir publicado esta especie de libelo, el Ayuntamiento de la capital intentó proceder judicialmente y hasta recoger la edición, pero su popularidad había sido tanta que la acción no se llevó a cabo. De su celebridad hablan muy alto las varias ediciones que se hicieron en poco tiempo en Madrid, México, Lima y Cádiz. En 1854 se hizo una edición lujosísima en París, con ilustraciones y dibujos magníficos. En la obra ataca a todo el mundo: las costumbres y "además de otros casos, usos y mañas de las damitas de allí, de acá y de otras partes", pues son las mujeres el centro de sus mejores y más venenosos dardos:

> Que te pones a observar Todo artificio y ficción
> que ves bellísimos cuerpos todo cautela y enredos
> con las almas de leones, todo mentira y trapaza;
> y las pieles de corderos. todo embuste y fingimiento . . .
>
> Que son ángeles con uñas
> todo remilgos y quiebros
> todo cotufos y dengues,
> todo quites y arremuecos.

Tenía una opinión mordaz y biliosa sobre América y la sociedad colonial y la expresaba en una sátira hiriente, con la que quería vengarse, al parecer, de sus fracasos y desilusiones de inadaptado. Con razón ha dicho Luis Alberto Sánchez "que pocas veces se ha dicho tanto y tan malo sobre la capital peruana".[2] El lenguaje llega a veces a los giros más sucios y procaces. Sin embargo, no se le puede negar chispa, picardía, sal y sentido para el chiste y la sátira. Lo que sucede es que a veces toda esta vena crítica la convierte en medio de desahogo y es entonces cuando pronuncia los más fuertes improperios. Pero también a veces se detiene en lo bueno y hermoso de la

---

[2] Luis Alberto Sánchez, *La literatura del Perú*, Buenos Aires, Imprenta de la Universidad, 1943, 83.

ciudad y su estilo adquiere un tono lírico y evocador. Su libro fue como un cauterio puesto en la llaga de tanta podredumbre social y a la postre hizo algún bien tonificante.

Terralla y Landa se alió con los amantes del *statu quo* contra el criollismo que avanzaba a pasos de carga, sin comprender que era fuerza que ya nadie podría detener. Su pícara vida lo condujo—"maltrecho de cuerpo y agrio de voluntad", pues había adquirido el "mal francés" o "gálico"— al asilo de los padres Betlemitas en Piura. Su gran modelo fue Quevedo e imitándolo escribió en verso su testamento, que es posiblemente de lo mejor que salió de su pluma. Es pieza también llena de picante gracia y espíritu zumbón. . . . al que asoma un inconfundible dejo de amargura y desilusión de todo: de América y de la vida. Su obra vale mucho como crítica satírica de la sociedad virreinal.

La fábula: Rafael García Goyena

La tendencia racionalista y moralizante del neoclasicismo produjo en casi todos los países un cultivo intenso de la fábula, género que había nacido en las culturas clásicas. Francia dio el nombre de Jean de la Fontaine (1621-1695) con sus famosas ciento cuarenta "Fables" de distinta extensión. La Fontaine tomó casi todos sus asuntos de la cultura clásica, algo del Oriente y mucho de la propia Francia. En España se distinguieron en el género Félix María de Samaniego (1745-1801) y Tomás de Iriarte (1750-1791), que gozaron de extraordinaria fama en todo el Orbe hispánico.

La fábula del siglo XVIII, sobre todo la cultivada por franceses y españoles expresó una preocupación ideológica y filosófica, a veces de un modo bastante picaresco como en La Fontaine y Samaniego. Mediante le artificio de la conversación entre animales, se querían dar lecciones prácticas y morales al lector, no sin reírse un poco de todo el género humano, pues el hecho de poner animales a hablar para que ellos enseñaran ya indica cierto grado de ironía en la perspectiva con que se veía al hombre. Este género expresa gran optimismo sobre la perfectibilidad del hombre a través de la educación y los buenos ejemplos, lo que está dentro de la línea de reforma social que auspiciaba el iluminismo.

También en Hispanoamérica produjo el neoclasicismo un cultivo intenso de este género que venía muy bien al espíritu moralizador, pedagógico y práctico de ese movimiento. A pesar de la existencia de muchos autores y de una producción considerable, prácticamente un solo autor logra salvarse del olvido, sin dejar de ser una medianía si se compara con los grandes maestros del género. Entre nosotros el género conserva su contexto de crítica y de anhelo rectificador de la sociedad; se desprende de ella un fino hilo filosófico y a veces no deja de tener una orientación francamente política. Como en Europa, la fábula entre nosotros tiende a la rectificación de males sociales, en una forma ingeniosa y casi siempre de buen humor. Nuestras fábulas son por lo general bastante insípidas y siguen el guión prosaico y utilitario propios del género. Sin embargo, hay unas pocas que son verdaderas obras maestras. Cultivaron el género en la América Hispana: José Nuñez Cáceres (Santo Domingo; 1772–1846); Domingo de Azcuenaga (Argentina; 1758–1821); Fray Matías de Córdova (Guatemala; 1768–1828) y Rafael García Goyena (Ecuador-Guatemala; 1766–1823). En México hubo muchos autores: José Joaquín Fernández de Lizardi (1776–1827), Jóse Agustín de Castro (1730–1811); Luis de Mendizábal; Mariano Barazábal, Juan María Lacunza y otros.

El mejor fabulista hispanoamericano de su tiempo es RAFAEL GARCÍA GOYENA (1766–1823), cuya nacionalidad se discuten por igual Ecuador y Guatemala. Lo cierto es que nació en la ciudad de Guayaquil, trasladándose a Guatemala cuando sólo contaba doce años. Aquí transcurrió el resto de su vida y en su madurez escribió más de treinta fábulas, que pasan por ser las mejores escritas en este continente. Sus primeras fábulas aparecieron en periódicos de la época y hay muestras de ellas en la colección lírica *América Poética*, publicada por el gran crítico argentino Juan María Gutiérrez en 1846.

Algunas de sus fábulas nos parecen estupendas aun comparadas con las de los grandes fabulistas peninsulares. En la fábula VI, titulada "Una yegua y un buey", después de destacar la importancia social del arte y la industria para mejorar a los seres humanos, termina:

> El hombre sin las costumbres
> que la educación engendra,
> en lo político toca
> a la clase de las bestias.

También son notables la XXVII, "El pavo real, el guarda y el loro", en la que combate la arrogancia e ignorancia y la soberbia y exalta el valor del sabio que "vive . . . . en menosprecio". La autosuficiencia halla su crítica en el número XXX con el título de "Las golondrinas y los barqueros". García Goyena era un magnífico versificador, capaz de armonizar el relato y el diálogo sobre todo de animales y personas, con la lección moral que desea dejar en el lector. Por ningún lado hemos visto la insipidez que Menéndez y Pelayo menciona sobre estas fábulas, que también aparece a veces en los autores peninsulares, muy superiores, claro está, a García Goyena. No pudo sustraerse de lo insulso y prosaico de la época. A veces muestra clara pupila para apresar la realidad política y verdades universales, como en su fábula "El ciervo y la oveja, siendo juez el lobo", en la que la oveja dice:

> De que nada te debo, en mi conciencia,
> voy tranquila y segura:
> sólo hace ley la fuerza mientras dura.

El teatro neoclásico: sus tendencias y temas

Un rápido recorrido por la Europa de este período nos muestra que en la era neoclásica, llega el teatro francés a su más alta cima. Es el momento de Pierre Corneille

(1606–1684), de Jean Racine (1639–1699) y Molière (1622–1673) que llevan el teatro francés a un punto jamás superado. Sobresalen en el cultivo de la tragedia siguiendo las orientaciones clásicas y la alta comedia o comedia de caracteres. Después de Francia es en Italia donde el teatro neoclásico adquiere relevancia con Andreini (1578–1650), autor de la tragedia *Adamo* y, sobre todo, con Carlo Goldoni (1707–1793) "el Molière italiano" y Vittorio Alfieri (1749–1803), "el apóstol del neoclasicismo" en ese país. En España se producen dos corrientes dramáticas: la tradicional representada, por un lado por las adaptaciones, refundiciones o imitaciones del teatro del Siglo de Oro, y por otro el teatro popular de Ramón de la Cruz. En el grupo que sigue al neoclasicismo francés sobresa le Vicente García Huerta con su tragedia *Raquel* y, especialmente Leandro Fernández de Moratín (1760–1828), cultivador de la comedia neoclásica.

La América Hispana que había recibido el neoclasicismo directamente de Europa, tampoco daba la espalda en su dramática a lo que estaba sucediendo del otro lado del Atlántico. Aquí no sólo se representan esos grandes autores, sino que los dramaturgos criollos los leen con interés junto a los clásicos españoles del Siglo de Oro y a los griegos y latinos y tratan de producir un gran teatro, aunque sin conseguirlo en este período por razones obvias: las luchas por la Independencia, la falta de una situación económica adecuada, la polémica ideológica en contra del drama y otras condiciones negatives. La política de Carlos III (1759–1788) produjo una era de inusitado desarrollo económico en las colonias, con gran fomento de la industria y el comercio. Se fue acelerando la formación, sobre bases firmes, de una clase acomodada de peninsulares y criollos. Este factor, unido a la imitación francesa, produjo cambios sustanciales en la sociedad y en las costumbres. La nueva sociedad ama la buena vida, la elegancia, la belleza y los placeres, que se disfrutan ahora con un mayor refinamiento, tratando de ponerse a la altura de la sociedad europea. Esto tuvo un impacto decisivo en las actividades teatrales. A más de la construcción constante de coliseos y teatros durante este período, se consolidan todavía más las compañías teatrales, que son ahora negocios bastante lucrativos, debido principalmente a una economía más firme y estable. También es notable el surgimiento de buenos artistas criollos de ambos sexos. Quizás el mejor ejemplo sea el de la célebre actriz Micaela Villegas, que el pueblo apodó la Perricholi, reina de la escena de Lima desde 1760 en adelante. Las primeras ciudades en tener teatros fueron México y Lima, pero en esta época se construye un buen número de ellos en casi todas las ciudades importantes.

En cuanto a los repertorios, todo hace indicar que el número y la calidad de las obras de los autores criollos no podía competir con las obras españolas, francesas e italianas como la demuestra el hecho de que las representaciones se hacían a base de autores españoles. El profesor Arrom ha escrito a este respecto lo siguiente: "Por ejemplo, de ochenta y seis funciones que se dieron en el Coliseo habanero en 1791, en cincuenta y una se llevaron a escena comedias de autores del Siglo de Oro, en veintitrés se ejecutaron piezas de autores españoles del siglo XVIII, cuatro fueron obras de origen extranjero, una de autor cubano y siete sin identificar. Y esa única obra cubana era *El príncipe jardinero,* de Pita, que para esta época se representaba no sólo en Cuba sino en otros escenarios de España y la América. Imperaban todavía, en primer lugar, Calderón y Moreto; seguían en popularidad Rojas Zorrilla, Montalván, Vélez de Guevara y otros escritores menores del Siglo de Oro".[3] En la producción nativa hay dos períodos: la primera parte de la época neoclásica es de una pobreza casi absoluta, pues no se produjo nada notable en ella, salvo loas y piececillas religiosas de casi ningún valor; pero a partir de 1875 comienza a mejorar notablemente. La producción en general es de poco valor, si descontamos un pequeño grupo de obras. En éstas se notan dos corrientes bien distintas: una es de imitación del gran teatro clásico, representado por el número de tragedias y dramas que siguen esa orientación; y también una vena popular y costumbrista presente en las comedias de costumbres, sainetes, entremeses y demás piezas cortas (a veces simples monólogos), con marcada tendencia hacia lo nacional y autóctono. En este último teatro se retratan en forma satírica y humorística el ambiente de la época, dándonos cuadros en los que se insinúan los ideales políticos y sociales y en los que se llevan a escena las costumbres, tipos, giros del lenguaje y demás esencias populares.

Se encuentra una sostenida tendencia a modernizar el drama y darle contenido americano, haciéndolo reflejo de nuestras costumbres, luchas e ideales. A veces el teatro se hace vehículo directo del nuevo ideario político independentista. Se usan temas americanos y románticos en las piezas, aun cuando ellas respondan a los más cerrados preceptos neoclásicos. Esta producción acercó más nuestro teatro a la realidad de América y a la concepción del escenario moderno. Por esta razón es hito imprescindible en el devenir cronológico de nuestro drama. El teatro neoclásico puede clasificarse de la siguiente forma: Tragedias y dramas de corte clásico: José Manuel de Lavardén, Juan Cruz Varela, José Fernándes Madrid. Comedias de costumbres o caracteres: Manuel Eduardo de Gorostiza y Felipe Pardo y Aliaga. Teatro popular: Luis Vargas Tejada, Francisco Covarrubias, Jóse Agustín Castro, José María Heredia, "El amor de la estanciera", Buenaventura Pascual Ferrer, José Trinidad Reyes. De acuerdo son su calidad literararia se pueden formar hasta tres grupos. Los autores más sobresalientes son: Manuel Eduardo de Gorostiza, Felipe Pardo y Aliaga, Juan Cruz Varela, Luis Vargas Tejada, Francisco de Covarrubias y José Agustín de Castro.

Los mejores dramaturgos de la época

Manuel Eduardo de Gorostiza. Por derecho propio viene a esta historia el nombre de MANUEL EDUARDO DE GOROSTIZA (1789–1851), el mejor dramaturgo de la época, porque si bien gran parte de su producción de estrenó en España y fue escrita para la escena de ese país, lo unen a este continente su nacimiento en México y el hecho

---

[3] José Juan Arrom, *El teatro de Hispanoamérica en la época colonial,* La Habana, Anuario Bibliográfico Cubano, 1956, p. 191.

de que a su regreso siguió su producción y se vinculó espiritualmente a su patria nativa. Seguidor de la escuela de Fernández de Moratín al principio de su carrera, al final es ya un romántico consumado. Nació en Veracruz de padres españoles. Su padre era Mariscal y Gobernador de la Plaza de Veracruz. Su madre era parienta lejana de Santa Teresa de Jesús y mujer muy fina y culta. Después de la muerte de su esposo, la madre de Gorostiza se trasladó a España en 1794 con todos sus hijos, de manera que Manuel Eduardo tenía apenas cinco años. En Madrid, Gorostiza entró en la carrera eclesiástica, que bien pronto abandonó por la militar; en 1808 era ya capitán de granaderos. Combatió contra la invasión francesa, resultando herido varias veces. En 1814 siendo Coronel se retiró del ejército y se consagró de lleno a las letras y a la política. Es miembro ahora del Partido Liberal y sobresale por su oratoria que le ha ganado prestigio popular como revolucionario. Por esta época comienza también su éxito en la escena madrileña.

Al triunfar la reacción absolutista con Fernando VII, Gorostiza toma el camino del exilio y se radica en Londres, donde vive pobremente. En 1824 ofrece sus servicios al gobierno de su patria y México le encarga difíciles misiones diplomáticas que lleva a cabo con todo éxito. Negoció casi todos los primeros tratados firmados por México con los países europeos. En Londres publica su famosa *Cartilla Política* y regresa a México en 1833, en lo más caldeado de la lucha entre liberales y conservadores. Ocupa entonces distintos cargos públicos y es Enviado Extraordinario y Ministro Plenipotenciario en los Estados Unidos en 1836 e interviene en la escabrosa cuestión de Texas, en la que defendió con energía, cortesía y capacidad los derechos de México, retirándose de Estados Unidos al consumarse la incorporación de ese territorio a la Unión. Más tarde se le nombró Ministro de Hacienda y de Relaciones Exteriores. A los sesenta años organizó un cuerpo de voluntarios para pelear contra los Estados Unidos en la guerra entre ambos países. Murió pobre y en el olvido en Tacubaya en 1851.

Comenzó Gorostiza su carrera literaria escribiendo versos de juventud, que han quedado opacados por su brillante producción dramática. "Antológico" es un romance morisco que compuso en 1819 y bastante mérito ofrecen algunos sonetos que se conservan de él. Sin embargo, su gloria descansa en el teatro compuesto de seis comedias originales; dos imitaciones; dos refundiciones y arreglos hechos en México, donde fue a más de autor, empresario y ferviente animador del teatro nacional, el cual le debe mucho a sus esfuerzos. Entre sus comedias originales están: *Indulgencia para todos* (1818), que es su obra maestra; *Las costumbres de antaño* (1819), *Tal para cual o Las mujeres y los hombres*; *Don Dieguito* (1820); *Contigo pan y cebolla* (Londres, 1833); *Virtud y patriotismo o El primero de enero de 1820*; *Una Noche de alarma en Madrid* (1821); *El cocinero y el secretario* (1840); *El Amante jorobado* (1822). Escribió en México *Don Bonifacio* (en un acto en prosa). Entre sus imitaciones merecen destacarse: *El Jugador* de Regnard (1820); y *El amigo íntimo* (de un vaudeville francés). Sus refundiciones comprenden: *Bien vengas mal si vienes solo* (de Calderón), que estrenó con el título de *También hay secreto en la mujer*, *Lo que son mujeres*, de Rojas Zorrilla y *Emilia Galotti*, la tragedia de Lessing, con mucha semejanza con *Un Duelo a muerte* de García Gutiérrez.

Perteneció Gorostiza como ya hemos dicho a la escuela de Fernández de Moratín, o sea al neoclasicismo dramático o rama afrancesada de la comedia española. Generalmente se les considera a Fernández de Moratín, Gorostiza y Bretón de los Herreros como los mejores autores de comedias de la época. No se limitó Gorostiza a imitar a Fernández de Moratín, sino que mejoró la técnica de esa escuela, valido de tres cualidades esenciales para el cultivo de este género: agudo don de observación de costumbres; gracia picante para el chiste y sobresaliente habilidad de versificador.

Es un magnífico retratista de las costumbres de la época, las que pinta a través de un diálogo ameno y fácil y con situaciones llenas de enredo, gracia y picardía. Como buen autor neoclásico siempre deja entrever un propósito moralizador sencillo, sin propensión al sermoneo o a la profundidad. Gorostiza tenía una magnífica intuición dramática, como lo demuestra en la combinación de situaciones, el juego con la versificación y el movimiento ingenioso y chispeante de las escenas. Las circunstancias de su vida, sobre todo a partir de 1834 frustraron al gran comediógrafo que había en él, pues tenía inclinación y talento naturales para el teatro. Ya en su patria se dedicó más bien a ser empresario y animador del teatro que a escribir.

Menos mexicano que Alarcón, también alrededor de su obra se ha aventado la polémica sobre su mexicanismo. Claro que es menos mexicano que Alarcón, porque desde los cuatro años vivió en la Península y allí transcurrieron sus años formativos y escribió sus mejores comedias como reflejo de costumbres españolas y para un público también español. Pero, ¿cómo puede desgajarse como quiere Menéndez y Pelayo de su mexicanidad en forma absoluta a un hombre que a partir de 1834 está tan unido a la historia de México, tanto por su acción pública como por sentimiento? Si es verdad que Gorostiza pertenece en una proporción notable al teatro español, no es menos cierto que siempre se sintió mexicano como lo demuestra su resolución de 1834 y que esta circunstancia obliga al historiador de nuestra literatura a estudiarlo. Es uno de los mejores dramaturgos de México de todos los tiempos y en la América Hispana no hay un sólo autor cómico que lo supere, en su época y en su tiempo.

Felipe Pardo y Aliaga. Hasta ahora casi todos los autores que hemos estudiado se alinearon con la causa de los criollos, pero los hubo conservadores al grado que hoy se llamarían reaccionarios como es el caso del peruano FELIPE PARDO Y ALIAGA (1806–1868), quien nació en Lima el 11 de junio de 1806. Su padre era Regente de la Audiencia de Cuzco y siendo toda la familia realista y de humos aristocráticos, se fueron a vivir a España en 1821 al producirse la Independencia peruana. Tenía entonces quince años el futuro y famoso poeta y escritor. Estudió en el colegio de San Mateo y luego fue alumno privado de don Alberto Lista (1775–1848) en su *Academia del Mirto*. Fue también compañero del gran dramaturgo Ventura de la Vega (1807–1865). Fue al parecer discípulo muy querido por Lista.

En España tuvo una formación completamente clásica y contactos directos con el neoclasicismo francés y español. Estudió a los principales autores neoclásicos

LA SÁTIRA, LA FÁBULA, EL TEATRO Y LA NOVELA EN EL NEOCLASICISMO

españoles, bajo la batuta de Lista, de los cuales hay patentes huellas en toda su obra. Regresó a Lima en 1828 e inmediatamente abrió bufete para practicar la abogacía y entró como redactor del *Mercurio Peruano* y de *El conciliador*, tomando parte activa en las luchas políticas de este tiempo. Asimismo se manifestó partidario del dictador de turno. Entre 1829 y 1833 representó dos de sus mejores comedias. Dos años después 1835—llevó a cabo una misión diplomática en Chile y luchó contra el general Santa Cruz, dictador del Perú y Bolivia. Entabló amistad con Andrés Bello a la sazón en Chile. Aquí fundó el periódico *El Intérprete* para luchar contra el mencionado dictador. Luego volvió a Chile como exilado nuevamente a causa del gobierno que ayudara a tomar el poder. En 1840 fue nombrado magistrado del Tribunal Supremo de Justicia, cargo de gran relevancia y publicó unos sabrosos cuadros de costumbres con el título de *El espejo de mi tierra*. Dos veces fue Ministro de Relaciones Exteriores. Volvió a expatriarse debido a los cambios políticos que se producían constantemente. Posiblemente estos trastornos acabaron por afectar su salud, pues en la madurez de su vida, se quedó ciego y paralítico. Murió el 24 de diciembre de 1868. Sus obras con el título de *Poesías y escritos en prosa de D. Felipe Pardo* fueron publicadas por A. Chaix y Cia., París, en 1869.

Se destacó Pardo y Aliaga en varios géneros literarios. Su gran fama descansa en su poderosa vena satírica, en la que debe mencionarse sus famosas "letrillas", la más notable de las cuales es *La jeta* (1834), que constituye un verdadero acierto. Como poeta lírico dejó una obra no despreciable del todo: la *Oda A Olmedo*; *A la columna de Vendome* (traducción de Víctor Hugo); *El Perú*, magníficas octavas descriptivas y algunos versos de amor. También compuso el primer canto del poema *Isidora*, así como *La Lámpara*, una fantasía polimétrica.

Lo más importante de su obra es el teatro seguido de sus cuadros de costumbres. En el primero estrenó *Frutos de la educación* (1829), especie de comedia didáctica en la que critica con aire de censor los vicios de la educación republicana, en este caso en una joven que mejor debe prepararse para casarse. También representó *Una Huérfana de Chorrillos* (1833), en que critica la adopción de costumbres francesas. En ambas sigue la línea de Moratín y Gorostiza, pues son comedias de costumbres. La intención moral ya aparece en *El Señorito mimado* y *La Señorita mal criada* de Iriarte. El diálogo y las situaciones son vivas y chistosas, aunque no exentas de la languidez del tono moralizador y pedagógico. En ellas se muestra celoso guardián de las unidades clásicas. Completa la trilogía de sus obras dramáticas el simpático juguete *Don Leocadio o el aniversario de Ayacucho*, de mucha intención política. Imita a Bretón de los Herreros aunque la idea está tomada de un vaudeville francés. También dejó una tragedia, *Clitemnuestra*, imitación de Soumet. Sus valores como dramaturgo quedaron nítida y acertadamente valorados por Menéndez y Pelayo al afirmar que "es después de Gorostiza, el más notable representante del teatro cómico en América".[4] Más tarde abandonó la escena al notar que tenía más éxito como

---

[4] Ob. cit., p. 177.

escritor y periodista. En efecto dio muestras de su agudo e ingenioso don de observación de las costumbres de su país, como lo demuestra en sus artículos publicados bajo el título de "*El espejo de mi tierra*" (1840) en los que sobresalen los titulados *El paseo de Amancaes, Un viaje* y otros. Confiesa seguir las huellas de Larra y Mesonero Romanos. En ellos no hay emoción del paisaje, ni comprensión de los cambios políticos del momento, pero sí un agudo don de observación y una temible vocación polémica de la que conocieran Larriva, Ascensio Segura y otros defensores del alzamiento criollo. Es un censor cáustico. Vio muy claro los defectos de los primeros tiempos republicanos, en cuyo ambiente se sentía incómodo. Cultivó con igual éxito la sátira política como en su *Constitución Política* (1859) especie de parodia de la Carta Magna en que se ríe de un orden político en el papel que no se avenía con la realidad del país.

Pardo y Aliaga se destaca por su inmenso talento que puso íntegro en favor de la causa conservadora. Su obra tiene siempre una intención rectificadora. Tenía una envidiable vena cómica y satírica, como no la tuvo ningún escritor limeño de su tiempo. Se destaca por su viveza limeña y en los chistes es siempre fino, aunque a menudo cáustico y polémico. Es el más notable de los escritores limeños del siglo XIX. Cuando ya el romanticismo era una realidad imitó y admiró a muchos románticos, entre ellos a Byron, Béranguer y alguna vez rindió tributo de admiración a Zorrilla, pero siguió siendo un neoclásico de cuerpo entero.

Luis Vargas Tejada. Uno de los fundadores e iniciadores del teatro colombiano fue el heroico y malogrado poeta bogotano LUIS VARGAS TEJADA (1802–1829) a quien se llamó "el Chenier colombiano" por los infortunios que rodearon su vida. Miembro de una ilustre familia, bien pronto dio muestras de su gran genio poético y sus tenaces inclinaciones políticas y revolucionarias. Al llegar la guerra se trasladó con su familia al norte del país y aquí tuvo como maestro al francés M. Joliort. Tenía gran facilidad para los idiomas y muy pronto sabía italiano, francés, inglés y alemán. También estudió las lenguas clásicas, árabe y hebreo. Su pariente don Diego Fernández Gómez fue su tutor intelectual iniciándolo por el camino del pensamiento moderno: Voltaire, Rousseau, Rainal, Dumarsais y otros. Con bastante apresuramiento se hizo de una notable cultura clásica y moderna, que se transparenta en su escasa obra.

Apasionado por la libertad, se unió al grupo que luchaba contra el Gobierno de Bolívar al formar La Gran Colombia y fue uno de los participantes en el intento de asesinar al Libertador la noche del 27 de septiembre de 1828. Poco antes en su casa había escrito esta octava:

> Si a Bolívar la letra con que empieza
> y aquella con que acaba le quitamos,
> OLIVA, de paz, símbolo hallamos,
> Esto quiere decir que la cabeza
> del tirano, y los pies cortar debemos
> si una perfecta paz apetecemos.

LA SÁTIRA, LA FÁBULA, EL TEATRO Y LA NOVELA EN EL NEOCLASICISMO

En su huída para no ser aprendido, vivió más de un año en una cueva en pleno campo y murió ahogado en un río tratando, al parecer, de escapar hacia la Guayana. Vargas Tejada, que sólo vivió veintisiete años, dejó una obra estimable y que demuestra su genio poético y dramático que no pudo desarrollarse plenamante, por su muerte temprana y los azares que rodearon su vida.

Como poeta lírico nos dejó un grupo de poesías de tipo delicado, íntimo y dulce en la que sobresale su silva *Al anochecer*, muy tierna, armoniosa y delicada:

>   Ya muere el claro día
>   tras la cumbre empinada de los cerros,
>   y en rústica armonía
>   saludan su esplendor, que se despide,
>   los sencillos pastores. . . .

En esta composición se ve claramente la influencia clásica, sobre todo del autor de las *Geórgicas* y del propio Andrés Bello. Sus *Poesías* fueron publicadas en Bogotá en 1857 con prólogo de José Joaquín Ortiz. También escribió varias fábulas, graciosas e intencionadas. Como autor teatral se le considera con razón uno de los fundadores e iniciadores del teatro colombiano. En esta rama hizo traducciones como el *Demerio* de Metastasio y parte de la comedia *Il vero amigo* de Goldini. En su producción original hay comedias o más bien sainetes, monólogos y tragedias de corte clásico. Muy famosa es su comedia o sainete costumbrista *Las Convulsiones*, llena de sabor local y muy picante, chistosa y con una acertada crítica social, como fiel espejo de la época y de la coquetería de las mujeres. Es su mejor obra y muy popular y celebrada todavía hoy. Se ha discutido mucho sobre la procedencia del asunto. No cabe duda de que hay semejanzas notables con la comedia de Lope de Vega, *El Acero de Madrid*. Pero el gran crítico Antonio Gómez Restrepo afirma que lleva el mismo título y asunto de una comedia del autor italiano Francesco Albergati Capacelli.[5] La obra de éste fue impresa en Bolonia en 1827 y la de Vargas Tejada estaba ya escrita a principios de 1828.

En 1820 fue representado en Bogotá su cuadro *El Parnaso transferido*. También es autor de dos Monólogos trágicos: *Catón en Utica*, con claros ataques a Bolívar y *La muerte de Pausanias* "de valerosa entonación, en que ya centellean los puñales de septiembre".[6] También quiso vestir el coturno y escribió las tragedias neoclásicas: *Doraminta, Sacresazipa, Sagumuxi, Aquimin* y *Witikindo* todas de tema indígena siguiendo las orientaciones de José María Heredia y José Fernández Madrid que habían imitado a Chateaubriand en su predilección por los temas indios de América. *Doraminta* fue dedicada a su madre en una carta llena de sincero sentimiento filial. En ella presenta una despedida del indio Tulcanir, de carácter autobiográfico, pues lo hace hasta vivir en una cueva:

---

[5] Antonio Gómez Restrepo, artículo publicado en la Revista *Santafé y Bogotá*, T, XII, p. 205.
[6] Gustavo Otero Muñoz, Ob. cit. p. 106.

> Adiós lóbrega gruta, que has guardado
> a un infeliz en tu sombrío seno. . . .

Vargas Tejada mostró en *Las convulsiones* capacidad para el humorismo y la sátira, pero sus tragedias son amaneradas y desmayadas y presentan mucha indecisión en el plan y organización general. En *Las convulsiones* el diálogo es fluído, picante y sabroso; las situaciones muy animadas y llenas de sabor costumbrista; y la intención picante y el chiste genial. De no haber muerto tan joven, Vargas Tejada habría brillado a gran altura en nuestra historia literaria.

José Agustín de Castro. Aunque en México hubo varios autores neoclásicos, más importancia tiene JOSÉ AGUSTÍN DE CASTRO (1730–1814), que es una figura de transición entre el clasicismo del siglo XVIII y el romanticismo del XIX. Nativo y notario eclesiástico de Michoacán, más tarde Notario Mayor del Tribunal de Justicia y de la Vicaria General del Obispado de Puebla, hacia 1809 se encontraba en la ciudad de México. Fue colaborador de la *Gaceta* y del *Diario de México* y obtuvo bastante fama en su tiempo. Publicó un libro muy raro titulado *Miscelánea de poesías sagradas y humanas*. El tomo I, *Poesías sagradas* y el II, *Poesías humanas* fueron impresos en Puebla en 1797. En 1809 publicó un tercer tomo de *Poesías sagradas* en México. Componen esta extraña colección muchas poesías, loas religiosas, tres autos sagrados, tres vidas de santos; una *Exhortación privada a una novicia* (en prosa); traducciones de Horacio y dos piezas dramáticas: *Los remendones* y *El Charro*.

Su poesía es culterana, pero por la línea de Calderón de la Barca y está llena de prosaísmo y falta en general de intensidad lírica. Lo salva cierta tendencia a la búsqueda de lo nacional y autóctono, con uso de lenguaje y giros populares. Su poesía satírica resulta a veces cuadros de ambiente social de aquel tiempo. A esta tendencia hacia lo autóctono y nacional pertenece su teatro, de producción muy escasa, pero de mucha riqueza vernácula. Escribió para el teatro: *loas* religiosas de un sólo intérprete; autos sacramentales de poca elevación y dos piezas breves: el juguete o monólogo *El charro* y la petipieza *Los remendones*. La primera tiene un solo personaje, un charro llamado Pancho Chávez que llega a la portería de un convento de monjas en Puebla. Como buen charro oye música y entra, diciendo lleno de asombro:

> ¡Ay! ¡Qué casa tan grandota!
> una grima veo de cuartos,
> y muchas sus reverencias
> *envolvidas* en sus sacos.
>
> . . . .
>
> ¡Qué tales serán de ariscas
> cuando las tiene el *Perlado*
> para que no se le *Juyan*
> en un potrero tan alto!

LA SÁTIRA, LA FÁBULA, EL TEATRO Y LA NOVELA EN EL NEOCLASICISMO

Termina pidiendo a las religiosas que den alojamiento y protección a "un mancebito su hermano". El monólogo tiene bastante gracia, designa bien la sicología del charro, cuyo lenguaje imita como en las expresiones "envolvidas", "perlado" y "juyan" por envueltas, prelado y huyan, que son una fiel réplica de la forma de hablar del pueblo. Es una verdadera miniatura costumbrista, por el lenguaje y equívocos del charro. La pieza tiene un inconfundible acento mexicano. Más compleja y valiosa es la otra pieza, *Los remendones*. La acción tiene lugar en un medio muy pobre en el que actúan los cuatro personajes: los remendones Lucas y Gervasio y sus mujeres, Pepa la Poblana y Tules la Mexicana. La gracia natural de la petipieza no esconde su evidente intención social. Hay juego de conceptos e ironía a lo Quevedo, como cuando Tules, poniendo en ridículo los aires aristocráticos de su consorte le dice:

> Que usted tiene don, no hay duda,
> pero por detrás, y es prueba
> el que lo conocen todos
> por el remen-dón. . . .

Castro tenía un agudo don de observación y una pupila muy vigilante para lo popular; de aquí que estas obrillas sean ricas en elementos costumbristas que se cultivarían intensamente en el romanticismo. Es uno de los primeros que intenta llevar al teatro personajes, tipos, costumbres, palabras, giros expresivos populares. Su teatro es una verdadera expresión del pueblo.

Estudio del drama "Ollantay": origen, naturaleza, argumento, crítica y valores

La obra de este período que más revuelo ha causado en el mundo entero es el drama quechua *Ollanta* u *Ollantay*, una pieza de raíz indígena, cuyo manuscrito se dio a conocer en 1827. Por ese motivo ha sido traducida al español, francés, inglés, alemán, italiano, checo y hasta al latín. El padre Antonio Valdez (?–1816) amigo y profesor de Lavardén en Chuquisaca y cura español de Tinta fue el descubridor y posiblemente el autor del discutido drama. Todo se discute en esta obra: el autor, origen, naturaleza y valores. Aunque se ha atribuído al Dr. Valdez y hasta al propio autor de *Siripo*, lo cierto es que hay que considerar la obra como anónima. El manuscrito fue descubierto entre los papeles del cura Valdez en Tinta. El Dr. Valdés representó el drama en Tinta, villorio cerca de Cuzco, en 1780 delante del jefe indio revolucionario, José Gabriel Condorcanqui (1744–1781), descendiente directo de los Incas que se alzó contra los abusos cometidos contra su raza por los españoles. Condorcanqui tomó el nombre de Tupac Amaru II, quien después de tener en jaque a los españoles fue vilmente ejecutado por el visitador Areche.

Hay múltiples teorías sobre los orígenes del *Ollantay*. Unos afirman que es un drama auténticamente prehispánico; otros la estiman obra de Valdez; no faltan los que la consideran una modernización posterior de un drama anterior a la conquista; y finalmente hay los que sostienen que es una obra del coloniaje usando elementos incaicos. Sin embargo, el estado actual de las investigaciones críticas nos permite afirmar que es una reelaboración dramática de una antigua leyenda indígena, mencionada en distintas obras y que corría en distintas versiones. Es una pieza dramática de naturaleza híbrida o mestiza. Es indígena por el asunto, el idioma, el espíritu general, la mayoría de los caracteres y el estado de rebeldía indígena. Españoles son la estructura que sigue el modelo de la comedia española del siglo XVIII, dividida en jornadas y escenas, el uso de metros como la redondilla, décima y quintilla y la presencia de un personaje tan español como el "gracioso"—Piqui-chaqui en el drama—que el teatro incaico no admitía.

El asunto de la obra es el amor del plebeyo Ollántay, jefe indio de nacimiento humilde con la princesa Cusi Coyllur (Estrella Alegre), hija del Inca Pachacutic. La obra tiene un desenlace optimista y feliz, contrario al trágico de la leyenda que le sirve de base.

El valor artístico e histórico del drama es indiscutible. Es una de las cumbres del teatro hispanoamericano de todos los tiempos. Es la obra más interesante y de más auténticos valores del período neoclásico y la más genuina de toda la colonia. Su asunto ha sido motivo de múltiples traducciones, adaptaciones e imitaciones dramáticas y novelescas. Una de las mejores adaptaciones se debe a don Ricardo Rojas (1882–1957), patriarca de las letras argentinas, cuyo recio drama fue estrenado en el Teatro Nacional de Buenos Aires en 1938.

El drama quechua *Ollantay* tiene una autenticidad indígeno-europea y presenta una intención social representada en la rebeldía indígena por los atropellos contra esa raza vencida, que la hacen hombrearse con las mejores piezas escritas en este período en todo el Mundo Hispánico. Su lectura es esencial en un estudio completo de nuestra cultura y nuestras letras. Su emoción, espíritu de protesta contra la injusticia, el genuino sabor indígena y la fluidez de la estructura dramática, le dan un valor humano trascendental.

Los orígenes de la novela hispanoamericana
La prosa imaginativa o con elementos novelescos

Cuando echamos una ojeada a Europa, notamos en seguida que el neoclasicismo, con su espíritu crítico, didáctico y satírico, fue en general una época pobre para la novela. Quizás esto se debió a la falta de tradición clásica de la novela. "Las corrientes narrativas europeas acentuaban la emoción, la moral, el análisis sicológico, la conversación, el monólogo, la carta, la filosofía. Irrumpen en la novela el sentimiento, la virtud lacrimosa, los temas femeninos, el viaje, la fantasía, lo sobrenatural, la superchería literaria, el exotismo, el deísmo y el panteísmo".[7] Otra de las características

---

[7] Anderson Imbert, Enrique, *Historia de la literatura hispanoamericana*, México: Fondo de Cultura Económica, 1961, Tomo I, p. 175.

más interesantes de esta novelística es el verdadero renacimiento que vive la novela picaresca, en las principales literaturas. La novela francesa y en gran extensión la inglesa de esta época y de la precedente depende siempre de los modelos españoles (Cervantes, Quevedo, la Picaresca) y se mueve hacia un realismo más factual que sicológico.

En España donde había nacido la novela moderna con Cervantes, se olvidó esta orientación existiendo una profusión de traducciones de los autores antes mencionados y de los románticos *Werther* de Goethe; Campe; Marmontel; Florian, Madame Genlis, Saint-Pierre, Chateaubriand, Ducrai-Duminil y de los italianos Della Groce (*El Bertoldo*) y del conde Zaccharia Serinam. En la península había más traducciones que obras originales y éstas se ahogaban en un costumbrismo satírico e irónico, con muy pocos lectores, para quienes quizás no ofrecía mucho interés el retrato del ambiente de una época, tan pobre en general. Debido a la pobreza de la novela española, las minorías cultas leían en sus lenguas originales a los mejores novelistas del período. Este desalentador cuadro de la novela española, era mil veces peor en la colonia, donde todavía no había vestigios de una producción novelística verdadera.

Los únicos dos novelistas notables que produce España son el padre jesuita José Francisco de Isla (1703-1781) con su *Fray Gerundio de Campazas, alias Zotes* (1758), que es una crítica y sátira al culteranismo y conceptismo que había invadido hasta los púlpitos. También sobresale Diego Torres de Villarroel (1693-1770) que escribe su *Vida* (1743) con muchos elementos picarescos, así como su imitación satírica de Quevedo, *Visiones y visitas con D. Francisco de Quevedo por la Corte* (1743). Como puede verse la producción novelística en general es pobre y endeble.

Resulta realmente incomprensible que la América Hispana no conociera la novela durante más de tres siglos, mientras otros géneros literarios como la historia, la poesía épica, la lírica, el teatro y hasta el ensayo alcanzaron un extraordinario desarrollo. La historia de la literatura hispanoamericana tiene sus orígenes en los comienzos del siglo XVI y la novela viene a aparecer en México en 1816. Esta ausencia es uno de los hechos más discutidos. Aunque ya hemos adelantado algunas ideas al respecto en los capítulos VI y IX, vamos ahora a hacer una síntesis de las razones que se han aducido:

1. Las prohibiciones legales de 1532 y 1543 sobre la importación y lo que es más importante, respecto a la impresión de novelas en las colonias.

2. Aunque es evidente que se importaron novelas—muchas veces las obras maestras de España—éstas llegaron en cantidades mínimas y eran leídas por unos pocos.

3. La falta de un público de lectores considerable, pues el género exige una base económica y el estímulo de un mundo de lectores adecuado.

4. El descrédito moral en que había caído la novela en España. Escribir novelas era camino seguro para ganar una mala reputación y todos lo evadían, inclusive los ingenios que nos visitaron en la época colonial.

5. El carácter de seriedad y concepto misional de los escritores coloniales. Escribían no para entretener, sino para dar a conocer el Nuevo Mundo a Europa.

LA SÁTIRA, LA FÁBULA, EL TEATRO Y LA NOVELA EN EL NEOCLASICISMO

6. Los conquistadores consideraban que sus hazañas eran más poderosas que cualquier obra de imaginación.

7. La novela como género literario exige hábito y disciplina; preparación técnica; notable grado de concentración y de tiempo para su elaboración, que no se avenían con los tiempos coloniales.

Aunque ninguna de las obras anteriores al *Periquillo Sarniento* (1816) tiene el carácter de una verdadera novela, no cabe duda de que la multitud de obras que se escribieron con elementos de ficción son un hito histórico imprescindible en el desarrollo total del género. Algunas obras se aproximan notablemente a la novela, aunque no reunan todas las condiciones técnicas. En el desenvolvimiento y aparición del género se puede trazar perfectamente una trayectoria que presenta los siguientes períodos:

1. Los elementos de ficción e imaginarios que indiscutiblemente tienen las crónicas de la conquista.

2. La prosa con elementos imaginativos del Barroco en autores como Diego Dávalos y Figueroa, Bernardo Balbuena, Francisco Bramón, Catalina de Erauso, Juan de Palafox y Mendoza, Fray Juan de Barrenechea y Albis, Juan Rodríguez Freyle, Francisco Núñez de Pineda y Bascuñán y otros.

3. El grupo bien cercano a la última década del siglo XVIII y que incluye a Fray Joaquín Bolaños, José González Sánchez, Anastasio M. de Ochoa y Acuña, José Mariano Acosta y Enríquez.

4. La aparición del *Lazarillo de Ciegos Caminantes*.

5. José Joaquín Fernández de Lizardi y *El Periquillo Sarniento*, primera novela hispanoamericana. Como puede verse cuando se estudia detenidamente esta evolución, la aparición de elementos novelescos es *progresivo*, o sea que las formas narrativas se acercan más a la técnica verdaderamente novelística a medida que nos acercamos al siglo XIX.

Concolorcorvo (Alonso Carrió de la Vandera) y su "Lazarillo de Ciegos Caminantes"

De todas las obras que comúnmente se citan como antecedentes de nuestra novela, la que más se acerca al género es un curioso libro titulado *El Lazarillo de Ciegos Caminantes* (1755 o 1776), que levantó una polémica sobre el autor, la fecha y lugar de impresión y su naturaleza que todavía hoy no ha terminado. Al principio se creyó que el autor era el peruano Calixto Bustamente Carlos Inca, que usaba el alias de "Concolorcorvo". Hoy los críticos se orientan a pensar que usaba este seudónimo el verdadero autor, que no es otro que ALONSO CARRIÓ DE LA VANDERA (España, 1715?-1778), de quien se tienen muy pocos datos biográficos. Su compañero de viaje fue efectivamente don Calixto de Bustamante Carlos Inca.

Carrió de la Vandera vivía en Lima desde 1746 y en 1771 se le comisionó para la inspección y reorganización de correos, postas y estafetas terrestres entre Buenos

LA SÁTIRA, LA FÁBULA, EL TEATRO Y LA NOVELA EN EL NEOCLASICISMO

Aires y Lima. A fin de evitarse líos, ataques y complicaciones por las ideas emitidas decidió ocultar su verdadera identidad. El mismo nos ha dejado esta explicación en una carta: "Disfracé mi nombre por no verme en la precisión de regalar todos los ejemplares. No ignoran VSS. lo árido de un diario, particularmente en países despoblados, por lo que me fue preciso vestirle al gusto del país para que los caminantes se diviertan en las mansiones y se les haga el camino menos rudo". Otro tema de discusión ha sido la fecha y lugar de impresión. El autor en la primera edición hace constar que se hizo en Gijón en 1773, pero todo hace suponer que se editó clandestinamente en Lima ese mismo año o quizás en 1775 o 1776. En 1908 se hizo una elegante impresión en Buenos Aires con prólogo de Martiniano P. Leguizamón. Mucho se ha discutido sobre la naturaleza del libro. Ha sido considerado como una guía de viajes, un libro de impresiones de viajes, un manual de viajeros o un diario de viajes. *El Lazarillo de Ciegos Caminantes* es el más inmediato antecedente del *Periquillo Sarniento* porque tiene profusión de elementos novelescos, muchos más que cualquier otra de las obras mencionadas, aun cuando le falta para ser una verdadera novela un argumento debidamente integrado y la pintura sicológica del personaje principal o anti-héroe.

La obra abunda en elementos picarescos, como son: la narración en primera persona de las aventuras de una especie de vagabundo que vive muchos trances serviendo a varios amos. Este vagabundear tiene un carácter internacional, porque viaja de Montevideo a Lima. El viaje a juzgar por la fidelidad y realismo de las descripciones no es producto de la imaginación, sino auténtico. El autor da la razón del alias de "Concolorcorvo", diciendo que era "por tener el color de ala de cuervo". Además se describe así: "Yo soy indio neto, salvo las trampas de mi madre, de que no salgo fiador. Dos primas mías coyas conservan la virginidad, a su pesar en un convento del Cuzco, en donde las mantiene el Rey, nuestro señor. Yo me hallo en ánimo de pretender la plaza de perrero de la catedral del Cuzco para gozar de inmunidad eclesiástica". Durante la narración de este viaje real desde Montevideo hasta Lima, pasando por Buenos Aires, Córdova, Salta, Cuzco y otros lugares, el autor nos va divirtiendo y enseñando sus muchas lecturas de los autores franceses, así como de Cervantes, Quevedo, Gracián y Feijóo, aunque la influencia más constante es la del autor de "Vida del Buscón".

Son características de esta curiosa obra:

1. Ingenioso recuento de un viaje con miles de peripecias y chascarrillos.

2. El tono picaresco que es lo esencial de la bora y que sigue la moda que el género había ganado en Europa durante el neoclasicismo.

3. Multitud de anécdotas, chistes, diálogos humorísticos.

4. Propósitos reformadores y didácticos.

5. Intención crítica y satírica. Hunde su escarpelo contra las costumbres, la administración española y hasta las prácticas clericales.

6. Tiene a veces un gran realismo como cuando describe la condición de los indios, de los guasos, gauderios y otros estados sociales.

7. Presenta amplios cuadros de costumbres, así como burlas y sátiras que entretienen bastante.

8. El estilo es irónico, punzante, siempre quevedesco.

9. El tono picante y zumbón lo hace en extremo interesante. Da una visión de la América del Sur de los tiempos virreinales, en tipos, costumbres, ideales sociales, ambiente social y político muy ajustada a la realidad.

10. Algunas de sus páginas son lo mejor de la literatura colonial, por su humorismo divertido y por la claridad del estilo entre zumbón y serio, realista y jocoso, lleno de ironía y jocosidad.

11. El estilo es rápido, vívido, realista.

Es de lo más interesante que nos ofrece como material de lectura, la literatura colonial. Ventura García Calderón ha dicho: "El Lazarillo no es una novela picaresca, sino el itinerario de un viaje de Buenos Aires a Lima. . . . Mezclando el relato descriptivo "algunas jocosidades para entretenimiento de los caminantes", nos dejó el libro más pintorescamente informado, la más suscinta y nítida imagen de la América en ciernes, con su eglógica vida, sus rudas fiestas, su devoción pagana y la gracia adorable de sus mujeres".[8]

José Joaquín Fernández de Lizardi, el primer novelista hispanoamericano *Crítica de su obra "El Periquillo Sarniento"*

A pesar de estos antecedentes, el verdadero padre de la novela hispanoamericana es el mexicano JOSÉ JOAQUÍN FERNÁNDEZ DE LIZARDI (1776–1827), creador de la novela nacional de ese país y el escritor de más influencia en la narrativa de México durante el siglo XIX y superado en el XX únicamente por Mariano Azuela. Procedente de una familia de la clase media, su padre era médico en el Seminario jesuíta de Tepozotlán, donde Fernández de Lizardi cursó sus primeras letras. En México, su ciudad natal, estudió latín y filosofía en el Colegio de San Ildefonso. Debido a su pobreza nunca pudo obtener ni siquiera el grado de bachiller. Su cultura formal fue muy incompleta. Sin embargo, conocía a los clásicos, Horacio, Plauto, Terencio y Juvenal. Estaba familiarizado con Cervantes, Quevedo y la picaresca y, sobre todo con el *Lazarillo de Tormes* y el *Guzmán de Alfarache,* así como los iluministas españoles: Feijóo, Islas, Samaniego e Iriarte. Además conocía bien a los autores de la Ilustración francesa, inglesa y alemana.

La verdadera vocación de Lizardi era el periodismo, porque sentía extraordinaria vocación por la publicidad y fiebre y tenacidad de propagar sus ideas. Sus primeros folletos datan de 1811 y a los treinta y cuatro años escribía versos y prosa satírica de profundo sabor popular que el público compraba y leía con avidez en los portales de México. Al proclamar las Cortes de Cádiz la libertad de imprenta en 1812, Fernández de Lizardi funda *El Pensador Mexicano,* célebre periódico con comentarios de los

---

[8] García Calderón, Ventura, "La literatura peruana," *Revue Hispanique,* 1914, T. XXXI.

sucesos más importantes del virreinato y efectivo vocero del liberalismo. Por esta época posiblemente comenzó a componer su primera novela, contando con una libertad que resultó efímera, pues fue suprimida poco después, yendo Lizardi a parar con sus huesos a la cárcel enviado por el virrey Venegas, por unos comentarios políticos.

Llegó a fundar siete periódicos, lo que constituye un verdadero alarde de tenacidad para la época. Pero como el periodismo no bastaba a sus ansias de publicidad, también editaba libros y más de doscientos folletos sobre diversos asuntos.

La existencia múltiple de Fernández de Lizardi cubre un itinerario incansable en que fue periodista, panfletario, costumbrista, novelista, fabulista, poeta y dramaturgo, todo en pieza, porque cuanto escribió estaba dirigido a corregir vicios sociales, a reformar, moralizar, educar, propagar las nuevas ideas de libertad en el pensamiento y de independencia política. Sus obras comprenden: poesías líricas; fábulas; novelas; artículos de costumbres y teatro. Fue periodista sobre todas las cosas y su obra como novelista se resiente de su estilo periodístico, necesidad de escribir con apremio y sin preocupaciones de forma. La orientación reformadora, moralizante y pedagógica es la predominante en su obra novelística, en la que se destacan cuatro obras notables: *El Periquillo Sarniento* (1816), *La Quijotita y su prima* (primera parte, 1818; segunda, 1819), *Noches tristes y día alegre* (1818) y *Don Catrín de la Fachenda* (1819). Salvo la tercera, toda su narrativa pertenece al género picaresco.

Según criterio casi unánime de la crítica, la primera novela hispanoamericana propiamente dicha es *El Periquillo Sarniento* (1816). El protagonista es Pedro, de aquí "Periquillo", lorito, apodo que le endilgaron por los colores rojo y amarillo de su traje. Es un jovencito vivaz y despierto que al morir sus padres queda en el mayor desamparo. Es un producto de la educación de su tiempo y unido a jóvenes de su edad y a otros tipos, trata de mitigar su soledad. Va descendiendo moralmente y entra en el hampa, donde conoce toda la gama del crimen, desde la de jugador hasta más allá. Sus trapisondas lo llevan a la cárcel y después sirve a distintos amos. Más adelante se casa, pero enviuda al poco tiempo. En sus muchas aventuras quiere conocer el mundo y se embarca en un viaje a Manila y sufre un horrible naufragio. Llega a una isla desierta donde padece muchas alternativas. Al fin regresa a México y hace una parada en su tren de aventuras: al igual que el *Lazarillo* español se casa y tiene vástagos. El buen cristiano, el hombre moral que hay en él no ha muerto del todo, se recoge al buen vivir para que sus hijos edifiquen su vida en el buen ejemplo. Al final escribe su vida en forma autobiográfica, muriendo luego legando el más grato recuerdo a su familia.

Fernández de Lizardi presenta un Periquillo básicamente bueno y moral, a quien la apatía social y la educación deficiente precipitan en la caída. Pero con el optimismo propio del iluminismo defiende la perfectibilidad humana, haciendo que su "antihéroe" regrese al bien. En esta novela el autor demuestra una penetrante sagacidad para la observación del estado social, las costumbres, los tipos y filosofía de la sociedad de la época. Es una magnífica galería del México de fines de la época virreinal. Su pupila acuciosa nos da una pintura realista de todos los aspectos de la vida del virreinato—desde la vida en las cárceles hasta las formas de la educación—y por sus páginas vemos mejor que en cualquier tratado de historia, los males que han carcomido el edificio colonial que muy pronto se derrumbará completamente. Pinta muy bien a la clase media y a los desheredados. Precisamente escogió el género picaresco porque éste le brindaba la oportunidad de examinar todos los estratos sociales. El fondo del relato es profundamente realista, a veces en extremo crudo como los naturalistas pintaban sus cuadros de horrores. Está más en la línea del *Guzmán de Alfarache* que en la de *Lazarillo*. Por otro lado hay que destacar la "mexicanidad" del Periquillo. No pierde ocasión de combatir vicios; de exponer ideas sobre la educación; de reirse de los malos hábitos y de vez en cuando de dirigir sus saetas contra el régimen político imperante. De las incidencias, diálogos y descripciones brota un humorismo, a veces zumbón, otras irónico; en ocasiones muy crudo, pero que siempre regocija y entretiene.

Lleva al relato el lenguaje popular con sus incorrecciones, giros propios, de manera que el pueblo puede verse retratado en la trama. En sus obras de respira lo popular, el alma del verdadero pueblo, de aquí el carácter genuinamente democrático de sus obras. Claro que el Periquillo tiene también graves defectos. El inconveniente más serio se desprende de la concepción que de la novela tenía el *Pensador*. Siendo hombre que sentía el imperio de predicar su verdad, concibe la novela no con orientación estética, sino como medio para pregonar sus ideas filosóficas, políticas, sociales y sobre la educación, todas con base en la ideología de la ilustración. De manera que sus novelas son una continuación de su labor de periodista y de panfletario. De aquí que la trama de *Periquillo*, de suyo muy extensa, pues abarca tres gruesos volúmenes, se vea interrumpida constantemente por disgresiones filosóficas, morales y educativas; con moralejas y enseñanzas y ejemplos a veces demasiado obvios. Este constante "sermoneo" perjudica la obra grandemente.

Dos años después de esta primicia de nuestra novelística, publicó Fernández de Lizardi *La Quijotita y su prima* (1818) con fuerte influencia de las ideas de Rousseau sobre la educación. Si el *Periquillo* era una crítica y sátira a las costumbres y vicios "de los hombres extraviados", en esta nueva obra se proponía "dar una enjabonadita a las mujeres". La novela tiene también la tendencia didáctica y moralizadora y adolece del sermoneo de la anterior, en sus setecientas páginas. Las dos protagonistas presentan una antítesis: Pomposita es vana, frívola y coqueta, como buena heredera de sus progenitores. En cambio su prima Prudenciana reune todas las virtudes de una mujer verdadera. La primera es producto "de una educación vulgar y maleada" y la otra "de una crianza moral y purgada de las más comunes preocupaciones". Luego declara que contrastando a ambas "se hallará la moralidad de la sátira", atribuyendo a la lectura y el estudio un tremendo impacto en el desenvolvimiento de la vida. Pero la lectura de la larga novela produce un efecto contraproducente con los anhelos del autor: el lector termina por simpatizar con Pomposita por creerla más humana. Esta novela es inferior al *Periquillo* porque repite sus mismos defectos: disgresiones para exponer sus ideas sobre la educación, política, filosofía y lo social, con una trama lenta y desmayada. Sin embargo, también tiene su mérito por ser retrato de costumbres y del ambiente social.

Desde el punto de vista de la técnica novelística, la mejor obra de Fernández de Lizardi es la *Vida y hechos del famoso caballero Don Catrín de la Fachenda* (escrita en 1818 y publicada póstumamente en 1832), que es la tercera y última novela que escribió. El héroe—o anti-héroe—es un ente social distinto del *Periquillo*, pues es ahora el fifí, gomoso o catrín del México virreinal. El relato tiene más unidad, lo que unido a su brevedad permite mayor concentración en el autor. El desarrollo sicológico del personaje es más acertado y vigoroso. Ninguna de sus obras ofrece el realismo descriptivo de ésta. La ausencia de disgresiones y sermoneo permitió al autor un mayor balance de valores estéticos. Los incidentes producen una regocijada hilaridad que va desde la simple sonrisa hasta la carcajada. El héroe es un *catrín* —de clase más alta que el Periquillo—que se degenera desde muy joven, a pesar de que pertenecía a una familia distinguida y gasta su vida en el bajo mundo, entre jugadores, delincuentes y vagabundos. Una de las causas de su degeneración es su odio al trabajo y su amor al lujo y al ocio. Ya degenerado recorre miles de caminos y vive muchas peripecias distintas: lo arrojan del ejército por tratar de escapar con una jovencita de dinero. Más adelante engaña a un enamorado tonto diciéndole que tiene madre y hermana y aquél le mantiene a él sus compinches por algún tiempo. Más tarde lo encontramos en La Habana, donde lo encarcelan por amigo de lo ajeno en las famosas prisiones del Morro. Unos violentos amores hacen que pierda una pierna en ataque a cuchillo. Sus momentos más felices son aquellos en que metido a mendigo, encuentra el amor de Marcela, pero el abuso de la bebida le ha minado y muere de hidropesía. Hasta en el fin revela el autor aquella maestría en la técnica novelística que apuntamos al principio, pues es el practicante que asiste a Catrín en sus últimos instantes quien narra la parte final de la obra.

En esta novela Fernández de Lizardi se identifica con el personaje como en ninguna otra obra y desplegando sus grandes dotes de narrador, deja que el hilo narrativo corra con gran dinamismo exterior y creciente interés. En *Don Catrín de la Fachenda* encontramos genuina concentración artística; un personaje mejor desarrollado; un sagaz realismo descriptivo, tan rudo y naturalista como en su primera novela; se nos muestra dueño de una gran inspiración, en pleno dominio del arte de novelar. La novela divierte y entretiene porque en el hilo narrativo hay gracia picaresca y retrato fiel del ambiente social, sin caer en la monocorde repitición del ideario social, político y filosófico del autor.

De otra tónica son las *Noches tristes y día alegre* (1818) con la que se coloca en el límite entre el neoclasicismo anunciando ya el romanticismo. Según propia confesión trató de imitar las *Noches lúgubres* (1771?) de don José Cadalso (1741–1782), precursor del romanticismo español, porque esta obra gozaba de mucha fama en este tiempo, así como de *Night Thoughts on Life, Death, and Immortality* (1742–44) del poeta inglés Edward Young (1683–1765). Es una obra autobiográfica en muchos aspectos en que narra sus luchas en el proceso revolucionario. Es una novela a la manera renacentista en que el autor alegoriza la vida y presenta las ideas más abstractas. La obra presenta cuatro noches ("La Prisión", "La pérdida en el bosque", "El duelo triste" y "El cementerio") y en algunas de ellas logra apresar en una narración poética, un tono lúgubre y elegíaco. Pero hay exceso de solemnidad y patetismo que no se avenía al genio de Lizardi. La obra no desmiente la preocupación social del autor, pues en ella se ataca la explotación de los pobres, defiende la religión aunque con un viso liberal y denuncia las víctimas de la miseria en México, así como las prácticas del "coyoteo" o soborno tan común en las esferas oficiales. Cuando se hace un balance crítico de la obra de nuestro autor, prácticamente lo único que queda en pie son dos de sus novelas, pero el escritor tiene también importancia suma que escapa a veces a la estimativa más sagaz: no solo fue el padre de la novela entre nosotros y el novelista de más influencia en México en el siglo XIX, sino también el heraldo de los ideales nuevos, que inspirados en el enciclopedismo francés, cambiaron la faz intelectual del Nuevo Mundo. Fue un mártir del trabajo intelectual y del periodismo; un iniciador, un abridor de nuevos rumbos para el arte literario, el pensamiento y la ideología; un defensor del pueblo humilde y, por consiguiente, un héroe de los ideales democráticos.

BIBLIOGRAFÍA

1 GENERAL

(Véanse las historias generales de esta literatura y las nacionales de los países a que corresponden los autores estudiados, así como: Arrom; Alegría, Fernando; Menéndez y Pelayo; Sánchez, Luis Alberto; Uslar Pietri, Arturo, *Breve historia de la novela hispanoamericana*, Caracas-Madrid, Edime, 1954.)

2 LA SÁTIRA

ESTEBAN DE TERRALLA Y LANDA

Porras Barrenechea, Raúl, *Pequeña antología de Lima* (1535–1935), Madrid, 1935.
García Calderón, Ventura (editor), Costumbristas y satíricos: De Terralla a Yerovi, Paris, 1938 (*Biblioteca de cultura peruana*, 9). Incluye selecciones de "Lima por dentro y fuera", "Testamento cerrado" y "Testamento, codocilo, última voluntad", 19–57.
Crítica en: Sánchez, Luis Alberto; Anderson Imbert y Menéndez y Pelayo.

3 LA FÁBULA

RAFAEL GARCÍA GOYENA

Fábulas, Guatemala, 1950.
Batres Jáuregui, Antonio, *Biografías de literatos nacionales*, Guatemala, 1884.
Chávez Franco, Modesto, *Biografías olvidadas*, Guayaquil, 1940.
Marcelino Menéndez y Pelayo, *Historia*. . . .

LA SÁTIRA, LA FÁBULA, EL TEATRO Y LA NOVELA EN EL NEOCLASICISMO

4 El teatro durante el neoclasicismo

a) General

Arrom, *El teatro de Hispanoamérica en la época colonial*, V.
Jones, *Breve historia del teatro latinoamericano*, II, III.
Lohmann Villena, *El arte dramático en Lima durante el virreinato*, Parte III, VI–VIII.
Olavarría y Ferrari, Enrique, *Reseña histórica del teatro en México*, 3ra. ed., 5 cols., México, Porrúa, 1961. Prólogo de Salvador Novo.
Spell, Jefferson Rea, "The Theater in New Spain in the Early Eighteenth Century", Philadelphia, *Hispanic Review*, XV, 1947, 137–164.

b) Dramaturgos importantes

MANUEL EDUARDO DE GOROSTIZA

Textos

Contigo pan y cebolla, Boston, Ginn, 1922; New York, Macmillan, 1923.
Indulgencia para todos, Madrid, Cano, 1818; y México, Biblioteca del Estudiante Universitario, 37, 1942.
Obras, México, *Biblioteca de Autores Mexicanos*, 1899–1902.
Teatro selecto en el volumen dedicado a Gorostiza en la Colección de Escritores Mexicanos, México, Porrúa, 19 (Contiene Indulgencia para todos, Don Dieguito, Contigo pan y cebolla). Prólogo, notas biográficas y bibliografía de Armando de María de Campos.

Crítica

Véanse: González Peña, Carlos; Menéndez y Pelayo, *Historia*, I, 107–117 y Jiménez Rueda, Julio.

FELIPE PARDO Y ALIAGA

Textos

Poesías y escritos en prosa de Felipe Pardo y Aliaga, París, A. Chaix y Compañía, 1869.
Poesías, París-México, 1898. Notas y biografía de Manuel González de la Rosa.

Crítica

Menéndez y Pelayo, *Historia*, II, 176–178.
Porras Barrenechea, Raúl, "Felipe Pardo y Aliaga, satírico limeño", Lima, *Revista histórica*, XX, 1954.
Sánchez, Luis Alberto, *Literatura peruana*.
Tauro, Alberto, "Felipe Pardo y Aliaga, periodista", en *Revista Iberoamericana* de Bibliografía, XII (1962), 89–137.

JUAN CRUZ VARELA

Tragedias, Buenos Aires, 1915 (Biblioteca argentina, 6); con "noticia preliminar" de Ricardo Rojas.
Crítica en: *Diccionario* . . . *Argentina*, I, 187–189 con amplia bibliografía; Menéndez y Pelayo, *Historia*, II, 342–356; y en Bibliografía del Capítulo X de esta obra.

LUIS VARGAS TEJADA

El parnaso transferido, Bogotá, 1820.
Las convulsiones; comedia, Bogotá, 1851.

LA SÁTIRA, LA FÁBULA, EL TEATRO Y LA NOVELA EN EL NEOCLASICISMO

Poesías, Bogotá, 1857. Edición y prólogo de José Joaquín Ortiz.

Las convulsiones; Doraminta, Bogotá, 1936 (Biblioteca Aldeana de Colombia, 91). Prólogo de Felipe Pérez.

Crítica: Gómez Restrepo, A., *La literatura colombiana* e *Historia de la literatura colombiana;* Cano, Sanín, *Letras colombianas;* Menéndez y Pelayo, *Historia,* I, 445-447; *Diccionario* ... *Colombia,* 126-128 con Bibliografía.

JOSE AGUSTIN DE CASTRO

Arrom, *El teatro de Hispanoamérica.* . . . 211-214.

González Peña, Carlos, *Historia de la literatura mexicana.*

EL DRAMA "OLLANTAY"

Textos

Basadre, Jorge (editor), *Literatura Inca,* París, 1938 (Biblioteca de cultura peruana, 1). Basado en el texto establecido por Gabino Pachecho Zegarra en 1886, la mejor versión existente. Págs. 142-260.

Miguel A. Mossi, Buenos Aires, 1916. Reproduce el mismo texto anteriormente citado.

Crítica

Arrom, *El teatro de.* . . . 193-201.

Henríquez Ureña, Pedro, "El teatro de la América española en la época colonial", en *Obra crítica,* 698-718. Amplia bibliografía sobre ediciones, traducciones y adaptaciones de este drama.

Hills, Elijah C., "The Quechua Drama, Ollanta" en sus *Hispanic Studies,* Stanford, California, Stanford Univ. Press, 1929; también en *Romanic Review,* II (1911), 127-176.

Rojas, Ricardo, *Un titán de los Andes,* Buenos Aires, Losada, 1939.

——, *Ollantay* (1932), dramatización del drama quechua. Véase el texto íntegro en Alpern-Martel, *Teatro hispanoamericano,* New York, The Odyssey Press, 1956.

5 LOS ORÍGENES DE LA NOVELA HISPANOAMERICANA

a) GENERAL

Alegría, Fernando, *Breve historia de la novela hispanoamericana,* Caps. I, II.

Anderson Imbert, E., I, 174-176; 160-161; 185-188.

Leguizamón, I, 319-434.

Rojas, Ricardo, IV.

Sánchez, L. A., *Nueva historia.* . . .

Uslar-Pietri, *Breve historia.* . . .

b) NOVELISTAS PRINCIPALES

CONCOLORCORVO (ALONSO CARRIÓ DE LA VANDERA)

Textos

El lazarillo de ciegos caminantes desde Buenos Aires hasta Lima, Buenos Aires, 1908 (Biblioteca de la Junta de Historia y Numismática Americana, 4); editado por Martiniano Leguizamón.

El lazarillo de ciegos caminantes, Buenos Aires, Ediciones Argentinas Solar, 1942; editado por José Luis Busaniche.

LA SÁTIRA, LA FÁBULA, EL TEATRO Y LA NOVELA EN EL NEOCLASICISMO

El lazarrillo de ciegos caminantes, Buenos Aires, Espasa-Calpe, 1946 (Col. Austral, 609).

El lazarillo: A Guide for Inexperienced Travelers Between Buenos Aires and Lima, Bloomington, Indiana, Indiana Univ. Press, 1967; Traducción de Walter C. Kline, introducción de Richard A. Mazzara y prefacio de Irving A. Leonard.

Crítica

Bataillon, Marcel, "Introducción a Coucolincorvo" en *Cuadernos Americanos*, México, XIX, 4, julio-agosto, 1940.

Real Díaz, José J., "Don Alonso Carrió de la Vandera, autor del "Lazarillo de ciegos caminantes'", *Biblioteca de Autores Españoles*, Madrid, Vol. 122, 245-277.

JOSÉ JOAQUÍN FERNÁNDEZ DE LIZARDI

Textos

El Periquillo Sarniento, 2 vols., México, Porrúa, 1942; editado por Octavio N. Bustamante.

El Periquillo Sarniento, 2da. ed., México, Porrúa, 1959; editado por Jefferson R. Spell.

Obras. I. Poesías y fábulas, 3ra. ed., México, Univ. Nacional, 1963; editada por Jacobo Chencinsky and Luis Mario Schneider.

El Periquillo Sarniento, New York, Appleton-Century-Crofts, 1952. Editado por Erwing K. Mapes y Frances M. López-Morillas. (Abreviado).

El pensador Mexicano, 3ra. ed., México, Univ. Nacional, 1962 (Biblioteca del estudiante universitario, 15). Estudio preliminar, selección y notas de Agustín Yáñez.

The Itching Parrot (*El Periquillo Sarniento*), Garden City, N.Y., Doubleday, Doran, 1942. Traducción de Katherine Anne Porter.

"Don Catrín de la Fachenda" en *Novelas Selectas de Hispano-America en el siglo XIX*, México, Editorial Labor Mexicana, 1959, Tomo I, pags. 7-51.

Crítica

Azuela, Mariano, *Cien años de novela mexicana*, México, 1947, 35-72.

González, Manuel Pedro, *Trayectoria de la novela en México*, México, Botas, 1951, Cap. II.

González Obregón, Luis, *Don José Joaquín Fernández de Lizardi*, México, Botas, 1938.

Reyes, Alfonso, "'El Periquillo Sarniento' y la crítica mexicana", *Revue Hispanique*, New York-París, XXXVIII, 1916, 232-242.

Spell, J. R., "The Life and Works of José Fernández de Lizardi", Philadelphia, Univ. of Pennsylvania Press, 1931.

12 El romanticismo

La poesía

Perfil histórico, social y literario de la época

La literatura del siglo XIX se polariza hacia dos grandes movimientos: el romanticismo en su primera mitad y el realismo en la segunda. A éste acompañan en la América Hispana el naturalismo y el modernismo y todos se prolongan hasta el siglo XX. En el aspecto político e histórico, toda Europa es escenario de la lucha entre despotismo y liberalismo y en lo social por el nacimiento de las primeras ideologías socialistas. También comienzan las doctrinas marxistas con la publicación del Manifesto Comunista (1848) por Carlos Marx y Federico Engels. Aunque hay una orientación del romanticismo con raíces en el tradicionalismo, el grueso del movimiento está asociado indisolublemente al liberalismo político. Larra escribirá que suponía "la libertad en la literatura, como en las artes, como en la industria, como en el comercio, como en la conciencia".[1] Los románticos eran los heraldos de un nuevo credo que tenía por base la libertad en todos los órdenes de las actividades humanas. En el romanticismo están confundidos en estrecho vínculo lo histórico, lo político, lo social y lo artístico, porque significaba una renovación total de la vida.

El romanticismo es un movimiento literario y de ideas que comienza a florecer en la transición del siglo XVIII al XIX. Tiene carácter internacional, porque no es privativo de ningún país en particular y porque se produjo en todas las naciones, aunque sin mucha simultaneidad. Las cinco grandes literaturas europeas—francesa, alemana, inglesa, italiana y española—tuvieron grandes e importantes movimientos románticos. Ideológicamente, el movimiento tiene muchas de sus raíces en el Siglo de las Luces, pero en literatura surgió como una reacción contra el racionalismo y el neoclasicismo, postulando la completa libertad del individuo y la supremacía de la emoción sobre la razón. Los románticos trataron de demostrar que la emoción y

---

[1] Larra, Mariano José de, "Literatura", *El Español*, Enero 18, 1836.

los sentimientos pueden ser también un medio de explicar la realidad y encontrar la verdad.

Los dos antecedentes más remotos del romanticismo europeo se encuentran en la literatura inglesa, representados por las obras de James Thompson (1700–1748), sobre todo sus *The Seasons* (1726–30). James Macpherson (1736–1796), más romántico por su carácter que el anterior, escribió *The Works of Ossian* (1761, 1763). Otro antecedente son las *Night Thoughts* de Edward Young (1683–1765) publicados en 1742–44. Generalmente se da el año de 1798 como el inicio del romanticismo en Inglaterra, fecha de las *Lyrical Ballads* de Wordsworth (1770–1850) y S. T. Coleridge (1772–1834). Fueron los franceses los que le dieron plena consagración al movimiento con Juan Jacobo Rousseau, Bernardin de Saint-Pierre, Madame de Stael, Chateaubriand, Alfonso de Lamartine, Víctor Hugo y otros. Italia, Alemania y más tarde España también se unieron a la nueva ola. Muy pronto el romanticismo era fuerza que dominaba la vida, el arte y la literatura de casi todos los países europeos. Quienes realmente llevaron el romanticismo al triunfo fueron los integrantes de la segunda generación francesa, integrada por Víctor Hugo, Alfred de Musset, Alejandro Dumas, padre, Saint Beuve y otros. El movimiento había triunfado en la poesía lírica, pero le hacía falta un género de más alcance popular. Esta plena consagración vino con el éxito clamoroso de *Hernani* (1830) de Víctor Hugo, quien anteriormente había escrito el llamado "Manifiesto" del romanticismo en el prefacio a *Cromwell* (1827). El romanticismo español se produce entre 1833 y 1845, aunque ya hay indicios del nuevo credo desde los comienzos del siglo XIX. El primer monumento romántico español es el poema narrativo del Duque de Rivas, *El moro expósito* (1834), pero el movimiento triunfa plenamente con el estreno de *Don Álvaro o la fuerza del sino* (1835) del propio autor. El romanticismo español logró sus mejores frutos en el teatro, la poesía lírica y la prosa costumbrista, pero resultó muy débil en la novela. Las figuras más notables fueron: El Duque de Rivas, Mariano José de Larra, José de Espronceda, José Zorrilla, Gustavo Adolfo Bécquer, Rosalía de Castro y algunas figuras menores.

Características del romanticismo europeo

El "yo" personal es el centro de la nueva visión del mundo. De aquí el predominio del individualismo o subjetivismo. El autor expresa sus propios pensamientos, sentimientos y personalidad. Predominan el sentimiento y la emoción sobre la razón. Proclama la más absoluta libertad del artista. No puede haber sujeción a reglas o unidades dramáticas. Verdadero culto a la naturaleza, a lo nacional, a lo pintoresco, a lo típico. De aquí el gran valor del llamado "color o sabor local". Se busca más lo particular que lo universal. Reforzamiento del nacionalismo debido a esa razón. Supremacía de la imaginación, de la fantasía, de la emoción, de los sentimientos y la pasión sobre la razón. El romanticismo era el lado opuesto del neoclasicismo en todos los aspectos. Revalorización del pasado; tendencia a ir a la Edad Media o a las edades heroicas en busca de temas. El romancero, los temas históricos y legendarios se convierten en venero esencial a partir de Sir Walter Scott. Actitud de rebeldía frente a la realidad, la opresión y la injusticia. Defensa del débil y de la mujer. Sentido de humanidad y de humanitarismo. El amor es el ideal romántico esencial desdoblado hacia: la mujer, la libertad, la gloria, la justicia, lo nacional, el progreso. Tristeza, pesimismo, nostalgia y melancolía. El pesimismo nace del choque entre la fantasía de los sueños con la realidad del mundo. A veces la emoción es tan intensa que degenera en verdadero sentimentalismo. Predilección por los tonos grises, por la angustia y la tristeza en su grado más profundo. Preconiza la revolución en política contra la tiranía; y en literatura contra la opresión de las reglas y preceptos. Nueva concepción panteísta y naturalista de la vida; lirismo sentimental. Búsqueda de una nueva sensibilidad social, humana y artística. El romanticismo significó un anhelo de renovación total del espíritu, la sensibilidad y el estilo de toda una época. Mientras el neoclasicismo se quedó en la Academia, el romanticismo llegó a permear al pueblo, cuyas ansias representaba en muchos aspectos. El papel del espíritu popular y del liberalismo es inmenso en la nueva sensibilidad.

Panorama de la América Hispana al advenimiento del romanticismo

El romanticismo es el primer movimiento literario que tiene lugar después de lograda la Independencia de Hispanoamérica, con la excepción de Cuba y Puerto Rico, de manera que aquellos países se estrenaban en el disfrute de la vida autónoma. Las constantes de este período turbulento de nuestra historia son la anarquía, herencia del mundo colonial; las encarnizadas luchas civiles; las dictaduras; el despotismo; las luchas entre unos países y otros. El signo general de la época es la inestabilidad política y social en casi todos los países. En cuanto a la vida interna de cada país, sería imposible catalogar la sucesión de golpes de estado, de levantamientos militares, guerras civiles, revoluciones y dictaduras de la época. Los hechos más notables fueron: al fracasar los intentos reformistas del gran estadista Bernardino de Rivadavia, Juan Manuel Rosas (1793–1877), aprovechando la lucha entre los "Unitarios" y los "Federalistas" se convierte en dictador de la argentina en un largo período que va desde 1829 hasta 1852. Es ésta una de las más sangrientas y férreas dictaduras que ha habido en América. De 1839 es la guerra civil entre las provincias federadas del Uruguay, teniendo lugar el sitio de Montevideo de 1842 a 1851. Diez años duraron estas luchas y disputas sobre los derechos entre Buenos Aires y las demás provincias (1852–1862). Mientras, en el Perú tiene lugar la guerra civil y la dictadura de Ramón Castilla (1797–1867) que se extiende entre 1854–61; dictadura de Gabriel García Moreno (1821–1875) en el Ecuador, 1861–1875. La presencia de este dictador daría lugar a la gran labor de Montalvo como ensayista político. Más al norte también hay anarquía: la revolución y reformas de Benito Juárez (1806–1872), en México, 1855–60. Dos años antes el General Santa Anna había tomado el poder y el indio

Juárez encabeza la llamada "Guerra de la Reforma", con un programa de transformaciones liberales. Lucha de liberales y conservadores. Los románticos se identifican con los primeros. En 1862 se produce una intervención europea en el continente: las fuerzas francesas invaden México y se organiza un Imperio con Maximiliano de Austria como Emperador. Los méxicanos luchan contra el intruso. Juárez, ayudado por los Estados Unidos derrota a Maximiliano. En Venezuela, la situación no era mejor: dictaduras de Antonio Guzmán Blanco (1829-1899) y de Cipriano Castro (1858-1924) de 1870-1909.

Después de 1860 se fue logrando cierto grado de estabilidad con algunos gobiernos democráticos (como en la Argentina bajo las presidencias de Bartolomé Mitre y Sarmiento) y con regímenes de "hombres fuertes" como es el caso de Porfirio Díaz (1830-1915) en México, que gobierna despóticamente desde 1876 hasta 1911. De 1879 a 1883 se produce la llamada "Guerra del Pacífico": Perú y Chile dirimen por las armas las demandas de Chile por las provincias productoras de nitrato. El ejército chileno ocupa a Lima y quema varios edificios, entre ellos la Biblioteca Nacional (1881). La paz entre ambos países vino a firmarse en 1883. En los países más pequeños era más grande todavía el grado de anarquía, que subsistió casi hasta fines de siglo. Claro que durante este tiempo hubo algún progreso económico y social, aunque no con la rapidez que los países necesitaban. En general puede decirse que la anarquía de los primeros tiempos y la imposibilidad de lograr gobiernos estables se debió a las siguientes causas: falta de experiencia en el gobierno propio; el carácter hispanoamericano en el cual priva la emoción; constituciones y sistemas de gobierno de tipo idealista, pero sin base en el carácter, grado de cultura y naturaleza propia de estos países; el predominio militar y los esfuerzos por lograr un balance entre ellos y el poder civil; la mezcla de razas en la población; gran cantidad de analfabetismo; desigual distribución de las riquezas y de las oportunidades; ausencia de una clase media potente; retraso en el desarrollo económico y social; características propias del carácter hispanoamericano como son cierta oposición a los trabajos manuales y una predisposición a las tareas intelectuales; las rivalidades y luchas por el poder político y económico. Todas estas causas se conjugaron para producir el ambiente de intranquilidad en que se fueron forjando las modernas nacionalidades.

La polémica de 1842 y su importancia en la recepción del romanticismo

En este medio histórico, político y social que hemos descrito a grandes rasgos, se produce la recepción y auge del romanticismo en nuestro continente. El temperamento y carácter del hispanoamericano y, sobre todo, las condiciones prevalecientes en la transición del espíritu del siglo XVIII al XIX, resultaban los más propicios para el florecimiento de la nueva sensibilidad. Como todos los movimientos literarios cuando empiezan, el romanticismo produjo algunas polémicas, aunque no tantas como las del modernismo o las escuelas de vanguardia. En México, Perú, Cuba y demás lugares el movimiento penetró lentamente y sin mayor violencia. Pero en la Argentina primero y luego en Chile, sí existió una amplia controversia al respecto, cuyo eje fueron los conceptos de clasicismo y romanticismo, haciéndose de pasada una comparación crítica entre la cultura española y la francesa. Fue Chile el escenario del más ruidoso de los debates del romanticismo, al que se ha llamado la "polémica de 1842", entablada entre Domingo Faustino Sarmiento, desterrado argentino en Chile y Andrés Bello, venezolano al servicio del gobierno chileno y sus seguidores y discípulos. Sarmiento y Bello eran dos personalidades muy fuertes y era natural que tuvieran que chocar. Representan dos polos opuestos de nuestro devenir cultural: el primero es un genio impulsivo, franco y liberal; el segundo se caracteriza por su mesura, su equilibrio, su sobriedad. Al hablar de esta controversía, sería más apropiado hablar de las "polémicas de 1842", porque se pueden distinguir hasta tres. Sarmiento mantenía que los estudios gramaticales estorbaban la libre inspiración; defendía la lengua francesa y la cultura anglo-sajona; negación de la cultura española; espontaneidad en el uso de la lengua; uso de galicismos en vocablos y sintaxis; ridiculizaba el estilo clásico y terminaba pidiendo que Bello se fuera para España a vivir con los preceptistas Salvá y Hermosilla. Bello por su lado defendía la unidad y pureza del idioma español, considerándolo como base de toda obra literaria; la base hispánica de nuestra cultura; mesura contra el uso caótico de la lengua. La polémica alcanzó a veces tonos muy violentos. Cuando Sarmiento comenzó a polemizar con tonos muy subidos, Bello optó por alejarse del debate, pero sus discípulos siguieron en la palestra. La polémica no fue realmente un rotundo choque entre "clásicos" y "románticos". Tuvo la virtud de animar extraordinariamente el ambiente cultural de Chile y levantar el amor por la buena literatura. Cuando se hace un balance objetivo, se da uno cuenta de que ambos contendientes tenían parte de razón: Sarmiento patrocinaba lo nuevo y revolucionario, quizás en forma un poco anárquica y espontánea; Bello, sin oponerse a esa sensibilidad estética de la que es precursos sobresaliente, recomendaba buen juicio, respeto al acerbo de la lengua y reconocimiento de la base cultural de Hispanoamérica. A lo largo, ambos influyeron poderosamente en el proceso intelectual y literario de Chile, Argentina y América.

Algunos caracteres del romanticismo hispanoamericano
Influencias europeas y españolas

Desde un punto de vista cronológico, el romanticismo llegó primero a Hispanoamérica que a España si se tiene en cuenta que ya en 1820 José María Heredia escribía versos que caen de lleno dentro de esa sensibilidad. El romanticismo hispanoamericano sigue al europeo en sus líneas generales, pero los espíritus nacionales, la sicología de cada autor y las circunstancias prevalecientes producen desviaciones de aquel patrón básico. Hay muchos temas y orientaciones románticas que se siguen aquí al pie de la letra, como son: el culto ferviente a la naturaleza y a la realidad circundante (el paisaje, el medio histórico y social); la afirmación del espíritu nacional—demostrado en el logro del "panamericanismo literario" y la búsqueda de lo criollo—, así como la rebeldía individual frente a toda realidad externa que tienda a menoscabar la personalidad del hombre, como son la tiranía en lo político y la injusticia en lo social. Hay en este romanticismo una afanosa búsqueda de lo vital del hombre en la libertad, entendida ésta en su concepto más amplio. Casi todos los románticos fueron al mismo tiempo revolucionarios y luchadores por mejorar las formas de vida, aunque también existe un grupo afiliado al extremo conservador.

El romanticismo fue en Hispanoamérica un movimiento lleno de vitalidad, expresivo de su idiosincracia y del estado social, en una época de mucha importancia en el proceso formativo. Introdujo la naturaleza americana en las obras; utilizó al indio y al mestizo como personajes literarios; empleó la historia local como argumentos de algunas obras; empleó los tipos, costumbres y condiciones sociales como argumento; incorporó a las obras el vocabulario regional de cada país y de regiones particulares. Tuvo en ese sentido una poderosa dimensión popular y si bien tendió en la novela a idealizar la realidad, demostró interés y llamó la atención sobre ella. La literatura romántica no sólo sirvió de goce estético, sino que se presentó como instrumento de utilidad pública. Casi todos los románticos fueron al propio tiempo hombres públicos, en general muy preocupados con el destino de estos países, como es el caso de Heredia, Sarmiento, Bello, Montalvo, Hostos, Varona, Sierra y muchos más. En el ámbito político, se caracteriza por una tenaz oposición a la opresión y como un proceso lento, pero ascensional de reafirmación de los valores autóctonos y del sentimiento nacionalista. Aquí hay bases esenciales para comprender el total desenvolvimiento de la naturaleza y objetivos de la vida cultural, artística y del pensamiento de Hispanoamérica. La literatura tomó en este período la vanguardia en la expresión de lo genuinamente americano. Hubo un intento general de sincronizar nuestras instituciones y vida en general a la Europa no española, pero fracasó ante obstáculos insalvables, como fueron la anarquía política, la opresión, la carencia de madurez política y la falta de tradición en la vida independiente. La insistencia básica del romanticismo es en la temática hispanoamericana, sobre todo en el culto de la naturaleza, iniciado en el neoclasicismo.

El apuro espiritual en que se vivía produjo mucha obra de improvisación, con lugares comunes. También es evidente el descuido y desaliño en algunos, pero el movimiento produjo algunas de las figuras más sobresalientes de esta literatura, en todos los tiempos. Hay mucho énfasis en el sentimentalismo, el ensueño y la emoción. El romanticismo tuvo en Hispanoamérica mucha más duración que en cualquier país de Europa, pues se extiende desde antes de 1825 hasta casi fines del siglo XIX. Es una especie de "capítulo siempre abierto" de esta literatura. Cuando se hace un balance crítico del romanticismo hispanoamericano se nota que lo más digno se produjo en la prosa, sobre todo en el ensayo. Le sigue la literatura popular de la que es ejemplo estelar la literatura gauchesca. Luego viene la poesía. En un cuarto plano está la novela, sobre todo la que se orienta hacia el realismo y bien alejado de valores reales, el teatro. Si bien el cuadro no es tan alentador como se podría esperar de etapa tan larga, hay por lo menos una docena de románticos hispanoamericanos con interés para un público internacional, a más del valor como escuela en el conjunto total de esta literatura.

En cuanto a las influencias, los modelos favoritos son los franceses, seguidos de los españoles; luego vienen los ingleses, los alemanes y en último término los italianos. En general los autores que más imitadores y seguidores lograron son: Víctor Hugo, Lord Byron, Chateaubriand, Rousseau, Lamartine, Walter Scott, Goethe, Heine, Larra, Espronceda, Zorrilla, Bécquer, Manzoni, Alfieri. De los Estados Unidos: Longfellow, Cooper, Poe y Bryant.

Géneros literarios: tradicionales y autóctonos

El movimiento romántico comenzó en Hispanoamérica por la poesía lírica, pero bien pronto se extendió al ensayo, la novela, el teatro y a los llamados géneros autóctonos. Entre los géneros literarios tradicionales están: la poesía (lírica y épica); la prosa (ensayo, novela, prosa en general); el teatro; el costumbrismo. Hay dos géneros autóctonos, sin equivalencia en la literatura europea. En este caso están la literatura gauchesca, cuyo centro temático es un medio geográfico y humano propio de la América del Sur y las "tradiciones", género creado por don Ricardo Palma.

En el romanticismo se distinguen perfectamente tres instantes o fases. El primero es el *pre-romanticismo* o instante de transición al nuevo estilo, que bien puede ubicarse entre 1800 y 1834. Luego viene la *plenitud o apogeo* (1834-1864), en que se asimilan los elementos románticos en combinación con elementos nativos hasta tomar una fisonomía muy hispanoamericana. Finalmente tenemos la *transición* hacia el realismo (en la prosa que se inicia alrededor de 1854) y hacia el modernismo (en verso y prosa), entre 1882 y 1888. En esta última etapa la novela mezcla elementos románticos y realistas y algunos poetas—Caro, Zorrilla de San Martín—anuncian ya el esteticismo y la riqueza metafórica del modernismo.

Respecto a las llamadas "promociones" o "generaciones románticas", hay generaciones dentro de cada romanticismo nacional y también respecto a la literatura continental, variando mucho los criterios. Dado lo largo que es el período romántico entre nosotros, parece que lo más lógico es considerar la existencia de tres generaciones románticas, teniendo en cuenta sus fechas de nacimiento y sus momentos de apogeo. Esto es materia muy controvertida, en la que casi cada crítico tiene su opinión personal.

Los pre-románticos: su papel en el triunfo del nuevo movimiento

En un sentido general podemos considerar a casi todos nuestros neoclásicos como precursores del romanticismo por los fuertes elementos de esa escuela que se encuentran en sus obras. Los pre-románticos son aquel grupo de autores que hizo en nuestra literatura el mismo papel que correspondió a Quintana, Cienfuegos y Gallego en la literatura peninsular. Siendo neoclásicos en la forma y algo en el fondo de su producción, anuncian ya el romanticismo por su actitud espiritual y por las fuertes características de la nueva estética que presentan. Los llamados precursores del romanticismo hispanoamericano son innumerables y se suele incluir entre ellos a José Fernández Madrid, José Antonio Miralla, José María Gruesso, Francisco Antonio Ulloa, General José María Paz, José Joaquín Ortiz y otros. Sin embargo, la crítica es casi unánime en considerar a Andrés Bello y José María Heredia—cuyas obras han quedado ya analizadas—como los más importantes y representativos. La importancia de este grupo está en el hecho de haber preparado el camino para uno de los movimientos literarios de más trascendencia y duración en nuestra vida literaria.

La poesía romántica: Etapa inicial en la Argentina
Esteban Echeverría, el heraldo

Aunque Heredia es el primer poeta romántico hispanoamericano por su actitud espiritual frente al paisaje y su profundo subjetivismo, el verdadero patriarca del romanticismo en la literatura hispanoamericana es ESTEBAN ECHEVERRÍA (1805-1851), porque fue el primero en aconsejar y luchar por la adopción del nuevo credo estético y político así como en formular toda una doctrina al respecto. El "Manifiesto" del romanticismo en este continente se debe a Echeverría. El primer romántico argentino fue poeta, novelista, político, pensador y revolucionario y en todas estas actividades ejerció funciones sobresalientes de iniciador y orientador, siendo el verdadero heraldo de la nueva doctrina estética, que se había adueñado de toda Europa.

Echeverría nació en Buenos Aires de padre vizcaíno y de madre argentina. Quedó huérfano de padre muy joven, por lo que su crianza estuvo a cargo de su buena madre. Procedía de una familia de medios económicos y entre 1820 y 1825 pudo asistir al Colegio de Ciencias Morales. Durante 1824 y 1825 ocupó un cargo con una firma comercial. A la edad de veintiún años—en 1826—salió para Francia, a fin de completar su educación, donde permaneció hasta 1830. Asimismo pasó una estancia de mes y medio en Londres, pues los autores ingleses lo atraían quizás más que los franceses. En toda Europa y, sobre todo en Francia, el romanticismo estaba en su apogeo y el joven Echeverría aprovechó su estancia para leer y estudiar a los grandes autores y exponentes de la nueva doctrina estética así como la filosofía y los credos políticos y económicos de la época. Leyó a los alemanes Geothe y Schiller, a los ingleses Byron y Shakespeare y, sobre todo a los franceses Lamartine, de Vigny, Víctor Hugo, Chateaubriand, Saint Beuve, Dumas, Musset. Se adentró por el pensamiento de Lamennais, Cousin, Guizot, Lerminier y Pedro Leroux, cuyo pensamiento le incluyó grandemente. Todo hace indicar que comenzó a escribir sus primeros versos en Francia, con dominio bastante pobre del español.

Después de una estancia de cinco años en que vivió intensamente el ambiente literario, político, social y de las ideas en Francia, regresó a Buenos Aires en 1830. La situación de su patria ahora bajo la tiranía de Rosas ensombreció su espíritu llenándole de tristeza y melancolía, cuyo estado se veía agravado por una dolencia cardíaca de la cual murió al fin en Montevideo. Echeverría es el introductor de la nueva estética romántica, no con influencias españolas como tuvo en otros lugares de América, sino directamente de Francia. En 1832 publicó su primera obra siguiendo las orientaciones del romanticismo, *Elvira o la Novia de la Plata*, un largo poema de escaso valor literario que introduce el movimiento en la Argentina con anterioridad al *Moro expósito* del Duque de Rivas, que se da como la primera composición del romanticismo español. Tiene reminiscencias alemanas y es uno de los primeros ensayos de la nueva escuela en el continente. De 1834 son *Los consuelos*, primera colección de sus versos líricos, en los que la influencia de Lord Byron es muy patente. Si su primera obra fue recibida muy fríamente, esta nueva colección logró una fama extraordinaria. Ya en ella son completos los elementos románticos, tales como el subjetivismo, el pesimismo y la melancolía. Al final del tomo escribió unas palabras que resumen sus ideas estéticas: "La poesía entre nosotros—dice—aun no ha llegado a adquirir el influjo y prepotencia moral que tuvo en la antigüedad, y que hoy goza entre las cultas naciones europeas; preciso es, si quiere conquistarla, que aparezca revestida de un carácter propio y original, y que, reflejando los colores de la naturaleza física que nos rodea, sea a la vez el cuadro vivo de nuestras costumbres y la expresión más elevada de nuestras ideas dominantes, de los sentimientos y pasiones que nacen del choque inmediato de nuestros sociales intereses, y en cuya esfera se mueve nuestra cultura intelectual. Solo así campeando libre de los lazos de toda extraña influencia, nuestra poesía llegará a ostentarse sublime como los Andes; peregrina, hermosa y varia en sus ornamentos como la fecunda tierra que la produzca". Aquí se ve bien claro su ideal del panamericanismo literario y la oposición a toda influencia española con la excepción de la lengua.

En 1837 da a la publicidad la mejor de sus colecciones: *Rimas,* donde se encuentran composiciones tan hermosas y dignas como "Al dolor" y, sobre todo su obra maestra, *La cautiva,* en cuyo poema incorpora por primera vez a la pampa, como parte de la naturaleza americana, a la literatura de ese país. La parte descriptiva vale mucho más que la historia de amor que presenta. Da una visión bastante realista del desierto y de su gente. Aunque la versificación octosílaba es en general fluida y expresiva, la inspiración no es sostenida, ya que el genio poético de Echeverría nunca está a la altura de sus buenas intenciones. Sin embargo el poeta es de los primeros en ver material estético de primer orden en lo propio de América. Quizás por eso su obra ganó pronto renombre internacional. La primera edición española se agotó rápidamente y mereció los honores de una segunda, así como de una traducción al alemán hecha por Quillermo Walter (1861). Además, *La cautiva* obtuvo unánimes elogios de la crítica, entre la que hay que citar los juicios de críticos tan notables como Ventura de la Vega (1807–1865) y don Alberto Lista (1775–1848).

Ese mismo año de 1837 fundó la famosa *Asociación de Mayo* que reunió a casi todos los jóvenes románticos argentinos y que contó en sus filas con Mitre, Gutiérrez, López, Alberdi y otros muchos. La Asociación lucharía por el derrocamiento de Rosas y la "regeneración" de la patria. En ella leyó sus "Palabras simbólicas", una especie de declaración de principios políticos de esos jóvenes, inspirados en el liberalismo político y económico. Con estas ideas publicó luego su célebre folleto *El Dogma Socialista,* cuyo adjetivo no debe tomarse al pie de la letra, pues no eran esas las ideas del luchador. Echeverría se convierte en el mentor y guía de la nueva generación política que lucha contra la tiranía. Hacia 1840 la situación política había desembocado en una orgía de sangre, terror y cárcel, no quedando a Echeverría y a sus seguidores otra alternativa que tomar el camino del destierro, que duraría once años. En el exilio escribió muchos versos, completó la doctrina del *Dogma,* así como sus poemas *Avellaneda, El angel caído* y *La guitarra.* Ninguno de estos largos poemas está a la altura de *La Cautiva,* porque en este tiempo las ideas políticas le habían agnado la partida al poeta que había en el autor del *Dogma.*

Por un raro capricho del destino, Echeverría no logra su consagración literaria como poeta o innovador, sino como narrador, al escribir una de las obras maestras de ese género en este Continente. En 1838 Echeverria publicó una obra llamada a ser uno de los clásicos de América. Se trata de *El matadero,* narración de unas treinta páginas que inicia el cuento en la Argentina y ha influído a los más grandes escritores de ficción en Argentina y Uruguay. La acción ocurre durante la Cuaresma cuando hay prohibición de comer carne, pero el tirano Rosas ha enviado cincuenta reses para que coma el pueblo. Al iniciarse la matanza llega un joven unitario en su caballo y en seguida la chusma lo hace presa de su macabro humor. Fingen que también lo van a matar y es tan violenta la broma que al fin sus arterias revientan en un chorro de sangre. Así termina, trágicamente, la escena que aquellas gentes bestializadas habían comenzado como un pasatiempo festivo. El principal mérito literario del breve relato es su carácter simbólico y alegórico. El matadero descrito es realmente toda la nación Argentina bajo la tiranía de Rosas. Las reses son realmente los hombres que el régimen degüella diariamente a través de la "Mazorca", para ahogar todo intento de rebeldía. Aunque el relato está simplemente en esbozo, es en sí una obra maestra, por su estilo suelto, su vigor descriptivo, su poder alegórico y su protesta airada, aunque indirecta, contra el terror, la sangre y la muerte que siembra la dictadura. La obra es una conjugación de elementos románticos y realistas y convierte a Echeverría en precursor del realismo hispanoamericano. También *El matadero* ha servido de antecedente a las modernas corrientes novelísticas representadas por el neorrealismo y el trascendentalismo, por su inmenso poder alegórico.

Echeverría abrió una nueva etapa en la literatura y el pensamiento social, político y literario de su patria y también de la América Hispana y en ese carácter es que se le recuerda profundamente. El gran poeta argentino, Rafael Obligado (1851-1920) lo elogiaba teniendo en cuenta todos esos aspectos:

> Él fue también libertador, guerrero,
> De la lucha más noble. *La Cautiva,*
> Que el sentimiento nacional exalta
> Y su estandarte victorioso ondea,
> Es como Maipo y Ayacucho y Salta,
> El triunfo de una idea. . . .

EL ROMANTICISMO / LA POESÍA

José Mármol y sus "Cantos del Peregrino"

Al morir Echeverría en Montevideo despidieron el duelo el poeta uruguayo Francisco Acuña de Figueroa (1790-1862) y JOSÉ MÁRMOL (1817-1871) que llevaba la representación de los proscritos argentinos en esa ciudad. Desaparecidos Juan Cruz Varela (1794-1839) y Echeverría, se erige Mármol por méritos propios en el poeta más representativo de su generación. Muy justo le viene el título de "verdugo poético de Rosas" que le señalara Menéndez y Pelayo, porque Sarmiento en prosa y él en verso fueron los más furibundos vengadores de la titanía de Rosas. José Mármol nació en Buenos Aires, donde cursó sus primeras letras, ingresando en la Escuela de Derecho para estudiar Jurisprudencia, estudios que no llegó a terminar. Siendo todavía estudiante en la Universidad de Buenos Aires se le detiene y envía a la cárcel por la policía política del dictador, en cuyas paredes escribe sus primeros versos contra Rosas con palitos de yerba mate carbonizados. Habiéndosele hecho muy difícil permanecer por más tiempo en Buenos Aires, dado el terror desatado, Mármol tomó asilo en Montevideo, la "nueva Troya" y en un concurso poético (1841) ganó uno de los galardones, convirtiéndose así en una de las figuras literarias más conocidas del exilio. En 1844 emprendió un viaje de Río de Janeiro a Chile y estuvo a punto de naufragar por una tormenta, viéndose obligado a regresar. Se dice que en ese viaje compuso los doce *Cantos del Peregrino* inspirado en el *Childe Harold's Pilgrimage* de Lord Byron, que es junto a Zorrilla su más sostenida influencia, Por esta época entabla amistad con Alberdi, José María Gutiérrez y conoce a Sarmiento en Río de Janeiro. Más tarde se radica en Montevideo. En él tenemos el caso de una figura literaria que alcanza renombre en el periodismo, en la poesía y la novela, que al propio tiempo participa activamente en las luchas revolucionarias y políticas. Es como si el artista no pudiera sustraerse de los reclamos del ambiente y de su época.

Mármol se distinguió como poeta lírico, novelista y autor dramático, además de su labor como periodista y revolucionario. Entre sus versos son los más famosos aquellos dirigidos a atacar a Rosas. Buen ejemplo es el poema titulado "Rosas, el 25 de mayo de 1850". Estos versos fascinan y deslumbran por su fuerza, sonoridad y vigor, no exentos de cierto énfasis declamatorio propio del género. Sin duda alguna ejercieron una tremenda fascinación en el alma de los desterrados. En 1847 publicó en Montevideo *Cantos del Peregrino*, que es fama escribió en la cubierta del barco cuando el viaje a Chile. La obra no tiene realmente trama: contiene una parte descriptiva de la naturaleza americana del mediodía, así como una parte sentimental "que es como la historia del corazón del proscripto argentino", según dice el propio poeta. Es lo mejor de su obra poética y de él ha escrito Sarmiento: *"El Peregrino.... me ha dejado atónito, espantado, Mármol con la lectura de su poema.... imágenes que van cayéndose y levantándose como el agua que desciende de los Andes".* En 1851 publicó *Armonías*, con cuarenta de sus composiciones políticas y de amor. Tres años después realizó bajo el título de *Poesías* (1854) una reedición de sus poemas. Asimismo escribió y representó dos tragedias de corte romántico, *El Poeta* (1842) y *El Cruzado*

(1851) de gran resonancia en su tiempo, pero de escaso valor actualmente. Como novelista escribió *Amalia*, primera novela argentina, que se clasifica como política, siendo lo más perdurable de su producción.

En 1852 al caer la dictadura, Mármol regresa a la patria. Ya en él había muerto el poeta, el novelista y el literato en general. Ahora la política, la diplomacia y el periodismo absorberán toda su vida. Fue diputado varias veces, colaboró en los mejores periódicos de la nación y realizó importantes misiones diplomáticas. Luego se le dio el cargo de Director de la Biblioteca Nacional. En los postreros años quedó ciego. Murió en 1871 venerado, y querido por el pueblo y con una aureola de fama que pocos hombres de letras han logrado en Argentina.

Desde el punto de vista crítico podemos afirmar que si bien Echeverría recibió toda su influencia del romanticismo francés, la de Mármol procede principalmente de España, por el hilo de Zorrilla cuya técnica métrica imita mucho. Asimismo son patentes las influencias de Lord Byron, del propio Echeverría y de Lamartine. Mármol tenía inspiración, sensibilidad e imaginación líricas, pero su tendencia a la improvisación malogró su estro. Su estilo es por lo general desaliñado e incorrecto, quizás por la premura con que escribía. Sus tres fuentes de inspiración fueron: la naturaleza (el mar, las nubes, los trópicos, la noche); sus sentimientos íntimos (el amor, la amistad, la admiración) y los azares de su patria víctima de una feroz dictadura.

A pesar de la afectación declamatoria, la verbosidad, la retórica y cierta monotonía por la reiteración de los temas, su poesía vale como protesta viril del pueblo argentino contra las fuerzas opresoras que se oponían a la realización del verdadero ideal nacional de libertad y bienestar. El vigor y ritmo de sus versos mantuvo la fe en el retorno en miles de corazones argentinos. El hecho de que todavía hoy sea admirado por el pueblo demuestra que supo interpretar, en un momento aciago, el verdadero ideal de la patria.

Olegario V. Andrade y el porvenir de la raza latina

Muy superior a sus antecesores es OLEGARIO V. ANDRADE (1839-1882) que bien merece el título de cantor de la grandeza y porvenir de este continente y de la raza latina, porque no hay cuerda más potente en su lira que un acendrado panamericanismo. A causa de las luchas civiles sus padres se trasladaron a Brasil, cerca de la frontera argentina, naciendo el poeta en la ciudad de Alegrete, en el estado de Río Grande del Sur. Sus primeros años fueron de relativa pobreza debido a la falta de vinculaciones políticas de su familia. Muy joven dejó el colegio y a los diecisiete años comenzó a ganarse la vida como periodista en periódicos de provincia. Sus grandes poemas no son versos de la juventud, sino de la madurez, ya que empezó a escribirlos cuando tenía alrededor de treinta y seis años. En 1860 se le abrió la oportunidad de trasladarse a Buenos Aires cuando el Presidente Derqui lo nombró su secretario particular, pero su protector fue pronto sacado del poder por un golpe de estado y Andrade tuvo que volver a sus labores periodísticas. Su suerte política cambió bajo la presidencia de Avellaneda, que era su amigo y, sobre todo con el Presidente Roca, que había sido su compañero de clase. Roca lo designó como director de *La Tribuna*, un periódico oficial del gobierno.

Como poeta escoge siempre los temas más grandiosos: la visión cósmica de la naturaleza, los héroes, las montañas, el océano, el destino humano, el genio, las constelaciones, las selvas. Su estilo sobresale por la grandeza y majestad de la concepción y de la alocución poética. Da la impresión de que todo lo pensó y soñó en grande y que deseaba que sus versos fueran tan majestuosos como la propia naturaleza e historia americanas. De aquí su apasionado panamericanismo, no exento de notas exageradas. Aunque sobre asuntos diferentes, este profundo pensamiento sirve de armazón a una obra que tiene una gran unidad: la que le presta su concepción de la raza latina y el futuro de ella y de este continente en general. La grandiosidad de sus concepciones no es nunca hueca, aunque a veces su reiteración llega a ser algo fastidiosa. Su primer gran poema es *El Nido de Cóndores* (1877) escrito en ocasión de la repatriación de los restos del General San Martín, el héroe nacional de la independencia de Chile y Perú, quien había muerto en el exilio en Francia. He aquí muestras de su estilo:

> Pensativo a su frente, cual si fuera
> en muda discusión con el destino,
> iba el héroe inmortal que en la ribera
> del gran río argentino
> al león hispano asió de la melena
> y lo arrastró por la sangrienta arena.
>
> El cóndor lo miró, voló del Ande
> a la cresta más alta, repitiendo
> con estridente grito: ¡Éste es el grande!
> Y San Martín oyendo,
> cual si fuera el presagio de la historia,
> dijo a su vez: ¡Mirad! ¡Ésa es mi gloria!

Su segundo gran poema es *El arpa perdida* (1877), una elegía al poeta Esteban de Luca, que pereció ahogado en un naufragio en 1824. En 1881 otro de sus famosos poemas, *Atlántida. Canto al porvenir de la raza latina en América* ganó el premio de los "Juegos Florales". El poema está dedicado a cantar con sentido que desea ser profético, el futuro de nuestra raza. El poeta ve a la raza de origen latino de América como el gran árbitro del porvenir, como en el pasado lo fueron otras grandes naciones. De ese mismo año es su canto *A Víctor Hugo*, que éste recibió con una simple carta de acuse de recibo, quizás por desconocimiento del idioma español. Andrade considera a Hugo entre los poetas más grandes que ha producido la Humanidad. A Francia la considera "altura donde anida el genio humano". La influencia más notable en el argentino es precisamente el estilo de ese bardo francés.

En esta sucesión de grandes poemas viene *Prometeo* (1877), "un canto al espíritu humano", considerado su poema de más significación y trascendencia. La obra trata de dar una historia de la lucha del hombre de genio, del pensador, por el bien de la raza humana. El escenario es el mismo de la famosa tragedia de Esquilo; pero Andrade introduce ciertas innovaciones respecto al fin del sufrimiento de Titán. Véase la fuerza, majestad y audacia de su estilo:

> Sobre negros corceles de granito
> a cuyo paso ensordeció la tierra,
> hollando montes, revolviendo mares,
> al viento el rojo pabellón de guerra
> teñido con la luz de cien volcanes,
> fueron en horas de soberbia loca
> a escalar el Olimpo los Titanes.

El genio de Andrade es más épico que lírico, aunque sus obras están cruzadas de una serie de imágenes y metáforas líricas de gran plasticidad, expresivas de lo majestuoso de su pensamiento y concepción. El poeta dejó otros veinte poemas menores que aparecieron en los últimos años de su vida. No fue un autor muy fecundo, ya que sus composiciones apenas llegan a treinta. Es notable su poema patriótico *Paisandu*, que dedicó a cantar el heroísmo americano. La composición trata sobre la resistencia uruguaya en la guerra contra el Brasil. Aunque era un poeta fácil y de gran inspiración, le faltaba cultura para la envergadura de los temas que escogía.

El romanticismo en Cuba
Gertrudis Gómez de Avellaneda

Mientras el nuevo movimiento tiene lugar en diecisiete países hispanoamericanos en la etapa inmediatamente posterior a la Independencia, en Cuba y Puerto Rico ocurre en plena dominación española. En la primera hubo un amplio movimiento romántico y le cupo la gloria de producir a Heredia, el primer poeta francamente romántico en las letras hispánicas en general y uno de los primeros escritores americanos en ganar fama en Europa. Sirve de marco histórico al romanticismo cubano el fracaso de las gestiones por representación y autonomía políticas y una sucesión de luchas e intentos separatistas en favor de la independencia que culmina en la primera lucha armada por la libertad, llamada por su duración la Guerra de los Diez Años (1868-1878). La nueva sensibilidad se orientó hacia tres vertientes principales: 1. La creciente hostilidad hacia el régimen español y la consiguiente búsqueda de la libertad política de la Isla. 2. Ascenso del sentimiento nacionalista, reafirmación de lo cubano y anhelo de crear una literatura nacional propia y 3. Ideal de la expresión autóctona representada por las tendencias llamadas "guajirismo", "ciboneyismo" y "nativismo", con que se inicia en América la corriente de la poesía popular, criollista o nativista, que tendrá su cumbre en la literatura gauchesca.

Contrario a lo que podría esperarse, las grandes influencias en el romanticismo cubano no son solamente españolas, sino preponderantemente francesas e inglesas e inclusive alemanas por el lado de Heine y Goethe. Las figuras literarias más grandes que produjo Cuba en esta época fueron: José María Heredia y Gertrudis Gómez de Avellaneda. Generalmente se considera a ésta junto con Gabriel de la Concepción Valdés (Plácido) y Juan Clemente Zenea como los mejores románticos, seguidos de José Jacinto Milanés, Joaquín Lorenzo Luaces y Rafael María de Mendive. Los nombres señeros en la prosa son: José Antonio Saco y José de la Luz y Caballero en la primera etapa y Enrique José Varona más recientemente. En la novela brillaron Cirilo Villaverde, Anselmo Suárez y Romero y Nicolás Heredia a más de la propia Avellaneda.

La única figura en Cuba capaz de discutirle el cetro de la poesía a José María Heredia es la camagüeyana GERTRUDIS GÓMEZ DE AVELLANEDA (1814-1873). Sobre su ubicación nacional se han suscitado las mismas polémicas que alrededor de Juan Ruiz de Alarcón, Gorostiza y otros autores hispanoamericanos que fueron a vivir a España y allí compusieron casi toda su producción. Sin embargo, los cubanos consideran a la Avellaneda como suya y la constante presencia de su patria y de motivos de este continente en su obra son pruebas contundentes para su consideración en esta historia. Nació la gran poetisa en Camagüey, provincia ganadera de Cuba, hija de español y de criolla. Es fama que a los diez años escribió un cuento de hadas titulado "El gigante de cien cabezas". Desde muy joven ganó gran notoriedad como poetisa, siendo considerada como una niña prodigio. A la edad de veintidós años—en 1836—salió para España con su madre y padrastro, rechazando las ventajas de un buen matrimonio. Bien pronto obtuvo prestigio literario en Sevilla, Cádiz y finalmente en Madrid, bajo el seudónimo de "La Peregrina."

La Avellaneda cultivó la poesía, el teatro, la novela y la prosa epistolar y en todos estos géneros dejó obras de mucho valor. En la poesía, tres fueron sus fuentes de inspiración: el amor humano, el amor divino y el amor por el arte. Casi toda su labor poética gira alrededor de este tríptico temático. Su poesía muestra gran maestría técnica así como sinceridad y verdadera emoción en sus versos amatorios y religiosos, con un inconfundible toque femenino. Su obra presenta una variedad y amplitud que no alcanzó ningún poeta cubano. Son notables sus intentos innovadores y sus ensayos polimétricos, que están dentro de lo más interesante y perdurable de su producción. Sus versos tienen valor sicológico y en ellos se acoplan perfectamente la forma y los sentimientos expresados. De 1841 es su primer libro de poesías prologado por Juan Nicasio Gallego, el gran poeta español con grandes elogios para la cubana. La Avellaneda se distingue por la limpieza de su alocución poética, la perfección formal, la gran corrección y maestría en la versificación, donde realizó prodigios, siendo los mejores exponentes la fantasía "La Noche de insomnio y el alba", con versos que van desde dos sílabas hasta dieciséis y la famosa "La pesca en el mar".

Su poema más logrado parece ser "Amor y orgullo", que Marcelino Menéndez y Pelayo incluyó entre "Las cien mejores poesías líricas de la lengua castellana".

También sobresalen "Al partir" (soneto), "A él" (tiene dos composiciones con igual título), "A la poesía", "A la muerte del poeta José María Heredia", "A Washington" (soneto), "A Dios", "Canto a la Cruz", "Dedicación de la lira a Dios", "Al genio poético" y otras. La sensibilidad moderna rechaza algunos de sus versos de tono declamatorio, artificial y efectista, entre los que se cuentan varios de los poemas que más fama le dieron en su tiempo. La poetisa se inició en el neoclacicismo sobre todo de Quintana y Juan Nicasio Gallego, pero luego se abrazó resueltamente al romanticismo.

Más tarde brilló también como autora dramática. En este género se le considera junto a los mejores dramaturgos españoles de este período. Escribió más de veinte piezas: la mayoría son originales, pero también tiene arreglos de obras francesas de Dumas, Maquet, Augier, Lemoine y Soulie. Nos dejó un grupo notable de comedias, entre las que sobresalen: *La hija de las flores o Todos están locos* (1852), *Tres amores* (1858), *La verdad hace apariencias* (1852), *El donativo del diablo* (1852) y varias más. Sus mejores aciertos están en sus piezas dramáticas sobre asuntos nacionales, históricos y bíblicos. Dignos de mención son: *Munio Alfonso* (1844), *El príncipe de Viana* (1844), *Egilona* (1845), *Saúl* (1846), *Recaredo* (1851) y *Baltazar* (1858). Muestra influencia de Alfieri sobre todo en *Saúl*. Su mejor ensayo dramático es *Baltazar*. Por el vigor de su tono, por su técnica y ejecución, por la majestad y originalidad del asunto y la versificación fluida es una verdadera obra maestra. La obra se destaca por su elocuencia trágica y la corrección y buen gusto. Su técnica es neoclásica, pero muy influída por lo romántico del momento.

También cultivó la prosa de ficción y dio a la publicidad seis novelas y nueve relatos o "leyendas". Su novela más apreciada es *Sab* (1841) de carácter abolicionista; de tipo romántico es *Dos mujeres* (1842-43). En *Espatolino* (1844) pinta la vida de un bandolero italiano. La conquista de México le brindó asunto para *Guatimozín, último emperador de México* (1846) con mezcla de historia y ficción. Su última novela fue *El artista barquero*. De gran fama gozaron también sus "leyendas", especie de tradiciones de varios países. Finalmente, merecen mención sus *Cartas*, sobre todo las de amor que dirigió a Ignacio de Cepeda y Alcalde, el gran idilio de su vida. Después de haber logrado extraordinaria fama en Madrid, vino a América en 1859 casada con el Coronel Domingo Verdugo y se le tributó un homenaje apoteósico que culminó con su coronación por el Liceo de la Habana en el teatro Tacón. Más tarde volvió a Madrid, donde murió bastante olvidada de todos.

Gabriel de la Concepción Valdés (Plácido)

De mucha fama gozó en Cuba GABRIEL DE LA CONCEPCIÓN VALDÉS (PLÁCIDO)—1809-1844—que nació en La Habana y murió fusilado por los españoles en la ciudad de Matanzas, Cuba. Era hijo ilegítimo de un mulato criollo barbero y de una bailarina española de Burgos. Su madre lo depositó cuando niño en el "torno" de la Casa de Beneficiencia, donde estuvo poco tiempo. Su padre confió su cuidado a la abuela paterna, quien lo crió con toda libertad. Fue sucesivamente carpintero, tipógrafo y

EL ROMANTICISMO / LA POESÍA

peinetero. En este último oficio logró gran habilidad en la confección de objetos de carey, muy de moda en ese tiempo. Escribió muchos versos de encargo y recorrió toda la isla de pueblo en pueblo recitando sus versos y viviendo muy malamente sin dinero y sin medios. No tuvo ninguna cultura formal y la que adquirió fue através de sus lecturas de obras de Martínez de la Rosa, Quintana, Gallego y Zorrilla. Sentía una profunda admiración por Quintana. Siendo muy joven se trasladó a Matanzas y allí publicó su primer libro de versos. Dos años después hizo una edición de sus poesías. En 1844 se le acusó de ser participante de la llamada "Conspiración de la Escalera"—rodeada de gran misterio, pues hasta se supone que fue sólo un ardid de las autoridades para deshacerse de enemigos—muriendo fusilado. En pocos autores ha estado la crítica tan dividida como en éste: hay los que le niegan todos los méritos y los que se exceden en elogios para su producción y le perdonan todos sus defectos en nombre de su falta de cultura formal. Ya hoy en día existen, sin embargo, juicios bastante serenos sobre el notable poeta cubano que lo catalogan como un poeta inconsistente, en el sentido de que junto a verdaderas joyas poéticas, se encuentran multitud de versos vulgares, incorrectos, de circunstancias y de poco valor en general. También se nota que carece de sentido de la intimidad en el verso. Lo superior en él es la plasticidad, como lo demuestran sus versos descriptivos y su musicalidad, presente en las "letrillas" y romances. Plácido ganó enorme fama por su condición social, por su ejecución y otras circunstancias que rodearon su vida y por un corto número de poemas a los que logró imprimirles gran valor estético. Tres sonetos suyos merecen ser estudiados: "El juramento", "A la muerte de Jesucristo" y, sobre todo, "La muerte de Gesler" desarrollado con mucho sentido poético. También es notable el titulado "A una ingrata". Sus letrillas están llenas de ingenio y gracia y las más famosas son: "La flor del café", "La flor de caña", y "La flor de la piña". La primera es la mejor y comienza:

> Prendado estoy de una hermosa
> por quien la vida daré,
> si me acoge cariñosa,
> porque es cándida y graciosa
> "como la flor del café"

Se considera que escribió tres composiciones en prisión: "Adiós a mi lira," "Despedida a mi madre" y la famosísima "Plegaria a Dios", que según la tradición iba recitando cuando lo llevaban al patíbulo para ser fusilado. Dio muestras de valentía en los últimos momentos de su vida. La "Plegaria a Dios" es una de las poesías más conocidas de la lírica hispanoamericana:

> Ser de inmensa bondad, ¡Dios poderoso!
> a vos acudo en mi dolor vehemente . . .
> ¡extended vuestro brazo omnipotente,
> rasgad de la calumnia el velo odioso;
> arrancad este sello ignominioso
> con que el mundo manchar quiere mi frente!

Se situó al lado de los grandes autores de romances españoles con los titulados "Cora", inspirado en "Los Incas", novela de Marmontel, "El pajarillo" y, principalmente "Jicotencal", de gran sentido musical y rítmico. Es el que comienza:

> Dispersas van por los campos
> las tropas de Moctezuma,
> de sus dioses lamentando
> el poco favor y ayuda. . . .

En general sus versos expresan su protesta contra la opresión, las injusticias y la tiranía, con lo cual sigue una tendencia general del romanticismo hispanoamericano. Asimismo cultivó el panamericanismo literario en versos en que canta al indio y demás aspectos de este continente. Buen versificador, con sentido de la armonía y de las imágenes. Posiblemente el gran improvisador que había en él, junto a las circunstancias especiales en que se desenvolvió malograron a un gran poeta natural.

La primera generación romántica de Colombia
José Eusebio Caro

El romanticismo llegó a Colombia a través de Venezuela, produciendo un verdadero renacimiento de las letras, cuya calidad no cede ante ninguna otra de la América Hispana. Este avivamiento intelectual y cultural se nota no sólo en el cultivo de casi todos los géneros literarios—poesía, novela, costumbrismo, teatro, ensayo—sino también en la gran profusión de asociaciones literarias y periódicos, que contribuyeron al auge literario y lo animaron en forma extraordinaria.

El primer gran poeta en los albores del romanticsimo colombiano es JOSÉ EUSEBIO CARO (1817–1853). Nació en Ocaña, de antigua familia de abogados andaluces y murió en Santa Marta (Magdalena). A los trece años quedó huérfano, hecho que tuvo mucho que ver con su carácter y su poesía. Su educación corrió a cargo de su abuelo don Francisco Javier, humanista de renombre y el futuro poeta se vio obligado a trabajar muy duro desde joven. En el Colegio de San Bartolomé estudió filosofía y jurisprudencia, pero dejó su carrera por el periodismo. A partir de 1840 su vida estaría dedicada casi por completo a las luchas políticas. Las doctrinas positivistas y utilitaristas de Comte y Bentham, entonces en boga, hicieron transitorio efecto en su espíritu, pero luego evolucionó hacia el catolicismo y el conservadorismo al igual que su amigo José Joaquín Ortiz. Con éste fundó en 1836 el periódico literario *La Estrella Nacional* y al año siguiente inició sólo *El Granadino,* órganos de repercusión en la cultura y la conciencia colombianas. Participó en la revolución liberal separatista de 1840 y cinco años después era Diputado al Congreso colombiano. Luego ocupó los cargos de Director de Crédito Nacional y Ministro de Hacienda, a cuyos cargos llevó sus ansias renovadoras. Pero estos eran tiempos de gran anarquía y de luchas violentas de facciones. En 1850 acusó de fraudulenta la elección del General José Hilario López, por lo que tuvo que asilarse en los Estados Unidos.

Aquí vivió en el exilio hasta 1853 en que pudo regresar a Colombia para morir días después de fiebre amarilla.

Caro fue un idealista inflexible y serio, un hombre de acrisolada integridad moral, cuyos principios no le permitieron nunca tomar ventaja personal de las posiciones que ocupó. Era un temperamento romántico nato, por su rebeldía e independencia, por la ardiente y valerosa defensa de la libertad política y de conciencia y la oposición tenaz al desorden y la tiranía. Se distinguió como orientador, periodista, político, polemista y poeta y en todos estos campos dejó una obra admirable. Su indiscutible genio lírico lo coloca entre los grandes poetas hispanoamericanos de este momento. De 1834 es su poema "Lara o los Bucaneros", con influencia de Lista y de Byron. Su amigo el poeta José Joaquín Ortiz publicó sus *Poesías* en Bogotá, en 1837, entre las que se destacan: "En boca del último Inca", la oda "La libertad y el socialismo", de magnífica inspiración lírica. "El hacha del proscrito", "Desesperación," "Despedida de la patria", "En alta mar", "El bautismo", "Una lágrima de felicidad", "La hamaca del destierro", "Estar contigo", "Mi juventud", "La silva," "El ciprés", "Dolor y virtud" y otras. Sus versos son bravíos y tempetuosos como su alma. Temperamento violento, así nacen marcados muchos de sus versos. Hombre luchador y polémico, así es también su poesía. Su estilo es vigoroso, lleno de fuerza y de poder, pero nunca exento de reflexión y de lirismo, pues el alma del poeta está siempre presente en él. En pocos poetas hispanoamericanos hay la profundidad en el pensamiento que mostró Caro, pues generalmente en cada verso expresa una idea profunda.

Aunque generalmente no imita a nadie, conocía muy bien a los poetas ingleses, cuya lengua dominaba, especialmente a Byron y a Pope y entre los españoles a Martínez de la Rosa, Quintana, Lista, Gallego y Arriaza. De los franceses, aunque familiarizado con poetas y pensadores, prefería a Lamartine. Escribe con pasión y siempre con sentido filosófico y su preocupación social y moral es siempre profunda. Es quizás el más radical innovador romántico de la métrica en América, al punto de que en muchos aspectos se adelantó y sirvió de precursor de los modernistas. En uno de sus poemas más famosos, "En alta mar", ensayó el hexámetro clásico que luego usaría Darío en "Salutación del optimista":

> ¡Céfiro! ¡rápido lánzate! ¡Rápido empújame y vivo!
> Más redondas mis velas pon: del proscrito a los lados,
> ¡haz que tus silbos susurren dulces y dulces suspiren!
> ¡haz que pronto del patrio suelo se aleje mi barco!

También empleó con frecuencia el eneasílabo, tan usado luego por Darío. Es el verso en que el nicaragüense escribió su "Canción de otoño en primavera", en la cual imita la última estrofa del poema de Caro titulado "Estar contigo":

> Mientras tenemos despreciamos,
> sentimos después de perder;
> y entonces aquel bien lloramos
> que se fue para no volver!

Otro de sus ensayos métricos fue el uso del tetrasílabo que imitó a doña Gertrudis Gómez de Avellaneda, otra romántica amante de los intentos polimétricos. A don José Eusebio se le ha acusado de monotonía, de falta de flexibilidad, de rudeza, pero en un balance general de sus méritos y defectos, aparece como uno de los grandes poetas de Colombia, con proyección continental.

La segunda generación: Gregorio Gutiérrez González y Rafael Pombo

Gregorio Gutierrez González. Consolidado el romanticismo en Colombia inmediatamente surge una nueva promoción de poetas, que abre un bardo realmente original, GREGORIO GUTIÉRREZ GONZÁLEZ (1826–1872), conocido por su seudónimo de "Antioco" y por "las tres ges". El notable poeta romántico nació en la Ceja del Tambo (Antioquia) y murió en Medellín. De joven fue de salud enfermiza y delicada. Se dice que cuando pasaba por frente de la casa de la mujer amada, le daban temblores. Realizó sus estudios en el Seminario de Bogotá y en el Colegio de San Bartolomé. Tuvo contacto con los nuevos literatos con fiebre romántica y que sólo hablaban en verso. Llegó a doctorarse de Abogado, pero su cultura en general no fue realmente extensa. Ocupó el cargo de juez municipal y repetidas veces bancas de Diputado y Senador. En los últimos años de su vida sufrió reveses de la fortuna y murió muy pobre, pero venerado por el pueblo que lo considera todavía hoy como "su" poeta. Su región natal es una zona muy montañosa, áspera y bravía; muy difícil de cultivar por lo inaccesible del terreno, pero también tiene paisajes realmente idílicos que parecen transportar el alma a otras regiones y edades. Los poetas que más influencia ejercieron sobre él son los venezolanos Martín y Lozano, los españoles Espronceda y Zorrilla, los franceses Dumas, Nodier, Sue y Lamartine y los ingleses Scott y Byron. Muchas de las imágenes líricas y los temas de Gutiérrez González aparecerán luego en Bécquer aunque no parece posible que el sevillano conociera la obra del antioqueño.

Escribió dos tipos de versos: poesías líricas amatorias y poesías descriptivas. En las primeras canta al amor con delicadeza, sencillez y ternura. Hay sobriedad en la emoción, así como frescura en los sentimientos y espontaneidad en la inspiración. Es siempre poeta dulce y melancólica. En estos versos expresa un alto concepto de la mujer y el amor siempre es suave, lleno de armonía y serenidad. Quizás su más famosa composición de este tipo, "A Julia", tiene estos versos:

> Y como ruedan mansas, adormidas,
> juntas las ondas en tranquila mar,
> nuestras dos existencias, siempre cuidas
> por el sendero de la vida van....
>
> ....
>
> Son nuestras almas místico ruido
> de dos flautas lejanas, cuyo son
> en dulcísimo acorde llega unido
> de la noche callada entre el rumor;

> Cual dos suspiros que al nacer se unieron
> en un beso castísimo de amor,
> como el grato perfume que esparcieron
> flores distantes que la brisa unió. ...

Otras composiciones famosas son: "Una lágrima", "Auras", "¿Por qué no canto?" "A dos amigos el día de su matrimonio", que recuerda a Lamartine como "A Julia" recuerda la "Isabel" de Byron; "Tristeza" segunda parte de los "Fragmentos de la vejez"; "La desgracia", "A un niño expósito", "Las dos noches", "Al señor Aquiles Malvasi", que expresa su emoción ante la música y muchas más. Los versos de amor de Gutiérrez González han llegado a gozar de gran popularidad en toda Colombia. El pueblo los aprende de memoria y los recita porque los siente como algo suyo. Ningún poeta, salvo quizás Julio Flores, ha gozado de tanta popularidad. También tiene traducciones de poetas ingleses, franceses y alemanes.

Sin embargo, la gloria literaria de Gutiérrez González descansa, sobre todo en un poema muy "sui generis" que el autor tituló *Memoria sobre el cultivo del maíz en Antioquia* (1866) que consta de 632 versos endecasílabos asonantados, 58 cuartetas y 4 capítulos. El poeta la presenta como una "memoria científica" para ingresar en una asociación cultural, pero sus verdaderas intenciones eran las de narrar todas las operaciones necesarias para el cultivo de ese producto. Combina en forma admirable las descripciones de la naturaleza con los cuadros de la vida campesina, de las tierras, de las labores agrícolas (la quema, las rancherías, recolección de los frutos, cuidado de las siembras y quema de las rozas) hasta que la planta sirve de manjar al pueblo. Se detiene en los árboles, terrenos, vestidos, desmontes y demás operaciones. Es el canto al hombre del campo americano, pues escogió un producto que es básico en la economía de estos países desde las civilizaciones indias. He aquí como describe las operaciones de limpieza del terreno:

> Buscando en donde comenzar la roza,
> de un bosque primitivo la espesura
> treinta peones y un patrón por jefe
> van recorriendo en silenciosa turba.
>
> Vestidos todos de calzón de manta
> y de camisa de coleta cruda,
> aquél a la rodilla, ésta a los codos
> dejan sus formas de titán desnudas.
>
> El sombrero de caña con el ala
> prendida de la copa con la aguja,
> deja mirar el bronceado rostro
> que la bondad y la franqueza anuncia.

Las imágenes son a veces de una belleza sorprendente:

> Todo queda en silencio. Acaba el día,
> todo en redor desolación anuncia.
> Cual hostia santa que se eleva al cielo,
> se alza callada la modesta luna.

He aquí la pintura magistral de la operación llamada "desmonte":

> A dos manos el hacha levantando,
> con golpe igual y precisión segura,
> y redoblando golpes sobre golpes,
> cansan los ecos de la selva augusta.
>
> Anchas astillas y cortezas leves
> rápidamente por el aire cruzan;
> a cada golpe el árbol se estremece,
> tiemblan sus hojas, y vacila, y duda.

El largo poema tiene algunos pasajes chabacanos con versos prosaicos, pero éstos son los menos y no llegan a dañar el conjunto que en general es admirable. También se le ha criticado que la composición es a ratos difícil de leer porque tiene muchas expresiones dialectales. El poeta, sin embargo tenía el don de dar valor poético y artístico a las cosas más simples, cotidianas y rudas. Sabe transformar el cuadro de las actividades agrícolas en un cuadro estético donde priva el realismo y la exaltación del hombre del campo. En el poema hay "sabor y color locales", tan caros al romanticismo y verdadero panamericanismo literario. Su estilo tiene una encantadora simplicidad y limpieza; pero al propio tiempo lleno de gracia y vigor. Supo llevar el detalle al parecer trivial al verso, con galanura y fuerza expresiva. Al poema se le llama "las Géorgicas colombianas", pero nos parece ver más realismo en él que en la obra de Virgilio.

La poesía de Gutiérrez González tiene gran valor americanista por el fuerte sabor regional que sabe imprimirle, siempre con elevación poética, aun cuando describa lo más simple, trivial y antipoético. La nota de la naturaleza a que tan aficionados fueron nuestros románticos es la que más sonora y firme vibra en su lira. Es, sin duda alguna, uno de los poetas mayores hispanoamericanos dentro de la estética romántica.

Rafael Pombo. Cerramos este rápido panorama del romanticismo colombiano con la figura de RAFAEL POMBO (1833-1912) que por su longevidad despide el movimiento y muere cuando ya también comenzaba a declinar el modernismo. Poeta de extraordinaria versatilidad, talentos y fecundidad. Era natural de Bogotá y pertenecía a una distinguida familia. Escribió sus primeros versos a la edad de diez años y los últimos a los setenta y nueve, siendo un caso casi único en nuestras letras. Se le considera el poeta más completo que ha dado Colombia y uno de los románticos mayores del continente. Hizo estudios de humanidades y en el Colegio Militar se graduó de doctor en matemáticas e ingeniería, pero siempre se dio por completo al cultivo de las letras. Permaneció en los Estados Unidos por más de veinte años, siendo Secretario de la Legación de su país en Washington y Cónsul en Filadelfia, lo que le facilitó sus estudios de las literaturas inglesa y norteamericana.

A su regreso a Bogotá pasó el resto de su vida como educador, crítico de arte, editor de revistas y dedicado a su labor de poeta. Sus colaboraciones en revistas y periódicos nacionales y extranjeros le ganaron una amplia reputación en España e Hispanoamérica. El 20 de agosto de 1905 su país lo coronó como "el primer poeta laureado" en un acto apoteósico. Su fealdad física recuerda la de Gutiérrez Nájera, pero como éste tenía una exquisita sensibilidad artística y una viva fantasía creadora. Su enorme obra literaria comprende poesías originales y traducciones, cuentos, fábulas y crítica literaria y de arte. Ha sido uno de los poetas más fecundos de la lengua castellana, pues dejó más de cuatrocientas poesías sin contar sus otras obras. Su estilo recorre un amplio itinerario que va desde el romanticismo sensiblero de los primeros años al de la protesta rebelde y vigorosa, para terminar en una poesía en que sobresalen la meditación filosófica y la remembranza nostálgica. Sus versos presentan gran variedad, porque expresan la gama de sus complejos estados anímicos. En ellos se canta al amor, la adoración de la naturaleza, la soledad, el destierro, el abandono, la visión de la muerte. Junto a éstos se encuentran los expresivos de rebeldía política así como aquéllos con una más risueña contemplación de la vida con asomos de humorismo e ironía, ya que solía pasar fácilmente de lo serio a lo trivial, del ensimismamiento a la exaltación, de lo triste a lo alegre.

Entre su vastísima producción lírica han ganado mucha fama: las sesenta y una décimas de "La hora de tinieblas", que recuerda el monólogo del Segismundo de *La Vida es sueño*; "El bambuco", "El valle", "¡Siempre!", "De noche", (que es su testamento filosófico y poético), "En la boca de la eternidad", "Edda", "Elvira Tracy", "Angelina", "Fonda libre", "En el niágara", "Preludio de primavera", "Las norteamericanas de Broadway", con una nota de color y frivolidad, "Todo por mi patria", "Cadena", (vertida al inglés por Longfellow), "Serenata" y muchas más. De sus composiciones pocas logran el valor estético del soneto "De noche", que constituye una obra maestra:

> No ya mi corazón desasosiegan
> las mágicas visiones de otros días.
> ¡Oh patria! ¡oh casa! ¡oh sacras musas mías!...
> ...¡Silencio! Unas no son, otras me niegan.
>
> Los gajos del pomar ya no doblegan
> para mí sus purpúreas ambrosías;
> y del rumor de ajenas alegrías
> sólo ecos melancólicos me llegan.
>
> Dios lo hizo así. Las quejas, el reproche
> son ceguedad. Feliz el que consulta
> oráculos más altos que su duelo!

> Es la vejez viajera de la noche;
> y al paso que la tierra se le oculta,
> ábrese amigo a su mirada el cielo.

También sabía pulsar la vena humorística, como en "La pobre viejecita", donde una anciana que dice carecer de todo, en realidad nada le falta:

> Érase una viejecita
> sin nadita que comer,
> sino carnes, frutos, dulces,
> tortas, huevos, pan y pez.

Hizo más de doscientas traducciones de poesías inglesas, francesas, alemanas, italianas, portuguesas, sagradas, griegas, latinas y de autores tan variados como Homero, Horacio, Virgilio, Bryant, Byron, Longfellow, Tennyson, Lamartine, Heredia, Leopardi, Goethe, Shakespeare, Víctor Hugo y otros. Se asemeja mucho a Leopardi en el sentimiento de algunas de sus poesías.

También dejó *Cuentos pintados y cuentos morales para niños formales* (Nueva York, 1854), *Florinda*, ópera mayor española (1880); *Fábulas y verdades* (1916). Sus cuentos y fábulas escritos en ritmo sencillo para mentes infantiles han enriquecido el folklore hispanoamericano y todavía hoy se encuentran en libros dedicados a los niños. También fue un notable crítico, tanto de literatura como de las demás bellas artes, demostrando a cada paso su amplia cultura, su sensibilidad en la apreciación y serenidad de juicio.

Como poeta ejerció un influjo no superado por nadie en las letras colombianas, comparable a la ejercida por Hugo y Musset en Francia, Zorrilla y Bécquer en España y Byron en Inglaterra. Son características de su poesía el esmero y el cuidado en la forma y en lo interno un hondo pesimismo y sentimentalismo, una vaga impresión de soledad, abandono e indefensión. Se abrazó a aquel romanticismo que tendía hacia la adoración de la naturaleza y de la mujer y a la expresión nostálgica y pesimista del alma frente al universo y al arcano. Su poesía tiene un tono personal e íntimo inconfundible, en que el autor vacía como en confidencias los estados anímicos y sus conflictos sicológicos. Su genio sabía convertir la realidad circundante en símbolos de lo eterno y profundo y apresar la armonía y relación entre todo lo creado. Su poesía muestra inquietud por el arcano, incertidumbre ante la vida y Dios, siempre con un dejo de dolor y tristeza.

La generación de 1867 en el romanticismo mexicano
La poesía de Manuel Acuña

El romanticismo coincidió en México con la profunda inquietud política y revolucionaria que se gestó en el ambiente de anarquía posterior a la Independencia. A más de la lucha de facciones por el control político, la había entre "federalistas" y "centralistas" y de más carácter ideológico entre conservadores y liberales. En 1823 se proclama la primera Constitución y se establece la República, la que también cae, inaugurándose así la "Era del General Santa Anna", porque este militar detentó el poder por cerca de 30 años. En 1846 comenzó la llamada "Guerra con los Estados Unidos" (1846-1848). En el período que va desde 1855 a 1910 el liberalismo derrota al conservadorismo, toma el poder político e introduce grandes reformas de tipo liberal, sobre todo orientados por Melchor Ocampo y Benito Juárez, líderes surgidos de la clase media del país. En 1862 se produce la invasión de México por fuerzas francesas y se organiza el segundo Imperio (1862-1867) con Maximiliano de Austria y Carlota. Juárez, con la ayuda de los Estados Unidos derrota y fusila al Emperador y reasume la presidencia hasta 1872. Después viene la "Era de Porfirio Díaz" (1875-1910), verdadero régimen oligárquico y conservador. En todo este proceso, la mayoría de los románticos estuvieron al lado de la causa liberal e inclusive pelearon contra la intervención francesa.

También en México sirvió el romanticismo para animar la actividad literaria con el cultivo de todos los géneros literarios. La principal característica de la poesía mexicana de esta época es la coexistencia de la corriente romántica con notables poetas clásicos. El romanticismo comenzó por la poesía lírica, pero bien pronto se extendió a todos los géneros literarios. Existen dos generaciones románticas en las letras mexicanas. Los verdaderos iniciadores del romanticismo fueron Fernando Calderón (1809-1845), Ignacio Rodríguez Galván (1816-1842), Guillermo Prieto (1818-1897), miembros de la primera generación. A la segunda promoción—mucho más valiosa—se le ha llamado "generación de 1867" y a ella pertenecen Ignacio Manuel Altamirano (1834-1893), Manuel Acuña (1849-1873), Manuel M. Flores (1840-1885) y Juan de Dios Peza (1852-1910).

Ningún poeta hispanoamericano simboliza el romanticsimo amoroso y sentimental como MANUEL ACUÑA (1849-1873), quien junto con Manuel M. Flores gozó de extraordinaria fama, no tan sólo en México sino en América y España. Nació en Saltillo, estado de Coahuila, pero en 1865 se trasladó a la ciudad de México e ingresó en la Escuela de Medicina. Debido a estos estudios y a las ideas en boga se convirtió a las ideas materialistas y escépticas de la época. Su escepticismo, ateísmo y materialismo están elocuentemente expresados en su oda "A la Sociedad Filoyátrica en su Institución":

> ¡Mentira el más allá! ¡Mentira el alma
> que el retroceso impuro
> hace nacer, llamando lo futuro,
> del triste cementerio con la calma!

A pesar de estas exaltaciones naturalistas, era un alma infantil, candorosa y sensible. Era un carácter enfermizo y sentimental e ideológicamente un escéptico y pesimista. Sus ideas, su temperamento y sus desgracias amorosas lo condujeron a llevar una vida infeliz y desesperada. Acuña es el primer mexicano en quien asoma un gran poeta, que no pudo cristalizar porque le faltaron estudios y cultura y, sobre todo, más años de vida. Su poesía se caracteriza por la exaltación, la hondura lírica y el pesimismo. Sus influencias más constantes son Hugo, Heine, Espronceda y Campoamor.

Hay un pasaje romántico en su vida que parece ser el que lo llevó al suicidio. Rosario de la Peña era una de las mujeres más hermosas de su tiempo en México y al mismo tiempo gustaba de la literatura y de verse rodeada de galanes escritores. Acuña quedó locamente enamorado de la extraordinaria mujer, que al parecer se inclinaba por Ignacio Ramírez o quizás por el cubano José Martí. Debido a estos amores del poeta ya a Rosario se le llamaba "la de Acuña". Esta desilusión amorosa parece que fue la última gota en su desesperación, que lo condujo a cometer suicidio cuando sólo tenía veinticuatro años, pues ya había perdido toda voluntad de seguir viviendo. Entre sus obras las hay dramáticas como la pieza romántica *El pasado* estrenada en 1872 que apenas merece esta mención y un tomo de versos, de los cuales muchos son autobiográficos. Sus poemas son generalmente amorosos y filosóficos, aunque cultivó también la vena humorística, como en "Rasgo de buen humor" y la "Letrilla". Sus buenas poesías no pasan de una media docena, siendo las realmente antológicas "Ante un cadáver" (1872) de vigorsa inspiración y hondura filosófica y el "Nocturno" (1873) dirigido a Rosario. El primero es expresivo de sus creencias y sorprende como el genio lírico de Acuña supo convertir en material de valor estético ideas de un materialismo tan feroz y un cuerpo inerte en la sala de disección. Parece que el "Nocturno" fue la última composición del poeta. Tiene la vehemencia, la angustia, la emoción sincera y la desesperación de un alma infantilmente sensible ante un amor imposible y desventurado, que lo conduce al más cerrado fatalismo. Pocos poemas han logrado la difusión de éste en toda la América Hispana y aun en España. Es como un himno de los enamorados de todos los tiempos. Otras poesías notables de Acuña son: "Entonces y hoy", "Adiós", "Vida del campo", "Lágrimas", "A la luna", "El hombre y la ramera" y "Hojas secas" con influencia de Heine.

Sus versos no están exentos de muchos prosaísmos, vulgaridades, desaliño, incorrecciones y prácticas que van contra el buen hablar y decir. Junto a su indiscutible genealidad abundan muchos versos feos, defectos que no aparecen en sus obras maestras citadas. Acuña es más grande por lo que hay que imaginar que hubiera llegado a ser, que por su valor intrínseco. Así y todo es uno de los grandes poetas de México y quizás el más famoso.

Caracteres del romanticismo venezolano
Sus dos poetas más sobresalientes: José Antonio Maitín y
Juan Antonio Pérez Bonalde

Vivió Venezuela en esta época la misma álgida sucesión de dictaduras y caudillos que amamantaban la anarquía y la lucha entre las fuerzas de los jerarcas de las oligarquías conservadoras y los liberales. Claro que unos y otros eran más o menos lo mismo cuando tomaban el poder. En este clima se desarrolló y orientó el movimiento romántico venezolano, que no fue tan rico como el de otros países, de los cuales también se diferencia porque la influencia que se acentúa es la española—Zorrilla, Espronceda, Bécquer, Pastor Díaz—e inglesa y alemana y muy tenuemente la francesa. Es la literatura de más fuerte influjo germánico a través de Heine. Todo hace indicar que el romanticismo cubano influyó mucho en Venezuela, sobre todo por la visita de José Martí en 1881. La nueva sensibilidad produjo también un gran florecimiento de la literatura del país, constituyendo el antecedente obligado del renacimiento que tendrá en el siglo XX. También aquí se distinguen dos promociones: los llamados "románticos del 40" o primer romanticismo y los "románticos del 70" o segunda generación, que le abrirá el camino, por un lado al realismo (en la prosa) y por otro al modernismo en el cambio total de estética. El primero es romanticismo en general de exclamaciones, de lágrimas y cementerios; en el segundo lo literario se purifica y se logra una visión certera de lo nacional (costumbrismo, tradicionalismo) y un lirismo sincero y profundo (Maitín, Pérez Bonalde).

José Antonio Maitín. En el período de 1840 a 1860 no hubo poetas más populares en Venezuela que JOSÉ ANTONIO MAITÍN (1814–1874) y Abigaíl Lozado (1821–1866) seguidos quizás de Domingo Ramón Hernández. De éstos el único que ofrece interés continental por los valores de su obra, es el primero. Nació en Puerto Cabello, Venezuela, pero recibió su educación en La Habana, a donde la familia tuvo que imigrar por razones políticas. Aquí conoció al poeta colombiano José Fernández Madrid. Ocupó la Secretaría de la Delegación de Venezuela en Londres, pero en 1834 abandonó la carrera diplomática debido a la nostalgia que sentía por la patria ausente. Vivió casi sin interrupción en un bello, apacible y pintoresco pueblecito marino del Pacífico nombrado Choroní; de aquí que se le llame "el poeta de Choroní". Este lugar tiene mucha importancia en la manera blanda de su poesía descriptiva de la naturaleza. Está considerado el segundo poeta romántico de Venezuela, únicamente superado por Juan Antonio Pérez Bonalde. Su influencia más directa fueron los románticos ingleses y a partir de 1841, Zorrilla.

Sus obras pueden dividirse así: *composiciones de sentimiento* como "El Canto fúnebre a la memoria de la señora Luisa Antonia de Maitín", dedicado a su esposa después de su muerte; "El hogar campestre" y otras; *Leyendas o cuentos en verso:* "El Máscara" y "El Sereno", exitosas en su tiempo, pero insípidas para el gusto de hoy; *poesías descriptivas:* como "Las orillas del río", que se caracterizan por su serenidad, por su limpieza y claridad, a más de su tono blando y plácido, lleno de colores y movimiento, como la naturaleza que describe. En 1835 y 1836 escribió, sin éxito alguno, dos tragedias al estilo clásico. En 1851 publicó *Obras Poéticas de José A. Maitín*, en Caracas.

Su poema más notable es "El canto fúnebre", fina elegía formada de dieciséis composiciones líricas. Se destaca por la verdadera sinceridad de sentimiento y hondura de emoción, como si el poeta buscara alivio a su dolor mediante la expresión externa de su tristeza y soledad. El poema conmueve realmente porque Maitín lo escribió para expresar su gran dolor y sin ánimo de crear una obra de arte. Es buen ejemplo de la poesía íntima y familar que Maitín fue uno de los primeros en cultivar con éxito en nuestra lengua. Su índole tierna y dulce aparece cuando presenta detalles caseros, como cuando el poeta describe la forma en que la esposa dejó el lecho, o la tela o la labor de coser:

> Aquí, sobre la mesa,
> yace en olvido triste y descuidado,
> la tela para mí tan conocida,
> por sus hábiles dedos hilvanada.

Maitín sabe transmitir al lector la intensidad de su dolor, frente a lo irreparable, en forma sencilla e íntima, sin patetismos ridículos. Junto a la expresión lírica de su tristeza por la pérdida del ser querido, expresa meditaciones filosóficas sobre la vida, su transitoriedad y la muerte. Asimismo nos hace sentir pena por el abandono y soledad en que lo ha dejado la desaparición de la esposa. Tampoco faltan a esta composición elegíaca las remembranzas y descripciones de la naturaleza: sentimientos íntimos y paisaje están íntimamente ligados en una unidad que propende a hacer más profundo y legítimo el sentimiento y el dolor. Es muy difícil hallar en esta época una elegía que supere a ésta en el lirismo, la sencillez y la emoción conmovedora. Así termina la composición:

> Adiós, adiós. Que el viento de la noche
> de frescura y de olores impregnado,
> sobre tu blanco túmulo de piedra,
> deje pasar, su beso perfumado;
> que te aromen las flores que aquí dejo;
> que tu cama de piedra halles liviana.
> Sombra querida y santa, yo me alejo;
> descansa en paz. . . . Yo volveré mañana.

Juan Antonio Pérez Bonalde. Hacia el final de la década del setenta se produjo en nuestra literatura una intensa tendencia germánica y filosófica, iniciada en la española por Gustavo Adolfo Bécquer. Uno de los más grandes representantes de esa orientación—con trasuntos también de la poesía inglesa—es JUAN ANTONIO PÉREZ BONALDE (1846-1892) el más alto lírico venezolano del siglo XIX y uno de los primeros de la literatura hispanoamericana. En la generación del 70 alcanza enorme influencia el estilo de Martí en la prosa y el verso de Pérez Bonalde entre los poetas jóvenes. Pérez Bonalde es uno de los hispanoamericanos de más amplio horizonte espiritual: viajero incansable, vive en Europa y los Estados Unidos y llega a dominar a la perfección el inglés, el alemán y el francés. Deja a un lado a los modelos españoles aunque la sombra de Heredia lo persiga, y se adentra por los grandes artistas de la segunda generación romántica: el alemán Heine y el norteamericano Poe. De aquél adquiere su poesía cierto tono elegíaco, gris y filosófico a lo nórdico; de éste apura lo musical, la fantasía, el sueño.

Sus obras pueden dividirse en dos grupos: las traducciones, como la que hiciera del *Buch der Lieder* (Cancionero o Lieds) de Henrique Heine, en cuyos versos conserva el acento, ritmo y las ideas del original. Esta poesía nórdica, matizada de neblinas, misterios y leyendas tendría luego una gran influencia en sus versos originales. También nos dejó una traducción de "El Cuervo" de Edgar Allan Poe (1809–1849), posiblemente la mejor que existe en español. En esta versión se conserva lo fatídico, fantástico y lúgubre del célebre poema. Sus poesías originales aparecen en sus colecciones *Estrofas* (1877) y *Ritmos* (1880) y en ellas encontramos versos domésticos u hogareños, muy en boga en este tiempo, cantos a la naturaleza y muchas de tipo filosófico.

Sus poemas más famosos son el canto "Al Niágara" (1880), que es una de las composiciones en que descansa su gloria literaria. En ella trata de imitar a Heredia en su visión del famoso e imponente torrente. Son notables sus descripciones y también la inquietud filosófica que expresa frente a la catarata, como si su contemplación le fuera arrancando las preocupaciones del alma. Le hace tres preguntas al torrente, las cuales son contestadas por el eco: "Genio terrible del torrente, ¿a dónde va el hombre mortal?" es la primera pregunta, a la que el eco responde: "a la tumba". ¿Es la tumba el fin, qué queda, permanece?"—"Nada" es la única respuesta." Entonces, ¿por qué la lucha? ¿No conocerá el hombre jamás el secreto de ser?"—"Nunca", responde el eco categóricamente. El poema de Pérez Bonalde no llega a superar a Heredia. José Martí, autor del prefacio de la segunda edición, dice: "Te diré que ha medido —Pérez Bonalde—su fuerza con un gigante (se refiere a Heredia) y no ha salido herido, sino con la lira en sus hombros y con algo como una aureola de triunfo en su frente. No preguntes más porque es suficiente prueba de grandeza haberse atrevido a medir uno sus fuerzas con un gigante".

En el grupo de poesías al hogar y la familia expresivos de sus sentimientos más íntimos nos encontramos con "Flor", dedicada a su hija de ese nombre, arrebatada por la muerte siendo muy joven. En ella se revela contra el destino cruel de la muerte súbita que amenaza a toda la humanidad:

> Allí está!..... La suave
> primavera pasó; pasó el verano
> y la estación poética en que el ave
> y las hojas se van; retornó el cano
> pálido invierno con su alegre arreo
> de fiestas y de niños, y aun la veo,
> y la veré siempre! Allí está.... fría
> entre rosas tendidas, como ella
> blancas y puras y en botón cortadas
> al despuntar el día!

También es notable la composición titulada "Primavera", pero ninguna tan querida para los venezolanos como la magnífica "Vuelta a la patria". En ella describe con emoción y ternura el regreso a su tierra y, sobre todo a Caracas, los tejados de las casas, el paisaje y todo aquello que tiene gran apelación para los sentimientos del poeta. La primera estrofa tiene reminiscencias del "Himno del desterrado" del cubano Heredia:

> "¡Tierra!" grita en la proa el navegante,
> y confusa y distante
> una línea indecisa
> entre brumas y ondas se divisa.
> Poco a poco, del seno
> destacándose va del horizonte,
> sobre el éter sereno,
> la cumbre azul de un monte.

La poesía del venezolano es en todo momento de tono nostálgico y elegíaco y su romanticismo es neblinoso y nórdico. Lo lúgubre, el pesimismo, las grandes interrogaciones del hombre y su escepticismo sobre el destino final del individuo logran un tono lírico-elegíaco difícil de igualar en nuestras Letras. A su poesía asoma siempre su credo y éste es muy amargo, pues se dejó envenenar por las corrientes filosóficas y las contradicciones intelectuales de este tiempo. Con Pérez Bonalde aparecen acentos nunca antes oídos en la poesía venezolana y un profundo lirismo con preocupación vital por el hombre, raramente logrado en otras partes por nuestros románticos. Es un egregio precursor no sólo del "modernismo", sino de la poesía moderna de Venezuela en general. Su poesía es como un diálogo con el arcano, en anhelo esencial de arrancarle el secreto para los misterios que rodean la vida del hombre sobre la tierra.

Los románticos que ya anuncian el modernismo
Juan Zorrilla de San Martín, "Tabaré"

Muchos críticos consideran al uruguayo JUAN ZORRILLA DE SAN MARTÍN (1855-1931) entre los tres mejores poetas románticos de Hispanoamérica, en el grupo que formarían Gertrudis Gómez de Avellaneda y Juan Antonio Pérez Bonalde. Nació en Montevideo de una familia pudiente y católica, de aquí que se educara principalmente en colegios de jesuítas. De 1865 a 1867 estudió en el colegio de la compañía en Santa Fe, Argentina y a su regreso a Montevideo continuó sus estudios en esta ciudad. Va a Chile en 1872 y en la Escuela de Derecho de la Universidad Nacional se gradúa de doctor en Leyes. En 1878 vuelve al Uruguay donde sirve como juez departamental por un breve período, se casa con doña Elvira Blanco y funda *El bien público*, un periódico de orientación católica. En 1879 da a conocer su otro famoso poema "La leyenda patria". Más tarde gana por concurso-oposición la Cátedra de Literatura en la Universidad Nacional, de la que es despojado y obligado a exilarse en Buenos Aires. Hacia 1879 había comenzado a componer *Tabaré* que publicaría en lujosa edición en París en 1888 después de hacerle correcciones en 1886 y 1887. En 1891 sale para Europa nombrado Ministro del Uruguay en España y Portugal y recorre casi todo el continente. Antes había sido elegido diputado al Congreso Nacional. En 1894 toma el camino de Europa nuevamente esta vez para permanecer cuatro años como Ministro en París y luego ante el Vaticano. Al regresar a Uruguay se le nombra para ocupar la cátedra de Historia del Arte en la Universidad y Delegado del Poder Ejecutivo ante el Banco de la República (1903) por el presidente Batlle Ordóñez. Murió en Montevideo rodeado de una extraordinaria aureola como el "poeta nacional".

Los dieciséis volúmenes de las *Obras Completas de Juan Zorrilla de San Martín*[2] comprenden: poesías; ensayos de estética, historia, filosofía y asuntos contemporáneos; crónicas; crítica; discursos; conferencias y cartas. Sus primeros versos aparecieron en *La Estrella*, diario de Valparaíso y en Santiago dio a la estampa su libro inicial, *Notas de un himno* (1877), cuyo centro temático son: el amor, la naturaleza, Dios y la patria. Es romanticismo en la línea de Espronceda, Zorrilla y Núñez de Arce. Hay aquí una nota de entusiasmo y cierto halo de misterio que lo acompañará siempre. Asimismo se orienta hacia el eticismo en poesía que luego concretará en el prólogo de *Tabaré* al decir que "el arte contribuye al mejoramiento social". Su primer poema en ganar amplia notoriedad fue "La leyenda patria" (1879) con una historia muy interesante, pues presentado a un concurso nacional resultó desechado por su extensión. Pero al ser recitado por el autor al pie del monumento de la patria, fue tal su calidad e impresión que el ganador del premio, Aurelio Berro se despojó de la medalla ganada y la entregó a Zorrilla en gesto de gran honestidad y desprendimiento artístico. Aunque la composición no llega a la altura del gran poema de Olmedo, es una silva de inspiración fervorosa y sostenida, de notable aliento épico en la narración del proceso de emancipación del Uruguay. Está dividido en diez partes breves. Parece que su modelo más directo fue la "Canción a la Victoria de Lepanto" de Fernando de Herrera, aunque hay momentos que también recuerda a Quintana. Narra todos los sucesos militares y civiles desde el inicio de la lucha independentista para terminar con una invocación a los mártires de la libertad. Aunque tiene los defectos de grandilocuencia y retoricismo propios de este género de composiciones, el poema es uno de los mejores logrados en Hispanoamérica. Su popularidad hizo casi protocolar que Zorrilla de San Martín lo recitara siempre en las celebraciones del día de la independencia.

Cediendo al culto por lo indígena, tan en boga durante el romanticismo. Zorrilla escribió *Tabaré* (París, 1888) con reminiscencias de la leyenda de indios araucanos con ojos azules que había aprendido durante su estancia en Chile. La crítica la considera con razón como su obra maestra. El autor quiso escribir una épica de la lucha entre las dos grandes razas que se enfrentaron durante la conquista: la india y la española. Pero como el poeta era un romántico por temperamento, nos dejó un héroe

---

[2] Montevideo: Banco de la República, 1930.

que es prototipo de aquel salvaje noble de que nos hablara Rousseau, aunque en este caso se trata realmente de un mestizo. En vez de usar la tradicional "octava real" de los cantos épicos, Zorrilla prefirió las estrofas de cuatro sílabas de versos endecasílabos y heptasílabos con rima asonantada, que nos descubre la gran influencia de Bécquer. Hay predominio de la asonancia *a–a*. La obra está dividida en tres libros y éstos en numerosos cantos. A fin de darle la debida autenticidad a su obra, Zorrilla estudió cuidadosamente la flora y fauna de aquella región, así como los antecedentes históricos relacionados con los primeros días de la conquista. La influencia más directa es la de Bécquer, pero el crítico francés, Maurice Barrès, ha visto la fascinación de Dante y la nota espiritualista de Lamartine. También es notable la del *Ossian* de Macpherson.

El hilo argumental de *Tabaré* es sencillo: un cacique indio rapta a Magdalena, una española venida en uno de los establecimientos españoles y con ella tiene un hijo, Tabaré, que tiene los ojos azules como su madre y a quien ésta bautiza y trata de iniciar en la tradición cristiana. Veinte años más tarde un nuevo contingente de españoles, esta vez al mando del capitán Gonzalo de Orgaz viene a establecerse en la región de los charrúas, tribu guaraní. El capitán trae a su esposa, Luz y a su hermana huérfana, Blanca. En una batida contra los indios, Tabaré y otros indios son tomados prisioneros. El hijo de Caracé y Magdalena se enamora de Blanca y ésta siente compasión primero y luego amor por él. Hay una lucha tremenda en el alma de Tabaré porque en él viven dos naturalezas raciales en conflicto. Doña Luz le aconseja a Blanca apartarse del indio. El capitán, que ya una vez ha perdonado la vida a Tabaré para ver si es posible encontrar en uno de su raza emoción humana y posibilidad de redención, le permite volver a sus bosques. Mientras tanto, un nuevo cacique, Yamandú es elegido jefe de los indios y éstos deciden atacar a los españoles. Tabaré visita la tumba de su madre marcada con una cruz y ese mismo día Yamandú rapta a Blanca y la lleva a las selvas. Don Gonzalo jura venganza contra él y sale con el padre Esteban y algunos soldados para rescatar a Blanca. Cuando Tabaré lleva en sus brazos a Blanca para el campamento, don Gonzalo lo ve y creyendo que él ha sido el raptor lo mata.

El tono general del poema es mucho más lírico y elegíaco que épico, no sólo porque el héroe es una figura trágica por su doble naturaleza étnica, sino porque canta la destrucción de una raza como se advierte desde el inicio del canto primero:

> Levantaré la losa de una tumba;
> E, internándome en ella,
> Encenderé en el fondo el pensamiento,
> Que alumbrará la soledad inmensa.

El poema se caracteriza por una persistente nota de misterio y vaguedad nórdicos y está todo permeado por la idea del destino y la fatalidad en cuanto a la raza aborigen y con fuerte dosis del catolicismo militante del autor. Uno de los mejores aciertos del poema es la visión de la naturaleza, que aunque romántica en el tono, no llega a desfigurarla:

> El "Uruguay" y el "Plata"
> Vivían su salvaje primavera;
> La sonrisa de Dios, de que nacieron,
> Aún palpita en las aguas y en las selvas...

Hay una sincronización magnífica entre el hilo narrativo y los estados anímicos de los personajes con la naturaleza, de manera que contribuye a una expresión más cabal de ambos. El poema abunda en aspectos impresionistas y expresionistas y es muy rico en léxico. Uno de sus aciertos indiscutibles son sus metáforas e imágenes, tanto por su abundancia como por su audacia y poder de representación. Zorrilla se nos presenta como un magnífico simbolista, aunque todo hace indicar que, no por el lado francés que tomarían posteriormente los modernistas. El poema es realmente una evocación elegíaca, nostálgica y sentimental de la destrucción de la raza aborígen. En él se ve la lucha que sostiene el autor entre su amor por España y su deseo de no manifestarse contra los indios, pues el tono de la obra es conciliador, aunque fatalista en perjuicio de los nativos. *Tabaré* resulta así no tan solo el canto elegíaco a la destrucción de la raza india, sino a la imposibilidad de lograr una conciliación entre las dos razas antípodas de la conquista. La crítica moderna considera que fue precisamente éste el eje del fracaso de España en América. Respecto al héroe central, muchos críticos estiman que está demasiado idealizado y que los indios no tienen realidad histórica en el Uruguay. Por otro lado se considera un anacronismo la "vida interior" —emotividad y alma— de que da muestras Tabaré por no ser posible en un indio, cosa que no nos parece acertada, pues todo ser humano es capaz de emoción y vida interior.

Al poema se le han señalado algunos defectos: falta de cohesión, estilo demasiado solemne que le borra naturalidad a la narración, tono grandilocuente, oratorio y sonoro, prurito de mostrar su ideología religiosa y exceso de idealización. Sin embargo, distingue a Zorrilla una rica y robusta inspiración, una variedad de matices y un acento vigoroso y sostenido. Gabriela Mistral afirmó en una conferencia en Montevideo que sólo dos obras románticas hispanoamericanas pueden compararse a *Tabaré*; *María* de Jorge Isaacs y *Facundo* de Sarmiento. Aunque no exento de idealización, el personaje central nos parece más convincente que muchos héroes románticos, inclusive europeos. La fama de Tabaré ha sido extraordinaria: se le ha traducido al francés, inglés, alemán, italiano y portugués. Forma parte del programa de la Universidad de París para obtener la licenciatura (Master's degree) en letras. La crítica francesa en general lo ha recibido con muchos elegios. Ha sido llevado al teatro, la revista musical y la ópera por el español Tomás Bretón, el uruguayo Alfonso Broqua y el argentino Alfredo Schiuma. El estreno de estas obras tuvo lugar en el Teatro Real de Madrid, el Solís de Montevideo y el Colón de Buenos Aires respectivamente.

Tabaré es una de las obras más interesantes y originales de la literatura hispanoamericana y coloca a su autor muy cerca de los grandes poetas románticos españoles con la natural excepción de Bécquer.

A más de gran poeta, Zorrilla de San Martín fue notable prosista. También logró mucho renombre como orador y conferencista. En 1896 publicó *Resonancias del Camino*, colección de cartas a su esposa que presentan un cuadro de sus impresiones de viaje por Europa (España, Italia, Suiza, Francia y unas horas en Inglaterra). De 1900 es *Huerto Cerrado*. *Conferencias y discursos* (1905) contiene su producción en este género donde brilló también a gran altura. *La Epopeya de Artigas* (1910) mereció muchos elogios de Unamuno y presenta en dos gruesos volúmenes, una interpretación del proceso formativo del Uruguay a la luz de la filosofía de la historia. Fue escrita a petición del gobierno para servir de orientación a los escultores que prepararon el monumento de ese héroe máximo. *El Sermón de la Paz* (1924) recoge reflexiones sobre el patriotismo y la primera guerra mundial. Entre sus últimas obras se cuentan: *El libro de Ruth* (1928), ensayos literarios, filosóficos y estéticos. En 1951 se publicó en Montevideo como homenaje al poeta, su poema religioso "Stella Maris", que no logra superar su obra anterior, a pesar de su hondura y la exposición de su catolicismo militante.

Por la delicadeza de la expresión, la audacia de las imágenes, el simbolismo y musicalidad y el anhelo de dar una nueva tónica a la poesía hispanoamericana, Zorrilla de San Martín es uno de los poetas que anuncian el modernismo y preparan el camino para la renovación estética que vendrá seguidamente dirigida por Rubén Darío, quien siempre tuvo los más cálidos elogios para el gran bardo uruguayo.

BIBLIOGRAFÍA

1 GENERAL

(Véanse los ensayos históricos sobre Hispanoamérica, las historias generales de esta literatura; las nacionales de los autores estudiados en este capítulo y las antologías de poesía.)

2 PERFIL HISTÓRICO Y SOCIAL DE LA ÉPOCA

Chapman, Caps. I, VII–X.

Fagg, Caps. XXI, XXIV.

García Calderón, Francisco, *Latin America: Its Rise and Progress*, Londres y Nueva York, Scribner, 1913.

Herring, Parte IV, 18–20; 26; 28; 30; 31; 32; 33; 35; 37–40.

Onís, José de, *The United States as Seen by Spanish American Writers*, 1776–1890, New York, Hispanic Institute, 1952.

Worcester y Schaeffer, Caps. XXV–XXXIII.

3 CARACTERÍSTICAS GENERALES DEL ROMANTICISMO

Abercrombie, Lascelles, *Romanticism*, 3ra. ed., New York, Barnes & Noble, 1963.

Cassirer, Ernest, *The Question of Jean-Jacques Rousseau*, New York, Columbia Univ. Press, 1954.

EL ROMANTICISMO / LA POESÍA

Díaz-Plaja, Guillermo, *Introducción al estudio del romanticismo español*, 2da. ed., Madrid, Espasa-Calpe, 1942.
Río, Angel del, Tomo II, Cap. II.

4 EL ROMANTICISMO HISPANOAMERICANO

Arciniegas, G., *El continente*, Caps. XIV, XV, XVI.
Blanco-Fombona, Rufino, *Grandes escritores de América (siglo XIX)*, Madrid, Renacimiento, 1917.
Carilla, Emilio, *El romanticismo en la América hispana*, Madrid, Gredos, 1959.
Castro, Américo, *Iberoamérica*, VII.
Coester, *Literary History*. IV–XIV.
Crow, *Epic*, XLII–LI.
García Calderón, Ventura, *Del romanticismo al modernismo*, París, Sociedad de Ediciones Literarias y Artísticas, 1910.
García Godoy, Federico, *Americanismo literario*, Madrid, América, 1917.
Ghiraldo, Alberto, "El romanticismo en América" en *Antología americana*, Madrid, 1923.
Henríquez Ureña, Pedro, *Corrientes*, Caps. V y VI.
Igual Ubeda, Antonio, *El romanticismo*, Barcelona, Seix Barral, 1946.
Martínez, José Luis, *La expresión nacional. Letras mexicanas del siglo XIX*, México, Imprenta Universitaria, 1955.
Menéndez y Pelayo, *Historia y Antología*.
Puig, Juan de la C., *Antología de poetas argentinos*, 10 vols., Buenos Aires, Biedma, 1910.
Rodó, José Enrique, "Juan María Gutiérrez y su época" en *Mirador de Próspero*, México, Editora Nacional, 1962, 331–441. "El americanismo literario", 376–392; "El sentimiento de la naturaleza y de la historia", 392–441.
——, *La tradición intelectual argentina*, 3ra. ed., Buenos Aires, 1940.
Sánchez, L. A., *Nueva historia*, Caps. IX–XIII.
Torres-Rioseco, A., *New World Literature (Tradition and Revolt in Latin America)*, Berkeley-Los Angeles, Univ. of California Press, 1949, Caps. IV, V, VI.
——, *Epic*, Cap. II.
——, *Nueva historia*, II.
Vitier, Cintio, *Los poetas románticos cubanos; antología*, La Habana, Consejo Nacional del Cultura, 1962.

5 LA POESÍA: AUTORES INDIVIDUALES

ESTEBAN ECHEVERRÍA

Textos

La cautiva, seguido de El matadero, La guitarra, Elvira, Rimas, Buenos Aires, Sopena, 1939.
Obras completas, 5 vols., (1870–1874), Buenos Aires, Antonio Zamora, 1951 (Col. Argentina, 1); editada por Juan María Gutiérrez.
La cautiva, El matadero, Buenos Aires, Ed. Huemul, 1961; editada por Juan Carlos Pellegrini.
Prosa literaria, Buenos Aires, 1944. (Biblioteca de Clásicos argentinos, XIII). Selección, prólogo y notas de Roberto F. Giusti.
El matadero (The Slaughter House), New York, Las Américas, 1959. Traducción de Ángel Flores.

EL ROMANTICISMO / LA POESÍA

Crítica

Anderson Imbert, E., "Echeverría y el liberalismo romántico" en *Estudios sobre escritores de América*, Buenos Aires, Raigal, 1954, 47–55.

Agosti, Héctor Pablo, *Echeverría*, Buenos Aires, 1951.

Diccionario. . . . Argentina, I, 39–44. Con amplia bibliografía.

Helperin Donghi, Tulio, *El pensamiento de Echeverría*, Buenos Aires, 1951. Prólogo de Roberto F. Giusti.

Giusti, Roberto F., "Echeverría" en su *Poetas de América*, 62–70.

Lamarque, Nidia, *Echeverría, el poeta*, Buenos Aires, 1951.

Morales, Ernesto, *Esteban Echeverría*, Buenos Aires, Claridad, 1950.

Rojas Paz, Pablo, *Echeverría, el pastor de soledades,* Buenos Aires, Losada, 1951.

JOSÉ MÁRMOL

(Véase la bibliografía completa en el capítulo de la novela romántica)

OLEGARIO VÍCTOR ANDRADE

Textos

Obras poéticas, Buenos Aires, La Cultura Argentina, 1923; editada por Evar Méndez.

Obras poéticas, Buenos Aires, Academia Argentina de Letras, 1943; editatas por Eleuterio F. Tiscornia.

Obras poéticas completas, Buenos Aires, Sopena, 1942.

Grandes poemas y poemas menores, New York, 1938. Prólogo de Arturo Vázquez Cey.

Crítica

Diccionario. . . . Argentina, I, 14–16. Amplia bibliografía.

Menéndez y Pelayo, *Historia* y *Antología*.

Rohde, Jorge Max, *Las ideas estéticas en la literatura argentina*, Buenos Aires, 1921, Tomo I, 158–168.

Sagarna, Antonio, *Homenaje a Olegario V. Andrade*, Buenos Aires, Ministerio de Justicia e Instrucción Pública, 1924.

GERTRUDIS GÓMEZ DE AVELLANEDA

Textos

Obras de la Avellaneda, 6 vols., La Habana, Aurelio Miranda, 1914 (Edición nacional del centenario).

Sus mejores poesías, Barcelona, Ed. Bruguera, 1953 (Colección Laurel).

Baltazar, New York, American Book, 1908; editada por Prof. Bransby.

Guauhtemoc, The Last Aztec Emperor, Mexico, Hoeck, 1898.

Belshazzar (Baltazar), San Francisco, A. M. Robertson, 1914. Traducida por William Freeman Burbank.

Crítica

Arrom, José Juan, *Historia de la literatura dramática cubana*, 54–58.

Cotarelo y Mori, Emilio, *La Avellaneda y sus obras*, Madrid, Tip. de Archivos, 1930.

Esténger, Rafael, *Cien de las mejores poesías cubanas*, 115–129.

Henríquez Ureña, Max, *Panorama histórico*, 197–225.

Marquina, Rafael, *Gertrudis Gómez de Avellaneda, La peregrina,* La Habana, Editorial Trópico, 1939.

EL ROMANTICISMO / LA POESÍA

Menéndez y Pelayo, *Historia y Antología.*

Williams, Edwin B., *The Life and Dramatic Works of Gertrudis Gomez de Avellaneda*, Philadelphia, Univ. of Pennsylvania Press, 1924.

GABRIEL DE LA CONCEPCIÓN VALDÉS (PLÁCIDO)

Textos

Poesías completas con doscientas diez composiciones inéditas, La Habana, Cultural, 1930.

Poesías selectas de Plácido, La Habana, Cultural, 1930; editadas por A. M. Eligio de la Puente.

Crítica

Casals, Jorge, *Plácido como poeta cubano*, La Habana, Ministerio de Educación, 1944.

García Garófalo y Mesa, Manuel, *Plácido, poeta y mártir,* México, Botas, 1938.

Henríquez Ureña, Max, *Panorama histórico,* 166–169.

Hostos, Eugenio Ma. de, *Obras completas,* La Habana, Cultural, 1939; IX, 7–109.

Horrego Estuch, Leopoldo, *Plácido,* La Habana, Consejo de Cultura, Ministerio de Educación, 1949.

Piñeyro, Enrique, *Biografías americanas,* París, Garnier, 1906, 329–359.

Stimson, Prederick S., *Cuba's Romantic Poet, the Story of Placido*, Chapel Hill, N.C., Univ. of North Carolina Press, 1964.

JOSE EUSEBIO CARO

Textos

Poesías, Madrid, M. Tello, 1885 (Col. de escritores castellanos, 25).

Antología; verso y prosa, Bogotá, Ministerio de Educación Nacional, 1951 (Biblioteca popular de cultura colombiana, 148).

Crítica

Diccionario. . . . Colombia, 17–19. Con amplia bibliografía.

Gómez Restrepo, IV, 53–73.

Menéndez y Pelayo, *Historia y Antología.*

Otero Muñoz, Gustavo, "José Eusebio Caro" en *Semblanzas colombianas,* Bogotá, 1938 (Biblioteca de historia nacional, LVI). 92–101 del Tomo II.

Ospina Ortiz, Jaime, *José Eusebio Caro, guión de una estirpe,* Bogotá, Editores Publicaciones Técnicas, 1958.

Sanín Cano, B., *Letras colombianas,* 73–77.

GREGORIO GUTIÉRREZ GONZÁLEZ

Textos

Poesías, New York, 1867. Publicadas por Darío y Mazurca y prólogo de Rafael Pombo.

Poesías, París, 1908.

Memoria científica sobre el cultivo del maiz, Medellín, Publicaciones de la Universidad de Antioquía, 1950. Notas de Roberto Jaramillo.

Selecciones en: Anderson Imbert y Florit; Caillet-Bois; García Prada, *Antología,* Vol. I; Menéndez y Pelayo.

Crítica

Camacho Roldán, Salvador, "Gregorio Gutiérrez González" en *Estudios,* Bogotá, 1936 (Biblioteca Aldeana de Colombia, 46), 93–180.

García Prada, Carlos, "Un poeta del pueblo: Gregorio Gutiérrez González", en *Estudios hispanoamericanos*, México, 1945, 81–110.

Tannemberg, Doris de, *La poésie castillaine contemporaine*, Paris, 1889. 261–269.

Samper, José María, "Gregorio Gutiérrez González" en *Selección de estudios*, Bogotá, 1953. (Biblioteca de autores colombianos, 38). 139–152.

RAFAEL POMBO

Textos

Poesías de Rafael Pombo, 2 vols., Bogotá, Imprenta Nacional, 1916–1917; editadas por Antonio Gómez Restrepo.

Traducciones poéticas, Bogotá, Imp. Nacional, 1917; editadas por Antonio Gómez Restrepo.

Poesías completas, Madrid, Aguilar, 1957; Editadas por Eduardo Carranza y estudio preliminar de Antonio Gómez Restrepo.

Crítica

Bayona, Nicolás, "Rafael Pombo", *Revista Iberoamericana*, XVIII (1945), 217–241.

Diccionario. . . . *Colombia*, 81–84.

Englekirk, John E., *El epistolario Pombo-Longfellow*, Bogotá, Instituto Caro y Cuervo, 1954.

Gómez Restrepo, IV, 117–176.

Sanín Cano, *Semblanzas*, 101–105.

MANUEL ACUÑA

Textos

Poesías, Buenos Aires, Sopena, 1941.

Obras, México, Porrúa, 1949. Editadas por José Luis Martínez.

Selecciones en: Anderson Imbert y Florit; Caillet-Bois; Hespelt; Menéndez y Pelayo, *Antología*, Oyuela, II, vol. I, Weisinger, 158–167.

Crítica

Castillo Nájera, Francisco, *Manuel Acuña*, México, Imp. Universitaria, 1950.

González Peña, Carlos, *Historia*, 302–304.

Jarnés, Benjamin, *Manuel Acuña, poeta de su siglo,* México, Ediciones Xochitl, 1942.

Jiménez Rueda, J., *Historia*.

Menéndez y Pelayo, *Historia y Antología*.

JOSE ANTONIO MAITÍN

Textos

Obras poéticas, Caracas, 1851; prólogo de Simón Camacho.

Poesías completas, Curazao, 1887; prólogo de Santiago González Guinán.

Poesías escogidas, de José Antonio Maitín y Abigail Lozano, Caracas, 1954. Editadas por Pedro Díaz Seijas.

Selecciones en: Anderson Imbert y Florit; Caillet-Bois; Menéndez y Pelayo, *Antología*.

Crítica

Menéndez y Pelayo, *Historia*, I, 403–406.

Pardo, Isaac J., "José Maitín y su 'Canto fúnebre'", *Revista Nacional de Cultura*, Caracas, No. 121, marzo-junio, 1957.

EL ROMANTICISMO / LA POESÍA

Picón-Salas, Mariano, *Formación y proceso*, 116–117.
Semprún, Jesús, "Los románticos" en *Estudios críticos*, Caracas, 1938; 16–25.

JUAN ANTONIO PÉREZ BONALDE

Textos

Ritmos, New York, 1874.
Estrofas, New York, 1879.
El poema del Niágara, New York, 1883. Con una carta-prólogo de José Martí.
Poesías y traducciones, Caracas, Ministerio de Educación Nacional, 1947 (Biblioteca popular venezolana).
Selecciones en: Caillet-Bois, Hespelt, Menéndez y Pelayo, Oyuela, III, vol. 2.

Crítica

Dominici, Pedro César, "Juan Antonio Pérez Bonalde", *Cultura venezolana*, VIII (1925), 129–141.
Homenaje a Juan Antonio Pérez Bonalde, Caracas, *Boletín de la Academia Venezolana*, No. 49, 1946.
Medina Juan Ramón, *Juan Antonio Pérez Bonalde*, Caracas, 1943.
Núñez, Bernardo Enrique, *Tres poetas: Bello, Pérez Bonalde y Blanco-Fombona*, Caracas, 1959.
Picón-Salas, M., *Formación y proceso*, 155–157.
——, "Ciclo de la poesía moderna venezolana", prólogo de *Antología de la poesía venezolana, 1880–1940,* Caracas, Ed. del Ministerio de Educación Nacional, 1940.

JUAN ZORRILLA DE SAN MARTÍN

Textos

Tabaré: novela en verso, La leyenda patria, 4ta. ed., Barcelona, Cervantes, 1929.
Obras completas, 16 vols., Montevideo, Banco de la República, 1930.
Tabaré, Buenos Aires, Estrada, 1944; prólogo de Alberto Zum Felde.
Tabaré, 2da. ed., Montevideo, Mosca, 1962.
Tabaré, Washington, D.C., Pan American Union, 1956. Edición bilingüe, texto original e inglés. Traducción de Walter Owen y un excelente estudio preliminar de Enrique Anderson Imbert.

Crítica

Anderson Imbert, E., "La originalidad de Tabaré", *Memoria del séptimo congreso*, 33–55.
Bollo, Sara, *Literatura uruguaya*, I, 89–94.
"Lauxar" (Osvaldo Crispo Acosta), *Motivos de crítica*, Montevideo, Palacio del Libro, 1929, 5–127.
Valera, Juan, *Cartas americanas*, 4 vols., Madrid, Imp. Alemana, 1915–1916; en *Obras completas*, vols. 41–44), vol. II, 263–290.

13 El ensayo durante el romanticismo

Un intento de división de la prosa romántica

Aunque el romanticismo se inició en Hispanoamérica por la poesía, bien pronto se extendió a todos los demás géneros literarios, completando la absorción de toda la literatura. Si el verso se detuvo a cantar la naturaleza, lo popular y lo íntimo del hombre hispanoamericano, la prosa se proyecta hacia lo político, ideológico y social y nos da a conocer los ideales del pueblo, mientras que incorpora a la literatura, los estados sociales y entes humanos como el indio y el hombre del pueblo. El cultivo de la prosa fue tan abundante que únicamente a través de una clasificación de ella, podemos ordenar este estudio en forma comprensible. Podría dividirse de la siguiente forma:

1. El ensayo
2. La novela
3. El costumbrismo o "cuadros de costumbres"
4. La prosa periodística (Aunque fuera de nuestro estudio, tuvo una importancia enorme en la difusión de las ideas.)

Temática, base filosófica y objetivos del ensayo

El auge extraordinario que alcanzó el ensayo en la época romántica no hace sino confirmar que es uno de los medios de expresión predilectos de los escritores hispanoamericanos. Resultó el vehículo más adecuado para la difusión de las ideas y para combatir las prácticas y doctrinas contrarias a los ideales de los románticos. De manera que la ensayística alcanza un valor expresivo tremendo y en cierto sentido continúa la labor de orientación y fundamentación ideológica que tuvo durante el neoclasicismo, en la etapa de preparación de la mentalidad necesaria para el logro de la independencia política. El ensayo es género tan importante, que en vano tratará nadie de conocer los ideales sociales y el proceso del pensamiento hispanoamericano si no estudia primordialmente, la vasta producción que existe en este género. Como instrumento de las ideas y motor impulsor del pensamiento, no hay género literario que pueda aventajar al ensayo. Quizás el artículo periodístico le gane en amplitud de público lector, pero éste carece de la idoneidad expresiva de aquél para fundamentar ideologías y doctrinas sociales. La preocupación básica del pensamiento hispanoamericano sigue siendo el anhelo de captar la esencia de lo nacional de cada país y de lo americano y de entroncar nuestra vida a las corrientes universales del pensamiento. Hay muchas razones para que esta realidad de América sea el centro temático de la ensayística: por un lado los hispanoamericanos quisieron romper con el pasado que no consideraban como suyo sino del imperio español, y por otro tuvieron la obsesión de realizarse a sí mismos, por medios propios aunque buscando a veces modelos y orientaciones en otros lugares. Al lograrse la independencia estos pueblos se enfrentaron a una realidad evidente: no se logró el cambio esencial en las estructuras política, económica y social que se anhelaba, persistiendo la vieja organización colonial bajo el disfraz de países independientes, porque se apoderó del poder una élite o oligarquía sostenida por los militares las más de la veces o representada por caudillos de todo tipo. Al lograrse la independencia, los espíritus más cultos y avisados notaron que algo había en las nuevas repúblicas que las incapacitaba para el disfrute efectivo de la libertad y del progreso social para todos. Esta generación comprendió que era necesario desentrañar esa verdad, a fin de darles solución a la luz de las corrientes filosóficas y las prácticas de gobierno que habían producido el bienestar de otras naciones. Fueron en busca de las raíces más profundas de nuestra realidad para descubrir de dónde surgían los males inveterados de la anarquía, de las constantes revoluciones, "cuartelazos", luchas civiles y la sucesión de caudillos y dictadores. Pero no se quedaron en la exposición teórica de las posibles causas, sino que se aventuraron a la postulación de los remedios que era necesario aplicar para lograr la solución. Se tenía conciencia de que América era algo distinto, aunque inferior en ese momento a Europa en el aspecto cultural, dada la antigüedad de ese continente, pero superior en muchos aspectos y con la posibilidad de producir una cultura propia capaz de alcanzar e igualar a la de cualquier otro país. Inmediatamente se dieron cuenta de que era imprescindible lograr la emancipación mental de Hispanoamérica que no se obtuvo con la libertad política, porque los vicios de la colonia seguían gravitando en el cerebro criollo como una horrible pesadilla, de la que los espíritus más altos y sanos querían sacudirse violentamente, poniendo a estas sociedades a tono con sus ideales sociales y a sus instituciones en consonancia con las de las naciones más adelantadas del mundo. La emancipación mental era lo primero, porque subsistía lo tradicional y conservador, al punto de que el mismo Bello dijo: "arrancamos el cetro al monarca, pero no al espíritu español".

En la primera etapa romántica fue el liberalismo democrático e idealista el guión ideológico según el cual se quería producir la organización de las nuevas naciones. La ideología hispanoamericana de este tiempo se nutre de algunas ideas de la ilustración, del tradicionalismo francés, el eclecticismo de Cousin, el utilitarismo inglés y hasta del socialismo utópico de Saint-Simon. En busca de orientaciones se acude a Bentham y James Mill; a Saint-Simon y Pierre Leroux; a Lamennais y Quinet; a Michelet y Rousseau; a Condillac y Locke. También influyen Thomas Brown, William Hamilton, Dugald Stewart, Thomas Reid. Asimismo son leídas y comentadas las ideas que aparecen en la *Revue Encyclopédique* y *Le Globe* con las ideas socialistas de Saint-Simon y sus discípulos. De éstas toman el interés por el liberalismo económico, el industrialismo y la importancia de lo social en todo proceso revolucionario.

Cuando el positivismo de Comte y Spencer se puso de moda en Europa, también ganó innumerables prosélitos entre los hispanoamericanos, que lo consideraban como posible sustituto ideológico de la filosofía escolástica que había privado en el período colonial y aun en el presente. No se siguió un positivismo puro, sino que se adaptó a las circunstancias políticas y sociales del medio americano. Después de la escolástica ninguna corriente filosófica ha tenido tanta importancia entre nosotros. Pero la que se tomó como doctrina salvadora y posible solución de los problemas, resultó a lo largo otra frustración. En el período independiente se han ensayado todas las filosofías posibles en busca de soluciones a la problemática de nuestro continente. Al estudiar en particular a los distintos ensayistas notaremos el influjo directo que dichas doctrinas tuvieron en su pensamiento. Algunos abrazaron una sola corriente, pero en muchos se verá una amalgama de ideas tomadas de las distintas filosofías que hemos mencionado.

Los objetivos de nuestra ensayística son bien concretos y pueden resumirse en los siguientes: 1. Anhelan conocer las raíces de nuestros males y fracasos, a fin de consolidar la independencia política, las instituciones republicanas de gobierno y poner en marcha progresiva a estas naciones con bienestar para todos. 2. Se quiere la solución de los problemas de América a través de los métodos más modernos. De aquí la adopción del liberalismo, utilitarismo, saint-simonismo, positivismo y otras escuelas del pensamiento europeo. 3. Se concibe la literatura—y entre ella, el ensayo—como una forma de servicio público. 4. Gran preocupación social. 5. Propician el auge de movimientos nacionalistas. 6. Como se busca la emancipación mental, se le presta gran atención a la educación, ahora orientada según el positivismo del francés Augusto Comte y el inglés Herbert Spencer, con base en el método científico. 7. La nueva historia y la nueva cultura que se desea crear da base a los estudios sociológicos e históricos del proceso formativo de nuestras naciones y de la realidad social de las mismas.

Los precursores de la ensayística del romanticismo

El camino para los grandes pensadores de este tiempo lo preparó un grupo de intelectuales hispanoamericanos que si bien no pueden ser considerados todavía como ensayistas propiamente dichos, dejaron una huella perdurable por sus inquietudes en el campo de las ideas y por los problemas de sus respectivos países. En México se destaca José María Luis Mora (1794-1850); en Cuba, José Antonio Saco (1797-1879) y José de la Luz y Caballero (1800-1862); en la Argentina, Esteban Echeverría (1805-1851) y Juan María Gutiérrez (1809-1878); José Victorino Lastarria (1817-1888) y Francisco Bilbao (1823-1865) en Chile. Estos precursores estudiaron temas de mucha importancia en relación con la vida política, educacional, cultural y literaria de Hispanoamérica.

Domingo Faustino Sarmiento y el "Facundo"

Pocos orientadores y literatos han contribuido a definir el alma de la nación argentina como DOMINGO FAUSTINO SARMIENTO (1811-1888), considerado como el mejor prosista que ha dado ese país y uno de los más certeros conductores sociales que ha conocido Hispanoamérica. Es uno de los más caracterizados representantes de la era romántica entre nosotros y el prototipo del "self-made man" sajón. Nació en la provincia meridional de San Juan y debido a su pobreza, su educación fue en extremo irregular e intermitente. Desempeñó los más humildes oficios: maestro, tendero, dependiente, minero. En su saco de minero llevaba los libros que leía con todo entusiasmo en sus pocos momentos libres. Revolucionario de pensamiento y acción, fue uno de los opositores más tenaces de la larga dictadura de Rosas, a cuyo derrumbe contribuyó como pocos. En Chile se supo reconocer su talento y allí fundó la primera escuela normal para maestros. Enviado por el gobierno chileno viajó por los Estados Unidos, Europa y África. Después de ocupar relevantes posiciones en su patria, fue embajador en los Estados Unidos (1865-1868) y más tarde presidente de la República (1868-1874). Tanto desde la presidencia como desde la dirección de escuelas, hizo más que nadie para organizar y mejorar el sistema de la enseñanza popular de acuerdo con su lema más querido: "Gobernar es educar".

Cuando se analiza la obra total de Sarmiento, parece increíble que un hombre de vida tan trajinada, encontrara todavía tiempo para escribir cincuenta y dos tomos de una prosa que puede ponerse al lado de la mejor escrita en cualquier idioma. Fue hombre de pensamiento y acción, combinación raramente lograda en este mundo. Su obra cumbre como pensador y sociólogo es *Facundo o Civilización y barbarie* (1845), publicada en Chile. Es una obra muy difícil de clasificar porque tiene elementos históricos, sociológicos, novelescos, costumbristas, biográficos. Estimamos que es un ensayo sociológico y político, porque en definitiva los otros factores que contiene no son más que medios para corroborar la tesis política y social sustentada por el notable civilizador. Es la primera obra de interpretación cabal de la argentinidad, completada por muchos, pero no superada por nadie. *Facundo* fue escrito con mucha precipitación y con una marcada intención política: dar a conocer la realidad de Argentina en Europa y los Estados Unidos, como medio de combatir, tanto la dictadura de Rosas, como las causas más profundas de la crisis política de la nación. La obra está dividida en tres partes: en la primera describe el aspecto geográfico, físico y humano. Estudia la pampa como nadie lo ha hecho, al gaucho, la división política del país, la disposición de las diferentes clases sociales. Es un breve tratado de geografía humana, ponderando la influencia del medio físico sobre la sensibilidad humana. La segunda es una biografía muy apretada de Juan Facundo Quiroga, caudillo amigo de Rosas que luego es asesinado por órdenes de éste, para consolidarse en el poder. La tercera parte es, al propio tiempo que una diatriba política contra Rosas, un compendio de las ideas políticas de Sarmiento y un programa a realizar en la Argentina a la caída de la dictadura, para construir una gran nación.

El Facundo es un diagnóstico sobre las causas de la dictadura. Según Sarmiento la crisis política se debe a la antinomia entre civilización (representada por la cultura europea que sólo es conocida en las grandes ciudades, como Buenos Aires) y la barbarie, entronizada en la pampa, en el desierto. Sarmiento ve el remedio en llevar la civilización—equivalente a la cultura europea no española—a todos los rincones del país, cuyo proceso hará imposible el caudillismo porque se habrán extirpado sus raíces más profundas. El transcurso del tiempo y algunas exageraciones en que incurrió para destacar la verdad de su tesis política han rebajado la historicidad de esta obra, pero queda en pie su tesis fundamental y su filosofía social y política tiene todavía aplicación en la mayoría de los países hispanoamericanos.

El *Facundo* en su conjunto es una obra de arte, un diagnóstico muy aproximado de los males del país y un programa muy acertado para evitar la crisis política y social. Su estilo, como el de casi toda la obra de Sarmiento es desigual, irregular, a veces descuidado, pero siempre impresiona y convence. Es un estilo forjado de prisa, sin aliños, pero lleno de espontaneidad. Su ritmo es rápido como fue la vida del escritor. Tenía especial inclinación para lo narrativo, aunque su temperamento se acomoda más a la literatura de combate. Estilo directo, desnudo de retoricismos, sincero. Es un estilo periodístico con intuición histórica y sentido de la imagen viviente, así como habilidad extraordinaria para acuñar frases de larga y feliz historia. Sus escritos tienen siempre la misión de combatir, educar, orientar y exponer sus puntos de vista sobre la situación política y social de su país y América.

Después publicó Sarmiento *Viajes por Europa, África y América* (1849-1851), mostrando su pupila de observación penetrante y su arte de contar con amenidad. Es una obra llena de observaciones, reminiscencias, impresiones en la que Sarmiento no usa la cámera del turista, sino el ojo del observador sagaz que contempla la civilización de otros países y sintetiza admirablemente aquello que debe ser imitado por los países hispanoamericanos. Destaca el pujante progreso de los Estados Unidos y pide a los hispanoamericanos que los imiten, sobre todo en sus instituciones y filosofía de la vida. En 1850 vio la luz quizás su libro de más mérito desde el punto de vista literario: *Recuerdos de provincia,* especie de autobiografía, con gran poder de evocación y narración. Esta obra muestra a Sarmiento en plena madurez como hombre y como escritor. No es hombre que se inunda en lágrimas frente al recuerdo del pasado, sino el que sabe sacar de la añoranza nuevas fuerzas para seguir combatiendo, porque lo esencial en él es esa terca voluntad, su tesón, su espíritu batallador y rebelde. Frente a la evocación es más fuerte su contextura de luchador que la nostalgia. Es obra de lectura deleitosa y resulta imprescindible para conocer al hombre y al escritor.

Otra de sus obras más famosas es *Conflictos y armonías de las razas en América* (1883), llamada su "obra de la vejez". Tiene carácter sociológico, cuya tesis central es la inferioridad social de la sociedad hispanoamericana frente a la de los Estados Unidos. Como remedio propone imitar lo bueno de ese país, porque ha contribuído a su progreso material y al bienestar popular. La dimensión política y sociológica de casi toda su obra no amengua sus valores estéticos. Su lenguaje es rico, original, poderoso. Del realismo de sus escenas y de la emoción que pone en la defensa de sus ideas, surge un estilo profundo, lúcido, vigoroso. Su prosa viva y sugestiva, tiene el aliento de la elocuencia y la pasión de este combatiente incansable. Vio los peligros del positivismo como posición filosófica y nunca se dio a él completamente. Tuvo una visión espiritualista y romántica de la historia. Sus dos pasiones fueron: el mejoramiento político y social de su país y la certeza de que su base era la educación popular. Fue uno de los voceros más ardientes en favor de la auténtica democracia y del progreso de Hispanoamérica. Su obra total tiene valor universal por su calidad estética y por la trascendencia de sus ideas, dirigidas a la solución de la crisis de un solo país, pero de aplicación a muchos otros.

Juan Montalvo: romántico en el fondo y clásico en la forma

Otro de los grandes prosistas de la América Hispana es JUAN MONTALVO (1832–1889), el gran panfletario del Ecuador. Nació en Ambato, pequeño pueblo andino donde el Chimborazo "asume en una calma sublime la monarquía de las cumbres" como dijo Rodó. Su familia gozaba de prestigio aunque no de muchos bienes de fortuna. Por su constitución enfermiza, el medio en que vivió y los azares de su vida, le faltó regocijo interior y mostró mucho amor por la soledad. Hizo sus primeros estudios en el Colegio de San Fernando, de los padres dominicos de Quito. Luego estudió jurisprudencia en la Universidad de Quito, pero solamente por dos años, ya que todo su interés lo concentró en las letras clásicas, la historia y la filosofía. Más tarde hizo estudios de lenguas modernas: francés, inglés e italiano. Fue notable también su conocimiento de la lengua y literatura clásicas, así como de la literatura española, aunque en el carácter y la posición pública adoptada son superiores a la cultura. Montalvo fue otro de los románticos que supo recoger el reto de su tiempo y luchar contra todo lo que entorpecía la organización de sociedades auténticamente democráticas. En esto mostró un heroísmo intelectual pocas veces igualado en Hispanoamérica, que lo llevó a la pobreza y a una vida de desterrado.

De 1857 a 1860 desempeñó cargos diplomáticos subalternos en Roma y París y viajó por casi todos los países europeos. Debido a su quebrantada salud, regresó al Ecuador en 1860, pero las cosas políticas habían cambiado y ahora era Gabriel García Moreno (1821–1875), hombre de innegable capacidad y cultura, el dictador de turno. El 16 de septiembre de ese año, Montalvo, todavía muy joven le dirige una carta, muy famosa en la vida del autor, en que le dice al sombrío personaje: "Hay en usted elementos para héroe y para tirano". Más adelante añade: "Salgo apenas de esa edad de la que no se hace caso, y a Dios gracias, principio abominando toda clase de indignidades. Algunos años vividos lejos de mi patria en el ejercicio de reconocer y aborrecer a los déspotas de Europa, hanme enseñado al mismo tiempo a conocer y despreciar a los tiranuelos de la América Española. Si alguna vez me resigno a tomar parte en nuestras pobres cosas, usted y cualquier otro cuya conducta política fuera hostil a las libertades y derechos de los pueblos tendrán en mí un enemigo, y no vulgar". Esta carta define al sagitario y combatiente que había en él y su cumplimiento es el propio desarrollo de la vida de Montalvo.

De 1860 a 1866 Montalvo pasa una estancia de seis años en Ambato, su pueblo natal, casi sin publicar nada. En 1861 mediante la reorganización constitucional se consolida el poder personal de García Moreno. Era éste, hombre de notable inteligencia y grandes prestigios, pero de cerrado fanatismo, que organiza desde el poder una verdadera dictadura teocrática, instaurando la más férrea intolerancia religiosa y política. En 1866 Montalvo funda *El Cosmopolita* (1866-1869), una revista que se publica en Quito y de la cual es el solo redactor y director. La publicación defiende el ideario de Montalvo: lucha contra la intolerancia, el fanatismo, los vicios, la corrupción, la tiranía y se convierte en baluarte en la defensa de la libertad y los derechos. Su postura simboliza la oposición de los intelectuales hispanoamericanos a todo tipo de tiranía y la actuación de la "inteligencia" criolla frente al poder político arbitrario. Montalvo fue un hombre extraordinariamente puro y bueno que vivió obsesionado por la defensa de la virtud, la justicia y la libertad. Claro que el gobierno no podía tolerar tal revista y ordena su clausura. En 1869 comienza el primer destierro de Montalvo, que se extenderá hasta 1875. Pasó la mayor parte de su tiempo en un pueblecito nombrado Ipiales, cerca de la frontera con Colombia. La más absoluta soledad rodea entonces al escritor. Sin embargo, es ésta la etapa más fecunda en cuanto a su producción, que le deparó la mayor gloria. Aquí escribió los *Siete Tratados* (1872-1873), *Capítulos que se le olvidaron a Cervantes* (imitación de un libro inimitable) y *Geometría Moral*. Asimismo arreció su producción de panfletos políticos contra García Moreno: *Fortuna y felicidad, El Antropófago* (1872), *Judas* (1873), y *La dictadura perpetua* (1874). En agosto de 1875 cuatro conjurados asesinaron a García Moreno, haciendo exclamar a Montalvo: "Mía es la gloria; mi pluma lo ha matado", y en realidad no le faltaba razón. Tal fue su odio a la dictadura y el caudillismo que llegó a defender el tiranicidio. Muerto su enemigo más implacable, Montalvo regresa a Quito. En 1876 el General Ignacio Veintemilla ocupa el poder, dando muestras bien pronto de que era tan tirano como el anterior. Montalvo comienza a publicar el periódico *El Regenerador* (1876-1877) y lanza desde Ambato su panfleto *La peor de las Revoluciones* en que ataca al nuevo dictador. Pocos meses después tiene que abandonar nuevamente su país. Su segundo destierro comienza en 1878 y se prolongará hasta 1889, año de su muerte. Durante este tiempo vive nuevamente en Ipiales, Panamá y Francia. En Panamá publica las *Catilinarias* (1880), conjunto de doce brillantes ensayos polémicos en que combate la tiranía, la corrupción y el fanatismo.

Es su primer obra en constituir un éxito extraordinario, tanto financiero como de lectores. Como dice Rubén Darío están llenos de "odio santo." En 1881 llega a París y como ha podido llevar sus manuscritos sobre todo de las obras compuestas en Ipiales, logra la publicación de su obra más monumental: los *Siete Tratados* (escritos en 1873; publicados en 1882), *Geometría Moral* (Madrid, 1902) y los *Capítulos que se le olvidaron a Cervantes* (París, 1921).

En Francia traba amistad con varios de los escritores de la época y es famoso su ofrecimiento de hospitalidad en Ecuador para Alfonso de Lamartine, ya viejo y bastante olvidado. Hizo un viaje por España, donde fue recibido con grandes honores por Leopoldo Alas (Clarín), Juan Valera, Emilio Castelar, Núñez de Arce y Campoamor, pero regresó un poco desilusionado de esa visita. Sus *Siete Tratados* fueron motivo de una ruda crítica del Arzobispo de Quito, Ordóñez, quien calificó la obra de "una nidada de víboras en cestillo cubierto de flores". Para contestarle, Montalvo escribió su *Mercurial eclesiástica o Libro de las verdades*, donde en un estilo muy donoso, contesta al obispo. La obra es un tratado religioso de valor.

En 1886 comienza a publicar en París *El Espectador* (1886–1888), una revista de noticias políticas, literarias y de interés general, inspirada en la del ensayista inglés Joseph Addison. También escribe artículos en francés para publicaciones de París. En 1889 el notable escritor cogió una neumonía y meses después tuvo que sufrir una operación, pero rehusó que le dieran éter afirmando: "En ninguna oportunidad de mi vida he perdido la consciencia de mis actos". Días después, sintiéndose morir pidió ser vestido de etiqueta para recibir a la muerte con la solemnidad que tal acto requiere. Asimismo encargó unas flores afirmando que "Un cadáver sin flores me ha entristecido siempre". Debido a su poco dinero sólo le pudieron traer cuatro flores rosadas y al tomarlas en su mano, expiró.

Montalvo no solamente es el mejor estilista de los ensayistas románticos, sino también uno de los grandes prosistas de la lengua española. Contrastan en él su espíritu rebelde y radical de tono romántico, con la pureza, balance y perfección formal de su estilo. Sobresale por la riqueza de su vocabulario, su extensa cultura, su casticismo arcaizante y su humanismo. Mientras que su pensamiento es moderno, fue a la prosa del Siglo de Oro español en busca de su medio expresivo. No es un pensador muy original, pues se contenta con repetir viejos principios, como la justicia, la tolerancia, la virtud, la libertad, la honradez, pero defendidos desde un punto de vista que se aviene a la realidad de su país y de América, en un estilo vigoroso y enérgico. Mostró suprema maestría en el manejo del idioma, pero no en el de su tiempo, sino en el de la Edad de Oro. Buscaba una restauración de la lengua española clásica.

Montalvo escribió versos, dramas, novelas, panfletos, pero lo que siempre sobresale en él es el ensayista. Su estilo recuerda al de Montaigne, Bacon y Emerson. Sus ideas son siempre serias, profundas y solemnes. Posee gran riqueza de léxico. Sus frases son armoniosas, llenas de ritmo interior y de vivacidad. Impresiona por la fuerza de la expresión y del racionamiento. Fue un afortunado creador de frases y expresiones que han logrado gran fama. A veces no es fácil entender por las parábolas, alegorías e imágenes que emplea como en su *Geometría moral*. En general su prosa no es muy agradable al lector moderno. Cuando se separa lo que es pura retórica de lo realmente valioso de Montalvo, tenemos como balance algunas de las páginas mejor escritas en todo el proceso de la literatura hispanoamericana.

De sus obras hay tres que merecen al menos tres palabras de exposición y crítica. La mayoría de los críticos están de acuerdo en considerar los *Siete Tratados* como su obra maestra. Las disertaciones que contiene son: "De la nobleza", "De la belleza en el género humano", "Réplica a un sofista seudocatólico", "Del genio", "Los héroes de la emancipación sudamericana", "Los banquetes de los filósofos" y "El buscapié". Este último lo reprodujo como estudio preliminar de los *Capítulos que se le olvidaron a Cervantes*. La obra no tiene unidad y recuerda mucho el gusto de Montaigne, así como de Bacon. Las imágenes son brillantes y los pensamientos profundos. Presenta gran energía y vivacidad en el estilo. También se ensayó en la novela con los *Capítulos que se le olvidaron a Cervantes*. Llegó a dominar una prosa que se asemeja mucho a la de Cervantes, castiza, expresiva y muy rica en vocabulario. Pone a sus propios enemigos a discutir con Don Quijote. Tiene gran riqueza de giros, refranes, axiomas, expresiones, siguiendo el ejemplar cervantino. Aunque la obra carece del aliento genial del original no ha sido superada por los cervantistas españoles. Muy a tono con el temperamento de Montalvo están *Las catilinarias* (1880), conjunto de doce ensayos polémicos que tuvieron un éxito sin precedentes. Aquí es quizás donde su estilo es más enérgico y enfático, al propio tiempo que brillante y ameno. Su oposición a la tiranía, la opresión y al caudillismo están más patente que nunca. Finalmente merecen mención sus artículos de *El cosmopolita* y otros periódicos y revistas en que sobresale su estilo vigoroso y perfecto. Entre éstos el titulado "De la libertad de imprenta" es uno de los más famosos.

¿Cual era la ideología de Montalvo? No cabe duda de que era un liberal republicano, un sincero amante de la libertad, por cuya defensa vivió casi siempre en la pobreza y muy lejos de su patria. Fue un radical y rebelde en la defensa de sus convicciones, que tenían por marco los principios que hemos señalado. Era un cristiano, pero combatía los vicios del clero, la intolerancia, el fanatismo y la superstición. Hemos dicho que cuidó mucho de la forma; pero hay que recordar que nunca olvidó el fondo, el valor ideológico, porque en él es muy fuerte la preocupación moral y ética. Representó una especie de movimiento político ético a la manera del preconizado por Hugo en Francia. Tenía el ansia de corregir vicios y defectos. No siempre acierta a dar la norma de lo que debe hacerse, pero en cambio siempre da en el clavo cuando critica lo mal hecho. Otra característica de su estilo es su sentido del humor, de lo cómico, su espíritu satírico e irónico.

Se han señalado algunas limitaciones a Montalvo. No se puede negar que su condición de polemista lesionó su obra dotándola de un signo de combate y de pensamientos de "época". La propia grandiosidad de su carácter quizás le restó cierto grado de flexibilidad a sus puntos de vista. Se ha descubierto en su prosa cierto tono heroico y de exaltación, cierta tendencia oratoria y grandilocuente, propia de quien desea enseñar y establecer normas de conducta individual y social. Su prosa tiene el sello inconfundible de su personalidad y temperamento. Gran denunciador de los vicios de su tiempo que destruían los mejores intentos para salvar a su patria e Hispanoamérica. Es un escritor representativo del instante que vivió y su posición vertical ante el mal lo sitúa entre los mejores constructores de la América de habla española.

Eugenio María de Hostos y el eticismo en el ensayo

Los tres más grandes ideales del puertorriqueño EUGENIO MARIA DE HOSTOS (1839–1903) fueron la educación popular, la libertad e independencia de su patria y de las Antillas y la moral o ética. Pasó la niñez en su tierra natal, pero a los doce años (1851) viajó a España, donde estuvo hasta 1869. Allí se recibió de Abogado y bebió en las fuentes culturales de la época. Cultivó la amistad del "grupo Krausista" (Sanz del Río, Salmerón, Giner de los Ríos), que tenían por ideal una renovación espiritual de España. Asimismo intervino en las inquietudes políticas de la época y en el advenimiento de la primera República española. El gran novelista Benito Pérez Galdós (1843-1920) lo menciona en *Prim* una de las novelas de *Episodios nacionales* recordándolo como "un joven de ideas muy radicales, talentoso y brioso". En España estudia historia, educación, filosofía, ciencia, literatura, arte. Al triunfar la República en España se desilusiona cuando comprueba que la actitud española no cambia hacia Puerto Rico y Cuba. Por ese motivo rompe con la Madre Patria en un memorable discurso en el Ateneo de Madrid. "Si en la constitución de España no cabe mi patria, donde no cabe mi patria no quepo yo", dijo y se marchó de la península. Al iniciarse la primera Guerra de Independencia de Cuba trata de unirse a ella, pero naufraga y ve fallido su intento. Desde 1869 en adelante se entrega por completo a la lucha por la independencia de su patria. Su anhelo es ver formarse una Federación de las Antillas como parte de una gran confederación de todas las Repúblicas de habla española. Viaja por los Estados Unidos y por casi todos los países de América del Sur. En Nueva York trabaja de traductor y dirige el periódico *La Revolución*. De 1879 a 1888 se establece en Santo Domingo, siendo el fundador y director de la Primera Normal para maestros (1880) siguiendo las directrices modernas y los postulados de la filosofía positivista. Al fin está trabajando en uno de sus grandes objetivos: la formación de maestros y la educación de la niñez y la juventud. Su obra en este sentido puede compararse con la de Varona en Cuba, Bello en Chile, Giner de los Ríos en España y Sarmiento en Argentina. Es un verdadero mentor de juventudes. Pero sus enemigos aumentaron y pronto lo vemos tomar el barco para Chile donde permanece el largo período que va de 1889 a 1898. Aquí se consagra como siempre a la enseñanza, interviene en la reforma educacional. Santiago lo hace su hijo adoptivo y enseña en la Universidad Derecho Político e Internacional.

Al término de la Guerra de Independencia de Cuba siente renacer su optimismo sobre la libertad de Puerto Rico, que no ha dejado de defender un solo momento. En 1899 va a Washington como miembro de una Delegación a solicitar del Presidente MacKinley (1897-1901) la libertad de Puerto Rico, pero la isla pasa a la poderosa nación del norte en vez de conquistar su independencia política. Vuelve otra vez a Santo Domingo, pero es una época de caos y de violencia e inquietud política. Muere de una enfermedad súbita, ahogado por el ambiente y por la muerte de todas sus ilusiones. Pedro Henríquez Ureña, el gran maestro de críticos, ha dicho que "murió de asfixia moral", en lo que no hay exageración alguna.

Vida tan intensamente vivida, tuvo todavía tiempo para escribir veinte volúmenes que forman sus *Obras completas* (La Habana, 1939) y donde pueden encontrarse muestras de casi todos los géneros literarios, aunque Hostos fue en este aspecto básicamente un ensayista, ya que lo mejor de su producción aunque se disfrace bajo otras denominaciones o se produzca por otros medios, tiene siempre aquel carácter. Hostos escribió versos, teatro, relatos poemáticos, novela y ensayos. Entre sus obras más notables se cuentan: *La peregrinación de Bayoán* (1863), novela política de carácter alegórico sobre la independencia y unión de las Antillas. *Inda* (1878) es un relato de sus amores, donde la nota sentimental sigue las tendencias de la época. Ese mismo año publica *Cuentos a mi hijo* (1878): en una prosa íntima y sencilla nos muestra que pudo llegar muy lejos en el cultivo de su imaginación. Su obra maestra es, sin lugar a dudas, *Moral social* (1888). Es el libro que mejor representa las ideas que en general predominaron en Hostos. Lo más destacado de la obra son las descripciones que hace de las "distintas actividades de la vida", porque el resto se deja ganar por un esquematismo cerrado, quizás herencia de su compañía con los krausistas españoles. Es positivista por el lado de Spencer y concebía una *moral natural*, una *moral individual* y una *moral social*. También cultivó la crítica literaria. Su estudio sobre Hamlet es según Menéndez y Pelayo el mjeor sobre el tema en lengua española. Supo hacer un analísis profundo del desarrollo y simbolismo de los caracteres y descubrir la vena ética en Shakespeare. Otras obras suyas son tratados de *Derecho constitucional, Derecho político, Tratado de sociología* así como *Reseña histórica de Puerto Rico* (1871), *Matemáticas de la historia* y otras. También se destacó como orador de poderosa elocuencia y don de persuasión. Memorabes son el discurso titulado "El propósito de la normal" (1884) calificado por Antonio Caso, el filósofo mexicano como "la obra maestra del pensamiento moral independiente en la América Española". Es muy conocido también el que pronunció en 1887 en la primera graduación del Instituto de Señoritas. Muchos de sus conferencias y discursos no se conservan por haber sido pronunciados al calor de la improvisación.

Su obra artística, para la que tenía verdadera vocación y talentos, sale muy perjudicada por el hecho de que su eticismo está encima de toda consideración. Para él la ética es superior al arte y éste debe propender a dar a conocer a aquélla. En *Moral social* hace un rudo ataque a la literatura, pues no concibe el arte puro sino con el propósito de ayudar al hombre. Desde el punto de vista filosófico abrazó el positivismo, como hicieron casi todos los pensadores de su generación. A veces asoma el racionalista como cuando dice: "Dadme la verdad y os doy el mundo. Vosotros, sin la verdad, destrozaréis el mundo; y yo, con la verdad, con sólo la verdad, reconstruiré el mundo cuantas veces lo hayáis destrozado". Para él la armonía, la verdad y la moral son los objetivos finales del hombre. Sentía obsesión por la conquista de la verdad, el bien, la armonía así como "el poder constructivo de la virtud". Es una verdadera cumbre no solamente en Puerto Rico, sino en América. Prefirió la acción constructiva y reformadora al "arte por el arte". Su estilo tiene un tono lógico, frío lleno de abstracciones, antítesis, sentencioso y abundante en hipérboles. Es un estilo machacado porque tiene orientación pedagógica. Su prosa es a veces obtusa, llena de alegorías, esquemas y abstracciones. Otras resulta demasiado silogística: cuando tiende a probar la verdad de sus puntos de vista. Pero en toda su obra hay suficientes muestras de una prosa rica, directa, expresiva, de pensamientos lógicos y bien construídos, siempre inferiores en originalidad a sus vastos conocimientos y cultura. Tiene imaginación e inspiración, pero siempre el gran artista de la pluma que pudo ser queda ahogado por el pensador esencialmente ético. A veces un aforismo era suficiente para tejer alrededor de él una larga disertación, como cuando escribió: "Mal predica quien mal vive, y mal vive quien mal piensa, y mal piensa quien mal dice". Pero en general sus cualidades innegables de estilo—en lo más literario de su producción—son la llaneza, la limpidez y sobriedad. En Hostos, como en otros grandes hombres de América, no hay que ver sólo al artista, sino el alto valor moral de su labor de orientación ciudadana y social.

Enrique José Varona y el positivismo en Cuba

El llamado "maestro de la juventud cubana", ENRIQUE JOSÉ VARONA (1849–1933) tiene múltiples puntos de contacto con Justo Sierra. Al igual que el mexicano comenzó Varona su carrera literaria como poeta y luego se distinguió como magnífico crítico, prosista, Ministro de Educación, reformador de la enseñanza, maestro de juventudes y filósofo exponente del positivismo. La única diferencia está en que mientras Varona se inclina más hacia la filosofía y las disciplinas que le son afines, Sierra lo hace hacia la historia. Varona nació en la ciudad de Camagüey el 13 de abril de 1849. Realizó sus primeros estudios en su rincón natal, siendo un estudioso infatigable. Constituye uno de los casos más interesantes de autodidácta en la América Hispana. Por su sólida cultura y por sus prestigios intelectuales y morales jugó un papel de trascendencia en el desarrollo cultural y de formación ciudadana de Cuba. Varona puede ser estudiado como poeta, ensayista, filósofo, crítico, revolucionario, educador, estadista, político y mentor de la juventud. En todas estas actividades logró destacarse en forma continental. En él priva el ensayista de prosa doctrinaria y de orientación ética y filosófica. El papel que desempeñó en la vida cubana se puede comparar con los de Sarmiento, Sierra y Cecilio Acosta en Argentina, México y Venezuela, respectivamente.

Sus primeras actividades literarias fueron como poeta. A los dieciocho años dos elegías suyas resultaron las únicas composiciones premiadas en un concurso de 1867. En 1868 publicó su primer volumen de *Odas anacreónticas,* con bastante sabor juvenil. Más tarde dio a conocer un estudio sobre Horacio, ya que su cultura clásica era inmensa. También cultivó el teatro al menos con una obra. Ya residiendo en La Habana dio a la estampa *Poesías* (1878), así como su ensayo *Ojeada sobre el movimiento intelectual de América.* Del año siguiente son sus *Paisajes cubanos y narraciones en verso* (1879) así como *Arpas amigas,* colección de versos con otros poetas cubanos. En 1879 inicia una serie de *Conferencias filosóficas* en La Habana en las que trata sobre la *Lógica,* la *Sicología* y la *Moral,* siguiendo las orientaciones positivistas de John Stuart Mill, Herbert Spencer y Alexander Bain, convirtiéndose así en el líder de las corrientes filosóficas en Cuba. Se apartó de Comte por estimar que sus conclusiones eran negativas al proceso independentista cubano. Estas conferencias— que representan un hito de suma importancia en la cultura y el pensamiento cubanos —fueron publicadas posteriormente, gozando de gran difusión, fama y trascendencia. La orientación hacia la meditación sesuda y la filosofía es lo que caracteriza toda su obra. Varona es, por encima de todo, un filósofo, que a veces escribe sobre política y otras sobre literatura o arte. Siguiendo la línea spenceriana estima que lo social es el fundamento de la moral afirmando que "el hombre es moral porque es social". En 1883 ven la luz pública sus *Estudios literarios y filosóficos* donde demuestra su certera intuición estética en la valoración de obras y autores y sus aportes personales a la filosofía de la época, ya que no era un simple comentador de la filosofía europea. Ocho años después publica *Artículos y discursos* (1891) que contienen muchas de sus mejores páginas. Hacia 1894 Martí le había pedido a través del gran patriota negro Juan Guilberto Gómez que se exilara, lo que cumple al año siguiente para substituir, nada menos que a Martí, en la dirección del periódico *Patria,* órgano de la revolución cubana por la Independencia. Varona completó los basamentos doctrinales e ideológicos de esa lucha iniciados por Martí. Ese año publica el folleto *Cuba contra España* en que define la razón del separatismo. De 1896 a 1897 da a la estampa *El fracaso colonial de España,* que es uno de los mejores análisis de la crisis del imperio español en América. Durante el gobierno provisional americano en Cuba, regresó a la patria (1899) siendo nombrado Secretario de Instrucción Pública. En este alto cargo reorganizó la enseñanza cubana desde el "kindergarten" hasta la Universidad, siguiendo las orientaciones educativas más modernas y el positivismo. Durante su gestión cuadruplicó el número de escuelas públicas. Posteriormente fue nombrado profesor de Sicología, Moral y Sociología en la Universidad de la Habana, de la cual se le designó Rector Honorario al retirarse. Realizó una de las obras docentes más extraordinarias de Cuba y América. Ya lo hemos visto de revolucionario abrazando la causa del separatismo, cuyo máximo orientador era Martí. Ya en la República fue fundador y jefe algún tiempo del Partido Conservador, por el cual llegó a la Vice-Presidencia de la República con Menocal en 1912. No fue un político práctico o profesional, pero tampoco vivió de espaldas a la realidad social y política de Cuba. Su ideal era el bienestar y la libertad de todos sus conciudadanos. Hacia los últimos años de su vida se fue convirtiendo más y más en un verdadero mentor de la juventud. Ya Rodó le había dicho en 1900 con motivo de una dedicatoria del "Ariel": "Usted puede ser el Próspero de mi libro".

En 1906 publicó *El imperialismo a la luz de la sociología*, considerado como uno de los trabajos de más envergadura sobre la materia escrito en este continente. Al año siguiente lanzó *Desde mi Belvedere* (1907), brillante conjunto de ensayos de crítica literaria en que estudia a Poe, Baudelaire, Tasso, Ruskin, Nietsche y otros grandes escritores. Posteriormente salió *Violetas y Ortigas* (1908) con trabajos dedicados a Renán, Saint-Beuve, Emerson, Tolstoy, etc. Es una brillante colección de ensayos críticos breves. En 1921 vio la luz pública *Poemitas en prosa* y en 1927 *Con el eslabón*, conjunto de apotegmas o aforismos con profundas reflexiones filosóficas. Cuando el pueblo cubano vertebró su voluntad de oposición contra la dictadura de Machado, Varona era el máximo orientador de los estudiantes y de la juventud en general. La tiranía no se atrevía contra el glorioso maestro, cuya casa era atalaya desde la cual vigilaba los destinos de Cuba y faro de orientación para los que luchaban contra las tinieblas de la opresión.

Aunque se le suele considerar a Varona más filósofo que escritor, él mismo confesó que la única vocación que había tenido era la de ser un literato. Ya hemos visto que cultivó muchos géneros, pero por la reflexión y el tono subjetivo de exposición de sus propios pensamientos, su producción más duradera cae dentro del campo de la ensayística. Escribió ensayos críticos que el tiempo no ha hecho sino establecer más en sus valores esenciales. Entre éstos hay que mencionar su conferencia sobre el Quijote de Cervantes (1883) que es lo más recio escrito en América sobre el tema. Fue uno de los primeros en ver la dualidad Sancho-Don Quijote y la representación del pensamiento de Cervantes a través del último. Hace énfasis en la importancia del libro como exposición de la crisis política e histórica de España. Respecto a la filosofía de Varona tenemos que decir que en él se repite la misma característica de todos los grandes escritores hispanoamericanos que abrazaron el positivismo: hay un verdadero dualismo entre el determinismo científico a que los conducía esa filosofía y un innato idealismo moral que los conduce a la lucha por mejorar las condiciones imperantes. Mucho se ha hablado del gran escepticismo de Varona que a veces llega al más terrible desencanto y armagura. Varona aclaró su filosofía en 1911 en el Ateneo de la Habana, declarando que cualesquiera que fueran sus dudas, desde el punto de vista de la razón pura, sobre los principios universales, la razón práctica, le mostraba el camino del deber. Y resumía: "La acción salva". Su último libro—*Con el eslabón*—es una auto-confesión de escepticismo y pesimismo, pero jamás dejó de predicar con el ejemplo. Su escepticismo no era tanto producto o sedimento del positivismo como del quehacer histórico lamentable en que había caído Cuba.

La principal caraterística del estilo de Varona, en cualquier género que cultivara, es su pulcritud y cuidado, a más de una elegancia y sobriedad constante. Las ideas son macizas y originales. El estilo de su prosa varió con el tiempo. Al principio era de períodos largos y densos, pero luego evolucionó hacia una prosa más limpia y transparente quizás por influencia de la prosa clásica francesa del siglo XVIII. Por temperamento y por influencia de los autores, su prosa se acerca mucho a la sajona por la concisión y justeza de la frase. En su último libro se encuentra la concreción de su estilo: sus ideas son expresadas en forma muy breve y sintética, con la máxima economía verbal. Es ahora la concisión y la más absoluta sobriedad la que presiden su lenguaje. Este libro es bastante amargo, debido a su escepticismo.

A Enrique José Varona hay que colocarlo, por la hondura de su pensamiento, por la maestría que demostró en su estilo, por la perfección de su prosa y por su valor doctrinario y orientador, entre los grandes ensayistas de América: Sarmiento, Montalvo, Rodó, Martí. Logró un estilo peculiar lleno de mesura, serenidad, precisión elegante y una perfecta concatenación entre la idea y la forma expresiva. Varona supo alertar consciencias hacia la libertad, el conocimiento de sí mismo y la lucha hacia el logro de una participación de todos en la riqueza común de la nación. Ocupa sitial al lado de los grandes maestros hispanoamericanos.

Gabriel René-Moreno y la reconstrucción del pasado colonial

Hacia la historia se orientó el mejor escritor boliviano de la época, GABRIEL RENÉ-MORENO (1834-1909), imbuído del ideal de desentrañar la verdad sobre la vida, sistema y cultura coloniales. En su vida consagrada a tan loable trajín hizo hallazgos muy interesantes y útiles. Llegó a la historiografía por íntima vocación y por consejo familiar; y su pueblo natal imprimió en él un aire de soledad y serenidad imprescindibles a la objetidad del quehacer historiográfico. Después de realizar sus primeros estudios en Santa Cruz de la Sierra, se graduó de Abogado en la Universidad de Santiago, Chile, e hizo estancias en Sucre y Buenos Aires y algún viaje a Europa. Tenía un instinto de observación e investigación natos, de aquí que sus lugares favoritos fueran las bibliotecas, archivos y las tertulias con personas cultas. Fue Profesor del Instituto Nacional de Santiago y director de la Biblioteca, cargos que le permitieron mantener estrecho contacto con la intelectualidad chilena.

Su ideal más acendrado fue la reconstrucción fiel del pasado colonial, analizarlo y enjuiciarlo. Los hechos históricos saltan de su pluma como algo vivo porque presenta con toda fidelidad a los líderes de la conquista, la colonia y la revolución y, sobre todo el ambiente social, cultural y político. Pasan de veinte los ensayos que dedicó a esta materia. Se estrenó en la ensayística con una *Introducción al estudio de poetas bolivianos* (Santiago, 1864) al que siguieron dos más sobre el tema. Sus preocupaciones estéticas lo llegaron inclusive a escribir unos *Elementos de literatura preceptiva* en los que preconiza la libertad del artista. El estudio que se reputa como su obra maestra lleva por título *Últimos días coloniales en el Alto Perú* (Santiago, 1896), ampliada en 1901 con "documentos inéditos de 1808 y 1809". También nos dejó *Bolivia y Perú. Notas históricas y bibliográficas* (1901); *Bolivia y Argentina* (1901) y tres ampliaciones de la primera.

René-Moreno se distingue por la serenidad, imparcialidad y objetividad de sus juicios y por lo riguroso de su análisis crítico. Los hechos no vienen directamente al papel, sino que pasan a través del filtro de una crítica aguda y valiente. Cicerón llamó a la historia "maestra de la vida" y Moreno va a ella para buscar las raíces de la conducta social actual y enseñanzas para el porvenir. Atacó los vicios de nuestras nacientes repúblicas sobre todo el caudillismo pretoriano que se enseñoreó de casi todos ellas con posterioridad a la Independencia. En sus trabajos hay unidad y cierto carácter universalista, a pesar de tratar temas locales. Tenía una asombrosa erudición en la historia colonial, a más de probidad intelectual. Su prosa es llana, flúida, sin afectaciones. Le gusta el período corto y expresivo y la sintaxis bien trabajada. Su estilo está lleno de movimiento, sin el tono oratorio y retórico propio de otros autores de este tiempo, para descubrirnos aquel mundo de ayer en sus detalles esenciales. Por la reconstrucción que hace de la sociedad, el régimen político y la estructura administrativa y religiosa, la obra de Gabriel René-Moreno es imprescindible para conocer el ocaso del imperio español en muchos de los países pertenecientes al viejo y deslumbrante virreinato del Perú. Como ensayista únicamente lo supera en Bolivia, Alcides Arguedas.

BIBLIOGRAFÍA

1 GENERAL

(Véanse las historias generales de esta literatura; las nacionales de los autores estudiados)

2 ESTUDIOS DE CONJUNTO

Blanco-Fombona, Rufino, *Letras y letrados de Hispanoamérica*, París, Ollendorf, 1908.
Crawford, William Rex, *A Century of Latin American Thought*, Cambridge, Harvard Univ. Press, 1944.
García Calderón, Francisco, *Les démocraties latines de l'Amérique*, París, Flammarion, 1912. Libro V.
Mead, Robert G., *Breve historia del ensayo hispanoamericano*.
Mañach, Jorge, *Historia y estilo*, La Habana, Editorial Minerva, 1944.
Martínez, José Luis, *La expresión nacional*.
Vitier, Medardo, *Del ensayo americano*.
Zea, Leopoldo, *Dos etapas del pensamiento en Hispanoamérica. Del romanticismo al positivismo*, México, El Colegio de México, 1949.
——, *El positivismo en México*, México, Studium, 1953.
——, *Esquema para una historia de las ideas en Iberoamérica*, México, Univ. Nac. Autónoma, 1956.
Zum Felde, Alberto, *Índice crítico*, Tomo II: *El ensayo y la crítica*.

3 ANTOLOGÍAS DE ENSAYOS

Anderson Imbert y Florit, *Literatura Hispanoamericana*.
Antología del pensamiento social y político de América Latina, Washington, D.C., Unión Panamericana, 1964. Introducción de Leopoldo Zea; selección y notas de Abelardo Villegas.
Beltrán, Oscar R., *Antología*, 4 vols.

Colección "Pensamiento de América", 14 vols., México, Ediciones de la Secretaría de Educación Pública, 1942-1944. Antología de los más destacados ensayistas y pensadores hispanoamericanos y excelentes estudios preliminares.

Ghiraldo, Alberto, *El pensamiento argentino*, Santiago de Chile, Ercilla, 1937. Prólogo y selección del autor.

Gaos, José, *Antología del pensamiento de lengua española*, México, Editorial Séneca, 1945. Selección y prólogo del autor.

——, *El pensamiento hispanoamericano*, México, El Colegio de México, 1944.

Hespelt y otros, *An Anthology*.

Ripoll, Carlos, *Conciencia intelectual de América. Antología del ensayo hispanoamericano*, New York, Las Américas, 1966.

Torner, Florentino N., *Antología de ensayos*, México, Editorial Orión, 1953.

4 Ensayistas

DOMINGO FAUSTINO SARMIENTO

Textos

Obras, 53 vols., Santiago, Imp. Gutemberg, 1885-1914.

Obras escogidas, 18 vols., Buenos Aires, Editorial "La Facultad", 1938.

Facundo, Buenos Aires, Estrada, 1940 (Clásicos argentinos, 2). Editado por Raúl Moglia.

Obras selectas, 2 vols., Buenos Aires, Editorial "La Facultad", 1944.

Sarmiento, textos fundamentales, 2 vols., Buenos Aires, Compañía General Fabril, 1959.

Viajes, 3 vols., Buenos Aires, Librería Hachete, 1959.

Facundo o civilización y barbarie, New York, Doubleday, 1961 (Colección hispánica).

Antología de Sarmiento, 2 vols., Buenos Aires, Ediciones Culturales Argentinas, 1962.

Recuerdos de provincia, Buenos Aires, El Navío, 1944; editada por Jorge Luis Borges.

Recuerdos de provincia, 6ta. ed., Buenos Aires, Sopena, 1953.

A Sarmiento Anthology, Princeton, Princeton Univ. Press, 1948; Traducción de Stuart Edgar Grummon; editada por Allison Williams Bunkley.

Life in the Argentine Republic in the Days of the Tyrants, or Civilization and Barbarism (1868), New York, Hafner, 1960 (Hafner Library of Classics, 21) según la traducción de Mrs. Horace Mann.

Crítica

Barisani, Blas, *En torno a Sarmiento*, Buenos Aires, Reina y Madre, 1961.

Berdiales, Germán, *El maestro de América, vida anecdótica de Sarmiento; de El Carrascal a Chungay, 1811-1849,* Buenos Aires, Ed. Acme, 1961.

Bunkley, Allison Williams, *The Life of Sarmiento*, Princeton, Princeton Univ. Press, 1952.

Campobassi, José Salvador, *Sarmiento y Mitre, hombres de Mayo y Caseros,* Buenos Aires, Losada, 1962.

Carsuzán, María Emma, *Sarmiento el escritor*, Buenos Aires, El Ateneo, 1949.

Correas, Edmundo, *Andanzas de un civilizador; Sarmiento y María Mann,* Mendoza, Best Hnos., 1944.

——, *Sarmiento and the United States*, Gainesville, Univ. of Florida Press, 1961.

Diccionario. . . . Argentina, I, 173-179.

Galván Moreno, G., *Radiografía de Sarmiento*, 2da. ed., Buenos Aires, Claridad, 1961.

Gálvez, Manuel, *Vida de Sarmiento, el hombre de autoridad,* Buenos Aires, Emecé, 1945.

Lugones, Leopoldo, *Historia de Sarmiento*, 2da. ed., Buenos Aires, Editorial Universitaria de Buenos Aires, 1960.

Martínez Estrada, Ezequiel, *Sarmiento*, Buenos Aires, Biblioteca Argos, 1956.

Palcos, Alberto, *Sarmiento: la vida, la obra, las ideas, el genio*, 4ta. ed., Buenos Aires, Emecé, 1962.

Rojas, Ricardo, *El profeta de la pampa; vida de Sarmiento*, 5ta. ed., Buenos Aires, Losada, 1951; Buenos Aires, Editorial Guillermo Kraft, 1962.

JUAN MONTALVO

Textos

Siete tratados, 2 vols., París, Garnier, 1930; introducción de Rufino Blanco-Fombona.

Siete tratados, México, Secretaría de Educación Pública, 1947; prólogo de Antonio Acevedo Escobedo.

Páginas escogidas, Buenos Aires, Estrada, 1941 (Colección Estrada, 16); editada por Arturo Giménez Pastor.

Obras escogidas, Quito, Casa de la Cultura Ecuatoriana, 1948 (Clásicos ecuatorianos, 13); prólogo de Julio E. Moreno.

Juan Montalvo, Puebla, México, Editorial J. M. Cajica, 1960. Selección de G. Zaldumbide.

Las catilinarias, 2 vols., París, Garnier, 1925.

Crítica

Agramonte y Pichardo, Roberto, *El panorama cultural de Montalvo*, Ambato, Ecuador, Casa de Montalvo, 1935.

Anderson Imbert, Enrique, *El arte de la prosa en Juan Montalvo*, México, El Colegio de México, 1948.

Barrera, *Historia*, III, 165–230.

Carrión, Benjamín, *El pensamiento vivo de Montalvo*, Buenos Aires, Losada, 1961.

Diccionario. . . . Ecuador, 43–47.

Reyes, Alfonso, "Sobre Montalvo", *Obras completas*, México, Fondo de Cultura Económica, 1956. Vol. IV.

Reyes, Oscar Efrén, *Vida de Juan Montalvo*, 2da. ed., Quito, Talles Gráficos de Educación, 1943.

Rodó, José Enrique, "Montalvo" en *Hombres de América*, México, Editorial Novaro-México, 1957.

Zaldumbide, Gonzalo, *Montalvo*, París, Garnier, 1937.

EUGENIO MARÍA DE HOSTOS

Textos

Obras completas, 20 vols., La Habana, Cultural, 1939–1954.

Antología, Madrid, Imprenta Juan Bravo, 1952. Prólogo de Pedro Henríquez Ureña.

Hostos, México, Ediciones de la Secretaría de Educación Pública, 1944. Prólogo y selección de Pedro de Alba.

Moral social, 2da. ed., Buenos Aires, Jackson, 1946 (Grandes escritores de América, 2).

Eugenio María de Hostos, a Promoter of Pan Americanism; a Collection of Writings and a Bibliography, Madrid, J. Bravo, 1954.

EL ENSAYO DURANTE EL ROMANTICISMO

Crítica

Balseiro, José A., *Eugenio María de Hostos, Hispanic America's public servant*, Coral Gables, Florida, Univ. of Miami, 1949.
Blanco-Fombona, Rufino, Prólogo de *Moral Social*, 9a. ed., New York, Las Américas, 1964.
Bosch, Juan, *Hostos, el sembrador*, La Habana, Editorial Trópico, 1939.
Carreras, Carlos N., *Hostos, apóstol de la libertad*, Madrid, Imp. Juan Bravo, 1951.
Hostos, Eugenio Carlos de, *Hostos, peregrino del ideal*, París, Ediciones Literarias y Artísticas, 1954.
O'Neill, Luis, *Eugenio María de Hostos*, San Juan, P.R., Imp. del Gobierno Insular, 1950.
Tejada, Francisco Elías de, *Las doctrinas políticas de Eugenio María de Hostos*, Madrid, Editorial Cultura Hispánica, 1949.
Vitier, Medardo, *El ensayo*, 95-116.

ENRIQUE JOSÉ VARONA

Textos

El pensamiento vivo de Varona, Buenos Aires, Losada, 1949. Selección y prólogo de Félix Lizaso.
Con el eslabón, La Habana, 1927.
Desde mi belvedere y Violetas y Ortigas, La Habana, Consejo de Cultura, 1940.

Crítica

Ferrer Canales, José, *Imagen de Varona*, Santiago, Cuba, Universidad de Oriente, 1964.
Giusti, Roberto F., "Enrique José Varona, escritor" en sus *Poetas de América*, 16-28.
Homenaje a Enrique José Varona, 2 vols., La Habana, Dirección de Cultura, 1935. Trabajos de varios ensayistas.
Lizaso, Félix, "Prólogo" al *Pensamiento vivo*, ya citado.
Olivera, Otto, *Literatura antillana*, México, Studium, 1957, 101-102.
Sánchez Reulet, Anibal, *La filosofía latinoamericana contemporánea*, Washington, D.C., Unión Panamericana, 27-48.
Vitier, Medardo, *Enrique José Varona. Su pensamiento representativo*, La Habana, Editorial Lex, 1949.
——, *La filosofía en Cuba*, México, Fondo de Cultura Económica, 1948, 140-168.
Zea, Lepoldo, *Dos etapas*, 328-338; 343-346.
Zum Felde, A., *Índice crítico*, I, 232-239; 364-365.

GABRIEL RENÉ—MORENO

Textos

Introducción al estudio de poetas bolivianos, Santiago de Chile, Imp. de la Unión Americana de Ahumada y Castro, 1864.
Últimos días coloniales en el Alto Perú, Santiago de Chile, Imp. Cervantes, 1896.
Últimos días coloniales en el Alto Perú. Documentos inéditos de 1808 y 1809, Santiago, Chile, Imp. y Encuadernación Barcelona, 1901.
Bolivia y Argentina. Notas biográficas y bibliográficas, Santiago, Chile, Imp. Cervantes, 1901.
Gabriel René-Moreno: Narraciones históricas, Washington, D.C., Unión Panamericana, 1952. Selección, prólogo y notas de Enrique Kempff Mercado.

Crítica

Arguedas, Alcides, *Figuras Americanas: Gabriel René Moreno*, Buenos Aires, La Reunión Americana, enero de 1917.

Finot, Enrique, "Elogio de Gabriel René Moreno en el primer centenario de su nacimiento", *Boletín de la Unión Panamericana*, No. 68, abril de 1934; 251–263.

Guerra, José Eduardo, *Itinerario espiritual de Bolivia*, Barcelona, Araluce, 1936, 103–107; 110–111.

Gutiérrez, Alberto, *Hombres representativos*, La Paz, Bolivia, Imp. Renacimiento, 1926. Capítulo "René Moreno", 1–185.

14 La literatura gauchesca

Orígenes de la literatura popular hispanoamericana
La literatura gauchesca como dimensión de la corriente criollista

El romanticismo significó la culminación de la literatura orientada hacia lo nacional, propio y folklórico, que ya hemos visto se inicia en la época barroca y tiene bastante cultivo durante el neoclasicismo. De manera que paralela a la literatura culta que hemos analizado, se produjo en toda la América Hispana una corriente de obras literarias de tipo popular, llamada también *criollista*, que trataba de reflejar la naturaleza, la realidad social, geográfica, humana, política y la vida rural o de los campos, a través de medios propios de expresión. Estos medios autóctonos de expresión artística no miraban hacia Francia, España, Inglaterra o los Estados Unidos como hacía la corriente culta, sino para lo nativo, lo folklórico, lo auténticamente americano.

Esta tendencia se produjo casi simultáneamente en todos los países de la América Hispana, lo que significa que no fue un movimiento particular de ninguna región o nación, como una búsqueda afanosa de lo criollo. Esta poesía criollista comenzó a tener plena vigencia con Bartolomé Hidalgo (1788-1823) en Uruguay y Domingo del Monte (1804-1853) en Cuba, durante y después de las Guerras de Independencia. Mientras Hidalgo encontró muchos seguidores, sobre todo en la Argentina y también en su propio país, dando origen a la copiosa literatura gauchesca; del Monte fue seguido por un grupo numeroso de discípulos en Cuba, Santo Domingo y Puerto Rico. En México, el líder de los criollistas dentro de la primera generación romántica fue Guillermo Prieto (1818-1897) quien escribió el romance *Musa callejera* (1883), donde pinta con mucha fidelidad el mundo de los pobres mexicanos. Muy pintorescos son también su *Romancero nacional* (1885), así como sus "cuadros de costumbres" y sus *Memorias*.

Pero donde esta corriente nativa logró una importancia sobresaliente, fue en la región de la Plata—Argentina y Uruguay—creándose obras literarias de gran originalidad y sin equivalentes directos dentro de la literatura europea o universal. Aquí se escribieron verdaderos monumentos literarios que son, por su originalidad, sentido popular y valores estéticos, de los mejores aportes literarios hispanoamericanos. Aunque la literatura gauchesca nació antes del neoclasicismo fue tal su impulso y el entusiasmo que logró despertar, que subsistió durante el romanticismo, el realismo, el modernismo y las corrientes vanguardistas en pleno siglo XX. Es curioso hacer notar que la obra maestra en la poesía épica se produce en el romanticismo (*Martín Fierro*), la teatral en el realismo (*Barranca abajo* o *M'hijo el dotor* de Florencio Sánchez); y la novela en el vanguardismo (*Don Segundo Sombra*, de Ricardo Guiraldes). Esto demuestra la vitalidad creciente del género.

Esta literatura tenía como centro temático al gaucho, su ambiente, su medio social y físico, su modo de hablar, sus hábitos y costumbres, su sicología. Fue tal la boga de esta corriente que se ha hablado de un "méster de gauchería" como recuerdo de que la poesía española tiene su origen conocido en los méster de clerecía y de juglaría en la Edad Media. Son obras que se detienen a pintar lo pintoresco y regional, tratando de lograr el llamado "panamericanismo literario" con temas locales. Estos escritores supieron encontrarle el lado estético y artístico a lo nativo, a la vida de campo, a lo criollo y popular. Representa, sin duda, una orientación hacia la democratización de la literatura, lo que unido al gran interés por lo pintoresco, por el sabor y color local, sitúan esta tendencia como muy romántica en naturaleza y espíritu. La llamada literatura gauchesca cae, pues, dentro de esa gran corriente de literatura popular, criollista, nativa, que se extendió por todos los países de la América Hispana como búsqueda y expresión de lo criollo.

Características generales de la literatura gauchesca

Pueden sintetizarse estas características en las siguientes: 1. Representó una orientación para producir el *americanismo literario*, o sea una literatura propia de la América Hispana, independiente de cualquier otra. 2. Busca en lo nativo y criollo—en este caso el gaucho y el medio que lo rodea—la fuente de su inspiración. 3. Hereda de la poesía tradicional, a más de muchas formas externas, el fondo popular, los sentimientos nativos y regionales. 4. Gran acentuación del "color local" y de lo pintoresco. 5. Es una literatura completamente propia de la América de habla española. 6. Algunos autores mostraron una gran maestría artística para captar y expresar el verdadero sentimiento y sicología populares, con sinceridad y profundidad. 7. Esta tendencia nació en la poesía lírica, pero pronto invadió el campo de la épica, teatro, novela, cuento, relato. 8. Aquí se produjeron algunas de las obras clásicas de la literatura hispanoamericana de todos los tiempos. 9. Da a conocer la realidad de un tipo humano sumamente interesante y que ha tenido gran importancia en los orígenes y formación de lo nacional argentino y uruguayo.

El escenario geográfico, histórico y social

Es difícil comprender esta literatura si no se conoce el escenario natural, el ambiente social e histórico en que se produce y el tipo humano que le sirve de protagonista.

Este escenario es la pampa, inmenso territorio llano, sin accidentes geográficos de importancia, que se extiende desde los Andes chilenos al oeste hasta el océano Atlántico por el este; y desde la región austral del continente hasta Bolivia, Paraguay y la región del Chaco al norte. La parte central de la inmensa llanura es desértica y está bordeada en algunas regiones por zonas de alguna vegetación y bosques. La pampa es un verdadero mar de hierba y de vegetación desértica. La civilización ha ido ganando esta región, en un tiempo símbolo de la barbarie, para el progreso. Es el verdadero centro de la riqueza de la Argentina, por su ganadería, por sus granos y demás productos de la tierra. Sarmiento ha descrito de mano maestra en *Facundo*, tanto al escenario como al tipo humano que produjo. Durante el período anárquico que siguió a la Guerra de Independencia, la pampa y el gaucho jugaron un papel decisivo en la vida de la nación. En esta época era ya evidente el gran contraste entre las grandes ciudades, particularmente Buenos Aires y la pampa. Mientras la primera representaba la cultura europea y el refinamiento, el campo se distinguía por la barbarie de un estado social muy primitivo, presentándose así una lucha titánica entre civilización y barbarie, para utilizar la frase feliz de Sarmiento. Casi toda la historia argentina vendrá a girar sobre estos dos polos y los esfuerzos de la civilización para irle ganando terreno a la barbarie. Las repercusiones que en el orden social y político tuvo esta inmensa llanura fue grande, a tal punto que ensayistas de hoy afirman que todavía esa lucha subsiste en nuestros días. Es la tesis sostenida por Ezequiel Martínez Estrada (1895–1964) en su notable ensayo *Muerte y transfiguración de Martín Fierro*.

El ente humano: el gaucho
Realidad y leyenda; el gaucho histórico y el literario
Perfil sicológico
Posible origen de la raza y de la argentinidad

El ente humano producto de la pampa es el gaucho, en quien la inmensidad herbácea produce un perfil sicológico propio y *sui generis* y cuyo origen no está todavía bien definido. Poco se sabe de la aparición del gaucho, aunque hay certeza de que ya existía hacia el último cuarto del siglo XVIII. No es un tipo de inmigración, sino tipo racial local de genuina formación en la pampa. La etimología más aceptada es aquélla que afirma que la palabra "gaucho" es de origen quechua o araucana que significa "huérfano", sin madre, hijo natural, errante, abandonado. Parece que los primeros habitantes del inmenso territorio fueron los indios llamados *pampas*. Al llegar los conquistadores, unos se orientaron hacia las ciudades y otros hacia la región pampeana. Como en todo el continente, pronto comenzó a surgir el criollo, o sea el hombre nacido en estas tierras. Asimismo, muchos que habían estado en la ciudad decidieron ir a las pampas, bien porque estuvieran perseguidos, bien por simple espíritu de aventura. Lo cierto es que ya en el último tercio del siglo XVIII la población de la pampa era considerable, aunque pareciera minúscula por la gran extensión de la región. Este criollo conviviendo en un medio tan especial, acabó por ser modelado con un temperamento, carácter, sicología y hasta físico bien diferenciado. Entre esas características particulares que la inmensidad dejó impresa en él a más de las influencias telúricas, están su amor a la libertad e independencia; individualismo; fatalismo; ironía; notable sentido de la orientación; audacia: socarronería; cierta filosofía conformista e irónica de la vida; filosofía simple, espíritu religioso y contemplativo; el habla por medio de sentencias y refranes; supersticiones. El gaucho también tenía defectos, producto quizás de sus virtudes: su arrogancia, ánimo de venganza; cierta ineptitud para el trabajo metódico y el ahorro; sentido de la verdad; casi nunca era ladrón.

Tres eran las ocupaciones básicas del gaucho: las labores o actividades de trabajo, básicamente ganaderas; los deportes y los entretenimientos, donde hay que considerar la música, las recitaciones y los bailes. Su economía e industria, en extremo rudimentarias dependían casi exclusivamente del ganado vacuno y caballar, ya que el gaucho era esencialmente un domador y cazador. La base económica era el caballo, el buey, el avestruz y otras aves. No se concibe al gaucho sin su caballo. Desdeñaba la agricultura, sobre la cual casi no tenía conocimiento alguno. De la ganadería obtenía casi todo lo que necesitaba: el transporte, alimentos, muebles, camas, odres para líquidos, botas, abrigos, lazos, bolas, combustibles, embarcaciones, las cuerdas de la guitarra y mercancía para intercambiar en la obtención de otras cosas que necesitaba. Las actividades relacionadas con la cría, doma y cuidado de estos animales era la base de sus labores productivas.

En el desarrollo social del gaucho hay tres etapas bien diferenciadas: el momento de su aparición y formación; el instante de esplendor (edad de oro gauchesca), cuando inclusive adquiere gran importancia política; y el período de decadencia (último tercio del siglo XIX). Generalmente fue víctima de un estado social y político que solamente lo quería para "votar", como acertadamente dice Hernández en el *Martín Fierro*. El juez de paz, el comandante y el comisario lo maltrataban y explotaban, especialmente en las llamadas "elecciones" y el servicio militar. El avance de la civilización, el cambio en la economía y en los medios de producción liquidaron aquel gaucho de la edad de oro. Más tarde fue empleado en las grandes estancias del país, ocupado en la doma y ciudado del ganado. Precisamente es este instante el que pinta Guiraldes en *Don Segundo Sombra*.

Hay una gran distancia entre el gaucho histórico o real y el literario. Ningún tipo en la literatura ha sido tan tergiversado, sobre todo para dar paso a una caricatura bastante lejana de la realidad. Hay toda una literatura destacando el lado malo del gaucho, al punto de que lo pinta como un ser abominable: pendenciero, perezoso, ladrón, matón de pulperías. Pero ese no fue el verdadero gaucho y es necesario anotar una reacción contra aquella concepción. El gaucho histórico tenía las características que hemos descrito, con sus defectos, señalados admirablemente en las obra maestras del género, sobre todo en el *Martín Fierro, Don Segundo Sombra, Barranca Abajo* y otras. El gaucho histórico ya no existe hoy. Lo que queda es el símbolo como en la obra de Güiraldes.

¿Es posible que el gaucho haya sido el origen de la raza argentina y de la argentinidad o alma de la nacionalidad? Notables escritores argentinos como Ricardo Rojas, Leopoldo Lugones, Bunge, Martínez Estrada y otros parecen defender ese criterio. Sin negar la importancia que ha tenido este tipo humano en la vida argentina, parece a todas luces imposible considerarlo como el origen de la raza ni de la argentinidad. Es un tipo representativo e interesante de argentina, como el "roto" o el "guaso" lo son de Chile; o el "charro" de México. Ir más allá nos parece forzar una realidad histórica imposible de desconocer. La polémica, todavía bien encendida, acerca de punto tan interesante, tiene la mayor importancia literaria, sobre todo en la consideración de *Martín Fierro* como una épica nacional, punto que veremos más adelante.

La lengua gaucha: sus modalidades
¿Dialecto o lengua española modificada?

Para algunos la lengua del gaucho es un dialecto, una lengua propia y ella puede ser el origen de un idioma propio para la región de la Plata, diverso, por consiguiente del español. Sin embargo, lo cierto es que no es un idioma distinto del castellano, sino la lengua española modificada. El tiempo se ha encargado de demostrar que tampoco ha servido para producir una futura lengua argentina. Las modificaciones consisten en variaciones fonéticas, supresiones, cambios de acento, en las vocales, consonantes y la ortografía. También añade arcaísmos, palabras indias y cambia a veces el significado normal de algunas palabras, así como irregularidades en las formas verbales. En realidad no hay base para estimar que es una lengua nueva; cuando más se le puede considerar como una forma dialectal o modificada de la lengua madre. No es la lengua española normal, sino ésta con algunas variantes y modificaciones. Como los escritores gauchescos trataban de reflejar con todo realismo la vida del gaucho, sus modos de hablar propios son traídos y mezclados con el español normal, usado sobre todo en las partes narrativas de los poemas, o novelas y cuentos.

Etapas en el proceso de desarrollo de esta literatura

En la formación y proceso de la literatura gauchesca se pueden distinguir perfectamente los siguientes momentos:
a) Una etapa inicial en el payador anónimo.
b) Los precursores. Evolución hacia formas escritas.
c) Culminación del género.
d) Transmigración hacia otros géneros literarios.
e) Decadencia.

LA LITERATURA GAUCHESCA

El payador anónimo y su importancia en la formación de la literatura gauchesca

En este escenario que hemos descrito tan brevemente, se desarrolló un tipo de artista sui generis, cuya aparición marca el inicio del género gauchesco. Fue éste el payador o cantor errante, que iba de pago en pago y de pulpería en pulpería y cuyo más remoto antecedente en el mundo hispánico se halla en las baladas y romances de Andalucía. El payador improvisaba una narración en versos de ocho sílabas siguiendo la tradición española, acompañando la recitación con su guitarra. Dada las limitadas formas de entretenimiento, esta forma narrativa se desarrolló en la pampa como en ningún otro lugar, multiplicándose los payadores. Este cantor o recitador llegó a ser uno de los tipos más populares de la pampa. Se le buscaba y a su alrededor se formaban coros de personas ansiosas de oir estas improvisaciones, que eran casi la única manifestación artística y entretenimiento de esta época casi bárbara. Los temas eran muy variados. Generalmente se referían a acontecimientos recientes, aunque también a los propios sentimientos y experiencias del payador. Los hay también de marcado sabor político. Son por lo general lánguidos y sentimentales, aunque los hay con la ironía, el humor y sal del gaucho. En general reflejaban la filosofía y sicología de la raza y de aquí su gran popularidad. Los pasajes más interesantes o que más gustaban se conservaban de generación en generación por medio de la tradición oral, en proceso semejante al vivido por los romances antiguos españoles. Estos payadores fueron poetas anónimos, cuyos nombres no registra la historia literaria. Pero esta poesía oral pasa luego por un proceso lentísimo hacia formas conocidas y escritas, dando origen así a la poesía gauchesca. El poeta uruguayo Bartolomé Hidalgo representa uno de los primeros instantes en ese paso de las formas orales a las escritas. De este payador anónimo se han conservado algunos fragmentos de gran belleza lírica y épica. He aquí esta hermosa "vidalita":

> La palmera sobre el pasto,
> sobre la palmera el cielo;
> sobre el caballo estoy yo
> y sobre mí está el sombrero.

Los precursores

Como hemos visto, la literatura gauchesca no se produjo por generación espontánea, sino que vivió un largo proceso de formación, de auge en su producción y valores literarios y finalmente de decadencia. Generalmente se consideran como precursores de esta vertiente popular, a más del payador ya estudiado, a los siguientes: Juan Bautista Maziel (1727–1788) posiblemente autor del primer poema gauchesco con el título de "Canta un guaso en estilo campestre los triunfos del Excelentísimo señor Don Pedro Cevallos"; Juan Gualberto Godoy (1783–1824), que utilizó el género para comentar acontecimientos, crítica y propósitos políticos. Ninguno de ellos tiene la importancia de Bartolomé Hidalgo (1788-1823), considerado por Mitre como el "Homero" del género, dando a entender que el uruguayo había sido el creador, el fundador de ese género. Otro precursor notable es JUAN MARÍA GUTIÉRREZ (1809-1878), crítico, literato y poeta. Es un antecedente digno de mención su largo poema titulado *Los amores del payador* (1838), en que defiende la "americanización" de la literatura. Un año antes había publicado Esteban Echeverría (1805-1851) su poema *La cautiva* (1837) que utiliza a la pampa como escenario y defiende una literatura propia de América. Sin proponérselo, Sarmiento es uno de los iniciadores de esta vertiente nativa porque en *Facundo* hizo la pintura más exacta de la realidad geográfica, social, política y del tipo humano de las pampas. Finalmente debe mencionarse a Bartolomé Mitre (1821-1906). Uno de los cinco libros de sus *Rimas* publicadas en 1854, titulado "Armonías de la Pampa", contiene cuatro poemas gauchescos, entre ellos "Santos Vega, payador argentino". Este último tiene la importancia de haber introducido a Santos Vega, uno de los peronajes de más larga y fecunda vida en este género gauchesco.

Los géneros literarios que comprende
Los grandes monumentos de esta literatura

La literatura gauchesca tiene un hermoso desenvolvimiento. Nacida en la poesía oral producto de la improvisación del payador anónimo, avanza luego hacia las formas escritas. En la poesía recorre la gama de la lírica y de la épica. Pero su fuerza y dinamismo es tal que se desborda del campo poético para invadir la novela, el cuento, el teatro, el ensayo y hasta el artículo periodístico. Hubo un instante que duró por muchos años en que casi toda la literatura escrita en el Plata era dentro de esta denominación.

Los monumentos literarios más representativos son los siguientes:

I. POESIA GAUCHESCA ÉPICA
   Hilario Ascasubi: *Santos Vega o Los mellizos de la Flor*
   Estanislao del Campo: *Fausto*
   José Hernández: *Martín Fierro*
II. TEATRO GAUCHESCO
   Florencio Sánchez: *Barranca abajo* o *M'hijo el dotor*
III. LA NOVELA, EL CUENTO, RELATO
   Ricardo Guiraldes: *Don Segundo Sombra*
   Benito Lynch: *El inglés de los güesos*

La poesía gauchesca épica
Hilario Ascasubi y su "Santos Vega o Los mellizos de la Flor"

La literatura gauchesca logró su más alto grado de madurez en la poesía narrativa o épica y en la novela. Los grandes poemas de la poesía narrativa se deben a: Hilario

LA LITERATURA GAUCHESCA

Ascasubi, Estanislao del Campo, José Hernández y Rafael Obligado. Mientras que las obras maestras de la poesía se producen en el último cuarto del siglo XIX, habría que esperar el primer cuarto del siglo XX para la aparición de la mejor novela representada por *Don Segundo Sombra* de Güiraldes.

El primer poeta épico en el tiempo dentro de la vertiente gauchesca es, sin lugar a dudas, HILARIO ASCASUBI (1807–1875). Vivió una vida tan aventurera como interesante. A los doce años abandonó la escuela para unirse a la Marina; apresado su barco fue llevado a Portugal de donde escapó viajando por España, Francia e Inglaterra. Intervino en la guerra contra el Brasil y tomó parte en la batalla de Ituzaingó. Pertenecía al Partido Unitario que luchaba contra la tiranía de Rosas. Fue condenado a muerte después de pasar dos años encerrado en un calabozo. Logró escapar buscando asilo en Montevideo y aquí se hizo una considerable fortuna. Participó en la famosa batalla de Monte Caseros (1852) con las tropas de Urquiza. Llegó a ser teniente coronel del Ejército. A su regreso a Buenos Aires fundó el periódico *Aniceto el Gallo*—seudónimo que usaba con fercuencia—en defensa de la doctrina política unitaria y con comentarios sobre literatura y asuntos de actualidad. Construyó asimismo el gran teatro Colón de Buenos Aires, cuyo incendio lo arruinó financieramente. En 1860 viajó a Francia a cumplir una misión oficial del gobierno de Mitre y permaneció en París por muchos años.

Ascasubi fue notable periodista, prosista, revolucionario, político y poeta popular. Sus obras más notables son *Paulino Lucero* (1855), recopilación en dos volúmenes de su producción gauchesca anterior. En algunos aspectos puede considerarse como su mejor obra. La obra finge ser escrita por un gaucho en el ejército y trata sobre la vida en el campo y en la batalla. Es un ataque fulminante contra el tirano Rosas. Estando en París publicó en esa ciudad su obra maestra, titulada *Santos Vega o Los mellizos de la Flor* (1872), comenzada en 1850. La obra presenta "rasgos dramáticos de la vida del gaucho en las campañas y praderas de la República Argentina de 1778 a 1808." "Mi ideal y mi tipo favorito—dice el propio autor—es el gaucho, más o menos como lo fue antes de perder mucho de su faz primitiva por el contacto con las ciudades y tal cual hoy se encuentra en algunos rincones de nuestro país argentino."

Tanto la construcción o plan como la versificación del poema es muy irregular, constando de 12,604 versos agrupados en quintillas, septillas, octavillas, décimas y romances. Su argumento es bastante simple, aunque el poema tiene un total de dos tomos: un viejo gaucho llamado Santos Vega (el payador) cuenta la historia de dos mellizos que quedan huérfanos en la estancia de La Flor y son criados por el patrón y Estrella su esposa. Se llaman Luis y Jacinto. El último es humilde y bueno, mientras que el otro tiene un alma ruin, perversa y es vengativo y camorrero. El poema relata la vida y crímenes hechos por este bandido gaucho. El "malevo" después de miles de aventuras y peripecias se arrepiente y muere dentro del catolicismo.

Lo primero que se destaca en el estilo de Ascasubi es la inocencia del relato, junto a la que Mitre llamó "una fiel reproducción de la naturaleza". Su obra es una pintura natural de la sociedad y del gaucho de ese tiempo. Descubre los usos y costumbres del paisano, usando el lenguaje, las expresiones y los modismos que le son propios. Sabe mezclar lo chistoso y lo serio, pues tiene buen sentido del humor y de la ironía. Aunque Ascasubi gozó de gran fama en su tiempo, siendo un poeta muy popular, tanto por el valor patriótico de sus versos como por las circunstancias que rodearon su vida, en realidad su poesía vale mucho menos que la del Campo y junto al *Martín Fierro* es realmente inferior. Leopoldo Lugones hizo una crítica despiadada de Ascasubi, incluyendo en ella a Estanislao del Campo. No le faltaba razón a Lugones pues Ascasubi no llega a dar la realidad del tipo que describe y su versificación es muy pobre y áspera. Los mejores cantos del poema son el I, V, X, XII, XIII, XVII y XXXV, pero no pasan de ser una simple medianía cuando se comparan con los versos de del Campo o Hernández.

Estanislao del Campo y su "Fausto"

Declarándose discípulo de Hilario Ascasubi, ESTANISLAO DEL CAMPO (1834-1880) se apodó "Anastasio el Pollo" en réplica al "Aniceto el Gallo" del primero. Nació en Buenas Aires y su padre era un alto oficial del ejército. Peleó como capitán del ejército unitario durante las guerras civiles contra la Confederación que siguió a la dictaduta de Rosas. Casó con una hija del famoso General Lavalle. Posteriormente ocupó importantes posiciones políticas, entre ellas la de Diputado al Congreso. También trabajó como periodista en los diarios *El Nacional* y *Los Debates*, pero nunca abandonó su carrera literaria. Según su propia confesión fue un discípulo y seguidor de Ascasubi, quien gozaba de gran popularidad cuando del Campo comenzaba su labor poética. Puede decirse que siguió la corriente gaucha mantenida por aquél. Siempre mostró gran interés por el gaucho y su vida, los que conoció a través de los trabajos de Ascasubi y por sus observaciones directas en las guerras civiles después de la caída de Rosas.

La producción literaria de del Campo es sumamente exigua, pues se compone del *Fausto. Impresiones del gaucho Anastasio el Pollo en la representación de esta ópera* (1866); *Poesías* (1870) con toda su producción lírica expresiva de un romanticismo a todas luces trasnochado; y *El gobierno gaucho*, de mucho vigor y colorido. En el *Fausto* logró del Campo una de esas obras capaces de inmortalizar a su autor por su singularidad y originalidad. El autor asistió el 24 de agosto de 1866 a la representación de *Fausto*, la famosa ópera de Gounod en el antiguo teatro Colón de Buenos Aires y tuvo la idea de comentar la obra al modo gauchesco. Siguiendo el consejo de Ricardo Gutiérrez, médico de profesión y poeta romántico de vocación y de otros amigos, compuso y publicó el *Fausto* (1866). Cinco días despues de aquella representación estaba terminada la primera versión del poema, que ha pasado por un proceso múltiple de depuración. Su éxito fue instantáneo, al punto de que hasta hoy existen más de ciento cincuenta ediciones de la obra. El poema está escrito en redondillas y décimas y dividido en seis cantos relativamente breves. El argumento es el siguiente: un gaucho nombrado Anastasio el Pollo se encuentra a la orilla de un río con su amigo Laguna, a quien le cuenta una experiencia que tuvo en Buenos Aires. El "Pollo" había ido a esa capital a realizar unos cobros cuando una noche vio una gran aglomeración de público a la entrada del teatro Colón. Entró al teatro y vio una representación completa de la ópera *Fausto* de Gounod basada en la tragedia del mismo nombre de Goethe. Anastasio acepta lo que vio en el escenario como algo real. Entonces le cuenta a su amigo la ópera poniendo a la pampa por escenario, con la ingenua creencia de que la trama es algo real.

Se destaca el realismo, naturalidad y gracia del diálogo entre los dos gauchos, así como la filosofía y las opiniones opuestas que mantienen. Es muy acertada la descripción de la resonancia y reacciones que en el alma de los gauchos produce el desarrollo de la tragedia. Del Campo muestra gran facilidad de versificación. El verso le brota fácil, fluido, armonioso. Es superior a Ascasubi en la sensibilidad para la interpretación del alma del paisano y en el buen gusto. Fue hombre de más cultura y poeta mejor dotado que el primero. Desde el punto de vista de su realismo es la menos interesante de las tres obras, pues narra una historia hasta cierto punto inverosímil, propia sólo de la imaginación poética. Es más bien una parodia o caricatura de la obra de Goethe utilizando un ambiente gauchesco. El poema puede calificarse de épico-burlesco, corriente muy en boga en la literatura narrativa española. La historia está muy bien contada, en forma clara y simple; con mucha gracia y humor.

Un defecto del poema es que del Campo se acuerda demasiado a menudo de que es un poeta culto y de la ciudad. Por esta razón la obra está llena de pasajes líricos hermosísimos, pero con la huella de la poesía culta. Hay cuatro pasajes cuya belleza los hace realmente antológicos; la descripción del amanecer al comienzo del canto III; los versos dedicados al amor y sus efectos en el IV; otro amanecer al final de ese canto y unos al dolor, la tristeza y la pena en el V, que son realmente admirables. Finalmente el canto VI y el último comienzan con magnífica semblanza de la mujer, pero todo esto es poesía culta y refinada.

El poema ha sido muy discutido. Al juicio adverso de Leopoldo Lugones precedieron y siguieron otros por el estilo, pero es innegable que dentro de su género es una obra maestra y es necesario apuntar a del Campo el acierto de haber explorado campos nuevos—en este caso el humorístico—a la vena gauchesca.

La épica nacional argentina: el "Martín Fierro" de José Hernández

Llegamos así a la que es, sin lugar a dudas, la obra maestra de la literatura gauchesca y una de las joyas clásicas de la literatura hispanoamericana: el *Martín Fierro* escrito por JOSÉ HERNÁNDEZ (1834–1886), en cuyo genio confluyen todas las corrientes y técnicas anteriores de la poesía gauchesca para producir la creación más alta y definitiva del género. Nació el gran poeta cerca de Buenos Aires y su padre era comerciante en ganado. Solamente asistió a la escuela primaria, aprendiendo lo demás en la universidad de la vida. Debido a las guerras civiles, los tíos que lo criaban tuvieron que huir a Brasil y el niño quedó al cuidado de su abuelo. Comienza joven a sufrir de una dolencia pulmonar y con ese motivo los médicos disponen que haga vida de campo. Así comienza su experiencia honda y directa con la vida gauchesca. Esta observación concreta de la realidad lo lleva a conocer todos los aspectos de la vida y del mundo sicológico del gaucho, llegando a ser uno de ellos.

Hernández recorre entonces una vida llena de alternativas. Sucesivamente es soldado, periodista, taquígrafo, orador, escritor, político, poeta y legislador. Debido a las continuas luchas civiles vive en Brasil, Entre Ríos, Rosario, Montevideo y finalmente regresa a Buenos Aires. Es ahora uno de los redactores de *El Argentino* (1863), fundando años más tarde el periódico *Río de la Plata* (1869), mandado a clausurar por su enemigo Sarmiento, entonces Presidente de la República. Más tarde es Diputado, Presidente de la Cruz Roja Argentina; Miembro del Consejo General de Educación; desempeña otros cargos públicos y lo sorprende la muerte como Senador de la República. En el Congreso era conocido como "El Senador Martín Fierro", en vez de por su verdadero nombre. En 1886 murió de un ataque al corazón, cada vez más desilusionado por la situación política, económica y social del país. Tanto en política como en la vida literaria y periodística estuvo siempre por la defensa del gaucho, que logró muchos beneficios gracias a su gestión e iniciativa. Aparte de su labor periodística, Hernández publicó en prosa su *Vida del Chacho* (1863), una biografía del caudillo Angel Vicente Penaloza, muerto ese mismo año. También en prosa está escrita su obra póstuma. *Instrucción del estanciero* (1881) con consejos prácticos sobre problemas de agricultura y ganadería.

Estructura y composición. Bien para matar el aburrimiento de la vida de hotel, bien por consejos de su gran amigo, el poeta uruguayo Antonio Lussich, que le había aconsejado escribir un poema gauchesco "que fuera fundamental", lo cierto es que Hernández publicó el *Martín Fierro* en 1872, bautizado bien pronto por el pueblo como la *Ida*. Consta esta primera parte de 2,325 versos octosílabos divididos en trece cantos de desigual longitud. Todo el poema está escrito en sextinas, cuartetas y algunos romances a la manera española. En las sextinas el primer verso es libre y el resto con rima, siguiendo la fórmula xaabba. Lugones afirma que el número de versos y el verso libre del comienzo es una imitación de las notas de la guitarra del antiguo payador. La obra constituye la culminación de la poesía gauchesca, que al parecer tuvo su origen más remoto en la "payada". El género es la combinación del más antiguo folklore (constituído por la música y la poesía épica, lírica y hasta dramática del campo argentino) con elementos importados europeos (el verso, la rima y la estructura estrófica). La crítica literaria recibió la obra muy fríamente, pero el gusto de pueblo por ella fue extraordinario. Muy pronto se hicieron once ediciones sin contar las fraudulentas, y el poema corría de pulpería en pulpería y de sitio en sitio donde los gauchos hacían coro para oirlo. Muchos inclusive se especializaron en su recitación y los paisanos se aprendían de memoria los pasajes más importantes.

LA LITERATURA GAUCHESCA

Se dice que un gaucho viejo al oir el poema dijo: "Martín Fierro, ése era un gaucho".

Visto el éxito sin precedentes de la primera parte, Hernández se dio a la tarea de componer la segunda, con más experiencia técnica, reflexión poética, literaria y filosófica. Ésta se ha llamado la *Vuelta de Martín Fierro* (1879), alcanzando pronto semejante acogida que la primera por parte del pueblo y la indiferencia de los críticos y del mundo literario. La *Vuelta* consta de 33 cantos y de 4,894 versos también octosílabos. Hay grandes diferencias entre la *Ida* y la *Vuelta*, semejantes a las que existen—salvadas todas las distancias—entre las dos partes de *Don Quijote*. La *Ida* tiene más acción, menos personajes y las imágenes son más directas. La *Vuelta* abunda en personajes, hay más divagaciones filosóficas; el curso de la trama no es tan directo como en la primera debido a las divagaciones que producen los personajes relatando sus propias experiencias. También se notan discursos y una tendencia más marcadamente moralizadora como en el canto XXXII cuando Martín Fierro aconseja a sus hijos. Es en general más sentenciosa, pero disminuye en interés, en riqueza metafórica y el autor se repite bastante. Contrario a lo que sucede con el *Don Quijote*, la primera parte es en conjunto superior a la segunda, aunque ésta tiene varios aspectos superiores. En efecto, hay pasajes que tienen más realismo que la primera y la mayor profundidad y meditación filosófica de esta parte, así como ciertos personajes nuevos, redondean la calidad del poema.

Argumento del poema. Martín Fierro es un gaucho que como el antiguo payador, se pone a cantar sus aventuras:

> Aquí me pongo a cantar
> al compás de la vigüela,
> que el hombre que lo desvela
> una pena extraordinaria,
> como la ave solitaria
> con el cantar se consuela.

Comienza recordando los días felices del pasado, ya idos para siempre porque el gaucho es perseguido y atropellado por la organización social. Obligado a servir en la "leva" o servicio militar contra los indios, cuando regresa después de muchas penurias, se le niega la paga que justamente le corresponde y decide desertar para sólo encontrar su hogar completamente destruído. Esto lo hace volverse gaucho "matrero", pues como él mismo dice: "Yo juré en esa ocasión / ser más malo que una fiera". A Martín Fierro la injusticia lo vuelve violento, toma más de la cuenta y llega a matar a un negro sin motivo alguno. Parece que Hernández trata de demostrar el cambio que puede producir en un hombre básicamente bueno, las injusticias que vienen de la sociedad, en la que pone toda la culpa.

Perseguido noche y día por la policía, logra escaparse de un acorralamiento de diez contra uno, gracias a la ayuda de Cruz, un sargento que había sido también un gaucho proscripto. Aquí nace uno de los aspectos más hermosos del poema: la profunda amistad y admiración entre Martín Fierro y Cruz. Juntos deciden atravesar la frontera del mundo "cristiano" al irse a vivir con los indios como sorda protesta contra tanto abuso e injusticia:

> Y cuando la habían pasao,
> una madrugada clara,
> le dijo Cruz que mirara
> las últimas poblaciones:
> y a Fierro dos lagrimones
> le rodaron por la cara.

La segunda parte o "Vuelta", comienza con aquella famosa sextina:

> Atención pido al silencio
> y silencio a la atención,
> que voy en esta ocasión,
> si me ayuda la memoria,
> a mostrarles que a mi historia
> le faltaba lo mejor.

En esta porción se relata la estancia de Fierro y Cruz en una aldea india donde éste muere de viruelas. El autor hace una pintura muy detallada de la vida allí y cuenta con descarnado realismo cómo los indios matan a un niñito con sus propias tripitas y cómo Fierro pelea y mata a un indio para salvar a una mujer, a quien devuelve a la civilización. Al fin decide volver al mundo cristiano y a su regreso se entera de que ya no es perseguido por la justicia. Va entonces de pago en pago y de rancho en rancho en busca de sus hijos. Al fin los encuentra. El mayor le cuenta su injusto encarcelamiento y el menor sus aventuras en compañía del viejo Vizcacha a quien un juez ha dado por tutor. Más tarde aparece Picardía, hijo de Cruz que también cuenta su vida. El poema termina cuando los cuatro resuelven cambiarse los nombres y "después, a los cuatro vientos / los cuatro se dirigieron".

Desarrollo sicológico de los personajes. Los personajes del *Martín Fierro* pueden dividirse en principales y secundarios; presenciales (que aparecen, actúan y viven en la obra) y los de referencia (aquéllos que sólo son mencionados, pero no actúan en la obra directamente). Los personajes centrales son Martín Fierro, Cruz, el hijo de éste y los dos hijos del primero. Las mujeres de Fierro y Cruz, así como el viejo Vizcacha son de referencia, pues se conocen por el testimonio de otros personajes. La pintura de caracteres del Martín Fierro está presidida por un intenso realismo. Todos los personajes responden a una realidad en la vida, o sea en todos los caracteres puede descubrirse algún tipo semejante a los de la vida real, propio de las pampas. Hernández no se ha apartado de la verdad en ningún momento.

Martín Fierro es, naturalmente, el personaje central. Hernández lo presenta con un auténtico perfil de hijo de la pampa. Es un típico gaucho de origen humilde, anónimo y oscuro. Su conducta está condicionada por sus intensos sentimientos de independencia y libertad, muy apreciados por todos los paisanos. Es un producto genuino del medio y de la época. Su moral es instintiva: es un gaucho intrínsecamente bueno, que se rebela contra los abusos de la autoridad. Martín Fierro es, pues, un pobre gaucho, a quien la presión de las circunstancias lo obliga a hacerse justicia por sus propias manos. Obsecado por las injusticias y por un medio social hostil, comete desafueros y hechos censurables, como la muerte del negro, pero lo acompaña el sentimiento del valor y del coraje; generoso y caballeresco. Su moral se hace más reflexiva en la *Vuelta* y este cambio llega a su punto más alto en los consejos a sus hijos del canto XXXII.

Cruz es el otro personaje central. La moral de éste y la de Fierro son semejantes, salvo en lo que respecta a la mujer. El último tiene un alto concepto de la mujer en todo momento. Jamás habla mal de su esposa ni enjuicia pecados o faltas. Cruz va de un sentimiento de odio, hacia el amor de su mujer. Es también un gaucho perseguido por las autoridades y las condiciones sociales en general. Su gran sentido de la amistad y su carácter se descubren en la gran pena que su muerte produce en su compañero y el recuerdo constante que de él tiene.

Cruz y Fierro eran dos personajes tan semejantes que Hernández se vio en la necesidad de introducir un carácter opuesto, en forma similar a lo que Cervantes hizo en el *Don Quijote*. Por eso en la segunda parte el menor de los hijos de Martín Fierro menciona al viejo Vizcacha y hace una perfecta descripción de él. Se ha dicho que Hernández tomó al viejo Vizcacha de un personaje real, quien, por supuesto, no tenía exactamente todas las cualidades que le adornan al de ficción. Es uno de los caracteres más interesantes y recios del poema, así como de los mejor trazados. Aparece como hombre violento, muy realista, de corazón frío. Su inteligencia es vivaz y despierta, puesta al servicio de los más bajos instintos. Es todo un tratado de experiencia de la vida: astuto, calculador, egoísta, desconfiado, receloso y mucha filosofía práctica. Aparece como un ratero y haragán. A pesar de todo eso, el personaje no es repulsivo. Su viveza, astucia y crudo realismo están a veces llenos de humorismo y ganan cierta admiración De su forma de ilustrar sus verdades y la manera picaresca de expresarlos, salta un jocoso humor. Se dice que el tono moralizador del canto XXXII es debido al interés de Hernández de mitigar un poco la posible influencia del crudo realismo de los consejos del viejo Vizcacha.

Picardía es el hijo de Cruz y aparece solamente en la segunda parte. Es un tipo contrario moralmente a su padre. Aunque es un personaje raro, suele encontrarse entre los gauchos. Como su nombre lo indica, es un remedo del pícaro. Él y Vizcacha representan influencias indiscutibles de la novela picaresca española. Picardía es jugador y fullero. Al principio es un amoral en el sentido de que no sabe diferenciar entre el bien y el mal, pero luego debido a los consejos y orientaciones evoluciona hacia un estado de moralidad.

Los hijos de Martín Fierro tienen más o menos la misma norma de conducta del padre. Los personajes secundarios contribuyen a completar el cuadro realista de la vida de la pampa y de la sociedad de la campaña en este tiempo: aquí desfilan el moreno, la negra, la cautiva, los indios, los gringos, los pulperos, los jueces y autoridades, los policías y miembros del ejército, así como el comandante del ejército. Todos están retratados con pinceladas plenas de realismo y conformadas a una realidad histórica y sicológica.

Es de hacer notar que en la segunda parte Martín Fierro se desvanece y otros personajes adquieren más importancia que él a través de los relatos de sus peripecias y aventuras. Fierro no es malo por naturaleza, sino por las adversidades y una sociedad hostil.

Consideración del poema como una épica nacional argentina. Leopoldo Lugones, Ricardo Rojas y algunos otros críticos argentinos consideran que la raza gaucha es el origen de la argentinidad y que el *Martín Fierro* es una verdadera épica nacional porque narra los orígenes de la raza argentina, es decir de las raíces de la nacionalidad. Es de admirar la argumentación que emplean ambos escritores y el estudio tan amplio que hacen de la materia, sobre todo Lugones en su gran obra *El Payador* (1916). Sin embargo, Jorge Luis Borges, Arturo Torres-Rioseco y casi toda la crítica no argentina —y muchos críticos de ese país también— se niegan a considerar el *Martín Fierro* como un poema épico y mucho menos como una épica nacional argentina.

El notable poema es poesía narrativa sobre un tipo de hombre habitante de la pampa extinguido hoy, a quien no puede sociológica, histórica ni etnográficamente considerarse como el origen de la nación argentina. Por otro lado, la gran obra de Hernández carece de los atributos de la verdadera epopeya. Naturalmente que los valores de una obra de arte son independientes de su posible clasificación. Si lo que se quiere destacar es que el *Martín Fierro* es una gran obra, no se hallará oposición notable, porque todos estamos de acuerdo en que lo es. Y todavía más: estamos de acuerdo en que consituye el verdadero poema nacional de la Argentina y en que sus valores estéticos son extraordinarios, aunque no corresponda situarlo en el casillero en que han querido situarlo Lugones y Rojas, principalmente, al parecer con bastante exageración.

Balance crítico. Sus valores permanentes. La aparición del *Martín Fierro* en 1872 produjo poco entusiasmo en el mundo literario de la época. Durante algún tiempo se tuvo al poema como producto bajo para ser leído por las personas cultas o de representación social. El primero en descubrir sus verdaderas esencias fue el mismo pueblo y, particularmente el gaucho que se veía retratado en el poema de cuerpo entero. Quien verdaderamente redescubrió el valor intrínseco del poema fue el gran poeta modernista Leopoldo Lugones en sus famosas conferencias del Teatro Odeón de Buenos Aires en 1913 y posteriormente en *El Payador* (1916). Asimismo don Miguel de Unamuno y Marcelino Menéndez y Pelayo contribuyeron eficazmente con juicios tan certeros como elogiosos. Más tarde los críticos europeos e hispanoamericanos se hicieron eco de las excelencias de la composición. Hoy en día nadie duda que el *Martín Fierro* no sólo es un poema nacional de la Argentina y la obra maestra de la literatura gauchesca, sino también una de las creaciones más originales de toda la literatura hispanoamericana. Ha sido traducido a muchos idiomas modernos y se le conoce en los países más adelantados.

Uno de sus méritos literarios está en que es la suma máxima de toda la literatura gauchesca, la más importante corriente criollista o nativista en este continente. Lo primero que sorprende en el poema es su realismo: todo está copiado de la vida, nunca le falta a la verdad esencial. El espíritu romántico viene dado por la índole del personaje que es presentado en lucha abierta contra la injusticia, la maldad y los abusos. El gaucho, su ambiente, hábitos, sicología, pensamientos y modos de hablar están tomados del natural. No hay ansias de exaltación del personaje, sino de exposición de su verdadera naturaleza, incluyendo sus defectos. Leyendo esta obra se sabe cómo era el alma del gaucho y cuál era el estado social que lo tiranizaba, sin tener en cuenta su condición de ser humano y parte de la nación argentina.

El aspecto narrativo se caracteriza por su espontaneidad, sobriedad, realismo y precisión. El realismo es a veces crudo y descarnado para dar una imagen más completa. Admirable es la síntesis poética: Hernández ha descrito la pampa y al gaucho física y espiritualmente y ha hecho moverse a cuarenta y dos personajes con el menor número posible de versos. La composición sobresale por su riqueza metafórica, construída sobre comparaciones con animales de la pampa, la vida campestre y el mundo del gaucho. Metáforas ricas, novedosas y espontáneas. Resume la filosofía popular a través de la exposición del pensamiento y sicología gauchescos. El lenguaje es justo y una imitación íntegra del habla dialectal del gaucho. Hay a través de todo el poema una mezcla de elementos líricos, épicos, novelescos, tradicionales y populares. Presenta elementos españoles, variados. Aparte del verso octosílabo y la directa influencia del romancero y de la novela picaresca, que son en definitiva externos, por el poema corre la sicología y el genio de la raza hispana, como ya destacó Unamuno acertadamente.

La obra presenta un tono nostálgico y elegíaco inconfundibles, pero sin sentimentalismos ni patetismos, sino expresados con toda ponderación y equilibrio de elementos. El poema es trágico en cuanto al tipo que presenta como héroe, así como otros personajes, desaparacen y mueren, sobre todo ante el avance de lo moderno. Tiene carácter eminentemente popular. El protagonista no es un caballero de alta alcurnia o un jefe renombrado, sino un simple y humilde gaucho, un hijo del pueblo, cuyo perfil y época se presentan a través de trazos vigorosos y llenos de vitalidad. Hay sentimiento de la naturaleza, aunque las descripciones son indirectas; y mucha precisión en la pintura del alma del gaucho. Hernández muestra su facilidad de versificación, aunque no faltan las rimas defectuosas. La obra tiene un alto sentido moralizador, sobre todo en la segunda parte y especialmente en el canto XXXII, que a veces llega a perjudicarla. Sobresale su intención de reforma social y de protesta contra un estado social a todas luces injusto y arbitrario contra un ser humano que es segmento de la nacionalidad, hacia quien se expresa una profunda simpatía humana a través de todo el poema. Las autoridades, como representantes del Estado y del mecanismo social, aparecen actuando con una conducta impropia de sus cargos oficiales. Federico de Onís ha dicho "que es probablemente la obra de inspiración popular más notable y valiosa que se ha producido en nuestro tiempo".

La corriente culta en la poesía gauchesca
Rafael Obligado

En realidad todos los poetas gauchescos fueron hombres cultos, pero con intuición de lo popular de manera que supieron imitar todo lo relacionado con el gaucho, inclusive su lenguaje. Pero hubo una vena verdaderamente culta porque en ella se dan todas las características de la poesía popular (sencillez de expresión, metro octosílabo, ambiente de la pampa, emoción ante lo gauchesco y argumentos tradicionales), pero a los que falta la imitación de las formas dialectales y del vocabulario rural. A este rumbo pertenecen Esteban Echeverría, Juan María Gutiérrez, Bartolomé Mitre y Rafael Obligado.

Uno de los representantes de los llamados "hombres del 80", el porteño RAFAEL OBLIGADO (1851-1920) cultivó la vertiente culta de la poesía gauchesca. Hombre de letras distinguido y primer profesor de literatura argentina en la Universidad de Buenos Aires. Siempre tuvo por ideal proseguir la corriente nacionalista en la lírica iniciada por Esteban Echeverría con *La cautiva* (1837). La opulencia económica de su familia le permitió dedicarse por completo a la literatura. A orillas del Paraná construyó un castillo y en su amplia casa frente a la Plaza San Martín en Buenos Aires se reunía una tertulia de artistas e intelectuales. Nunca viajó fuera de su país por su intenso apego al terruño natal.

Obligado vuelve a escribir sobre el tema gaucho cuando la máquina del moderno proceso técnico-económico lo invade todo. Sus cantos en forma sencilla de temas nacionales muy apegados al espíritu, como son la naturaleza, la familia y la patria, y tipos populares como el gaucho, le ganaron gran admiración, al punto de que llegó a considerársele como el "poeta nacional". Obligado es poeta de un solo libro: *Poesías* (primera edición de 1885 y edición definitiva de 1923), publicadas a todo lujo en París en la primera fecha indicada. Su escasa obra le permitió un cuidado y depuración de estilo que lo distingue de los demás poetas gauchescos. Sus temas predilectos son la naturaleza y la patria, donde tiene poemas tan famosos como "El hogar paterno", "Los honeros", "El camalote", "El seibo", "El nido de boyeros" y otros; la familia, la fé, y muchos cantos heroicos, de exaltación nacionalista, que le ganaron mucha fama.

Dentro de la poesía gauchesca escribió *Santos Vega* compuesto de cincuenta y cinco décimas y dividido en cuatro cantos: 1. El alma: paisaje de la pampa; 2. La prenda: el cantor busca a su amada; 3. El himno: fiesta pampera; y 4. La muerte del payador.

Al final del poema, el payador Santos Vega se enfrenta a su rival Juan Sin Ropa y es vencido por esa voz que simboliza el progreso del porvenir. Esta composición es la mejor poesía gauchesca en la manera culta. Su lenguaje es cuidadoso y culto, aunque usa muchos americanismos y argentinismos celebrados por el gran crítico español Juan Valera. Su verso es inconfundible por su perfección, claridad y musicalidad. Aunque expresados en forma refinada, Obligado sabe apresar en forma lírica el alma del gaucho, evocada nostálgicamente cuando prácticamente ha muerto a manos del porvenir y del progreso. Por eso puede considerarse su poema "Obligado" como la apoteosis o canto del cisne del gaucho.

Transmigración hacia otros géneros literarios

Después de un instante de culminación del género, lo gauchesco se desplazó hacia todos los géneros literarios, mostrando una vitalidad temática pocas veces vista en nuestra literatura. La tradición gauchesca transmigra entonces a los relatos, la novela, el teatro; las crónicas históricas e inclusive a los relatos policiales. Es el momento en que surgen Eduardo Gutiérrez, Martiniano Leguizamón, Roberto J. Payró, Florencio Sánchez, Eduardo Acevedo Díaz, Javier de Viana, Justino Zavala Muñiz, Benito Lynch y Ricardo Güiraldes, a quienes estudiaremos dentro de sus géneros y movimientos literarios respectivos.

BIBLIOGRAFÍA

1 GENERAL

(Véanse las historias generales de esta literatura; las literaturas de Argentina y Uruguay; las antologías de la poesía, y, especialmente:)

Bioy Casares, Adolfo y Borges, Jorge Luis, *Poesía gauchesca*, México, 1955. Con prólogo, notas y glosario.

Coni, Emilio, A., *El gaucho*, Buenos Aires, Sudamericana, 1945.

Cortázar, Augusto Raúl, *Indios y gauchos en la literatura argentina*, Buenos Aires, Instituto de Amigos del Libro Argentino, 1956.

Cunninghame Graham, Robert B., *The Horses of the Conquest*, Londres, 1930.

García, Serafín J., *10 poetas gauchescos del Uruguay*, Montevideo, Librería Blundi, 1963.

González, Manuel Pedro, *Trayectoria del gaucho y su cultura*, La Habana, Úcar García y Cía., 1934; 2da. ed., 1949.

Hudson, William Henry, *Far Away and Long Ago*, New York, 1924.

Inchauspe, Pedro, *La tradición y el gaucho*, Buenos Aires, 1956.

Larocque Tinker, E., *The Horsemen of the Americas*, New York, Hasting House, 1953.

Leguizamón, Martiniano, *La cuna del gaucho*, Buenos Aires, 1935.

Lehmann, C. A., *La literatura gauchesca y la poesía gauchesca*, Buenos Aires, 1953.

Lugones, Leopoldo, *El payador* (1916), Buenos Aires, Otero y Compañía, 1916.

———, *La guerra gaucha* (1905), Buenos Aires, Emecé, 1954.

Martínez Estrada, Ezequiel, *Muerte y transfiguración de Martín Fierro*, 2 vols., México, Fondo de Cultura Económica, 1948.

———, *Radiografía de la pampa* (1933), 2da. ed., Buenos Aires, Losada, 1957.

Nichols, Madaline W., *The gaucho*, Durham, N.C., Duke Univ. Press, 1942.

Paoli, Pedro de, *Trayectoria del gaucho*, Buenos Aires, 1944.

Rodríguez López, Rafael R., *La poesía gauchesca en lengua culta*, Buenos Aires, 1953.

Rojas, Ricardo, "Los gauchescos", vols. I y II de su *Historia de la literatura argentina*, 9 vols., 4ta. ed., Buenos Aires, Kraft, 1957.

Rossi, Vicente, *El gaucho: su origen y evolución*, Río de la Plata, 1921.

LA LITERATURA GAUCHESCA

Salaverría, J. M., *El poema de la pampa*, Madrid, 1918.

Tiscornia, Eleuterio F., *Los poetas gauchescos: Hidalgo—Ascasubi—del Campo*, Buenos Aires, Losada, 1940.

Torres-Rioseco, Arturo, "La literatura gauchesca", Cap. IV de su *Nueva historia de la gran literatura iberoamericana*, Buenos Aires, Emecé, 1960.

2 LA POESÍA GAUCHESCA ÉPICA

HILARIO ASCASUBI

Textos

Santos Vega o Los mellizos de la Flor, 2 vols., Buenos Aires, Sopena, 1939; segunda edición en un tomo, 1953.

Selecciones en: Beltrán, *Antología*, II, 45-258; Caillet-Bois, Oyuela, III, vol. 2, 666-670.

Paulino Lucero, Buenos Aires, Estrada, 1945.

Crítica

Diccionario. . . . Argentina, I, 17-19.

Mujica Láinez, Manuel, *Vida de Aniceto el Gallo (Hilario Ascasubi)*, 2da. ed., Buenos Aires, Emecé, 1955.

ESTANISLAO DEL CAMPO

Textos

Fausto, seguido de poesías completas, Buenos Aires, Sopena, 1939.

Fausto, Buenos Aires, Kraft, 1942.

Fausto, Buenos Aires, Peuser, 1951.

Faust, Buenos Aires, Imp. Lamb, 1943. Traducción de Walter Owen.

Selecciones en: Anderson Imbert y Florit; Beltrán, *Antología*, II, 539-555; Caillet-Bois, 437-439; Hespelt.

Crítica

Benítez, Rubén, "Una posible fuente española del *Fausto* de Estanislao del Campo", *Revista Iberoamericana*, No. 60 julio-diciembre, 1965, 151-171.

Diccionario. . . . Argentina, I, 27-28.

Mujica Láinez, Manuel, *Vida de Anastasio el Pollo (Estanislao del Campo)*, Buenos Aires, Emecé, 1948.

Page, F. M., "*Fausto*, a Gaucho Poem", *PMLA*, XI (1896), 1-62.

JOSÉ HERNÁNDEZ

Textos

Martín Fierro, Buenos Aires, Espasa-Calpe, 1938 (Col. Austral, 8).

Martín Fierro, Buenos Aires, Estrada, 1945 (Ediciones Argentinas de cultura), editado por Carlos Alberto Lehmann.

Martín Fierro, 8va. ed., Buenos Aires, Losada, 1953 (Col. de textos literarios); editado por Eleuterio F. Tiscornia.

Martín Fierro, Garden City, N.Y., Doubleday & Company, 1962. (Col. Hispánica). Bajo la dirección de Leonardo C. de Morelos.

The Gaucho Martín Fierro, New York, Farrar and Rinehart, 1936; traducido por Walter Owen.

LA LITERATURA GAUCHESCA

Martín Fierro, the Argentine Gaucho Epic, New York, Hispanic Institute, 1948; traducido por Henry Alfred Holmes.

Selecciones en: Anderson Imbert y Florit, 277-294; Beltrán, *Antología*, II, 539-555; Caillet-Bois, 439-445; Hespelt, 305-328.

Crítica

Azeves, Ángel Héctor, "La elaboración literaria del *Martín Fierro*", Buenos Aires, Facultad de Humanidades, Univ. Nac. de la Plata, 1961.

Borges, Jorge Luis, *El "Martín Fierro"*, 4ta. ed., Buenos Aires, Editorial Columba, 1964. Con la colaboración de Margarita Guerrero.

Bunge, Carlos O., "La literatura gauchesca", introducción a la edición de *Martín Fierro*, Buenos Aires, La Cultura Argentina, 1919.

Castro, Francisco I., *Vocabulario y frases de Martín Fierro*, Buenos Aires, Ciordia y Rodríguez, 1915.

Diccionario. . . . Argentina, 85-94.

Holmes, Henry Alfred, *Martín Fierro, an Epic of Argentina*, New York, Hispanic Institute, 1923.

Inchauspe, Pedro, *Diccionario de Martín Fierro, con un apéndice complementario*, Buenos Aires, Biblioteca Manantial, 1955.

Martínez Estrada, Ezequiel, *Muerte y transfiguración de Martín Fierro*, (1948), 2da. ed., 2 vols., México, Fondo de Cultura Económica, 1958.

Onís, Federico de, "El *Martín Fierro* y la poesía tradicional" en *Homenaje a Menéndez Pidal*, Madrid, 1925, Tomo II, 403-416.

Senet, Rodolfo, *La psicología gauchesca en el Martín Fierro*, Buenos Aires, 1927. Estudio muy interesante de los caracteres, metáforas y otros aspectos del poema.

Tiscornia, Eleuterio F., *La lengua de Martín Fierro*, Buenos Aires, Losada, 1930.

Torres-Rioseco, A., *New World Literature*, Cap. V, 88-105.

Unamuno, Miguel, "El gaucho Martín Fierro: poema popular gauchesco de don José Hernández", en vol. VIII de *Obras completas*, 47-63.

Ward, Catherine E., "La epopeya del gaucho", *Americas*, Vol. XVII, No. 12, diciembre 1965, 8-15.

RAFAEL OBLIGADO

Textos

Poesías, Buenos Aires, Espasa-Calpe, 1941 (Col. Austral, 142).

Poesías, Buenos Aires, Juan Roldán, 1944 (Grandes escritores argentinos); editadas por Carlos Obligado.

Poesías escogidas, Buenos Aires, 1954 (Biblioteca de grandes obras de la literatura universal); editadas por Fermín Estrella Gutiérrez.

Selecciones en: Beltrán, *Antología*, II, 260-272; Caillet-Bois, 654-661; Hespelt, 370-377; Oyuela, III, 2, 824-836.

Crítica

Diccionario. . . . Argentina, I, 149-152.

Giusti, Roberto F., "Rafael Obligado, poeta de la nostalgia", en sus *Poetas de América*, p. 79-99. Muy buen estudio.

Oyuela, María Antonia, *El Santos Vega de Obligado*, Buenos Aires, Imp. Mercatoli, 1937.

15 La novela romántica

Características e influencias

Durante el romanticismo se terminó el predominio que siempre había ejercido la poesía en esta literatura, pues tanto el ensayo como la novela tuvieron un intenso cultivo. La novela, que había nacido con el *Periquillo Sarniento* (1816) de Fernández de Lizardi, falto de algunos de los elementos de la verdadera novela debido al concepto que de ésta tenía el mexicano, adquiere los aspectos técnicos que le faltaban, gracias al influjo europeo. Se puede afirmar que la verdadera novela moderna hispanoamericana hunde sus raíces en el romanticismo. Ya en algunos novelistas románticos, como Altamirano e Isaacs hay una técnica novelística europea, tanto en el aspecto narrativo como en el diálogo, la pintura de caracteres y demás aspectos estructurales.

Los rasgos caracterizadores esenciales de esta novelística romántica son los siguientes:

1. Tiene un sello peculiar, una autenticidad ambiental y regional que la distingue de cualquier otra novelística.

2. En ella se concretan las características del movimiento romántico: sentimentalismo, exaltación lírica y extrema idealización. Cierto culto de la fatalidad, el destino, la muerte, lo lúgubre y misterioso.

3. Búsqueda de la expresión criolla e indígena, incorporando a la novela, tanto al indio y le negro como a los hombres más humildes del pueblo.

4. La novela constituye la más acusada realización del "panamericanismo literario" en cuanto refleja el mundo real americano en todos sus componentes físicos y humanos.

5. Una de sus constantes es el costumbrismo, pues la novela romántica presenta cuadros vívidos de las costumbres, usos, tipos humanos y de las condiciones sociales y políticas de la época. Estos cuadros son reflejos del elemento histórico, geográfico y sociológico. A veces las obras adquieren categoría de documentos históricos.

6. Sentido humanitario. La novela asume la defensa del débil, del oprimido, del indio y el negro; protesta contra las fuerzas antidemocráticas y los encomenderos y esclavistas.

7. Por la madurez alcanzada y el ejercicio y práctica de la moderna técnica novelística, preparó el camino para la novela realista contemporánea.

8. Sentido de exposición y crítica de la realidad política y social y cierta tendencia moralizante que a veces resta valores estéticos, por la prédica demasiado evidente. La preocupación social está a veces opacada por cierta tendencia a destacar lo bueno y agradable, a idealizar. Esta extremada idealización tiende a la deformación de la realidad.

9. Los tipos, el paisaje, la realidad ambiental, geográfica, social y política, son típicamente americanos. Presenta una fuerte dosis de color local.

Los novelistas hispanoamericanos fueron a beber a la fuente del romanticismo alemán, francés, inglés y español y de allá trajeron nuevos elementos técnicos y temáticos que fueron desconocidos por Fernández de Lizardi. La novela romántica tuvo más amplio desarrollo en la América Hispana que en España. El gran auge del género en Europa, sobre todo en Francia, prendió en los países hispanoamericanos. Las influencias principales que sufrió la novelística romántica provienen de los grandes maestros de la escuela, pero se acusa una predilección por los franceses. Las influencias fueron diferentes, según el tipo de novela. Los autores que más influencia ejercieron fueron: Manuel Fernández González y Enrique Pérez Escrich de España; *La Nueva Eloísa* de Rousseau; el *Werther* de Goethe; *Paul et Virginia*, de Bernardin de St. Pierre; *Atala* y *Renato* de Chateaubriand. También es notable el influjo de Víctor Hugo, Scribe, Eugenio Sue, Alejandro Dumas, Lamartine. En la novela histórica, de amplio cultivo en el período, la influencia dominante es la de Walter Scott.

Intento de clasificación de la novela romántica

Vamos a seguir la clasificación europea de la novela romántica, añadiéndole aquellas modalidades que son propias de este continente. Es de recordar que la clasificación europea habla de la novela histórica, sentimental y social. De la novela hispanoamericana se pueden hacer los siguientes grupos:

Novela romántica
- histórica
- política
- sentimental
- de idealización del indio
- costumbrista
- abolicionista

La novela histórica
Manuel de Jesús Galván y su "Enriquillo"

La novela romántica histórica, como su nombre lo indica, es aquélla cuya trama tiene una base verídica. Son obras a las que su estilismo no logra quitarle exactitud histórica, aunque a menudo interviene la fantasía y el punto de vista subjetivo del autor. Esta clase de novela es hija legítima de Walter Scott, que hacía 1830 gozaba de gran predicamento entre los novelistas españoles e hispanoamericanos. Entre nosotros es, además, el resultado de la confluencia de la tradición dejada por las crónicas de los historiadores de Indias—siempre ribeteadas de elementos novelescos— y el influjo de la novela histórica y de folletín europea. En estas obras se conjugan la información y la invención; la autenticidad documental del acontecer histórico y la ficción. Lo histórico es la base y fondo sobre el cual se teje el relato. En este grupo se encuentran algunas de las novelas que más éxito alcanzaron en Hispanoamérica, sin haber logrado la perfección estética que se nota en otras.

De todas las novelas románticas históricas escritas en Hispanoamérica, *Enriquillo* del dominicano MANUEL DE JESÚS GALVÁN (1834–1910) parece ser la de méritos más duraderos. Galván dedicó toda su vida a la política y a la práctica de la abogacía. Durante la reanexión de Santo Domingo a España en 1861 sirvió al gobierno español. Al declararse de nuevo la República en 1865 pasó a Puerto Rico, siguiendo a las órdenes del gobierno peninsular. Entre 1876 y 1903, de vuelta a su patria, desempeñó varios cargos públicos. Al igual que muchos escritores hispánicos, Galván es novelista de una sola obra. Las obras que sirvieron de base para la novela son *Historia de las Indias*, del padre Bartolomé de las Casas; *Las décadas* de Herrera; las *Elegías de varones ilustres de Indias*, de Castellanos; la *Vida de Colón* de Washington Irving y la *Vida de Fray Bartolomé de las Casas* por Manuel José Quintana, así como documentos existentes en el Archivo de Indias y otros cronistas de la época, principalmente Fernández de Oviedo.

En cuanto a la trama, la novela se divide en tres partes. En la primera se dan a conocer los personajes principales, entre ellos a Enriquillo. La narración se centra en las nupcias de Diego Colón con María de Toledo y el arribo de éstos a Santo Domingo. En la segunda parte, Enriquillo es adoptado por Diego Velázquez y estudia en el convento de San Francisco, donde se halla Fray Bartolomé de las Casas. Esta parte ahonda en la situación política de la época y cuenta la desgraciada historia de amor de Juan de Grijalva y María de Cuéllar, que culmina en la boda de ésta con Diego Velázquez. La tercera parte se dedica a contar la vida e historia de Enriquillo. Enriquillo es tomado en encomienda por Andrés de Valenzuela, en momentos de ausencia del padre las Casas y de decadencia del poder político de los virreyes. Ahora los indios sufren toda clase de atropellos y vejaciones. Valenzuela trata de apoderarse de Mencía, esposa de Enriquillo y éste decide rebelarse con el estímulo de la mujer y se alza en las montañas contra el poder español. Frente al fracaso de las tropas españolas para capturar al indio, la figura de Enriquillo se convierte en una verdadera leyenda de heroísmo.

Galván defiende a los indios, pero no ataca a los españoles, sino a los conquistadores malos y abusadores. Por eso exalta al padre las Casas como defensor de los aborígenes. Tiene la obsesión de la exactitud histórica. Es un verdadero alegato contra el mal, la tiranía y la esclavitud.

José Martí, bajo cuyos auspicios se publicó la obra le decía a Galván en carta de 19 de septiembre de 1884: "Acaso sea ésta la manera de escribir el poema americano". Una de las características de la obra es la dualidad del tema y del estilo. Mientras que el tema está presentado en una forma muy a la romántica, el lenguaje es en extremo castizo, de manera que es difícil distinguir el cambio de estilo cuando escribe el autor y cuando transcribe pasajes históricos. Se notan influencias de Jovellanos, Quintana, Scott, Chateaubriand y del clasicismo académico. La obra tiene por finalidad encominar la recia personalidad del padre las Casas y presentar simultáneamente el valor y el heroísmo de las razas indígenas.

Galbán tuvo que luchar con grandes dificultades técnicas, entre ellas el hecho de que los protagonistas principales son personajes históricos. La ficción solo interviene como hilo hilvanador de los acontecimientos en que se ven envueltos. Hay mucha fidelidad histórica. Se destaca la imparcialidad del autor al presentar el tema histórico. Condena las crueldades de los españoles, pero presenta a otro representante de la raza—las Casas—como defensor de la justicia y de los indios. Digno de destacarse es la meticulosidad con que Galván maneja la historia hasta en sus más íntimos e insignificantes detalles, lo que al propio tiempo parece convertirse en el defecto más serio que se le atribuye a la obra, porque a veces la hace bastante densa. A veces transcribe páginas enteras de las Casas y otros cronistas. Pero la obra tiene interés como trabajo de ficción y, sobre todo para conocer las intimidades de la historia de una época y de una Isla, donde comenzó la civilización española su penetración y extensión en nuestro continente. Galván sabe infundir vida sicológica a sus personajes. Hay pocos regionalismos e indigenismos, aunque abundan los pasajes densos. Hay veces en que la prosa se vuelve clara, diáfana, con frases amenas y de muy buen gusto. *Enriquillo*, a pesar de sus defectos de estilo y de ejecución, es la mejor novela histórica escrita durante el romanticismo y su autor es considerado uno de los escritores representativos de la literatura hispanoamericana.

La novela sentimental: características y principales cultivadores

La novela sentimental es aquélla en que la emoción y el sentimiento se convierten en centro de los movimientos y acciones de los personajes. El romanticismo hizo de este tipo de novela el cauce más apropiado para su sensibilidad. Novela extremadamente subjetiva, con gran énfasis en lo amoroso, en el sentimentalismo, en cierto halo de dolor y tragedia, de imposibles. Su característica esencial es el juego de pasiones y escenas llenas de patetismo (amor, odios, celos, crisis sentimentales, nostalgia, abandono, enfermedad, sacrificios, muerte). En algunos casos el sentimentalismo degenera en una cursilería sensiblera lamentable. El amor es casi el tema obligado.

Se pretende impresionar poniendo al descubierto las intimidades del alma de los protagonistas. Son ricas en cuadros de costumbres, de época y de ambientes. En sus líneas generales sigue la orientación de sus congéneres europeos. Siguiendo al romanticismo francés, predominan los títulos de novelas con nombres femeninos.

Las influencias de esta novela parten de *La Nueva Eloísa* de Rousseau, *Pablo y Virginia* de Saint Pierre, *Atala* de Chateaubriand, También es patente el influjo de Lamartine, Hugo, Sue y otros grandes novelistas franceses y españoles. Muy pocas de estas novelas sentimentales han resistido la acción del tiempo, debido a que presentaron situaciones y personajes con escaso contacto con el mundo de la realidad, gran idealización y muchos excesos, de los cuales no es el menor la sensiblería.

En esta época se escribieron cientos de obras románticas sentimentales, pero parece que solamente han perdurado tres en la estimación de la crítica: *María* de Jorge Isaacs; *Clemencia* de Ignacio Manuel Altamirano y *Carmen* de Pedro Castera. También podría incluirse *Peonía* del venezolano Manual Vicente Romero García.

La cumbre de la novela sentimental: "María" de Jorge Isaacs

El más famoso de los novelistas románticos hispanoamericanos, JORGE ISAACS (1837-1895) era hijo de un próspero colono, un judío inglés convertido al cristianismo que había venido a Colombia de Jamaica, casado con la hija de un oficial de la marina española, que llevaba sangre catalana e italiana. El novelista nació en Cali y pasó su niñez en esa ciudad y en la finca de su padre en las laderas de la Cordillera Central. En 1848 fue enviado a estudiar al Colegio de Bogotá donde pasó seis años. Al regreso el hijo encontró que la familia estaba casi en ruinas. Poco más tarde sus padres murieron e Isaacs heredó algunas propiedades en el valle del Cauca, en cuya administración tuvo muy poco éxito. La guerra civil del Cauca acabó de completar el desastre económico de su familia e Isaacs y sus hermanos no tuvieron otra alternativa que mudarse para Bogotá. Intervino en las luchas políticas, así como en la revolución de 1853-54 defendiendo a los conservadores, pero más tarde abrazaría su verdadero ideal: el liberalismo, doctrina más acorde con su verdadero pensamiento.

En Bogotá comenzó a hacer muy buenas relaciones en el mundo literario. En 1864 publicó su primer libro, un volumen de *Poesías* que ganó el favor de la crítica y del público. En ellas imita a Lamartine. En esta ciudad se hizo de una gran cultura literaria y un verdadero especialista en la literatura inglesa. Participó en la vida política del país, llegando a ser miembro del Congreso así como Superintendente de Instrucción Pública. En 1867 publicó los primeros ochocientos ejemplares de *María*, su primera novela, que constituye no sólo la obra maestra del autor, sino de toda la novelística romántica de Hispanoamérica. *María* constituyó muy pronto un completo éxito y se sucedieron sus ediciones, pero el triunfo literario, como en tantos otros casos, no vino acompañado del éxito económico, de manera que las dificultades de esa índole, continuaron. Isaacs intentó entonces algunos negocios, entre ellos una explotación de carbón, pero resultaron verdaderos fracasos. Es nombrado entonces para varios cargos gubernamentales, entre ellos Cónsul de Chile, también trabaja como profesor. En 1877 como Secretario General del Estado en el Cauca, puso gran interés en la protección de los indios. Uno de sus sueños más acariciados fue recobrar la casa donde pasó la niñez, pero nunca logró realizarlo. En 1893 trabajaba en dos nuevas novelas, *Fania* y *Camilo*, pero no llegó a concluirlas. También publicó artículos políticos y memorias de carácter científico. Isaacs murió a la edad de 58 años (1895) en la pobreza. Fue novelista de una sola obra, que bastó para darle gloria mundial. Estaba dotado excepcionalmente para las letras, pero como muchos otros escritores hispanos se vio obligado a dividir su vocación entre la política, los negocios y el arte. Éste, claro está, sufrió algunos menoscabos.

El argumento de *María* es bastante sencillo. Efraín vuelve del Colegio de Bogotá a su casa situada en el valle del Cauca, propiedad rural en la cordillera central y encuentra a María, hija de un amigo de su padre, cuyos progenitores han muerto. Ambos jóvenes se enamoran a primera vista y comienzan a vivir un romance sano y espiritual. El idilio se teje en un ambiente hogareño con las complacientes sonrisas de los padres y hasta de los criados. Pero Efraín es enviado por su padre a Londres para terminar sus estudios de Medicina, porque María padece de una enfermedad de la que murió su madre y empieza a temerse que la misma se agrave con la presencia del joven. En ausencia de éste, un amigo de la familia, Carlos, da a conocer que está enamorado de María, pide a ésta en matrimonio, pero ella lo rechaza, porque a quien realmente ama es a Efraín. María se agrava con la ausencia y pide ver a su amado. Los padres lo mandan a buscar, pero Efraín llega cuando ya María ha muerto. Sólo le queda el consuelo de llevar unas flores y llorar en la tumba de la desventurada muchacha. Transido por el dolor que le acasiona la muerte de su amada, Efraín vuelve a Europa.

La crítica es unánime en reconocer altos méritos a esta novela y situarla como la obra maestra de todo el romanticismo hispanoamericano en el género de ficción. *María* es un relato romántico que centra su trama en un idilio sentimental. Ganó inmediato éxito en Colombia y en toda la América Hispana, siendo la novela más leída en todo el continente. También a España llegó la fama de la novela de Isaacs. Junto a *Manuela* de Eugenio Díaz Castro y *El Alférez Real* del Dr. Eustaquio Palacios, *María* representa el punto culminante del período romántico de la novela colombiana. El encanto de la obra de Isaacs radica en su delicadeza, en la descripción realista y melancólica del paisaje y en su tono, más que sentimental, elegíaco. Algunos cuentos y descripciones—como la caza del tigre—son antológicos en la prosa de este continente. La obra es rica en asomos de costumbrismo, porque da una pintura exacta de las costumbres del campo y un lienzo amplio y verídico de aquella sociedad patriarcal. Prosa armoniosa y poética; sencilla y diáfana, sin la afectación y el recargo en que cayó a menudo el lenguaje romántico. Se destacan las influencias de Chateaubriand, Lamartine, Vigny y el *Werther* de Goethe.

La obra es rica en elementos autobiográficos y de aquí la influencia que en ella tuvo la propia vida de Isaacs. Muchas circunstancias y hechos de la novela son casi exactos a los sucedidos al autor o a su familia. Otro aspecto de gran interés es la descripción e interpretación poética de la naturaleza. Aquí es indiscutible la influencia de los autores ingleses—que el autor conocía muy bien—y de los franceses. Los influjos más cercanos son los de Wordsworth y *The Raven* de Edgard Allan Poe. Las interpretaciones del paisaje y de la naturaleza son realmente admirables. Los movimientos de la naturaleza, según se vislumbran a través de las descripciones cooperan a dar el cuadro completo de los sentimientos y estados anímicos de los personajes. El paisaje está pintado con realismo y poco idealizado.

La pintura de caracteres en general es buena, aunque a veces el autor no enfatiza lo suficiente en los contornos para dar una caracterización más adecuada. De todos los personajes, nos parece que es el padre el mejor logrado, sobre todo en su carácter cariñoso pero firme, como debió ser el de los patriarcas de aquellos días. La autenticidad ambiental de esa época es encomiable. Asimismo la obra goza de lo idílico, de lo trágico, de lo romántico y sentimental. Es una obra llena de fatalismo y de premoniciones fatales. Isaacs expresa a través de la obra su exquisita sensibilidad, tanto cuando pinta las emociones de sus personajes, como al describir la naturaleza donde transcurrió su vida. Esto es lo que le da permanencia a su obra. *María* tiene hermosos cuadros de costumbres y auténtico "color local", como cuando pinta las relaciones entre amos y esclavos y las fiestas de éstos. La historia narrada pudo haber ocurrido en cualquier lugar, pero el cuadro de costumbres, usos y el paisaje son auténticamente colombianos.

Se ha destacado la influencia de las tres nacionalidades del autor en la obra: la hebraica, inglesa y española. El nombre, la pintura y sicología de María es bastante hebrea. Asimismo la novela tiene hondo valor sociológico: no solamente retrata la sociedad alta de la época, sino que trasunta mucho de los sentimientos y del carácter nacional. Se le ha criticado a la novela su ingenuidad, su exagerado sentimentalismo. Quizás el lector moderno, amante de un mayor realismo, encuentre su trama demasiado simple, pero como en toda obra genial, *María* sigue deleitando a miles de lectores que ven en ella la obra maestra de una época en que el espíritu humano quiso volar a regiones más puras, dejando debajo la crudeza de la realidad.

Uno de los grandes méritos de la obra lo constituye su prosa admirable, aunque muy abundante en giros regionales. El estilo es equilibrado y balanceado. No hay los abusos de sintaxis que se notan en otros románticos. Es novela sentimental, pero sobria, sin sensiblería cursi. Posee naturalidad sin afectación. Es prosa lírica, capaz de guardar su valor estético hasta el presente, pues muchos pasajes de la obra han de figurar entre los trozos mejor escritos en nuestra literatura.

Ninguna novela en la América Hispana ha producido tantos imitadores y seguidores. Las novelas de tono idílico-sentimental se sucedieron, también con nombres de heroínas desdichadas en las que prevalece el más acentuado sentimentalismo. Pero ninguna ha logrado superar la obra inmortal de Jorge Isaacs.

LA NOVELA ROMÁNTICA

Ignacio Manuel Altamirano y su labor novelística
Su papel en el desarrollo de la novela nacional

Digno seguidor de Isaacs fue IGNACIO MANUEL ALTAMIRANO (1834-1893), el novelista más destacado y una de las principales figuras del romanticismo mexicano. Si Fernández de Lizardi es el padre de la novela mexicana, Altamirano es el verdadero creador del género en un ámbito nacional y de acuerdo con la técnica europea del momento. Nació el escritor en Tixtla de padres indios muy humildes y honrados. Su apellido le fue dado por un español que bautizó a uno de sus ascendientes. Siendo indio puro, Altamirano no hablaba castellano a los catorce años. Por su talento ganó una beca para ir a estudiar a la capital del estado, Toluca, precisamente al Instituto Literario de esa ciudad, donde tuvo la suerte de conocer a don Ignacio Ramírez, El Nigromante, quien fue su profesor de literatura. Ramírez ejerció sobre él una verdadera tutoría espiritual, moral y material. En este Instituto estudia español, latín, francés, filosofía e historia y llega a contarse entre los mejores alumnos de la docta escuela. Por su aplicación se le otorgó el cargo de bibliotecario de la institución, que le deparó la oportunidad de leer sin descanso.

Más tarde puede trasladarse a la capital donde ingresa en el famoso Colegio de San Juan de Letrán. Como muchos otros románticos, participa activamente en la Revolución de 1854 de parte del Partido Liberal, marchando a pelear al Sur. De regreso, vuelve a ingresar en Letrán para terminar su carrera de leyes. Aquí enseña latín, hace labor periodística y anima tertulias literarias y políticas. Participa también en la Guerra Civil de 1857. Victoriosa la causa reformista de Juárez es elegido Diputado al Congreso de la Unión en 1861. En el parlamento gana fama de gran orador. Restablecida la República en 1867, hace periodismo, ocupa algunos cargos públicos y comienza su gran labor de animador y orientador de la cultura nacional, en la cual es casi realmente único en la historia de México. En 1863 funda una gran revista: *El Renacimiento*, desde la cual promueve la cultura con una orientación nacionalista, de defensa de los humildes y con bases autóctonas. Por esta época ayuda a reorganizar el Liceo Hidalgo y contribuye a levantar otras instituciones culturales y sociales. Altamirano, que en los principios de su carrera política da trazas de un jacobinismo intransigente, se convierte luego en hombre que trata de armonizar y de extender la cultura, sin atender a banderías políticas, raciales o religiosas.

En 1889 se le nombra Cónsul General en España, con residencia en la ciudad de Barcelona. Más tarde se encarga del Consulado en París. Aprovecha su estancia en Europa para conocer otros países del viejo continente, viajando entre ellos a Italia, tierra llena de evocaciones para él. Padeciendo una grave enfermedad, vuelve a Italia nuevamente en busca de salud y en San Remo fallece el 13 de febrero de 1893.

Múltiples fueron las actividades del Altamirano estudiante, revolucionario, periodista, orador, parlamentario, político, catedrático, diplomático y animador y orientador de cultura. Pero esto no frenó, sino que por el contrario estimuló su gran obra literaria que, aunque escrita al parecer dentro de un torbellino de actividades y de

LA NOVELA ROMÁNTICA

inestabilidad política, se destaca por su mesurado y equilibrado estilo. Su copiosa producción literaria puede dividirse en la siguiente forma: 1. Poesía. 2. Novelas. 3. Discursos. 4. Costumbrismo. 5. Estudios críticos y biográficos. 6. Historia, política y miscelánea.

La obra poética de Altamirano se reduce a su libro de poemas *Rimas* (1880) reeditadas luego en 1885 y 1903. Se compone de treinta y dos composiciones, todas escritas con anterioridad a 1867. En sus versos predomina lo descriptivo, teniendo un profundo tono nacional. Son de forma castiza, pero en ellas alienta el alma de la raza mexicana y, sobre todo el paisaje mexicano.

Pero es en la novela, sobre todo en la de orientación costumbrista, donde Altamirano llega a su pináculo como literato. Escribió dos novelas propiamente dichas: *Clemencia* (1869), publicada por primera vez en su revista *El Renacimiento*, y *El Zarco*, obra póstuma que terminó en 1888 y no impresa hasta 1901. También escribió la novelita o cuento largo, *La navidad en las montañas* (1870). Se conocen tres relatos novelescos: *Las tres flores* (1867), cuentecillo con escenario extranjero, aunque de sabor mexicano. De estas narraciones dos son verdaderas novelas cortas: *Una noche de julio*, a la que luego tituló *Julia* y la novelita *Antonia*. También dejó dos novelas por terminar, pero muy avanzadas: *Antonia y Beatriz* y *Atenea*.

Las novelas más famosas y mejores de Altamirano son las tres citadas primeramente. *Clemencia* (1869) tiene por ambiente el México de la intervención francesa, cuando el ejército invasor hacía retroceder a los patriotas republicanos. La época está comprendida entre fines de 1863 y principios de 1864. El hilo de la trama es realmente sencillo: dos oficiales republicanos van a Guadalajara y allí conocen a dos señoritas de extraordinaria belleza. Las dos señoritas son Isabel y Clemencia y los jóvenes oficiales son Enrique Flores, muy simpático, amable y guapo y Fernando Valle, de color pálido y enfermizo y cuerpo raquítico. Mientras el primero es brillante, don juanesco y muy afortunado con las mujeres, el segundo se caracteriza por el estoicismo y cierta propensión al sacrificio. Valle ama a Clemencia, pero las dos jóvenes se enamoran del oficial apuesto. Esta parte de la novela se desarrolla a ritmo de escaramuzas de amor entre los dos galanes y las señoritas. En esto Valle lleva la peor parte, pero mostrando una extraordinaria entereza de alma se sacrifica por su amigo, a quien salva de la muerte, falleciendo él en su lugar. Clemencia comprende entonces su gran error al desdeñar a Fernando y toma los hábitos en un convento.

La importancia de *Clemencia* radica en el hecho de ser una de las primeras novelas mexicanas con cuidado en el estilo y en la forma y técnica del género. Sigue las orientaciones de los mejores novelistas europeos. La novela responde a las ideas de Altamirano como defensor del nacionalismo y utilitarismo literarios. A las narraciones llenas de episodios y de personajes, Altamirano opuso una trama sencilla. Como *María*, esta novela es una obra maestra del romanticismo hispanoamericano. Tiene muchos defectos como es el uso de recursos usados por los seudo-sicologistas franceses y el contraste demasiado evidente entre los dos jóvenes oficiales, pero son los mismos defectos propios de la escuela romántica. El análisis sicológico es bastante agudo, salvo por la tendencia a poner todas las virtudes en un personaje y los defectos en otros, cuando en realidad en todos los seres humanos los hay de ambos. La prosa tiene un sentido de equilibrio y sensatez propios de Altamirano.

Quizás la obra más leída del mexicano sea *La navidad en las montañas* (1871), cuya fascinación radica en su propia sencillez y lo rápido del hilo narrativo. Los personajes son un oficial del ejército, el cura, Pablo, un joven montañés y Carmen, su novia. El Capitán se encuentra con un cura español de una aldea mexicana situada en las montañas. El cura lo invita a pasar las navidades con él y allí puede ver el capitán la gran obra cristiana que realiza el sacerdote. El idilio amoroso lo prestan Pablo y Carmen. El novio se ha ido del pueblo en busca de trabajo, pero al final de la obra regresa para casarse con su novia que lo espera. No hay truculencia ni violencia en el estilo romántico. Todo transcurre en un ambiente de serenidad, como cuadra a la Navidad y a la vida en las alturas montañosas. Todo es puro en la intención y en las almas. Es como si el recuerdo de la Nochebuena y de la Navidad hubiera purificado todas las almas. Es una historia ideal de la Navidad al estilo de las escritas por Dickens y otros escritores europeos. La obra tiene su mensaje; producto de la ideología del autor: éste defiende la posibilidad de una unidad, de una avenencia de todos los pensamientos y la unión de civiles y militares; pueblo y religiosos, después de la guerra civil donde han sido enemigos.

En el aspecto ténico, la novela se caracteriza por la síntesis y brevedad de la trama. Es la obra de Altamirano donde ya asoma poderosamente el realismo de fines de siglo. Pero éste está sólo esbozado. Lo esencial de la novela es romántico, en su concepción, en su espíritu y en su asunto. La nota costumbrista es valiosa y, sobre todo la prosa de Altamirano. Es un librito encantador, que el lector no suelta hasta llegar a la última página.

La producción de Altamirano como costumbrista fue también en extremo amplia. Muchos fueron los "artículos de costumbres" que publicó en periódicos de la época. En este rubro su gran maestro fue Mariano José de Larra. Uno de sus mejores trabajos es el titulado *El día de muertos*, que hasta por el título recuerda a Larra. Sus trabajos admiten comparación con los españoles por su estilo, calidad artística, realismo e ironía.

El costumbrismo está siempre presente en toda la obra de Altamirano. Lo hemos visto en *Clemencia*, en *La navidad en las montañas* y en sus "artículos de costumbres". También lo está en su novela póstuma, el *Zarco. Episodios de la vida mexicana en 1861-1863*, verdadero lienzo de las costumbres, hábitos y tipos humanos del Sur del país. Algunos críticos la consideran como la obra maestra del maestro. Aquí tiene la ventaja de que su pluma está hablando de un paisaje y de gente que él conocía perfectamente, como testigo ocular durante sus campañas en el ejército de la Reforma. La novela tiene el mérito de que los principales personajes son históricos, tales como el Zarco, jefe de los bandidos "los plateados" y sus oponentes: Martín Sánchez Chagollán y los generales Leonardo Márquez y Gonzalez Ortega, así como el Presidente Benito Juárez. La mayoría de los episodios que suceden en la villa de Yautepec y sus alrededores también son históricos. El propio Altamirano intervino en la lucha contra los bandidos.

En este ambiente de violencia viven cuatro personajes principales: El Zarco, jefe de los bandidos; Manuela, la mujer más bella del pueblo, que se enamora del bandido; Nicolás, desdeñado pretendiente de Manuela, hombre bueno y trabajador; y Pilar, enamorada de Nicolás, pero encerrada en su recato y timidez. Al final El Zarco es ahorcado y un buho agorero canta en la rama de donde cuelga. En esta novela Altamirano vuelve a usar uno de sus procedimientos novelísticos favoritos: la contrastación de caracteres que ya hemos visto en *Clemencia*. Aquí contrasta a los buenos, Pilar y Nicolás con los malos, El Zarco y Manuela. Sin embargo, los personajes más interesantes son los pervertidos. Pilar está bastante descolorida, así como el propio Nicolás. La novela es el producto de la yuxtaposición de cuentos o relatos casi independientes, técnica muy favorecida sobre todo por los llamados novelistas de la Revolución Mexicana.

Después de Fernández de Lizardi, el padre de la novela nacional de México es Altamirano. Como novelista está francamente en la línea del costumbrismo y casi todas sus obras, aunque enmarcadas en el romanticismo, acusan fuertes elementos realistas. Altamirano no solamente es el novelista mejor dotado de todo el romanticismo, sino también el escritor más completo de su tiempo. Su estilo tiene algunas características generales, como son: la constante preocupación moralizante; la anticipación de juicios sobre la sicología o moral de los personajes en vez de continuar su desarrollo sicológico. La ideología liberal del autor, siempre se filtra por entre sus obras. Aunque Altamirano no es un novelista de primera línea, se le puede considerar como el primero de México en el tiempo. Quizás hubiera sido superior de haber vivido una vida más sosegada, pues no le faltaban vocación y talento para ello. Fue el primero que demostró preocupación por el aspecto artístico de la novela y trató de acomodar su técnica a la de los mejores maestros europeos, aunque predicando siempre el nacionalismo literario. Su novela es utilitarista en el sentido de que trata de predicar con ejemplos.

La novela política: su importancia
La "Amalia" de José Mármol

Dentro del romanticismo floreció una novela que fue como un alegato en favor de la libertad, que supo exponer con toda crudeza la entraña de los regímenes dictatoriales y de los tiranos, y expuso los ideales libertarios de los hispanoamericanos. Esta vertiente de la novela que en Europa se llamó social, cubre uno de los capítulos más importantes de la novelística del siglo XIX, porque es precisamente el género que mejor pinta una de las grandes inquietudes del hispanoamericano en este tiempo. Conseguida la independencia, pero no abolida la tiranía, los hispanoamericanos luchan por consolidar la democracia, la libertad por la que tanto habían luchado, a fin de organizar una sociedad más justa con base en el ideal de la democracia liberal.

LA NOVELA ROMÁNTICA

Ninguna novela política logró la repercusión de *Amalia* del argentino JOSÉ MÁRMOL (1817–1871).[1] Su única novela fue *Amalia,* que es juntamente con *María* las dos novelas más famosas del romanticismo hispanoamericano. La primera parte de *Amalia* fue publicada en Montevideo en 1851, completada luego en 1855 en Argentina, con posterioridad a la caída de Rosas. Tiene el honor literario de ser la primera novela argentina y también la más conocida y divulgada.

La acción de la novela comienza en el mes de septiembre de 1840 un instante crítico de la guerra civil, cuando el ejército unitario del General Lavalle se halla a las puertas de Buenos Aires. Eduardo Belgrano, pariente del General Belgrano de la guerra de Independencia, aristócrata, pero conspirador con otros revolucionarios trata de embarcarse una noche para Montevideo, cuando son sorprendidos por la policía de Rosas por la confidencia de un tal Melo, que fingía estarlos ayudando. Eduardo está mal herido, pero lo recoge su íntimo amigo Daniel Bello, quien lo lleva esa misma noche a casa de su prima Amalia, una joven y bella viuda de veintidós años. La novia de Daniel es Florencia, a quien este usa para obtener información. Daniel finge ser amigo del régimen, siendo en realidad otro revolucionario. En un ambiente de terror, de conspiraciones y de intrigas políticas, en el que se destaca al fondo la lucha civil para arrojar a Rosas del poder, se teje el romance de Amalia y Eduardo y también el de la otra pareja. El propio tirano Rosas, y su familia, sobre todo su hija Manuelita aparecen en la obra. La larga novela termina cuando los dos jóvenes conspiradores son sorprendidos por la "mazorca"—policía secreta de Rosas—en casa de Amalia, poco después de la boda de ésta y Eduardo y son asesinados. Eduardo muere con la cabeza sobre el seno de su amada, que también queda tendida en un lecho de sangre.

La trágica novela es rigurosamente histórica y su encuadre en el romanticismo no amengua su acentuado realismo. Hay momentos en que parece más un panfleto político, que una verdadera novela, porque el autor incluye en ella proclamas y demás documentos políticos. Mármol es un narrador torpe, que se mueve dificultosamente por entre los hilos de una trama a todas luces melodramática. La política es lo más importante de la obra. Mármol no tenía cualidades de novelista y por eso la novela es densa, aunque hay pasajes realmente antológicos. La caracterización de algunos personajes deja mucho que desear, pero la de Daniel Bello y de figuras secundarias como Rosas, Manuelita, doña María Josefa, hermana política del tirano, don Cándido, ex maestro de Bello, y el cura Gaete son realmente figuras humanas. Daniel es más convincente que Eduardo y encarna el verdadero tipo del héroe romántico: buen mozo, valiente, protagonista de miles de aventuras y peripecias.

Aun cuando hay buenas pinturas sicológicas y ambientales—por ejemplo cuando el tirano está trabajando en su oficina—la obra es en extremo larga y se resiente de mucho melodramatismo y de muchos lugares comunes del romanticismo, tanto en las descripciones como en las cursilerías de muchas escenas de amor. Hay instantes de verdadero lirismo y escenas antológicas como aquéllas en que se describe al tirano

---

[1] Véase el estudio de su labor poética en el Cap. XII, págs. 248–249.

Rosas en su despacho y en su cuartel de campaña. Es Rosas el tipo más humano desde el punto de vista de la pintura de caracteres.

La obra adolece de los defectos generales del estilo de Mármol: improvisación y descuido. Repite en ella muchas de las ideas de Sarmiento en *Facundo*, sobre todo en lo referente al origen de la crisis política. La obra tiene base documental y Mármol transcribe en ella cartas, documentos oficiales, recortes de prensa, panfletos y proclamas. La novela es un alegato político contra Rosas y describe de mano maestra el terror implantado en Buenos Aires y que pesa como espada de Damocles sobre la población entera y, sobre todo contra los que se atrevan a conspirar. Tiene el encanto de las conspiraciones y conjuraciones en época de tiranía, que mantienen al lector en suspenso y pendiente de lo que pasará a los protagonistas.

La obra mantiene una perenne actualidad porque es esencial para explicar ciertos hechos de la historia argentina, que es lo que realmente la hace inmortal. Es la más leída de las novelas argentinas y una de las más famosas en Hispanoamérica. Su verdadero valor estriba en la pintura que hace de la situación política, social y policíaca bajo una dictadura hispanoamericana típica. Lucha semejante a la pintada en ella ha existido bajo todas las dictaduras que se han sucedido en la América de habla española. Desde el punto de vista técnico cabe destacar que Mármol prefiere hacer la pintura de sus personajes a través del diálogo. No dedica párrafos a su descripción, sino que el lector intuye su moral y hasta su tipo físico, mediante sus palabras e ideas. La obra es en cierto sentido autobiográfica, porque repite hechos que bien pudieron ser vividos por el autor durante su lucha revolucionaria. Muchos de sus personajes existieron en la realidad y otros son producto de la fantasía del autor. El valor de la novela es histórico y sociológico. Quien desee conocer a fondo la época de Rosas no encontrará mejor auxiliar. En ella lo esencial no es la calidad artística, sino su valor de retrato fiel de una época.

La novela de idealización del indio

Esta novela tiene al indio como protagonista, pero el romanticismo, aunque demostró interés por ese personaje olvidado de nuestra historia y de su condición social, lo vistió con ropajes fuera de su realidad sociológica, a través de idealizaciones extremas. Habría que esperar a la novelística realista y, sobre todo a la novela indianista moderna para ver los contornos reales de esa figura casi trágica de algunos de nuestros países. El indio como hombre primitivo de América, tuvo particular encanto como tema literario para los románticos siendo los europeos los que lo pusieron de moda. Desde que Juan Jacobo Rousseau en plano filosófico sostuvo la nobleza del hombre salvaje, el romanticismo propendió a la idealización del indígena americano. Fue, sin embargo, Chateaubriand, con su *Atala* quien descubrió para el escritor hispanoamericano, esa fuente temática. Pero también contribuyeron a ella el americano James Fenimore Cooper, Saint-Pierre y otros muchos. Realmente este ciclo de interés por el indio nace antes del romanticismo y traspasa los límites del movimiento. Durante el siglo XVI el padre Bartolomé de las Casas escribió su *Brevísima relación de la destrucción de las Indias,* llamando la atención del mundo sobre el exterminio a que eran sometidos los indígenas. Don Alonso de Ercilla, poeta épico de primera línea, no oculta sus simpatías por ellos en *La Araucana.* El interés también llegó a las primeras plumas de Francia. Montaigne lo expone en *Des Cannibales,* con toda la fuerza y vigor de sus famosos ensayos. Vuelve sobre el tema Voltaire en su tragedia *Alzire* (1736) y en su novela *Candide* (1759). Marmontel trató del tema en su novela *Les Incas* (1777). Algunos autores como el mismo Chateaubriand, de Saint-Pierre y Cooper idealizarían tanto al hombre primitivo de estas tierras, como a la naturaleza tropical, trasladando ese interés a nuestros escritores románticos.

El romanticismo, quizás sin percatarse de ello, presentó el drama racial de la conquista a través de la novelística. Generalmente estas obras ponen frente a frente al español y al indígena, haciendo resaltar el conflicto de tipo étnico. Se trató asimismo de destacar el valor de lo tradicional, de lo antiguo, del pasado, temas tan caros al romanticismo. Hay en todas estas obras una intención reivindicatoria que abarca, tanto a los valores de esas culturas autóctonas como del propio indio como ente sociológico. Pero aclaremos que si bien ya en las obras románticas hay esbozos de protesta social, de denuncia ante el mundo por la situación en que vive el indio, en general el romanticismo tendió a crear una imagen falsa de ese personaje y de sus relaciones con el blanco, idealizando demasiado personas y situaciones. Lo que interesaba era el aspecto pintoresco del indio, no su dimensión humana formada por su sensibilidad, sentimientos y problemas vitales. Esta novela fue motivo de intenso cultivo.

Juan León Mera y "Cumandá", novela sentimental indigenista

Tuvo la gloria Ambato, pequeña ciudad andina al sur de Quito, de ser la cuna de las dos más grandes figuras del romanticismo ecuatoriano: Juan Montalvo, el ensayista y polemista y JUAN LEÓN MERA (1832–1894). Fueron amigos un tiempo, pero luego se distanciaron grandemente: Montalvo era liberal y anticlerical; León Mera, católico y conservador, El primero fue el enemigo más tenaz del dictador Gabriel García Moreno; el segundo fue su amigo político, su Ministro, su Diplomático y su Presidente del Senado. Mera no recibió educación formal de ningún tipo. Nunca asistió a la escuela, enseñándole su madre en la casa las primeras letras. No obstante, llegó a ser uno de los escritores más distinguidos de su tiempo, admirado tanto en Ecuador como en España. Fue miembro correspondiente de la Academia Española de la Lengua y socio fundador de la Academia Ecuatoriana.

Es difícil creer que un hombre que tanta actividad política desplegara, pudiera encontrar tiempo para dejar una obra literaria realmente copiosa. León Mera escribió poesías; crítica literaria y novelas y relatos, a más de trabajos históricos y costumbristas. Comenzó su carrera literaria publicando *Poesías* (1858) y más tarde *La virgen del sol, leyenda indiana* (1861). Le prestó un gran servicio a la literatura del Ecuador con su *Ojeada histórico-crítica sobre la poesía ecuatoriana* (1868). Inició su producción narrativa con *Los novios de una aldea ecuatoriana* (1872). Siete años después publicó *Cumandá o Un drama entre salvajes* (1879), considerada como su obra maestra. De 1889 es su *Entre dos tías y un tío*, delicioso relato costumbrista que vale tanto como la anterior. También dejó *Antología ecuatoriana: cantares del pueblo ecuatoriano* (1892), *Un matrimonio inconveniente* (1893) de estilo realista y *Tijeretazos y plumadas; artículos humorísticos* (1903).

Cumandá o Un drama entre salvajes (1879) está considerada su obra maestra. Desde la infancia demostró predilección por los temas indios. Esta obra inicia cronológicamente la novela ecuatoriana y es la más sobresaliente creación de este tipo de ficción. Escribió *Cumandá* sobre un cuento que le contaron y siguiendo la influencia de Chateaubriand y James Fenimore Cooper, así como la más indirecta de Saint-Pierre. Pero también se notan en su producción influencias directas de los españoles Martínez de la Rosa, primer poeta a quien leyó y José Zorrilla. Cumandá, una joven con características blancas, es hija de los indios Tongana y Pona la hechicera. Carlos Orozco, hijo del Fraile Domingo de Orozco la conoce y se enamora de ella. Cumandá es obligada a casarse con el cacique Yahuarmaqui, pero este muere repentinamente la noche de bodas. Cumandá es sacrificada por su infelidad, porque ama a Carlos. De una bolsita que le ha entregado Cumandá, Carlos y su padre descubren la verdadera identidad de la joven, quien no es otra que Julia, hija de Orozco y Carmen y hermana de Carlos. Salen en su busca, pero la encuentran muerta. En seguida trasladan su cadáver en canoa a la misión, donde la entierran. Poco tiempo después mueren Carlos y Pona y Orozco vuelve a su convento en Quito.

Sobre todo la crítica española del siglo XIX, representada por Juan Valera, José María de Pereda y Pedro de Alarcón, recibieron con unánimes elogios esta obra de Mera. Pero en esta crítica hay que ver siempre la falta de objetividad a que se prestan juicios amistosos o para agradar. Es cierto que la obra fue muy bien recibida en su tiempo y que gozó de gran popularidad en toda la América, popularidad que ha ido decayendo con los años. La crítica moderna, en su mayoría es despiadada con ella. Muchos críticos destacan lo falso de sus personajes y de la pintura de la naturaleza. Parece que parte del rigor de la crítica actual contra Mera se debe al hecho de que quieren juzgarse obras de ayer con el gusto y la visión de hoy. Vista con esa visión y tratando de captar el espíritu de la época en que fue escrita, veremos que Cumandá es obra muy de su época, porque sigue la norma romántica establecida por autores europeos e hispanoamericanos.

Es una novela poemática donde Mera llevó a sus últimas consecuencias la tendencia a la idealización romántica del indio. Los indígenas que pinta el ecuatoriano no son de carne y hueso, sino producto de su fantasía e imaginación. En *Cumandá* casi todo es inverosímil, por no decir falso. Sus personajes no convencen en cuanto no representan la realidad existente. Sin embargo, la naturaleza ecuatoriana, la selva de la parte oriental está descrita en cuadros admirables, Sobre todo en sus narraciones, la obra adquiere un valor poemático notable. En cuanto al estilo, no cabe duda de que Mera es un prosista magnífico, que maneja el idioma con riqueza de giros y expresiones. Demuestra conocimiento de los indios y de la naturaleza, la cual está pintada con verdadero amor, aunque aparece bastante idealizada también.

Después de leer la producción de la moderna novela indianista que pinta la verdadera situación del indio con todo realismo, *Cumandá* nos parece un cuadro demasiado infantil y de espaldas a la verdad relacionada con ese ente humano. Sin enbargo, con todos sus defectos, la novela es antecedente obligado de la novela indianista contemporánea. No se puede negar, que *Cumandá* está dentro de la visión que del mundo nos quiso dar el romanticismo, y en ese sentido no deja de ser representativa de la llamada novela de idealización del indio en el siglo pasado.

La novela abolicionista: sus antecedentes y características generales
Aportes de La Avellaneda y de Anselmo Suárez y Romero

Estas novelas tienen por asunto la esclavitud. Tejen el hilo de la trama bien usando a algún negro esclavo como héroe principal, bien dando una visión completa de la institución de la esclavitud. Lo importante es la pintura de la vida del negro y las pinceladas costumbristas que tiene esta novela. Son obras de carácter sentimental y a veces de evocación. Constituyen grandes cuadros de la esclavitud y sus integrantes: los esclavos, los esclavistas y encomenderos, las clases adineradas del país y la sociedad que la sufre. Generalmente no son obras de propaganda ni de tesis, sino verdaderas narraciones con un fondo humano, sociológico y físico real. Son los propios hechos narrados los que provocan en el lector reacciones de simpatía hacia el esclavo y de repulsa y condenación contra la esclavitud.

Fue en Cuba donde este género logró el más intenso cultivo, debido sin duda a que prácticamente hasta 1880, fecha de la abolición oficial de la esclavitud, la economía del país estaba basada en el trabajo de los negros en las plantaciones de caña, los ingenios y el servicio doméstico. Por ese motivo, el tema esclavo no podía ser tratado abiertamente antes de esa fecha. Por esta época, la juventud cubana, sobre todo la intelectual que formaba parte de la tertulia de don Domingo del Monte, en La Habana, mostraba gran preocupación e interés en el problema, iniciando los primeros pasos en favor de la libertad de los esclavos.

La novela abolicionista cubana es la pionera del género en toda la América, ya que las novelas escritas por cubanos son anteriores en más de diez años a *La cabaña del Tío Tom* (*Uncle Tom's Cabin*) de la señora Harriet Beecher Stowe (1811–1896), publicada de junio de 1851 a abril de 1852 en el periódico *The National Era* de Washington D.C. Las primeras obras de este género fueron la novela de Felix Tanco y Bosmeniel (1797–1871), *Petrona y Rosalía*, escrita en 1838, pero publicada en 1925 y la novela corta de Anselmo Suárez y Romero, *Francisco* (comenzada en 1838 y publicada completa en 1880). La primera parte de *Cecilia Valdés o la loma del Ángel* de Cirilo Villaverde se publicó en 1839, fue refundida y completada en 1879 y su versión definitiva es de 1882.

La primera novela abolicionista de América es *Sab* de doña GERTRUDIS GÓMEZ DE

AVELLANEDA (1814–1873), cuya labor poética y dramática ha sido ya analizada.[2] La novela fue publicada en Madrid y es la única novela de la Avellaneda con tema cubano. Sab es un infeliz mulato esclavo que siente un amor irrealizable por su ama, por quien llega al sacrificio. La novela es una narración sentimental con una aceptable pintura de la vida del esclavo, basada en recuerdos de su provincia natal algo diluídos en la imaginación de la autora. Contiene muchas meditaciones filosóficas sobre la esclavitud y la libertad humana. A veces su protesta contra la injusticia y la esclavitud se concretan valientemente. Sab está demasiado intelectualizado, siguiendo la moda romántica del héroe estereotipado. Tiene una prosa generalmente armoniosa, clara, rítmica y llena de líricas evocaciones, pero falta a la obra el verdadero sabor criollo.

Bastante superior es la novela *Francisco* del también cubano ANSELMO SUÁREZ Y ROMERO (1818–1878), escrita a instancias de Del Monte. Cuenta la novela los amores purísmos y castos de dos esclavos, Francisco y Dorotea, que no pueden casarse por el egoísmo y terquedad de su ama que les niega el correspondiente permiso instigada en parte por Ricardo, el amo poderoso que quiere saciar en la joven y bella esclava sus lúbricos apetitos. Esto produce el infortunio y la desdicha de los amantes, terminando en el suicidio de ambos.

La obra no está exenta del melodramatismo romántico, pero describe hechos que se repetían a diario en la vida de los infelices esclavos, sometidos a toda clase de injusticias. En *Francisco* es más importante la pintura de los horrores de la esclavitud y los cuadros de las costumbres y sicología de la sociedad esclavista, que el eje amoroso de los dos esclavos. Suárez y Romero tenía el ansia de la perfección formal y esto lo llevó muchas veces a sacrificar el fondo por la frase expresiva y bien escrita. *Francisco* fue escrita con el deliberado propósito de exponer los horrores de la esclavitud y los tormentos a que estaban sometidos los esclavos.

La obra maestra de la novela abolicionista: "Cecilia Valdés o La loma del Ángel" de Cirilo Villaverde

Por vías del costumbrismo llegó el cubano CIRILO VILLAVERDE (1812–1894) al realismo de sus últimas obras, a pesar de haber iniciado su carrera literaria abrazado al romanticismo de la época. Fue conspirador contra el régimen español y por este motivo sufrió la pena del exilio. En los Estados Unidos ejerció el periodismo y el profesorado. Abrazó con determinación y denuedo la causa de la libertad de Cuba. Villaverde se dio a conocer alrededor de 1837 con relatos de exaltado romanticismo, en los que se repetían los clichés de esa escuela: incestos, hijos abandonados, muertes violentas, la fatalidad, destino adverso, amores imposibles, confusiones en el estado civil. Parece que el propio autor aborreció estas primicias de su ingenio, porque las silenció en el prólogo de *Cecilia Valdés*.

Haciendo uso de su excelente don descriptivo, Villaverde intentó en época posterior una serie de novelas de mayor aliento como son: *El penitente* (1844), novela

---
[2] Vease el Cap. XII, págs. 251–253.

histórica sobre la vida habanera durante la segunda mitad del siglo XIX con influencia de Sir Walter Scott y Cooper; *Dos amores* (1858), novela de costumbres sobre la clase media habanera del siglo XIX y *El guajiro* (escrita en 1842 y publicada años más tarde). La pintura del paisaje y las costumbres tiene colorido y vivacidad.

En 1839, Villaverde dio término al primer tomo de la que sería su obra maestra, *Cecilia Valdés o La loma del Ángel*. Cuarenta años después, en 1789 completó la novela, pero la edición definitiva es de 1882. Cecilia Valdés es una mulata muy bella, hija de ilegítimos amores entre don Cándido Gamboa, rico hacendado y la mulata Charo, que vive en el barrio del Ángel en La Habana. Cecilia es arrojada en el torno de la casa de Beneficencia. Tiene muchos admiradores, entre ellos uno de su raza, el mulato José Dolores Pimienta, pero Cecilia lo rechaza para entregarse al joven blanco Leonardo Gamboa, hijo de don Cándido. Ambos ignoran que son hermanos, pues la identidad de ambos se revela al lector, pero siempre la verdad los esquiva a ellos. La pasión de Gamboa se va enfriando, lo que llena de celos y rabia a Cecilia, ahora embarazada. Por celos y por susceptibilidad, Cecilia ya madre mueve el puñal de su antiguo pretendiente Pimienta, quien mata por la espalda a Leonardo en los momentos en que se dirige a la iglesia para casarse con Isabel, una muchacha también rica y de sociedad. Cecilia y Pimienta son condenados como autor y cómplice del asesinato.

Cecilia Valdés gozó en Cuba de una fama extraordinaria, dando lugar a operetas y canciones muy inspiradas en el argumento de esa novela. Por ella se considera a Villaverde el mejor novelista cubano de su tiempo y a *Cecilia Valdés* la mejor novela. Manuel de la Cruz, un gran crítico cubano dijo lo siguiente de esta novela: "*Cecilia Valdés* es un lienzo colosal en que se mueve toda una época, el mundo en miniatura de Cuba". La obra tiene el mérito de presentar un cuadro vívido y animado de toda la sociedad cubana, sobre todo habanera, en todos sus detalles principales: tipos y clases sociales; ideales; diversiones; fiestas, paseos, prejuicios y todo cuanto puede constituir ese panorama social. Ningún historiador ha llegado a esa exactitud de fotografía lograda por Villaverde. La vida del esclavo, los horrores de la esclavitud en general, las diferencias sociales y raciales, todo queda retratado como de mano de un experto pintor. Es una obra esencialmente costumbrista y aquí radica su verdadero valor. Hay acierto en la pintura de casi todos sus personajes y vigor y verismo en las descripciones de la sociedad y todos sus ingredientes ambientales y humanos. Otra importancia radica en que la novela plantea con toda crudeza y realismo el complejo racial de Cuba, los componentes étnicos de la nacionalidad, destacando prejuicios, desigualdades e injusticias. Por la novela corre la mentalidad y el alma de Cuba de esa época.

La obra demuestra que Villaverde estaba en la plenitud de su poder creativo, aunque tiene algunos defectos, como es el descuido y desaliño en el estilo, que nos llega a interesar por su ritmo rápido y envolvente. Asimismo la obra adolece de diálogos a veces muy prolijos. El propio autor confesó que las únicas influencias fueron la de Sir Walter Scott y Manzoni. Podrían añadirse las generales de todos los románticos y las de Cooper y Dickens. *Cecilia Valdés* es obra que deben leer los que quieran conocer la sociedad cubana de ese tiempo (las tres primeras décadas del siglo XIX). Al terminar de leer esta novela, Benito Pérez Galdós exclamó: "Nunca creí que un cubano pudiera escribir cosa tan buena".

La novela costumbrista: sus modalidades
Los costumbristas colombianos: Eugenio Díaz Castro

La novela costumbrista está íntimamente relacionada con el cuadro de costumbres, del cual viene a ser como una hermana mayor. Se caracteriza por su detallismo descriptivo y porque destaca lo típico regional. Asimismo sobresale por su vena de humorismo, colorido, movimiento y "color local". En ellas la pintura de la circunstancia es casi siempre lo básico. Son cuadros de época, en que la sociedad palpita, con todos sus elementos y tipos.

Tanto los "cuadros de costumbres" como la narración costumbrista constituyen el antecedente o punto de partida del realismo. A pesar de que el autor romántico tuvo la tendencia a deformar la realidad que veía, idealizando personajes y costumbres, el fondo de verdad y realidad que adquieren estas creaciones es innegable, al punto de que la verdadera base de la novela realista, tanto en España, Francia e Inglaterra como en Hispanoamérica está en en las escenas ambientales y típicas que estos autores dejaron. Aunque fueron muchos los cultivadores de este género, sólo disponemos de espacio para estudiar a los más importantes.

Produjo el fecundo romanticismo colombiano dos magníficas novelas: *María* de Jorge Isaacs en el campo sentimental y *Manuela* dentro del costumbrismo, escrita por EUGENIO DÍAZ CASTRO (1804-1865). Este joven campesino era muy amigo de Ricardo Carrasquilla, poeta muy popular por ese tiempo, quien le aconsejó, en vista de sus aficiones literarias, que viera de su parte a José María Vergara y Vergara, el gran animador de la sociedad literaria *El Mosaico*. En la primera entrevista, Díaz Castro, vestido a la usanza del campo le llevó los manuscritos de *Manuela*. Pocos días después comenzó a publicarse la revista *El Mosaico*, así como *Manuela*. Casi todas las obras de Díaz Castro se publicaron por primera vez en los folletines de periódicos de la época. Entre sus obras más notables cabe citar a: *Una ronda de don Ventura de Ahumada* (1858), *Bruna la carbonera* (1879-1880), *El rejo de enlazar* (1873), *Los aguinaldos de Chapinero* (1873).

Su obra maestra es *Manuela*, una de las primeras novelas costumbristas colombianas y de Hispanoamérica, aunque algunos prefieren a *Bruna la carbonera* por la hondura trágica. En la primera se enlazan una trama idílica con la pintura de cuadros y escenas costumbristas, sobre todo de carácter campesino; pero el aspecto costumbrista llega siempre a sobresalir del desarrollo del romance y de la pintura de personajes, y es en definitiva lo de verdadero valor en la obra. En su trama vemos al joven bogotano Demóstenes marcharse a una parroquia de un pequeño pueblo, precisamente donde vive Manuela. Aquí comprueba el divorcio entre la política y las leyes y las verdaderas necesidades de los pueblos. Una de sus ideas básicas es: "La república se debe fundar de abajo para arriba: de la parroquia para el congreso". Demóstenes muestra ideas socialistas y hasta de librepensador, pero se interesa por la vida y desenvolvimiento de la parroquia y del pequeño pueblo. Demóstenes ayuda a la comunidad a luchar contra el tiránico gamonal don Tadeo. Más tarde decide regresar a Bogotá.

Lo más sobresaliente en *Manuela* y lo que realmente produce su interés, es el aspecto costumbrista, con un enfoque político, y donde se manifiesta ya un intento de crítica social. La pintura que se hace de las labores campesinas, de la sicología del hombre del campo y sus diversiones tradicionales es admirable. Díaz Castro no es un maestro del estilo; por el contrario, presenta desaliño y descuido. Tampoco es un virtuoso de la narración, pero hay que apuntarle la virtud de que en forma sencilla, a veces llena de rustiquez, sabe narrar y pinta con toda autenticidad personajes y escenas. Cuando pinta el día de la boda de Manuela, la heroína, en lenguaje muy directo afirma que tiene los pies muy grandes y que Dimas tuvo que comprarle en Bogotá la horma más grande. El final de la obra resulta bastante melodramático y algo arbitrario. Díaz Castro pinta con verdadero amor y simpatía la vida del campo. Desentraña el alma misma de la comunidad campesina, para darnos un cuadro áspero y rudo, pero fiel y sincero.

Aportes mexicanos a la novela costumbrista
José Tomás de Cuéllar

En pocos países de América tuvo el romanticismo el desarrollo y la amplitud que gozó en México, sobre todo en el campo de la novela, cuya copiosa producción ofrece múltiples ejemplos de casi todos los tipos, entre ellos de la novela costumbrista. Los costumbristas más notables de México en esta época son Ignacio Manuel Altamirano, Manuel Payno, Luis G. Inclán y José Tomás de Cuéllar.

Parece que hay unanimidad en considerar a JOSÉ TOMÁS DE CUÉLLAR (1830–1894) como el más grande de los costumbristas mexicanos y uno de los primeros de Hispanoamérica. Cursó estudios de humanidades y filosofía; participó junto con los "niños héroes" en la defensa del Colegio Militar de Chapultepec cuando la guerra con los Estados Unidos; hizo estudios de pintura; pero su vocación definitiva fue el periodismo. Como tal ganó gran fama, haciendo muy popular su seudónimo de *Facundo*. Sus éxitos como escritor le abrieron, como a muchos otros escritores hispanoamericanos, las puertas de la diplomacia. Pasó los últimos años de su vida completamente ciego. Sintió gran afición por la fotografía, lo que tiene cierta relación con su labor como costumbrista, pues muchos de sus cuadros son verdaderos retratos de la sociedad de su tiempo, por su fidelidad.

En su carrera literaria cultivó casi todos los géneros: poesía, teatro, artículos de costumbre y novela. En estos dos últimos descansa su reputación como escritor. Cuéllar supo calibrar a tiempo sus verdaderas facultades, consagrándolas al cultivo del género costumbrista, donde no conoce rival en México. El costumbrismo era algo natural, consustancial a la naturaleza de Cuéllar. De siete volúmenes consta la primera serie de su famosa *La linterna mágica* (1871-1872) en la que sobresalen novelas, cuadros y bocetos costumbristas. En ella figuran sus novelas *Ensalada de pollo* (1869), *Historia de Chucho el ninfo* (1871), *Isolina la ex figurante* (1871), *Las jamonas* (1871); *Las gentes que "son así"* (1872) y otras. Más tarde publicó su novela *Baile y cochino* (1886). Luego dio al público una segunda edición de *Linterna mágica* (1889-1892) en veinticuatro tomos. A las novelas mencionadas añadió entonces *Los mariditos* (1890), *Los fuereños* (1891) y *La Noche Buena* (1890). Los otros tomos de esta obra están dedicados a artículos, estudios, teatro y poesía.

El propio autor se encarga de darnos a conocer su técnica y los objetivos de su obra: "Yo he copiado mis personajes—dice Cuéllar—a la luz de mi linterna, no en drama fantástico y descomunal, sino en plena comedia humana, en la vida real, sorprendiéndolos en el hogar, en la familia, en el taller, en el campo, en la cárcel, en todas partes; a unos con la risa en los labios y a otros con el llanto en los ojos; pero he tenido cuidado de la corrección en los perfiles del vicio y de la virtud: de manera que cuando el lector, a la luz de mi linterna, ría conmigo y encuentre ridículo en los vicios y en las malas costumbres, o goce con los modelos de la virtud, habré conquistado un nuevo prosélito de la moral y de la justicia".

No es difícil destacar las características de Cuéllar como novelista. Es básicamente autor de novelas cortas. Cuando intenta obras largas con trama complicada, resultan de pesada lectura. Su técnica consiste en exponer un cuadro de costumbres añadiéndole una trama. Su testimonio de la sociedad no es panorámico, sino de la clase media, de la cual expone sus vicios y virtudes; sus prejuicios, hábitos y costumbres. Su estilo es caricaturesco, porque no gusta de destacar al individuo en su totalidad, sino que toma el aspecto más sobresaliente, lo aisla, presentándolo con exageración. Su obra tiene verdadero valor documental para el estudio específico de la clase media mexicana, que ha sido captadas en sus tipos representativos y también en sus escenas más íntimas. En la galería de tipos que presenta, el autor demuestra sagacidad y un ojo penetrante para sacar a la luz los detalles más minim de las personas, sobre todos sus costumbres, hábitos, ridiculeces y vicios. Otra característica de su estilo es su tono moralizante como el mismo confiesa, así como el humorismo que llega a veces al tono burlón. Como buen discípulo de Lizardi, siempre introduce en sus obras prédicas moralizadoras, aunque son mínimas. Frecuentemente es festivo; el lector comienza por sonreir, luego se ríe y llega a la carcajada abierta. Usa mucho el diálogo, que es generalmente muy movido, corto e intencionado, como posible reminiscencia de sus correrías por el teatro.

Su novela no tiene, sin embargo, la calidad artística y técnica que debiera tener, si se tiene en cuenta el grado de desarrollo que ya había alcanzado el género en Europa y en la misma España y México. Aunque no todas sus obras merecen salvarse, hay por lo menos cinco cortas que todavía hoy se leen con exquisito deleite, no sólo por su valor documental, sino por su mérito estético y por la gracia que desbordan. *Ensalada de pollos, Baile y cochino, Historia de Chucho el ninfo, La Noche Buena* y

LA NOVELA ROMÁNTICA

Las jamonas pertenecen a lo mejor que en costumbrismo se escribió en México y en la América hispana en el siglo XIX. En sus diseños no encontraremos a la sociedad entera o a caracteres complejos. Su técnica consiste en escoger tipos característicos y representativos como el niño consentido, el oportunista, el arribista, la elegante cursi y caricaturizarlos teniendo como fondo el ambiente que la sociedad le presenta. Estamos de acuerdo con Salvador Reyes Nevares cuando escribió: ". . . *Facundo* merece ser leído. Tiene virtudes que lo elevan sobre muchos novelistas de su tiempo. Su literatura expone también. . . . varias de las notas que podríamos llamar constantes de la novelística mexicana. Su realismo malicioso, su afán de progreso civil, su nacionalismo, todo en él entronca con los fustes principales de nuestra literatura".

BIBLIOGRAFÍA

(Véanse las historias generales de esta literatura; las particulares de los países de los autores; los estudios de conjunto sobre la novela y las colecciones de ese género indicados en el Cap. I y siguientes; la bibliografía general del romanticismo en el Cap. XII y siguientes)

1 Estudios generales

Alegría, Fernando, *Breve historia de la novela hispanoamericana*, México, Studium, 1959; 3ra. ed., de 1966.

Azuela, *Cien años de novela mexicana*, México, Botas, 1947.

Bargelata, Hugo David, *La novela y el cuento en Hispanoamérica*, Montevideo, Enrique Miguez y Cía., 1947.

Brushwood, John Stubbs, *The Romantic Novel in Mexico*, Columbia, The University of Missouri Studies, 1954.

Curcio Altamar, A., *Evolución de la novela en Colombia*, Bogotá, Instituto Caro y Cuervo, 1957.

García, Germán, *La novela argentina*, Buenos Aires, 1952.

Giménez Pastor, Arturo, *Historia de la literatura argentina*, 2 vols., Buenos Aires-Montevideo, Labor, 1945.

González, Manuel Pedro, *Trayectoria de la novela en México*, México, Botas, 1951.

Henríquez Ureña, Max, "Influencias francesas en la novela de la América española", La cultura y la literatura iberoamericana, *Memoria del Séptimo Congreso del Instituto Internacional de Literatura Iberoamericana*, Berkeley-Los Angeles, Univ. of California Press, 1957; también México, Studium, 1947.

Henríquez Ureña, Pedro, "Apuntaciones sobre la novela en América", Buenos Aires, 1927. Véase en *Obra Crítica*.

Jiménez Rueda, Julio, *Letras mexicanas del siglo XIX*, México, Fondo de Cultura Económica, 1944.

Meléndez, Concha, *La novela indianista en Hispanoamérica*, Madrid, Ed. Hernando, 1934; 2da. ed., Río Piedras, Puerto Rico, Ed. de la Univ. de Puerto Rico, 1961.

Reyes Nevares, Salvador, *Novelas selectas de Hispano América, siglo XIX,* 2 vols., México, Ed. Labor, 1959. Prólogo selección y notas del propio Reyes Nevares.

Sánchez, Luis Alberto, *Proceso y contenido de la novela hispanoamericana*, Madrid, Gredos, 1953.

Suárez-Murias, Marguerite C., *La novela romántica en Hispanoamérica*, New York, Hispanic Institute, 1963.

Torres-Rioseco, Arturo, *La novela en la América hispana*, Berkeley y Los Angeles, Univ. of California Press, 1939.

Uslar-Pietri, Arturo, *Breve historia de la novela hispanoamericana*, Caracas-Madrid, Ediciones Edime, 1954.
Warner, Ralph E., *Historia de la novela mexicana en el siglo XIX*, México, Robredo, 1953.
Zum Felde, Alberto, *Índice crítico de la literatura hispanoamericana*, 2 vols., México, Guaranía, 1959, Tomo II: *La narrativa*.

2 La novela histórica

Alonso, Amado, *Ensayo sobre la novela histórica*, Buenos Aires, 1942.
Anderson Imbert, E., "Notas sobre la novela histórica en el siglo XIX", en *Estudios sobre escritores de América*, Buenos Aires, Raigal, 1954.
Rojas Garcidueñas, José, "Jicoténcal", una novela histórica hispanoamericana precedente al romanticismo español; México, Universidad Nac. Autónoma, 1956.
Read, J. Lloyd, *The Mexican Historical Novel, 1826–1910,* New York, Instituto de las Españas, 1939.

MANUEL DE JESÚS GALVÁN

Textos

Enriquillo, leyenda histórica dominicana (1503–1533), Santo Domingo, García Hnos., 1882.
Enriquillo, leyenda histórica dominicana (1503–1533), Barcelona, Imprenta y Litografía de la Vda. de Cunill, 1909. Una carta de José Martí sirve de prólogo a esta edición.
Enriquillo, Buenos Aires, Edit. Americalee, 1944.

Crítica

Anderson Imbert, E., "El telar de una novela histórica: *Enriquillo*, de Galván" en *Estudios;* y también en *Revista-Iberoamérica*, XV (1950), 213–229.
Balaguer, Joaquín, *Literatura dominicana*, Buenos Aires, América, 1950.
Cestero, Manuel F., "Ensayos críticos: *Enriquillo* de Manuel de Jesús Galván", *Cuba Contemporánea*, XIII (1917), 316–337.
Mejía, Abigaíl, *Historia de la literatura dominicana*, Santiago, R. D., El Diario, 1943.

3 La novela sentimental

JORGE ISAACS

Textos

María, Madrid, Aguilar, 1945.
María, México, Fondo de Cultura Económica, 1951; introducción por Enrique Anderson Imbert.
María, Bogotá, Editorial ABC, 1942 (Biblioteca Popular de Cultura Colombiana, XXIX).
Poesías completas, Barcelona, Maucci, 1920; introducción de Baldomero Sanín Cano.
María y poesías completas, Buenos Aires, Editorial Tor, 1956.
María, Boston, Heath, 1926. Editada por el Prof. Warshaw.
María, New York, Oxford Univ. Press, 1944. Editada por el Prof. Olmsted.

Crítica

Carvajal, Mario, *Vida y pasión de Jorge Isaacs*, Santiago, Ercilla, 1937.
Diccionario . . . . *Colombia*. 55–58.
Gómez Restrepo, *Historia*, IV, 177–200.
Velazco Madriñán, L. C., *Jorge Isaacs, el caballero de las lágrimas*, Cali, Colombia, 1942.

LA NOVELA ROMÁNTICA

Warshaw, J., Introducción a *María*, Boston, Heath, 1926.

——, "Jorge Isaacs Library: Light in Two *María* Problems", *The Romanic Review,* New York, XXXII, 1941.

IGNACIO MANUEL ALTAMIRANO

Textos

La Navidad en las montañas, México, Secretaría de Educación Pública, 1944 (Biblioteca Enciclopedia Popular, 22); editada por Carlos González Peña.

La Navidad en las montañas, Boston, Heath, 1917; editada por Hill y Lombard.

Clemencia, México, Porrúa, 1944 (Col. de Escritores Mexicanos, III).

Clemencia, Boston, Heath, 1948; editada por Elliot B. Scherr y Nell Walker.

El Zarco: Episodios de la vida mexicana en 1861–63, New York, Norton, 1933; editada por Grismer y Ruelas.

El Zarco, 4ta. ed., Buenos Aires, Espasa-Calpe, 1950 (Col. Austral, 108); prólogo de Francisco Sosa.

Aires de México, México, Univ. Nac. Autónoma, 1940 (Bibl. del estudiante universitario, 18); editada por Antonio Acevedo Escobedo.

Obras literarias completas, México, Ediciones Oasis, 1959; prólogo de Salvador Reyes Nevares.

Christmas in the Mountains, Gainesville, Univ. of Florida Press, 1961; editada y traducida por Harvey L. Johnson.

Crítica

Alegría, *Breve historia*, 59–65.

González, *Trayectoria*, Caps. IV y V.

González Peña, *Historia*, 291–295; 339–341.

Martínez, José Luis, Bibliografía y biografía de Altamirano en la edición de la obra de éste, *La literatura nacional*, 3 vols., México, Porrúa, 1949.

——, *La expresión nacional. Letras mexicanas del siglo XIX*, México, Imp. Universitaria, 1955.

Warner, *Historia*, 47–55.

4 LA NOVELA POLÍTICA

JOSÉ MÁRMOL

Textos

Amalia, 2 vols., Buenos Aires, Estrada, 1944 (Biblioteca de clásicos argentinos, 14–15); prólogo y notas de de Adolfo Mitre.

Amalia, Buenos Aires, Sopena, 7ma. ed., 1959.

Poesías completas, 2 vols., Buenos Aires, Academia Argentina de Letras, 1946–1947; editadas por Rafael Alberto Arrieta.

Amalia, Boston, Houghton Mifflin, 1949; editada por Babcock y Rodríguez. Edición abreviada.

Amalia, New York, Macmillan, 1921; edición abreviada.

Amalia: A Romance of the Argentine, New York, Dutton, 1919; traducción de Mary J. Serrano.

Crítica

Alegría, *Breve historia*, 38–42.

Cuthberston, Stuart, *The Poetry of José Mármol*, Boulder, Univ. of Colorado, 1935.

Diccionario . . . . Argentina, I, 130–135.

Giusti, Roberto F., "El poeta de la libertad" en *Poetas de América*, Buenos Aires, Losada, 1956, 71–78.

Navas Ruiz, Ricardo, *Literatura y compromiso: Ensayos sobre la novela política en hispanoamérica*, São Paulo, Brasil, Instituto de Cultura Hispánica, Univ. de São Paulo, s.f.

Rojas, *Literatura*, Vol. VI, Cap. XV.

5 LA NOVELA DE IDEALIZACIÓN DEL INDIO

JUAN LEÓN MERA

Textos

Cumandá, Quito, Casa de la Cultura Ecuatoriana, 1948 (Clásicos ecuatorianos, 14); prólogo de Augusto Arias.

Cumandá, Buenos Aires, Espasa-Calpe, 1951 (Col. Austral, 1035).

Cumandá o Un drama entre salvajes, Boston, Heath, 1932; editada por Pastoriza Flores.

Ojeada histórico-crítica sobre la poesía ecuatoriana desde su época más remota hasta nuestros días, Barcelona, J. Cunil Sala, 1893.

Crítica

Archer, Villiam H. y Wade, Gerald E., "The Indianista Novel Since 1889", Baltimore, *Hispania*, XXXIII, No. 3, 1950.

Barrera, *Historia*, III, 257–288.

Diccionario . . . . Ecuador, 40–43.

Guevara, Darío C., *Juan León Mera: o, El hombre de cimas*, Quito, Ministerio de Educación Pública, 1944.

Meléndez, Concha, 151–164.

Rojas, Angel F., *La novela ecuatoriana*, México, Fondo de Cultura Económica, 1948, 49–57.

Valera, Juan, *Cartas*, II, 211–221.

6 LA NOVELA ABOLICIONISTA

GERTRUDIS GÓMEZ DE AVELLANEDA

(Véase bibliografía en el Cap. XII sobre la poesía romántica)

Guatimozín, último emperador de México, México, Imprenta de Juan R. Navarro, 1853. Verla también en *Novelas selectas de Hispano América*, siglo XIX, publicadas por Salvador Reye Nevares, Tomo I.

ANSELMO SUÁREZ Y ROMERO

Francisco (1835), New York, N. Ponce de Léon, 1880. Con prólogo del propio Anselmo Suárez y Romero.

Francisco, Habana, Dirección de Cultura, Ministerio de Educación, 1947; prólogo de Mario Cabrera Saqui.

Crítica

Morales y Morales, Vidal, *Tres biografías*, La Habana, Cuadernos de Cultura, 1949, 33–112.

Moreno Fraginals, Manuel, "Anselmo Suárez y Romero", *Revista de la Biblioteca Nacional de Cuba*, I, 2, 1950, 59–121.

LA NOVELA ROMÁNTICA

CIRILO VILLAVERDE

Textos

Cecilia Valdés, New York, El Espejo, 1882.

Cuentos de mi abuelo. El penitente, New York, M. M. Hernández, 1889.

Dos amores, La Habana, Cultural, 1930 (Colección de Libros Cubanos, XIV); introducción de A. M. Eligio de la Puente.

Cecilia Valdés, La Habana, Editorial Lex, 1953.

Cecilia Valdés o La loma del Ángel, New York, Las Américas, 1964. Edición, prólogo y notas de Olga Blondet Tudisco y Antonio Tudisco.

Crítica

Barbagelata, Hugo, *La novela*, 253-254.

Fernández Villa-Urrutia, Rafael, "Para una lectura de Cecilia Valdés", *Revista Cubana*, La Habana, XXXI (1957), 31-43.

Fernández de Castro, José Antonio, *El tema negro en las letras de Cuba* (1608-1935), La Habana, Ediciones Mirador, 1943.

Henríquez Ureña, Max, *Panorama histórico*, 226-232.

Nunn, Marshall, "Las obras menores de Cirilo Villaverde", *Revista Iberoamericana*, XIX, 1948, 255-262.

——, "La primera novela cubana", *The Americas*, Washington, D.C., Unión Panamericana, Vol. XXXIX, No. 1 (1953), 30-34.

Olivera, Otto, *Breve historia*, 52-53.

Remos y Rubio, Juan J., *Tendencias de la narración imaginativa en Cuba*, La Habana, La Casa Montalvo-Cárdenas, 1935, 63-80.

Suárez-Murias, M., *La novela*, 36-40.

Torriente, Loló de la, "Cirilo Villaverde y la novela cubana", La Habana, Univ. de la Habana, XV (1950), 179-194.

7 LA NOVELA COSTUMBRISTA

EUGENIO DÍAZ CASTRO

Textos

Cuadros de costumbres, Bogotá, 1898 (Biblioteca Popular, 163). Noticia biográfica y literaria de J. M. Vergara y Vergara.

Manuela, Bogotá, Kelly, 1942 (Biblioteca Popular de Cultura Colombiana, XIX).

El rejo de enlazar, Bogotá, Kelly, 1942 (Biblioteca Popular de Cultura Colombiana, VII); prólogo de Tomás Rueda Vargas.

Crítica

Camacho Roldán, Salvador, "*Manuela*, novela de costumbres colombianas por Eugenio Díaz", en *Estudios*, Bogotá, 1936 (Bibl. Aldeana de Colombia, 46), 67-92.

Diccionario . . . . *Colombia*, 36-37.

Englekirk, John E., y Wade, Gerald E., *Bibliografía de la novela colombiana*, México, Imp. Universitaria, 1950.

Otero Muñoz, Gustavo, "Eugenio Díaz" en *Semblanzas colombianas*, Bogotá, 1938 (Bibl. de Historia Nacional, LVI), 298-313.

JOSÉ TOMÁS DE CUÉLLAR

Textos

Ensalada de pollos y Baile y cochino, México, Porrúa, 1946; Edición y prólogo de Antonio Castro Leal.

Historia de Chucho el ninfo y La Noche Buena, México, Porrúa, 1947; edición y prólogo de Antonio Castro Leal.

Crítica

González, Manuel Pedro, *Trayectoria*, Cap. V.

González Peña, *Historia*, 341-343.

Jiménez Rueda, Julio, *Letras mexicanas del siglo XIX*, México, Fondo de Cultura Económica, 1944; 109-110.

Magdaleno, Mauricio, Prólogo a José Tomás de Cuéllar, *La linterna mágica*, México, Univ. Nac. Autónoma, 19—, (Bibl. del estudiante universitario, 27). Contiene datos biográficos y bibliográficos.

Moreno, Daniel, Prólogo a *Los mariditos*, México, 1955.

Suárez-Murias, M., *La novela*, 200-201.

16 Costumbrismo, cuento y teatro

*Los cuadros de costumbre: concepto; importancia literaria
y principales cultivadores*

Los cuadros de costumbres, llamados también artículos de costumbres son bocetos cortos en los que se pintan costumbres, usos, hábitos, tipos característicos o representativos de la sociedad, paisaje, diversiones y hasta animales, unas veces con el ánimo de divertir (cuadros amenos) y otras con marcada intención de crítica social y de indicar reformas con dimensión moralizadora. El género tuvo amplia difusión desde principios del siglo XIX, tanto en España como en Inglaterra, Francia e incluso los Estados Unidos, donde Washington Irving (1783-1859) ganó gran reputación con los ensayos e historias de *The Sketch Book of Geoffrey Crayon, Gent* (1820). España llegó a contar con tres grandes escritores costumbristas: Mariano José de Larra (1809-1837) conocido también por los seudónimos de "Fígaro" y el "Pobrecito hablador"; Serafín Estébanez Calderón (1799-1867) y Ramón de Mesonero Romanos (1803-1882), el más renombrado después de Larra. En la América Hispana el más imitado fue Larra, pero hay casos aislados en que la influencia mayor vino de otros. Por ejemplo el mexicano Guillermo Prieto siguió más de cerca a Mesonero Romanos.

El artículo de costumbre es uno de los géneros más ampliamente leídos en el Mundo Hispánico, al parecer porque intepretan raíces hondas de la raza y corresponden al gusto por estos estudios de la realidad circundante. Son características de los cuadros de costumbres: acendrado localismo en sus tipos y lenguas; color local, énfasis en el enfoque de lo pintoresco y representativo; popularismo; sátira y crítica social, con intención de reforma; infiltración del tema político-social; reproducción casi fotográfica de la realidad con escenas a veces muy crudas y vocabulario rudo y hasta grosero; colorido, plasticidad. Constituye el costumbrismo el punto de partida para el realismo y el naturalismo que vendrían después. El cuadro costumbrista nació indisolublemente ligado al periodismo, quizás por su carácter popular y su anhelo de resaltar costumbres contemporáneas.

En casi todos los países hispanoamericanos el cuadro de costumbres alcanzó una popularidad inusitada. Refiriéndose a Colombia, uno de los lugares de más amplio cultivo, Sanín Cano ha dicho: "Hubo una época literaria dominada, tiranizada por el cuadro de costumbres.... El literato hacía el estreno de su vida literaria con obras de esta clase".[1] Lo mismo puede repetirse de muchas de nuestras otras naciones. Hacer una lista completa de nuestros costumbristas es casi imposible, pero al menos debemos mencionar aquéllos más importantes. En Argentina: Esteban Echeverría (1805-1851), Domingo Faustino Sarmiento (1811-1888), Vicente Fidel López (1815-1903), Juan María Gutiérrez (1809-1878), Juan Bautista Alberdi, "Figarillo" (1810-1884), Lucio Victorio Mansilla (1831-1913); en Chile: "Jotabeche", seudónimo de José Joaquin Vallejo (1809-1858) y especialmente José Victorino Lastarria (1817-1888) y Vicente Pérez Rosales (1807-1886); en Perú: Felipe Pardo y Aliaga (1806-1868), Manuel Ascensio Segura (1805-1871) y, sobre todo, Ricardo Palma (1833-1919); Venezuela: Fermín Toro (1807-1865) y Nicanor Bolet Peraza (1838-1906), considerado hoy como uno de nuestros grandes costumbristas: México contó con un número notable de costumbristas: Manuel Payno (1810-1894), José María Roa Bárcena (1827-1908), muy importante; Ignacio Manuel Altamirano (1834-1893) autor de deliciosos "cuadros"; Vicente Riva Palacio (1832-1896) y José Tomás de Cuéllar (1830-1894). Cuba: Cirilo Villaverde (1812-1894), José Victoriano Betancourt (1813-1875), Anselmo Suárez y Romero (1818-1878), José María de Cárdenas y Rodríguez (1812-1882); Colombia: José Manuel Groot (1800-1878), Juan de Dios Restrepo, conocido como Emiro Kastos (1827-1894), José María Samper (1828-1888), José María Vergara y Vergara (1831-1872), José Manuel Marroquín (1827-1908), José Caicedo Rojas (1816-1897), "el Mesonero Romanos colombiano", Eugenio Díaz Castro (1804-1865); Ecuador: Juan Montalvo (1832-1889) y Juan León Mera (1832-1894).

Las "tradiciones": culminación del género costumbrista en América
La gran figura literaria de don Ricardo Palma

Todas las corrientes del costumbrismo hispanoamericano confluyen en don RICARDO PALMA (1833-1919), creador de las "tradiciones", uno de los géneros nuevos introducidos por el romanticismo y al parecer sin equivalente en la literatura de ningún otro país. El hombre de letras del Perú nació en Lima, la "ciudad de los virreyes" y en esa antigua capital virreinal pasó la mayor parte de su vida. Estudió en el Colegio de San Carlos, de fama académica y conservadora. Interrumpió sus estudios universitarios para entregarse al periodismo, la política y la literatura. En el aspecto político siempre perteneció a las filas del liberalismo y demostró fuerte espíritu anticlerical. En 1860 tuvo que tomar asilo político en Chile debido a persecuciones políticas. Publicó algunas de sus primeras "tradiciones" en la *Revista del Pacífico* dirigida por el poeta Guillermo Blest Gana. En 1863 regresó al país y al siguiente año viajó a Brasil como Cónsul. Posteriormente realizó un rápido viaje a

---
[1] Sanín Cano, Baldomero, *Letras colombianas*, p. 94.

Francia, España y los Estados Unidos. A su retorno al país y durante el período que va de 1868 a 1872 tuvo preeminencia política debido a su amistad con el Presidente José Balta. En ese tiempo ocupó los cargos de Secretario de la Presidencia y Senador. En el Congreso dio muestras de su serenidad y espíritu conciliador. Desencantado de los rumbos de la política, prefirió "vivir en el pasado", según confesó al dramaturgo español Manuel Tamayo y Baus. Durante la llamada Guerra del Pacífico (1879–1883) entre Chile, Perú y Bolivia, su casa y biblioteca fueron destruidas y esparcidas sus obras, libros y manuscritos. Al término de la guerra fue nombrado Director General de la Biblioteca Nacional, cargo que desempeñó hasta 1912. Realizó una labor de gran trascendencia restaurando la biblioteca que también había sido destruida por el conflicto bélico.

Palma fue un hombre polémico. Sostuvo muchas polémicas literarias y políticas, una de las más sonadas la tuvo con el gran escritor González Prada, que se había erigido en el líder de la generación peruana más joven. Le cupo la satisfacción de ver publicadas casi todas sus obras antes de morir en Lima, rodeado de una gloria literaria pocas veces alcanzada por escritores de Hispanoamérica.

Palma comenzó su carrera literaria escribiendo teatro y poesía. Su primer drama data de 1851 y lleva por título *La hermana del verdugo*, calificada por él mismo de "abominación patibularia en cuatro actos". Otros dramas románticos fueron: *La muerte o la libertad* y *Rodil* del propio año, así como la leyenda romántica *Oderay o La muerte en un beso*, imitación de Julio Arboleda. El propio Palma criticó muy severamente sus primeras obras. Luego se dedicó a la poesía, también dentro de la escuela romántica con fuerte influencia de Bécquer y Heine y algo de Zorrilla, Víctor Hugo y Longfellow. Sus primeros versos aparecieron con el título de *Poesías* en 1855. Aunque su labor como prosista es infinitamente superior, sus versos lo proclaman como un magnífico poeta. En 1887 reunió casi toda su labor poética anterior en *Poesías*, cuyo prólogo es su notable ensayo *La bohemia de mi tiempo, de 1884 a 1860*, animadísimo conjunto de recuerdos y evocaciones literarias y muy interesante para conocer muchos aspectos del romanticismo peruano.

En París conoció a Enrique Heine (1797–1856) y en 1886 publicó las traducciones de *Buch der Lieder* (1827) del famoso poeta alemán. En 1878 se le nombró miembro correspondiente de la Real Academia Española de la Lengua como premio a sus grandes méritos literarios.

Pero la gloria literaria de Palma descansa esencialmente en sus "tradiciones", género literario sin equivalente en la literatura europea y que se debe a su propia invención, ya que si bien tuvo precedentes como se verá en seguida, es el peruano quien le da forma definitiva y quien lleva el género a un grado de perfeccionamiento al parecer inimitable hasta hoy. Los primeros que escribieron "tradiciones", aunque no exactamente iguales a las de Palma fueron José Batres Montúfar (1790–1841), el guatemalteco que publicó un grupo de leyendas en verso con el título de *Tradiciones de Guatemala y los Cuentos de Juan Bautista Casti* (1724–1803). Estas creaciones son muy diferentes de las de Palma.

Es muy difícil clasificar y definir este género literario tan *sui generis*. En general está dentro de la línea del costumbrismo que floreció en Inglaterra, Francia y España, pero no son exclusivamente "cuadros de costumbres" a la manera tradicional. Tampoco son historia, ni anécdota, ni cuento ni novela. ¿Qué son, pues, las tradiciones? Son relatos más o menos breves, en que la historia y la anécdota; lo real y lo imaginario se mezclan, salpicados con un poco de humorismo e ironía. El mismo autor definió el género en una carta a su amigo, el poeta argentino Rafael Obligado en la siguiente forma:

> La *tradición* es romance y no es romance; es historia y no es historia. La forma ha de ser ligera y recogida; la narración, rápida y humorística. Me vino en mientes platear píldoras y dárselas a tragar al pueblo, sin andarme con escrúpulos de monja boba. Algo, y aún algos, de mentira, y tal cual dosis de verdad, por infinitesimal que sea: mucho de esmero y pulimento en el lenguaje; y cata la receta para escribir *tradiciones*.

En cuanto a su estructura, la tradición es un género muy flexible, pues no sigue un modelo único. Son de longitud variable, como variable es su composición interna, los elementos que en ella entran y los motivos que pueden servirle de tema. Palma logró gran maestría en lo inesperado de los desenlaces, en la introducción de complicaciones en la trama para mantener en suspenso al lector. Su verdadera naturaleza no está lejos del cuento por el juego de lo narrativo y de la imaginación, por un lado y por una especie de esbozo costumbrista, rodeado de fino humorismo e ironía por el otro. Otro aspecto interesante son las *fuentes* de las tradiciones. Palma utilizó todos los recursos y temas imaginables, para lograr inspiración para sus creaciones. Lo mismo va al presente que al pasado o al futuro. Utiliza hechos simples o acontecimientos históricos de importancia. Va a la historia, a la anécdota, a las costumbres, a los caracteres populares. Sus tipos pertenecen a toda la escala social. La pintura, la arquitectura, la filosofía, la religión, las creencias populares, simples hechos de política, le dan material adecuado. Muchas veces el tema de una tradición es la fachada de un edificio de Lima, o un personaje o dicho popular, o una mujer.... otras, es más etéreo, como un simple refrán.

Palma comenzó dentro del romanticismo por la tendencia de este movimiento hacia lo pintoresco, el color local, lo nativo; pero luego una fuerte dosis de realismo, siempre presente también en sus tradiciones, lo alejaron no poco de dicha escuela. Como escritor, no es un estilista, sino un criollo regocijado. Su lengua es una mezcla de los giros más castizos con la lengua popular y americana, llena de expresiones del pueblo y de americanismos. Aunque escribió miles de tradiciones sobre una gran variedad de asuntos, las más inolvidables son las que se relacionan con los días del virreinato. No se puede entender la historia peruana si no se lee a Palma. Están siempre presentes en este escritor la ironía más fina, lo picaresco y realista. Su estilo es ágil, flúido, variado, lleno de sal y picardía. Su humorismo es sano, no mordaz, amargo o sarcástico.

Las tradiciones son un tratamiento humorístico y regocijado de la historia, de las costumbres, de los hechos más triviales o importantes, de tipos populares y de los vicios de la sociedad. Es un escritor de prosa deliciosa, que deleita mientras deja ver un cuadro histórico y de costumbres. Palma es inigualable en su gracia y picardía para pintar caracteres, sobre todo de las mujeres. Una de la dimensiones más importantes de su estilo se orienta hacia lo popular. Lo sabe interpretar, tanto en los hechos como en el vestido, usos y el habla. Su escepticismo e ironía nunca son amargos, porque se deslíen en un humor malicioso y chispeante. Vio la sociedad escépticamente como Larra, pero en vez de entristecerse y tratar de reformarla como aquél, abandona la protesta y le busca el lado humorístico y chispeante. El humorismo es uno de los instrumentos políticos y revolucionarios más usados por los hispanoamericanos. Palma lo emplea algunas veces para expresar su desilusión frente al cuadro político o para deslizar sus críticas y observaciones.

Pero hay algunas limitaciones en el genio de Palma que debemos señalar. Se le ha objetado su falta de inspiración y de sentido de la imagen; su carencia de verdadero sentido histórico de acuerdo con su concepción moderna. Otros posibles defectos son su visión demasiado limeña y criolla de la vida. Da la impresión de que todo su mundo se reduce a la antigua capital virreinal, como si el resto del mundo no existiera para él. Su epicureísmo de criollo alegre parece que no le deja ver ni lejos ni hondo. No usa temas o valores universales, sino exclusivamente de sabor local y cuando se decide a tratar de aquéllos los circunscribe siempre al medio de Lima. El fue el que regó por el mundo entero la fama de Lima como ciudad de sal, picardía, viveza, de frases y hechos intencionados. En el reverso de aquellas limitaciones están los verdaderos méritos de Palma. Pocos escritores han tenido la amplitud de visión del mundo criollo como él, que abarca su sicología, ambiciones e ideales sociales. Las tradiciones deberían incluirse en cualquier estudio que se haga de la verdadera naturaleza de lo criollo. Supo interpretar la vida de su país, desde un punto de vista muy personal, pero no por ello menos valedero.

Muchos van a la historia o a las costumbres de la época con el propósito de extraerle el sumo filosófico. Palma hace el recorrido con la sola intención de encontrarle el fondo cómico, ameno y pintoresco. Por eso se ha dicho que su arte expresa el epicureísmo, la sensualidad andaluza de Lima y la "vida muelle y regalada" de algunos sectores de América. Sus observaciones históricas no son trasunto de un hondo saber filosófico o de un escepticismo amargo, sino de su visión jocosa y alegre de la vida. Las tradiciones como cuadros vivientes de las épocas históricas resultan casi inigualables. Palma tuvo muchos seguidores e imitadores, porque creó una verdadera escuela, pero hasta hoy nadie ha podido superar, ni siquiera igualar al limeño.

El cuento en el período romántico

El cuento hispanoamericano nació en el siglo XVI en los elementos de fantasía e imaginación que ocasionalmente aparecen en las crónicas de Indias. Buenos ejemplos encontraremos en Bernal Díaz del Castillo y el Inca Garcilaso de la Vega, entre otros. Durante el neoclasicismo se escriben ya cuadros de costumbres, siendo el mexicano Fernández de Lizardi el mayor costumbrista de ese período, pero en realidad el género no se ha definido todavía como tal. Durante el romanticismo el cuento adquiere todos los elementos como género literario independiente, a más de haber infinidad de cuadros o artículos de costumbres y "tradiciones" que tienen ese carácter. Durante el realismo el cuento adquirirá su estructura definitiva en verdaderos maestros en ese campo, pero no cabe duda del imprescindible antecedente que le ofrece el costumbrismo.

Nuestros primeros cuentistas son ESTEBAN ECHEVERRÍA (1805-1851), cuyo cuento "El Matadero" es una de las joyas del género entre nosotros. JOSÉ VICTORINO LASTARRIA (1817-1888) pasa por ser el primer cuentista de Chile con "El mendigo", "Rosa", "Mercedes", "El Alférez Alonso Díaz de Guzmán" y otros. En Cuba escribieron verdaderos cuentos CIRILO VILLAVERDE (1812-1894) y RAMÓN DE PALMA (1812-1860). En México se le ha llamado "el Poe mexicano a JOSÉ MARÍA ROA BÁRCENA (1827-1908), quien ocupa una posición muy destacada en el desarrollo del cuento en ese país. Publicó una colección con el título de *Noche al raso*. Entre sus mejores narraciones pueden citarse: "El crucifijo milagroso", "El cuadro de Murillo", "Lanchitas", "El rey y el bufón" y "Combate en el aire". El mejor costumbrista de Venezuela es NICANOR BOLET PERAZA (1838-1906). Muchos de sus "cuadros" tienen verdadero carácter de cuentos. Los más conocidos son *Cuadros caraqueños* y, sobre todo, las *Cartas gredalenses*. Con ellos ganó fama continental. Picón-Salas lo ha llamado "el pequeño La Bruyére de una sociedad todavía azarosa e informe".[2]

En la segunda generación romántica encontramos algunos de los mejores cuentistas de esta época. El más notable es, sin duda alguna, RICARDO PALMA (1833-1919). Muchas de sus *tradiciones* tienen verdadero carácter de cuentos, sobresaliendo las tituladas "Amor de madre", "El alacrán de Fray Gómez", "De como desbanqué a un rival", "Las orejas del alcalde", "La pantorrilla del Comandante", "La camisa de Margarita", "Los polvos de la condesa", "Rudamente, pulidamente, mañosamente" "El Corregidor de Tinta", "Los duendes del Cuzco", "Pan, queso y raspadura", "Entre libertador y dictador". México produjo en esta época a IGNACIO MANUEL ALTAMIRANO (1834-1893), autor del cuento largo "La Navidad en las montañas". En su colección *Cuentos de Invierno* (1880) incluyó éste y las novelitas "La novia" o "Las tres flores" y "Julia o Una noche de Julio". Muchos de sus cuadros de costumbres tienen también ese carácter. En México sobresale también VICENTE RIVA PALACIO (1832-1896), autor de los deliciosos *Cuentos del General,* grupo de veintiséis relatos muy amenos y regocijados. Merecen leerse los titulados "Un Stradivarious", "El buen ejemplo", "El divorcio", "La burra perdida", casi todos tejidos alrededor de una anécdota. En ellos se nota la influencia de Roa Bárcena. En sus años juveniles JUSTO SIERRA (1848-1912), el famoso maestro e historiador escribió cuentos muy

---

[2] Picón-Salas, Mariano, *Formación y proceso de la literatura venezolana*, pág. 132.

interesantes, que luego casi relegó al olvido. Muchos de ellos vieron la luz con el título de *Cuentos románticos* (1896). Aunque la técnica deja bastante que desear como tales cuentos, pueden leerse: "Playera", "Sirena", "Marina", "Un cuento cruel", "César negro", "María Antonieta", "En Jerusalem".

JUAN MONTALVO (1832–1889) y JUAN LÉON MERA (1832–1894) cultivaron el género en Ecuador, aunque no con la amplitud que hemos visto en Palma o los mexicanos. El primero escribió cuentos al parecer para matar los ocios y el otro con más vocación. Montalvo mencionó una vez la colección *Cuentos fantásticos*, que nunca fue publicada. Algunos títulos suyos: "Gaspar Blondín", "Cartas de un padre joven", "Ansela" y otros. Mera nos dejó varias novelitas y numerosos artículos de costumbres. Muchos de éstos están en *Tijeretazos y plumadas* (Madrid, 1903).

El teatro romántico: repertorios, dificultades para la actividad teatral; actores

El teatro es probablemente la menos conocida de las manifestaciones culturales de Hispanoamérica, a pesar de que su historia se remonta al mundo pre-colombino, pues mucho antes de la llegada de los europeos, los imperios Maya-quiché, Inca y Azteca tuvieron admirables actividades dramáticas. De ahí en adelante nuestro teatro ha tenido un hermoso desenvolvimiento, con altas y bajas, hasta llegar al drama del siglo XX con un magnífico repertorio de valores estéticos y sociales. En las distintas etapas de su desenvolvimiento el teatro hispanoamericano ha dado figuras de la importancia de un Fernán González de Eslava en el siglo XVI; Juan Ruiz de Alarcón y Sor Juana Inés de la Cruz durante el barroco; Manuel Eduardo de Gorostiza y Felipe Pardo y Aliaga en el neoclasicismo; Ventura de la Vega, Gertrudis Gómez de Avellaneda y Manuel Ascensio Segura del romanticismo. Aunque los autores valiosos no han sido muchos, el cultivo del teatro y el interés por él ha sido muy firme.

Mientras en España y Francia el teatro romántico resultó un género dominante por su brillante florecimiento, en Hispanoamérica se cultivó con alguna intensidad, pero apenas merecen sobrevivir unas pocas piezas. Donde único se lograron algunas obras maestras menores fue en la comedia de costumbres, aunque el drama se cultivó más intensamente, debido a las preferencias de la época.

El hispanoamericano ha sido siempre muy aficionado al teatro, desde los días de la conquista. En todas las épocas ha florecido el drama y se han hecho esfuerzos sobrehumanos por sus amantes para mantenerlo vivo. Prueba de esto es el anhelo de contar con buenos centros de representaciones y el auge que tuvo la construcción de teatros y coliseos en el barroco y, sobre todo durante el neoclasicismo. En algunos países tuvo mucha importancia también el circo, sobre todo en México y Argentina. En los primeros instantes de nuestro teatro, los actores y compañías dramáticas eran por lo general españoles. Luego fueron surgiendo los artistas nativos y algunos lograron mucha fama.

En el período romántico, los principales países cuentan con un buen grupo de actores que alcanzan renombre y prestigio. Posiblemente ningún actor o actriz gozó de la popularidad y fama de los argentinos Juan Aurelio Casacuberta y Trinidad Guevara, así como la del mexicano Merced Morales, cuya muerte constituyó un duelo nacional. Es lástima que el florecimiento de grandes temporadas teatrales no haya producido parejamente un manojo de obras que puedan perdurar por sus valores estéticos en nuestra historia literaria. Pero ello se debe a múltiples causas que no es del caso analizar ahora, sobre todo de índole económica y política. Las actividades teatrales son costosas y requieren de un amplio público con gusto por el drama, así como bonanza económica y estabilidad política, cosas que casi siempre han faltado en estos países. Otra causa para la casi inexistencia de un teatro romántico propio ha sido el hecho de que los repertorios consistían en su inmensa mayoría de obras españolas y también de traducciones principalmente del francés. Era muy difícil que nuestros modestos ingenios pudieran competir airosamente con lo mejor de la escena europea del momento.

Tendencias y orientaciones del teatro romántico

Atendiendo a sus valores estéticos, casi nada sobrevive del activo teatro romántico hispanoamericano. Muchas de las obras que han llegado hasta nosotros, no se representaron nunca. Otras tuvieron mucho éxito y no pudieron ser publicadas. Se sabe que varias piezas llegaron a representarse cientos de veces, demostrando así el gusto que el público tenía por esas contadas obras del genio nativo. Cuando se hace un recuento de todo el teatro escrito se da uno cuenta de las miles de piezas compuestas, pero de ellas no llegan a media docena las que sobreviven sin pasar los límites de obras aceptables.

Cuando el teatro entra de lleno en el romanticismo adquiere todos los elementos de éste. Las principales características de este drama son: la exaltación romántica del sentimiento, que llega a extremos de sentimentalismo y sensiblería con abundancia de enredos, amores frustrados, huérfanos y mujeres honestas abandonadas, tragedias y toda la gama del melodramatismo. La fatalidad, el destino adverso tejían el ambiente de muchas obras, así como las pasiones exageradas. Hay cierta exaltación de la mujer y los sentimientos nobles están muy idealizados. El hombre bueno y el héroe son siempre caballerescos. La naturaleza se pinta en consonancia con la trama: brillante o sombría, según los estados de las almas. Cierta idea del misterio y de lo sombrío rodea a muchas obras y personajes. No se apela a la mente del individuo o a su razón como en el teatro moderno, sino a su sensibilidad y corazón. La lengua adolece en general del estilo afectado, declamatorio y enfático del propio teatro español de la época. En la composición de las piezas se seguían muy de cerca a los autores españoles, sobre todo a los de más exaltado romanticismo, como Zorrilla, así como a los grandes del teatro clásico peninsular como Calderón y Lope de Vega. También se dejaba sentir la influencia del teatro francés y de los autores más leídos como Hugo, Lamartine y otros.

El teatro romántico admite una clasificación general en *dramas* y *comedias* y *piezas de un acto o breves.* Su desenvolvimiento individual lo veremos más adelante.

El drama romántico: sus clases y obras más representativas
Francisco Javier Foxá e Ignacio Rodríguez Galván

El drama romántico puede clasificarse de la siguiente forma:

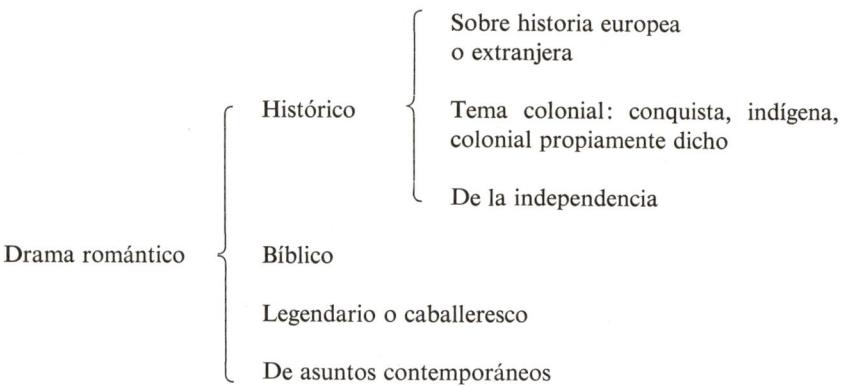

La producción más abundante se encuentra en el drama histórico, en sus distintas modalidades, que tiene su explicación en el hecho de que era el género característico del momento, porque el pasado era uno de los temas predilectos del romanticismo. El movimiento romántico europeo se apunta sus más sonados éxitos alrededor de dos dramas de este tipo: *Cromwell*, que contiene el "Manifiesto" de esa escuela y el *Hernani*, cuya representación significó el triunfo apoteósico de la nueva revolución estética.

Francisco Javier Foxá y Lecanda. Más valor histórico que literario tiene FRANCISCO JAVIER FOXÁ Y LECANDA (1816-1865?), llegado a Cuba muy joven cuando la feroz dominación de Santo Domingo por los haitianos e incorporado completamente a la vida cubana desde entonces. Su producción incluye una comedia, *Ellos son* y dos dramas: *El templario* y *Don Pedro de Castilla,* representados con éxito efímero en 1838 y 1840. Aunque en 1837 se estrenaron dos pobres ensayos dramáticos, *La prueba o La vuelta del cruzado* del cubano Ramón de Palma (1812-1860) y *La capilla* del mexicano Ignacio Rodríguez Galván, lo cierto es que la prioridad en el tiempo corresponde a Foxá, dominicano de nacimiento y cubano de formación, por su drama *Don Pedro de Castilla* (terminado en 1836 y estrenado en el Teatro Tacón de La Habana el 9 de agosto de 1938). Es el primer drama romántico escrito en Hispanoamérica, según la autorizada opinión de Pedro Henríquez Ureña.

Un mes después de este estreno, subía a escena *El Conde Alarcos,* de Milanés, empezado en enero de ese año de 1838. Son, por tanto Foxá y Milanés de los primeros en escribir dramas románticos en español si se tiene en cuenta que el teatro romántico se inicia en España con la *Conjuración de Venecia* (1834) de Martínez de la Rosa, pero que obtiene el éxito debido con *Don Álvaro o La fuerza del sino* del Duque de

Rivas en 1835. *El trovador* de García Gutiérrez es de 1836, precisamente el mismo año en que Foxá terminó su *Don Pedro de Castilla,* drama histórico en cuatro jornadas, en prosa y verso.

El estreno de *Don Pedro de Castilla* en La Habana recuerda en cierto sentido el de *Hernani* de Víctor Hugo en París en 1830. Al subir al escenario Ramón de Palma y José Quintín Suzarte para coronar a Foxá, el público se dividió en dos bandos—partidarios y contrarios de la obra—entablándose una verdadera riña tumultuaria con un muerto y algunos heridos. Parece que el escándalo se debió a que algunos amantes del *statu quo* interpretaron algunos pasajes como ofensivos a la monarquía española. Tanto la obra como los comentarios sobre ella fueron prohibidos por las autoridades. El drama de Foxá no tiene otro valor que su prioridad en la historia del teatro romántico. A juzgar por los fragmentos que han llegado a nosotros y los juicios de críticos de la época, la obra era endeble y el autor carecía de espontaneidad. No se conservan copias completas de dicha obra, pues parece que fue recogida por orden del gobierno. Foxá estrenó otro drama el 25 de diciembre de ese año, *El Templario*, ensayo también de escaso valor. También es autor del drama *Enrique VIII*, cuya representación fue prohibida y de la comedia ¡*Ellos son*!

Ignacio Rodríguez Galván. Todo hace indicar que la primera pieza romántica mexicana la escribió IGNACIO RODRÍGUEZ GALVÁN (1816–1842), de méritos superiores a Fernando Calderón como poeta lírico, pero muy por debajo de él en la dramática. Su producción como lírico es muy estimable, pero su producción dramática resulta exigua y endeble: *La capilla* (1837) y dos dramas históricos, *Muñoz visitador de México* (1838), considerado el primer drama romántico de México en el tiempo y *El privado del virrey* (1842). La primera pieza trata de asuntos políticos, pues se basa en la muerte de Alonso de Ávila, condenado al suplicio al descubrirse la conspiración del Marqués del Valle en 1566. En su drama *Muñoz visitador de México*, este funcionario hace una visita de inspección a esa colonia durante el reinado de Felipe II, pero se enamora locamente de Celestina, esposa de Baltasar de Sotelo, un caudillo mexicano. Este dirige una revuelta para defender la honra de su hogar, pero es condenado a muerte. Su honesta mujer muere cuando presencia la ejecución de su esposo. El drama es truculento y tremebundo como tantos otros de su especie. *El privado del virrey* está basado en la leyenda de don Juan Manuel. El protagonista es un hombre poseído por el demonio. Sus personajes tienen muy poca humanidad y sus recursos melodramáticos cargados con todo el repertorio romántico en ese campo no nos llega a conmover. Su mérito radica en que abordó en todas sus obras asuntos nacionales mexicanos, lo contrario de Calderón.

La comedia romántica
Labor de Fernando Calderón

Las otras piezas muy cultivadas durante el romanticismo fueron la comedia, tanto la de caracteres como la de costumbres y las piezas menores (sainetes, juguetes, entremeses, etc.). La comedia más interesante que se produjo en el romanticismo hispanoamericano fue la de costumbres contemporáneas, en la que el interés depende del enredo en la trama, consistente en chascarrillos, peripecias y aventuras de grupos, familias o tipos representativos de la sociedad. El acontecer diario de esos individuos aparece por lo general en estas piezas. Tienen elementos cómicos y pintorescos y mucho color local. A veces asoma la intención de crítica o sátira social o ambas. Frecuentemente el humorismo se hace depender de chistes, situaciones y juegos de palabras de determinado país o región. El diálogo suele ser movido; rápido el movimiento de la trama y el lenguaje es el popular, cotidiano, de la calle.

En general las comedias se representaban más que los dramas y cuando se hace un recuento de los valores estéticos de unos y otros, parece que la selección estaría en favor de las comedias de costumbres, a las que el costumbrismo presta su mayor interés. Desde el punto de vista técnico esta comedia presenta elementos románticos y neoclásicos fácilmente reconocibles. La influencia es de Fernández de Moratín, sobre todo de *El sí de las niñas* y de la comedia del Siglo de Oro, pero con una realidad ambiental de América.

Fernando Calderón. Aunque escribió poesía lírica, la verdadera importancia del mexicano FERNANDO CALDERÓN (1809-1845) no radica en su producción poética, sino en sus ensayos dramáticos. Desde muy temprano sintió la vocación dramática y en ella cultivó tanto el drama como la comedia de costumbres. A los dieciocho años estrenó su primera comedia en Guadalajara con el título de *Reinaldo y Elvira*. En el período que va de 1827 a 1836 estrenó en Guadalajara y Zacatecas un grupo de ocho comedias que se han perdido. Parece que con ellas ganó mucho prestigio, porque todavía lo vemos con entusiasmos para seguir su producción. En el campo del drama caballeresco tenemos: *El torneo* (1839) y *Hermán o La vuelta del cruzado* (1842); ejemplo de drama histórico es *Ana Bolena* (1842). Sus evidentes muestras de talento para el teatro quedaron mejor demostradas en sus comedias de costumbres, sobre todo en la titulada *A ninguna de las tres*, especie de réplica a *Marcelo o ¿A cuál de las tres?* (1831) del comediógrafo español Bretón de los Herreros. La deliciosa comedia satiriza la influencia francesa en la moda, las costumbres, la deficiente educación femenina, así como el sentimentalismo y la afectuación románticas. En ella tres jovencitas bastante tontuelas son incapaces de agradar a un remilgado pretendiente. Las influencias más cercanas son de Bretón de los Herreros, Moratín y del mismo Gorostiza. Se muestra conocedor de la técnica teatral en lo bien llevado de la acción y en el diálogo, siempre chispeante y vivaz. Es una excelente comedia de ambiente mexicano, verdadera excepción, pues el resto de su teatro es de asuntos extranjeros. Pieza ingeniosa y vívida en tipos e incidentes. Una de las críticas que se le han hecho a Calderón es que no empleó su talento dramático en crear un teatro romántico con asuntos nacionales de México.

También dejó escritos algunos dramas caballerescos, de temas legendarios y extranjeros. Entre ellos sobresale *El torneo*, cuya acción tiene lugar en Inglaterra, en el siglo XI en un ambiente cortesano. Isabel ama a Alberto, un huérfano sin sangre noble, pero es obligada a casarse con el barón de Bohun. Cuando está a punto de hacerlo, Lady Arabela escapa de la prisión y acusa al barón de haber asesinado a su esposo e hijo y de ser usurpador de su fortuna. Demanda del barón de Titz, padre de Isabel, la celebración del "juicio de Dios"—un duelo entre el acusado y Alberto— para decidir la cuestión. El torneo tiene lugar y vence Alberto. Al final se descubre que éste es hijo de Lady Arabela y, por tanto, noble también. El drama termina con la boda de los jóvenes enamorados.

Por el estilo resulta *Hermán o La vuelta del cruzado*. Su acción ocurre en Alemania en el siglo XII y tiene por centro los amores de Hermán y Sofía. Aquél va a Palestina como cruzado y su novia Sofía promete esperarlo. Pasado algún tiempo el padre de la muchacha ya moribundo le pide que se case con el duque de Othón, porque teme que Hermán haya muerto. Éste regresa, pero Sofía es una casta mujer incapaz de serle infiel a su esposo, quien los sorprende un día hablando en el jardín y ordena la muerte de ambos. Más adelante aparece Ida, madre de Hermán y en un tiempo amante de Othón a quien ruega perdonarlos porque Hermán es hijo suyo también. Sabiendo esto, Hermán decide regresar nuevamente a Tierra Santa. La mejor obra de Calderón la escribió en el campo histórico y se titula *Ana Bolena*, basada en la trágica vida de la esposa de Enrique VIII. El mexicano sigue muy de cerca la verdad histórica, pero ha creado un drama de recios caracteres y firme ejecución dramática. Está considerada como una de las mejores obras del teatro mexicano. Aunque valiéndose de temas extranjeros, Calderón usó también el teatro para expresar sus ideas nacionalistas y libertarias como en la *Muerte de Virginia*, con influencias muy claras de la *Virginia* de Alfieri.

Como buen romántico, Calderón prefería los temas capaces de llamar la atención del público. Por eso escogía el tipo de asunto que hemos visto en sus obras. Sus dramas son buenos ejemplos de las virtudes y defectos del teatro romántico: riqueza verbal caudalosa, patetismo, pasión desbordante, melodramatismo y cierto tono enfático. Sin embargo, se le considera con magníficas dotes de dramaturgo. Parece que la comedia *A ninguna de las tres* y el drama *Ana Bolena* están entre lo más perdurable del teatro mexicano.

Manuel Ascensio Segura: sus mejores comedias, "Ña Catita" y "El sargento Canuto"

El verdadero maestro de la comedia romántica de costumbres resultó el peruano MANUEL ASCENSIO SEGURA (1805–1851), contradictor político y estético de Felipe Pardo y Aliaga y poseedor como éste de una vena satírica y de una vocación literaria excelentes. Segura es el autor dramático más importante del período romántico y el verdadero fundador del teatro popular peruano. Vio la luz y murió en Lima, la capital virreinal que alguna vez fue llamada la Andalucía de Sur América por la gracia, chispa y vena cómica de sus habitantes. Llegó a sargento mayor del ejército y como tal peleó en la Guerra del Pacífico, pero se retiró debido a las heridas recibidas. Ocupó los cargos de Comisario de Guerra y Marina, secretario de gobiernos civiles (prefecturas), vista y administrador de aduanas. En 1839 fundó *El comercio de Lima* con el chileno Amunátegui, decano de la prensa de ese país; en 1841 *La bolsa* y poco después *El cometa*. Acostumbraba a escribir sus periódicos enteramente sólo y ya se puede imaginar el trabajo que esto significaba.

Hombre que sentía "lo criollo", Segura se alineó con los que querían un estado mejor de cosas para el país, escribiendo como él mismo dice siguiendo "el espíritu y la tendencia de su siglo". Su línea política lo enemistó con el conservador Pardo y Aliaga con quien tuvo más de una polémica. Su actividad y vitalidad lo llevaron al congreso en 1860. Segura era mestizo y muy pronto se distinguió como escritor de letrillas, sátiras políticas y artículos de costumbres. Pero su verdadera gloria se debe a sus obras teatrales. Con ellas dominó la escena limeña por cerca de treinta años. Al parecer la sociedad gustaba de esas piezas en las que el autor se reía y mofaba de ella misma.

Se conocen del peruano unas quince piezas teatrales, todas dentro de la vena cómica y costumbrista. La mayoría de los críticos se inclina a considerar a *El sargento Canuto* (1839) y *Ña Catita* (1856) como sus obras maestras, pero también son notables *La saya y manto* (1842). Aquí la intriga se teje alrededor de los veleidosos cortejos de Mariano a la viuda de Rosa. El título viene por el vestido tradicional de las limeñas: falda ondulante y el manto. Tiene acento costumbrista y deja ver las intrigas políticas durante el régimen del "Protector" Santa Cruz. En la *Moza mala* (1855) como en *Ña Catita* nos presenta a la hija que enamora y coquetea con sus enamorados através de la reja contraviniendo los consejos del padre. Otra comedia deliciosa es la titulada *Las tres viudas* (1862). Los enredos se suceden cuando las damas se ven cortejadas y asediadas por el donjuanesco viejo Melitón, quien no alcanza el éxito anhelado. *Un juguete* (1858), *El santo de Panchita* (escrita en colaboración con Ricardo Palma, 1859) y *Los lances de Amancaes* (1862) no desdicen de la gracia e ingenio de Segura.

El sargento Canuto (1839) es una graciosa comedia satirizando a los soldados arrogantes y jactanciosos. El 30 de agosto de 1856 estrenó en el Teatro de Variedades de Lima su *Ña Catita*. "Ña" es el diminutivo peruano para doña. Es una comedia en cuatro actos y en verso, que bien puede ponerse sin desmerecer al lado de las piezas de Bretón de los Herreros y Ramón de la Cruz, autores que ejercieron influencia sobre el peruano. Aunque posiblemente la comedia *Las tres viudas* sea superior, ninguna obra de Segura ha ganado la popularidad de *Ña Catita*, considerada con razón como parte del teatro clásico peruano. La obra presenta la ambición de las madres de la época de casar a sus hijas con maridos ricos y la resistencia de éstas ante su anhelo de unirse al hombre de su corazón. Ña Catita es una especie de Celestina o Trotaconventos limeña, que trata de zurcir voluntades como hacían aquellas famosas damas. Hay notables diferencias entre esos caracteres españoles debido al poder de originalidad de Segura.

Ña Catita es un verdadero cuadro de costumbres donde vemos desfilar la sociedad limeña del siglo XIX. Parece que el personaje central fue tomado de la realidad y está pintado con mucha habilidad. La pieza es una verdadera comedia de caracteres. No hay en todo el teatro peruano un carácter con más relieve que ésta.

Por mucho tiempo el genio de Segura ha estado bastante opacado por la atención dispensada a don Ricardo Palma, pero la crítica ha venido haciendo justicia a este gran maestro del teatro popular. La técnica de Segura es bien simple: toma una trama sencilla y alrededor de ella va satirizando costumbres, prejuicios y tipos de la sociedad. De esa manera se ríe al propio tiempo de la misma sociedad de que forma parte. Las situaciones son generalmente muy graciosas, los diálogos movidos e interesantes, intencionados y chispeantes; y los tipos actúan con toda naturalidad, como arrancados de la vida real. Aunque casi todas sus piezas muestran descuidos en la versificación, Segura muestra seguridad y facilidad para componerla de manera que produzca el afecto teatral deseado. No hizo más que llevar el costumbrismo al teatro y tiene el mérito indiscutible de haber reproducido con ingenio y comicidad a la sociedad de su tiempo. Disponía de un talento natural para el teatro. De aquí que tanto las intrigas como el movimiento escénico tengan tal grado de espontaneidad y movilidad, capaces de captar y mantener el interés. Su teatro no está exento de cierto mal tono, pero realmente se reduce a casos mínimos. Las piezas están llenas de peruanismos que pueden hacer difícil su lectura, pero contribuyen a darle más realismo ambiental. Escritor agudo y de fértil ingenio, en sus obras abundan las ocurrencias sin repetirse y un auténtico criollismo.

Segura representa a cabalidad el tipo de escritor popular de costumbres en quien cierto natural instinto artístico suple la falta de una educación sólida. Su vena satírica y festiva queda muy por encima de todo lo que se escribía por esta época en Hispanoamérica.

BIBLIOGRAFÍA

(Véanse bibliografía general del capítulo anterior y del XII, historias generales y las particulares de los autores estudiados, bibliografía sobre el cuento en esta sección y en los capítulos XXVII y XXIX)

1 El costumbrismo y los "cuadros de costumbres"

Amunátegui y Solar, Domingo, *Las letras chilenas*, Santiago, Nascimento, 1934.

Antología de costumbristas venezolanos del siglo XIX (1830–1900), Caracas, Asociación de Escritores Venezolanos, 1940.

Duffey, Frank M., *The Early Cuadros de Costumbres en Colombia*, Chapel Hill, Univ. of North Carolina Press, 1956.

Giménez Pastor, Arturo, *Historia de la literatura argentina*, 2 vols., Barcelona, Editorial Labor, 1945.

Ortega Torres, José Joaquín, *Historia de la literatura colombiana*, Bogotá, Cromos, 1935.

Picón Febres, Gonzalo, *La literatura venezolana en el siglo XIX*, Caracas, El Cojo, 1906.

Remos y Rubio, Juan J., *Historia de la literatura cubana*, 3 vols., La Habana, Cárdenas y Cía., 1945.

Rojas, Manuel y Canizzo, Mary, *Los costumbristas chilenos. Estudio y selección*, Santiago de Chile, Nascimento, 1957.

Sánchez, Luis Alberto, *La literatura peruana, derrotero para una historia espiritual del Perú,* 6 vols., Buenos Aires, Guaranía, 1950-1951.

Spell, Jefferson Rea, "The costumbrista Movement in México", *PLMA,* L (1935).

RICARDO PALMA

Textos

Tradiciones peruanas, 6 vols., Madrid, Calpe, 1924.

Tradiciones peruanas, Buenos Aires, Espasa-Calpe, 1939 (Col. Austral, 132).

Flor de tradiciones, México, Cultura, 1943 (Clásicos de América—Ediciones del Instituto Internacional de Literatura Iberoamericana, 4); editadas por Carlos García-Prada y George W. Umphrey.

Tradiciones peruanas, 3ra. ed., Buenos Aires, Clásicos Troquel, 1961; Selección, introducción y notas de Lucilo Oriz.

Tradiciones peruanas completas, 5ta. ed., Madrid, Aguilar, 1964; edición y prólogo de Edith Palma, nieta del autor.

Tradiciones escogidas, en García Calderón, *Biblioteca,* 11.

Tradiciones peruanas, Chicago, Sanborn, 1936; editadas por George W. Umphrey.

Crítica

Feliú Cruz, Guillermo, *En torno de Ricardo Palma,* 2 vols., Santiago, Univ. de Chile, 1933.

García Calderón, *Semblanzas,* 93-106.

Miró, César, *Don Ricardo Palma: el patriarca de las tradiciones,* Buenos Aires, Losada, 1953.

Martinengo, Alessandro, *Lo stile di Ricardo Palma,* Padova, Italia, 1962.

Milla Batres, C., *Cartas inéditas de don Ricardo Palma,* Lima, 1964; introducción y notas de Rubén Vargas Ugarte.

Palma, Angélica, *Ricardo Palma,* Buenos Aires, Tor, 1933.

Sociedad Amigos de Palma: *Don Ricardo Palma (1833-1933),* Lima, 1933. Contiene estudios de Víctor Andrés Beláunde, Clemente Palma, Raúl Borrás Barrenechea y José de la Riva Agüero.

2 EL CUENTO

(Véase bibliografía en los capítulos XXVII y XXIX)

Donghi Halperin, Renata, *Cuentistas argentinos del siglo XIX,* Buenos Aires, 1950.

Leal, Luis, *Breve historia del cuento mexicano,* México, Studium, 1956.

——, *Historia del cuento hispanoamericano,* México, Studium, 1966. Contiene una amplia bibliografía sobre el género.

Matlowsky, Bernice D., *Antologías del cuento hispanoamericano; guías bibliográficas,* Washington, D.C., Pan American Unión, 1950.

Sánchez, José, "El cuento hispanoamericano", *Revista Iberoamericana,* XVI, No. 31 (febrero-julio 1950) 101-122.

Undurraga, Antonio de, "Aportaciones de Latinoamérica al cuento de Occidente", París, *Cuadernos,* 53 (octubre, 1961), 159-165.

3 EL TEATRO ROMÁNTICO

a) ESTUDIOS DE CONJUNTO Y ANTOLOGÍAS

Alpern, Hyme y Martel, José, *Teatro hispanoamericano,* New York, Odyssey Press, 1956.

Arrom, José Juan, *Historia de la literatura dramática cubana,* New Haven, Yale Univ. Press, 1944.

COSTUMBRISMO, CUENTO Y TEATRO

Carilla, Emilio, *El romanticismo*, "El teatro", 282–307.
Jones, Willis Knapp, *Breve historia del teatro latinoamericano*, México, Studium, 1956, Cap. III.
——, *Antología del teatro hispanoamericano*, México, Studium, 1959.
Lohmann Villena, Guillermo, *El arte dramático en Lima durante el virreinato*, Madrid, Escuela de Estudios Hispanoamericanos de la Universidad de Sevilla, 1945.
Magaña Esquivel, Antonio y Lamb, Ruth S., *Breve historia del teatro mexicano*, México, Studium, 1958.
Olavarría y Ferrari, Enrique, *Reseña histórica del teatro en México*, 3ra. ed., 5 vols., México, Porrúa, 1961. Prólogo de Salvador Novo. I, Partes II–IV.

b) EL DRAMA ROMÁNTICO

FRANCISCO JAVIER FOXÁ

(Véase crítica en Arrom, Henriquez Ureña, Jones, Olivera y Remos)

IGNACIO RODRÍGUEZ GALVÁN

Textos

Obras, 2 vols., México, Barbadillo, 1876.
Muñoz, visitador de México, México, Biblioteca del estudiante universitario, 67), 1947.

Crítica

(Véase crítica en González Peña, Jiménez Rueda, Menéndez y Pelayo, Monterde, Olavarría y Ferrari)
Spiratti Piñero, Emma Susana, "Lo histórico y lo anti-histórico en 'Muñoz,'", *Revista Iberoamericana*, XIX, No. 38 (septiembre, 1954), 321–326.

c) LA COMEDIA ROMÁNTICA

FERNANDO CALDERÓN

Textos

A ninguna de la tres (comedia), México, Biblioteca del estudiante universitario, 47), 1944.
Dramas y poesías, México, Porrúa, 1959 (Colección de escritores mexicanos); edición de Francisco Monterde.

Crítica

(Véase a González Peña, Jiménez Rueda, Menéndez y Pelayo, Magaña y Esquivel, Monterde, Olavarría y Ferrari)

MANUEL ASCENSIO SEGURA

Textos

Artículos, poesías y comedias de Manuel Ascensio Segura, Lima, Carlos Prince, 1886.
El sargento Canuto en Jones, *Antología*.
Ña Catita en Alpern-Martel, *Teatro hispanoamericano*. Ver comentario a esa obra.

Crítica

(Véase crítica en: Alpern-Martel, Anderson Imbert, Jones, Menéndez y Pelayo, Sánchez)

17 El realismo

Circunstancias históricas y literarias

En la aparición del realismo se conjugan factores históricos y filosóficos de primer orden. Durante la segunda mitad del siglo XIX Europa vive un instante de transformación social con el advenimiento, por un lado de la burguesía capitalista y liberal como fuerza económica preponderante y del otro el proletariado que comienza a intervenir en la vida pública en favor de sus derechos, gracias al desarrollo de una mayor conciencia de clase, más disciplina y unidad ideológica. Asimismo van tomando cuerpo las principales ideologías revolucionarias, (anarquismo, socialismo, comunismo), que tendrán una intervención directa en la conformación del perfil de esta centuria y de la siguiente.

En el campo del pensamiento y la filosofía están ocurriendo también cambios muy notables: el positivismo postula la observación, la investigación y la experiencia como la fuente básica del conocimiento y trata de generalizar el uso de los principios y métodos de la ciencia moderna. El idealismo alemán, sobre todo el de Hegel completa el cuadro al tratar de reducir a sistemas racionales las que antes eran ideas e ideales sociales o individuales vagos e imprecisos.

Aunque en esta época hay muchas tendencias literarias, ninguna alcanza la importancia del realismo, sobre todo en el campo de la novela, aunque se expresa también en el drama e inclusive en la poesía. Mientras que el romanticismo hacía énfasis en lo subjetivo, el realismo responde al ansia de apresar con toda veracidad el aspecto exterior e íntimo de la realidad y de la vida, sin descuidar el aspecto de la sicología del individuo. Mientras el primero iba al pasado, a lo intimo, fantástico y exótico en busca de temas, el realismo irá a la realidad concreta cotidiana y contemporánea. El autor generalmente describe la realidad social, las costumbres y tipos humanos más cercanos a él. La novela no se detiene ahora en fantasías y emociones subjetivas simplemente, sino que trata de presentar la vida como es. Con razón decía Fernán Caballero que "la novela no se inventa, se observa". No busca como el neoclasicismo una verdad absoluta y universal, sino la verdad concreta, inmediata y presente.

Aunque el realismo nace como reacción a la tendencia del romanticismo a la idealización extrema, el autor realista casi nunca se despoja completamente de los elementos románticos, de manera que aun en los relatos más objetivos se nota la impresión subjetiva de los autores.

Por el empuje de aquellas fuerzas económicas producidas por el industrialismo y el capitalismo a que nos hemos referido, se nota un rápido crecimiento económico y social. Las ciudades y la vida total de los países se van transformando también, produciéndose cierto grado de desajuste sobre todo sicológico entre la vida anterior, quizás más tranquila y simple y el mayor dinamismo de la nueva sociedad. Las fuerzas políticas también se dividen, comúnmente en conservadores y liberales, que luchan por ganar el poder e imponer sus directrices. Todo este ambiente de una sociedad que se mueve ahora a impulso de fuerzas nuevas, se verá reflejado en la novela realista.

Este nuevo mundo, distinto en muchos aspectos a otras épocas, y con fuerzas sociales nuevas produjo una novela también distinta, capaz de representarlo. Al quedar agotadas las posibilidades del romanticismo, por su tendencia a desfigurar la realidad a través de una fuerte dosis de idealismo, la literatura se orientó hacia métodos capaces de hallar en la vida verdadera y en la realidad de todos los días material estético. Antes de mediados del siglo XIX la novela realista florecía en varios países de Europa: en Inglaterra con Charles Dickens y Thackeray; en Francia: Balzac, llamado con razón el "padre" de la novela realista, Flaubert, los hermanos Gouncourt, (Edmond y Jules), y otros; en Rusia: Tolstoy, Dostoyevski, Gogol y Turguenev y en Alemania, Meyer y, especialmente, Keller. España tuvo también un renacimiento de la novela en la segunda mitad del siglo XIX con Fernán Cabellero, Pedro A. de Alarcón, José María de Pereda, Juan Valera y, sobre todo, Benito Pérez Galdós.

Caracterización del realismo hispanoamericano
Simultaneidad con otros movimientos
El "criollismo"

Siguiendo el ejemplo de los modelos europeos—franceses, españoles y rusos principalmente—nuestra novela se hizo realista. Aunque no completamente paralelos en su desarrollo, hay cierta simultaneidad en el tiempo del realismo, el modernismo y el naturalismo. De aquí que a veces los autores anden algo mezclados o que se inicien en una escuela y luego salten a otra y las mutuas influencias de movimientos y escritores. El estilo de la novela del siglo XX tendrá huellas de la renovación iniciada por el modernismo, mientras que en la forma de narrar, las descripciones y la técnica, es evidente la influencia de realistas y naturalistas. Aunque hacia 1838 ya el romántico Esteban Echeverría había escrito su cuento largo *El matadero*, con fuertes elementos realistas, la novela de este tipo define sus características después de 1850 cuando se reacciona contra el romanticismo, que estaba completamente agotado como tendencia literaria en el campo de la prosa de ficción, aunque no en la poesía. Atendiendo a ese temprano antecedente no es tan tardío nuestro realismo como se había pensado.

Debido a una tendencia del autor realista a presentar la realidad concreta que conoce mejor, que es por supuesto la que más inmediata le queda en espacio y tiempo, la novela adquiere, tanto en España como en Hispanoamérica, un marcado carácter regional. En la América se le llamará *criollismo* a la narrativa que trata de presentar la realidad de nuestros países.

La pintura y descripción de escenas, costumbres y tipos locales es el centro de la nueva novelística, con cierta dejación por el análisis de caracteres que es fundamental en el realismo francés y en Galdós. Los orígenes de nuestro realismo están en una tendencia general de la literatura; el costumbrismo o cuadros de costumbres, de mucho desarrollo en la última época del romanticismo y en la influencia de la novela francesa, española y rusa. En seguida surgieron en América los que querían emular a Balzac, Pérez Galdós y otros grandes de la novela europea.

El realismo entre nosotros es rico en la producción de ficción (novela y cuento). También tuvimos un gran florecimiento del teatro. Desgraciadamente no existió una poesía realista, aunque hay señales de ella en los versos de Manuel González Prada (1848-1918), estudiado entre los precursores del modernismo. Nuestra novela, que había nacido en el siglo XVIII, precisamente bajo el signo realista, continúa ahora su proceso de desarrollo, incorporando nuevas bases y elementos estéticos de acuerdo con las corrientes europeas en boga. La novela realista significa un gran paso de avance desde el punto de vista técnico, en relación con la producción romántica precedente. Pero se distingue por la presencia todavía de fuertes elementos románticos. Aparece en la novela cierta preocupación social al exponer los problemas de las nuevas sociedades, así como espíritu democrático, pues aparecen retratados todos los estratos sociales.

Aunque la novela realista se ve influída por modelos europeos, ella es esencialmente hispanoamericana, apuntando hacia el regionalismo en la pintura de tipos, problemas, el lenguaje coloquial y el estilo. Durante esta época aparecen novelistas muy superiores a sus precedesores, porque intentan describir la realidad y los problemas más importantes de estos países. A veces las tramas son muy densas por el exceso de detallismo y la técnica deja algo que desear, pues parece de aficionados, pero sin duda ellos prepararon el camino para el gran florecimiento de la novela en el siglo XX, cargada de preocupación y protesta social.

Es fácil distinguir en nuestro realismo tres momentos distintos:
1. Un instante transicional del romanticismo al realismo
2. Plenitud del realismo
3. Orientación hacia el naturalismo, por un lado, y el regionalismo del siglo XX por otro.

Instante transicional del romanticismo al realismo: Alberto Blest Gana

El fundador de la novela chilena, ALBERTO BLEST GANA (1830-1920), es figura de transición entre la narrativa romántica y la que surge bajo la orientación realista. En su juventud tuvo la ambición de ser el "Balzac chileno", como Gálvez y Ocantos quisieron serlo en Argentina. En él es muy fuerte la influencia de *Negro y rojo* de Stendhal y de Fouillet, autor de *La novela de un joven pobre*. Blest Gana nació en Santiago de Chile y era hijo de un profesor irlandés de medicina. De 1847 a 1851 estudió ingeniería militar en Francia. Su amor por la literatura de ficción, no muy popular todavía en América y menos en su patria, se despertó por la lectura de los realistas franceses. Después de trabajar por un corto tiempo como profesor de matemáticas en la Academia Militar de su país, se entregó por completo a su carrera de escritor.

A los veintitrés años escribió su primera obra narrativa, titulada *Una escena social* (1853). Se distinguen tres etapas en la obra de Blest Gana. A la primera corresponden la obra citada y hasta seis relatos más que no tienen mayor importancia. La nota romántica es todavía muy fuerte en estas primeras obras. La segunda época la abre la novela *La aritmética en el amor* (1860), ganadora del primer premio ofrecido en Chile a una obra de ficción y otorgada por la Universidad de Chile. Los elogios del jurado hicieron concebir grandes esperanzas en su genio novelístico. Sucesivamente publicó después casi a novela por año hasta 1864, pero las mejores son *Martín Rivas* (1862), la más leída de sus novelas y *El ideal de un calavera* (1863), una de las más amenas por la vivacidad de la acción y el gracejo de las situaciones. En 1864 se le nombró Intendente de Colchagua y posteriormente ingresó en la carrera diplomática representado a su país en Washington, Inglaterra y Francia.

Abandona entonces por treinta y tres años su carrera de novelista, que reanuda en 1897 con su obra *Durante la reconquista*, larga novela que se tiene por su obra maestra. A pesar de la distancia, nunca se olvidó de su tierra, presente siempre aun en aquellas obras con escenarios o modelos europeos. A esta tercera etapa pertenecen también *Los trasplantados* (1904), sobre los hispanoamericanos que iban a vivir a París; perjudicada por el exceso de melodramatismo de algunas escenas con estos desarraigados; así como *Gladys Fairfield* (1912) y *El loco estero* (1909). En estas novelas el novelista mezcla, quizás inconscientemente, sus recuerdos de la realidad nacional con sus observaciones de la sociedad francesa.

Sus mejores novelas son *Martín Rivas* (1862) y *Durante la reconquista* (1897). La primera es una especie de cuadro costumbrista de la vida chilena alrededor de 1851. Es la historia de un joven de clase media que va a vivir a Santiago con una familia rica, amiga de sus padres y su triunfo, pues hasta logra el amor de la rica heroína. La sociedad chilena desfila por sus páginas: las luchas políticas entre conservadores y liberales, las diversiones; y el desarrollo social del país. Un lenguaje regional y de época redondea la autenticidad del cuadro, al que no faltan recursos románticos posiblemente aprendidos en Stendhal y Fouillet. Es probablemente la novela chilena más ampliamente difundida en ese país.

Durante la reconquista (1897), como su nombre lo indica, es una novela histórica. Constituye no sólo la obra maestra de Blest Gana, sino también una de las mejores novelas de esta clase del siglo XIX. El asunto es un hito importantísimo en la lucha revolucionaria del pueblo chileno para libertarse de la dominación española. El autor maneja bien el relato de la incorporación del pueblo a esa lucha redentora. Algunos retratos de personajes son cuadros sicológicos excelentes.

Blest Gana tuvo por objetivo la representación de la vida total chilena en sus novelas, a la manera de Balzac en Francia. Mostró talento en la recreación de ambientes, de manera que sus obras adquieren valor de documentos para conocer distintos instantes de la vida chilena, pero le faltó algo tan esencial al novelista como es el juego de los recursos de la imaginación. En la ausencia perdió acaso sensibilidad social y de ambiente. Puede decirse que Blest Gana despertó el interés de los chilenos por el género narrativo, cuyo desarrollo posterior es extraordinario. Sus obras, muy leídas en su patria, van siendo conocidas y gustadas en el resto de Hispanoamérica. A más de ser el primer novelista chileno es posiblemente el realista más importante del continente en el siglo pasado.

Eduardo Acevedo Díaz, primer "criollista" del Uruguay

Novelista fronterizo es EDUARDO ACEVEDO DÍAZ (1851-1921), porque si bien sus obras presentan elementos románticos, su fino don de observación lo acerca al realismo. Nació este notable novelista en Unión, Uruguay y murió en el exilio. Estudió leyes en la Universidad de Montevideo, pero interrumpió sus estudios para participar en las luchas civiles y revolucionarias de su tiempo. Hombre de melena amplia, voz ahuecada, actitud resuelta y además altanero, vivió una vida muy inquieta: revolucionario, periodista, político, diplomático, escritor. En todo dejó huella de su talento, de sus inquietudes y actividad asombrosa. Como diplomático sirvió en Estados Unidos, México, Cuba, Argentina, Italia, Suiza, Brasil, Austria, Hungría. Viajó extensamente por Europa y eran proverbiales sus amplios conocimientos históricos. Casi toda su obra fue escrita en el exilio.

La primera de sus novelas es *Brenda* (1886), que apareció primero como folletín en *La Nación* de Buenos Aires. Aunque tuvo un gran éxito de público y cooperó como ninguna a cimentar el renombre de Acevedo Díaz como novelista, es la de menos valor. Aparece muy matizada de tonos románticos. Con la publicación de *Ismael* (1888) se abre la trilogía de sus novelas históricas. Muchos la consideran su obra más completa. Es una pintura del Montevideo colonial y de la pampa. El protagonista es Ismael Velarde, un joven gaucho de veintiún años que huye de la justicia y se vuelve "matrero" por haber dado muerte al mayordomo español que pretende a su novia Felisa. Ya en el campo se une al alzamiento de gauchos contra los españoles. En esta novela la parte puramente imaginativa es superior a la histórica y los personajes de ficción están mejor trazados que los verdaderos. Parece que Acevedo Díaz tenía la pretensión de escribir, a la manera de Galdós, una serie de obras sobre la historia patria, siguiendo la técnica de los *Episodios nacionales*.

Entre la publicación de *Ismael* y su próxima novela histórica, *Nativa* (1889-1890) transcurren diez años. La extensa novela de dos volúmenes narra la incorporación de Luis María Berón, criollo hijo de español al movimiento independentista que dirige Artigas, el héroe de la Independencia del Uruguay. La vida cimarrona y del campo está muy bien descrita y cubre gran parte de la novela. Vuelven a destacarse la pintura de los caudillos revolucionarios, sobre todo la de Leonardo Olivera, jefe de la fracasada intentona revolucionaria contra la dominación portuguesa. *Grito de gloria* (1893) es la novela que sigue. Mientras en la anterior casi todo es fantasía, en ésta casi toda la trama es histórica, radicando aquí su mayor defecto. Es cronológica y temáticamente una continuación de *Nativa*. La obra presenta la lucha de los "orientales" patriotas uruguayos, que termina con la independencia del país. La descripción de las escenas de amor y de algunas acciones revolucionarias está muy bien lograda.

Otro vacío se produce en la obra novelística de Acevado Díaz, hasta que se publica *Lanza y sable* (1914). Aun cuando esta novela no forma parte de la serie histórica que ha descrito, completa el panorama histórico que el autor ha querido presentar. Acevedo sigue en ella su línea partidarista que ya había dejado ver en las obras anteriores y, sobre todo en *Grito de gloria*. La novela describe una de las luchas civiles intestinas del Uruguay. Es notablemente inferior a las anteriores, posiblemente por la índole del tema. En la novela hace propaganda en favor de determinada bandería política. Es en esta novela en que comienza a notarse la influencia ejercida sobre el novelista por la escuela realista-naturalista, en pleno vigor entonces en toda Europa.

Parece que su mejor obra es *Soledad* (1894), de orientación criollista. Sus personajes son simbólicos. Pablo representa la raza gaucha o criolla mientras que Soledad significa el campo, la pampa. Ambos protagonistas se aman simbolizando la unión entre la raza y la tierra. Pablo y Soledad se aman, pero don Brígido quiere casar a su hija con Manduca Pintos, estanciero vecino. Para vengarse de los atropellos del rico estanciero Pintos, Pablo le prende fuego a la estancia de aquél. La obra termina con un fiero combate entre ambos en que triunfa Pablo. La descripción del incendio es realmente antológico por la grandeza épica que ha logrado el autor. La obra se desenvuelve toda en un ambiente de barbarie casi, con elementos salvajes. Pasiones violentas, fuerza, tragedia, destino, son los elementos que prestan su dinamismo a esta obra. Sus capítulos son cortos, con estilo más cuidado que en las anteriores obras del autor. Nos presenta las dos razas antípodas, la criolla y la española en duelo a muerte. El estilo acostumbrado del autor está presente: cierto aliento épico, amor entrañable por la naturaleza y el terruño. En *Soledad* hay rasgos naturalistas, estilo vigoroso, pinceladas poéticas y viriles y gran plasticidad en las descripciones. Puede considerarse a Acevedo Díaz como el verdadero iniciador de la novela de orientación criollista en el Uruguay. Su prosa ejerció notable influencia sobre la literatura gauchesca y criollista. En todas sus obras se nota el tono romántico por la exaltación heroica del gaucho y la tierra y el poder de observación del autor, que por su veracidad y acierto caen dentro del campo del realismo.

Martiniano P. Leguizamón y su exaltado nacionalismo

Tanto el drama como la narrativa realista cultivó MARTINIANO P. LEGUIZAMÓN (1858-1935). Nacido en la provincia de Entre Ríos hizo estudios de Derecho en Buenos

Aires, donde llegó a ser profesor de historia y literatura a más de excelente periodista. Siempre mostró gran entusiasmo hacia la historia y los temas nacionales. Inició su carrera como historiador en su libro *Recuerdos de la tierra* (1896) y *Papeles de Rosas* (1935). Leguizamón se afilió a la corriente nativista o criollista por su natural inclinación a destacar y pintar lo autóctono, propio y nacional. Escribió piezas dramáticas, colecciones de ensayos y novelas.

La obra más destacada de Leguizamón es *Calandria* (1896), obra teatral de inspiración criollista, cuyo protagonista es un gaucho que se vuelve "matrero" por temor a perder su libertad, bien que únicamente sacrificaría por la mujer amada. Base histórica tiene su novela *Montaraz; costumbres argentinas* (1900), de matiz épico en la narración. En ella describe la lucha de las "montoneras" o tropas gauchas contra las fuerzas de Artigas que han invadido la provincia de Entre Ríos. El elemento sentimental y romántico viene dado por el sacrificio del gaucho matrero Silva por sus dos amores: la mujer y la tierra natal. El gaucho de Leguizamón no es el tipo idealizado por la literatura algunas veces o pintado como bravucón, bajo y casi animal otras, sino el tipo trabajador con personalidad social constructiva. El autor lleva su evidente erudición a las descripciones de ambientes, costumbres, folklore y tipos humanos. De aquí su excelente precisión y encanto.

Su vehemencia nacionalista lo llevó a defender la lengua gaucha como idioma nacional en vez del castellano, con afirmaciones refutadas muy acertadamente por Unamuno en su ensayo *Contra esto y aquello*. El origen de los defectos mayores de su obra es al propio tiempo la fuente de su mayor virtud: su apasionado amor a la patria le resta a veces objetividad al historiador y al ensayista, pero le inspira obras de mucho aliento usando temas nacionales de interés.

Carlos María Ocantos y su "León Zaldívar"

Tuvo CARLOS MARÍA OCANTOS (1860-1949) el anhelo de presentar todo el proceso de la sociedad argentina a la manera galdosiana. Era miembro de una familia muy rica. Hizo sus primeros estudios en Buenos Aires, su ciudad natal y murió en Madrid. La diplomacia y su carrera de novelista llenaron casi toda su vida. Fue representante de su país en España, en Dinamarca y Noruega. Al retirarse, construyó un hermoso palacio de estilo renacentista llamado "Villa buen retiro", donde vivió hasta su muerte, salvo algunos viajes a su patria. Una propuesta de Valera, Pereda y Galdós le abrió las puertas de la Academia Española como miembro correspondiente. En 1935 ingresó en la Academia Argentina de Letras.

De su copiosa producción novelística las obras que más interés presentan son las llamadas "novelas argentinas", que inicia con *León Zaldívar* (1888), generalmente considerada su obra mejor. En estas veinte obras se notan la influencia de Galdós, así como la de Balzac y Zola. Otra de las obras representativas de este grupo es *Quilito* (1891) a la que sirve de asunto la crisis económica argentina anterior a 1890. No se limita a pintar esa sociedad, sino a ser su más cáustico censor. A esta serie pertenecen en sucesión *Entre dos luces* (1892) y *El candidato* (1893), cuadros del ambiente político porteño.

Su obra maestra es *León Zaldívar* cuyo conflicto lo ocasiona uno de los frecuentes casos de matrimonios por conveniencia, con una pintura amplia de la sociedad argentina de este tiempo. En sus obras presenta muchos personajes que representan los más odiosos vicios sociales. En ellas es evidente la vena satírica y las lecciones éticas. La fidelidad ambiental de sus novelas decrece a medida que aumenta el período de ausencia del autor en Europa. Algunos ven en sus obras un tono de resentimiento contra Buenos Aires, dada su separación espiritual de ella. Rubén Darío dijo de Ocantos: "Escribe novelas absolutamente españolas, cuyo argumento se desarrolla en Buenos Aires". Sus pimeras novelas reflejan con bastante fidelidad la sociedad argentina, pero a medida que iba perdiendo la certeza de la realidad por su prolongada ausencia, más que copiar la verdad, usaba su imaginación. Por ejemplo, no siempre es fiel la sicología de sus personajes ni el habla dialectal porteña.

A pesar de esos defectos no se le puede negar talento como narrador. Sus obras son poco leídas en la Argentina, pero *León Zaldívar, Quilito* y alguna otra debían situarse entre las mejores novelas que produjo nuestro realismo del siglo XIX. Ocantos es mucho más novelista que Blest Gana y Payró, aunque a veces le falta en sus últimas novelas autenticidad ambiental y sicológica. Sus descripciones son prolijas como buen discípulo del realismo europeo. Su nombre se salva por algunos personajes realmente con vida y, sobre todo sus pinturas de la sociedad, las costumbres y la vida cotidiana. Si en vez de vivir por tanto tiempo en Europa, Ocantos no hubiera perdido contacto directo con su patria, su novelística presentaría, a no dudarlo, un repertorio de valores más firmes, porque al parecer le sobraba talento para ello.

La dimensión picaresca en la novela de Roberto Jorge Payró

Su sensibilidad para captar lo popular y sus deseos de presentar un cuadro de la realidad argentina y explicarse ciertos fenómenos políticos y sociales condujo a ROBERTO JORGE PAYRÓ (1867–1928) al cultivo de los relatos realistas, cuyo centro es el tipo del pícaro, que según el autor, era el más abundante ente social y el más responsable de los males que afligían al país. Su visión de este mundo picaresco no es amargo, sino risueño y siempre lleno de un regocijado humorismo, aunque sus pícaros producen cierta impresión de antipatía, objetivo que el autor parece perseguir. A los cinco años vivió con su abuela paterna. Luego se trasladó a Bahía Blanca, donde su padre era gerente del Banco Nacional Argentino. A la muerte de aquél fundó el periódico *La Tribuna*, que fracasó por su tenaz oposicionismo. Payró dio siempre muestras de gran sensibilidad social y de rectitud moral. Fue uno de los fundadores del socialismo argentino con Leopoldo Lugones y José Ingenieros. Luego se alejó del partido, aunque siguió profesando ideas avanzadas. De regreso a Buenos Aires colaboró en algunos periódicos hasta que ingresó en el gran periódico *La Nación* (1892), al que estuvo vinculado ininterrumpidamente por treinta y seis años.

EL REALISMO

En su redacción fue compañero de Rubén Darío. Fue periodista por vocación y el oficio dejó huellas en toda su labor narrativa. En 1907 viajó a Europa con el producto de una herencia para una estancia de quince años en Barcelona y, sobre todo en Bélgica. Aquí fue hecho prisionero como espía enemigo, pues los alemanes no le podían perdonar sus ataques al militarismo prusiano. En muchas de sus obras posteriores hay rastros de estas experiencias europeas.

Su producción total abarca más de veinte volúmenes en los que se cuentan crónicas, cuentos, novelas, ensayos y piezas teatrales. En todas se nota su impaciencia por descubrir y apresar las causas hondas y definidoras del perfil nacional en una época de honda transformación en la vida argentina. En 1888 publicó *Novelas y fantasías* que contienen los primeros cuentos del autor argentino publicados en el país, pero fue *Australia Argentina* (1898) la primera obra en producirle gran renombre, acrecentado más tarde por el drama *Marco Severi* (1905).

Sin embargo, debe su lugar prominente en una época de la narrativa argentina a varias novelas de corte picaresco. Su obra narrativa más lograda en estilo y en ejecución técnica e interés narrativo es *El casamiento de Laucha* (1906). Sigue la técnica picaresca española: el pícaro va contando en primera persona y con todo desenfado sus aventuras y travesuras con gracia risueña y humorismo, pero los engaños que un malvado produce en una mujer buena y trabajadora mueven a cierta indignación. Esto constituye un recurso del propio autor empeñado en demostrar que la fechoría es sólo digna de alabanza en una sociedad sin valores. Un mundo gaucho todavía más real, picaresco y humorístico aparece en *Pago chico* (1908). Es un conjunto de cuentos que tienen al fondo las observaciones y experiencias del autor en Bahía Blanca. Un hombre de bien narra, con cierto pesimismo, sus amargas experiencias. Con buen humor hace un certero análisis de la poliquería que había invadido el país.

El humorismo tampoco es suficiente a cubrir lo triste de las *Divertidas aventuras del nieto de Juan Moreira* (1910). El protagonista, Gómez Herrera, aunque triunfa rotundamente en política, es un desdichado. Enérgico y voluntarioso; inescrupuloso y práctico, no se detiene ante ningún obstáculo moral con tal de llegar al éxito. Payró lo pinta como engendro del medio político y moral. El autor no dice, pero sugiere que esos mismos talentos y energías empleados en un medio sano trabajarían para el bien.

No tan importantes son *El falso Inca* (1905), cronicón de la conquista; *El capitán Vergara* (1925), "crónica romancesca de la conquista del Río de la Plata" con otro pícaro inteligente que vive muchas andanzas. Antes había publicado *Historias de pago chico* (1920). Su estilo a veces adolece de descuidos y a menudo es periodístico, pero Payró tenía talentos de narrador. Sus novelas tienen fluidez narrativa, gracia risueña, humor e ironía. Descubrió el papel social de un tipo como el pícaro en un momento de transición de la historia nacional. Uno de los encantos de sus relatos está en la naturalidad con que narra en un estilo casi hablado, con una técnica directa y el empleo del habla popular. Es uno de los creadores de la moderna novela argentina.

También cultivó un teatro de preocupación seria y trascendente en el que a menudo presenta conflictos sociales y morales de la vida argentina. Sus dos mejores obras son *Sobre las ruinas* (1904) y *Marco Severi* (1905), ambas pertenecientes al teatro de tesis y consideradas sus mejores obras. Amarga y pesimista es *El triunfo de los otros* sobre la labor anónima del periodista. En la comedia *Vivir quiero conmigo* (1923) el protagonista es un egoísta sin sensibilidad. Se ha dicho que su sainete *Mientraiga* (1925) puede ponerse junto a lo mejor escrito en el género. Otras obras teatrales le ganan un puesto de distinción en la escena argentina.

También dejó Payró una copiosa obra periodística: crónicas, artículos de comentario de la actualidad, crítica literaria. Por la observación de la realidad, su sensibilidad de lo popular, el uso del lenguaje diario y la comprensión de lo social, contribuyó eficazmente a la transformación de la novela y del teatro argentinos.

Clorinda Matto de Turner, precursora de la moderna novela indianista

Al reaccionar contra los indios idealizados del romanticismo, se convirtió la peruana CLORINDA MATTO DE TURNER (1854-1909) en la precursora más importante de la moderna novela de reivindiación social del indígena, en la que éste es presentado con vivo realismo e intenso interés humanitario. Hija de un médico inglés, llegó a ser una de las mejores escritoras de su tiempo. Mujer muy activa y escritora combativa, en 1876 era directora del periódico *El Recreo del Cuzco* y más tarde redactora de *La Bolsa de Arequipa*. Se inició en el relato como discípula de don Ricardo Palma en sus *Tradiciones y leyendas cuzqueñas* (1884-1886). Años después escribió *Aves sin nido* (1889), la primera novela hispanoamericana en plantear el problema social del indígena. La obra levantó una áspera protesta por parte del clero y de los grandes terratenientes por la denuncia viril y casi violenta que hace la autora sobre la situación del aborigen. También dejó otras novelas, *Índole* (1891) y *Herencia* (1895) sin los valores de la primera.

Antes de *Aves sin nido* el indio había sido visto en forma poética y como figura pintoresca, pero a gran distancia de su lacerante realidad humana y social. Esta obra marca la transición hacia el realismo de este tipo de relatos. El tono romántico prevalece en la exaltación del personaje, las descripciones de la naturaleza y hasta en las abundantes exclamaciones de algunos caracteres. Pero describe con mucho realismo e inclusive con algunos tintes naturalistas, las condiciones de miseria, abyección e injusticia en que viven los indios bajo el régimen de explotación y abusos. La obra tiene el propósito de denuncia y de reivindicación social, acusando directa y a la vez violenta y enérgicamente al sistema tiránico responsable de este estado de cosas y a los sostenedores del mismo.

La novela *Aves sin nido* alcanzó pronto tres ediciones y una traducción al inglés con el título de *Birds Without Nest*, hecha y publicada en Londres. Presenta al indio desde una visión humanitaria y filantrópica. Su protagonista es "múltiple"— técnica que seguirá casi sin excepción este tipo de novela—pues lo constituyen los indios del pueblicito del Killac y su comarca en el Perú. Don Fernando Marín y su esposa Lucía quieren proteger a la india Marcela y a su familia, pero el gobernador, el cura y el cobrador del pueblo puestos de acuerdo hacen que la población asalte la casa, bajo la acusación de que esconden ladrones. En la lucha mueren Marcela y su marido, dejando dos niñas. Una de ellas es Margarita, quien se enamora de Manuel, hijo de la esposa del gobernador. Las "aves sin nido" del relato son precisamente los dos enamorados para quienes el amor es imposible por las diferencias sociales.

La labor de la escritora peruana es una de las que abre el postromanticismo a las posibilidades más prometedoras del realismo novelístico. Su papel de precursora realmente excede a los valores intrínsecos de la novela. Pero con su acusación enérgica contra la explotación y la injusticia, inicia un rumbo muy rico de nuestra moderna novela realista: la indianista, aquélla que pinta al indio con profunda preocupación social y humana.

El regionalismo dinámico de Tomás Carrasquilla

De mucho renombre ha gozado en su patria, Colombia, en Hispanoamérica e inclusive España, TOMÁS CARRASQUILLA (1858-1940). "En ninguna parte aprendí nada", dice el autor refiriéndose a su cultura formal, de manera que su conocimiento viene de la experiencia personal, de la observación y contacto directos con la gente y de sus muchas lecturas. En Bogotá se graduó de abogado y luego ocupó cargos modestos como secretario y juez municipal. Su gran preocupación fueron sus obras y su amor más apasionado el que sentía por su tierra natal, a la que volvía siempre, a encontrarse a sí mismo como él mismo dijo alguna vez, después de cortas estancias en Medellín y Bogotá. Los ásperos montes de su Antioquia eran el lugar donde más a gusto se sentía, pues lo que más llama la atención es la plena identificación entre el escritor y su tierra natal, incluyendo el paisaje, las costumbres, las gentes y el habla regional.

Sus obras completas forman dos amplios volúmenes y comprenden: novelas, cuentos, crónicas, ensayos, teatro, comentarios y "acuarelas" breves. Se inició como escritor con el cuento "Simón el mago" (1890) compuesto para ingresar en el Casino Literario de Medellín. Su obra maestra es *Frutos de mi tierra* (1896) publicada el mismo año que las *Prosas profanas* de Rubén Darío. Durante muchos años su resonancia fue exclusivamente regional, pero más adelante fue descubierto por la crítica y gustado en un ámbito nacional. La crítica moderna ha reparado la injusticia de tenerlo olvidado por muchos años en un plano continental, al situarlo entre los mejores escritores de Hispanoamérica.

Sus cuatro novelas más famosas son *Frutos de mi tierra*, cuyo protagonista, Agustín padece de una "neurosis de grandeza", sin basamento moral, que al fin lo destruye. En ella presenta el mundo de las clases bajas de su región. El ambiente de *Grandeza* (1910) es el de la alta sociedad de Medellín y en ella el sentimiento de "grandeza" produce el desastre de una madre amorosa de sus hijos. Un patriotismo apasionado, lindando con el fanatismo acaba por arruinar la exitosa carrera de *La marquesa de Yolombó* (1928), novela histórica sobre una población de Antioquia en el siglo XVIII. Su acción transcurre entre la última parte del período colonial y los albores de la Independencia. Su novela más extensa fue *Hace tiempos* (1935–1936) dividida en tres volúmenes y tres relatos en sucesión titulados: *Por aguas y pedrejones, Por cumbres y cañadas* y *Del monte a la ciudad*. La obra está llena de recuerdos personales y apuntes autobiográficos. El mismo autor dijo que era una especie de historia de la Antioquia de hacía ochenta años.

Aunque se le ha llamado "El Pereda de Antioquia", su regionalismo es dinámico y aunque simpatizaba con el pasado frente a las ideas nuevas y prefería su tierra a las grandes ciudades, no hay en él la actitud reaccionaria que se nota en Pereda, defensor de lo tradicional y anti-liberal. El autor español que más lo influye es Galdós por la naturalidad de la narración, la captación de lo dramático en lo más humilde y el aprovechamiento literario del habla popular y regional. También presenta influencias de Emilia Pardo Bazán y de la novela rusa, cuyos autores admiraba mucho. Su estilo es una mezcla de amorosa reproducción de todos los aspectos de su región, un tono de suavidad en la expresión y la reproducción del habla regional. Tanto en sus novelas como en sus cuentos, en Carrasquilla predomina el regionalista, pero no a la manera lenta y densa de Pereda, sino con un dinamismo narrativo que lo hace muy agradable e interesante. Ya ciego dictó su última novela de calidad muy sostenida, *Hace tiempos*, ganadora del Premio Nacional de Literatura de Colombia en 1935. Sus cuentos, que pasan de veinte, se cuentan entre los mejores de la producción hispanoamericana. Carrasquilla reaccionó tanto contra el costumbrismo lleno de lugares comunes, como contra las tendencias literarias más en boga en su época: romanticismo, naturalismo, modernismo, simbolismo. Quiso ser él mismo, se cuidó de influencias, y por eso es su producción tan original. Con estilo casi castizo se nos presenta como un realista captador de lo popular y un estilista vigoroso y muy ameno. Uno de sus méritos radica en la gran variedad de caracteres que desfilan por sus novelas. Sus personajes carecen de desarrollo sicológico completo, quizás porque el autor estimaba que así son los seres humanos en la mayoría de los casos. Su realismo descriptivo lo acerca a Pérez Galdós, su subjetivismo a Valle Inclán y su modernidad a Pérez de Ayala y otros representantes de la novela intelectual. Logra una magnífica conjunción del hombre, la naturaleza y el giro del lenguaje popular.

José López-Portillo y Rojas y el realismo mexicano

El realismo mexicano tomó dos direcciones en cierto sentido opuestas: hacia el realismo de raíz española con la trilogía que forman Emilio Rabassa (1856–1930), considerado como el introductor del realismo en México, Rafael Delgado (1853–1914), más sentimental que realista y JOSÉ LÓPEZ-PORTILLO ROJAS (1850–1923); y los que abrazaron el naturalismo francés como Federico Gamboa.

EL REALISMO

Nació López-Portillo y Rojas en Guadalajara en el seno de una familia prominente. Se recibió de Abogado en 1871 y posteriormente desempeñó cargos públicos muy importantes: Diputado al Congreso, Magistrado, Senador, Profesor de Economía y Derecho, Secretario de Relaciones Exteriores y Gobernador del Estado de Jalisco. Fundó la *República Literaria* (1886-1890), revista de ciencias, letras y artes. Fue miembro correspondiente de la Academia Española y de la Academia Mexicana. Conocía bien las literaturas francesa, inglesa y española y viajó extensamente por Francia, Inglaterra, Italia y el Oriente. Su cultura era extensa y variada. A más de novelas y cuentos excelentes, su obra incluye poesía, piezas teatrales, relatos de viajes, historia y crítica.

López-Portillo continúa la nueva etapa de la novela mexicana que inició *Clemencia* (1869) de Ignacio M. Altamirano. La técnica de las novelas es ahora superior, su estilo más cuidado y carecen de finalidad didáctica o moralizante. La fama de este autor descansa en su novela *La parcela* (1898), que es el primer relato en presentar, a través de una sucesión de cuadros animados, el drama de las clases rurales de México, aunque sin preocupaciones sociales. El asunto de la novela es la disputa entre dos terratenientes mexicanos por un pequeño terreno de muy poco valor. Se nota la influencia de los regionalistas españoles, sobre todo de Pereda. Aunque se desenvolvió en un ambiente conservador y defendió a Porfirio Díaz y a la iglesia, su acercamiento innegable a los humildes, lo aleja de ideas reaccionarias. La novela, que tiene algunos merecimientos como obra literaria, por sus cuadros vivos y animados de la naturaleza y las descripciones de costumbres, falta a la realidad esencial de las clases rurales mexicanas que pretende presentar. Como documento sociológico vale poco, pero sus méritos como obra de arte la sitúan como una de las mejores novelas mexicanas.

Su interés por los campesinos y las clases rurales de México de esta novela y la crítica a la irresponsabilidad y autoritarismo de las clases ricas que aparece en *Fuertes y débiles* (1919) lo colocan como precursor de la llamada novela de la Revolución Mexicana aunque le falta la intención social que siempre aparece en esta última novelística. Entre estas dos obras publicó *Los precursores* (1909), historia con fuertes ribetes románticos de dos huérfanos criados por las hermanas de la Caridad en un hospicio.

Se nota en López-Portillo una tendencia a dividir a sus personajes en muy buenos o muy malos, como en su maestro Altamirano. El fondo romántico que indiscutiblemente anida en él, lo orienta a cierta idealización de los rancheros, sin base en la realidad de México. Hay que apuntarle a López-Portillo su interés por las clases campesinas y desvalidas, su afiliación al regionalismo literario y su deseo de cooperar al triunfo del nacionalismo en la novela, mediante el uso de temas mexicanos. A pesar de sus defectos, *La parcela* es una de las mejores novelas mexicanas y contribuyó a arraigar el realismo como signo de la narrativa posterior. En sus obras emerge ya, aunque tímidamente, un sentimiento humanitario que luego se incorporará a la novela de la revolución como preocupación por las clases pobres.

BIBLIOGRAFÍA

(Véanse la bibliografía del capítulo anterior; las historias generales y las particulares de los autores estudiados)

1 GENERAL

Alegría, Fernando, *Breve historia*, 53–58; 88–107.
Navarro, Joaquina, *La novela realista mexicana*, México, La Carpeta, 1955.
Sánchez, Luis Alberto, *Proceso y contenido*, Caps. X–XII.
Torres-Rioseco, "La novela hispanoamericana" en *Nueva historia*.
Warner, *Historia*, 103–110.
Uslar-Pietri, A., *Breve historia*, 70–98.
Zum Felde, *Índice crítico*, II, Caps. III y IV.

2 AUTORES INDIVIDUALES

ALBERTO BLEST GANA

Textos

Martín Rivas, 2 vols., París-México, Bouret, 1924.
Martín Rivas, 8va. ed., Santiago, Zig-Zag, 1961.
El ideal de un calavera, 3ra. ed., París-México, Bouret, 1918.
El jefe de las familias y otras páginas, Santiago, Zig-Zag, 1956; editada por Raúl Silva Castro.
Blest Gana, sus mejores páginas, Santiago, Ercilla, 1961; editada por Manuel Rojas.

Crítica

"Alone", Don Alberto Blest Gana, Santiago, Nascimento, 1940.
Silva Castro, Raúl, *Alberto Blest Gana*, 2da. ed., Santiago, Zig-Zag, 1955.
——, *Panorama*, 174–96; 399–400; 439–440.

EDUARDO ACEVEDO DÍAZ

Textos

Soledad, Montevideo, Ministerio de Instrucción Pública, 1954 (Col. de clásicos uruguayos, 15); prólogo de Francisco Espínola.
Ismael, Montevideo, Ministerio de Instrucción Pública, 1953 (Col. de clásicos uruguayos, 4); prólogo de Roberto Ibáñez.
Nativa, dos vols., Montevideo, C. García, 1931.
Grito de gloria, Buenos Aires, Sociedad Editora Latinoamericana, 1954 (*Obras completas*, I).

Crítica

Bollo, Sarah, *Literatura uruguaya,* I, 113–116.
Lasplaces, Alberto, *Eduardo Acevedo Díaz*, Montevideo, C. García, 1931.

MARTINIANO P. LEGUIZAMÓN

Textos

Recuerdos de la tierra, Buenos Aires, F. Lajouane, 1896; introducción de Joaquín V. González.
Alma nativa, 2da. ed., Buenos Aires, J. Roldán, 1912.

EL REALISMO

De cepa criolla, Buenos Aires, Solar-Hachette, 1961; prólogo por Guillermo Ara.
Montaraz, costumbres argentinas, 4ta. ed., Buenos Aires, J. Roldán, 1962.
Calandria, drama, Buenos Aires, Hachette, 1961.
Calandria, A Drama of Gaucho Life, New York, Hispanic Society, 1932.

Crítica

Diccionario . . . . *Argentina*, I, 104–106. Amplia bibliografía.
Grifone, Julia, *Martiniano Leguizamón y su égloga Calandria*, Buenos Aires, Imprenta de la Universidad, 1940.
Torre Revello, José, *Martiniano Leguizamón, el hombre y su obra,* Paraná, Museo de Entre Ríos, 1939.

CARLOS MARÍA OCANTOS

Textos

León Zaldívar, Barcelona, Sopena, 1916.
León Zaldívar, New York, Appleton, 1937; edición del profesor Rice.
Don Perfecto, Barcelona, Montanero y Simón, 1902.

Crítica

Anderson, Theodore, *Carlos María Ocantos, Argentine Novelist,* New Haven, Yale Univ. Press, 1934.
Diccionario . . . . *Argentina*, I, 152–154.
Lichtblau, Myron, I., *The Argentine Novel in the Nineteenth Century*, New York, Hispanic Institute, 1959, 185–194.

ROBERTO JORGE PAYRÓ

Textos

El casamiento de Laucha, Chamijo, El falso inca 5ta., Buenos Aires, Losada, 1940.
Pago Chico y los nuevos eventos de Pago Chico, Buenos Aires, Losada, 1961.
Divertidas aventuras del nieto de Juan Moreira, Buenos Aires, Losada, 1957.
Veinte cuentos, Buenos Aires, Poseydón, 1943.
Teatro completo, Buenos Aires, Hachette, 1956; prólogo de Roberto F. Giusti.

Crítica

Diccionario . . . . *Argentina*, I, 156–160.
Anderson Imbert, E., *Tres novelas de Payró con pícaros en tres miras*, Tucumán, Argentina, *Cuadernos de Letras*, Univ. Nac. de Tucumán, 1942.
García, Germán, *Roberto J. Payró; testimonio de una vida y realidad de una literatura*, Buenos Aires, Nova, 1961.
Larra, Raúl, *Payró, el novelista de la democracia,* 3ra. ed., Buenos Aires, La Mandrágora, 1960.

CLORINDA MATTO DE TURNER

Textos

Aves sin nido, Cuzco, Perú, Univ. Nacional del Cuzco, 1948.
Birds Without Nests, Londres, Thynne, 1904; traducida por J. G. Hudson.

Crítica

Cuadros Escobedo, Manuel E., *Paisaje y obra; mujer e historia: Clorinda Matto de Turner*, Cuzco, Perú, Rozas, 1949.

Meléndez, Concha, 171–178.

TOMÁS CARRASQUILLA

Textos

Hace tiempos: I, Por aguas y predejones, II, Por cumbres y Cañadas, III, Del campo a la ciudad, Medellín, Colombia, Ed. Atlántica, 1935 y 1936.

La Marquesa de Yolombó, 2da. ed., Bogotá, Ed. Johnson, 1946. Tomo 8° de la Colección Panamericana; prólogo de Rafael Maya.

Grandeza, 2da. ed., Medellín, Imprenta Oficial, 1936.

Obras completas, 2 vols., Medellín, Colombia, Editorial Bedout, 1958. Prólogos de Roberto Jaramillo y de Federico de Onís.

Obras completas, Madrid, EPESA, 1952; prólogo de Federico de Onís.

Cuentos de Tomás Carrasquilla, Medellín, Bedout, 1956; editados por Benigno A. Gutiérrez.

Obras completas, 2 vols., Bogotá, Empresa Nacional de Publicaciones, 1956; editadas por Eusebio Ricaurte.

Crítica

Diccionario . . . . Colombia, 21–24.

García-Prada, *Estudios*, 255–259.

Levy, Kurt L., *Vida y obras de Tomás Carrasquilla*, Medellin Bedout, 1958.

Prólogos a las ediciones mencionadas en los textos.

JOSÉ LÓPEZ-PORTILLO Y ROJAS

Textos

Algunos cuentos, México, Univ. Nacional, 1956 (Bibl. del estudiante universitario, 77); edición de Emmanuel Carballo.

La parcela, México, Porrúa, 1945. Prólogo de Antonio Castro Leal.

Cuentos completos, Guadalajara, Ediciones I.T.G., 1952; con prólogo de Emmanuel Carballo.

Crítica

Azuela, *Cien años*, 47–163.

Navarro, *La novela*, 183–237.

Prólogos a las ediciones de sus obras, ya mencionadas.

18 El teatro realista

El teatro realista: influencias, técnicas europeas y orientaciones hacia los problemas reales

Hablando en términos generales hay que convenir en que el teatro no ha alcanzado en Hispanoamérica el grado de excelencia que se encuentra en los demás géneros literarios: poesía, novela, ensayo y cuento. Pero también es cierto que siempre ha existido un gran entusiasmo por las labores escénicas y que se ha contado con un reducido grupo de buenos dramaturgos. El realismo constituye un hito muy importante en la evolución de nuestro teatro, que presenta, sobre todo en algunos países, un repertorio de valores—en piezas y autores—realmente estimables en el siglo XX, de manera que el drama ha dejado ser la "cenicienta" de nuestra historia literaria.

Durante la primera mitad del siglo XIX—bajo el imperio del romanticismo—el teatro hispanoamericano progresó bien poco. La mayoría de las piezas que se representaban eran españolas y algunas traducciones francesas. Casi las únicas manifestaciones nacionales eran piezas breves (sainetes, entremeses, juguetes cómicos) y alguna que otra comedia, generalmente de costumbres. El verdadero teatro nacional independiente, con asuntos sacados de problemas sociales y humanos y con escenarios y caracteres propios de nuestros países, nace bajo el signo del realismo, en los últimos años del siglo pasado y principios del XX. La nueva corriente nació, tanto contra el patetismo, ingenuidades, emocionalismo y exaltación del romanticismo, como por influencia de las corrientes renovadoras impulsadas por los mejores dramaturgos europeos: Ibsen, Strindberg, Chéjov, Hauptman, Bjornson, Sudermann. Siguiendo el influjo de estos grandes maestros, el teatro hispanoamericano se moderniza en temas, técnicas y objetivos sociales.

El drama tiene ahora una finalidad seria y trascendental. Representa un cambio bastante brusco en los temas, estilo y aspectos técnicos en relación con el teatro romántico. Aunque se sigue cultivando el teatro con fuertes matices románticos con conflictos simples, que agradan al público, algunos dramaturgos cultivan los dramas de "tesis" y el teatro de ideas a lo Ibsen. Se toma ahora el teatro como un quehacer serio y no simplemente como vehículo de entretenimiento. El drama aspira ahora a presentar una imagen realista de los conflictos humanos, del ambiente social y de la naturaleza humana que conlleva una crítica enérgica contra los estados sociales que engendran aquéllos. Los autores tratan de reflejar esos problemas en personajes representativos de la sociedad contemporánea. Inclusive el lenguaje, la técnica y los recursos escénicos se acomodan a este nuevo concepto del drama. No se abusa tanto del melodramatismo o del lenguaje afectado, recursos tan usados por el romanticismo.

El realismo significó entre nosotros un gran impulso para crear un auténtico teatro de raíces nacionales y americanas, con tipos, asuntos, escenarios y caracteres propios. Los conflictos, aunque a menudo propios de nuestro medio, tienen ahora más interés universal. A menudo se presentan problemas que afectan a los individuos de cualquier país o sociedad. Se nota el anhelo de seguir la tendencia renovadora de los dramaturgos europeos mencionados, verdaderos creadores del teatro moderno. Es ahora un teatro capaz de exponer los problemas de una sociedad en proceso de grandes transformaciones económicas, políticas y sociales y los conflictos surgidos de los desajustes sicológicos y de otra índole que los cambios producen. Los temas morales, religiosos y de conciencia son muy abundantes, así como la lucha entre los criollos y los inmigrantes. En el drama realista es evidente la tendencia a presentar algunos de los problemas individuales y sociales que más afectan al individuo de fines del siglo pasado y principios del XX. El realismo inicia el teatro de proyección y técnica modernas en Hispanoamérica y prepara el camino para el auge que vive el teatro de los principales países en el presente siglo.

El teatro rioplatense: sus orígenes
El teatro gauchesco y su importancia en el surgimiento de un auténtico teatro nacional

Aunque en casi todos los países hubo más o menos un renacer hacia la nueva orientación del teatro, la actividad más intensa se registra en la llamada Región de la Plata, o sea Argentina y Uruguay y algo en Paraguay, sobre todo en la primera. Si bien el teatro del Río de la Plata tiene sus centros en Buenos Aires y Montevideo, sus características son muy semejantes y hubo un intercambio completo de corrientes dramáticas, autores y representaciones. Buenos Aires era un centro teatral más propicio, dado el mayor desarrollo de esta ciudad; pero los mejores dramaturgos proceden del Uruguay.

El teatro moderno argentino presenta la originalidad de haberse iniciado en un circo y en el llamado "teatro gauchesco". El periodista Eduardo Gutiérrez (1853–1890), autor de la popular novela *Juan Moreira* fue persuadido para adaptarla al teatro. La primera representación tuvo lugar en 1884 con éxito clamoroso y luego se sucedieron con todo éxito, tanto en Buenos Aires como en Montevideo. Luego subieron a los escenarios el *Santos Vega*, el *Martín Fierro* y otros, todos representados por la familia Podestá, actores muy famosos de ascendencia italiana. El mismo

EL TEATRO REALISTA

José Podestá ayudó más tarde a popularizar las primeras piezas de Florencio Sánchez. Este teatro gauchesco tuvo bien pronto muchos cultivadores debido al cálido favor del público. En él se presenta un gaucho noble que lucha contra los extranjeros y demás fuerzas que quieren destruirlo, hasta que triunfa sobre algunas de ellas. Siguiendo esta fórmula del "gaucho noble", Enrique García Velloso (1880-1938) estrenó una de las piezas más populares en aquel entonces, su *Jesús Nazareno* (1902), representado luego multitud de veces. Poco antes había ganado gran popularidad la *Calandria* (1896) del novelista Martiniano P. Leguizamón, quien siguió la tradición del teatro gauchesco, pero mejorándolo de acuerdo con las técnicas dramáticas modernas.

Más adelante se pudo contar con buen número de escritores para el teatro, orientado ahora hacia tres corrientes: el teatro folklórico gauchesco, la comedia de costumbres y el drama realista trascendente que presenta los problemas sociales (rurales y de las ciudades). Muchos fueron los dramaturgos que cooperaron a este renacimiento teatral: Roberto J. Payró, más novelista que autor dramático, pero alguna vez llamado "el primer dramaturgo de verdad", autor de la famosa pieza *Entre las ruinas* (escrita en 1902 y representada en 1904) y *Marco Severi* (1905); Martín Coronado (1850-1919) de fuerte tonalidad romántica. Escribió dos obras que contribuyeron al nuevo teatro, *La piedra de escándalo* (escrita en 1898, estrenada en 1902) y, especialmente *La chacra de don Lorenzo* (1918). Ejerció mucha influencia sobre Florencio Sánchez y otros autores. El primer dramaturgo nacional se le llamó a Nemisio Trejo (1850-1916) por su uso de temas argentinos. Fue uno de los primeros en reaccionar contra las fórmulas gastadas y en luchar por la creación de un teatro propio. Conocido como autor de las más populares piezas cortas y de *Un día en la capital* (1890) y, sobre todo de *La fiesta de don Marcos* (1890) y, *Los inquilinos* (1907) entre otras. También gozó de renombre el periodista y político Nicolás Granada (1840-1925), autor de las obras *Bajo el parral* (1911) y *La gaviota* (1903), su pieza más gustada.

Hacia comienzos del siglo XX, este teatro folklórico y gauchesco, ya con firmes caracteres nacionales evolucionó hacia piezas de más envergadura: bien la comedia realista de costumbres, bien el drama intenso relacionado con problemas humanos del campo y la ciudad. Gregorio Laferrère, Florencio Sánchez y Ernesto Herrera son las figuras más destacadas. La personalidad del segundo es tan destacada que bien puede hablarse de tres períodos en el teatro rioplatense: 1. Período anterior a Florencio Sánchez, 2. Culminación del drama realista con la producción de este dramaturgo, y 3. Seguidores de Florencio Sánchez.

El teatro realista en otros países

El realismo llegó al drama de casi todos nuestros países, produciendo la renovación de la escena considerablemente. En algunos lugares persistió luego la fórmula realista, pero en otros se volvió al teatro populachero o de matices románticos por ser de más agrado del público. En el período contemporáneo veremos que la transformación dramática iniciada por el realismo resultó mucho más amplia y profunda de lo que a primera vista se pensó. En México hubo algunas tentativas de superar el viejo teatro romántico. Los dos autores más notables fueron: José Joaquín Gamboa (1878-1931), dramaturgo muy destacado en su tiempo. En sus obras demostró talento para el arte escénico, muchas de las cuales tienen ambiente nacional. Aunque de asunto universal, ganó mucha fama la titulada *El caballero, la muerte y el diablo*. Dramaturgo más intenso y trascendente fue Federico Gamboa, cuya labor será brevemente analizada al estudiarlo como novelista en el naturalismo.

Cuba, Chile y el Perú contaron también con teatro realista y autores preocupados de orientar la escena hacia lo serio y trascendental. En la primera se distinguió JOSÉ ANTONIO RAMOS (1885-1946), novelista y dramaturgo conocedor del teatro europeo, pues vivió en Europa algún tiempo. Escribió piezas de ideas y de tesis, algunas al estilo ibseniano, presentando problemas y aspectos de la vida cubana como en *Calibán Rex* (1914), *El hombre fuerte* y, sobre todo *Tembladera* (1916). Esta última tragedia realista ganó mucha resonancia porque plantea los problemas económicos de Cuba directa y francamente. Ramos es uno de los mejores dramaturgos cubanos de todos los tiempos y sobresale por la crudeza de su realismo. En Chile sobresalió ANTONIO ACEVEDO HERNÁNDEZ (1886) procedente de las clases humildes. En su teatro planea casos sicológicos como en *Almas perdidas* (1917), su obra maestra; temas folklóricos en *Camino de flores* (1910); costumbrismo en *El 18 típico*; y dramas sociales entre los que destaca *El árbol caído* (1928), digno de un público internacional. Con *Chañarcillo* (1937) ganó el Premio Municipal y en 1953 se le otorgó el Premio Nacional de Teatro por su relevante obra dramática. Acevedo Hernández ha cooperado a prestigiar la escena chilena y merece más fama de la que goza actualmente.

Ricos valores humanos se encuentran en el teatro del peruano LEÓNIDAS YEROVI (1881-1912), quizás el dramaturgo peruano más destacado de esta época. Después del éxito magnífico de su comedia en verso, *La de cuatro mil* (1903), siguió cultivando por algún tiempo un teatro en que sobresale el costumbrismo como en *Tarjetas postales* (1905). Más adelante encontró su verdadero camino en un teatro más realista y superando algunos defectos técnicos de algunas obras, como era el exceso de personajes. En Buenos Aires estrenó su obra *Salsa roja* en 1914, pero concluída el año antes. Demostró más hondura filosófica, penetración sicológica y habilidad dramática en *La casa de tantos*, estrenada en 1917, después de su asesinato. Parece que esta obra es su obra maestra.

Gregorio Laferrère y la comedia realista de costumbres en Argentina

El padre de la comedia realista de costumbres en Argentina es GREGORIO LAFERRÈRE (1867-1913). Aunque otros autores que le precedieron hicieron aportes importantes al género, con Laferrère adquiere una categoría distinta. Su comedia es viva, realista, llena de costumbrismo, reflejo del espíritu porteño y con el tono escéptico y burlón, pero bondadoso y bonachón característico del autor. Nació el comediógrafo en

Buenos Aires de familia muy rica. Su padre era un hacendado francés y su madre argentina. En su juventud estuvo por algún tiempo en Francia con su padre. Ya huérfano se hizo cargo de los asuntos familiares e ingresó en la política de la tendencia conservadora liberal. Sus otras actividades fueron la vida social de club y el teatro, al que contribuyó con proyectos para estimularlo y con creaciones propias.

Él mismo ha dicho que se inició en las tablas por humorada, con el solo propósito de divertirse. Su primer aporte al teatro argentino fue una comedia satírica, *Jettatore* (1904) a la que sonrió la fortuna desde su clamoroso estreno la noche del 30 de mayo de 1904. Su última comedia lleva por título *Los invisibles* (1911). Entre ambas fechas escribió algunas de sus mejores obras: *Locos de verano* (1905), *Bajo la garra* (1907), *Las de Barranco* (1908) y *Los dos derechos* estrenada con el título de *El cuarto de hora*. También compuso piezas breves, consistentes en diálogos y monólogos.

Tomó el asunto para su primera comedia, *Jettatore*, de la novela *Jettatura* de Teófilo Gautier, pero la escribió bajo la influencia de los hermanos Quintero, comediantes andaluces muy famosos por esta época. La trama festiva tiene por asunto la creencia en los maleficios del mal de ojo. Un rival en amores del protagonista, don Lucas, cree supersticiosamente, que éste tiene un maleficio que da mala sombra. Tanta es la insistencia sobre el supuesto poder que don Lucas acaba por creer que lo tiene. Caricatura de costumbres, hábitos y aficiones de principios del siglo XX es *Locos de verano* (1905). Aquí se nota también la influencia de los hermanos Quintero en la estructura de la comedia que trata de ridiculizar manías de una familia porteña cuyos miembros son semi-lunáticos.

Ensayó la comedia satírica, pero con fondo dramático intenso, a la manera de Jacinto Benavente en *Bajo la garra*, con un tercer acto muy dramático. En ella la maledicencia y la calumnia de algunos irresponsables ocasiona la desgracia de un matrimonio. Esta intención seria aparece también en su obra maestra, *Las de Barranco*, parecida a *Las de Caín* de los hermanos Quintero, estrenada el mismo año. Su tema es la lucha de una viuda de una familia venida a menos para mantener a su familia a flote. Doña María, viuda del capitán Barranco, mujer fuerte y autoritaria, emplea aunque en forma honesta, a los pretendientes de sus tres hijas en beneficio de la familia. No quiere que Carmen se case con su elegido porque es pobre, sino con un rico a quien ella no ama. El fin es dramático y triste: Pepa, cuyo matrimonio ha frustrado se va de la casa y Carmen se fuga con su novio. Tanto el tercer acto de *Bajo la garra* como las escenas finales de esta comedia son de lo mejor del teatro argentino. La viuda de Barranco y su hija Carmen son los caracteres más inolvidables de Laferrère. La comedia es una de las mejores piezas del drama argentino, con muchas simpatías todavía hoy. En su última comedia vuelve a ridiculizar manías y creencias populares. Aquí presenta a los creyentes del espiritismo y sus explotadores.

El teatro de Laferrère como su temperamento, es risueño, burlón, algo escéptico, pero tolerante. Leer o presenciar sus obras es asomarse al espíritu y ambiente de aquel Buenos Aires de principios de siglo. Laferrère tenía talento para el enredo y para la caricatura de tipos, creencias y manías populares, cosa que nos muestra en el enlace de situaciones capaces de producir una franca hilaridad. Fue el fundador de la comedia realista de costumbres, siempre satírica y llena de realismo y a veces honda, humana y dramática.

Florencio Sánchez, cumbre del teatro realista hispanoamericano

La hondura de las obras del uruguayo FLORENCIO SÁNCHEZ (1875-1910) lo hacen, no sólo el más importante dramaturgo de Argentina y Uruguay, sino uno de los pocos escritores dramáticos que Hispanoamérica puede ofrecer sin rubor a un público internacional. Nació en Montevideo y murió en Milán, Italia, durante un corto viaje de menos de un año. Muchachón pobre, Sánchez tuvo que ingresar al periodismo a los quince años, donde se distinguió por un espíritu combativo y muchas veces irónico. Al igual que Darío era un verdadero bohemio y dado al alcoholismo. No tuvo ninguna educación formal, pero como otros genios, era un incansable lector y estas lecturas del mejor teatro europeo, de los naturalistas rusos y de las ideas políticas y sociales radicales completaron su formación intelectual. En Buenos Aires y Montevideo hizo periodismo y asistía a todas las representaciones de buenas compañías teatrales, entonces muy comunes en ambas capitales.

Por sus ideas políticas y sociales se unió al grupo de reformadores del Centro Internacional de Asuntos sociales, que también hacía representaciones del buen teatro. Aunque uruguayo de nacimiento, su formación dramática tuvo lugar en Buenos Aires donde bien pronto alcanzó renombre por sus piezas teatrales. Al fin el gobierno de su país reconoció sus méritos y lo envío como representante del Uruguay a la Exposición Artística de Roma, pero su tuberculosis se había agravado y murió en Milán, antes del año de su partida. La importancia de Sánchez en el drama rioplatense es enorme, porque liquidando el sentimentalismo del teatro gauchesco, valioso como primicia, pero de escasos valores permanentes, le dio hondura, intensidad y modernidad e introdujo los conflictos humanos, unos propios de su región y de su tiempo y otros de carácter más universal. También mejoró la técnica por la influencia de Ibsen y Hauptmann, así como de los italianos Giacosa, Bracco y Rovetta. El suyo es un teatro fundamentalmente de ideas, de tesis, serio y trascendente.

Se inició en el teatro con la pieza *Gente honesta* (1902), sainete de costumbres locales estrenado en Rosario y que la policía prohibió representar. Trasladado a Buenos Aires, aquí escribió una veintena de piezas dramáticas en el corto período de seis años que es de lo mejor del teatro hispanoamericano. La viva simpatía que sentía por los trabajadores y hombres del pueblo lo decidió a escribir *Canillita* (1904), sobre la vida de los "voceadores" de periódicos, bien acogida por la crítica y el público. La palabra sirve para designar hoy en día a esos vendedores de diarios en toda la región. Su consagración definitiva vino en 1903 con el estreno en Buenos Aires de la comedia dramática *M'hijo el dotor* (1903), pieza gauchesca que presenta el conflicto entre dos generaciones de inmigrantes, la vida del campo y la ciudad. En ella aparecen algunas de las características del teatro de Sánchez: pesimismo fatalista y viva solidaridad con los humildes y víctimas de la sociedad.

El teatro de Florencio Sánchez puede dividirse, aunque en forma muy esquemática, en *dramas rurales* y piezas de la *vida urbana*. Sus mejores dramas se hallan en la primera división: la ya mencionada *M'hijo el dotor, La gringa* (1904) y, especialmente, *Barranca abajo* (1905). Sus obras más logradas con temas de la ciudad son: *En familia* (1905), *Los muertos* (1905), *El desalojo* (1906), *Los derechos de la salud* (1907) y *Nuestros hijos* (1907).

En *La gringa*, considerada por algunos como su mejor obra, el tema es el conflicto entre el extranjero (gringo en este caso se refiere al inmigrante italiano) que progresa y el criolla tradicional, lleno de virtudes, pero quizás sin el espíritu emprendedor de los nuevos tiempos. El tercer acto es débil y los símbolos demasiado evidentes como cuando un automóvil moderno derrumba el viejo ombús propio de la pampa. En la obra, la hija de los italianos y el hijo de los gauchos criollos se casan y les nace un hijo que lleva en sus venas sangre de ambas razas, lo que demuestra que Sánchez veía en esa fusión la raza del porvenir. Es la más leída de las obras del uruguayo, aunque no nos convence que sea la mejor.

La obra maestra de Sánchez, tanto por lo sabiamente construída como por la hondura dramática parece ser *Barranca abajo*, una sombría tragedia rural describiendo la decadencia de una familia gaucha. El protagonista principal es don Zoilo, criollo bueno y rico que perseguido por la fatalidad lo pierde todo: sus propiedades, su honor, el respeto de los conocidos y finalmente el cariño y compañía de la propia familia. Sánchez se acerca mucho a Ibsen en la pintura de Zoilo y el diálogo, pero la obra tiene un determinismo propio de la escuela naturalista. El realismo es intenso y crudo y el autor pinta las pasiones más bajas del ser humano con toda franqueza. Amarga y pesimista, pues lo malo termina por triunfar sobre el hombre. Es un drama intenso con una gran maestría en el uso del diálogo y de las pausas para aumentar el dramatismo. Se imita el habla popular y se refleja la situación y sicología del campo argentino. ¿A quién culpar de tantas desdichas como caen sobre don Zoilo? Él mismo se encarga de echarla a la organización social, a la vida y a la forma en que Dios parece disponer las cosas.

Alrededor de 1905 la actividad creativa de Sánchez se orientó hacia el material dramático que le ofrecía el espectáculo de la vida urbana en Buenos Aires. También aquí dejó obras excelentes por su técnica, el intenso realismo y la dramaticidad con que presenta conflictos humanos y problemas sociales. Posiblemente en su mejor obra en este aspecto, *Los derechos de la salud*, plantea el conflicto de una tísica que piensa que todo el mundo se ha puesto de acuerdo para abandonarla y quitarle a su hijito y a su marido. La sicología de la víctima de la tuberculosis—enfermedad también padecida por Sánchez—está muy bien pintada, así como la trabazón dramática y el diálogo. El conflicto es universal en esencia y el escenario puede estar en cualquier lugar del mundo. En *Nuestros hijos* hace una cálida defensa de los hijos ilegítimos, mientras que en *El desalojo* pinta una familia víctima de la falta de recursos económicos.

El teatro de Sánchez es en general pesimista, con fuerte influencia del naturalismo y parece clamar por un orden social en que cada individuo tenga derecho a un poco de felicidad. En su teatro estudia los conflictos humanos y sociales reales creados por la transformación rápida de la vida y de la sociedad debida al engrandecimiento increíble de las ciudades; el cambio de una economía rural a una más moderna e industrial; el uso de métodos modernos en lugar de los tradicionales. Asimismo encuentra temas en el conflicto entre inmigrantes y el gaucho criollo, producto de desajustes sociales; en problemas familiares; conflictos por enfermedades, la pobreza, el alcoholismo y otros males sociales.

Sabe captar las situaciones con mucho realismo y extraerles todas sus posibilidades dramáticas, inclusive en el uso fiel del habla dialectal. Muestra mucha simpatía hacia los conciudadanos, especialmente los humildes, enfermos y víctimas de injusticias sociales. Supo emplear las técnicas modernas del teatro—sobre todo de Ibsen y Hauptmann—y el desenfado descriptivo del naturalismo en la presentación de la vida campesina y urbana de la región del Río de la Plata. Sánchez poseía una intuición dramática natural que lo condujo a llevar al escenario algunos de los conflictos humanos y sociales más importantes de su tiempo.

Sus obras maestras son una mezcla de valor sociológico, intensidad dramática y ansia reformadora. A pesar de su formación anarco-socialista y de sus ideas progresistas, no propone ninguna ruptura total del orden social, sino que con tolerancia y bondad hacia todos, parece proponer un orden social más justo. Sánchez es un poderoso ingenio, un dramaturgo lleno de originalidad. Su obra ennobleció el teatro de su región nativa y sirvió de pauta al auge del teatro hispanoamericano del siglo XX. El teatro le proporcionó a Sánchez fama extraordinaria, pero nunca lo sacó de pobre. En cambio le dio lo que tal vez él anhelaba más: la inmortalidad. Dejó el ejemplo de lo que debe ser nuestro teatro y su obra ha tenido una influencia notable en el desenvolvimiento posterior del género.

Los seguidores de la fórmula dramática de Florencio Sánchez: El talento dramático de Ernesto Herrera

Digno discípulo de Sánchez es el también uruguayo ERNESTO HERRERA (1877–1917), verdadero genio de este género. Su vida tiene un extraño paralelismo con la de aquél: nació también en Montevideo, mostró un talento excepcional para la escena, vivió en la miseria, hizo vida bohemia, compuso muchas de sus obras en horas, fue becado por su gobierno para estudiar el teatro en Europa y murió de tuberculosis. De todos los dramaturgos de esta época es quizás el único que merezca ser colocado al lado del autor de *Barranca abajo*.

Ernesto Herrera se estrenó en el teatro con su tragedia *El estanque* (1910), cuyo conflicto es un caso de incesto más por desconocimiento que por mala fe. La obra es muy simbólica y se destaca por sus actos primero y último. En aquél hace una pintura excelente de la vida del campo uruguayo y el desenlace nos muestra una fuerza dramática y trágica digna de Sánchez. La obra más celebrada del teatro uruguayo es su *León ciego* (1911) que nos presenta la lucha del viejo gaucho Gumersindo con el mundo de la civilización para el cual no se siente nacido. El tema es la lucha entre la ciudad y el campo y la oposición entre los conceptos morales de una y otro. Aquí la atención del dramaturgo se concentra en el desarrollo sicológico de los personajes, sin que falte un buen cuadro ambiental. Al final Gumersindo se da cuenta de que ha sido víctima de algunos representativos sociales: los políticos, los "doctores" y otros de la ciudad. Por su honda preocupación social y el análisis de serios conflictos humanos, la obra tuvo un éxito sin precedentes en la escena de ese país.

Es fama que escribió una obra de un acto, *De mala laya* en un día para ganar cincuenta pesos. Es un melodrama en que Samuel mata al rico hacendado José que le ha robado su tierra y deshonrado a su hija. En 1911 compuso *La moral de Misía Paca* (1911) en la que descubre las miserias y falsedades que se ocultan a menudo tras los conceptos morales convencionales. En ella dio muestras también de su crudo realismo y de una técnica moderna y ágil. Enviado por su gobierno a estudiar el teatro europeo, escribió en España su última tragedia, *El pan nuestro* (1912) de atmósfera madrileña. El segundo acto de ésta es de lo mejor que salió de la pluma de Herrera, pero la obra no tuvo el éxito que merecía ni en Madrid ni en Uruguay.

El valor dramático de Herrera lo comprueba el hecho de haber triunfado al lado de Sánchez, considerado hoy como el mejor dramaturgo hispanoamericano. Es el suyo un teatro desnudo de adornos estilísticos, en el que se presentan y analizan los conflictos con toda desnudez. Poseía un sentido dramático vigoroso, ayudado por los conocimientos técnicos del teatro moderno. A veces supera a Sánchez en el aspecto sicológico de sus dramas, aunque no llega a poseer la intensidad de pasiones y el poder convincente de las piezas de aquél. Su muerte temprana restó a la escena uruguaya otro de los realmente prometedores dramaturgos.

BIBLIOGRAFÍA

(Véanse la bibliografía sobre el teatro del Cap. XVI y las obras de Apern-Martel, Arrom, Jones, Lohmann, Magaña Esquivel-Lamb, Olavarria y Ferrari)

1 GENERAL

Castagnino, Raúl H., *Sociología del teatro argentino*, Buenos Aires, Editorial Nova, 1963.
Dibarboure, José Alberto, *Proceso del teatro uruguayo, 1808–1938*, Montevideo, García, 1940.
Durán Cerda, Julio, "Civilización y barbarie en el desarrollo del teatro nacional rioplatense", *Revista Iberoamericana* No. 55 (1963), 89–124.
Morales, Ernesto, *Historia del teatro argentino*, Buenos Aires, Ed. Lautaro, 1944.
Ordaz, Luis, *El teatro en el Río de la Plata*, Buenos Aires, Ed. Leviatán, 1957.
Zum Felde, Alberto, *La literatura del Uruguay*, Buenos Aires, Imp. de la Universidad, 1940.
———, *Proceso intelectual del Uruguay*, ed. rev., 2 vols., Montevideo, Claridad, 1944.

EL TEATRO REALISTA

2 EL TEATRO RIOPLATENSE

Beltrán, Oscar R., *Los orígenes del teatro argentino*, Buenos Aires, Ed. Luján, 1934.

——, *Los orígenes del teatro argentino desde el virreinato hasta el estreno de "Juan Moreira"* (1884), 2da. ed., Buenos Aires, Sopena, 1941.

Bosch, Mariano Gregorio, *Historia de los orígenes del teatro nacional y de la época de Pablo Podestá*, Buenos Aires, L. J. Rosso, 1929.

Coronado, Martín, *Obras completas*, 8 vols., Buenos Aires, 1926.

——, *Obras*, Buenos Aires, Comisión Nacional de Cultura, 1950.

Fasset, Jacob S., (Traductor), *Three plays of the Argentine* (*Juan Moreira, Santos Vega y La montaña de brujas*), New York, Duffield, 1920; editadas por Edward Hale Bierstadt.

3 EL TEATRO REALISTA EN MÉXICO, CUBA, CHILE Y PERÚ

a) MÉXICO

(Véanse las historias generales del teatro, las historias particulares sobre la literatura mexicana y del teatro de ese país)

b) CUBA

JOSÉ ANTONIO RAMOS

Textos

Coaybay, drama, La Habana, El Siglo XX, 1926.

When Love Dies, en *Twenty-five Short Plays-International*, New York, Appleton, 1925; editados por Isaac Goldberg.

The traitor, en *Short Plays of the Southern Americas*, Stanford, California, Stanford Univ., 1944; editados por W. J. Jones.

Crítica

Arrom, "El teatro de José Antonio Ramos", *Revista Iberoamericana*, XII, No. 24 (junio, 1947), 263–271. Aparece también en sus *Estudios de literatura hispanoamericana*, La Habana, Úcar García y Cía., 1950, 147–159.

Peraza, Fermín, "Bibliografía de José Antonio Ramos", *Revista Iberoamericana*, XII (1947), 335–400.

Portuondo, José A., "El contenido político y social de las obras de José Antonio Ramos", *Revista Iberoamericana*, XII (1947), 215–250.

Remos y Rubio, Juan J., "En torno a José Antonio Ramos y su labor como novelista", *Revista Iberoamericana*, XII (1947), 279–289.

c) CHILE

ANTONIO ACEVEDO HERNÁNDEZ

Textos

Camino de flores, Santiago, Chile, Nascimento, 1929.

Almas perdidas, Santiago, Chile, Nascimento, 1934.

Crítica

Jones, *Breve historia*, 104–106.

EL TEATRO REALISTA

d) PERÚ

LEÓNIDAS YEROVI

Textos

Miró Quesada, Aurelio, *Teatro peruano contemporáneo*, Lima, Ed. Huascarán, 1948.
Publicaciones del Círculo Peruano de Autores, Lima, Perú.

Crítica

Jones, *Breve historia*, 118-119.
Sánchez, L. A., *La literatura del Perú*, 153 y siguientes.

4 LA COMEDIA REALISTA DE COSTUMBRES

GREGORIO LAFERRÈRE

Textos

Obras escogidas, Buenos Aires, Estrada, 1943; editadas por José María Monner Sans.
Las de Barranco, Buenos Aires, Bibl. de Grandes Obras de la Literatura Universal, 1953 y 1954; prólogo de Fermín Estrella Gutiérrez; también en Beltrán, *Antología de poetas y prosistas americanos*, Buenos Aires, Anaconda, 1935, 348-396; con prólogo del propio Laferrère.
Las de barranco, Buenos Aires, Kapeluz, 1953.

Crítica

Diccionario . . . . Argentina, I, 99-101.
Jones, *Breve historia*, 84-85.
Martínez Cuitiño, Vicente. "Elogio de Gregorio Laferrère: el hombre, el comediógrafo", *Cuadernos de Cultura Teatral*, Buenos Aires, Instituto Nacional de Estudios de Teatro, XV, (1943), 69-108.

FLORENCIO SÁNCHEZ

Textos

Teatro completo, Buenos Aires, El Ateneo, 1951; prólogo de Vicente Martínez Cuitiño.
Teatro completo, 2da. ed., Buenos Aires, Claridad, 1952; editado por Dardo Cúneo.
Teatro, 5ta. ed., Buenos Aires, Sopena, 1961. Contiene doce piezas, entre ellas sus obras maestras.
La gringa, New York, Appleton, 1927, editada por Richardson y Lister; reimpresa en 1942.
El teatro del uruguayo Florencio Sánchez, 3 vols., Barcelona, 1917; editado por Vicente Salaverri. Contiene nueve de sus dramas.
Representative Plays of Florencio Sánchez, Washington, D.C., Unión Panamericana, 1961; traducción de Willis Knapp Jones e introducción de Ruth Richardson. Contiene 11 piezas.
La tigra, En familia, Barranca Abajo, Buenos Aires, Estrada, 1946 y 1952; editadas por José María Monner Sans.
Los derechos de la salud en Alpern-Martel, *Teatro*, 34-73.
Barranca abajo en Jones, *Antología*, 145-189.

Crítica

Corti, Dora, *Florencio Sánchez*, Buenos Aires, Facultad de Filosofía y Letras de la Univ. de Buenos Aires, 1937.

García Esteban, Fernando, *Vida de Florencio Sánchez*, Santiago, Chile, Ercilla, 1939.

Goldberg, Isaac, *Drama of Transition*, Cincinnati, Ohio, Stewart Kidd, 1922.

Imbert, Julio, *Florencio Sánchez, vida y creación*, Buenos Aires, Schapire, 1954.

Jones, Willis Knapp, "The Gringo Theme in River Plate Drama", *Hispania*, XXV (1942), 326-332.

Richardson, Ruth, *Florencio Sánchez and the Argentine Theater*, New York, Instituto de las Españas, 1933.

ERNESTO HERRERA

Textos

El teatro uruguayo de Ernesto Herrera, Montevideo, 1917. (Publicado por contribuciones del pueblo).

Teatro uruguayo contemporáneo, Buenos Aires, Aguilar, 1962.

Crítica

Bonet, Carmelo, *El teatro de Ernesto Herrera*, Buenos Aires, Instituto de Literatura Argentina, 1925.

Jones, *Breve historia*, 72-74.

19 El naturalismo hispanoamericano

Antecedentes europeos y españoles
Rasgos caracterizadores del naturalismo

Hacia 1870 surgió en Francia un nuevo movimiento literario derivado del realismo, con el nombre de *naturalismo*, que tuvo repercusiones muy hondas en la literatura posterior. Generalmente se considera a Emilio Zola como el fundador y líder del naturalismo francés, pero lo cierto es que sus teorías tuvieron antecedentes reconocidos en la filosofía positivista de Comte, las doctrinas de Taine al intentar la explicación de la obra de arte a base de la raza, el ambiente y el tiempo del escritor; las de Darwin y Haeckel sobre la evolución de las especies, las leyes de la herencia, la lucha por la vida y la adaptación al medio y los experimentos y teorías del médico francés Claude Bernard. Rasgos de la nueva tendencia aparecen ya en *Germinie Lacerteux* (1864) de los hermanos Goncourt y en la primera novela de Zola, *Thérèse Raquin* (1867), aunque todas sus características aparecen más tarde. Zola le dio el nombre de naturalismo porque se proponía usar un método similar al de las ciencias naturales. Esta técnica es una combinación de observación minuciosa e impersonal, derivada de Balzac, Stendhal y otros realistas, y el método experimental. De acuerdo con éste, el novelista debía trabajar como en un laboratorio y exponer los hechos y caracteres según vienen dados por la experiencia, sin participación de subjetivismo alguno. Este procedimiento le fue sugerido a Zola por la lectura de *Introduction à la medicine experimental* (1865) del médico francés Claude Bernard, a la que deben mucho las teorías del novelista expuestas en su *Le roman experimental* (La novela experimental), de 1880. Zola no pretende iniciar sus novelas con el esquema de un posible argumento, sino con un trozo de la vida real que desea pintar y que será sometido al más profundo análisis y estudio. Otro de los principios más influyentes en sus teorías es que los fenómenos síquicos están sujetos a leyes inexorables como los hechos físicos; de manera que la novela debe tener un valor científico y social. A fin de demostrar la influencia de factores biológicos (herencia, ancestro), sociales (ambiente, medio), sicológicos y fisiológicos, sobre "la bestia humana" (el hombre), Zola escogió arque-

EL NATURALISMO HISPANOAMERICANO

tipos humanos como los alcohólicos, locos, enfermos, trabajadores, prostitutas así como ambientes de degeneración y miseria. De aquí la tendencia de los naturalistas a presentar los aspectos más sórdidos, sucios y desagradables de la vida.

Los rasgos caracterizadores de la nueva escuela eran los siguientes:

   a) La novela adquiere base documental y científica. Se considera a la sociedad como un gran laboratorio. El novelista debe experimentar, investigar y dar sus resultados en la obra de arte. De aquí la exactitud en la observación y la descripción.

   b) Determinismo natural (por la herencia o ancestro) y social (por el medio o ambiente). La vida del hombre está determinada por factores materiales sin intervención del espíritu. Se niega, por tanto el libre albedrío. El hombre no es libre para hacer su propia vida.

   c) El más crudo realismo en la pintura de todos los aspectos de la vida, aun los más íntimos o repugnantes, debido al anhelo científico de expresar la verdad.

   d) Gran pesimismo como tono general de la escuela, precisamente por la forma de concebir la existencia humana.

   e) Protesta y preocupación social.

Al usar este método de investigación rigurosa y experimental, los naturalistas ahondaron en algunos de los problemas humanos y sociales más importantes de la época como eran la prostitución, las luchas obreras, la condición de la mujer y el niño, el alcoholismo, la vagancia y otros, los que expusieron en muchos casos con marcada intención social y de reforma.

Emilio Zola llevó sus teorías, aunque no con la fidelidad que se esperaba, a sus novelas: el ciclo de veinte volúmenes, *Les Rougon-Macquart* (1871-1893), *Gervaise*, *Nana* (1880), *Germinal* (1885), que cuenta la vida dura y el mal trato a los mineros y sus huelgas; *La Terre* (1888), sobre los campesinos y *La Débacle* (1892), tenida como su obra maestra y que trata de la Guerra Franco-prusiana. Las teorías y técnicas novelísticas de Zola se extendieron rápidamente por toda Europa e inclusive llegaron a España a través de Emilia Pardo Bazán, que expuso y defendió muchos de los aspectos del movimiento en artículos periodísticos recogidos luego en su libro, *La cuestión palpitante* (1883). Luego se afiliaron a la nueva escuela Leopoldo Alas (Clarín), Armando Palacio Valdés y Vicente Blasco Ibáñez, todos ellos con una extensa labor narrativa.

Aunque las teorías de Zola tienen muy relativo valor hoy en día, hay que apuntarle al naturalismo la mayor libertad que trajo a la literatura. Muchos temas que se consideraban "tabú" fueron tratados con franqueza y desenfado, enriqueciendo el arte y abriendo las posibilidades de la novela futura.

Modalidades del naturalismo hispanoamericano
Intención social del movimiento
Principales exponentes

El realismo hispanoamericano se orientó hacia tres corrientes principales: *un realismo integral* con influencia de Balzac, Pérez Galdós, Stendhal, Flaubert y

389

EL NATURALISMO HISPANOAMERICANO

Daudet, con detallismo descriptivo, pintura sicológica de personajes y cuidado estilístico; un *realismo regional*, con énfasis en lo pintoresco particular o local, el costumbrismo y la intención social. Aquí se nota una fuerte influencia española. Finalmente, muchos autores se abrazaron al *naturalismo*, asociado a los nombres de Zola y los hermanos Goncourt, principalmente. Estas tendencias no están definidamente en autores particulares, sino que los novelistas presentan algo de todas ellas, aunque a veces hay predominio de alguna de esas modas literarias.

El naturalismo halló en la crisis de nuestros países a fines del siglo XIX y principios del actual, un campo abonado para su adopción. Había en el naturalismo ciertos principios de gran atracción para los hispanoamericanos: el estudio a fondo de los problemas y naturaleza de la sociedad como en un laboratorio; la exposición, crítica y orientaciones para la reforma de los males de la sociedad burguesa; la defensa de los derechos de los trabajadores, de la mujer, del niño y la justicia social. Pero entre nosotros no hubo un naturalismo "puro", que ya hemos visto tampoco existió ni aun en la literatura francesa. La característica esencial de nuestro naturalismo fue el estudio cuidadoso y preciso del medio ambiente y de muchos de los problemas humanos y sociales que confrontaban nuestros países, entre ellos la quiebra moral en la política, la crisis de sistemas educacionales, la caída de doctrinas filosóficas y políticas, el relajamiento moral debido a la situación económica, la explotación de los trabajadores y otros. La narrativa naturalista no solamente expuso muchos de estos aspectos con desenfado y a veces con crudeza, sino que mostró también su sensibilidad y clamó por reformas sociales.

El autor de *Germinal* contó con entusiastas seguidores en toda Hispanoamérica: los argentinos José Miró (1867-1896) en *La Bolsa* (1890); Eugenio Cambaceres (1843-1888), autor de *Música sentimental* (1884) y Lucio López (1848-1894) en *La gran aldea* (1884). Manuel Gálvez es naturalista en *Nacha Regules* (1919) e inclusive *La maestra normal* (1914) presenta muchos aspectos naturalistas. En México el más importante fue Federico Gamboa; en Venezuela, Gonzalo Picón Febres (1860-1918) con *Fidelia* (1893), *Nieve y lodo* (1895) y *El sargento Felipe* (1899) y en Puerto Rico, Manuel Zeno Gandía (1855-1930) con *Crónicas de un mundo enfermo* (*La charca*, 1894, *Garduña*, 1896), *Redentores* y *El negocio*, 1922); en Cuba, Carlos Loveira; en Chile, Baldomero Lillo en el cuento y Augusto d'Halmar (1880-1950) en *Juana Lucero* (1902) y *Vida y pasión del Cura Deusto* (1924); en el Uruguay, ya veremos elementos naturalistas en el gran novelista Carlos Reyles y en los cuentos de Javier de Viana.

A más de las tesis y prédicas doctrinarias, encontraremos en estos autores denuncia de los males sociales y anhelo de lograr su corrección, así como un más cuidadoso análisis sicológico de caracteres. Nuestro naturalismo, como el europeo, amplió las posibilidades de la novela al traer a sus páginas asuntos y aspectos que antes no se consideraban novelables. Más libertad, mayor desenfado en la narración y una preocupación más humana por los problemas parecen ser otras de sus contribuciones. Presentaron asuntos y plantearon situaciones y problemas que los novelistas anteriores no se atrevieron o no quisieron estudiar. El naturalismo no nos dejó cuadros hermosos o idílicos de Hispanoamérica, pero puso a los novelistas en contacto con la realidad que los rodeaba.

Eugenio Cambacéres, primer naturalista hispanoamericano

El puesto de primer naturalista hispanoamericano lo gana el argentino EUGENIO CAMBACÉRES (1843-1888), de ascendencia francesa y familia acaudalada. Pertenece a los llamados "hombres del ochenta" de las letras argentinas, aunque el tono general de su estilo se aparta de ellos. Viajero de París, hombre de amplia cultura, sobre todo francesa, figura de sociedad en aquel Buenos Aires de fines de siglo. En la política profesó ideas liberales y en literatura fue uno de los primeros y más entusiastas seguidores de Zola en Hispanoamérica. En sus discursos defendía ideas semejantes a las que Zola propugnaba en Francia. Escribió cinco novelas: cuatro produjeron sendos escándalos por la exposición de motivos que hasta ese momento habían sido "tabú" y la última se dice que su manuscrito fue destruído por su esposa, siguiendo al parecer consejos del confesor.

En su primera novela, *Pot-Pourri* (1881), editada en París, nos describe con todo desenfado un caso de adulterio. A veces copia del natural y otras inventa personajes como él mismo dice en su prólogo, donde también afirma que "la exhibición sencilla de las lacras que corrompen el organismo social es el reactivo más enérgico que contra ellas pueda emplearse". Su naturalismo se hace aun más crudo en *Música sentimental* (1884), historia de los amores apasionados de dos argentinos—Pablo y su querida Loulou—en París. Debido a su vida licenciosa, Pablo ha adquirido sífilis. La descripción que hace de la enfermedad de Pablo la enviadiría Zola por su desnudez, crudeza y realismo que llega a ser repugnante.

Parece que su mejor novela es *Sin rumbo* (1885) de ambiente criollo, en que pone de manifiesto algunas de las lacras sociales como son las grandes diferencias sociales. El estudio sicológico que hace de Andrés, el protagonista, es de lo mejor que ofrece la novela argentina. Andrés viola a una campesina y de ese acto nace una hija. Lucha a brazo partido entre la atracción de la gran ciudad y el campo que puede salvarle. La novela llega al clímax de tragedia cuando muere la hija y Andrés se mata. Detalles de costumbrismo asoman a su última novela, *En la sangre* (1887), cuyo asunto es la vida de un hijo de inmigrante y su lucha, no siempre limpia, para alcanzar preeminencia social. Tiene valor sociológico por el estudio que hace de la realidad argentina de esa época.

Las obras de Cambacéres tienen cierta tendencia picaresca quizás producto de su carácter escéptico y burlón. A veces el tono es sarcástico, cínico y siempre hay refinamiento en la expresión, hecha a base de frases breves y descripciones exactas y directas. Sus obras tienen autenticidad ambiental, tanto cuando describe a París, como cuando nos presenta la vida de Buenos Aires; tanto en el variado cuadro de personajes que presenta como en la imitación del habla popular porteña. Aprendió en Zola a presentar con todo realismo la realidad y con desnudez hasta lo más sucio y sórdido de la vida. Sus obras son como una denuncia de las hipocresías de la sociedad pacata, que permite en su seno las indignidades y lacras que él describe. Sus novelas son fuertes y dejan a veces una impresión amarga y repugnante, pero abrieron los ojos a los novelistas sobre la verdad social en toda su cruda realidad, así como su importancia como material estético.

La honda preocupación social de Baldomero Lillo

También al cuento llegó el naturalismo y como desentrañando todas las injusticias sociales en el subsuelo y en los pueblos chilenos se nos presenta BALDOMERO LILLO (1867-1923), el primer narrador chileno en mostrar honda preocupación por los problemas sociales de su país. Leyó asiduamente a los naturalistas rusos y franceses, de aquí la marcada influencia que acusa de Dostoievski y especialmente del *Germinal* de Zola. En éste aprendió mucho de su arte de narrador y la dimensión de protesta social que adquiere la mayoría de sus relatos. Nació en Lota, pueblecito minero de la provincia de Concepción. Pertenecía a la clase media: su padre era encargado de unos establecimientos mineros y dos hermanos se distinguieron en la literatura. El propio autor fue minero y más tarde llegó a ser encargado de la tienda de una compañía. En 1898 se trasladó a Santiago, mostrando mucho interés en la organización de los trabajadores, que apenas se iniciaba entonces. Asimismo se identificó con el grupo de los llamados "Generación del novecientos", de ideas semejantes a las de él. Logró un cargo en el departamento de publicaciones de la Universidad de Chile, que ocupó hasta 1917, fecha de su retiro por enfermedad. En su último verano escribió *Inamible*, una obra maestra del humor chileno. Murió de tuberculosis.

La obra de Lillo no es muy abundante, pues se reduce a un soneto escrito en sus días juveniles, unos cuarenta y dos cuentos, una conferencia, un artículo y dos capítulos de una novela inconclusa sobre la pampa salitrera. Su primer cuento se titula "El ahogado," pero su fama comenzó con el relato "Juan Fariña", premiado por la Revista Católica en 1903. Nos dejó tres libros de cuentos. Su primera colección de cuentos, *Sub sole* (1904), le dio renombre nacional y continental. De la observación directa de los mineros del carbón en el sur de Chile en la época en que trabajó allí salieron sus admirables cuadros pintando las miserias, dolores y angustias de esta pobre gente. Aquí encontramos algunos de sus mejores cuentos: "El chiflón del diablo", "La compuerta número 12", "El pozo", "El pago", "Juan Fariña". Con agudo realismo y vigorosa protesta social y toques deterministas pinta las horribles condiciones de trabajo de los mineros chilenos. En estos relatos se unen la observación aguda y directa; la protesta social; el valor narrativo y la acusación contra la explotación.

Lillo muestra la tendencia a pintar a los capataces, ingenieros y encargados de las minas muy crueles, oponiéndoles un estado casi de indefensión de los trabajadores, cosa no muy lejana de la realidad en una época en que no existía todavía la legislación social y la organización obrera. En la mayoría de estos relatos hay una nota determinista, una crudeza en la descripción y un vigor del realismo que los hace caer dentro de la escuela naturalista. Lillo generalmente no predica, sino que deja que sea la propia dramaticidad y crudeza del relato la que conmueva al lector ante la injusticia, el dolor y la calamidad de los peones. Su estilo es rudo e inclusive con faltas a la gramática.

Más tarde el escritor amplió su inspiración a una mayor variedad de temas: los campesinos, los puertos, la vida real, el folklore, dejándole más campo a su fantasía. En 1907 publicó *Sub sole* con el que el cuentista invade el mundo de la parábola filosófica y las costumbres contemporáneas. Entre estos cuentos sobresalen "Vísperas de difuntos", "En la rueda", "El vagabundo", "La mano pegada", "El remolque" y otros. También nos presenta una vena fantástica, con cuentos alegóricos y simbólicos, entre los se cuentan: "La piedra de fuego", "El rapto del sol" y, sobre todo "Las nieves eternas", una de sus mejores narraciones. Tiene entonces primores de estilo y muestra ansia en la búsqueda de metáforas y cuidado de las frases e inclusive ciertos puntos de contacto con los modernistas. Aunque insiste en la exploración de la realidad humana y social de Chile, sus relatos no tienen ahora el patetismo a veces morboso de sus cuentos relacionados con la vida minera. En los relatos simbólicos y sus parábolas alcanzó una altura apenas alcanzada por los también chilenos Pedro Prado y Augusto D'Halmar, considerados dos maestros del género. Aunque su estilo es generalmente dramático, tiene también algunos cuentos humorísticos excelentes. En su acercamiento a los modernistas en los cuentos fantásticos es evidente la influencia de Rubén Darío.

Póstumamente se recogieron otros cuentos esparcidos por periódicos de la época en las colecciones *Relatos populares* (1942), publicados por González Vera y *El hallazgo y otros cuentos* (1956).

Por su sensibilidad ante los problemas sociales y su indiscutible vena de buen narrador y la fuerza dramática de sus relatos, Baldomero Lillo es uno de los grandes cuentistas del continente. Es lástima que le faltara una más rica imaginación creadora. Ayudó a despertar el interés de los escritores por los problemas sociales y a llamar la atención de pueblo y autoridades sobre las condiciones miserables e injustas de los trabajadores. Todo esto lo realizó sin dejar que los valores estéticos de sus obras salieran perjudicados. Su prestigio es cada día más sólido y con razón se le considera el padre del realismo chileno. Casi todos los grandes narradores de ese país tienen huellas de este gran cuentista.

Conjunción del criollismo y el naturalismo en los cuentos de Javier de Viana

También al Uruguay llegó el realismo con Díaz de Acevedo y poco después el naturalismo donde destaca el excelente cuentita JAVIER DE VIANA (1868-1926), criado entre gauchos en una estancia. "En aquel medio agreste—escribirá en sus apuntes autobiográficos—aprendí a comprender las maravillas de la naturaleza". Él mismo cuenta que a los once años se trasladó a Montevideo, donde ingresó a la Universidad, graduándose de bachiller en ciencias y letras a los diecisiete años, a pesar de su alistamiento como soldado en las filas revolucionarias. Estudió algo de lenguas clásicas y modernas y alguna vez fue miembro del Parlamento. En 1904 se exilió voluntariamente en Buenos Aires, donde se distinguió como periodista, autor dramático y, sobre todo como narrador. En sus cuentos se combinan su amor por la naturaleza, su don de observación del hombre y las técnicas naturalistas, aprendidas según él mismo confiesa, en sus lecturas de Zola, Maupassant, Turguenev y Sacher-Masoch. Llegó a ser uno de los *criollistas* más vigorosos de América y precursor distinguido del regionalismo en la narrativa.

Sus obras forman unos veinte volúmenes de cuentos, novelas y piezas teatrales. Su gran mérito está en el cuento, género en que llegó a tener la maestría de un verdadero creador. Viana se dio a conocer en 1896 con su libro *Campo, Escenas de la vida de la campaña*, colección de once cuentos dentro de la técnica naturalista, en los que pinta con trazos vigorosos y sugerente colorido la vida rural y distintos tipos de paisanos. Más tarde publicó una novela, *Gaucha* (1899), relato de una historia violenta de la vida rural escrita de acuerdo con la fórmula del autor de *Naná*. Sus colecciones de cuentos posteriores, entre ellas *Gurí y otras novelas* (1901), *Macachines* (1910), *Leña seca* (1911) y *Yuyos* (1912) lo acreditan como uno de los regionalistas más vigorosos de la literatura hispanoamericana y uno de los impulsores de la narración criollista entre nosotros. Entre sus mejores cuentos deben mencionarse "El domador", "La tísica", "Lo mismo da", "En las cuchillas", "Sangre vieja", "El tiempo perdido". "Gurí" que le da nombre a una colección de siete cuentos ya mencionada, es un cuento sicológico donde estudia un caso de sugestión.

Viana escribió casi exclusivamente sobre la vida rural de la que tenía un conocimiento directo excelente. Lo más notable, a más del colorido de sus descripciones, es la fidelidad en la captación de la sicología del gaucho y la pintura del ambiente rural. En vez de idealizar al gaucho, como a veces hizo el romanticismo, lo pinta brutal y presa de los instintos más bajos y peores vicios. Goza en la pintura de las fuerzas brutales y fatalísticas, como el vicio, la enfermedad, que se desencadenan arrastrando a sus víctimas. Muestra interés por las descripciones científicas como remedo de sus lecturas de los naturalistas. Su prosa está desprovista de elementos decorativos, contra los que siempre reaccionó y se caracteriza por su sobriedad y ritmo muy animado. Sus imágenes son ingeniosas y le brotan con naturalidad y están tomadas del propio medio rural que describe. A menudo emplea animales, árboles y demás aspectos de la pampa en sus comparaciones.

Aunque Viana es uno de nuestros grandes narradores y más de una docena de sus cuentos son antológicos, muchas de sus narraciones adolecen de la urgencia periodística con que fueron compuestas. El autor tuvo que escribir incansablemente para poder vivir y de aquí la repetición de asuntos, falta de dramatismo real y otros defectos que se notan en algunos de sus cuentos. Su fecundidad era tal que él mismo confiesa haber escrito una vez cuatro cuentos en tres horas, festinación que tuvo necesariamente que afectar su calidad artística y literaria.

También escribió para el teatro varias piezas, destacándose dos obras en tres actos: *La nena* (1905) y *La Doctora* (1907), así como varias de un solo acto. No hay dudas de que su talento era más narrativo que dramático. Sus mejores obras son aquéllas en que pinta el campo con sobriedad, precisión y fidelidad; los más débiles, los cuentos llenos de referencias a la política del instante. Es uno de los naturalistas más representativos de la América española.

Federico Gamboa, el novelista mexicano más cercano a Emilio Zola

El realismo mexicano tuvo su orientación naturalista representada por FEDERICO GAMBOA (1864-1939), posiblemente el novelista hispanoamericano que más se aproxima a la fórmula de Zola. Nació en la ciudad de México, donde la familia sufrió adversa fortuna. Pero el joven Gamboa demostró estar dotado de talento y voluntad para triunfar. A los veinticuatro años ingresó en la diplomacia, en un cargo modesto, en el cual fue ascendiendo gradualmente a Ministro, Embajador y finalmente a Secretario de Relaciones Exteriores. Representó a México en Guatemala, Washington, Buenos Aires y Bruselas. Fue miembro correspondiente de la Academia Española. En sus últimos años ocupó una cátedra en la Universidad Nacional Autónoma y fue Presidente de la Academia Mexicana de Letras. Su otra gran actividad la constituyó la literatura cultivando tres géneros, principalmente: novela, teatro y memorias en las que cuenta su vida, viajes y escritos.

Gamboa debe su fama a una copiosa producción novelística que se inicia con *Del natural* (1888), conjunto de novelas breves reveladoras de su habilidad como narrador y agudeza en la observación de la realidad circundante. Después de esa colección y de *Apariencias* (1892) dio a la luz su primera novela importante, *Suprema ley* (1896), expositora de la degeneración y lacras sociales en México, a través de la trama cuyo asunto es la loca pasión de un tísico, escribiente del juzgado, por una mujer procesada de homicidio. Este amor arruina su hogar y lo lleva a la muerte. En la novela son patentes dos de las influencias que lo acompañarán siempre: Zola y los hermanos Goncourt. Tres años después publica *Metamórfosis* (1899), historia de una monja que siente pasión de mujer por el hombre que la roba del convento.

En 1903 sale de las prensas la novela más popular de Gamboa y posiblemente la más leída en México: *Santa*. Es la historia de una joven bellísima que después de perder la virginidad a manos de su primer novio, se convierte en prostituta y tiene un fin trágico. Ha sido llevada al cine, al teatro y objeto de numerosas ediciones. *Santa* pertenece a la familia de *Naná, Elisa, Manon Lescaut, La dama de las camelias* y *Mimí Pinson*. La heroína de Gamboa no llega al vicio por inclinación propia, sino empujada por condiciones sociales y la conducta humana de algunos. El autor no muestra complacencia en lo malsano, sino preocupación social por las lacras sociales en actitud semejante a su maestro Zola. Hay un evidente propósito de prédica y de reforma, aunque no se diga explícitamente en el relato. Se destacan en la obra su habilidad plástica para reconstruir ambientes, una trama sostenida, sagacidad y don de observación aun de los detalles más nimios.

La conciencia social y el objetivo de prédica aparecen más claros en *Reconquista* (1908), de aliento religioso y *La llaga* (1910) en la que un preso trata de rehacer su vida por medio del amor que le nace del bien que queda en el fondo de su corazón.

Aparte de sus novelas, dejó Gamboa memorias o libros autobiográficos como *Impresiones y recuerdos* (1893). Más íntimo se presenta en *Diario*, del cual se han publicado cinco volúmenes, siguiendo el ejemplo de sus admirados Edmundo y Julio Goncourt. La versatilidad de su talento queda demostrada, además, por su teatro, donde Gamboa se distingue como dramaturgo serio, trascendente e intenso. Entre sus piezas merecen citarse: *La última campaña* (1894), una comedia; *La venganza de la gleba* (1905), drama rural hondo e intenso; *A buena cuenta* (1907) y *Entre hermanos* (1928), pieza trágica sobre la vida mexicana contemporánea, considerada como su mejor pieza dramática.

Gamboa es un excelente novelista, tanto por la trama bien construída, análisis sicológico de sus personajes y su perspicacia de observación, como por el lenguaje que a veces recuerda la prosa modernista por su elegancia e imágenes. Es un franco expositor de los vicios sociales, que describe descarnadamente. Es el novelista mexicano que más se aproximó a Zola en virtudes y defectos: preocupación y protesta social, ansia de reformas y descarnado realismo en la pintura de ambientes. Si compara su obra con las novelas que lo precedieron, se nota su superioridad en técnica e idea general sobre la novela. Aunque imitó a los europeos del naturalismo, sus ambientes son mexicanos, y sus ideales reformistas van dirigidos a las lacras y vicios en su país. El naturalismo de Gamboa tuvo influencia directa en la novela mexicana posterior, sobre todo en Mariano Azuela, uno de sus más despiadados críticos. Algunos pasajes de sus obras son realmente admirables y se cuentan entre lo mejor escrito en México, aunque su estilo adolece a veces de cierto retoricismo ajeno al lenguaje novelístico.

Carlos Loveira Chirino, propugnador de una nueva moral política para Cuba

También dentro del naturalismo se destacó el cubano CARLOS LOVEIRA CHIRINO (1882-1928) a quien la crítica moderna ha ido haciendo justicia en los últimos años. Mientras Gamboa se orienta más bien hacia las lacras de base erótica, Loveira parece abogar por una nueva moralidad política para Cuba, erigiéndose en expositor tenaz de los vicios de la política y de una estructura social donde triunfan los más osados por encima de capacidad e inteligencia. Sus novelas tienen a Cuba por escenario, pero describe corrupciones políticas que se repiten con más o menos intensidad en toda Hispanoamérica.

En Loveira se dan la mano el periodista, el patriota, el revolucionario, el líder obrero (nacional y panamericano), y el agitador y propagandista social. Ejemplo del autodidacta, abrazó las ideas socialistas y amó las reformas sociales en favor del trabajador, los humildes, la mujer y el niño. Habiendo quedado huérfano lo recogió una familia pudiente que luego se trasladó a New York al estallar la Guerra de Independencia de Cuba. En esa ciudad vendió frutas, trabajó en un hotel e hizo los primeros contactos con el movimiento obrero. Peleó en la lucha libertadora de su patria, trabajó como empleado ferroviario y se convirtió en uno los primeros líderes sindicales de Cuba. Llegó a ser Secretario General de la Confederación Obrera Panamericana. Se le nombró jefe del Negociado del Trabajo de la Secretaría de Agricultura de Cuba y asistió a múltiples conferencias internacionales, viajando extensamente por toda Europa y América Hispana. Sus méritos como escritor lo llevaron a la Academia de Artes y Letras de Cuba y a miembro correspondiente de la Española. Murió muy pobre en una sala pública de un hospital de la Habana.

La producción literaria de Loveira Chirino comprende artículos sobre temas laborales, varios cuentos publicados en revistas, numerosos ensayos e inclusive un drama, *El mundo anda revuelto*, representado, pero nunca publicado que se sepa. Su gloria literaria, sin embargo, se debe a media docena de novelas muy leídas en Cuba y que han causado impresión también en otros países. Llegó a este género como medio de hacer propaganda a sus ideas y de clamar por reformas sociales. Los caracteres y escenarios de sus obras son típicamente cubanos y la trama surge de problemas específicos del país, captados a través de la observación directa y personal de la realidad nacional. Loveira mismo confesó las influencias que sobre su obra tuvieron los novelistas modernos franceses y españoles y el portugués Eça de Queiroz. De los epañoles son Pérez Galdós y Blasco Ibáñez los que más lo influyen y de los franceses, Zola, en quien aprendió el arte de la airada protesta social y la descripción descarnada y minuciosa de detalles y de los aspectos más sórdidos de la existencia.

Loveira se estrenó como novelista con *Los inmorales* (1919) en la que ataca la moral burguesa, la iglesia y defiende el establecimiento del divorcio. Esa novela lo consagró ante el público a pesar de su tema tan polémico y muchos críticos vieron un gran novelista en potencia. La novela tuvo resonancia internacional. Más sensación todavía causó *Generales y doctores* (1920), reputada como su segunda obra maestra. Técnicamente hablando es su mejor novela. La obra es una radiografía fidelísima de las lacras sociales y políticas que acabaron por arruinar la república de Cuba. Es la historia de un joven idealista que llega hasta Senador, pero luego fracasa cuando deja ver su idealismo y su anhelo de reforma. Pinta muy bien el apoderamiento del poder público y la riqueza por aquéllos que pelearon en la Guerra de Independencia o que poseían un título universitario, así como la "farsa" de muchas elecciones y la caricatura de auténtica democracia. Como casi todos los personajes de Loveira, aquí Ignacio se frustra ante el choque de la realidad.

Más tarde publicó *Los ciegos* (1922) en la que presenta la lucha entre los trabajadores y la clase capitalista. Sus simpatías están por los primeros. La obra tiene un tono anticlerical, pues ataca la influencia católica en los hogares. Es obra muy polémica y de tesis, semejante a la línea galdosiana. Loveira es una de los primeros campeones de la justicia social en Cuba e Hispanoamérica. La caída moral de una mujer debido al medio social es el tema de *La última lección* (1924). Presenta el apasionado amor de un médico rico por Isabel, una bailarina a quien conoció en una academia de bailes a donde fue para aprender a bailar. Es posiblemente su novela con técnica más moderna.

Novela de tono pesimista y amargo es *Juan criollo* (1927), la última y al parecer la obra maestra de Carlos Loveira. El protagonista es Juan Cabrera, un pobre huérfano a quien cría una familia rica. Después de muchas aventuras en el extranjero donde ha vivido algunos años, regresa a Cuba después de la Independencia y vive de modestos puestos. Pronto se da cuenta de que para triunfar hay que usar de la "viveza criolla", de manera que desilusionado, Juan hace dejación de los ideales que pudo tener y decide aceptar el mundo como es y escalar las más altas posiciones y la riqueza por medio de movimientos hábiles, que eran los caminos para llegar al poder. La novela, como casi todas las del autor con la excepción de *La última lección*—es rica en datos autobiográficos. Juan Cabrera es un carácter que convence por su humanidad: es a veces impredecible y otras contradictorio y siempre muy cubano. La obra tiene un evidente tono picaresco y es un vívido cuadro de la vida política y social de Cuba antes y después de la Independencia.

Loviera parece más interesado en la exposición de sus ideas que en preocupaciones estéticas, pero no se le puede negar un excelente sentido para la novela. Tiene un estilo muy ameno y agradable, aunque se resiente a veces de descuidos y desaliños, quizás por la premura con que las compuso. Hizo de la novela un vehículo para luchar contra la corrupción política y las prácticas que desvirtuaban los verdaderos ideales de la República. Tiene la minuciosidad, el detallismo de las descripciones y el realismo descarnado de Zola, y el ritmo rápido y el estilo vigoroso y ameno de Blasco Ibáñez. Las novelas de Loveira tienen valores permanentes por la maestría con que supo captar la realidad social de su país (y de la América Hispana en general) mediante una técnica casi fotográfica para pintar el ambiente social y político, seguido de una preocupación reformadora. Casi todas sus novelas tienen tonos deterministas y da la impresión de andar en busca no de la belleza, sino de la verdad. No hay documentos para conocer la situación de Cuba de esos años, los ideales sociales y la sicología del cubano que superen a las novelas de Loveira. La crítica moderna está haciéndole justicia como uno de los mejores novelistas hispanoamericanos del siglo XX.

BIBLIOGRAFÍA

1 General

a) Antecedentes europeos y españoles

Cohen, J. M., *A History of Western Literature*, Cap. XIV.
García López, *Historia de la Literatura Española*, LXIV.

Nitze, William A., y Dargan, Preston E., *A History of French Literature*, 3ra. ed., New York, Holt, 1950.

Río, Angel del, *Historia de la literatura española*, II, Cap. 4, III.

Saurat, Denis, *Modern French Literature, 1870–1940*, New York, G. P. Putnam's Sons, 1946.

Trawick, Buckner B., *World Literature*, II, Parte Segunda, No. 8.

b) MODALIDADES DEL NATURALISMO HISPANOAMERICANO

(Véanse Alegría, Leal, Torres-Rioseco, Sánchez, Uslar-Pietri, Warner y Zum Felde, así como bibliografías de los capítulos XVI, XVII, XXVII y XXIX)

2 AUTORES INDIVIDUALES

EUGENIO CAMBACÉRES

Textos

Obras completas, Santa Fé, Argentina, 1956.

Crítica

Anderson Imbert, *Historia*, I, 307–308.

Danero, E. M. S., "Algunas observaciones y notas sobre Eugenio Cambacéres" en *Obras completas* del novelista.

García Germán, *La novela argentina*, 50–53.

BALDOMERO LILLO

Textos

Antología de Baldomero Lillo, Santiago, Zig-Zag, 1955; editada por Nicomedes Guzmán.

El hallazgo y otros cuentos del mar, Santiago, Zig-Zag, 1956. Publicados por José Zamudio.

Sub terra, 5ta. ed., Santiago, Nascimento, 1956.

Sub sole, 3ra. ed., Santiago, Nascimento, 1943; con un ensayo, "Baldomero Lillo" y bibliografía por J. S. González Vera.

Relatos populares, Santiago, Nascimento, 1942; prólogo, selección y bibliografía de J. S. González Vera.

The Devil's Pit and Other Stories, Washington, D.C., Unión Panamericana, 1959. Traducciones de Esther S. Dillon y Ángel Flores e introducción de Fernando Alegría.

Pesquisa trágica: Cuentos olvidados, Santiago, Luis Rivano, Editor, 1963; nota preliminar de José Zamudio.

Crítica

Diccionario . . . . *Chile*, 109–111.

Prólogos a las ediciones anteriores.

Sedwick, Ruth, "El mensaje social de Baldomero Lillo", *Memoria del segundo congreso del Instituto Internacional de Literatura Iberoamericana*.

——, "Baldomero Lillo y Emile Zola", *Revista Iberoamericana*, XIX (1944), 321–328.

JAVIER DE VIANA

Textos

Campo, Montevideo, C. García, 1945.

Gaucha, Montevideo, Ministerio de Educación Pública, 1956.

Leña seca, 6ta. ed., Montevideo, C. García, 1925.

Yuyos, Montevideo, C. García, 1926.

Selecciones en: Anderson Imbert y Florit, Coester, *Cuentos;* Crow, *Cuentos*, Hespelt y otras antologías de cuentos.

Crítica

Bollo, Sarah, *Literatura uruguaya*, I, 125, 199-200.

Leal, Luis, *Historia del cuento*, 51-52.

Zum Felde, *Proceso*, II, 193-217.

FEDERICO GAMBOA

Textos

Suprema Ley, México, E. Gomez de la Puente, 1920.

Santa, 14a. ed., México, Botas, 1960.

Reconquista, 2da. ed., México, Botas, 1937.

Crítica

Azuela, *Cien años*, 189-206.

González Peña, *Historia*, 350-352.

González, *Trayectoria*, 72-76.

Moore, Ernest, "Bibliografía de obras y crítica de Federico Gamboa", *Revista Iberoamericana*, III (1940), 271-279.

Navarro, *La novela*, 246-312.

Woolsey, A. W., *The Novels of Federico Gamboa*, Austin, Univ. of Texas Press, 1930.

CARLOS LOVEIRA CHIRINO

Textos

Generales y doctores, La Habana, Sociedad Editorial Cuba Contemporánea, 1920.

Los ciegos, La Habana, El Siglo XX, 1922.

Los ciegos, La Habana, Sociedad Editorial Cuba Contemporánea, 1922.

La última lección, La Habana, Imp. Rambla, Bouza y Cía, 1924.

Juan criollo, La Habana, Cultural, 1927.

Generales y doctores, La Habana, Consejo Nacional de Cultura, 1962.

Generales y doctores, New York, Oxford, 1965. Editada por Shasta M. Bryant y J. Riis Owre.

Juan criollo, New York, Las Américas, 1964; con estudio preliminar y notas de Carlos Ripoll.

Crítica

Barbagelata, *La novela y el cuento*, 259-262.

González, Manuel Pedro, "La literatura cubana de hoy: Carlos Loveira", San Juan, Puerto Rico, *Revista de Estudios Hispánicos*, II, 1929, 177-193.

Espinosa, Ciro, *Indagación y crítica*, La Habana, Cultural, 1940, 49-118.

Martínez Márquez, Guillermo, "Carlos Loveira. Su vida, su obra", *Repertorio Americano*, Vol. LXVIII, No. 16 (1929).

Remos, *Tendencias*, 155-157; 192-198.

Ripoll, "Estudio preliminar" en *Juan Criollo*.

Spell, J. R., "Carlos Loveira Advocate of the New Morality for Cuba", Cap. IV de su *Contemporary Spanish-American Fiction*, Chapel Hill, The Univ. of North Carolina Press, 1944, 101-134.

Torres-Rioseco, *The Epic* y *Nueva historia*.

20 El modernismo

Ambiente universal: reflejo de un nuevo espíritu

Más que coincidir con ella, el modernismo es una consecuencia directa de la crisis mundial en la transición del siglo XIX al XX. En todos los campos surgen nuevos valores y corrientes de pensamiento que llegan también a la filosofía y al arte en general. En la primera aparecen Schopenhauer y su "voluntarismo pesimista", el voluntarismo creador de Nietzsche, el existencialismo de Kierkegaard, el neo-cristianismo de Tolstoy y la filosofía intuicional de Bergson. En la literatura y el arte emergen como escuelas dominantes: el simbolismo, impresionismo, prerrafaelismo, decadentismo, parnasianismo y neosensualismo. En la música se impone la nueva técnica de Wagner y en el teatro Ibsen, Hauptmann y Maeterlinck. Por todos lados se nota un intenso anhelo de renovación artística, filosofica y espiritual. La búsqueda de lo moderno en todos los aspectos llega a ser el mito de la época. En la literatura tenemos ahora características muy precisas: a más del ansia de modernidad, hay una orientación hacia el apoliticismo y la combinación de intelectualismo y esteticismo como nunca antes.

En el mundo hispánico no es menos intenso este surgimiento de nuevos valores coincidente con la crisis general de la conciencia española y del estilo de cultura. En 1898 tiene lugar el llamado "desastre nacional" producido por la guerra con los Estados Unidos en la que España pierde sus últimas posesiones en América y Asia. Continúa en grado creciente la crisis política e institucional de la península. La crisis interna y las corrientes renovadoras exteriores se conjugaron para producir también en España un ansia de cambio y transformación, oreintada hacia dos reacciones: el *esteticismo* que luego bajo la influencia directa del movimiento hispanoamericano formará el modernismo, y hacia lo *histórico, filosófico y moral,* base de la generación del 98. Estos aires renovadores, reflejo de un nuevo espíritu universal, cruzaron el Atlántico para llegar también a Hispanoamérica.

EL MODERNISMO

Marco histórico, político y social

La América Hispana pasó de una época de anarquía revolucionaria y post-revolucionaria a un período de bastante estabilidad política y de paz. Tranquilidad, organización y cierto grado de prosperidad que no llega a calar muy hondo en todos los estratos sociales, se van produciendo al ritmo del ideario del liberalismo y el positivismo. La calma política se logra por la instalación en el poder de oligarquías conservadoras o liberales fuertes y centralizadoras que tienen el apoyo de los militares, la iglesia y de las clases altas. Conservadores y liberales se suceden en el poder, pero cierto grado de estabilidad impulsa el proceso de industrialización y desarrollo económico con la penetración del capitalismo extranjero. Tres regímenes pueden caracterizar esta época: Porfirio Díaz en México; la oligarquía liberal en Argentina y la oligarquía y luchas de los militares en Venezuela, que al final sitúan a Antonio Guzmán Blanco en el poder.

España había perdido todas sus posesiones en América con la excepción de Cuba y Puerto Rico. José Martí, uno de los grandes precursores del modernismo, organiza la Guerra de 1895 que vence a España con la ayuda de los Estados Unidos y éstos toman bajo su protección a ambas islas. Se acentúa en general la hegemonía del poderoso país del norte y la consiguiente reacción antinorteamericana en estos pueblos. La relativa prosperidad económica y la existencia de una clase media más amplia a la que pertenecen casi todos los intelectuales y escritores, producen efectos visibles en la vida intelectual. Ahora abunda más la "literatura pura," entendida ésta como la producida por quienes hacen del escribir una profesión y modo de vivir y no el simple ejercicio de una vocación.

El modernismo como derivación de una orientación general de la cultura occidental

Las dos últimas décadas del siglo XIX señalaron el advenimiento de una revolución literaria, que abarcó en su órbita a todos los pueblos de habla española en el Nuevo Mundo y, que posteriormente, se extendió a España. El nombre que se aplicó a ese movimiento fue el de *Modernismo,* que ha subsistido en la historia literaria, a pesar de su muy discutida propiedad. El amplio movimiento reformó y renovó la literatura hispánica en su forma y en su espíritu. Efectuó una completa renovación de la prosa y de la poesía, mediante la mezcla de distintas corrientes europeas y nativas. Más que una escuela literaria constituyó una actitud frente al arte. Muy acertadamente ha dicho Juan Ramón Jiménez: "El modernismo no fue una tendencia literaria: el modernismo fue una tendencia general. Alcanzó todo. . . . Porque lo que se llama modernismo no es cosa de escuela ni de forma, sino de actitud. Era el encuentro de nuevo con la belleza sepultada durante el siglo XIX por el tono general de la poesía burguesa. Eso es el modernismo: un gran movimiento de entusiasmo y libertad hacia la belleza".[1] El modernismo no es un fenómeno privativo de la América Hispana, sino un movimiento reformador y transformador del pensamiento, lo artístico y lo espiritual que permeó todo el mundo occidental. El espíritu nuevo tuvo a la revista francesa *Le moderniste* como órgano divulgador.

Hay que considerar el modernismo como una evolución del romanticismo y al propio tiempo como una reacción contra él. En el primer aspecto viene a complementar la libertad que para el arte ganó el romanticismo. La reacción es precisamente en aquellos puntos en que el romanticismo se apartó de su ideario estético y social. El modernismo fue al propio tiempo un loable esfuerzo de arrancar la literatura hispanoamericana de su carácter regional o criollista y entroncarla con las corrientes de la cultura europea y universal. Trató de crear un clima intelectual que estuviese por encima de la cultura en general de nuestras sociedades de fines de siglo, que fuera capaz de ofrecer un adecuado medio para la vida de intelectuales, artistas y espíritus superiores. El medio no estaba a la altura de sus espíritus, de aquí que casi todos los modernistas vivieron existencias torturadas, en descontento con el medio, en lucha por no dejarse devorar por él. Trataron de elevar ese medio y cuando no pudieron tomaron el camino de la evasión, bien artística, bien la provocada por los "paraísos artificiales". Sus integrantes expresan el "mal del siglo": constante melancolía, angustia por el enigma de la vida; pesimismo; preocupación por la muerte y el destino final del hombre. Es decir, fueron hombres sumergidos en la crisis espiritual y cultural que vivió el mundo occidental a fines del siglo XIX.

"El modernismo—ha escrito don Federico de Onís—es la forma hispánica de la crisis universal de las letras y del espíritu que inicia hacia 1885 la disolución del siglo XIX y que se había de manifestar en el arte, la ciencia, la religión, la política y gradualmente en los demás aspectos de la vida entera".[2] La influencia preponderante es francesa, pues para llenar el vacío producido por la crisis de las letras hispánicas se va a Francia, centro distribuidor de las ideas nuevas y renovadoras. Pero los antecedentes europeos e internacionales del modernismo son más amplios de lo que a simple vista se puede pensar. He aquí un cuadro de las influencias más notables:

Ingleses: Rosseti, Ruskin, Swinburne, Stevenson, Wilde, Kipling.

Alemania: Sudermann y Hauptmann en el teatro.

Escandinavia: Henrik Ibsen y Björensen.

Rusia: Garshin, Korolenko, Chekhov, Gorki.

Italia: Gabriel D'Annunzio.

Francia: Románticos: Hugo, Musset, Lamartine, (Influyen con la sonoridad, intimidad, sentimiento del verso.)

    Parnasianos: Gautier, Catulle Mendés, Baudelaire, Coppée, Sully-Prudhomme, Heredia, Leconte de Lisle, (Devoción y culto por la

---

[1] *La voz*, Madrid, 18 de marzo de 1935.
[2] Onís, Federico de, *Antología de la poesía española e hispanoamericana*, New York, Las Américas, 1961, pag. XV (Introducción).

perfección formal y amor a las culturas clásicas; exotismo; descripciones plásticas e impersonales.)

Simbolistas: Verlaine, Mallarmé, Maeterlink, Rimbaud, (Devoción por la musicalidad del verso, el color, la vaguedad, el ritmo.)

Estados Unidos: Edgard Allan Poe y Walt Whitman.

España: Gustavo Adolfo Bécquer y Luis de Góngora.

Rasgos estéticos más importantes del modernismo

El modernismo constituye un movimiento de amplia renovación en las letras hispánicas en general. Más que una escuela cerrada con dogmas fijos está abierta a todas las técnicas y procedimientos, porque es básicamente una actitud que persigue la elevación, la modernidad y una mayor libertad en la literatura. Constituye una nueva sensibilidad estética y en definitiva supone una superación de las manifestaciones artísticas anteriores de América. Aunque es muy difícil la caracterización de cualquier movimiento literario, parece que las características generales del modernismo son las siguientes:

a) Produjo una verdadera renovación de la literatura en todos los géneros literarios (prosa, verso) y en los temas.

b) Esmero en la elaboración formal. El artista anhela ser más cuidadoso y consciente. Refinamiento. Selección esmerada de palabras y formas. Verdadero culto a la forma.

c) Revolución métrica. Se rompe con las normas del neoclasicismo. Uso de nuevos ritmos, versos y combinaciones y de formas ya desusadas de los mismos. Uso de alejandrinos, hexámetros griegos, eneasílabos, endecasílabos con acentos cambiados; verso-librismo. Una mayor libertad métrica y estrófica.

d) Amor a la elegancia, el lujo y el refinamiento en la expresión literaria. Temas decorativos: el cisne, la flor de lis, el pavo real. Colores: azul, blanco.

e) Reacción contra el prosaísmo. Se trata de elevar la expresión poética, alejándola de toda rudeza o lugares comunes. Lenguaje depurado y digno. Devoción por el ritmo, el color, la musicalidad. Virtuosismo, esteticismo, preciosismo del verso.

f) Exotismo, cosmopolitismo, espíritu de evasión. Grecia, China, Japón, India, Francia, la mitología. El modernista no habla sólo de lo que conoce directa y personalmente, sino también de lo que le sugieren sus lecturas e imaginación.

g) Paganismo. Adoración de los viejos dioses desde un punto de vista estético: música, siringa, flauta. Vertiente helénica con ninfas, bosques, mitología y versallesca con princesas, música, estatuas y jardines.

h) El juego de la fantasía. Generalmente el poeta vive en un mundo poético e ideal creado por su fantasía y ajeno a la sordidez de la existencia. Se huye de los lugares comunes y se va en busca de imágenes nuevas. El verso deleita el sentido, por lo sensorial, plástico, musical y rítmico.

i) Arte desinteresado. Se sigue el principio de "el arte por el arte". Apoliticismo de la literatura. El culto del arte tiene por finalidad producir obras de arte bellas y, por tanto, se huye de las tesis, propaganda o intención doctrinaria o partidarista.

j) Es un movimiento sin dogmatismos. El modernismo está más en la intención, el espíritu y la actitud. Todas las formas caben en la escuela, siempre que tengan una actitud de modernidad. Se pueden usar versos o metros tradicionales y ser un buen modernista.

k) Cierta complacencia sensual. El artista no se detiene por lo general en escrúpulos morales al producir la obra de arte.

l) Gran pesimismo. Expresan la angustia del hombre de fines del siglo XIX y comienzos del presente.

m) Una gran voluntad de estilo preside la obra literaria, o sea un anhelo intenso de crear una forma propia de expresión estética.

n) El modernismo contribuyó a revitalizar la literatura en todos los órdenes: nueva vitalidad en el lenguaje y las ideas; más amplitud de temas y de medios expresivos. Produjo una renovación amplia y profunda en la literatura hispanoamericana y sus repercusiones se sienten todavía hoy.

Cuatro instantes en el movimiento modernista

Algunas de las generalizaciones falsas que se hacen sobre el modernismo se deben al hecho de que no se tienen en cuenta las distintas etapas de su desarrollo, perfectamente reconocibles cuando se estudia detenidamente la evolución, tanto del movimiento en sí como de sus escritores. En general pueden considerarse cuatro instantes en su desenvolvimiento histórico:

A. *Instante de preparación:* es el instante precursor.
B. *Momento esteticista:* es la etapa con un culto exagerado al preciosismo y al virtuosismo, de la "torre de marfil" y de la evasión y el exotismo. El ansia de refinamiento y originalidad desembocaba inexorablemente en el tono frívolo que evidentemente tiene ese instante. El mejor ejemplo son las *Prosas profanas* de Rubén Darío.
C. *Instante metafísico y humano:* el escritor modernista expresa su preocupación por los problemas de Hispanoamérica y su desasosiego ante los problemas metafísicos y de otra índole que preocupan al hombre, como el origen y destino del ser, la muerte. Lo simboliza *Cantos de vida y esperanza* del propio Darío.
D. *Declinación modernista,* que inicia el propio Darío y no Enrique González Martínez como se había supuesto, al reaccionar contra el exagerado preciosismo de su primera etapa y que luego siguen otros poetas, abriendo así el amplio capítulo del post-modernismo.

Hacia 1875 muchos escritores de Hispanoamérica comenzaron a darse cuenta de que el romanticismo no daba más de sí, en cuanto a intento renovador, y se dieron a la tarea de buscar nuevas orientaciones a la literatura. La transición del romanticismo al modernismo se inicia con José Martí, Manuel González-Prada, Zorrilla de San Martín, Pérez Bonalde, Manuel Gutiérrez Nájera y otros. El estilo, tanto en prosa como en verso de estos escritores llenos de imágenes nuevas, color, simbolismo, flexibilidad y vitalidad, promete ya una ruptura con las viejas fórmulas de escribir. Para algunos el modernismo se inicia realmente en 1882, fecha de publicación de *Ismaelillo* y *Versos libres* de José Martí. Al año siguiente, salián a la luz los *Cuentos frágiles* (1883) de Gutiérrez Nájera. A esta primera etapa del modernismo pertenecen también Salvador Díaz Mirón, Julián del Casal y José Asunción Silva.

La relación de Rubén Darío con ese movimiento más que de causalidad es de complementación. El gran poeta llega a él cuando ya está en marcha y lo que hace es poner a contribución de él, todo su genio poético. El movimiento, que había nacido en la parte norte del continente, se desplaza luego al sur con las estancias de Darío en Chile y Argentina. En 1888 aparece *Azul*, excelente exponente de la segunda etapa del modernismo, libro que logra atraer la atención de un crítico tan leído en España como Juan Valera. Con Darío, Lugones, Rodó y Julio Herrera y Reissig llega a su plenitud como movimiento literario, ayudado por otras figuras también de mucho relieve continental. El modernismo se extendió rápidamente a todos los países de habla española, incluyendo a España, y a todos los géneros literarios. Es indudable que sin el genio de Rubén Darío no habría alcanzado el carácter internacional que tiene ese movimiento de nuestras letras. Hacia 1905 se inicia la declinación modernista, representada por una reacción contra sus aspectos más criticables como son el exceso de sonoridad y el preciosismo intrascendente.

A pesar de sus defectos, el modernismo hizo notables contribuciones: renovó las corrientes de la literatura hispanoamericana, abriéndole infinitas perspectivas estéticas; la literatura de estos países adquiere una importancia internacional no lograda nunca antes; dio muchas obras y autores que perdurarán en la historia literaria; a pesar de su anhelo de cosmopolitismo, logró una expresión americana; ha tenido una influencia extraordinaria en la historia posterior de nuestras letras al abrir el camino para nuevas posibilidades estilísticas; logró una unidad continental en la sensibilidad estética, nunca antes lograda; marcó la que ha sido llamada "la época más importante" de la historia literaria de Hispanoamérica.

En el modernismo se cultivaron casi todos los géneros literarios, con la posible excepción del teatro. Los que alcanzaron más perfección fueron la poesía y la prosa ensayística. Pero también hubo novela, cuento, narraciones en prosa, crónicas, artículos de periódico. Muchos de los modernistas, incluyendo al gran líder del movimiento, Rubén Darío, cultivaron varios géneros.

Muy importantes para conocer el desenvolvimiento y las polémicas que produjo el movimiento son las revistas del modernismo. En Argentina se publicó la *Revista de América* por Darío y Jaimes Freyre y *El Mercurio de América;* en México, *Revista Azul* y *Revista Moderna;* en Caracas, *El Cojo Ilustrado;* en Montevideo, *Revista Nacional de Literatura y Ciencias;* en La Habana, *La Habana Elegante* y *El Fígaro;* en Santiago de Chile, *Pluma y Lápiz;* en Bogotá, *Revista Gris.*

EL MODERNISMO

Los precursores
José Martí, sus innovaciones en la prosa y el verso

Patriota, ensayista, periodista, crítico, poeta, revolucionario y Apóstol de la Independencia de Cuba fue JOSÉ MARTÍ (1853-1895), considerado, al mismo tiempo que uno de los héroes de Hispanoamérica, entre sus mejores escritores. Nació en La Habana de padre valenciano y madre de las Islas Canarias. Cuando apenas tenía diecisiete años redactó *La Patria Libre*, un periódico contra la dominación española y en su único número apareció un drama patriótico suyo en un acto y en verso, *Abdala* (1869). Meses más tarde editaba con un gran amigo *El Diablo Cojuelo* con comentarios políticos de tono satírico. Por sus actividades revolucionarias fue deportado cuando tenía sólo diesisiete años, viviendo casi siempre en el exilio, pues a su patria viajó dos veces: en 1878 para reiniciar la conspiración y en 1895 como líder de la revolución y para morir como héroe. Vivió exilado en España donde se graduó de doctor en derecho y doctor en filosofía y letras; en México (1874-1877), New York, Venezuela (1877-1880). En los Estados Unidos vivió el período más largo de su exilio, y desde aquí no sólo organizó la guerra final por la libertad de su patria, sino que fue el único hispanoamericano en ganar renombre internacional como escritor desde este país. Fue colaborador de los periódicos *The Sun* y *The Hour*, de *La Nación* de Buenos Aires y de varios de México y otros países.

La producción literaria de Martí es tan copiosa como variada y comprende: teatro, novela y cuento, ensayos (políticos y críticos), crónicas periodísticas, poesía, discursos y su inigualable epistolario, uno de los mejores que existen en lengua española. Sus obras completas forman más de treinta tomos. Además de la pieza dramática *Abdala* (1869), ensayo juvenil, escribió *La adúltera* (1873) un drama romántico-realista y el proverbio *Amor con amor se paga* estrenado en México en 1875. Compuso una sola novela, *Amistad funesta* (1885) dentro de la línea del esteticismo que culminaría luego en el modernismo. Aunque hay elementos neoclásicos (la naturaleza bucólica) y románticos (juego de sentimientos), hay escapes hacia París (preciosismo) y la pura belleza (modernismo). Su prosa es aquí semejante a la que escribirán Darío, Gutiérrez Nájera, Casal. También cultiva el cuento infantil en la revista para niños que fundara, *La Edad de Oro* (1889). Sus cuentos "Nené traviesa", "La muñeca negra" y otros están entre lo mejor en el género.

Lo más sobresaliente de Martí como prosista son sus crónicas, ensayos, discursos y cartas. Las crónicas son reseñas o comentarios de algún suceso de actualidad: un terremoto, una campaña política, un descubrimiento científico; vida de grandes hombres. Estos trabajos los enviaba a diarios y revistas de todo el continente, sobre todo a *La Nación* de Buenos Aires (1882-1890). Entre ellos sobresalen los titulados "Escenas neoyorquinas", "El terromoto de Charleston", "El poeta Walt Whitman", "Grant", "Mi raza". El trabajo sobre Whitman inaugura el gran interés por el poeta en la América Hispana. Dejó una copiosa producción de ensayos políticos y críticos. Entre los primeros sobresalen "El presidio político en Cuba" (1871), con influencia de Víctor Hugo en las frases entrecortadas; "La República española ante la Revolución Cubana" (1873); "Nuestra América". Entre los segundos, los profundos estudios dedicados a Whitman, Emerson, Sheridan y otros. Sus discursos lo sitúan entre los mejores de la lengua española, por su poder convincente y elocuencia, que no amenguan la profundidad de conceptos. "Los pinos nuevos" y los discursos dedicados al Diez de Octubre, Bolívar, Heredia y conmemoraciones cubanas lo acreditan como orador que electrizaba y movía a las muchedumbres. Lo menos conocido de Martí es acaso de lo más valioso de su obra: sus *cartas*, donde realmente volcó la intimidad de su alma llena de ternura, amor e impaciencia por el sacrificio. Son de lo mejor que hay escrito en la lengua de Cervantes.

Martí inició una profunda transformación de la prosa en Hispanoamérica. Es el creador de la llamada "prosa artística", caracterizada por la melodía, el ritmo del período y la estructura total. Se nota en ella la influencia de los grandes prosistas de la Edad de Oro española, con predilección por Santa Teresa y Gracián, pero introduce nuevas formas sintácticas al influjo de los escritores franceses: Gautier, Flaubert, Daudet, Hugo, los Goncourt. Los párrafos no son densos como los de Montalvo, por ejemplo, sino con la fluidez de la prosa francesa. Siempre florecen por entre los párrafos, conceptos muy profundos a modo de resumen, que es uno de los aspectos que más destaca su prosa. Flexibilizó la prosa castellana y como orador y prosista se hombrea con los mejores del idioma. Darío lo llamó "maestro" y confesó la influencia directa que sobre él tuvieron la prosa y el verso de Martí. Era un estilista escrupuloso, preocupado tanto del fondo como de la forma de su obra. Su obra fue toda escrita de prisa, pero no aparece en ella ni la improvisación ni el descuido. Sobre todo sus ensayos y discursos muestran una gran madurez de estilo y profundidad de ideas. La libertad, la democracia efectiva, la elevación y unión de los países hispanoamericanos, los héroes, la independencia de Cuba, la defensa de los humildes y víctimas de la opresión y el sentido de humanidad son sus temas preferidos. Aunque consciente de las limitaciones del hombre, su obra expresa optimismo confiado y confianza en las fuerzas del bien. En su obra no hay nada insignificante; todas sus ideas son trascendentes.

Como poeta fue un verdadero precursor de la renovación total que vendría después en la plenitud del modernismo. Su producción en este campo comprende cuatro libros esenciales: *Ismaelillo* (1882), *Versos sencillos* (1891), *Versos libres* (escritos hacia 1882, publicados en 1913), *Flores del destierro* (publicados en 1933, pero escritos posiblemente entre 1885 y 1895). En 1882 publica Martí su primer volumen de versos, *Ismaelillo*, conjunto de quince composiciones inspiradas por su hijo. Escribe en versos generalmente populares una poesía nueva que abre la más amplia renovación en la lírica castellana. El metro no es el reformador, sino las sencillas parábolas, la naturalidad, las imágenes nuevas, la sencillez. El verso se ha desnudado de retórica y es todo esencia. Es poesía breve, de gran poder plástico, de rimas e imágenes sorprendentes por lo novedoso. Luego vienen sus *Versos sencillos* (1891) escritos en el más popular de los metros españoles: el octosílabo, pero con una frescura e imágenes tan audaces como nuevas. Cultiva el impresionismo y se goza en el uso de parábolas de oculto sentido:

> Yo pienso cuando me alegro
> como un escolar sencillo:
> en el canario amarillo
> que tiene el ojo tan negro.

Escritos hacia 1882, sus *Versos libres* fueron publicados mucho después y no pudieron ejercer la influencia que debían en el desarrollo ulterior de nuestra poesía. Aquí hay poemas antológicos como "Yugo y estrella", "Copa con alas", "Hierro", "Dos patrias", "Amor de ciudad grande". *Flores del destierro* al igual que los anteriores no pudieron influir en el modernismo por la fecha de su publicación, pero sitúan a Martí a la vanguardia de los renovadores que vendrán después. Pero *Ismaelillo* y los *Versos sencillos* ejercieron una amplia influencia. Al publicarse el primero, José Asunción Silva encontró en sus versos "un timbre nuevo, una sensibilidad de fineza, desconocida hasta entonces en la poesía castellana", según recuerda Baldomero Sanín Cano. En Darío, Lugones y otros grandes poetas modernistas parece haber un gran influjo del cubano. Eficacia de la imagen, profundidad de la parábola y el pensamiento, originalidad y tono personal, sencillez, plasticidad, cosmopolitismo, son rasgos esenciales de su poesía.

En Martí se encuentran una serie de elementos que luego aparecerán en los modernistas, especialmente su labor renovadora, tanto en el ritmo de la prosa como en la estructura del verso. Se nota en el cubano una nueva actitud hacia el quehacer literario y una reacción decidida contra lo pasado, que marcará el paso del modernismo. Martí es temperamentalmente un romántico, aunque él mismo negaba esa naturaleza, pero su obra total hace vislumbrar los tonos nuevos que asumirá la literatura. Toda su obra tiene un profundo tono ético que redondea su valor literario. El crítico Anderson Imbert ha resumido la importancia de Martí al escribir: "es uno de los lujos que la lengua española puede ofrecer a un público universal".[3]

Manuel González Prada, el combatiente y el ideólogo

Pocos escritores han contribuído más decisivamente a la formación de la moderna ideología de Hispanoamérica como el peruano MANUEL GONZÁLEZ PRADA (1848–1918). Nació en Lima en el seno de una familia acaudalada y aristocrática, pero profesó siempre ideas anarco-socialistas. A los dieciocho años interrumpió sus estudios de derecho y se entregó al estudio de la literatura clásica y moderna. Antes había huído del seminario donde lo había enviado el celo religioso de su buena madre. Peleó bravamente en la Guerra del Pacífico (1879–1883) entre Chile y su patria y después de la derrota de su país, se encerró en su casa negándose a salir a la calle mientras

---

[3] *Historia de la literatura hispanoamericana*, I, 325.

el suelo patrio estuviera ocupado por tropas de otro país. Sustituyó a Palma como director de la Biblioteca Nacional. Viajó por Europa y vivió por algún tiempo en Francia. Aunque no realizó estudios formales amplios se hizo de una amplia cultura humanística, sobre todo en los aspectos que más le interesaban: literatura, historia, filosofía. Sus muchas lecturas le proporcionaron un extenso conocimiento de las literaturas modernas de Francia, Alemania, Italia, Escandinavia y la propia España. Por su ideología y su espíritu rebelde se convirtió en el centro de los jóvenes que buscaban nuevos rumbos a la política y a la literatura peruana. Acusado muchas veces de terrible e intransigente por sus ataques contra esto y aquello, evolucionó hacia una especie de socialismo humanitario.

González Prada es otro de los hispanoamericanos representativos en quienes el carácter es más importante que la cultura y la postura pública asumida en defensa de los verdaderos intereses del pueblo sobrepasa los meros valores literarios, aunque éstos fueron también de altos quilates. Sus luchas se orientaron hacia cuatro puntos esenciales: la reivindicación del indio como integrante de la nacionalidad; combate contra los vicios políticos entronizados por la oligarquía gobernante, heredera legítima del régimen ortodoxo virreinal; actitud de repulsa a la herencia española (vicios coloniales, la iglesia, etc) y una posición de lucha anticlerical. Su grito de guerra era "Los viejos a la tumba, los jóvenes a la obra". Los jóvenes lo vieron como el heraldo de los nuevos tiempos, dado el inmenso prestigio de que gozaba. Bien pronto se organizó el *Círculo Literario* inspirado por él y a su alrededor formaron fila algunos de los jóvenes de ideas más avanzadas. El gran polemista es uno de los precursores del *Aprismo*, una de las doctrinas político-sociales más avanzadas y arraigadas en la América Hispana, así como de la moderna literatura indianista en defensa del indígena.

González Prada es básicamente un prosista por sus escritos de combate, polémica y orientación, pero la poesía ocupa un lugar principal en todas las etapas de su vida. En ambas buscó la renovación y enriquecimiento del idioma español. Sus trabajos en prosa más importantes fueron publicados bajo los títulos de *Páginas libres* (1894) y *Horas de lucha* (1908). Su pensamiento ha tenido una influencia pocas veces igualada en la juventud de todo el continente. Sus conceptos, expresiones y frases acuñadas se han repetido por los jóvenes que luchan por un estado social más justo y democrático. Después de su muerte aparecieron otros trabajos bajo los títulos: *Bajo el oprobio* (1933), *Anarquía* (1936), *Nuevas páginas libres* (1937), *Figuras y figurones* (1938), *Propaganda y ataque* (1939), *Prosa menuda* (1941) y *El tonel de Diógenes* (1945). En su prosa se muestra un consumado maestro, tanto de la ironía y la diatriba como del ataque directo y sin contemplaciones a los vicios que quiere destruir. Es un estilo viril, enérgico, lleno de fuerza convincente, pero al propio tiempo claro, sincero, directo. En la polémica se comporta violento y audaz, enérgico y combativo. Es prosa de combatiente y reformador. En su prosa aparece ya un nuevo estilo que huye de la sintaxis tradicional de período denso y ampuloso. Escribe a base de conceptos, de ideas profundas y claras sin la retórica ampulosa de algunos escritores de épocas pasadas. Como muchos otros escritores hispánicos González Prada fue muy audaz en la denuncia de los males que afectan a estas repúblicas, pero no acabó de exponer un plan de soluciones prácticas. De aquí que sus ideas hayan sido interpretadas de tan diversas maneras y por los grupos más irreconciliables. Algo por el estilo sucedió con el grupo de la generación del 98 en España. La posición de González Prada respecto a España y el ambiente virreinal todavía existente en las cosas del Perú, parece una actitud dialécticamente necesaria a la cultura hispanoamericana e imprescindible para crear una nación moderna en el Perú. Con su actitud recoge una inquietud latente en todos los países hispanoamericanos, donde se tiene conciencia de que nada se podrá hacer mientras no se rompa con un estado de cosas contrario a los verdaderos intereses de los pueblos.

Aunque lo más importante de González Prada es su actitud y la prosa, su obra en verso lo acredita como un excelente poeta y atinado precursor de las formas modernistas que vendrán después. Sus conocimientos amplios de las literaturas modernas de muchos países le facilitó su obra renovadora y el enriquecimiento de la métrica española con nuevas estrofas francesas (rondel, en sus varias formas: rondeau, rondelet, triolet, virelai y villanele); la espenserina inglesa; la balata, el estornelo, el rispetto y el laude italianos; orientales (gacelas, pantums), cuartetos persas. Asimismo emplea nuevos ritmos y muchos metros desusados u olvidados e inventa el polirritmo de versos libres con acentos variados como en "Los caballos blancos", así como las "sinestesias" y las "correspondencias" entre los sentidos a la manera de Baudelaire, formas muy apreciadas por los modernistas posteriores. Tiene carácter de un verdadero innovador en la poesía, en la que hay versos irónicos, anticlericales, epigramas críticos junto a versos delicados, íntimos y sutiles, expresivos de un pesimismo y amargura blandos. Fue el primer poeta en lengua castellana en usar el rondel francés y sus distintas variaciones. Su poesía es cosmopolita y de inspiración popular. Entre sus libros de versos más famosos están: *Minúsculas* (1901), *Presbiterianas* (1909), de sátira anticlerical; *Exóticas* (1911). Después de su muerte vieron la luz: *Libertarias* (1938), *Trozos de vida* (1933), *Grafitos* (epigramas) y *Baladas peruanas* (1939). Pocos precursores del modernismo expresan tantas características futuras del movimiento como González Prada, sobre todo en sus innovaciones en la poesía. Tanto su obra como su vida tienen un matiz renovador y revolucionario muy personal e inconfundible.

La bravura en el verso de Salvador Díaz Mirón

Se ufana el puerto de Veracruz de haber sido la cuna de SALVADOR DÍAZ MIRÓN (1853–1928), uno de los precursores de la renovación poética que se inicia a fines del siglo XIX. Su padre era también poeta y su primo Domingo Díaz Tamariz, hombre de vasta cultura, le dio acceso a su biblioteca. Díaz Mirón era, más que un carácter rebelde e independiente, un temperamento impulsivo y violento, que lo condujo a vivir una vida política muy tempestuosa. Desde muy joven se dedicó a la política, las letras y el periodismo y en todas estas actividades sobresalió notablemente. A los veinticinco años quedó manco en un duelo. En 1884 era diputado dando muestras de una oposición violenta e independiente y en las vísperas de las elecciones de 1892 mató a un candidato que lo había provocado, pasando cuatro años en prisión. Fue Diputado al Congreso Nacional y dirigío el periódico *El Imparcial*. Más tarde ocupó la dirección de la Escuela Preparatoria de Jalapa.

Los cambios políticos lo obligaron a exilarse. Vivió entonces en Santander y La Habana hasta que Carranza le permitió regresar a condición de no inmiscuirse en asuntos políticos. Más tarde se retiró a su casa de Veracruz y aquí vivió hasta su muerte. No recibía a nadie y vivía en una actitud altiva y aristocrática. Inclusive declinó un homenaje público que se le quería rendir. Tenía amor por el pueblo y se rebelaba contra toda injusticia. Está enterrado en la rotonda de hombres ilustres en el Cementerio Dolores de la ciudad de México.

En la producción poética de Díaz Mirón se observan tres etapas. En la primera que se extiende hasta 1891 es romántico a lo Hugo y Byron. Su poesía es meliflua a veces y arrogante y enérgica otras. Es la época de su primer poema, "A una actriz" (1875), "Víctor Hugo", "Sursum" y, sobre todo de "Gloria", una de las poesías más famosas del parnaso hispanoamericano. Las estrofas terminan siempre en una frase de dos versos que todavía hoy son muy repetidos en la América Hispana:

> No intentes convencerme de torpeza
> con los delirios de tu mente loca;
> mi razón es al par luz y firmeza,
> firmeza y luz como el cristal de roca!

La segunda etapa muestra un afiebrado anhelo de perfección formal y ansias de renovación. Parece querer crear una nueva técnica. Es el momento de *Lascas* (1901), en cuyo prólogo escribió que era su "único libro" de versos, como teniendo a menos su primer volumen. El verso le sale ahora muy pulido y puro, pero es menos vibrante. En este tomo se encuentran: "A ella", "El fantasma", "Ejemplo", "Idilio" y otras.

En la tercera etapa lleva al extremo su anhelo de renovación técnica y se expresa en *Astillas y triunfos* que nunca llegó a publicar en vida. A veces su poesía llega a ser enigmática y abstrusa y recuerda a Góngora. Nadie mejor que Rubén Darío ha pintado a Díaz Mirón en este soneto que le dedicó:

> Tu cuarteto es cuadriga de águilas bravas
> que aman las tempestades, los oceanos;
> las pesadas tizonas, las férreas clavas,
> son las armas forjadas para tus manos.

Su ansia de perfección alejó su poesía de la admiración popular que le ganaron los primeros versos. No hay en ellos la espontaneidad y frescura de los primeros, pero son los versos que más influyen en otros modernistas. Darío, Gutiérrez Nájera y José Santos Chocano. De poeta mimado por la aureola popular se convirtió en aeda de una "élite", que quería nuevos rumbos para la poesía. La poesía de Díaz Mirón se caracteriza por sus bríos y emoción: versos vibrantes, sonoros con cierto tono de arrogancia y energía que lo distinguen de cualquier otra. Tantos sus imágenes como la renovación métrica de muchos de sus últimos poemas lo consagran como precursor de la revolución poética que vendrá después. La suya es poesía impetuosa, viril, manjar de los recitadores por su atracción para las multitudes. Demostró ser un revolucionario en el uso de los metros: zéjels, tercetos monorritmos con una idea completa en cada verso, como en "El fantasma", versos de dieciséis y de veinte, éste por duplicación del decasílabo. También usa transmutación de los sentidos y otras innovaciones técnicas. Aunque la bravura y la arrogancia son la característica esencial de su poesía, sabe a veces ser tierno y sentimental con toques de lirismo.

Dolor, misterio y gracia en la poesía de Manuel Gutiérrez Nájera

Apenas hay nada extraordinario en la biografía externa de MANUEL GUTIÉRREZ NÁJERA (1859-1895), nacido en México de una familia de la clase media. El gran espíritu religioso de su madre quiso dedicarlo al sacerdocio, por eso en su juventud leyó asiduamente a los místicos españoles, Santa Teresa, San Juan de la Cruz, Fray Luis de León, Fray Luis de Granada, Juan de Ávila, Pedro Malón de Chaide y otros. También hizo lecturas de autores contemporáneos como Pedro Antonio de Alarcón (uno de sus favoritos), Zorrilla, Bécquer, Núñez de Arce, Valera, Pérez Galdós. De aquí la nota mística que aparece en sus primeras composiciones y que subsistirá aunque vedadamente en otras posteriores. Desde muy joven entró al periodismo que no abandonará hasta su muerte. Colaboró en algunos de los periódicos más importantes de México: *El Federalista, La Revista Nacional, El Partido Liberal* y otros. Hizo famoso su seudónimo del *Conde Job* al parecer tomado del título de una comedia del olvidado autor francés León Laya. Para algunos en este seudónimo hay una clave de su vida: conde significa el aristocratismo de la nueva tendencia y Job el sufrimiento, el dolor, o sea, la circunstancia anímica del autor.

Más tarde Gutiérrez Nájera se entregó de lleno a las lecturas de los grandes autores modernos, sobre todo franceses. Sus lecturas abarcaron, tanto obras filosóficas positivistas como literarias. Estas lecturas produjeron su crisis espiritual al perder la fe religiosa básica de los primeros años. De aquí la nota escéptica y pesimista, como expresión del "mal del siglo" que aparece en casi todas sus composiciones. Después de Darío fue el modernista más impregnado del *esprit* parisiense, aunque nunca viajó fuera de su país. Su maestro y guía fue Justo Sierra, pero cultivó la amistad literaria de Altamirano y otras figuras dirigentes de la intelectualidad mexicana. En 1894 fundó con Carlos Díaz Dufoo (1861-1941) la *Revista Azul* que vino a ser el órgano oficial del modernismo en México.

Gutiérrez Nájera escribió verso y prosa. No fue en realidad un renovador de la métrica, pero sí de las imágenes poéticas, la adoración de los colores y un culto a la elegancia y el refinamiento, tan caros luego al modernismo. Los temas básicos de su poesía son la tristeza, el amor imposible, el misterio, el dolor, y cierta constante premonición de la muerte. Fue un ferviente amante de la belleza plástica y de los colores. Tanto su poesía como su prosa están llenas de elegancia, refinamiento, delicadeza y ligereza. Sus metáforas son siempre placenteras y blandas y sus poesías llenas de color, brillo y música. Tenía gran sentido de la armonía, del ritmo. Llegó a tener gran maestría en la selección de las palabras más apropiadas por su blandura, sensibilidad, colorido y valor musical. No hay en sus composiciones imágenes, frases o palabras duras o que desentonen. En su poesía subsiste un fondo romántico producto de sus curcunstancias espirituales y de sus lecturas. Las influencias más notables en él fueron: Gautier, Verlaine, Baudelaire, Musset (quizás el que más lo influyó), Coppée, Catulle Mendés, Louis Bouilhet, y su maestro, Justo Sierra, quien le recomendaba la lectura de autores modernos.

Su primer volumen de versos llevaba el título de *Poesías* (1896), pero luego se han sucedido las ediciones e impresiones. Las mejores composiciones de Gutiérrez Nájera, que al propio tiempo se hayan entre las primeras del parnaso hispanoamericano son: "Para entonces", "Mis enlutadas", "Mariposas", "La serenata de Schubert", "De blanco", "Pax Animae", "Non omnis moriar", "La Duquesa Job", "A la corregidora", quizás su más perfecta composición desde el punto de vista técnico. Casi toda la crítica está de acuerdo en que las dos características más sobresalientes del estilo de Gutiérrez Nájera son la soltura, la ligereza y, sobre todo la gracia. Justo Sierra, quizás su mejor crítico dice que:

> la gracia, especie de sonrisa del alma que comunica a toda producción no sé qué ritmo ligero y alado, que penetrando en ondulación impalpable, como la luz, por todas las ramificaciones nerviosas del estilo, les presta cierta suerte de magia singular que produce en el espíritu una impresión parecida a la de la dificultad vencida sin esfuerzo, lo que se torna delectación y encanto.

El verso del mexicano tiene tal primor de expresión y tanta blandura que aun la lectura de aquellos más pesimistas, melancólicos y elegíacos—que son los más en su producción—dejan en el espíritu una sensación de suavidad, ligereza, cuyo toque alado nos comunica una sensación no amarga, sino nostálgica. Hasta su pesimismo es delicado. Se ha destacado también su gran sentido para el humorismo como en "La Duquesa Job" y en muchos de sus cuentos. Es uno de los poetas más influyentes en los demás bardos hispanoamericanos, al punto de que se puso de moda escribir "al estilo de Gutiérrez Nájera".

Más que en el verso, Gutiérrez Nájera es un innovador de la prosa, donde únicamente lo supera el cubano José Martí. Las cualidades esenciales de su estilo poético se repiten también en la prosa, llena de flexibilidad, fluída, refinada, artística, con todos los elementos de la llamada "prosa parisiense". También en ella es patente el acento francés, la gracia natural del estilo, y un fino humorismo. Su prosa tiene un calor íntimo, una frescura innata, pero nunca llega a perder ni su elevación ni la delicadeza. Es una prosa ágil, como tejida a base de primores de esti[lo]. [Él] escribió dos colecciones de cuentos: *Cuentos frágiles* (1883) y *Cuentos de humo* (1890–1894). En todos sobresale la soltura de los períodos y la maestría [en el] manejo del idioma como nunca antes. Sus mejores cuentos son los titulados "Histo[ria] de un peso falso", "La novela del tranvía", "Rip-Rip", "Mañana de San Juan", considerados entre los mejores escritos en Hispanoamérica.

Gutiérrez Nájera es también el creador de un género nuevo en el periodismo artístico: la crónica. También escribió crítica teatral, y literaria; sociales, impresiones de viajes, humoradas y fantasías. En sus cuentos se nota la huella francesa en el juego caprichoso del tono lírico, el humorismo (frívolo o amargo) con los planos de la realidad y la fantasía. No faltan en ellos los matices elegíacos, ni los pensamientos más trascendentes. Gutiérrez Nájera es uno de los exponentes más conspiscuos de la transición del romanticismo al modernismo en las letras hispanoamericanas.

Pesimismo, tedio y tristeza en la poesía de Julián del Casal

El pesimismo, tedio y tristeza enfermiza de JULIÁN DEL CASAL (1863–1893) se deben a una conjunción de factores: su propio temperamento enfermizo y dado a la melancolía, la ruina económica de su familia, la situación política de su patria y la existencia de una sociedad que él detestaba por su frivolidad y vicios. Este radical desacuerdo con el medio, unido a las demás causas lo hicieron extremadamente triste y solitario y determinó el rumbo de su poesía. Nació y murió en la ciudad de La Habana. Su padre era vasco y, sus abuelos maternos español y norteamericana (de origen irlandés). Su madre murió cuando él tenía cinco años por causas atribuídas a su alumbramiento, por lo que el poeta siempre sintió remordimiento y complejo de culpa, expresado en su soneto "A mi madre":

> No fuiste una mujer, sino una santa
> que murió de dar vida a un desdichado,
> pues salí de tu seno delicado
> como sale una espina de una planta.

Estudió en el Colegio de padres jesuítas de Belén e ingresó en la Universidad de la Habana para estudiar leyes, pero solo cursó el primer año. Logró un nombramiento de escribiente en la Dirección de Hacienda, y fue cesanteado en 1888 por indiscreciones de su pluma. Hacia 1885 había ingresado como colaborador de *La Habana Elegante* y también escribía para *La Caricatura* y *El Fígaro*.

Viajó a Europa con la ilusión de conocer a España y Francia. En la primera pasó casi inadvertido y no pudo llegar a París por falta de fondos. Más tarde se alegrará de no haber ido a la ciudad de luz para no perder la imagen ideal que se había hecho de ella. A su regreso a Cuba, más pobre que nunca se refugió en un modesto cuartico y aceptó un modesto cargo de corrector de pruebas, al tiempo que continuaba colaborando en revistas y periódicos. A pesar de esta difícil existencia llegó a

...traordinario en Cuba como hombre de letras; a las tertulias ...s de los hombres de letras más insignes del país. Su exotismo ...vó al culto de todo lo japonés y su habitación estaba llena ... incluyendo su bata de casa y la sobrecama. Es la época de ... el marfil, el sándalo, el crisantemo y de sus poemas "Kake-...ono" (1893). Dos mujeres adquieren importancia en su vida, ...istad o amor platónico: María Gay, mujer de extraordinaria ...ro, la precoz poetisa al parecer enamorada de él. Al pasar ...Habana de su regreso de España, entablaron gran amistad personal. Ambos poetas se mostraron siempre honda amistad y admiración recíproca.

Hacia 1893 la salud de Casal estaba completamente minada por la tuberculosis. Falleció en la sobremesa de una comida en casa de un amigo, cuando reía una ocurrencia. Su salud y otras circunstancias de su vida hicieron de él una personalidad neurótica, casi mórbida. En "Nihilismo" llega a expresar:

> Ansias de aniquilarme sólo siento
> o de vivir en mi eternal pobreza,
> con mi fiel compañero, el descontento
> y mi pálida novia, la tristeza.

El arte y el culto de la belleza son para él refugio y motivo de evasión de la realidad que lo rodea y que él detesta en absoluto.

Casal escribió verso y prosa. Entre ésta hay cuentos, crónicas, poemas en prosa y crítica, que lo acreditan como excelente prosista. Como poeta se erigió en uno de los precursores más importantes del modernismo hispanoamericano y vino a ser el líder indiscutible del movimiento en Cuba. Una tristeza enfermiza, un amargo y desolado pesimismo y la sensación de soledad y desamparo son el tema esencial de toda su poesía. Tiene poesías amatorias, filosóficas e inclusive patrióticas, pero siempre vuelve a su centro poético: su propio dolor, el tedio de la vida, abandono, aislamiento, elementos que el soplo genial del poeta transmite inconscientemente al lector que parezca más invulnerable a esa influencia.

El libro de iniciación de Casal es *Hojas al viento* (1890), mezcla de matices románticos y parnasianos; de influencias españolas y francesas. Hay reminiscencias de los españoles Zorrilla, Bécquer, Bartrina, Campoanor, Núñez de Arce junto a las de Gautier, Baudelaire, Goppée y Heredia y algo más diluída la de Verlaine. Hay también en estos versos del comienzo algo de Heine y Leopardi. El libro lo dio a conocer en los círculos literarios como el heraldo de las nuevas tendencias poéticas con base en los movimientos franceses. No ha aparecido todavía el artífice de la perfección formal, pero hay rasgos de la orientación definitiva del verso de Casal. Debido a su amistad con Aniceto Valdivia, Casal se da por entero a las lecturas francesas y éstas determinan un cambio radical en su estilo. Es el momento de *Nieve* (1892), que nos presenta a Casal en su momento más alto como artífice del verso. Ahora es decisiva la influencia de los parnasianos franceses, sobre todo de Gautier (la influencia más notable en toda su producción), Leconte de Lisle, Heredia, Baudelaire. Después de leer este libro, Verlaine expresó un alto elogio de Casal, aunque le censurara la influencia directa de los parnasianos. Así dijo el gran poeta francés:

> El talento de Julián del Casal tiene veinticinco años: es un talento sólido y fresco, pero mal educado. ... Creo, sin embargo, que el misticismo contemporáneo llegará hasta él, y que cuando la Fe terrible haya bañado su alma joven, los poemas brotarán de sus labios como flores sagradas ... Es un hermoso cantor que Dios nos reserva ... para los postres. Esperémosle y hagamos para recibirle una corona de laurel verde, atada con una cinta de color de carne morena. ...

La poesía impersonal de los parnasianos no llegó a ahogar la expresión de su melancolía, pero dejó huellas en la plasticidad que logra en sus poemas descriptivos, en su anhelo de perfección y en el aristocratismo de la idea y la forma. Ahora más que nunca se nota su entusiasmo por las imágenes de orden visual y óptico y los temas de posibilidades pictóricas y sensoriales.

Su libro póstumo fue *Bustos y Rimas* (1893) que no llegó a ver impreso. La prosa de la primera parte está constituida por crítica impresionista sobre los escritores más notables de Cuba y la parte de las *Rimas* contiene sus últimos versos. Aunque en conjunto *Nieve* es su mejor libro, en este último aparecen algunos de sus mejores poemas y abunda la mezcla de temas plásticos con la expresión de las dolorosas circunstancias personales del poeta.

La contribución de Casal al modernismo es tan amplia como profunda. Casi todos los elementos de la nueva tendencia aparecen ya en su obra: esfuerzos para lograr la suprema elegancia y perfección formal; juego de imágenes nuevas huyendo de las ideas y hasta de los consonantes vulgares o demasiado usados; el empleo de metros y combinaciones estróficas que no eran los más usuales, aun cuando no fue un innovador audaz; verdadera maestría en la plasticidad pictórica; pesimismo y melancolía casi morbosos; sentido sensorial y ansia de evasión; la inquietud y angustia del hombre como resultado de la crisis espiritual y cultural del fines del siglo XIX. Hay algo donde Casal alcanza una altura rara vez lograda en la poesía hispánica en general: la expresión del dolor íntimo, de la tristeza, del vacío y tedio de la vida, que da a su poesía un tono nostálgico y elegíaco inconfundibles. A pesar de que en algunos poemas logra la impersonalidad parnasiana en los pasajes descriptivos, es casi siempre poeta muy subjetivo. Casi siempre que se pone a escribir, produce una obra maestra por su genio y el cuidado de la expresión. La obra total de Casal, tanto en prosa como en verso confirman las esperanzas que en él puso Rubén Darío y las afirmaciones de Verlaine.

José Asunción Silva: sensibilidad, melancolía y lirismo de su poesía

El signo que parece presidir todos los pasos de la vida del colombiano JOSÉ ASUNCIÓN SILVA (1865-1896) es la fatalidad representada por los golpes más adversos del destino. En un ambiente de cultura y riqueza pasaron los años mozos de Silva, quien además reunía la belleza física, las finas maneras y la inteligencia. Pero las luchas civiles que se sucedían arruinaron a los suyos y fueron inútiles todos los esfuerzos que hizo para sacar la familia a flote. A esto ha de unirse la muerte prematura y sin causa aparente de su hermana favorita y adorada, Elvira, en la flor de la juventud. Es entonces cuando acepta un cargo diplomático en Caracas, donde permanece menos de un año. El infortunio que lo acompaña lo herirá ahora más fuerte aun: el barco en que regresa a su patria, L'Amérique, naufraga frente a la costa norte de Colombia y pierde los manuscritos de lo "mejor de su obra", según confesión propia y de los que leyeron esos trabajos. Finalmente hay que agregar que Silva era un espíritu de gran sensibilidad y vida interior que se avenía bien poco con el medio que ofrecía Bogotá en esta época. Todas estas circunstancias terminaron por ensombrecer su espíritu con los tintes del más lúgubre pesimismo. Al fin él mismo se quitó la vida a los treinta y un años.

En días más felices, de 1883 a 1886, viajó por Inglaterra, Suiza y especialmente Francia. De allá vino al día respecto a la cultura, trayendo en sus maletas lo mejor de los genios entonces en boga. Asimismo hizo amistad con Oscar Wilde, Baudelaire, Mallarmé y otros. Poco a poco se fue convirtiendo en el centro de los jóvenes colombianos que buscaban nuevos rumbos al arte. Frente a sus adversidades posteriores, Silva se refugió en el arte: no quiso transigir con el medio que tanto repudiaba, escribiendo una obra que iba en contra de lo establecido y de acuerdo con la literatura europea más moderna. Su actitud fue compleja: de desilusión, pesimismo amargo por un lado, y de ironía elegante por otro.

Silva nos dejó una obra no muy extensa, pero sí de altos valores, tanto en prosa como en verso. Es uno de los mejores poetas líricos de la época y se le considera como el único de los modernistas con genio suficiente para discutir a Darío su cetro dentro del movimiento, tanto en América como en España. Desde el punto de vista métrico y técnico llegó más lejos que ningún otro precursor. A pesar de que la suya es obra de juventud, el genio le presta valores realmente excepcionales y la calidad de su hondo lirismo lo sitúa dentro de los grandes poetas de la lengua. Unamuno lo comprendió así al escribir: "Gusto de Silva porque fue el primero en llevar a la poesía hispanoamericana, y con ella a la española, ciertos tonos y ciertos aires, que después se han puesto en moda, degradándose". Aunque se le considera un precursor del modernismo, tuvo la crítica más irónica para los simples imitadores de Darío a los que llamaba "rubendariacos", por carecer de su talento. Es el precursor que más influencia ejerció en los poetas modernistas posteriores por la audacia de sus ensayos métricos. Fue el suyo un espíritu ultrasensible, rebelde, atormentado, con gran complejo de frustración, con una sensibilidad exquisita y profunda. El propio Unamuno ha resumido su vida en tres infinitivos: "Sufrir, soñar, cantar".

Los temas de sus poesías son sus recuerdos de la infancia (que en él son una forma de evasión de la realidad presente); crítica social amarga; hondas reflexiones filosóficas, la pasión física, su desesperación espiritual y otras circunstancias personales.

Silva inició su carrera poética bajo el signo de Campoamor y Bartrina. Aunque es siempre un temperamento romántico, estas primeras composiciones pertenecen casi por completo a esa escuela y anuncian al gran poeta que había en él. Durante y después de su viaje a Europa, Silva es ya otro poeta: lo encontramos dentro de las corrientes poéticas más modernas. Ahora sus maestros son Baudelaire, Verlaine, Mallarmé, D'Annunzio y, sobre todo Poe, con quien tiene muchos puntos de contacto en su amor a la noche, el misterio y su profunda sensibilidad.

Un recorrido por sus mejores poemas nos ponen al descubierto el alma sensible del poeta. En "Los maderos de San Juan", hay una mezcla de un canto infantil muy popular, alegre y ligero con las más profundas reflexiones sobre el futuro del niño. Hay como un contrapunto entre el ritmo de la canción y las meditaciones e inquietudes de la abuela. En estas poesías sobre su infancia dejó páginas realmente inolvidables. Silva era prácticamente desconocido antes de la publicación del famoso "Nocturno III" en una modesta revista de provincia. Su estructura es tan original como desusada. El poema se difundió rápidamente, ejerciendo mucha influencia en todos los modernistas, particularmente Rubén Darío y José Santos Chocano. Es una elegía a la muerte de su hermana Elvira, en que canta su desolación, tristeza y hondo dolor con un lirismo muy sincero y auténtico. El ritmo lo tomó, cosa increíble, de una fabulilla de Iriarte, según propia confesión. El ritmo del verso concuerda con el sentido melancólico y elegíaco del poema y con el dolor y los sollozos del poeta. El ritmo interior, la armonía y la transmisión del dolor son casi perfectos. Es uno de los grandes poemas elegíacos de la lengua española.

Otro de sus poemas, "Ars", contiene la definición de su credo artístico, pues su poesía no es sino la expresión de su vida interior. En "Vejeces" volvemos a encontrar sus recuerdos del pasado, a los que vuelve siempre con nostalgia y melancolía. Una de las genuinas manifestaciones del temperamento de Silva es su poema "Día de difuntos", ensayo polimétrico con fuerte influencia, al parecer de "The Bells" de Poe, tanto en la estructura como en el tono general. Acopla versos desde cuatro hasta dieciséis sílabas y sólo deja de usar el de quince. Silva fue un poeta nocturnal, amante del misterio, la sombra y la noche al igual que Poe, y estos temas vuelven a aparecer especialmente en "Midnights" y "Paisaje tropical". En "Égalité" encontramos el tono de ironía filosófica, de cruda sátira social y humorismo en que están escritos algunos de los mejores versos de Silva.

No obstante ser básicamente un poeta, Silva dejó muchos cuentos (sin contar los perdidos en el naufragio), una "Carta abierta" y las novelitas *Ensayo de perfumería* y *Del agua mansa* así como la novela *De sobremesa*, también perdida, pero que el autor reconstruyó a ruego de sus amigos. Es una novela casi desconocida hasta hoy, pero muy representativa del modernismo, tanto por su estilo plástico y pictórico como por su ideología. La novela es el estudio de la sicología sicopática de un artista que está en contra del medio. Es el "caso" de José Fernández, rico poeta colombiano que recorre Europa en busca de Helena, mujer misteriosa que su mente ha creado posiblemente como evasión de su realidad. La obra es un estudio de la sicología del intelectual y del artista y sus inquietudes a fines del siglo XIX. Silva se muestra un buen prosista y conocedor de la crisis de ese período, aunque no un diestro novelista.

BIBLIOGRAFÍA

(Véanse las historias y antologías generales de esta literatura; las nacionales correspondientes y las antologías de poesía)

1 GENERAL

a) ESTUDIOS CRÍTICOS DE CONJUNTO SOBRE EL MODERNISMO

Arrieta, Rafael A., *Introducción al modernismo literario*, Buenos Aires, Ed. Columba, 1956.
Blanco-Fombona, Rufino, *El modernismo y los poetas modernistas*, Madrid, Mundo Latino, 1929.
Craig, G. Dundas, *The Modernist Trend in Spanish-American Poetry*, Berkeley y Los Angeles, Univ. of California, 1934.
Díaz-Plaja, Guillermo, *Modernismo frente a noventa y ocho*, Madrid, Espasa-Calpe, 1951.
García Calderón, Ventura, *Del romanticismo al modernismo*, París, P. Ollendorff, 1910.
Gicovate, Bernardo, *Conceptos fundamentales de literatura comparada—Iniciación de la poesía modernista*, San Juan, P.R., Asomante, 1962.
Goldberg, Isaac, *Studies in Spanish American Literature*, New York, Bretano's, 1920.
González, Manuel Pedro, *Notas en torno al modernismo*, México, Imprenta Universitaria, 1958.
Gullón, Ricardo, *Direcciones del modernismo*, Madrid, Editorial Gredos, 1964.
Henríquez Ureña, Max, *Breve historia del modernismo*, 2da. ed., México, Fondo de Cultura Económica, 1962.
Ibáñez, Roberto, "Americanismo y modernismo", México, *Cuadernos Americanos*, 1948.
Jiménez, Juan Ramón, *El modernismo*, Madrid, Aguilar, 1962.
Loprete, Carlos A., *La literatura modernista en la Argentina*, Buenos Aires, Poseidón, 1955.
Marinello, Juan, *Sobre el modernismo*, México, Univ. Nac. Autónoma, 1959.
Martínez, David, *El modernismo*, Buenos Aires, Editorial Huemel, 1964.
Matlowsky, Bernice D., *The Modernist Trend in Spanish American Poetry*, Washington, D.C., Pan American Union, 1952.
——, *Bibliografía del modernismo*, Washington, D.C., Pan American Union, 1952.
Maya, Rafael, *Los orígenes del modernismo en Colombia*, Bogotá, Imp. Nacional, 1961.
Meza Fuentes, Roberto, *De Díaz Mirón a Rubén Darío*, Santiago, Nascimento, 1940.
Onís, Federico de, "Sobre el concepto de modernismo", San Juan, P.R., *La Torre* No. 2 (1952), 95–103.
Salinas, Pedro, "El cisne y el buho, apuntes para la historia de la poesía modernista", *Literatura española siglo XX*, México, Robredo, 1940, 45–65.
Silva Uzcátegui, Rafael D., *Historia crítica del modernismo en la literatura castellana*, Barcelona, Viuda de Tasso, 1925.
Schulman, Ivan A., "Génesis del azul modernista", *Revista Iberoamericana*, 50 (1960), 251–271.
Torres-Rioseco, Arturo, *Antología de poetas precursores del modernismo*, Washington, D.C., Unión Panamericana, 1954; 2da. ed., New York, Las Américas, 1963.
——, "El modernismo", Cap. III de su *Nueva historia de la gran literatura iberoamericana*.
Umphrey, G. W., "Fifty Years of Modernism in Spanish American Poetry", *Modern Language Quarterly*, I (1940), 101–114.
Vela, Aqueles, *Teoría literaria del modernismo*. Su filosofía, su estética, su técnica, México, Ediciones Botas, 1949.

EL MODERNISMO

b) ANTOLOGÍAS SOBRE EL MODERNISMO

Argüello, Santiago, *Modernismo y modernistas*, 2 vols., Guatemala, Tipografía Nacional, 1935.

Caillet-Bois, Julio, *Antología de la poesía hispanoamericana*, 2da. ed., Madrid, Aguilar, 1965. Sección VI.

Castillo, Homero, *Antología de poetas modernistas hispanoamericanos*, New York, Blaisdell, 1966.

Coester, Arthur, *Anthology of the Modernist Movement in Spanish America*, New York, Ginn and Company, 1924.

García-Prada, Carlos, *Poetas modernistas hispanoamericanos: antología*, Madrid, Cultura Hispánica, 1956.

Jiménez, José Olivio, *Cien de las mejores poesías hispanoamericanas*, New York, Las Américas, 1965.

Johnson, Mildred E., *Swan, Cygnets, and Owl: An Anthology of Modernist Poetry in Spanish America;* Translations, Columbia, Univ. of Missouri, 1956.

Onís, Federico de, *Antología de la poesía española e hispanoamericana*, 2da. ed., New York, Las Américas, 1961.

Oyuela, Calixto, *Antología poética hispanoamericana*, 5 vols., Buenos Aires, Estrada, 1919-1920.

Panero, Leopoldo, *Poesía hispanoamericana*, 2 vols., Madrid, Ed. Nacional, 1944.

Santos González, C., *Antología de poetas modernistas americanos*, con un ensayo acerca del modernismo en América por Rufino Blanco-Fombona, París, Garnier, 1913.

Silva Castro, Raúl, *Antología crítica del modernismo hispanoamericano*, New York, Las Américas, 1963.

2 LOS PRECURSORES DEL MODERNISMO

JOSÉ MARTÍ

Textos

Páginas escogidas, París, Garnier, 1923; editadas por Max Henríquex Ureña.

Obras completas de José Martí, 2 vols., París, Excelsior, 1926; editadas por Armando Godoy y Ventura García Calderón.

Obras completas, 8 vols., Madrid, Atlántida, 1925-1929.

Obras completas, 74 vols., La Habana, Editorial Trópico, 1936-1953.

Obras completas, 2 vols., La Habana, Editorial Lex, 1946.

Páginas selectas (1939), 6ta. ed., Buenos Aires, Estrada, 1957. Prólogo y edición de Raimundo Lida.

Nuestra América, Buenos Aires, Losada, 1939; editada por Pedro Henríquez Ureña.

Poesía, Buenos Aires, Raigal, 1952; editada por Juan Carlos Ghiano.

Poesías (1929), 2da. ed., La Habana, Cultural, 1953; editadas por Juan Marinello.

Poesías completas, Madrid, Aguilar, 1953; editadas por Rafael Esténger.

José Martí, esquema ideológico, México, Cultura, 1961; editado por Manuel Pedro González e Ivan A. Schulman.

Páginas escogidas, Buenos Aires, Espasa-Calpe, 1962 (Col. Austral, 1163).

Versos, New York, Las Américas, 1962; estudio preliminar, selección y notas de Eugenio Florit.

Ideario de José Martí, La Habana, Colección de Libros Cubanos, vol. XV, 1929; ordenado y con una introducción de M. Isidro Méndez.

Páginas de José Martí, Buenos Aires, Ed. Universitaria Buenos Aires, 1963.

Obras completas, 8 vols. publicados hasta hoy, La Habana, Editorial Nacional de Cuba, 1963-1965.

Obras completas, 5 vols., Caracas, Litho-Tip., 1964.

Crítica

Anderson Imbert, E., "La prosa poética de José Martí. A propósito de "Amistad Funesta" en *Estudios sobre escritores de América*, 125–165.

Baeza Flores, Alberto, *¿Quién fue José Martí?*, México, Ed. Novaro-México, 1958.

——, *Vida de José Martí; el hombre íntimo y el hombre público*, La Habana, Ediciones del Centenario y del Monumento de Martí, 1954.

Baralt, Blanche Z. de, *El Martí que yo conocí*, La Habana, Ed. Trópico, 1945.

Blomberg, Héctor Pedro, *Martí, el último libertador*, Buenos Aires, Ed. La Universidad, 1945.

Daireaux, Max, *José Martí* (1853–1895), París, Les Editions France-Amérique, 1939.

Esténger, Rafael, *Vida de Martí*, México, Secretaría de Educación Pública, 1944.

González, Manuel Pedro, *Fuentes para el estudio de José Martí*, La Habana, Dirección de Cultura, 1950.

——, *José Martí, Epic Chronicler of the United States in the Eighties*, Chapel Hill, Univ. of North Carolina Press, 1953.

Iduarte, Andrés, *Martí, escritor*, 2da. ed., La Habana, Dirección de Cultura, 1951.

Lizaso, Félix, *Martí, místico del deber*, 3ra. ed., Buenos Aires, Losada, 1952.

——, *Proyección humana de Martí*, Buenos Aires, Raigal, 1956.

Mañach, Jorge, *Martí, el apóstol*, 4ta. ed., México, Espasa-Calpe, 1952 (Col. Austral, 252); ed. rev., New York, Las Américas, 1963.

Marinello, Juan, *José Martí, escritor americano. Martí y el modernismo*, La Habana, Imprenta Nacional de Cuba, 1962.

Márquez Sterling, Carlos, *Martí, ciudadano de América,* New York, Las Américas, 1965.

Mistral, Gabriela, *La lengua de Martí*, La Habana, Secretaría de Educación, Cuadernos de Cultura, 1934.

Quesada y Miranda, Gonzalo de, *Facetas de Martí*, La Habana, Ed. Trópico, 1939.

Santovenia, Emeterio S., *Lincoln en Martí*, La Habana, Ed. Trópico, 1948; prólogo de Félix Lizaso.

Schulman, Ivan A., *Símbolo y color en la obra de José Martí*, Madrid, Gredos, 1960.

——, "José Martí y Manuel Gutiérrez Nájera: Iniciadores del modernismo", *Revista Iberoamericana*, XXX (1964), num. 57, 9–50.

——, "Las estructuras polares en la obra de José Martí y Julián del Casal", *Revista Iberoamericana*, LVI (1963), 251–282.

Vitier, Medardo, *Martí, estudio integral*, La Habana, Publicaciones de la Comisión Nacional del Centenario, 1954.

MANUEL GONZÁLEZ PRADA

Textos

Obras completas, 4 vols., Lima, Editorial P.T.C.M., 1946; con prólogo de Luis Alberto Sánchez.

Pensamientos, Buenos Aires, Edición Arco Iris, 1941.

Páginas Libres, 3ra. ed., Lima, Ed. P.T.C.M., 1946; prólogo de Luis Alberto Sánchez; Lima, Ediciones Nuevo Mundo, 1964.

Anarquía, 4ta. ed., Lima, Editorial P.T.C.M., 1948.

El tonel de Diógenes, México, Fondo de Cultura Económica, 1945.

Figuras y figurones, Paris, Bellenand, 1938.

Horas de lucha, 2da. ed., Callao, Perú, Tipografía "Lux", 1924.

Nuevas páginas libres, Santiago, Ercilla, 1937.

Propaganda y ataque, Buenos Aires, Ediciones Imán, 1939.

Prosa menuda, Buenos Aires, Ediciones Imán, 1941.
Minúsculas, 4ta. ed., Lima, Ed. P.T.C.M., 1947.
Exóticas y *Trozos de vida*, Lima, Ed. P.T.C.M., 1948; prólogo de Luis Alberto Sánchez.
Antología poética, México, Cultura, 1940. Prólogo y notas de Carlos García-Prada.
Manuel González Prada, México, Imprenta universitaria, 1945. Prólogo y selección de Luis Alberto Sánchez.

Crítica

Calcagno, Miguel Angel, *El pensamiento de González Prada*, Montevideo, Universidad de la República, 1958.
Chang-Rodríguez, Eugenio, *La literatura política de González Prada, Mariátegui y Haya de la Torre,* México, Studium, 1957.
González Prada, Adriana, *Mi manuel*, Lima, Editorial Cultura Antártica, 1947.
González Prada: Vida y Obra. Antología. Bibliografía, New York, Instituto de las Españas, 1938.
Mariátegui, José Carlos, "González Prada" en *Siete ensayos de interpretación de la realidad peruana,* 7ma. ed., Lima, Editorial Amauta, 1959.
Mead, Robert G., "González Prada: el prosista y el pensador", *Revista Hispánica Moderna*, New York, Vol. XXI, No. 1 (enero, 1955).
Sánchez, Luis Alberto, *Don Manuel*, 3ra. ed., Santiago, Ercilla, 1937.

SALVADOR DÍAZ MIRÓN

Textos

Lascas, Xalapa, Tipografía del gobierno del Estado, 1901.
Sus mejores poemas, Madrid, Ed. América, s.f.; prólogo de Rufino Blanco-Fombona.
Poesías completas (1876–1928), México, Porrúa, 1941. Nota biográfica, notas y bibliografía de Antonio Castro Leal.
Antología poética, México, Univ. Nacional, 1953. Prólogo de Antonio Castro Leal.
Prosa, México, Biblioteca de Autores Mexicanos, 1954. Prólogo de Leonardo Basquel.
Sus mejores poesías, México, Ed. E. libro español, 1955. Selección y biografía por Heraclides D'Acosta.

Crítica

Almoina, José, *Díaz Mirón; su poética*, México, Ediciones Jus, 1958.
Caffarel Peralta, Pedro, *Díaz Mirón en su obra*, México, Porrúa, 1956.
Carrillo, José, *Radiografía y disección de Salvador Díaz Mirón*, Libros Bayo, 1954.
Méndez Plancarte, A., *Díaz Mirón, poeta y artífice*, México, Robredo, 1954.
Monterde, Francisco, *Díaz Mirón: el hombre y la obra*, México, Studium, 1956.
——, "El arte literario en la poesía de Díaz Mirón", en *La cultura y la literatura iberoamericana*, México, Studium, 1957.
Torres-Rioseco, Arturo, *Ensayos sobre literatura latinoamericana*, 2da. serie, México, Fondo de Cultura Económica, 1958.

MANUEL GUTIÉRREZ NÁJERA

Textos

Poesías, México, Tipografía de la Oficina del Impuesto del Timbre, 1896; introducción de Justo Sierra.
Prosa, Vol. I, México, Tip. de la Ofic. del Imp. del Timbre, 1898; con prólogo de Luis G. Urbina.

EL MODERNISMO

Prosa, Vol. II, México, Tip. de la Ofic. del Imp. del Timbre, 1903; prefacio de Amado Nervo.
Hojas sueltas, México, Imp. Munguia, 1912; prólogo de Carlos Díaz Dufoo.
Cuentos, crónicas y ensayos, México, Universidad Nacional, 1940; Estudio preliminar de Alfredo Maillefert.
Cuentos de color de humo. Cuentos frágiles, 2da. ed., México, Sylo, 1948; con prólogo de Francisco Monterde.
Obras inéditas, New York, Instituto Hispánico, 1943; edición de E. K. Mapes.
Cuentos completos y otras narraciones, México, Fondo de Cultura Económica, 1958; prólogo y notas de E. K. Mapes.
Prosa selecta, México, Jackson, 1948. Introducción de Salvador Novo.
Poesías completas, 2 vols., México, Porrúa, 1953; prólogo por Francisco González Guerrero.

Crítica

Carter, Boyd G., *Manuel Gutiérrez Nájera. Estudio y escritos inéditos*, México, Studium, 1956.
——, *En torno a Gutiérrez Nájera*, México, Ed. Botas, 1960.
——, "Gutiérrez Nájera y Martí como iniciadores del modernismo", *Revista Iberoamericana*, 54 (1962), 296–310.
Contreras García, Irma, *Indagaciones sobre Gutiérrez Nájera*, México, Ed. Metáfora, 1957.
Gómez del Prado, C., *Manuel Gutiérrez Nájera. Vida y obra*, México, Studium, 1964.
González Guerrero, Francisco, *Revisión de Gutiérrez Nájera*, México, Imp. Universitaria, 1955.
Mejía Sánchez, Ernesto, *Exposición documental de Manuel Guitérrez Nájera, 1859-1959*, México, Univ. Nac. Autónoma, 1959.
Schulman, Iván A., "Función y sentido del color en la poesía de Manuel Gutiérrez Nájera", *Revista Hispánica Moderna*, New York, No. 1 (1957), 1–13.
Walker, Nell, *The Life and Works of Manuel Gutiérrez Nájera*, Columbia, Univ. of Missouri, 1927.

JULIÁN DEL CASAL

Textos

Sus mejores poemas, Madrid, Ed. América, 1916. Introducción de Rufino Blanco-Fombona.
Selección de poesías de Julián del Casal, La Habana, Cultural, 1931. Prólogo de Juan J. Geada Fernández.
Poesías completas, La Habana, Consejo Nacional de Cultura, 1945. Introducción, bibliografía y notas de Mario Cabrera Saqui.
Selected Prose of Julián del Casal, University, Univ. of Alabama Press, 1966. Prólogo de Marshall Nunn.

Crítica

Figueroa, E., "Julián del Casal y el modernismo", *Revista Iberoamericana*, No. 59 (1965), 47–49.
Henríquez Ureña, Max, *Breve historia*, 115–134.
Monner Sans, José María, *Julián del Casal y el modernismo hispanoamericano*, México, El Colegio de México, 1952.
Nunn, Marshall, *Life and Works of Julián del Casal*, Urbana, Univ. of Illinois, 1939.
——, "Julián del Casal, First Modernist Poet", *Hispania*, XXIII (1940), 73–80.
Portuondo, José Antonio, *Angustia y evasión de Julián del Casal*, La Habana, Cultural, 1940.

JOSÉ ASUNCIÓN SILVA

Textos

Poesías, Barcelona, Imprenta de P. Ortega, 1908. Prólogo de Miguel de Unamuno.
Poesías, París, L. Michaud, 1913. Prólogo de Miguel de Unamuno y notas de Baldomero Sanín Cano.

Poesías, Santiago, Editorial Condor, 1923. Introducción de Baldomero Sanín Cano.

José Asunción Silva: Prosas y versos, México, Cultura, 1942. Estudio preliminar de Carlos García-Prada.

Poesías completas y sus mejores páginas en prosa, Buenos Aires, Ed. Elevación, 1944. Prólogo de Arturo Capdevila.

Poesías, Buenos Aires, Estrada, 1945. Prólogo de Francisca Chica Salas.

Poesías completas; seguidas de prosas selectas, Madrid, Aguilar, 1952. Prólogo de Miguel de Unamuno y notas de B. Sanín Cano.

Poesías, Buenos Aires, Espasa-Calpe, 1957 (Col. Austral, 827).

Crítica

Blanco-Fombona, *El modernismo*, 103–147.

Caparroso, C. A., *Silva y su obra*, 2da. ed., Bilbao, Gráficas Ellacuria, 1954.

Fogelquist, Donald F., "José Asunción Silva y Heinrich Heine", New York, *Revista Hispánica Moderna*, XX (1954), 282–295.

Gicovate, Bernardo, "Estructura y significado en la poesía de José Asunción Silva", *Revista Iberoamericana*, XLVIII (1959), 327–331.

Henríquez Ureña, Max, *Breve historia*, 135–157.

Holguín, A., *La poesía inconclusa y otros ensayos*, Bogotá, Ed. Centro-Instituto Gráfico, 1947.

Jiménez, Juan Ramón, *Españoles de tres mundos*, Madrid, Aguado, 1960.

King, G. G., *A Citizen of Twilight, José Asunción Silva,* New York, Longmans, Green and Company, 1921.

Liévano, Roberto, *En torno a Silva; selección de estudios e investigaciones sobre la obra y la vida íntima del poeta*, Bogotá, El Gráfico, 1946.

Loveluck, Juan, "*De sobremesa*, novela desconocida del modernismo", *Revista Iberoamericana*, XXXI, No. 59 (1965), 17–32.

Maya, Rafael, *Elogios: De Silva a Rivera*, Bogotá, Universidad, 1929.

Miramón, Alberto, *José Asunción Silva; ensayo biográfico con documentos inéditos*, 2da. ed., Bogotá, Imp. Nacional, 1957. Prólogo de Baldomero Sanín Cano.

Paniagua, Mayo, B., *José Asunción Silva y su poesía*, México, Facultad de Filosofía y Letras, Univ. Nac. Autónoma, 1957.

Schwartz, R. J., "En busca de Silva", *Revista Iberoamericana* 47 (1959), 65–78.

Torres-Rioseco, Arturo, "Las teorías poéticas de Poe y el caso de José Asunción Silva", *Hispanic Review*, XVIII (1950), 319–327.

21 Plenitud del modernismo

Instante de apogeo: los géneros literarios

A los precursores que hemos analizado en el capítulo precedente, siguió un momento de consolidación del nuevo movimiento, logrado cuando Rubén Darío se le incorpora entusiasmado por la lectura y estudio de los autores franceses y la labor innovadora iniciada por Martí y otros escritores. El genio poético de Darío atrajo sobre sí la atención de los jóvenes escritores de distintos países, amantes de reformas y, después de la publicación de *Azul* (1888), no solamente cuenta con seguidores en casi toda Hispanoamérica, sino también en España, a través de la crítica favorable de Juan Valera y la actitud de cambios que también existe allá.

En este instante de plenitud modernista, el movimiento renovador llega a su punto más alto: a más de erigirse en tendencia casi exclusiva de nuestra literatura, produce una renovación estética a fondo e inicia la etapa verdaderamente moderna de las letras hispanoamericanas. Son visibles dos períodos bien diferenciados entre sí: uno preciosista, con extremado culto a la forma, el exotismo y lo versallesco y otro de preocupación por los problemas de la América Hispana y metafísicos, cuando los poetas parecen abandonar la llamada "torre de marfil". Constituye esta etapa de plenitud modernista uno de los capítulos más ricos, variados y de calidad artística de la literatura hispanoamericana. En este momento escriben varios poetas y prosistas a quienes hay que considerar entre los más altos del idioma, y la literatura alcanza un prestigio y un ámbito internacional que no había gozado nunca antes.

Los géneros literarios de más intenso cultivo son ahora la poesía y la prosa y dentro de ésta, el ensayo, la novela, la crónica y otros géneros afines. En cuanto a personalidades, se pueden formar dos grupos: 1. Rubén Darío, como figura muy señera de esta etapa y 2. Seguidores de Darío. En este capítulo vamos a estudiar la poesía y dedicaremos sendos capítulos al ensayo y la novela durante el modernismo, a fin de estudiarlos con la debida separación.

PLENITUD DEL MODERNISMO

Rubén Darío, culminación de la poesía artística en Hispanoamérica

Aunque el movimiento de renovación literaria e intelectual estaba ya en marcha cuando él se le incorpora, RUBÉN DARÍO (1867-1916) es el jefe indiscutido del modernismo. Su verdadero nombre era Félix Rubén García Sarmiento, pero él se lo cambió por razones de eufonía y adoptó el apellido Darío de un pariente. Su estilo más que ningún otro presenta casi todas las características esenciales del modernismo. Nació en Metapa, Nicaragua y se crió como huérfano con una tía en León, al romperse su hogar por disgustos. En su temperamento hay un fondo místico y un temor religioso a a la muerte que lo acompañó siempre. Se educó con los jesuítas y en el Instituto Nacional. Desde muy joven se hizo de una gran cultura clásica española y ganó el nombre de "poeta-niño" porque es sabido que escribía versos antes de cumplir los trece años. A los quince años estuvo en El Salvador y allí el poeta Francisco Gavidia lo inició en el estudio de la literatura francesa, sobre todo de Hugo y le enseñó el uso del alejandrino francés.

A su regreso a Nicaragua, el influyente General Caños le recomendó ir a Chile en busca de un mejor ambiente literario y cultural y le dio cartas de recomendación. Antes de partir publicó su primer libro de versos, *Epístolas y poemas. Primeras notas* (1885). Llegó a Valparaíso en 1886 y poco después entró a colaborar en *La Época*. Se hizo amigo del joven Pedro Balmaseda Toro, hijo del Presidente de Chile y en su rica biblioteca pudo estudiar a los parnasianos y simbolistas franceses. En 1887 publicó *Abrojos* con cincuenta y ocho composiciones, con una influencia muy patente de Campoamor en el realismo e ironía de esos versos. En 1888 publicó en Valparaíso su famoso libro *Azul* con material ya publicado en los periódicos y revistas de Chile. Un ejemplar del libro se hizo llegar a Juan Valera, el gran crítico español, quien le dedicó dos de sus "Cartas americanas" desde los *Lunes del Imparcial de Madrid*, dándole el espaldarazo consagrador en España. Es un libro de prosa y verso y en ambos la huella francesa es reconocible a simple vista. Es el libro inicial del movimiento modernista como tal. Los cuentos son de ambiente parisiense, a pesar de que nunca había estado allí y todo el libro respira lo que Valera llamó muy acertadamente "galicismo mental". Más tarde Darío consiguió un puesto de corresponsal de *La Nación* de Buenos Aires, periódico al que estuvo ligado hasta su muerte. Aquí publicó casi todos los trabajos que forman sus libros en prosa.

En 1889 regresa a Nicaragua y viaja por Centro América después de haberse casado y tres años después va a España por primera vez como Delegado de su país a las fiestas del IV centenario del descubrimiento de América y allí es bien acogido por las grandes figuras literarias del momento. En la península, el movimiento renovador estaba todavía en ciernes. A su regreso, pasó por Cuba estrechando amistad con Casal. y en Colombia el presidente le nombró Cónsul en Buenos Aires, Después de la muerte de su esposa partió para Buenos Aires (1893) y de paso por Nueva York conoció personalmente a José Martí. En París hizo amistad con Moréas, Duplessis, Banville y Verlaine. En Buenos Aires lo rodeó un grupo de jóvenes escritores que luego jugaron un papel muy importante en el modernismo: Roberto J. Payró, Antonio Lamberti, Alberto Ghiraldo, José Ingenieros, el boliviano Ricardo Jaimes Freyre, Leopoldo Díaz, Díaz Romero, Luis Berisso y Leopoldo Lugones. Aquí se completó su personalidad como artista. El año de su llegada dio a conocer *Los raros* (1893), colección de ensayos sobre las figuras literarias más admiradas por él (Poe, Ibsen, Martí, Eugenio de Castro y otros) Aquí también publicó *Prosas profanas y otros poemas* (1896), libro de versos que señala el punto más alto de la asimilación de las nuevas corrientes poéticas europeas. El libro confirma que está en marcha un nuevo concepto del arte y una verdadera revolución en el campo de la literatura. El prólogo del libro lo escribió José Enrique Rodó, uno de los mejores ensayistas del nuevo movimiento. A la obra se le criticó su falta de acento americano, a pesar de su espíritu nuevo, sus innovaciones métricas, el aristocratismo y elegancia del lenguaje y el preciosismo de la expresión. Es el primer libro realmente importante del modernismo con fuerte influencia de los parnasianos y simbolistas franceses, sobre todo de Gautier y Verlaine. El libro parece muy preciosista porque Darío quiso elevar el lenguaje poético a fin de superar el cansancio y las vulgaridades en que habían caído los románticos sin talento. Los malos imitadores se fijaron más en la sonoridad y en lo externo, pero ya en la obra hay rasgos del verdadero genio de Darío: preocupación por la vida y la muerte, la duda y la lucha entre la carne y el espíritu. El libro fue incomprendido en su importancia por algunos, pero queda como muestra del genio poético de su autor: sentido de la armonía y del ritmo, musicalidad, una poderosa imaginación, elegancia y elevación de la expresión y dominio de los secretos del verso.

En 1898 *La Nación* lo envió a España y en seguida se asoció con los que en la península estaban realizando una renovación del arte. Hay que tener presente que muchos que se iniciaron en el modernismo como Juan Ramón Jiménez, los Machado y otros se separaron del movimiento, mientras que algunos como Valle-Inclán, Miró, Rueda, Villaespesa, permanecieron en él. Sus impresiones están recogidas en su libro *España contemporánea* (1901). Su prosa no es preciosista, pero muy cuidada, con voluntad de estilo y rica en ideas quizás por la visible influencia de Martí. Es prosa clara, diáfana, expresiva y jugosa, con soltura y períodos rítmicos. En 1905 publicó en Madrid posiblemente el libro de versos más importante del modernismo: *Cantos de vida y esperanza*, que señala el hito de más madurez e intensidad del poeta. Demuestra un cambio sustancial operado en Darío: de la pompa exterior se vuelve ahora sobre su interior y expresa las preocupaciones metafísicas que más afectan al hombre. El poeta es ahora más sencillo y profundo, pero sin abandonar el gran señorío de la expresión poética, la elegancia, la audacia de metáforas y la huída de lugares comunes. Aquí canta a la juventud ya ida, el alma atormentada; el enigma del destino humano, la duda, el remordimiento. El valor universal de la poesía de Darío llega aquí a su cúspide, porque canta temas eternos relacionados con la vida del hombre. Además, se cubre una ausencia que se hizo notar en *Prosas profanas:* la preocupación por problemas de Hispanoamérica. Más que un sentimiento anti-norteamericano, su

PLENITUD DEL MODERNISMO

poema "A Roosevelt" expresa admiración por la grandeza de ese país y honda preocupación frente al imperioso avance de los Estados Unidos.

En 1900 viajó nuevamente a París con motivo de la Exposición Mundial. La capital de Francia será ahora su residencia más permanente, interrumpida por sus constantes viajes por Europa y América. Por esa época viaja por Italia, Bélgica, Austria, Alemania y Suiza. Sus impresiones las recoge su libro *Peregrinaciones* (1901) con pupila muy atenta a ciertos aspectos interesantes de esas naciones. Después publica *La caravana pasa* (1902). En 1906 viaja a América para asistir a la Conferencia Panamericana del Brasil. A su paso por Montevideo y Uruguay le ofrecieron recibimientos apoteósicos. Vuelve a España con el cargo de Ministro de su país. Vienen más tarde los libros que ya van marcando su decadencia creativa, aunque aun entonces Darío es gran poeta: *El canto errante* (1907), *El viaje a Nicaragua* (1909), y el *Poema del otoño* (1910). El estilo del poeta marca el rumbo hacia una expresión más depurada, sencilla y honda, sin los oropeles sonoros de las *Prosas profanas,* pero no llegan a superar los *Cantos de vida y esperanza,* considerado como su obra maestra.

La bohemia incurable del poeta le ha impedido hacer acopios para el futuro. Su enorme fama y prestigio literario no se aviene con su miseria económica. Por otro lado, su salud va decayendo ostensiblemente. Esas circunstancias lo llevan a la dirección de la revista *Mundial* (1911-1914), muy bien acogida en América y España. Para su propaganda emprende un viaje a esa nación e Hispanoamérica, sin muchas fuerzas para ello. A su regreso, se declara la Primera Guerra Mundial con los naturales temores y ansiedades para el poeta que estaba entonces extenuado. Se le contrata para una jira de conferencias por todo el continente americano. Antes de salir publica *Vida de Rubén Darío, escrita por él mismo* (1915) e *Historia de mis libros* (1915), esenciales para conocer su obra total. En Nueva York pronuncia la única conferencia de esta jira, pues cogió una neumonía que lo puso al borde de la tumba. De aquí partió para Guatemala y luego a León, muriendo en el rincón apacible y pobre donde pasó su adolescencia, el 6 de febrero de 1916. Su sepelio constituyó una muestra de duelo continental, nunca antes vista en América del Sur.

Darío fue un hispanoamericano representativo de su época: el hombre sensible y dotado de genio que se encuentra con la sordidez del medio mediocre y quiere, no adaptarse a él sino elevar el ambiente cultural y artístico. Hoy en día está considerado como uno de los grandes poetas de la lengua española, con valores universales en su poesía. Abrió cauce tan hondo a la literatura de nuestro continente, tanto en el verso como en el cuento y el ensayo que aun ciertas tendencias actuales no pueden explicarse sin la renovación que el modernismo orientado por él trató de producir. Ese movimiento muestra la madurez del genio hispanoamericano para la literatura y presenta un buen número de autores en uno de los momentos más altos y felices en su devenir literario.

Darío es uno de los cultivadores de la llamada "torre de marfil", actitud de evasión al huir de la vida real hacia un mundo imaginario de belleza perfecta, creado por su imaginación. A veces abandonó el mundo ideal de su poesía y su verso adquiere entonces una nota de profundo sabor americano, capaz de interpretar las preocupaciones e ideales de la raza hispánica o se matizan con los problemas metafísicos del hombre contemporáneo. Darío es uno de los más formidables innovadores que ha tenido la poesía española y su puesto debe estar al lado de Boscán y Garcilaso; de Góngora y Quevedo. Sus innovaciones incluyen todos los aspectos del verso: tanto su estructura externa como su contenido y espíritu. A parte de sus innovaciones métricas, sobresale por los variados matices de su sensibilidad artística, la audacia, riqueza y exotismo de las imágenes; la poderosa fantasía creadora y la elegancia y ritmo del verso. Tuvo el genio de tomar todas las influencias españolas y extranjeras (sobre todo francesas), hacerlas pasar por su sensibilidad y volcarlas en obras nuevas, en las que se pueden adivinar las fuentes, pero a las que no se puede negar novedad. Su alto sentido del quehacer literario, su afirmación de las raíces hispánicas y el cosmopolitismo de su arte, contribuyeron a elevar la calidad artística de la literatura hispanoamericana y señalaron rutas para empeños semejantes en el futuro.

Amado Nervo: panteísmo, religiosidad y subjetivismo de su poesía

En la larga lista de los seguidores de Rubén Darío, ocupa lugar muy destacado AMADO NERVO (1870-1919), uno de los modernistas más famosos en todo el continente de lengua española. Nació en Tepic, capital actual del estado de Nayarit en México y desde joven mostró tempranas inclinaciones para las letras. En su juventud estudió los clásicos españoles y latinos y mostró firme interés por la carrera sacerdotal. De 1886 a 1889 estudió ciencias, filosofía y primer año de leyes en el Seminario de Zamora. En 1891 reingresa a dicho Seminario, esta vez para seguir la carrera del sacerdocio. Tuvo entonces la oportunidad de hacer profundas lecturas de los místicos, que dejaron profunda huella en su temperamento y poesía. Posiblemente por dificultades económicas en la familia, abandonó el seminario y en Mazatlán se estrenó como periodista. De aquí se trasladó a la ciudad de México, donde lo encontramos también trabajando en el periodismo. Muy pronto se hizo de prestigio con sus primeros trabajos literarios. Una audaz novela, *El bachiller* (1895) le dio a conocer más ampliamente y le hizo figura literaria de primera importancia. En compañía de Jesús E. Valenzuela fundó la *Revista moderna* (1898-1911) el segundo famoso periódico del movimiento modernista en México. Su primer libro de versos, *Místicas* lo consagró como poeta. En 1900 hizo un viaje a Europa y a su regreso ingresó en la carrera diplomática, la que lo llevó a Madrid (1905-1918). En Francia se encontró con Darío, a quien le unió siempre profunda amistad, así como al colombiano Guillermo Valencia y los europeos Catulle Mendès, Jean Moréas y Oscar Wilde. En París encontró también al gran amor de su vida: Ana Cecilia Luisa Dailliez.

Su carrera diplomática en España le brindó la oportunidad de hacer amistades en los circulos intelectuales y literarios. Gozaba de una fama literaria excelente. En 1918 se le nombró Ministro en la Argentina, Uruguay y Paraguay. Murió en la ciudad de Montevideo. El traslado de sus restos a México constituyó un acontecimiento internacional. Su cadáver recibió homenajes en Río de Janeiro, Recife, La Guaira y La Habana y llegó a Veracruz en un buque de guerra uruguayo escoltado por buques de las armadas argentina, cubana y mexicana. La edición de las *Obras completas* de Amado Nervo (1920-1928), al cuidado de Alfonso Reyes consta de veintinueve volúmenes, de los cuales trece son de versos y dieciséis de prosa.

En el itinerario lírico de Nervo se distinguen tres momentos. La primera etapa corresponde a sus libros *Místicas* (1897), *Poemas* (1901), *Perlas negras* (1898), *El éxodo y las flores del camino, Lira heroica* (1902), *Los jardines interiores*. Se distingue por su audacia modernista, guiado por el simbolismo francés y las influencias de Verlaine y Huysmans. Es un instante de preciosismo en búsqueda de perfección formal. El ansia innovadora lo lleva a romper con las reglas sintácticas y las tradicionales del verso. Es el suyo un misticismo no expresivo de comunión con Dios, sino de asomo al misterio, de búsqueda de la divinidad.

En la segunda etapa el poeta ha evolucionado hacia formas más tradicionales y clásicas. El poeta se vuelve a su interior, quizás por influencia del "Mirador interior" de Darío y, especialmente de sus estudios de las religiones y filosofías orientales como el budismo. Es la hora de *En voz baja* (1909), *Serenidad* (1914), *Hermana agua*, la concreción más alta de su panteísmo, *Elevación* (1917), *Plenitud* (1918), *El estanque de los lotos*. La nota fundamental es ahora un vago presentimiento del más allá; una inefable actitud de preocupación ante el misterio de la vida; un panteísmo franciscano de identificación con la naturaleza y de amor a todos los hombres; una actitud no de protesta o rebeldía ante lo inalcanzable de Dios, sino de resignación y humildad. Su filosofía parece estar resumida en "La montaña de la serenidad":

> Desde que no persigo las dichas pasajeras
> muriendo van en mi alma temores y ansiedad;
> la vida se me muestra con más amplias y severas
> perspectivas y siento que estoy en las laderas
> de la montaña augusta de la serenidad.

La etapa final es de extrema simplicidad y profundidad. Hay veces que en nombre de esos objetivos huye de toda forma poética exterior: sus líneas no son entonces realmente versos. Si la etapa anterior es de contemplación y quietud, ahora su espíritu se rebela ante la muerte, porque ha desaparecido su mujer. Quiere saber si es verdad la idea cristiana de la resurrección, vacila, duda, se preocupa por la muerte. La sombra de Novalis y Maeterlinck lo persigue ahora. Es la hora de uno de sus libros más leídos, *La amada inmóvil* (1920), conocido por miles e inclusive llevado al cine. Pero luego el poeta vuelve a amar nuevamente como lo demuestra *El arquero divino* (1922).

Se caracteriza su poesía por un lastre de religiosidad que dejaron en el alma del poeta sus estudios para sacerdote. Es asimismo un panteísta al expresar su poesía un ansia de explicarse y confundirse con la naturaleza. Otro de sus temas básicos es el amor. Tiene un sentido ideal, puro, sano e idealista del amor, aun cuando éste sea físico. Sus versos de amor surgen castos, suaves, acariciadores. Muchos versos tienen angustia metafísica. Busca a Dios y la verdad y cuando no los encuentra no se rebela como Unamuno, sino que encuentra su más seguro refugio en una resignación franciscana. Muchos de sus versos expresan profundo sentimiento: duda, escepticismo, ironía, amor, resignación. Su poesía es siempre muy personal, franca, sincera y muy subjetiva al apresar todos los estados de su alma.

Cultivó también la prosa en forma variadísima. Aparte de novelas, su producción comprende ensayos, cuentos, crónicas, artículos. Entre sus colecciones de cuentos sobresalen: *Almas que pasan* (1906), *El diablo desinteresado* (1916).

Amado Nervo gozó de una fama extraordinaria en todo Hispanoamérica y todavía hoy sus versos son leídos y admirados, más por el pueblo que por aquéllos que buscan en la poesía algo distinto a la sencillez del poeta mexicano. Pero aun los más exigentes consideran que muchas de sus poesías y cuentos deben figurar entre lo mejor escrito en la literatura hispanoamericana de todos los tiempos. La lectura de sus versos deja la impresión de algo inefable y limpio, de una actitud de satisfacción por la vida tal como ella es; de serenidad ante el misterio, aun cuando tenga sus dudas.

La plasticidad del verso de Leopoldo Lugones

Es posible que los dos poetas modernistas más altos después de Rubén Darío sean LEOPOLDO LUGONES (1874–1938) y Julio Herrera y Reissig. Nació en Villa María del Río Seco en la provincia de Córdoba y en la ciudad de ese nombre inició su carrera como periodista. Luego se trasladó a Buenos Aires como colaborador del diario *El tiempo*. Más tarde fundó con José Ingenieros *La montaña* (1897) "periódico socialista revolucionario" como ellos mismos lo llamaban. Al llegar Rubén Darío a Buenos Aires en 1893, el joven Lugones se unió a su grupo y abrazó el modernismo como doctrina estética llegando a ser uno de los máximos dirigentes de la tendencia, no sólo en Argentina sino en toda la América Hispana. Durante algún tiempo fue visitador e inspector de Enseñanza Secundaria y luego director de la biblioteca del Consejo Nacional de Educación. Representó a la Argentina en el Comité de Cooperación Intelectual de la Liga de las Naciones, al que se incorporó el mismo día que Einstein.

Ideológicamente evolucionó de un socialismo y nacionalismo radicales—es la época de su amistad con Ingenieros—hacia tendencias reaccionarias. En 1924 representó al gobierno argentino en la conmemoración del centenario de la Independencia del Perú y de la batalla de Ayacucho. Aquí pronunció un infortunado discurso titulado "La hora de la espada", abogando por un régimen militar. El discurso produjo una larga controversia y la pérdida de muchos admiradores y amigos. Lugones era temperamentalmente un extremista y tenía serias dudas sobre la efectividad de la democracia. Hizo cuatro viajes por Europa, cuyas literaturas nuevas conocía muy bien. En París dirigió la *Revue sudaméricaine* (1911–1914). En 1926 obtuvo el Premio Nacional de Literatura y dos años después fundó la Sociedad Argentina de Escritores, siendo su primer presidente. Colaboró asiduamente para el diario *La Nación*. Se suicidó en una isla del Tigre, cerca de Buenos Aires.

Lugones se distinguió tanto en el campo de la poesía como en la prosa. Su abundante producción en verso muestra una gran variedad de tonos y de formas: romántico, simbolista, modernista; cosmopolita, criollista; simple, complicado; audaz y clásico. El autor se inicia con *Las montañas del oro* (1897) en que campea el versolibrismo a lo Whitman. Por la entonación vigorosa, las sonoridades, el poder narrativo la caudalosa lengua poética y el tono profético recuerda a Hugo. De Almafuerte hereda el tono vibrante y visionario. "La voz contra la roca" es uno de los poemas representativos de este instante. Todo en el libro era nuevo y sorprendente, inclusive el aspecto tipográfico, pues los versos están escritos como prosa, separados por guiones a la manera de Rimbaud y Maeterlinck. Por las imágenes se ve la influencia de Leconte de Lisle, Poe y Baudelaire. El libro causó asombro y desconcierto en muchos, pero Lugones ganó el elogio de Darío y Paul Groussac.

Más tarde Lugones hace concesiones al gusto por el preciosismo de la época en *Los crepúsculos del jardín* (1905), llenos de exquisiteces, refinamiento y de perfección formal. Sobresale la facultad extraordinaria de Lugones para la plasticidad, pues es natural su talento para ofrecernos una imagen perfecta de hechos y cosas a través de metáforas e imágenes. Fue acusado de plagiar *Los éxtasis de la montaña* de Julio Herrera y Reissig, pero luego se demostró que los versos de Lugones eran anteriores. La semejanza era la imitación de ambos al poeta francés Samain. Hay influencia del simbolismo francés. A este libro pertenecen los impecables sonetos de los "Doce goces", que son antológicos. Anhelo de originalidad y destreza poética poco común dan la nota del libro. También sobresalen la plasticidad, cierta nota melancólica y el realismo en el poder descriptivo.

Después de su primer viaje a París, Lugones publicó *Lunario sentimental* (1909) en el que sigue de cerca el simbolismo de Jules Laforgue. El tono festivo, la ironía y el humorismo del libro no empaña su rico léxico y su abundancia metafórica, que es más grande que en otras obras. Lugones considera la metáfora como lo esencial del verso y lucha por la búsqueda de imágenes nuevas y hermosas. Un ansia y búsqueda de lo nacional argentino marca el rumbo de *Odas seculares* (1910) de acento épico y nota criollista. Fue una de las obras con que contribuyó a la conmemoración del Centenario de la Independencia Argentina. Busca inspiración en la tradición nacional, en figuras típicas y en las labores del campo. Son una especie de geórgicas argentinas, aunque con sensibilidad y técnica modernas. A pesar de algunos prosaísmos, varios poemas están entre lo mejor de la lírica lugoniana.

Un cambio total representa *El libro fiel* (1912), especie de breviario del hogar y el amor conyugal. Aquí aparece un halo de tristeza, de presentimientos raros, escasamente vistos anteriormente en su obra. Es un Lugones íntimo y confidencial no visto antes. Hay reminiscencias de Poe. Los motivos vernáculos que cantó en las *Odas seculares* volvieron a aparecer en *El libro de los paisajes* (1917). Abarca lo nacional, el paisaje y al hombre argentinos. Algunos de sus poemas ganaron una amplia difusión existente todavía, pues aquí están algunos de los versos más famosos del poeta. Un Lugones meditativo, retraído y más lleno de lirismo se nos presenta en *Las horas doradas* (1922), donde sobresalen la fluidez de los poemas y cierto sobresalto o temor. Dándole una tonalidad moderna a esa poesía popular y tradicional escribió el *Romancero* (1924) donde aflora una persistente influencia de Heine. Las facultades narrativas de Lugones vuelven a lucir en estos poemas. También se encuentran exotismo, amor presentido y premonición de la muerte.

Uno de los libros esenciales para el estudio de la poesía lugoniana son los *Poemas solariegos* (1927) cuyo centro temático es lo vernáculo. Vuelve a los temas nacionales, caracterizándose por el realismo muy propio de Lugones. El instrumento expresivo, el lenguaje, métrica, metáforas se hacen más simples. Cuando recuerda cosas viejas argentinas o costumbres o personas, adquiere un tono elegíaco. La obra póstuma de Lugones es *Romances de Río Seco* (1938). Su gran admiración por *Martín Fierro* lo conduce a temas y ambientes criollos. En Lugones no se nota el tono pesimista, desolado y amargo de otros modernistas, aunque a veces se nos presenta íntimo, melancólico y triste.

La obra que hemos analizado tan rápidamente acredita a Lugones como un gran poeta, tanto por su maestría técnica, como por su fantasía abundante y su poder creador de imágenes novedosas. Es lástima que no tuviera una mayor preocupación metafísica y filosófica con lo cual sería uno de los más grandes poetas del idioma. Jugó un papel muy importante en la consolidación de la renovación literaria que propugnaba el modernismo. Es el más alto poeta argentino de su época y en escala continental su puesto queda bien cerca a Darío.

Su obra en prosa es mucho más extensa que la poética y su estudio es esencial para completar la imagen de Lugones. Cultivó el ensayo, la ficción, la crítica, la biografía y la erudición. Su ensayo de lectura más agradable tiene carácter histórico y se titula *El imperio jesuítico* (1904), verdadero tratado sobre la conquista y colonización española. Tiene sentido histórico y sabe sentir el paisaje, ajustando la prosa a la grandeza de la naturaleza. Sus facultades narrativas vuelven a sobresalir en la *Guerra gaucha* (1905), conjunto de veintidós relatos sobre la participación del gaucho en las luchas por la independencia. El estilo es en extremo barroco, pero sabe darle al relato movimiento épico, que sale como esmaltado de metáforas de poder visual y plástico. También cultivó el cuento y la ficción fantástica en *Las fuerzas extrañas* (1906) con algunos de sus mejores cuentos. Cultivó también la biografía en *Historia de Sarmiento* (1911) y el *Elogio de Ameghino* (1915). La lectura del primero es muy amena e instructiva.

Una de las constantes en el Lugones escritor es su amor a lo helénico demostrado a plenitud en los estudios dedicados a ese tema, entre los que sobresalen *Prometeo* (1910) y los estudios dedicados a la cultura e instituciones griegas como *Las industrias de Atenas* (1919), *Estudios helénicos* (1924), y *Nuevos estudios helénicos* (1928). También lo helénico está presente en una de sus obras mayores, *El payador* (1916), su obra crítica más importante. Aunque la tesis de que el *Martín Fierro* es una epopeya nacional carece de fundamento, sus estudios ayudaron a situar definitivamente la obra de Hernández en el lugar que le corresponde en la literatura argentina e hispanoamericana. Insistió en su oficio de narrador en *Cuentos fatales* (1924), con libre juego de la fantasía y la invención.

La prosa de Lugones es muy valiosa. Tenía amplia cultura adquirida sin poseer títulos formales; facultad narrativa y don de exposición. Su obra total es inseparable del modernismo, pero excede los límites de esa tendencia. Hay que considerarlo como uno de los grandes poetas de Hispanoamérica de todos los tiempos.

La evasión hacia lo nórdico en el verso de Ricardo Jaimes Freyre

Uno de los compañeros inseparables de Darío en Buenos Aires fue RICARDO JAIMES FREYRE (1868-1933), boliviano muy distinguido como profesor, periodista, escritor, poeta, historiador y diplomático. Fue el único modernista en publicar una preceptiva poética bajo el título de *Leyes de la versificación castellana* (1912). Por varios años ocupó una cátedra de literatura e historia en la Universidad de Tucumán. Dejó obras muy interesantes sobre aspectos de la historia argentina de la época colonial como la titulada *El Tucumán del siglo XVI* (1914) así como un *Curso de historia de la literatura castellana* dado en la Universidad de Tucumán (1917). Al trasladarse a Buenos Aires se unió al grupo que formaban Rubén Darío, recién llegado, Lugones, Leopoldo Díaz y otros abanderados del modernismo. Con Darío fundó la efímera *Revista de América* (1894), con el propósito de que fuera la vanguardia de las nuevas corrientes literarias. En su país sirvió como Ministro de Instrucción Pública, de Relaciones Exteriores y Embajador en Chile, Estados Unidos y Brasil. Después de renunciar volvió a la Argentina donde murió. Alguna vez declinó la postulación para la Presidencia de la República.

Jaimes Freyre es uno de los escritores más representativos del modernismo. Su primer libro, *Castalia bárbara* (1899), constituye su obra maestra. El título recuerda los *Poèmes barbares* y el estilo de Leconte de Lisle, cuya influencia sobre él parece innegable. Los poemas posteriores a este primer ensayo están recogidos en *Los sueños son vida* (1917). Jaimes Freyre era hijo de escritores y sobresalía por su cultura, tanto histórica como literaria. Cultivó también la evasión, creándose un mundo poético propio, pero en vez de irse al Versalles galante del siglo XVIII o al mundo helénico, construye su mundo sobre mitos y símbolos arrancados de la mitología nórdica. Escandinavos son Lock, el mal; Odín, la sabiduría; Tor, la guerra. Pero no se detiene ahí: los paisajes, la naturaleza y el simbolismo de su poesía son también nórdicos. Logra gran maestría en la recreación poética de ambientes de aquellos países con su frío, misterio e inclusive las flores y la vegetación. *Castalia bárbara* es uno de los libros cardinales del modernismo y contiene los mejores poemas del poeta Con una métrica audaz recrea poéticamente el esplendor bárbaro del mundo nórdico, con mucha fidelidad. De este mundo fantástico y mitológico evolucionó hacia el simbolismo de sus últimos poemas donde muestra también su maestría métrica y poéticamente. Es un poeta exquisito, con exclusiva preocupación por la belleza y su mundo de fantasía, lleno de misterios, brumas, vaguedad e imprecisión propios de aquellas regiones.

Aunque es un excelente poeta, se le recuerda más como revolucionario de la técnica y de la métrica, en cuyo aspecto son pocos los modernistas que lo alcanzan. Su poesía rompe del todo con la realidad y brota de mundos fantásticos e imaginarios creados por el anhelo de evasión del poeta. Es muy cuidadoso de la forma. Su poesía muestra una sensibilidad que se solaza en lo raro, lo lejano, las brumas de un mundo tan lejano como extraño a la realidad de América. Ricardo Jaimes Freyre llegó a ser, con Darío y Lugones, sólido pilar de la renovación literaria que reaccionaba contra la rutina poética. Junto con ellos formó quizás el grupo de modernistas más sobresaliente del continente.

Guillermo Valencia: la orientación parnasiana de su poesía

El modernista más destacado de Colombia es GUILLERMO VALENCIA (1873-1943), que se distinguió a gran altura como poeta, orador y parlamentario. Nació en Popayán (Cauca) y allí terminó sus días. Procedía de una familia aristocrática de la cual recibió una educación esmeradísima, sobre todo de carácter clásico. Habiendo cursado jurisprudencia en la Universidad del Cauca, abandonó los estudios del doctorado para empezar una carrera fecunda y brillante. Después de ocupar cargos públicos importantes en su estado, llegó a Representante al Congreso Nacional. Ya tenía fama de orador, cuando en 1899 viajó por Europa en un cargo diplomático. En París hizo amistad con Mallarmé, Rubén Darío, Gómez Carrillo, Díaz Rodríguez y Nervo. A su regreso a Colombia ocupó cargos de relieve como el de Gobernador del Cauca. En 1908 ganó una curul en el Senado que ocupó casi ininterrumpidamente hasta su muerte. Fue Delegado de Colombia a distintas conferencias internacionales y candidato por dos veces a la presidencia de la República. Ambas veces salió derrotado por divisiones en su propio partido. Ocupó el cargo de Rector de la Universidad del Cauca y miembro de las Academias Colombianas de la Lengua y de la Historia, del Ateneo de Madrid y la Sociedad de Gentes de Letras de París.

Valencia ganó pronta fama de orador por su facundia y elocuencia. Escribió unos trescientos discursos, de los cuales sólo unos cincuenta están publicados. Cuidaba mucho de la dicción y la expresión. Todo en él cooperaba al éxito del orador: la presencia, la voz, los gestos, el magnetismo personal, de la palabra y la emoción. En 1915 aparecieron publicados sus *Discursos y oraciones panegíricas*.

En el verso es el más parnasiano de los poetas modernistas por la perfección formal y las imágenes ricas en plasticidad. Su único libro de versos se titula *Ritos* (1898), compuesto de obras originales y traducciones. También dejó otros poemas que se han unido a este primer libro. Entre sus traducciones merecen destacarse la "Balada de la cárcel de Reading" de Wilde y las de Hugo, Verlaine, D'Annunzio, Eugenio de Castro y Goethe, y de varios parnasianos y simbolistas. Luego publicó un libro titulado

Catay (1929) con traducciones de poesías chinas desde el siglo VIII, que demuestra su exotismo como buen modernista.

Hay en la poesía de Valencia formas clásicas a las que se une una preocupación por la perfección formal, inclinación heredada de los parnasianos. Su poesía tiene un ritmo sugerente debido a su conocimiento del simbolismo, al que acompaña una gran habilidad para escoger el adjetivo más apropiado y la imagen con poder expresivo y pictórico. Alguna vez se asomó a la poesía de preocupación social como en la famosa "Anarkos", cuya recitación muchas veces le pidió el pueblo. Entre sus mejores poemas están: "Los camellos", "Leyendo a Silva", "Palemón el estilista", "Anarkos", "Judith y Holofernes", "San Antonio y el centauro", "Cigüeñas blancas".

Aunque fue orador muy famoso, el estilo natural de este género nunca asoma a sus versos, en los que no se encuentran altisonancias, retoricismos ni tonos grandilocuentes, sino balance de elementos, armonía y serenidad. Su manera es quizás la más parnasiana de todos, pero sus versos al propio tiempo respiran un aire clásico y simbolista. No fue un escritor profesional, pero su bien escasa producción es de las más puras y refinadas. Era un temperamento sensible, inquieto y complejo, de aquí que bajo la aparente tersura de su verso se vean palpitar su espíritu y su emoción. Valencia está considerado no sólo el mejor parnasiano de América, sino entre los mejores de la lengua castellana. Su preocupación por la forma no llega a restarle ritmo, armonía, movimiento, espontaneidad ni emoción a su poesía, cosa que no es muy común.

José Santos Chocano, "el cantor de América"

El modernismo no llegó a arraigar en el Perú, aunque JOSÉ SANTOS CHOCANO (1875–1934) muestra muchas de sus principales características y es la figura cimera del movimiento en ese país. A los quince años publicó sus primeros versos en la revista *Fin de Siglo* (1890) y a los diecinueve, sus actividades revolucionarias lo lanzaron a la cárcel. De aquí salió su libro *Iras santas* (1895), escrito en tinta roja para hacer más patente sus ideales. Era de temperamento violento y lleno de inquietud. Desempeñó luego misiones diplomáticas en la América del Sur y España, donde se le consideró como el "poeta de la raza" (1905–1908) por su solidaridad con la madre patria después de la guerra con los Estados Unidos. Luego recorrió casi todos los países de América en los que daba recitales con los que hizo una fortuna, pues era un magnífico recitador de sus propios poemas. Hombre muy contradictorio: fue amigo de dictadores y gran simpatizante de la Revolución Mexicana de carácter popular. Tenía la obsesión de los grandes negocios y no le faltaron inspiración, ideas y buenos proyectos, pero carecía de constancia y de sentido práctico. Un hombre fuerte del Perú, el Presidente Leguía, propició su pomposa coronación como poeta nacional en 1922. Al regreso del Perú después de la celebración del Centenario de la Independencia—donde Lugones pronunció su famoso discurso—Chocano mató de un tiro a un joven escritor, peruano, Edwin Elmore, quien había criticado a Lugones y a él por las ideas vertidas en aquel acto. Estando en Chile, donde pasó los últimos años de su vida, ideó un negocio para la búsqueda de tesoros, encontrando la muerte a mano de uno de los socios que se creyó burlado.

Chocano comenzó su carrera poética bajo la influencia de Víctor Hugo, Díaz Mirón, Olegario V. Andrade y, sobre todo de Núñez de Arce, a quien admiraba profundamente. Aquí aparece el tono bombástico, sonoro y oratorio que marca muchos de sus poemas. Es poesía para ser recitada con emoción y en forma estentórea. En sus primeros libros, *Selva virgen* (1893), *Iras Santas* (1895), *En la aldea* (1895), *La epopeya del morro* (1899), *El canto del siglo* (1901) encontramos este estilo. Aunque ya se muestra innovador y muchos de los elementos de su poesía son modernistas, el verdadero Chocano aparece en *Alma América* (1906) en que expresa su anhelo de ser "el cantor de América" y reniega de los libros anteriores. Es el mejor libro de Santos Chocano. En él no hay evasión o torre de marfil como en otros modernistas, pues va a la naturaleza de América, al alma de la raza hispánica, al indio y demás motivos americanos en busca de inspiración. Este libro logró extraordinaria fama en América y cruzó el Atlántico hasta España con igual aureola. Muestra su solidaridad con España después de la guerra con los Estados Unidos, con lo cual recogía el estado mental de la época en Hispanoamérica. Es el momento de sus famosos poemas "La epopeya del Pacífico", "Blasón", "Tríptico heroico" y otros. Su segundo libro importante es *Fiax Lux* (1908) con algunos poemas nuevos y versiones corregidas de versos publicados antes de 1906.

Hay hasta cuatro estilos diferentes en Santos Chocano. En su poesía objetiva sobre América (naturaleza, seres humanos, ideales nacionalistas, espíritu de la raza) es el poeta de la fuerza, de la entonación robusta y el tono declamatorio y grandilocuente. Sus versos tienen entonces acento épico y casi todos están escritos como para ser recitados. Pero también sabe buscar la perfección formal y las exquisiteces de Rubén Darío y otros modernistas como "En el diván", "El pavo real", "Pagana", "Magnolia", "Asunto Watteau". A ratos sabe ser íntimo, tierno y cantar las honduras de su alma como en "Nostalgias" e inclusive el amor como en "De viaje", uno de sus mejores poemas. Aun el misticismo asoma a su poesía y entonces el tono es grave:

> Penden sobre mi pecho las cuentas de un rosario,
> que me echó al cuello un día la buena hermana mía;
> y repaso en las noches las hojas de un breviario,
> que es el único libro que leo todavía.

A veces presenta una gran audacia en las imágenes como en "La canción del camino", y otras, que anuncian el vanguardismo. Sus versos muestran preocupación social y política por el destino del continente. José Santos Chocano llegó a ser uno de los poetas más populares de Hispanoamérica, tanto en este continente como en España. Sobre todo sus versos sobre la naturaleza Americana, los indios y la raza apenas han encontrado rival en otros poetas. Unía a su conocimiento de la técnica poética moderna, inspiración caudalosa y buen sentido para captar los sentimientos prevalecientes en esta época. Mientras la evasión llevó a otros modernistas a ignorar la realidad de América, Santos Chocano volcó su caudal poético sobre ella. No obstante haber decaído con el tiempo, todavía hoy se le admira y lee y pasan de veinte sus poemas antológicas y comparables con la mejor producción poética de Hispanoamérica.

Julio Herrera y Reissig, la dimensión simbolista del modernismo

La transición del modernismo a la poesía de vanguardia la representa mejor que nadie JULIO HERRERA Y REISSIG (1875-1910). Nació en Montevideo de una familia rica caída luego en desgracia. Su tío, Julio Herrera y Obes, cuyo nombre lleva el poeta, llegó a Presidente del Uruguay en 1890. Tres hechos se conjugaron para producir el temperamento neurótico del poeta: la caída ecónomica y social de su familia que lo obligó a vivir de empleos subalternos, un padecimiento del corazón desde la niñez y su inadaptación al ambiente. Estos factores lo condujeron a su aislamiento y a una actitud de altivez frente a los modos tradicionales de la literatura. A los veintiún años sufrió un rudo ataque del corazón, del que murió diez años después. Por esta razón nunca salió de su país, viviendo prácticamente encerrado. En el desván de la vieja casona de su padre, frente a la bahía de Montevideo, organizó su retiro, conocido como "La Torre de los Panoramas" (1902-1907) donde reunía una pequeña tertulia de amigos y seguidores, todos poetas y artistas bohemios y amantes de la renovación literaria. En estas tertulias se hablaba de arte, se leía y hasta tocaba música. Además hacían práctica de esgrima con dos floretes viejos y hasta de espiritismo. Este pequeño grupo se consideraba una "élite" y tenía su contrapartida en la tertulia dirigida por el gran cuentista Horacio Quiroga.

Herrera y Reissig mostró siempre cierta inclinación por lo sorprendente y extravagante. Él mismo se declaraba fiel epígono de Baudelaire, Poe y Nietzsche, aunque también tiene influencias de Rubén Darío y Lugones así como de Albert Samain y Jules Laforgue. En 1899 fundó *La revista* que contribuyó a popularizar el modernismo en el Uruguay. Toda su labor poética se produjo entre 1890 y 1910, fecha de su muerte. Al morir, el gobierno votó una pensión para su viuda y ordenó la impresión de sus poesías y la compra de copias para su distribución, cosa nunca antes hecha en el país. Su poesía fue muy poco conocida en su tiempo por falta de divulgación, pues sus mejores obras se publicaron póstumamente. Le faltó el reconocimiento de la crítica en vida, pero hoy se le reconoce como un artífice del verso y uno de los que más contribuyó a la renovación de la poesía uruguaya e hispanoamericana.

La poesía de Herrera y Reissig recorre, en su breve itinerario, una amplia evolución desde formas muy sencillas hasta la gran complejidad que lo hace desembocar en el simbolismo. Sus primeros poemas caen dentro del tono sonoro y grandilocuente del romanticismo a la manera tradicional. Son cantos casi adolescentes. Pero sus lecturas apresuradas y su constante inquietud interior producen un cambio total en su trayectoria hacia 1900, bien visible en las *Wagnerianas* que publica en revistas uruguayas. Está ahora de cuerpo entero dentro del modernismo y sigue muy de cerca a Darío y algo a Lugones. A fines de 1900 publica ocho composiciones con el título de *Las pascuas del tiempo*, con estilo y ritmos muy cercanos al Rubén Darío de "Era un aire suave". Hay culto al preciosismo, la suavidad y música de Darío. También tiene algunas "sinestesias" y "correspondences" a la manera de Baudelaire y Rimbaud.

Más dominio de la forma y un paso de avance dentro de las nuevas tendencias significó el libro *Maitines de la noche* (1902), compuesto de sonetos endecasílabos y otras composiciones de diferentes metros. Todo hace indicar que siguió muy de cerca al Lugones de *Los crepúsculos del jardín*. Hay indicios de audacia metafórica, los neologismos y epítetos tan característicos del poeta uruguayo. Es poesía de cerebraciones en que la realidad aparece deformada por su potente imaginación y supersensibilidad. El estilo herreriano tiene su culminación en elegancia, perfección formal y riqueza de imágenes en *Los éxtasis de la montaña* (series de 1904, 1907 y 1910), en sonetos alejandrinos que parece ser su mejor libro. El poeta encuentra inspiración ahora en lo rural y del campo. Maravilla la conjunción del realismo y lo metafórico así como el uso de nombres latinos y arcádicos. El libro es rico en sabor local, pero paisajes, aldeanos, situaciones, tipos y acciones están cantados con gran facultad plástica y en imágenes tan sorprendentes como exactas, como en "La vuelta de los campos":

> La tarde paga en oro divino las faenas.
> Se ven limpias mujeres vestidas de percales;
> trenzando sus cabellos con tilos y azucenas
> o haciendo sus labores de aguja, en los umbrales.

La rutina y vulgaridad rural, sin perder su realismo, se puebla de música, sonoridad, vaguedad y metáforas. En 1906 dio a la publicidad sus *Sonetos vascos*. El poeta sólo conocía esa región a través de apresuradas lecturas, pero supo en este "novenario de sonetos" darnos un cuadro lleno de realismo, con muchos elementos intuitivos e impresionistas. El poeta vuelve a los pasos de Lugones y de *Los Maitines de la noche* en los cincuenta y ocho sonetos de *Los parques abandonados* (1908), con un tono de melancolía y cierto erotismo. El punto culminante en cuanto a la audacia del artificio de imágenes y de la maestría de elaboración son los diecinueve sonetos de *Clepsidras* (1910). El exotismo lo lleva a usar temas de Asia Menor, Indostán, Babilonia.

Herrera y Reissig es el simbolista más sobresaliente del modernismo y por la audacia y abundancia de sus metáforas es quien conecta este movimiento con el vanguardismo. Por eso es una de las pocas figuras modernistas respetadas por los "nuevos". La falta de viajes y el estado de aislamiento en que transcurrió su vida, a más de su temprana muerte, le impidieron discutir el cetro de la poesía modernista a Darío. En su obra encontramos las audacias métricas y metafóricas del vanguardismo. Huyó de los lugares comunes y expresiones manidas en busca de nuevas metáforas, que a veces parecen arbitrarias a primera vista, para luego sorprender por la precisión con que expresan las visiones del poeta. Es una prodigiosa fuente de imágenes, uno de los más grandes creadores de metáforas de nuestra literatura, a más de uno de los más geniales poetas de Hispanoamérica.

La búsqueda del oculto sentido de la vida y
las cosas en el verso de Enrique González Martínez

El último modernista y primer post-modernista se ha llamado a ENRIQUE GONZÁLEZ MARTÍNEZ (1871-1952) porque su famoso verso "Tuércele el cuello al cisne", semejante a una prosa de Verlaine, parece simbolizar la reacción contra los excesos decorativos y sonoros del modernismo, aunque es bueno aclarar que no fue tan lejos como se esperaba en su ruptura con la escuela. Además, para ser exactos hay que reconocer que fue el propio Darío el primero en reaccionar contra los "tópicos" del movimiento y, por tanto el primer post-modernista.

González Martínez recuerda una de las más interesantes vidas literarias: nació en Guadalajara y después de alternar por diecisiete años la práctica de la medicina en provincias con el cultivo de las letras, se trasladó a la ciudad de México en 1911, donde se unió al grupo de jóvenes escritores que se agrupaban en la Sociedad de Conferencias, fundada en 1907 y transformada años después en el famoso Ateneo de México. Debido a su amplia obra anterior, en la capital se le reconoció como maestro de las nuevas orientaciones de la poesía. En 1920 fundó el periódico literario *México Moderno*, encargado de difundir la obra de los nuevos poetas y las orientaciones más recientes. Después de ocupar cátedras y posiciones públicas en el gobierno, ingresó en la carrera diplomática, siendo Ministro de México en Argentina, Chile y España. La serenidad y equilibrio de su temperamento, se transparenta constantemente en su copiosa producción poética.

Frente a la objetividad plástica y decorativa del modernismo, González Martínez opuso una poesía de hondura filosófica y de preocupación por el destino de la vida humana. Un ansia de recrearse en los misterios de la vida y tratar de llegar a una actitud de placidez ante ella distingue su poesía. Las influencias de su verso son parnasianas y simbolistas y heraldos de la nueva poesía: Leconte de Lisle, Heredia, Verlaine y más firmes las de Francis Jammes y Rodenbach. Aunque ya en sus primeros libros, escritos en su alejamiento provinciano (*Preludios*, 1903; *Lirismo*, 1907) nos da la sensación de un poeta nuevo que toma en serio su oficio, son *Silénter* (1909) y *Los senderos ocultos* (1911) los que situaron a González Martínez a la cabeza de la poesía moderna en México. Era una voz nueva, con un lirismo hondo y expresivo. En él desaparece el oropel objetivo de otros modernistas para darnos una poesía espiritual que va escribiendo como una biografía interior del poeta. En *Los senderos ocultos* apareció el famoso soneto "Tuércele el cuello al cisne", antes mencionado. Seguía así una senda de lirismo más profundo y vital, ya iniciado por el propio Darío y que los modernistas sin talento apenas vieron. Su poesía es un intento de interpretar, desde el centro de su sensibilidad de humano, el misterio de todo lo que compone la vida: las cosas, el silencio, la existencia misma, el porvenir, la muerte. Los libros que siguieron: *La muerte del cisne, Jardines de Francia* (1915), *El libro de la fuerza, de la bondad y del ensueño* (1917), *Parábolas y otros poemas* (1918), *La palabra del viento* (1921) nos muestran un González Martínez más maduro literariamente, pero con el mismo centro poético. Trae a la poesía una especie de panteísmo consistente en tratar de descubrir las esencias íntimas de las cosas y de la vida. En la música, serenidad y armonía de sus versos se oculta siempre una preocupación por la búsqueda del oculto sentido de la existencia.

González Martínez publicó luego *El hombre del buho. Misterio de una vocación* (1944), libro en prosa con algunas memorias y lleno de confesiones íntimas, continuado en *La apacible locura* (1951). En estas memorias afirma que nunca atacó a Darío y otros modernistas, sino a aquéllos que desvirtuaron el movimiento con profusión de adornos, música y nada más. Esta actitud de fidelidad a lo mejor del modernismo reaparece en su libro—el último—*El nuevo Narciso* (1952), donde es fiel a su credo estético: apresar la belleza que puede existir en todos los sentimientos y preocupaciones que siembran el desasosiego del hombre, desde la desilusión y la duda hasta la angustia del tiempo y la muerte.

Los versos de González Martínez se orientan hacia el "paisaje interior", hacia la introspección y la serenidad. Marcan un retorno a la sobriedad, a la poesía íntima desconocida por la poesía impersonal de los parnasianos. La poesía de González Martínez es muy representativa del alma mexicana por su sentido de intimidad, de media voz, de serena melancolía, de búsqueda afanosa del significado profundo de las cosas como objetivo primordial del humano. Para él lo importante no es ayudar a decorar la vida sino en sentir el alma de las cosas y la voz del paisaje. Es un intento de búsqueda de la "verdad arcana" y el nuevo símbolo es el buho, que no tiene la gracia del cisne, pero "interpreta el misterioso libro del silencio nocturno". Poeta hondo, trascendental. Lo nuevo no está en la renovación métrica, muy escasa, sino en una sensibilidad poética expresada en un lirismo más puro y profundo. Le encanta dirigirse a la juventud y estimularla a buscar dentro de su propia ser el sentido humano de todo lo creado. En "Intus" expresa:

> Hay que labrar tu campo, divinizar la vida,
> tener con mano firme la lámpara encendida.
> Sobre la eterna sombra, sobre el eterno abismo. . . .

> Y callar, más tan hondo, con tan profunda calma
> que, absorto en la infinita soledad de ti mismo,
> no escuches sino el vasto silencio de tu alma. . . .

El panteísmo casi siempre sereno y optimista de los primeros poemas, va tomando tintes más graves por la acción del tiempo y ya en los últimos poemas hay angustia, interrogaciones, dudas, aunque la actitud vital sea la misma: la búsqueda del significado profundo de la vida y de las cosas.

BIBLIOGRAFÍA

1 GENERAL

(Véanse la bibliografía general, A y B sobre el modernismo en el capítulo anterior; las historias y antologías generales; las particulares de los autores estudiados; los estudios de conjunto de la poesía y las antologías correspondientes)

2 PLENITUD DEL MODERNISMO

RUBÉN DARÍO

Textos

Azul, 11a. ed., Buenos Aires, Espasa-Calpe, 1952 (Col. Austral, 19).

Azul, Santiago, Zig-Zag, 1953. Prólogo de Juan Valera e introducción y notas de Juan Loveluck M.

Los raros, Buenos Aires, Espasa-Calpe, 1952 (Col. Austral, 1119).

Prosas profanas, 4ta. ed., Buenos Aires, Espasa-Calpe, 1952 (Col. Austral, 404).

Cantos de vida y esperanza, 2da. ed., Buenos Aires, Espasa-Calpe, 1943 (Col. Austral, 118).

El canto errante, 3ra. ed., Buenos Aires, Espasa-Calpe, 1950 (Col. Austral, 516).

Poema del otoño, Buenos Aires, Espasa-Calpe, 1945 (Col. Austral, 282).

Obras completas, 22 vols., Madrid, Mundo Latino, 1917–1919; editadas por Alberto Ghiraldo.

Obras completas, 23 vols., Madrid, Fernando Fe, 1923-1934; editadas por Alberto Ghiraldo y Andrés González Blanco.

Obras poéticas completas, Madrid, Aguilar, 1941; edición e introducción de Alberto Ghiraldo.

Cuentos y poemas en prosa, Madrid, Aguilar, 1945.

Antología poética, Berkeley-Los Angeles, Univ. of California Press, 1949. Selección e introducción de Arturo Torres-Rioseco.

Cuentos completos, México, Fondo de Cultura Económica, 1950. Editor, Ernesto Mejía Sánchez; introducción de Raimundo Lida.

Obras completas, 5 vols., Madrid, Afrodisio Aguado, 1950–1955.

Rubén Darío: crítico literario, Washington, D.C., Union Panamericana, 1951; prólogo de Ermilo Abreu Gómez.

Poesía, México, Fondo de Cultura Económica, 1952. Estudio preliminar de Enrique Anderson Imbert.

Cuentos, Buenos Aires, Espasa-Calpe, 1957 (Col. Austral, 880).

Antología poética, Buenos Aires, Kapelusz, 1952; prólogo y selección de Arturo Marasso.

Poesías completas, 9a. ed., Madrid, 1961; ordenación e introducción de Alfonso Méndez Plancarte.

Antología de Rubén Darío, Santiago, Zig-Zag, 1956. Selección e introducción de Raúl Silva Castro.

Poesía, Zaragoza, Clásicos Ebro, 1958. Edición, prólogo y notas de Antonio Papell.

Cuentos y poesías de Rubén Darío, Madrid, Ediciones Iberoamericanas, 1961. Editor, Carlos García Prada.

Crítica

Alemán, Bolaños, G., *La juventud de Rubén Darío* (1890–1893), Guatemala, Ed. Universitaria, 1958.

Blanco-Fombona, *El modernismo*, 147–191.

Capdevila, Arturo, *Rubén Darío, "un bardo rei"*, Buenos Aires, Espasa-Calpe, 1946 (Col. Austral, 607).

Contreras, Francisco, *Rubén Darío: su vida y su obra*, 2da. ed., Santiago, Ercilla, 1937.
Díaz-Plaja, Guillermo, *Rubén Darío, la vida, la obra, notas críticas,* México, Editora Nacional, 1957.
Fiore, Dolores Ackel, *Rubén Darío in Search of Inspiration*, New York, Las Américas, 1963.
Fogelquist, Donald F., *The Literary Collaboration and the Personal Correspondence of Rubén Darío and Juan Ramón Jiménez*, Coral Gables, Univ. of Miami Press, 1956.
Garcíasol, R. de, *Lección de Rubén Darío*, Madrid, Taurus, 1961.
Goldberg, 101–183.
Henríquez Ureña, *Breve historia*, 90–114.
Judicini, Joseph V., "Rubén Darío y la renovación de la prosa castellana", *Revista Iberoamericana*, XXX, No. 57, (1964), 51–79.
Lorenz, Erika, *Rubén Darío: "bajo el divino imperio de la música",* Managua, Ediciones Lengua, 1960; tradución del alemán por Fidel Coloma González.
Mapes, E. K., *L'Influence française dans L'oeuvre de Ruben Dario*, París, Chanpion, 1925.
Marasso, Arturo, *Rubén Darío y su creación poética*, 3ra. ed., Buenos Aires, Kapelusz, 1954.
Meza Fuentes, R., *De Díaz Mirón a Rubén Darío*, Santiago, Nascimento, 1940, 111–354.
Oliver Belmás, Antonio, *A este otro Rubén Darío*, Barcelona, Ed. Aedos, 1960. Prólogo de Francisco Maldonado Guevara.
Phillips, Allen W., "Rubén Darío y sus juicios sobre el modernismo", *Revista Iberoamericana*, 47 (1959), 41–64.
Salinas, Pedro, *La poesía de Rubén Darío*, Buenos Aires, Losada, 1948.
Sequeira, D. D., *Rubén Darío criollo*, Buenos Aires, Kraft, 1945.
Silva Castro, Raúl, *Rubén Darío a los veinte años*, Madrid, Gredos, 1956.
Torres, E., *La dramática vida de Rubén Darío*, México, Biografías Gandesa, 1958.
Torres-Rioseco, Arturo, *Vida y poesía de Rubén Darío*, Buenos Aires, Emecé, 1944.
——, *Rubén Darío: Casticismo y americanismo*, Cambridge, Harvard Univ. Press, 1931.
——, "A Reevaluation of Ruben Dario", Cap. VII de *New World Literature*, Berkeley-Los Angeles, Univ. of California Press, 1949, 120–137.
Uhrhan, Evelyn E., "Francisca Sánchez and the Seminario-Archivo de Rubén Darío", *Hispania*, XLI (1958), 35–38.
Ycaza Tigerino, J. C., *Los nocturnos de Rubén Darío*, Managua, Nicaragua, Imprenta Granada, 1954.

AMADO NERVO

Textos

Perlas negras, Buenos Aires, Espasa-Calpe, 1945 (Col. Austral, 458).
Poemas, 4ta. ed., Buenos Aires, Espasa-Calpe, 1956 (Col. Austral, 373).
Serenidad, 9a. ed., Buenos Aires, Espasa-Calpe, 1958 (Col. Austral, 211).
Elevación, 6ta. ed., Buenos Aires, Espasa-Calpe, 1956 (Col. Austral, 311).
Plenitud, 10a. ed., México, Espasa-Calpe, 1961 (Col. Austral, 175).
Los cien mejores poemas de Amado Nervo, México, Cultura, 1919. Prólogo de Enrique González Martínez.
La amada inmóvil, 14a. ed., Buenos Aires, Espasa-Calpe, 1957 (Col. Austral, 32).
Obras completas, 29 vols., Madrid, Biblioteca Nueva, 1920–1928; editadas por Alfonso Reyes.
Poesías completas, Madrid, Biblioteca Nueva, 1935; introducción de Genaro Estrada.
Mañana del poeta, México, Botas, 1938; editada por Alfonso Méndez Plancarte.

Un epistolario inédito, México, Imprenta Universitaria, 1951; introducción por Ermilo Abreu Gómez.

Primavera y flor lírica, 2da. ed., Madrid, Aguilar, 1959. Prólogo de Alfonso Méndez Plancarte.

Semblanzas y crítica literaria, México, Imp. Universitaria, 1952.

Obras poéticas completas, Buenos Aires, El Ateneo, 1955; prólogo de Arturo Marasso.

Obras completas, 2 vols., Madrid, Aguilar, 1951-1956; introducción y notas de Francisco González Guerrero y Alfonso Méndez Plancarte.

Sus mejores cuentos, Boston, Houghton Mifflin, 1963.

Crítica

Blanco-Fombona, *El modernismo*, 253-273.

Coester, Arthur, *Amado Nervo y su obra*, Montevideo, Claudio García, 1922.

Henríquez Ureña, *Breve historia*, 472-477.

Martínez, *Literatura mexicana del siglo XX*, I, 147-154.

Meléndez, Concha, *Amado Nervo*, New York, Instituto de las Españas, 1926.

Ortiz de Montellano, Bernardo, *Figura, amor y muerte de Amado Nervo*, México, Ediciones Xochitl, 1943.

Quijano, A., *Amado Nervo, el hombre*, México, Imp. de Murguia, 1919.

Reyes, Alfonso, *Tránsito de Amado Nervo*, Santiago, Ercilla, 1937.

Torres Ruiz, A., *La poesía de Amado Nervo*, Valladolid, Talleres Tipográficos Cuesta, 1924.

Wellman, Esther Turner, *Amado Nervo, Mexico's Religious Poet*, New York, Instituto de las Españas, 1936.

LEOPOLDO LUGONES

Textos

Las montañas del oro, Buenos Aires, Centurión, 1947.

Los crepúsculos del jardín, 2da. ed., Buenos Aires, Babel, 1926.

La guerra gaucha, Buenos Aires, Emecé, 1954.

El libro de los paisajes, 2da. ed., Buenos Aires, Ed. Gleizer, 1926.

Romancero, México, Espasa-Calpe, 1941 (Col. Austral, 232).

Cuentos fatales, Buenos Aires, Babel, 1924.

Romances del Río Seco, Buenos Aires, Centurión, 1948.

Antología poética, Buenos Aires, Espasa-Calpe, 1949 (Col. Austral, 200); prólogo de Carlos Obligado.

Obras poéticas completas, 3ra. ed., Madrid, Aguilar, 1959; prólogo de Pedro Miguel Obligado.

Crítica

Ara, Guillermo, *Leopoldo Lugones*, Buenos Aires, La Mandrágora, 1948; Buenos Aires, Industrias Gráficas Aeronáuticas, 1955.

Arrieta, R. A., IV, 19-59.

Blanco-Fombona, *El modernismo*, 295-341.

Borges, Jorge Luis, *Leopoldo Lugones*, Buenos Aires, 2da. ed., Ed. Pleamar, 1965. En colaboración con Betina Edelberg; también, Buenos Aires, Troquel, 1955.

Cambours Ocampo, Arturo, *Lugones, el escritor y su lenguaje*, Buenos Aires, Ediciones Theoria, 1957.

Diccionario . . . . *Argentina*, I, 117-124. Amplia bibliografía.

Ghiano, Juan Carlos, *Lugones escritor. Notas para un análisis crítico*, Buenos Aires, Raigal, 1955.

Henríquez Ureña, *Breve historia*, 190–202.
Jitrik, N., *Leopoldo Lugones; mito nacional*, Buenos Aires, Ed. Palestra, 1960.
Lugones, Leopoldo (hijo), *Mi padre; biografía de Leopoldo Lugones*, Buenos Aires, Centurión, 1949.
McMahon, Dorothy, "Leopoldo Lugones, a Man in Search of Roots", *Modern Philology*, LI (1954), 196–203.
Monges, C. H., *La poesía de Leopoldo Lugones*, México, El Ateneo, 1960.
Olivari, M., *Leopoldo Lugones*, Buenos Aires, Ed. Saeta, 1940.
Pultera, R., *Lugones; elementos cardinales destinados a determinar una biografía*, Buenos Aires, 1956.
Phillips, Allen W., "Notas sobre una afinidad. Jules Laforgue y el Lugones del *Lunario Sentimental*", *Revista Iberoamericana*, 45 (1948), 43–65.
Revista Iberoamericana, XXX (1964), No. 57. Véase la sección en Homenaje a Leopoldo Lugones con artículos por varios escritores.
Vidal Peñas, L., *El drama intelectual de Lugones*, Buenos Aires, Ed. La Facultad, 1938.

RICARDO JAIMES FREYRE

Textos

Castalia bárbara y *Los sueños son vida*, Madrid, Ed. América, 1918.
Castalia bárbara y otros poemas, México, Ed. Murguía, 1920. Prólogo de Leopoldo Lugones.
Los más bellos poemas, México, Cultura, 1920. Prólogo de Leopoldo Lugones.
Poesías completas, Buenos Aires, Claridad, 1944. Selección y prólogo de Eduardo Joubin Colombres.
Poesías completas: Leyes de la versificación castellana, La Paz, Ministerio de Educación Pública, 1957. Prólogo de Fernando Diez Medina.

Crítica

Blanco-Fombona, *El modernismo*, 341–345.
Carilla, Emilio, *Ricardo Jaimes Freyre*, Buenos Aires, Ediciones Culturales Argentinas, 1962.
Diccionario . . . . Bolivia, 49–52.
Diez de Medina, F., *Literatura boliviana*, Madrid, Aguilar, 1954.
Henríquez Ureña, *Breve historia*, 176–184.
Jaimes Freyre, Raúl, *Anecdotario de Ricardo Jaimes Freyre*, Potosí, Ed. Potosí, 1953.
Monguió, Luis, "Recordatorio de Ricardo Jaime Freyle", *Revista Iberoamericana* XV (1944), 121–133.
Otero, G. A., *Figuras de la cultura boliviana*, Quito, Casa de la Cultura Ecuatoriana, 1952.
Terán, Juan B., "Ricardo Jaimes Freyre", *Nosotros*, LXXVII (1933), 280–284.
Torres-Rioseco, Arturo, "Ricardo Jaimes Freyre", *Hispania*, XVI (1933), 389–398.
Villarroel Claure, R., *Elogio de la crítica y otros ensayos*, La Paz, Ed. Sport, 1937.

GUILLERMO VALENCIA

Textos

Ritos, Londres, Wertheimer, Lea, 1914. Estudio introductorio de Baldomero Sanín Cano.
Oraciones panegíricas, Bogotá, Ministerio de Educación, 1952.
Sus mejores poemas, Madrid, Ed. América, 1926.

Sus mejores versos, Bogotá, Ed. La Gran Colombia, 1944; introducción de Rafael Maya.
Obras poéticas completas, 3ra. ed., Madrid, Aguilar, 1955. Prólogo de Baldomero Sanín Cano.
Poesías y discursos, Madrid. Ediciones Iberoamericanas, 1959. Introducción y notas de Carlos García-Prada.

Crítica

Blanco-Fombona, *El modernismo*, 221–237.
Diccionario . . . . Colombia, 123–126.
García-Prada, Carlos, "El paisaje en la poesía de Guillermo Valencia", *Hispania*, XXIV (1941), 285–308.
Henríquez Ureña, *Breve historia*, 306–320.
Karsen, Sonja, *Guillermo Valencia, Colombian Poet,* New York, Hispanic Institute, 1951.
Maya, Rafael, *Alabanzas del hombre y de la tierra*, Bogotá, Casa Editorial Santafé, 1934.
Nugent, Robert, "Guillermo Valencia and French Poetic Theory", *Hispania*, XLV (1962), 405-409.
Reid, John T., "Una visita a D. Guillermo Valencia", *Revista Iberoamericana*, 3 (1940), 199–201.
Restrepo, D., "San Antonio y el centauro", Bogotá. *Revista Javeriana*, XXX (1948), 226–232.
Schade, G., "La mitología en la poesía de Guillermo Valencia", *Revista Iberoamericana*, 47 (1959), 91–104.
Silvio, J., *Escritores de Colombia y Venezuela*, Río de Janeiro, Federaçao das Academias de Letras do Brasil, 1942.

JOSÉ SANTOS CHOCANO

Textos

Iras santas, Lima, 1895.
En la aldea, Lima, 1895.
Primicias de "Oro de Indias", Santiago, Imprenta Siglo, XX, 1934.
Selección de poesías, Montevideo, C. García, 1941; prólogo de Juan Parra del Riego y crítica de Ventura García Calderón, Manuel González-Prada e Isaac Goldberg.
Poesías completas, 2 vols., Barcelona, Maucci, 1910. Prólogo de Manuel González-Prada.
Poesías, 2da. ed., Buenos Aires, Ed. Jackson, 1946. Prólogo de Luis Fabio Zammar.
Antología poética, 2da. ed., Buenos Aires, Espasa-Calpe, 1948 (Col. Austral, 751). Estudio de Alfonso Escudero.
Obras completas, Madrid, Aguilar, 1954. Prólogo de Luis Alberto Sánchez.
Chocano: poesía, Lima, Univ. Nacional, 1959. Prólogo de Luis Alberto Sánchez.
Sus mejores poemas, Lima, Ed. Caracas, 1962.

Crítica

Blanco-Fombona, *El modernismo*, 273–295.
Chavarri, J. M., "La vida y arte de José Santos Chocano, el poeta de América", *Kentucky Foreign Language Quarterly*, III (1956), 67–75.
García Calderón, *Semblanzas*, 104–124.
Goldberg, 246–295.
Henríquez Ureña, *Breve historia*, 335–348.
Rodríguez Peralta, O., "The Perú of Chocano and Vallejo", *Hispania*, XLIV (1961), 635–642.

Sánchez, Luis Alberto, "Amanecer, ocaso y mediodía de José Santos Chocano", Madrid, *Cuadernos Hispanoamericanos*, 6 (1954), 241-249.

——, *Aladino o Vida y obra de José Santos Chocano*, México, Libro Mex-Editores, 1960.

Umphrey, G. W., "José Santos Chocano, el poeta de América", *Hispania*, III (1920), 304-315.

JULIO HERRERA Y REISSIG

Textos

Obras completas, 5 vols., Montevideo, Bertani, 1913.

Prosas; crítica, cuentos, comentarios, Montevideo, M. García, 1918. Introducción de Vicente A. Salaverri.

Páginas escogidas, Barcelona, Maucci, 1919. Prólogo de Juan Más y Pi.

Antología lírica, 2da. ed., Santiago, Ercilla, 1942. Prólogo de Carlos Sabat Ercasty y bibliografía de Manuel de Castro.

Poesías completas, 2da. ed., Buenos Aires, Losada, 1945. Prólogo por Guillermo de Torre.

Poesías completas y Páginas en prosa, 2da. ed., Madrid, Aguilar, 1961. Prólogo y notas de Roberto Bula Píriz.

Crítica

Blanco-Fombona, *El modernismo*, 191-221.

Borges, Jorge Luis, *Inquisiciones*, Buenos Aires, Ed. Proa, 1925.

Bula Píriz, Roberto, *Herrera y Reissig, vida y obra; bibliografía, antología,* New York, Hispanic Institute, 1952.

Colquhoun, Elizabeth, "Notes on French Influences in the Work of Julio Herrera y Reissig", *Bulletin of Spanish Studies*, XXI (1944), 145-158.

Correa, Gustavo, "The Poetry of Julio Herrera y Reissig and French Simbolism", *PMLA*, LXVIII (1953), 935-942.

Flores Mora, M., *Julio Herrera y Reissig, estudio biográfico,* Montevideo, Editorial Letras, 1947.

García Calderón, *Semblanzas*, 77-90.

Gicovate, Bernardo, *Julio Herrera y Reissig and the Symbolists*, Berkeley-Los Angeles, Univ. of California Press, 1957.

Henríquez Ureña, *Breve historia*, 254-272.

Herrera y Reissig, Herminia, *Vida íntima de Julio Herrera y Reissig*, Montevideo, Amerindia, 1944.

Phillips, Allen W., "La Metáfora en la obra de Julio Herrera y Reissig", *Revista Iberoamericana*, 31 (1950), 31-48.

Pino Saavedra, Yolando, *La poesía de Julio Herrera y Reissig*, Santiago, Prensas de la Univ. de Chile, 1932.

Schade, George D., "Mythology in the Poetry of Julia Herrera y Reissig", *Hispania*, XLII (1959), 46-49.

Torres-Rioseco, Arturo, *Ensayos sobre literatura latinoamericana*, 2da. serie, México, Fondo de Cultura Económica, 1958.

Zum Felde, *Proceso*, II, 115-150.

ENRIQUE GONZÁLEZ MARTÍNEZ

Textos

Jardines de Francia. Traducciones. México, Porrúa, 1915. Prólogo de Pedro Henríquez Ureña.

La muerte del cisne, México, Porrúa, 1915.

Poesía, 3 vols., México, Ed. "Polis", 1939-1940.

Antología poética, Buenos Aires, Espasa-Calpe, 1943 (Col. Austral, 333).
Poesías completas, México, Libreros y Editores Mexicanos, 1944.
Segundo despertar y otros poemas, México, Stylo, 1945.
Vilano al viento, México, Ed. Panamericana, 1949.
Preludios. Lirismos. Silénter. Los senderos ocultos, México, Porrúa, 1946. Prólogo de Antonio Castro Leal.
El nuevo Narciso y otros poemas, México, Fondo de Cultura Económica, 1952.
Cuentos y otras páginas, México, Ed. Libro-Mexico, 1955. Introducción de Ana María Sánchez.

Crítica

Blanco-Fombona, *El modernismo*, 351–355.
Benge, F., *La biografía lírica de Enrique González Martínez*, México, 1925.
Cortés, N. A., "Enrique González Martínez, *Hispania*, XI (1928), 205–210.
Diez-Canedo, Enrique, "Enrique González Martínez en su plenitud", *Revista Iberoamericana*, 4 (1940), 383–389.
González Martínez, Enrique, *El hombre del buho*, México, Cultura, 1944.
——, *La apacible locura*, México, *Cuadernos americanos*, 1951. Ambas obras son las memorias del propio poeta.
Henríquez Ureña, *Breve historia*, 492–501.
Luisi, Luisa, *La poesía de Enrique González Martínez*, Montevideo, M. García, 1923.
Martínez, José Luis (Editor), *La obra de Enrique González Martínez*, México, El Colegio Nacional, 1951. Prólogo de Antonio Castro Leal.
——, *Literatura mexicana. Siglo XX*, I, 178–181.
Salinas, Pedro, "El cisne y el buho, apuntes para la historia de la poesía modernista", *Literatura española, siglo XX,* México, Robredo, 1940, 45–65.
Topete, J. M., "El ritmo poético de González Martínez", *Revista Iberoamericana*, 35 (1952), 131–139.
——, "La muerte del cisne", *Hispania*, XXXVI (1953), 273–277.
Toussaint, M., "Estudio", introducción a *Los cien mejores poemas de Enrique González Martínez*, México, Tipografía Murguía, 1930.

22 El ensayo modernista

Rasgos caracterizadores y división de la prosa modernista

El movimiento de renovación literaria que emprendió el modernismo aunque es principalmente de tipo poético, llegó también a la prosa, en la que produjo cambios sustanciales, tanto en la forma como en el contenido. Bajo la influencia francesa y de los mejores prosistas españoles, como Cervantes y Gracián, el género es ahora trabajado con arte y se reacciona contra el estilo pomposo y afectado. Ya hemos visto que en muchos precursores del modernismo, como Martí y el propio Gutiérrez Nájera, la transformación fue más amplia y profunda en la prosa que en la poesía. Martí fue uno de los creadores de la llamada "prosa artística", escrita con intención estética y voluntad de estilo y su producción ejerció notable influencia en los modernistas, comenzando por el propio Rubén Darío. Los cambios que experimenta la prosa no son sólo en sus aspectos formales o estéticos, sino principalmente en el contenido ideológico. El cambio casi radical entre el viejo estilo de escribir y el nuevo resalta nítidamente cuando se comparan párrafos o escritos de autores anteriores con Martí o con los que vienen después de él.

La nueva prosa huye del párrafo ampuloso, de la simple palabrería hueca para convertirse en conceptuosa. Se sustituye la pesadez del párrafo extenso, por la gracia, el ritmo rápido. Un anhelo de originalidad sustituye los lugares comunes y se le presta mayor atención a la frase novedosa y rica en ideas, a las imágenes capaces de apresar las ideas más abstractas en forma feliz. El mismo Martí dijo: "Hay tanto que decir, que ha de decirse en el menor número de palabras posible: eso sí, que cada palabra lleve ala y color". Luego afirmó: "El que ajuste su pensamiento a su forma, como una hoja de espada a la vaina, ése tiene estilo. El que cubra la vaina de papel o de cordones de oro, no hará por eso de mejor temple la hoja. El verso se improvisa, pero la prosa no; la prosa viene con los años". El estilo de la nueva prosa es elevado, elegante y conceptuoso.

Durante el modernismo dos géneros adquieren singular importancia: el ensayo como género básico para la exposición de ideas y opiniones; el cuento y la novela.

Pero también hubo profusión de artículos periodísticos y crónicas críticas o de viajes con el sello de la nueva orientación.

El ensayo y su función dentro del movimiento

Lo primero que se nota en el ensayo cultivado durante el modernismo es su tendencia a huir de las frases hechas y mil veces repetidas, así como de la pobreza de ideas y contenido. No solo se renuevan la forma (la técnica y los modos de expresión) sino también el ideario de la prosa. Ahora el escritor es un artista consciente del valor del instrumento expresivo, que trabaja paciente y escrupulosamente y perfecciona el estilo. De esta manera los períodos pueden ser amplios, pero pierden en densidad; el ritmo es más ágil y los tonos generales más variados. La preocupación meramente estética se complementa con la riqueza de ideas. No se escribe por el mero propósito de deleitar con el ritmo del párrafo sino con el objetivo de orientar con la palabra, de clarificar y expresar conceptos. El ensayo adquiere ahora una riqueza ideológica y una profundidad filosófica muy amplia. Desde el punto de vista filosófico se toma en general un derrotero anti-positivista, siguiendo así la orientación general del modernismo como movimiento literario, pero otras se trata de lograr una conciliación entre éste y las nuevas corrientes filosóficas, como la metafísica espiritualista francesa. Prevalece el eclecticismo mental, pero quizás con más inclinación hacia el idealismo, el humanismo y el liberalismo.

A las preocupaciones de estilo y de ideario hay que añadir otras características del ensayo de esta época. El cosmopolitismo del modernismo amplía la temática del género. No sólo se trata de los asuntos más inmediatos del hombre hispanoamericano, sino que se discuten problemas que afectan al hombre en general. Cuando Martí defiende la independencia de su patria hace al propio tiempo la defensa de la libertad como valor supremo de la humanidad. Igual universalidad se encuentra en el pensamiento de Rodó, aun cuando toque aspectos relacionados con Hispanoamérica. La prosa es rica en conceptos abstractos y simbólicos, pues el autor se vale a menudo de ellos para mejor expresar sus ideas o puntos de vista.

Se produce un enriquecimiento del lenguaje y una flexibilización de la sintaxis. El movimiento de la prosa es menos pesado, más agradable y flúido. El ansia de perfeccionamiento lleva a la preocupación por la forma y la idea. La primera los condujo a una actitud estética ante la vida; y la segunda a una mayor profundidad ideológica y filosófica. Se combinan cultura, sensibilidad, pensamiento, elegancia, belleza. En algunos escritores como Martí y Rodó, la prosa tiene elementos retóricos y es "florida"; en Rubén Darío, Nájera y Díaz Rodríguez es más liviana, sencilla y suelta, quizás por la influencia francesa.

El ensayo presenta un deseo de iluminar y mejorar el pensamiento y la acción de Hispanoamérica. Hay gran preocupación por el destino del continente. En cuanto a las características generales se hace difícil establecer un cuadro completo, por la gran variedad de estilos, ya que cada autor desarrolla el suyo. La fórmula de la prosa modernista la dio uno de sus más distinguidos cultivadores: Manuel Díaz Rodríguez, quien dice así en *Camino de perfección*:

> escribiendo de suerte que la voz más fina y certera encaje en la imagen más bella y justa, y todas las palabras queden en tal guisa dispuestas, que cada cual, sin perjuicio de las otras, venga a su tiempo a exhalar en la frase o en el verso la recóndita música del alma.

La prosa modernista produjo algunos de los escritores más insignes de Hispanoamérica y preparó el camino para las innovaciones posteriores del género. Los más grandes ensayistas fueron: Rubén Darío, José Enrique Rodó, Manuel Díaz Rodríguez, Enrique Gómez Carrillo y Baldomero Sanín Cano, sin incluir, por supuesto a los precursores, entre los que hubo también grandes ensayistas como Martí y González-Prada.

Los grandes ensayistas del modernismo
José Enrique Rodó; conjunción del idealismo, cristianismo
y helenismo en su pensamiento

El modernista de más renombre después de Rubén Darío es el uruguayo JOSÉ ENRIQUE RODÓ (1872-1917), considerado el ensayista por excelencia del movimiento. Nació y recibió su educación en Montevideo. Se distinguió como profesor, periodista, político, ensayista, crítico y orientador de la juventud, a más de pensador y filósofo. En 1895 junto con otros escritores jóvenes fundó la *Revista Nacional de Literatura y Ciencias Sociales* (1895-1897), convertida en órgano de los anhelos de renovación literaria e intelectual en el Uruguay. A los veintiséis años (1898) se le nombró catedrático de literatura en la Universidad Nacional a pesar de no tener título académico alguno. Dos años después fue designado director de la Biblioteca Nacional. Desde joven Rodó se interesó vivamente en la política como afiliado del Partido Colorado, de gran importancia en la vida pública del país; militaba en el ala moderada debido a su carácter sereno y conciliador.

Como político ocupó dos veces bancas de Diputado en el Congreso de la nación (1902-1905; 1908-1911). Junto con Juan Zorrilla de San Martín, la otra gran figura literaria, viajó a Chile en 1910 como delegado del Uruguay, a la conmemoración del Centenario de la Independencia. En los últimos años de su vida viajó por Europa, sobre todo España e Italia en representación del gran periódico argentino, *La Nación* y el diario *Caras y caretas*. Al estallar la Primera Guerra Mundial en 1914, se unió a los aliados frente a la agresión alemana. Murió repentinamente de tifus en un hotel de Palermo, Sicilia, sin poder llegar a Francia como eran sus deseos.

Rodó es a la prosa modernista lo que Rubén Darío a la poesía. Su fuerte personalidad como escritor comenzó a revelarse en su ensayo imaginativo y profético, *El que vendrá* (1897), en el que vislumbra la llegada de un apóstol en quien el hombre puede confiar su idealismo. Este grito de esperanza y el vaticinio de un futuro mejor, unido a su estilo elevado y hermoso le dieron amplia resonancia en América. En 1899 escribió el prólogo para la segunda edición de *Prosas profanas* de Darío, verdadera obra maestra de crítica literaria. En dicho prólogo confiesa:

> Yo soy un modernista también; yo pertenezco con toda mi alma a la gran reacción que da carácter y sentido a la evolución del pensamiento en las postrimerías de este siglo; a la reacción que, partiendo del naturalismo literario y del positivismo filosófico, los conduce, sin desvirtuarlos en lo que tienen de fecundos, a disolverse en concepciones más altas.

Su primera obra realmente importante es, sin embargo, *Ariel* (1900), posiblemente el libro que más influencia ha ejercido en la juventud hispanoamericana. Es una especie de breviario ético e intelectual para los jóvenes latinoamericanos. El famoso ensayo comienza cuando el maestro Próspero se despide de sus alumnos, después de un largo tiempo de trabajos juntos. Preside la charla un bronce de Ariel. Ambos nombres son tomados de *La Tempestad* de Shakespeare. El libro es el contenido total de esa charla de Próspero a sus discípulos. El maestro significa la sabiduría; Ariel, la parte del individuo que no es esclava del cuerpo, la libre voluntad, el sentido de la belleza, el genio creativo; Calibán, el materialismo y el utilitarismo, fuerzas que tratan de destruir aquellos elementos esenciales del individuo.

Las ideas esenciales del libro son:

a) Exaltación de la juventud, la libertad, el desarrollo y conocimiento de sí mismo y la voluntad.

b) Reacción contra el positivismo, el utilitarismo y el materialismo.

c) El individuo debe tratar de desarrollar no una parte de su personalidad, sino la integridad de su ser, es decir atender los aspectos materiales, pero también los espirituales.

d) Preservación de una aristocracia intelectual como medio de resistir el influjo materialista de los Estados Unidos (Calibán).

e) Presenta una visión profética sobre el destino brillante de América.

Elogia los aspectos buenos de los Estados Unidos (educación pública, glorificación del trabajo, la libertad, el individualismo); pero condena el materialismo con base en el utilitarismo inglés. Rodó no atacó a los Estados Unidos: analizó bien la civilización anglosajona, alabó lo bueno y criticó lo que estimaba nocivo para la América Latina. Según él, las dos Américas se complementan y deben marchar unidas. Rodó quiso en *Ariel* despertar la conciencia de la América Latina hacia la grandeza de su destino. El tiempo parece haber demostrado que vio el futuro con demasiado optimismo. En una obra posterior, *Liberalismo y jacobinismo* (1906) dio muestras de su espíritu sereno y conciliador.

La obra maestra de Rodó es *Motivos de Proteo* (1909), tanto por la hondura del pensamiento como por la elevación y belleza del estilo. En este libro llega al punto más alto como moralista, pensador y estilista y se coloca al lado de los grandes orientadores. Al leitmotiv de D'Annunzio "Renovarse o morir", opuso el de "Reformarse es vivir". Rodó mantiene que la personalidad del hombre está en proceso constante de cambio y que el individuo debe vigilarlo. Además, el hombre puede regular esa evolución mediante la voluntad. Casi la mitad de la obra la dedica al estudio de la vocación, considerada muy importante en el proceso total de la vida. La parte más famosa de la obra son las parábolas, sobre todo la titulada "La pampa de granito", en la cual Rodó ilustra el poder extraordinario de la voluntad humana. Es otro de los libros más leídos por las juventudes hispanoamericanas.

El excelente crítico que había en Rodó vuelve a mostrarse en *El mirador de Próspero* (1913), su más famoso libro de crítica. Está dedicado a la defensa del americanismo literario y de los valores intelectuales y literarios de la América Hispana. Sobresalen los ensayos titulados "Panamericanismo literario" y "Juan María Gutiérrez y su época" (en realidad un estudio muy interesante de los distintos aspectos del romanticismo entre nosotros). Muchas de sus ideas son esenciales para conocer la verdadera esencia de nuestra literatura. En 1918 publicó *El camino de Paros* (1918), con ideas muy interesantes, pero donde no alcanza la altura anterior. Luego dio a la estampa tres nuevos libros: *Hombres de América* (1920), estudios sobre Montalvo, el pensador y moralista; Bolívar, el héroe y Darío, el poeta. Las páginas escritas sobre Montalvo y Darío son excelentes ensayos críticos, apenas superados, sobre todo el dedicado al primero. Finalmente publicó *Nuevos motivos de Proteo* (1927) y *Los últimos motivos de Proteo* (1932).

Rodó ejerció enorme influencia sobre las juventudes como maestro y orientador; sobre los escritores por su estilo y en el pensamiento, por sus ideas filosóficas. La prosa del uruguayo llegó a ser la envidia de todos los escritores de su tiempo, que querían imitarlo inútilmente. Fue un maestro del individualismo y del idealismo a los que se une una mezcla de ideas del cristianismo y del helenismo. Sus influencias más cercanas son francesas: Renán (sobre todo), Taine, Guyau, Bortroux y Bergson; inglesas: Macaulay y Carlyle; y de Estados Unidos, Emerson. Sus grandes admiraciones fueron Grecia, por su sentido de la armonía y la belleza y Renán por las ideas. Su estilo no está exento de algunos defectillos como son el tono demasiado declamatorio y denso que le impiden alcanzar la grandeza de Emerson, Montaigne o Bacon. Como pensador quizás no es muy original tampoco. Sin embargo, cuidaba mucho de la forma y logró un estilo magnífico y muy suyo. Por muchos años fue como la voz espiritual de la América Latina, al punto de que puede afirmarse que ningún libro ha tenido en Hispanoamérica la influencia de *Ariel* y de los *Motivos de Proteo*. Por muchos años se le consideró el escritor más grande de la América Española, pero su falta de profundidad en la preocupación social y los reparos al estilo que hemos visto han hecho decaer esa estimación con el tiempo, mientras que Martí ha ido subiendo de valores.

El "cronista" por excelencia del modernismo: Enrique Gómez Carrillo

Desde la niñez dio pruebas de vida tumultuosa, aventurera e inquieta ENRIQUE GÓMEZ CARRILLO (1873-1927), hijo de un historiador y de una señora belga. Nació en Guatemala y murió en París después de haber recorrido medio mundo. Cuando apenas había cumplido los diecisiete años comenzó la carrera periodística en *El Imparcial* de Guatemala y más tarde en *El Correo de la Tarde*, dirigido por Rubén Darío. El autor de *Azul* lo recuerda en su autobiografía como un "jovencito de ojos brillantes y de cara sensual". Desde temprano mostró interés por las literaturas europeas, especialmente la francesa y los autores del Siglo de Oro español. Por recomendaciones de Rubén Darío y otros amigos recibió una beca de su gobierno para escribir sobre Guatemala y estudiar literatura en Europa, a donde viajó por primera vez en 1889. París fue su centro, pero vivió en Madrid, donde publicó su primer libro, *Esquisses* (1892) y viajó por el mundo entero: América, Europa, Rusia, India, China, Japón, norte de África, Grecia, Egipto y la Tierra Santa. Su agitadísima vida lo hizo casarse tres veces, batirse dieciocho y ser protagonista de múltiples polémicas por lo atrevido de sus afirmaciones. El escándalo mayor que lo rodeó fue cuando le acusaron de propiciar la captura de la famosa espía Mata Hari. Fue amigo de los más grandes literatos del mundo, desde Benito Pérez Galdós y Juan Valera hasta los franceses más famosos. Bohemio por naturaleza conoció en los cafés de París a Verlaine, Jean Moréas, Maurice Duplessis, Ernest Lajeunesse, Loti, Leconte de Lisle.

Muy pocos escritores superaron a Gómez Carrillo en el conocimiento, no sólo de la literatura moderna, sino también de la vida íntima de escritores y literatos. Esta vida un poco estrafalaria ha contribuído no poco a que no se estime a Gómez Carrillo en su justo valor. Pero su obra acredita que si vivió la vida como un juego, tomó muy en serio su oficio de escritor. Fue corresponsal de *La Nación* de Buenos Aires, director del *Liberal* y del *A.B.C.* de Madrid y colaborador de buen número de revistas y periódicos de distintas partes del mundo.

Gómez Carrillo ha dejado una obra muy extensa como periodista, crítico, reportero, novelista y cronista. En todos estos campos dejó páginas inolvidables, pero nada supera su labor como cronista de la literatura, de viajes y de observaciones. Sus libros pueden dividirse en crónicas, crítica, novelas y memorias. Sus obras completas abarcaron veinte y siete volúmenes (1919–1923?). Como crítico se inició con *Esquisses* (1892), siluetas de escritores y autores. En 1893 publicó *Sensaciones de arte* y las traducciones de *Cuentos escogidos de los mejores autores franceses contemporáneos*. Después escribió, entre otros, *Literatura extranjera* (1894), *El modernismo* (1905) con un interesante ensayo sobre "El arte de trabajar la prosa", *Literaturas exóticas* (1920) y su última y valiosa obra en este campo: *La nueva literatura francesa* (1927). Generalmente es crítico de juicios muy meditados y seguros; escritor de estilo sugerente, que mantiene el interés del lector. Sus obras carecen a veces de hondura por el dinamismo e inquietud de su vida, pero tienen una vasta información sobre el mundo literario de la época.

Donde Gómez Carrillo apenas tiene un rival que se le acerque es en las crónicas impresionistas que escribió sobre libros, países, paisajes, ciudades, individuos. Con razón se le ha llamado "el creador de la crónica moderna" y se le pone bien cerca de Rubén Darío. Escribió cinco colecciones de crónicas, además de las siguientes: *El alma encantadora de París* (1902), *De Marsella a Tokio* y *Desfile de visiones* en 1906; *El Japón heroico y galante* (1912), *La sonrisa de la esfinge* (Egipto), 1903; *El encanto de Buenos Aires* (1914); *La Rusia actual*; *La Grecia eterna* (1920) y otras muchas. Sus crónicas son impresionistas y las visiones de otras tierras tienen siempre algo de sus recuerdos de París. Sentía pasión por los viajes y se deleitaba contando lo que había visto. En sus relatos combina el realismo de datos ciertos y verídicos con las impresiones que esas ciudades o lugares grabaron en su sensibilidad. En sus crónicas hay brillo, color, sentimentalidad, palpitación de sensaciones. Sus libros de viaje tienen justa fama por el encanto que sabe imprimirles y la habilidad de transmitir al lector la realidad de los países y lugares que describe, no con toques de costumbrismo, sino pasados por su sensibilidad y cerebro. Sus crónicas sobre Japón, Rusia, Grecia, Egipto son excelentes muestras de su genio en este campo.

También cultivó Gómez Carrillo la novela de corte modernista. En 1898 publicó *Almas y cerebros* y *Del amor, del dolor y del vicio*. De 1920 son sus *Tres novelas inmorales*. La novela que más estimaba era *El evangelio del amor* (1922). Aunque son novelas escritas en prosa artística con páginas interesantes, carecía de genio novelístico o por lo menos no logró desarrollarlo. Falla en la narración y le falta hondura sicológica. En ellas, como en todas sus obras exalta la frivolidad, el ambiente de época, la vida, la sensualidad, el amor. Finalmente, dejó este notable escritor sus memorias con el título general de *Treinta años de mi vida* publicadas en tres volúmenes. Por sus páginas desfila toda una época y no sólo la vida tumultuosa y aventurera del autor.

Gómez Carrillo tuvo la obsesión de llegar a ser un gran prosista, de aquí que trabajara su estilo pacientemente hasta lograr una prosa sugerente, diáfana, de ritmo rápido y cautivador. Es la suya una prosa artística, musical, llena de color. Cultivaba el esteticismo más puro. Sus crónicas, tanto de viajes como de países, escritores y libros son de lo mejor de la prosa modernista y demuestran que era un trabajador incansable del estilo. Buscaba la frase expresiva y preciosista y huía del descuido y el desaliño. Muchas veces capta toda la verdad profunda y señera con una sola y breve frase. Por su amplia visión, por su prosa fresca, elegante y sugeridora, Gómez Carrillo merece un mejor trato del que hasta hoy se le ha dado. Sus obras tienen un caudal de información sobre el espíritu, ideales y escritores de la época que en vano se buscará en otros libros. Dentro del género que escogió su prosa es más desenvuelta que la de Díaz Rodríguez, a quien un afán de acicalamiento y de imágenes constantes, le entorpece el ritmo de la exposición. Su obra, exuberante y artística es una de las más representativas de la época.

Baldomero Sanín Cano, maestro del "ensayo breve"

Las tres grandes figuras del modernismo colombiano fueron Silva, Valencia y BALDOMERO SANÍN CANO (1861-1957). Mientras los dos primeros alcanzaron el cetro de la poesía, Sanín Cano fue el ensayista y crítico eminente de la escuela. Verdadero autodidacta, llegó a ser un representativo "hombre de letras" en Hispanoamérica:

ensayista, crítico, periodista, filólogo, político, diplomático, animador de cultura. "Rector moral" de las repúblicas hispanoamericanas lo llamó Gabriela Mistral. Era antioqueño y al establecerse en Bogotá ocupó la administración de un tranvía. Más adelante su prestigio literario lo llevó al cargo de Diputado a la Asamblea Nacional y de Subsecretario del Ministerio de Hacienda. Por esta época fundó y dirigió la excelente *Revista Contemporánea*. Alrededor de 1908 ingresó en el cuerpo consular de Colombia y viajó entonces por toda Europa. Residió en Inglaterra y las más importantes ciudades de ese continente y enseñó lengua y literatura española en la Universidad de Edimburgo. Como corresponsal viajero de *La Nación* de Buenos Aires dio a conocer en América muchos acontecimientos. A veces fue el primero en dar a conocer a los grandes pensadores y escritores de esos momentos. En estos viajes se hizo de una extensa y variada cultura, aprendió muchos idiomas modernos y amplió su visión del mundo.

A su regreso a Colombia fue elegido miembro de Congreso Nacional y más tarde Ministro en Buenos Aires, así como Delegado de su país a varios congresos internacionales. En los últimos tiempos se le nombró Rector de la Universidad del Cauca y miembro honorario de la Academia Colombiana de la Lengua. Fue un buen conocedor, definidor y divulgador del conocimiento moderno en sus variadas ramas: filosofía, historia, filología, arte, literaturas, y hasta ciencias físicas y sociales. Se le considera uno de los intelectuales más sobresalientes de América, con una visión cosmopolita del mundo y de las cosas. Los primeros modernistas—Silva, Valencia y otros—lo contaron como amigo, guía y consejero; pero su larga vida excedió los límites de esa escuela, de manera que ha visto con mucha simpatía otros movimientos, aun los más radicales en técnicas, como el vanguardismo, superrealismo y hasta el socialismo y el comunismo. Con una sonrisa de estímulo para los nuevos, atravesó por todos los movimientos, conservando intacto su estilo, modernista por el ansia de perfección y elegancia, aunque con las naturales variantes producidas por el transcurso del tiempo.

Su obra escrita es abundante y variada: ensayos, artículos (filológicos, culturales, históricos, críticos, filosóficos e históricos); crónicas, comentarios de política nacional e intenacional, y memorias con recuerdos personales. Sus ensayos son generalmente breves, porque sabe expresar sus pensamientos, conceptos e ideas con mucha precisión y economía verbal. Sus colecciones de ensayos más importantes son: *La civilización manual y otros ensayos* (1925), *Indagaciones e imágenes* (1927), *Crítica y arte* (1932), *Divagaciones filológicas y apólogos literarios* (1934); *Ensayos* (1942); *Letras colombianas* (1944), un valioso conjunto de ensayos sobre las principales figuras literarias de Colombia; recuerdos personales en *De mi vida y otras vidas* (1949); *Tipos, obras, ideas* (1949). Uno de los más ambiciosos es el titulado *El humanismo y el progreso del hombre* (1955).

Sanín Cano sobresalió por su cultura, sus valores de ensayista, sus ideas de pensador y su carácter. Fue amante de la libertad, la democracia de orientación socialista, y la verdad. Tiene estatura moral e intelectual comparable a Bello, Sarmiento, Montalvo,

Martí, Hostos, Rodó. Su estilo es sobrio y preciso; pero elegante, jugoso y culto. El pensamiento es sustancioso, sin caer en lo denso y pesado. Cooperó a renovar la prosa y adoctrinó en múltiples aspectos de la vida con conocimiento y autoridad moral. Su prosa ha sido comparada con la de don José Ortega y Gasset por la justeza, la elegancia y la riqueza doctrinal. En la crítica parece frío a veces, cuando en realidad es sereno, tolerante y justo. Es siempre refinado y sagaz. No es el expositor que repite simplemente lo que ya otros han dicho, sino el orientador que siempre tiene observaciones e ideas muy personales como lo demuestran sus estudios sobre George Bernard Shaw y John Galsworthy.

Sus obras muestran su inquietud interior, su sensibilidad para captar los problemas que más afectan al hombre, su amplia cultura y la visión cosmopolita del mundo. Es a ratos serio y profundo; y a menudo irónico, humorista y hasta epigramático. Cierto escepticismo muy consustancial a su temperamento es lo que más le acercó a los hombres del modernismo.

Su obra carece de organicidad externa, porque meditó y escribió sobre una gran variedad de temas y asuntos, desde el hecho cotidiano y contemporáneo hasta los problemas del humanismo, la duda metafísica y el hombre actual, pasando por la crítica literaria y las meditaciones sobre la civilización y la cultura. Su sensibilidad exquisita y su modo peculiar de enfocar problemas y ver mundos y cosas le presta una unidad evidente. El estilo de Sanín Cano es fácilmente reconocible entre muchos otros. En todas sus obras dejó muestra de ser un maestro del estilo expresivo y elegante; maestro de la idea original y profunda y analista certero de hombres, culturas, artes y acontecimientos.

BIBLIOGRAFÍA

1 GENERAL

(Consúltense los estudios de conjunto y antologías sobre el ensayo; las historias y antologías generales de esta literatura y las historias particulares de los países de los autores estudiados)

Blanco-Fombona, Rufino, *Letras y letrados de Hispano-América*, París, Ollendorff, 1908.

Daireaux, Max, *Littérature Hispano-américaine*, París, Editions Kra, 1930.

Gómez Carrillo, Enrique, *El modernismo; El arte de trabajar la prosa*, Madrid, Editorial Francisco Beltrán, 1905.

Mead, Robert G., *Breve historia del ensayo hispanoamericano*, México, Studium, 1956.

Ripoll, Carlos, *Conciencia intelectual de América. Antología del ensayo hispanoamericano (1836-1959)*, New York, Las Américas, 1966.

Torner, Florentino N., *Antología de ensayos*, México, Editorial Orión, 1953. Prólogo del compilador.

Torres-Rioseco, Arturo, "El ensayo", Cap. VII de su *Nueva historia de la gran literatura iberoamericana*, 3ra. ed., Buenos Aires, Emecé, 1960; 4ta. ed., New York, Las Américas, 1966.

Vitier, Medardo, *Del ensayo americano*, México, Fondo de Cultura Económica, 1945.

Zum Felde, Alberto, *Índice crítico de la literatura hispanoamericana*, 2 vols., México, Guaranía, 1954. Tomo II: *Ensayo y crítica*.

2 Los grandes ensayistas del modernismo

(Para la bibliografía sobre José Martí, Manuel González-Prada, Rubén Darío y Manuel Díaz Rodríguez, véanse las secciones correspondientes)

JOSÉ ENRIQUE RODÓ

Textos

Ariel, Santiago, Ercilla, 1936; Montevideo, C. García, 1936; prólogo de Leopoldo Alas; Buenos Aires, Espasa-Calpe, 1948 (Col. Austral, 866); México, Editora Nacional, 1957.
Los motivos de Proteo, 2da. ed., Madrid, Ed. America, s.f.; 4ta. ed., Montevideo, Barreiro y Ramos, 1956.
Ariel y Motivos de Proteo, 3ra. ed., Buenos Aires, Ed. Jackson, 1957.
El mirador de Próspero, Montevideo, C. García, 1939; Montevideo, Barreiro y Ramos, 1958; México, Editora Nacional, 1962.
Hombres de América, Montevideo, C. García, 1939; México, Colección Nova-Mex, 1957. Ensayos sobre Rodó, Darío y Bolívar.
El pensamiento vivo de Rodó, Buenos Aires, Losada, 1944; selección y prólogo de Emilio Oribe.
Obras completas, 2da. ed., Buenos Aires, Zamora, 1956; prólogo de Alberto José Vaccaro.
Obras selectas, Buenos Aires, El Ateneo, 1956; prólogo de Arturo Marasso.
Obras completas, Madrid, Aguilar, 1956. Prólogo y notas de Emir Rodríguez Monegal.
Ideario de Rodó; preludios de una filosofía de heroísmo, Montevideo, Impresora L.I.G.U., 1943.
Rodó, México, Ediciones de la Secretaría de Educación Pública, 1943. Selección y prólogo de Samuel Ramos.
Páginas de José Enrique Rodó, Buenos Aires, Editorial Universitaria de Buenos Aires, 1963. Selección y presentación de Emir Rodríguez Monegal.

Crítica

Albarrán Puente, Glicerio, *El pensamiento de José Enrique Rodó*, Madrid, Cultura Hispánica, 1953.
Bacheller, C. C., "An Introduction for Studies on Rodó", *Hispania*, XLVI (1963), 764–769.
Barbagelata, Hugo D., *Rodó y sus críticos*, París, Agencia General de Librería, 1920.
Ferrándiz Alborz, Federico, "José Enrique Rodó y el nuevo estilo americano", *Cuadernos americanos*, LXXX (1955), 206–227.
García Calderón, *Semblanzas*, 7–25.
García Godoy, Federico, *Americanismo literario*, Madrid, Ed. América, 1917, 73–152.
Goldberg, 184–245.
Henríquez Ureña, Max, *Breve historia*, 224–232.
——, *Rodó y Rubén Darío*, La Habana, 1918.
Iduarte, Andrés, *Sarmiento, Martí y Rodó*, La Habana, El Siglo, XX, 1955.
Pereda, Clemente, *Rodó's Main Sources*, San Juan, P.R., Imprenta Venezuela, 1948.
Pérez Petit, Víctor, *Rodó, su vida, su obra*, Montevideo, C. García y Cía., 1937.
Remos y Rubio, Juan J., *Rodó, apóstol de la esperanza*, La Habana, Cárdenas, 1941.
Scarone, Arturo, *Bibliografía de Rodó: el escritor, las obras, la crítica*, Montevideo, Imprenta Nacional, 1930.
Torres-Rioseco, Arturo, "José Enrique Rodó", Cap. VIII de su *New World Literature*, Berkeley-Los Angeles, Univ. of California Press, 1949, 138–153.
——, "José Enrique Rodó and His Idealistic Philosophy" en *Aspects of Spanish-American Literature*, Seattle, Univ. of Washington Press, 1963, 31–50.

Zaldumbide, Gonzalo, *José Enrique Rodó; su personalidad y su obra,* Montevideo, Claudio García y Cía., 1944.

——, *Montalvo y Rodó,* New York, Instituto de las Españas, 1938.

ENRIQUE GÓMEZ CARRILLO

Textos

Whitman y otras crónicas, Washington, D.C., Unión Panamericana, 1954. Selección, prólogo y notas de Ermilo Abreu Gómez. Tiene una extensa bibliografía.

El japón heroico y galante, México, Ed. Novaro, 1958.

Ciudades de ensueño, Madrid, Espasa-Calpe, 1920.

Grecia, Madrid, Imp. Artística de J. Blass, 1906. Prólogo de Jean Moréas.

Prosas (Antología), Barcelona, Maucci, 1913.

Sensaciones de arte, 2da. ed. París, G. Richard, 1893. Liminar de Salvador Rueda.

La sonrisa de la esfinge, 2da. ed., Madrid, Ed. Calleja, 1917.

Treinta años de mi vida, Madrid, Mundo Latino, 1920-1923?

Tres novelas inmorales, Madrid, Ed. Mundo Latino, 1920.

Obras completas, Madrid, Mundo Latino, 1919-1923?

Crítica

Andrade Coello, Alejandro, *Tres figuras de América. Zamacois, Gómez Carrillo, Babadillo,* Quito, Talleres Gráficos del Ministerio de Educación, 1942.

Diccionario . . . . América Central, Guatemala, 105-110.

Blanco-Fombona, *Letras y letrados,* 91-101.

Cáceres, Zoila Aurora, *Mi vida con Enrique Gómez Carrillo,* Madrid-Buenos Aires, Renacimiento, 1929.

García Calderón, *Semblanzas,* 127-140.

Henríquez Ureña, *Breve historia,* 389-397.

Mead, 78-79.

Mendoza, Juan Manuel, *Enrique Gómez Carrillo: estudio crítico-biográfico; su vida, su obra, su época,* 2da. ed., 2 vols., Guatemala, Tipografía Nacional, 1946.

Narval, Edmon de, *Notas de París,* Buenos Aires, Talleres Gráficos Argentinos, 1932, 225-241.

Ugarte, Manuel, *La joven literatura hispanoamericana: antología de prosistas y poetas,* París, A. Colin, 1912, 131-137.

BALDOMERO SANÍN CANO

Textos

La civilización manual y otros ensayos, Buenos Aires, 1925.

Indagaciones e imágenes, Bogotá, 1926 (Ediciones Colombia, 22).

Crítica y arte, Bogotá, 1932.

Ensayos, Bogotá, 1942 (Biblioteca Popular de Cultura Colombiana, 39).

Letras colombianas, México, Fondo de Cultura Económica, 1944.

De mi vida y otras vida, Bogotá, 1949.

Tipos, obras, ideas, Buenos Aires, 1949 (Biblioteca de Cultura Americana, 1).

El humanismo y el progreso del hombre, Buenos Aires, 1955.

La civilización manual, Bogotá, 1937 (Biblioteca Aldeana de Colombia, 54).

Selección en: Anderson Imbert y Florit, 389-394.

Crítica

Diccionario . . . . *Colombia*, 105–108.

González, Manuel Pedro, "Significación de Sanín Cano" en *Estudios sobre literatura hispanoamericana*, 313–327.

Grillo, Max, "La obra de Sanín Cano", en *Ensayos y comentarios*, 2da. ed., Paris, Editions "Le livre Libre", 1927.

Henríquez Ureña, *Breve historia*, 318–320.

Homenaje a Sanín Cano, Número especial de la *Revista Iberoamericana*, No. 26 (1948). Contiene 19 artículos sobre el gran ensayista escritos por los más distinguidos escritores hispanoamericanos, entre ellos: Arciniegas, Francisco Romero, Picón-Salas, Gabriela Mistral, Roberto F. Giusti, Max Henríquez Ureña, Jorge Mañach.

Maya, Rafael, *Consideración crítica sobre la literatura colombiana*, Bogotá, Librería Voluntad, 1944, 71–74.

Mead, 90–91.

Zum Felde, *Índice*, I, 381–383.

23 La novela y el cuento modernistas

Tendencias de la narrativa artística
Papel del cuento y la novela en el modernismo

A pesar de no ser tan amplias y profundas como en la poesía, el modernismo produjo innovaciones de consideración en los géneros narrativos: el cuento y la novela, de acuerdo con su doctrina esteticista. Estos géneros siguen más o menos las características generales del movimiento: exotismo, preciosismo de la forma, actitud esteticista. Su cosmopolitismo contribuyó a la ampliación de los temas, antes generalmente referidos a asuntos regionales. La narrativa modernista significó una reacción contra el costumbrismo, base casi única de la novela realista hispanoamericana. Se introducen ambientes exóticos, ajenos a la realidad de América y hay un intento de más universalidad. La prosa es a veces poemática, el lenguaje muy estilizado y rico en lirismo. El juego más amplio de la fantasía tiene toques de poesía y se combina con el exotismo de algunos personajes y una mayor especulación filosófica.

Por lo general la novelística presenta el desasosiego, la angustia y las inquietudes del hombre de la época, porque hay más preocupación por el estudio sicológico de los personajes. Los novelistas evitan cuidadosamente presentar los problemas sociales o económicos inmediatos. De aquí que esta novela en general valga más como obra artística que como documento de época o regional. Las influencias más acusadas son ahora: Huysmans, Borget, Anatole France, Barrés, Loti, Wilde, Pierre Louys, D'Annunzio, a más de las constantes de parnasianos y simbolistas. No hay una sola fórmula estética en esta narrativa. Debido a la simultaneidad en el tiempo, las corrientes criollistas, realistas, naturalistas y el modernismo se cruzan y entrecruzan. Pocos autores pertenecen sostenidamente a una sola de estas tendencias. Los novelistas a veces cultivan o mezclan en sus relatos elementos de todas ellas o escriben unas obras en una y otras en las demás. El exotismo, preciosismo y alegorías del modernismo a menudo se mezclan con los realistas, naturalistas, los relatos de preocupación social y política. Este caso lo encontramos en *Sangre patricia* y *Peregrina* de Díaz Rodríguez; *El embrujo de Sevilla* y *El gaucho Florido* de Reyles; *La gloria de don*

Ramiro y *Zogoibi* de Rodríquez Larrera; *Juana Lucero* y *Pasión y muerte del cura Deusto* de D'Halmar; *Alsino* y *Un juez rural*, de Pedro Prado.

Algunos de los autores más importantes cultivaron casi todas las tendencias, como el mismo Reyles, pero lo más común fue una amalgama producida por la confluencia de todas las corrientes. Varios novelistas de la tendencia artística evolucionaron después hacia el realismo, generalmente de carácter criollista o regional. La novela modernista apenas pasó de su etapa experimental, por múltiples causas. Sin embargo, tiene un perfil perfectamente distinguible y constituye un hito imprescindible en el desarrollo posterior de la novela hispanoamericana en el siglo XX. Su conocimiento es necesario para comprender las corrientes novelísticas que vendrían después.

El cultivo de la narrativa nació casi con el movimiento, pues muchos de sus precursores y figuras relevantes escribieron cuentos y novelas: Martí, Silva, Gutiérrez Nájera, Rubén Darío, Lugones, Nervo. Su exotismo no fue realmente llevado a los extremos y a pesar de su actitud esteticista en general, los autores no olvidaron la realidad de América, tanto física como espiritual. La novela artística produjo entre nosotros un grupo de autores que deben figurar entre los mejores de la literatura hispanoamericana por la calidad de sus logros en el género.

El cuento en el modernismo
Rasgos estilísticos y principales cultivadores

Las características generales que hemos visto en la narrativa modernista se dan casi todas en el cuento: introducción de caracteres y escenarios exóticos; reforma estilística y lirismo de la prosa; más interés en lo artístico que en la trama debido a la finalidad de producir simplemente el goce estético. Los principales modernistas se interesaron por los relatos breves y algunos los cultivaron intensamente, dejando obras muy notables. El primer autor que debemos mencionar es Manuel Gutiérrez Nájera, que publicó dos libros de cuentos: *Cuentos frágiles* (1883) y *Cuentos color de humo* (1889). Ya estos relatos indican una nueva modalidad: delicadeza, refinamiento, espíritu parisiense, gracia, humorismo, exotismo. Marcan una ruptura casi total con el costumbrismo tradicional con base en lo nacional, folklórico y popular. A pesar de que la gloria de Rubén Darío como poeta opaca un poco su producción en prosa, ésta es tan abundante como valiosa. Ya en *Azul* (1888), libro auroral del modernismo, encontramos los llamados "cuentos parisienses", en los que el ambiente francés o cosmopolita sustituye a la realidad de América. José Martí cultivó también el cuento: los únicos que escribió aparecieron en su revista para niños *La Edad de Oro*. Especialmente "Bebé y el señor don Pomposo", "Nené traviesa", "La muñeca negra", han ganado fama.

Manuel Díaz Rodríguez, cuya producción analizaremos dentro de la novela, inició su carrera literaria con sus famosos nueve *Cuentos de color* (1898), algunos de los cuales fueron traducidos en seguida al francés. Representan también una nueva sensibilidad, una técnica novedosa en el arte de escribir relatos breves. Amado

LA NOVELA Y EL CUENTO MODERNISTAS

Nervo sobrevive por una docena de poemas y otros tantos cuentos, de lenguaje estilizado y dentro de la línea artística del modernismo. Mucho interés por los géneros narrativos mostró siempre Leopoldo Lugones, desde los veintidós relatos de *La guerra gaucha* (1905) hasta varias colecciones de cuentos como *Las fuerzas extrañas* (1906), *Cuentos fatales* (1924) y otros. Mostró predilección por los cuentos fantásticos y semi-científicos. El chileno Augusto D'Halmar es autor de una colección de cuentos, *La lámpara en el molino* (1914) y Carlos Reyles, el gran novelista uruguayo, escribió muchos cuentos que fueron como la base o esquema original de sus novelas posteriores. Cuentos de personajes parisienses escribió Enrique Gómez Carrillo, como sus nueve "Historias sentimentales", recogidas en el volumen titulado *Almas y cerebros* (1898).

Como ha podido verse en este rápido bosquejo de los autores anteriores, el cuento tuvo un amplio cultivo durante el modernismo y contribuyó a la amplitud de la reforma estilística patrocinada por ese movimiento.

Novelistas mayores: Manuel Díaz Rodríguez, tono preciosista de su estilo

El representante más famoso del modernismo venezolano es MANUEL DÍAZ RODRÍGUEZ (1871-1927), novelista, ensayista y autor de crónicas que le han ganado mucha reputación. Nació en Caracas y como procedía de una familia acomodada se pudo dedicar por completo a su verdadera voación, la literatura, a pesar de haberse graduado de doctor en medicina en la Universidad Central de Caracas. En su juventud pasó una larga temporada en Francia e Italia, lo que le permitió ponerse al día en los movimientos literarios más avanzados. A más de miembro de las Academias Venezolanas de la Lengua y de la Historia, fue Senador, Ministro de Relaciones Exteriores, Ministro en Italia y Presidente del Estado de Nueva Esparta y del de Sucre. Leyó mucho a D'Annunzio, Barrés, Nietzsche, Stendhal y otros autores del momento, como Wilde, Flaubert y los Goncourt.

Su anhelo de conocer nuevas tierras y de beber directamente en las fuentes de sus respectivas culturas lo llevó a viajar por los países más importantes de Europa y por los Estados Unidos. Por esa razón es uno de los modernistas con más amplitud cosmopolita. Es un caso raro en el modernismo porque en vez de amar a Francia, adora a Italia, su civilización y literatura. Díaz Rodríguez fue casi desconocido hasta hace muy poco, pero actualmente la crítica lo ha "redescubierto" y situado en el lugar que le corresponde en las letras de Venezuela y continentales. Su producción literaria, nada escasa, se enmarca en la novela, el cuento, la crónica y el ensayo. En todos los géneros dio muestras de su talento literario exquisito.

Inició su carrera literaria con la publicación de *Sensaciones de viaje* (1896) en que relata sus fascinantes observaciones sobre ciudades, costumbres y sicología nacional obtenidas en sus viajes por Francia e Italia principalmente. Al año siguiente dio a la luz *Confidencias de Psiquis* (1897). Estas obras junto a sus *Cuentos de color* (1898) publicados en la famosa revista *El Cojo Ilustrado* crearon un alboroto en los círculos literarios venezolanos por su novedad y estilo, completado por la publicación de *De mis romerías* (1898). Con esta experiencia en la recreación de ambientes y en la narración, Díaz Rodríguez intentó el camino de la novela, publicando en sucesión *Ídolos rotos* (1901), *Sangre patricia* (1902) y *Peregrina o El pozo encantado* (1922).

Ídolos rotos es una novela autobiográfica en muchos aspectos. El protagonista, Alberto Soria, es un joven caraqueño que ha vivido durante cinco años en París donde se ha hecho escultor. Tiene una visión ideal de la tierra natal producida por su larga ausencia. Cuando vuelve a ella tiene que luchar contra la vida "bárbara" (la vida pública está en manos de oportunistas e incapaces y el ambiente no comprende su arte). Ante el fracaso de su honesto intento de regenerar su país y lograr la perfección artística, le nace el ansia de huir a un país más culto, civilizado y refinado. En *Sangre patricia*, Díaz Rodríquez se nos presenta en la plenitud de sus facultades creadoras. Este excelente estudio de sicopatología, pues es el "caso" de una neurastenia, se considera como su obra maestra. Tulio es un joven venezolano de abolengo que espera a su prometida Belén, con quien se ha casado por poder. La joven, una mujer de belleza extraordinaria, muere en alta mar cuando navega hacia París al encuentro de su esposo. La terrible noticia produce una rara enfermedad en Tulio, a quien da por imaginar que ve a su amada en todas partes. Tiene obsesión por el color verde o glauco que vigoriza la alucinación del protagonista. La atracción del mar por su color se le va haciendo mayor, de manera que decide viajar por el Mediterráneo, donde vive una luna de miel en el subconsciente. Cuando su mejor amigo lo considera sano, Tulio decide regresar a Venezuela, sólo para arrojarse al mar precisamente donde enterraron a su amada.

Como siempre, Díaz Rodríguez nos regala un estilo florido, primoroso y muy bien trabajado. Otra de sus cualidades está presente: la búsqueda de lo exótico y extraño. Aunque casi toda la novela transcurre en alta mar o en Europa, en relatos retrospectivos nos presenta un momento determinado de la historia de Venezuela: aquél en que la nación se ve presa de contiendas civiles por la lucha del poder, inmediatamente después de haber logrado la independencia. El protagonista es un representativo típico de la época, un desterrado, un desarraigado porque se entrega a la lucha revolucionaria, quizás desoyendo la voz de la sangre. El autor demuestra sagacidad en el análisis sicológico del alma humana y maestría en el estilo. Es lástima que a la obra le falte más movilidad narrativa y diálogos. Otro defectillo es que el protagonista se oscurece a veces y otros personajes parecen tomar el papel principal. Sin embargo, el lenguaje refinado, el juego de imágenes, el ritmo poético y de colores, el poder imaginativo y el estudio sicológico la hacen una obra maestra. Es una de las primeras novelas de corte sicológico escritas en Hispanoamérica. El excelente estilo es lo que más vale en esta obra.

Veinte años después, Díaz Rodríguez publicó su tercera novela, *Peregrina o El pozo encantado* (1922), que indica su voluntad de acercarse al criollismo como orientación más realista. Se aleja, aunque no mucho, de la música y el esticismo para centrar la acción en la vida y costumbres de los "rústicos del valle de Caracas". Hay un juego armonioso entre la visión del paisaje avileño, muy conocido del autor, y la trama novelística. La sucesión de cuadros de costumbres, lo picaresco, la aventura amorosa y finalmente la tragedia se unen ofreciendo un mejor equilibrio de elementos. La obra nos presenta la eterna lucha entre el amor y la muerte. Díaz Rodríguez nos ofrece una mejor pintura de caracteres con una prosa intensamente lírica. La novela no carece de sabor criollista y tiene realismo en los personajes y hasta en el habla y modales, pero Díaz Rodríguez no es escritor que pueda traicionar su tendencia al preciosismo, la elegencia y el refinamiento de la frase. *Peregrina* fue publicada con tres cuentos muy notables: "Las ovejas y las rosas del Padre Serafín", "Égloga de verano" y "Música bárbara".

Díaz Rodríguez fue también un sagaz ensayista. En *Camino de perfección* (1908) dejó tres ensayos que él mismo califica de "Apuntaciones para una biografía espiritual de don Perfecto" (paralelo entre la vanidad y el orgullo; ensayo sobre la idea de ciencia y un breve ensayo sobre el modernismo). Es pensador original, de estilo muy pulido y dentro del modernismo sólo conoce como rival a Rodó. En esta vena ensayística escribió también *Sermones líricos* (1918) y *Motivos de meditación* (1918), folleto escrito a raíz de la Primera Guerra Mundial.

El autor escribe en una prosa casi poética, muy pulida y cuidada. Mezcla de colores, simbolismo, música, mitología, melancolía y pesimismo. Sus personajes generalmente están en pugna con el medio y revela sus almas por su penetración sicológica. Es de lamentar que cierto deseo de acicalamiento y búsqueda constante de imágenes perjudique algo su estilo, lleno de luz y pulimento.

Confluencia de las distintas tendencias literarias de la época en la novela de Carlos Reyles

Representativo excepcional de la confluencia de las tendencias modernistas, realistas, naturalistas, criollistas y artísticas que tan confundidas anduvieron en el último cuarto del siglo XIX y primero del XX es CARLOS REYLES (1868–1938), uno de los mejores novelistas de la literatura hispanoamericana de todos los tiempos. Nació en Montevideo de una familia muy rica de ascendencia irlandesa. Su padre era un rico terrateniente y en sus haciendas se puso Reyles en contacto directo con la vida gaucha. A la muerte de su padre heredó una cuantiosa fortuna que le permitió una vida económica independiente y entregarse por completo a la literatura. En 1886 viajó a Europa y vivió por mucho tiempo en España, donde Andalucía lo sedujo profundamente. En la península se casó con una actriz y llevó una vida de bohemia y de tertulias en los cafés. Cultivó la amistad de algunas de las figuras literarias y políticas de España, entre ellas la del gran orador Emilio Castelar.

Su formación intelectual incluía una amplia cultura general y un profundo conocimiento de las literaturas europeas. Como generalmente literatura y fortuna no se avienen, después de la Primera Guerra Mundial regresó a su patria para comprobar

LA NOVELA Y EL CUENTO MODERNISTAS

que estaba completamente arruinado. Tal era su prestigio literario que la Asamblea Legislativa del Uruguay creó para él la cátedra de filosofía y literatura en la Universidad de Montevideo. Reyles era gran conocedor de la literatura europea y en sus ensayos y conferencias cita a menudo a Proust, Joyce, Giraudoux, Jules Romains, Valery, Larbaud, Delteil, Montherlant y otros.

Reyles es un trabajador paciente de la novela por el concepto trascendente que tenía de la misma. Nada más lejana de la improvisación que su técnica, consistente en preparar una especie de esquema previo. De aquí que casi todas sus novelas principales son como ampliaciones de cuentos anteriores. A *Raza de Caín* precedió el cuento *El extraño;* a *El terruño, Primitivo; Capricho de Goya* a *El embrujo de Sevilla; Mansilla* y *El Pial* a *El Gaucho Florido; Una mujer pasó* a *A Batallas de amor Campos de pluma.* Sus novelas son ricas en contenido sociológico, sicológico y filosófico y recogen las últimas técnicas novelísticas europeas en todo lo posible. En general sigue la fórmula del realismo francés y de Galdós: toma un aspecto o caso de la realidad y sobre ella construye el relato, dándole alas a su fantasía de escritor.

Las novelas de Carlos Reyles pueden dividirse de la siguiente forma: naturalistas, sicológicas, artísticas y criollistas.

Gran revuelo y ruidosa protesta presidieron la publicación de sus dos primeras novelas: *Por la vida* (1888) y *Beba* (1894), ambas de franca técnica y doctrina naturalistas. En la primera el tema es su propia y a veces brutal lucha contra los albaceas de la herencia de su padre, con atrevidos ataques a las instituciones y la sociedad. El pesimista relato tiene por protagonista a Damián Casariego, hijo único, huérfano de madre y estudiante en Montevideo, que tiene que luchar contra sus familiares para proteger la herencia que le corresponde del padre. Después de su primer viaje por Europa en 1892, Reyles publica su segunda novela, *Beba*, su primer relato importante. En ella Isabel regresa a la estancia de su tío cansada de la vida que lleva con su esposo Rafael Benavente. Su tío, Gustavo Ribero, rico hacendado que hace grandes reformas en su finca y Beba se enamoran y ésta abandona a su esposo quien se marcha a Francia. Mientras tanto, los negocios en la estancia no van bien, pues el ganado producto de combinaciones consanguíneas heredan enfermedades. La novela gasta muchas páginas en estas explicaciones económico-sociales de la ganadería, que recuerdan los trabajos de ese tipo emprendidos por el propio padre de Reyles. Beba ha quedado encinta de su tío y al nacer su hijo le nace un monstruo, por lo que la heroína termina por suicidarse. Es una obra con fuertes elementos naturalistas y de tesis. Es una novela recia, con buen desarrollo sicológico de los personajes y excelentes descripciones del campo.

La obra maestra de Reyles por la técnica novelística, la penetración sicológica en el desarrollo de los caracteres y el dramatismo del argumento es *La raza de Caín* (1900), la obra que más acerca a Reyles a los novelistas franceses. El conflicto se teje alrededor del protagonista, Jacinto Cacio, individuo pobre, de carácter mórbido, lleno de envidia y celos. Cacio ama a Laura, novia de Arturo Crooker hijo de la familia que lo protege y fracasa en todos los intentos para quitársela. Por su carácter se deja influir por Julio Guzmán, casado con Amelia Crooker, otro temperamento neurótico quien le convence de que no hay otra salida que la muerte de Laura, a quien Cacio envenena para vivir con ella en un paraíso ideal. La novela presenta la novedad técnica de tres relatos entrelazados muy hábilmente por el novelista. Cacio y Guzmán son tipos intelectuales, incapaces de adaptación al medio moderno. El hombre fuerte y práctico los vence en todos los frentes. *La raza de Caín* es uno de los mejores estudios sicológicos de la novela hispanoamericana. Hay ausencia de costumbrismo o descripción exterior, pues todo el interés se centra en el estudio de los personajes, sus pasiones y caracteres. Se aprecian las influencias de Zola, Tolstoy, Flaubert, Stendhal, Balzac, D'Annunzio y Dostoyevski. Más evidente es la de Huysmans, sobre todo en la pintura de Julio Guzmán. El estudio de Cacio y Guzmán es admirable por su penetración y detalles.

El terruño (1916) marca una concepción distinta de la novela. Ahora Reyles se orienta hacia el criollismo nativista. En la obra hay una trama dual: en la primera Jaime, hermano de Primitivo seduce a la mujer de éste y muere a manos del marido ofendido. Al regresar Primitivo encuentra su hogar vacío y muere en medio del incendio que ha prendido a su casa. Hay determinismo a lo Zola. El segundo relato nos muestra la lucha de un intelectual decadente en conflicto con el mundo real. La novela está llena de pasajes de belleza lírica y contiene una amplia crítica del sistema político. Es una novela de tesis: las teorías intelectuales y las abstracciones poco valen frente a la realidad de la vida. Sin embargo, esta tesis anti-intelectual está expuesta en forma bastante débil.

La obra favorita del propio Reyles era *El embrujo de Sevilla* (1922), libro excelente por su sensualismo, plasticidad y estilo. La obra parece un poema en prosa de evocación del espíritu de la gran ciudad andaluza. El asunto consiste en un triángulo amoroso cuyos vértices son el matador Paco Quiñones, Pura la bailadora gitana y Pitoche, antiguo amante de Pura. La sicología del gitano y de los habitantes de Sevilla en general está muy bien lograda, aunque a veces parezca inverosímil para nuestra mentalidad. En ninguna novela logra Reyles el estilo que en ésta: vibrante, ágil, colorista, lírico, sensual y plástico. Está dentro de la línea del más puro modernismo. La obra tuvo un éxito sin precedentes y es todavía hoy la novela más leída de Reyles. Después de su publicación, el ayuntamiento de Sevilla lo declaró hijo adoptivo de la ciudad. Esa obra lo coloca entre los mejores prosistas modernistas.

Reyles volvió ya viejo a la vena criollista en *El gaucho Florido* (1932), considerada por algunos como su obra maestra. Como el mismo autor expresa en el subtítulo es la novela de la estancia cimarrona y del gaucho rudo. El gaucho Florido ama a Mangacha, una joven gaucha de singular hermosura, pero cree un falso rumor de infidelidad y la castiga cortándole la cabellera. Seguro luego de su inocencia, busca al culpable y lo mata, tirando su lengua a la puerta de su amada. La joven lo sigue y cuando lo encuentra, una bala de un enemigo de Florido la mata. Florido, lleno de dolor se vuelve un "matrero". Es una novela de evocación del gaucho ya extinguido cuando Reyles compone la obra. Teje el relato a base de recuerdos cuando vivía con su padre en la estancia. Costumbrismo, habla dialectal y vigor de la narración son algunos de sus encantos. A veces hay mucho refinamiento en la expresión y quizás exceso de melodramatismo, sobre todo en la muerte innecesaria de la muchacha. Sobresale por el realismo con que recrea el ambiente del gaucho y la sociedad rural de su tiempo.

Enrique R. Larreta y "La gloria de don Ramiro"

Novelista por excelencia del modernismo ha sido considerado ENRIQUE R. LARRETA (1875–1961), posiblemente el modernista de más larga vida. Nació este novelista, poeta, ensayista y autor teatral en Buenos Aires, vástago de familias uruguayas. Estudió en el Colegio Nacional y se graduó de abogado y doctor en jurisprudencia en la Universidad de Buenos Aires. Fue muy buen amigo del general Mitre y del gran crítico Paul Groussac. Sus primeros escritos aparecieron en *La Nación*, periódico del primero y su primera obra, *Artemis*, vio la luz en la revista *La Biblioteca* del segundo. Fue a España en busca de datos sobre Santa Rosa de Lima, pero al parecer influído por Barrés, decidió escribir *La gloria de don Ramiro*. Sentía pasión por la historia y fue un amante de lo hispánico en general. Enseñó historia medieval en el Colegio Nacional de Buenos Aires hasta 1910, año en que viajó a París como Ministro de su patria. En 1941 fue propuesto por España para el Premio Nobel de Literatura. Ocupó sillas en las Academias Argentina y Española, colaboró en las mejores revistas argentinas y perteneció a numerosas instituciones culturales. Sus obras más sobresalientes han sido traducidas al inglés, francés, alemán e italiano.

La primera novela de Larreta, *Artemis* (1896) fue publicada el mismo año que las *Prosas profanas* de Rubén Darío. Mereció cálidos elogios de Darío y de Paul Groussac por su importancia en los inicios del modernismo argentino. Es una reconstrucción de la Grecia de los sofistas y plantea la lucha entre el instinto y el ideal de gloria y eternidad. Es novela a la manera de *Salambó* de Flaubert, *Le roman de la momie* de Gautier, *Safo* de Daudet, *Thais* de Anatole France y la *Afrodita* de Pierre Louys. Estas influencias, la de Barrés y los parnasianos franceses serán distinguibles casi siempre en su obra.

La obra maestra de Larreta es *La gloria de don Ramiro* (1908) cumbre de la novela modernista en Argentina y una de las mejores de Hispanoamérica. Aunque el autor quiso dar una idea del contenido en el subtítulo, "una vida en tiempos de Felipe II", lo cierto es que la obra es una reconstrucción histórica, social e inclusive de la lengua de esa época. Es la recreación del espíritu, del ambiente, de la cultura del período. Representa unas de las mejores novelas históricas de la lengua castellana y una superación evidente de la fórmula estética de la novela histórica del romanticismo. Parece que la afirmación de Amado Alonso enjuiciando como no rigurosamente ajustada a la verdad histórica la versión de esa novela, no ha encontrado muchos partidarios.[1] Larreta trabajó concienzuda y pacientemente por más de cinco años en busca de datos y materiales, al objeto de lograr la mayor fidelidad histórica posible. Pero la obra tiene un propósito todavía más ambicioso: logra ser como un reconocimiento y apología de la universalidad del genio hispánico, punto que se aviene muy bien con el anhelo del modernismo de tender a lo universal a través del vehículo de la lengua española. La novela termina con la visita del protagonista a América, quizás para simbolizar la solidaridad del mundo hispánico.

Esta obra tuvo un éxito nunca visto antes en la literatura hispanoamericana en el género narrativo. La novela tiene tres valores: la reconstrucción histórica, la trama novelesca en sí y el preciosismo del estilo. Lo más original de la obra es que Larreta hace una estilización del período no sólo en lo histórico externo, sino también del ambiente espiritual y social y su combinación con una trama novelística que se va desarrollando sobre aquel fondo, de manera que aun los personajes son representativos de aquel ambiente. El verdadero mérito de la obra está en la prosa, muy embuída del movimiento literario y con tales galas y perfección que ha sido considerada la novela por antonomasia del modernismo. Es una combinación excelente de lo antiguo—rememoración histórica—expresada en un estilo moderno y exquisito. El realismo de lo histórico se une a la plasticidad y el colorido de las descripciones.

Larreta se volvió más tarde a la tierra natal para escribir una novela en la corriente criollista, *Zogoibi* (1926), publicada el mismo año que *Don Segundo Sombra* de Ricardo Güiraldes, circunstancia muy desfavorable para la obra de Larreta. Relata el amor idílico de Federico de Ahumada y Lucía y el fin trágico, cuando éste por error la mata de una puñalada. Federico de Ahumada y Lucía se aman, pero las tías de ella se oponen por las ideas ateas de él. Federico cae entonces bajo el embrujo sensual de Zita, mujer de un industrial norteamericano. Una noche que rompe definitivamente con Zita, mata con su puñal al que él cree es un enemigo, cuando en realidad es Lucía vestida de gaucho. Técnicamente la novela está bien hecha y llega a mantener el interés del lector, sobre todo por el perfecto logro de los "suspensos" y el cierto halo de misterio y sensualidad. Además, Larreta es siempre un buen maestro del estilo y de la técnica impresionista que aquí usa también como antes en *La gloria de don Ramiro*. Las cosas no están vistas directamente, sino representadas por las sensaciones que producen. Como novela gauchesca y criollista la obra falla porque le falta el verismo ambiental en los tipos humanos. Son gauchos y pampa vistos como al trasluz del francesismo. Esta falta de verdad esencial le ha restado lectores, quienes prefieren la obra de Güiraldes, pero vale como creación artística.

Sus últimas novelas parecen bastante flojas, siendo las principales: *Orillas del Ebro* (1949), *Gerardo o La torre de las damas* (1953) y *En la pampa, novela moderna* (1955). Esta última tiene la misma falta de verismo que *Zogoibi*. Larreta cultivó

---

[1] "El modernismo en *La gloria de don Ramiro*", Buenos Aires, Universidad de Buenos Aires, 1942.

también la poesía, el ensayo y el teatro. Lo más que puede decirse es que hay versos buenos en su libro *La calle de la vida y de la muerte* (1943). De sus cuatro principales obras teatrales (*La que buscaba don Juan*, 1923; *El "Linyera"*, 1932, *Santa María del Buen Buen Aire*, 1935 y *Pasión de Roma*, 1937), la única que tiene bastantes méritos es la penúltima, de carácter histórico. Las otras son piezas interesantes y han tenido algún éxito. Son muy interesantes sus memorias empezadas con *Tiempos iluminados* (1929) y sus trabajos históricos como *Las dos fundaciones de Buenos Aires* (1933).

Augusto D'Halmar y la prosa modernista chilena

El más notable representante de la sensibilidad del modernismo en Chile es AUGUSTO D'HALMAR (1880–1950), nombre literario de Augusto Geomine Thomson. Nació en Valparaíso y viajó extensamente, oportunidad que aprovechó para hacerse de una cultura tan amplia como variada, con reminiscencias de paisajes y tipos exóticos. En 1900 llegó a la dirección de la revista *Instantáneas* y seis años después fue Secretario del Ministro de Relaciones Exteriores. Influído por el humanitarismo idealista de Tolstoy, fundó una Colonia Tolstoyana con otros soñadores, pero fracasó por la rígida disciplina y su nombramiento de Cónsul en Calcuta. Además de en la India, representó a Chile en Perú y otros países. Fue corresponsal durante la Primera Guerra Mundial y conoció lo más importante de Europa. Recorrió España varias veces, cuya huella es patente en algunas de sus obras. D'Halmar y Pedro Prado son los miembros más distinguidos del famoso grupo *Los Diez*, círculo de intelectuales, artistas y escritores de mucha influencia en la vida literaria de Chile. A su regreso a Chile en 1934 se le nombró director del Museo Municipal de Bellas Artes de Valparaíso.

D'Halmar comenzó a escribir cuando la prosa chilena se despedía de las fórmulas neoclásicas y románticas y anhelaba una orientación más moderna. Sus escritos tienen gran importancia en la trayectoria de la novela de ese país, porque fue de los primeros en brindar su esfuerzo a la renovación de la prosa, mediante su firme reacción contra la orientación costumbrista, histórica o sociológica que hasta entonces había tenido la narrativa chilena. Hubo tanteos por parte de escritores anteriores para producir el cambio hacia lo moderno, pero es D'Halmar quien se erige en líder de sus compañeros de generación con la publicación de su primera novela, *Juana Lucero* (1902). Con esta obra llegó a la opinión pública y sacudió el ambiente literario, ahora inclinado hacia nuevos derroteros. D'Halmar cultivó el cuento, la novela y el teatro. En la novela ofrece un itinerario contrario al de casi todos los modernistas. Generalmente éstos se iniciaban en el preciosismo y luego evolucionaban hacia el realismo. Lo opuesto ocurre con D'Halmar, quien muestra la confluencia de la fórmula naturalista de Zola y el idealismo humanitario de Tolstoy en su primera novela, para más tarde evolucionar hacia la técnica de la novela artística. *Juana Lucero* es un atrevido estudio de la prostitución. La protagonista es una bella, pero liviana muchacha que se entrega al goce del amor sin medir las consecuencias y luego se ve arrastrada a la venta de caricias, hasta que muere triste y abandonada. La novela es de tintes pesimistas y descripciones muy realistas que muestran la compasión humana del autor por estos seres desgraciados. La novela estaba en la línea de *Naná, Santa* y *Nacha Regules* y tuvo un gran éxito de público y de crítica, constituyendo una de las primicias de la novela chilena moderna.

Del naturalismo y humanitarismo de este primer ensayo, D'Halmar cambió a una nueva técnica, la artística, en la que se muestra más preocupado de lo exótico y preciosista que en reflexiones morales o sociales. Sus influencias fueron entonces el decadentismo y el simbolismo. En vez de Zola o Tolstoy, le entusiasmaban Wilde, Loti, Gautier, Conrad, Flaubert, Barrès, Tagore. Los viajes lo transformaron en un imaginista, muy preocupado por su mundo de fantasía y sus especulaciones filosóficas y sicológicas. A esta tendencia de evasión y de sentido cosmopolita pertenecen *Nirvana, La lámpara en el molino* (1914), *Vida y pasión del cura Deusto* (1924), *La sombra del humo en el espejo* (1924), *Capitanes sin barco* (1934) y *Gatita* (1935). En esta época produce D'Halmar su mejor novela: *Vida y pasión del cura Deusto*, cuyo escenario es la ciudad de Sevilla. La obra tiene en hondura sicológica lo que le falta en color local. El asunto de la obra es la extraña pasión de un jovencito de pueblo y un cura. A Sevilla llega un cura vasco quien toma a su cuidado a Pedro Miguel, un muchacho gitano, quien acaba por prendarse de su amigo y protector. El joven entra en la vida artística y al final de la novela invita al cura a irse a Madrid confesándole su pasión. Ante las palabras del protegido, la angustia invade al buen cura y se arroja delante del tren que se lleva a Pedro Miguel. Es lástima que algunos personajes secundarios aparezcan desdibujados y que el autor abunde en disquisiciones filosóficas sobre los misterios de la vida que más bien la perjudican. Se nota la influencia de Wilde, Flaubert, Maupassant, Daudet y D'Annunzio. La obra vale, tanto por el lenguaje muy estilizado como por el análisis sicológico de los personajes de este drama de pasiones extrañas y morbosas. D'Halmar muestra su habilidad para la tensión dramática.

Debido a la influencia de los autores últimamente mencionados, D'Halmar se dio al cultivo del cuento, género donde parece haber logrado lo mejor de su arte, con mezcla del realismo hispanoamericano, las técnicas modernas y la prosa artística del modernismo. También alcanza mucho valor artístico su "prosa poética". Su cuento "En provincia" y su prosa poemática "A rodar tierras" se cuentan entre lo mejor escrito en Hispanoamérica en el género. También cultivó el teatro, sin el éxito obtenido en la narrativa, con *La Mancha de don Quijote* (1934) escrito con recuerdos de sus andanzas por tierras de España. Al año siguiente apareció *Amor, cara y cruz* (1935), una colección de novelas cortas. D'Halmar ha ejercido una notable influencia en la evolución de la novela chilena moderna y merece mejor trato del que le ha dado la crítica continental. Recientemente ha comenzado la revaloración de su obra, muy valiosa en su conjunto.

BIBLIOGRAFÍA

1 ESTUDIOS GENERALES

(Consúltense bibliografía de los capítulos XV, XVII, XX, XXVII; las historias nacionales de los autores estudiados; los estudios de conjunto sobre la novela y el cuento y las historias generales de esta literatura)

Arrieta, Rafael Alberto, "El modernismo" en *Historia de la literatura argentina*, Buenos Aires, Peuser, 1959, Tomo III, 439-483.

Coester, Alfred, *The Literary History of Spanish America*, 2da. ed., New York, Macmillan, 1928.

Henríquez Ureña, *Breve historia*.

Leal, Luis, *Historia del cuento hispanoamericano*, México, Studium, 1966.

Roggiano, Alfredo, "El modernismo y la novela en la América hispana" en *La novela hispanoamericana*, Albuquerque, Univ. of New México, 1955.

Silva Castro, Raúl, "La novela" en *Panorama literario de Chile*, Santiago, Editorial Universitaria, 1961, 167-345 y "El cuento", 346-393.

2 NOVELISTAS MAYORES

MANUEL DÍAZ RODRÍGUEZ

Textos

De mis romerías y *Sensaciones de viaje*, Caracas, Ediciones Nueva Cádiz, 1951.

Cuentos de color, Caracas, Eds. Nueva Cádiz, 1952.

Ídolos rotos, 2da. ed., Madrid, Editorial América, 1919; 3ra. edición, Caracas, Nueva Cádiz, 1955.

Sangre patricia, Caracas-Barcelona, Nueva Cádiz, 1952.

Peregrina o El pozo encantado, Caracas-Barcelona, 3ra. ed., Nueva Cádiz, 1952. También, Madrid, Ed. América, 1922.

Camino de perfección y otros ensayos, Caracas-Barcelona, Nueva Cádiz, 1952.

Sermones líricos, Caracas-Barcelona, Nueva Cádiz, 1955.

Crítica

Dunham, Lowell, *Manuel Díaz Rodríguez, vida y obra*, 2da. ed., México, Studium, 1959.

Monguió, Luis, "Manuel Díaz Rodríguez y el conflicto entre lo práctico y lo ideal" en *Estudios sobre literatura hispanoamericana y española*, México, Studium, 1958, 71-77.

Ratcliff, Dillwyn F., *Venezuelan Prose Fiction*, New York, Instituto de las Españas, 1933, 175-189.

Torres-Rioseco, *Grandes novelistas de la América Hispana* I. "Los novelistas de la tierra" y II. "Los novelistas de la ciudad", Berkeley-Los Angeles, Univ. of California Press, 2da. ed., 1943. Parte II, 59-88.

Uslar Pietri, *Letras y hombres*, 139-141.

CARLOS REYLES

Textos

El gaucho florido, 5ta ed., Buenos Aires, Espasa-Calpe, 1953 (Col. Austral, 88).

Ego sum. Ensayos, Buenos Aires, Sopena, 1939.

El embrujo de Sevilla, Buenos Aires, Espasa-Calpe, 1944 (Col. Austral, 208).

El terruño, Buenos Aires, Losada, 1945 (Bibl. contemporánea, 163).

La raza de Caín, 1ra. ed., Montevideo, 1900; 2da. ed., París, s.f.; hay traducción al francés (*La Race de Cain*, traducción de Francis de Miomandre).

Crítica

Allen, Martha, "La personalidad literaria de Carlos Reyles", *Revista Iberoamericana*, 23 (1947) 91–117.
Bollo, Sarah, 200–203; 207–208; 210.
García Calderón, *Semblanzas*, 163–174.
Menafra, Luis Alberto, *Carlos Reyles*, Montevideo, Síntesis, 1957.
Morby, Edwin S., "Una batalla entre antiguos y modernos: Juan Valera y Carlos Reyles", *Revista Iberoamericana*, 7 (1941), 119–143.
Mañach, Jorge, "Carlos Reyles", New York, *Revista Hispánica Moderna* No. 00 (1939).
Torres-Rioseco, Arturo, *Grandes novelistas*, Parte I, 175–219.
Zum Felde, *Índice crítico*, II, 55–59.

ENRIQUE R. LARRETA

Textos

La calle de la vida y de la muerte, Buenos Aires, Espasa-Calpe, 1943 (Col. Austral, 382).
Tenía que suceder, Buenos Aires, Espasa-Calpe, 1944 (Col. Austral, 411).
La que buscaba don Juan; Artemis, y discursos, Buenos Aires, Espasa-Calpe, 1945 (Col. Austral, 510).
Zogoibi, Buenos Aires, Espasa-Calpe, 1953 (Col. Austral, 85).
Dramáticas personas, Buenos Aires, Kraft, 1959.
La gloria de don Ramiro, 10a. ed., Buenos Aires, Espasa-Calpe, 1960 (Col. Austral, 74).
La gloria de don Ramiro, Boston, Heath, 1966. Editada por Frank Sedwick y Robert Hatton.
Obras completas, 2 vols., Buenos Aires, Ed. Zamora, 1959; editadas por Arturo Berenguer y Enrique de Gandia.
La naranja, Buenos Aires, Espasa-Calpe, 1947 (Col. Austral, 700).
Gerardo o La torre de las damas, Buenos Aires, Espasa-Calpe, 1956 (Col. Austral, 1276). Prólogo de Arturo Berenguer Carísimo.

Crítica

Alonso, Amado, *El modernismo en La gloria de don Ramiro*, Buenos Aires, Universidad de Buenos Aires, 1942.
Berenguer Carísimo, Arturo, *Los valores eternos en la obra de Enrique Larreta*, Buenos Aires, Sopena, 1946.
——, *La gloria de don Ramiro en veinticinco años de crítica, 1908–1933,* Buenos Aires, Rosso, 1934.
Giménez Caballero, Ernesto, "La gloria de don Ramiro en la novela hispanoamericana," Madrid, *Cuadernos Hispanoamericanos*, No. 8 (1949), 319–329.
Jansen, André, "El cincuentenario de una gran novela", *Revista Hispánica Moderna*, XXV (1959), 199–206.

AUGUSTO D'HALMAR

Textos

Pasión y muerte del cura Deusto, 1ra. ed., Madrid, España; 2da. ed., Santiago, 1938.
El hermano errante: Antología de Augusto D'Halmar, Santiago, Zig-Zag, 1963. Selección y prólogo de Enrique Espinoza.

LA NOVELA Y EL CUENTO MODERNISTAS

Crítica

Alegría, *Breve historia*, 134–137.

"Alone", *Los cuatro grandes de la literatura chilena*, Santiago, Zig-Zag, 1963. Estudia a Augusto D'Halmar, Pedro Prado, Gabriela Mistral y Pablo Neruda.

Arriagada, Julio y Goldsack, Hugo, "Mito y realidad en la biografía de Augusto D'Halmar", Santiago, *Revista de Educación*, junio, 1952, 38–49.

Labarca Garat, Gustavo, "Semblanza de Augusto D'Halmar", Santiago, *Atenea*, 298 (abril, 1950), 21–29.

Santiván, Fernando, *Memorias de un tolstoyano*, Santiago, 1955.

——, *Memorias de Santiván*, Santiago, 1958.

Silva Castro, Raúl, *Panorama de la novela chilena*, 1843–1954, México, Studium, 1955.

——, "La novela" y "El cuento" en *Panorama literario chileno*.

24 Literatura contemporánea: El postmodernismo

Panorama histórico, político y social de la época

El propio Darío se apartó de los oropeles esteticistas del modernismo en *Cantos de vida y esperanza* (1905), apuntando hacia una poesía más profunda, de preocupación social y metafísica, aunque conservando el cuidado y elegancia de la forma. En 1911 Enrique González Martínez escribió su famoso soneto "Tuércele el cuello al cisne...", que vino a ser como el grito de guerra de aquella reacción ya en camino. Muchos de los postulados del movimiento carecían de vigencia debido a las características especiales de la época histórica con que se inaugura el siglo XX. A pesar de que el modernismo sirvió para refrescar, revitalizar e iniciar la modernización de la vida literaria e intelectual de Hispanoamérica, el nuevo período histórico determinó la disolución de aquella tendencia y la reorientación de la literatura por cauces diferentes.

En sus comienzos esta nueva época presenta uno de los acontecimientos más importantes de la historia hispanoamericana: la Revolución Mexicana (1910-1921), animada por la lucha del pueblo mexicano en favor de la reforma agraria, la justicia social, la no reelección y el funcionamiento de un régimen democrático efectivo. Fue la primera revolución latinoamericana en convertirse en una revolución social y agrarista. La "guerra" tuvo lugar de 1910 a 1921, pero cuatro años antes de su fin se había adoptado la nueva Constitución de 1917 que recogía los postulados de justicia social de la lucha. Como revolución social es muy anterior a la revolución rusa de 1917. De 1934 a 1940 tuvo lugar el gobierno de Lázaro Cárdenas que llevó a cabo su famoso plan de los seis años, produciendo cambios sustanciales en lo económico y social. Pero no es solamente México el país en vivir transformaciones y cambios. De 1911 a 1927 se producen reformas políticas, sociales y económicas muy avanzadas en Uruguay; las reformas electorales en Argentina (1912) y universitaria en el propio país en 1918. En 1924 surgió el A.P.R.A. (Alianza Popular Revolucionaria Americana), fundado en México por Haya de la Torre, movimiento de reivindicación y reformas sociales para el Perú, pero que ha tenido repercusiones continentales.

Mientras estos movimientos de avance tienen lugar en algunos países, en otros la situación es de dictaduras, luchas internas, depresión económica e inestabilidad política. Leguía gobierna despóticamente en Perú (1919-1930), Estrada Cabrera (1898-1920) en Guatemala; Juan Vicente Gómez en Venezuela (1908-1935); ocurren varios golpes militares en Paraguay (1920-1935) y los primeros intentos republicanos en Cuba con sus altas y bajas (1902-1933). La Primera Guerra Mundial afectó la economía de estos países y ejerció una influencia directa en el pensamiento y las letras hispanoamericanas. En el campo de las relaciones hemisféricas, hubo intentos para consolidar la unidad continental mediante la celebración de varias conferencias inter-americanas. Se produjeron intervenciones de los Estados Unidos en Nicaragua (1912, 1916-1932), Santo Domingo (1914-1924), Cuba (1906; 1917; 1919-1923), Honduras (1924), Panamá (varias veces). A pesar de que estas intervenciones evitaron el caos y el derramiento de sangre, levantaron protestas en sectores de Hispanoamérica. Más tarde el Presidente Roosevelt inauguró la política del Buen Vecino (1933), muy aplaudida por los países hispanoamericanos y que produjo un acercamiento entre éstos y los Estados Unidos. Como parte de ella se logra la abolición de la Enmienda Plat (1934) en Cuba. De 1932 a 1938 tuvo lugar la sangrienta "Guerra del Chaco" entre Paraguay y Bolivia y se celebró la primera conferencia para el mantenimiento de la paz en Buenos Aires (1936) y la Conferencia Económica Interamericana en La Habana (1940). Mucha influencia tienen en este período una serie de movimientos que influyen el pensamiento político, social y económico del Nuevo Mundo, como son el Pan-latinismo, Pan-hispanismo, Indo-americanismo, Pan-americanismo y la creciente ola de nacionalismo. La ideología para la lucha social la proporcionan éstos y doctrinas como el marxismo, socialismo, anarquismo, comunismo y otras tendencias radicales.

Otros hechos influyentes son la gran depresión económica de 1929 y la Guerra Civil Española (1936-1939). En la literatura contemporánea la influencia literaria de los Estados Unidos se hace más fuerte que nunca. Todos estos acontecimientos internos o foráneaos se mezclan a hechos literarios internacionales para crear la atmósfera donde se desarrolla nuestra literatura a partir de 1905. En efecto, el pensamiento y la literatura son un reflejo directo del ambiente sicológico y físico creado por los factores, tanto internos como de fuera que hemos analizado. Aun cuando es cierto que estos países han logrado un mayor grado de estabilidad política desde el último cuarto del siglo XIX, no es menos cierto que todavía hay intranquilidad debido, sobre todo, a la lucha de estos pueblos por reformar aquellas instituciones y prácticas que impiden el desarrollo de una democracia efectiva y para lograr mayor bienestar para las grandes masas, como lo prueba el mismo hecho de la Revolución mexicana y otros posteriores. Todos estos factores y hechos de carácter interno o internacional han tenido mucha influencia, tanto en el pensamiento e ideología como en las letras de Hispanoamérica.

División y característica de la literatura contemporánea

En este clima social y político se desarrolla la literatura contemporánea que, en general, puede dividirse en dos períodos:

LITERATURA CONTEMPORÁNEA: EL POSTMODERNISMO

I. *El postmodernismo* (1905-1932),[1] se extiende desde la declinación modernista hasta la disolución de las tendencias de vanguardia.

II. *La literatura actual* (1932- hasta hoy), desde fines del vanguardismo hasta el presente. Cubre los últimos treinta y seis años, más o menos.

El postmodernismo, en un concepto amplio, representa la transición entre el modernismo y la llamada literatura actual. Al producirse la declinación del modernismo, la literatura se orienta hacia dos grandes vertientes, consecutivas en el tiempo: el llamado *postmodernismo* (1905-1914) en general de tendencia conservadora, porque considera agotadas las posibilidades modernistas y propicia el retorno a formas más sencillas, clásicas, neo-románticas y otras.[2] También aparece, por influjo directo de los "ismos" de la literatura europea, sobre todo francesa, *el ultraísmo, vanguardismo o escuelas de vanguardia* (1918-1932), de tendencia radical y revolucionaria patrocinada por aquéllos que querían llevar la renovación iniciada por el modernismo a sus últimas consecuencias. Ambas tendencias corren paralelas durante muchos años, pues hay cultivadores de ambas e influencias recíprocas.

Esta literatura contemporánea presenta características que la diferencian radicalmente de cualquier otro período. La literatura continúa un proceso ascendente en el ímpetu de modernización y la calidad estética. No sólo el nivel medio es elevado, también hay personalidades fuertes que descuellan a gran altura. Los géneros predominantes son la poesía, la novela y el ensayo, pero también se cultivan el cuento y el teatro siguiendo la tradición realista de Florencio Sánchez y otros grandes dramaturgos. Perdura la herencia modernista en el refinamiento y preocupación por las formas, pero la literatura se hace más intelectual. Hay una juventud intelectual y literaria muy activa. Sobre todo el ensayo y la novela presentan una gran preocupación por los problemas americanos. Hay un anhelo de definir e interpretar los países en particular y a Hispanoamérica en general. Se medita sobre su origen, desarrollo y posible destino, así como en los problemas políticos, económicos y sociales que enfrenta.

En sentido general el estado de la literatura significa una superación del modernismo, o sea la literatura sigue el proceso ascendente en calidad estética e importancia social. Es posiblemente el período más rico de toda la literatura hispanoamericana, aunque por su carácter contemporáneo los juicios sean todavía bastante dificultosos. Se reconoce más la importancia de la cultura y la educación en la marcha de estos pueblos y se tiene una conciencia más clara de las contribuciones de la América

---

[1] Parece conveniente tener desde ahora un concepto claro sobre el postmodernismo. La palabra ha servido para designar cuatro conceptos: (a) Todo el período posterior al modernismo (1905 hasta el presente), concepto al parecer demasiado impreciso por su longitud, (b) La epoca literaria comprendida entre las dos Guerras Mundiales (1918-1945), deja fuera el momento de 1905 a 1918 y usa fechas políticas bastante imprecisas; (c) La etapa que va desde 1905 hasta 1932 (incluye las escuelas de vanguardia en su concepto general) y (d) Una de las corrientes (de orientación conservadora en general) en que se divide la literatura a partir de 1905, más o menos. Nosotros usaremos los conceptos c y d con las naturales explicaciones.

[2] Véase nota al pie de la página 479.

Hispana a la cultura universal. Se abandona lo exterior e impersonal del modernismo —debidos a su fuerte influencia parnasiana— por una poesía más subjetiva. Hay más preocupación por la búsqueda de lo universal en la literatura y más interés en lo americano como lo demuestran la novela regional, el ensayo de interpretación americana y la poesía y literatura de protesta social. Se nota una mayor madurez de la literatura: se abandonan la improvisación y los elementos retóricos en buena medida. Los autores son más conscientes del verdadero papel del escritor y del contenido de la obra literaria. Se produce una intervención más directa del pueblo y las masas en la vida pública con reflejos en la literatura.

La poesía postmodernista: sus tendencias más importantes[3]

Los llamados poetas postmodernistas nunca se consideraron un movimiento literario formalmente organizado como el romanticismo o el propio modernismo, con periódicos oficiales y manifiestos doctrinales, sino que constituyen un grupo de poetas con algunas coincidencias en los estilos y en la concepción general de la poesía. Por ese motivo es muy difícil la clasificación de estos poetas, ya que trataron de desarrollar sus propios estilos y temas, en una época de transición en los gustos literarios y estéticos. Aunque reaccionaron contra la "torre de marfil" y los excesos sonoros de algunos modernistas, continuaron la senda del lenguaje rico, la variedad de metros, la caza de nuevas y abundantes imágenes. Los postmodernistas tienen también una actitud nueva frente al arte, pero prefieren retornar a formas más simples, clásicas, directas y sinceras de expresión. Lo esteticista deja de ser el centro poético: lo es ahora la intimidad del poeta, la realidad que lo rodea. Todos los postmodernistas se caracterizan por el subjetivismo, la emoción refrenada, la sobriedad en la expresión, aunque su actitud es también de renovación y modernidad. Esta tendencia es la predominante de 1905 a 1918, aunque en general excede los límites de esas fechas, porque es imposible encerrar los movimientos literarios en casilleros cerrados.

Los poetas postmodernistas pueden agruparse en las siguientes tendencias:

a) *La poesía femenina*
b) *Retorno a la sobriedad y sencillez formal y lírica*
c) *Reacción hacia el romanticismo o neo-romanticismo*
d) *Realismo o prosaísmo poético:*
   1. *Prosaísmo serio. Evocación sentimental de hechos, cosas y lugares diarios y comunes*
   2. *Realismo poético humorístico o irónico*
   3. *Visión de las ciudades, la naturaleza y el paisaje*

---

[3] Se entiende una de las tendencias de la poesía a la declinación del modernismo y opuesta por razones de ideales estéticos y técnica al vanguardismo o ultraísmo que vendrá después.

LITERATURA CONTEMPORÁNEA: EL POSTMODERNISMO

La poesía femenina
El intenso lirismo de Gabriela Mistral

La poesía hispanoamericana siempre ha contado con magníficas representantes femeninos, pero durante el postmodernismo escribe el grupo de mujeres más amplio e importante de nuestra historia literaria. Estas poetisas cantan el amor, el yo íntimo y todos los sentimientos de la mujer, con amplitud y efectiva libertad. La más grande de todas ellas es GABRIELA MISTRAL (1889-1957), nombre literario de Lucila Godoy Alcayaga, quien se cuenta entre las poetisas de más intenso lirismo que ha producido hasta el presente la lengua castellana. Nació en el Valle de Elqui, provincia de Coquimbo, en el norte central de Chile, pero luego enseñó en casi todos los rincones del país. Toda su vida estuvo dedicada a la enseñanza y las letras. Fue maestra rural en las más apartadas regiones de Chile; enseñó en escuelas primarias y secundarias; sirvió como directora de escuelas y llegó a la dirección del Liceo de Señoritas de Santiago.

Su primer gran triunfo literario ocurrió en 1914 cuando le fue otorgado el primer premio de los Juegos Florales de Santiago por "Los sonetos de la muerte". Gozaba de prestigio internacional como educadora y poetisa cuando don José Vasconcelos, entonces Ministro de Educación de México, la invitó a venir al país en 1922 para cooperar en la reforma educacional que se llevaba a cabo. Este hecho aumentó su estatura continental. En 1925 ingresó en el cuerpo consular de su país donde permaneció hasta su muerte, ocurrida en Long Island, Nueva York. Sirvió a su país como Cónsul o Consejera Cultural en Europa, donde visitó casi todos los países; Brasil, México y los Estados Unidos, así como en distintas organizaciones y conferencias culturales internacionales. En 1945 le fue otorgado el Premio Nobel de Literatura por el aliento de humanidad y los altos sentimientos de su obra total. Sólo cuatro escritores de la lengua han recibido el alto galardón y uno sólo de Hispanoamérica.

La obra total de Gabriela Mistral comprende poemas y narraciones para niños; poesías líricas y prosas. Escribió rondas y cuentos infantiles y canciones de cuna que se cuentan entre los más bellos de la lengua. Sin embargo, lo primordial de su obra es la poesía, que la sitúa entre las mejores poetisas de la lengua castellana de todos los tiempos. El tema central de la poesía de esta autora es el amor: amor al hombre, al universo, a Dios, a la naturaleza, a la justicia, a los humildes, a los abandonados, a los niños. A más de un deleite estético indiscutible, su poesía nos deja en el espíritu la sensación de un alma que después de llorar su propio dolor, entiende todas las penas, anhela consolarlas y darnos ahora un mensaje capaz de evitar el llanto a la humanidad.

A los dieciciete años amó a un hombre, quien al parecer se suicidó por honor. Este trágico amor de su juventud y un idealismo innato en su temperamento, marcaron los derroteros de su poesía. La poetisa no se casó nunca, de manera que no pudo lograr el doble sueño del amor carnal y maternal. En *Desolación* (1922), su mejor libro, canta la honda tristeza y soledad por la pérdida del ser amado. Es el canto al amor frustrado, que sólo deja como fruto el recuerdo constante de la dicha perdida para siempre. Pero ésta no sería su orientación definitiva. Ella, que comenzó cantando su dolor íntimo en versos de un lirismo hondo y desolado, vuelca luego su corazón en *Ternura* (1924) hacia otras formas del amor: el prójimo, los niños, los humildes, los perseguidos y los abandonados. Aquí muestra una preocupación trascendental por la educación y cuidado de todos los niños del mundo, sobre todo de los más pobres y humildes; por la redención de los que sufren injusticias. Ahora siente compasión por todos, quiere darse a otros para olvidar su propio dolor. En su "Himno al árbol", dice:

>	Haz que revele mi presencia
>	en las praderas de la vida,
>	mi suave y cálida influencia
>	sobre las almas ejercida.
>
>	¡Haz que a través de todo estado
>	—niñez, vejez, placer, dolor—
>	asuma mi alma un invariado
>	y universal gesto de amor!

Su tercer libro, *Tala* (1938) es como la historia de un corazón que purificado en el dolor propio y la ternura derramada a raudales, se vuelve hacia el hombre, la humanidad, Dios y la naturaleza. Su poesía es ahora más pura, llena de abstracciones por su sentido metafísico. Es un libro expresivo de los grandes sentimientos de esta gran mujer. En su última obra poética, *Lagar* (1954) el amor hacia todo lo creado es más intenso e íntimo. Hasta el ritmo y la metrificación son distintos, más ligeros, para llevar un mensaje en favor de todas las obras y sentimientos buenos.

En Gabriela Mistral la poesía ha superado el modernismo, pues el virtuosismo verbal está sustituído por un verso franco, a veces áspero, rico en metáforas, donde se adivina la influencia simbolista. Sus metáforas y estructura del verso tuvieron indudable influencia en la poesía de vanguardia. Tristeza, sentido de la soledad y ternura son las tres características más distintivas de su poesía. Tanto cuando canta el amor apasionado como cuando su verso sirve de regazo a la niñez y a los que sufren, el verso de Gabriela Mistral es hondo, tierno, sincero. Hay veces que llega a la vehemencia como en "El ruego", otras a la desolada tristeza como en "Los sonetos de la muerte". Su admiración por los que con idealismo luchan por superar las condiciones sociales, queda patente en "La maestra rural". Los versos son a veces duros y secos, pero nunca dejan de estar llenos de ternura franca y realmente sentida. Versos rudos, pero francos, apresados en los ritmos y metros más difíciles de la lengua, como el endecasílabo, uno de sus favoritos. Los suyos son versos tersos, poco abundantes en adjetivos, salvo quizás en los iniciales de *Desolación*.

Gabriela Mistral es una de las poetisas más leídas y de más honda influencia en Hispanoamérica y España. Su verso está exento del erotismo que veremos en otras poetisas. Es pasión casta y dulce, pues su amor parece más espiritual que sensual. Sus versos transparentan su soledad, cierta preocupación ante la muerte, a más de una viva comunión con el hombre, la naturaleza y Dios. Ella parece amar a todos los mortales. Su preocupación social no tiene sello partidista: parece dar a entender que en el amor y la ternura entre todos los seres está el remedio para los males de la humanidad.

Aunque lo primordial de su obra es la poesía, dejó algunas páginas en prosa (narraciones infantiles, mensajes, artículos, crítica y cartas) dignos de perdurar por su elevación y contenido moral. Al propio tiempo resultan muy importantes para conocer en su totalidad el ámbito espiritual de Gabriela Mistral.

Delmira Agustini, el erotismo descarnado de su poesía

Más atormentada y de erotimo intenso fue la vida de DELMIRA AGUSTINI (1886-1914), de sensualismo más intenso que Alfonsina Storni con quien tiene mucha semejanza en la actitud de rebeldía frente a la proverbial sumisión de la mujer al hombre y en los rastros dolorosos que deja el drama afectivo de ambas en sus respectivos poemas. Delmira Agustini era descendiente de alemanes, franceses y porteños. Nació en Montevideo en el seno de una familia acomodada, perteneciente a la mejor sociedad. Recibió una esmerada educación de acuerdo con lo que una joven de la sociedad debía recibir en este tiempo. Pero desde muy joven mostró gran inclinación por las artes (música, pintura y literatura). Es notorio que comenzó a escribir versos a la edad de diez años. Era rubia y hermosa y se casó con un hombre también rico y bueno, pero de espíritu corriente, de manera que su matrimonio duró veintiún días. En un encuentro posterior de ambos, el esposo movido por amor y por el escándalo de la separación, la mató, suicidándose después.

Lo esencial en toda la poesía de Delmira Agustini es la exaltación erótica, producto de una artista temperamental y vehemente y nos da su propia experiencia. Desde su primer libro, *El libro blanco* (1907) hasta el póstumo, *Los astros del abismo* (1909), pasando por los *Cantos de la mañana* (1910) y *Los cálices vacíos* (1913), el tema es un amor intenso, apasionado, cantado en forma libre y sin prejuicios como no se había visto antes en la poesía femenina de este continente. A veces muestra también cierta desazón metafísica como en el poema "Lo inefable" que completa las características de su producción. La obsesión de Delmira es el amor y él se convierte en el tema central de su apasionada poesía, aunque también canta las inquietudes de su alma torturada. Su erotismo es como una llama siempre encendida que la consume violentamente, sin poder saciarla. Es un temperamento esencialmente erótico, aunque muy refinado también. Pocas poetisas en lengua española han expresado el ansia, la espera, la experiencia erótica y el renacer posterior del deseo como Delmira Agustini. Su pasión es carnal, sensual, directa, descrita con todo desenfado. El amor en ella parece más imaginado y cerebral que realmente experimentado. Vive como obsesionada por una pasión intensa que no encuentra realización en el mundo real. Ante esa idea de frustración, su poderosa imaginación asocia los obstáculos a la realización de su amor, con la vida y la muerte.

Su poesía presenta influencias de Darío, Nervo, Herrera y Reissig, Samain, Baudelaire y D'Annunzio así como de los filósofos alemanes Nietzsche y Schopenhauer. Contó con la amistad de grandes escritores de América: Rubén Darío, Juan Zorrilla de San Martín, y Julio Herrera y Reissig. Muchos de sus versos son autobiográficos. Se inició con versos modernistas, pero luego fue evolucionando hacia formas que caen dentro de lo que se ha llamado el postmodernismo en su orientación neo-romántica. Su obra mejor lograda son *Los cálices vacíos*. El libro da la impresión de su desilusión porque la realidad es distinta a como ella ha soñado la vida. Ésta y la muerte se interponen en el camino e impiden el disfrute del amor que ella ha soñado. El título del libro es muy expresivo de su estado espiritual: al fracasar sus sueños, también sintió su vida vacía y con la impresión de que ésta la había defraudado.

La poesía de Delmira se caracteriza por su pesimismo y amargo desencanto. Es la suya una sensualidad mística, trascendental y sobrehumana, producto de su profunda vida instintiva y subconsciente. Su poesía tiene un sello muy personal por su habilidad en transformar su ardiente y descarnado erotismo en imágenes estéticas de gran calidad. Buscaba un amor ideal, acaso muy difícil de encontrar, que le producía sus torturas y terrores. Esto la llevó al fracaso matrimonial y a la muerte finalmente. La intensidad de su pasión le da poco tiempo para pensar en los aspectos formales de la poesía. El sentimiento del amor y a veces algunos tonos metafísicos evocados por la falta de realización concreta del amor que ella sueña, están expresados con sinceridad, profundidad y emoción. En su poesía no hay "poses", no hay nada fingido. La falta de experiencia real y efectiva la suplanta su ardiente fantasía. A veces su poesía capta el movimiento de su subconsciente y se vuelve llena de hermetismo, descubriendo mundos extraños y raros. Casi toda su poesía está marcada con este sello. El estudio del erotismo como aspecto esencial de la poesía de esta escritora, ha impedido la atención debida a su poesía de aliento metafísico, que también merece consideración y detenimiento. Erotismo y preocupación trascendente parecen ser sus centros poéticos, aunque el primero sea superior en intensidad.

El drama interior de Alfonsina Storni

Muchos puntos de contacto con Delmira Agustini tiene la gran poetisa ALFONSINA STORNI (1892-1938), aunque no llega al delirante erotismo de aquélla. Sus padres eran suizos, oriundos de Italia pero establecidos en las provincias argentinas de San Juan y Santa Fe. La poetisa nació en la Suiza italiana durante un viaje de su familia. Pasó con su familia a Rosario en 1901. En 1910 obtuvo el título de maestra rural en la Escuela Normal. Después de enseñar por algún tiempo en Rosario se trasladó a Buenos Aires en 1913 con su hijito Alejandro. Es la más feminista de todo este grupo. Fue la primera mujer en frecuentar las tertulias literarias de Buenos Aires; se mostró enemiga de las convenciones sociales y defensora de más libertad para la mujer. Hizo periodismo; fue miembro de un grupo teatral ambulante; empleada de comercio. En 1921 ocupó una cátedra creada para ella en el teatro infantil

LITERATURA CONTEMPORÁNEA: EL POSTMODERNISMO

Labardén del Municipio de Buenos Aires. Más tarde enseñó literatura en la Escuela Normal de lenguas vivas y declamación en el Conservatorio Nacional. Viajó por Europa en 1930 y 1934. Al saber que tenía cáncer se arrojó al mar en el balneario Mar del Plata, donde se ha erigido un monumento en su honor. El Senado acordó honores póstumos al saberse su muerte.

Alfonsina Storni escribió poesía lírica en los estilos más importantes de la época: el postmodernismo y el vanguardismo; y varias piezas de teatro infantil. Su poesía postmodernista está contenida en los tomos titulados *La inquietud del rosal* (1916), *El dulce daño* (1918), *Irremediablemente* (1919), *Languideces* (1920) y *Ocre* (1925). Este último parece ser su libro de versos más logrado. Su temperamento jovial, la poca belleza de su rostro en un alma llena de inquietudes internas y el problema de su feminidad determinan la orientación esencialmente subjetiva de su poesía. Sus temas básicos son el amor (el deseo, instinto sexual), la angustia interior, la insatisfacción y un anhelo de libertad. Su primer libro, *La inquietud del rosal* dice muy poco de los rumbos posteriores de su poesía, aunque le ganó mucha notoriedad nacional. No incluyó ninguno de sus poemas en la antología que preparó en 1920.

Con anterioridad a 1934 sus versos son transparentes y sencillos y nos dejan ver su intimidad, con toda libertad y audacia. Su poesía no está exenta de algunos prosaísmos, frases algo vulgares, quizás propios de descuidos de la poetisa. Su conflicto afectivo nace de su rebeldía a someterse a un mundo materialista y dominado por el hombre. En el plano amoroso no quiere someterse al hombre, tradicionalmente considerado como el fuerte, pero se siente atraída por el deseo hacia él. Ella misma ha expresado su drama en esta forma: "Soy superior al término medio de los hombres que me rodean, y físicamente, como mujer, soy su esclava, su molde, su arcilla. No puedo amarlo libremente: hay demasiado orgullo en mí para someterme. Me faltan medios físicos para someterlo. El dolor de mi drama es en mí superior al deseo de cantar".

Veía su feminidad como un problema individual y social y fue de las primeras feministas en luchar por librar a la mujer del predominio casi absoluto del hombre. Su poesía da la sensación de una mujer con afán de amar y ser amada, que no encuentra la debida correspondencia en el hombre. Entonces parece estallar contra el varón y sus versos son como la protesta de su alma torturada. Otras veces parece que logra el acercamiento físico, pero no la satisfacción física y espiritual y quiere alejarse llena de desilusión. El amor insatisfecho, nunca logrado plenamente es la tónica de casi todos sus libros. El libro más representativo de su poesía es *Ocre* por la amalgama de lucha por el feminismo, la atracción de los sentidos, la insatisfacción de los deseos y la rebeldía frente al hombre y los convencionalismos sociales. Plantea su drama y el de todas las mujeres, víctimas de la esclavitud masculina, con hondo lirismo.

Dejó una excelente producción de teatro para niños, cuyos títulos más importantes son: *El amo del mundo* (1927), *Dos farsas pirotécnicas: Cimbelina en 1900 y pico*; *Polixena y la cocinerita* (1931). En 1950 se publicó un tomo de su teatro bajo el título de *Teatro infantil*.

En la última etapa de su vida se orientó hacia la poesía barroca comenzando con *Mundo de siete pozos* (1934). Es poesía dolorosa, de sintaxis difícil, de asociación libre de ideas. Versos fríos, intelectuales, torturados, que le hicieron perder muchos admiradores. *Mascarilla y trébol, círculos imantados* (1938) es otro de sus libros en este estilo. En ellos el intelecto ha triunfado sobre el corazón, quizás porque la poetisa quiere ocultar sus torturas interiores en los malabarismos del vanguardismo. Aun en esta tendencia mostró una maestría artística excelente, aunque los versos no tengan la atracción de sus primeros libros.

Juana de Ibarbourou: su culto al amor, la naturaleza, el movimiento y la luz

Vida bastante diferente de las otras poetisas estudiadas ha llevado JUANA DE IBARBOUROU (1895). Nació en la ciudad de Melo y, a diferencia de las otras escritoras mencionadas, ha llevado vida provinciana y vivido una vida normal y sana de mujer casada, desde la temprana edad de los dieciocho años. Después de su matrimonio se mudó a Montevideo, donde ha combinado su vida de madre y esposa feliz con actividades literarias intensas. El año 1929 marca quizás el apogeo de su carrera, cuando en una solemne ceremonia celebrada en el Palacio Legislativo de Montevideo y presidida por Alfonso Reyes, el gran escritor mexicano y Juan Zorrilla de San Martín, se le llamó "Juana de América" por iniciativa de José Santos Chocano, en reconocimiento a su gran labor como poetisa. En 1947 ingresó como miembro de la Academia Nacional de Letras de su país.

Pocas poetisas han ganado la resonancia continental que Juana de Ibarbourou desde su primer libro, *Las lenguas de diamante* (1919), posiblemente su obra más representativa y de más sostenida calidad lírica y estética. Sus primeros versos fueron publicados en diarios de su pueblo natal, ganándole mucha fama desde temprano. Su primer libro impreso atrajo de inmediato la atención de los críticos y del público. Expresa el amor lleno de ardores de la juventud, junto al goce pagano de la vida y de la naturaleza. Sus ansias de vivir y de darse al hombre amado están apresados en cantos vibrantes. En sus versos se ofrece al hombre, en gesto lleno de feminidad, pero con intención casta, limpia e inocente. Es un amor que parece desear la inmediata y directa posesión del ser amado. Ama lo sensual y bello; lo real y tangible. Para ella la muerte es inevitable, pero no el final: su cuerpo volverá a la tierra en forma de flores. En este libro se notan ya algunas de las características constantes de Juana de Ibarbourou: culto a la luz, a la belleza, a las flores, a la vida plena y saludable; al movimiento y el colorido.

En su segundo libro, *Raíz Salvaje* (1920), encontramos básicamente a la misma poetisa con un gesto más meditado y una actitud más profunda. La autora logra una mayor libertad métrica y el tema central es ahora su profundo sentimiento del paisaje de su región, visto con realismo y emoción. Muchos de sus mejores poemas están en este libro, donde rinde un vehemente culto a la naturaleza, con la que se considera vinculada espiritualmente. En *Rosa de los vientos* (1930) la poetisa parece ceder a las modas poéticas de vanguardia imperantes en ese momento. De aquí que el verso se haga más laberíntico e impersonal. La poesía ya no tiene aquella embriagante alegría juvenil de los primeros momentos. Cierta duda empieza a empañar el sano y vigoroso optimismo de 1919. Mas tarde publicó *Perdida* (1950), cuyo primer poema titulado "Tiempo" trasluce muy bien el estado espiritual presente. Hay conciencia de la natural declinación de la vida por efecto del tiempo. Muestra en este libro un poco de confusión y turbación. En *Azor* (1953) como en el libro anterior, la poetisa se ha serenado; ya no vibra, sino medita. Sus versos son más maduros y profundos por la acción del transcurso de la vida. Más o menos en este tono de ocaso está escrito su último libro de versos, *Oro y tormenta* (1956). A más de estos libros de versos, ha publicado poemas, teatro y cuentos infantiles y algunos libros de tema religioso como "*Estampas de la Biblia*" y "*Loores a Nuestra Señora*".

La poesía de Juana de Ibarbourou, sobre todo la de la primera época, está llena de narcicismo femenino, es decir, de autocontemplación y de ofrecimiento de sí misma. Son versos vibrantes, llenos de alborozo juvenil. Sus temas esenciales son el amor, la vida y la naturaleza. Expresa temor a la vejez, a la pérdida de la juventud y la belleza. Por eso sus versos nos llegan llenos de fragancia, colorido, luz y movimiento. Logra combinar el sensualismo pagano de la naturaleza con anhelos subjetivos, transformándolos en creaciones estéticas. Su poesía en general es instintiva llena de espontaneidad y siempre muy personal.

Los versos de Juana de Ibarbourou, incluyendo los últimos, no tienen la nota de insatisfacción, pesimismo y tono trágico de las poetisas anteriores, sino el júbilo de una vida de mujer sana, felizmente lograda en el hogar y la compañía del esposo y los niños. Los versos más recientes, aunque no tan vibrantes y llenos de impulsos juveniles, demuestran en su propia serenidad y meditación, esta actitud esencial de la gran escritora. Ha sido una de las poetisas de obra con más resonancia continental, leída y admirada en todos los países hispanoamericanos y la propia España.

Retorno a la sobriedad y sencillez formal y lírica: Enrique Banchs

Constituyen este grupo quizás los mejores exponentes de la orientación conservadora del postmodernismo. Se caracterizan por la expresión espontánea y elemental. La emoción es refrenada y la poesía más íntima y subjetiva. Los argentinos Enrique Banchs y Rafael Alberto Arrieta son dos representantes muy connotados de esta tendencia postmodernista.

El primer poeta argentino sobresaliente después de Leopoldo Lugones es ENRIQUE BANCHS (1888). Nació en Buenos Aires y ha llevado una existencia relativamente tranquila. A los diecinueve años se dio a conocer con su primer libro de versos, *Las barcas* (1907), que fijó su nombre como poeta muy bien dotado. Posteriormente publicó en sucesión tres nuevas colecciones de versos: *El libro de los elogios* (1908), *El cascabel del halcón* (1909) y *La urna* (1911). Entonces sucedió algo que ha intrigado al público y a la crítica: el poeta que a los veintitrés años se situó a la cabeza de la lírica argentina, dejó de publicar libros sumiéndose en un silencio que lleva ya cincuenta y cinco años. Claro que el silencio ha sido en cuanto a la publicación de libros, porque Banchs ha seguido escribiendo poemas en prosa, cuentos y poesías que han visto la luz en las revistas *Nosotros, Caras y Caretas, Atlántida* y en los suplementos literarios de *La Prensa* y *La Nación* de Buenos Aires.

Ha ocupado algunos cargos públicos de importancia: director del *Monitor de la Educación Común*; Presidente de la Sociedad Argentina de Escritores (1938-1940); miembro de la Comisión Nacional de Cultura; miembro de la Academia Argentina de Letras; director de la oficina de información del Consejo Nacional de Educación. En 1954 le fue otorgado el Gran Premio de Honor por la Sociedad Argentina de Escritores. Ha sido por muchos años un asiduo colaborador del diario *La Nación*, cuya sección infantil ha dirigido.

La producción literaria de Banchs abarca, a más de los cuatro libros ya citados, otros poemas y prosas varias, muchas de las cuales no han sido recogidas todavía en libro. Su punto de contacto con los modernistas está en su anhelo de perfección formal y su gusto por la poesía medieval, pero el ansia de concentración lírica, sencillez e intimidad que presenta su poesía lo separa de los excesos ornamentales de algunos miembros de aquel movimiento. Con *Las barcas* Banchs se puso a la cabeza de los poetas argentinos de su tiempo, llenando el vacío dejado por Lugones. Esta primicia de su genio causó mucho asombro en la crítica y el público por su calidad y la edad del poeta. Es un libro optimista y presenta ya algunas de las características del escritor: jubilosa esperanza, sobriedad y espontaneidad en la expresión y el juego de la fantasía. Nuevamente encontramos este júbilo en *El libro de los elogios,* en el cual se nota la búsqueda de algo más hondo. Derroche de imaginación y de intimidad hay en *El cascabel del halcón*, dividido en dos partes y con influencia de Antonio Machado, Unamuno, Pérez de Ayala y Juan Ramón Jiménez. En la primera parte se orienta hacia los modelos clásicos, la poesía medieval, los cancioneros, el romancero y la poesía provenzal. Evoca la España y Francia medievales y a algunos de sus héroes legendarios e históricos. En la segunda parte el poeta trueca su júbilo inicial por una expresión de desolación, que por momentos llega a ser sombría. Las evocaciones son dolorosas unas veces y llenas de ironía, otras. Algunos versos expresan el dolor producido por el choque del mundo ideal del poeta con la vulgar realidad del ambiente.

La cumbre del genio poético de Banchs está constituído por *La urna*, excelente colección de cien sonetos. Este libro parece la culminación de su arte por la maestría formal, la intensidad lírica, la originalidad y la profundidad con que enfoca problemas vitales del hombre. Es una de las más altas contribuciones de la lírica argentina de todos los tiempos. Esta colección es modelo de balance entre contenido y forma y muestra al poeta en el momento de más disciplina clásica. Por su sobrio lirismo y la profundidad en la expresión de lo humano, la poesía de Banchs alcanza valores universales.

LITERATURA CONTEMPORÁNEA: EL POSTMODERNISMO

El neorromanticismo
La exaltación sentimental y subjetiva de Porfirio Barba Jacob

Es grupo de poesía subjetiva e intimista con cierto grado de exaltación del propio sentimiento. Profunda reacción hacia el romanticismo presenta el periodista y poeta colombiano PORFIRIO BARBA JACOB (1883-1942), el seudónimo más conocido de Miguel Ángel Osorio. Nació en Santa Rosa de Osos, perteneciente a la región antioqueña y murió en la ciudad de México, su "tierra de elección". Usó hasta cuatro nombres literarios, uno distinto en cada etapa importante de su vida. Su familia era de origen judaica como la de Jorge Isaacs. Tuvo una niñez triste y pobre viéndose obligado a llevar una vida errante. Pasó su infancia con los abuelos; en 1895 fue a Bogotá a reunirse con sus padres y hermanos, pero sólo encontró pobreza. Fue la suya una vida de frenesí romántico, de luchas, angustias y múltiples alternativas: cortos períodos en la holgura y los más pobre, perseguido o en la cárcel.

Comenzó y nunca terminó sus estudios para maestro y de derecho. Llegó a ser capitán del ejército conservador en el que fue enrolado. Vivió la mayor parte de su vida como peregrino de las Américas: Cuba, Puerto Rico, América Central, Estados Unidos y, sobre todo, México, donde vivió dos largos períodos (1910-1916; 1933-1942). En todos estos países hizo periodismo y vida bohemia de escritor, así como dando recitales de mucho éxito. Con pocos escrúpulos defendió a gobernantes diversos, lo mismo democráticos o revolucionarios que oligárquicos o dictatoriales. Vivió una vida rodeada del escándalo y el misterio, con ciertas aficiones por el bajo mundo. Su vida recuerda, por lo tumultuosa a la de José Santos Chocano. Perteneció al comunismo internacional y murió tuberculoso en un hospital de caridad, abrazado a un crucifijo. Temperamento exaltado, atormentado, lleno de curiosidad por la vida y de temor ante lo desconocido.

Hombre impetuoso y sensual, vehemente y contradictorio, con mucho de ángel y de diablo. Amaba los placeres y se torturaba en disquisiciones metafísicas. Se asociaba a las gentes más bajas y buscaba ansiosa respuesta a las grandes interrogaciones de su espíritu inquieto. Era un temperamento extraño y enigmático. Él mismo se describe así en el poema "Futuro":

> Decid cuando yo muera . . . (¡y el día esté lejano!)
> Soberbio y desdeñoso, pródigo y turbulento,
> en el vital deliquio por siempre insatisfecho,
> era una llama al viento. . . .

Su producción poética, bastante abundante, anduvo dispersa por periódicos y revistas de América, hasta que por consejos de amigos comenzó a recopilarla. Así surgió *Canciones y elegías*, edición de homenaje al poeta (México, 1932). Su prosa *Clave*, le sirvó de prólogo; *Rosas negras* (Guatemala, 1933) con prólogo escrito por él bajo el título de "La divina tragedia: el poeta habla de sí mismo"; *La canción de la vida profunda y otros poemas* (1937); *El corazón iluminado* (1942); *Poemas intemporales* (1944), volumen en homenaje al poeta que recoge el contenido de los tres primeros libros citados y algunos poemas inéditos. Asimismo contiene conociientmo de la biografía y ciertos rasgos temperamentales del poeta.

Barba Jacob se inició en el modernismo, pero pronto se orientó hacia una poesía menos decorativa y más libre en la expresión, más acorde con su espíritu bohemio, rebelde e inquieto. Es uno de los representantes de la reacción contra el preciosismo formal y el ansia de serenidad helénica de los modernistas, en busca de una poesía más expresiva del espíritu torturado del hombre de su tiempo. Sus versos tienen una fibra neorromántica por su exaltación, sentimentalismo, apasionamiento e intensidad lírica. Casi todos sus versos son autobiográficos, no tanto de su historia exterior, como de las distintas angustias de su espíritu. Es a ratos profundo y a veces incoherente, no faltando la ironía amarga en algunos versos. Su último libro de poemas. *Antorchas contra el viento* (1944) está dentro de la línea general de su poesía. Él mismo afirmó refiriéndose a ella: "No puedo sacar de los vinos de mis poemas la sangre clásica, romántica y simbolista. Pero he hallado plausibles, como teorías, todas las teorías en que se sustenta el arte de vanguardia".

Los temas de su poesía son los asuntos de la poesía universal: el pecado, el amor, la muerte, la soledad, la tristeza, el terror ante el enigma de la vida, las torturas de la carne y su lucha con el espíritu así como las inquietudes por el destino del hombre y la angustia metafísica. Su espíritu ansioso y vehemente bebió en todas las fuentes de la vida: desde las más bajas hasta las regiones de la inquietud espiritual, que le ha permitido dejar una poesía de hondo lirismo. La crítica se ha dado cuenta de lo que vale este poeta y le viene prestando la atención que su obra merece. Su verso heredó de los simbolistas cierta vaguedad y musicalidad, a más de una expresión torturada de sus angustias y anhelos como hombre. A pesar de que el poeta no se desarrolló en todas las potencialidades de su vigorosa inspiración, tiene más de veinte poemas excelentes que hacen olvidar algunos de menos mérito literario, y lo colocan como uno de los grandes líricos hispanoamericanos.

Luis Lloréns Torres: poesía popular y patriótica

Tuvo Puerto Rico en LUIS LLORÉNS TORRES (1878-1944) a uno de sus mejores poetas de la época. En Madrid se graduó de Abogado y estudió filosofía y letras en Barcelona y Granada. En España dio a conocer sus primeros libros: *América: estudios históricos y filológicos* (Madrid, 1898) y el titulado *Al pie de la Alhambra* (1899), bien encuadrado en la estética modernista. Regresó cuando terminada la guerra entre Estados Unidos y España, dominaban aquéllos en Puerto Rico. Lloréns Torres adoptó el camino de la independencia para su patria y se dedicó al ejercicio de la abogacía y de la política. Ocupó una banca en el Senado. En 1913 fundó la *Revista de las Antillas* que vino a ser como el órgano del tardío modernismo isleño y defensora de una cultura de base hispánica para la Isla. Aunque comenzó su carrera poética bajo la influencia de Darío, en su segundo libro, *Sonetos sinfónicos* (1914) es evidente la huella de Walt Whitman. La grandilocuencia e idealidad de José

Santos Chocano lo acompañan, tanto en este libro como en *La canción de las Antillas y otros poemas* (1929). Más tarde publicó otros libros notables: *Voces de la campana mayor* y la antología *Alturas de América* (1940).

Entre sus mejores poemas sobresalen: "Bolívar", "Maceo", "Café prieto", "Germinal", "La canción de las Antillas", "Rapsodia criolla". Sus temas predilectos fueron el amor y, sobre todo su amor entrañable a su patria, que lo hizo luchar por su independencia y admirar sus bellezas, así como su exaltación de América, las Antillas y sus héroes. Estos temas y el desarrollo de motivos "jíbaros" (asuntos nativistas y folklóricos) lo acercaron al pueblo y le ganaron gran popularidad. Hay muchos elementos modernistas en la poesía de Lloréns Torres, especialmente en *Sonetos sinfónicos* y *Voces de la campana mayor*, pero en general su estilo encaja mejor en el postmodernismo poético de orientación neorromántica. Realmente nunca se dejó llevar por el preciosismo y aunque favorecía la renovación poética, prefirió siempre una actitud independiente que lo llevó hasta al intento de crear su propia escuela, el "pancalismo", que apenas contó con seguidores.

Debido a sus temas favoritos, sus versos presentan a menudo cierto prosaísmo o realismo poético. A ratos cultiva la ironía, especialmente en sus versos populares y patrióticos. Otras características de sus poemas son sus dotes descriptivas, la riqueza de fantasía y la grandilocuencia de sus composiciones de tono político. Lloréns Torres se encuentra entre los poetas más populares de Puerto Rico y su poesía constituye un hito importante en la evolución de la lírica en esa Isla.

Emoción y plasticidad en la poesía de Ricardo Miró

Poeta, cuentista, periodista y autor teatral fue RICARDO MIRÓ (1883-1940), considerado como el mejor poeta en la literatura de Panamá. Nació en la ciudad de Panamá y mostró inclinaciones infantiles hacia la pintura, lo cual se nota en el valor plástico de muchos de sus poemas descriptivos. En su ciudad natal fundó, dirigió y colaboró en distintos periódicos. En 1905 publicó sus primeros versos y dos años después fundó su propia revista, *Nuevos Ritos* (1907), de gran influencia en la historia literaria panameña. Su primer tomo de poesías, *Preludios*, salió publicado en 1908. Entró entonces en el cuerpo consular y vivió en Barcelona por algún tiempo. En 1911 volvió a Panamá y publicó *Los segundos preludios* (1916). De 1919 a 1927 ocupó la dirección de los Archivos Nacionales. Ingresó en la Academia Panameña de la Lengua y publicó *Caminos silenciosos* (1929). El momento cumbre de su vida literaria llegó en 1937 cuando se le coronó como el poeta nacional en la capital de la república.

Sus primeras influencias fueron Valencia, Luis Carlos López y el propio Rubén Darío a quien conoció personalmente. Aunque tuvo amistad con Tomás Marinetti, el apóstol del "futurismo", en Barcelona, discrepó con sus ideas sobre la nueva poesía. Miró se inició en el modernismo y puede afirmarse que nunca se desvinculó de él, aunque en sus últimos versos muestra una orientación que lo sitúa en la corriente del neorromanticismo, una de las vertientes del postmodernismo en el verso.

En algunos poemas de aliento épico como "La voz de la raza", "La leyenda del Pacífico", es visible la influencia de José Santos Chocano. En muchas composiciones descriptivas es patente el influjo de Valencia y de los parnasianos. Sus mejores versos son "Versos al oído de Lelia", "Lienzo antiguo", "Brisas de primavera" (de mucho valor plástico), "Blasón", "Todo se apaga en el azul", así como las citadas anteriormente. La de Miró es poesía introspectiva a veces, evocadora y descriptiva, otras. Casi siempre meláncolica, íntima, suave. En muchos versos se muestra excelente paisajista en motivos de su patria y entonces se acerca mucho a los parnasianos. En ocasiones su poesía es emotiva y expresión de su intimidad, en versos primorosos y suaves. Dejó unos dieciocho cuentos así como cinco piezas teatrales que llegaron a representarse con éxito discreto, pero cuyos originales parece que se han extraviado. Miró es el poeta panameño de más resonancia continental.

Andrés Eloy Blanco y la disolución del modernismo en Venezuela

Entre los poetas que mejor representan la liquidación del modernismo en Venezuela, debe mencionarse a ANDRÉS ELOY BLANCO (1897–1955), miembro de la llamada "generación de 1918" en la historia política y literaria de ese país y que conoció la cárcel por oponerse a la dictadura de Juan Vicente Gómez. Con espíritu generacional —a ella pertenecen también Rómulo Gallegos, Rómulo Betancourt y otras figuras de las letras y la política— luchó contra esa dictadura hasta su caída en 1936. Estuvo muchas veces preso y perseguido por sus ideas y actividades. En 1920 se graduó de abogado y en 1923 obtuvo su nombre resonancia en todo el mundo hispánico por su famoso canto a España. Volvió a su patria y a la cárcel y aquí escribió algunos de sus primeros versos, vibrantes, sonoros. Sus versos cívicos y populares recogieron el sentir de todos los venezolanos y le ganaron una popularidad que no gozó ninguno de los bardos de su generación. A la caída de la dictadura de Gómez ocupó importantes cargos electivos y diplomáticos. En el corto gobierno de Rómulo Gallegos (1949-1951) ocupó el Ministerio de Relaciones Exteriores. Exilado nuevamente, vivió en La Habana y México y en este último lugar murió arrollado por un automóvil.

En sus libros iniciales, *El huerto de la epopeya* (1919), *Tierras que me oyeron* (1921) y otros abundan los cantos cívicos y los temas con personajes populares como Juan Bimba, representante del pueblo venezolano. En estos versos está cerca del modernismo, pero llegó a ser muy popular por el acercamiento en muchos de sus versos a problemas e ideales fundamentales del pueblo. Mostró un estilo caudaloso, brillante y muy personal desde los primeros escarceos. Expresa temas profundamente criollos en coplas, romances, refranes, décimas, como si lo popular necesitara del vehículo expresivo también popular.

A partir de *Poda, Poemas 1921–1928* (1934) se nota un cambio de rumbo hacia las nuevas corrientes que luego seguirán en sus próximos libros, *Barco de piedra* (1937), *Baedeker* 2000 (1938) y *Giraluna* (1955). Sus libros nos ponen frente a frente a un poeta de gran temperamento, artífice de la combinación de lo venezolano, criollo, folklórico con los giros más modernos y elegantes. Se distingue por su riqueza verbal, su donosura expresiva y una audaz cantera de metáforas. A más de lo criollo y popular, Blanco posee una magnífica veta intimista y subjetiva. Es siempre poeta muy personal, de versos armoniosos y fluidos. Sus composiciones han tenido gran resonancia, tanto en su patria como en Hispanoamérica y España. Su poesía representa una superación del modernismo, pero a la hora de escoger rumbos, unas veces le hace concesiones al nuevo barroquismo vanguardista y otras a las formas más sencillas, tradicionales y clásicas como los poetas que hemos agrupado bajo el postmodernismo.

Realismo poético, sentimental e irónico
Baldomero Fernández Moreno

Esta tendencia encuentra su inspiración en los temas diarios, las costumbres. Hechos, cosas y lugares comunes son evocados unas veces con una nota sentimental y otras irónicamente. Debido al material poético, no está exenta esta poesía de cierto prosaísmo, mitigado por el poder de evocación sentimental y nostálgica de aquello que rodea más inmediatamente al poeta. Uno de los más destacados poetas y prosistas argentinos postmodernistas fue BALDOMERO FERNÁNDEZ MORENO (1886-1950), o simplemente Fernández Moreno, como él prefería ser llamado. Nació en Buenos Aires de padres españoles. De los seis a los trece años residió en Bárcena y Madrid, España. Regresó a Buenos Aires en 1900, fecha de su primer trabajo, un librito titulado *Un príncipe árabe* que incluía un cuento con ese título, un discurso y unos "Recuerdos de aldea" sobre España. En 1912 se graduó de médico y ejerció por algún tiempo en provincias y en Buenos Aires, hasta que se estableció definitivamente en la capital en 1924. Su primer libro importante data de 1915, *Las iniciales del misal*. Desde 1924 hasta su muerte vivió consagrado por entero a la literatura y a sus cátedras de literatura e historia en la enseñanza secundaria. En 1934 fue electo para la Academia Argentina de Letras.

Fernández Moreno recibió muchos honores por su labor. Con *Aldea española* (1925) obtuvo el Primer Premio Municipal; por *Décimas* y *Poesías* (1928) recibió el Segundo Premio Nacional de Poesía. Los dos galardones más altos vendrían después. En 1936 ganó el Primer Premio Nacional de Poesía con *Dos poemas* (1935), *Romances* (1936) y *Seguidillas* (1936). Finalmente le fue concedido el más alto galardón que puede obtener un escritor argentino: su *Viaje del Tucumán* (1949) y *Parva* (1949) merecieron el Premio de Honor de la Sociedad Argentina de Escritores. Ha escrito más de treinta libros—unos veinticinco de poesía solamente—sin contar los versos y prosas que andan regados por revistas y periódicos sin haber sido coleccionados hasta la fecha.

Su hijo César ha dividido la obra de su padre en tres momentos. El primero es la *época del sencillismo* (1910-1923) porque es el instante de formas más sobrias y elementales. A ella pertenecen: *Las iniciales del misal* (1915), *Intermedio provinciano*, *Por el amor y por ella*, *Canto de amor, de luz, de agua*; *Campo argentino*; *El hogar en *el campo; Mil novecientos veintidós*. La *época formal* se caracteriza por una preocupación por la métrica y demás elementos exteriores, sin abandonar el contenido. Presta más atención a la métrica que a la temática. Singularizan este instante: *El hijo; Poesías; Versos de negrita; Décimas; Último cofre de negrita; Sonetos; Cuadernillos de verano; Dos poemas; Seguidillas; Romances*. En la última o *"época sustancial"* (1937-1950) el verso se hace más hondo e íntimo. La melancolía se ha trocado ahora en un tono de desilusión y amargura producido, quizás, por el paso de los años. Los libros más importantes son: *Continuación* (1938), *Yo, médico; yo, catedrático; San José de Flores; Viaje del Tucumán, Parva* y su último libro: *Penumbra: Libro de Marcela* (1951), publicado póstumamente.

El tema de la poesía de Fernández Moreno son las cosas tangibles, reales, cotidianas, cercanas al poeta. Hizo en verso lo que Azorín y Gabriel Miró en prosa en España. Las cosas más vulgares adquieren trascendencia y contenido poético en su evocación. Todos los objetos eran poéticos para él y aquí radica precisamente su originalidad. Esas cosas inmediatas son las que ama y con cuyo recuerdo se solaza: el campo, las calles, parques, suburbios y demás lugares de la ciudad; sus amigos; su familia; su casa. Aun las cosas más humildes y sencillas adquieren categoría poética en Fernández Moreno. Estas cosas están cantadas y evocadas en versos tradicionales, breves, sin rebuscamiento de imágenes. Ha dejado cientos de miniaturas poéticas y todas tienen el sello de su gran sensibilidad, porque era poeta de exquisiteces y agudeza en la penetración poética. Es un maestro del verso íntimo, evocador de cosas que vemos todos los días y que un día leyendo a Fernández Moreno les descubrimos un lado lírico, poético, evocador—o quizás irónico—que no habíamos percibido antes. Es una poesía muy personal porque sabe llegar al lector por el descubrimiento de la emoción poética de las cosas cotidianas y más pasajeras. La característica esencial de su poesía es la sencillez sin adornos, la diafanidad expresiva, así como la espontaneidad. Sabe emplear adecuadamente la ironía y el humor, que son siempre suaves. Nunca es vulgar ni prosaico. Aparentemente su poesía carece de unidad, pero esto no es cierto, ya que la tiene cuando se estudia detenidamente. Su sencillismo es más aparente que real. Es un poeta complejo, pues hay que saber leer siempre lo trascendente más allá de las simples líneas de sus versos. Canta lo ordinario y cotidiano, pero con elevación poética y a través de su exquisita sensibilidad. Su complejo mundo interior se deshacía en sencillez, gracias a su maestría expresiva y al dominio singular del verso. Al final de su vida el poeta expresa su dolor: muchas cosas idas, los años lo encierran en sí mismo y entonces escribe versos en que se nota desilusión y amargura. La alta calidad lírica de su poesía ha situado a Fernández Moreno entre los primeros líricos argentinos de este siglo.

Rafael Arévalo Martínez y la ficción sicológica e imaginativa

El realismo poético sentimental e irónico tiene en RAFAEL ARÉVALO MARTÍNEZ (1884) a uno de sus grandes cultivadores. Surgió el notable escritor durante el apogeo del modernismo y se inició bajo la influencia del Darío de los *Cantos de vida y esperanza* (1905) pero debido a su larga vida ha sobrevivido a ese movimiento, escanceando en otras fuentes, de manera que es una figura independiente, un caso especial y único dentro de la literatura hispanoamericana. Nació en la ciudad de Guatemala de familia pobre y en esa capital se ha distinguido como poeta, cuentista, ensayista y autor teatral. Es uno de los hombres de letras más representativos de su país. Después de obtener el título de bachiller trabajó en una oficina de cambios y en un banco. En 1912 se le nombró redactor-jefe del diario *La República* de Guatemala. Ha sido profesor en distintas escuelas en diferentes períodos de su vida. De 1926 a 1946 ocupó la dirección de la Biblioteca Nacional. Por casi un año (1945-1946), fue delegado ante la Organización de Estados Americanos con rango de Embajador. Es miembro de la Academia Guatemalteca de la Lengua y correspondiente de la española. Por sus méritos literarios, el gobierno le concedió una pensión vitalicia. Todavía hoy, a los ochenta años de edad, continúa su labor literaria, nunca interrumpida. Él mismo se describía hace muchos años como un hombre tan delgado que apenas pesaba ochenta libras y con una neurastenia incurable desde los catorce años. Arévalo Martínez es un hombre sencillo y francamente bueno, dotado de una supersensibilidad y un agudo poder de penetración sicológica en el alma humana, que han resultado esenciales en su obra.

Su producción total comprende poesía, novelas cortas y cuentos, ensayos filosóficos y piezas dramáticas. Se inició en el verso con *Maya* (1911) bajo la directa influencia de Darío, a quien consideraba el poeta más grande de la lengua española. Su producción poética, a pesar de ser relativamente pequeña fue la primera en atraerle la atención del público y de la crítica. Aunque empezó en el modernismo, evolucionó hacia formas de expresión lírica más sencillas y menos adornadas como lo prueban sus libros subsiguientes: *Los atormentados* (1914), *Las rosas de Engaddi* (1918), *Llama* (1934) y el último libro de este tipo, *Por un caminito así* (1947). Muchos de sus versos muestran una especie de sentido místico de acercamiento a Dios, con toda humildad y contrición, más movido por el miedo que por la esencia de la divinidad. Algunos poemas expresan una auto-denuncia de su maldad. En otros muestra su realismo poético con diferentes matices de ironía. Sus versos destilan siempre una cálida simpatía humana hacia todos los seres. Aunque sus composiciones son formalmente sencillas, se adivina en ellas la complejidad interior del poeta.

La verdadera fama de Arévalo Martínez se ha debido a su prosa, a partir de su primer libro de este tipo, *El hombre que parecía un caballo* (1915), convertido bien pronto en un gran éxito de ediciones y de crítica. Es el introductor en nuestra literatura del llamado "cuento psico-zoológico", como él mismo lo llama, con lejanas raíces en Huysmans. En este género trata de presentar, en un amplio juego de imaginación, intuición estética y análisis sicológico, las semejanzas entre el físico y el alma de personas y animales. Sus cuentos sin acción son verdaderos estudios sicológicos. Los antecedentes más remotos de estas narraciones se encuentran en Edgar Allan Poe, Peter Altenberg y Barley d'Aurevilly. Usa técnicas, como el monólogo interior y otras técnicas en las que se anticipa a James Joyce, Jean Lorrain y Franz Kafka. En

El hombre que parecía un caballo presenta una caricatura del gran poeta colombiano Miguel Ángel Osorio, más conocido por Porfirio Barba Jacob. Es un estudio físico e introspectivo del señor de Aretal, el protagonista, y sus cercanas semejanzas con las del caballo. En sus cuentos psico-zoológicos hay un verdadero desfile de animales, desde el perro que aparece en *El trovador colombiano* (1914), donde el protagonista es un hombre-perro, manso y bueno hasta *El mundo de los maharachías* (1938), con multitud de seres extraños, con inteligencia y cuerpo de humanos y cola de mono, pasando por *El señor Monitot* (1922), quizás su más extraordinaria fantasía, donde desfilan el elefante (señor de Monitot), la serpiente, la paloma, el tigre, el topo, el toro y varias aves de rapiña. Arévalo Martínez afirmó que los relatos para *El mundo de los maharachías* y el *Viaje a Ipanda* (1939) los había traído una espiritista de uno de sus viajes al otro mundo. En uno de sus relatos compara al dictador de Guatemala, Estrada Cabrera, con un tigre; en otro hace un estudio del clásico caudillo hispanoamericano (en *El señor de Monitot*). Otras excelentes novelas cortas de Arévalo Martínez son: *La oficina de paz de Orolandia* (1925), una novela sobre el imperialismo yanqui; *Las noches en el palacio de la Nunciatura* (1927). En *La signatura de la esfinge* (1933) el personaje es una mujer con apariencia de leona.

Son esos relatos, novelas de pura imaginación y fantasía, en las que la mente vuela hacia lo extraño y el misterio palpitante, en comparaciones nunca antes vistas en esta literatura. Combinan lo fantástico y original con sensibilidad, penetración sicológica, refinamiento de estilo e inventiva metafórica. Cierto aspecto fantasmal y extraño le han ganado mucha difusión. Sus novelas cortas son sondeos en el mundo subconsciente y el misterio, con tanta profundidad sicológica que lo convierten en un precursor directo de las modernas corrientes de la novela superrealista entre nosotros. En los últimos años, Arévalo Martínez ha resuelto su crisis personal, volviendo a la fe católica, como muestra en su afamado cuento "La mentira". También ha cultivado el teatro, aunque no con la asiduidad de la poesía y la narración. Además ha escrito ensayos filosóficos de importancia. Su pieza dramática más conocida es *Los duques de Endor* (1940), un drama en tres actos y en verso. Para Arévalo Martínez los seres humanos gozan una unidad vital: la parte del animal irracional y la de criatura de Dios. Parece que esta concepción filosófica es la que lo ha conducido a la exploración del tema en sus narraciones fantásticas y extrañas. Arévalo Martínez es con Miguel Ángel Asturias, el gran novelista, la figura de más resonancia continental en las letras de Guatemala.

Dimensión irónica y satírica del realismo poético en la obra de Luis Carlos López

Uno de los poetas festivos más celebrados de Hispanoamérica es el colombiano LUIS CARLOS LÓPEZ (1883–1950), conocido como el "tuerto López" por sus conciudadanos. Nació este burgués liberal y risueño en la ayer famosa Cartagena de Indias y allí transcurrió casi toda su vida, con las interrupciones ocasionadas por su elección

LITERATURA CONTEMPORÁNEA: EL POSTMODERNISMO

para algunos cargos públicos en su propio país y sus servicios como Cónsul de Colombia en Munich y Baltimore. Sus antecedentes familiares eran vasco-sefarditas. No tenía educación formal, aunque sí leyó mucho. Su profesión era de boticario y enseñó literatura en un colegio local. Como todo hijo de vecino frecuentaba el casino donde jugaba dominó, así como una tertulia de amigos e intelectuales. Él mismo era uno de esos pequeño—burgueses que tan bien retrata en sus composiciones humorísticas. Aunque de vida burguesa y de hogar, cultivó un arte lleno de humorismo, a veces corrosivo y mordaz y otras matizado de nostalgia o ironía.

Su primer libro, *De mi villorrio,* publicado en Madrid en 1908, fue acogido en forma pesimista por la crítica, de espaldas a las nuevas corrientes literarias. Luego críticos de la talla de Unamuno, Diez-Canedo y Sanín Cano le han hecho justicia y colocado su nombre en el sitio que le corresponde como poeta festivo y cultivador del realismo sentimental e irónico. El provincialismo caricaturesco de López aparece en todos sus libros. Después del primero, ya citado, publicó: *Los hongos de la Riba* (1909), *Posturas difíciles* (1909) y *Por el atajo* (1920; edición definitiva de 1928). Son cuadros poéticos festivos de la vida provinciana. Con mucho humorismo, realismo, ironía y un poco de malicia sana, hace verdaderas caricaturas fotográficas de la vida de provincias: el hogar ancestral, el casino, la farmacia y los tipos más representativos, como el boticario, el barbero, el alcalde, el juez, el borracho, el amigo aburguesado, las muchachas solteronas, el policía y, hasta el farol de la esquina. Hay siempre cierta sentimentalidad oculta en su poesía mordaz y sarcástica.

Se nos presenta como un agudo observador humorista de la vida provinciana. Ríe y hace reír mientras evoca y satiriza las costumbres de aquellos tiempos. Su indiscutible ingenio festivo oculta el realismo, a veces rudo, de sus evocaciones. Es un verdadero maestro de estas instantáneas poéticas de la realidad social, que destilan suave nostalgia y gentil ironía. Asimismo López se caracteriza por sus innovaciones técnicas, muchas de las cuales no tuvieron éxito alguno. Sus obras son como espejos en que se refleja esta vida del interior, inalterable, monótona. López sabe hallarle el lado irónico y humorístico, de manera que mientras fotografía, divierte y entretiene. Su poesía es una mezcla de burla de costumbres y tipos con una ironía a veces fina y delicada, a la que nunca falta el sentimiento lírico. El poeta no puede traicionar su corazón: a veces los poemas tienen un dejo de nostalgia por la evocación de cosas, costumbres y tipos que estuvieron muy cerca de él. Su originalidad está en esa evocación humorística, burlona e irónica, pero siempre rica en lirismo. La vida cotidiana aparece retratada, medio en serio, medio en broma. López es un excelente artífice en la combinación de una fina ironía y un lirismo terso. A veces al prosaísmo natural de las cosas de todos los días, se añade una nota bastante cruda en las descripciones. Mezcla de remembranzas, melancolía, realismo, prosaísmo y nota humorística e irónica.

Este magnífico pintor de paisajes y ambientes, que por cuarenta y cinco años vivió en su ciudad natal, gozó en ella de extraordinaria fama de humorista, prestigio que se extendió en seguida por toda Colombia y el resto de la América Hispana.

LITERATURA CONTEMPORÁNEA: EL POSTMODERNISMO

Visión de la naturaleza y el paisaje de América: José Eustasio Rivera

Dentro del realismo poético algunos poetas hallaron su fuente de inspiración en la vida urbana o rural y en la naturaleza o el paisaje. Su visión de estos aspectos reales del medio físico americano es al mismo tiempo sentimental y plástica. La exuberancia y grandeza de la naturaleza tropical de este continente halló su más alto cantor en JOSÉ EUSTASIO RIVERA (1889-1928), abogado, político, poeta y novelista colombiano. Nació en la ciudad tropical de Neiva, capital del Departamento de Huila, al sur de Colombia. En 1906 se trasladó a Bogotá para estudiar durante tres años en la Escuela Normal Superior. Después de un corto e infeliz período de enseñanza en Tolima, volvió a Bogotá para estudiar leyes en la Universidad Nacional, de la cual se graduó en 1917. Dedicó el resto de su vida al servicio del gobierno de su país. Realizó misiones especiales en distintos países (Perú, México, Cuba); ocupó una banca en la Cámara de Diputados (1923-1924) e intervino como delegado de Colombia en las negociaciones sobre la disputa de fronteras con Venezuela. También tuvo a su cargo investigaciones sobre el manejo de fondos públicos en los contratos del petróleo y sobre las condiciones de los trabajadores en las caucheras. Estas misiones oficiales le brindaron una magnífica oportunidad para ponerse en contacto personal y directo con la naturaleza y el paisaje tropicales de Colombia, sobre todo los de la cabeza de la gran cuenca del Amazonas y los llanos y estudiar la topografía, costumbres y tipos humanos de esas regiones. Estas experiencias le dieron material inigualable para sus dos únicos libros: *Tierra de promisión* (1921) y *La vorágine* (1924). Rivera murió en Nueva York a donde había venido con motivo de la reedición de la versión inglesa de su famosa novela.[4]

Inspirado por la grandeza de los trópicos, Rivera se dio a la tarea de representar poéticamente lo que sus ojos habían contemplado. Con ese fin escribió multitud de sonetos que fueron apareciendo en revistas y periódicos de Bogotá, ganando mucha fama en todo el país para su autor. Más tarde publicó *Tierra de promisión*, una colección que sólo contiene cincuenta y cinco de los ciento sesenta y ocho sonetos escritos sobre el tema. Estos sonetos gozan todavía hoy de gran popularidad, porque se consideran como la expresión poética del alma de la nación. Obtuvo la inspiración del contacto personal con ríos, volcanes, torrenteras, cóndores, águilas, regiones, llanos y montañas, sobre todo de la cuenca del Amazonas y los llanos del Tolima. Lo que hace su genio es transformar en imágenes poéticas los espectáculos de la naturaleza contemplados por el poeta. Esta tendencia representa una reacción contra el exotismo modernista, por que hace al poeta volver los ojos a la naturaleza y a la realidad de América, aunque usando las innovaciones métricas y los hallazgos metafóricos enseñados por el modernismo. Son muy visibles las influencias de los parnasianos, sobre todo José María Heredia, así como de José Santos Chocano y Víctor M. Londoño, este último su gran amigo y consejero. Los sonetos son endecasílabos y alejandrinos, con imágenes muy novedosas. Es poesía muy personal, pues la visión

---

[4] La labor novelística de Rivera será analizada en el Capítulo XXVII, págs. 577-578.

del paisaje está vista a través del alma del poeta, con mucho subjetivismo. El poeta tiene temperamento romántico y sabe mezclar también influencias clásicas, parnasianas y simbolistas.

En *Tierra de promisión* se pintan y describen los momentos más dramáticos y los aspectos más interesantes de la naturaleza tropical, comunicándonos siempre su belleza brutal y lujuriante; su fuerza sensual, majestad y grandeza. Rivera muestra gran concentración poética y excelente maestría en el soneto por la ejecución, el derroche de las ideas, el ritmo y las imágenes. Algunos críticos consideran que estos sonetos son superiores a *La vorágine*. Hay una diferencia esencial entre la visión de la naturaleza expresada en estos sonetos y la de *La vorágine*. En los primeros descuella lo poético e idílico de la selva, aunque no faltan los trazos vigorosos; en la segunda, la selva aparece siempre brutal, violenta, bárbara, devoradora del hombre. *Tierra de promisión* nos muestra a Rivera haciendo una selección cuidadosa de los motivos naturales y con profundas preocupaciones formales. Todo contribuye en su pluma a ennoblecer la gallarda y exuberante naturaleza, que es en definitiva uno de los aspectos esenciales de la patria.

BIBLIOGRAFÍA

1 REFERENCIAS GENERALES

(Consúltense las historias de Hispanoamérica relacionadas en la bibliografía del Cap. I y especialmente: Bailey y Nasatir, Fagg, Herring, James, Johnson, Wilgus)

Clark, Gerald, *The Coming Explosion in Latin America*, New York, McKay, 1963.
Crow, *Epic*, Caps. XLVI–LIII.
Hanke, Lewis, *Modern Latin America: Continent in Ferment*, 2 vols., Princeton, Van Nostrand, 1959.
Henríquez Ureña, Pedro, *Literary Currents*, VII y VIII.
——, *Historia de la cultura*, VII y VIII.
Schurz, William L., *This New World: The Civilization of Latin America*, 2da. ed., New York, Dutton, 1963.
Silva Herzog, Jesús, *Breve historia de la Revolución Mexicana*, 2 vols., México, Fondo de Cultura Económica, 1960–1962.
Tannenbaum, Frank, *Ten Keys to Latin America*, New York, Knopf, 1962.
Williams-Bartlett-Miller, *The People and Politics of Latin America*, 4ta. ed., New York, Ginn and Company, 1958.

2 ESTUDIOS GENERALES SOBRE EL POSTMODERNISMO

(Véanse las historias y antologías generales de esta literatura; las historias y antologías nacionales de los autores estudiados y antologías y estudios de conjunto sobre la poesía)

Arrieta, *Historia de la literatura argentina*, IV, 607–665.
Bollo, Sarah, *Literatura uruguaya*, Tomo II.
Corvalán, Octavio, *El postmodernismo*, New York, Las Américas, 1961.
Ghiano, Juan Carlos, *Poesía argentina del siglo XX*, México, Fondo de Cultura Económica, 1957.
Giusti, Roberto F., *Momentos y aspectos de la cultura argentina*, Buenos Aires, Raigal, 1954.

LITERATURA CONTEMPORÁNEA: EL POSTMODERNISMO

Rosenbaum, Sidonia Carmen, *Modern Women Poets of Spanish America*, New York, Hispanic Institute, 1945.
Zum Felde, Alberto, *Proceso intelectual del Uruguay*, 2a. ed., 2 vols., Montevideo, 1944.
——, *La literatura del Uruguay*, Buenos Aires, Imp. de la Universidad, 1940.

3 LA POESÍA POSTMODERNISTA

(Consúltense los estudios de conjunto y las antologías generales y de la poesía en particular)

4 POESÍA FEMENINA

GABRIELA MISTRAL

Textos

Desolación, Santiago, Editora del Pacífico, 1954.
Lagar, Santiago, Ed. del Pacífico, 1954.
Antología, 4ta. ed., Santiago, Zig-Zag, 1955. Prólogo de Ismael Edwards Matte.
Desolación (verso y prosa), New York, Hispanic Institute, 1922.
Tala, Buenos Aires, Losada, 1946 (Col. Contemporánea, 184).
Poesías completas, Madrid, Aguilar, 1958; recopiladas por Margaret Bates y estudio de Julio Saavedra Molina.
Selected Poems of Gabriela Mistral, Bloomington, Indiana, Indiana Univ. Press, 1957; traducidos por Langston Hughes.
Paginas en prosa, 2da. ed., Buenos Aires, Kapetusz, 1965.

Crítica

"Alone", *Gabriela Mistral*, Santiago, Nascimento, 1946.
Arce de Vázquez, Margot, *Gabriela Mistral: persona y poesía*, San Juan, P.R., Ediciones Asomante, 1958.
Diccionario . . . . *Chile*, 133–136.
Hamilton, Carlos D., Raíces bíblicas de la poesía de Gabriela Mistral, México, *Cuadernos Americanos*, CXVIII (1961), 201–210.
Iglesias, Augusto, *Gabriela Mistral y el modernismo en Chile*, Santiago, Ed. Universitaria, 1949.
Rosenbaum, *Modern Women Poets*, 171–203.
Torres-Rioseco, Arturo, *Gabriela Mistral*, Valencia, Editorial Castalia, 1962.

DELMIRA AGUSTINI

Obras

Los cálices vacíos, Montevideo, 1913; con pórtico de Rubén Darío.
Las mejores poesías, Barcelona, Cervantes, 1923.
Obras completas, 2da. ed., Buenos Aires, Losada, 1955; edición y prólogo de Alberto Zum Felde.
Obras completas, 2 vols., Montevideo, M. García, 1924.

Crítica

Alvar, Manuel, *La poesía de Delmira Agustini*, Sevilla, 1958.
Bollo, Sarah, "Delmira Agustini", Montevideo, *Revista Nacional* No. 79 (1944).
Henríquez Ureña, Camila, "Delmira Agustini. Ensayo de interpretación biográfica'," La Habana, *Revista Lyceum*, I, No. 2 (1936).
Machado B. de Benvenuto, Ofelia, *Delmira Agustini*, Montevideo, Ed. Ceibo, 1944.
Taralli, Ricardo Dino, *El amor en la poesía de Delmira Agustini*. Referencias especiales, Santiago del Estero, Argentina, 1966.

ALFONSINA STORNI

Textos

Las mejores poesías, Barcelona, Cervantes, 1923; Prólogo de F. Maristany.
Antología poética, Buenos Aires, Espasa-Calpe, 1938 (Col. Austral, 142).
Antología poética, 2da. ed., Buenos Aires, Losada, 1961 (Col. contemporánea, 103).
Obras poéticas, Buenos Aires, Ramón J. Roggero, 1952.

Crítica

Diccionario . . . . *Argentina*, I, 179-181. Bibliografía amplia.
Orosco, María Teresa, *Alfonsina Storni*, Buenos Aires, Instituto de literatura argentina, Universidad de Buenos Aires, 1940.
Percas, Helena, *La poesía femenina argentina (1810-1950)*, Madrid, Cultura Hispánica, 1958, 75-237.

JUANA DE IBARBOUROU

Textos

Obras completas, Madrid, Aguilar, 1953; editadas por Isella Russell y prólogo de Ventura García Calderón.
Las mejores poesías, Barcelona, Cervantes, 1930; prólogo de Rufino Blanco-Fombona.
Sus majores poemas, Madrid, Ed. América. 1930; prólogo de Rufino Blancho-Fombona.
Sus mejores poemas, Santiago, Nascimento, 1930; edición y prólogo de Humberto Díaz Casanueva.
Poemas, 9a. ed., Buenos Aires, Espasa-Calpe, 1961 (Col. Austral 265).

Crítica

Athaide, Tristán de, "Las tres poetisas del sur", Concepción, Chile, *Atenea*, II, No. 3 (1925).
Bollo, Sarah, *La poetisa Juana de Ibarbourou*, Montevideo, 1936.
———, *Literatura*, II, 27-29.
Miranda, Estela, *Poetisas de Chile y Uruguay*, Santiago, Nascimento, 1937, 195-246.
Rosenbaum, 229-256.

5 Retorno a la sencillez formal y lírica

ENRIQUE BANCHS

Textos

Poemas selectos, México, Cultura, 1921. Edición de Francisco Monterde.
Selecciones en Anderson Imbert y Florit, Caillet-Bois, Hespelt, Onís y otras antolofías.

Crítica

Borges, Jorge Luis, "Enrique Banchs ha cumplido este año sus bodas de plata con el silencio", Buenos Aires, *El Hogar*, diciembre, 1936.
Diccionario . . . . *Argentina*, II, 234-238; con amplia bibliografía.
Mazzei, Ángel, *El modernismo en la argentina: Enrique Banchs*, Buenos Aires, 1950.

LITERATURA CONTEMPORÁNEA: EL POSTMODERNISMO

6 NEORROMANTICISMO

PORFIRIO BARBA JACOB

Textos

Poemas intemporales, Antología, México, Editorial Acuarimántima, 1944. Contiene los poemas de "Canciones y elegías", "Flores negras", "Canción de la vida profunda y otros poemas" y composiciones inéditas, así como "La divina tragedia" y "Claves", del propio poeta.

15 poemas de Porfirio Barba Jacob, Colección Literaria, *Revista Iberoamericana*, V, No. 9 (1942). Selección y estudio de Carlos García-Prada.

Crítica

Arango, Daniel, "Porfirio Barba Jacob", Bogotá, *Revista de las Indias*, febrero 1946, 161–187.

Diccionario . . . . Colombia, 5–7.

García-Prada, Carlos, "Una sombra errante y su canción: Porfirio Barba Jacob", en *Estudios hispanoamericanos*, México, Fondo de Cultura Económica, 1945; 219–225.

LUIS LLORÉNS TORRES

Textos

(Selecciones de sus poemas en Anderson Imbert y Florit; Bazil, Osvaldo, *Parnaso antillano*, Barcelona, Maucci, 1916; Caillet-Bois; Carreras, Carlos, *Antología completa de poetas puertorriqueños*, 3 vols., San Juan, Imp. Puerto Rico Ilustrado, 1922; Labarthe, Pedro Juan, *Antología de poetas contemporáneos de Puerto Rico*, México, Ed. Clásica, 1946; Onís, Federico de, *Antología*; Valbuena Briones, Ángel, y Hernández Aquino, Luis, *Nueva poesía de Puerto Rico*, Madrid, Eds. Cultura Hispánica, 1952.)

Crítica

Alegría, Félix, "Luis Lloréns: bibliografía," New York, *Revista Hispánica Moderna*, XIX (1953), 85–87.

Arce de Vázquez, Margot, *Impresiones: notas puertorriqueñas*, San Juan, Ed. Yaurel, 1950, 81–87.

Marrero, Carmen, "Luis Lloréns Torres: vida y obra", New York, *Revista Hispánica Moderna*, XIX (1953), 1–84.

RICARDO MIRÓ

Textos

Antología poética (1907–1937), Panamá, 1937. Edición homenaje. Prólogo de Rodrigo Miró.

Antología poética, Guatemala, Colección de "Los Clásicos del Istmo", 1951. Selección, estudio y notas de Rodrigo Miró.

Crítica

Diccionario . . . . América Central, II, 268–272. Buen estudio y bibliografía.

Henríquez Ureña, *Breve historia*, 409–410.

Miró, Rodrigo, véanse los prólogos a las antologías citadas.

ANDRÉS ELOY BLANCO

Textos

Poda. Poemas 1921–1928, Madrid, 1934.

Giraluna, México-Caracas, Editorial Yocoima, 1955.

Obras, Buenos Aires, 1960.

LITERATURA CONTEMPORÁNEA: EL POSTMODERNISMO

Crítica

Picón-Salas, Mariano, *Formación y proceso*, 232-235.
Sánchez, *Escritores representativos*, II, 309-317.

7 Realismo poético sentimental e irónico

BALDOMERO FERNÁNDEZ MORENO

Textos

Ciudad, 1915-1949, Buenos Aires, Ediciones de la Municipalidad, 1949; editada por César Fernández Moreno, su hijo.
Antología, 1915-1950, 6ta. ed., Buenos Aires, Espasa-Calpe, 1954 (Col. Austral, 204).

Crítica

Barbieri, Vicente, *Diez poetas argentinos*, Buenos Aires, 1945.
Diccionario . . . . *Argentina*, I, 50-53.
Fernández Moreno, César, *Introducción a Fernández Moreno*, Buenos Aires, Emecé, 1956.

RAFAEL ARÉVALO MARTÍNEZ

Textos

Las rosas de Engaddi y El hombre que parecía un caballo, Guatemala, 1927.
El hombre que parecía un caballo y otros cuentos, San Salvador, El Salvador, Departamento Editorial, Ministerio de Cultura, 1958 (Col. Contemporáneos, 10).
35 poemas, México, *Revista Iberoamericana*, 1944; prólogo de Santiago Argüello.
Obras escogidas; prosa y poesía, Guatemala, Editorial Universitaria, Univ. de San Carlos, 1959.
Cuentos y poesías, Madrid, Ediciones Iberoamericanas, 1961 (Bibl. de Autores Hispanoamericanos, III). Introducción, selecciones y notas de Carlos García-Prada.

Crítica

Diccionario . . . . *América Central*, I, 87-89 con amplia bibliografía.
Englekirk, John E., *Poe in Hispanic Literature*, New York, Instituto de las Españas, 1934.
Onís, Federico de, "Resurrección de Arévalo Martínez", *Revista de estudios hispánicos*, I (1928), 290-295.
Torres-Rioseco, Arturo, *Grandes novelistas*, II, 3-18.

8 Realismo poético: dimensión satírica e irónica

LUIS CARLOS LÓPEZ

Textos

De mi villorrio, Madrid, 1908. Prólogo de Manuel Cervera.
42 poemas de Luis Carlos López, México, *Revista Iberoamericana*, VI, No. 2 (1942), 207-258. Selección y prólogo de Carlos García-Prada.
Selecciones de sus poemas en: Anderson Imbert y Florit; Caillet-Bois; García-Prada, *Antología de líricos colombianos*, 2 vols., Bogotá, Imp. Nacional, 1936, II, 181-197; Hespelt, Onís y otros.

LITERATURA CONTEMPORÁNEA: EL POSTMODERNISMO

Crítica

Diccionario . . . . *Colombia*, 62–64.

García Prada, "Zurce que zurce líricos chismes: Luis C. López" en *Estudios hispanoamericanos*.

Henríquez Ureña, *Breve historia*, 324–325.

Llorente Arroyo, A., "Luis Carlos López", *Hispania*, VII (1924), 377–386.

Schade, George D., "La sátira y las imágenes en la poesía de Luis Carlos López", *Revista Iberoamericana*, 43 (1957), 109–132.

9 REALISMO POÉTICO: VISIÓN DE LA NATURALEZA Y EL PAISAJE DE AMÉRICA

JOSÉ EUSTASIO RIVERA

Textos

Tierra de promisión, 5ta. ed., Bogotá, Camacho Roldán, 1933.

Selecciones en: Anderson Imbert y Florit; Caillet-Bois; García-Prada, *Antología;* Hespelt; Onís y otros.

Crítica

Charria Tobar, Ricardo, *José Eustasio Rivera en la intimidad*, Bogotá, Ediciones Tercer Mundo, 1963.

Diccionario . . . . *Colombia*, 97–100.

Neale-Silva, Eduardo, *Horizonte humano: Vida de José Eustasio Rivera*, Madison, Univ. of Wisconsin Press, 1960.

——, *Estudios sobre José Eustasio Rivera: I. El arte poético*, New York, Hispanic Institute, 1951.

25 El ultraísmo o escuelas de vanguardia

La Europa de entreguerras: ambiente espiritual
Principales movimientos estéticos

Ninguna época histórica ha producido cambios tan sustanciales para la humanidad como el siglo XX, donde se enmarcan las últimas corrientes literarias. Entre 1914 y 1918 se produce la primera conflagración mundial, con un efecto directo y profundo en la mente, el espíritu y la conciencia del hombre. El conflicto resultó el último de una serie de hechos en cadena y el estallido final de la crisis cultural de Occidente, que tiene repercusiones indelebles en la política, la economía, la filosofía, las ciencias, las ideologías, el arte y la literatura en general. Las generaciones de la pre-guerra habían conocido un mundo relativamente estable, con su repertorio de valores sociales y morales. Pero con la guerra los cimientos de ese universo espiritual, material y moral se vinieron al suelo con gran estruendo. No fue un conflicto militar o político simplemente, sino en todos los órdenes de la vida. Los efectos más trascendentes fueron:

a) La pérdida de unidad, estabilidad y de orientación, tanto en el orden espiritual y moral como en la estética y la ideología

b) Quiebra de la fe en las instituciones sociales y morales y en los valores tradicionales

c) Búsqueda afanosa de una salida en todos los órdenes a la problemática que esta situación planteaba al hombre

A la caída de las principales instituciones sociales y de los valores de toda índole en que se basaba la sociedad burguesa de fines del siglo XIX y principios del nuestro, se tiene conciencia de que es necesario ir a la renovación en todos los aspectos de la vida, ya que las fórmulas establecidas se han mostrado incapaces de impedir el desastre y no responden a la nueva sociedad surgida, donde la máquina, la tecnología, la ciencia y los grandes consorcios financieros capaces de sustentarlas producen el incomparable dinamismo material del siglo XX. A las consecuencias de toda índole del conflicto mundial hay que añadir el influjo de la Revolución Rusa (1917) con la implantación de un régimen diametralmente opuesto a los conocidos hasta entonces, iniciador de la más seria división ideológica que ha conocido el mundo y que llegará a su punto más alto después de 1945. Frente a la burguesía se organizan los trabajadores, intelectuales y demás elementos populares en busca de mayor participación en el poder y la riqueza. Comienza una recíproca acción entre las nuevas ideologías y los intelectuales y artistas: aquéllas luchan por atraérselos y muchos de éstos caen en su órbita. Como si todo esto fuera poco, la post-guerra vio la toma del poder por regímenes totalitarios que eran una negación de los valores tradicionales de libertad y respeto a la persona humana. Hacia 1922 el Fascismo tomaba el poder en Italia y alrededor de 1933, Hitler y el Nazismo iniciaban la marcha hacia el dominio de Alemania. Nunca antes había estado el mundo tan dividido.

Como ha sucedido siempre en momentos de crisis, el hombre trata ahora de encontrar una "salida", mediante el ensayo de nuevos sistemas, a fin de superar la problemática, en nombre de su propia supervivencia y de su mundo espiritual. Europa se escinde en dos bandos opuestos: los que no quieren cambios y aquéllos que se inquietan y luchan a fin de hallar nuevas fórmulas. Por la acción de éstos, Europa se convierte en un hervidero de teorías y doctrinas de carácter subversivo que nacen, viven y generalmente mueren con pasmosa rapidez, en los campos de la filosofía, las ciencias, la sicología y la política. Esta lucha crea un medio que da la impresión de inseguridad en que nadie realmente sabe a qué atenerse como diría Karl Jaspers. Este cambio radical que está viviendo la vida total llega también al arte y la literatura. Al igual que hacen otros sectores, el artista y el escritor salen en busca de un arte nuevo. Debido al influjo de las ideologías de izquierda, el arte se ensaya ahora en una gran medida, como medio de ridiculizar en unos casos y de combatir en otros, la vieja y la nueva burguesía y de encontrar nuevos caminos. El ideal es el logro de una renovación total del arte, incluyendo la literatura, y el rompimiento violento de todo nexo con el pasado. Esta revolución renovadora que está teniendo lugar en el arte es producto de la crisis total y no puede interpretarse como un mero anhelo del artista de buscar más libertad en el proceso de creación, aunque éste es uno de los objetivos.

Un mundo dividido no podía producir sino la fragmentación del arte en múltiples corrientes que se oponen, marchan paralelas o se cruzan y entrecruzan entre sí. Nunca antes se había visto tal fragmentación de las tendencias artísticas. Como la libertad y la autonomía de cada uno es el ideal, surge un individualismo estilístico que a veces hace imposible todo intento de clasificación. Cada artista o escritor tiene la obsesión de ensayar su propio camino en busca de la mayor originalidad. Se vive un verdadero frenesí del individualismo estilístico. En el arte surgen entonces los llamados "ismos": *futurismo, cubismo, dadaísmo, creacionismo, superrealismo*. El *cubismo* es anterior a la Primera Guerra Mundial, pero su cultivo continuará hasta nuestros días. Se desarrolló en París, sobre todo por Braque y Cézanne; Gris y Léger. Los autores toman ahora inspiración de éstos, así como de Picasso, Derain y otros cuyas obras representan espacios en formas intelectuales y geométricas. Es una forma temprana del arte abstracto que cultiva la ruptura de las formas en planos angulares, con planos superpuestos y vueltos a arreglar. En 1909 el poeta italiano Filippo Tomasso Marinetti deja inaugurado oficialmente el *futurismo* al publicar en París su "Manifeste du futurisme" en el que aboga por la destrucción de las formas artísticas del pasado, tanto por viejas como por burguesas y postula la mirada hacia las formas del futuro como única salvación. Es un movimiento encaminado a glorificar el dinamismo del siglo XX, la edad de la máquina, junto con la guerra y el peligro. También defendía la más absoluta libertad, independencia y autonomía para el artista y la forma literaria. El movimiento tuvo mucha influencia en el ardor revolucionario de muchos jóvenes. Posteriormente Marinetti se convirtió en uno de los primeros abogados y sostenedores del naciente fascismo.

De Zurich vino en 1916 el "dadaísmo" o "movimiento de dada", cuyo vocero era el escritor romano de habla francesa, Tristán Tzara. El dadaísmo—cuyo nombre viene de la imitación del habla de los niños, "da, da"—practica un arte de escribir nihilista, incoherente y busca la burla y el escarnio de la civilización y de la cultura con prosa y versos infantiles y aparentemente sin sentido. Es un movimiento internacional (1916-1921) entre artistas y escritores europeos que postula una doctrina de arte sin formas, ataca todas las formas convencionales de estética y conducta, estimulando así el superrealismo y otros movimientos radicales. También la América Hispana hizo una notable contribución a esos movimientos de vanguardia con el "creacionismo", iniciado por el chileno Vicente Huidobro, quien postula que en vez de imitar a la naturaleza, el poeta debe seguir el mismo proceso de ella y "crear" poemas como aquélla crea árboles. El francés Pierre Reverdy le discute a Huidobro la paternidad del movimiento, aunque todo hace indicar que si bien ambos influyeron en el movimiento, lo cierto es que el chileno lo comenzó mucho antes en forma sistemática.

Entre los partidarios de Tzara estaba el francés André Bretón (1896), que sería posteriormente uno de los fundadores del "superrealismo" o "surrealismo", posiblemente el más importante e influyente dentro de estos movimientos vanguardistas subversivos. Bretón, que era sicólogo y luego se distinguió como poeta y crítico, rompió con el dadaísmo y fundó la nueva escuela, cuya doctrina expuso en su *Manifeste du Surréalisme* (1924). El movimiento se proponía explorar el subconsciente, con influjo del dadaísmo y de las doctrinas de Freud. La forma de escribir del artista debe ser "automática" y expresar por tanto, no lo exterior sino el funcionamiento de la mente. Los sueños, alucinaciones, fantasías, impresiones y en general el fluir espontáneo de la conciencia deben ser grabados sin arreglo lógico o planeado. La fantasía y las asociaciones de ideas automáticas, ilógicas e incontroladas de la mente representan una realidad más alta que la realidad misma de la vida, deliberadamente manipulada en la práctica y objeto de la literatura ordinaria. De esa buscada "superrealidad" surge el nombre de la escuela. Cultiva la libre asociación de ideas y el llamado "automatismo síquico", ya explicado. De aquí su deleite por lo ilógico, lo inexplicable y lo que a simple vista parece disparate, sin conexión lógica posible. La literatura intenta ahora penetrar en lo más hondo de la conciencia del hombre y expresar los impulsos irracionales, cosa que no había hecho nunca antes. Como movimiento concertado, el superrealismo se dividió al comienzo de la Segunda Guerra Mundial, fundamentalmente como resultado de las diferencias políticas de sus miembros.

Aunque estos "ismos" no han producido obras maestras por sí mismos en la literatura, han ejercido una profunda influencia en buena parte del pensamiento, la pintura y las obras literarias contemporáneas. Esta aventura en busca de nuevos rumbos para el arte produjo mucha algarabía, locuras, disparates, escándalos y a veces verdadera "apoteosis del absurdo". Hubo fuerte crítica y hasta burla y chacota para los movimientos anteriores, como los parnasianos y modernistas. Las aguas estaban encrespadas y cuando se aquietaron por la acción del tiempo, quedaron solamente dos cosas: algunos autores realmente "mayores", junto a muchas figuras sin valor internacional; así como la influencia directa en todos los géneros de la literatura posterior de la obra renovadora intentada por aquellos movimientos. El arte actual es en gran medida un producto de los nuevos caminos ensayados entonces. Los artistas o escritores de verdadero genio han creado obras maestras y los carentes de él, muchos disparates.

El ultraísmo y la poesía nueva en España

Aunque los países hispánicos—España e Hispanoamérica—permanecen al margen de la Primera Guerra Mundial, participan plenamente de la crisis cultural de Occidente y se incorporan decididamente al movimiento de renovación estética en marcha. A través de la imitación de los movimientos antes señalados y de aportes propios—como son la revalorización de la poesía popular del romancero y de Góngora—se incorpora la literatura española a lo que está sucediendo en el resto del mundo. De los "ismos" que hemos señalado los que más directamente llegan a España son el "creacionismo" y el "superrealismo". Este movimiento de renovación produjo en España el llamado *ultraísmo*. Comenzó el movimiento con la publicación en enero de 1919 de un "Manifiesto" firmado por un pequeño número de literatos prácticamente desconocidos con la excepción de Rafael Cansinos Assens, crítico y novelista que procedía del modernismo. A este grupo pertenecieron Guillermo de Torre, Juan Larrea, Gerardo Diego y el argentino Jorge Luis Borges. El ultraísmo no quería quedarse en la sonoridad hueca a que habían llegado algunos modernistas, sino llevar la renovación estética iniciada hasta sus últimas consecuencias. De aquí su anhelo de "ir más allá", que da nombre a la tendencia. Postulaban fundamentalmente: romper con el pasado; estrechar relaciones con el vanguardismo europeo, sobre todo el "dadaísmo"; liquidar los elementos ornamentales, oropeles, musicalidad y alardes sonoros de los seguidores de Darío; reducir el poema a su elemento básico, la metáfora; creación de un arte inédito, es decir original y nuevo. Querían ponerse a tono con el siglo XX. El movimiento duró más o menos de 1919 a 1923 habiendo hecho mucho ruido en numerosas revistas y polémicas, pero pocas producciones de mérito. Pero hay que señalar que

EL ULTRAÍSMO O ESCUELAS DE VANGUARDIA

el ultraísmo fue un elemento esencial en la revolución estética que se produce en este tiempo. De todos estos movimientos el más importante y el que más frutos dejó fue el "superrealismo". Al final lo que permaneció fue la renovación estética producida, con elementos de casi todos los "ismos" señalados, en vez del triunfo total de uno en particular, fenómeno que también ocurrió en Francia e Hispanoamérica.

Algunas características generales del vanguardismo

Hacia 1918 se inició el vanguardismo simultáneamente en España e Hispanoamérica, aunque siguiendo cada uno su propia orientación y desarrollo. Como en otras ocasiones, las influencias europeas (francesas, italianas) y españolas son predominantes, pero ahora se combinan también con el influjo de los "imaginistas", luego llamado el "vorticismo", escuela poética anglosajona, que pone énfasis en la concentración, imágenes duras y claras y nuevos ritmos, así como el uso de la lengua común.[1] También fueron estudiados e influyeron Supervielle, de origen uruguayo, Rainer María Rilke, Whitman, T. S. Elliot y otros muchos. El influjo de los españoles es también muy importante, sobre todo de García Lorca, Aleixandre, Alberti y en la poesía nueva Guillén y Pedro Salinas. El nuevo barroquismo—como se le ha llamado por sus coincidencias estilísticas con el barroco[2]—representó el ansia en la búsqueda de una nueva y más original expresión literaria. En este sentido no sólo representó una evolución del romanticismo, tanto en el aspecto artístico como político, sino la culminación de la renovación estética iniciada por el modernismo en el último cuarto del siglo XIX. Durante esta época son múltiples las líneas, tendencias y orientaciones de los estilos. Quizás lo único que une a tanto elemento disperso es precisamente el anhelo de ser diferente y distinto de todos los demás. Ninguno de los "ismos" mencionados, salvo quizás el superrealismo, ha dejado por sí solo obras imperecederas, pero la renovación estética producida, sobre todo en la poesía lírica y la influencia ejercida sobre la prosa a través de un lenguaje más estilizado y más rico metafóricamente, ha tenido directo influjo en todos los demás géneros literarios. La profunda renovación ha producido un verdadero renacimiento literario en todos los órdenes, tanto en Europa y España como en Hispanoamérica.

Las características de las escuelas de vanguardia, consideradas como un producto de elementos tomados de todos estos "ismos", sobre todo del más importante, el superrealismo, podrían resumirse así:

1. Un espíritu de amplia libertad para el artista y de rebelión contra las normas establecidas del arte. Anhelo de romper con el pasado y de crear un arte nuevo, sin sujeción a normas artísticas, morales e ideológicas.

---

[1] Este movimiento fue fundado por Ezra Pound (1885) y tuvo seguidores en seguida en Amy Lowell, Richard Aldington, Hilda Doolittle y John Gould Fletcher. Sus obras han sido muy polémicas.
[2] Véase Cap. IV de esta obra.

2. Ferviente culto a la metáfora y las imágenes más audaces, novedosas y originales. La metáfora es el símbolo y la llave para la expresión literaria (tanto en prosa como en verso, aunque más en éste). Cuando se cultiva el superrealismo la poesía se hace hermética e ininteligible en el sentido de que su interpretación no puede hacerse de acuerdo con los usuales puntos de comparación de las imágenes tradicionales, sino de acuerdo con las "claves" especiales de cada autor. Se presta a múltiples interpretaciones. Muchos autores no tienen claves fijas como es el caso de Pablo Neruda en su poesía superrealista.

3. Tendencia al logro de una originalidad absoluta. Se llegaron a escribir poemas en que se imitaba el sonido del vuelo de una mosca y se usaron juegos de palabras y fonemas de sonido semejante. En América, el cubano Mariano Brull creó las "jitanjáforas", luego muy usadas en la poesía negra. Federico García Lorca y hasta Juan Ramón Jiménez usaron semejantes procedimientos en algunas composiciones.

4. Muestra, por lo general, una asociación del artista con los extremismos políticos (en el pasado con el fascismo y actualmente con el marxismo, el materialismo, el comunismo y otras tendencias).

5. Cierta afición intelectualista, pues el arte no es para mayorías sino para minorías capaces de interpretarlo.

6. Libre y variada asociación de imágenes; sintaxis elíptica y contorsionada; amplio cultivo del verso libre y de la rima interna; polimetría y libertad en las combinaciones estróficas.

7. Expresa la tensión y angustia metafísica del hombre, creada por la lucha entre su mundo intelectual o anímico y el mundo que lo rodea. De aquí cierto grado de escepticismo, derrotismo, subjetivismo y pesimismo. Muchas veces el artista quiere ocultar su intimidad en los críptico de la expresión.

8. Abunda la poesía social y de defensa del débil, de denuncia de la injusticia. Orientación nacionalista y anti-imperialista en muchos autores. La poesía se carga a veces de un intenso tono militante, de contenido ideológico basado casi siempre en las doctrinas más radicales. Los hay también religiosas y espirituales, especialmente católicas.

9. Da la impresión de ser una poesía sin sentido, pero cuando se le sabe interpretar se comprueba su mensaje y contenido poético. Vistas con los ojos tradicionales muchas de las metáforas parecen anárquicas, ilógicas e inspiradas por el absurdo. Algunas dan la impresión de que estamos asistiendo a la desintegración del mundo consciente y lógico.

10. Borges ha dicho que este arte "tiende a la transmutación de la realidad palpable del mundo en una realidad interior y emocional".

11. La literatura quiere apresar las fuerzas instintivas, oscuras y más espontáneas del subconsciente del hombre. De aquí que la poesía parezca muchas veces irracional, "deshumanizada" y llena de incoherencia y simbolismo. Es poesía para ser interpretada, para obtener goce estético.

EL ULTRAÍSMO O ESCUELAS DE VANGUARDIA

Recepción en nuestras letras: influjo en la literatura posterior

Las nuevas corrientes estéticas se inician en la América Hispana cuando las consecuencias políticas, económicas y espirituales de la Primera Guerra Mundial se están dejando sentir sobre estos pueblos. Asimismo se intensifica la influencia de nuevas ideologías políticas y sociales como el comunismo, el socialismo, el fascismo y hasta del nazismo, debido respectivamente, a la Revolución Rusa (1917), la toma del poder por el fascismo en Italia (1922), y más tarde del nazismo en Alemania (1933). Nuestros países son campo fértil para los trasplantes ideológicos y estéticos por la situación interna de la mayoría de ellos: dictaduras militares; poderío de las oligarquías; corrupción administrativa y social; mal reparto de la riqueza. A todo esto se unen los efectos de la grave crisis económica de 1929 provocada por el conflicto mundial.

La lucha incesante de los sectores sociales más activos—trabajadores, estudiantes e intelectuales—ha producido una más amplia y efectiva participación del pueblo en la marcha de cada país. El movimiento obrero se hace cada vez más fuerte y lucha para arrancar conquistas sociales a los regímenes capitalistas y burgueses establecidos. Una mayor madurez de la conciencia nacional está teniendo lugar en cada país y cada vez son más numerosos los grupos que plantean nuevos rumbos en la política y una participación más decisiva de las masas en la dirección política y en la riqueza nacional. De aquí la coincidencia tan estrecha que existe entre los que luchan por la moderna sensibilidad estética y aquéllos que pelean por cambios políticos, económicos y sociales sustanciales.

Este cuadro se completa señalando la acentuación de la intervención financiera e indirectamente política del capitalismo internacional y de países como los Estados Unidos, los cuales quieren conservar su influencia sobre estos pueblos. Por eso los objetivos principales de los nuevos "rebeldes" se orienta hacia la democratización efectiva interna, el adecentamiento y modernización de la vida pública y la eliminación de la influencia extranjera. Las nuevas modas literarias y el espíritu revolucionario y de cambios que prevalecen en Europa se adoptan en nuestro medio con el doble objetivo de incorporarnos a la modernidad que se persigue y para estimular los cambios sustanciales necesarios en el campo político y social. Las primeras noticias de la revolución estética europea comienzan a llegar a nuestro continente cuando el modernismo, ya en sus últimos estertores, ha entrado en una etapa de oropeles sonoros y poco contenido poético. Ya hemos visto que los escritores se dividen en dos bandos: los que quieren liquidar aquel movimiento a través de una vuelta a formas más sencillas y clásicas (postmodernistas) y el grupo que pretende continuar la renovación iniciada por el modernismo hasta sus últimas consecuencias (vanguardistas). En este sentido, el vanguardismo puede ser considerado como el cierre o culminación del modernismo como revolución literaria.

Hispanoamérica participa activamente en este proceso revolucionario de renovación estética, pues, inclusive dos de sus escritores están en Europa por esa época y participan activamente en los movimientos de vanguardia: el chileno Vicente Huidobro y el argentino Jorge Luis Borges. No queda apenas ningún país que no cuente con escritores que han presenciado y bebido en la misma fuente, las linfas de las nuevas corrientes literarias. Éstas se extienden rápidamente por todos los países. Aquí no florecen los distintos movimientos aisladamente, sino que son el resultado de una simbiosis de elementos de casi todos ellos y de éstos con elementos propios. El superrealismo es el único que tiene cierto cultivo independiente a más de influir en todos los autores. Hay expresiones del "dadaísmo" en el *Trilce* de César Vallejo y Mariano Brull crea una modalidad propia de este continente que Alfonso Reyes bautiza con el nombre de "jitanjáforas". Lo que queda en general es la renovación total producida con algo de cada "ismo", en las formas poéticas, sobre todo.

Pocos movimientos han producido profusión tan grande de polémicas, revistas y periódicos como éstos. Las revistas son el más adecuado reflejo de la vida literaria. *Prisma* (1921-1922), *Proa* (1924-1925), y *Martín Fierro* (1924-1927) son las pioneras de la nueva sensibilidad en Argentina; en el Perú, *Amauta* (1926-1930), que se convierte también en vocero del nuevo idealismo político. Los mexicanos no se quedan atrás: la revista *Contemporáneos* (1928-1931) dará su nombre a la generación de la rebeldía de ese país, mientras que la *Revista de avance* (1927-1930) agrupa a los rebeldes cubanos. De trayectoria y proyecciones similares serán *Viernes* (1937-1941) de Venezuela y *Los nuevos* (1920) y *Alfar* (?-1954) en Uruguay. Bajo el signo de la revolución vanguardista nuestra literatura no sólo se universaliza más, sino que vive también un amplio renacimiento. Expresa no simplemente la angustia del escritor y su preocupación ante nuestros problemas sociales. Muy a menudo expresa el despertar de la conciencia política y social y la lucha de estos pueblos para resolver su honda problemática.

El influjo de este movimiento en la literatura posterior es innegable. No se hubiera podido llegar a las formas de la literatura actual, sin pasar por este instante renovador. No puede hablarse de que hubiera una novelística, dramática o ensayística propiamente vanguardista entre nosotros, porque las orientaciones especiales de ese movimiento hacia planos anti-realistas, hizo muy difícil la producción de obras de méritos en esos géneros. Pero no cabe la menor duda de la gran influencia de esa escuela en el vocabulario, técnicas, temas, ejecución y expresión de esos géneros, como puede verse en los autores que escribían simultáneamente al auge del vanguardismo o con posterioridad. En muchos autores se notan marcadas influencias o huellas de ese movimiento. Por efecto de la persistencia de lo regional, inclusive en la actualidad, hay autores que siguen la prosa tradicional, sin que notemos en ella apenas influencias del vanguardismo, ni de las últimas corrientes. Pero éstos son realmente los menos. Toda nuestra prosa—en la novela, el ensayo y el teatro—ha quedado intensamente influída por una belleza estilística, riqueza de imágenes y frases que no tenía antes.

EL ULTRAÍSMO O ESCUELAS DE VANGUARDIA

Períodos o etapas del vanguardismo
Posible clasificación de los autores

En el movimiento se notan tres instantes perfectamente delimitados en el tiempo:
1. Momento transicional del modernismo a las nuevas formas
2. Apogeo de la nueva estética con los autores más caracterizados y de obra más duradera
3. Etapa de disolución o liquidación en la que la poesía evoluciona hacia formas todavía más modernas. La poesía toma ahora dos tendencias o rumbos bien definidos, en proceso semejante a lo que ocurre en España: a) Unos autores cultivan la llamada *"nueva poesía"* (sobre todo la *"poesía pura"*), como medio de superar el vanguardismo; b) Otros se orientan hacia la *poesía popular* o *criollismo poético* (poesía negra).

Suelen clasificarse los vanguardistas en tres categorías, de acuerdo con el grado de rebeldía o hermetismo de su poesía: los *más radicales*: Vicente Huidobro, Jorge Luis Borges, César Vallejo, Pablo Neruda, Ricardo E. Molinari, Emilio Adolfo Westphalen, Herib Campos Cervera. *Menos radicales:* Jorge Carrera Andrade, el grupo mexicano (Pellicer, Torres Bodet, Gorostiza, Villaurrutia), Emilio Ballagas y los argentinos Eduardo González Lanuza, Carlos Mastronardi, Leopoldo Marechal, y Jorge Rojas. Al grupo de *tendencia social* pertenecen Neruda, Vallejo, Guillén, Palés Matos, Manuel del Cabral, Herib Campos Cervera. Debe significarse que muchos de estos poetas que se iniciaron en el ultraísmo o en cualquiera de las tendencias de vanguardia (superrealismo, etc.) se han inclinado lentamente hacia otras formas, bien por la evolución de la poesía en general, bien hacia estilos muy personales en que se sienten más cómodos de acuerdo con su sensibilidad. Además, hay persistencia de las tendencias de vanguardia hasta nuestros días, aunque históricamente el movimiento se liquidó hacia 1932.

Transición del modernismo al vanguardismo
Ramón López Velarde, José Manuel Poveda, Mariano Brull, José María Eguren

Constituyen este grupo aquellos autores que habiéndose iniciado en el modernismo, superan su estética hacia formas más radicales. Más de veinte poetas hispanoamericanos podrían incluirse en este momento, cuya importancia en el triunfo del movimiento es obvia, dado que prepararon el camino de la futura generación. Vamos a estudiar algunos de los más representativos y de obra perdurable.

Ramón López Velarde. La transición del modernismo al vanguardismo la inicia en México RAMÓN LÓPEZ VELARDE (1888–1921), nacido en Jérez (hoy García), estado de Zacatecas. De 1902 a 1907 hizo estudios en Aguascalientes para trasladarse más tarde a San Luis Potosí, donde se graduó de Doctor en Leyes. Practicó brevemente la carrera judicial y en 1912 marchó a la capital donde transcurrió casi toda su vida. Enseñó literatura en la Escuela Nacional Preparatoria y en la Escuela de Altos Estudios. Trabajó como periodista y ocupó varias posiciones oficiales inferiores. Su primer libro de versos es *La sangre devota* (1916) en el que lo original no es el tema regional o provinciano—ya cantado por tantos otros—sino las innumerables imágenes y metáforas nuevas, que dan hasta la impresión del color y el olor. Escenas ordinarias y de todos los días están captadas en metáforas de gran novedad. Hay asimismo una nota melancólica y emotiva en la evocación de la tierra, cantada en un ritmo interior de extraña dureza. En "Mi prima Águeda" nos dice:

> Mi madrina invitaba a mi prima Águeda
> a que pasara el día con nosotros,
> y mi prima llegaba
> con *un contradictorio*
> *prestigio de almidón* y de temible
> luto ceremonioso.

No obstante, esta poesía es todavía objetiva por el uso de motivos externos. En su libro *Zozobra* (1919), publicado tres años después, asistimos a una casi total transformación del poeta. Ahora lo real se descompone en símbolos y estamos frente a un bardo de hondo subjetivismo. Lo que expresa son sus estados anímicos, pero los rodea de una ambigüedad mediante el uso de detalles, a veces insignificantes y de aparentes disonancias rítmicas que desorientan por completo al no acostumbrado a la lectura de este tipo de verso. Aun para expresar lo sensual se renueva el lenguaje ampliamente. En 1921 apareció en la revista *El maestro,* su poema más divulgado, "La suave patria", de obligada inclusión en cualquier antología de la poesía lírica mexicana. La tierra nativa está evocada en este poema con hondo patriotismo y sentimiento nacionalista, pero huyendo del retoricismo y de las antiguas formas tan al uso en este tipo de composiciones. Su característica es la novedad del enfoque, del ritmo y estructura, de las imágenes. El poeta va en busca de lo cotidiano y diario para demostrarnos cómo un verdadero cantor puede apresarlo con medios que se salen de lo común por las palabras, el lenguaje poético, la emoción y las metáforas. Pocos versos civiles hay en México que se puedan comparar con éste. De este poema al próximo libro, *El son del corazón* (1932) va un largo trecho y su rompimiento con la tradición es evidente. Estamos frente al poeta más original de México en muchos años, que acalla las últimas voces modernistas y orienta a los jóvenes hacia nuevas formas líricas. Por ese motivo, pocos, poetas superan a López Velarde en la influencia ejercida en una joven generación literaria.

También dejó López Velarde una rica y valiosa prosa, que a veces alcanza el lirismo y ritmo del verso: "El minutero" (1923); los ensayos "El don de febrero" (1952); "Prosas políticas" (1953) y un libro lleno de gran variedad de asuntos, *Poesías, cartas y documentos* (1952). Releyendo sus poemas vemos que sus temas fueron: el dolor, la región, la patria, el amor, el catolicismo. Esos temas que parecen comunes están vistos por un poeta de gran complejidad espiritual, de manera que lo nuevo no son los asuntos, sino los ojos con que están vistos y las imágenes. Estas no tienen la suavidad de las corrientes, sino que a veces son rudas y parecen antipoéticas, de ritmo severo y duro, pero expresivas del alma del poeta en un movimiento subjetivo que ahoga lo objetivo.

Otras veces López Velarde alcanza un hondo lirismo expresado en forma nueva en la América Hispana, como en el poema "Mi corazón se amerita". Algo sobre lo que se ha insistido bastante poco es en la religiosidad de López Velarde en la que se descubre cierta base de sensualismo, que aparece también en los grandes místicos españoles. Otro aspecto es el lenguaje de este gran poeta. Quiso huir de los caminos ya andados y, sin caer en extravagancias, nos dejó modos expresivos nuevos y originales. Pero fue más allá: quería una renovación integral de la poesía mexicana. Conocía el modernismo y sabía que ese movimiento ya no daba más de sí, a pesar de su profunda veneración por Leopoldo Lugones, aunque tengamos en cuenta que el propio argentino presenta multitud de poesías en las que se aparta del esteticismo modernista. En el mejor libro de López Velarde—*Zozobra*—afloran sus preocupaciones carnales y no se sabe que admirar más, si aquellos versos en que canta la imposibilidad de lograr el contacto espiritual con la amada o aquéllos expresivos de la aproximación física. Lo acercan al vanguardismo el culteranismo de la expresión, la búsqueda audaz de formas nuevas y diversas para lograr su propio lenguaje poético. Algunos que vinieron después lo superaron en calidad artística, pero él desempeñó un papel único en la orientación de la poesía mexicana por nuevos derroteros. Por muchos años se le tuvo casi olvidado, pero hoy asistimos a su redescubrimiento por la crítica.

José Manuel Poveda. En la transición del modernismo al ultraísmo hay que situar a JOSÉ MANUEL POVEDA (1888–1926), una de las figuras más sobresalientes en la renovación de la lírica cubana en el primer cuarto del siglo XX. Natural de Santiago de Cuba, se trasladó a La Habana donde combinó el ejercicio del periodismo con sus estudios de derecho. Obtenido el correspondiente doctorado, ejerció como juez municipal en Manzanillo, provincia de Oriente, hasta que un síncope cardíaco tronchó su corta vida. La vocación fundamental de su existencia fue la literatura.

Debido a sus muchas lecturas son varias las influencias discernibles en Poveda, desde Darío y Casal hasta Silva, Valencia, Lugones y Herrera y Reissig, aunque las más importantes fueron las del simbolismo francés: Baudelaire, Henri de Régnier (a quien tradujo), y la de los más nuevos, Jules Laforgue, y Gustave Kahn. Poveda publicó un solo libro de poesías, *Versos precursores* (1917), selección de poemas ya leídos en periódicos y revistas. Con ellos ganó un puesto muy destacado en la poesía cubana de ese momento. También escribió crónicas, ensayos y muchas traducciones de poesías, y posiblemente una novela. Culpando a su obra literaria de su temprana muerte, su viuda presa de la desesperación, quemó muchos de los valiosos manuscritos de Poveda entre ellos traducciones de versos de Régnier y los originales de una novela. Sin embargo, en 1948 se publicó su obra en prosa, *Proemios de cenáculo*.

Su poesía huye de lo tradicional y expresa un fuerte individualismo. No cultivó la poesía social o política. Su poesía se basa tanto en la realidad tangible como en mundos raros creados por su sensibilidad. En ella aparece superada la etapa modernista y en los ritmos y concepción de la poesía hay como un anuncio del vanguardismo. Sus versos muestran en hondura lo que les falta en flexibilidad, pues sus ritmos son a veces duros, aunque siempre bien logrados. Parece que la muerte interrumpió sus planes para incursiones en una poesía "De mañana", más avanzada y radical.

Mariano Brull y Caballero. Uno de los centros más activos de este espíritu de renovación, tanto nacional como artística, fue La Habana, donde un grupo de poetas y escritores no cejaban en sus ensayos hasta encontrar una expresión propia y original. Su órgano de opinión, *La Revista de Avance* (1927-1930) lleva las inquietudes del grupo formado por Jorge Mañach (1898-1961), Francisco Ichaso (1900-1964), Juan Marinello (1898), Alejo Carpentier (1904) y otros. Vamos a detenernos en el poeta MARIANO BRULL Y CABALLERO (1891-1956), el más representativo de los nuevos ideales estéticos dentro del grupo amante de la poesía nueva en Cuba. Como miembro del cuerpo diplomático de Cuba viajó extensamente por Estados Unidos, América Latina y Europa residiendo por largas temporadas en Washington, Lima y en los últimos años en Bruselas y París. En Madrid publicó en 1916 su primer libro de versos con prólogo de don Pedro Henríquez Ureña, *La casa del silencio,* de franca afiliación postmodernista, con visible influencia de González Martínez. Más tarde sigue las huellas de Juan Ramón Jiménez, en un ensayo de poesía "decantada" y pura. Pero en 1928 publicó en París sus *Poemas en menguante* ya francamente vanguardistas. En el libro se nota el efecto de la revalorización de Góngora por la generación española de 1927. En aquel libro apareció el poema "Verdehalago", primicia de las "jitanjáforas", que se entretienen en el juego fonético y muy usadas en la poesía negra:

"Por el verde, verde / verdería de verde mar / Rr con Rr.........."

También escribió Brull aquello de: "Filiflama alabe cundre / ala olalúnea alífera / alveoles jitanjáfora / iris salumba salícera", de donde Alfonso Reyes sacaría la palabra "jitanjáfora" para designar esas combinaciones fonéticas a las que tan dados fueron algunos vanguardistas, siguiendo la influencia de los juegos infantiles del "dadaísmo". Poetas tan altos como Juan Ramón Jiménez y Federico García Lorca mostraron alguna vez inclinación por estos malabarismos de sonidos, que encuentran su total consagración en los juegos onomatopéyicos, imprescindibles en la "poesía negra". Demuestran el ansia de libertad y de probar caminos nuevos que supuso el vanguardismo. Más tarde Brull se hizo de una extensa cultura europea, sobre todo en las literaturas francesa, inglesa y española, factor esencial en su evolucion hacia un virtuosismo formal envidiable en sus libros *Canto redondo* (1934) y *Solo de rosa* (1941). Se había adentrado también por la manera de Paul Valéry y esto lo acercó a la poesía pura y conceptual. De ese último libro es un pequeño poema titulado "Epitafio de la rosa", que es antológico como expresión de poesía decantada.

En 1950 y 1954 publicó respectivamente, sus libros *Tiempo en pena* y *Nada más que* . . . donde la emoción está refrenada y oculta tras una poesía hermética de comprensión esquiva. Brull había evolucionado hacia la llamada "poesía pura", como lo demuestran sus fieles traducciones de *Cementerio marino* y *La joven parca* de Paul Valéry.

José María Eguren. En este instante de transición del modernismo al vanguardismo hay que situar al peruano JOSÉ MARÍA EGUREN (1874-1942), que surge en la poesía de ese país cuando Santos Chocano estaba en todo su esplendor. Nació en Lima de una familia de origen vasco y acomodada, lo cual le permitió dedicarse por entero a sus dos grandes vocaciones: la pintura y la poesía. Era la suya una poesía diametralmente opuesta a la de Santos Chocano: tan lejana de los alientos épicos como del tono declamatorio y grandilocuente de aquél. Es poesía de tono menor, pues el poeta prefirió siempre los versos cortos y las miniaturas líricas, muy influído por el simbolismo francés y la poesía germánica. Sus libros más importantes de poemas son: *Simbólicas* (1911), *La canción de las figuras* (1916), *Sombra* (1920), *Poesías simbólicas, La canción de las figuras, Sombra, Rondinelas* (1929).

Llevó una vida aislada, solitaria, entregado por completo al arte poético. Se le considera el primer poeta simbolista del Perú y uno de los "padres" de la poesía contemporánea de ese país. Fue un precursor incomprendido del vanguardismo. Se distingue su poesía por su franco tono pictórico, la vaguedad y delicadeza del verso y metáforas completamente fuera de lo común. Su especial modo de asociar cosas e ideas, es como un adelanto del superrealismo. Entre sus temas más constantes están la visión de la infancia y la evocación original e ingenua de la realidad. Su poesía da la sensación de un sueño en que se han visto las cosas reales, pero deformadas por su potente imaginación. Es una poesía delicada, de vocabulario bien escogido, casi clásico. Sus ritmos son a veces duros, pero el lector termina por convencerse de que era una de las preocupaciones del poeta y hallarle el lado agradable al oído. Tiene todo un modo de presentar los objetos, el paisaje, los sentimientos, los tipos humanos que dan la sensación de algo irreal o de sueño. Todo sale como metamorfoseado de su fantasía. Eguren fue por mucho tiempo un poeta incomprendido, pero hoy se le tiene por una de aquellas figuras que, apartándose del modernismo, intentaron hallar rumbos expresivos nuevos a la poesía de este continente.

Apogeo del vanguardismo
Vicente Huidobro y el "creacionismo"

Hacia los años veinte se produce la plenitud del vanguardismo. Lugar destacadísimo en este período corresponde a VICENTE HUIDOBRO (1893-1948) que forma junto con Gabriela Mistral y Pablo Neruda la trilogía de grandes poetas chilenos. La merecida fama de los dos últimos tenía opacada su gloria, pero la crítica moderna lo ha "redescubierto" y situado en el lugar que le corresponde en el vanguardismo. Nació uno de los grandes innovadores de la poesía lírica hispanoamericana en Santiago y murió en su hacienda, cerca de las playas de Cartagena, Chile. Se educó en el Colegio de los Jesuítas de la capital. Fue hacendado y hombre de letras; fundador de movimientos literarios y viajero; poeta y creador de mundos imaginarios. Como tenía bienes de fortuna pudo dedicarse por completo al cultivo de las letras y vivir largas temporadas en París, con esporádicas visitas a España. En 1925 figuró como candidato a la presidencia de Chile.

A los diecisiete años publicó su primer libro, *Ecos del alma* (1910) dentro del romanticismo sentimental. *Canciones en la noche* (1913) y, sobre todo *La gruta del silencio* (1914) están en la línea del simbolismo y muestran una más lograda perfección. Pero no eran esos sus caminos: Huidobro se daba cuenta de que el modernismo estaba en sus últimos estertores y con sus amplios conocimientos de la literatura francesa se dio a la tarea de ensayar caminos nuevos. Al comenzar la Primera Guerra Mundial leyó en Chile el manifiesto *Non serviam* (1914), que muestra que andaba por los caminos del Apollinaire de las *Meditaciones estéticas* (1912). El poeta francés había planteado liberarse de la copia servil de la naturaleza porque "es hora de ser los amos". Huidobro expresó entonces: "Non serviam. . . . No he de ser tu esclavo, madre Natura; seré tu amo . . . Yo tendré mis árboles, que no serán como los tuyos; tendré mis montañas, tendré mis ríos y mis mares. . . ." Lo que quería Huidobro no era imitar la naturaleza, sino que el poeta creara mundos y cosas como lo hace aquélla. Con esta orientación publicó los poemas en prosa de *Las pagodas ocultas* (1914) y los versos libres de su poema filosófico *Adán* (1916). Este año viajó a Buenos Aires donde vio la luz un libro muy importante en su desarrollo estético: *El espejo de agua* (1916), donde aparece el famoso poema "Arte poética", resumen de la doctrina del "creacionismo". Ese año pronunció una conferencia en el Ateneo de Buenos Aires dando a conocer la nueva teoría estética. En esa ocasión afirmó: "Os diré lo que entiendo por poema creado. Es un poema en el que cada parte constitutiva y todo el conjunto representan un hecho nuevo, independiente del mundo externo, desligado de toda otra realidad que él mismo". Si hemos de creer al poeta—pues esto lo está contando con posterioridad—Huidobro es el verdadero fundador del creacionismo.

Huidobro llegó a París a fines de 1916 y en seguida se unió al grupo de Apollinaire y entró como colaborador de la revista subversiva más importante, *Nord Sud*, en la que también escribían Tristán Tzara, Paul Dermée, Max Jacob y su gran contradictor, Pierre Reverdy. Mejora el francés y llega a ser uno de los pocos hispanoamericanos con posición dirigente en las escuelas de vanguardia francesas. En 1917 publica su primer libro de poemas en francés, *Horizon carré* y se da el caso de que muchos de sus buenos poemas están escritos en esa lengua. Al año siguiente marcha a España y en Madrid publica el poema *Ecuatorial* (1918), sin puntuación y con la anarquía gráfica de Apollinaire. Su visita a Madrid sirvió para entusiasmar a los jóvenes ultraístas en las nuevas estéticas. Antes de irse publica *Poemas árticos* (1918). Tanto éste como el anterior demuestran que Huidobro está ya sumergido en la nueva estética. Son versos diferentes en que la realidad se descompone en metáforas, que surgen abundantes y en sucesión como de ráfaga de ametralladora. De este libro es "Noche" con este verso: "De una mirada encendí mi cigarro". Por el estilo es "Balandro" e "Hijo". En "Marino" dice: "Yo inventé juegos de agua / en la cima de los árboles" y también: "Hice correr ríos que nunca han existido", para terminar con: "Soy el viejo marino; que cose los horizontes cortados". En otro poema dirá: "Pasan lentamente las ciudades cautivas / cosidas una a una por hilos telefónicos".

Vuelto a París publica en 1918 dos poemas en lengua gala: *Hallali* (1918) y *Tour Eiffel*. En 1921 vuelve a Madrid para encontrarse con un movimiento ultraísta fuerte, que será de poca duración, pero de notable influencia en la literatura de ese país por mucho tiempo. Ese mismo año vio la luz sus *Saisons Choisies*. De 1925 son *Automne régulier* y *Tout á coup* que completan su producción en francés. Después de aparecer *Temblor de cielo* (1931), Huidobro publicó la que se considera su obra maestra: *Altazor o El viaje en paracaídas* (1931), que Fernand Verhesen consideró digno de una traducción al francés en 1957. Tiene este poema siete cantos y es por propia confesión del poeta como un viaje hacia la muerte. Según dice en la introducción, una tarde tomó su paracaídas y se arrojó por los huecos del vacío. "Mi paracaídas empezó a caer vertiginosamente. Tal es la fuerza de atracción de la muerte y del sepulcro abierto". El poeta creador de mundos, el pequeño Dios que él se había creído ha descendido como dice en "un eterno viajar en los adentros de sí mismo" y ha de caer en el fondo donde lo espera la muerte. Es un poema triste en que Huidobro expresa una profunda angustia metafísica. No hallando otros asideros—Dios, la fe, alguna doctrina—se despeña en un fuerte escepticismo y derrotismo. Lo más importante son los cantos IV, VI y VII. No hay puntuación, usa el verso-librismo y versos hasta de veintidós sílabas. También en otros poemas emplea versos largos de 20, 21, 22, 24 sílabas. Huidobro, que se ha reído hasta de la literatura, que ha tratado tantos temas con humorismo, ahora se refugia en sí mismo para dar un poema amargo y escéptico. Este tono ya no lo abandonará más. En la composición *El ciudadano del olvido* (1941) nos dice: "Qué locura nos ha hecho nacer / de dónde viene esta substancia de amargura".

Escribió también Huidobro novelas, piezas dramáticas, comentarios, crónicas y manifiestos. Entre las primeras está *Mío Cid Campeador. Hazaña* (1929) y *Cagliostro* (1934), que él misma llama "novela-film", llena de absurdos, misterios y truculencias. Se publicó por entregas entre 1921 y 1922. La más interesante es *Sátiro o el poder de las palabras* (1939), en la cual Bernardo Saguen es un neurótico de compleja personalidad: tiene una profunda vocación literaria y un loco deseo sexual por niñas de diez años. Al seguir su desarrollo sicológico completo, vemos que termina por ser un sátiro en toda la extensión de la palabra. Es novela con técnicas muy modernas: lo importante es el hilo interno, expresado en "monólogos interiores" y situada en la línea del creacionismo. También escribió *El pobre Baby,* mucho menos conocida. En el teatro tenemos: la pieza en cuatro actos y un epílogo *Gilles de Ritz* (1932) y especialmente el guignol *En la luna* (1934) en cuatro actos y trece cuadros, con un desenlace muy de la época, pues la pieza política da fin con una revolución colectivista que era el sueño de muchos abanderados de las nuevas estéticas. Mucho antes, en 1914 había publicado en Madrid una serie de crónicas y comentarios con el título de *Pasando y pasando* y en París, su *Manifestes* (1925), cuya lectura es esencial para conocer muchos aspectos de su vida y de la doctrina literaria del creacionismo.

Es indiscutible que en Huidobro hay cualidades de gran poeta, que no logró madurar plenamente por sus ansias renovadoras, en un momento de inseguridad artística en que las estéticas aparecían y morían rápidamente. Tuvo también el inconveniente de la lengua en un medio francés. Poseía una gran cultura, sentido cosmopolita como Darío y un conocimiento amplio del ambiente artístico de Europa, particularmente de París y Madrid. Después de Darío, ningún poeta hispanoamericano ha tenido tanta influencia como él en España. Era dueño de una imaginación rica en fantasía, hizo esfuerzos sobrehumanos para darle vida a una nueva poesía capaz de romper con las tradiciones infecundas del pasado. Buscó por *su* camino una expresión poética original que salta en audaces metáforas—algunas absurdas; otras, valiosos hallazgos—con un mensaje poético muy novedoso. No siguió escuelas, sino que creó la suya propia con los mismos disparates y aciertos de otras surgidas en ese tiempo. Es poeta de valor continental y uno de los mejores del parnaso chileno.

Jorge Luis Borges y el ultraísmo porteño
Incursiones en el poeta, el ensayista y el cuentista

Si hubiera alguna duda sobre la madurez intelectual y plenitud artística que ha alcanzada nuestra literatura, bastaría el nombre de JORGE LUIS BORGES (1899) para disiparla. Estamos frente a un escritor muy argentino, pero cuyos valores permanentes lo sitúan en el codiciado casillero de los nombres con prestigio internacional. Nació en Buenos Aires y en esa cosmopolita ciudad hizo sus primeros estudios. Ya en 1914 estaba en Suiza para realizar sus estudios secundarios hasta obtener el título de bachiller en el Colegio de Ginebra. Después de viajar por Francia, Mallorca y Alemania viajó a Madrid donde alrededor de 1918 estaba en estrecho contacto con el grupo ultraísta. Colaboró en las distintas revistas del ultraísmo y en una de ellas, *Grecia,* publicó su primer poema, titulado "Canción del mar".

En 1921 regresa a Buenos Aires con un conocimiento cabal de las escuelas de vanguardia y se convierte en el abanderado del ultraísmo en ese país. Forma grupo con Macedonio Fernández, Norah Lange, Francisco Piñero, Eduardo González Lanuza y otros. Funda entonces la revista *Prisma* (1921–1922). El mismo año de su llegada se había incorporado a la revista más prestigiosa del momento, *Nosotros* con un artículo sobre el "ultraísmo". Persistiendo en sus intentos renovadores de la poesía argentina, funda con Macedonio Fernández la revista *Proa* (primera etapa: 1922–1923). Más tarde reanuda la publicación de esa revista, 1924–1925, ahora con Ricardo Güiraldes, Pablo Rojas Paz y Brandán Caraffa. La vida de Borges no puede entenderse sin recorrer todas estas publicaciones. Funda entonces *Martín Fierro* (1924–1927), colabora en *Síntesis* (1927) e ingresa en el poderoso diario *La Prensa*. Hacia 1930 aparece la revista *Sur* y en ella publica numerosos ensayos, entre ellos los dedicados a la poesía gauchesca y "El Martín Fierro". Vive de un oscuro empleo en la Municipalidad. Al caer la dictadura de Perón, es nombrado director de la Biblioteca Nacional y profesor de literatura inglesa en la Universidad de Buenos Aires. En 1957 ganó el más alto galardón para un literato, el Premio Nacional de Literatura por su libro *El Aleph*. Doce años antes, en 1945, la Sociedad Argentina de Escritores le otorgó el Gran Premio de Honor. Se le eligió miembro de la Academia Argentina de Letras en 1955. Ha viajado extensamente por Europa donde tiene un prestigio rara vez gozado por escritores hispánicos y donde se le considera entre los grandes escritores de nuestra época. Con su libro *Ficciones* ganó el Premio Internacional Formentor otorgado por editores de Alemania, España, Estados Unidos, Francia, Inglaterra e Italia. Hoy está casi ciego, pero continúa produciendo sin dar muestras de decadencia intelectual ni artística.

Aunque fue el líder indiscutido del ultraísmo en la Región de la Plata, más tarde Borges se separó de ese movimiento y alguna vez lamentó haber pertenecido a él. Como en el caso de todos los grandes escritores, su estilo es tan suyo, personal y original que es muy difícil encajarlo en ninguna clasificación actual. Borges posee una cultura tan extraordinaria como variada, producto de sus extensas lecturas en todas las materias, todas las épocas, países y autores, desde los clásicos y las religiones orientales hasta los autores modernos, de manera que es muy difícil precisar sus influencias. Él mismo ha expresado su predilección por Schopenhauer, De Quincey, Stevenson, Poe, Joyce, Wells, Dunne, Henry James, Mauthner, Shaw, Chesterton, Leon Bloy, Quevedo, Coleridge, Whitman, Valéry, Kafka, Keats.... Algunos críticos afirman que precisamente el gran defecto de su obra está en el exceso de cultura libresca del autor.

Aunque su obra no puede considerarse abundante en extremo, los quince títulos importantes que comprende han bastado para ganarle un prestigio extraordinario, tanto en Hispanoamérica como en Europa. Es el autor argentino de más renombre internacional y una de las cumbres de esta literatura. Tres son las vertientes esenciales de su producción: *la poesía, el ensayo* y *el cuento*. Aunque estos géneros parecen tan disímiles, en el caso de Borges—como en el de Unamuno—es completamente imposible separar uno de otro. En los cuentos y ensayos aparece siempre el poeta y en sus versos vemos la angustia y los temas que emergen de los primeros. Ha sido el creador de una especie de género nuevo: el ensayo-relato, pues siempre presentan un exquisito juego de inteligencia e imaginación; agudeza intelectual y fantasía; ficción y realidad. Comenzó su carrera literaria por la poesía, publicando su primer libro, *Fervor de Buenos Aires* (1923). Debe su renombre principalmente a la prosa, pero Borges es poeta de primera línea. Son versos reflexivos, en los que no abusa del verso libre o la búsqueda de imágenes como otros vanguardistas. El verso predomina en su producción de los primeros años, 1921–1925, pero imágenes poéticas y lirismo son abundantes en toda su obra. Es poesía que se solaza en la búsqueda de lo habitual, ordinario y cotidiano y que apresa la nostalgia de su recuerdo en evocación, metáforas y expresiones completamente nuevas. En breves trazos sorprende la belleza oculta en parajes, calles y rincones de la gran ciudad y nos da una nueva e inesperada visión de ellas. No se busque en estos versos rasgos costumbristas, sino el sentido metafísico de la vida y de las cosas, que el poetra capta con singular maestría.

En 1925 publicó Borges su segundo poemario, *Luna de enfrente,* añadiendo a la evocación del suburbio la dimensión criolla del campo y de la historia argentina. Igual limpieza de imágenes, semejante expresión de un sentimiento no por decantado y sobrio, menos profundo y emotivo. Su tendencia a la evocación mítica de pasajes y héroes de la historia argentina aparece en *Cuaderno San Martín* (1929). En su *Antología personal* (1961) el autor desdeña esos poemarios y selecciona los ensayos y cuentos que considera más perdurables en su producción. El estudio integral de Borges como poeta está por hacer y el día que se realice, tendremos más completo el perfil de este gran escritor.

El verdadero camino de Borges estaba en la prosa y hacia ella enfiló su pluma como ansioso de abrazar su vocación ineludible. Es la época de sus ensayos y cuentos, producción que predomina desde 1925 hasta el presente. Borges ha dejado de escribir versos quizás, pero nunca ha cesado de hacer poesía, siempre presente en su narrativa y aun en sus ensayos. Éstos no son fárrago pesado de erudición—a pesar de ser proverbial su amplia cultura—sino juicios y opiniones, a veces discutibles, pero siempre esclarecedores de los tópicos que estudian. Borges, que es siempre un escritor muy personal, lo es mucho más en la ensayística. Sus trabajos en este género caen dentro de dos categorías: tiene ensayos de crítica literaria y aquéllos de más hondura, donde deja discurrir su pensamiento sobre los temas que más inquietan al hombre. Entre los primeros deben citarse: *El idioma de los argentinos* (1928), en el que refuta opiniones de Américo Castro; el estudio dedicado a *Evaristo Carriego* (1930), el poeta de los arrabales, uno de sus mejores trabajos; el *Martín Fierro* (1953) escrito con Margarita Guerrero y el magnífico ensayo sobre *Leopoldo Lugones* (1955) en colaboración con Betina Edelberg. Borges es tan original que a veces finge equivocarse en el nombre de las obras o en los autores y hasta inventa obras para luego criticarlas. Su labor crítica ha sido acusada de arbitraria y realmente no está muchas veces dentro de las líneas tradicionales de la valoración objetiva. Como crítico es muy desconcertante y subjetivo en sus juicios. Sus apreciaciones son a veces demasiado subjetivas, pero tienen inmenso valor. Su prestigio literario es tan grande que sus juicios pesan, no con ligereza conjetural, sino como opiniones definitivas.

Sus ensayos más duraderos parecen ser aquéllos en que Borges estudia temas esenciales al hombre como en sus libros: *Inquisiciones* (1925), *El tamaño de mi esperanza* (1926), *Discusión* (1932), *Historia de la eternidad* (1936), *Nueva refutación del tiempo* (1948) y *Otras inquisiciones,* 1937-1952 (1952). En ellos hace penetrantes aportaciones sobre los temas que parecen ser centro de su inquietud personal como hombre: el tiempo, la angustia metafísica del ser, la realidad, la personalidad, el valor y fin del hombre, el sentido del universo, el infinito, el infierno, magia, cábala. Expresa sus silogismos mentales en un estilo ceñido y como dice André Maurois, "casi matemático". Su erudición no es muy profunda, pero sus fuentes son innumerables y llenas de sorpresa porque Borges ha leído todo, inclusive lo que nadie lee. Es el suyo un estilo lleno de lirismo, poético, expresivo y cuajado de novedad e interés. Expresa su angustia existencial sin hacerle daño al poeta ni al estilista. Estos ensayos son a veces densos debido a la erudición de Borges, pero este experto captador de lo hondo, penetra los temas profundos y sutiles y conduce al lector deleitosamente por los laberintos más extraños, gracias al domino inigualable del arte de exponer y una acerada inteligencia.

Ningún tema lo ha apasionado tanto como el concepto del tiempo, sobre el que discurre en forma pocas veces vista en la lengua de Cervantes, en *Historia de la eternidad*. Es éste uno de los trabajos en que están más patentes las características literarias de Borges, así como el sentido de universalidad que prestan a su obra temas de hoy y de siempre porque afectan a todos los hombres por igual.

Con ser grandes sus méritos en la ensayística, es indiscutible que han sido sus cuentos los que le han dado a Borges su mayor estatura como escritor y lo han colocado en el tablero internacional, junto a los grandes maestros del género en otras lenguas. Las traducciones de sus cuentos han complicado a los más exigentes círculos intelectuales europeos, especialmente de Francia, donde se le admira y respeta como escritor. Es un escritor lleno de refinamiento y estilo y profundo conocedor de su oficio de narrador. Es un maestro, tanto del cuento fantástico como del detectivesco. Emplea en sus cuentos los más insólitos asuntos y presenta todos los escenarios imaginables y en muchos el tiempo y el espacio son "síquicos", es decir, pueden ocurrir en cualquier parte y en cualquier época. Ésta y otras técnicas sitúan a sus cuentos en la corriente más moderna y audaz del género. Sus narraciones están construídas en un marco intelectual, metafísico y lírico, que recuerda mucho la estructura de sus ensayos.

Muchas son las colecciones de sus cuentos así como las sucesivas ediciones en español y otras lenguas. Los títulos más notables son: *Historia universal de la infamia* (1935) con el *Hombre de la esquina rosada*; *El jardín de los senderos que se bifurcan* (1941); *Ficciones* (1944); *El Aleph* (1949) y *La muerte y la brújula* (1951). Muy importantes en la obra total del escritor son: *El hacedor* (1960), antología de ensayos, poemas breves, relatos y confesiones autobiográficas y la *Antología personal* (1961), donde está lo mejor del escritor según su propio criterio. Sus narraciones pertenecen, por lo general, al género fantástico, siempre con un sentido filosófico oculto. Muchos de sus relatos emplean sus conocimientos de cultura o erudición como elementos narrativos. Todos ellos dan la sensación de una gran verosimilitud por la seriedad con que narra, la precisión en las fechas, datos y material de erudición. A veces para aumentar esta realidad incluye amigos suyos, o motivos vernáculos o históricos argentinos o de otros países. Tiene una asombrosa habilidad para construir escenarios y situaciones en los más apartados rincones del mundo, así como obsesión por evitar el lugar común; de aquí la gran originalidad y sentido de novedad que sabe imprimirles. Sus cuentos son como verdadera y complicada gimnasia mental en que imaginamos un cerebro muy capaz trabajando con todos sus recursos para producirnos, tanto el goce estético, como sorpresa y admiración. Son cuentos esencialmente intelectuales a los que asoma una fina ironía—casi nunca humorismo abierto—y una preocupación metafísica y trascendente. Sus argumentos, ideas, situaciones y desenlaces (generalmente sorprendentes), así como el uso del recurso de engañar al lector al final, sugieren la manera de Chesterton y Kafka, con los cuales tiene su arte muchos puntos de contacto. En el conjunto de los grandes cuentistas europeos, Borges cabe cómodamente.

Otro de los elementos más importantes de sus cuentos es su prosa, que es espléndida, maciza, sugeridora y llena de refinamiento. El vocabulario es rico y las expresiones llenas de metáforas e imágenes sorprendentes. Es un maestro del estilo y autor para ser leído por minorías cultas, de aquí que se haya dicho que es autor más conocido en Francia que en Argentina. Sus cuentos generalmente no son de movimiento rápido, sino de línea analítica, de engranaje complicado, precisamente para levantar el grado de suspenso y tomar desprevenido al lector en desenlaces difíciles de prever. Es uno de los grandes estilistas de la lengua española y uno de los valores hispanoamericanos con resonancia universal.

Pablo Neruda: itinerario crítico por su poesía

La cumbre indiscutible de la poesía contemporánea hispanoamericana es el chileno PABLO NERUDA (1904), cuyo verdadero nombre es Neftalí Ricardo Reyes. En la poesía hispánica en general ocupa posición junto a Juan Ramón Jiménez, Federico García Lorca, Rafael Alberti, Jorge Guillén y otras grandes figuras de la lírica. La obra de Neruda es la culminación de la evolución de la poesía moderna en nuestro continente. Constituye una constante inspiración para los poetas más jóvenes de nuestro tiempo a más de su influencia en la lírica en castellano. Nació Neruda en Parral, Chile, de una familia humilde, pues su padre era ferroviario en Temucho y su madre murió de tuberculosis cuando el poeta sólo tenía meses de nacido. Comenzó sus estudios en el Liceo de esa ciudad y tenía catorce años cuando empezó su carrera como escritor en el diario *La mañana* de la localidad. En 1920 se trasladó a Santiago e ingresó en el Instituto Pedagógico de la Universidad de Chile, donde permaneció tres años. En esa capital publicó en 1921 su primer libro de versos, *La canción de la fiesta* y adoptó el nombre literario actual, posiblemente en honor del poeta checo Jan Neruda. A la edad de diecinueve años fue aclamado nacionalmente por *Crepusculario* (1923), primeros poemas realmente significativos.

Desde 1927 hasta 1945 fue Cónsul de Chile en distintos lugares: el Lejano Oriente, Buenos Aires, Madrid y México. Sirviendo el consulado en Barcelona y Madrid se puso en contacto directo con la "generación de 1927" y su amistad con Federico García Lorca, Rafael Alberti, Luis Cernuda, Vicente Aleixandre tuvo, al parecer, mucha influencia, tanto en su ubicación política como en la aproximación a nuevas técnicas estilísticas, sobre todo el superrealismo. En 1945 tomó posesión del cargo de Senador, de cuyo escaño fue privado posteriormente por sus ideas y actividades comunistas. En 1950 recibió el Premio Internacional de la Paz otorgado por la Unión Soviética. Sus poemas más famosos han sido publicados en veinticuatro lenguas diferentes, contando entre ellas las más importantes del mundo.

Apenas hay otra manera de intentar un acercamiento al gran poeta que no sea a través de sus propios libros. De esta forma se distinguen seis calas diferentes en su devenir poético, rico de tonos, técnicas y estilos, pero que muestra una unidad lírica inconfundible y progresiva. Hay una continuidad e integridad creadoras y ascendentes en la evolución de su poesía, que va desde los primeros cantos casi adolescentes hasta los actuales versos en que una firme madurez lo hace volver a formas más sencillas, pasando por los intentos superrealistas de *Residencia en la Tierra* y los aspavientos políticos del *Canto general*. Estas etapas de su poesía son las siguientes:

Primer momento. Adolescencia y juventud. Neruda comienza su carrera poética con versos de adolescencia y juventud representados por la *Canción de la fiesta* (1921), excluídos por el autor de sus *Obras completas,* y *Crepusculario* (1923), libro todavía en la línea tradicional, pero que le abre la fama y el mundo de la gran poesía. Aunque versos adolescentes—algunos no lo son tanto—tienen ya una madurez, un sello personal y una frecuente incursión hacia imágenes nuevas. Neruda no se ha podido desasir todavía de la influencia modernista y parece no haber descubierto todavía las metafóras y el don de versificación que producirá más tarde su don lírico. Está en la línea postmodernista, pero hay en estos versos algo que es nerudiano: el subjetivismo y lo romántico. El mismo poeta ha dicho: "Tengo un concepto dramático de la vida, y romántico; no me corresponde lo que no llega profundamente a mi sensibilidad". Lo esencial en él es la combinación de lo más moderno y radical con un profundo subjetivismo, la exaltación romántica y sensible. Se nota la presencia de los temas predilectos de Neruda: su sensación de soledad, abandono, frustración, y escepticismo, así como su preocupación social, que aquí sólo están esbozados.

Segundo momento. El amor, lo erótico. Los tempranos y prometedores escarceos de *Crepusculario* se disparan hacia lo erótico carnal en *El hondero entusiasta* (1923), libro que el autor ha consentido en publicar únicamente como "documento de una juventud excesiva y ardiente". Una visión más platónica y serena del amor se halla en *Veinte poemas de amor y una canción desesperada* (1924), compuesta a los veinte años y posiblemente el libro de versos de amor más leído en Hispanoamérica. Aquí hay innovaciones que no aparecen anteriormente: el verso tiene un ritmo interior lleno de sugerencias y una tendencia a encerrar un concepto o dos en cada verso. Este procedimiento fue muy usado por los vanguardistas, quizás en parte como influencia del "automatismo síquico" del superrealismo. Ejemplo de esta característica formal es la "Canción desesperada", pero aparece en todos los poemas:

> Emerge tu recuerdo de la noche en que estoy.
> El río anuda al mar su lamento obstinado.
> Abandonado como los muelles en el alba.
> Es la hora de partir, oh, abandonado!

Es poesía personal, íntima en que el sentimiento amoroso, aunque vestido de un ropaje verbal y metafórico moderno, brota cristalino y a veces enternecedor. Señalan la sensación de abandono y soledad del poeta. Pocas veces se ha logrado tal perfección en la expresión de lo erótico. Es el libro más famoso de Neruda y los poemas 15, 20 y la "Canción desesperada" han tenido una difusión extraordinaria.

Tercer momento. Superrealismo. Pero las aguas del poeta se van volviendo profundas y una niebla gris espesa cae sobre su verso. Ahora Neruda se vuelve violentamente contra el pasado poético, como si quisiera realizar una renovación total y a fondo de la poesía. Irá apareciendo el poeta superrealista. Su primer libro con esa orientación es *Tentativa del hombre infinito* (1926), que coincide con el apogeo de las escuelas de vanguardia en Europa. Las ideas, las imágenes, la sintaxis, todo empieza a indicar una nueva modalidad. Años después Neruda ha entrado de lleno al superrealismo, en lo que ha tenido mucha influencia su amistad con el grupo de vanguardistas españoles. Al libro anterior siguió *Residencia en la Tierra I* (versos de 1925-1931) publicada en 1933; *Residencia II* (1935) con versos escritos entre 1931 y 1935; *Las furias y las penas* (escrita en 1934 y publicada en 1939). Son las *Residencias I, II y III* lo más maduro y valioso que ha salido de la pluma de Neruda y están, por supuesto, en la línea del hermetismo superrealista. Ahora es el fluir de la conciencia del poeta la que va escribiendo el verso. Todos los poemas de este largo momento dan la impresión de una pesadilla en que se agolpan y aglomeran todos los pensamientos y preocupaciones que obseden al poeta: la insatisfacción síquica, el ansia metafísica de explicarse el destino del hombre, el correr del tiempo, el anhelo de redención, motivos de tentación, el temor de la muerte, las pasiones primarias del hombre (incluyendo lo sexual, la ira, el amor); el paisaje, los amigos, el sentimiento de soledad, abandono, naufragio, fracaso, desolación. . . .

Hay una exaltación de Neruda, pero no hacia lo objetivo, ni siquiera hacia el sentimiento, sino dirigida al fondo de su conciencia. Su poesía es ahora hilo conductor de lo que está pasando en el subconsciente, de aquí que sus imágenes y lenguaje sean crípticos, oscuros, y sobre todo, de ritmo rápido, como para no perder detalle del movimiento de la mentre. Pocas veces se ha visto en la poesía de Hispanoamérica riqueza tal de vocabulario, de ideas, de imágenes que se suceden a gran velocidad. Se nos presenta con una gran capacidad para captar el lado profundo de la vida, de acuerdo con sus preocupaciones metafísicas. Aquí está de cuerpo entero el gran poeta que hay en Neruda, pero al mismo tiempo el más difícil de interpretar, porque los versos son como silogismos del subconsciente. La realidad concreta llega ahora al poeta, viaja por su subconsciente, se llena de lo que hay en él y vuelve a salir en forma de abstracciones mentales y de metáforas de oculto sentido. De acuerdo con las tendencias de su tiempo, el elemento básico de su poesía es la metafóra, pero no hay "claves" fijas para su interpretación. En ésta no se puede seguir un procedimiento lógico, ni siquiera sirve de pauta la interpretación de metáforas previas, porque el poeta las cambia a su capricho y el lector puede ser conducido a engaño. De aquí que su poesía haya sido interpretada de tan diversas formas.

El elemento de los sueños, de lo onírico toma parte principal en esta técnica como en todo el superrealismo. En su obra hay gran fuerza emotiva y tanta exaltación lírica como en García Lorca, pero cuesta más trabajo captarla en él, por el hermetismo señalado. Es proverbial la violentación constante de las leyes de la gramática: a menudo no usa puntuación y el lector debe colocar las comas según la lógica; no sigue la sintaxis y son abundantes las oraciones mutiladas e incompletas. Los verbos tienen una importancia excepcional en la poesía nerudiana.

Cuarto momento. El tono militante, político y social. Hacia 1945 se produce un cambio sustancial en el poeta: en el campo ideológico ha abrazado definitivamente el comunismo y ahora a su verso lo acelera la pasión política, social, sectaria. Algunos piensan que se ha arrojado al "partido", no como escape de sí mismo, sino en busca del basamento ideológico y la fe que le faltaban. Neruda parece haber descubierto que las fuerzas opresoras del hombre son las condiciones sociales, que pueden ser cambiadas por la ideología. Es decir que encuentra en la lucha política una respuesta al dramatismo de la vida producido por aquellas circunstancias en contra del hombre. A este momento pertenecen algunos de los poemas más conocidos de Neruda: *España en el corazón* (1937), inspirada por la violencia de la guerra civil entre hermanos; *Canto a Stalingrado; Nuevo canto de amor a Stalingrado* (1943); *Canto al ejército rojo a su llegada a las puertas de Prusia; Residencia en la tierra III* (1947), incluye los dos primeros poemas, entre otros.

Neruda está tan entregado a lo ideológico que inclusive se burla de su poética anterior, por considerar que malgastó su tiempo cuando hay tantas cosas más importantes hacia las que el poeta debe dirigir su mirada. Aunque Neruda sigue siendo un gran poeta aun cuando cante lo social y político, el propio material anti-poético que usa, llenan su poesía de este tiempo de algunas vulgaridades y prosaísmos como cuando dice: . . . "pálidas lombrices del queso / capitalista". . . . Es la etapa de lo que llamaríamos "poesía comprometida" con un ideal político. Casi toda su obra posterior está llena de esta actitud militante y sectaria.

Quinto momento. Tono americanista. *Un canto para Bolívar* (1941) señala un nuevo rumbo en la poesía del chileno. Ahora vuelve sus ojos a América, aunque el verso sigue conservando el tono político antes señalado. En 1950 publicó en México el *Canto General* que consta de quince capítulos largos y 568 páginas en la edición de 1952. El largo poema ha sido motivo de nuevas adiciones en las ediciones subsiguientes. Su valor estético varía grandemente y pretende ser una interpretación de la historia de América desde el punto de vista de la ideología actual del poeta. Tiene influencias del poeta ruso Mayakovsky (1894–1930) a quien cita en el poema. Reitera su firme fe, amor y adhesión al partido. La obra es uno de los ensayos más ambiciosos de la lírica hispánica contemporánea y de acusada tendencia comunista. Es como una guía informativa sobre la historia, la política, plantas, animales, dictadores, presidentes y otros aspectos de la América Hispana y termina con un tono profético augurando el futuro de Hispanoamérica. Aunque el poema tiene momentos de verdadera grandeza épica y lírica, se ve afeado a veces por el tono prosaico de ciertas expresiones, que al poeta tienen sin ningún cuidado porque responden a su ideología. Quizás lo mejor del libro es "Las alturas de Machu-Pichu" (Capítulo II), por su elevación, fervor y exaltación. La poesía de Neruda se resiente ahora de exceso de tono propagandístico del ideal que considera superior, sin escatimarle sus momentos de acierto. Es poesía en general grata a los simpatizantes de esa causa, pero dura al oído de quien desea gozarse con una obra de arte. Esta misma tendencia política la sigue en *Las uvas y el viento* (1952) con las impresiones de sus viajes por Asia y Europa. La situación internacional está vista a través del cristal de su posición política y su "Canto XX" se titula nada menos que "El Ángel del Comité Central".

Sexto momento. Epoca actual. A esta etapa corresponden: *Odas elementales* (1954), *Nuevas odas elementales* (1956), *Estravagario* (1958), *Tercer libro de las odas* (1959), *Navegaciones y regresos* (1960), *Cien sonetos de amor* (1959), *Las piedras de Chile* (1961) y *Cantos ceremoniales* (1961). Parece que Neruda ha regresado al punto de partida en cuanto a la llaneza de expresión. Inicia un descenso gradual y consciente hasta llegar a sus últimos versos que si bien son ricos también metafóricamente, cantan las cosas sencillas como si el poeta, dueño ya de su instrumento expresivo y de vuelta de una gran aventura lírica, anhelara ahora poner su verso bien cerca de la comprensión de todos. Se afana en los temas más sencillos, canta a cosas cotidianas con persistencia de propaganda. Se nota cierta vuelta a la naturaleza, a la tierra, a las cosas más simples y comunes, en las que muchos no habían visto poesía.

La fuerza creadora de Neruda es enorme y por su obra total, en la cual *Residencia en la tierra* (I, II, III) significa su grado más alto de hermetismo, de cosmovisión y de lirismo, por sus innovaciones técnicas y temáticas es uno de los poetas más influyentes en la actualidad en cualquier lengua. Se le considera entre los grandes poetas de las literaturas hispánicas en general.

Dimensión humana y protesta social en la poesía de César Vallejo

La nueva revolución estética comenzó a formarse en el Perú, como en casi todos los países hispanoamericanos, entre los jóvenes que querían nuevos rumbos, tanto para el arte y la literatura como para la política y lo social. Andando el tiempo se formó un grupo que reunía a los rebeldes, orientadores de la llamada "rebelión estética de 1915". El líder era Abraham Valdelomar (1888-1919) que se distinguió en la narrativa y tenían por órganos a *La Prensa* de Lima y la revista *Colónida* fundada por el propio Valdelomar. El guía espiritual de los jóvenes era González-Prada (1848-1918). Al movimiento renovador se unieron pronto muchos valores inéditos: Alberto Hidalgo, Alcides Spelucín, Antenor Orrego, José Carlos Mariátegui y César Vallejo. En 1918 murió González Prada y al siguiente, Palma, los dos ídolos indiscutibles de la literatura peruana de la época. Quedaba, pues, el camino abierto a los jóvenes para darle otras orientaciones al arte. El grupo de los nuevos quería reformas en todo sentido, enriqueciéndose con Haya de la Torre, Manuel Seoane, Luis Alberto Sánchez. Estaba en marcha un gran movimiento de reafirmación nacionalista, de defensa del indio y de terca voluntad de reformas políticas y sociales. En 1924 se fundó el A.P.R.A. como movimiento revolucionario de transformación social y política y dos años después salía la revista *Amauta* (1926), órgano oficial de los rebeldes. La mayoría de los nuevos líderes surgían de la clase media.

Una de las principales figuras del grupo de los nuevos y rebeldes sociales era CÉSAR VALLEJO (1892-1938), el "Cholo Vallejo", nacido en Santiago de Chuco, un mestizo procedente de una familia de once hermanos y de clase media. Cursó estudios secundarios en el Colegio Nacional de San Nicolás, en Huamachuco y la carrera de filosofía y letras en la Universidad de la Libertad, en Trujillo, donde se graduó en 1915 con una tesis sobre *El romanticismo en la poesía castellana*. En esta institución también estudió leyes hasta que partió para Lima en 1918. Publicó sus primeros poemas en periódicos locales hasta que Valdelomar le abrió las puertas del *Mundo Limeño*. Leyó asiduamente (y, constituyen sus principales influencias), a Darío, Maeterlinck, Samain, Verlaine, Nervo, Lugones, Whitman, Herrera y Reissig, así como a los vanguardistas franceses y españoles. Hacia 1915 ya había atraído la atención por su producción poética, a la que asomaba una honda preocupación humana y social. Debido a una decepción amorosa y con ansias de buscar los aires más propicios de la capital, se trasladó a Lima donde obtuvo el Premio del Cuento Nacional con su relato *Más allá de la vida y de la muerte*. Con su importe publicó *Trilce* (1922), su obra maestra y sobre la cual volveremos más tarde. Pronto se dieron cuenta sus compañeros de grupo de que estaban frente a un lírico de primera magnitud.

Un desgraciado incidente que lo llevó a la cárcel por cuatro meses, la muerte de su madre, cierta fama de extremista y el ambiente de su patria lo impulsaron a marcharse a París en 1923, estableciendo su residencia en el Barrio Latino. Son años de profunda crisis espiritual y de miseria económica, males que lo acompañarán siempre. Aunque mantiene estrecha amistad con Haya de la Torre, también en París por esta época, se vincula al partido comunista y hace dos viajes a Rusia en 1928 y 1929, a más de visitar las principales ciudades de Europa. Expulsado de Francia por su militancia política, viajó a España donde publicó la segunda edición de *Trilce* en 1930. En la capital española logra la admiración y la amistad de las figuras literarias más importantes de la época. Debido al estado de su salud, volvió a París, desde donde trata de orientar la opinión pública sudamericana en favor de la causa de la República. En la capital francesa murió en 1938 de causas hasta hoy desconocidas, constituyendo su sepelio un caso de solidaridad internacional, pues había escritores de varios países. Louis Aragon, el notable poeta superrealista francés, pronunció la oración fúnebre.

César Vallejo dejó una obra no muy extensa, que incluye: poesías, novelas, cuentos, crónicas y una abundante producción periodística. Sus temas básicos son el amor (desdoblado hacia lo erótico, el hogar, los humildes y la justicia), la región, lo popular, el indio, el dolor, la muerte y lo humano. En 1918 publicó su primer libro de versos, *Los heraldos negros,* con fuerte huella de modernistas y simbolistas y con una audacia en las metáforas que anuncia ya al poeta vanguardista que será más adelante. La obra se caracteriza por su fuerte reacción contra la retórica tradicional y el predominio del elemento emotivo, ya que era proverbial en el poeta la sensibilidad, el sentimiento, la espiritualidad y la sencillez. El libro trasunta una angustia existencial temprana. Muestra preocupación por el hado y profundo fervor religioso, así como vehemencia por lo entrañable y cierta sensación de desamparo. Con este primer libro su poesía llega a ser una de las más representativas y originales de la época. El libro que mejor define la personalidad de Vallejo es *Trilce* (1922), donde se nos presenta como un poeta vanguardista pleno con fuerte influencia del superrealismo y el dadaísmo. Se notan sus lecturas de este último, tanto en algunos juegos de letras, cambios ortográficos e incoherencia como en el propio título que se supone quiere decir tristedulce. Hay en él reminiscencias de James Joyce y la búsqueda de la emoción estética por la palabra en abstracto y notable grado de incoherencia. *Trilce* es considerada su obra maestra, con una técnica renovadora, aunque Vallejo nunca llega a una total "deshumanización" de su arte. En esta obra, el poeta tiene un dejo pesimista, propio de quien ve la existencia como algo absurdo. Hay uso de neologismos, violaciones sintácticas, irregularidades de ortografía, e imágenes extrañas. Es una poesía ardiente, pero seca; retorcida, sufriente; a veces alegre y otras llenas de dolor. Se ha tratado de ver un antecedente de *Trilce* en *Una jugada de dados,* de Mallarmé. Con una poesía de visiones metafísicas, desnuda y original, Vallejo hace como una invitación a la introspección del hombre agónico de nuestra época.

El tercer libro de Vallejo fue *Escalas melografiadas* (1922), grupo de cuentos, memorias de prisión, poemas en prosa, escritos durante su encarcelamiento en Trujillo, al parecer por considerarlo equivocadamente complicado en una revuelta. Tiene un cuento fantástico con elementos superrealistas titulado "Caynas". En 1923 dio a la imprenta una novela andina corta titulada *Fabla salvaje,* cuyo protagonista es Balta, un campesino neurasténico con complejo de persecución por una sombra con forma humana. Balta sufre presagios y alucinaciones y el día que nace su hijo, se siente otra vez perseguido por la sombra y muere en un precipicio. Estando en Madrid publicó la novela *Tungsteno* (1931), de orientación anti-imperialista y al parecer para complacer al partido. La obra presenta la compra de una mina de tungsteno por una compañía norteamericana y la preparación de la revolución socialista, cuyo héroe es Huanca, un herrero del pueblo. Tiene cuadros de la explotación a que están sometidos los trabajadores y los indios, la corrupción política y el salvajismo de la policía. Lo mismo ataca a los curas que a los intelectuales por entregarse a la burguesía. El estilo es rápido, vivo, ameno, como de periodista. La novela vale más como documento de propaganda en favor de las doctrinas de Lenín que como obra de arte.

También en España publicó *Rusia en 1931*, un libro de crónicas sobre aquellos años de la revolución bolchevique. Su última obra son sus *Poemas humanos* (versos escritos entre 1923 y 1938) y publicados póstumamente, en París, en 1939. Aquí está incluído su poema *España, aparta de mí este cáliz,* inspirado por los horrores de la guerra civil que presenció. Es un libro lleno de referencias a la muerte, por la que no siente temor; la compasión y sensibilidad humana del poeta ante el dolor de los humildes y desgraciados y angustia de la vida, todo expresado en metáforas sucesivas de un subido tono vanguardista:

> Amado sea aquel que tiene chinches
> el que lleva zapato roto bajo la lluvia,
> el que vela el cadáver de un pan con dos cerillas,
> el que se coge un dedo con la puerta,
> el que no tiene cumpleaños.

Inclusive tiene un poema con la primera estrofa compuesta sólo de nombres, la segunda de adjetivos, la tercera de gerundios, la cuarta de adverbios, la quinta y última de adjetivos, usados como nombres neutros. Su premonición de la muerte la expresa en este soneto, "Piedra negra sobre una piedra blanca":

> Me moriré en París con aguacero,
> un día del cual tengo ya el recuerdo.
> Me moriré en París—y no me corro—
> tal vez un jueves, como es hoy, de otoño.

La militancia política o ideológica no se asoma a sus versos como en Neruda, pero sí en *Tungsteno* y en la prosa y artículos periodísticos. El descubrimiento que la crítica moderna ha hecho de César Vallejo nos pone frente a uno de los poetas más representativos de un período de suma importancia en el proceso histórico y literario de Hispanoamérica. Las raíces metafísicas indudables de la poesía de este creador lírico, lo inclinan a la búsqueda del ser agónico del hombre de nuestro siglo, que marca el signo de su angustia existencial. Mira a su alrededor y contempla tanta injusticia, pobres y desvalidos que su verso adquiere dimensión humana de encrespada protesta social. Por otro lado, el americanismo profundo de su poesía lo impele a luchar por el despertar de la conciencia de una nueva América, pero sin restarle impulso a la evidente proyección universalista del escritor.

Cosmovisión y riqueza metafórica en la poesía de Jorge Carrera Andrade

Un talento natural para la imagen poco común caracteriza a JORGE CARRERA ANDRADE (1903), poeta, diplomático, ensayista y viajero ecuatoriano, considerado como el más alto poeta actual de su patria. Nació en Quito, hijo de un Magistrado de la Corte Suprema. Hizo sus estudios de derecho en la Universidad Nacional, donde se destacó como líder estudiantil. En Barcelona estudió filosofía y letras y diplomacia e historia en París, Londres y Berlín. Es un infatigable viajero y esto le ha dado una vasta cultura, una amplia visión del mundo y le ha permitido hacer amistad con los más grandes escritores. De regreso a su patria ingresó en la carrera consular, con cuyo carácter ha servido en Perú, San Francisco, Havre y en el Japón. En este incesante viajar no ha dejado de publicar poesías, crónicas y ensayos. En 1947 fue electo

Senador de la República y ocupó la Vice-Presidencia de la Casa de la Cultura Ecuatoriana. Al año siguiente tomó posesión de su cargo de Embajador de su país ante las Naciones Unidas. Años después pasó a servir como editor de *Correo,* la revista de la U.N.E.S.C.O. en español. En 1960 fue designado Embajador en Venezuela, cargo que todavía ocupa. Ha colaborado en los mejores periódicos de su país y en muchas revistas literarias nacionales y extranjeras.

La obra literaria de Carrera Andrade es muy copiosa, pues ha escrito poesías, crónicas, ensayos, trabajos históricos, artículos periodísticos y traducciones del francés. Sus mejores obras han sido vertidas al francés, inglés y otros idiomas importantes. Es uno de los escritores hispanoamericanos mejor conocidos en los círculos intelectuales extranjeros, tanto por la calidad de su obra como por sus relaciones diplomáticas. Su obra poética solamente abarca más de veinte libros cuyo punto inicial es *Estanque inefable* (1922), seguido de: *La guirnalda del silencio* (1926), *Boletines de mar y tierra* (1930) con prólogo de Gabriela Mistral; *El tiempo manual* (1935); *La hora de las ventanas iluminadas* (1937); *Biografía para uso de los pájaros* (1937), *País secreto* (1940), *Microgramas,* con un ensayo y selecciones de haikais japoneses (1940); *Canto a las fortalezas volantes* (1945). La poesía de Carrera Andrade presenta un claro sentido evolutivo: de los versos iniciales llenos de franciscanismo, eglógicos, con gran influencia de Francis Jammes, en que muestra interés amoroso hacia todas las cosas, evoluciona hacia un tipo de poesía en que su cosmovisión es el mundo entero. Ha visto las mismas cosas bajo cielos distintos y esto ha contribuído a este concepto amplio. Luego sintió pasión por el arte nuevo y lo vemos acercarse al creacionismo contradictorio de Huidobro y Pierre Reverdy de quien hace una versión libre de sus poemas con el título de *Antología poética de Pierre Reverdy* (1940). Actualmente presenta un estilo muy personal que supera por completo la etapa vanguardista y lo acerca a las modernas tendencias poéticas. Se aproxima a la poesía pura y conceptual, pero con gran énfasis en la imagen y mostrando la influencia asiática.

Lo predominante en sus obras—como fuerte influencia del vanguardismo—es la imagen, cuya abundancia es realmente asombrosa. Es admirable su capacidad para trocar la realidad en símbolos o para hallar las ocultas afinidades de dos realidades existentes en comparaciones muy felices. Muestra una vitalidad en su poesía raramente alcanzada en Hispanoamérica. Casi cada año publica algo nuevo sin repetirse. Su poesía no es amarga, ni penetra por los vericuetos de las grandes pasiones y tristezas. Tiene, por el contrario una visión plácida y amable de la vida, aunque su alegría no se desborda nunca. No es que no le alcance el dolor o que carezca de sensibilidad hacia lo humano, cosa imposible, porque su poesía es cálida y amorosa. En sus últimas composiciones hay un vago sentimentalismo y nostalgia cuando evoca la transitoriedad de todo y adquiere conciencia del estado de soledad o indefensión del hombre, o del dinamismo mecánico de nuestro siglo. Buen ejemplo de esta modalidad es su *Biografía para uso de los pájaros.* Es esencialmente un poeta descriptivo. Sus versos son como el recuerdo íntimo y a veces sentimental de la gente, cosas y lugares que ha visto en su ancho y largo peregrinar. Asimismo muestra entusiasmo por las miniaturas líricas y sorprende ver como la cosa más simple—como una nuez—sale transformada en imagen o símbolo de su pluma. Algunos críticos estiman que el defecto de Carrera Andrade es que "abusa" de la metáfora, pero hay que concederle que ha hecho hallazgos formidables. Leer sus versos es como asomarse a un panorama del universo en que se ven, desde los seres más insignificantes hasta las cosas más trascendentes. Los versos de Carrera Andrade son como esa música especial para descansar de la tensión de la vida. No dejan de expresar lo triste y doloroso de la existencia, pero siempre dejan en el alma como un bálsamo, una impresión de serenidad y quietud. En "La segunda muerte de mi madre", por ejemplo, es tal el lirismo contenido y la sobriedad en la evocación y recuerdo del ser querido, que en vez de entristecernos nos transporta a un mundo de seres ideales por su bondad.

Sus traducciones, sobre todo de la poesía francesa, a veces en versiones libres, son fieles a los originales y conservan su belleza y poder expresivo. Entre ellas están: *Antología poética de Pierre Reverdy* (1940), *Cementerio marino; Cántico de las columnas y otros poemas de Paul Valéry* (1945), así como *Poesía francesa contemporánea* (1951). En una prosa rica, dúctil y bien trabajada nos ha dejado crónicas, artículos y ensayos. Sus crónicas de viajes lo acercan a lo mejor escrito en América al respecto. Deliciosas son: *Latitudes: viajes, hombres, lecturas* (1934); *Mirador terrestre* (1943), ensayo sobre la cultura y vida del Ecuador; *Rostros y climas* (1948), crónicas; y *La tierra siempre verde* o *El Ecuador visto por los cronistas de Indias, corsarios y los viajeros ilustres* (1955). El ilustre poeta tiende a una visión cósmica del hombre y del mundo porque su poesía ambiciona testimoniar las derrotas y esperanzas del hombre nuevo y descubrir "el continente misterioso del corazón humano", como él mismo ha dicho.

El grupo mexicano de los "Contemporáneos"
Orientaciones e importancia
La poesía de Carlos Pellicer

También a México llegaron los "ismos", pero los escritores no muestran la estridencia de un Huidobro, ni el ansia de romper con el pasado de la Argentina o el Perú. Las nuevas tendencias se inician con Ramón López Velarde y continúan con los llamados "estridentistas", que no lo eran tanto si se comparan con los de otros países. Otros amantes de cambios se agruparon en el Ateneo de la Juventud. Sin embargo, el grupo de más calidad artística, aunque quizás menos radical se formó alrededor de la revista *Contemporáneos,* cuyos exponentes son: Jaime Torres Bodet, Bernardo Ortiz de Montellano (fundador de la revista), Octavio G. Barreda, José Gorostiza, Enrique González Rojo, Gilberto Owen, Salvador Novo, Xavier Villaurrutia y Jorge Cuesta. Aunque no formaron parte del grupo original debe asociarse a Carlos Pellicer y Elías Nandino con este movimiento. Los mejores poetas fueron Pellicer, Gorostiza, Torres Bodet y Villaurrutia. Los *Contemporáneos* constituyen

EL ULTRAÍSMO O ESCUELAS DE VANGUARDIA

una de las generaciones literarias más importantes del siglo XX en la literatura de México. Con su actitud no solamente propiciaron el conocimiento de las escuelas de vanguardia, aunque en forma atenuada, sino que han abierto las sendas para las corrientes de última hora en la poesía, la novela, el teatro y demás géneros literarios. Lo que significaron para la animación de las corrientes intelectuales contemporáneas, vale quizás más que su obra poética en general. Sus temas preferidos son la soledad, dejo de amargura, el pesimismo y la muerte.

El mayor poeta actual de México y el legítimo sucesor de López Velarde se llama CARLOS PELLICER (1899). Nació en Villahermosa, Tabasco, asiento de una gran civilización india que a ratos recuerda el poeta. Después de graduarse en la Escuela Nacional Preparatoria viajó a Bogotá como Consejero de estudiantes, adscrito a la Embajada mexicana y allí completó sus estudios y preparación para la carrera diplomática. Con ese carácter ha servido a la nación en países de América y Europa. En 1922 estuvo en Brasil como miembro de la "Misión Vasconcelos", aprovechando para hacer una jira por los más importantes países hispanoamericanos. De 1926 a 1929 realizó un viaje de estudios por el Cercano Oriente, donde se familiarizó muy bien con la cultura de esa región. Desde el punto de vista intelectual ha colaborado con el grupo de *Ulises* (1927–1928) y, especialmente con los *Contemporáneos* (1928–1931). En su patria ha sido profesor de literatura e historia, tanto en su alma máter como en escuelas secundarias. También ha ocupado distintos cargos públicos, entre ellos el de director del Palacio de Bellas Artes. En años recientes se ha dedicado a la arqueología y al estudio de museos.

Pellicer en vez de cultivar distintos géneros, se ha consagrado por entero a la poesía y quizás sea ésta una de las razones de la maestría alcanzada. Muestra influencias de López Velarde, Leopoldo Lugones en sus inicios y de Paul Valéry, el de la *Joven parca* y *Cementerio marino,* así como *Elegías de Duino* y *Los sonetos de Orfeo* de Rainer María Rilke, pero sabe encontrar una expresión propia y original. Hay en el itinerario poético de Pellicer tres momentos perfectamente diferenciados por el predominio de temas y tendencias. Se inicia su poesía dentro de la orientación colorista y barroca de Bernardo de Balbuena, con la diferencia de que en vez de malgastar adjetivos como solía éste, los utiliza con precisión y en el lugar adecuado. Es la época de *Poemas en el mar y otros poemas* (1921), *Piedra de sacrificios* (1924) y *Seis, siete poemas* (1924) en los cuales se percibe la huella de Lugones y muy especialmente la de Herrera y Reissig y López Velarde. Describe la naturaleza con acento americanista, pero no con la melancolía de los románticos, sino con alegría, sensualidad y un loco afán de colores y luces. Es una poesía jubilosa, plástica y expresionista, muy cercana al modernismo, pero con ritmo interior e imágenes nuevas. No parece que Pellicer vea solamente el paisaje, porque da la sensación de que lo siente y hasta lo huele. Sus versos adquieren ahora dimensión de viñetas o acuarelas. Su exaltación hacia lo objetivo del paisaje y la naturaleza llega a un tono tropical y embriagante, expresada en un audaz y rico haz de metáforas.

A esta verdadera orgía de los sentidos de percepción sigue un instante de aventura ultraísta, sin que haya desaparecido su México, su Tabasco ni la naturaleza americana de sus versos. Su riqueza metafórica que siempre es ajustada, diáfana y una de las cualidades esenciales de su poesía, encuentra ahora un gran desahogo como en "Estudios", una de las mejores composciones de *Hora y 20* (1927). Un tercer momento de la poesía de Pellicer adquiere tonos religiosos. El poeta, que ha vivido casi hacia fuera, da una vuelta en redondo y viaja hacia su interior. Nota que los años han pasado, lo asalta la preocupación de la vejez, de la muerte y del vacío y corre a refugiarse en la fe, en impulsos que tienen por instantes todo el fervor militante. Es éste su mejor momento, porque alcanza plenitud expresiva en una poesía decantada, limpia de todo obstáculo al lirismo puro y profundo. Aquí están las obras que el propio poeta considera como lo mejor de su producción: *Hora de junio* (1941), *Recinto* (1941), *Subordinaciones* (1945), *Discurso por las flores* (1946), *Sonetos* (1950) y, sobre todo *Práctica de vuelo* (1956). En 1962 la Universidad Nacional de México publicó casi todos los versos de Pellicer con el título de *Material poético,* 1918-1961.

Su poesía se ha ido depurando con el tiempo y sus vendimias han madurado un fruto místico y dulce de agradable sabor. Pero Pellicer no es un místico contemplativo, porque su vitalidad y dinamismo característicos lo llevan a una especie de gimnasia lírica en que nos da bien destilada la experiencia que se tiene cuando después de mucho tiempo sin pensar en él, se vuelve a Dios. Al poeta le falta la alegría y júbilo de sus primeros versos, pero conserva su sensualismo. En *Horas de junio* hay un sentido de soledad y de la muerte que lo llevará a los versos casi místicos de *Práctica de vuelo*. En uno de los mejores sonetos le dice a Cristo:

> Cuando a tu mesa voy y de rodillas
> recibo el mismo pan que Tú partiste
> tan luminosamente, un algo triste
> suena en mi corazon mientras Tú brillas.

Hay algo que no desaparecerá jamás de Pellicer: siempre lo acompaña el gran poeta descriptivo que hay en él. Descubre lo inefable de un recorrido a cielo abierto, pero va describiendo la naturaleza con riqueza sensorial y cierto sensualismo, como en los primeros años, aunque ahora la expresión lograda es poesía más honda y concentrada. Pellicer sorprende por sus metáforas precisas y concretas, la percepción casi pictórica del paisaje y el logro de una gran perfección expresiva debido al cuidado que pone en su técnica, a la reflexión y al genio poético que le sobra.

José Gorostiza: perfección clásica y barroquismo expresivo

Siguen a Pellicer en importancia dentro de la poesía mexicana contemporánea, JOSÉ GOROSTIZA (1901) y Xavier Villaurrutia.[3] Solamente dos libros de versos han bastado para colocar al primero entre los talentos poéticos más notables de México.

---

[3] Véase estudio sobre Villaurrutia en el Cap. XXX, págs. 639-641.

Al igual que Pellicer es tabasqueño y ha dejado de escribir poesía al parecer porque la política y la diplomacia absorben todo su tiempo. Ha viajado extensamente debido a distintas misiones del servicio exterior. Dentro de su país ha desempeñado distintos cargos en la administración pública. No hay dos vocablos más usados en todo el vocabulario lírico de Gorostiza que las palabras agua y muerte y cuando se estudia toda su producción se nota que ellas son la clave para explicarse al poeta. En sus versos iniciales de *Canciones para cantar en las barcas* (1925), se nos presenta como ansioso de abandonar la tierra adentro e irse al contacto directo del mar y el agua. Pero el mar no está visto con la paleta de colores de un Pellicer—y esto marca una gran diferencia con su coterráneo—sino con plena transparencia y diafanidad. Sus versos son tan claros y límpidos que sin ningún esfuerzo se puede ver a través de ellos su mensaje lírico. Al mar y al agua volverá siempre, no importa que esté en México, América o Europa. En este primer libro nos encontramos con otra característica del estilo de Gorostiza, casi increíble en la fecha en que estamos: por distinto camino de García Lorca o Alberti, el poeta vuelve a la tradición popular de la poesía española del siglo XV y XVI. Combina un anhelo de perfección clásica con un barroquismo expresivo delicioso y un ansia de apresar lo popular del romancero que nos hacen pensar en Góngora o en el ritmo y musicalidad de los viejos romances. Ya en estos versos donde tanto juego de luces hay, asoma un sentido de la soledad y de posible desaparición que darán la tónica del segundo y último libro del autor. En el bello poemita "La orilla del mar", canta de pronto:

> Yo solo me miro
> por cosa de muerto;
> solo, desolado,
> como en un desierto.

El gran poeta que es Gorostiza está de cuerpo entero en su segundo libro, *Muerte sin fin* (1939) con el que ha dado fin hasta el momento a su producción poética. Aunque expresivamente los nuevos versos no pierden su transparencia, ni su originalidad metafórica, el poeta se vuelve ahora hacia la duda metafísica del existir. Es una angustia existencial, un eterno preguntarse por qué ha venido el hombre y qué ha de esperarse de la vida. Para Gorostiza la inteligencia del hombre da forma a todo, inclusive a la existencia, pero carece de poderes creativos, luego no puede dar la vida. El hombre está solo preguntándose si vive sólo para él mismo o si existe Dios como causa final. Estas preguntas llegan a ser como obsesión atenaceante en el autor, quien concluye en un tono resignado: lo único realmente seguro es la muerte.... "la muerte sin fin de una obstinada muerte". El autor es un paciente trabajador del verso y en este libro hizo una gran labor de elaboración poética. Se cuenta entre lo mejor dentro de la poesía de angustia existencial en América. Es lástima que su producción no sea más extensa, aunque lo producido basta para acreditarlo como de lo mejor de la poesía mexicana contemporánea.

EL ULTRAÍSMO O ESCUELAS DE VANGUARDIA

Otras figuras de las tendencias de vanguardia
La estilización de lo nacional en Jacinto Fombona Pachano

El vanguardismo llegó con notable retraso a Venezuela si se tiene en cuenta que se inicia hacia 1930. Abundaron entonces las revistas subversivas: *Válvula, El Ingenioso Hidalgo, La Gaceta de América* y los grupos anhelantes de renovación estética y política. Entre éstos sobresale el llamado grupo *Viernes* (1936-1941), uno de cuyos miembro es JACINTO FOMBONA PACHANO (1901-1941), de apellido ilustre en las letras venezolanas. Nació en Caracas y se distinguió muy pronto en los sectores literarios más avanzados. Después de desempeñar cargos políticos, ingresó en el servicio exterior y llegó a ser miembro del cuerpo diplomático de su país en Washington. Se le tiene por una de las figuras más destacadas de la llamada "generación de 1918". Sus méritos literarios lo llevaron a la Academia Venezolana de Letras.

Fombona Pachano dejó tres libros de versos importantes, cuyo conocimiento es imprescindible para un rápido recorrido por su evolución poética. Se inició en *Virajes* (1932), libro que nos presenta su estilización de motivos criollos y folklóricos en un lirismo fresco y ligero. Buenos ejemplos son los poemas "Las buenas palabras", "El misterio", "La carreta", "Balada del granado verde", "Playas caribes". Estando en Washington publicó *Las torres desprevenidas* (1940), fiel reflejo de sus inquietudes por la guerra que asolaba a Europa con amenazas para la humanidad entera. En las composiciones "Hacia el crepúsculo" y "Sueño y muerte en el aire", están los efectos que el conflicto producía en su alma. Finalmente, Fombona Pachano dio a la estampa *Sonetos* (1947?) de hondo sentido místico y religioso. Muchos de ellos son clásicos en estructura, pero con imágenes novedosas y originales. La poesía de este autor se destaca por la audacia de metáforas, pero la expresión no se disloca tanto que impida ver en forma prístina, el mensaje lírico.

Herib Campos Cervera: nostalgia y pesimismo en su poesía del destierro

También el Paraguay contó con movimientos de vanguardia, pero con mucho retraso, después de la sangrienta guerra con Bolivia (1932-1935). Entre sus líderes más connotados se cuenta HERIB CAMPOS CERVERA (1908-1953). Estudió ingeniería, filosofía y etnología, pero su vocación literaria era más firme y terminó por imponerse. Debido a la situación política, vivió casi siempre en el destierro: un largo período en Montevideo y otro en Buenos Aires, lugares donde realizó una magnífica labor cultural con ecos en su país. A su regreso a Paraguay en 1936 se convirtió en el líder natural del movimiento vanguardista, pero al estallar la guerra civil en 1947, como sus simpatías estaban con los rebeldes, salió nuevamente al exilio para Argentina al ser derrotados aquéllos. Es la suya, por tanto, poesía del destierro representada por un sólo libro: *Ceniza redimida* (1950). En ella evoca la tierra nativa en expresión profunda o llora algún compañero caído en la lucha. Son cantos nostálgicos, elegíacos, cuyo pesimismo es a veces amargo y lúgubre. La existencia que le correspondió llevar llena de penas y sufrimientos le negó toda posibilidad para la risa. Es poeta de intimidad, aunque a ratos canta sus desgarraduras políticas y sociales. Sin ser un poeta de primera magnitud, Campos Cervera cubre un hito muy importante en la literatura paraguaya, porque él preparó el camino a autores tan bien dotados como Augusto Roa Bastos, Elvio Romero y otros varios.

El vanguardismo en Centro-América: José Coronel Urtecho

La sombra de Rubén Darío pesaba demasiado sobre la literatura de Nicaragua hasta que un grupo de jóvenes orientados por JOSÉ CORONEL URTECHO (1906) decidió experimentar con la poesía nueva, iniciándose así las tendencias de vanguardia en el país. Coronel Urtecho nació en Granada y estudió con los jesuitas. Luego completó sus estudios en los Estados Unidos, especializándose en literatura norteamericana, inglesa y francesa. Esto le dio un magnífico conocimiento de las literaturas modernas. A su regreso en 1925 se le señaló como el líder indiscutible del vanguardismo en su país. Ha sido Diputado al Congreso Nacional (1949) y colaborado en importantes revistas de Nicaragua y España. Se inició por la prosa con *Narciso* (1938), *La muerte del hombre símbolo* (1939), ambas noveletas en las nuevas corrientes y una traducción del francés: *El soplón*, de Bertold Brecht, 1943. Lo más importante es, sin embargo, su producción poética en la que se mostró un constante experimentador. Se inició con poemas de tono humorístico como su "Saludo a Rubén Darío" y otras sátiras a la vida local; luego usó tradiciones y el folklore popular como en su "Pequeña oda a tío Coyote"; de aquí pasó a una poesía cerebral, laberíntica e incoherente que le ganó muchos discípulos; más adelante escribió lo mejor: sonetos de estructura tradicional como "La cazadora", para volver otra vez a la poesía hermética y simbólica en la época de sus "poemas novolingüistas". Después de 1945 se reveló como un magnífico y atildado traductor de obras norteamericanas, cuyos exponentes son: *Panorama y antología de la poesía norteamericana* (1949), *Lincoln de los poetas* (1951) y *Rápido tránsito (al ritmo de Norteamérica)*, 1953.

Disparates y metafísica en la prosa de Macedonio Fernández

El vanguardismo fue pródigo en los cultivadores de la locura, las extravagancias y originalidades, pero quizás ninguno alcanzó la talla del argentino MACEDONIO FERNÁNDEZ (1874–1952), a quien algunos consideraban realmente loco por la forma de escribir. Nació en Buenos Aires y después de graduarse de abogado en su Universidad, se fue al Paraguay a ejercer la carrera, pero al poco tiempo volvió, radicándose en la capital argentina, donde transcurrió el resto de su larga vida. Era hombre muy raro en extremo, pero por años mantuvo correspondencia con William James, líder del pragmatismo. Asimismo gozó de la admiración de los escritores más distinguidos de su tiempo: Ramón Gómez de la Serna, Jorge Luis Borges, Francisco Romero, Oliverio Girondo, Alfonso Reyes, Leopoldo Marechal, Pedro Henríquez Ureña y otros.

Fernández dejó tres libros en prosa y uno en verso y tres obras inéditas. Su primer libro lleva por título *No todo es vigilia la de los ojos abiertos* (1928), seguido de *Papeles de recienvenido* (1930), *Una novela que comienza* (1941), *Continuación de la nada* (1944) y *Poemas* (1953). Sus libros, por sus originalidades, disparates, sin sentido aparente, dejaron perplejo, tanto al público como a la crítica y pronto corrió la fama de Fernández como un verdadero loco de la literatura. En efecto, sus trabajos están llenos de contrasentidos, paradojas, pensamientos opuestos y contradictorios, escritos en una prosa llena de yuxtaposiciones, y extravagancias, cabalística. Macedonio veía el Universo como algo ridículo y quiso reirse de él a todo trance. Sus obras más representativas son: "Carta a Jorge Luis Borges" y "Una novela para nervios sólidos". Bajo la máscara de lo extravagante se escondía un pensador profundo y original, de manera que sus trabajos encierran toda una metafísica del individuo y del mundo; la realidad y el ensueño. En este apoteosis del disparate y del absurdo, realidad y fantasía andan de la mano y es casi imposible decir cuando termina una y comienza la otra. Es un magnífico representativo de una de las tendencias del vanguardismo.

BIBLIOGRAFÍA

1 Estudios y referencias generales

    (Consúltense las obras sobre el fondo histórico de la época y la bibliografía sobre el postmodernismo en el capítulo anterior; las historias y antologías generales de esta literatura y los estudios de conjunto y las antologías de la poesía)

Corvalán, Octavio, *El postmodernismo*, New York, Las Américas, 1961.

Forster, Merlin H., *Los Contemporáneos, 1920-1932: perfil de un experimento vanguardista mexicano*, México, Studium, 1964.

Hatzfeld, Hellmuth, *Superrealismo*, Buenos Aires, Argos, 1951.

Martínez, José Luis, "La literatura de vanguardia" en *Literatura mexicana del siglo XX*, México, 2 vols., Robredo, 1949-1950.

Monguió, Luis, *Poesía postmodernista peruana*, Berkeley-Los Angeles, Univ. of California Press, 1954.

Torre, Guillermo de, *Literaturas europeas de vanguardia*, Madrid, Caro Raggio, 1925.

———, *¿Qué es el superrealismo?*, Buenos Aires, Columba, 1955.

———, *La aventura estética de nuestra edad y otros ensayos*, Barcelona, Editorial Seix Barral, 1962.

———, *Historia de las literaturas de vanguardia*, Madrid, Ed. Guadarrama, 1965.

Videla, Gloria, *El ultraísmo* (*Estudios sobre movimientos poéticos de vanguardia en España*), Madrid, Gredos, 1965?

2 Transición del modernismo al vanguardismo

RAMÓN LÓPEZ VELARDE

Textos

Obras completas, México, Nueva España, 1944.

Poesías completas y El minutero, México, Porrúa, 1957; edición y prólogo de Antonio Castro Leal.

EL ULTRAÍSMO O ESCUELAS DE VANGUARDIA

Crítica

González Peña, *Historia*, 425.
Leiva, Raúl, *Imagen de la poesía mexicana contemporánea*, México, Imprenta Universitaria, 1959, 33–47.
Phillips, Allen W., *Ramón López Velarde: el poeta y el prosista*, Mexico, Instituto Nacional de Bellas Artes, 1962.
——, "López Velarde y su concepto de poesía en el postmodernismo", *Memoria del octavo congreso del Instituto Internacional de literatura iberoamericana*, México, Cultura, 1961.

JOSÉ MANUEL POVEDA

Textos

Versos precursores, Manzanillo, Cuba, Biblioteca Martí, 1917. El prólogo es un excelente estudio de la técnica de Poveda.
Proemios de cenáculo, prosas, La Habana, Cuadernos de Cultura, Ministerio de Educación, 1948. Recopilación y prólogo de Rafael Esténger.
Selecciones en: Anderson Imbert y Florit; Caillet-Bois; Esténger, Rafael, *Cien de las mejores poesías cubanas*, 3ra. ed., La Habana, Ediciones Mirador, 1948; Lizaso, Félix, *La poesía moderna en Cuba*, Madrid, Hernando, 1926; publicada con José A. Fernández de Castro; Vitier, Cintio, *Cincuenta años de poesía cubana (1902–1952)*, La Habana, Dirección de Cultura, 1952; Onís, *Antología*.

Crítica

Boti, Regino E., *Notas acerca de José Manuel Poveda*, su tiempo, su vida y su obra, Manzanillo, Cuba, 1928.
Esténger, Rafael, "Poveda y el modernismo en Cuba", (Conferencia), *Cuba Contemporánea*, XLI (1926).
——, "Evocación de Poveda", prólogo a *Proemios de cenáculo*, citado en los textos.
Henríquez Ureña, *Breve historia*, 433–436.

MARIANO BRULL

Textos

La casa del silencio, Madrid, 1916. Introducción de Pedro Henríquez Ureña.
Poemas en menguante, París, 1928; traducida luego al francés.
Canto redondo, París, 1934.
Solo de rosa, La Habana, 1941.
Selecciones en: Anderson Imbert y Florit; Caillet-Bois; *Laurel*, México, Ed. Séneca, 1941; Onís, *Antología;* Vitier, *Cincuenta años*.

Crítica

Anderson Imbert, E., *Historia*, II, 315–316.
Fernández Retamar, Roberto, *La poesía contemporánea en Cuba (1927–1953)*, La Habana, Orígenes, 1954.
Vitier, Cintio, *Cincuenta años*, 187–188.

EL ULTRAÍSMO O ESCUELAS DE VANGUARDIA

JOSÉ MARÍA EGUREN

Textos

Simbólicas, Lima, *La Revista*, 1911.
La canción de las figuras, Lima, Taller Tipográfico de la Penitenciaría, 1916; prólogo de Enrique A. Carrillo.
Poesías, Lima, Imp. Minerva, 1929 (Col. Amauta).
Poesías completas, Barranco, Ediciones del Colegio J. M. Eguren, 1952; prólogo de J. Basadre, D. Ludeña y M. Beltroy.

Crítica

Basadre, Jorge, *Equivocaciones*, La Opinión Nacional, 1928; en *Amauta*, XXIX (1929).
Goldberg, Isaac, *Studies in Spanish American Literature*, New York, Brentano's, 1920.
Jiménez Borja, "José, J. M. Eguren, poeta geográfico", Lima, *Revista Letras*, 47 (1952).
Mariátegui, Juan Carlos, *Siete ensayos de interpretación de la realidad peruana*, Lima, Amauta, 1928.
Monguió, Luis, *La poesía postmodernista peruana*.
Sánchez, L. A., *Escritores representativos*, II, 209–218.
Sologuren, Javier, *Eguren en la poesía contemporánea del Perú*, Lima, 1946.
Spikes, Judith D., "The Aesthetic of José María Eguren", *Hispania*, XLIX, No. 2 (mayo, 1966), 228–231.

3 APOGEO DEL VANGUARDISMO

VICENTE HUIDOBRO

Textos

Antología, Santiago, Zig-Zag, 1945. Edición, traducciones, prólogo y notas de Eduardo Anguita.
Poesía y prosa, antología, Madrid, Aguilar, 1957. Precedida del ensayo "Teoría del creacionísmo" por Antonio de Undurraga.

Crítica

Bary, David, "Vicente Huidobro: comienzos de una vocación poética", *Revista Iberoamericana*, 45 (1958), 9–42.
——, "Perspectiva europea del creacionismo", *Revista Iberoamericana*, 51 (1961), 127–136.
——, "Vicente Huidobro: el poeta contra su doctrina", *Revista Iberoamericana*, 52 (1961), 301–312.
——, "Vicente Huidobro: el estilo Nord-Sud", *Revista Iberoamericana*, 53 (1962), 87–101.
Cansinos Assens, Rafael, *Poetas y prosistas del novecientos, (España y América)*, Madrid, Ed. América, 1919.
Diccionario . . . . *Chile*, 91–94. Amplia bibliografía.
Holmes, Henry A., *Vicente Huidobro and Creacionism*, New York, Institute of French Studies, 1933.
Sánchez, L. A., *Escritores representativos*, II, 294–308.

EL ULTRAÍSMO O ESCUELAS DE VANGUARDIA

JORGE LUIS BORGES

Textos

Obras completas, 9 vols., Buenos Aires, Emecé, 1954–57. Comprenden los siguientes libros: *Ficciones, Historia de la eternidad, Poemas, Historia universal de la infamia, El Aleph, Evaristo Carriego, Discusión, El hacedor.* Los tomos han sido editados varias veces en ediciones separadas.

Poemas (*1923-1958*), 2da. ed., Buenos Aires, Emecé, 1958.

Otras inquisiciones (Ensayos), Buenos Aires, Emecé, 1960.

Historia de la eternidad, 5ta. ed., Buenos Aires, Emecé, 1965.

Historia universal de la infamia, 2da. ed., Buenos Aires, Emecé, 1958.

Ficciones, 5ta. ed., Buenos Aires, Emecé, 1965.

El Aleph, 5ta. ed., Buenos Aires, Emecé, 1965.

Antología personal, Buenos Aires, Sur, 1961.

Cuentos de Jorge Luis Borges, Godfrey, Ill., Monticello College Press, 1958; prólogo de John Copeland.

Crítica

Barrenechea, Ana María, *La expresión de la irrealidad en la obra de Jorge Luis Borges*, México, El Colegio de México, 1957.

Blanco-González, Manuel, *Jorge Luis Borges, anotaciones sobre el tiempo en su obra*, México, Studium, 1963.

Diccionario . . . . *Argentina*, II, 253–258.

Fernández Moreno, César, *Esquema de Borges*, Buenos Aires, Perrot, 1957.

Ghiano, Juan Carlos, "Borges, antólogo de sí mismo", *Revista Iberoamericana*, No. 55 (1963), 67–87.

Murillo, L. A., "The labyrinths of Jorge Luis Borges: An Introduction to the Stories of the Aleph", *Modern Language Quarterly*, XX (1959), 259–266.

Phillips, Allen W., "Notas sobre Borges y la crítica reciente", *Revista Iberoamericana*, 43 (1957), 41–60.

Prieto, Adolfo, *Borges y la nueva generación*, Buenos Aires, Letras Universitarias, 1954.

Ríos Patrón, José Luis, *Jorge Luis Borges*, Buenos Aires, La Mandrágora, 1955.

PABLO NERUDA

Textos

Poesías completas, Buenos Aires, Losada, 1951.

Obras completas, 2da. edición aumentada, Buenos Aires, Losada, 1962; cronología y bibliografía por Jorge Sanhueza.

Antología. 3ra. ed., Santiago, Nascimento, 1957.

Odas elementales, Buenos Aires, Losada, 1958.

Veinte poemas de amor y una canción desesperada, Buenos Aires, Tor, 1940. Hay muchas ediciones. Losada, 1961.

Crepusculario, Buenos Aires, Losada, 1961 (Col. Contemporánea, 297).

Canto General, 2 vols., Buenos Aires, Losada, 1955, 2da. ed., 1963 (Col. Contemporánea, 86).

Residencia en la tierra, (*1925-35*), Buenos Aires, Losada, 1958 (Col. Contemporánea, 275).

El habitante y su esperanza, seguido de *El hondero entusiasta, Tentativa del hombre infinito*, 2da. ed., Buenos Aires, Losada, 1964 (Col. Contemporánea, 271).

Estravagario, Buenos Aires, Losada, 1958.

EL ULTRAÍSMO O ESCUELAS DE VANGUARDIA

Crítica

"Alone", *Los cuatro grandes de la literatura chilena durante el siglo XX: Augusto D'Halmar, Pedro Prado, Gabriela Mistral, Pablo Neruda,* Santiago, Zig-Zag, 1963.

Alonso, Amado, *Poesía y estilo de Pablo Neruda: interpretatión de una poesía hermética,* 2da. ed., Buenos Aires, Sudamericana, 1951.

Diccionario .... Chile, 144–146.

Lellis, Mario Jorge de, *Pablo Neruda,* 2da. ed., Buenos Aires, La Mandrágora, 1959.

Silva Castro, Raúl, *Pablo Neruda; ensayo crítico,* Santiago, Editorial Universitaria, 1964.

Torres-Rioseco, A., *New World Literature,* 171–184.

CÉSAR VALLEJO

Textos

Los heraldos negros, (1918), Buenos Aires, Losada, 1961 (Col. Contemporánea, 138).

Trilce (1922), Buenos Aires, Losada, 1961 (Col. Contemporánea) 139).

Antología de César Vallejo, Buenos Aires, Claridad, 1942; editadas por Xavier Abril.

Poesías completas, 1918–1938, Buenos Aires, Losada, 1949; prólogo de César Miró.

Crítica

Abril, Xavier, *Vallejo,* Buenos Aires, Ediciones Front, 1958.

——, *César Vallejo o La teoría poética,* Madrid, Taurus, 1962.

Ángeles Caballero, César A., *César Vallejo: su obra,* Lima, Minvera, 1964.

Lellis, Mario Jorge de, *César Vallejo,* Buenos Aires, Ed. La Mandrágora, 1960.

Meléndez, Concha, "Muerte y resurrección de César Vallejo", *Revista Iberoamericana,* 12 (1943), 419–453.

Monguió, Luis, *César Vallejo (1892–1938). Vida y obra. Bibliografía,* New York, Hispanic Institute, 1952.

Sánchez, Luis Alberto, *Escritores representativos,* II, 273–293.

JORGE CARRERA ANDRADE

Textos

Registro del mundo, antología poética, 1922–1939, México, Ed. Séneca, 1945.

Edades poéticas (1922–1956), Quito, Casa de la Cultura Ecuatoriana, 1958.

Mi vida en poemas, Caracas, Ediciones Casa del Escritor, 1962; con un "Ensayo autocrítico".

Floresta de los guacamayos, poema, Managua, Editorial Nicaragüense, 1964.

Crítica

Diccionario .... Ecuador, 94–99.

Hays, H. R., "Jorge Carrera Andrade, Magician of Metaphors", *Books Abroad,* XVII (1943), 101–105.

Heald, William F., "Soledad in the Poetry of Jorge Carrera Andrade", *PMLA,* LXXVI (1961), 608–612.

Palley, Julian, "Temática de Jorge Carrera Andrade", *Hispania,* XXXIX (1956), 80–83.

CARLOS PELLICER

Textos

Material poético (1918–1961), México, Universidad Nac. Autónoma, 1962.

EL ULTRAÍSMO O ESCUELAS DE VANGUARDIA

Crítica

Castro Leal, Antonio, *La poesía mexicana moderna*, México, Fondo de Cultura Económica, 1953, XX y 271-286.
Leiva, *Imagen de la poesía*, 91-108.
Martínez, *Literatura mexicana del siglo XX*.

JOSÉ GOROSTIZA

Textos

Canciones para cantar en las barcas, México, 1925.
Muerte sin fin, México, 1939; 2da. ed., 1952 con un comentario de Octavio Paz.
Poesía, México, Fondo de Cultura Económica, 1964.

Crítica

Debicki, Andrew P., "Sobre la poética y la crítica literaria de José Gorostiza", *Revista Iberoamericana*, XXVI, No. 51 (1961), 147-154.
——, "La función de la naturaleza en *Canciones para cantar en las barcas*", *Revista Iberoamericana*, XXVIII, No. 52 (1962), 140-153.
Rubín, Mordecai S., *Una poética moderna. Muerte sin fin de José Gorostiza (Análisis y comentario)*, University, Alabama, Univ. of Alabama Press, 1967. Prólogo de Eugenio Florit.
Xirau, Ramón, *Tres poetas de la soledad*, México, 1955.

4 OTRAS FIGURAS DE LAS TENDENCIAS DE VANGUARDIA

JACINTO FOMBONA PACHANO

Textos

Virajes, Caracas, Editorial "Elite", 1932.
Las torres desprevenidas, Caracas, Asociación de Escritores Venezolanos, 1940.

Crítica

Anderson Imbert, E., *Historia*, II, 177.
Picón-Salas, *Formación y proceso*, 233-234.

HERIB CAMPOS CERVERA

Textos

Ceniza redimida, Buenos Aires, 1950.

Crítica

Buzó Gomez, Sinforiano, *Indice de la poesía paraguaya*. Selecciones y comentario.
Rodríguez Alcalá, Hugo, "Herib Campos Cervera, poeta de la muerte", *Revista Iberoamericana*, XVII, No. 33 (1951), 61-79.

JOSÉ CORONEL URTECHO

Textos

La muerte del hombre símbolo, Managua, Revista *Centro*, 1937.
Nueva poesía nicaragüense, Madrid, 1949; introducción de Ernesto Cardenal; selección y notas de Orlando Cuadra Downing. Contiene selecciones de Coronel Urtecho.

Panorama y antología de la poesía norteamericana, Madrid, 1949; introducción y traducciones de Coronel Urtecho.

Lincoln de los poetas, Managua, Col. Poesía de América, 1951.

Rápido tránsito (al ritmo de Norteamérica), 1ra. ed., Managua, 1953; 2da. ed., Madrid, 1959.

Crítica

Diccionario . . . . *América Central*, 196–197.

Ycaza Tigerino, Julio, "Coronel Urtecho, Cabrales, Manolo Cuadra" en *La poesía y los poetas de Nicaragua*, Managua, Academia Nicaragüense de la Lengua, 1958, 95–100.

MACEDONIO FERNÁNDEZ

Textos

No todo es vigilia la de los ojos abiertos, Buenos Aires, Gleizer, 1928.

Papeles de recienvenido, Buenos Aires, Proa, Cuadernos del Plata, 1930; 2da. ed., Buenos Aires, Losada, 1944.

Una novela que comienza, Santiago, Ercilla, 1941; prólogo de Luis Alberto Sánchez.

Poemas, México, Guaranía, 1953; prólogo de N. González.

Crítica

Gómez de la Serna, Ramón, "Macedonio Fernández" en *Nuevos retratos contemporáneos*, Buenos Aires, Sudamericana, 1941.

——, Prólogo a la segunda edición de *Papeles de recienvenido*, Buenos Aires, Losada, 1944.

Sánchez, Luis Alberto, *Escritores representativos*, II, 197–208.

Scalabrini, Raúl, "Macedonio Fernández, nuestro primer metafísico" Buenos Aires, *Nosotros* (mayo, 1928).

26 El ensayo durante el postmodernismo

Trascendencia, base ideológica y tendencias del nuevo ensayo

En el siglo XX llega el ensayo hispanoamericano—que había nacido en el siglo XVI con los albores de esta literatura—a su punto más alto, tanto por su rico contenido doctrinal como por su valor interpretativo y su belleza expresiva. Es uno de los géneros de más intenso cultivo y su estudio resulta imprescindible para seguir la evolución cultural e intelectual de estos países. Varios de los ensayistas de este período se cuentan entre los mejores de la lengua y admiten comparación con los primeros de cualquier país.

Este ensayo presenta características que lo diferencian del género en cualquier otra época anterior. Lo primero que se destaca en su naturaleza es la solidez y riqueza ideológica y doctrinal. Aunque en esta época escriben todavía algunos positivistas, hay una reacción general contra esa doctrina, nacida principalmente en México, Argentina y Uruguay, con una tendencia hacia el intuicionismo de Bergson y la restauración de la metafísica. Es evidente que el ensayo alcanza ahora una consistencia doctrinaria, como quizás no tuvo nunca antes. Presenta influencia de las corrientes filosóficas y de los pensadores más en boga en Europa (franceses, alemanes, ingleses e italianos), España y los Estados Unidos. Se admira, lee y sigue a Bergson, Kant, los neo-kantianos, Benedeto Croce, Giovanne Gentile, Nietzsche, Schopenhauer Huizinga y los españoles Miguel de Unamuno, José Ortega y Gasset, Ramiro Maeztu, Eugenio d'Ors, Manuel García Morente y otros.

Mientras en la ideología se combinan las corrientes doctrinales y filosóficas más modernas con ideas propias, en el estilo se nota la huella directa de las innovaciones estéticas llevadas a cabo por los últimos movimientos literarios, como el modernismo e inclusive el vanguardismo. El género se caracteriza por sus variados matices líricos y poéticos y por la preocupación esteticista en el lenguaje, las metáforas y demás aspectos del estilo. El ensayista trata de pensar hondo y expresar sus especulaciones en la forma más bella y elegante posible, gracias a su firme voluntad de estilo.

Aun cuando todavía el centro temático del ensayo sea América y lo nacional de cada país, se nota una orientación hacia la consideración de problemas humanos y sociales universales y la preocupación filosófica y metafísica. La preocupación por lo americano se produce paralelamente a un creciente interés universalista, sobre todo en los aspectos que atañen a la filosofía y el origen, valor y destino del hombre. Esta amplia gama en los asuntos del género, permite la siguiente clasificación del ensayo: 1. Ensayo filosófico 2. Político, económico, social 3. Histórico, sociológico 4. Cultural y 5. De crítica literaria.

Hay un intenso cultivo del ensayo filosófico, aun por los ensayistas que cultivan otros temas. Otro grupo se ha orientado hacia la búsqueda de la realidad nacional hurgando en el origen, cultura, problemas políticos, económicos y sociales de los países. Son ensayos de interpretación de las causas más profundas de la realidad nacional, a fin de hallar los verdaderos motivos del carácter, problemas, conducta y porvenir nacional No faltan los que viven obsesionados por la búsqueda de lo que es América (su origen, problemas, destino). Encontramos varios ensayistas como Alfonso Reyes, Pedro Henríquez Ureña que escriben sobre el desenvolvimiento cultural, intelectual y literario. Estos ensayos expresan generalmente el anhelo y lucha para lograr el debido reconocimiento para los valores artísticos, culturales y literarios de Hispanoamérica. Leyendo estos ensayos se comprueban las fecundas contribuciones de nuestro continente a la cultura occidental. Abundan los ensayos de tono político y social, generalmente expresivos del creciente nacionalismo existente en estos pueblos.

En general hay más reflexión y meditación en el ensayo. Un grupo de intelectuales y escritores se ha dado a la tarea de meditar y pensar y el resultado ha sido ensayos llenos de profundidad en el pensamiento y de galanura en la expresión. En general se combinan profundidad de análisis, erudición seria, agudeza en la observación y la crítica. El ensayo tiene una orientación más universal que en otras épocas: lo nacional o continental han dejado de ser el tema casi único, aunque siguen siendo quizás los más importantes. Es evidente la preocupación e interés por temas que afectan a toda la humanidad (respecto al hombre, la metafísica, la cultura, el arte, los valores y otros problemas esenciales).

El ensayo se ha convertido así en una de las pruebas más evidentes de la madurez intelectual, cultural y literaria que ha alcanzado Hispanoamérica en el presente siglo y muestra la intensa y fecunda actividad en esos campos en nuestros días. Respecto a la división del ensayo de acuerdo con su temática, debemos aclarar esto: muchos ensayistas se han consagrado a un solo tipo de ellos (por ejemplo Alfonso Reyes y Pedro Henríquez Ureña al ensayo de crítica literaria e interpretación y divulgación cultural), pero la mayoría escriben indistintamente sobre unos temas u otros. Por ese motivo, en vez de agruparlos por temas, vamos a estudiarlos por individualidades, destacando los tipos de ensayos que cultivan.

Aportes de Carlos Vaz Ferreira al ensayo filosófico

Pertenece CARLOS VAZ FERREIRA (1873-1958) a la extraordinaria "generación del 900", formada, entre otros, por Reyles, Rodó, Quiroga, Herrera y Reissig, una de las promociones más fecundas en las letras del Uruguay. Vaz Ferreira se distinguió como profesor, filósofo, conferencista, ensayista y pensador. Se le considera entre los tres más grandes pensadores uruguayos así como el mentor y guía ideológico de varias generaciones, gracias a la hondura de su pensamiento filosófico, al que apunta siempre un sentido realista y práctico. Este pensador no se queda en la simple especulación filosófica, sino que postula la aplicación práctica de los principios que sustenta. En 1953 la Academia de Letras del Uruguay le rindió un cálido y solemne homenaje a este gran maestro de la sabiduría, estando el principal elogio a cargo de Emilio Oribe, cuyo discurso es fundamental para conocer la trayectoria del pensamiento de Vaz Ferreira.

Sus obras principales son: *Ideas sobre estética evolucionista* (1896), *Sicología experimental* (1897), con más de doce ediciones; *Problemas de la libertad* (1907); *Moral para intelectuales* (1908), uno de sus ensayos más leídos y sobresalientes por su practicismo y el hondo conocimiento de lo humano; *Estudios pedagógicos* (1921); *Fermentario* (1938), colección de ensayos breves, modelos por su precisión, concisión y sustancia del pensamiento; *Cuál es el signo de la inquietud humana* (1938) y *La actual crisis del mundo desde el punto de vista racional* (1940). Vaz Ferreira se inició en su carrera filosófica dentro del positivismo, sobre todo por el lado de Stuart Mill, pero más tarde fue evolucionando hacia un sistema que partiendo de la realidad se aprovecha del intuicionismo de Bergson. Es uno de los pocos pensadores hispanoamericanos que merecen realmente el nombre de filósofos, aunque no dejó un sistema completo de sus ideas. Mostró sus conocimientos en casi todas las ramas de la filosofía: lógica, moral, estética, gnoseología, pero también hizo incursiones fructíferas por la política, la pedagogía, el arte y la literatura. Supo en todo momento pensar hondo, alto y claro.

Si el pensamiento de este escritor se caracteriza porque cala bien hondo en los problemas, con gravedad y lógica, no le quedan lejos la excelencia de su técnica expositiva, siempre clara y expresiva, ni su estilo, ameno, poderoso, pulcro, conciso. Resulta así un filósofo que al propio tiempo ha llegado a ser un estilista consumado como lo muestra, sobre todo en sus ensayos breves de *Fermentario*. Su lúcido pensamiento le ha ganado prestigio internacional. Más de una vez se refirió Miguel de Unamuno al notable pensador uruguayo. En 1912, en su ensayo *Contra esto y aquello* escribió el gran vasco: "Y así sucede que el Doctor Carlos Vaz Ferreira, uno de los hombres de pensamiento filosófico más penetrante, hondo y robusto que yo conozca, apenas tenga el prestigio y predicamento que merece, mientras priman otras elucubraciones más agradables, tal vez, más amenas o más brillantes, pero en exceso literarias o vagas".

Rufino Blanco-Fombona: sus ensayos políticos y de divulgación de la literatura hispanoamericana

Aunque romántico por temperamento, RUFINO BLANCO-FOMBONA (1874–1944) abrazó el realismo en la prosa, mientras se convertía en el propulsor del modernismo en la poesía, en un momento de indecisión estética en las letras venezolanas. Nació en Caracas en el seno de una familia aristocrática por el lado del padre y murió en Buenos Aires cuando hacía negociaciones para la edición de sus obras completas. Su abuelo fundó la Academia Venezolana de Letras y fue miembro correspondiente de la Academia Española. A los dieciocho años intervino Blanco-Fombona en una revolución. Luego conoció la cárcel varias veces, sobre todo por razones políticas. Era un temperamento violento, apasionado, polemista, aventurero, no exento de cierto individualismo y vanagloria personal y de una vitalidad extraordinaria, rasgos sicológicos que contribuyen notablemente a configurar su obra total. Tenía mucho del hombre del Renacimiento y del conquistador español.

Hizo una tenaz oposición a la larga dictadura de Juan Vicente Gómez (1908-1935). Ocupó importantes cargos públicos en su patria, llegando inclusive a Presidente de Estado y Cónsul en Filadelfia y Holanda; Ministro en Uruguay. Vivió la mayor parte de su vida en el destierro: Estados Unidos, países de la América Latina y Europa, especialmente España. Aquí fundó la Editorial América que publicó cientos de obras de autores hispanoamericanos en sus colecciones "Biblioteca Andrés Bello", "Ayacucho", "Sarmiento", etc. Contribuyó de esa manera en forma efectiva a la difusión y conocimiento de la literatura hispanoamericana con sus prólogos, ensayos críticos, y, sobre todo con la publicación de las obras de los autores más sobresalientes. Blanco-Fombona fue una de las figuras más conocidas del modernismo, siendo el polígrafo y crítico más destacado de su generación.

Se distinguió como poeta, cuentista, novelista, cronista, editor y antólogo y especialmente como ensayista y pensador. Comenzó su carrera literaria, como muchos otros escritores, por la poesía y a la sombra decorativa y versallesca del Darío de las *Prosas profanas,* con una colección de versos y prosas titulada *Trovadores y trovas* (1899). Su próximo libro, *Pequeña ópera lírica* (1904) representó la búsqueda de más simplicidad, verdad de sentimiento y sinceridad en la expresión. Darío la alabó mucho. Acento épico-lírico a lo Santos Chocano tienen los *Cantos de la prisión y del destierro* (1911), no exento de incorrecciones y prosaísmos. Libro de los días duros de la persecución política; es una obra muy personal; a veces satírica y caricaturesca. En *Cancionero del amor infeliz* (1918) y *Mazorcas de oro* (1943) se reveló un Blanco-Fombona más suave e íntimo.

Más variada resulta su amplia labor en prosa que cubre: novelas, cuentos, ensayos políticos, sociológicos, críticos, culturales; crónicas e historia. Tono polémico; ironía y sátira; violencia; diatribas políticas, dan el tono general de su obra en prosa. En 1900 publicó *Cuentos de poeta*, que transparentan el anhelo modernista de renovación. Los más estimados por él fueron coleccionados en *Cuentos americanos* (1904). Sus narraciones se caracterizan por su movimiento rápido, refinamiento y brevedad, su espíritu de análisis, ironía y pesimismo. Henri Barbusse los alabó mucho y los comparó a los de Maupassant. En sus novelas quiso presentar, con todo realismo, un amplio cuadro de la vida venezolana. Son novelas de la ciudad, de tono pesimista. El reformador y polemista que había en él escribió en el prólogo de *Dramas mínimos* (1921), colección de sus cuentos: "He descubierto siempre y en todas partes cosa igual: un fondo idéntico de estupidez, de maldad y dolor". Sus dos mejores novelas son *El hombre de hierro* (1907) y *El hombre de oro* (1915), seguidas de *La máscara heroica* (1923) y *La mitra en la mano* (1927). La primera fue escrita con más calma en una de sus encierros en la cárcel. En ella Crispín Luz, un hombre virtuoso, pero carente de las armas del combatiente, sucumbe trágicamente ante el vicio y lo picaresco dominantes en la sociedad. Es su mejor novela y constituye una sátira mordaz de la vida de Caracas a comienzos del siglo XX. Como dice el mismo Blanco-Fombona, el protagonista de *El hombre de oro* (1915) posee cualidades de que carece la sociedad en que vive y logra imponer su voluntad. Irurtia es un oscuro tenedor de libros, avaro y prestamista que amasa una gran fortuna y llega a ser Ministro de Hacienda, a pesar de su carácter anti-social y su criterio de que sus conciudadanos son sólo seres a quienes puede explotar. Es una crítica vigorosa de la vida política venezolana.

La ensayística de Blanco-Fombona es rica y variadísima; pero quizás los más interesantes sean los ensayos críticos y aquéllos de carácter sociológico y político. Sus mayores contribuciones a la crítica están en tres volúmenes: *Letras y letrados de Hispanoamérica* (1908), *Grandes escritores de América* (1917) y *El modernismo y los poetas modernistas* (1929). Dejó estudios muy serios sobre algunos escritores hispanoamericanos como los dedicados a Andrés Bello, Sarmiento, Hotsos y González Prada. Se manifiesta decidido defensor del panamericanismo literario, es decir la literatura hecha con motivos propios y exalta los elementos autónomos. A veces hace prevalecer su individualismo y preferencias personales en las selecciones y esto perjudica algo su crítica. Sin embargo, se cuenta entre los más bizarros divulgadores de nuestros valores literarios.

Mucho renombre le ganaron sus ensayos políticos y sociológicos, en los que analiza las causas más importantes, a su juicio, de la situación de Venezuela y de América y mantiene una actitud de acérrima crítica contra lo que él llama "el imperialismo yanqui". En este campo son notables: *Evolución política y social de Hispano-América* (1911); *Judas capitolino* (1912), violenta diatriba contra el tirano Juan Vicente Gómez; *La lámpara de Aladino* (1915); *El conquistador español del siglo XVI* (1922). También sintió inclinación por la historia, siendo notables sus ensayos sobre Bolívar, cuyas cartas publicó. Su vida agitada, violenta y aventurera aparece en sus libros de tono más biográfico, especie de memorias con el título de *Diario de mi vida,* de 1906 a 1914, publicado en 1933 con el título de *Camino de imperfección.* Blanco-Fomboana fue un escritor muy bien dotado, que gozó de un prestigio extraordinario en España y América. Tuvo un papel muy destacado en esta época como crítico, orientador y pensador. Ninguno de sus libros individuales alcanza a ser una obra maestra, pero el conjunto total de su producción ofrece una especial significación en nuestras letras.

EL ENSAYO DURANTE EL POSTMODERNISMO

Francisco García Calderón: sociólogo e intérprete de la civilización hispanoamericana

Si bien el modernismo peruano no cuenta sino con un gran poeta—José Santos Chocano—en cambio abundan los buenos prosistas iniciados en ese movimiento y luego de lleno en la época postmodernista. A la generación de 1900, bajo el signo de la renovación estética, pertenecen FRANCISCO GARCÍA CALDERÓN (1883-1953) y su hermano Ventura. El primero fue una especie de embajador de nuestras letras en Francia. La distinción política y social le venía de su padre, un ex-presidente del Perú. Gozó de renombre como crítico, ensayista, sociólogo y diplomático. Su prosa artística y sus ideas lo sitúan como discípulo espiritual de José Enrique Rodó.

Su primera revelación como escritor fue en el ensayo de crítica literaria, sobresaliendo sus trabajores *De litteris* (1905) y *Profesores de idealismo* (1908). Más tarde se adentró por el campo de la sociología, la historia y la cultura para dejar obras muy notables, escritas tanto en español como en francés. Es la época de *Le Pérou contemporain* (1904), *Les democraties latines de l'Amérique* (1909), *La creación de un continente* (1913) y *Latin America: Its Rise and Progress* (1913). Aunque siente gran admiración por Francia y es espíritu cultivado y cosmopolita, ha sabido volver la vista hacia Hispanoamérica, sobre la que ha escrito ensayos de gran penetración y perspicacia. En éstos y otros trabajos se descubre una prosa refinada y artística y un pensador original y conocedor de los temas estudiados. García Calderón fue uno de los primeros sociólogos de la América Latina en reaccionar contra la visión algo pesimista y derrotista de los primeros modernistas sobre nuestra realidad. No solo ve progreso a pesar de la inestabilidad política, sino que vislumbra con optimismo el futuro de nuestros países. Llega a afirmar que los hispanoamericanos serán capaces de construir otra y mejor Europa en el Nuevo Mundo. Esta actitud—más optimista que crítica—es mantenida en *Les démocraties latines de l'Amérique* y reiterada en otros.

El ensayista peruano tuvo el propósito de aclarar conceptos llenos de simplismo y error de algunos europeos sobre Hispanoamérica y darles una visión exacta de nuestra civilización y cultura. Su prosa, bien trabajada, rebosa los límites del modernismo, pero adquiere muchos de los atributos de la prosa francesa y no pierde su refinamiento y lirismo ni aun en los momentos del argumento y dato sociológico o cuando intenta rebatir falsas apreciaciones. Mantuvo una visión optimista de América, con fe en sus destinos y aprecio por su cultura y literatura.

Contribuciones a la divulgación de la cultura hispanoamericana de Ventura García Calderón

Si en Francisco García Calderón predomina el sociólogo y el pensador en VENTURA GARCÍA CALDERÓN (1886-1959) es más importante el crítico y el literato. También vivió casi toda su vida en Francia, con esporádicos viajes a Madrid y Barcelona. En su estilo son evidentes las huellas de la literatura francesa y las de la prosa modernista. Cultivó la crónica, el ensayo crítico y el cuento. En su estilo son palpables las reminiscencias de Huysmans y D'Annunzio. De mucho encanto son sus libros de cronicas: *Frívolamente, En la verbena de Madrid, Sonrisas de París*. El estilo impresionista recuerda a veces a Enrique Gómez Carrillo. Como crítico literario ha dejado obras de mucha importancia: *Del romanticismo al modernismo* (París, 1910), *Semblanzas de América* (Madrid, 1920). Aun cuando expresa su aprecio por nuestros valores literarios, la mesura y la seriedad presiden sus juicios y opiniones, nunca recargados de elogios ni de alabanzas. Fue también un constante divulgador de las manifestaciones artísticas de Hispanoamérica, sobre todo en *Los mejores cuentos americanos* (s.f.). En este campo su obra de más envergadura es la que realizó como editor de los trece volúmenes de la *Biblioteca de Cultura Peruana* (París, 1938), modelo de antología por la serenidad de los juicios y el cuidado en las selecciones.

A más de ensayista tiene una labor de significación en la prosa de ficción. De ambiente cosmopolita son los cuentos titulados *Dolorosa y desnuda realidad* (1914). Luego se volvió al ambiente peruano para ofrecernos las colecciones tituladas *La venganza del cóndor* (1924) y *Peligro de muerte* (1926). Buena muestra de estos relatos peruanos son los cuentos de *La venganza del cóndor* en los que el realismo, lo brutal, violento y el horror están captados en una prosa muy refinada y artística. Son narraciones realistas, pero llenas de mesura y buen gusto. Entre ellos sobresale el titulado "Historias de caníbales". Es bastante difícil encontrar en el Perú un prosista que supere a Ventura García Calderón, por lo atildado del lenguaje y la elegancia de la expresión. Aunque su estilo ha superado ya aquella etapa, siempre se le notan rasgos modernistas unidos a un tono muy personal.

Pedro Henríquez Ureña y su interpretación de Hispanoamérica a través de la cultura y el arte

Aunque nació en la República Dominicana en el seno de una distinguida familia consagrada a las letras, PEDRO HENRÍQUEZ UREÑA (1884-1946) vivió la mayor parte de su vida en países extranjeros. Debido a la inestabilidad política que siempre ha sufrido la isla y la larga dictadura de Trujillo, Henríquez Ureña tuvo que vivir en una especie de exilio voluntario, en el que sin olvidar su tierra natal, encontró cariño de patria en otros países de América. A los veintiún años llegó a Cuba (1905-1906) y allí se consagró por entero al cultivo de la literatura. En 1906 se trasladó a México y junto con otros jóvenes intelectuales mexicanos, fundó el Ateneo de la Juventud, institución de singular importancia en la renovación espiritual, artística e intelectual de ese país. Fue el guía intelectual y moral de aquellos jóvenes. Luchó por la fundación de la Escuela de Altos Estudios, antecedente inmediato de la Facultad de Filosofía y Letras de la Universidad Nacional Autónoma. Entre 1917 y 1920 vivió en España haciendo estudios y trabajos de investigación literaria y filológica en el Centro de estudios históricos bajo la orientación de don Ramón Menéndez Pidal. En esta gran institución volvió a encontrarse con Alfonso Reyes, otro de los animadores del Ateneo de la Juventud. Aquí se maduró la formación humanista de ambos escritores.

Después de otra estancia en México, Henríquez Ureña se trasladó a Buenos Aires. Por muchos años fue el alma del Instituto de Filología de la Universidad de Buenos Aires. Orientó a muchos jóvenes intelectuales argentinos en su entrenamiento en la carrera de las letras. A principios de 1940 fue invitado para pronunciar una serie de conferencias sobre la cultura y literatura de la América Latina en la Universidad de Harvard, luego publicadas con el título de *Literary Currents in Hispanic America* (1945). Murió el afamado maestro en el tren que lo conducía una mañana a la Universidad de Buenos Aires.

Henríquez Ureña se distinguió como poeta, dramaturgo, erudito, historiador, crítico, ensayista, mentor de juventudes y animador de cultura. Se le considera uno de los representantes más conspicuos de la corriente europeísta e hispanista en Hispanoamérica. Hubiera podido sobresalir admirablemente en la literatura de imaginación, pero prefirió consagrar su robusto talento a la crítica literaria y al estudio de la cultura y, en ambas ramas, dejó obras que se han convertido en "clásicas" en esas materias por la agudeza del análisis, la precisión y serenidad de los juicios y el estilo de un prosista de elegancia y amenidad singulares. Fue un verdadero humanista por la amplitud de su conocimiento en todas las ramas del saber humano, sobre todo las culturales; la asimilación perfecta de sus lecturas y estudios y el ansia de transmitir su bagaje a otros, sobre todo a los jóvenes. En sus *Ensayos críticos* (1905) dio prueba de sus conocimientos de las literaturas europeas e hispanas. Más madurez alcanzan *Horas de estudio* (1910) en que mezcla sesudos trabajos filosóficos y literarios. Henríquez Ureña concebía el mundo hispánico como una unidad cultural, social y espiritual.

En la orilla, mi España (1922) constituye un intento de reivindicación de los valores de la cultura hispánica, a través del estudio de algunos de sus autores más representativos. La crítica que hace sobre Moreno Villa, Juan Ramón Jiménez, Azorín y algunos aspectos del Renacimiento en España es excelente muestra de la precisión de sus juicios. Obra fundamental para la cabal interpretación de la cultura, el pensamiento y la literatura hispanoamericanos son sus excelentes *Seis ensayos en busca de nuestra expresión* (1928), que son en realidad nueve estudios. Constituyen uno de los estudios más serios y profundos sobre el tema. No sólo trata de definir y caracterizar nuestra literatura—algo esencial en el enjuiciamiento de los valores de la cultura continental—sino que aboga por la fusión de los elementos de la cultura universal con los propios, en cuyas ideas sigue muy de cerca a Bello y Rodó.

Muestra su amor por la cultura de su patria en el ensayo, *La cultura y las letras coloniales en Santo Domingo* (1936), ensayo imprescindible para conocer los orígenes de la literatura nacional. Su profundo conocimiento de la literatura española y su voluntad de divulgación le dictaron *Plenitud de España. Estudios de historia de la cultura* (1940-1945). Los estudios que dedica a la Edad Media, el Arcipreste de Hita, Rioja, Lope de Vega y otros son de consulta obligada por lo atinado de las opiniones críticas. Asimismo dejó multitud de artículos, comentarios, ensayos breves sobre la literatura española, hispanoamericana y universal de mucho mérito. Su mayor interés se centraba en el estudio de las manifestaciones de toda índole de la cultura hispanoamericana. Entre éstos deben mencionarse: *Romances en América* (1913), *Apuntaciones sobre la novela en América* (1929) y *El teatro de la América Española en la época colonial* (1936). Sus obras más difundidas son *Las corrientes literarias en la América Hispánica* (traducción de las conferencias de Harvard, ya citadas), y su conocida *Historia de la cultura en la América Hispánica* (1947), excelente interpretación de la civilización latinoamericana. En *Obra crítica* (1960) publicada en memoria del gran crítico, se recogen los trabajos más importantes, salvo las dos últimas citadas, que se han publicado varias veces en ediciones separadas.

Henríquez Ureña es el continuador de la tradición crítica y humanista de Andrés Bello. En sus medulares ensayos nos ha dejado una interpretación de América Hispana, no a través de su economía o de su historia, sino de la cultura y el arte. Ejerció un tipo de magisterio intelectual muy parecido al de Bello, preparando generaciones enteras de jóvenes hispanoamericanos para los quehaceres literarios, artísticos e intelectuales. Mientras otros distinguidos críticos presentan un panorama nacional de la literatura, como es el caso del propio Ricardo Rojas, Henríquez Ureña tiene una visión de conjunto de toda la literatura hispanoamericana. Apenas hace distinciones nacionales, porque lo que le interesa es el desarrollo global de las manifestaciones literarias de nuestros países, no en su ámbito particular, sino continental. Don Pedro fue un verdadero humanista, tanto por su profundo conocimiento de las artes como por el amor demostrado en darlo a conocer. Es lástima que su obra se resienta algo de fragmentarismo por exigencias de espacio y por haber dedicado mucho tiempo a la labor personal de enseñanza y orientación de los demás. Su sola presencia llena toda una etapa de la crítica en Hispanoamérica.

Escribe siempre con precisión, dando en todo caso las fuentes de su información, provenientes de sus incansables y bien dirigidas investigaciones. Poseía sólida y amplia cultura; inmenso cariño y anhelo de divulgación de estas disciplinas de los valores literarios. Tenía el don de sintetizar grandes períodos literarios o históricos y de apresar lo esencial en trabajos generalmente breves, cosa que es solo dable a quien posee una vasta cultura bien asimilada. El erudito, el crítico y el estilista se daban la mano. Sus juicios son siempre mesurados, serenos, objetivos, sobrios, precisos. El estilo es expresivo, muy bien elaborado. Parece que gastaba mucho tiempo en la redacción de los párrafos, porque éstos le salen armoniosos y equilibrados y sabe expresar las verdades más grandes con verdadera economía verbal. Es uno de los mayores y más respetados críticos de la literatura y la cultura hispanoamericanas, pues la mayoría de sus juicios y conclusiones son definitivos por su justeza, veracidad y amenidad.

José Vasconcelos: intérprete del complejo racial y cultural de Hispanoamérica

Vida contradictoria, apasionada, turbulenta y dramática ha sido la de JOSÉ VASCONCELOS (1882–1959), uno de los ensayistas de más renombre continental durante el postmodernismo. Nació en Oaxaca, pero recibió su educación superior en la ciudad de México, donde se unió al grupo de intelectuales y escritores agrupados en el Ateneo de la Juventud. Antonio Caso, Alfonso Reyes y Pedro Herníquez Ureña fueron sus compañeros en este grupo que ha tenido una vigorosa influencia en la renovación de la vida intelectual y artística de México. Participó activamente en la revolución y después de salir de la Universidad Nacional practicó la abogacía con mucho éxito, y tuvo una activa y fecunda carrera como político. Por sus ideas en favor del ideario de la revolución fue llevado al Ministerio de Educación (1920–1925) y desde ese alto cargo realizó una encomiástica labor en favor de la educación popular. Llevó toda su inquietud y dinamismo a ese departamento rector de la educación: impulsó la reforma de la enseñanza, mejoró y amplió considerablemente la educación rural, construyó nuevas escuelas y favoreció la literatura y el arte. La pintura y otras artes vivieron momentos de esplendor, apareciendo los primeros pintores mexicanos en ganar fama universal, como Rivera y Orozco. Más tarde fue rector de la Universidad Nacional Autónoma de México. Enemigo furibundo de la política de los Estados Unidos, no ocultó más tarde sus simpatías por la política del Buen Vecino del Presidente Roosevelt y se mostró ferviente admirador del panamericanismo. Como protesta por la posición anticlerical que tomó el gobierno en 1925, Vasconcelos vivió en el exilio voluntario por muchos años. Recorrió entonces casi todos los países de Europa y de la América Latina, pronunciando conferencias y dando a conocer sus principales ideas. Posteriormente regresó a México donde siempre ha conservado la personalidad de una de las figuras rectoras del mundo intelectual y literario. Apasionante y contradictorio siempre, en sus últimos años se convirtió en un ferviente católico, haciendo rectificaciones a anteriores opiniones revolucionarias y alejándose de antiguos compañeros de lucha.

Las obras completas de Vasconcelos llenarían más de treinta volúmenes compuestos de: poesía, teatro, cuentos, ensayos (filosóficos, políticos, históricos, sociológicos y culturales), relatos autobiográficos y novelas. A más de cultivar el verso dejó dos colecciones de cuentos excelentes: *La sonata mágica* (1933) y *La cita* (1945). De sus incursiones por el teatro son buena muestra su *Prometeo vencedor* (1920) y una pieza escrita veintiséis años después, *Los robachicos* (1946). Sus aportes más valiosos, sin embargo, han sido en el campo del ensayo, el pensamiento y la especulación filosófica, que cubren numerosos volúmenes. Inició sus actividades de escritor con una conferencia muy comentada sobre *Don Gabino Barreda y las ideas contemporáneas* (1910). Luego ha cultivado todas las gamas del ensayo. Ganó notoriedad con sus ensayos de tipo filosófico: *El monismo estético* (1918), *Pitágoras* (1921), *Estudios indostánicos* (1922), *Tratado de metafísica* (1929), *Ética* (1932), *Estética* (1936), posiblemente la mejor, e *Historia del pensamiento filosófico* (1937), especie de resumen para expresar su ideología total, *Manual de filosofía* (1942) y *Todología* (1952). Hay un sentido religioso en Vasconcelos envolvente de toda su ideología. Los filósofos que más lo influyen son Nietzcshe con su idea de la fuerza preponderante del instinto vital y, sobre todo Schopenhauer y su filosofía de la voluntad. Tanto la materia como el espíritu están en un constante proceso de cambio. Lo esencial en la vida humana es la acción, que encuentra base en lo ético. La personalidad del hombre se perfecciona al actuar y los valores éticos adquieren categoría estética en ese proceso.

Los ensayos de Vasconcelos con más honda repercusión en todo el ámbito de la América Hispana han sido en el campo sociológico y cultural. En efecto *La raza cósmica* (1925) e *Indología* (1926), son posiblemente los ensayos más penetrantes sobre el complejo problema racial y cultural de la América de habla española y los de mayor influencia en este aspecto. En la primera mantiene la teoría de que la quinta raza o "raza cósmica" surgida en América como producto del mestizaje tiene el papel histórico de enfrentarse a la raza sajona, dominante después del desastre de la Armada Invencible de Felipe II. En esa obra afirma: "el objeto del continente nuevo y antiguo es mucho más importante. Su predestinación obedece al designio de constituir la cuna de una raza quinta en la que se fundirán todos los pueblos para reemplazar a las cuatro que aisladamente han venido forjando la historia". Antes había afirmado que el mestizaje practicado por los españoles define el porvenir de esta raza. En *Indología* reitera la esperanza que puede tenerse en esa raza, no producto de la pureza de sangre, sino del mestizaje, que servirá como puente de razas futuras porque "puede crear una estirpe más poderosa que las que proceden de un solo tronco". Es natural que las ideas vertidas en estos ensayos encontraran eco muy favorable en toda Hispanoamérica, dadas las esperanzas que el autor ponía en las posibilidades del hombre de esta región.

También cultivó con mucho éxito el ensayo político en *Bolivarismo y monroismo* (1934), *¿Qué es la revolución?* (1936) y otros. En el primero deja ver su temor ante el avance de los Estados Unidos y en la segunda ofrece conceptos muy prácticos sobre el proceso revolucionario, distinguiendo entre lo que es una verdadera revolución y lo que no es. También cultivó la prosa de ficción en relatos llenos de reminiscencias autobiográficas y que son como hitos de sus memorias. Es un ciclo de novelas que deben leerse una a continuación de la otra: *Ulises criollo* (1935), la mejor lograda, *La tormenta* (1936), *El desastre* (1938) y *El proconsulado* (1939). Tienen mucho de autobiografía y no poco de novelesco y de intención política. La lectura de estas obras se hace con deleite porque Vasconcelos tenía innegables talentos para la narración como son: perspicacia en la observación y sensibilidad. Es lástima que otros géneros lo sustrajeran de la narración. Como obra creativa *Ulises criollo* es la obra maestra del autor y está entre las mejores novelas sobre la Revolución Mexicana. La obra presenta muchas interioridades de ese proceso que no se hayan en otros novelistas, de aquí su valor. A su *Historia de México* (1937) parece que le falta serenidad y es demasiado breve para ofrecer un panorama total. No obstante constituir una interpretación muy personal del proceso histórico de México, ha logrado muchas ediciones. Es una interpretación hispanófila de la nacionalidad. Algunas de sus afirmaciones han producido controversias y debates, dado el carácter polémico de la materia.

Vasconcelos posee un estilo vigoroso, inquieto como su temperamento, brioso y flexible. A más de luchador incansable hay que atribuirle una gran ambición intelectual al tratar de explicar las bases sociológicas de Hispanoamérica y las filosóficas de muchos problemas esenciales del hombre. A veces le falta consistencia en la argumentación y cae en un tono denso lleno más de palabras que de ideas. En general sus ideas son más originales que profundas. Se notan muchas contradicciones en su pensamiento, pero no se le puede negar un extraordinario poder de persuasión para el lector común. Es uno de los pensadores más poderosos y originales del continente, por la amplia visión de los problemas raciales, culturales, históricos y sociales. Muchas de sus afirmaciones son polémicas y quizás sea demasiado temprano para juzgarlas en un sentido u otro. Se le considera, con razón, uno de los principales ensayistas de Hispanoamérica por su indiscutible influencia y contribución a la formulación de una ideología continental.

Alfonso Reyes y el ensayo de valorización estética, literaria y cultural

Uno de los escritores más brillantes de Hispanoamérica es ALFONSO REYES (1889–1959), generalmente considerado como el "hombre de letras" por excelencia de México. Perteneció a la llamada generación del centenario (1910), una de las promociones intelectuales más fecundas de ese país. Nació en Monterrey, capital del estado de Nuevo León y en la Facultad de Derecho de la Universidad Nacional se graduó de abogado en 1913. Fue profesor-fundador de la cátedra de historia de la lengua y la literatura española en la Facultad de Filosofía y Letras de esa Universidad. Las etapas esenciales de su vida son las siguientes: Primera etapa: México (1889–1913); Segunda etapa: España (1914–1924); Tercera etapa: Francia (1925–1927); Cuarta etapa: Iberoamérica: Argentina, Brasil, Chile, Uruguay (1927–1938); Quinta etapa: Regreso definitivo a México y retiro de la vida diplomática (1939–1959).

Ingresó en el cuerpo diplomático y representó a México en España por muchos años. En el Centro de Estudios Históricos de Madrid se unió a los trabajos de la sección de filología, bajo la dirección de don Ramón Menéndez Pidal. Este entrenamiento resultó esencial en su vocación de investigador y escritor, así como para su profundo conocimiento del Siglo de Oro. En Madrid hizo periodismo, sobre todo para *El Sol* y cultivó la amistad de los más grandes escritores, entre ellos la de don José Ortega y Gasset. Más tarde fue Ministro de su país en Francia, Argentina y Brasil y cumplió misiones en Chile y Uruguay. En 1939 regresa definitivamente a México, se retira de la carrera diplomática y se consagra por entero a sus trabajos literarios, a su papel de animador de la cultura y fomentador de la educación. El nombre de Alfonso Reyes está vinculado a los empeños de más notable influencia en la vida cultural e intelectual de México: desde el famoso Ateneo de la Juventud que formó junto con Pedro

Henríquez Ureña, Antonio Caso, José Vasconcelos y otros, hasta la fundación de El Colegio de México (Centro de Altos Estudios), en 1940. En 1941 ingresó como catedrático de la Facultad de Filosofía y Letras de la Universidad Nacional Autónoma, en el Seminario de Investigaciones Literarias del que llegó a ser el director y guía. En 1955 se celebró su jubileo con homenajes en distintas universidades e instituciones. Recibió el título de doctor "honoris causa" de las universidades de México, California, Harvard, Princeton, Tulane y otras. En 1945 había obtenido el Premio Nacional de Literatura y el Premio Literario del Instituto Mexicano del Libro, galardones muy estimados. Fue miembro correspondiente de la Academia Española y de número de la mexicana. En 1956 fue propuesto por un nutrido grupo de intelectuales y escritores iberoamericanos para el Premio Nobel de Literatura de ese año.

Reyes ha dejado una vastísima obra como poeta, dramaturgo, novelista, cuentista, erudito e investigador, historiador de la cultura, pero en toda ella prevalece ostensiblemente el pensador y el ensayista. Espigar en la producción de Reyes no es tarea fácil, ya que sus obras completas abarcan quince volúmenes y más de ciento treinta títulos diferentes. Las influencias generales más apreciables en su obra son: Menéndez y Pelayo, Menéndez Pidal, Schopenhauer, Nietzsche, Bergson, Platón, Kant, Boutroux, James, Walter Pater, Croce, Brandes, Burckehardt. Toda su producción rebosa salud, plenitud, optimismo vital. Como poeta pertenece al llamado postmodernismo en su reacción hacia lo tradicional y clásico. Es la suya una poesía muy personal, llena de transparencias sin dejar de ser profunda. Poesía de sensibilidad, íntima, que a veces se torna simbólica. Todos sus versos muestran exquisita cultura y gusto refinado. Sabe fundir lo más tradicional y lo más moderno en formas nuevas. Una vez más que otra hace concesiones a las escuelas de vanguardia. Los títulos más notables son: *Huellas* (1922), uno de los mejores; *Ifigenia cruel*, poema trágico (1924); *Pausa* (1926); *5 casi sonetos* (1931); *Romance del Río de Enero* (1933). Sus versos de 1906 a 1952 se recogieron en *Obra poética* (1952). Se observa en su poesía cierta tendencia a ocultar lo íntimo en el simbolismo, sin concesiones a la angustia y amargura de los poetas de la época. El acendrado lirismo de la poesía de Reyes aparece, tanto cuando escribe en verso como cuando lo hace en prosa.

Riqueza de imaginación, hechizo, sorpresa, exotismo, variada sensibilidad y visión de hombre de muchos mundos demuestran sus ensayos de novelas, cuentos y visiones de viajero. Es realmente una lástima que el crítico, el profesor y el ensayista tomaran casi todo el tiempo de este gran escritor, notablemente dotado para las obras de este tipo. Ejemplos de cuentos y novelas son: *El plano oblicuo* (1920), con su magnífico cuento "La cena"; *Noche de mayo* (1924); *Fuga de navidad* (1929); *El testimonio de Juan Peña* 1930); *Los dos augures: arranque de novela* (1931); *La saeta* (1931). Dejó algunas de sus exquisitas visiones de viajero en *En el ventanillo de Toledo* (1931), *Horas de Burgos* (1932). También cultivó el teatro dejando algunas piezas de mérito.

Donde Reyes alcanza una altura apenas lograda por ningún otro escritor hispanoamericano y se coloca entre los mejores prosistas de la lengua es en la ensayística. Ha cultivado toda la gama del ensayo. A lo que más puede aspirarse en un libro de esta índole es intentar una clasificación de sus ensayos y ofrecer algunas muestras, pues el anhelo de citarlos todos nos llevaría a una lista de varias páginas. La ensayística de Reyes comprende desde breves comentarios, prólogos o notas hasta extensos y medulares ensayos de rica erudición y contenido doctrinal, sobre un amplio repertorio de asuntos: literaturas clásicas, europea, española, francesa, inglesa e iberoamericana; crítica, estética; sociología, geografía, filosofía de la cultura, crónicas de viajes. Sus ensayos cubren casi todos los temas y asuntos imaginables, inclusive los de carácter social. Maneja con igual maestría la estética de Góngora que la de Chesterton; lo mismo nos da un estudio profundo de los valores de la literatura hispanoamericana que de la crítica ateniense. Se interesa por las culturas particulares, pero goza presentando el desarrollo de la misma en un plano universal, arrancando de la aurora griega. Es un mexicano universal por la amplitud de su punto de mira como estudioso y como crítico. Todos sus ensayos revelan al investigador serio y sistemático; al conocedor profundo y variado; al pensador perspicaz y sensato; al fino estilista, maestro en el manejo del idioma.

Sus ensayos más importantes caen dentro de la siguientes categorías:

a) Ensayos de estética, filología y teoría literaria
b) Históricos
c) De filosofía de la cultura y de crítica literaria (española, europea, hispanoamericana, clásica)
d) De temas americanos, generalmente de valorización de la cultura de Hispanoamérica

Entre sus estudios clasificables en el primer grupo citado debemos mencionar: *Cuestiones estéticas* (1911), trabajo escrito a los veintiún años y que le ganó un extraordinario prestigio, acrecentado sucesivamente; *El suicida* (1917); *Discurso por Virgilio* (1931); *La crítica en la edad ateniense* (1941) y, sobre todo, *El deslinde: Prolegómenos a la teoría literaria* (1942), que pasa por ser su obra más lograda. Este ensayo presenta a Reyes en su plenitud como pensador y estilista. Es uno de los estudios más profundos que existen en español sobre el fenómeno literario, un buceo hondo en todos los problemas relacionados con la creación literaria. Únicamente un ensayista de la vasta experiencia y cultura de Reyes pudo llevar a la cima una obra de esta envergadura. De ese mismo año es su ensayo *La experiencia literaria* (1942).

No menos notable son sus ensayos históricos: *El reloj de sol* (1926) y especialmente, *El pasado inmediato y otros ensayos* (1941), donde analiza en sus varias facetas, la impronta de la Revolución Mexicana en la conciencia y la cultura del país. Entre los estudios de crítica literaria y filosofía de la cultura debemos mencionar: *Simpatías y diferencias* (1921), cinco series de estudios sobre los autores españoles más insignes. Muchos de sus juicios son novedosos y otros definitivos por su alcance crítico; *Cuestiones gongorinas* (1927); *Las vísperas de España* (1937); *Capítulos de la literatura española* (primera serie, 1939; segunda serie, 1945); *Grata compañía* (1948); *Tentativas y orientaciones* (1948); *Medallones y Cuatro Ingenios* de 1949; *Trayectoria de Goethe* (1954).

En los ensayos de valoración de la literatura y cultura hispanoamericanas ha dejado obras de valor definitivo como son: *El paisaje en la poesía mexicana del siglo XIX* (1911); *Visión de Anahuac* (1917), uno de sus ensayos más celebrados por su evocación llena de lirismo de la naturaleza y el paisaje de México; *Atenea política* (1932), *Letras de la Nueva España* (1948), esencial para conocer el desenvolvimiento literario mexicano; y sobre todo, *Última Tule* (1942), donde analiza ampliamente el impacto del descubrimiento y la misma existencia de América en todos los campos de la cultura occidental. También hace un excelente estudio del "Valor de la literatura hispanoamericana" y trata de revalorizar la contribución de Hispanoamérica a la cultura occidental. Reyes tiene una visión optimista de América, la que considera como la esperanza para la humanidad del futuro. También dejó Reyes magníficas traducciones de Chejov, Chesterton, Sterne, Stevenson, Cole, Romains.

En el estilo de Reyes se combinan admirablemente erudición, gracia y perspicacia crítica. Tiene rasgos hispanos, pero su prosa es flexible y alada como la francesa, con sentido del humor y la ironía ingleses. Nadie más alejado de la frondosidad verbal, de la pose académica. Escribe según va fluyendo su pensamiento, con naturalidad, sin afectación, sin esfuerzo alguno. Huye siempre del formalismo y el retoricismo. Escribe como quien está hablando, de aquí la naturalidad y gracia de su prosa. En su obra no hay nada de improvisación: todo responde a una meditación seria, serena, producto de un método sistemático de investigación y de mesura en la exposición. Su lenguaje es una mezcla de los clásicos, modernos y del habla popular mexicana. Sabe presentar los temas más profundos o difíciles con gracia, transparencia, en forma asequible al lector, sin que pierdan su hondura. No rehuye las metáforas más audaces cuando las considera imprescindibles para apresar sus ideas. Su estilo es uno de los más decantados y depurados de la lengua castellana. Aunque sus opiniones son siempre bien pensadas, nunca resultan áridas o densas, porque Reyes tiene el don de la facilidad expresiva.

Reyes es un caso único de inquietud y curiosidad intelectual: todo lo humano le interesa, de aquí la gran variedad de su producción. Su erudición es variada y sólida. Gustaba más del conocimiento a fondo en materias limitadas que la noticia superficial sobre muchos asuntos. Tiene una actitud serena, de comprensión de la vida. Su obra no rebosa amargura o pesimismo o fatalismo, sino una actitud vital esperanzadora. A pesar de su amplia visión universal, los temas americanos ocupan lugar preferente en su ensayística. Sus ensayos en este campo tratan de encontrar el significado profundo de nuestra cultura y de reivindicar para ella el lugar que le corresponde en la civilización occidental.

Reyes es uno de los representantes más notables de la corriente europeísta en la cultura hispanoamericana. Es un firme creyente en los valores eternos de la inteligencia y del espíritu, cuyo producto esencial es la cultura. Es un cosmopolita pero con sus raíces más hondas en lo hispánico, lo mexicano y lo hispanoamericano.

Tiene valores universales y permanentes comparables a los escritores españoles y europeos de su tiempo. Representa la plena madurez de nuestra literatura, orientada ya hacia las posibles comparaciones extra-continentales.

BIBLIOGRAFÍA

1 Estudios generales y antologías

(Consúltense los estudios de conjunto y las antologías sobre el ensayo citados en los capítulos I, IX, XIII, XXII y especialmente: Mead, Ripoll, Vitier, Zum Felde; las historias y antologías generales de esta literatura y las nacionales de los autores que se estudiarán)

Carrión, Benjamín, *Los creadores de la nueva América*, Madrid, Sociedad General Española de Librería, 1928.
Diez Canedo, Enrique, *Letras de América*, México, El Colegio de México, 1944.
Iduarte, Andrés, *Pláticas hispanoamericanas*, México, Fondo de Cultura Económica, 1951.
Martínez, José Luis, *El ensayo mexicano moderno*, 2 vols., México, Fondo de Cultura Económica, 1958. Excelente introducción.
——, *The Modern Mexican Essay*, Toronto, Univ. of Toronto Press, 1965. Traducidos por H. W. Hilborn.
Mijares, Augusto, *Hombres e ideas en América; ensayos*, 2da. ed., Caracas, Escuela Técnica Industrial, 1946.
Sánchez, Luis Alberto, *Escritores representativos de América*, 6 vols., Madrid, Gredos, 1963-1964.
Sánchez Reulet, Aníbal, *La filosofía latinoamericana contemporánea*, Washington, D.C., Unión Panamericana, 1949.

2 Grandes ensayistas de este período

CARLOS VAZ FERREIRA

Textos

Fermentario, Montevideo, 1938.

Crítica

Bollo, Sarah, *Literatura uruguaya*, I, 217-222.
Zum Felde, *Índice crítico*, I, Cap. VI, 331-346.

RUFINO BLANCO-FOMBONA

Textos

Cuentos americanos, París, Garnier, 1913.
El hombre de hierro, Madrid, Ed. América, 1916.
La evolución política y social de Hispanoamérica, Madrid, B. Rodríguez, 1911.
La lámpara de Aladino, Madrid, Renacimiento, 1915.
El hombre de oro, Madrid, Ed. América, 1916.
El conquistador español del siglo XVI, Caracas, Edime, 1956; prólogo de Joaquín Gabaldón Márquez; estudio bibliográfico de Edgar Gabaldón Márquez.
El modernismo y los modernistas, Madrid, Mundo Latino, 1929.
Camino de imperfección: diario de mi vida (1906-1913), Madrid, Ed. América, 1933.
El espejo de tres faces, Santiago, Ercilla, 1937.

EL ENSAYO DURANTE EL POSTMODERNISMO

Crítica

Carmona Nenclares, Francisco, *Vida y literatura de Rufino Blanco-Fombona*, Madrid, Mundo Latino, 1928.
García Godoy, *Americanismo literario*, 197–244.
Goldberg, *Studies*, 307–359.
González Contreras, Gilberto, *Radiografía y disección de Rufino Blanco-Fombona*, La Habana, Lex, 1944.
Henríquez Ureña, *Breve historia*, 289–296.
Mead, *Breve historia del ensayo*, 80–82.

FRANCISCO GARCÍA CALDERÓN

Textos

Les Démocraties latines de l'Amérique, París, Flammarion, 1912.
La creación de un continente, París, Ollendorff, 1913.
En torno al Perú y América, Lima, Mejía Baca, 1954.
Latin America: Its Rise and Progress, New York, Scribner's, 1913. Traducción de Bernard Miall sobre la primera obra citada.

Crítica

Carrión, *Los creadores*, 117–167.
García Godoy, *Americanismo literario*, 153–196.
Vitier, M., *El ensayo*, 137–156.

VENTURA GARCÍA CALDERÓN

Textos

La venganza del cóndor, París, 1924. Cuentos.
Semblanzas de América, Madrid, Ed. Renacimiento, 1929.
Los mejores cuentos americanos, Barcelona, Maucci, s.f.
Biblioteca de cultura peruana, 13 vols., París, Desclée, 1938. De Bruuwer, editor de esa colección.
Del romanticismo al modernismo, Paris, Ollendorff, 1910.

Crítica

Anderson Imbert, E., *Historia*, II, 95.
Henríquez Ureña, *Breve historia*, 351–352.
Leal, Luis, *Historia del cuento*, 87.
Sánchez, *Historia de la literatura peruana*.

PEDRO HENRÍQUEZ UREÑA

Textos

Seis ensayos en busca de nuestra expresión (1928), Buenos Aires, Raigal, 1952.
Literary Currents in Hispanic America, Cambridge, Harvard Univ. Press, 1945.
Las corrientes literarias en la América hispánica, 2da. ed., México, Fondo de Cultura Económica, 1954.
Historia de la cultura en la América hispánica (1947), 6ta. ed., México, Fondo de Cultura Económica, 1963.

Plenitud de América; ensayos escogidos, Buenos Aires, Peña, del Giudice, 1952; editados por Javier Fernández.

Obra crítica, México, Fondo de Cultura Económica, 1960; prólogo de Jorge Luis Borges. Contiene los ensayos más importantes del autor, salvo "Corrientes" e "Historia de la Cultura".

Crítica

Carilla, Emilio, *Pedro Henríquez Ureña*, Tucumán, Univ. Nacional de Tucumán, 1956.

——, *Pedro Henríquez Ureña y otros estudios*, Buenos Aires, Tempra, 1940.

Castro Leal, Antonio, "Pedro Henríquez Ureña, humanista americano", *Cuadernos Americanos*. XXVIII (1946), 268–287.

Henríquez Ureña, Max, "Hermano y Maestro, Selección y Notas", *Pedro Henríquez Ureña, Antología*, Ciudad Trujillo, Librería Dominicana, 1950.

Revista Iberoamericana, 41–42 (1956). Homenaje a Pedro Henríquez Ureña.

Reyes, Alfonso, "Evocación de Pedro Henríquez Ureña", *Grata compañía*, México, Tezontle, 1948.

Roggiano, Alfredo A., *Pedro Henríquez Ureña en los Estados Unidos*, México, Ed. Cultura, 1961.

Sánchez, Luis Alberto, "Pedro Henríquez Ureña," *Cuadernos Americanos*, XXII, No. 5 (1963).

JOSÉ VASCONCELOS

Textos

Obras completas, 4 vols., México, Libreros Unidos Mexicanos, 1957–1961.

Páginas escogidas, México, Ediciones Botas, 1940; selección y prólogo de Antonio Castro Leal.

Vasconcelos, México, Secretaría de Educación Pública, 1942. Selección y prólogo de Genaro Fernández MacGregor.

La raza cósmica (1925), México, Espasa-Calpe, 1948 (Col. Austral, 802).

Indología, (1927), 2da. ed., Barcelona, Agencia Mundial de Librería, 193?.

Ulises criollo (1935–1939), 9a. ed., México, Botas, 1945.

Ulises criollo, Boston, Heath, 1960; introducción de Ronald Hilton; notas y vocabulario de Robert B. O'Neil.

Crítica

Ahumada, Herminio, *José Vasconcelos: una vida que iguala con la acción el pensamiento*, México, Botas, 1937.

Alessio Robles, Vito, *Mis andanzas con nuestro Ulises*, México, Botas, 1938.

Basave Fernández del Valle, Agustín, *La filosofía de José Vasconcelos* (*el hombre y su sistema*), Madrid, Ediciones Cultura Hispánica, 1958.

Carrión, *Creadores*, 23–76.

Homenaje del Colegio Nacional a Samuel Ramos y José Vasconcelos, México, El Colegio Nacional, 1960.

Martínez, José Luis, *Literatura mexicana del siglo XX*, I, 265–280.

Mead, *Breve historia*, 96–100.

Romanell, Patrick, *Making of the Mexican Mind*, Lincoln, Univ. of Nebraska Press, 1952, 95–138.

Sánchez Villaseñor, J., *El sistema filosófico de José Vasconcelos*, México, Editorial Polis, 1939.

Vitier, M., *El ensayo*, 217–233.

Zum Felde, *Índice crítico*, I, 419–429.

EL ENSAYO DURANTE EL POSTMODERNISMO

ALFONSO REYES

Textos

Obras completas, 16 vols., México, Fondo de Cultura Económica, 1955-1964.
Simpatías y diferencias (1921-26), 2da. ed., 2 vols., México, Porrúa, 1945; edición y prólogo de Antonio Castro Leal.
Cuatro ingenios, Buenos Aires, Espasa-Calpe, 1950 (Col. Austral, 954).
Obra poética, México, Fondo de Cultura Económica, 1952.
Quince presencias (1915-1954), México, Ed. Obregón, 1955.
Antología de Alfonso Reyes, México, Fondo de Cultura Económica, 1963.

Crítica

Alfonso Reyes: vida y obra; bibliografía, antología, New York, Hispanic Institute, 1957.
Anderson Imbert, Enrique, *Alfonso Reyes; Pasado inmediato y otros ensayos,* México, El Colegio de México, 1941.
El Colegio Nacional a Alfonso Reyes en su cincuentenario de escritor, México, El Colegio Nacional, 1956.
Garrido, Luis, *Alfonso Reyes*, México, Imprenta Universitaria, 1954.
Gutiérrez Girardot, Rafael, *La imagen de América en Alfonso Reyes*, Madrid, Ínsula, 1955.
Martínez, *Literatura mexicana*, I, 280-287.
Mead, *Breve historia*, 109-111.
Meléndez, Concha, *Ficciones de Alfonso Reyes*, México, Univ. Nac. Autónoma, 1956.
Olguín, Manuel, *Alfonso Reyes, ensayista,* México, Studium, 1956.
Robb, James Willis, *Patterns of image and Structure in the Essays of Alfonso Reyes*, Washington, D.C., Catholic Univ. of America Press, 1958.
Vitier, M., *El ensayo*, 269-287.
Zea, Leopoldo, "Alfonso Reyes y la inteligencia americana", *La filosofía en México*, México, Bibl. Mínima Mexicana, 1955. Vol. VII.

27 La novela y el cuento contemporáneos[1]

La novela contemporánea: rasgos definidores y posible clasificación

Durante el siglo XX la narrativa hispanoamericana llega a su culminación sobrepasando a otros géneros literarios, como el ensayo y la poesía en valores artísticos e importancia social. La novela alcanza en la época contemporánea una altura insospechable y a partir de 1932 se coloca por encima de la española. El realismo continúa siendo la nota fundamental y más persistente de esta novelística. Lo que esencialmente caracteriza esta novela es la confluencia del realismo, lo popular y criollo con un anhelo de expresión artística y estética. A más de obra de arte, esta novela presenta un tono escudriñador y revelador de nuestra realidad vital, tratando no sólo de reproducirla, sino también de interpretarla. A través del hilo narrativo se van descubriendo ante el lector la naturaleza física, los rasgos sicológicos, tipos humanos, costumbres, descripciones de la vida y un amplio cuadro de los problemas políticos, económicos y sociales, así como sus raíces e implicaciones de toda índole. La novela revela la "intrahistoria", como decía Unamuno, de nuestros países, tanto como la historia externa. El valor testimonial de estos verdaderos documentos sociológicos es incuestionable y en general un medio imprescindible para conocer nuestra realidad. Esta intención de exposición y denuncia ahoga en unos pocos lo estético, pero se muestra en los verdaderos maestros sin dañar los valores artísticos esenciales en toda obra de arte.

En épocas anteriores nuestros novelistas dan la impresión de cierto grado de inseguridad, no exenta de rasgos de dureza y desaliño, pero a medida que avanzamos en el siglo XX, los notamos más dueños de sí mismos y más conscientes del arte y la técnica de novelar modernos. Es cardinal la erupción de lo político, económico y social como materia novelable y la consiguiente preocupación reformadora en muchos. Hay como una desviación de las tradiciones de la novela europea, palpable

---

[1] También son "contemporáneos" algunos autores estudiados bajo el realismo, el naturalismo o modernismo, tales como Baldomero Lillo, Javier de Viana, Carlos Reyles, Manuel Díaz Rodríguez, Carlos Loveira y otros.

en la corriente del regionalismo, en el sentido de que la temática central es Hispanoamérica. En el dilema planteado entre creación artística "pura" y el de proyección social de la novela, el escritor americano ha decidido, en la mayoría de los casos, combinar ambas indisolublemente.

El industrialismo, los procesos de transformación política, económica y social, los conflictos bélicos internacionales, las luchas ideológicas y el movimiento de estos pueblos por su mejoramiento tienen un impacto directo y decisivo en el arte de novelar. Los autores tienen conciencia de la realidad americana y tratan de usar formas capaces de expresarla estéticamente. La novela queda así indisolublemente unida a la realidad peculiar de Hispanoamérica. Se buscan modelos en Europa o los Estados Unidos, pero las raíces de lo americano, la palpitante realidad de lo hispano en este continente, le imprime un sello característico e inconfundible. Se nota en los autores una mayor preocupación artística y estética debido al gusto por formas narrativas más elaboradas. La presencia de lo criollo, de la vida total de la América Hispana es el centro temático. Muchas novelas, sobre toda las del regionalismo presentan cierto tono épico capaz de presentar nuestra majestuosa naturaleza o el dinamismo de estos pueblos. La cantidad de novelas y autores es tan extraordinaria y la variedad de temas y asuntos tan amplia, que es muy difícil, tanto las clasificaciones, como su valoración y selección. La novela expresa, a no dudarlo, la mayor madurez intelectual y literaria de nuestros hombres de letras en el siglo XX. En los estilos, lenguaje, imágenes y prosa se nota la huella indeleble del modernismo como renovación estética y también de las escuelas de vanguardia en algunos autores.

Otro rasgo definidor en la novela contemporánea es la fuerte lucha entre la visión universal y cosmopolita de la literatura y, por supuesto, la novela, y el llamado regionalismo o criollismo. Mientras aquélla entronca la obra de arte con la literatura europea, ésta tiende a desviarse hacia una pintura de lo local o nacional. El regionalismo—que a veces llega a ser un verdadero "superregionalismo"—es preponderante en la primera parte del siglo, pero a partir de 1932 se nota un esfuerzo exitoso por darle una base ideológica, técnica y filosófica más universal a nuestra novela, como se verá oportunamente. De aquí que esta novela, en general admita la siguiente clasificación, atendiendo a las distintas tendencias existentes:

1. Tradición realista europea:
    de protesta social y matices naturalistas (Manuel Gálvez)
    evocaciones de la infancia (Teresa de la Parra)
    sicológica y filosófica (Eduardo Barrios y Pedro Prado)
2. Regional o criollista:
    sobre el medio físico o naturaleza: de la tierra (Rómulo Gallegos)
                de la selva (José Eustasio Rivera)
    sobre tipos humanos: gauchesca (Ricardo Güiraldes, Benito Lynch, Enrique Amorim)

indianista (Alcides Arguedas, Jorge Icaza, Gregorio López y Fuentes, Ciro Alegría, Rosario Castellanos)

sobre lo histórico: la novela de la Revolución Mexicana (Mariano Azuela, Martín Luis Guzmán, Gregorio López y Fuentes, José Rubén Romero, José Vasconcelos)

sobre lo sociológico: novela política, de protesta social y anti-imperialista (Miguel Angel Asturias)[2]

3. Vuelta a la tradición europea:[3]

superrealista, existencialista, neo-realista, neo-naturalista, transcendentalista, sicológica

El realismo al estilo europeo
Manuel Gálvez: protesta social y matices naturalistas de sus novelas

En los comienzos de esta centuria surgieron en América una serie de novelistas que trataron de seguir las técnicas y temas del realismo europeo, mucho antes de que nuestra novelística desembocara en un regionalismo típicamente hispanoamericano. Su gran influencia fueron los grandes maestros realistas y naturalistas europeos. Muchos de nuestros autores quisieron ser los Balzac, Flaubert o Galdós de sus respectivos países. Entre ellos debemos mencionar a Carlos María Ocantos (1860-1949), estudiado dentro del naturalismo, Teresa de la Parra (1890-1936) y, especialmente a MANUEL GÁLVEZ (1882-1962), considerado como uno de los grandes novelistas argentinos e hispanoamericanos de todos los tiempos. Nació en Paraná, provincia de Entre Ríos de una familia de abolengo histórico y social. En la Universidad de Buenos Aires se graduó de Abogado con una tesis sobre la *Trata de blancas*, como demostración de su temprano interés en problemas sociales. Fundó y dirigió la revista *Ideas* y por muchos años fue colaborador de *Nosotros, Caras y Caretas* y del periódico *La Nación*. Obtuvo tres premios nacionales de literatura y múltiples galardones por sus obras. Una vez se presentó su candidatura al Premio Nobel de Literatura. Fundador y miembro de la Academia Argentina de Letras y correspondiente de la española. Por más de veinticinco años ocupó el cargo de inspector escolar en cuyo desempeño viajó mucho por el interior, obteniendo material sobre todo para su obra cumbre, *La maestra normal*. Tres veces viajó por Europa y conoció el Cercano Oriente y el Norte de África. Conocía varias lenguas extranjeras y tradujo cuentos de autores europeos. Sus obras principales han sido traducidas a once lenguas modernas. Era un verdadero escritor profesional y una de las figuras más distinguidas de la literatura argentina del siglo XX.

Gálvez ha dejado cincuenta y cuatro tomos de obras que incluyen: veintisiete novelas, dos colecciones de cuentos, tres dramas, nueve biografías, nueve ensayos, tres libros de versos y un libro de memorias. Se inició en la vida literaria con dos

---
[2] Vease el estudio sobre Miguel Ángel Asturias en el Cap. XXXII, pags. 681-683.
[3] Será estudiada en el Cap. XXXII, "La novela suprarrealista", por ser el lugar más adecuado.

libros de versos: *El enigma interior* (1907) y *El sendero de humildad* (1909), pero pronto se dio cuenta de que su camino eran la novela y el ensayo. En 1932 ganó el Premio Nacional de Literatura con la biografía titulada *El General Quiroga*. También sobresalen en este género *Vida de don Juan Manuel Rosas* (1940) y *Vida de Sarmiento* (1944). Entre sus ensayos mejores están: *La vida múltiple* (1916), *El novelista y las novelas* (1959) y sus memorias, *Amigos y maestros de mi juventud* (1944).

La gloria literaria de Gálvez descansa en su amplia producción novelística compuesta de veintisiete títulos, en la cual se propuso, al igual que Balzac y Galdós, ofrecer un panorama completo de la vida argentina con tipos, cuadros sociales y ambientales y análisis de la sicología nacional. Los cuatro puntos esenciales de su obra novelística son: una honda preocupación social; su catolicismo militante; su amor a las raíces hispánicas de nuestra cultura y su devoción a la nación argentina. Tuvo años de vago socialismo, pero luego retornó al catolicismo practicante. De aquella época son tres de sus obras mejor logradas: *La maestra normal* (1914), *El mal metafísico* (1916) y *Nacha Regules* (1919).

Su primera novela—considerada con razón como su obra mejor—es *La maestra normal*, magnífica pintura, con tintes costumbristas, de la vida provinciana en la ciudad de La Rioja, situada al noroeste. Los protagonistas son Julio Solís, maestro que llega a La Rioja en busca de salud y Raselda, la maestra normal, a quien seduce y luego abandona. La novela abunda en elementos naturalistas, tanto por la crudeza de algunas descripciones como por el determinismo que rodea a algunos personajes, entre ellos los propios Raselda y Solís. Pinta muy bien el ambiente sórdido, de intrigas y chismes de una pequeña población y el juego político y su intervención en toda la vida nacional. Sus personajes carecen de grandeza moral en cuanto no luchan por mejorar el ambiente chato y sórdido en que viven, sino que sucumben ante él para complacer sus apetitos. Los caracteres están analizados de acuerdo con la realidad de la época y el ambiente, así como la sicología del pueblo. Tiene animación tanto en la pintura de caracteres como en la trama, aunque a ésta quitan movimiento y belleza algunas descripciones demasiado minuciosas de paisajes, personajes y ambientes. El ambiente pueblerino está muy bien captado y el desenlace está de acuerdo con la actitud vital de los protagonistas.

Su segunda novela notable, *El mal metafísico* (1916) presenta la angustia y desilusión de un grupo de jóvenes intelectuales de Buenos Aires, entre ellos el protagonista Carlos Riga, que caen vencidos durante la primera década de este siglo, ante el choque con un ambiente que no pueden comprender o adaptarse. Es quizás la obra más conmovedora de Gálvez por su sentido humano. En *La sombra del convento* (1917) pinta la ciudad de Córdoba debatiéndose entre los elementos parroquiales y reaccionarios de su población. La novela más leída de Gálvez es *Nacha Regules* (1919), especie de continuación de *El mal metafísico*. Representa una incursión de Gálvez, a fondo, por el naturalismo de Zola, aunque el suyo se ve atemperado por cierto tono idealista y romántico de su temperamento. *Nacha Regules* nos presenta el amor de Monsalvat por la protagonista y su lucha por salvarla de las garras de la prostitución, así como a su hermana y otras rameras. Monsalvat es presa de una honda crisis espiritual, sicológica y hasta ideológica. El protagonista hace una crítica severa del mundo capitalista y la novela respira una honda protesta social contra la sociedad que permite estos vicios en su seno. Gálvez se muestra un maestro en el desarrollo sicológico del protagonista y en la pintura del cuadro de la prostitución. No está exenta del melodramatismo de la época y sigue muy de cerca las huellas del naturalismo francés en cierto afán documental, la crítica social y el determinismo atenuado.

Otras novelas importantes de Gálvez son: *Los caminos de la muerte* (1928), *Humaitá* (1929), *Miércoles Santo* (1930), *El gaucho de los Cerrillos* (1931), *Hombres en soledad* (1938), estudio de un problema sicológico argentino aplicable al mundo americano; *Tiempo de odio y angustia* (1951). En 1954 publicó *Las dos vidas del pobre Napoleón* (1954), que ha logrado mucha difusión. Presenta un caso de personalidad con incursiones en el subconsciente. Es la vida de un hombre tranquilo de mediana edad que de pronto empieza a imitar la vida agitada y frívola del protagonista de una novela que está leyendo. Las últimas obras de Gálvez ofrecen el caso de un novelista que persistió siempre en su técnica novelística, sin querer evolucionar hacia las técnicas nuevas. Por eso su renombre está basado en las primeras obras que escribió, cuando el realismo y el naturalismo estaban en su apogeo. En general sus novelas carecen de lirismo y de imágenes artísticas, pero valen por su preocupación social y humana y sus cuadros. Es uno de los mejores representantes del realismo hispanoamericano. Algunos lo consideran el verdadero padre de la moderna novela argentina.

Teresa de la Parra y la novela de evocaciones infantiles

Apartándose también del criollismo prevaleciente y del erotismo de la mayoría de las novelas feministas, TERESA DE LA PARRA (1890–1936) dejó una producción literaria poco extensa, pero de mucha delicadeza. Su verdadero nombre era Ana Teresa Parra-Sanojo y nació en París de una familia rica y aristocrática de Venezuela. Llevada a su patria a los dos años, pasó los próximos seis en una hacienda de caña de azúcar cerca de Caracas. Estudió en España y doce años después volvió a Venezuela donde inció su carrera literaria ganando un premio especial en un concurso de relatos. En 1924 viajó a Francia posiblemente por la publicación de su primera obra. Aquí se rodeó de los intelectuales y diplomáticos hispanoamericanos y de escritores franceses. Su vida activa terminó prácticamente en 1932 al saber que tenía tuberculosis. En busca de salud vivió en Suiza, París y Madrid, donde murió el 23 de abril de 1936.

La producción literaria de Teresa de la Parra es muy breve, pero con méritos suficientes para ganarle extraordinario renombre en Hispanoamérica y España. En efecto, dejó dos novelas: *Ifigenia: diario de una señorita que escribió porque se fastidiaba* (1924) y *Memorias de Mamá Blanca* (1929) así como sus deliciosas *Cartas* publicadas en Caracas en 1951 con un valioso prólogo de Mariano Picón-Salas.

Ifigenia tuvo un gran éxito y fue traducida al francés inmediatamente. En esta novela se rebela ya contra la concepción social de superioridad del hombre sobre la mujer, pues era básicamente una rebelde feminista. Sobresale la novela por una sutil amalgama de frivolidad y realismo y su total reacción contra el criollismo imperante, ya que Teresa de la Parra tenía una visión cosmopolita de la vida. Su temperamento femenino se manifiesta a cada instante como cuando se recrea en la descripción de un vestido y cierto tono de narcisismo o autocontemplación, pues la autora parece estarse viendo en María Eugenia, la heroína.

La obra maestra de la autora es *Memorias de Mamá Blanca*, considerada entre las más bellas páginas de evocación infantil escritas en castellano. Con estilización y sobriedad, toques de humor y una sana ironía recrea el ambiente de esplendor de la vieja aristocracia y deja ver ya los signos de su pronta decadencia. Es una fiel evocación de su infancia, con personajes, paisajes, acontecimientos, chismes, cuentos, historietas. Memorias ricas en color local en las que algunos personajes como Mamá Blanca, Vicente Cochocho, la criada y otros adquieren vida. En esta pintura del paso casi imperceptible del tiempo como si fuera resbalando se nota la influencia de Proust, uno de sus autores favoritos. La autora nos da la impresión de que es la niña la que está contando, por la candidez del relato. Subjetivismo, tono íntimo, sensibilidad, ternura, dejo de melancolía, buen gusto e ingenio son algunas de las características del estilo. La prosa de Teresa de la Parra es una de las mejores que pueden encontrarse en la literatura hispanoamericana. Hay un velo casi imperceptible de nostalgia por la disolución de aquel mundo ideal, que no llega a hacerse amarga por la sutil ironía y el sentido del humor de la autora y su prosa límpida y depurada. La prosa novelística de esta autora dio estímulo a una rica literatura femenina que floreció en casi todos los países de Hispanoamérica.

La novela sicológica y filosófica de Eduardo Barrios: "El hermano asno" y otras producciones de su novelística

En esta tendencia a seguir el tono de la novela europea apartándose del criollismo de la época, se cultivó la llamada novela sicológica y la de fondo filosófico, que si bien tienen escenarios hispanoamericanos, intentan el estudio del alma de los personajes con un anhelo de universalidad en vez de dar énfasis a la realidad exterior del paisaje o de los problemas sociales. La modalidad no era completamente nueva en nuestra literatura porque ya la habían cultivado Carlos Reyles, Manuel Díaz Rodríguez, Augusto D'Halmar y otros durante el modernismo. En esta época sobresalen varios autores, tanto en la novela como en el cuento. En la primera se distinguen los chilenos Eduardo Barrios y Pedro Prado y en el cuento Horacio Quiroga y Alfonso Hernández-Catá.

Las cumbres de la prosa chilena son Pedro Prado y EDUARDO BARRIOS (1884-1963), éste nacido en Valparaíso e hijo de chileno y peruana. Su padre perteneció al ejército de ocupación de Chile en el Perú cuando la Guerra del Pacífico. A los cinco años quedó huérfano de padre y la madre se volvió a Lima con el niño donde Barrios hizo sus estudios de Humanidades, hasta los quince años y fue condiscípulo de Ventura y Francisco García Calderón, dos notables escritores peruanos. A los quince años volvió a Chile ingresando por presión de los abuelos paternos en la Escuela Militar, que abandonó muy pronto, ya que su espíritu "no se amoldó jamás al ambiente soldadesco". Más tarde recorrió media América, haciendo de todo: comerciante, expedicionario a las gomeras, buscador de minas, tenedor de libros en las salitreras, vendedor de máquinas en Guayaquil y estufas en Buenos Aires y Montevideo; miembro de una troupe de cómicos y levantador de pesas en un circo. "He caído—dice—me he levantado, he sufrido hambres, he gozado hartanzas. Y siempre, en medio de todo me respeté.... porque soy un sentimental". Esta vida bien trajinada le proporcionó la experiencia vital y humana esencial para su obra de novelista. Bien pronto se consagró por entero a su vida de periodista y escritor, que ha alternado con cargos públicos, tales como secretario de la Universidad, taquígrafo de la Cámara de Diputados, dos veces ministro de Educación y director de la Biblioteca Nacional. Ha gozado de un prestigio literario pocas veces logrado en las letras chilenas, cuya culminación vino en 1948 cuando obtuvo el Premio Nacional de Literatura.

Barrios ha dejado una producción que, aunque no muy copiosa incluye: cuentos, teatro, novelitas, novelas y notas autobiográficas. Algunas de sus obras teatrales le han ganado fama como *Lo que niega la vida* (1913), *Por el decoro* (1913) y *Vivir* (1916). Se inició con la colección de cuentos, *Del natural* (1907), escrita cuando el naturalismo estaba en boga. El autor no mostró interés por esta obra, salvo el cuento "Como hermanas", que es una pequeña obra maestra. Encontró su camino, así como su primer gran éxito literario con la novela corta *El niño que enloqueció de amor* (1915), muy celebrada por Gabriela Mistral. En ella aparece ya el gran escudriñador de almas que es Barrios. Su asunto son las supuestas notas del diario de Jorge, un niño de unos doce años en los cuales relata su amor apasionado por Angélica, joven mucho mayor y sus sufrimientos cuando la ve con su novio. Como muchos personajes del autor, Jorge es muy tímido y supersensitivo. Por su ejecución es uno de los mejores cuentos de esta literatura. La escasa acción cede el paso al estudio sicológico de los personajes, sobre todo de Jorge. La prosa es poemática y rica en matices líricos. Para algunos la novela más completa de Barrios es *Un perdido* (1917), en buena medida autobiográfica. En esta novela se combinan la disección de los conflictos anímicos del protagonista con el cuadro realista de ambientes y costumbres: casas de prostitución, hogares ricos, la vida de cuartel y la escuela militar, la biblioteca nacional, la vida bohemia de artistas y escritores. La obra presenta el fracaso del protagonista, Luis Bernales a quien falta capacidad para adaptarse al mundo que lo rodea, terminando por refugiarse en el alcohol. La novela tiene fuertes tintes de realismo crudo, naturalismo y tonos románticos. Las reacciones sicológicas de Luis ante los distintos ambientes y situaciones están muy bien captadas. Barrios se muestra también un admirable maestro del estilo sobrio, poético, de frases cortas y diálogos naturales.

La obra maestra de Barrios por la hondura del análisis sicológico, la técnica y el estilo es *El hermano asno* (1922), estudio muy acertado de las luchas en el alma de un fraile franciscano, Fray Lázaro, a quien persiguen vivencias mundanas. La razón del título de la obra es la denominación que San Francisco de Asís daba al instinto sexual. El autor vivió por algún tiempo en un convento, de aquí la exactitud en la pintura de la vida monástica. Hay también influencia directa de los místicos españoles. Fray Lázaro es quien hace el relato: es un hombre ayer mundano que ingresa a la orden. A la iglesia del convento asiste María Mercedes de extraordinario parecido a su hermana Gracia, con quien el cura tuvo amores en el pasado. Lo mejor de la novela, a más de las luchas interiores de Lázaro, son las descripciones de Fray Rufino, un verdadero santo del convento. La novela termina, en forma sorpresiva cuando Fray Rufino intenta violar a María Mercedes en la penumbra del templo. Fray Lázaro se hace responsable del hecho a fin de salvar el prestigio de la Orden y no perjudicar la aureola de santidad de Fray Rufino. Barrios deja al lector decidir los móviles de la conducta de Fray Rufino entre varias conjeturas: el instinto sexual es más fuerte que todo; Fray Rufino actuó así para evitar el pecado de creerse santo y perfecto; la salvación de un alma a través de la condena de otra; el desinterés y sentido humano de Fray Lázaro, etc. La novela es una de las mejores de Hispanoamérica y en ella Barrios llega al punto más alto como estudioso del alma, narrador y estilista. El final es admirable por lo sorpresivo de su impresionismo. La prosa, sobria, transparente, llena de lirismo. El relato tiene un tono de serenidad, confidencia y confesión que se ajusta muy bien al asunto. El estudio de la lucha entre la elevación del espíritu religioso y los reclamos de la carne es excelente. Fray Rufino es el carácter más admirable y mejor trazado.

En los cuentos de *Páginas de un pobre diablo* (1923) Barrios se complace en los detalles más simples de la realidad. El protagonista es también un hipersensible dado a la melancolía y el análisis y a quien la vida derrota finalmente. La trama presenta gran dinamismo. *Tamarugal* (1944) se desarrolla en las minas salitreras del norte. El protagonista es un carácter recio que se casa con la más bella de las oficinistas de su mina. Ella siente un amor platónico por un seminarista y cuando éste regresa ella es viuda de su esposo, José Morales, pero sólo reanudan una sana amistad. Al igual que en la anterior, el carácter central de *Gran señor y rajadiablos* (1948) es un hombre fuerte y triunfador con escenario en un fundo rural chileno a mediados del siglo XIX. Por la novela se ve la transformación histórica y política que vive la nación. Barrios pinta a José Pedro Valverde, un rico patrón acostumbrado a no hallar límites a su voluntad, pero generoso con sus subalternos y con arrestos patrióticos. Novela de intención histórico-social con un buen cuadro de costumbres del campo chileno. Muchas descripciones alcanzan belleza poética y a ratos la narración tiene tonos épicos.

La última novela, *Los hombres del hombre* (1949) es también de carácter sicológico. Es la disección del alma de un hombre celoso que imagina la infidelidad de su mujer. El protagonista se desdobla en siete personalidades y nombres diferentes, según sus reacciones: Juan es el sensato, Rafael el celoso, Fernando el sentimental y así sucesivamente. Todos actúan y dialogan entre sí como si tuvieran entidad propia y diferente. El punto de relación entre los personajes es el hijo del matrimonio, "Cabecita Despeinada". El realismo consiste en presentar las reacciones tan diferentes que un mismo hombre puede sentir dentro de sí. Es una obra de sicoanálisis y, por tanto, de relato a veces lento y denso, aunque siempre interesante. Barrios presenta directas influencias de lo mejor del modernismo y, sobre todo de la generación del 98: Baroja, Miró, Valle-Inclán, Pérez de Ayala y el brasileño Machado de Asís. Es un sagaz buceador del alma humana, un excelente creador de caracteres, uno de los mejores prosistas de Hispanoamérica con excelente habilidad para adaptar perfectamente su estilo al tipo de relato.

Alegoría, lirismo y estilo en las novelas de Pedro Prado

Una copiosa obra ha dejado PEDRO PRADO (1886-1952) en poesía, poemas en prosa, ensayo, cuento y novela. Nació en Santiago y falleció en Viña del Mar, Chile. Hizo estudios de humanidades en el Colegio Nacional e inconclusos de arquitectura en la Universidad de Santiago. Ejerció de arquitecto y ha colaborado en los periódicos *La Nación* y *La Prensa* y en múltiples revistas literarias. Fue director del Museo de Bellas Artes y profesor de estética e historia del arte. Ha ocupado cargos de importancia como miembro del Consejo de Bellas Artes y Ministro de Chile en Colombia (1927-1928). También mostró sus inclinaciones para la pintura, celebrando varias exhibiciones públicas. Como fundador de la *Revista moderna* (1910) y del círculo de artista *Los Diez* (1915) se convirtió en el líder intelectual y estético de su generación. Su gran labor de escritor le ganó dos preciados galardones: el Premio de la Academia de Roma (1935) y el Premio Nacional de Literatura de Chile (1949) por su obra literaria total.

Prado se inició en el campo de la poesía y aun cuando escriba en prosa o géneros bien alejados de ella, siempre su estilo transparenta un elemento poético, un lirismo de primera magnitud. Sus versos lo sitúan en la reacción postmodernista hacia el sencillismo. Hondura, sensibilidad, pensamiento, carácter intelectual dan la tónica general de su producción. Ha escrito más de una docena de libros de versos. Ha mostrado predilección por el soneto y en él ha logrado una maestría que lo sitúa entre los mejores sonetistas contemporáneos. El sello intelectual que ya hemos visto en su poesía aparece en casi toda su producción en prosa (ensayos, prosa poemática, novelas). Su primera novela es *La reina de Rapa Nui* (1914), una fantasía llena de exotismo que tiene por escenario la Isla de Pascua perteneciente a Chile. El novelista la conocía sólo por estudios y referencias de amigos. Los hechos, personajes y la trama son puramente imaginativos. La obra parece una evocación poética del lugar: el paisaje aparece estilizado, abundan los símbolos y la prosa es artística y rica en lirismo. Aunque no gozó de mucha popularidad, tiene méritos por la hermosura del lenguaje y el juego de la fantasía con la realidad geográfica de la región.

La obra maestra de Prado es *Alsino* (1920) en cuya corrección y redacción final trabajó cuatro años. Constituye una de las mejores novelas de fantasía y alegóricas de la América Hispana. Es una especie de versión moderna del mito de Icaro. En ella un jovencito campesino tiene obsesión por volar y cuando lo intenta cae al suelo y queda jorobado. Huye de su casa y tiene muchas aventuras hasta que más tarde le salen alas y puede volar, pero al fin muere. La novela encierra el pensamiento filosófico de Prado, quien solía acudir a los símbolos y alegorías para expresar sus ideas, sin perder contacto con la realidad. La obra pertenece a la novela artística por el estilo, con firmes reminiscencias naturalistas por ejemplo en el determinismo que rodea a Alsino, pero su carácter esencial es filosófico y sicológico. Como toda obra simbólica, la novela *Alsino* admite muchas interpretaciones. Algunos la han visto como una alegoría de carácter social, representando una crítica a la sociedad entera por el fracaso y la destrucción de alguno de sus miembros. Puede representar también el deseo del hombre por lo desconocido y también la tendencia del individuo a elevarse en busca de climas más propicios para el espíritu, dejando detrás la tierra y lo material. La novela sobresale por lo sostenido del hilo narrativo; la elegancia y sobriedad del lenguaje; el poder sugerente de las imágenes; el vigor y fuerza expresiva del simbolismo. Pero su poderoso lirismo es lo más sobresaliente, con toques de realismo. El escepticismo del autor expresado en el final amargo y triste parece vaporoso y sutil.

Prado hizo concesiones al realismo en *Un juez rural* (1924). Es la vida de Solaguren, hombre que de pronto se encuentra investido de juez. El hecho de que tenga que impartir justicia lo embarga y siembra su espíritu de inquietud y desasosiego, ya que tiene conciencia de lo difícil que es realizar la justicia y la certeza de que muchas veces no es tal lo que se tiene por ella. Movido por estas conclusiones, responsablemente renuncia a su cargo. La novela tiene tensión dramática, preocupación social, escarceos filosóficos sobre la justicia como valor social. En las pinceladas de lo regional hay huellas del pintor que había en Prado. El humorismo viene dado por algunos personajes secundarios muy bien trazados y de los más inolvidables para el lector.

Muchos de los trabajos de Prado aun cuando no lleven ese título, tienen carácter de verdaderos ensayos por el contenido filosófico y el elemento subjetivo expresados en ideas muy originales. El más conocido es el titulado *Ensayos sobre la arquitectura y la poesía* (1916), pero muchos de sus poemas en prosa y artículos para *La Nación* tienen ese carácter como *La casa abandonada* (1912), llamada por el autor "parábolas y pequeños ensayos", así como en *Los diez* (1915). También escribió algunas piezas dramáticas que no alcanzan el valor de su poesía o prosa. Es uno de los hombres de letras más admirados de Chile y su prestigio va adquiriendo importancia continental.

La novela regional o criollista: rasgos; importancia social y artística; limitaciones

Paralela a la corriente del realismo de estilo europeo se fue imponiendo paulatinamente en estos países la tendencia del criollismo o regionalismo. La novela ha sido el vehículo idóneo para el profundo deseo de redescubrir a América, tanto en el aspecto físico (incluyendo toda la gama de la naturaleza y el paisaje) como sus tipos humanos; la realidad sociológica; los eventos históricos y políticos y los problemas humanos, morales y sociales así como la interrelación entre todos.

Como se puede ver en el esquema a principios de este capítulo, la novela regional intenta el estudio y presentación de todos los aspectos esenciales de la realidad total de la América Hispana. Existe, sin duda alguna, una supervalorización del mundo físico. La naturaleza y lo meramente descriptivo están a menudo por encima del hombre, llegando aquélla a convertirse en el verdadero protagonista. La novela, como otros géneros literarios, adquiere una dimensión de militancia, de exposición, crítica y protesta social. Se asiste a una perfecta integración del hombre con la naturaleza por un lado y con su problemática y el medio por otro. La tendencia es pesimista en general porque en la lucha entre el individuo y el medio físico, casi siempre el vencedor es este último; y en la batalla contra un estado social inicuo a menudo se imponen las fuerzas retardatarias. La concepción de la novela es panorámica y épica. Hay un anhelo de convertir lo criollo, lo regional en entidades estéticas de valor universal. Su innegable realismo hace de esta narrativa documentos imprescindibles no solamente para recreo estético, sino también para el conocimiento de la realidad de América.

A esta novelística se le ha querido restar reconocimiento por algunos debido a que se desvía de la tradicional tendencia de la europea y quiere tener fisonomía propia para mejor expresar la naturaleza, el hombre y los conflictos sociales de estos pueblos. De aquí el sello peculiar, ritmo distinto y estilo original que presenta esta novela. Su realismo reconoce antecedentes europeos y particularmente españoles, pero sus raíces son netamente americanas. El gran dilema que se presenta al crítico es éste: ¿puede una novelística esencialmente regional lograr categoría universal, reconocimiento internacional? No vemos la razón para una actitud negativa, puesto que en el fondo toda forma de literatura tiene elementos locales o nacionales. Por otro lado, es probable que las obras maestras del regionalismo americano logren tal rango debido a la maestría con que está reflejada una realidad concreta y por la exposición de temas que afectan a hombres de muchos lugares (como son la opresión, la pobreza, el abandono, la injusticia) y la defensa de valores eternos como son la igualdad de oportunidades, la libertad y el goce equitativo de los bienes nacionales.

Respecto a los estilos, asistimos en el caso de la novela regional a una íntima fusión de lo popular y criollo (realismo) y de lo artístico (influencia directa del modernismo y el vanguardismo). Seguidamente vamos a estudiar a los dos novelistas más representativos de la novela basada en distintos aspectos del medio físico americano.

La novela regional de la tierra
Rómulo Gallegos, fiel intérprete de Venezuela

Una de las cumbres de la novela regional hispanoamericana es RÓMULO GALLEGOS (1884). Nació en Caracas y tuvo que interrumpir sus estudios de derecho en la Universidad Central por falta de medios. Se hizo maestro y en esa carrera logró mucho éxito llegando a ser director de la Escuela Normal de Caracas (1918-1920) y del Liceo Andrés Bello (1922-1930). Desde muy temprano sintió la vocación de escritor, pero tenía que vivir de empleos modestos. En 1909 fundó con otros escritores la revista *Alborada* y colaboró en el *Cojo Ilustrado*. En 1911 Gallegos publicó su primer trabajo, el drama titulado *El milagro del año*, pero sintiéndose más inclinado a la prosa de ficción, dio a conocer *Los aventureros* (1913), una colección de cuentos. Se inició bajo la influencia del "exotismo modernista" de algunos contemporáneos como Manuel Díaz Rodríguez y Pedro César Dominici. Más tarde apareció su primera novela, *El último Solar* (1920), actualmente *Reinaldo Solar*. Sus cuentos iniciales y esta novela muestran ya su rumbo novelístico: la presentación de caracteres, situaciones y paisajes de su propia tierra con un realismo extraordinario y guiado por una firme inquietud social de reformador. Debido a su renombre literario, el dictador Juan Vicente Gómez quiso atraérsele nombrándole Senador, pero Gallegos declinó el "honor" y se marchó al exilio en Estados Unidos y España, donde trabajó como vendedor. Al caer la dictadura en 1935 regresó a su patria, siendo nombrado al año siguiente Ministro de Educación por el Presidente López Contreras. Su estatura política la demuestran estos hechos: en 1941 ocupa la presidencia del Ayuntamiento de Caracas y es el primer candidato anunciado a la presidencia de la república. Como candidato de *Acción Democrática* dirigido por Rómulo Betancourt, es electo presidente por una inmensa mayoría y más tarde depuesto por un golpe militar antes de terminar su primer año. Vivió en el exilio en Cuba, México y los Estados Unidos hasta la caída de Pérez Jiménez en 1958. Al ser electo Rómulo Betancourt como Presidente (1960-1964), Gallegos cumplió varias misiones diplomáticas. Vive actualmente en Caracas, gozando de una admiración pocas veces lograda por un escritor hispanoamericano.

Gallegos es autor de varias novelas, ensayos y cuentos, pero su fama descansa sobre todo en la trilogía que forman: *Doña Bárbara* (1929), *Cantaclaro* (1931) y *Canaima* (1935), seguidas de: *La trepadora* (1935), *Pobre negro* (1937) y *Sobre la misma tierra* (1943). *Doña Bárbara* es la novela por excelencia de los llanos venezolanos. El novelista enfrenta a Doña Bárbara "la devoradora de hombres" a Santos Luzardo un hombre de la ciudad y abogado. La mujerona tiene asolados los llanos con sus robos, depredaciones y violencias y quiere vengar un ultraje sufrido en su juventud mediante la destrucción de todos los hombres, inclusive de Lorenzo Barquero, padre de Marcela, su única hija. Santos Luzardo comienza luchando mediante métodos jurídicos y legales, pero pronto se da cuenta de que la violencia es el único camino en el llano. Conoce a Marcela, trata de civilizarla y ambos se van enamorando. Doña Bárbara primero quiere dominarlo con sus ardides, para luego descubrir que lo ama. Para hacerse digna de su amor, deja toda su herencia a Marcela y desaparece, volviendo a reinar el orden y la tranquilidad en la zona. La obra presenta valores simbólicos muy acusados: Doña Bárbara representa la barbarie de los llanos y la dictadura de Juan Vicente Gómez; Luzardo es el civilizador y en cierto sentido encarna los ideales de reforma del pueblo venezolano y del propio Gallegos. El autor se nos presenta como auténtico maestro en tres aspectos: la recreación de auténticos caracteres de los llanos, en los que quizás haya cierto abultamiento por su temperamento tropical, pero que no están idealizados; las descripciones del paisaje, las costumbres, la vida bravía, ruda y un primoroso estilo que nunca pierde su vigor y encanto ni cuando se llena de expresiones dialectales para aumentar su autenticidad ambiental. Sobresale el equilibrio de elementos a pesar de que a ratos el llano bravío pasa al primer plano del relato. Es una de las novelas mejor escritas y desarrolladas en Hispanoamérica y una de las más representativas de las virtudes y defectos del llamado regionalismo en la narrativa.

Después de este éxito sin precedentes en la literatura venezolana, Gallegos publicó *Cantaclaro*, otro girón del alma de Venezuela. Es la historia de un trovador popular y don Juan de los llanos que "epitomiza" el amor y las canciones populares del país. El protagonista, Florentino Coronado, a quien llaman "Quitapesares" es una especie de juglar errante que va de pueblo en pueblo y de sitio en sitio. Aun cuando es una de las mejores novelas de Gallegos, se le ha criticado la inclusión de distintos episodios casi independientes, así como dejar sin conclusión algunas historias como la del Doctor Payara, posiblemente el carácter más recio de la novela. Los personajes de la obra son muy convincentes y es admirable la riqueza de folklore y elementos populares como las supersticiones campesinas y demás costumbres rurales.

Algunos estiman que la novela mejor lograda por Gallegos es *Canaima*, en su primera parte una novela de los llanos y en la última de la selva de las Guayanas. Es la historia de Marcos Vargas de Ciudad Bolívar, joven aventurero, que después de vengar el asesinato de su hermano, combatir el caciquismo de la región y ganar el corazón de una rica y bella joven, lo abandonó todo para internarse en la jungla. Aquí es ganado por "canaima" el espíritu del mal que habita en la selva, se casa con una india y llega a sentirse parte de esa naturaleza. Pero, no queriendo que su hijo sea incivilizado, la novela termina cuando el joven viaja por el Orinoco al encuentro de un buen amigo de Vargas. Como todas las obras de Gallegos, *Canaima* tiene una marcada intención social y es pesimista en el sentido de que en la lucha entre la barbarie de la selva y la civilización aquélla acaba por imponerse. Se nota en esta obra un mayor perfeccionamiento técnico, un argumento mejor llevado, un desarrollo sicológico de caracteres excelente y una prosa más lograda. Es rica en elementos telúricos, al punto de que a veces la selva parece el verdadero protagonista, en toda su majestad y grandeza. Todo hace indicar que el heroísmo y bravura de Marcos Vargas es una sublimación del carácter del autor.

Las novelas que completan esta galería de cuadros regionales son: *La trepadora* en la que Victoria gana su apellido a fuerza de una actitud independiente y batalladora. La novela simboliza la lucha del hombre sin significación social por lograr su lugar en la sociedad. Luego vino *Pobre negro*, con los problemas de los negros en Barlovento. El autor defiende la integración de las distintas razas y el papel del negro en la sociedad. En *Sobre la misma tierra* (1943) combina la defensa de los indios con los problemas de la producción del petróleo. Su última novela tiene a

Cuba por escenario, *La brizna de paja en el viento* (1952), presentando el papel de la Universidad en la educación. Gallegos es también un excelente autor de cuentos como lo demuestran sus colecciones: *Los aventureros* (1913), *Los inmigrantes* (1922) y *Cuentos venezolanos* (1949).

Aunque se le han hecho algunas objeciones como es la poca variedad de sus caracteres, unida a la simplicidad en su desarrollo; la repetición de algunos y los símbolos a veces demasiado obvios, Gallegos tiene méritos para ser situado en una galería de nuestros novelistas de rango internacional. Como intérprete de un pedazo de la realidad de América como es el alma venezolana no encuentra rival. Sobresale por el dinamismo de sus personajes y tramas y por el lirismo de su estilo. A esto ha de unirse la maestría en la pintura de los llanos, de las costumbres y vida montaraz y la agudeza para interpretar el alma venezolana a través de sus personajes.

La novela de la selva: José Eustasio Rivera y "La vorágine"

Bastaron al colombiano JOSÉ EUSTASIO RIVERA (1889-1928) dos libros para ganar gloria literaria: el sonetario *Tierra de promisión* (1921) y, sobre todo su novela de la selva, *La vorágine* (1924),[4] la obra por excelencia en ese género. Su gobierno lo nombró Inspector de los yacimientos petrolíferos y ese cargo oficial le permitió recorrer y conocer de primera mano la región que tan admirablemente describe en su novela. Más tarde escribió un informe descubriendo la corrupción de las autoridades locales y la explotación por parte de empresas extranjeras. Rivera sufrió en carne propia muchos de los horrores ciertos de la selva: estuvo perdido en ella; vivió entre indios y escribió parte de su novela mientras padecía de la fiebre beri-beri. La mayor parte de la obra fue escrita en la misma selva y el autor solía leer a sus compañeros las porciones terminadas, de aquí la estrecha compenetración del novelista con la naturaleza. El asunto de la obra es el siguiente: Arturo Cova, de fuerte contextura física, poeta, joven y rebelde huye con su novia Alicia desde Bogotá hacia el campo. En una ausencia de Cova, Alicia y la niña Griselda se escapan con Barrera, un enganchador de peones para las gomeras y vendedor de indios esclavos. Lleno de celos, Cova se interna en la selva donde vive miles de aventuras brutales. Cuando encuentra a Barrera sostienen un duelo y lo mata. Sabedor de la inocencia de Alicia todos los amigos deciden ganar la vida civilizada, pero la novela termina con su separación definitiva, como devorados por la selva.

La vorágine es la novela de la selva por excelencia, a más de una de las obras representativas del llamado "super-regionalismo" hispanoamericano. La selva está pintada en toda su grandiosidad y majestad, pero a través del temperamento hiperestesiado del poeta, de aquí que esté vista desde el lado trágico, inhumano y horrendo; el lado de la belleza y lo exótico no aparece contemplado. Esta visión de la selva contrasta grandemente con la ofrecida por W. H. Hudson en *Green Mansions;*

---

[4] Véanse algunos datos biográficos y el estudio como poeta de José Eustasio Rivera en el Cap. XXIV, pág. 497-498.

Alberro Rangel en *El infierno verde;* Santiago Pérez Triana en *De Bogotá al Atlántico* y el doctor César Uribe Piedrahita en *Toá*, una novela sobre las caucherías. Ninguno de ellos ve la selva con los tintes de horror, tragedia que aparecen en Rivera. No es que a éste le falte realismo en las descripciones, sino que vivió la selva directamente, padeció todos sus males y la describe a través de su temperamento viéndola como una verdadera fantasmagoría. Presenta una lucha entre el hombre y la selva en la que ésta termina por vencer, según el criterio pesimista del autor.

Aunque la novela presenta a la selva a veces como el verdadero protagonista, tiene categoría de obra de aventuras y de caracteres. Rivera se nos presenta como un excelente pintor de almas. Todos sus protagonistas son diferentes y convicentes y responden a una realidad esencial, ya que se ha descubierto que la mayoría de ellos vivieron en realidad. El proceso de los cambios que en el carácter de Cova opera el "infierno verde" es algo muy bien logrado. Se le han señalado algunos defectos técnicos a la obra:

1. La dispersión del relato central en tres narraciones distintas: el viaje de Cova y sus compañeros en persecución de Barrera; el relato de Clemente Silva y las matanzas de Funes. Además, hay otros relatos también independientes.
2. Uso de sentimentalismo y melodramatismo en algunos pasajes y situaciones.
3. Tendencia a la frase lapidaria y terminante.
4. El final, pues no se sabe realmente cómo termina la novela.

Estos defectos no lo son tanto si tenemos en cuenta que en muchas novelas hay más de un relato sin que pierdan su valor, ya que ellos contribuyen a la trama central en vez de ser desviaciones; y en cuanto al final, dada la índole del relato, no parece lógico otro desenlace.

Sobresale la autenticidad total de la novela en las descripciones de la naturaleza, costumbres y tipos humanos. Es una genuina epopeya de la selva tropical americana. Hay una concordancia perfecta entre la violencia de la selva y la de los hombres que en ella viven. En cuanto al estilo, es una mezcla de visiones líricas y realistas de la naturaleza; de lo poético y lo salvaje. El lenguaje es rico, con uso de regionalismos para aumentar su autenticidad. Sobresale la plasticidad de las descripciones y la riqueza de imágenes y metáforas. El impresionante espectáculo está captado en metáforas felices. El vocabulario y las imágenes tienen todo el esplendor tropical y el estilo es vibrante, nervioso e impresionista, con huellas directas del modernismo y el ultraísmo. A la novela asoma una evidente intención social: es una explícita denuncia de las condiciones infra-humanas en que vivían los peones caucheros. Rivera es un maestro en la creación de una auténtica atmósfera de tensión, en la introducción y dominio de los momentos dramáticos.

La novela gauchesca: su evolución y características

Dentro del regionalismo novelístico encontramos una serie de obras que en vez de presentar el medio físico como las anteriores, emplean tipos humanos propios

LA NOVELA Y EL CUENTO CONTEMPORÁNEOS

de Hispanoamérica como motivos centrales. Aunque hay gran variedad de novelas referidas a los diversos entes sociológicos componentes de estos pueblos (gaucho, negro, huaso, charro, indio, trabajadores, "rotos", campesinos, peones, estudiantes, marinos, etc.), las novelas que más trascendencia artística y social muestran son las referidas al habitante de la pampa y al indígena, pero esto no impide que haya novelas muy interesantes sobre los demás seres mencionados.

Ya hemos visto que la rica literatura gauchesca[5] se extendió a todos los géneros literarios y que abarcó desde el neoclasicismo en que se rigina, ohasta nuestros días. Así llegó el gaucho a la novela ofreciendo una producción tan rica como variada e interesante. El género se inicia con Eduardo Gutiérrez (1853-1890), autor de casi una docena de novelas históricas y de policía, presentando por lo general al "gaucho malo". Algunas fueron llevadas al teatro con extraordinario éxito. Más tarde surgen tres cultivadores del género en Uruguay: Eduardo Acevedo Díaz, Javier de Viana[6] y Justino Zavala Muñiz (1898), autor de tres crónicas en que analiza las diferentes épocas en la evolución del gaucho.

La novela gauchesca que vamos a estudiar ahora es, por tanto, una extensión dentro de la época contemporánea, de la rica literatura sobre la pampa y sus habitantes. El centro temático de esta novelística es el gaucho situado en su mundo físico y anímico. Debe tenerse en cuenta que estas obras se escriben cuando ya el gaucho histórico ha desaparecido ante el avance de la civilización, pues lo que hoy se designan como gauchos no son otra cosa que peones o trabajadores de las haciendas. Estas novelas abundan en cuadros realistas de la vida, costumbres, sicología del paisano y sus relaciones directas con el medio físico: la pampa. Muchos son los cultivadores de este género, pero Ricardo Güiraldes y Benito Lynch son los grandes maestros, seguidos por Enrique Amorín,[7] Justino Zavala Muñiz y otros.

Los grandes maestros de la novela gauchesca: Ricardo Güiraldes y su "Don Segundo Sombra"

El más famoso novelista gauchesco, RICARDO GÜIRALDES (1886-1927), nació en Buenos Aires en el seno de una familia rica y bien educada de la aristocracia rural. Cuando apenas tenía dos años vivió en Francia con sus padres, regresando en 1890. Pasó la adolescencia y parte de la juventud en la estancia paterna, "La Porteña", en el pueblo de San Antonio de Areco. En Buenos Aires comenzó, sin terminarlas dos carreras universitarias: arquitectura y derecho. En 1910 volvió a París, capital en ese momento del arte y la literatura. Desde entonces vivió en esa ciudad, Buenos Aires y la hacienda paterna y se dedicó a viajar llegando hasta el Lejano Oriente (India y Japón). En París hizo amistad con los más distinguidos vanguardistas y se

---

[5] Véanse Capítulo XIV, pág. 297.
[6] Véanse Cap. XV, "La novela romántica" y Cap. XIX, "El naturalismo", respectivamente.
[7] Será estudiado en el Cap. XXXII, págs. 692-694.

descubrió su vocación literaria. Al influjo de las nuevas corrientes comprendió que en la literatura hispanoamericana era necesaria la conjunción de temas nativos con las estéticas más avanzadas. Llegó a ser uno de los líderes del vanguardismo porteño y asiduo colaborador de la revista *Martín Fierro*. Fue uno de los fundadores de la revista *Proa*, órgano del ultraísmo que inicia la revolución estética en Argentina, convirtiéndose en una de las figuras literarias del momento. En 1926 obtuvo el Premio Nacional de Literatura por su obra maestra, *Don Segundo Sombra*, aparecida ese mismo año. Viajó a París a fin de hallar remedio a una enfermedad, pero allí murió no sin antes rogarle a su esposa que se le enterrara en San Antonio de Areco, en el corazón de la patria.

Su vida de estanciero y de residente de París logró un equilibrio vital en su obra por la mezcla de lo nativo y lo europeo; lo moderno y lo tradicional. Aunque sus grandes realizaciones se llevaron a cabo en el cuento y la novela, Güiraldes se inició con un libro de versos, *El cencerro de cristal* (1915), situado en la transición del modernismo al ultraísmo, apuntando hacia las nuevas escuelas poéticas con influencia de los simbolistas, especialmente Jules Laforgue. Más tarde escribió otros libros de poesías: *Poemas místicos* (1928), *Poemas solitarios*, en prosa (1928).

A pesar de que en toda la obra de Güiraldes asoma siempre el poeta en el rico lirismo de su estilo, fue en la prosa donde volcó lo más preciado de su genio. En este campo se inició con la colección *Cuentos de muerte y de sangre* (1915) compuestos sobre "anécdotas oídas y escritas por cariño a las cosas nuestras". El estilo es todavía indeciso por juvenil, pero ya se nota la combinación de motivos nacionales y las técnicas de vanguardia. Constituyen breves narraciones sobre episodios locales, con poco fondo novelesco. "Momentos de una juventud contemporánea" describe su segunda obra, la novela *Raucho* (1917). El relato con tonos autobiográficos nos presenta al protagonista de ese nombre, un joven argentino de una hacienda que vive en Buenos Aires y París la bohemia propia de esas grandes ciudades. En París obtiene vicios y pierde el juicio. Lo salva la vuelta a la pampa y la consiguiente vida sana en el suelo natal. El tema ha sido tratado muchas veces en esta literatura. Güiraldes muestra maestría en las descripciones de lo nativo, pero alguna torpeza al describir la ciudad. Tiene valor como primicia novelística a más del interés del desarrollo sicológico del personaje. A ésta siguió *Rosaura* (1922), novela coita escrita en las técnicas modernas. Es la historia de un amor de pueblo y el trágico fin de la heroína. Recuerda a Poe y Maupassant. Un asunto sentimental, sencillo y ameno. Al año siguiente publicó *Xamaica* (1923), con el subtítulo "un viaje, un amor", escrita en forma de diario. Es una historia de amor que se va desarrollando durante un viaje de Buenos Aires a la isla de Jamaica, pasando por Panamá y otros países sudamericanos. Lo exótico de estas tierras, notas románticas y técnica moderna se combinan admirablemente bien. Está entre lo mejor dejado por Güiraldes por su estilo sobrio, poético, lleno de lirismo. Algunos críticos la consideran superior a *Don Segundo Sombra* y lo cierto es que tiene aspectos más valiosos.

La genuina obra maestra de Güiraldes y del género gauchesco es el famoso *Don

Segundo Sombra (1926), obra de evocación, defensa y estilización del gaucho. Su éxito instantáneo hizo olvidar su producción anterior y le situó entre los mejores novelistas hispanoamericanos. Güiraldes empleó para esta novela toda su experiencia y conocimiento de la pampa y dio al tema un tratamiento en que se funden su profundo amor y admiración por las cosas nativas. Es la historia de un joven de unos catorce años que atraído desde el primer momento por la reciedumbre y el halo de misterio e impenetrabilidad que rodea a Don Segundo Sombra, huye de su casa de adopción para hacerse un gaucho verdadero con la ayuda de aquél, a quien llama su "padrino". Después de más de cinco años en que el jovencito ha logrado convertirse en un hombre de la pampa, recibe la noticia de que ha heredado una gran fortuna y hacienda. Don Segundo le recomienda que la acepte y abandone la vida del gaucho. El joven se hace entonces culto y escritor. El propio Don Segundo lo acompaña por un tiempo, pero sintiendo el llamado de la pampa nuevamente, lo abandona un día y vuelve a la gran extensión que es parte inseparable de su vida.

Los dos personajes principales, "el gauchito" y Don Segundo están muy bien pintados. La sicología infantil y juvenil expresadas en la ciega admiración por el "padrino" y el anhelo de aprender lo que hacen los mayores y vivir aventuras está apresada con toda capacidad creadora. La base del protagonista central fue un gaucho verdadero que parece murió hacia 1936, pero el autor no quiso retratar un gaucho real, sino crear artísticamente uno que encarnara todas las posibles cualidades humanas del paisano verdadero. El personaje parece idealizado por esa razón y porque está visto a través de los ojos deslumbrados de un adolescente. Don Segundo no es el gaucho actual, sino el pasado, el evocado por el autor. El personaje viene pintado con cierto aire de misterio e impenetrabilidad; personalidad solitaria, individualista, recia. Es sereno, valiente, dueño de sí mismo en cualquier circunstancia. Como buen gaucho es un nómada: su valor esencial es la libertad, el derecho de vagar de un lugar a otro sin ataduras de ninguna clase. Es como un solitario a quien los silencios hacen más fuerte. Su mayor felicidad consiste precisamente en ser un gaucho. Don Segundo es una creación artística, una estilización estética, no un ser real, por eso es una persona sin un solo defecto, lo que lo hace aparecer deshumanizado. Al principio el autor dice que "es más una idea que un ser" y al final que "es más una idea que un hombre".

La novela se aparta un poco de la técnica europea, aunque tiene puntos de contacto con la picaresca española y con *Don Quijote*—salvadas todas las distancias—porque presenta como una serie de relatos independientes a los que presta cohesión la personalidad recia e inconfundible del protagonista. Constituye un amplio cuadro de todas las actividades de la pampa. Se le han señalado algunos defectos: la intriga es bastante pobre, ya que el carácter principal tiene más importancia que las aventuras; a veces las descripciones son demasiado extensas; la estructura es muy sencilla. Sin embargo, muchas de estas críticas pueden ser destruídas si tenemos en cuenta que el conjunto es una obra admirable sobre la pampa y el gaucho.

Otro aspecto sumamente interesante de la obra es su estilo. En Güiraldes se logra una síntesis admirable de lo culto y lo popular. Es rica en elementos picarescos y heroicos y excelente en cuanto a los diálogos. Sobresale el vigor y concentración de estilo; la síntesis verbal, la sobriedad. La obra se aleja de la retórica tradicional. Las cosas más sublimes y profundas se expresan en forma simple, llana, produciendo, sin embargo, una indeleble emoción, como en la despedida de los protagonistas. Hay riqueza y audacia de metáforas, pero no se abusa de ellas. Es una novela de interpretación sicológica de un personaje de trascendencia, tanto literaria como nacional y sociológica. No se interesa por lo sociológico, ni tiene intención social. Es una pura obra de arte. El estilo es brillante, lleno de colorido, impresionista. El gaucho aparece evocado con tanto respeto y nostalgia como admiración y emoción. Aunque se basa en un tipo regional, la obra presenta valores universales, porque pinta un tipo humano muy importante de Argentina y porque nos presenta un hombre de extracción humilde que logra una personalidad descollante tratando de ser él mismo y no otro, tema muy usado luego por las corrientes existencialistas.

Benito Lynch y la pintura del gaucho en decadencia, "El inglés de los guesos"

Pasa BENITO LYNCH (1880–1951) por ser el más realista de los novelistas gauchescos. Era un tipo más anglo-sajón que latino. Nació en La Plata con ancestro español, irlandés y francés. Pertenecía a una familia rica argentina. Desde su niñez vivió en *El Deseado*, una rica estancia situada en la provincia de Buenos Aires. Aquí aprendió directamente la sicología, costumbres y el habla de los gauchos. A los diez años regresó a La Plata para su educación, pero la interrumpió por el periodismo. Sus primeros escritos aparecieron en el diario *El día*, de esa ciudad, entre cuyos fundadores se contaba su padre. Lynch llevó una vida normal de burgués: vida apacible de solterón en el hogar, el club y su labor literaria. Su biografía externa tiene muy poco de extraordinario, pues no hizo vida pública y vivió retraído y aislado de los demás escritores.

Lynch es uno de los mejores novelistas y autores de cuentos de Hispanoamérica dentro del regionalismo. Se inició con la novela *Plata dorada* (1909), historia bastante simple de unos amores que terminan en forma trágica y melodramática. A los treinta y un años obtuvo su primer gran éxito literario con la publicación de *Los caranchos de la Florida* (1916),[8] con gran favor del público y la crítica. Manuel Gálvez y Horacio Quiroga, dos escritores de renombre ya establecido, la saludaron con muchos elogios. Su asunto son los amores de padre e hijo por una misma mujer y el fin trágico de ambos porque don Panchito mata a su padre, Suárez Oroño y el capataz gaucho, Cosme, lo apuñala a él. Aquí aparecen ya algunas virtudes y defectos de Lynch: una de sus predilecciones es la pintura de patronos irascibles y violentos como don Francisco Suárez Oroño. A pesar del desenlace melodramático y cierta inconsistencia en la pintura del carácter de don Panchito, la obra se cuenta entre las mejores del

---

[8] "Caranchos" son aves de rapiña.

género gauchesco. La pintura de los personajes secundarios es excelente. Su tercera novela, *Raquela* (1918) es de carácter humorístico. En ella Marcelo de Montenegro, joven literato, se disfraza de gaucho y después de muchas aventuras, logra el amor de Raquela, hija del rico patrón. Hay notable equilibrio entre los elementos dramáticos y humorísticos, producidos éstos por los enredos de la doble personalidad de Montenegro. Lo mejor de la novela son las escenas del campo; sus momentos líricos y, sobre todo la pintura de las escenas horrendas de un incendio. Lynch muestra gran dominio del habla popular. Después publicó *La evasión* (1922) que añade poco a su gloria anterior. Posteriormente intentó la novela de la ciudad en *Las mal calladas* (1923), pero la obra no resulta muy convincente, aunque está bien construída.

Atrajo otra vez la atención nacional con la publicación de su obra maestra, *El inglés de los güesos* (1924), cuyo asunto es el trágico amor de Balbina, "La negra", una montaraz y bella gauchita por Mr. James Gray, un arqueólogo inglés. Balbina se enamora locamente de Gray, rechazando a su eterno enamorado, Santos Telmo, un gauchito violento y enfatuado que apuñala por celos a Gray. Éste también se va enamorando de la chica, pero al recibir un llamado de su antiguo profesor de Cambridge no vacila en marcharse. Balbina se suicida con un lacito que el inglés le había confeccionado. En esta novela llega el genio novelístico de Lynch a su momento más feliz. Logra admirablemente bien el contraste de distintos temperamentos raciales y el cuadro de escenas y tipos campesinos. Asimismo es de celebrar el equilibrio excelente del humor con los momentos más tensos y dramáticos, logrados éstos por medios muy serios, sin acudir nunca al melodramatismo o la comedia grotesca. Lo más notable es el estudio de caracteres, pues tanto los protagonistas principales como los secundarios convencen, sin desconocer que la figura del inglés es un poco convencional. A más de la originalidad del asunto, la novela vale como cuadro del campo argentino.

A ésta siguieron dos novelas cortas, *El antojo de la patrona* y *Palo verde* (1925), donde Lynch vuelve a lucirse como fino estudioso de los caracteres pamperos. En 1931 dio a la estampa una colección de cuentos muy celebrada, *De los campos porteños*, donde encontramos algunas pequeñas obras maestras. *El romance de un gaucho*, (1933) publicado en 1930 como "folletín" de *La Nación*, presenta la originalidad de estar todo escrito en la lengua gaucha, demostrando Lynch así su dominio del tema y del vehículo expresivo de los paisanos. Algunos la consideran superior a *El Inglés de los güesos*, aunque parece que la mayoría se decide por esta última. El asunto son los amores de un jovencito gaucho, Pantaleón Reyes, por doña Julia, señora casada, joven y hermosa. El enamorado es un mozo tímido, fino, sin experiencia en el amor. Son unos amores castos. Cuando el esposo de Julia muere, el gauchito decide regresar (pues se había marchado enojado por la oposición de su madre), pero la impaciencia le hace matar el caballo y muere en plena pampa sin lograr su objetivo.

Lynch pinta al gaucho de sus días, o sea en plena decadencia, cuando había venido a menos. Por eso, en casi todas sus obras los gauchos son pobres, infelices, humildes e ignorantes. Pinta con honda simpatía a las mujeres, a pesar de que era célibe. Siempre las rodea de dulzura, resignación, delicadeza y belleza agreste, a veces salvaje. Los diálogos y las narraciones sobrepasan a las descripciones en importancia. Muestra gran acierto en la pintura de los escenarios, pero en forma breve y precisa. Lo que tiene en realismo, le falta en visión poética o lírica de la pampa. Alterna muy bien los diálogos con los pasajes narrativos. Ofrece cierta propensión a lo melodramático, aunque en su obra maestra es muy sobrio. Sus novelas son los cuadros más fieles de la vida, costumbres, sicología y ambiente del gaucho. No pinta sus gauchos como mitos, sino como seres de carne y hueso. El vanguardismo o modernismo dejaron muy escasa huella en su estilo, pues se acerca más al regionalismo tradicional hispánico.

BIBLIOGRAFÍA

1 ESTUDIOS GENERALES SOBRE LA NOVELA

(Consúltense bibliografía sobre la novela en el Cap. XV y especialmente: Alegría, Barbagelata, González, Sánchez, Torres-Rioseco, Uslar-Pietri, Zum Felde)

Brushwood, John S., y Rojas Garcidueñas, José, *Breve historia de la novela mexicana*, México, Studium, 1959.

Carrión, Benjamín, *El nuevo relato ecuatoriano*, 2 vols., Quito, Casa de la Cultura Ecuatoriana, 1950.

Castillo, Homero y Silva Castro, Raúl, *Historia bibliográfica de la novela chilena*, Charlottesville, Univ. of Virginia, 1961.

Cruz, Salvador de la, *La novela iberoamericana actual*, México, Secretaría de Educación Pública, 1956.

Díaz Seijas, Pedro, *Orientaciones y tendencias de la novela venezolana*, Caracas, 1949.

García, Germán, *La novela argentina*, Buenos Aires, Sudamericana, 1952.

Ghiano, Juan Carlos, *Testimonio de la novela argentina*, Ed. Leviatán, 1956.

Gómez-Tejera, Carmen, *La novela en Puerto Rico*, San Juan, Univ. de Puerto Rico, 1947.

Guzmán, Augusto, *La novela en Bolivia*, La Paz, Juventud, 1955.

Iguíniz, Juan B., *Bibliografía de novelistas mexicanos*, México, Monografías Bibliográficas Mexicanas, 1926.

Memoria del Quinto Congreso del Instituto Internacional de Literatura Iberoamericana: La Novela Iberoamericana, Albuquerque, Univ. of New Mexico, 1952.

Menton, Seymour, *Historia crítica de la novela guatemalteca*, Guatemala, Ed. Universitaria, 1960.

Navarro, Joaquina, *La novela realista mexicana*, México, La Carpeta, 1955.

Rojas, Ángel F., *La novela ecuatoriana*, México, Fondo de Cultura Económica, 1948.

Ratcliff, D. F., *Venezuelan Prose Fiction*, New York, Instituto de las Españas, 1933.

Silva Castro, Raúl, *Historia crítica de la novela chilena (1843-1956)*, Madrid, Cultura Hispánica, 1960.

——, *Panorama de la novela chilena*, México, Fondo de Cultura Económica, 1955.

Spell, Jefferson Rea, *Contemporary Spanish American Fiction*, Chapel Hill, Univ. of North Carolina Press, 1944.

Torres-Rioseco, Arturo, *La novela en la América Hispana*, Berkeley-Los Angeles, Univ. of California Press, 1939.

——, *Grandes novelistas de la América Hispana*, 2da. ed., 2 vols., Berkeley-Los Angeles, Univ. of California, 1949.

LA NOVELA Y EL CUENTO CONTEMPORÁNEOS

2 ESTUDIOS Y ANTOLOGÍAS SOBRE EL CUENTO

a) ESTUDIOS GENERALES

Bueno, Salvador, *Trayectoria del cuento y la narración breve en Cuba*, La Habana, Ministerio de Educación, 1952.
Leal, Luis, *Historia del cuento hispanoamericano*, México, Studium, 1966.
——, *Breve historia del cuento mexicano*, México, Studium, 1956.
Loveluck M., Juan, *El cuento chileno (1864–1920)*, Buenos Aires, 1964.
Meléndez, Concha, *El arte del cuento en Puerto Rico*, New York, Las Américas, 1961.
Silva Castro, Raúl, *Los cuentistas chilenos*, Santiago, Zig-Zag, 1938.
——, "El cuento" en su *Panorama literario de Chile*.

b) ANTOLOGÍAS

Anderson Imbert, Enrique y Kiddle, Lawrence B., *Veinte cuentos hispanoamericanos del siglo XX*, New York, Appleton, 1956.
Arratia, Alejandro y Hamilton, Carlos D., *Diez cuentos hispanoamericanos*, New York, Oxford, 1958.
Carballo, Emmanuel, *El cuento mexicano del siglo XX*, México, Libro-Mex, 1964.
Crow, John A., y Duddley, Edward J., *El cuento*, New York, Holt, Rinehart and Winston, 1966.
Escobar, Alberto, *La narración en el Perú: estudio preliminar, antología y notas* (1956), 2da. ed., Lima, Mejía Baca, 1960.
Flores, Ángel, *Historia y antología del cuento y la novela en Hispanoamérica*, New York, Las Américas, 1959.
Lamb, Ruth, *Antología del cuento guatemalteco*, México, Studium, 1959.
Lasplaces, Alberto, *Antología del cuento uruguayo*, 2 vols., Montevideo, C. García, 1943.
Latcham, Ricardo A., *Antología del cuento hispanoamericano contemporáneo, 1910–1956*, 2da. ed., Santiago, Zig-Zag, 1962.
Leal, Luis, *Antología del cuento mexicano*, México, Studium, 1957.
Lindo, Hugo, *Antología del cuento moderno centroamericano*, San Salvador, Univ. Autónoma de El Salvador, 1949.
Manzor, Antonio R., *Antología del cuento hispanoamericano*, Santiago, Zig-Zag, 1940.
Maurino, Ferdinando D. y Fucilla, Joseph G., *Cuentos hispanoamericanos de ayer y hoy*, New York, Scribner's, 1956.
Meneses, Guillermo, *Antología del cuento venezolano*, Caracas, Ministerio de Educación, 1955.
Menton, Seymour, *El cuento hispanoamericano; antología crítico-histórica*, 2 vols., México, Fondo de Cultura Económica, 1964.
——, *El cuento costarricense, estudio, antología y bibliografía*, México, Studium, 1964.
Núñez, Estuardo, *Los mejores cuentos peruanos*, 2 vols., Lima, Patronato del Libro Peruano, 1956.
Onís, Harriet de, *Cuentos y narraciones en lengua española*, New York, Washington Square Press, 1961.
Sanz y Díaz, José, *Antología de cuentistas hispanoamericanos*, Madrid, Aguilar, 1964.
Turk, Laurel H., y Brady, Agnes M., *Cuentos y comedias de América*, Cambridge, Houghton Mifflin, 1950.
Uslar Pietri, Arturo y Padrón, Julián, *Antología del cuento moderno venezolano*, 2 vols., Caracas, Escuela Técnica Industrial, 1940.
Vázquez, Alberto, *Cuentos de la América Española*, New York, Longmans, Green and Co., 1952.
Walsh, Donald D., *Cuentos americanos con algunos versos*, New York, Norton, 1948.
Walsh, Gertrude M., *Cuentos criollos*, Boston, Heath, 1965.

LA NOVELA Y EL CUENTO CONTEMPORÁNEOS

3 REALISMO DE TIPO EUROPEO

MANUEL GÁLVEZ

Textos

La maestra normal (1914), Buenos Aires, Losada, 1964 (Bibl. Contemporánea, 62).
El mal metafísico (1916), Buenos Aires, Espasa-Calpe, 1950 (Col. Austral, 433).
La sombra del convento (1917), Buenos Aires, Agencia Central de Librería y Publicaciones, 1922.
Nacha Regules (1919), 2da. ed., Buenos Aires, Losada, 1960 (Bibl. Contemporánea, 76).
La tragedia de un hombre fuerte (1922), Buenos Aires, Tor, 1938.
Humaitá (1929), Buenos Aires, Losada, 1959 (Bibl. Contemporánea, 193).
Vida de Hipólito Irigoyen, Buenos Aires, Kraft, 1939.
Hombres en soledad (1939), 2da. ed., Buenos Aires, Losada, 1946; 3ra ed., 1957 (Bibl. Contemporánea, 88).
Obras escogidas, Madrid, Aguilar, 1949; prólogo del autor.
El novelista y las novelas, Buenos Aires, Emecé, 1959.
Las dos vidas del pobre Napoleón, New York, Scribner's, 1963; editada con introducción, notas, ejercicios y vocabulario por Myron I. Lichtblau.

Crítica

Anzoátegui, Ignacio B., *Manuel Gálvez*, Buenos Aires, Eds. Culturales Argentinas, 1961.
Diccionario. . . . Argentina, II, 292–298.
Green, Otis H., "Manuel Gálvez, 'Gabriel Quiroga' and *La maestra normal*", *Hispanic Review*, XI (1943), 221–252.
——, "Manuel Gálvez, 'Gabriel Quiroga' and *El mal metafísico*", *Hispanic Review*, XI (1943), 314–327.
Holmes, Henry Alfred, "Una trilogía de Manuel Gálvez: Escenas de la guerra del Paraguay", *Revista Hispánica Moderna*, III (1937), 201–222.
Spell, *Contemporary*, 15–64.
Torres-Rioseco, *Grandes novelistas*, II, 137–160.
Zum Felde, *Índice crítico*, II, 217–225.

TERESA DE LA PARRA

Textos

Ifigenia. Diario de una señorita que escribía porque se fastidiaba, 2da. ed., París, I. H. Bendélac, 1928; 3ra. ed., Caracas, Las Novedades, 194?.
Las memorias de Mamá Blanca, París, Le Livre Libre, 1929.
Cartas, Caracas, Cruz del Sur, 1951; prólogo de Mariano Picón-Salas.
Tres conferencias inéditas, Caracas, Ed. Garrido, 1961.
Mamá Blanca's Souvenir, Washington, D.C., Unión Panamericana, 1959; traducción de Harriet de Onís e introducción por Dillwyn F. Ratcliff; con bibliografía.

Crítica

Díaz Sánchez, Ramón, *Teresa de la Parra. Clave para una interpretación*, Caracas, Ediciones Garrido, 1954.
Ratcliff, *Venezuelan Prose*, 214–232.
Sánchez, *Escritores representativos*, II, 256–262.
Uslar Pietri, *Letras y hombres*, 148–153.

4 Novela sicológica y filosófica

EDUARDO BARRIOS

Textos

El niño que enloqueció de amor (1915), Buenos Aires, Losada 1954 (Bibl. Contemporánea, 207).
Un perdido (1917), Santiago, Nascimento, 1946.
El hermano asno (1922), Buenos Aires, Losada, 1961 (Bibl. Contemporánea, 187); Santiago, Zig-Zag, 1961.
Páginas de un pobre diablo, Santiago, Nascimento, 1923.
Y la vida sigue, Buenos Aires, Tor, 1925.
Teatro escogido, Santiago, Zig-Zag, 1947; prólogo de Domingo Melfi Demarco.
Gran señor y rajadiablos (1948), Buenos Aires, Espasa-Calpe, 1952 (Col. Austral, 1120).
Los hombres del hombre, Santiago, Nascimento, 1950; Buenos Aires, Losada, 1957.
Obras completas, 2 vols., Santiago, Zig-Zag, 1962. No incluyen el teatro.

Crítica

Davidson, Ned, "The Dramatic Works of Eduardo Barrios", *Hispania*, XLV (1958), 60–64.
Decker, Donald, "Eduardo Barrios Talks about his Novels", *Hispania*, XLV (1962), 254–259.
Diccionario. . . . Chile, 16–18.
Fogelquist, Donald F., "Eduardo Barrios en su etapa actual", *Revista Iberoamericana*, 35 (1952), 13–26.
Silva Castro, Raúl, "Eduardo Barrios (1884-1963)", *Revista Iberoamericana*, XXX, 58 (1964), 239–260.
——, *Panorama de la novela chilena*, 117–129.
——, *Panorama literario de Chile*, 248–256.
Spell, *Contemporary*, 135-153.
Torres-Rioseco, *Grandes novelistas*, II, 21–58.
Vázquez-Bigi, Ángel M., "Los tres planos de la creación artística de Eduardo Barrios", *Revista Iberoamericana*, XXIX, 55 (1963), 125–137.

PEDRO PRADO

Textos

Alsino (1920), 6ta. ed., Santiago, Nascimento, 1956; 8va. ed., 1963.
Un juez rural, Santiago, Nascimento, 1924.
Androvar, Santiago, Nascimento, 1925.
Otoño en las dunas, Santiago, Nascimento, 1940.
No Más que una rosa, Buenos Aires, Losada, 1946.
Antología; las estancias del amor, Santiago, Editorial del Pacífico, 1949; prólogo de Raúl Silva Castro.

Crítica

Diccionario. . . . Chile, 160–161.
Silva Castro, Raúl, *Pedro Prado (1886-1952)*, New York, Hispanic Institute, 1959.
——, *Pedro Prado*, Santiago, 1965.
Torres-Rioseco, *Grandes novelistas*, II, 163–198.

LA NOVELA Y EL CUENTO CONTEMPORÁNEOS

5 Novela regional o criollista

a) LA NOVELA DE LA TIERRA

RÓMULO GALLEGOS

Textos

Doña Bárbara (1929), México, Ed. Orión, 1950; prólogo y notas de Mariano Picón-Salas; 19a. ed., Buenos Aires, Espasa-Calpe, 1962 (Col. Austral, 168).
Canaima (1935), 5ta. ed., Buenos Aires, Espasa-Calpe, 1947 (Col. Austral, 213).
Cantaclaro (1931), 5ta. ed., Buenos Aires, Espasa-Calpe, 1947 (Col. Austral, 192).
La rebelión y otros cuentos (1946), Buenos Aires, Espasa-Calpe, 1950 (Col. Austral, 851).
Cuentos venezolanos, Buenos Aires, Espasa-Calpe, 1949 (Col. Austral, 902).
Obras completas, 2da. ed., 2 vols., Madrid, Aguilar, 1959.
Novelas escogidas, Madrid, Aguilar, 1951; prólogo de Federico Sainz de Robles.

Crítica

Araujo, Orlando, *Lengua y creación en la obra de Rómulo Gallegos*, Buenos Aires, Editorial Nova, 1955.
Damboriena, Ángel, *Rómulo Gallegos y la problemática venezolana*, Caracas, Univ. Católica Andrés Bello, 1960.
Dunham, Lowell, *Rómulo Gallegos, vida y obra*, México, Studium, 1957.
Englekirk, John E., "Doña Bárbara, Legend of the Llano", *Hispania*, XXXI (1948), 259-270.
Iduarte, Andrés, *Veinte años con Rómulo Gallegos*, México, Ediciones Humanismo, 1954.
Leo, Ulrich, *Rómulo Gallegos, estudios sobre el arte de novelar*, México, Ediciones Humanismo, 1954.
Massiani, Felipe, *El hombre y la naturaleza venezolana en Rómulo Gallegos*, Caracas, Ed. Elite, 1943.
Spell, *Contemporary*, 205-239.
Torres-Rioseco, *Grandes novelistas*, I, 43-76.

b) LA NOVELA DE LA SELVA

JOSÉ EUSTASIO RIVERA

Textos

La vorágine (1924), Buenos Aires, Espasa-Calpe, 1941 (Col. Austral, 35).
La vorágine, Buenos Aires, Losada, 1962 (Bibl. Contemporánea, 94).
La vorágine, Santiago, Zig-Zag, 1958; con un estudio crítico y biográfico del autor por Juan Loveluck, M.

Crítica

(Véase la bibliografía de Rivera como poeta, en el Cap. XXIV)
Arango, Javier, *La literatura de Colombia*, Buenos Aires, Univ. de Buenos Aires, 1940.
Loveluck M., Juan, "Notas sobre la vida y obra de Rivera", un amplio estudio al final de la edición de *La vorágine* por Zig-Zag, ya relacionada.
Maya, Rafael, *De Silva a Rivera*, Bogotá, 1929.
Neale-Silva, Eduardo, "The factual bases of *La vorágine*", *PMLA*, LIV (1939), 316-331.
Spell, *Contemporary*, 179-191.
Torres-Rioseco, *Grandes novelistas*, I, 223-272.

LA NOVELA Y EL CUENTO CONTEMPORÁNEOS

6 LA NOVELA GAUCHESCA

RICARDO GÜIRALDES

Textos

Cuentos de muerte y de sangre (1915), Buenos Aires, Losada, 1952 (Bibl. Contemporánea, 231).
Raucho (1917), Buenos Aires, Losada, 1945 (Bibl. Contemporánea, 72).
Rosaura y siete cuentos, Buenos Aires, Losada, 1952 (Bibl. Contemporánea, 238).
Xamaica (1923), 2da. ed., Buenos Aires, Losada, 1953 (Bibl. Contemporánea, 129).
Don Segundo Sombra (1926), Buenos Aires, Losada, 1950 (Bibl. Contemporánea, 49).
Obras, Madrid, Espasa-Calpe, 1931-1933.
Pampa (*poemas inéditos*), Buenos Aires, Editorial Ollantay, 1954.
Obras completas, Buenos Aires, Emecé, 1962; prólogo de Luis Bernárdez: apéndice y bibliografía por Horacio Jorge Becco.

Crítica

Ara, Guillermo, *Ricardo Güiraldes*, Buenos Aires, La Mandrágora, 1961.
Becco, Horacio Jorge, *Don Segundo Sombra y su vocabulario*, Buenos Aires, Ed. Ollantay, 1952.
Da Cal, Ernesto G., "Don Segundo Sombra, teoría y simbolismo del gaucho", *Cuadernos Americanos*, XLI (1948), 245-259.
Diccionario. . . . Argentina, I, 76-80.
Etchebarne, Dora Pastoriza de, *Elementos románticos en las novelas de Ricardo Güiraldes*, Buenos Aires, Perrot, 1957.
Gates, Eunice J., "The Imagery of *Don Segundo Sombra*", *Hispanic Review*, XVI (1948), 33-49.
Previtali, Giovanni, *Ricardo Güiraldes and Don Segundo Sombra; Life and Works*, New York, Hispanic Institute, 1963. Advertencia de Adelina del Carril de Güiraldes y Prefacio de Jorge Luis Borges.
———, e Ynsfrain, Pablo Max, "El verdadero Don Segundo en *Don Segundo Sombra,* de Güiraldes", *Revista Iberoamericana*, XXIX, 56 (1963), 317-320.
Spell, *Contemporary*, 191-205.
Torres-Rioseco, *Grandes novelistas*, I, 79-107.

BENITO LYNCH

Textos

Los caranchos de la Florida (1916), Buenos Aires, Espasa-Calpe, 1945 (Col. Austral, 50).
El inglés de los Güesos (1924), México, El Libro Popular, 1955; prólogo y bibliografía de Xavier Dacal; Buenos Aires, Troquel, 1961; introducción y notas de Julio Caillet-Bois; México, La Prensa, 1963.
De los campos porteños, Buenos Aires, Anaconda, 1931.
El romance de un gaucho (1933), Buenos Aires, Kraft, 1961.
Palo verde y otras novelas cortas (1940), Buenos Aires, Espasa-Calpe, 1941 (Col. Austral, 127).
Cuentos de nuestra tierra, Buenos Aires, Raigal, 1952.

Crítica

Caillet-Bois, Julio y Sonol, Albertina, *La novela rural de Benito Lynch y bibliografía de Benito Lynch*, La Plata, Argentina, Univ. Nacional, 1960.
Cócaro, Nicolás, *Benito Lynch. Algunos aspectos de su obra*, Buenos Aires, Ed. Oeste, 1954.

Diccionario. . . . *Argentina,* I, 124–127.

Gates, Eunice J., "Charles Darwin and Benito Lynch's *El inglés de los güesos*", *Hispania,* XLIV (1961), 240–254.

Nason, Marshall B., "Benito Lynch, ¿otro Hudson?," *Revista Iberoamericana,* 45 (1958), 65–82.

Owre, J. Riis, "Los animales en las obras de Benito Lynch", *Revista Iberoamericana,* 6 (1941), 357–369.

Salama, Roberto, *Benito Lynch,* Buenos Aires, La Mandrágora, 1959.

Torres-Rioseco, *Grandes novelistas,* I, 111–171.

28 La novela de la Revolución Mexicana

Esquema histórico: etapas del período revolucionario

La Revolución Mexicana es el hecho histórico, político y social más importante de Hispanoamérica, si exceptuamos las guerras por la independencia. Es la primera revolución de carácter económico-social que tiene lugar en estos países. Aspiraba a la transformación de los sistemas político, económico y social para lograr el principio de la no-reelección (para garantizar la democracia), pan, tierra, justicia y libertad para los desposeídos. Como revolución social es muy anterior a la Revolución Rusa de 1917. Fue muy honda su raíz popular y agrarista y su anhelo de reivindicación social. Quería acabar con el estado de servidumbre en que había vivido la inmensa mayoría del pueblo por siglos y aun bajo el régimen oligárquico de Porfirio Díaz.

El gran evento se divide en tres etapas en su desarrollo:

1. Un momento de preparación, que cubre un largo lapsu de tiempo y que estalla en los últimos días del "porfirato".

2. La etapa bélica con una amplia rivalidad entre los caudillos revolucionarios por el control político.

3. La revolución en el poder. La Revolución no se produjo de momento, sino que se fue gestando al conjuro de las injusticias y abusos con las grandes masas del país y al fin estalló el 20 de noviembre de 1910 con la rebelión del rico terrateniente Francisco I. Madero que derroca al régimen de Porfirio Díaz (treinta años en el poder y siete reelecciones). Madero era un idealista sin sentido práctico del gobierno y falló en la implantación de las medidas que la revolución requería. Aprovechando el creciente descontento y estado de anarquía es traicionado, depuesto y luego asesinado por el general Victoriano Huerta, quien se alía a la reacción e instaura un gobierno unipersonal. Desde este momento la Revolución se convierte en un verdadero volcán, porque todos los sectores populares se unen para derrocar al traidor. El grueso de los revolucionarios se polariza entonces hacia tres grandes líderes: Venustiano Carranza, jefe del llamado Ejército Constitucionalista; Francisco (Pancho) Villa, jefe de la poderosa División del Norte y Emiliano Zapata, al sur, en el estado de Morelos,

propugnador de la revolución agrarista. A éstos se une luego Álvaro Obregón, general muy distinguido en las huestes de Carranza. Se inicia entonces una gran rivalidad entre los caudillos revolucionarios entorpecedora de la revolución, que a veces parece una lucha anárquica y sin sentido, sobre todo en esta etapa inicial. El pueblo se unía a la lucha sin tener un concepto claro de lo que era, siendo los móviles muchas veces razones de tipo particular.

Con la ayuda de los Estados Unidos—que habían invadido México a fin de ayudar a la revolución—Carranza se hace fuerte desde Veracruz y en Agosto de 1914 entra en la ciudad de México para asumir la presidencia de la República, pero no logra el reconocimiento de Villa y Zapata por lo que inicia una campaña con el ejército constitucionalista para pacificar el país y fortalecer la autoridad central. Poco a poco Carranza, hombre enérgico, con sentido de organización y rodeado de colaboradores capaces, se va consolidando en el poder, sobre todo después de la derrota de Villa en Celaya por el general Obregón, y obtiene el reconocimiento de Estados Unidos y buen número de países. En las elecciones celebradas Carranza resulta electo Presidente para el período 1916-1920. Seguidamente se celebra la Convención Constituyente que promulga la famosa Constitución de 1917, todavía hoy vigente, donde se plasman la mayoría de los ideales revolucionarios. Sigue la lucha para someter a los caudillos y el 10 de abril de 1919 Zapata es asesinado por tropas del gobierno. Al querer imponer un candidato de sus simpatías, Carranza provoca un nuevo levantamiento y es asesinado el 21 de mayo de 1920, fecha que señala la terminación práctica de la etapa bélica. La etapa de la revolución en el poder comienza con la presidencia de Álvaro Obregón (1920-1924), quien organiza una amplia lucha de pacificación del país y de implantación de las medidas revolucionarias. Hasta el propio Pancho Villa se somete a cambio de una hacienda en Durango. Con la revolución en el poder se va logrando, poco a poco un mayor grado de estabilidad, bajo los distintos presidentes que han gobernado hasta hoy.

Hacia un concepto de la novela de la Revolución Mexicana

Este complejo hecho de la Revolución—conmovedor, épico, trágico—con sus grandes heroísmos y traiciones; violencias, luchas y sangre, produjo cambios radicales en toda la vida de México, desde la estructura política hasta el arte, pasando por lo social y económico. Dio lugar a un arte nuevo con una firme insistencia en lo nacional y popular. Es natural que en hecho histórico que durante diez años removió las raíces más profundas del país y que luego produjo una total renovación de la vida mexicana en todos los aspectos, presentara un material novelable de infinitas posibilidades. Así surgió esta novelística en cuyo concepto tenemos que ser muy flexibles dada su gran variedad y extensión en el tiempo. Puede decirse que es el conjunto de obras narrativas, de variada extensión y valores, que usa como material temático los hechos militares, pacíficos, políticos, sociales, ideológicos relacionados con cualquiera de las tres etapas de la Revolución. Esta novela refleja los cambios políticos, económicos y sociales radicales que en más de diez años produjo la Revolución en México. Los hechos de la Revolución, las hazañas de sus héroes, dirigentes y simples participantes; la rivalidad de los caudillos y su presencia en el poder; los cambios sustanciales que el evento trajo en todos los órdenes; las ideas revolucionarias y sociales que en ella se agitaron, ofrecían un magnífico material narrativo inédito, novedoso e impresionante que los novelistas de la Revolución supieron aprovechar en todas sus posibilidades Se escribieron miles de obras sobre ese hecho, sin embargo, no se puede considerar cerrado el ciclo de la novela de la Revolución, porque todavía hoy se componen obras cuyos asuntos tienen relación con ella.

Técnica; características; deficiencias y limitaciones de esta novela

Por el material temático que emplea, por las circunstancias de su ejecución y por la novedad de los asuntos, esta novela presenta características propias. He aquí algunas de la más importantes.

a) *Es novela fundamentalmente realista y de orientación regional,* porque capta con verismo la realidad de un hecho histórico referido a un sólo país.

b) Casi todas las novelas son de *tono autobiográfico.* La mayoría de los autores participaron de una manera u otra en la Revolución. Estas novelas ofrecen, por lo general, una visión personal, directa de la realidad.

c) *Novela de base histórica y real.* Los elementos históricos, sociales y sociólogicos son los más importantes. No son novelas "históricas" en el sentido técnico. El fondo de verdad está siempre envuelto en la fantasía e imaginación de cada autor.

d) *Refleja los anhelos, las aspiraciones, ideales sociales y la ideología revolucionaria.* En los comienzos no hubo una ideología definida, como todo movimiento que se gesta casi espontáneamente, sin la debida formación. Pero luego los propósitos se fueron clarificando y concretando en principios. *Los de abajo* de Mariano Azuela, por ejemplo, refleja perfectamente ese primer momento antes señalado.

e) *Novela de técnica fotográfica, de episodios y cuadros independientes.* Por lo general las novelas no tienen una trama central, sino que son un conjunto de visiones aisladas que recogen los sucesos más importantes o que más vivamente impresionaron al autor. El conjunto de estas "fotografías instantáneas"—especie de cuentos sueltos—forman la obra. Cada cuadro cobra valor estético y narrativo por sí sólo.

f) *Novela de aliento épico,* porque presenta a todo un pueblo luchando por su libertad y bienestar. El conjunto de estas novelas constituyen como una epopeya nacional.

g) *Caracteres múltiples o personajes-masas.* Por lo general el verdadero protagonista no es individual, sino colectivo (el pueblo, un grupo de revolucionarios o indios o de simples hombres). Los protagonistas individuales sólo son una expresión de dichos entes.

h) *Influencias de la pintura mural.* Si se comparan los cuadros y visiones de esta novelística con la pintura mural mexicana, se nota la huella indeleble de ésta en la sugerencia de temas, en la técnica, plasticidad de las descripciones e interpretación revolucionaria de los famosos murales de Diego Rivera, José Clemente Orozco, David Alfaro Siqueiros y los grabados de Leopoldo Méndez.

i) Interés por las clases humildes, por el hombre anónimo y olvidado con *honda inquietud social*.

j) *Novela de orientación nacionalista*. La Revolución contribuyó a pensar y descubrir los valores propios del país en todo sentido. A esa mirada instrospectiva nacional ayudó decisivamente la novela. El gran evento trajo un florecimiento de todas las actividades, incluyendo las artísticas, literarias y folklóricas, todo con un profundo y amplio énfasis en lo mexicano.

Se observan algunas deficiencias y limitaciones en esta novelística. En algunos se nota una tendencia a la improvisación, en otros hacia el costumbrismo que parecía ya liquidado. A veces se repiten los temas o se abusa de la lengua popular. El género adolece asimismo de todas las limitaciones que le impone el hecho de estar circunscrito a un solo hecho histórico. Estos inconvenientes no aparecen, por supuesto, en los grandes maestros del género que han sabido crear excelentes obras sobre el asunto.

Posibles clasificaciones; autores más representativos y valores permanentes

Muchas son las clasificaciones que se han intentado de esta novela, por lo general, muy convencionales. Un posible ordenamiento consiste en dividir esta novelística por las tres etapas que ya hemos visto del proceso revolucionario. También se puede hablar de a) novela de la Revolución propiamente dicha, b) novela de ideas revolucionarias, c) novela de contenido social y revolucionario d) novela indianista e) novelas de la Revolución recordada.[1]

Debido a la fecunda producción sobre este tema, no resulta fácil decidir sobre los autores más representativos, pero parece que la crítica se orienta a considerar como autores mayores a: Mariano Azuela, Martín Luis Guzmán, Gregorio López y Fuentes, José Rubén Romero y José Vasconcelos, seguidos de: Agustín Vera, Nellie Campobello, Francisco Urquizo, José Mancisidor, Rafael F. Muñoz, Mauricio Magdaleno y Miguel N. Lira.

Los valores permanentes de esta novelística vienen dados por el hecho de que muchas de las mejores novelas de México y de Hispanoamérica en general, pertenecen a este ciclo, realmente fecundo para las letras hispanas de este continente. Son innegables sus méritos de interpretación en el campo sicológico, sociológico, histórico y literario-estético. No puede entenderse la historia de México, ni el carácter nacional, ni el contenido vital del gran hecho si no se estudian estas novelas y la rica galería de sus acontecimientos y personajes. La novela ha contribuído, como ninguna otra actividad, al nacimiento de un verdadero arte nacional mexicano. Ha tenido una amplia repercusión universal, no sólo por la maestría de estilo, sus valores estéticos, sino por su honda preocupación social y por presentar la lucha abierta de todo un pueblo contra la injusticia y la explotación, en busca de tierra, pan y libertad.

---

[1] Morton, F. Rand, *Los novelistas de la Revolución Mexicana*, México, Cultura, 1949.

Los grandes novelistas de la Revolución
Mariano Azuela: inquietud social y visión crítica de la Revolución

El iniciador y más destacado novelista de la Revolución Mexicana es MARIANO AZUELA (1873–1952) que nació en Lagos de Moreno, Jalisco. Su padre era un modesto propietario. Azuela hizo sus estudios secundarios en el Liceo de Varones de Guadalajara, en cuya ciudad se graduó de médico (1892–1899). Al terminar comenzó a practicar como médico en su pueblo natal, hasta 1911 cuando se le nombró jefe político de Lagos, pues toda la vida había sido enemigo del porfirismo y partidario de Madero. Escribió sus primeros trabajos siendo todavía un estudiante de medicina y durante toda su vida cumplió la doble vocación de médico y novelista. En 1915 sirvió como médico de las huestes de Julián Medina del ejército del Norte comandado por Pancho Villa. Más tarde practicó medicina en Chihuahua hasta que tuvo que irse a Ciudad Juárez debido a la llegada de las fuerzas de Carranza. En octubre de 1915 se refugió en El Paso, Texas, donde aparecieron *Los de abajo* por primera vez. Azuela conocía bien la novelística de su tiempo: leyó intensamente a los españoles; a los rusos Dostoievski, Tolstoy y Gorki; a los franceses Balzac y, sobre todo a su favorito Zola. En 1916 se trasladó con su familia a México, en cuya ciudad reanudó su carrera de médico y escritor, alejándose por completo de la política. Debido a múltiples causas, Azuela no ganó de inmediato el prestigio y fama que sus valores merecían, pero entre 1924–1925 una polémica literaria levantó el interés en relación a su obra. Su estatura literaria ha crecido con el tiempo y hoy se le considera entre los grandes novelistas hispanoamericanos del siglo XX.

En 1942 le fue otorgado el Premio de Literatura por el Ateneo Nacional de Ciencias y Artes de México. Se le honró haciéndolo miembro fundador del Colegio Nacional de México y correspondiente de la Hispanic Society of America. En 1950 recibió su más alto galardón: el presidente de México le otorgó la distinción literaria del Premio Nacional de Ciencias y Artes. Murió en la ciudad de México y sus restos descansan en la Rotonda de Hombres Ilustres. Aunque critica a la Revolución en lo que estima sus fallas, siempre deja sentir su profunda simpatía por un cambio total de las instituciones políticas, económicas y sociales en favor del pueblo y de las clases más humildes. Era un hombre bueno, probo, amante de la verdad y defensor apasionado de los humildes.

La obra total de Azuela incluye teatro, biografía, crítica, cuentos y novelas. Sus mejores piezas dramáticas son: *Los de abajo, El buho en la noche* y *Del Llano Hnos, S. en C.* (1938). *El padre don Agustín Rivera* (1942) es un excelente boceto biográfico. Como crítico dejó *Cien años de la novela mexicana* (1947) y como cuentista, *El jurado* (1945). La producción novelística de Azuela va encaminada a presentar y estudiar el drama humano de su pueblo a través de todas sus transformaciones, desde antes de la Revolución hasta el presente. Toda su producción novelística puede dividirse en cuatro períodos. A la primera etapa (ciclo pre-revolucionario y revolucionario) pertenecen unas doce novelas. Después de las novelas iniciales *María Luisa* (1907) y

Los fracasados (1908) vienen las cinco mejores novelas de ese momento: *Mala yerba* (1909), *Los de abajo* (1915) *Los caciques* (1917), *Las moscas* (1918) y, sobre todo *Las tribulaciones de una familia decente* (1919). En la segunda etapa, Azuela le hizo concesiones al gusto del estridentismo, imaginismo, vanguardismo, futurismo y otras modas con: *La malhora* (1923), *El desquite* (1925) y sobre todo *La luciérnaga* (1932), justamente situada entre sus mejores novelas. En la tercera época cultivó la novela de sátira y crítica política presentando por lo general los lados negativos de la Revolución en el poder. Aquí las mejores parecen ser: *El camarada Pantoja* (1937) y, especialmente *Nueva burguesía* (1941). Las novelas del último período fueron: *La mujer domada* (1946), *Sendas perdidas* (1949), *La maldición* (1955) y *Esa sangre* (1956).

Alrededor de las obras de su primera época se desarrolló toda una escuela literaria de genuina expresión nacional: la literatura de la Revolución Mexicana. Azuela es el cronista por excelencia de ese dramático período de la historia de México. Ha sido uno de los escritores con más influencia en la literatura posterior de su país. Su primera novela de importancia es la titulada *Mala yerba* en la que incorpora a la novela, por primera vez, el hondo problema de la economía feudal y las pésimas condiciones del proletariado y los campesinos. La novela presenta valores como documento expositor, de denuncia y crítica. Los personajes son reales y el sentido total de la obra, muy revolucionario.

La obra cumbre del ciclo de la Revolución Mexicana son *Los de abajo*, posiblemente la novela mexicana más divulgada y traducida de todos los tiempos. Es la historia de un grupo de hombres humildes—"los de abajo"—que se incorporan a la Revolución capitaneados por Demetrio Macías. Éste quiere vengarse de los "federales" —ejército oficial— y por su arrojo y valor va ascendiendo hasta llegar a General. En su camino se encuentra con Cervantes, un oportunista y a Solís un idealista de la Revolución. Al final de la novela Macías regresa a su hogar para ver a su mujer e hijo. La esposa le pregunta por qué siguen combatiendo y Demetrio arroja una piedra que rueda al fondo del cañón, mientras le dice: "Mira esa piedra cómo ya no se para . . ." simbolizando el curso de la Revolución. La lucha se entabla nuevamente y Macías muere en la pelea. La novela presenta el momento inicial de la lucha lleno de anarquía y sin una ideología definida. La mayoría de los que se incorporaban a ella lo hacían por ansia de aventura, por problemas personales o por la ilusión que le despertaba la palabra "revolución", pero sin saber a ciencia cierta qué objetivos perseguía. La novela es un cuadro excelente de la lucha revolucionaria, de los combates, saqueos de ciudades, de las orgías de mujeres y bebida porque todo el mundo quiere vivir el momento con frenesí porque no sabe cuando una bala terminará su vida para siempre. Las intrigas y ambiciones de los más vivos y la ingenuidad, desinterés y valor de los realmente honrados están pintadas de mano maestra. En la novela se refleja toda la violencia, el dramatismo, lo trágico y el tremendo tono épico de ese período crítico de la historia de México.

La novela tiene casi todas las características generales de este tipo de novela. Sus personajes son tomados del natural, llenos de humanidad, actuando en un medio también verídico. Permite que los personajes se vayan pintando a sí mismos con su actuación. La galería de personajes parece arrancada a la realidad. La técnica novelística debe mucho a Zola en el determinismo y en la maestría para pintar el movimiento de las masas. La acción es rápida, breve como en cinta cinematográfica. El diálogo es rápido, lleno de sugerencias sicológicas y de realismo. El diálogo es mucho más abundante que las descripciones. Otro gran mérito de la obra es el estilo y la prosa en los que sobresalen: el dinamismo exterior de la acción y los acontecimientos; la plasticidad, el estilo pictórico, quizás por influencia de los muralistas mexicanos; estilo fragmentado, entrecortado, sobrio, terso, impresionista para aumentar la tensión dramática del relato. En cuanto a las metáforas, son éstas convencionales, pero el estilo es viril, desnudo, áspero a veces, escueto, abrupto, pero sencillo y lleno de precisión. La obra tiene valores universales y ha sido traducida a los más importantes idiomas por la maestría artística de Azuela en presentar el intenso drama humano del pueblo mexicano en lucha por destruir la opresión y ganar su libertad y bienestar, con intensa inquietud social.

En *Los caciques* (1917), otra de sus buenas novelas, Azuela examina y critica a los ricos influyentes que al amparo del prestigio social, el poder y la religión se apoderan de toda riqueza. La novela termina con la llegada de las fuerzas revolucionarias al pueblo. Excelente caracterización, diálogo rápido, trazo vigoroso son sus cualidades. En *Las moscas* (1918) presenta la lucha de los caudillos entre sí para apoderarse del poder y los burócratas y oportunistas arrimándose a éstos para obtener posiciones. Tiene técnica teatral en el diálogo y en la delimitación de cuadros y escenas. El ciclo de las novelas de la Revolución la cierra *Las tribulaciones de una familia decente* (1919), posiblemente la novela más completa del autor después de *Los de abajo*. Ahora el período crítico de los levantamientos internos después de 1910 están vistos a través de los civiles, de las angustias de una familia rica afectada por la ola revolucionaria. La pintura de caracteres es muy efectiva, así como el diálogo y los trazos vivos e impresionistas. Azuela deja ver en ella su alma de moralizador, pero sin sermoneo, o interrupciones. Dentro de las escuelas de vanguardia dejó tres novelas: *La malhora*, *El desquite* y *La luciérnaga*. La última es la preferida por la crítica moderna y está entre sus mejores novelas. Es quizás su obra con un plan más cuidadosamente trazado. Es la historia de dos hermanos diametralmente opuestos: Dionisio es un avaro y José María un pródigo. Su obra total sitúa a Azuela entre los grandes novelistas de todos los tiempos de las letras mexicanas y continentales.

Martín Luis Guzmán: una visión de la Revolución desde los grandes líderes y caudillos

Después de Azuela el próximo novelista mexicano en describir sus impresiones directas sobre la Revolución Mexicana fue MARTÍN LUIS GUZMÁN (1887). Nació en Chihuahua y luego se trasladó a México para estudiar derecho en la Universidad Nacional. Perteneció a la llamada "generación del Ateneo de la Juventud". Abandonó las aulas universitarias, la vida refinada y relativamente tranquila de la capital para vivir los azares de la existencia en los campos de la revolución, a pesar de que su padre era coronel del ejército federal. Prestó servicios como periodista con las fuerzas de la Revolución con Ramón F. Iturbe, Álvaro Obregón, Venustiano Carranza y finalmente con Francisco Villa, en cuyas fuerzas llegó a ser Coronel. Por los vaivenes propios de ese proceso pasó cerca de veinte años de su vida (1914-1934) como exilado político en la Habana, New York y Madrid. Guzmán ha mostrado una firme vocación de periodista e historiador y ambas han tenido una honda y definidora huella en su estilo y producción. Ha colaborado y dirigido distintos periódicos: en Madrid, *El Sol*; en Nueva York, *El gráfico* y en México, la revista *Tiempo*. Es miembro de la Academia Mexicana de la Lengua. Actualmente vive en la ciudad de México y dirige una colección titulada "El Liberalismo Mexicano en Pensamiento y Acción" de una editorial.

Guzmán tiene una copiosa obra como ensayista, historiador, cronista, novelista y memorialista. Se estrenó en la vida literaria con dos colecciones de ensayos: *La querella de México* (1915) y *A orillas del Hudson* (1920). El 1928 marca la fecha de publicación de su obra más divulgada y popular, *El águila y la serpiente*. Al año siguiente vio la luz *La sombra del caudillo* (1929). Más tarde publicó *Mina, el mozo* (1932), una interesante biografía y luego las famosas *Memorias de Pancho Villa* (1938-1940). Después de un largo silencio en cuanto a libros, porque siempre ha hecho labor periodística para *El Universal* y otros periódicos, últimamente ha publicado *Febrero de* 1913 (1965), un cuadro muy vivo sobre el golpe militar que derrocó al presidente Francisco I. Madero.

Su obra más famosa es *El águila y la serpiente*, traducida a varios idiomas. El título es una alusión al escudo nacional mexicano. Es como un lienzo gigante y episódico narrado en primera persona y con mucha fluidez, de sus andanzas en los campos de la Revolución y su contacto personal con los grandes líderes desde que llega de La Habana hasta que después de pasar algún tiempo en la famosa "División del Norte" y de conocer personalmente a Villa, toma el tren rumbo al exilio en El Paso, Texas. Hay una diferencia notable entre Azuela y Guzmán: mientras el primero describe la Revolución desde el punto de vista de "los de abajo", del pueblo y los humildes, Guzmán presenta una visión teniendo en cuenta casi exclusivamente a los grandes líderes y personalidades. A veces el autor se concede una importancia que realmente no tuvo, pero esto quizás se deba a una técnica para poder hablar de las grandes figuras a quienes trató. En ésta como en otras obras suyas casi no hay caracteres de ficción, pues sus protagonistas son históricos. Uno de los puntos más discutidos en esta obra es su naturaleza. Se le ha considerado un relato con elementos biográficos, crónica, memoria, novela, relación de narraciones breves. Según el propio autor el procedimiento seguido fue darle el carácter de historia, biografía y novela para lograr un mejor retrato de sus hombres y la pintura de sus escenas. La figura dominante de toda la novela es Pancho Villa. La obra está escrita en un estilo periodístico ágil, vibrante, lleno de primores de estilo. Los diálogos son naturales, expresivos y muchas veces valen más que el resto. También sobresale el gran dinamismo de los cuadros—que son como relatos sueltos—y el lirismo y tono poético de las descripciones. La obra da a veces la impresión de ser una galería de retratos de los dirigentes del magno evento, pero enlazados todos por momentos de interés de la lucha revolucionaria. Tiene talento descriptivo y finura sicológica para captar las características esenciales de los personajes y la acción envolvente de la Revolución.

Al año siguiente, Martín Luis Guzmán dio a las prensas *La sombra del caudillo*, especie de novela política con una marcada intención de crítica a la corrupción reinante al llegar la Revolución al poder. El caudillo ocupa ahora la presidencia de la República y tiene que gobernar rodeado de los elementos que quieren sacar ventajas. Parece que Plutarco Elías Calles, un ex presidente, le sirvió de modelo para el personaje. El título es muy apropiado porque la sombra del caudillo aparece por todas partes. Como en su obra anterior, deja poco vuelo a su imaginación creativa, porque casi todos los personajes son históricos, observados en la realidad política y social de México en el instante de la Revolución como gobierno. Es cuadro de la época con todas las depredaciones, abusos de autoridad, latrocinios, falta de libertad que presidió los primeros gobiernos revolucionarios. Guzmán no muestra intención ética o moralizante alguna. Es novela de tono pesimista y sombrío porque señala los vicios y defectos de los revolucionarios de ayer, una vez que alcanzan el poder. Es una de la mejores novelas políticas escritas en Hispanoamérica.

Pancho Villa es, sin duda alguna, el caudillo más famoso e impresionante que produjo la Revolución Mexicana. Sus hechos, carácter y temperamento han dado lugar a la leyenda. Martín Luis Guzmán se propuso darnos a conocer ese famoso personaje, no a través de una biografía o novela histórica, sino por medio de unas imaginarias *Memorias de Pancho Villa,* divididas en cuatro volúmenes: *El hombre y sus armas* (1938), *Campos de batalla* (1939), *Panoramas políticos* (1939) y *La causa del pobre* (1940). La obra había logrado hasta 1963 seis ediciones. Es una semblanza "desde dentro" del famoso caudillo, pues el autor finge que es el propio Villa quien narra sus hazañas y descubre sus acciones y móviles. Esta técnica ha limitado las posibilidades de la obra porque Guzmán se ha visto precisado a imitar a Villa, pero muestra el talento narrativo del autor. Guzmán es hombre de cultura amplia. Sus tres mejores obras están entre las más sobresalientes escritas sobre la Revolución. Su capacidad para presentar "retratos" de personajes reales parece superior a su poder para crear caracteres. Escribe con galanura, con recreo estético, aun cuando esté describiendo lo más cruel o violento de la Revolución.

José Rubén Romero: visión picaresca de la realidad mexicana

Una tónica distinta representa JOSÉ RUBÉN ROMERO (1890–1952) dentro de la novelística de la Revolución Mexicana. En sus obras el gran evento es ya sólo un recuerdo. Pinta realmente su propia vida engarzada al ambiente provinciano y a los ecos lejanos de la Revolución. A semejanza de lo que sucede con otros novelistas de este evento, Romero se inicia en el género, pero su obra total traspasa los límites de esa clasificación. Nació en Cotija de la Paz, estado de Michoacán, de una familia de la clase media. Su padre era un pequeño comerciante y una figura política menor en su pueblo. Bastante joven todavía, Romero se unió entusiásticamente al levantamiento de Madero y, al triunfo de la causa maderista se le nombró Secretario del Gobernador de Michoacán, Dr. Miguel Silva. Luego se dedicó al comercio por algún tiempo y tuvo bastantes aprietos económicos. En 1917 llegó a ser representante de su estado a la Convención que aprobó la actual Constitución de México. Años después entró como director de *El Universal* y de oficial del Ministerio de Relaciones Exteriores. En 1930 obtuvo un nombramiento de Cónsul General en Barcelona, siendo más tarde Ministro en Brasil y Embajador en Cuba (1939-1945). Su prestigio literario le hizo miembro de la Academia Mexiana de la Lengua. Gozó de gran renombre y recibió múltiples galardones y honores. Era un verdadero hombre de mundo: campechano, bromista, conservador incansable. Su vida misma fue como una comedia con un fondo filosófico innegable y un humorismo agridulce que se refleja en sus obras.

Como otras figuras literarias, José Rubén Romero es un asiduo cultivador del verso y llegó a publicar hasta siete libros de poesía, pero debe su fama a una serie de relatos de tono autobiográfico. Tomando la palabra "novela" en un sentido amplio podemos decir que dejó unas nueve; una *Breve historia de mis libros* (1962) y *Rostros* (1946), también de evocaciones y crítica literaria. Sus novelas son: *Apuntes de un lugareño* (1932), *Desbandada* (1934), *El pueblo inocente* (1934), *Mi caballo, mi perro y mi rifle* (1936), *La vida inútil de Pito Pérez* (1938), *Anticipación a la muerte* (1939), *Una vez fui rico* (1942), *Algunas cosillas de Pito Pérez que se me quedaron en el tintero* (1945), continuación de su más famoso novela, y *Rosenda* (1946). Su primera obra narrativa lleva por título *Apuntes de un lugareño*, muy autobiográfica y llena de reminiscencias personales y familiares. La Revolución está vista desde su provincia, pero no deja de ser dramática e interesante la visión que de ella nos da. Es la época de la rebelión maderista. No tuvo una participación directa en los hechos importantes de la revolución ni contacto personal con los grandes líderes. El asunto es la primera parte de la lucha, con encuentros rápidos, improvisados, sin grandes hechos de sangre. Su estilo, rápido, lleno de humorismo, ironía e imágenes poéticas es muy conversacional, como extraído de amena charla. Tiene poder de síntesis y rasgos impresionistas. *Desbandada* (1934) es como una continuación de la anterior y rica también en información autobiográfica. Cuenta la llegada de la Revolución a los pueblos pequeños y apartados, interrumpiendo aquel mundo tranquilo y apacible. Se notan más que en la anterior la violencia, los saqueos de ese hecho, en que se desencadenaron todas las pasiones.

Entre sus mejores novelas se cuenta *El pueblo inocente* (1934), también de matices picarescos. Daniel, un héroe juvenil (el narrador) se hace acompañar por don Vicente su guía, mentor y compañero de aventuras. Poco a poco la figura de éste pasa a un primer plano y la de Daniel se opaca. La novela presenta esa edad juvenil llena de confiado optimismo en que se va despertando a la vida en todos los aspectos y se reciben los primeros golpes al choque de la realidad. Don Vicente es una combinación de las ideas del autor, la sabiduría popular y la filosofía bastante taimada de los campesinos. Se cuenta entre las mejores novelas de Romero. Muy cerca de la técnica de Azuela y Guzmán está *Mi caballo, mi perro y mi rifle* (1936), cuyo asunto es la incorporación del héroe Julián a la Revolución movido por los infortunios de la vida—es inválido, casado con una mujer que dobla la edad y que no le gusta— que lo han hecho un resentido contra el orden establecido. Como en otras novelas suyas, la Revolución suena bastante distante, con los ecos amortiguados con que llegaban sus noticias a los pueblos distantes y pequeños. Al igual que la mayoría de los autores de este hecho, Romero nos presenta una visión profundamente escéptica y desilusionada de la Revolución.

Llegamos así a la obra maestra de Romero y posiblemente la novela más representativa de su temperamento: *La vida inútil de Pito Pérez* (1938), la más popular y leída, considerada por el propio autor como su obra favorita. El personaje ya había aparecido en novelas anteriores. Según propia confesión del autor es mitad real y mitad hijo de su imaginación. Hay una identificación casi completa entre la vida del personaje y la del novelista. Pito Pérez es un hombre básicamente bueno, bondadoso y sensible que busca la alegría y belleza de la vida. El choque con la realidad (la sociedad contemporánea) lo hiere y lo transforma en un pícaro, pues considera que la sociedad no merece otra respuesta que no sea la picaresca. Pito Pérez es poeta, filósofo y sabio. Detrás del humorismo que producen sus "hazañas" y aventuras, su vida destila amargura y desencanto. La novela es una especie de sátira contra el mundo post-revolucionario y nos muestra la desilusión contra una sociedad que no ha cambiado básicamente en sus prejuicios e ideas. Hay una profunda intención social y una crítica muy abierta contra los déspotas, las "elites" sociales, el clero, vicios y prejuicios sociales. Romero nunca nos llega a hacer reir a carcajadas porque se descubre, detrás de cada situación humorística, un tono filosófico y el estado de la vida de los hombres del pueblo. Acaso Pito Pérez es el retrato de tanto hijo del pueblo a quien las circunstancias adversas han envenenado. La novela tiene una dimensión cómica y lírica; irónica y regocijada. La filosofía es muy intencionada. La realidad mexicana está vista a través de un temperamento volteriano y anárquico: simpatía por la verdad y por los desvalidos, burla escéptica contra los prejuicios; mofa de los convencionalismos sociales. Romero no rehuye el chiste subido de tono y las palabras más fuertes. La influencia más directa es la del *Lazarillo de Tormes* y *El Periquillo Sarniento* de Fernández de Lizardi.

En *Anticipación a la muerte* (1939) un hombre muerto conserva la conciencia de sí mismo y durante los servicios funerales contempla a los vivos en toda sus miserias y grandezas. Es una mezcla de meditaciones transcendentes y de humorismo jocunda como cuando presenta el discurso de un líder comunista que se equivoca de entierro. Luego vino *Una vez fui rico* (1942), en que un hombre se hace rico de la noche a la mañana y esto le da oportunidad para vivir en ese mundo hueco y lleno de vanidad de los poderosos. Es el suyo un humorismo de múltiples y variados recursos: desde los más convencionales hasta los más sorprendentes. En 1945 publicó *Algunas cosillas de Pito Pérez que se me qnedaron en el tintero,* en que no logra superar el humorismo y aguda filosofía de la anterior. Parece que la novela más perfecta y mejor planeada de Romero es *Rosenda* (1946). La heroína es una joven campesina, hermosa mujer de ojos verdes y serenos que se da gozosamente, sin freno ni preguntas, por amor, al hombre que ama y que mantiene su actitud aun cuando ese hombre la abandona. Es como una alegoría de la tierra mexicana. Su encanto radica en la finura de su emotividad; los altos sentimientos del autor hacia la mujer de su país y el tono poemático y sentimental. Según confesión del propio autor, como en el mito de Pigmalión, él terminó por enamorarse de su obra.

Romero es un humorista innato, artífice en la búsqueda del lado flaco y grotesco de los humanos. Es un autor lleno de sinceridad y su obra gana cada día en popularidad porque es de auténtica extracción popular.

Alegoría y estilización en la novela de Gregorio López y Fuentes

Con *Campamento, El Indio* y *Los peregrinos inmóviles* GREGORIO LÓPEZ Y FUENTES (1897) se sitúa —siendo el más joven— entre los cinco grandes novelistas de la Revolución Mexicana. Nació en la ranchería de El Mamey en la Huasteca, estado de Veracruz. Como su padre era un modesto agricultor, ganadero y poseía una tienda general, López y Fuentes tuvo la oportunidad de conocer la vida del campo y de familiarizarse con peones, arrieros, indios, y con sus problemas básicos. Por complacer a su padre comenzó a estudiar para maestro en su provincia, ingresando luego en la Escuela Normal de Maestros en la ciudad de México. Pero su temprana vocación por las letras lo puso en contacto con la joven generación de escritores. Después del golpe de estado de Victoriano Huerta contra Madero, parece que López y Fuentes ingresó en las filas de Carranza (1914-1916). Más tarde trató de orientarse hacia sus dos vocaciones más firmes: las letras y el periodismo con un intervalo en que enseñó literatura en la Escuela Normal. Ha colaborado en los periódicos más importantes del país llegando a director de *El Universal* (1937-1956), uno de los diarios más influyentes de la nación. Muy famosa fue su sección "La novela diaria de la vida real" en *El Gráfico*, dramatizaciones de la vida diaria.

López y Fuentes se inició en la vida literaria por la poesía siguiendo la moda modernista. A los diecisiete años publicó *La siringa de cristal* (1914) y luego *Claros de selva* (1922), pero sintiéndose más inclinado a la prosa, publicó su primer relato, *El vagabundo* (1922), aparecido en *El Universal Ilustrado*. Dos años más tarde dio a conocer su segunda novela, *El alma del poblacho* (1924). Su primera novela de importancia es, sin embargo, *Campamento* (1931), de gran originalidad en la técnica y la ejecución. Es una serie de cuadros sintéticos de los hechos ocurridos una noche en un improvisado campamento de soldados revolucionarios desconocidos, en una villa también sin nombre. La originalidad consiste en el uso del personaje-masa y la técnica cinematográfica, pues va captando, escena tras escena, lo que ocurre en los distintos grupos en que se dividen los soldados. Unas son grotescas, otras llenas de humor o de contenido humano. Es notable la influencia de *Las moscas* de Azuela. Muestra su preferencia por el campesino y simple soldado, verdaderos héroes de la Revolución. A pesar de que no está a la altura de la personalidad de Zapata, la novela *Tierra* (1932), "la revolución agraria en México", es la mejor novela escrita sobre la lucha agraria del zapatismo. Presenta el latifundismo mexicano con el terrateniente todopoderoso y el estado de verdadera servidumbre de indios, arrieros, peones (blancos o mestizos), pues aquél cuenta con la protección del ejército, la iglesia y la corrupción política. La hacienda de don Bernardo González es una alegoría del México de un siglo después de la Independencia. La acción transcurre entre 1910 y 1920, los años de la revolución. La figura central es la personalidad legendaria de Zapata. La sicología de los personajes es correcta, así como la captación del ambiente campesino. La acción es rápida y el estilo directo, enérgico, sin afeites. El novelista tiene buen sentido dramático y no abusa del melodramatismo.

Usando la técnica de la narración en primera persona, publicó *¡Mi general!* (1934) Es la vida de un ganadero que ingresó en la Revolución hasta alcanzar el grado de General. Disfruta del poder ampliamente en los cargos más importantes, pero pierde todos sus privilegios cuando se equivoca y se opone a la consigna política del momento. Tal es su decadencia que vuelve pobre y abandonado a su antigua tierra. Es un cuadro de la desilusión revolucionaria. Es una novela política que descubre la actuación picaresca o de falta de moral sólida de los seudo-revolucionarios en la hora del triunfo. Respondiendo al gran interés social que la Revolución despertó por los indígenas, trabajadores y peones, López y Fuentes escribió *El indio* (1935), considerada como su mejor novela hasta la fecha y ganadora ese año del Premio Nacional de Literatura. Ha sido traducida a los idiomas modernos más importantes. López y Fuentes es el verdadero creador de la novela indianista de México con esta obra que acusa fuerte influencia de los muralistas. Es un cuadro colectivo del estado de miseria y explotación a que está sometida toda una comunidad india, teniendo como fondo la economía, costumbres, sicología, diversiones, fiestas y demás actividades folklóricas de esa raza. Es la novela de explotación del indio por el blanco aun después del triunfo de la Revolución, a pesar de sus promesas de reinvindicación. El tiempo de la obra es sicológico y el lector tiene la idea de que el autor quiere presentar la explotación del indígena en todas las épocas. El desarrollo dramático es muy gradual y el estilo sobrio, con el uso de las palabras indias indispensables. El fin es escéptico porque el autor no parece ver una solucion futura para este serio problema.

De carácter folklórico es *Arrieros* (1937), un cuadro de la vida diaria de los arrieros de la Huasteca con gran riqueza de refranes y filosofía popular. En *Huasteca* (1939) presenta los cambios sustanciales que la aparición de petróleo produce en la moral y la economía: algunos se enriquecen de pronto; otros abandonan sus tierras; se inicia la penetración económica extranjera con el apoyo del gobierno. El autor volvió a la novela de sátira y crítica política con *Acomodaticio* (1943) que, como su título indica, nos muestra al político oportunista y venal que no repara en principios para mantenerse en el poder. Se subordinan los valores artísticos a la intención reformadora y moralizante.

Después de *El indio* la contribución más sólida de López y Fuentes parece ser *Los peregrinos inmóviles* (1944), novela de indudable dimensión alegórica. Su asunto es la historia de una tribu india que liberada por la Revolución, inicia un lento peregrinar siguiendo un río mitológico en busca de un lugar propicio donde establecerse. En el camino pasan miles de penurias y contratiempos; se producen intrigas, odios, divisiones y disenciones entre los indios y muchos se separan para hacer vida independiente. La trama es a veces monótona por la repetición de problemas y miserias semejantes. Al final, la acción es más rápida y ágil, pero la conclusión tiene el mismo escepticismo que ya vimos en *El indio*. El autor quiere decir que los indios no han logrado la libertad verdadera, ni justicia, ni paz. La alegoría parece referirse al pueblo mexicano o a cualquier otro pueblo esclavizado desde los orígenes más remotos que de pronto gana la libertad. La novela tiene la intención de hallar el fondo universal que puede haber en el proceso contemporáneo de México.

Abandonando los temas revolucionarios y rurales, el autor se volvió a los problemas urbanos en *Entresuelo* (1948), presentando el fluir de la gente que viene del campo en busca de un mejor modo de vida en la ciudad. El asunto está visto a través de los infortunios de una familia de la clase media. La novela tiene puntos trascendentes y parece bien planeada, pero el autor no maneja el tema con la habilidad que le hemos visto. Últimamente ha escrito *Milpa, potrero y monte* (1951) en defensa de los labradores ganaderos y cazadores. La denuncia de sus miserias se realiza a través de la vida de tres hermanos. López y Fuentes no llega a superar la calidad de sus tres grandes novelas. También se ha distinguido como excelente cuentista. Su obra más interesante al respecto es *Cuentos campesinos de México* (1940). López y Fuentes muestra su inquietud social presentando a los campesinos, indios, soldados y demás pueblo humilde como para llamar la atención sobre ellos y que le lleguen los beneficios de la Revolución.

Recuento autobiográfico y apasionado de la Revolución en las novelas de José Vasconcelos

Debe incluirse a JOSÉ VASCONCELOS (1882-1959) entre los más distinguidos novelistas de la Revolución Mexicana, porque si bien por muchos años se le consideró como filósofo y sociólogo, la crítica moderna estima que lo más perdurable de su producción es su prosa narrativa relacionada con el gran evento.[2] Con mucha honradez y franqueza escribía Azuela: "Por más que Vasconcelos no haya escrito novelas, lo reputo como el mejor novelista de México. Como novelas juzgo yo sus famosas memorias en cuatro volúmenes". En efecto las aportaciones más vigorosas de Vasconcelos a la literatura

---
[2] Véanse los datos biográficos más importantes y un estudio de Vasconcelos como ensayista en el Cap. XXVI, págs. 554-556.

mexicana son sus "libros de memorias" titulados: *Ulises criollo* (1935), *La tormenta* (1936), *El desastre* (1938), *El proconsulado* (1939) y *La flama* (edición póstuma. 1959), Estos relatos son autobiográficos y deberían leerse uno detrás del otro porque se refieren a instantes distintos de la vida del autor y de la historia de México. *Ulises criollo*, quizás la mejor lograda, cuenta los eventos de su vida durante el porfirismo, desde su niñez hasta la muerte de Madero. *La tormenta* (1936), con revelaciones de su intimidad a veces demasiado escabrosa, cubre el violento período de la Revolución, desde la muerte de Madero hasta la presidencia de Obregón en 1925. El tercer volumen, *El desastre* describe el gobierno de Plutarco Elías Calles (1925-1929) con toda la antipatía del autor. *El proconsulado* trata de su campaña política para presidente contra Ortiz Rubio y su derrota. Este hecho lo llenó de mucha amargura. México le parecía un proconsulado del Imperio Romano por la intervención de los Estados Unidos en los asuntos internos, a través de sus embajadores. Como obra póstuma se publicó *Flama*, quinto y último volumen de estas memorias.

Estas obras tienen mucho de autobiografía y no poco de novelesco e intención política. Presentan la participación activa de un intelectual de renombre en las luchas revolucionarias. La Revolución y sus múltiples hechos aparecen vistos a través del temperamento vehemente, exaltado y violento del autor. Suele unas veces desnudar demasiado su intimidad y otras ser demasiado subjetivo en apreciaciones, pero la lectura se hace con deleite porque Vasconcelos tenía innegables talentos de narrador, por la perspicacia de la observación, memoria prodigiosa, sensibilidad y poder narrativo. Como obra creativa, *Ulises criollo* es la obra maestra del autor y ocupa lugar singular entre las mejores novelas de la Revolución. Sus memorias gozan del triple carácter de documentos históricos, ensayos autobiográficos y géneros de ficción.

Otros novelistas de la Revolución
Sus aportaciones y valores literarios

Hay un grupo por lo menos de siete autores cuyas obras tienen muchos valores artísticos, dándose el caso de que algunas de sus obras no desmerecen de las mejores escritas por los cinco maestros. Entre la carrera judicial, la enseñanza del derecho internacional y el cultivo de la literatura pasó AGUSTÍN VERA (1889-1946) su vida. Llegó a ser magistrado del Tribunal Supremo de Justicia del estado de San Luis Potosí y profesor en su Universidad. Cultivó el teatro dejando unas doce piezas y la novela de la Revolución y sobre otros temas. Su novela *La revancha* (1930) está entre las mejores de este ciclo. Su escenario es aquel estado. Trata de la incorporación de un grupo a la Revolución por las injusticias; el triunfo de los carrancistas y su buena vida en la ciudad y la muerte del protagonista a manos de su novia Lupe cuando ésta descubre que este general Guerrero había dado muerte a su prometido al incorporarse a la Revolución. Su ritmo es rápido y el asunto, basado en hechos que a menudo sucedían en esta época.

La originalidad de NELLIE CAMPOBELLO (1913) consiste en presentar una visión infantil de las dramáticas, violentas y a veces crueles luchas entre las facciones de Villa y Carranza al norte del país, que habían sido contempladas por la autora en su niñez. Es el tema de *Cartucho* (1931), posiblemente la novela de la Revolución con una pintura más directa de los hechos de sangre y la brutalidad de la lucha. La autora describe con impasividad y sin connmoverse las escenas más horrendas de fusilamientos, ejecuciones, batallas, saqueos a hospitales. Demuestra gran memoria en la presentación de cuadros rápidos y bocetos sicológicos de tipos que parecen del natural, en un estilo muy ceñido. Después escribió *Las manos de mamá* (1937), especie de album de añoranzas llenas de ternura y nostalgia con la Revolución como fondo. Es un magnífico homenaje a la madre mexicana. Sus *Apuntes sobre la vida militar de Francisco Villa* (1940) están basados en testimonios de la esposa y de personas que conocieron al gran guerrillero.

FRANCISCO URQUIZO (1891) formó parte de la guardia presidencial de Madero y más tarde fue ayudante de Carranza. Obtuvo el grado de General y ocupó posiciones relevantes. Sus obras son una combinación de realidad y fantasía; de hechos históricos e imaginación. Es probable que su mejor obra dentro de este género sea *Tropa vieja* (1943), con numerosas ediciones y *¡Viva Madero!* *Tropa vieja* ocupa un lugar único en esta galería de novelas porque presenta el cuadro de la Revolución desde el campo de los "federales" (ejército del país). El ella el héroe Sifuentes es arrastrado por la leva—servicio militar—al ejército donde pasa miles de calamidades. Al triunfo de Madero está herido en México y pelea por éste, pero después de la traición de Huerta, como si fuera un fatalismo, se encuentra otra vez luchando como federal. Sobresale por el realismo de la vida cuartelaria y el análisis sicológico de los soldados humildes.

En esta variada gama de la novela revolucionaria llegamos a JOSÉ MANCISIDOR (1894–1956) caracterizado por la orientación marxista de sus relatos, dignos de mejor estudio por su técnica y valores líricos. Participó personalmente en las luchas revolucionarias en las filas de Carranza. Era periodista de izquierda y profesor. Mostró siempre gran inquietud social. Escribió algunos ensayos biográficos y alrededor de siete novelas, entre las cuales sobresalen *La asonada* (1931); *La ciudad roja* (1932); *En la rosa de los vientos* (1941). *Frontera junto al mar* (1949), ganadora del Premio de la novela "Ciudad México", presenta una amalgama de cuadros de la Revolución (la resistencia contra el tirano Huerta) y la invasión norteamericana a Veracruz. Su última novela, *El alba en las simas* (1953), obtuvo el Premio de *El Nacional*.

Quizás el mejor cuentista de la Revolución sea RAFAEL F. MUÑOZ (1899), más dotado para el relato breve que para la novela. Ha consagrado su vida al periodismo y la literatura, pero ha escrito alguna biografía y varios "guiones" cinematográficos. Sus obras narrativas son: *El feroz cabecilla*, "Cuentos de la Revolución en el Norte" (1928), *El hombre malo y otras narraciones* (1930). Su novela más lograda es *¡Vámonos con Pancho Villa!*, una serie de cuadros rápidos, sucesivos y sintéticos sobre seis partidarios de Villa que han jurado seguirlo hasta la muerte. Esa devoción los lleva a morir por el jefe. El autor no se repite: son seis sicologías distintas. Le sigue en importancia *Se llevaron el cañón para Bachimba* (1941). Sobre el fondo de la revuelta de Pascual Orozco en 1913 contra el presidente Madero, se presenta la atracción que la Revolución ejerce sobre el joven Alvaro Abasolo. En todas sus obras muestra buen equilibrio dramático en un estilo ágil, vivo y diálogos realistas.

En el cuento, el teatro, el ensayo, los argumentos cinematográficos y la novela se ha distinguido MAURICIO MAGDALENO (1906), partidario de Vasconcelos para Presidente. Es periodista y ha ocupado cargos públicos y contribuído al auge de teatro. Parece que sus mejores novelas son: *Concha Bretón* (1936), *El resplandor* (1937), *Sonata* (1941) y *Tierra grande* (1949). En su obra maestra, *El resplandor*, presenta el caso frecuente del revolucionario que promete a su pueblo ayudarlo en sus reivindicaciones y que una vez en el poder se olvida dejando a los humildes en la miseria y el abandono. Magdaleno tiene un estilo florido, a veces retórico y parece que su exceso de trabajo en argumentos para el cine y su fecundidad le han restado profundidad, tanto en la pintura de caracteres como en la solución de los problemas que plantea. Pero así y todo es un buen novelista.

Finalmente MIGUEL N. LIRA (1905) merece ser citado aunque sean unas simples líneas dentro de este cuadro apretado. Se ha distinguido como abogado, editor, poeta, dramaturgo, autor de evocaciones históricas y novelista. Se dio a conocer con la novela *Donde crecen los tepozanes* (1947). Ese mismo año *La escondida* (1947) ganó el Premio Lanz Duret. Su asunto es la lucha entre rivales políticos y revolucionarios así como un idilio que termina trágicamente dentro del ambiente violento y dramático de la lucha revolucionaria, en el estado de Tlaxcala. El ambiente de los primeros tiempos de la Revolución con todas las pasiones desencadenadas y el desquiciamiento del mundo anterior, están muy bien captados, así como la figura de los personajes.

BIBLIOGRAFÍA

1 ESTUDIOS GENERALES

(Véanse la bibliografía general del Cap. XXIV sobre las circunstancias históricas del período; la bibliografía general sobre la novela en Caps. I, XV, XVII, XXVII y, especialmente: Alegría; González, *Trayectoria;* Sánchez; Torres-Rioseco; Uslar Pietri; Zum Felde; las antologías e historias de conjunto de esta literatura y las nacionales de México de González Peña, Jiménez Rueda y otros)

Castro Leal, Antonio, *La novela de la Revolución Mexicana*, (Antología), 2 vols., México, Aguilar, 1958-60. Reúne las mejores novelas de este ciclo, con introducción, notas y amplia bibliografía.

Morton, F. Rand, *Los novelistas de la Revolución Mexicana*, México, Editorial Cultura, 1949.

Valbuena Briones, Ángel, "La novela de la Revolución Mexicana", Cap. XXI de su *Literatura hispanoamericana*, 2da. ed., Barcelona, Gustavo Gili, 1965.

LA NOVELA DE LA REVOLUCIÓN MEXICANA

2 Los grandes novelistas de la revolución mexicana

MARIANO AZUELA

Textos

Mala yerba (1909), México, Botas, 1937.
Los de abajo (1915), México, Fondo de Cultura Económica, 1961; New York, Appleton, 1939; editada por John E. Englekirk y Lawrence B. Kiddle.
Los caciques (1917) y *Las moscas* (1918), México, La Razón, 1931.
La malhora (1923), México, Botas, 1941.
La luciérnaga, Madrid, Espasa-Calpe, 1932.
Las tribulaciones de una familia decente, México, Botas, 1938; New York-Londres, Macmillan, 1966; editada por Frances Kellam Hendricks y Beatrice Berler.
La mujer domada, México, El Colegio Nacional, 1946.
Sendas perdidas, México, Botas, 1949.
La maldición, México, Fondo de Cultura Económica, 1955.
Esa sangre, México, Fondo de Cultura Económica, 1956.
Nueva Burguesía, Buenos Aires, 1941.
Obras completas, 3 vols., México, Fondo de Cultura Económica, 1958-1960; prólogo de Francisco Monterde.

Crítica

González, *Trayectoria*, 108-200.
Jones, Dewey Roscoe, *El doctor Mariano Azuela, médico y novelista*, México, Univ. Nacional, 1960.
Leal, Luis, *Mariano Azuela: vida y obra*, México, Studium, 1961.
Spell, *Contemporary*, 64-101.
Torres-Rioseco, *Grandes novelistas*, I, 3-40.

MARTÍN LUIS GUZMÁN

Textos

El águila y la serpiente (1928), 3ra. ed. (8va. de la obra), México, Compañía General de Ediciones, 1961.
La sombra del caudillo (1929), 3ra. ed., México, Botas, 1938.
Memorias de Pancho Villa, 4 vols. (1938-1940), 6ta. ed., México, Campañía General de Ediciones, 1963.
Obras completas, 2 vols., México, Cía. General de Ediciones, 1961-1963.
The Eagle and the Serpent, Garden City, N.Y., Doubleday, 1965. Introducción de Federico de Onís; traducción de Harriet de Onís.

Crítica

González, *Trayectoria*, 200-215.
Houck, Helen P., "Las obras novelescas de Martín Luis Guzmán", *Revista Iberoamericana*, 5 (1941), 139-158.
Martínez, José Luis, *Literatura mexicana del siglo XX*, I, 193-199.
Onís, Federico de, Introducción a *The Eagle and the Serpent* citada en los textos.

LA NOVELA DE LA REVOLUCIÓN MEXICANA

JOSÉ RUBÉN ROMERO

Textos

Desbandada (1934), 2da. ed., Bardelona, A. Núñez, 1936.
El pueblo inocente (1934), 3ra. ed., Barcelona, A. Núñez, 1936.
La vida inútil de Pito Pérez (1938), 12a. ed., México, Porrúa, 1961.
Anticipación a la muerte, México, Porrúa, 1939.
Rosenda (1946), 3ra. ed., México, Porrúa, 1962.
Breve historia de mis libros, La Habana, Ed. La Verónica, 1962.
Obras completas, México, Ediciones Oasis, 1957; prólogo de Antonio Castro Leal.

Crítica

Alba, Pedro de, *Rubén Romero y sus novelas populares*, Barcelona, A. Núñez, 1936.
Cord, William O., "José Rubén Romero: the Writer as Seen by Himself", *Hispania*, XLIV (1961), 431–438.
González Contreras, Gilberto, *José Rubén Romero, el hombre que supo ver,* La Habana, Imp. La Verónica, 1940.
González, *Trayectoria*, 223–249.
La Farga, Gastón, *La evolución literaria de Rubén Romero*, México, 1939.
José Rubén Romero, vida y obra; bibliografía, antología, New York, Hispanic Institute, 1946; editada por Andrés Iduarte, Juan José Arreola y otros.
Sánchez, *Escritores representativos*, II, 263–272.

GREGORIO LÓPEZ Y FUENTES

Textos

Tierra, México, Ed. México, 1933; New York, Ginn and Company, 1949; editada por Henry A. Holmes y Walter A. Bara.
¡Mi general!, México, Botas, 1934.
El indio (1935), México, Botas, 1945; México, Novaro, 1955; New York, Norton, 1940; editada por E. Herman Hespelt.
Arrieros (1937), México, Botas, 1944.
Cuentos campesinos de México, México, Botas, 1940.
Los peregrinos inmóviles, México, Botas, 1944.
Entresuelo, México, Botas, 1948.
Milpa, potrero y monte, México, Botas, 1951.

Crítica

González, *Trayectoria*, 249–267.
Holmes, Henry A., Introducción a *Tierra* publicada por Ginn and Company, relacionada anteriormente.

JOSÉ VASCONCELOS

Textos

Ulises criollo (1925), *La tormenta* (1936), *El desastre* (1938), *El proconsulado* (1939), *La flama* (1960) en *Obras completas*, 4 vols., México, Libreros Mexicanos Unidos, 1957–1961.
Ulises criollo (1935), 9a. ed., México, Botas, 1945; Boston, Heath, 1960; editado por Ronald Hilton y notas y vocabulario de Robert B. O'Neil.

LA NOVELA DE LA REVOLUCIÓN MEXICANA

Crítica

(Consúltese la bibliografía de Vasconcelos como ensayista, Cap. XXVI).
González, *Trayectoria*, 268-277.

3 OTROS NOVELISTAS DE LA REVOLUCIÓN MEXICANA: AGUSTÍN VERA, NELLIE CAMPOBELLO, FRANCISCO L. URQUIZO, JOSÉ MANCISIDOR, RAFAEL F. MUÑOZ, MIGUEL N. LIRA

(Véase crítica en los estudios de esta novelística, la bibliografía general de este capítulo y sus principales obras en la colección de *La novela de la Revolución Mexicana* por Antonio Castro Leal)

González, *Trayectoria*, 278-295.

29 La novela indianista moderna
El cuento

La novela indianista moderna
Antecedentes, características, orientaciones e importancia social y literaria

La preocupación por el indio como ente sociológico y humano nació con la misma conquista. Pueden encontrarse rastros, tanto en los cronistas de Indias, sobre todo en Bartolomé de las Casas, como en la poesia épica, pues el tema central de *La araucana* de Alonso de Ercilla, es precisamente la lucha entre los indios araucanos de Chile y los conquistadores y el gran poeta no oculta sus simpatías y admiración por los indígenas. El primer gran prosista criollo, el Inca Garcilaso de la Vega, llevaba en sus venas sangre india y española y ha dejado retratos inolvidables de la civilización incaica. También durante el barroco, sobre todo en el teatro, se le dio importancia al indígena como posible tema literario. En el romanticismo llegó este interés a un alto grado, pero en general el movimiento nos dejó una visión deformada del indio—de espaldas a su trágica situación social, por la tendencia a la idealización y al aprovechamiento de lo pintoresco y folklórico. En este período el tema indio alcanza a todos los géneros literarios: poesía épica y lírica, novela, teatro, ensayo. Este interés se repitió, aunque con menos intensidad, durante el neoclasicismo y la ilustración.

La etapa moderna en cuanto a la prosa sobre el indígena, la inició la novelista peruana Clorinda Matto de Turner con su obra *Aves sin nido* (1889), seguido luego de una serie de autores que han completado los perfiles de esta novelística, una de las más interesantes del continente. Las características sobresalientes de la llamada novela indianista moderna son las siguientes:

1. Es novela regionalista porque su protagonista es el indio y se le presenta siempre en los escenarios donde vive en países de este continente.

2. Tiene fuerte intención social, ya que trata de pintar la explotación, el abuso y el abandono a que está sometido el indígena, impropios de seres humanos. Ofrece una pintura fiel del estado miserable del indio.

3. Generalmente es de protagonista o personaje múltiple.

4. Considera al indio como un problema económico y social descubre su situación de penuria para hallar alguna solución humana, de aquí de sentido humanitario que adquieren estos relatos.

5. Mayor énfasis en la descripción de la condición social exterior del indio que en la pintura de su mundo anímico.

La importancia social de esta novela es innegable. Ha operado cambios en la conciencia hispanoamericana y universal hacia la existencia de los indios, sobre todo en los países donde abundan más. Los gobiernos han dictado legislación protectora del indio, aunque no en la medida necesaria y requerida. Se han celebrado congresos indigenistas, tanto en Europa como en la América Latina para exponer su situación y acordar planes de reforma. Algunos gobiernos han emprendido planes de alguna amplitud favoreciendo a los indígenas, Pero lo cierto es que todavía este hijo de América vive en condiciones lamentables y merece toda ayuda para su reivindicación. A pesar de su valor sociológico, la novela indianista contemporánea ofrece grandes valores artísticos y literarios. Los novelistas han sabido sacar provecho estético a un material que a simple vista no parece muy novelable. Estas obras tienen una trascendencia universal en cuanto presentan el dolor y sufrimiento de seres humanos en toda su realidad y crudeza.

La novela indianista ha sido objeto de un intenso cultivo y son muchas las novelas buenas sobre el tema escritas hasta la fecha. Sin embargo, parece que hay unanimidad en la crítica en considerar como las figuras más descollantes dentro del género a: Alcides Arguedas, Jorge Icaza, Gregorio López y Fuentes,[1] Ciro Alegría y, dentro de las corrientes más recientes a Rosario Castellanos.

Los novelistas mayores
Alcides Arguedas y los valores de "Raza de bronce"

Si se considera a *Aves sin nido* (1889) de Clorinda Matto de Turner en su justo valor de obra de transición entre la tendencia idealizadora del romanticismo y la moderna novela indianista de preocupación social, hay que convenir en que *Raza de bronce* (1919) de ARCIDES ARGUEDAS (1879-1946) es la primera gran manifestación de la novela indianista contemporánea y que abre nuevos rumbos y posibilidades a esa tendencia. Arguedas nació y recibió su educación en La Paz, capital de Bolivia. Más tarde realizó estudios especiales de ciencias sociales en París. Si estilísticamente se abrazó al modernismo, ideológicamente corresponde a la promoción de los positivistas, como se verá a lo largo de toda su obra. Desde muy joven se distinguió como periodista, historiador, ensayista, sociólogo y novelista. El prestigio ganado en esos campos le abrió las puertas del cuerpo diplomático, representando a su país en Londres, París y Colombia. Se le considera el escritor y pensador más eminente de Bolivia en su época.

---

[1] Véanse el estudio sobre su novelística en el Cap. XXVIII, págs. 602-604.

Arguedas comenzó con un esbozo de novela indianista, *Wata-Wara* (1904), que luego fue reelaborada y publicada como *Raza de bronce*. Seguidamente dio a la estampa *Pueblo enfermo* (1909), cuyos valores de enfoque y de crítica lo colocan entre los mejores ensayos sociológicos en la línea positivista escritos en Hispanoamérica, Constituye una indagación de la causas más profundas del drama nacional boliviano, pero el enfoque y la crítica ofrecen amplitud suficiente para incluir a otros países hispanoamericanos. Algunas de sus afirmaciones son muy polémicas y han levantado controversias, como la de la inferioridad síquica del cholo o mestizo. Las conclusiones del libro son, más que pesimistas o escépticas, radicalmente sombrías. Obtuvo elogios consagratorios de Unamuno.

Años después Arguedas ensayó "la novela de la ciudad" con *Vida criolla* (1912), un amplio cuadro de la burguesía nativa en la ciudad de la Paz. Sin tener los méritos de *Raza de bronce*, destaca con acierto el asunto central así como una galería de tipos humanos representativos de aquella sociedad: el intelectual inadaptado, quien frustrado por el medio acaba por marcharse del país en busca de un ambiente más propicio; el caudillo político, la beata, la dama de sociedad. Otra vez aquí reincide en su visión escéptica y negativa del cholo o mestizo boliviano.

Primicia de la novela indianista contemporánea y posiblemente una de sus manifestaciones más excelsas es *Raza de bronce* (1919), verdadera obra maestra del autor. Aparecen en ella una serie de técnicas que luego se repetirán en las novelas que le siguen: el personaje-masa; aliento épico; profunda preocupación social; papel esencial de la naturaleza como fondo de la narración; más énfasis en los problemas sociales del indio que en la pintura de su sicología. La novela de Arguedas gozó en seguida de una fama extraordinaria mereciendo los más cálidos elogios del hispanista Ernest Martinenche, profesor de la Sorbona de París. La novela está dividida en dos partes: la primera, titulada "El valle", es el épico viaje de un grupo de indios del altiplano que van al valle a vender sus productos. El viaje constituye una verdadera odisea con una magnífica conjugación de la pintura de la naturaleza imponente y las penurias que pasan los pobres indígenas, así como las noticias sobre costumbres, ritos y demás elementos folklóricos. La segunda lleva por título "El yermo", con una detallada pintura de los abusos, sufrimientos y estado de servidumbre y explotación a que están sometidos los indios por los patrones o gamonales blancos y ricos con la protección de las autoridades y el clero. A más de una variada información sobre todos los aspectos de la vida de los indios y del sistema socio-económico de que es víctima basado en la avaricia, la brutalidad y la explotación, el autor teje un idilio amoroso entre los indios Agustín y Maruja. Al final, ésta es violada por el hijo del todopoderoso terrateniente, a pesar de estar en cinta de su esposo. La muerte de la hermosa indígena produce un levantamiento revolucionario de los indios que es sofocado por el ejército.

En la novela, Arguedas combina primores modernista en el estilo y las descripciones con un realismo que a veces llega a la crudeza. La anécdota argumental es bastante simple y episódica, pero la precaria situación del indio está presentada en toda su angustiosa y dramática realidad. A veces la cordillera andina, con toda su majestad resulta superior a la trama, aunque ésta es lo esencial en el relato total. Arguedas se convierte en el verdadero iniciador de la novela indianista contemporánea por la denuncia crítica que hace del estado social de estos seres humanos tratados a veces como bestias. La novela no lo dice, pero al lector llega el clamor por las debidas reformas para lograr la justicia social para estos primeros habitantes de América. Se le han señalado algunas deficiencias a la novela como son: el uso de palabras muy refinadas y hasta castizas y el empleo de expresiones puestas en boca de los indígenas que están en desacuerdo con su condición, cosa que resta algo de realidad al diálogo. Estos puntos débiles no amenguan de ninguna manera sus grandes valores. La obra tiene méritos que no han podido ser superados por la novelística posterior de esta tendencia.

Aliento político, revolucionario y reformador en las novelas de Jorge Icaza

El principal exponente de la tendencia indianista en Ecuador es JORGE ICAZA (1906), uno de los escritores más discutidos y sobresalientes de su patria. Nació en Quito procedente de una familia de la clase media. Después de servir como modesto empleado público ingresó en la Universidad Nacional, pero interrumpió sus estudios de medicina para dedicarse al teatro, donde trabajó como actor, director y escritor, sin mucho éxito. Actuando como galán conoció y casó con la señora Marina Moncayo, considerada la mejor actriz ecuatoriana de la época. Sus obras teatrales tienen el sello combatiente y de denuncia social que veremos en sus novelas. Ha escrito unas ocho piezas, entre ellas: *El intruso* (1929), *Comedia sin nombre* (1930), *Por el viejo* (1931), *Como ellos quieren* (1931), *¿Cuál es?* (1931), *Sin sentido* (1932) y *Flagelo* (1936). Algunas de estas piezas no carecen de méritos dentro del cuadro de la escena hispanoamericana contemporánea. Ideológicamente ha militado en el marxismo e inclusive en el peronismo. Su primera afiliación le facilitó viajes por la Unión Soviética, China y la Cuba comunista. Por su renombre literario ha viajado por Estados Unidos, Europa, América del Sur. Sirvió como Agregado Cultural a la Embajada Ecuatoriana en Buenos Aires por dos años y ocupa un sillón en la prestigiosa Casa de la Cultura Ecuatoriana.

No habiendo alcanzado en el teatro el éxito esperado, Icaza se orientó hacia la prosa de ficción, dando a las prensas *Barro de la sierra* (1933), una colección de cuentos principalmente sobre las injusticias cometidas por la aristocracia terrateniente, las autoridades y la iglesia contra los indios. Al año siguiente publicó *Huasipungo* (1934), considerada por general aclamación como su obra maestra, con posible influencia de *The Grapes of Wrath* de John Steinbeck. Esta novela le proporcionó una fama extraordinaria de la noche a la mañana, pero una crítica más serena le asigna un lugar mucho más discreto de acuerdo con sus valores intrínsecos. El asunto de la novela es la construcción de un camino por Alfonso Pereira, rico terrateniente, para darle más valor a sus tierras y venderlas luego a una compañía capitalista americana. En la empresa, a la que se le da carácter social para que trabajen gratis indios y pueblo, mueren muchos indígenas. El matrimonio indio, Andrés Chiliquinga y Cunshi tipifican a los indios oprimidos y explotados hasta lo indecible. El clímax de la obra viene cuando vendida la hacienda a una compañía norteamericana, los indios se resisten a abandonar los huasipungos. Los indios ganan al principio, pero luego les cae encima la fuerza del empresario norteamericano, el latifundista, el mayordomo, el gobierno, el cura y el ejército sofoca el levantamiento con una gran matanza.

A diferencia de otros novelistas indianistas, Icaza deja siempre lugar a la esperanza, aun cuando la obra tenga un trágico fin como ésta. La novela vale más como documento social que como prosa de ficción y aun así la realidad está un poco abultada y llega el momento en que adquiere todo el énfasis de los alegatos revolucionarios. Icaza pinta a los indios bestializados, sucios, ignorantes y en el más terrible estado de abyección. Sus puntos más débiles son: la pintura de caracteres, pues nos presenta más "tipos" que individuos de carne y hueso; el naturalismo demasiado descarnado y hasta repugnante de algunas escenas; el tono propagandístico demasiado evidente; lenguaje de realismo descarnado y brutal con cierto desprecio por la gramática y las buenas formas; alegatos políticos. Sin embargo, Icaza tiene talentos de narrador. Su estilo es muy dramático y tenso y la acción va ganando en intensidad emocional y conmovedora en su desarrollo hacia el desenlace. Muestra una honda inquietud social por el estado de los indios y trabajadores del Ecuador, pero su ideología radical lo hace a veces olvidar la finalidad artística de la novela.

Al año siguiente Icaza publicó *En las calles* (1935), ganadora del Premio Nacional de Literatura. Presenta la lucha de un grupo de indios contra el terrateniente don Luis, amigo del presidente de la República. Los líderes escapan de la prisión y algunos se esconden en Quito. Aquí la novela presenta la lucha por organizar a los trabajadores. La obra parece un ataque y crítica contra las prácticas y vicios de la clase gobernante frente a los cuales se articula la lucha popular. Pinta a los segmentos más humildes de la población completamente indefensos. De tono más sobrio, aunque con falta de un plan debidamente coordinado es *Cholos* (1938) cuyo asunto es la decadencia de la aristocracia de la sangre—representada por la familia de Braulio Peñafiel—y la preeminencia social basada en el dinero. Por su energía, resolución, voluntad y recio carácter, Alberto Montoya, un mestizo que asciende socialmente, es el carácter individual más convincente creado por Icaza. El estilo es vigoroso, pero vuelve a incidir en descuidos en el plan y el vocabulario. Posteriormente Icaza ha publicado las novelas: *Media vida deslumbrados* (1942), *Huairapamushcas* (1948) y *El chulla Romero y Flores* (1958), así como dos colecciones de cuentos de valor: *Seis relatos* (1952) y *Viejos cuentos* (1960).

Las novelas de Icaza casi no tienen argumento, pues son una sucesión de escenas ricas en detalles. Muestra alguna tendencia a polarizar demasiado los caracteres: de un lado los indios y obreros explotados y casi indefensos; de otro, los explotadores y ricos en consorcio con las autoridades y el clero. Se complace en pintar los lados más negativos de la realidad ecuatoriana con un realismo crudo y violento, quizás para llamar la atención sobre los problemas y hallarles solución apropiada. No cabe dudas de que Icaza es un buen novelista. Si dejara aquietarse al reformador y agitador socialista que lleva dentro, dando más oportunidades al artista, podría dar las obras definitivas que todavía faltan en su colección. El novelista sale muy perjudicado por el fuerte aliento politico, revolucionario, marxista y reformador de Icaza, aunque, sin duda es, uno de nuestros novelistas más representativos.

Plenitud de la novela indianista
Ciro Alegría: obras maestras y estilo

Con el peruano CIRO ALEGRÍA (1909-1967) llega la novela indianista a su cumbre como expresión literaria y social. Nacio en la hacienda Quilca de su abuelo, distrito de Artibamba, provincia de Huamachuco. Pasó su niñez (desde los cuatro años) en la pequeña hacienda de su padre, Marcabal Grande que linda con el río Marañón. A los siete años ingresa en el Colegio Nacional de San Juan, en Trujillo donde es su profesor el gran poeta César Vallejo. En 1923 regresa a Marcabal Grande donde hace labores de tala de la selva. Aquí conoce a Manuel Baca un gran hacedor de cuentos y posiblemente el Matías Romero de la *Serpiente de oro*. En esta zona cercana a la sierra, el río y las selvas peruanas tuvo la oportunidad de conocer de cerca la naturaleza, las historietas, relatos, costumbres y tipos humanos (indios y cholos) que luego aparecen en sus novelas. Muerta su madre en 1926 se dirigió a Lima con otros compañeros de Colegio para empezar su vida literaria. En 1927 fundó con otros jóvenes el periódico *La Tribuna Sanjuanista* y el escritor Antenor Orrego lo llamó a colaborar en *Norte*, revista de Trujillo. Sus inquietudes políticas lo llevaron a afiliarse al Partido del A.P.R.A. dirigido por Haya de la Torre. Su militancia política y revolucionaria le hizo conocer la cárcel y luego el exilio en Chile (1934) donde ganó renombre literario y se recuperó de una dolencia pulmonar contraída en prisión. Luego vivió y enseñó en los Estados Unidos y Puerto Rico e hizo periodismo en Cuba. Ha participado en distintos congresos indianistas internacionales y ocupó un alto cargo en un organismo del gobierno peruano para la reivindicación y protección de los indios. Alegría siempre ha mostrado sincera simpatía y sensibilidad hacia los problemas sociales de su patria e interés en los indios y sectores más humildes.

Ciro Alegría se inició en la poesía y a juzgar por sus versos pudo llegar a ser un poeta destacado. Sin embargo, bien pronto se orientó hacia sus dos vocaciones esenciales: el periodismo, que ha cultivado casi dasde niño, y la novela, el cuento y relatos cortos donde ha alcanzado los más altos honores dispensados a un peruano, pues Alegría es el mejor novelista del Perú contemporáneo. Todas sus novelas tratan sobre los nativos de la región andina peruana. Muestra mucho interés y simpatía por los indios, los cholos, trabajadores, humildes y desvalidos. Ha publicado tres novelas, todas compuestas en su exilio en Chile y ganadoras de premios literarios. La primera lleva por título *La serpiente de oro* (1935), ganadora

LA NOVELA INDIANISTA MODERNA / EL CUENTO

del Primer Premio de la Editorial Nascimento de Santiago, reelaboración de un cuento que publicó en *Crítica* de Buenos Aires con el título de *La balsa*. *La serpiente de oro* es el río Marañón, porque así parece cuando se le mira de una altura. La novela presenta la lucha arriesgada de los balseros del valle de Calemar contra el río Marañón. El protagonista verdadero es colectivo: los indios comuneros de esos valles y el antagonista es el propio río. La novela es un cuadro fiel de las costumbres, tradiciones, sicología, fiestas, cuentos, de esos indios. Es por tanto, obra llena de color local y costumbrismo. Muestra sentido del humorismo, sobre todo en los sabrosos cuentos del viejo Matías Romero (posiblemente don Manuel Baca a quien conoció en la Hacienda Marcabal Grande). Lo más débil de la novela parece ser su estructura formada por la yuxtaposición de relatos de valor independiente. La novela relata la vida sencilla, dura y a ratos trágica de los balseros y a través de personajes individuales de gran colorido, nos pinta la vida de la comunidad total. La prosa es siempre limpia, de movimiento ascensional, capaz en seguida de ganar la atención del lector, que se siente como parte de la narración debido al poder sugerente del estilo, el cual de pronto se concreta en imágenes, metáforas y pensamientos de una exactitud y belleza incomparables. La novela termina cuando una generación de balseros va pasando—los ya viejos—pero viene otra en los vientres de las mujeres embarazadas.

La segunda novela de Alegría lleva por título *Los perros hambrientos* (1938) considerada por algunos como su mejor obra. Obtuvo el primer premio de un concurso de la editorial Zig-Zag de Santiago, Chile. El tema se lo inspiraron los aullidos de los perros que oía estando en un sanatorio en Chile. La novela nos presenta la unión estrecha de estos animales, el hombre y la naturaleza. Los perros son felices y fieles guardianes de los rebaños, pero una terrible hambruna debida a una fuerte sequía los vuelve sanguinarios y ladrones del propio ganado que antes cuidaban. Alegría alcanza un grado máximo de perfección narrativa contando las penurias, hambres y situaciones trágicas que pasan juntos hombres y perros. Como en todas las obras de Alegría, el asunto central se forma de muchos relatos y cuentos breves como si fueran historias más pequeñas dentro de una historia larga. La novela tiene un hondo sentido humano y el perro "Güeso" es una de las figuras novelescas más inolvidables trazadas por Alegría. Hay un tono trágico, no solamente por el hambre que todo lo arrasa, sino por el injusto despojo de que son víctimas los indios. Es una de las obras más vigorosas, profundas y directas del autor.

Generalmente se considera a *El mundo es ancho y ajeno* (1941) como la cumbre de la novela indianista contemporánea y la obra maestra del autor. Con ella Alegría ganó el Premio Internacional de cinco mil dólares otorgado por la editorial norteamericana de Farrar y Rinehart para la mejor novela latino-americana. Su asunto son los sufrimientos y final destrucción de una ejemplar comunidad india—Rumi—por la codicia de los blancos representados por el rico hacendado don Álvaro Amenábar. Frente a él se yergue la recia figura de Rosendo Maqui, alcalde indio, que muere injustamente en la cárcel. Es el más inolvidable personaje creado por Alegría. Luego mueren otros que tratan de dirigir a los indios como el "Fiero" Vázquez y Benito

Castro, instigador de una insurrección social con base en las enseñanzas marxistas de Medina, un líder sindical. Estos pacíficos indios poseen sus tierras, pero le son arrebatadas por fallos arbitrarios de los jueces vendidos al dinero de los poderosos. En su lucha con los hacendados éstos son ayudados por las autoridades. El título está explicado en la novela: los ricos le dicen al indio que el mundo es ancho... pero el indio sabe que no le pertenece, que es ajeno. La novela termina cuando todavía se oyen los máuseres del ejército aplastando la rebelión india para defender sus derechos.

También aquí Alegría emplea el personaje-masa, pues el verdadero protagonista es la comunidad india de Rumi, aunque nos presenta una galería de recios personajes individuales. Rosendo Maqui es uno de los personajes inolvidables de la novelística hispanoamericana y es lástima que un poco de idealización, le reste humanidad a su gallarda figura contra la opresión. La obra muestra influencias de Thomas Mann (en algunos aspectos técnicos, sobre todo el tiempo), de Dreiser, Sinclair Lewis, John Dos Passos, Upton Sinclair, Güiraldes y Arguedas. Pinta más la problemática exterior del indio que su mundo anímico. Se le han señalado algunos puntos débiles a la novela como son: falta de un plan en la estructura; superabundancia de caracteres y episodios secundarios; interrupciones para intercalar ideas del autor; idealización de Rosendo Maqui y otros protagonistas; el discurso de ideas socialistas, casi al final de la novela; cierta impresión de precipitación en su composición.

Sin embargo, la obra tiene virtudes que sobrepasan aquellos posibles defectos. La novela tiene un poderoso impulso épico que da la impresión del movimiento de una gran masa. Es un vigoro lienzo descriptivo de la vida nativa, del carácter de los indios, sus tradiciones, creencias, valores y civilización. Las cosas no están vistas según el criterio del autor, sino a través del punto de vista de los protagonistas mismos. Prosa poderosa, viril, pero casi siempre llena de lirismo y tonos poéticos, sobre todo en las descripciones de la naturaleza. A veces le basta una sola pincelada para descubrirnos un carácter como cuando nos presenta a Nasha Saro, "negra de vestiduras y de fama"; otras, el personaje se va describiendo con su actuación. No hay abuso del lenguaje regional. La sobriedad no le hace caer en la truculencia efectista y tendenciosa. No expone tesis alguna, pero la obra deja la impresión de un mensaje de reivindicación indígena. Desde el punto de vista técnico, Alegría se muestra muy tímido, a pesar de la existencia en este tiempo de las últimas corrientes novelísticas. Es suyo el modelo tradicional realista de narrar. Pero el lenguaje muestra la herencia del esteticismo modernista y vanguardista en las metáforas e imágenes. Es probablemente la cumbre de la novela indianista por el equilibrio logrado en la conjunción de estos elementos: simpatía ante los sufrimientos y abusos contra el indio y sus instituciones; comprensión de las causas histórico-sociales de esa situación; voluntad de estilo encaminada a crear una obra de arte; y visión acertada del mundo anímico y cultural del indio. Alegría pinta a los indios inteligentes y capaces de organización, exactamente lo contrario de Icaza. Ve en los indígenas criaturas capaces de convertirse en miembros valiosos de la sociedad, si se les da la oportunidad. La acción es lenta, pero muy sostenida; larga pero logra captar el interés del lector. A más de obra de arte de mucho valor, la obra contiene un mensaje de reivindicación social del indígena de fuerte impacto por su objetivo de justicia.

No parece probable que la última novela de Alegría, *Duelo de caballeros* (1963) llegue a superar su obra anterior.

Las últimas corrientes de la novela indianista
Rosario Castellanos y su "Oficio de tinieblas"

El fecundo ciclo de la novela indianista no da signos de agotamiento. Numerosas son las novelas que todavía se escriben sobre el tema como demostración de la vitalidad temática de la existencia del indio en la narrativa. Una de las novelistas más representativas de este momento actual es ROSARIO CASTELLANOS (1925). Nació en la ciudad de México donde recibió toda su educación y se especializó en filosofía. Su relativamente amplia labor literaria abarca: poesía, novela, cuento, teatro, ensayo. Se le considera una de las poetisas más prometedoras de México por sus libros *De la vigilia estéril, El rescate del mundo, Al pie de la letra*, poesía escrita siguiendo las últimas modas, con marcado tono crepuscular y de confesión íntima. Asimismo ha atraído la atención del público y la crítica con sus novelas y cuentos. La primera lleva por título *Balún-Canán* (1957), excelente novela por el manejo del asunto y la estructura, traducida en seguida al inglés, francés y alemán. Su mejor obra hasta hoy es *Oficio de tinieblas* (1962), cuyo asunto se centra alrededor de la lucha llena de sorda violencia entre los blancos e indios en la región de Chiapas, bien conocida de la autora. Ésta introduce al lector por aquel mundo donde se desarrolla la acción poniendo al descubierto los instantes de más conflicto. Según Rosario Castellanos la pérdida de vitalidad del blanco y el estado de miseria e ignorancia del indio han producido una especie de conformismo que ella combate con todas sus fuerzas.

Con tono escéptico la autora parece sugerir que toda comunicación entre ambas razas es imposible, aun contando con elementos de fuera interesados en una relación inteligente y basada en un principio de justicia e igualdad, que lleve a la mutua comprensión. La autora carga la mano en su condena del blanco por esta actitud negativa. La novela sigue las técnicas modernas, tanto en el tiempo que parece correr en círculo en vez de en forma lineal, como en otros aspectos. La prosa llena de apremio, los diálogos y abundantes e impresionantes metáforas completan el cuadro de una buena novela.

El cuento en este período: orientaciones y grandes exponentes

En este apogeo que vive la prosa narrativa hispanoamericana con posterioridad al modernismo, el cuento juega en papel de primera importancia al igual que en Europa y los Estados Unidos. En esta época el cuento alcanza una alta calidad y se define plenamente como uno de los géneros de más exitoso cultivo en esta literatura. El relato corto sigue en sus líneas generales las tendencias y orientaciones de la novela pero como género literario logra su total independencia. La característica común a todos los autores es su intenso realismo con cierto sabor americano y en cuanto a los estilos es fácil notar la huella de los movimientos estéticos más importantes. En cuanto a los autores, se tiene el caso de muchos novelistas que a su vez cultivan el cuento, pero ya hay muchos dedicados por completo a las narraciones breves. Las orientaciones más importantes dentro del cuento son: 1. la sicológica y filosófica como en Horacio Quiroga y Alfonso Hernández Catá; 2. el criollismo de Enrique López Albújar, Mariano Latorre y 3. el cosmopolitismo dentro de las corrientes de última hora.[2]

Anormalidad, horror y muerte en los cuentos de Horacio Quiroga

Uno de los cuentistas más sobresalientes de Hispanoamérica hasta el presente es el uruguayo HORACIO QUIROGA (1878-1937). Nació en Salto, Uruguay donde su padre era el Cónsul argentino. A los nueve años se trasladó a Montevideo y allí vivió hasta 1900. A comienzo del siglo XX hizo un viaje a París, cuyas impresiones se recogen en *Diario de un viaje a París* (publicado en 1950), pero parece que la ciudad dejó poca huella en él, Pasó casi el resto de su vida en Argentina: en Buenos Aires hizo vida de bohemia y presidió la tertulia literaria llamada Consistorio del Gay Saber, una de las más famosas de la época y cultivó la amistad de Leopoldo Lugones, entre otros. Pero su lugar predilecto era la provincia de Misiones; allí vivió muchos años y sirvió como cónsul. En este lugar trató de hacer experimentos químicos y de trabajar la tierra, pero ante su fracaso continuó su vida literaria con todo éxito. Sus cuentos sobre esta región pronto le ganaron gran renombre. Al morir su mujer en 1917 retornó a Buenos Aires para educar a sus hijos. Más tarde volvió a Misiones, su lugar favorito, pero sintiéndose enfermo regresó a Buenos Aires con su salud muy quebrantada, que lo llevó a un estado mental trágico, debilitando su entusiasmo por la literatura. Con la excepción de *Más allá* (1935), muy expresivo de su estado mental, escribió muy poco en ese tiempo. Quiroga vivió los últimos años de su vida muy obsesionado por la idea de la muerte y en 1937 cometió suicidio.

Su temperamento y las circunstancias de su vida tuvieron influencia decisiva en su obra: era un hombre culto y refinado, de gran complejidad síquica y de temperamento extraño, caprichoso, mórbido e introspectivo, muy imaginativo, con obsesión por lo sobrenatural, la locura, el suicidio, el asesinato y la muerte. Lo persiguieron muy de cerca las enfermedades—pues su salud nunca fue muy buena—y la muerte: su padre murió accidentalmente, su primera mujer se suicidó, él mismo mató en forma fortuita a su mejor amigo y finalmente se suicidió al saberse enfermo de cáncer. La tercera

---

[2] Véanse el estudio en el Cap. XXXI, dentro de la *Literatura actual*.

circunstancia influyente fue su amplio conocimiento de la región selvática de misiones, escenario de sus mejores cuentos.

En la vida literaria de Quiroga se notan tres períodos bien diferenciados:

1. *Período de iniciación y aprendizaje* (1901-1910) caracterizado por su primer libro en prosa y verso, *Los arrecifes de coral* (1901), con huella modernista; una novelita, *Los perseguidos* (1905) y las novelas *Historia de un amor turbio* (1908) y *Pasado amor* (1929) donde se notan la influencia de Baudelaire, Lugones y D'Annunzio principalmente. Lo mejor estaba ya en la corriente del cuento: *El crimen del otro* (1904).

2. *Período de florecimiento y plenitud creadora* (1910-1926). Aquí es patente la influencia de Poe, Maupassant, Kipling, Chejov y Dostoievski. A esta época corresponden *Cuentos de amor de locura y de muerte* (1917), donde alterna lo fantástico, el horror, lo anormal y la muerte; *Cuentos de la selva para niños* (1918), con huellas directas de Kipling; *El salvaje* (1920) y el drama *Las sacrificadas* (1920); *Anaconda* (1921) cuentos sobre la lucha fiera entre reptiles y víboras ponzoñosas; *El desierto* (1924); *La gallina degollada y otros cuentos* (1925) y *Los desterrados* (1926) posiblemente su obra de más equilibrio en sus elementos.

3. *Período de decadencia y declinación* en que sus facultades decaen hacia un estado caótico. Es la época de *Más allá* (1935), obra muy representativa de este postrer instante.

Los cuentos de Quiroga muestran una aleación de criollismo y cosmopolitismo; esteticismo y naturalismo, posiblemente por las tendencias de la literatura de su época. Tienen gran variedad de asuntos, caracteres y escenarios. Los temas predilectos de sus cuentos son: la selva tropical con su naturaleza majestuosa, sus peligros, rumores y animales; tópicos crueles (enfermedades, muerte, alucinaciones, fracasos del hombre con la naturaleza, desilusión, estados anormales); temas de horror y toda la gama de lo mórbido; sicológicos y fantásticos; la sicología de animales. Los mejores son los de asuntos crueles de horror, de muerte y de anormales, así como aquéllos en que presenta al hombre en lucha con la naturaleza y el fracaso completo de aquél. No faltan algunos sobresalientes por la nota irónica y humorística.

Aunque sus cuentos no están libres de errores técnicos y de descuidos de estilo, debido quizás a la rapidez con que escribía sus cuentos—los mismos forman 13 volúmenes—sobresalen por su sentido del suspenso y de lo dramático, sus excelentes diálogos, así como la sobriedad y precisión de la prosa, no exenta de las galanuras modernistas. Sus cuentos tienen una nota de misterio, obsesión de la muerte, dominio técnico, ironía y humorismo que los hacen un caso singular. Sus argumentos están bien construídos; el climax llega en el momento apropiado y los caracteres son convincentes. Más que creador de caracteres era un maestro en el arte de producir en la mente del lector la atmósfera por él deseada, de manera que la trama viene a ser un complemento de aquélla. Sabe balancear muy bien la narración, el análisis de caracteres y su habilidad para transferir al lector el ambiente de Misiones. Su obra le ha ganado fama internacional, pues mientras se le considera entre los mejores cuentistas hispanoamericanos, logra acomodo entre los más sobresalientes del mundo. Casi todos sus cuentos, aunque tienen un escenario regional, aspiran a presentar problemas inherentes a todos lo hombres, de aquí su universalidad.

Alfonso Hernández Catá: un maestro del cuento sicológico

Por la calidad de sus narraciones cortas, ALFONSO HERNÁNDEZ CATÁ (1885-1940) ha llegado a ser uno de los primeros cuentistas de la lengua española y, por supuesto, de Hispanoamérica. Aunque motivo en el pasado de algunas polémicas, ya casi nadie discute hoy su cubanidad. Su padre era español y su madre cubana, pero ésta marchó en estado del niño para darlo a luz en la península. Hernández Catá, pues, fue concebido en Cuba y vio la primera luz en España. Luego pasó casi toda su niñez en la primera hasta que ya joven—a los quince años—ingresó en una escuela militar en Toledo. Sintiéndose a disgusto en la carrera de las armas, se marchó a Madrid, viviendo pobremente de su pluma como periodista y escritor. Benito Pérez Galdós leyó uno de sus primeros cuentos y decidió ayudarlo, de manera que inició su carrera literaria bajo los mejores auspicios. A pesar de haber vivido muchos años en España, nunca se hizo ciudadano español, pues se sentía entrañablemente vinculado a Cuba, donde siempre se le ha tenido como ciudadano. Durante la dictadura de Machado (1927-1933) escribió un fuerte alegato de denuncia y condena de ese régimen, *Un cementerio en las Antillas* (1933), que le ganó mucha simpatía con el pueblo y prestigio entre los intelectuales jóvenes.

Representó a Cuba largo tiempo en el servicio exterior: primero como Cónsul en Madrid y luego Ministro en Chile y Brasil. Murió víctima de un accidente de aviación en Río de Janeiro. Su lema ex-libris era: "Apasionadamente hacia la muerte". Su obra presenta influencias de Maupassant, Kipling, Andreiev, Conrad, Renard, Quiroga, Galdós, Clarín, Azorín y Somerset Maugham.

Como otros escritores, empezó por hacer versos, pero después de publicar algunas composiciones en una selección de poetas jóvenes editada en Madrid, *La corte de los poetas* (1905) se dio de lleno a la prosa, donde lo esperaban grandes triunfos. Su producción literaria es muy variada, pues abarca: poesía, novelas, cuentos, piezas dramáticas, conferencias, ensayos, crítica, crónicas. Estaba admirablemente dotado para el cuento y la novela corta, como supo demostrar siempre. Ensayó varias veces la novela: *Novela erótica* (1909), *Pelayo González* (1909), *La juventud de Aurelio Zaldívar* (1920), *Una mala mujer* (1922). Aunque bien recibidas por la crítica, no logran alcanzar la calidad de sus cuentos. Con visible influencia de Maupassant, publicó los *Cuentos pasionales* (1907) seguidos de *Los frutos ácidos* (1915), probablemente su mejor libro, aunque se encuentran cuentos antológicos en todas sus colecciones. Más tarde publicó *La voluntad de Dios* (1921), *Piedras preciosas* (1927), *Manicomio* (1931). Es, además, autor de una *Mitología de Martí* (1929) en que el mito deshumaniza al gran apóstol.

Hernández Catá no es un regionalista, porque la mayoría de sus cuentos tratan de temas sicológicos, que pueden ocurrir en cualquier escenario. Era un excelente sicólogo capaz de adentrarse por el alma de sus personajes, y un experto narrador en la exposición de sus historias. Sabe observar la realidad en todos sus detalles, pero se detiene más en la mente de sus caracteres, a fin de darnos el resultado en cuentos excelentes en plan, desenlace y estilo. Quizás Quiroga sea más impresionante, pero Hernández Catá lo supera en la arquitectura general de género tan difícil para lograr la maestría. Sus temas favoritos son las sicologías anormales, los celos, locura, donjuanismo, adulterio, pasiones amorosas, el amor verdadero, ternura, inhumanidad del hombre, la muerte y, en general, todo lo que puede ocurrir en la mente o el alma del individuo. Su sobriedad da a sus cuentos sentido de equilibrio entre lo dramático y lo trágico, no permitiéndole caer nunca en el melodramatismo. Es un artífice consciente del género por el buen planeamiento, el climax y el desenlace, así como la prosa bien trabajada, llena de calor y vida; de sensualismo y elegancia. A veces se nos presenta en un tono irónico muy atinado. Hernández Catá está entre los mejores cuentistas cubanos e hispanoamericanos de todas las épocas.

Sabor local, amor a las clases populares y a los niños en la prosa de Carmen Lyra

En el florecimiento del arte narrativo realista en Centro América se destaca sobre todo CARMEN LYRA (1888–1949), cuyo verdadero nombre era María Isabel Carvajal. Nació en San José, capital de Costa Rica y murió en México, desterrada por su militancia comunista. Después de terminar sus estudios para maestra, una beca del gobierno le permitió viajar a Europa y hacer estudios en la Universidad de París. Era maestra de escuela con especialización en la enseñanza infantil pre-escolar. Llegó a ser figura dirigente de los jóvenes intelectuales de izquierda y fundadora de una sección del Aprismo de corta duración. Más tarde se unió definitivamente al partido comunista. Su formación marxista aparece en sus artículos periodísticos de combate, pero rara vez en sus obras literarias que abarcan cuentos, novelas y dramatizaciones infantiles. Colaboró en las más importantes revistas: *Pandemonium, Ariel, Atenea, Repertorio Americano, Renovación* y *Trabajo* (órgano del comunismo).

Publicó su primera obra importante con el título de *Las fantasias de Juan Silvestre* (1918) y ese mismo año la novela *En una silla de ruedas* (1918). Su obra más sobresaliente son *Los cuentos de mi Tía Panchita* (1920), de los que se han hecho varias ediciones por su gran popularidad. Estos cuentos con versiones en lengua popular y, sobre todo, asequibles a la mente infantil, de temas y tradiciones populares escritos y orales. Carmen Lyra se caracteriza por su observación directa y copia de la realidad; sus conocimientos del alma del pueblo y un admirable sencillismo expresivo. De esta última colección es su cuento "Uvieta" buena muestra de la habilidad de la autora para situarse a la altura de la imaginación popular.

Mariano Latorre: Chile como tema fundamental de sus cuentos

El verdadero líder de la escuela regionalista chilena fue MARIANO LATORRE (1886–1955). Nació en Cobquecura, Maule, al sur de Chile y después de estudiar humanidades en Talca completó su educación en Valparaíso y Santiago. Comenzó sus estudios de derecho, pero pronto los abandonó llamado por su fuerte vocación literaria. Se hizo de una sólida cultura, dada su gran afición a la lectura, mostrando predilección por los realistas y naturalistas franceses, muy influyentes en su obra. Después de trabajar como bibliotecario en Santiago, llegó a ser professor de lengua española en el Instituto pedagógico de Santiago en 1930. En sus capacidades de catedrático y escritor se le considera como un verdadero mentor y guía de varias generaciones de autores chilenos y la figura más sobresaliente del criollismo en ese país.

Aunque cultivó otros géneros literarios como la crítica en *La literatura de Chile* (1941) y las memorias en *Autobiografía de una vocación*, debe su renombre a numerosas colecciones de cuentos, con los que se sitúa a la cabeza de los escritores del género en Hispanoamérica. En su etapa de iniciación, representada por *Paisajes chilenos* (1910) y *Cuentos del Maule* (1912) se le nota muy dado a la descripción minuciosa y detallada de la geografía chilena, con falta de argumentos, ausencia de diálogos y subordinación de los caracteres al escenario natural. Lentamente fue superando estas deficiencias en las próximas obras: *Cuna de cóndores* (1918), con huellas de Maupassant y Huysmans; la novela *Zurzulita* (1920), un idilio trágico entre guasos de la montaña de la costa: *Ully y otros cuentos* (1924); Chilenos del mar (1929); *On Panta* (1935); *Hombres y zorros* (1932), *Viento de mallines* (1944); *Chile, país de rincones* (1955) y *La isla de los pájaros* (1955). A medida que nos acercamos a sus últimas obras se advierte que pone más atención en los caracteres y la estructura del cuento, ya que muchas de sus obras anteriores ni siquiera cabrían dentro de esa denominación. También dejó una novela, *La paquera* (1958), cuadro de crudo naturalismo presentando un orfelinato, su sórdida atmósfera y la dudosa moral de sus directores.

El tema de los cuentos de Latorre es siempre Chile, desdoblado en sus diferentes regiones: el mar, el desierto, las islas, las cordilleras, la costa, los valles, el Chile del sur. Sus caracteres están relacionados con esos paisajes: marineros, campesinos, huasos, tipos rurales, vallinos, cazadores, hombres de las montañas y de las islas. Presenta gran variedad de tipos humanos con una característica en común: su plena identificación con la naturaleza que por lo general los sobrepasa en importancia. Muestra gran poder de observación y mucha habilidad en la pintura de los detalles más simples. Sus cuentos parecen fragmentos de un gran lienzo en que se refleja Chile en su geografía, costumbres y tipos. Latorre viajó por todo el país, de manera que presenta casi todos los rincones de Chile con rasgos a veces impresionistas. Su lectura da la sensación de un viaje extenso por la complicada orografía chilena. Estos cuadros perduran por la vivencia que nos ofrecen de la tierra, aunque tengan su punto débil en el análisis de caracteres. Sus cuentos son una rica aleación de romanticismo, realismo, regionalismo y naturalismo.

Latorre está más bien en la línea del regionalismo a lo Pereda, a pesar de su admiración por Balzac, Bert Harte y Galdós. Sus cuentos muestran una completa subordinación de los caracteres—a menudo carentes de adecuación a la realidad chilena—

al paisaje. Su mayor contribución no es lo dramático ni en la pintura de caracteres, sino en la incorporación de la geografía a la narrativa corta en ese país. Este hecho ha disminuído la estimación de su obra en los últimos años, aunque tiene verdaderos valores y es el jefe de los regionalistas chilenos del siglo XX. Es un genuino representativo de nuestro criollismo o regionalismo.

Enrique López Albújar: visión pesimista de la vida indígena

Con espíritu de protesta y reforma social se acercó ENRIQUE LÓPEZ ALBÚJAR (1872) al tema indio, compartiendo con Clorinda Matto de Turner y Abraham Valdelomar la iniciación de la tendencia indianista en Perú, que habría de culminar después en la obra novelística de Ciro Alegría. Sus abuelos paternos poesían un gran hotel de cincuenta habitaciones, con una tienda de víveres y fábrica de cigarros que le produjeron suficiente dinero para enviar al padre del autor a estudiar en Alemania. Cuando regresó se casó con una hermosa y joven mulata y al poco tiempo nació el futuro escritor en Piura, según relató el propio autor en *De mi casona* (1924), formada de rasgos biográficos. López Albújar estudió en la Universidad de Lima y después de graduarse se le nombró catedrático de historia en su pueblo natal. También practicó el periodismo y fue fundador-director de varios diarios. A su regreso a Lima se hizo cargo de la dirección del importante rotativo *La Prensa*. Muchos de sus cuentos están basados en sus experiencias personales, sobre todo en la profesión de juez.

Aunque los mejores cuentos de López Albújar pertenecen a las colecciones *Cuentos andinos* (1920) y *Nuevos cuentos andinos* (1937), también dejó otras obras: *El hechizo de Tomaiquichua* (1943); *La caridad de la señora de Tordoya* (1950), con la cual ganó el Premio Nacional "Ricardo Palma" de ese año, y *Matalache* (1957), una novela sobre la vida de los negros esclavos en las haciendas, con un subido tono de exposición y crítica social. Muchos de sus relatos no son técnicamente cuentos sino más bien apuntes o estampas de la vida nativa en las serranías. En sus cuadros realistas hay una visión pesimista y sombría de la vida de los indígenas, cuya alma demuestra comprender perfectamente, y una airada protesta contra las injusticias. Sus cuentos están, pues, dentro de la orientación general de crítica social que hemos visto en la novela indianista.

A parte de los basados en la vida serrana tiene algunos relatos muy interesantes basados en leyendas y tradiciones indias. Muestra cierta predilección por los asuntos violentos, crímenes y horrores. Muchos de sus personajes están predispnestos a las más violentas e inhumanas venganzas y castigos, explicables si se sabe las injusticias que padecen. Otros caracteres salen un poco deformados en su sicología, porque en vez de los indígenas ser reales, parecen seres anormales. Pero en general López Albújar nos da un cuadro bastante completo de la vida de aquellas regiones, con una honda sensibilidad social. Su estilo, en los inicios, muestra la huella modernista, pero luego evolucionó hacia una prosa más realista.

LA NOVELA INDIANISTA MODERNA / EL CUENTO

Froilán Turcios y la narración breve en Centro-América

Entre los buenos narradores de esta época sobresale FROILÁN TURCIOS (1878–1943). Nació en Juticalpa, Honduras y se distinguió en las letras centroamericanas como periodista, poeta y novelista. Abandonó sus estudios para dedicarse por completo a la literatura, en la cual comenzó a los trece años. Estudió francés para leer a los grandes poetas de ese país en su propia lengua. Llegó a ser diputado, Sub-Secretario y Ministro de Gobernación, Delegado ante la Liga de las Naciones y Encargado de Negocios en París. Fundó varios periódicos y revistas y su producción en ese campo es muy apreciada.

Ha cultivado la poesía, la prosa poemática, la novela y el cuento, pero debe su renombre en Centroamérica a sus narraciones breves. Se inició en el modernismo respondiendo a una tendencia innata de su espíritu hacia lo refinado, lo distinguido y selecto. Luego evolucionó para un realismo con tintes naturalistas. La tristeza y pesimismo natural de su temperamento asoman constantemente, tanto a su poesía como a su narrativa. Sus dos libros iniciales combinan verso y prosa: *Mariposas* (1895) y *Renglones* (1899). Como narrador va a todos los ambientes y temas en busca de material novelable: países distantes, tipos humanos diferentes, lo político, lo social, lo folklórico y lo nacional. Sus libros de prosa más notable son: *Hojas de otoño cuentos, prosas y versos* (1905). Aquí están sus famosos "Cuentos crueles"; las novelas *Annabel Lee* (1906) y *El vampiro* (1910); *Tierra maternal: cuentos y poesías regionales* (1911); *Prosas nuevas* (1914) y su obra maestra, *Cuentos del amor y de la muerte* (1930), de cuya colección forma parte "La mejor limosna". Escribe en una prosa tersa y concentrada.

BIBLIOGRAFÍA

1 ESTUDIOS GENERALES

(Consúltense la bibliografía sobre la novela en Caps. I, XI, XV, XVII, XXIII, XXVII y especialmente: Alegría, Sánchez, Uslar Pietri, Zum Felde)

Arguedas, José María y Ruth Stephen, *The Singing Mountaineers*, Austin, Univ. of Texas Press, 1957.

Buttron, Aníbal, y Collier, Jr., John, *The Wakening Valley*, Chicago, Univ. of Chicago Press, 1949.

Meléndez, Concha, *La novela indianista en Hispanoamérica*, 2da. ed., San Juan, P.R., Univ. de Puerto Rico, 1961.

Osborne, Harold, *Indians of the Andes: Aymaras and Quechuas*, Cambridge, Harvard Univ. Press, 1952.

Urbanski, Edmund Stephen, *Studies in Spanish American Literature and Civilization*, Macomb, Ill., Western Illinois Univ., 1964. Véase el capítulo "The Indian in Modern Spanish American Fiction", 54–64.

——, "El indio en la literatura latinoamericana", *Revista Américas*, Vol. XV, No. 6 (junio 1963), 20–24.

LA NOVELA INDIANISTA MODERNA / EL CUENTO

2 Los novelistas "mayores" de este género

ALCIDES ARGUEDAS

Textos

Vida criolla, París, Ollendorff, 1912.
Pueblo enfermo (1909), Santiago, Ercilla, 1937; (Ensayo).
Raza de bronce (1904), 2da. ed., Buenos Aires, Losada, 1957; (Bibl. Contemporánea, 156).
Los caudillos bárbaros, Barcelona, Luis Tasso, 1929.
Obras completas, 2 vols., México, Aguilar, 1959–1960; prólogo y notas de Luis Alberto Sánchez.

Crítica

Carrión, *Creadores*, 167–217.
Crawford, 106–108.
Diccionario . . . Bolivia, 5–8.
Lijerón Alberdi, Hugo, "*Raza de bronce*", *Hispania*, XLVI (1963), 530–533.
Mead, *Breve historia*, 88–90.
Torres-Rioseco, *Novela*, 225–226.

JORGE ICAZA

Textos

Huasipungo (1934), Buenos Aires, Lautauro, 1948; 2da. ed., Losada, 1960 (Bibl. Contemporánea, 221).
En las calles, Quito, Imprenta Nacional, 1935.
Cholos, Quito, Sindicato de Escritores y Artistas, 1938.
Seis veces la muerte: Seis relatos (1952), 2da. ed., Buenos Aires, Editorial Alpe, 1954.
El chulla Romero y Flores, Quito, Casa de la Cultura Ecuatoriana, 1960.
Obras escogidas, México, Fondo de Cultura Económica, 1961; prólogo y vocabulario de Francisco Ferrándiz Alborz.

Crítica

Diccionario . . . Ecuador, 128–132.
Dulsey, Bernard, "Jorge Icaza and his Ecuador", *Hispania*, XLIV (1961), 99–103.
Ojeda, Enrique, *Cuatro obras de Jorge Icaza*, Quito, Casa de la Cultura Ecuatoriana, 1961.
Spell, *Contemporary*, 239–253.
Torres-Rioseco, *Novela*, 234–235.

CIRO ALEGRÍA

Textos

La serpiente de oro (1935), Lima, Nuevo Mundo, 1960; Lima, Populibros, 1963.
Los perros hambrientos (1939), Santiago, Zig-Zag, 1942; Lima, Populibros, 1963.
El mundo es ancho y ajeno (1941), 20a. ed., Buenos Aires, Losada, 1961; 6ta. ed., México, Editorial Diana, 1963. New York, Appleton, 1945; editada por Wade y Stiefel. (Muy abreviada); Lima, Mejía Baca y Villanueva, 2 vols., s.f.
Novelas completas, 2da. ed., Madrid, Aguilar, 1964.
Duelo de caballeros, Lima, Populibros, 1963.

LA NOVELA INDIANISTA MODERNA / EL CUENTO

Crítica

Alegría, Ciro, "Notas sobre el personaje en la novela hispanoamericana", *Memoria del Quinto Congreso*, 47–59.

Escobar, Alberto, "Los mundos de Ciro Alegría", *Revista Américas*, No. 3 (marzo, 1963), 7–10.

Spell, *Contemporary*, 253–269.

Tauro, Alberto, *Elementos de literatura peruana*, Lima, 1946.

ROSARIO CASTELLANOS

Textos

Trayectoria del polvo, México, 1948. Poesía.
De la vigilia estéril, México, 1950. Poesía.
El rescate del mundo, México, Tuxtla Gutiérrez, 1952. Poesía.
Balún-Canán, México, 1957.
Ciudad Real, México, 1960 Cuentos.
Oficio de tinieblas, México, Joaquín Mortiz, 1962.
Los convidados de Agosto, México, 1964. Cuentos.

Crítica

Anderson Imbert, *Historia*, II, 281.

3 EL CUENTO CONTEMPORÁNEO: CUENTISTAS MÁS SOBRESALIENTES

(Consúltense la bibliografía general y las antologías del cuento en la sección 2 de la bibliografía al Cap. XXVII)

HORACIO QUIROGA

Textos

Los arrecifes de coral (1901), Montevideo, C. Carcía, 1943.
Cuentos de amor, de locura y de muerte (1917), Buenos Aires, Losada, 1960 (Bibl. Contemporánea, 252).
Cuentos de la selva (1918), Buenos Aires, Losada, 1960 (Bibl. Contemporánea, 255).
El salvaje (1920), Buenos Aires, Ediciones Hemisferio, 1953.
Anaconda (1921), Buenos Aires, Losada, 1963.
El desierto (1924), Buenos Aires, Losada, 1956 (Bibl. Contemporánea, 261).
Los desterrados (1926), Buenos Aires, Losada, 1956 (Bibl. Contemporánea, 263).
Cuentos, 13 vols., Montevideo, C. García, 1937-1945.
Sus mejores cuentos, México, Ed. Cultura, 1943; prólogo de John A. Crow.
Cuentos escogidos (1950, 2da. ed., Madrid, Aguilar, 1958; prólogo de Guillermo de Torre.
Anaconda, El salvaje. Pasado amor, Buenos Aires, Editorial Universitaria, 1960.

Crítica

Delgado, José M., y Brignole, Alberto J., *Vida y obra de Horacio Quiroga*, Montevideo, C. García, 1939.

Englekirk, *Poe in Hispanic Literature*, New York, Instituto de las Españas, 1934, 340–368.

Etcheverry, José Enrique, *Horacio Quiroga y la creación artística*, Montevideo, Univ. de la República, 1957.

LA NOVELA INDIANISTA MODERNA / EL CUENTO

Jitrik, Noé, *Horacio Quiroga: una obra de experiencia y riesgo*, Buenos Aires, Ediciones Culturales Argentinas, 1959.

Orgambide, Pedro G., *Horacio Quiroga. El hombre y su obra*, Buenos Aires, Ed. Stilcograf, 1954.

Spell, *Contemporary*, 153–179.

ALFONSO HERNÁNDEZ CATÁ

Textos

Cuentos pasionales (1907), 3ra. ed., Madrid, Ed. América, 1920.

Los frutos ácidos (1915), y otros cuentos, Madrid, Aguilar, 1953.

Los siete pecados (1919), 5ta. ed., Madrid, Renacimiento, 1930.

La voluntad de Dios (1921), 5ta. ed., Madrid, Renacimiento, 1930.

Una mala mujer, Madrid, Mundo Latino, 1922.

Piedras preciosas, Madrid, Mundo Latino, 1927.

Manicomio, Madrid, Ed. Ibero-Americana, 1931.

Sus mejores cuentos, Santiago, Nascimento, 1936; prefacio de Ecuardo Barrios.

Un cementerio en las Antillas, Madrid, G. Sáez, 1933.

Mitología de Martí, Madrid, Renacimiento, 1931.

Crítica

Aragón, Ernesto R., "Hernández Catá, el hombre", *Memoria de Alfonso Hernández Catá* (Habana, I (1954), 123–126.

Balseiro, José A., "Revisión de Hernández Catá", *Memoria del Quinto Congreso de Literatura Iberoamericana*, 105–123.

———, "Notas acerca del arte de Alfonso Hernández Catá", *Revista Bimestre Cubana*, XXIII (1928), 386–396.

———, "Alfonso Hernández Catá", *Revista Iberoamericana*, 7 (1941), 37–48.

Bueno, Salvador, "El mensaje de Hernández Catá", *Memoria de Alfonso Hernández Catá*, I (abril,1954), 166–170.

Esténger, Rafael, "Cubanidad de Alfonso Hernández Catá", *Memoria de Alfonso Hernández Catá*, I (mayo, 1954), 193–200.

CARMEN LYRA

Textos

Las fantasías de Juan Silvestre, Ediciones Minúsculas, 1918. Prólogo de Francisco Soler.

En una silla de ruedas, San José, Ediciones de la Librería "Tormo", 1918 (Bibl. Costarricense); 3ra. ed., San Salvador, El Salvador, Ministerio de Cultura, 1960.

Los cuentos de mi tía Panchita (1920) en *Repertorio Americano*, San José, 29 de mayo de 1922.

Escritores de Costa Rica: Joaquín García Monge, Roberto Brenes Mesén, Carmen Lyra, Washington, Unión Panamericana, 1950.

Crítica

Abreu Gómez, Ermilo, Prólogo a *Escritores de Costa Rica,* ya relacionada anteriormente.

Diccionario . . . América Central, I, 28–30.

MARIANO LATORRE

Textos

Cuentos del Maule, Santiago, Zig-Zag, 1912.

Cuna de cóndores (1918), 4ta. ed., Santiago, Nascimento, 1949.

Sus mejores cuentos (1925), 3ra. ed., Santiago, Nascimento, 1962.
Chilenos del mar, Santiago, Imp. Universitaria, 1929.
On Panta (1935), 4ta. ed., Santiago, Zig-Zag, 1944.
Hombres y zorros (1937), 2da. ed., Santiago, Nascimento, 1945.
Viento de mallines, Santiago, Zig-Zag, 1944.
Autobiografía de una vocación, Santiago, Imp. de la Univ. de Chile, 1952.
Chile, país de rincones, Buenos Aires, Espasa-Calpe, 1947 (Col. Austral, 680).

Crítica

Arce, Magda, "Mariano Latorre", *Revista Iberoamericana*, 9 (1942), 121–130.
——, *Revista Iberoamericana*, 10 (1942), 359–381.
——, "Mariano Latorre, novelista chileno contemporáneo", *Revista Hispánica Moderna*, IX (1943), 21–58.
Diccionario . . . Chile, 107–108.
Orlandi, Julio, *Mariano Latorre*, Santiago, Editorial del Pacífico, 1959.
Santana, Francisco, *Mariano Latorre*, Santiago, Editorial Bello, 1956.
Silva Castro, *Panorama de la novela chilena*, 141–147.

ENRIQUE LÓPEZ ALBÚJAR

Textos

Cuentos andinos (1920), Lima, Imprenta Lux, 1924.
De mi casona, Lima, Imp. Lux, 1924.
Nuevos cuentos andinos, Santiago, Ercilla, 1937; Lima, Populibros, 1936.
El hechizo de Tomaiquichua, Lima, Ed. Peruanidad, 1943.
Las caridades de la señora de Tordoya (1950), Lima, Mejía Baca, 1955.
Matalaché, Lima, Mejía Baca y Villanueva, 1957.
Los mejores cuentos, Lima, Patronato del libro peruano, 1957.

Crítica

Frickart, Faith F., "The Short Stories of Enrique López Albújar and Their Milieu", *Hispania*, XXVII (1944), 482–488.
Gómez Lance, Betty, "El indio y la naturaleza en los cuentos de López Albújar", *Revista Iberoamericana*, 49 (1960), 141–145.
Núñez, Eduardo, "La prosa literaria del Perú en los últimos veinte años", *Memoria del Segundo Congreso de Literatura Iberoamericana*, 319–338.

FROILÁN TURCIOS

Textos

Mariposas (prosa y verso), Tegucigalpa, 1895.
Hojas de otoño; cuentos, prosas, versos, Tegucigalpa, 1905.
Tierra maternal; cuentos y poesías regionales, Tegucigalpa, 1911.
Cuentos del amor y de la muerte, París, 1930.

Crítica

Diccionario . . . América Central, II, 171–173.
Henríquez Ureña, *Breve historia*, 394; 398–399.
Uclés, Alberto, *Don Froilán Turcios: su personalidad literaria, su última obra,* Tegucigalpa, 1932.

30 El teatro contemporáneo

Evolución del teatro con posterioridad a Florencio Sánchez; rasgos caracterizadores; influencias; dramaturgos

El estudio de la evolución, importancia y obras cumbres del teatro en el cuadro general de la literatura hispanoamericana ha quedado, por lo general, relegado a un segundo término, pero hoy no sería propio ignorar que efectivamente existe un arte dramático de estos países con gran relieve, tanto literario como social. El notable impulso del teatro contemporáneo es una rotunda afirmación frente a cualquier duda al respecto. La buena pauta indicada por Florencio Sánchez a principios de siglo para la creación de un teatro realista, serio y trascendente no se perdió del todo. Aunque no en la medida deseada, el drama hispanoamericano muestra un auge extraordinario a partir de la Segunda Guerra Mundial. En los años veinte se inicia una gran actividad por parte de diversos grupos existentes en casi todos estos países —desde los más grandes hasta los más pequeños— para estimular, no sólo el gusto por el buen teatro, sino la creación de un drama de raíz nacional e interés universal.

En esta labor han tenido una participación preponderante los esfuerzos en pos del llamado teatro experimental, teatro de aficionados y teatro universitario, así como los distintos patronatos, sociedades y agrupaciones creadas para el mejoramiento de la escena y el fomento de las actividades dramáticas. El número de los grupos del teatro experimental de Argentina y México puede rivalizar con el de Francia y otros países. El apogeo de estos ensayos puede situarse entre los años treinta y cuarenta. En México han existido más de treinta grupos del teatro experimental. Los más notables fueron: Teatro de Ulises (1928), Teatro de Orientación (1932), ambos fundados y orientados por Xavier Villaurrutia y Celestino Gorostiza; Teatro de Arte Moderno, El Teatro de México, Teatro del Caracol y Teatro de Medianoche. A estos dos últimos ha estado muy vinculado Rodolfo Usigli. En Argentina algunas veces han llegado a cincuenta estos grupos, pero el más conocido es el Teatro del Pueblo (1932), dirigido por Leónidas Barletta. En Chile han funcionado el Centro de Arte Dramático, el Teatro de Ensayo y otros. Varios grupos han tratado de levantar el teatro en Cuba: el Patronato del Teatro, Teatro Universitario e inclusive una Academia de Artes Dramáticas. Con ayuda oficial Perú contó con una Escuela Nacional de Arte Escénico y la Compañía Nacional de Comedias y Venezuela organizó la Sociedad de Amigos del Teatro, Grupo de Teatro Universitario y otros. Igual puede decirse de Uruguay, Colombia, Costa Rica y del resto de los países. En todos ellos han funcionado también los llamados Teatros Universitarios como actividades de dichos centros docentes.

Aunque muchos de estos ensayos no tienen mucha eficacia actual no cabe duda de que cumplieron en parte sus objetivos de lograr la profesionalización del teatro y de estimular el conocimiento de las grandes piezas dramáticas, tanto universales como nacionales. Es evidente que al margen del teatro comercial, contribuyeron en gran medida al surgimiento de un teatro nacional en casi todas las naciones de Hispanoamérica, de orientación trascedente. Asimismo han representado un extenso repertorio que incluye el mejor teatro de todas las épocas: piezas clásicas, europeas y norteamericanas de todas las clasificaciones estéticas. Algunos de estos teatros de minorías y públicos selectos han tenido que cambiar su política—así como los autores—y han vuelto a un teatro más cerca del público, como ha confesado un poco decepcionado el propio Celestino Gorostiza, que tanto ha hecho por el mejor teatro de México. La animación que representaron queda en pie y sus esfuerzos no han sido en vano, porque a partir de 1925 se ha escrito y representado muy buen teatro en Hispanoamérica y han surgido más de una docena de autores cuyas obras deberían estudiarse con detenimiento.

Parece necesario detenernos en algunas características generales del teatro contemporáneo para comprender su importancia. El arte dramático aparece con más madurez, profundidad, penetración sicológica y una más firme dimensión poética y filosófica. Hay un anhelo de presentar la realidad de América, pero en términos universales y mayor interés en los temas de la conciencia, los conflictos del hombre moderno que pueden interesar a un público internacional. Se han adoptado las técnicas más modernas de los grandes maestros y esto ha producido: más agilidad en el movimiento escénico; aprovechamiento de las técnicas más modernas a partir de Ibsen; más precisión en los diálogos; eliminación de episodios superfluos y de recursos melodramáticos o neorrománticos. Es un teatro más sobrio, equilibrado y mesurado. Se ha tomado en serio el arte dramático y todo hace suponer que los fallos actuales respecto a la falta de una perspectiva más universal o defectos de caracterización, vayan desapareciendo con el tiempo. No hay que olvidar que estos autores luchan con grandes obstáculos, ya que el clima en general no es el más propicio para el florecimiento del teatro.

Las primeras influencias vinieron principalmente de Ibsen y algo de Hauptman y Strindberg, pero luego nuestros autores comenzaron a conocer y gustar a Shaw, Synge, Pirandello, Wilde, O'Neill, Anouilh, Giraudoux, así como a los españoles Benavente, Casona y García Lorca. Más recientemente influyen Eliot, Brecht, Sartre,

Camus, Tennessee Williams, Arthur Miller y otros. En los años veinte es indiscutible la influencia de Florencio Sánchez, a quien algunos consideran como el mejor dramaturgo hispanoamericano de todos los tiempos, con la excepción, naturalmente, de Juan Ruiz de Alarcón. Este teatro más maduro y profesional ha dado un buen número de dramaturgos, de los cuales vamos a estudiar los considerados más sobresalientes y representativos.

La dimensión humana de los personajes de Samuel Eichelbaum

Después de Florencio Sánchez, la figura más importante del teatro rioplatense es el argentino SAMUEL EICHELBAUM (1894), digno sucesor del realismo de aquél. Nació en Domínguez, provincia de Entre Ríos de inmigrantes judío-rusos y se ha distinguido como periodista, cuentista y autor dramático de primera línea. Es notorio que comenzó a escribir piezas dramáticas cuando tenía siete años de edad. Su primera obra representada fue un sainete titulado *El lobo manso*, en Rosario. Con el renombre obtenido en provincias logró su primera representación ante el público de Buenos Aires con la pieza *En la quietud del pueblo* (1919). El éxito alcanzado lo decidió a dedicarse por completo al periodismo y al teatro. Ha contribuído al auge dramático argentino, no solamente como escritor, sino también con la organización de sociedades para la defensa, estímulo y mejoramiento de esa actividad. En 1930, su comedia *Señorita* le ganó el Premio Municipal. Posteriormente ha ganado otros laureles: el Premio del Jockey Club en 1933, el "Premio Gerchunoff" del Instituto Argentino de Cultura e Información en 1953 y el codiciado Premio Nacional con la pieza *Dos brasas* (1957). En 1949 viajó por Europa.

Su posición en la literatura argentina se debe a dos colecciones de cuentos y, especialmente a la calidad de su dramática. Algunas de sus colecciones de relatos pueden situarse entre lo mejor del género: *El monstruo en libertad* (1925) vale por los buceos sicológicos en el alma de los personajes. Igual inclinación por los conflictos interiores aparece en *Tormenta de Dios* (1929) y *El viajero inmóvil* (1933), estudios muy finos y agudos de las reacciones anímicas del hombre. Los escenarios varían: el ambiente de la campaña argentina, los pueblos o ciudades, pero siempre surge la búsqueda de lo más íntimo del alma humana.

En sus obras dramáticas se nota una tendencia ya vista en sus cuentos: la presentación de la realidad del alma de los personajes y a éstos en busca de sí mismos. Lo dramático surge del juego de pasiones, de los deseos, aspiraciones y angustias de los caracteres. Muestra una tendencia a centrar su interés en la cualidad más sobresaliente de los personajes: la avaricia, el renunciamiento, el amor, el odio, la cobardía, el valor. La acción y, especialmente, el diálogo, son los instrumentos expresivos de esta lucha dialéctica de la sicología humana. Aunque sus obras dramáticas pasan de treinta, generalmente se consideran como las mejores: *El gato y su selva* (1936), *Un guapo del 900* (1940), *Pájaro de barro* (1940), *Divorcio nupcial* (1941) y *Un tal*

Servando Gómez (1942). Aunque se inició bajo la influencia de Ibsen como lo demuestra *La mala sed* (1920), presenta también influjo del teatro clásico griego, Pirandello, Shakespeare, Strindberg, Chejov, Lenormand y O'Neill. Debido a la orientación de sus piezas, se nota cierta predilección por hombres y mujeres de sicología poco común, aun cuando físicamente sean ordinarios y corrientes.

En *El gato y su selva* ilumina las almas de Eleuterio y Ana Rosa y los vemos en búsqueda de su ser propio, de la verdad, después de haber caído en el error y la incomunicación. Hay reafirmación de lo vital como en casi todo su teatro. Una de sus obras más características es *Un guapo del 900*, la historia de Ecuménico López, uno de los guardaespaldas del político Alejo Garay. Enterado de que la esposa de su jefe le es infiel, mata a su amante y obliga a la adúltera a abandonar la casa, porque su dignidad no le permite servir a un hombre deshonrado por su mujer. A través de la trama vemos que el verdadero anhelo de López es ser él mismo: un cumplidor ciego de su deber con fidelidad, coraje y valentía. La crítica considera *Pájaro de barro* como su obra maestra por sus valores poéticos e ideológicos. En esta pieza una humilde peona, Felipa, tiene un hijo con el escultor Juan Antonio, pero cuando la madre de éste quiere obligarlo a casarse con ella, Felipa niega su paternidad porque aquél no la amaba de verdad, de manera que considera huérfano a su hijo. Como en otras piezas, lo que más vale es lo recóndito de los personajes. Si Felipa se casa con Juan Antonio deja de ser ella misma, falsea, pierde su dignidad, su "yo", porque aquél no posee el vínculo esencial para esa unión: el amor.

Un matrimonio, Eusebio Perlaza y Blanca Nevares, luchan para descubrirse y establecer su comunicación sobre la verdad en *Divorcio nupcial*, demostrada cuando Blanca dice a su esposo: "Ya la misma noche de nuestras bodas empecé a sentir fastidio por las difíciles cosas que me decías. Me pareció que no correspondían, que eran falsas y que sustituían a las verdaderas que me debías". La obra más conocida y popular de Eichelbaum es *Un tal Servando Díaz*, uno de los grandes éxitos del teatro argentino. Es, junto a *Un guapo del 900*, la obra más representativa del sentido teatral del autor. Casi todos los personajes se presentan en lucha por conocerse a sí mismos y siempre terminan por descubrir su verdadera identidad, que defienden a brazo partido.

El teatro de Eichelbaum es rico en planteamientos filosóficos y sicológicos, porque más que el anhelo de retratar una realidad exterior, tiene el deseo de presentar el lado universal de un modo de actuar o de una conducta. El verdadero interés de sus caracteres está en salvar su personalidad real, aunque sea a través del fracaso en sus relaciones humanas. A veces da la impresión de ser un existencialista, aunque discrepa de esa filosofía. El sentido ético de su teatro hay que buscarlo en lo que parece ser su credo: el hombre sólo puede encontrar la libertad en el encuentro consigo mismo, es decir en el descubrimiento de su verdadera identidad. Son dramas hechos a base de razonamiento, de juego de ideas, de aquí la importancia que adquiere el diálogo sobre la acción, que suele ser lenta. Es un autor inquisitivo y analítico de conflictos de conciencia, de buceos en la subconciencia. Eichelbaum es uno de los mejores dramaturgos de la lengua en estos momentos.

Armando Moock: su teatro de ideas

Con razón se ha dicho que ARMANDO MOOCK (1894-1942) es la figura casi olvidada de la literatura chilena, a pesar de ser su dramaturgo de más fama internacional y uno de los más sobresalientes de Hispanoamérica en este período. Quizás haya influído en esto el relativo poco interés demostrado hacia el teatro por parte de la crítica, el propio carácter del autor, así como su prolongada estancia en Buenos Aires. Armando Moock nació en Santiago de padres alsacianos. Comenzó sus estudios de arquitectura, pero los abandonó para darse de lleno a la vida literaria, cosa que le ocasionó muy serios disgustos con su familia. Comenzó su carrera de escritor por la novela y el cuento con relativo éxito, pero luego se orientó hacia el teatro, donde llegó a ser figura de primerísima línea. Hizo una jira por todo Chile con una compañía teatral actuando también como actor. Así conoció a la primera actriz Camila Quiroga, quien lo ayudó mucho a iniciarse en el teatro más prometedor de Buenos Aires. Moock era de carácter neurótico y, por tanto bastante irascible y rudo a veces. Nunca le gustó frecuentar círculos literarios o artísticos.

Considerando a Buenos Aires una plaza teatral superior, en 1918 cruzó los Andes rumbo a esa ciudad, donde vivió casi el resto de su vida, sólo interrumpido por misiones del servicio exterior y algunos esporádicos viajes a su patria. En 1926 el gobierno de su país quiso premiar sus merecimientos como escritor y lo nombró en el servicio exterior. Prestó servicios como Cónsul en Francia, España y Argentina. Murió en Buenos Aires siendo Consejero Cultural de la Embajada de Chile. Su producción comprende: dramas de ideas; comedias de costumbres y sátira social; gran cantidad y variedad de piezas cortas (algunas están entre lo mejor de su teatro). Moock es posiblemente el Lope de Vega del teatro hispanoamericano atendiendo a su fecundidad, pues se dice que escribió unas cuatrocientas piezas. Suponiendo que éstas fueran sólo doscientas como afirman otros críticos, es así y todo una producción no igualada por otro autor dramático en este continente. El propio Moock declaró una vez que sesenta de sus obras mayores habían alcanzado doscientas representaciones como promedio cada una, cosa que demuestra el interés por su teatro. Se estrenó en las tablas con la obra *Crisis económica* (1914), que pasó casi inadvertida, pero al año siguiente obtuvo muchos aplausos por su pieza *Isabel Sandoval, modas* (1915). Vinieron entonces sus grandes éxitos teatrales, sobre todo en Buenos Aires, con piezas que le ganaron fama, dinero y premios. La primera obra importante de Moock fue *Pueblecito* (1918), considerada por algunos como su mejor obra. Se dice que ha alcanzado más de dos mil representaciones en varios países hispanoamericanos. Presenta el conflicto entre la vida del campo y la de la ciudad. La obra vale mucho como pintura de los pueblecitos de Chile, aunque su acción es más bien lenta. Hay influencias de Ibsen y de Florencio Sánchez, los autores que más siguió en sus piezas.

Aunque las obras ya estudiadas están entre lo mejor escrito por Moock, ninguna de sus piezas alcanza la popularidad de *La serpiente* (1920), comedia dramática de ideas que escribió para Camila Quiroga. Parece que la obra ha tenido más de dos mil quinientas representaciones, tanto en estos países como en España. En Hollywood se hizo una película con tema sospechosamente semejante bajo el título de *Cobra* con Rodolfo Valentino y Nita Naldi. La razón del título es que en ella Luciana, una bella, emotiva y envolvente mujer que ha abandonado a su esposo, termina por aniquilar la voluntad de Pedro y llevarlo al fracaso como escritor. Destruído su afán de trabajo, Pedro quema sus manuscritos y acusa a Luciana de ser una "serpiente". Luciana, histérica, busca la protección de Manrique, amigo de Pedro y posiblemente su próxima víctima. El tema de la obra es, pues, la destrucción de un artista de talento por una mujer lasciva, frívola, dominante y envolvente. La obra pertenece a la escuela realista que reaccionó contra el costumbrismo tradicional. Moock es un excelente maestro en el análisis sicológico de sus personajes. Pinta una alta sociedad que parece no tener propósito y vive una vida más bien artificial. Sus miembros se preocupan por las frivolidades y novedades para escapar del aburrimiento. Los hombres aparecen más débiles y les falta voluntad; las mujeres, en cambio son más fuertes. Los personajes son realmente símbolos, más tipos que seres humanos. La obra es quizás autobiográfica porque Moock nunca se casó, a lo mejor temiendo que una mujer destruyera su talento artístico. *La serpiente* aunque no es su obra maestra, es la que más fama le ha dado. Ha sido adaptada al cine en español e inglés. Parece que las dos primeras jornadas son las mejores. El lenguaje es muy vivo y el diálogo espontáneo, impresionante, natural, intencionado. La obra muestra un gran sentido de equilibrio y de proporción, probablemente huella de los estudios de arquitectura iniciados por Moock.

Varios premios en Chile y Argentina obtuvo *Mocosita o la Luna en el pozo* (1929), con un tema parecido a *Pueblecito*, pero con una ejecución escénica más lograda. Otro gran éxito de Moock ha sido *Rigoberto* (1935), también ganadora de varios premios chilenos y argentinos. El asunto trágico-cómico se teje alrededor de Rigoberto, un pobre diablo, más que dominado, tiranizado por la esposa, la hija y la suegra. En esta línea de la comedia agradable y sentimental tenemos la fina obra *Del brazo y por la calle* (1940), comedia de enredos con dos personajes y guardando la unidad de tiempo. Algunos críticos consideran que su mejor obra es la última, *Algo triste que llaman amor* (1941), estrenada en Buenos Aires. Sus mejores obras han sido traducidas a varios idiomas, entre ellos al portugués, pues su teatro gozó de fama en Brasil. A pesar de ser uno de los dramaturgos más sobresalientes de Hispanoamérica, a Moock no se le había hecho justicia, pero ya la crítica ha comenzado a situarlo en el lugar que el corresponde.

La concentración dramática en el teatro de Arturo Alsina

Un caso típico de internacionalismo literario presenta ARTURO ALSINA (1897), pues aunque nacido en la Argentina, desde muy joven se trasladó a Paraguay y se hizo ciudadano de este país. Aquí ha ejercido como industrial, farmacéutico—su verdadera profesión—y ha completado su formación cultural. Su producción no es muy extensa, pero esto le ha permitido un cuidado y una concentración dramática difícil de encontrar en otros autores. Sus influencias más notables son las de Ibsen, Pirandello dentro de los autores europeos e indiscutiblemente la de Florencio Sánchez. Se estrenó en el teatro con la pieza *La marca de fuego* (1926), aunque *Flor de estero* (1926) fue escrita con anterioridad. Esta última es un drama rural basado en una leyenda paraguaya. Después vinieron: *Evangelista* (1926); *El derecho de nacer* (1927), de orientación socialista; *El intruso* (1934), drama de guerra; *La llana flota* (1936), en la que son más patentes las huellas de Ibsen y Pirandello: y *La sombra de la estatua* (1950). Es de admirar en Alsina la persistencia, la voluntad y el coraje con que ha tenido que luchar contra un ambiente muy poco propicio para el teatro como el de su país. Sin embargo, su obra, paciente y meditada, lo acredita como uno de los mejores dramaturgos, continuadores de la tradición realista de Florencio Sánchez.

Sus piezas son por lo general dramas sociales, de tesis y algunos alegóricos y simbólicos con una orientación profundamente ética. En algunas de sus obras presenta problemas y vicios sociales con preocupación moral, pero ésta no le borra el trazo vigoroso de los caracteres ni el sentido dramático verdadero, no exento a veces de ciertos elementos melodramáticos, casi siempre presentes en nuestro teatro. Es probable que su obra maestra sea *La marca de fuego*, un drama de tonos fuertes cuyo asunto es la destrucción de un hogar por el alcoholismo del padre que produce efectos dañinos en los hijos y la moral de la familia en general. La obra tiene un final trágico porque don Ramón, consciente del estigma que su vicio ha volcado sobre la familia, al sentir la sed del licor se suicida con un puñal. Su propio hijo tropieza al entrar con el cadáver, también completamente borracho. La acción es rápida, con diálogos naturales y espontáneos. El teatro de Alsina no tiene a veces mucha profundidad y se caracteriza por la introducción de elementos melodramáticos, posiblemente como concesión al público a que va dirigido. La pintura de caracteres es adecuada, tanto a la trama como al objetivo de la obra. Ésta, al parecer, quiere dejar una lección moral: los efectos perniciosos de los vicios sociales.

Conrado Nalé Roxlo: combinación de elementos poéticos y humorísticos en su teatro

Siguiendo una tradición familiar, CONRADO NALÉ ROXLO (1898) se dedicó desde muy joven al periodismo y la literatura. Como periodista ha sido director de la revista *Don Goyo* y del suplemento literario de *Crítica* y colaborador asiduo de *El Mundo* y el suplemento dominical de *La Nación*. Ha colaborado asimismo en las revistas literarias más importantes: *Martín Fierro, Nosotros, Sur, El Hogar, Mundo Argentino*. Pertenece a la Sociedad Argentina de Escritores y ha ganado casi todos los Premios literarios importantes del país, como se verá oportunamente. Su profesión habitual ha sido el periodismo, de manera que en varios diarios encontramos su amplia labor, sobre todo de fino humorista. También ha cultivado con notable éxito la poesía, el cuento humorístico, el teatro y la crítica. Su poesía lo sitúa en la reacción anti-modernista representada por el postmodernismo aunque se nota que escribió durante las luchas del vanguardismo. Sus tres libros de poesía representan tres notas diferentes de un mismo tono trascendental, reflexivo, melancólico y pesimista, que va en aumento. A los veinticinco años ganó el Premio "Babel" con *El grillo* (1923), ganador también del Premio Municipal de 1924. En sus versos hay un desborde de entusiasmo y alegría juvenil, que le ganó una amplia acogida y elogios de Lugones. El segundo libro, *Claro desvelo* (1937) aparece aquel tono en forma más grave y con él mantiene su prestigio de gran poeta. Finalmente en *De otro cielo* (1952) hay desasosiego, desilusión. Su poesía transparenta cualidades básicas de toda su producción literaria: ritmo ligero y alado, sensibilidad, gracia, sinceridad, ingenio, temperamento tierno, fina ironía y humorismo. Sus versos nos dejan en el alma una sensación de levedad y finura aun cuando tenga tonos melancólicos y pesimistas.

El segundo aspecto de importancia en Nalé Roxlo es su amplia obra en el cuento humorístico. Aquí se pueden incluir multitud de artículos, cuadros, "pastiches" y cuentos aparecidos por diarios y revistas. Su primera colección apareció en 1941 con el título de *Cuentos de Chamico*, con gran despliegue de aguda observación, refinado humorismo e ironía llena del gracia. En 1956 recibió el Premio Nacional de Literatura por la colección de cuentos *Las puertas del purgatorio*, merecido galardón para su indiscutible talento en el campo del buen humor.

En 1941, con el estreno de *La cola de la sirena*, comenzó su exitosa carrera dramática, en la cual se combinan lo mejor del poeta y del humorista argentino. Gusta de trasladarse a escenarios y tiempos fuera de la realidad actual y presentar sus cuadros con admirable juego de fantasía y realidad; humorismo e ideas trascendentes. Con esta comedia, con la que se une al interés del teatro contemporáneo por el tema de las sirenas, como lo demuestran la *Ondine* de Giraudoux, *La sirena varada* de Casona y algunas películas, ganó el más alto galardón del teatro. De la comedia se hicieron inmediatas traducciones y publicaciones en los Estados Unidos, donde toda la obra del autor goza de mucha fama. El tema parece tomado de *The Little Mermaid* de Andersen. Alga, la sirena, se enamora de Patricio, se deja pescar por él y se corta la cola, pero cuando le es imposible nadar y cantar, su amante se enamora de una aviadora porque vuela como un pájaro. Sobresale la comedia por su gracia y por el juego de la fantasía, la comicidad y el pensamiento trascendente, pues es evidente que el verdadero asunto es el choque entre realidad e ilusión; entre vida y sueño. También puede representar el incesante anhelo del hombre por lo desconocido o la pérdida de interés en los sueños cuando se realizan. La comedia tiene valores universales por su combinación de imaginación y poesía con el mundo verdadero y el sueño. Es una comedia amable y risueña, pero al propio tiempo de implicaciones trascendentes.

Nalé Roxlo obtuvo el Segundo Premio Nacional de Teatro con la pieza *Una viuda difícil* (1944), realmente una "farsa" por lo inverosímil e increíble de sus situaciones.

Es una interesante comedia sobre el Buenos Aires colonial de los días anteriores a la Revolución de Mayo de 1910. Al fin obtuvo el Primer Premio Nacional de Teatro con *El pacto de Cristina* (1945), especie de nueva versión de la leyenda de Fausto, en la cual una joven pacta con el Diablo para ganar el amor de un cruzado que parte a Jerusalem. La virgen Cristina se suicida cuando descubre que el Diablo no quiere su alma sino al hijo que concebirá ella esa noche para que sea el Anticristo. Nalé Roxlo demuestra aquí como un buen dramaturgo puede darle una nueva modalidad a temas folklóricos y divertir en una atmósfera trascendental. La comedia sugiere más de lo que realmente expresa. El talento del autor es muy original y la trama conserva el interés hasta el último momento. Con su última pieza, *Judith o las rosas* (1956) continúa el dramaturgo argentino su estela de triunfos. Esta obra le valió el Primer Premio Nacional de Comedia. Su teatro, de técnica muy refinada y moderna y su manera de presentar temas que trascienden los marcos del tradicional teatro hispanoamericano, logra alcanzar una incuestionable dimensión universal.

La obsesión de la muerte en la poesía de Xavier Villaurrutia y la búsqueda de la profundidad del ser en su teatro

Consagró XAVIER VILLAURRUTIA (1903–1950) su vida entera a la poesía y al teatro, aunque en su producción hay también alguna novela—*Dama de corazones,* 1928—y una crítica literaria atinada y responsable. Entre ésta sobresale el estudio dedicado a Ramón López Velarde, a quien admiraba mucho y algo realmente fundamental sobre el gran poeta, así como una hermosa edición de los *Sonetos* de Sor Juana Inés de la Cruz (1931). Con anterioridad había publicado *La poesía de los jóvenes de México* (1924). Villaurrutia nació en México en cuya ciudad murió bastante joven de una afección cardíaca, dolencia muy relacionada con el tono general de su poesía y teatro. Comenzó su carrera poética muy temprano, ya que en 1923 aparecían sus primeros poemas en la antología *Ocho poetas*. En 1927 unió sus esfuerzos a Salvador Novo y ambos lanzaron la revista literaria *Ulises* (1927–1928), que precedió a *Contemporáneos* e influyó decisivamente en el devenir literario de esa época. La revista dio nombre al primer grupo del teatro experimental en México, el Teatro de Ulises, entre cuyos fundadores y animadores se contaba. Habiendo ganado una beca de la Fundación Rockefeller por sus contribuciones al arte escénico, pasó un año (1935–1936) estudiando drama en la Universidad de Yale. De vuelta a México se dio a múltiples tareas como profesor de literatura en la Universidad Nacional, crítico literario y director del programa dramático del Palacio de Bellas Artes.

Comenzó su carrera poética muy temprano ya que en 1923 aparecían sus primeros poemas en la antología titulada *Ocho poetas*. Desde el primer momento fue una promesa para la poesía mexicana contemporánea, por su rigor, cuidado y la búsqueda intelectual de una expresión poética propia y alta. En 1926 apareció su segundo libro de versos, *Reflejos,* con notable influencia de los Hai Kai japoneses, en el que abundan mucho las miniaturas líricas. Es poesía de nostalgia, muchas veces amarga y pesimista, de melancolía y evocación. Asimismo llama la atención el don de plasticidad y de exactitud expresiva que logra. Aparecen algunas de las características más constantes en Villaurrutia: buen gusto, paciencia fría para elaborar el verso, agudeza intelectual, metáforas inesperadas. Influencias de López Velarde, Proust, Gide, William Blake son muy visibles. Lentamente se va produciendo un cambio temático en el poeta: se va centrando su preocupación en la muerte, la que está mirada no como la portadora de la guadaña impía, sino como una amada en los sueños del poeta. Es la modalidad de los *Nocturnos* (1933). El poeta sentía gran predilección por la noche, por inclinación superrealista hacia lo onírico. Pocos poetas han captado el misterio y el gris resbalar de la noche como este autor. La espera de la muerte esquiva es el tema de su libro mejor logrado: *Nostalgia de la muerte* (1946). Sabe que la muerte lo acecha—por su afección cardíaca—y trata de evitar la desesperación a través de una evasión hacia la consideración intelectual de ella. Aquí el estilo se le hace más barroco y culterano. Más adelante produce una joya de la poesía mexicana contemporánea: *Décima muerte* (1947), diez décimas clásicas en la forma, barrocas en la expresión y existencialistas en el contenido. Más tarde hay un cambio de orientación estética de Villaurrutia representado por el *Canto a la primavera y otros poemas* (1948). La pasión erótica ha hecho el milagro de revivirlo, pero es un erotismo sin el júbilo del amor logrado, sino como ilusión torturada por la imposibilidad de su logro total, como se sueña.

Villaurrutia se caracteriza como autor dramático por la búsqueda de la modernidad técnica y la profundidad del ser y se cuenta entre los que más han contribuído a la renovación del teatro mexicano contemporáneo. Sus valiosos aportes al teatro han sido en el triple aspecto de animador, escritor y traductor de algunas de las mejores obras del teatro moderno universal. Las influencias más persistentes en su teatro le vienen de Cocteau, Camus, Gide, Blake, Giraudoux, Anouilh, Sartre y Miller. Estrenó su primera pieza teatral, *Parece mentira* (1933), "enigma en un acto", en el Teatro de Orientación de Celestino Gorostiza. El asunto de la obra gira alrededor de una pareja que está a punto de suicidarse. Se la considera una de sus mejores piezas teatrales. Después estrenó el "misterio en un acto" *¿En qué piensas?* (1934), la farsa también en un acto *Sea usted breve* y *Ha llegado el momento* son de ese mismo año. A su regreso de Yale estrenó *El ausente* (1937). Después de esta especie de entrenamiento en las piezas cortas, se adentró por el teatro de tres actos estrenando *La hiedra* (1941), considerada por la crítica como la mejor obra de aquella temporada. Posiblemente su obra más ambiciosa es *Invitación a la muerte* (1940), drama en tres actos de espíritu mexicano, aunque inspirado en *Hamlet* y de indudable universalidad. Más tarde estrenó con mucho éxito: *La mujer legítima* (1942), *El solterón* (1945), *El yerro candente* (1945), *El pobre Barba Azul* (1946), *Juego peligroso* (1949) y *La tragedia de las equivocaciones* (1950).

En el teatro de Villaurrutia encontramos piezas en un acto, sobre todo al principio, y de tres; dramas de tono existencialista y comedias de fino humorismo, al que asoma cierta frivolidad francesa. Tiene orientación existencialista por la búsqueda afanosa de la verdadera naturaleza del ser que intenta en casi todas sus piezas. La búsqueda de lo profundo del ser y del destino del hombre parecen ser sus obsesiones, así como la lucha del hombre con lo inexorable de la vida: suicidio, destino, muerte. Su teatro es una admirable combinación de elementos poético-líricos e inteligencia. Es teatro intelectual, para públicos escogidos, por su elevación y profundidad. Sus esfuerzos son de los más notables para colocar el teatro mexicano a la altura de las corrientes modernas europeas y norteamericanas. Vemos en sus piezas el triple juego de inteligencia, realidad y sueño. Sobresale por la concentración del tema; lenguaje poético; excelente composición, diálogos vivos, diáfanos y animados. Sus dramas están cuidadadosamente planeados, meditados y estudiados y sobresale por la habilidad para apresar la realidad dentro de las posibilidades técnicas del teatro. Tanto en su poesía como en el drama, la emoción está como equilibrada por un anhelo de inteligencia y cálculo. En algunas obras llega a las técnicas más modernas, como es la descomposición del tiempo en diversos planos, de manera que el tiempo cronológico y el síquico presentan ritmos diferentes como en sus obras *¿En qué piensas?*, *La mujer legítima* y *El yerro candente*. Villaurrutia se afanó por elevar el teatro mexicano a la altura de sus congéneres europeo y norteamericano y su obra, aunque limitada a públicos selectos por su carácter intelectual, hizo contribuciones de gran aliento en ese sentido.

Rodolfo Usigli y su teatro de caracteres

Entre los seis mejores dramaturgos hispanoamericanos habría que colocar a RODOLFO USIGLI (1905), uno de los creadores del teatro mexicano de orientación y técnica dramática moderna. Usigli nació en la ciudad de México y pasa por ser el más distinguido autor dramático de ese país. Desde muy niño mostró sus aficiones a las tablas organizando funciones de títeres. Ha consagrado su vida al teatro como crítico, teórico, traductor, director, actor, dramaturgo. Debido a su devoción y talentos en 1935 obtuvo junto con Villaurrutia una beca de la Fundación Rockefeller para estudiar teoría dramática y arte dramático comparativo en Yale. Aquí empezó a escribir *El niño y la niebla*, por el tercer acto. Ha mostrado sus amplios conocimientos del teatro extranjero y nacional y de la teoría y técnicas de ese arte en *México en el teatro* (1932) e *Itinerario del autor dramático* (1940). En 1940 fundó y dirigió el llamado Teatro de Medianoche para el cual vertió al español muchas de las grandes obras del teatro contemporáneo representado por ese grupo: Behrman, Rice, Galsworthy, Anderson, Shaw, Patrick, Schehadé y otros. Ha representado a México en distintos festivales y congresos internacionales sobre el teatro y artes cinematográficas. En 1944 ingresó en el servicio exterior prestando servicios como Embajador de su país en París (1944), durante la Segunda Guerra Mundial, viaje que le dio oportunidad de conocer personalmente a Bernard Shaw y hacer estudios sobre su teatro y el de Moliére. También ha sido Embajador en Beirut (1957) y recientemente en Oslo.

Usigli ha compuesto más de treinta piezas dramáticas y su carrera puede dividirse en tres etapas. El primer período (1917–1937) o época de "simples ejercicios iniciales" como él mismo dice donde deben considerarse sus primeras ocho piezas comenzando con *El apóstol* (1930), *Estado secreto* (1935), *La última puerta* (1934–35), *Alcestes* (1936) y otras. Desde estos primeros escarceos, muestra Usigli un talento nada común para la escena, que luego desarrollará con más experiencia, estudios y conocimiento. Esta etapa culmina con su viaje a Yale. La segunda etapa (1937–1947) es la del dramaturgo profesional en plenitud, iniciada realmente con su obra *Medio tono* (1937), uno de los buenos exponentes del teatro realista en México. Fue estrenada con mucho éxito y llevada al cine con Dolores del Río en el papel principal. A esta época pertenecen las cuatro grandes producciones de Usigli: *El gesticulador* (escrita en 1937; estrenada en 1947), *Corona de sombra* (1943; 1947), *El niño y la niebla* (1936; 1951) y quizás *La familia cena en casa* (1942). El tercer período de Usigli (1947 en adelante) no parece haber podido superar su época de plenitud y se nota cierta tendencia a emplear temas contemporáneos del gusto popular. Las más famosas son *La función de despedida* (1949) y *Jano es una muchacha* (1952). Su última obra de que tenemos noticias es *El testamento y el viudo* (1962).

Usigli emplea gran variedad de temas en su teatro: históricos y políticos; conflictos sicológicos y humanos del hombre contemporáneo; y temas de carácter local y del agrado del gran público.

El gesticulador es su obra más divulgada. Ha sido televisada, llevada al cine, representada en los Estados Unidos y traducida a varios idiomas modernos. Su asunto es el siguiente: el profesor César Rubio finge ser un famoso general de la Revolución asesinado mucho antes, primero para obtener dinero y luego como identificación con los verdaderos ideales de la Revolución. Es una sátira contra algunas costumbres políticas y sociales de México. Ha sido una de las obras más controvertidas del teatro mexicano y atacada violentamente por elementos políticos y oficiales. La obra parece simbolizar a muchos oportunistas de la Revolución que se abrogaron una participación que no tuvieron para escalar altas posiciones. En cierto sentido presenta también la lucha entre los ideales de los jóvenes (hijos de César) y la vieja generación y el conflicto entre la fé, idealismo y moral de algunos y el espíritu práctico de otros. No deja tampoco de ser la eterna lucha entre la verdad y la mentira. Los diálogos son muy movidos y auténticos; los caracteres están bien delineados; sobresale el dinamismo de la acción y la vitalidad de los personajes; buen manejo del suspenso, la ejecución del plan y los efectos dramáticos. Aunque no exenta de melodramatismos, *El gesticulador* constituye un hito histórico innegable en la consolidación de un auténtico teatro mexicano, libre del coloniaje español y la ciega imitación francesa.

Después Usigli estrenó *Corona de sombra,* representada en francés en Bélgica y en inglés en Inglaterra y los Estados Unidos. Es más conocida en el extranjero que en el propio México. El título hace referencia a la locura que padeció la emperatriz Carlota por muchos años y su asunto se centra alrededor de estos infortunados soberanos de México impuestos por Francia. "Pieza antihistórica en tres actos" la llama el autor, porque no se ha limitado a copiar la historia sino a alumbrarla con la luz de un sentimiento contemporáneo. Es parte de una trilogía ya terminada de la que forman parte también *Corona de Luz* (La Virgen de Guadalupe), 1960; y *Corona de fuego* (1961) sobre Cuauhtemoc, presentando tres momentos de gran importancia en la vida nacional de México. Mediante el empleo de los efectos escénicos más modernos el autor presenta una acción que salta del pasado al presente o viceversa y que se desarrolla simultáneamente en México y Europa. La obra es tan buena como el *Maximilian* de Werfel y en muchos aspectos la supera. A más del gran aparato escénico, la obra sobresale por sus diálogos, y la justeza en el análisis de los motivos sicológicos.

Ocho meses consecutivos en cartelera y ochocientas cincuenta representaciones en el teatro El Caracol acreditan *El niño y la niebla* como uno de los grandes éxitos del teatro mexicano de todos los tiempos. El tema le fue sugerido a Usigli por una joven norteamericana, estudiante de Yale. El tema es el estudio, a la manera ibsiniana, de un caso de herencia sicopatológica de madre a hijo que provocó muchas discusiones en los círculos médicos del país. Muestra la influencia muy directa de Ibsen y de Strindberg en el tratamiento dramático de ese tema. Llevada al cine con Dolores del Río como protagonista ganó el Premio de la Academia Mexicana, aunque esta versión cambia casi por completo el original. El desenlace, según ha dicho el mismo autor, resuelve el asunto en términos de pasión y no de siquiatría. Pertenece al llamado teatro de caracteres porque lo primordial resulta el análisis sicológico, el buceo en las almas de los personajes. Aunque es innegable la mexicanidad del ambiente, la obra logra universalidad por el tratamiento del asunto y la índole misma del problema que presenta. A más de una técnica escénica impecable, Usigli se muestra todo un sicólogo por la agudeza y sensibilidad en la penetración del alma humana para conocer las razones de su conducta.

También gozó de mucho éxito *Jano es una muchacha* (1952), cuyo asunto es el problema contemporáneo de la libertad de los sexos. María es hija del abogado Víctor y de una exprostituta. La hija siente el deseo de saber cómo es una "casa mala" y allí rechaza a Felipe, quien al verla luego en su casa (la casa de Víctor, su amigo), se enamora de ella. Al descubrir que su propio padre Víctor es el dueño del lenocinio, a pesar de su fama de honrado, María decide casarse con Felipe. La popularidad de la obra se debe, entre otras razones, a las concesiones que el autor hace a las exigencias del público mayoritario. Usigli es un dramaturgo que toma en serio su oficio y persigue el ideal de la profundidad ideológica y la penetración en el análisis sicológico de sus personajes. Aunque no siempre logra tales propósitos, más por el medio que por falta de talento—que a él le sobra—es un excelente dramaturgo, tanto de México como de Hispanoamérica.

BIBLIOGRAFÍA

1 ESTUDIOS Y ANTOLOGÍAS GENERALES

(Véase la bibliografía del teatro en los Caps. XVI y XVIII, especialmente: Alpern-Martel; Jones, *Breve historia* y *Antología;* Magaña Esquival y Lamb; Ordaz)

Berenguer Carisomo, Arturo, *Las ideas estéticas en el teatro argentino*, Buenos Aires, Comisión Nacional de Cultura, Instituto Nacional de Estudios del Teatro, 1947.

EL TEATRO CONTEMPORÁNEO

Solórzano, Carlos, *El teatro latinoamericano del siglo XX*, Buenos Aires, Ediciones Nueva Visión, 1961.

——, *El teatro hispanoamericano contemporáneo*, Antología, 2 vols., México, Fondo de Cultura Económica, 1964.

Teatro contemporáneo, Madrid, Aguilar, 1960-1967. Ha publicado tomos dedicados al teatro peruano, mexicano, argentino, cubano, uruguayo, ecuatoriano, guatemalteco. Incluye cinco o seis piezas, en cada volumen.

Teatro mexicano del siglo XX, 3 vols., México, Fondo de Cultura Económica, 1956-1958. El primer tomo tiene selección, prólogo y notas de Francisco Monterde, los dos restantes de Antonio Magaña Esquivel y Celestino Gorostiza.

2 Dramaturgos más sobresalientes

SAMUEL EICHELBAUM

Textos

Divorcio nupcial (1941) en Alpern y Martel, 76-114.

Un guapo del 900 en Jones, *Antología*, 190-238.

El gato y su selva—Un guapo del 900—Pájaro de barro—Dos brasas, Buenos Aires, Sudamericana, 1952. Prólogo de Bernardo Canal-Feijóo.

Crítica

Cruz, Jorge, *Samuel Eichelbaum*, Buenos Aires, Ediciones Culturales Argentinas, 1962.

Diccionario....Argentina, II, 280-284.

Jones, *Breve historia*, 78-81.

Ordaz, *El teatro*, 160-165.

ARMANDO MOOCK

Textos

La serpiente (1920) en Alpern y Martel, 116-167.

Teatro selecto, 2 vols., Santiago, Cultura, 1937; contiene, entre otras piezas, "La serpiente", "Pueblecito", "Cuando venga el amor".

Crítica

Diccionario....Chile, 139-142.

Jones, Willis K., "Armando Moock, Forgotten Chilean Dramatist", *Hispania*, XXII (1939), 41-50.

——, *Breve historia*, 106-109.

Silva Cáceres, Raúl, *La dramaturgia de Armando Moock; un ensayo de interpretación*, Santiago, Editorial Universitaria, 1964.

ARTURO ALSINA

Textos

La marca de fuego en Alpern y Martel.

Crítica

Alpern y Martel, *Teatro*, 2, 32.

Centurión, Carlos R., *Historia de las letras paraguayas*, 3 vols., Buenos Aires, Ayacucho, 1947-51.

Jones, Willis K., *Breve historia*, 99-100.

——, "Paraguay's Theatres", *Books Abroad*, XV (1941), 40-42.

EL TEATRO CONTEMPORÁNEO

CONRADO NALÉ ROXLO

Textos

Una viuda difícil, New York, Norton, 1953; editada por Gillespie y Noble.
La cola de la sirena, New York, Appleton, 1957; editada por Gillespie.
Cuentos y poesías de Conrado Nalé Roxlo, New York, Appleton, 1954; editados por Gillespie.
Teatro, Buenos Aires, Sudamericana, 1957.

Crítica

Diccionario... Argentina, II, 341–344.
Introducciones... a las ediciones anteriores.
Lacau, María Hortensia, *El mundo poético de Conrado Nalé Roxlo: poesía y estilo*, Buenos Aires, Raigal, 1954.

XAVIER VILLAURRUTIA

Textos

"¿En qué piensas?", "Parece mentira", "Sea usted breve" en *Teatro mexicano contemporáneo*, Madrid, Aguilar, 1962.
Poesía y teatro completos, México, Fondo de Cultura Económica, 1953; prólogo de Alí Chumacero.

Crítica

Beck, Vera F., "Xavier Villaurrutia, dramaturgo moderno", *Revista Iberoamericana*, 35 (1952), 27–39.
Dauster, Frank, "La poesía de Xavier Villaurrutia", *Revista Iberoamericana*, 36 (1953), 345–359.
Lamb, Ruth S., "Xavier Villaurrutia and the modern Mexican Theater", *Modern Language Forum*, XXXIX (1954), 108–114.
Leiva, Raúl, *Imagen de la poesía mexicana contemporánea*, México, Imp. Universitaria, 1959, 151–163.
Magaña y Esquivel y Lamb, 129–131.
Martínez, *Literatura mexicana del siglo XX*.
Shaw, Donald L., "Pasión y verdad en el teatro de Villaurrutia", *Revista Iberoamericana*, 54 (1962), 337–346.

RODOLFO USIGLI

Textos

Corona de sombra (1943), en Jones, *Antología*, 47–125.
Corona de sombra, New York, Appleton, 1961. Editada por Rex Edward Ballinger.
El gesticulador en *Teatro mexicano contemporáneo* y en *Teatro mexicano del siglo XX*, Vol. II.
El gesticulador, Boston, Heath, 1963, Ballinger.
Corona de sombra, 3ra. ed., México, Cuadernos Americanos, 1959.
Teatro completo, 2 vols., México, Fondo de Cultura Económica, 1963.
Corona de Luz, New York, Appleton, 1967; editada por Rex E. Ballinger.
El niño y la niebla, Boston, Heath, 1964. Ed. R. E. Ballinger.

Crítica

Ballinger, Rex E., Introducciones a las ediciones de piezas de Rodolfo Usigli en los Estados Unidos, ya relacionadas.

Beck, Vera F., "La fuerza motriz en las obras de Usigli", *Revista Iberoamericana*, 36 (1953), 369–383.

Gates, Eunice J., "Usigli as Seen in his Prefaces and Epilogues", *Hispania*, XXXVII (1954), 432–439.

Jones, *Breve historia*, 170–174.

Magaña y Esquivel y Lamb, 132–135.

31 La literatura actual: Postvanguardismo y últimas promociones

Perfil histórico, social, político y filosófico de la época

Los años en que se enmarca el postvanguardismo (1932-hasta el presente) es uno de los períodos más álgidos y de cambios más profundos de la historia humana. A partir de 1922 y 1933 el Fascismo y el Nazismo toman el poder en dos de los países más cultos de Europa—Italia y Alemania—y se apoderan de casi todos los restantes. Los valores esenciales del hombre fueron negados en nombre de filosofías totalitarias que, con la promesa de reivindicaciones nacionales, no hicieron sino traer más esclavitud, infelicidad y muerte a millones de seres, porque representaban la total negación de la verdadera naturaleza anímica y trascendente del individuo. Es la época de los campos de concentración, del sojuzgamiento de pueblos, de los bombardeos inmisericordes a ciudades indefensas, de la matanza de seis millones de judíos, del asesinato de niños, mujeres y ancianos. Era como la llegada de los fatídicos cuatro jinetes del Apocalipsis. A fin de borrar del mapa esta trágica situación, y cuando apenas estaban apagados los últimos ecos y consecuencias del primer conflicto mundial (1914-1918), tiene lugar la Segunda Guerra Mundial, con el obligado antecedente que significó la Guerra Civil Española, con su millón de muertos y la ruptura de la convivencia dentro de la nación. La violencia, la sordidez y la brutalidad del nuevo conflicto internacional tiene directas repercusiones en la mentalidad no sólo de Europa, sino del mundo entero. En esa lucha triunfaron las democracias, pero la angustia, el odio, el sufrimiento, la caída de valores que representó, todavía tiene repercusiones en miles de mentes. Al mismo tiempo el mundo se ha escindido ideológicamente como no lo había estado nunca antes.

En vez de vivirse en un remanso de paz después de tantas luchas, campea la incertidumbre y la amenaza debido a la aparición de las armas nucleares, de las que algunos países tienen enormes arsenales y los cohetes capaces de llevarlos a miles de millas y destruir las ciudades más grandes en fracciones de segundos. A esto viene a unirse los efectos de la llamada "guerra fría", o sea el forcejeo político entre las grandes

LA LITERATURA ACTUAL: POSTVANGUARDISMO Y ÚLTIMAS PROMOCIONES

potencias y sus aliados para lograr extender su predominio e influencia. A medida que el hombre ha ido demostrándose más capaz de conquistar las fuerzas de la naturaleza, se ha producido una profunda crisis moral, filosófica, ideológica y sicológica que incide sobre el mundo moderno produciendo angustia, temor, incertidumbre y desasosiego espiritual, producto de la inseguridad de la situación tan incierta de la humanidad y de la quiebra de los valores tradicionales. Se ha producido un verdadero desgarramiento de la personalidad humana debido al peligro y amenaza que pende sobre la humanidad y por el imperio de la técnica, la economía y la política, para los cuales el hombre es como una pieza más.

A esto debe añadirse el hecho de que en nuestro siglo se han producido amplios movimientos de liberación de los países ayer coloniales de África y Asia, así como la organización del primer régimen comunista en la América—en Cuba, 1959— acontecimientos que sin duda influyen poderosamente en la nueva configuración que va teniendo el mundo. También en los últimos años se ha acrecentado la lucha de los países hispanoamericanos contra las dictaduras y para destruir las viejas estructuras políticas, económicas y sociales y la intervención de las diferentes ideologías para sacar partido de la situación creada.

Frente a este cuadro que hemos descrito tan suscintamente, muchos son los que estiman que los caminos tradicionales de la vida en todos los sentidos están agotados y pretenden ensayar nuevas rutas en política, en filosofía y en arte. Esta obsesión por lo moderno y nuevo se produce en todos los órdenes de la vida. En lo político se incrementan las doctrinas con bases marxistas y materialistas; un nuevo positivismo basado en la capacidad científica y práctica se apodera de la filosofía. Aquella desesperación, angustia y desesperanza han producido en el hombre un anhelo mayor por conocer el verdadero sentido de la vida, por ahondar en las esencias más íntimas del ser. Es natural que este nuevo mundo modelado por las fuerzas que hemos señalado y el estado sicológico actual del individuo produzca un nuevo arte capaz de representar tanto al mundo, como al hombre de hoy. La literatura no ha sido una excepción a esta verdad que vive la pintura, la arquitectura, la música y todas las manifestaciones artísticas. Estas nuevas tendencias del arte se han producido en Europa, pero tienen realidad en todos los países del mundo y, especialmente en Hispanoamérica.

Bosquejo y características de la literatura de este período

En este período se cultivan ampliamente los géneros literarios tradicionales—la novela y el cuento, el ensayo, la poesía y el teatro—pero con una tónica nueva, acorde con los rumbos del mundo. Las características esenciales de esta literatura son los siguientes:

a) Representa una reacción firme y decidida contra la arraigada tradición regionalista de esta literatura, a fin de darle una proyección universal a la obra de arte. Esto no quiere decir que no persistan algunas formas locales como ya se verá.

b) Todos los géneros literarios se hacen eco de la angustia, desasosiego, impresión de soledad y abandono así como de los ideales y sicología del hombre contemporáneo.

c) Lo intelectual prevalece sobre lo meramente emotivo o sentimental.

d) Se nota en todos los géneros literarios la asimilación de las corrientes literarias más en boga en Europa y los Estados Unidos.

e) Existe un mayor interés en los hombres humildes. olvidados y preteridos, cuyos problemas son presentados con preocupación social.

f) La literatura de este período es, en cierto sentido, la culminación de esta literatura y de una fusión más perfecta de las influencias europeas a lo nacional en obras concebidas en términos universales.

g) A la preocupación por los problemas políticos y sociales específicos de la América Hispana ha sucedido el intento de presentar en escenarios locales, más amplios problemas de carácter internacional.

La poesía: principales corrientes poéticas a la disolución del vanguardismo

Por los años treinta el vanguardismo se va suavizando y la poesía toma nuevos derroteros, tanto por el proceso natural de liquidación de aquél como por la influencia de corrientes poéticas universales más recientes. Las tendencias más importantes que se notan en este período son:

    a) Prolongación del vanguardismo más allá de sus límites cronológicos naturales.
    b) La poesía popular representada por la llamada poesía negra o afro-antillana.
    c) Poesía pura.
    d) Poesía existencial, trascendental y otras corrientes de última hora.

Prolongación del vanguardismo
El superrealismo en la poesía de Emilio Adolfo Westfalen

Alrededor de 1927 un grupo de jóvenes limeños trataba de hacer triunfar el vanguardismo en ese país, mostrando dos rumbos diferentes: unos mostraban predilección por el superrealismo hispánico de Lorca, Alberti, Salinas, Guillén y otros preferían a André Bretón y sus discípulos. El órgano de difusión de las nuevas tendencias era la *Nueva Revista Peruana*. Entre los jóvenes de inclinación francesa se destacaba EMILIO ADOLFO WESTFALEN (1911), uno de los más representativos de esta extensión vanguardista. Cursó sus estudios en la Escuela Alemana de Lima y más tarde inició la carrera de ingeniería que pronto abandonó por la literatura. Westfalen se convirtió pronto en uno de los dirigentes surrealistas mostrando influencias de André Bretón y Louis Aragón. Aunque su técnica es más sobria que la de aquéllos, su primer libro, *Ínsulas extrañas* (1933) sigue el automatismo síquico de los discípulos del primero. Las imáges son audaces y libres. Los versos se contorsionan y la estructura tradicional se disloca de acuerdo con los postulados de la escuela superrealista. Inclusive no usa puntuación al estilo de Apollinaire. Dos años después publicó *Abolición de la muerte*

(1935). Aunque más claro, todavía se nota el fluir automático de la subconciencia. En ambas obras el poeta se muestra angustiado por la vida, la muerte, la soledad y la desazón de todas las interrogantes que asaltan al hombre contemporáneo.

La poesía popular: Poesía negra o afro-antillana: rasgos, importancia social y valores estéticos

La otra corriente en que se disolvió nuestro vanguardismo fue la estilización culta de la tradición nativista o popular que tiene al negro como su centro temático. La poesía se aparta entonces del tono intelectual y culto para darnos un verso rítmico, musical, de carácter sensorial e intuitivo. En España, esta corriente se orientó con García Lorca y Alberti hacia el gitano y demás elementos del pueblo y en Hispanoamérica se inspiró en el negro y su ambiente, pues el protagonista es uno de los componentes raciales básicos de muchos países dentro de la realidad sociológica de la América Hispana. Los antecedentes más remotos de la poesía negra o afro-antillana son europeos. Ya se sabe que el "negrismo" jugó un papel muy importante en la Europa de la post guerra. El tema negro estuvo muy presente en las manifestaciones artísticas de Francia, sobre todo después de las publicaciones del sociólogo y explorador Leo Frobenius (1873–1938) que dio a conocer mitos, literatura y leyendas de esa raza; la negrofilia en la pintura, representada por los "fauves"; los ensayos de los dadaístas y expresionistas en la literatura; y la introducción de asuntos negros en el ballet y otras expresiones artísticas. Picasso ha imitado algunas máscaras ceremoniales de ritos negros. En 1917 Apollinaire publicó una colección de reproducciones de motivos rituales, y en 1921 Blaise Cendrars dio a la publicidad su antología. Inclusive publicó su *Vogage au Congo* (1927) con sus experiencias por esa región. Dentro del superrealismo, Phillip Soupault escribió *La negra* en 1929. La música negra ha tenido gran acogida en todas partes, especialmente en los Estados Unidos a través de los famosos "Spirituals" del Sur y la música del jazz. También el tema negro ha sido llevado a la poesía norteamericana (Langston Hughes, P. L. Dunbar y J. W. Johnson), así como a la ópera y la novela.

Dentro de la tradición hispánica han florecido los motivos negros desde hace siglos. Lope de Vega los llevó al teatro; Góngora escribió "Zambambú, morenica del Congo"; y Quevedo nos dejó la sátira "Boda de negros". En Hispanoamérica encontramos un antecedente en Sor Juana Inés de la Cruz, quien menciona o hace intervenir negros en algunas obras. Un antecedente muy importante se encuentra en la literatura española contemporánea. Es el caso de Federico García Lorca, Rafael Alberti y otros, quienes dieron cabida a lo popular, a lo gitano, a lo folklórico, alcanzando éxitos sin precedentes en los anales de la tradición popular en esa literatura. La moda del tema negro en los años posteriores a la Guerra Mundial se combinó con la realidad social y cultural de Las Antillas y otras regiones de nuestro continente, para favorecer el auge del género. Otro hecho favorable fue la tendencia de la poesía hispanoamericana por lo criollo y nativo, como lo demuestran la literatura gauchesca

LA LITERATURA ACTUAL: POSTVANGUARDISMO Y ÚLTIMAS PROMOCIONES

y otras manifestaciones de lo popular. La poesía negra surgió en los países antillanos, pero muy pronto tuvo manifestaciones en otros. Ha logrado extraordinaria popularidad aun en regiones de escasa población negra, dada su calidad artística y trascendencia social.

Las características generales de esta poesía son las siguientes:

1. Trata de captar la realidad total del negro: su ambiente sicología, alma, interior, sentimientos, sensaciones, filosofía, sufrimientos y creencias. Son imitados sus modos de hablar, pensar, sus ritos, danzas, bailes. En esta poesía palpita el alma del negro, unas veces para divertir simplemente a través de su indudable vena y contenido humorístico y otras para hacer llorar y pensar cuando la poesía, dejando su dimensíon de evasión, se convierte en versos de combate y protesta social.

2. Algunas poesías sólo ven el lado pintoresco y folklórico del negro; pero las mejores encierran una abierta denuncia y protesta contra la discriminación y la injusticia que lo martiriza.

3. Poesía llena de plasticidad, sensoriedad elemental y primitiva. Rica en elementos folklóricos y populares. Gran riqueza rítmica, musical y onomatopéyica. El ritmo, tanto exterior como interior juega un importante papel en esta poesía. Emplea palabras exóticas y fusión de palabras españolas con las lenguas africanas. También se presenta la forma peculiar en que el negro pronuncia el español.

4. Movimiento dinámico, frescura rítmica. Elementos costumbristas. Uso abundante de "jitanjáforas," imágenes y metáfora, así como de fonemas y vocablos onomatopéyicos que son esenciales para producir los efectos sensoriales y rítmicos deseados. En su técnica interviene el tono de los bailes negros o de blancos, como en el caso del "son" cubano, así como la poesía culta.

5. Es innegable el tono nacionalista de esta manifestación literaria y artística.

6. Muchas veces es poesía sentimental y conmovedora y otras produce una risa sana y regocijante.

7. Hay poetas negros y mulatos, pero la mayoría son blancos muy capaces en la interpretación del alma negra. Nos presenta la multiplicidad étnica de América, así como un profundo sentimiento de solidaridad humana.

No toda esta poesía es igual, pues dentro de ella encontramos las siguientes clases: poesías de evocaciones; sátiras; canciones de cuna (de las más conmovedoras); pregones de vendedores; danzas; elegías; poemas sociales; temas litúrgicos y de ceremonias (funerarias o luctuosas y fantásticas); encantos mágicos, sobre creencias, mitos y cuadros costumbristas negros o con las relaciones de éstos y los blancos. Esta poesía tiene mucha importancia social por su tono criollo y nacionalista y por presentar el alma de uno de los componentes básicos del crisol de razas que es la América Hispana. Su dimensión de protesta social está dentro de los ideales de mejoramiento colectivo que inspira a estos países. Sus valores estéticos son realmente sobresalientes. Muchos de sus cultivadores están considerados entre los grandes poetas de América. Es manifestación literaria de mucho valor no solamente por el goce estético que produce, sino por la sensibilidad social que muestra al defender al negro de la explotación, la humillación, la discriminación y la injusticia social y económica. Es poesía tan popular y difundida que ha producido sus propios recitadores como Eusebia Cosme en el pasado y Luis Carbonell, recitador cubano con fama internacional.

Luis Palés Matos, iniciador de la poesía negra

Nació LUIS PALÉS MATOS (1898-1959) en Guayama, Puerto Rico y según todos los indicios fue el primer poeta en publicar una poesía de tema negro en las Américas. Se crió en un ambiente literario: su padre era poeta, al igual que su hermano Vicente. Inició su carrera literaria en 1915 con la publicación de *Azaleas,* su primer libro de versos. Aparte de su labor como escritor, ha sido catedrático de la Universidad de Puerto Rico. Comenzó a escribir la llamada poesía afro-antillana o negra antes que el grupo cubano, pues sus poemas "Africa", "Pueblo negro" y "Danza negra" son de 1926. No sólo es uno de los autores representativos de esta tendencia nativista, sino también uno de los grandes poetas hispanoamericanos. Dentro de aquella orientación ha publicado *Tuntún de pasa y grifería* (1937) con prólogo del crítico español Ángel Valbuena Prat. La segunda edición es de 1950 con introducción de Jaime Benítez, Rector de la Universidad de Puerto Rico. Dicho centro docente publicó en 1957 *Poesías* (1915-1956) con un estudio crítico de don Federico de Onís.

Aunque iniciado en el modernismo, se afilió en seguida al vanguardismo con el deseo de incorporar la poesía puertorriqueña a las últimas corrientes literarias. Cultivó, tanto la poesía culta como la popular y en ambas alcanzó una alta calidad expresiva. En la primera es poeta de transición entre el modernismo y el ultraísmo, con tendencia a la amargura y la ironía, que luego aparecerán también en su poesía negroide. En "El pozo", una de sus composiciones, expresa ese pesimismo en versos muy subjetivos:

>   Mi alma es como un pozo de agua sorda y profunda,
>   en cuya paz solemne e imperturbable ruedan
>   los días, apagando sus rumores mundanos
>   en la quietud que cuajan las oquedades muertas.

Pero a veces, ante el paisaje tropical de su querida isla, su melancolía amarga se vuelve todo júbilo y optimismo, como en "Claro de luna":

>   En la noche de luna, en esta noche
>   de luna clara y tersa,
>   mi corazón como una rana oscura
>   salta sobre la hierba.
>
>   ¡Qué alegre está mi corazón ahora!
>   ¡Con qué gusto levanta la cabeza
>   bajo el claro de luna pensativo
>   esta medrosa rana de tragedia!

Su poesía adquiere a veces—como en la última etapa de su vida—una dimensión de cosa alada, en que canta lo transitorio de las cosas frente a la eternidad. En la "Feli-Melé" dice:

> Yo te maté, Fili-Melé: tan leve
> tu esencia, tan aérea tu pisada,
> que apenas ibas nube ya eres nieve,
> apenas ibas nieve ya eres nada.
>
> . . . .
>
> Fugacidad, eternidad. . . . ¿Quién sabe?
> ¿Cómo seguir tu alado movimiento?
> ¿De qué sustancia figurar tu clave,
> y con qué clave descifrar tu acento? . . .

Palés Matos era un espíritu complejo y al expresar su intimidad en verso, creó una poesía profunda, en la que deja traslucir estados de alma, generalmente llenos de escepticismo.

En 1926 se volvió al tema que la daría consagración definitiva: la poesía negra. Bastó un solo libro, *Tuntún de pasa y grifería* para situarlo junto al grupo cubano donde hay nombres como Nicolás Guillén y Emilio Ballagas, por su calidad y maestría en el género. Su poesía negra tiene una dimensión antillana e internacional, pues no sólo abarca al negro de su isla, sino que establece lazos de solidaridad con los de todas Las Antillas. Así se expresa en "Canción festiva para ser llorada", una de sus más famosas composiciones. Esta solidaridad antillana por los lazos raciales, aparece también en "Síntesis", esta vez acompañada por la pincelada descriptiva magistral de estas islas, donde el negro sufre y espera. Aparte de las influencias generales que hemos señalado al hablar de los antecedentes de esta poesía, Palés Matos bebió en la obra titulada *En el país de los Bubis* y en los relatos del Congo de René Maran. En su poesía no se halla la expresión de un negro concreto, como en el caso de los cubanos, sino un concepto abstracto y mitificado, en el que han jugado papel importante las reminiscencias de relatos, canciones y demás artes del negro, semejante a lo que hacía García Lorca con los gitanos, lo cual le presta más universalidad a su poesía. Desde el punto de vista técnico es admirable su visión impresionista y la fusión de elementos vanguardistas como son las imágenes y "jitanjáforas" con el ritmo sensual y africano, que es remedo de las músicas y danzas de esas razas, así como el uso del tradicional romance español en muchas de ellas. Su obra maestra dentro de esta tendencia es su famosísima "Danza negra" de 1926:

> Calabó y bambú,
> bambú y calabó.
> El gran Cocoroco dice: tu-cu-tú.
> La gran Cocoroca dice: to-co-tú.
>
> . . . .
>
> Rompen los junjunes en furiosa ú.
> Los gongos trepidan con profunda ó.
> Es la raza negra que ondulando va
> en el ritmo gordo de mariyandá.

Cuando Palés Matos baja al negro de su isla, su poesía adquiere un tono de protesta y rebeldía por las condiciones en que vive, para terminar con una nota de optimismo, pues cree en la posibilidad de su redención. Así se nos presenta en "Preludio en boricua", "Placeres" y "Mulata-Antilla". Tampoco falta en esta poesía la sátira, el humorismo socarrón, a veces mordaz. He aquí cómo describe a quien de ascendencia africana trata de ocultar su origen, cosa muy común en Las Antillas. Esta es una de sus mejores creaciones, "Elegía del Duque de la Mermelada":

> ¡Oh, mi fino, mi melado Duque de la Mermelada!
> ¿Dónde están tus caimanes en el lejano aduar del Congo,
> Y la sombra azul y redonda de tus baobabs africanos,
> Y tus quince mujeres olorosas a selva y a fango?

Igual nota irónica encontramos en "Lagarto verde". La obra total de Palés Matos es una valiosa contribución a la poesía moderna, y lo coloca entre nuestros mejores poetas demostrando que aun en los países pequeños pueden encontrarse grandes valores.

Emilio Ballagas: su poesía culta y evasión hacia el tema negro

Uno de los más altos poetas que produjeron las escuelas de vanguardia en la América Hispana fue el cubano EMILIO BALLAGAS (1908–1954), nacido en Camagüey y muerto en la ciudad de La Habana. Hizo sus estudios de filosofía y letras y pedagogía en la Universidad de la Habana y viajó extensamente por América y Europa. Poseía una asombrosa cultura en las literaturas modernas, como lo demuestran sus conferencias y estudios sobre movimientos y personalidades de ellas. Se le nombró professor de literatura española y extranjeras en la Escuela Normal de Maestros de Santa Clara y en la Universidad Central de Las Villas. Inició su labor poética con la publicación de sus primeros poemas en las revistas de vanguardia, *Antenas* (desde 1928) y la *Revista de avance* (desde 1929). Colaboró en las mejores revistas, tales como *Revista Cubana, Sur, Cuadernos Americanos* y *Orígenes* y otras de Cuba e Hispanoamérica. En 1941 la Antología *Laurel* de poesía moderna en lengua castellana—dirigida por Emilio Prados, Juan Gil Albert, Octavio Paz y Xavier Villaurrutia—presentó una amplia selección de los poemas de Ballagas, quien era el más joven de los poetas representados. También ha hecho aportaciones como antólogo con sus colecciones: *Antología de la poesía negra hispanoamericana* (1935) y *Mapa de la poesía negra americana* (1946). La poesía de Ballagas presenta tres orientaciones o tendencias bien definidas, aunque todas enmarcadas dentro de la nueva poesía: la que lo acerca a la poesía pura o decantada, posiblemente la tendencia más firme en su producción; una poesía hermética o vanguardista propiamente dicha; y la poesía negra o afro-antillana. El catálogo de sus influencias más constantes incluye a: Juan Ramón Jiménez, Guillén, Tagore, los modernos franceses, Salinas, Vicente Aleixandre, Neruda, Luis Cernuda, García Lorca y otros.

LA LITERATURA ACTUAL: POSTVANGUARDISMO Y ÚLTIMAS PROMOCIONES

Pocos poetas ofrecen un proceso espiritual tan dinámico y ajustado al desarrollo de su propia poesía como Ballagas. Su recorrido vital traza una línea parabólica que va desde la altura de la inocencia hasta su elevación espiritual y religiosa de los últimos versos, pasando por el punto más bajo de su caída en el mundo del deseo. *Júbilo y fuga* (1931) exterioriza aquel primer momento de jubiloso despertar al mundo de los sentidos, en que las sensaciones son todas prístinas y puras. Después del instante de evasión a una realidad concreta representado por el *Cuaderno de poesía negra* (1934), viene el conocimiento del amor y la caída en el mundo de los sentidos apresado en *Sabor eterno* (1939). Su mundo espiritual se complica y como necesita nuevos medios expresivos acude a la poesía de Aleixandre, Neruda, Cernuda, Lorca. El centro de este libro—quizás su más lograda creación poética—lo constituyen dos poemas que deben figurar entre la mejor poesía amatoria de Hispanoamérica: la "Elegía sin nombre" y "Nocturno y elegía". En ambas composiciones la audacia de las imágenes es realmente sorprendente. El alma que ha caído, se refugia entonces en la fe religiosa y patriótica, momento expresado por sus últimos libros: *Nuestra Señora del mar* (1943), *Cielo en rehenes* (1951) y *Décimas por el júbilo martiano* (1953). Este refugio en la fe tradicional se reflejará hasta en la técnica de su poesía, pues ahora vuelve a las formas clásicas castellanas: el soneto, la décima. *Cielo en rehenes* (1951) con que ganó el Premio Nacional de Poesía refleja la resignación cristiana ante un pasaje doloroso de su vida: el poeta sabe que morirá de una afección cardíaca.

Cuba se convirtió alrededor de los años treinta en el centro más importante de la producción de la poesía afro-antillana y muchas de las obras maestras de esta tendencia se produjeron en el momento de apogeo. En Cuba y otros países nunca se ha perdido el gusto por esta poesía. Ballagas, que tenía una aguda intuición de lo popular, publicó en 1934 su *Cuaderno de Poesía Negra,* cuya esencial característica es que su centro temático es el negro cubano, a diferencia de Palés Matos que se refiere más bien a un ser mítico o generalizado. El cultivo de este género es en Ballagas una forma de evasión hacia una realidad inmediata y pintoresca, en la que no pone su alma, sino su pincel de poeta popular. Por eso la preocupación social es muy sutil en él, aunque no deja de aparecer en algunos poemas. Ballagas se inspira en el negro cubano, cuya sicología, costumbres, música y filosofía conocía a la perfección, a pesar de que era blanco. El poeta descubre a su protagonista en todos los aspectos de su personalidad proyectados hacia lo pintoresco y folklórico. Emplea para ello buena variedad de composiciones: canciones de cuna o nanás, elegías, pregones, sones y otros. Imita el ritmo, musicalidad, aspectos sensorial y plástico para darnos verdaderas estampas criollas. Entre las obras maestras de esta poesía están algunos poemas de Ballagas: "Elegía de María Belén Chacón"; "Para dormir un negrito" (la más famosa); "Lavandera con negrito"; "Nombres negros en el son"; "El baile del papalote". La titulada "Comparsa habanera" es antológica por la plasticidad en la descripción de los movimientos, ritmos y evoluciones de las comparsas de negros en los carnavales de La Habana. En el poema "Actitud" presenta al negro en relación con el blanco. Aquél piensa que éste le brinda amistad solamente cuando necesita algo de él, cuando está en un apuro o pelea, pero que lo desprecia cuando no le hace falta y está haciendo vida social. A él asoma inquietud social muy velada. Es un maestro en la pintura de la ingenuidad popular, así como por el sensualismo y erotismo de algunas estampas pintorescas. Aunque no lo exprese con el martilleo ideológico de Guillén, Ballagas siente honda simpatía por el individuo de color y cuando lo pinta no es sólo para destacar su lado folklórico, sino para llamar la atención sobre este ser humano que merece mejor trato.

Con su producción total Ballagas demuestra lo acertado que estaba Juan Ramón Jiménez cuando afirmó que estaba entre las mejores líneas de la poesía cubana.

Nicolás Guillén: acento político-nacionalista y protesta social en su poesía

Mientras el cultivo de la poesía negra es en Ballagas una forma de evasión hacia una "moda" de la época, en NICOLAS GUILLÉN (1902) es el clima básico de su inspiración poética y centro para su explosión ideológica. Nació Guillén en Camagüey, Cuba, de padres mestizos, ya que sus ascendientes fueron españoles y africanos, circunstancia que recuerda en forma conmovedora en la "Balada de los dos abuelos", expresiva de su dualismo ancestral. Después de haber trabajado como tipógrafo, empleado y de terminar sus estudios de bachillerato, se trasladó a La Habana e ingresó en la Universidad Nacional para estudiar leyes. Al año siguiente abandonó los estudios y más tarde comenzó en el periodismo, actividad que unida a su labor poética y de conferencista ha llenado toda su vida. Ha viajado extensamente por América, Europa y Asia. En 1930 conoció en Cuba a Federico García Lorca, cuyo contacto tendría mucha influencia en su orientación posterior. Guillén ha colaborado en las mejores revistas cubanas: *Bohemia, Resumen, Revista de La Habana, Carteles, Orbe* y otras. Es un antiguo miembro del Partido Comunista y en 1954 le fue otorgado el Premio Stalin de la Paz.

Los primeros pasos de su precoz carrera literaria los dio dentro del modernismo con influencias de Villon y Baudelaire. Sus creaciones inciales aparecieron en la revista *Castalia*. A los veintiocho años publicó un libro que produjo un verdadero revuelo literario por su novedad y originalidad. Era su libro *Motivos de son* (1930), conjunto de poemas breves que siguen el ritmo persistente y cadencioso de uno de los bailes típicos de Cuba. Con esa obra inicia una estilización culta de motivos populares que tienen por centro temático al negro. Sus asuntos son estampas del diario vivir del cubano, cuyos amores, instintos, deseos y sentimientos capta y transmite en ritmo similar al son. Motivos de son no están todavía en la verdadera línea de Guillén, porque en él destaca mucho lo pintoresco y está bastante lejos de su intención social posterior. Con jitanjáforas en abundancia, la influencia de Lorca por el medio y un adiestramiento mayor en el negrismo, Guillén amplía los esquemas rítmicos de su primer libro en *Sóngoro Cosongo* (1931) que llevó su nombre hasta España y recibió los elogios de don Miguel de Unamuno, quien encontró allí "toda una filosofía y toda una religión". En esta obra está la esencia de la poesía negra en cuanto expresión del alma de la raza y el uso de recursos técnicos. Expresa plásticamente los ritmos, danzas, ceremonias y rituales del negro y emplea repeticiones, aliteraciones, paralelismos, vocablos sonoros, fonemas onomatopéyicos, a fin de lograr el efecto deseado. Emplea vocablos de gran sonoridad aunque sin sentido muchas veces e intercala expresiones fonéticas de África.

La inquietud social que ya aparece firme en este libro, irá ganando el centro de la poesía de Guillén hasta convertirlo en el recio poeta social que es actualmente. Esa tendencia brotó en grito estentóreo en *West Indies, Ltd.* (1934), cuya entrada es "Palabras en el trópico" de fuerte entonación anti-norteamericana. Todo el tono del libro es de propaganda militante e izquierdista, que llega a lo más agresivo. En 1937 publicó *Cantos para soldados y sones para turistas* con influencia de su amigo y traductor al inglés, Langston Hughes, tanto en la claridad como en los diálogos. En estas dos obras no solo levanta la voz para protestar contra la opresión y desigualdad a que está sometido el negro, sino que denuncia y condena la actitud de los "yankis". Guillén, que tiene maestría para crear figuras representatives sacadas de lo popular como Papá Montero, Quirino con su tres, Simón Caraballo, Sabás y otros, introduce en este último libro a Cantaliso, un cantante popular:

> No me paguen porque cante
> lo que no les cantaré:
> ahora tendrán que escucharme
> todo lo que antes callé.
> . . . .
> Todos estos yanquis rojos
> son hijos de un camarón,
> y los parió una botella,
> una botella de ron.

Durante su estancia en España compuso e imprimió en Valencia, entonces capital republicana, el poema *España, poema en cuatro angustias y una esperanza* (1937). En ella nos da su visión de la Guerra Civil Española y se muestra vigoroso poeta político y civil. Como el tema negro como exclusivo venero lírico es muy reducido y puede conducir a la monotonía, el propio Guillén ha evolucionado hacia nuevos temas y formas expresivas, parecido a lo que hizo el poeta norteamericano Langston Hughes. El estilo de Guillén no sólo se ha ido estilizando hacia su forma definitiva, sino que aumenta en pasión política e ideológica. *El son entero* (1947) es alto ejemplo de "literatura comprometida". Pero su maestría consiste en no permitir que la propaganda borre lo estético. Aunque su poesía puede clasificarse como de tendencia social, Guillén nos da en este libro—como también en los anteriores—bellas composiciones líricas, como gavias refrescantes dentro de sus otras tendencias. Por este rumbo el poeta no desmerece en nada al bardo de la protesta y la lucha en favor del hombre del pueblo. Su último libro es *La paloma de vuelo popular. Elegías* (1958), en los que hace el elogio póstumo de luchadores populares o del partido. El contenido humano de su poesía, a más de su alta calidad estética, en la que entroncan lo mejor de la tradición poética española con los más candentes problemas sociales de hoy, lo colocan entre los grandes poetas modernos del idioma castellano.

La vena culta y popular en los versos de Manuel del Cabral

Más de una docena de libros de versos colocan a MANUEL DEL CABRAL (1907) entre los mejores poetas de su amada República Dominicana. Hijo de Santo Domingo, tuvo que emigrar como tantos otros escritores, durante la sangrienta dictadura de Trujillo. De aquí que viajara por todos los países de América y que sus libros lleven diferentes pies de imprenta. El sello peculiar de su poesía es un profundo amor por las cosas antillanas y una firme orientación social, sin caer en los alardes de la propaganda. Su poesía, casi toda recogida en las antologías *Antología tierra* (1949) y *Antología clave, 1930-1956* (1957), presenta gran variedad de temas: la vena popular o folklórica con versos que caen dentro de la poesía negra o afro-antillana; la poesía a la tierra antillana; al amor; y las reflexiones sobre el enigma, dudas, e interrogaciones de la vida. En la poesía negra presenta fuerta influencia de Nicolás Guillén y a ella pertenecen los libros: *Doce poemas negros* (1932), *Trópico negro* (1942) y *Compadre Mon* (primera edición 1943; segunda, 1948). Éste es su libro más popular y leído. Constituye una especie de poema lírico-épico sobre un héroe del pueblo. Su poesía recuerda mucho la de Guillén como en "Trago":

> Me cabe el cañaveral
> en cuatro dedos de ron.
> Poco paga el gringo ya
> por este millón de cañas
> que el negro sembró y cortó.
> Mas no me trago este trago
> porque es trago de sudor.

A su patria canta con mucho fervor en *Tierra íntima* (1930), *Pilón* (1931); *De este lado del mar* (1948). Temas más universales con una actitud meditativa y cierta desazón encontramos en: *Los huéspedes secretos* (1951), *Pedrada planetaria* (1958). Su poesía muestra una buena asimilación de las novedades estilísticas, pero nunca el afán de estridentismos vanos.

La llamada "poesía pura"
El lirismo mesurado y emotivo de Eugenio Florit

Entre las direcciones básicas que toma la poesía hispanoamericana a la disolución del vanguardismo está la "poesía pura". Con base en Valéry, Rilke y otras tendencias de la poética moderna europea, se procede a la eliminación de todo lo que no tenga valor lírico auténtico en el poema. Es la búsqueda de la expresión de la esencia de las cosas a través de símbolos conceptuales. Es poesía de gran precisión y exactitud expresiva y de freno intelectual a la pasión y la emoción. Se trata de purificar el poema de todo lo que no es verdadera poesía, como es lo anedóctico, lo decorativo o el lenguaje innecesario. Significa el punto más alto en el proceso de madurez lírica. La forma es breve, exacta, ceñida, desnuda. De la realidad quedan los componentes esenciales. Es la tendencia que en España representan Juan Ramón Jiménez (en ciertos aspectos), Jorge Guillén, Pedro Salinas y otros altos poetas.

En 1936 Juan Ramón Jiménez declaró que las tres mejores líneas en que se podía dividir la poesía cubana contemporánea eran las de Emilio Ballagas, Nicolás Guillén y EUGENIO FLORIT (1903), magnífico representante de la poesía "pura" o decantada que surgió como reacción contra los caprichos verbales del vanguardismo y el exceso de emoción y sentimentalismo. Nació en Madrid de madre cubana y padre español y allí vivió hasta los catorce años. Instalada la familia en Cuba, terminó su bachillerato y obtuvo el doctorado en derecho en la Universidad de La Habana. Desempeñó un cargo diplomático en los Estados Unidos (1940-1945) y después ingresó como catedrático en el Barnard College de Columbia University. Florit y el gran crítico don Federico de Onís han sido de los más entusiastas propulsores de los estudios de la cultura y literatura hispanoamericana en los Estados Unidos. Desde su llegada a Cuba, Florit se puso en contacto con aquéllos que por los años veinte y después, trataban de renovar la poesía cubana, sacándola del verbalismo de los últimos modernistas y neomodernistas. Después de dar a conocer sus primeros versos en las revistas de su tiempo, publicó su primer libro de poesías titulado *32 poemas breves* (1927) y más tarde las décimas de *Trópico* (1930). En ellos aparece una de sus cualidades firmes: una especie de serenidad y perfección clásicas. El mar, el campo, el paisaje cubanos están vistos a través de un malabarismo de clasicismo y barroquismo. Su consagración vino con *Doble acento, 1930-1936* (1937) con un prólogo consagratorio de Juan Ramón Jiménez. El alma ardiente del poeta y cierto romanticismo innato hallan cauce hacia formas tranquilas, gracias al dominio de las nuevas técnicas poéticas, así como del instrumento expresivo. Al juzgar su poesía, Juan Ramón Jiménez dice que "funde dos líneas de la poesía española, la neta y la barroca, con un solo estilo igual o encadenado; lirismo recto y lento, que podría definirse "fijeza deleitable intelectual". A este libro pertenece el excelente poema "Martirio de San Sebastián", con elementos narrativos y líricos; místicos y filosóficos.

Después Florit publicó *Reino* (1938). El poeta ha encontrado una expresión capaz de apresar en toda su esencia—exacta y concreta—la realidad exterior del paisaje o de su propia intimidad. Es al mismo tiempo hombre con angustia metafísica y de emoción cierta, aunque sobria. En los versos escritos entre 1920 y 1944 y recogidos en su *Poema mío* (1947) se nota la acción del tiempo y de la experiencia gravitando sobre él. El poeta se ha ido serenando espiritualmente a la vez que se purifica líricamente. Ahora se ha recogido en su alma y en forma sencilla canta lo que le impresionó ayer, a la naturaleza vista desde dentro. La sensibilidad lírica de que ha dado siempre muestras, se llena ahora de una profundidad metafísica que no se pierde en disquisiciones teóricas, sino en el anhelo de arrancar el secreto a las cosas simples y comunes. Así aparece en los versos de "Estrofas a una estatua". Más tarde publicó *Conversación a mi padre* (1949) y *Asonante final y otras poemas, 1946-1955* (1955). La poesía de Florit está dominada por un hondo lirismo y es siempre grave, meditada, profunda en su fondo; y armoniosa y precisa en lo formal. No está en la línea de la poesía pura de un Juan Ramón o menos de Guillén. Es el suyo un lirismo concentrado, contemplativo, desnudo de palabras innecesarias, pero al que lo ardiente de su alma no deja intelectualizarse demasiado. Ni el logro de la perfección técnica, ni la decantación de la expresión lo han conducido al verso frío.

Sus últimos libros de versos son *Antología poética, 1940-1955* (1956) y *Hábito de esperanza* (1965). En la mayoría de sus versos encontramos una angustia metafísica que no se expresa en amargura estridente, sino que parece evaporarse, tanto en el sentimiento religioso siempre sutil, como en la contemplación de la naturaleza, el pasado y detalles de la vida. En pocos poetas se encuentra la quietud interior de este Florit que a veces de la sensación de estar de vuelta de todos los caminos de la vida y de conocer el secreto del arcano. Su tono más reciente es de confianza y resignada espera en la Divinidad. Religiosidad, panteísmo de la naturaleza, lirismo mesurado aunque emotivo, están indisolublemente unidos en su poesía, que está entre las de más alta calidad dentro de las tendencias contemporáneas.

La poesía de Claudia Lars, Jorge Rojas, y Evaristo Ribera Chevremont

Claudia Lars. Con una docena de libros de versos, CLAUDIA LARS (1899), cuyo verdadero nombre es Carmen Brannon Beers se ha convertido en la más alta poetisa de su país, con resonancia continental. Nació en Armenia, Departamento de Sonsonate, El Salvador, de ascendientes irlandés e indígena. Después de terminar sus estudios secundarios se entregó de lleno a su vocación literaria. No posee ningún título universitario ni pertenece a sociedades culturales. Colaboradora de las principales revistas y periódicos de Centro-América. Ha viajado por Estados Unidos, Cuba, México y América Central. Su obra literaria incluye a más de las evocaciones con tono autobiográfico de *Tierra de infancia* (1958), artículos, crónicas, ensayos, conferencias y, especialmente versos repartidos en casi una docena de libros de sostenido valor lírico.

Su primer libro importante fue *Estrellas en el pozo* (1934) que destaca por su actitud romántica. Poesía en que canta su mundo íntimo: amor, preocupación, dolor, ternura. Su próximo libro importante fue *La casa de vidrio* (1942), hondo a pesar de su expresión sencilla. La poetisa va en un proceso de depuración poética. La influencia evidente de García Lorca se hizo muy patente en *Romances del Norte y Sur* (1946). De orientación simbolista son sus *Sonetos* (1947), alrededor del amor y personajes famosos. Luego ha publicado *Donde llegan los pasos* (1953), *Escuela de pájaros* (1955). *Fábula de una verdad* (1959) tiene un tono autobiográfico inconfundible. Otra vez la autora se asoma a su propia alma, dejándonos ver sus afectos e inquietudes metafísicas. Vuelve a demostrar, sin embargo, que su gran pasión, su deidad, es la poesía en sí misma. Claudia Lars se fue depurando hasta llegar a una poesía casi pura con sus raíces más hondas en el alma de la poetisa. Las imágenes le brotan naturales, pero llenas de sorpresa. Sencillez, lirismo del bueno; expresión poética serena y como purificada por una experiencia vital honda y por sus grandes ideales.

Jorge Rojas. En septiembre de 1939 apareció el cuadernillo inicial de *Piedra y Cielo*—título tomado de un libro de versos de Juan Ramón Jiménez. Esta colección venía encaminada a divulgar la nueva poesía colombiana nacional e internacionalmente. El título de estos cuadernos dio nombre a un grupo de jóvenes—los *piedracielistas*—amantes de las nuevas corrientes de la poesía universal. En aquel primer número apareció *La ciudad sumergida,* primer poema de JORGE ROJAS (1911), quien, al igual que el resto del grupo, mostraba las influencias de Juan Ramón Jiménez, Diego, Salinas, García Lorca, Alberti y, muy especialmente de Neruda. El grupo tuvo una influencia notable en la lucha renovadora de la poesía de ese país. Rojas, uno de los más representativos, nació en Santa Rosa de Viterbo, Boyacá, Colombia. Hizo estudios de bachillerato en el Colegio de San Bartolomé (1921-1927) y de derecho en la Universidad Javeriana de Bogotá (1932-1937). Fue uno de los fundadores de los cuadernos ya mencionados.

Su libro de versos más notable es *La forma de su huída* (1939), poesía depurada y de corte intelectual, muy cerca de la línea poética de Juan Ramón Jiménez. Depura el estilo en busca de la belleza absoluta y abstracta, dando una poesía de sensaciones, no de descripciones. Anhela la depuración de la emoción, la expresión y el estilo. Rojas considera a la poesía como el centro del hombre. En sus versos decantados, canta a la soledad, con interrogantes metafísicos en los que son fáciles de adivinar las influencias simbolistas y surrealistas, ya asimiladas. Otros libros suyos son: *Parábolas del mundo nuevo* (1945), *La invasión de la noche* (1947), *La doncella del agua* (1948) y *Soledades, 1936-1945* (1958). Rojas ha llegado a una poesía honda en subjetivismo y espiritualidad.

Evaristo Ribera Chevremont. Uno de los poetas más notables de Puerto Rico en esta época es EVARISTO RIBERA CHEVREMONT (1896), que ha obtenido renombre como periodista y poeta. En su poesía se observan tres etapas, perfectamente distinguibles. Se inició en el modernismo, siguiendo las orientaciones de *Prosas profanas* de Darío en su libro de poemas *El templo de los alabastros* (1919). Hasta el título es demostrativo del afán preciosista, exótico y elegante. Son versos sensoriales, de plasticidad impersonal, con gran cuidado de la forma. Ese mismo año obtuvo una beca de la Casa de España en Puerto Rico, que le permitió permanecer cinco años en la península, donde se puso en contacto directo con las tendencias de vanguardia, ya muy fuertes por esa época. Allí publicó *La copa de Hebe* (1922), con gran culto del versolibrismo. A su regreso a Puerto Rico en 1924 se convirtió en el líder de las orientaciones de vanguardia, a las que prestó mucho impulso. Es la época de *La hora del orífice* (1929) y *Color* (1938).

En una tercera etapa, Ribera Chevremont evolucionó hacia una poesía antipreciosista, muy ceñida, desnuda, llena de subjetivismo y de preocupación trascendente, alejándose al propio tiempo de los malabarismos vanguardistas y abrazando formas más tradicionales. Los versos de *Tonos y formas* (1943) expresan esa búsqueda del íntimo sentido de la realidad. La infancia, la naturaleza, Dios, el sentido del mundo, la mujer, los sueños, el misticismo, lo cosmogónico son ahora los temas predilectos. En este período también ha cultivado la poesía proletaria y de inquietud social, cuyos exponentes más valiosos son "Los hombres de blusas azules" y "La sinfonía de los martillos". Estos poemas y los titulados "San Juan", "El niño y el farol", "Los sonetos de la soledad", "San Juan de la Cruz", constituyen sus composiciones más logradas.

Poesía existencial, trascendental y otras corrientes de última hora
La soledad en la poesía de Octavio Paz

Después de los *Contemporáneos,* el grupo de más influencia en la literatura mexicana fue el de la revista *Taller poético* (1936–38) transformado luego en *Taller* (1938–1941), cuyos componentes tenían su ideario propio sobre el quehacer poético. Aspiraban a cambiar la sociedad empezando por el hombre en un proceso en que "Amor, Poesía y Revolución eran tres sinónimos ardientes", como ha dicho el propio Paz. Para ellos el poema no es instrumento de expresión, sino que vale como acto de afirmación vital en sí mismo. El poeta mayor del grupo es OCTAVIO PAZ (1914), uno de los bardos más sobresalientes de Hispanoamérica en la actualidad. Nació en la cuidad de México donde recibió toda su educación. Presenció la Guerra Civil Española y sus horrores resultaron una experiencia inolvidable para él y su generación. Después de obtener su doctorado en la Universidad Nacional de su país, una beca Guggenheim (1943) le permitió realizar estudios avanzados de poesía hispanoamérica en los Estados Unidos. Más tarde ingresó en el servicio exterior habiendo desempeñado cargos diplomáticos en París, Suiza y el Lejano Oriente. Estos viajes le han dado la oportunidad para un contacto directo con la cultura de esos países, de las cuales encontramos huellas en su producción e ideología. Es notable antólogo y estudioso de la poesía mexicana como lo demuestran sus antologías en francés e inglés con prólogos respectivamente de Paul Claudel (1952) y Samuel Beckett (1958). Ha formado parte de la delegación de su país en las Naciones Unidas y actualmente es su Embajador en la India.

Paz se ha distinguido principalmente como poeta, pero también sus prosas, cuentos poemáticos y sus ensayos merecen mucha atención. Su poesía combina una firme angustia existencial en que se le ve afanoso en busca del ser, con una afinidad con el superrealismo en el aspecto técnico. Lo esencial de su poesía es su universalismo. No le preocupa solamente el hombre mexicano, sino que se le ve angustiado por el destino de todos los hombres. Un nuevo humanismo asoma a sus versos, de honda preocupación ontológica e indirectamente social. Sus influencias más notables han sido: Neruda, Holderlin, Eluard, las filosofías orientales (el hinduísmo), y, sobre todo, la poesía de Luis Cernuda. Sus obras poéticas más importantes son: *Luna silvestre* (1933), *¡No pasarán!* (1936), *Raíz del hombre* (1937), *Bajo tu clara sombra* (1937),

LA LITERATURA ACTUAL: POSTVANGUARDISMO Y ÚLTIMAS PROMOCIONES

Entre la piedra y la flor (1941), *A la orilla del mundo* (1942), *Libertad bajo palabra* (1949), *Semillas para un himno* (1952), *Piedra de sol* (1958), *La estación violenta* (1958), *La salamandra* (1962), y *Magia de la risa* (1962). Salvo el primero, que el propio autor no quiere recordar, los demás son libros definitivos por su mensaje poético. Los temas esenciales de la poesía de Paz son: la soledad, el tiempo, el amor, la poesía, la nada, la naturaleza, el silencio. Considera que el asunto central de la poesía contemporánea es la soledad. A través de un recorrido por sus libros se nota que el poeta comenzó buscándose a sí mismo en constante buceo ontológico como paso imprescindible para su objetivo final: la identificación o integración existencial de su ser con los demás hombres y en última instancia con el universo. Según Paz el hombre ha perdido la comunión entre sí por razones históricas, religiosas y económicas; la más horrible soledad los separa en islas aisladas y lo único capaz de restablecer el diálogo entre los hombres es el amor y la poesía. No es la suya poesía verbalista o de ejercicios expresivos, sino de honda fibra ideológica. Una síntesis admirable de la ideología fundamental de su poesía aparece en su poemas más ambicioso, "Piedra de sol" del libro *La estación violenta*. Así expresa el poder unificador del amor: "El mundo nace cuando dos se besan".

En su filosofía sobre la poesía estima que la misión del poeta sobre la tierra es ir al reencuentro del amor universal que han aplastado la violencia y los totalitarismos que sufre nuestra civilización. El más alto objetivo del poeta contemporáneo es hablar por todos y cada uno de los hombres. Aun cuando su poesía expresa la soledad, el desgarramiento, la angustia del ser en el mundo moderno, tiene siempre un tono esperanzador. Para él, el hombre está aislado y en soledad, pero existe la posibilidad de su redención a través del amor y la poesía, los elementos más revolucionarios según el autor. Sus teorías, no exentas de utopismo, son una afirmación de fe en el hombre y en su habilidad para salvarse a sí mismo. Es la de Paz una poesía honda, profunda, seria, grave, de grandes y agudas meditaciones sobre el hombre y su destino. Toda ella trasunta la lucha entre vida y muerte, soledad y comunión, silencio y palabra esencial y siempre deja la puerta abierta a la esperanza en un futuro mejor para el hombre. La poesía de Octavio Paz entronca, por sus inquietudes, planteamientos y mensaje, con la mejor poesía universal de la época contemporánea.

La característica esencial de Octavio Paz ensayista es la reiteración de los temas básicos de su poesía, como son la soledad y la búsqueda en el interior del ser, así como la transferencia a su prosa del lirismo, intuición y estilo del poeta. El primer ensayo en atraerle amplia aclamación fue *El laberinto de la soledad* (1950), del cual se han hecho tres ediciones hasta la fecha y vertido al inglés. La obra es un análisis subjetivo y muy penetrante del carácter mexicano según se revela en su proceso histórico, desde los tiempos de la conquista y Hernán Cortés hasta el presente. Constituye una indagación singular y aguda de la esencialidad de lo mexicano así como de las bases del espíritu nacional. Aunque la obra no deja de ser polémica en muchos aspectos, no cabe duda de que Paz ha ahondado en las secretas raíces de la cultura, la personalidad e idiosincracia del pueblo mexicano, alumbrando muchos misterios sobre la conducta individual y social. La obra resulta de capital importancia para el estudio de la sicología nacional y de la cultura de la nación.

Casi todas las ideas cardinales de Paz sobre la poesía y su filosofía e ideología personal están contenidas en su segundo ensayo, *El arco y la lira* (1956) en el que afirma: "Condenado a vivir en el subsuelo de la historia, la soledad define al poeta moderno. Aunque ningún decreto lo obligue a dejar su tierra, es un desterrado", El libro no es en el fondo sino una defensa de la poesía, considerando que la misión del poeta en el mundo moderno es restaurar "la palabra original, desviada por los sacerdotes y los filósofos". En ambos trabajos el estilo de Paz llega a una gran justeza y precisión expresiva, en una prosa tersa, rica en imágenes felices y tonos poéticos. Agilidad estilística y originalidad de ideas completan el cuadro de sus valores estéticos. También ha escrito el autor *¿Águila o sol?*, volumen de prosas poemáticas de hondo subjetivismo y técnica superrealista. También tiene cuentos de fino humorismo. La calidad de sus versos y prosa sitúan a Octavio Paz en primera fila entre los autores contemporáneos de Hispanoamérica.

BIBLIOGRAFÍA

1 REFERENCIAS GENERALES

(Consúltense las referencias generales del Cap. XXIV; los estudios de conjunto y antologías de la poesía)

Alexander, Robert J., *Communism in Latin America*, New Brunswick, N.J., Rutgers Univ., 1957.

——, *The Struggle of Democracy in Latin America*, New York, Macmillan, 1961.

——, *Today's Latin America*, Garden City, N.Y., Doubleday, 1962.

Arrom, *Esquema generacional*, Caps. XVII y XVIII.

Keen, Benjamin, *Readings in Latin American Civilization*. 1492 to the present, Boston, Houghton Mifflin, 1967. Part VIII—"Latin America in the Twentieth Century".

2 DIFERENTES CORRIENTES DE LA POESÍA. PROLONGACIÓN DEL VANGUARDISMO

EMILIO ADOLFO WESTFALEN

Textos

Ínsulas extrañas, Lima, 1933.
Abolición de la muerte, Lima, 1935.
Selección en Anderson Imbert y Florit, 680–681.

Crítica

Anderson Imbert, *Historia*, II, 185–186.

3 LA POESÍA POPULAR: POESÍA NEGRA O AFRO-ANTILLANA

a) ESTUDIOS GENERALES

Ballagas, Emilio, *Antología de la poesía negra hispanoamericana*, Madrid, Aguilar, 1944.

——, *Mapa de la poesía negra americana*, Buenos Aires, Pleamar, 1946.

Güirao, Ramón, *Órbita de la poesía afrocubana, 1928–1937*, La Habana, Úcar, García, 1938.

Valbuena Briones, Ángel, "El tema negro en la poesía antillana", Cap. XXVII de su *Literatura hispanoamericana*, 413–431, con amplia bibliografía.

LA LITERATURA ACTUAL: POSTVANGUARDISMO Y ÚLTIMAS PROMOCIONES

b) AUTORES MÁS SOBRESALIENTES

LUIS PALÉS MATOS

Textos

Azaleas, Guayama, P.R., 1915.

Tuntún de pasa y grifería. Poemas afro-antillanos, San Juan, P.R., 1937; con prólogo de Ángel Balbuena Prat; 2da. ed., 1950, con prólogo de Jaime Benítez.

Poesías 1915-1956, San Juan, Univ. de Puerto Rico, 1957; introducción de Federico de Onís.

Selecciones en Anderson Imbert y Florit, 673-674; Ballagas; Caillet-Bois; Onís.

Crítica

Arce de Vázquez, Margot, *Impresiones: notas puertorriqueñas,* San Juan, Ed. Yaurel, 1950; 43-80.

Labarthe, Pedro J., "El tema negroide en la poesía de Luis Palés Matos", *Hispania,* XXXI (1948), 30-42.

Onís, Federico de, *Luis Palés Matos. Vida y obra. Bibliografía. Antología,* Santa Clara, Cuba, Instituto de Estudios Hispánicos, Universidad Central de las Villas, 1959.

Valbuena Briones, *Literatura,* 427-431.

EMILIO BALLAGAS

Textos

Obra poética de Emilio Ballagas (Edición póstuma), La Habana, Úcar, García, 1955; con un excelente ensayo preliminar de Cintio Vitier.

Selecciones en Ballagas, *Antología y Mapa*; Guirao, *Órbita*; Caillet-Bois; Vitier, *Cincuenta años.*

Crítica

Fernández Retamar, *La poesía contemporánea,* 39-43, 54-56.

Marinello, Juan, *Poética. Ensayos en entusiasmo,* Madrid, Espasa-Calpe, 1933, 53-61; reproducido en *Obra poética.*

Rice, Argyl Pryor, *Emilio Ballagas: Poeta o poesía,* México, Studium, 1967.

NICOLÁS GUILLÉN

Textos

Sóngoro Cosongo (1931), 2da. ed., La Habana, 1942; con prólogo de don Miguel de Unamuno.

El son entero, Buenos Aires, Pleamar, 1947; recoge la mayor parte de su obra; Buenos Aires, Losada, 2da. ed., 1957 (Bibl. Contemporánea, 240).

La paloma de vuelo popular: Elegías, Buenos Aires, Losada, 1948.

Crítica

Arce de Vázquez, *Impresiones,* 43-80.

Augier, Ángel, *Nicolás Guillén: Notas para un estudio biográfico-crítico,* 2 vols., La Habana, Editora del Consejo Nacional de Universidades, 1964.

Figueira, Gastón, "Dos poetas iberoamericanos de nuestro tiempo", *Revista Iberoamericana,* X (1945), 107-110.

Marinello, *Literatura hispanoamericana,* México, Ediciones de la Univ. Nac. Autónoma, 1937, 79-93.

Olivera, *Literatura antillana,* 137-139.

LA LITERATURA ACTUAL: POSTVANGUARDISMO Y ÚLTIMAS PROMOCIONES

MANUEL DEL CABRAL

Textos

Compadre Mon, 1943; 2da. ed., 1948.
Antología clave (*1930-1956*), 1957.

Crítica

Figueiras, Gastón, "Dos poetas iberoamericanos de nuestro tiempo", *Revista Iberoamericana*, X (1945), 111-117.
Henríquez Ureña, Max, *Panorama histórico de la literatura dominicana*.
Nolasco, Flérida García de, *Rutas de nuestra poesía*, Ciudad Trujillo, Imp. Dominicana, 1953, 132-137.
Ugarte, Manuel, *Cabral: un poeta de América*, 2da. ed., Buenos Aires, Ed. Americalee, 1955.

4 LA POESÍA "PURA" Y OTRAS CORRIENTES

EUGENIO FLORIT

Textos

Doble acento, La Habana, 1937; prólogo de Juan Ramón Jiménez.
Poema mío (*poesía completa*), México, 1947.
Asonante final y otros poemas, La Habana, 1955.
Antología poética, México, 1956; prólogo de Andrés Iduarte.
Hábito de esperanza, poemas, Madrid, Ínsula, 1965.
Literatura hispanoamericana. Antología e introducción crítica (en colaboración con Enrique Anderson Imbert), New York, Holt, Rinehart and Winston, 1960.
Cien de las mejores poesías españolas, New York, Las Américas, 1965.

Crítica

Fernández Retamar, *La poesía contemporánea*, 34-39.
Jiménez, Juan Ramón, "El único estilo de Eugenio Florit", *Revista Cubana*, VIII (1937), 10-16.
Río, Ángel del, "Eugenio Florit", *Revista Hispánica Moderna*, VIII (1942), 205-222.
Shuler, Esther E., "La poesía de Eugenio Florit", *Revista Iberoamericana*, VIII (1944), 301-324

CLAUDIA LARS

Textos

Donde llegan los pájaros, San Salvador, Ministerio de Cultura, Dirección General de Bellas Artes, 1953.
Tierra de infancia, San Salvador, Ministerio de Cultura, Departamento Editorial, 1958. Prólogo de Eduardo Mayora.
Fábula de una verdad, San Salvador, Ministerio de Cultura, Departamento Editorial, 1959 (Colección Poesía, 11).
Canciones, 2da. ed., San Salvador, Ministerio de Cultura, Departamento Editorial, 1960 (Colección Caballito de Mar, 3).

LA LITERATURA ACTUAL: POSTVANGUARDISMO Y ÚLTIMAS PROMOCIONES

Crítica

Diccionario......*América Central*, I, 69–70.

Gallegos Valdés, Luis, "Panorama de la literatura salvadoreña" en *Panorama das literaturas das Américas (de 1900 á actualidad)*, Angola, Ediçao de Municipio de Nova Lisboa, 1958, Vol. II, 559–563.

Mayora, Eduardo, "Prólogo" a *Tierra de infancia*, ya citada.

Toruño, Juan Felipe, *Desarrollo literario de El Salvador, ensayo,* San Salvador, Ministerio de Cultura, Departamento Editorial, 1958, 325–328 y 413.

JORGE ROJAS

Textos

La forma de su huída, poemas, Bogotá, Cuadernos Piedra y Cielo, 1939.

La ciudad sumergida, Cuadernos Piedra y Cielo, 1939.

Poemas, Medellín, Universidad Católica Bolivariana, 1943.

La invasión de la noche, México, 1946.

Soledades, 1936–1945, Bogotá, 1948.

Crítica

Arango Ferrer, Javier, *La literatura de Colombia*, Buenos Aires, Facultad de Filosofía y Letras, Univ. de Buenos Aires, 1940, 150–151.

Caneva, Jorge, "Jorge Rojas o la dimensión cósmica de la poesía" en *Universidad de Antioquía* (Medellín, mayo-junio, 1944), 425–431.

Diccionario......*Colombia*, 168–169.

Echeverri Mejía, Oscar, "Tres poetas colombianos contemporáneos", en *Bolívar*, Bogotá (octubre, 1957), 479–494.

Valle, Rafael Heliodoro, "Diálogo con Jorge Rojas", en *Universidad de Antioquía*, Medellín (junio-agosto, 1952), 523–528.

Zalamea, Luis, "Jorge Rojas: poeta, agricultor y urbanista" *Revista Américas*, Vol. XV, No. 12 (diciembre, 1963), 35-39.

EVARISTO RIBERA CHEVREMONT

Textos

Antología poética, Madrid, Ediciones Cultura Hispánica, 1954.

Selecciones en Anderson Imbert y Florit, 561–562.

Crítica

Cabañas, Pablo, "La poesía de Ribera Chevremont", *Cuadernos de literatura*, Madrid, IV (1948), 231–236.

——, "Presentación" a la *Antología poética* ya mencionada en los textos.

Meléndez, Concha, *La inquietud sosegada*, San Juan, Imprenta Venezuela, 1946.

Olivera, *Literatura antillana*, 129–130.

Valbuena Briones, Ángel y Hernández Aquino, Luis, *Nueva poesía de Puerto Rico*, Madrid, Ediciones Cultura Hispánica, 1952; 126–136.

5 POESÍA EXISTENCIAL

OCTAVIO PAZ

Textos

Libertad bajo palabra (*Obra poética, 1935-1958*), México, Fondo de Cultura Económica, 1960.
El laberinto de la soledad (1950), 3ra. ed., México, Fondo de Cultura Económica, 1963.
Las peras del olmo, México, Imprenta Universitaria, 1957.

Crítica

Dauster, Frank, *Breve historia de la poesía mexicana*, México, Studium, 1956, 173-175.
Fein, John M., "The Mirror as Image and Theme in the Poetry of Octavio Paz", *Symposium*, X (1956), 251-270.
Leiva, *Imagen*, 205-226.
Martínez, *Literatura mexicana del siglo XX*.
Usigli, Rodolfo, "Poeta en libertad", *Cuadernos Americanos*, XLIX, 1 (1950), 293-300.
Xirau, Ramón, *Tres poetas de la soledad: Gorostiza, Paz, Villaurrutia*, México, Antigua Librería de Robledo, 1955.

32 La novela suprarrealista

Ambiente espiritual de la época

Los acontecimientos políticos, económicos y sociales que animan el siglo XX, tales como las dos guerras mundiales, la Guerra Civil Española, el surgimiento de las doctrinas totalitarias, la profunda depresión de 1930, la "guerra fría", el desarrollo de las armas nucleares, la balística intercontinental y la llamada "revolución tecnológica" han producido cambios radicales en el mundo. A esto ha de unirse la quiebra de los valores y creencias tradicionales, así como el nacimiento de nuevas bases ideológicas y filosóficas para la humanidad. Como resultado de todos estos factores el hombre se siente en medio de una tremenda crisis mental, moral y cultural que sacude los fundamentos más profundos de su existencia, produciendo un clima de violencia, angustia, desesperación, zozobra, temor, desesperanza, de alcance universal, porque afecta directa o indirectamente a todos los países de la tierra. La honda crisis producida no ha sido tanto en el mundo exterior del hombre—ya que nunca antes ha gozado de tanto bienestar material—como en lo espiritual, moral y especialmente en la conciencia del individuo, debido a la presión que sobre ella ejercen aquellos factores, así como la masificación creciente de la sociedad y el dominio casi absoluto de la técnica, el cientificismo, la economía y la política. El hombre parece estar clamando por más libertad, más reconocimiento individual y un más claro sentido de la vida total. Ante la soledad y abandono que padece el individuo se ha orientado hacia la indagación de sí mismo: el origen, naturaleza y destino del ser y las motivaciones más hondas y secretas de su subconsciente. Ha surgido un sentido universalista de la vida: el hombre se detiene ahora más en el estudio de su propio ser y en el de otros individuos, quizás en busca de una respuesta a sus dudas y enigmas. Aunque todavía hay interés por los problemas exteriores del hombre (políticos, económicos, sociales), el mayor énfasis se pone en los procesos de la conciencia, porque se consideran los más importantes dentro de la realidad total del individuo.

Una nueva novelística: sus tendencias y orientaciones

Es natural que un nuevo mundo en tantos aspectos, haya dado nacimiento a una novelística distinta a la conocida hasta hoy, capaz de apresar la realidad sicológica y vital de la persona contemporánea y sus luchas, no tanto contra los otros hombres como consigo misma, la civilización y la propia vida, a la que en general se considera como un absurdo sin sentido. La novela tiene un nuevo alcance y perspectiva en que se combinan: los avances de las ciencias médicas, especialmente en el campo de la mente humana como son el sicoanálisis y el fluir del subconsciente explorados por Freud y sus discípulos; el superrealismo como técnica literaria y el existencialismo y otras corrientes filosóficas.

La prosa novelística presenta rasgos diametralmente diferentes a los métodos tradicionales. Trata de presentar los movimientos de la conciencia, el mundo oscuro de la subconciencia y sus reacciones ante toda clase de estímulos e incitaciones. Es una novela más intelectual, menos asequible al público general y muchas veces para "elites" cultas. Los temas son abstractos, llenos de complicación y simbolismo. Refleja el estado espiritual y moral de la época y la angustia metafísica del hombre (desesperanza frente a su destino, sensación de soledad, aislamiento, abandono y rebeldía frente a lo absurdo de la vida). El arte es ahora más intelectual, metafísico, filosófico e intuicional que antes. Presenta al hombre tratando de hallar su destino en un mundo que considera en quiebra. De ese modo la novela adquiere carácter testimonial de la crisis del mundo actual. Se nota una gran influencia del marxismo y de preocupación social. La novela aspira a un tono trascendentalista: no es simple obra para deleitar, sino que debe tener un mensaje, "comprometerse" en la crisis contemporánea. Expresa la rebeldía contra la civilización, contra la sociedad y la realidad que ahogan lo mejor de la persona humana. En este sentido representa un nuevo romanticismo. Lucha contra la injusticia, la soledad, el abandono. A menudo se prescinde del tiempo y el espacio "históricos" porque el autor desea hacer vivir al lector en el mundo síquico creado por él, donde no funciona el tiempo cronológico. Por lo general es literatura muy pesimista, amarga y desesperada y sus caracteres son víctimas de la soledad, de la sordidez del mundo moderno, con desgarramientos hondos de su personalidad. La prosa está lleno de apremio, a fin de apresar los estados de ánimo y el fluir de la conciencia, así como muy poética, lírica y metafórica.

Los tipos de novelas presentan una rica variedad, según los distintos movimientos o tendencias surgidas: existencialismo, neorrealismo, trascendentalismo, sicologismo, neonaturalismo, superrealismo y otras. Por lo general es muy difícil enmarcar las novelas en casilleros específicos, porque presentan algo de los diferentes movimientos literarios y técnicas. Por eso se prefiere hablar de "últimas corrientes novelísticas" en vez de intentar clasificaciones casi imposibles.

Innovaciones técnicas más importantes

A fin de lograr los nuevos objetivos de la literatura, ha sido necesario introducir nuevas técnicas, ya que los métodos tradicionales no pueden describir los procesos mentales o de la ciencia adecuadamente. Se abandonan casi todos los viejos sistemas narrativos y se sustituyen por nuevos, más complicados, pero capaces de representar las complejidades de la vida en el interior de la mente humana. La descripción satisfactoria del subconsciente ha requerido la iniciación de nuevos métodos de ficción. Los más importantes son:

1. El monólogo interior directo e indirecto, la descripción omnisciente y el soliloquio sobre todo siguiendo a James Joyce.

2. El contrapunto, a la manera de Aldous Huxley: uso de varios niveles de narración (paralelos, simultáneos, entrecruzados); asociación de hechos sin aparente relación.

3. Libre asociación de ideas, respondiendo al libre movimiento de la conciencia. Es una herencia del superrealismo de Bretón, Apollinaire y sus discípulos.

4. Lo laberíntico de los relatos, tomado de Franz Kafka.

5. Fragmentación del tiempo cronológico en múltiples planos. A veces da la impresión de que un niño jugador ha trastocado el orden lógico de las páginas del manuscrito. Influencia de Proust y Mann.

6. Uso de mitos clásicos y modernos al estilo de Joyce.

7. Simbolismo y alegorías.

8. "Traslaciones", o aprovechamiento de personajes y circunstancias presentes para presentar hechos remotos o pasados.

9. Técnicas del "realismo crítico" y del "realismo mágico".

10. Protagonista múltiple: en vez de caracteres individuales, se introducen caracteres colectivos (todo un pueblo o comunidad, un grupo racial o étnico, varios miembros de un grupo social, etc.).

11. Técnicas de la cinematografía: "montaje", "multiple view", "slowups", "fade-out", "close-ups", "panoramas" y "flashbacks".

Las últimas corrientes novelísticas en Hispanoamérica

A través de todo el proceso de la literatura hispanoamericana se nota un anhelo de universalismo, a menudo interrumpido por el triunfo de las tendencias regionales, con su correspondiente apego a lo local. El modernismo, el vanguardismo, el realismo al estilo europeo que vimos en la novela contemporánea, fueron intentos en cierto sentido fallidos de ese propósito de dar a esta literatura una proyección mundial. Se le han hecho fuertes críticas a la literatura de estos países por su preocupación predominante por problemas políticos, económicos y sociales de naturaleza regional, pero de poca significación en otras áreas del mundo. A partir de los años treinta se nota una firme y decidida reacción contra la arraigada tradición regionalista y el deseo de asimilar las corrientes novelísticas más modernas cultivadas en Europa y los Estados Unidos. En los últimos treinta y cinco años hemos asistido al esfuerzo de un buen número de escritores de mucho talento empeñados en elevar nuestra novelística y lograr en sus trabajos la universalidad requerida para que esta literatura alcance reconocimiento y admiración en otras partes del mundo.

La novela actual no ha logrado desplazar por completo al criollismo, pues en las tendencias de la novelística hispanoamericana se nota la convergencia de estas tres corrientes:

a) Un buen número de novelistas se afilian a las últimas corrientes, con el empleo de las técnicas más radicales y modernas.

b) Persistencia del criollismo tradicional, representada tanto por los antiguos escritores que todavía siguen produciendo como Gallegos y otros que persisten en los viejos métodos.

c) Finalmente, existen los que combinan ambas técnicas, debido a la recíproca influencia entre ambas corrientes. Los tradicionalistas dejan traslucir a veces el influjo de las nuevas corrientes y éstas al aplicarse al suelo o realidad de América, tienen mucho de lo tradicional.

Las últimas corrientes de la novela representan uno de los esfuerzos más notables para incorporar esta literatura a las tendencias estilísticas y movimientos ideológicos de la literatura universal contemporánea. Muchas de las novelas producidas en este campo admiten comparación con las de otros países, por su maestría técnica y el universalismo de sus temas e ideología. Nuestra novela sigue en general las características que hemos señalado, pero nuestros autores no son meros imitadores de los grandes maestros europeos o norteamericanos, sino muy hábiles adaptadores de sus técnicas en una forma original y propia. Resulta difícil clasificar estas novelas por técnicas o atendiendo a los últimos movimientos, porque representan una aleación de todos los anteriormente mencionados. Es muy difícil predecir el futuro rumbo de nuestra novelística. No nos atrevemos a predecir que el criollismo quedará completamente liquidado—como parece actualmente—porque puede producirse en el futuro una reacción contraria a la corriente predominante hoy, accediendo a cambios de gustos o de técnicas.

Lo que sí es innegable es el vigor con que se se cultivan las corrientes más modernas. A veces los escenarios son locales, pero siempre hay el deseo de presentar los problemas del hombre hispanoamericano con una proyección universal. Los conflictos con el medio físico o de índole económica, política y social han sido suplantados por problemas más fundamentales del hombre contemporáneo, no sólo de América, sino del mundo entero. Las tendencias más recientes han ocasionado un cambio paralelo en las influencias. Ahora las predominantes son, de Francia: Marcel Proust,

André Malraux, Albert Camus, Sartre, Gide, Claudel, Mauriac, J. Green, J. Romains, Jean Cocteau. De Alemania: Thomas Mann, Franz Werfel, Arnold Zweig, Franz Kafka, Hesse, Lagerkvist. De Inglaterra: D. H. Lawrence, Graham Greene, Evelyn Waugh, Cyrill Connolly, George Orwel, Walter Baxter, Virginia Woolf, Aldous Huxley. De Estados Unidos: William Faulkner, Hemingway, Cadwell, John Dos Passos, Steinbeck, Henry Miller. Austria: Freud y sus teorías sobre el subconsciente. De Irlanda: James Joyce. Los precursores de estas tendencias en Hispanoamérica son: Rafael Arévalo Martínez, Eduardo Barrios y Pedro Prado.

Aunque son muchos los autores que cultivan las nuevas corrientes, aquí estudiaremos los más representativos, ante la imposibilidad material de hacerlo con todos. Los novelistas mayores son: Eduardo Mallea, Agustín Yáñez, Alejo Carpentier, Miguel Angel Asturias, María Luisa Bombal, Manuel Rojas, Arturo Uslar Pietri y Ernesto Sábato. Otros autores: Lino Novás Calvo, Jaime Torres Bodet.

Novelistas mayores: Eduardo Mallea y la novela existencial

Uno de los novelistas hispanoamericanos que más a fondo ha asimilado la orientación de la novela europea contemporánea es EDUARDO MALLEA (1903), no sólo en la técnica, sino también en el contenido y la ideología. Parece haber bebido en la fuentes de los grandes maestros de la narrativa: Marcel Proust, James Joyce, Jean Giraudoux, Franz Kafka, Henry James, Mauriac, Julien Green, Graham Greene en cuanto a contenido y temas y en Kierkeggard respecto a lo ideológico. Nació en Bahía Blanca, provincia de Buenos Aires, donde su padre era un médico eminente. Estudió en un colegio inglés que le facilitó el conocimiento de esa lengua y literatura y terminó el bachillerato en el Colegio Nacional de la misma ciudad. A los siete años hizo su primer viaje a Europa. En 1916 se trasladó a Buenos Aires para estudiar leyes en su Universidad, pero resultó más fuerte su vocación literaria. A Europa volvió en 1928 y 1934 para estancias bastante largas, que tuvieron mucha influencia en su obra. Fue co-fundador de la *Revista de América* y en 1931 se le nombró director del suplemento dominical de *La Nación*. A la declinación del vanguardismo se convirtió en uno de los líderes más destacados de los jóvenes escritores e intelectuales argentinos, mientras su obra literaria le ganaba los más altos galardones que culminaron en el Primer Premio Nacional de Literatura (1945), el Gran Premio de Honor de la Sociedad Argentina de Escritores (1946) de la que ha sido Presidente y el Premio "Carlos Casavalle" de la Cámara Argentina del Libro (1955). Ha representado a la Argentina ante la U.N.E.S.C.O. (1955–1958) y servido varios cargos diplomáticos en algunas capitales extranjeras. Ha colaborado en las mejores revistas de Argentina, Roma, París, España e Hispanoamérica, y sus mejores obras han sido vertidas al francés, alemán, italiano, inglés y portugués.

Mallea se ha distinguido notablemente en el ensayo, el cuento, el periodismo, la novela e inclusive ha intentado el teatro, aunque sin mucho éxito. Es un autor extraordinariamente fecundo, distinguiéndose básicamente por su carácter intelectual y por el tono existencialista que adoptan la mayoría de sus relatos e inclusive ensayos. Su honda preocupación por el destino humano lo lleva a angustiosas meditaciones en busca de lo más recóndito del ser, como anheloso de encontrar las razones últimas de la angustia y aislamiento en que se consume el hombre contemporáneo. En ese afanoso intento comenzó por la búsqueda e interpretación de lo argentino, pero en sus obras posteriores le ha dado una extensión universal incuestionable, sobre todo en sus novelas más logradas. En Mallea, el ensayista (pensador) y el novelista creador de mundos y caracteres, se dan la mano con un poeta de legítima fuerza lírica. Y los tres aspectos son inseparables en toda su obra. Se inició con *Cuentos para una inglesa desesperada* (1926), relatos sin base anecdótica, pero enchidos de imaginación, sensibilidad, levedad y frescura. Según propia confesión, el autor andaba "descubriendo las conexiones insólitas que el mundo oculta". Aunque primicia, muestra ya el escribir angustiado y los escarceos metafísicos del Mallea de las novelas mayores. Tienen el "humor", la melancolía, la sensibilidad, la visión de la realidad propia de la novela poemática.

A su regreso de Europa publicó *Nocturno europeo* (1934). Es la expresión, en forma de soliloquio del descontento de un joven intelectual argentino, Adrián—posiblemente el propio Mallea—al comparar el viejo mundo con su patria, cuyo estado es desilusionador para él. El héroe expresa sus inquietudes ante la división y falta de solidaridad del mundo. Los relatos del denso volumen de *La ciudad junto al río inmóvil* (1936) es como una radiografía mostrándonos la soledad y desesperación de aquellos habitantes de Buenos Aires con pocos asideros morales. El ciclo de verdaderas novelas de Mallea comienza con *Fiesta en noviembre* (1938), considerada por muchos como su obra maestra. Aquí se nos presenta como un verdadero novelista, aunque todavía abandona el diálogo y habla demasiado por boca de Lintas y Martha Rague. Esta obra presenta la novedad del contrapunto a lo Huxley entre dos relatos simúltaneos y paralelos. Un relato se refiere a la muerte del gran poeta Federico García Lorca y el otro es la historia de la novela. Hay contrapunto entre la indiferencia de la gente ante la muerte de aquel poeta y la del pueblo de la novela, ante la de un judío posiblemente. Su personaje central, Lintas, es un joven intelectual a quien la incomprensión de la alta sociedad lo rodea de trágica soledad. Tanto la pintura del ambiente como de los personajes es un verdadero acierto y bien ajustada a la acción, que transcurre en una sola noche (de fiesta en la mansión de los ricos Rague). Es una novela pesimista, apenas sin acción exterior porque lo que vale es la expresión dialéctica de lo que piensan y expresan los protagonistas. La ideología del autor es bastante incoherente, pero la prosa es más escueta y ceñida. El recurso de los relatos paralelos fue usado años después por William Faulkner en *Wild Palms*.

Más tarde vino *La bahía de silencio* (1940), la novela de más ambición del autor. Es como un amplio cuadro de la generación del novelista en busca del sentido de lo argentino y del mundo. Es una novela densa, amplia, de acción lenta y sostenida. Entre los personajes apenas se establece diálogo y comunicación. Estos simplemente se rosan, porque las rutas de sus vidas son más bien tangenciales. No tiene realmente argumento: múltiples personajes desfilan, hablan algo, el autor medita sobre ellos y sus destinos y nada más. Acaso muestra la preocupación de Mallea por la soledad, aislamiento, abandono, y falta de comunicación entre los seres que caracteriza al mundo moderno. Muchos consideran que la mejor novela de Mallea es *Todo verdor perecerá* (1941). En ella la protagonista, Ágata Cruz, quiere combatir su soledad, buscar la comunión humana que le hace falta. Su esposo, a quien no ama, es un fracasado y una terrible sequía rompe toda comunicación entre ellos. Para librarse, Ágata deja abiertas las puertas y ventanas un día de tormenta cuando él tiene pulmonía. Con su muerte logra la libertad anhelada. Huye a la ciudad y se hace amante de un hombre con quien no logra establecer la ansiada comunión y éste la abandona por sus ideas políticas. En la obra se mezclan el relato actual con "flashbacks" para dar los pormenores de la vida de Ágata. Lo más importante es el fluir de su conciencia, lo que pasa dentro de la protagonista. Ágata anda en busca de sí misma, huyendo de la soledad, tratando de lograr la comunión humana que le falta. Al no encontrarla enloquece y quizás se suicida.

Las águilas (1943) es la primera de una serie de tres, continuada con *La Torre* (1951) y finalizada con la *Tempestad*. Presenta, a través de tres generaciones, el auge y decadencia de la clase aristocrática rural argentina. El protagonista, Román Ricarte, vuelve a su estancia en decadencia: sus visiones retrospectivas y análisis sicológicos y reflexiones filosóficas del autor componen la novela. El protagonista ha fracasado por su carácter débil e indeciso y el ansia de figurar de su mujer e hijos. Tanto ésta como su continuación son novelas pesimistas, con la visión triste que el novelista tiene del destino argentino. De 1950 es una de sus novelas más hondas, *Los enemigos del alma* (1950), la historia de tres almas despedazadas. Su búsqueda de lo humano lo lleva a una de sus novelas más intensas. De 1953 son dos buenas novelas: *Chaves* y *Sala de espera*. En la primera, Cháves, a quien sus sufrimientos—muerte de su mujer, hijos y muchos frasasos—han dado profundidad espiritual, no es comprendido por los obreros del aserradero donde tiene que trabajar. Como casi no habla sus compañeros creen que es orgulloso y que se cree superior a ellos, cuando en realidad es el prolongado dolor quien lo ha reducido al silencio. En *Sala de espera* presenta siete vidas desoladas, con sus propios problemas, esperando en una solitaria estación de ferrocarril rural el tren que los lleve a la capital, meta de sus destinos.

Mallea es también autor de magníficos cuentos, siendo los mejores los reunidos en la colección *La razón humana* (1960), sobre todo el que le da título al conjunto. Otros relatos breves son: "Sonata de Soledad", "Confesión", "La causa de Jacobo Uber, perdida", "La rosa de Cernobbio", "La celebración", "Angustia", "Los zapatos" y otros. Como ensayista ha escrito: *Conocimiento y expresión de la Argentina* (1935), *Meditación en la costa* (1937), *El sayal y la púrpura* (1941). En los dos primeros, como en otros ensayos suyos y aun en algunas novelas, anda en busca de lo argentino y del espíritu nacional en sus raíces más hondas y se le siente angustiado por el destino de su patria que él considera dotada para mejor vida. Sus ensayos han levantado controversias y realmente algunas afirmaciones no dejan de ser polémicas, pero hay que apuntarle su gran amor por la tierra nativa y su anhelo de desentrañar el verdadero significado del alma y la cultura argentinas en un estilo lúcido y original. *El Zayal y la púrura* fue escrito para responder a preguntas de estudiantes de filosofía y humanidades de Buenos Aires, La Plata y otros sitios de la Nación. Es un estudio sobre el escritor y nuestro tiempo.

Tanto en la novela y el cuento como en el ensayo, Mallea ocupa una posición relevante en la literatura hispanoamericana. Es uno de los escritores que mejor ha asimilado las técnicas narrativas más modernas. Es un creador de almas angustiadas y complejas y un estudioso muy serio y paciente de los conflictos humanos y los problemas éticos que provoca el mundo actual en el individuo. A través de la tragedia, la soledad y los conflictos de vidas concretas, trata de presentar esos aspectos en el plano de todos los hombres, en una búsqueda de lo más recóndito del ser para revelar la verdadera naturaleza de lo humano. Su obra de creación novelística se cuenta entre la más destacada de Hispanoamérica.

El mundo real-maravilloso de Alejo Carpentier

Se considera con razón a ALEJO CARPENTIER (1904) como uno de los primeros novelistas hispanoamericanos en usar las técnicas alejadas de las usuales del realismo o del regionalismo. Nació en La Habana hijo de un arquitecto francés y una maestra rusa. Hizo sus estudios en su ciudad natal y en París. Abandonó su especialización en arquitectura por el periodismo, la música y la antropología, atraído por éstas y el folklore. Ha llegado a tener mucho renombre como musicólogo y experto en teoría e historia musical. Ha sido profesor de antropología e historia de la música en distintos lugares. Sus muchos viajes le han dado una visión cosmopolita de la vida y puesto al día en las corrientes literarias europeas contemporáneas. Ha viajado por toda Europa, vivido por largos años en Francia, la América del Sur y Estados Unidos. Vivió varios años en Venezuela antes de 1959 colaborando en *El Nacional* de Caracas. Ha trabajado también para la televisión y la radio. Es un colaborador subalterno del régimen comunista de Cuba, donde vive actualmente. Ha pronunciado muchas conferencias y escrito artículos y ensayos sobre su especialidad, siendo el principal el que lleva por título, *La música en Cuba* (1956).

Como novelista ha publicado seis obras que se cuentan entre las mejores escritas en Hispanoamérica, con resonancia continental y en Europa, sobre todo, en Francia. Se puso bien pronto al frente de la novela cubana contemporánea, al afiliarse a las últimas corrientes, especialmente las neosimbolistas que aparecen en algunos relatos. Carpentier intenta estudiar el drama sicológico, social y filosófico del hombre contemporáneo a través de la presentación de una especie de mitología americana que le sirve al mismo tiempo para explicarse algunas de las raíces del mundo americano o de la humanidad. Vive como obsesionado por la ecuación hombre-tiempo y quisiera poder controlar a éste en su constante devenir. Según él, únicamente por la comprensión del tiempo puede explicarse algunas motivaciones y realidades presentes.

Carpentier ha calificado su primera novela, *Ecué-Yamba-O* (1933), como "historia afrocubana", porque está compuesta por elementos tomados de la realidad histórica y el folklore cubanos. Con pupila de exotismo científico nos conduce al ambiente primitivo de un grupo de negros cubanos y allí vemos ese mundo mágico, sus ritos, ceremonias, encantamientos y cultos. La obra parece representar el ciclo completo de la raza: el triunfo y la decadencia. El fondo de la novela es la dictadura de Machado e inclusive dejar ver su inquietud social pintando como las tierras van pasando a manos de compañías extranjeras. Maneja muy bien la creación de estos ambientes raros y exóticos en que se dan la mano lo real-maravilloso, lo primitivo y lo mágico.

Dieciséis años más tarde publicó *El reino de este mundo* (1949), que escribió después de su visita a Haití con el actor Louis Jouvet. La edición en francés ha alcanzado seis ediciones hasta la fecha. En ella recrea el período del llamado rey Henri Christophe de Haití. La técnica es la del "realismo mágico" donde vemos mezclados: hechos verídicos de la vida de ese país, leyendas y mitos. Sigue el interés europeo por el "negrismo" en esta época. Es una estilización de aquel mundo de violencia, lograda por una técnica muy moderna en que abundan los planos narrativos diferentes, dislocación del tiempo, libres asociaciones, incongruencias y absurdos. Al terminar su lectura, el lector tiene la sensación de haber vivido una pesadilla, pero los personajes Henri Christophe, Mackandal, Paulina Bonaparte y la atmósfera total de un trozo de historia de Haití, adquieren su verdadera dimensión y apariencia. Plena asimilación de las corrientes neosimbolistas encontramos en *Los pasos perdidos* (1953), la obra maestra de Carpentier. Ha logrado once ediciones en francés, seis en inglés y traducciones a casi todos los idiomas modernos. El autor logra una admirable simbiosis del regionalismo y lo exótico, porque es un convencido de que la civilización americana no puede explicarse sin esa aleación de culturas indígenas y civilización europea importada. Tiene por asunto el viaje de un músico desde los Estados Unidos al valle del alto Orinoco en busca de instrumentos musicales. Allí encuentra hombres primitivos viviendo en la Edad de Piedra y queda encantado con este paraíso humano donde puede contemplar cómo debió ser el nacimiento de la música, la danza y la religión de estos habitantes. Regresa para llevar los instrumentos, pero cuando trata de regresar, los ríos crecidos le impiden encontrar nuevamente aquel paraíso. Le ha sucedido como aquel que ya no puede reconstruir el sueño agradable que ha tenido momentos antes. Es probable que el simbolismo de la novela sea la búsqueda del hombre y el artista modernos por las raíces más profundas de la civilización, sobre todo de la cultura y el arte. El héroe trata de vencer su vacío espiritual en este viaje y su contemplación de aquel tiempo le hace olvidar la decadencia del mundo a que él pertenece. Otra vez Carpentier se nos muestra fascinado por lo mitológico y maravilloso de este mundo primitivo, narrado en un estilo que debe mucho al superrealismo por sus símbolos, alegorías, metáforas y visión de aquella atmósfera. Aunque es minucioso en las descripciones de la naturaleza tropical, lo que le obsede es poder apresar aquel mundo mágico de las culturas antiguas.

Su próxima novela, *El acoso* (1965) es una visión neosimbolista de la lucha contra la tiranía de Machado (1927-1933) en Cuba, en la que el propio novelista tomó parte y sufrió cárceles. En esta obra se las ingenia para dislocar el tiempo cronológico, de manera que presente, pasado y futuro andan como de un lugar para otro. Parece que el autor sufrió la influencia del *Orlando* de Virginia Woolf y de otros relatos contemporáneos. En 1958 publicó su *Guerra del tiempo* dividida en tres relatos: "El camino de Santiago", "Viaje a la semilla" y "Semejante a la noche". En dichos cuentos el autor muestra interés por aspectos filosóficos, lo maravilloso fantástico y especialmente el tiempo. Hay veces en que éste fluye hacia atrás. La última novela de Carpentier de que tenemos noticias se titula *El siglo de las luces* (1962), escrita originalmente en español, fue publicada primero en francés, con un entusiasta recibimiento de crítica y público. Siguiendo su predilección por la mitificación de hechos históricos o telúricos, Carpentier teje el asunto alrededor de las aventuras y correrías de Víctor Hugues en el mar Caribe, sobre todo en Haití. El autor toma la realidad, la ubica en su punto de mira, da rienda suelta a la imaginación del creador y poeta y éstos elaboran una obra que, partiendo de una línea verídica y real, se retuerce y convierte en obra de fantasía. Estilo con huellas de las últimas corrientes literarias; descripciones poéticas y análisis sicológico de los personajes, admirables.

Asimilación total de las técnicas más recientes en la novelística de Agustín Yáñez

La adopción de las nuevas corrientes narrativas han cerrado el ciclo de la novela de la Revolución, aunque el complejo histórico e ideológico del gran evento continúa persiguiendo a los autores. Los mejores novelistas han adquirido las técnicas, fondo filosófico y planteamientos metafísicos de la novela europea de la post-guerra. Las angustias, desasosiego y los desgarramientos de las nuevas generaciones dan lugar a una novela en que lo esencial es el fluir de la conciencia y en que queda superado el regionalismo fácil en nombre de una obra de arte que retrata conflictos en un plano universal. El gran maestro de esta tendencia es AGUSTÍN YÁÑEZ (1904). Pocos escritores han hecho tan sobresaliente contribución al desarrollo de la novela contemporánea en Hispanoamérica como este laborioso autor. Nació en Guadalajara, capital del estado de Jalisco, donde recibió su primera educación. Muy joven ingresó al magisterio y al periodismo y así pudo pagarse sus estudios hasta doctorarse en leyes en 1929. Sus primeros escritos aparecieron en una revista provinciana, *Bandera de Provincia*, entre 1925 y 1930. Más tarde se trasladó a la ciudad de México en cuya Universidad Nacional se graduó de maestro y de doctor en filosofía y letras y ocupó una cátedra de literatura y estética que todavía enseña. Yáñez es un profundo conocedor de las literaturas contemporáneas y en sus obras es fácil advertir las influencias de sus maestros inmediatos: Joyce, Proust, Huxley, Faulkner, pero también hay fuerte huella de Kafka, Sigmund Freud, Mann, Woolf, Lawrence, y varios autores de la Generación del 98 española: Valle-Inclán, Unamuno, Baroja. Por muchos años practicó su carrera de leyes y sirvió en varias posiciones educacionales. De 1932 a 1945 ocupó los cargos de

Director de la Oficina de Radio del Ministerio de Educación, Jefe del Departamento de Bibliotecas y Archivos Económicos del Ministerio de Hacienda y Coordinador de Humanidades en la Universidad Nacional. Miembro y Presidente del Colegio Nacional de México y de la Academia Mexicana de la Lengua. En 1953 fue electo Gobernador de Jalisco, cargo que desempeñó por seis años con un éxito discreto. También ha ocupado posiciones en el servicio exterior. En 1960 presidió la delegación mexicana ante la U.N.E.S.C.O. en París. Todavía hoy se mantiene muy activo en política, su carrera literaria y como catedrático en la Universidad Nacional.

Yáñez ha escrito, prólogos, biografías, ensayos y estudios literarios, novelas, a más de sus otras muchas actividades. Es un hombre inquieto, laborioso y un verdadero erudito. Mencionando solamente sus primeras obras, *Ceguera roja* (1923), *Divina floración* (1925) y *Baralipton* (1930), que llamaron poco la atención, su carrera literaria comienza alrededor de 1940 con la publicación de las novelas *Espejismo de Juchitán* (1940) y *Genio y figuras de Guadalajara* (1941), con las que empezó a distinguirse como un novelista sobresaliente y a ganar un puesto de renombre en las letras mexicanas. Su costumbrismo provinciano era algo distinto y atrajo la atención. Con su próxima novela, *Flor de juegos antiguos* (1942) comenzó Yáñez realmente a establecer su reputación nacional y a revelar un novelista de singular talento. La obra trata de captar la esencia de la infancia en la prosa lírica, la técnica moderna (incluyendo ya el monólogo interior), tan característicos del autor. Con *Archipiélago de mujeres* (1943), publicada en 1946 con el título de *Melibea, Isolda y Alda en tierras cálidas*, dio un nuevo paso de avance en su carrera. Esta novela es una continuación de la anterior y desarrolla el tema de la naturaleza y sicología de la adolescencia. La técnica es más moderna por el mayor uso de elementos superrealistas. En *Pasión y convalescencia* (1943) el fluir de la conciencia trae los instantes más importantes de la vida—tanto buenos como desagradables—desde la enfermedad hasta que se recobra la salud.

El 1947 marca un hito de trascendencia en la novela mexicana y la cumbre en el proceso creativo de Yáñez. Ese año salió a la luz *Al filo del agua,* no sólo su obra maestra, sino una de las creaciones más logradas de la novelística hispanoamericana. La obra significa la culminación de los esfuerzos del autor para colocar la novela mexicana a la altura de las grandes creaciones europeas. Constituye una exploración superrealista en la subconciencia colectiva de un pequeño pueblo de Jalisco sin identificar, en la etapa inmediatamente anterior al inicio de la Revolución. Es la historia de un pueblo de vida hermética, que vive pendiente de las campanas de la iglesia, con todos sus sentimientos opresivamente suprimidos. Por encima de esa opresión se desborda lo vital: el amor, lo político, la ambición, lo sexual, lo crudo, lo humano en general. El tema básico parece ser que la vida en todas sus manifestaciones no se puede aherrojar, pues rompe cualquier cadena. La novela tiene su simbolismo: de la misma manera que se rompió la opresión que sobre sus habitantes ejercía el ambiente de aquel pueblo, la Revolución vino a liberar a la nación. Pero no es una alegoría obvia, hay que saberla descubrir. Yáñez emplea la técnica del llamado "realismo crítico", según el cual el novelista desde una perspectiva considera no un aspecto de los hechos sino su totalidad. Asimismo usa los procedimientos de la novela contemporánea: monólogos interiores, contrapunto, asociación de ideas, yuxtaposición de situaciones o relatos paralelos, fragmentación del tiempo, y técnicas cinematográficas. Junto a esto encontramos un admirable análisis sicológico de caracteres; empleo del protagonista múltiple y una de las mejores prosas de esta literatura por su riqueza, ritmo, intenso lirismo y un vocabulario abundante que inclusive aprovecha inteligentemente el habla popular.

La segunda obra de este ciclo en que Yáñez trata de presentar "un retrato de México" desde todos los ángulos, es *La creación* (1959). En el escenario del México pos revolucionario, Yáñez, por medio de su protagonista Gabriel Martínez—el campanero de *Al filo del agua*—destaca la importancia de la lucha para obtener la libertad e independencia artística, indispensable para su obra creadora, situándose por encima de tendencias o circunstancias. Entre las innovaciones técnicas está la del protagonista que habla con grandes artistas y escritores, unos ya muertos y otros vivos, tales como Orozco, Rivera, López Velarde, Revueltas, el Dr. Atl y otros. La obra sobresale por su inquietud universal y humana, por sus diálogos llenos de vida y realismo y la perfecta combinación del mundo real y la fantasía.

En 1960 publicó dos novelas: *Ojerosa y pintada* (1960), sin mayor significación dentro de su obra total, seguida de *La tierra pródiga*, otra de las buenas creaciones de Yáñez en que el escenario es la costa de Jalisco. Presenta la lucha por las tierras buenas. A pesar de que la acción transcurre en la época actual al presentar el apogeo y decadencia del caciquismo, la obra quiere presentarnos un cuadro de la conquista y los conquistadores mediante la técnica de las "traslaciones". Los caciques son todopoderosos en su medio, donde la astucia, la fuerza, las armas y la ausencia de escrúpulos determinan su predominio; pero se ponen en ridículo y son vencidos frente a un nuevo personaje: el técnico de la moderna economía. La novela es un amplio cuadro del proceso de transformación económica y social llevado a cabo por la Revolución, visto con el optimismo—no muy compartido por otros autores—característico de este escritor. Aquí otra vez vuelve Yáñez a presentar abundancia de técnicas contemporáneas: monólogos interiores más avanzados, contrapunto, realismo crítico, ruptura del tiempo cronológico, lenguaje popular.

La última novela de Yáñez de que tenemos noticias es *Las tierras flacas* (1962), perteneciente al ciclo de sus novelas sobre los distintos aspectos de México. Su acción tiene lugar en las áridas regiones del norte y en ella hay igual despliegue de innovaciones técnicas. Yáñez se caracteriza por sus grandes reformas en los métodos narrativos; una prosa tersa, poética en que el idioma parece darle todas sus posibilidades expresivas; una aguda penetración sicológica y un gran talento narrativo. El conjunto de las novelas de Yáñez le sitúan cómodamente al frente de la novelística mexicana e hispanoamericana del siglo XX. Constituyen un buen ejemplo de como una obra con escenarios y tipos regionales puede propender a la universalidad por la maestría artística y el uso de temas que afectan a todos los hombres.

Las novelas políticas de Miguel Ángel Asturias

Los escritores guatemaltecos de más resonancia internacional son Rafael Arévalo Martínez y MIGUEL ÁNGEL ASTURIAS (1899). En la clasificación que él mismo hacía entre escritores preciosistas y de inquietud social, Asturias se afilia a estos últimos siguiendo las técnicas más modernas, que ya tenían un magnífico antecedente en Guatemala en el primer escritor mencionado. Asturias nació en la ciudad de Guatemala y después de cursar la escuela secundaria en el Instituto Central de Varones, obtuvo el doctorado en leyes en la Universidad Nacional. Su interés por las antiguas culturas de la América Central lo llevó a seguir cursos en la Sorbona de París con el gran erudito Georges Raynaud, traductor y publicador del *Popol-Vuh*, verdadera Biblia de los mayas-quichés. Trabajó como corresponsal del diario *El Imparcial* en Europa. A su regreso a Guatemala fue fundador-director del *Diario del Aire* y a partir de 1942 ocupó una banca en el Congreso. Entre 1946 y 1954 sirvió algunos cargos diplomáticos: Agregado Cultural en México y Argentina, Ministro en ésta última y Francia, y Embajador en El Salvador. Fundó la Universidad Popular de Guatemala, principalmente preocupada con la educación de los trabajadores. Parece que sus ideas izquierdistas lo hicieron abandonar su patria. Reside en Buenos Aires desde hace tiempo. En 1968 obtuvo el Premio Nobel.

Desde muy temprano Asturias comenzó a distinguirse como periodista, poeta e investigador laborioso del pasado de su país. Parece que comenzó por la poesía, pues sus primeros versos los escribió antes de cumplir veinte años, luego recogidos en un volumen: *Poesía: sien de alondra* (1949), con prefacio de Alfonso Reyes, antología de treinta años de poesía, 1918-1948. Como poeta no se afilia directamente a ninguna escuela: hay huellas del modernismo, vanguardismo y, hasta del clasicismo. Poesía en que se combinan, casi siempre en tono menor, lo visual y corpóreo con un lirismo intenso y tropical. Sus versos van dando a conocer a su patria, tanto en lo exterior como en lo íntimo y aéreo. Poco tiempo después publicó *Ejercicios poéticos en forma de soneto sobre temas de Horacio* (1951). También ha cultivado el teatro con la pieza dramática *Soluna* (1957). El poeta que hay en Asturias persiste a través de toda su obra de narrador o dramaturgo. La primera obra en ganarle reputación internacional lleva por título *Leyendas de Guatemala* (1930), visión poética y evocativa del mundo desaparecido de los mayas, a través de sus historias, tradiciones, mitos, consejos y creencias. La obra fue vertida al francés por Francis de Miomandre y editada con una carta-prólogo del gran poeta Paul Valéry, gran admirador de Asturias. La obra le ganó el codiciado Premio Silla Monsegur de ese año. La mejor crítica de la obra la ha hecho el propio Valéry, quien afirma: "La lectura de esta obra me hizo el efecto de un filtro, pues es una obra que se bebe más que se lee. Fue también para mí como una pesadilla tropical, vivida con una singular delicia".

Dieciséis años después publicó Asturias, *El señor presidente* (1946), considerada como su obra maestra. Ha sido traducida al francés, italiano, alemán, inglés y portugués. La traducción francesa de Georges Pillement obtuvo el Primer Premio del Club Francés del Libro de 1952. La novela pinta la vida bajo la terrible dictadura de Estrada Cabrera (1889-1920) en Guatemala durante la cual nació y pasó Asturias su adolescencia y juventud. Ningún escritor hispanoamericano ha mostrado tal maestría en recrear la atmósfera de pesadilla en que la vida transcurre pendiente de la voluntad del tirano bajo una dictadura. El cuadro es tan completo que bien puede ser aplicado a cualquier tiranía hispanoamerican o de otras partes del mundo. Asturias reaccionó contra el criollismo y las fórmulas narrativas tradicionales y escribió su obra siguiendo las técnicas más modernas: emplea "jitanjáforas", aliteraciones, juego fónico de palabras, así como diálogos interiores en que revela la vida anímica de sus personajes, tiempo síquico, fragmentación del espacio y otras fórmulas. Es una de las mejores novelas hispanoamericanas por la pintura de caracteres y la recreación, en un plano superrealista, de la atmósfera de impotencia, terror y miedo bajo una dictadura cualquiera. Otro de sus grandes valores es el estilo lleno de primores, intenso lirismo, ritmo acelerado porque la acción transcurre en tres días. Asturias ha mostrado una rara amalgama de realismo lindando en la pesadilla, con una exhuberancia de la fantasía. Las visiones de Goya, Quevedo y los esperpentos de Valle-Inclán tienen que ver mucho con esta visión de la realidad, ampliada a escalas y categorías insospechables sin perder su base verídica e histórica.

Su interés por las raíces más hondas de la nacionalidad, ocultas en las razas aborígenes, lo hizo escribir *Hombres de maíz* (1949), una de sus novelas mejor logradas. Su asunto es el conflicto entre los indios que siembran el maíz para usarlo en su alimentación, porque creen que de él nacieron y los blancos que lo siembran como una mercancía. El mismo autor describió el asunto fundamental de la obra: "Se inspira en la lucha sostenida entre el indígena del campo que entiende que el maíz debe sembrarse sólo para alimento y el hombre criollo que lo siembra para negocio, quemando bosques de maderas preciosas y empobreciendo la tierra para enriquecerse". La obra se integra de cinco relatos que al final desembocan en el tema central descubriéndonos el alma indígena y razones esenciales para la realidad política, económica y social de Centro-América. Con su trilogía *Viento fuerte* (1950), *El papa verde* (1954) y *Los ojos de los enterrados* (1960), Asturias vuelve al regionalismo, aunque la técnica sigue siendo superrealista. En ellas priva lo sociológico sobre lo artístico, pues nos da una visión de los abusos y penetración foránea por medio de la explotación de las bananeras por las compañías extranjeras. Son obras de protesta política y tono anti-imperialista en su más alto grado de tensión. Al aumentar en ellas el tono propagandístico y político, la calidad novelesca y estética no llega a la altura demostrada en las tres primeras obras. Por el estilo es *Week-end en Guatemala* (1956), conjunto de relatos de subido tono político.

Asturias es hoy por hoy uno de los valores más destacados de la novelística hispanoamericana, tanto por su inquietud social como por los valores artísticos intrínsecos de su obra total. Aunque algunas de sus novelas quizás no resistan el paso del tiempo, otras como *Leyendas de Guatemala, El señor presidente, Hombres de maíz* y *Viento fuerte* tienen cualidades para perdudar dentro de las últimas corrientes narrativas. Su obra combina un ascendrado americanismo con una indudable proyección universal. Tales son sus valores que el crítico francés René Lalou lo ha comparado con Dostoievski y D. H. Lawrence, juicio demostrativo de la impresión causada por su obra en Europa, o sea, en un medio fuera de Hispanoamérica. Su ultima novela es *Mulata de tal* (1963), con abundante empleo del lenguaje popular.

Manuel Rojas y la reacción contra el costumbrismo tradicional chileno

Tiene MANUEL ROJAS (1896) el mérito de haber iniciado la reacción contra el costumbrismo tradicional en Chile, abriendo la tendencia hacia el trascendentalismo sin abandonar el fondo local de sus relatos. Aunque nació en Buenos Aires es chileno por tener sus padres esa nacionalidad y por acercamiento espiritual. Al quedar huérfano a los cinco años, su madre lo crió y le dio la educación que pudo en Buenos Aires y Mendoza. A los dieciséis años se vio obligado a dejar su hogar en busca de trabajo para ganar el sustento. Su primera ocupación fue de trabajador en los ferrocarriles transandinos. A los veinticuatro años se estableció en Chile donde ha llevado una vida muy aventurera como trabajador, apuntador de teatro, sereno, estibador, marinero, actor, linotipista, pintor de muros, agitador callejero y bohemio. Más tarde fue periodista, funcionario de la Biblioteca Nacional, director del Departamento de Publicaciones de la Universidad de Chile y profesor de la Escuela de Periodismo. Después de una brillante labor como escritor, en 1957 obtuvo el más alto galardón de las letras chilenas: el Premio Nacional de Literatura. A principios de 1960 enseñó español y literatura hispanoamericana en varias universidades de los Estados Unidos. Ha llevado una vida muy trajinada y llena de luchas y trabajos, ha conocido una gama interminable de seres de todos los tipos, pero esto le ha dado una experiencia vital imprescindible para su obra de narrador. Aunque tuvo ideas izquierdistas en su juventud, el tono de protesta es apenas reconocible en sus obras.

Su valiosa labor literaria comprende poesías, novelas, cuentos y ensayos. En 1917 aparecieron sus primeros versos en la revista *Los Diez* de Pedro Prado y sus amigos. De 1927 es su volumen *Tonada del transeúnte* con concesiones a la moda postmodernista. Bien pronto se dio cuenta de que su verdadera vocación era la narrativa, donde ha ganado un puesto al frente de los mejores escritores chilenos contemporáneos. Rojas se ha distinguido tanto en el cuento como en la novela. En 1921 el diario de Buenos Aires, *La Montaña*, premió su primer cuento, "Laguna" y un año después, *Caras y Caretas* otorgó otro premio al relato "El hombre de los ojos azules". Estos cuentos y los titulados "El bonete maulino", "El cachorro" y otros forman su primera colección, *Hombres del sur* (1926). En 1929 publicó su segundo libro de relatos, *El delicuente*, colección de nueve relatos entre los cuales sobresalen dos obras maestras del género: "El vaso de leche" y "El mendigo". Posteriormente dio a conocer otras colecciones, *Travesía* (1934), *El bonete maulino* (1943), *Antología de cuentos* (1957) y

El vaso de leche y sus mejores cuentos (1959). Sus cuentos sobresalen por ser una verdadera galaría de personajes raros y extraños, en cuya sicología ahonda el autor para pintarlos como realmente son y cómo actúan en las circunstancias de sus vidas. Da a sus relatos impresión de autenticidad, de cosa realmente vivida. Narra con soltura y espontaneidad; con análisis sicológicos breves y precisos; manejo excelente de lo humorístico. Sus relatos son siempre sorprendentes por su ejecución y desenlaces.

Desde sus inicios Rojas trató de orientar la narrativa chilena dentro de las corrientes contemporáneas, aunque usando el caudal de su experiencia vital que tiene como escenario la realidad de Chile. En su primera etapa (1926-1951) no rompe completamente con el criollismo aunque es evidente la novedad de su estilo y procedimiento. A ésta corresponden los cuentos que hemos indicado y su primera novela, *Lanchas en la bahía* (1932), verdadera joya de la narrativa chilena. Sirviéndose de reminiscencias autobiográficas y sus experiencias como estibador de los muelles y marinero, presenta el proceso de la adolescencia del protagonista, Aniceto Hevia. Los personajes de Rojas están generalmente en conflicto con otros seres y la sociedad y todo aquello que se presenta en su camino y que estorba el desarrollo de su verdadero ser. Quieren ser ellos mismos, tienen orgullo en su conformación anímica, algo que es básicamente existencial. A esta primera etapa corresponde también su primera novela propiamente dicha: *La ciudad de los Césares* (1936) basada en la leyenda de una ciudad perfecta con fabulosas riquezas. El estilo es sencillo y la técnica más bien tradicional.

Posteriormente, Rojas se orientó de lleno hacia las fórmulas más recientes de la novelística, abrazando el trascendentalismo con fuerte orientación existencial. Construye sus historias a base de descubrir ante el lector la interioridad de sus personajes, revelando su alma, lo que realmente son, sienten y anhelan. Sus influencias más visibles son de Proust, Joyce, Huxley, Faulkner—sobre todo—, Hemingway, Mann. De Hispanoamérica admiraba mucho a Horacio Quiroga y de España a Baroja. Después de un receso de quince años, Rojas publicó una de las obras maestras de la novelística continental, *Hijo de ladrón* (1951), primera novela de una trilogía de la cual ha publicado una segunda y se haya trabajando en la última. Esta obra parece seguir exteriormente la técnica de la picaresca española (relato en primera persona, episodios y aventuras), pero abunda en monólogos interiores, yuxtaposición de relatos, "flashbacks", contrapunto, ruptura del tiempo cronológico (el relato a veces avanza y otras retrocede). Con fuerte tono autobiográfico, pinta la adolescencia de Aniceto Hevia hasta los diecisiete años. Rojas vuelve a mostrar su simpatía por estas vidas extrañas, que desde fuera parecen excéntricas, pero que responden al medio, a su ser natural y a las circunstancias. El relato está dentro de la línea del existencialismo. El niño ha quedado huérfano desde muy temprano y pasa muchas miserias, dolores y hambre; conoce a multitud de seres y tiene múltiples oficios e inclusive toma parte en un motín y cae en la cárcel. Hay algunos aspectos del neo-realismo por la desnudez de algunos cuadros, pero su vena es existencial. Presenta una especie de "perspectivismo", porque el personaje está como visto desde diferentes alturas, ángulos y posiciones. Lo esencial es el estudio casi angustiado de un destino humano en lucha abierta entre la degradación individual y la de la sociedad completa. El máximo interés de Rojas es extraer la sustancia íntima de los seres y presentar el ambiente de ternura, desaliento, soledad, abandono que desgarra la vida humana contemporánea.

La segunda novela de esta serie es *Mejor que el vino* (1958), sobresaliente por su intensidad y la espontaneidad en la presentación de los caracteres y el proceso de revelación de las interioridades de sus almas. Es la vida de un hombre común y corriente, Aniceto Hevia que ya vimos en *Hijo de ladrón*, ahora pintor de muros y apuntador de teatro. Hace de Virginia, una de las muchachas de la compañía teatral, su amante y luego la abandona y se casa con María Luisa, quien le da tres hijos. Ya viudo, narra con muestras de insatisfacción, distintas aventuras amorosas. La obra es autobiográfica en esencia y sorprende por el libre juego de lo real y lo soñado, del mundo presente y las evocaciones. A ratos tiene algo de picaresco y otros nos descubre toda la ternura del autor. Finalmente, Rojas escribió *Punta de rieles* (1960), cuyo tema central gira alrededor de las relaciones sexuales presentadas con toda desnudez y desenfado. Presenta una visión sintética de las clases altas de Santiago de Chile, que sirven de fondo a la degradación moral de un joven rico por el vicio del alcohol. Rojas nunca predica ni moraliza, pues su mayor interés es el de presentarnos vidas en su pleno perfil sicológico y humano. Aparte de su valiosa obra narrativa, Rojas ha escrito ensayos de crítica literaria como *De la poesía a la revolución* (1938), estudios de varios autores de renombre; *El árbol siempre verde* (1960), especie de indagaciones sobre la sicología nacional chilena y *Algo sobre mi experiencia literaria* (1960), con apuntes muy interesantes sobre su vida de escritor.

El "realismo mágico" en la narrativa de Arturo Uslar Pietri

Amplio renombre continental ha alcanzado ARTURO USLAR PIETRI (1906) como diplomático, político, crítico literario, ensayista, novelista y autor de cuentos. Se puso al frente de los que iniciaron las nuevas corrientes literarias en Venezuela en la época del post-modernismo. Ha contribuído decididamente a darle un nuevo rumbo a la prosa narrativa de su país. Nació en Caracas, recibiendo su educación secundaria en el Colegio Federal de Maracay y el Liceo San José de los Teques. Se contó entre los fundadores de las revistas literarias avanzadas *Válvula* e *Ingenioso Hidalgo*. En 1929 recibió en la Universidad Central el doctorado en Ciencias Políticas. Ingresó en el servicio exterior como Consejero de la Legación de Venezuela en Francia. De 1930 a 1933 fue Secretario de Delegación ante la Liga de las Naciones, así como Delegado ante la Conferencia Internacional de Trabajo y Desempleo. En 1935 regresó a Venezuela para ocupar importantes posiciones: Jefe de la Junta de Economía del Ministerio de Hacienda (1935), Profesor de Economía Política en la Universidad Central (1937), Ministro de Educación (1939), Ministro de Hacienda (1941). Por un tiempo fue profesor visitante en la Universidad de Columbia en Nueva York. En 1937 se le exaltó a la presidencia de la Asociación de Escritores Venezolanos como justo tributo a su papel dirigente en la vida cultural del país. En las elecciones de 1964 figuró como candidato a la presidencia de Venezuela, quedando en segundo lugar con una amplia votación popular.

La obra literaria de Uslar Pietri se orienta hacia tres rumbos: la novela, el cuento y el ensayo, incluyendo en éste su valiosa labor crítica. Atraído por la historia de su país, escribió dos novelas de ese tipo en las que ha sabido alejarse del tono e idealizaciones de la novela romántica histórica, tanto como de la tendencia documental y detallista del realismo. Como él mismo ha dicho, "en sus novelas lo histórico está utilizado como ocasión para estudiar formas de plenitud de la vida real". Su primera obra de este tipo, *Las lanzas coloradas* (1931) le ganó un renombre inmediato alcanzando traducciones al francés, alemán e inglés. El asunto es la épica lucha del pueblo venezolano por lograr su independencia política. Con un estilo muy impresionista, Uslar Pietri ha dejado un lienzo amplio de los heroísmos, crueldades, escenas brutales y violentas, batallas de la lucha, sin dejar de darnos el lado humano representado por la conducta diferente de los diversos personajes, que sobresalen por su humanidad: Campos, Boves, Díaz, y aun Bolívar en su concepción casi mítica porque los demás caracteres viven como pendientes de su posible aparición en cualquier momento. Uno de los grandes valores de la novela es su estilo, muy matizado de las tendencias vanguardistas sobre todo en las imprevistas metáforas. La técnica del autor es presentar la realidad por medio de impresiones plásticas e imágenes nuevas y la historia como antecedente del acontecer actual. No mira la historia como crónicas empolvadas, sino como trozos de vida palpitante.

Su segunda novela, *El camino de El Dorado* (1948) nos cuenta la aventura del conquistador Lope de Aguirre cuando se sublevó contra el propio Rey, al mando de sus "marañones". Hay escenas de gran patetismo por las acometidas de las caballerías, los hechos de sangre y muerte. Antes de rendirse, el tirano mata a su propia hija para que no sea huérfana y sonríe con estatura de héroe al pelotón de fusilamiento, en un fin que logra solemnidad trágica por el comportamiento de este extraño personaje del siglo XVI.

Otro rumbo de la pluma de Uslar Pietri ha sido el ensayo, en el cual se ha colocado a la cabeza de los buenos pensadores y prosistas de su patria y del continente. Su ensayística se ha orientado hacia el estudio de la cultura y las letras de su patria y de toda la literatura continental. Los títulos más sobresalientes son: *Las visiones del camino* (1945), *Letras y hombres de Venezuela* (1948), *Breve historia de la novela hispanoamericana* (1954), *Las nubes* (1956), *Pizarrón* (1956) y *Un retrato en la geografía* (1962). Como crítico se caracteriza por la serenidad y la seguridad de sus juicios, en un estilo escueto y preciso. El ensayo que dedica a la novela hispanoamericana es un verdadero prontuario, por su brevedad, sencillez, buena organización y la justeza de las opiniones. De entre los excelentes de *Las nubes* sobresale el titulado "Lo criollo en la literatura", por el enfoque diáfano de uno de los puntos fundamentales de esta literatura.

Nos parece que lo más perdurable de la obra de Uslar Pietri serán sus ensayos y, especialmente sus admirables cuentos. En sus relatos evolucionó de ambientes generalmente extranjeros, patentes en los dieciséis cuentos de *Barrabás y otros relatos* (1928) a escenarios regionales de sus colecciones posteriores: *Red* (1936), conjunto de trece historietas entre los que sobresale "La lluvia", verdadera creación del género; *Treinta hombres y sus sombras* (1949) y *Tiempo de contar* (1956). A pesar de los escenarios, el autor huye del regionalismo trillado hacia una concepción universal de sus caracteres y asuntos. En "La lluvia" el ambiente es venezolano, pero la sequía y falta de comunicación entre los viejos, el nacimiento de la esperanza con la aparición del niño y la tristeza por su desaparición son universales. Al final, cuando no encuentran al niño llega la lluvia—tan apetecida y necesaria—pero casi no la notan por la falta de quien pudo llenar sus vidas de un nuevo significado. Entre sus mejores cuentos sobresalen, a más de "La lluvia", "El gallo", "La voz", "El venado" y otros muchos.

En casi todas sus obras narrativas sigue la fórmula del "realismo mágico", con un estilo vigoroso, impresionista y lleno de imágenes con las huellas del impresionismo, el vanguardismo y el imaginismo. El estilo es siempre sobrio, de metáforas audaces, con un agudo poder de observación y de captación sicológica. Sus personajes son como personas reales y viven largo tiempo en el recuerdo del lector.

La exploración del subconsciente y la visión poética de María Luisa Bombal

Una de las figuras que más contribuyó a liquidar el criollismo chileno y a entroncar la prosa narrativa con la fórmulas contemporáneas—movimiento ya en camino cuando ella aparece—es MARÍA LUISA BOMBAL (1910). Nació en Viña del Mar y después de cursar su primera educación en Chile, obtuvo el doctorado en filosofía y letras de la Sorbona de París con una tesis sobre Próspero Mérimée. A su regreso a Chile participó en actividades teatrales profesionales y de aficionados. En su juventud llevó una existencia bastante bohemia y despreocupada. Vivió en Argentina por muchos años y en la famosa revista *Sur* de Victoria Ocampo publicó sus primeros cuentos. En 1944 se casó con un banquero de ascendencia francesa, Fal de Saint Phalle y fijó su residencia en Nueva York. Tres años depués ambos escribieron en inglés la novela titulada *The House of Mist* (1947), especie de extensión de su primera colección de relatos *La última niebla* (1935), que vendieron a una compañía cinematográfica de Hollywood. Es posible que resida todavía en Nueva York, al parecer alejada de las letras.

A su regreso de París, donde se puso al día en las últimas corrientes literarias, María Luisa Bombal se alejó del realismo tradicional, de fuerte arraigo en Chile. Su obra significó un cambio hacia los temas del subconsciente oscuro e irracional. Sus narraciones están en la línea del surrealismo porque la exploración de la subconsciencia es lo fundamental. Se le considera una de las figuras más originales en esta nueva modalidad. Sus novelas y relatos crean un mundo vaporoso, de niebla en que se mueven personajes auténticamente creados y como movidos por la poderosa imaginación y fantasía de la autora. Su primera colección de relatos, *La última niebla* (1935) le ganó un amplio prestigio nacional e internacional y un serio revés para el criollismo usual en aquel país. Las notas principales de esta obra son el intenso subjetivismo, el apasionamiento y cierto halo de misterio y sensualismo. Es un estilo lleno de sugerencias, de encanto poético y profundidad sicológica, pero muy femenino al mismo tiempo. Sabe crear atmósferas realmente hipnotizantes que sin perder las raíces de la realidad, enmarcan al lector en un mundo de sueño e irrealidad. En sus obras no se sabe nunca cuando termina la realidad y empieza el sueño o viceversa. Le influye mucho Marcel Proust, tanto en la técnica como en la preeminencia de lo sensorial y lo intelectual. En sus obras se disloca el tiempo como en Mann y hay contrapunto a lo Huxley. Tanto en esta obra como en la siguiente parece querer revelar la alta burguesía chilena en un momento de decadencia, pero esto se hace en forma muy sutil.

Confirmó su prestigio literario con su segunda obra, *La amortajada* (1938) en la cual la heroína, ya muerta, va recordando su vida—intensamente vivida—y hace desfilar a aquellos que pusieron acíbar en ella y sus amores. En esta novela no logra superar la elevación poética, el análisis sicológico de los cuentos de su primera colección, pero la intensidad lírica, la visión poética, el poder de evocación, el tono de voluptuosidad ante el misterio a más de sus galas de estilo, la colocan entre lo mejor que ha producido la novela chilena. Una de sus obras maestras es el cuento "El árbol", con un contrapunto excelente entre la música de un concierto y el drama íntimo de una mujer. Los distintos momentos de la vida de Brígida parecen seguir las notas del piano. Al terminar el concierto, los aplausos y las luces que se encienden coinciden con la caída de un árbol plantado frente a la ventana de su alcoba; la habitación se ilumina de pronto al mismo tiempo que la luz entra en la vida de esta mujer. Este cuento es comparable a las páginas de Proust describiendo el poder evocador de la música.

Ernesto Sábato: la crisis espiritual del hombre contemporáneo en sus ensayos y novelas

Entre los cultivadores de estas últimas corrientes literarias se destaca ERNESTO SÁBATO (1911) en la Argentina. Nació en Rojas, pequeña ciudad de la provincia de Buenos Aires. Estudió en la Universidad de La Plata donde fue alumno de don Pedro Henríquez Ureña, quien lo alentó en sus primeros pasos literarios. Se doctoró en física en 1938. Con una beca estudió en los Laboratorios Curie de París así como en el Massachussetts Institute of Technology en Cambridge. Accediendo a su verdadera vocación, abandonó la ciencia donde tenía un futuro prometedor alrededor de 1940 y se dio de lleno a la literatura. Ha colaborado en *Sur* y *La Nación* y otras revistas de renombre. Fue profesor de la Universidad de La Plata y asistente del Comité Ejecutivo de la U.N.E.S.C.O. También ha servido como director de la revista popular *Mundo Argentino* (1955) y funcionario del Ministerio de Relaciones Exteriores. Es "Faja de Honor" de la Sociedad Argentina de Escritores y Premio Municipal de Literatura.

Se ha distinguido en el campo del periodismo, el ensayo y la novela. Su primera obra, *Uno y el Universo* (1945) fue una colección de ensayos filosóficos breves en los que expone su punto de vista personal sobre determinados problemas básicos del hombre. Nuevamente en *Hombres y engranajes* (1951) el autor medita seriamente sobre una de sus grandes preocupaciones: el papel del hombre en el mundo ofreciendo un amplio panorama de la crisis cultural del mundo actual, pero yendo a sus raíces que arrancan de la edad media, pasando por el renacimiento y llegando a la edad contemporánea. Luego expresó en *Heterodoxia* (1953) sus ideas sobre varios asuntos nuevos en forma muy interesante, aunque a veces con afirmaciones discutibles, en un estilo incisivo, lógico, directo. A ésta siguió *El escritor y sus fantasmas* (1963). A pesar de la índole ensayística de estas obras, su conocimiento es imprescindible para comprender la novela de Sábato. En un estilo dialéctico, premioso y lógico, se asoma a los más candentes problemas del hombre contemporáneo.

Sábato, como otros novelistas y escritores de esta época, considera la crisis de la cultura occidental como suya propia y en sus novelas trata de presentar algunos de los problemas que más angustian al hombre, con un estilo donde aflora su formación científica, así como su propia angustia e inquietud. Llegó a la novela como medio de expresar esa crisis espiritual que es de todos y suya también. De aquí el valor testimonial de sus obras sobre la soledad, el drama y el dolor humanos. En 1948 publicó *El túnel* (1948), cuyos valores hicieron a Alberto Camus recomendar su traducción y publicación en francés. Su reconocimiento internacional fue casi inmediato como lo atestiguan versiones a ese idioma y al inglés, polaco, alemán, sueco, japonés, checo. La novela se basa en el fluir de la conciencia del protagonista, todo está visto a través de él con muy escasas referencias al mundo exterior. El asunto es la historia de un crimen: desde que el pintor Juan Pablo Castel conoce a María Iribarne hasta que la asesina. La obra parece presentar la soledad, el aislamiento, la falta de comunión de un hombre con el mundo exterior, símbolo del estado en que vive el individuo actual. Castel mata a María cuando falla en su anhelo de romper su soledad con el único ser capaz de comprenderlo, al estimar que ella no quiso romper ese aislamiento. Es un cuadro de la angustia sicológica del pintor mostrando todas sus interioridades (sufrimientos, dudas, anhelos, amor, ternura) en un ambiente tenso, de misterio y profundamente dramático. Todos los demás personajes están vistos a través de las confesiones del protagonista. La prosa está llena de apremio y lógica y es concreta, directa, llena de especulaciones. *El túnel* es un excelente ejemplo de esta novelística contemporánea en Hispanoamérica.

La última obra de Sábato de que tenemos noticias es la novela *Sobre héroes y tumbas* (1962), visión casi hipnótica, alucinante de la existencia en Buenos Aires. Las vidas se cruzan y entrecruzan en una angustiosa búsqueda de lazos afectivos más seguros. Sábato vuelve a mostrar su intenso lirismo, en una obra de valor universal porque el mundo bonaerence que nos presenta se proyecta fuera de esa realidad meramente regional. Presenta conflictos de todos los hombres.

Jaime Torres Bodet: fantasía, refinamiento y agudeza sicológica de sus relatos

Una de las figuras más distinguidas dentro del grupo de los contemporáneos en México es JAIME TORRES BODET (1902), sobresaliente en varias actividades: educador, diplomático, poeta, ensayista y narrador. En la Universidad Nacional Autónoma se graduó y allí ha enseñado literatura francesa (1924-1928). Mientras servía a su patria en importantes misiones diplomáticas en España, Francia, Italia, Argentina, Bélgica, ha ido publicando su vasta obra literaria. Con sus viajes y contacto directo con el grupo de los *Contemporáneos* conoció a los autores más modernos a quienes sigue en su obra posterior. A más de sus cargos en el servicio exterior, ha ocupado posiciones oficiales relevantes en su patria: Ministro de Educación Pública por dos veces, Ministro de Relaciones Exteriores. Su labor intelectual recibió consagración internacional al ser nombrado director general de la U.N.E.S.C.O. (1948-1951). A pesar de todos estos cargos y actividades, nada ha sido capaz de separarlo de su firme vocación literaria.

La rica producción de Torres Bodet incluye poesía, ensayos, narraciones y memorias. Su libro inicial de poesía fue *Fervor* (1918), género que ha cultivado en todos los momentos de su vida. Luego publicó: *El corazón delirante* (1922), *Canciones* (1922), *Nuevas canciones* (1923), *La casa* (1923), *Los días* (1923), y *Poemas* (1924). Años después dio a conocer *Destierro* (1930), *Cripta* (1937), *Sonetos* (1949) y en época reciente: *Sin tregua* (1957), *Trébol de cuatro hojas* (1958). Aunque su poesía presenta un acento nuevo por sus contactos con los contemporáneos y el simbolismo francés, no hay ruptura definitiva con las formas tradicionales. Se muestra siempre poeta lleno de finura, sensibilidad, delicadeza y melodía. La vida está vista con un sentimentalismo fino, sobrio y con sencillez lírica. Es más bien una figura transicional entre el postmodernismo y las nuevas tendencias de vanguardia. A veces sus versos se intelectualizan y les falta calor íntimo, pero siempre aparece alejado de afectaciones y oscuridades. Sus imágenes son muy personales y con ellas sabe apresar los aspectos poéticos de la realidad visual que lo circunda. A pesar de su amplia cultura no ha querido romper definitivamente con las fórmulas usuales, en lo que vemos una expresión de su temperamento, más dado a la conciliación que al rompimiento. Entre sus ensayos, crítica, conferencias y discursos merecen por lo menos una mención: *Contemporáneos* (1928), *Tres inventores de realidad* (1955), *Educación mexicana: discursos, entrevistas, mensajes* (1944), *Educación y concordia internacional. Discursos y mensajes* (1948). Últimamente ha publicado una especie de memorias con el título de *Tiempo de arena* (1955), obra de interés para conocer aspectos del hombre público e íntimo y de su obra literaria.

Su concepto de los géneros vivió un proceso de ampliación y comenzó entonces a cultivar la prosa narrativa, donde se nota más la huella del vanguardismo que en la poesía. Aquí se muestra ávido rastreador de nuevos rumbos con gran despliegue de fantasía, imaginación, refinamiento y sensibilidad. Son obras de análisis sicológico y fondo poético que están esencialmente, en la línea del surrealismo. Sus relatos tienen a veces una nota frívola e irónica y la estructura es siempre original e ingeniosa. Valen como penetrantes estudios sicológicos revelando aspectos muy interesantes del vivir humano. Sus mejores obras en este campo son: *Margarita de niebla* (1927), *La educación sentimental* (1929), *Proserpina rescatada* (1931), *Primero de enero* (1934), *Sombras* (1937). Con cinco de los relatos publicados en la *Revista de Occidente* (1928-1931) publicó, quizás su obra más representativa en esa nueva modalidad, *Nacimiento de Venus y otros relatos* (1941), donde hay dos narraciones excelentes: en la que le da título a la colección, un naufragio da a una joven norteamericana un nuevo sentido de la vida. Tiene gran despliegue de fantasía, refinamiento e ironía y es una crítica a la enseñanza contemporánea. Las frases valen tanto como el escaso hilo argumental. Agudezas sicológicas y expresiones cultas encontramos en "Retrato de Mr. Lehar". Su prosa de tono cosmopolita sigue la línea de los grandes maestros contemporáneos: Gide, Proust, Joyce, Cocteau, Giraudoux y algo de Dostoievski.

El realismo esencial y la preocupación por el subconsciente en los cuentos de Lino Novás Calvo

La calidad de su obra ha situado a LINO NOVÁS CALVO (1905) entre las figuras dirigentes de la literatura cubana contemporánea. Nació en España y desde allí le vinieron las primeras glorias literarias, pero desde su niñez está en Cuba, a la cual se siente vinculado espiritualmente. Su fama literaria comenzó cuando la famosa *Revista de Occidente*, dirigida por don José Ortega y Gasset publicó dos de sus cuentos. Novás Calvo ha hecho periodismo y vivido siempre de su pluma. Sus cuentos han aparecido en las mejores revistas de España, Cuba y el continente. Algunos estiman que han hecho algún daño a su obra original las muchas traducciones de grandes autores que ha hecho para revistas y editoriales de España, Cuba, México y Argentina. Poco tiempo después de establecerse el régimen comunista en Cuba se exilió y vive en los Estados Unidos. Su vida ha sido bastante dura y trabajosa y esto se refleja en su obra. Su prestigio literario ha ido creciendo en los últimos años y hoy se le tiene como uno de los mejores cuentistas hispanoamericanos.

Después de sus primeros cuentos, Novás Calvo publicó *El negrero* (1933), biografía novelada de Pedro Blanco Fernández de Trava, un famoso negrero, teniendo al fondo un cuadro de vigoroso y crudo realismo del comercio de esclavos con países de África y América. Presenta muy bien las batallas navales, motines, la vida en bergantines, fiestas salvajes, desenfreno de pasiones y todo el horror del infame comercio. El gran mérito está en que sobre una figura histórica ha dado vida a un personaje que es pura creación suya. La edición argentina de la obra ha logrado ya tres tiradas. Pero aunque esta novela es prominente, la gloria del autor descansa en sus cuentos, reunidos en varias colecciones: *La luna nona y otros cuentos* (1942), *No sé quién soy* (1945), *Cayo Canas* (1946) y *En los traspatios* (1946). En él son evidentes la influencia de los grandes autores contemporáneos (rusos, franceses, ingleses, alemanes) así como los norteamericanos Hemingway, Caldwell. Una vez dijo: "Tengo a Faulkner en la sangre". La originalidad de su técnica consiste en que separa la realidad en sus elementos formantes, con toda minuciosidad, sin añadirle nada fuera de ella, así como el estudio a fondo del subconsciente de sus personajes. Representa una de las mejores orientaciones de la cuentística hispanoamericana. Sus caracteres son por lo general seres desamparados, angustiados, aislados y sufrientes. Crea ambientes de febril ansiedad, de crisis, de impotencia ante lo imposible, de intensidad sicológica. Buenos ejemplos son: la madre tuberculosa y abandonada de "A ese lugar donde me llaman"; "La noche de Ramón Yendía", cuyo tema es el hombre acosado por lo que lo rodea; el viejo contrabandista de "Cayo Canas"; el joven ciego en "La visión de Tamaría"; el protagonista de "No lo sé desil".

El movimiento de sus cuentos es lento y elaborado como para recrearse en los detalles de la realidad exterior, pero sobre todo de la conciencia de los personajes. Emplea técnicas muy modernas como el corte del relato, sus interrupciones; el uso de silencio para aumentar la tensión dramática; cierta lentitud calculada para meter al lector en el relato; ruptura del tiempo convencional. En su estilo privan la sobriedad, con un vocabulario muy preciso y ceñido. Uno de sus grandes méritos son los diálogos que completan el cuadro admirable de sus cuentos. El autor da la impresión de relatar exteriormente, esto es, sin participar emocionalmente de los conflictos y crisis humanos de sus personajes, al objeto de ofrecerlos con más realismo.

Persistencia del criollismo en la narrativa

Las fórmulas contemporáneas de la narrativa no han podido eliminar por completo al regionalismo o criollismo. Éste persiste en esta época, tanto en los autores que hemos analizado en la novela regional y que todavía escriben, como en los que vamos a estudiar a continuación, aunque no se puede negar que a ellos llegan también las influencias de las nuevas corrientes.

Enrique Amorim y su visión del gaucho contemporáneo. Uno de los representantes del criollismo que produce el Uruguay en esta época es ENRIQUE AMORIM (1900-1960), quien también pertenece en cierto sentido a la literatura argentina. Nació en Salto y a la edad de diesisiete años fue enviado a estudiar a la Argentina. Asistió al Colegio Internacional en Olivos, pequeño pueblo cerca de Buenos Aires. En esta institución se formó un grupo de jóvenes intelectuales de gran inquietud alrededor del profesor italiano Francisco Chelia, verdadero humanista y animador de cultura. Amorim publicó sus primeros trabajos en el periódico estudiantil y más tarde llegó a ser profesor de literatura de ese plantel. También ocupó un cargo público como secretario en una oficina de impuestos de Buenos Aires. Amorim cultivó casi todos los géneros literarios: poesía, teatro, prosa de ficción (novelas y cuentos). Alrededor de 1920 publicó su primer libro de versos, *Veinte años*, seguido de siete nuevos cuadernos de poesía. Más tarde descubrió que su verdadera vocación estaba en la prosa narrativa. Se asomó al éxito amplio con sus novelas y cuentos de tema rural, logrando algunas obras perdurables.

Su producción novelística es bastante extensa, pero de méritos desiguales. Ha ensayado distintos tipos de novelas: de la ciudad, detectivesca—muy popular en la Argentina en años recientes—y gauchesca o criollista. Sus mejores novelas lo sitúan entre los buenos escritores dentro del criollismo regional hispanoamericano. Comenzó su carrera de narrador bajo la influencia de Horacio Quiroga, pero después se fue haciendo de un estilo propio en el que se notan huellas del vanguardismo en la estructura de la frase y, sobre todo en las metáforas. Como narrador se dio a conocer con su libro de cuentos *Amorim* (1923) y de aquí en adelante ha trabajado en una producción tan extensa como variada. Sus primeros éxitos fueron las novelas *Tangarupá* (1925) y *La carreta* (1932). En la primera es patente la influencia de Quiroga en la manera de presentar la atmósfera y las impresiones de la naturaleza. Es la visión como de adolescente de la vida en un rancho pobre. En la segunda pinta un grupo de artistas de un circo ambulante. Las miserias y dramas de esta pobre gente tiene como fondo a la naturaleza. También es muy rica en tradiciones populares. Desde estas obras aparece una característica del autor: generalmente pinta a los gauchos en una época más reciente, apareciendo automóviles y otros signos del progreso y de la civilización moderna. Dos años después vino su éxito más sobresaliente con *El paisano Aguilar* (1934), su obra más lograda. El protagonista es un gaucho que después de pasar su niñez y adolescencia en el campo, va a la ciudad en busca de educación, para volver luego al campo como estanciero. Se produce entonces en él un conflicto entre los reclamos de la ciudad y del campo. Al principio se siente incómodo y fracasado, incapaz de vencer la naturaleza, porque no conoce bien las labores del campo, pero poco a poco es ganado por la pampa, como si la naturaleza lo atrapara con su vida vegetal. Técnicamente la novela es un conjunto de relatos sueltos, con ricas metáforas en el estilo y la visión de un observador inteligente. A veces falta a la realidad esencial por la introducción de elementos productos de su imaginación.

Después de una breve incursión por la inquietud metafísica producida por la desorientación espiritual de nuestra época, presente en *La edad despareja* (1939), Amorim volvió al tema criollista para darnos una de sus mejores novelas: *El caballo y su sombra* (1941), varias veces reimpresa. En ella presenta al gaucho en la época presente, con sus problemas, penas y zozobras y en trance de perder sus tradiciones y costumbres. Azara es un viejo terrateniente que sacrifica la agricultura a la ganadería. Sus ideas causan la muerte de un niño, cuyo padre lo venga matando al estanciero a puñaladas. Amorim cultivó también la novela política que se reciente por su afán de hacer propaganda ideológica como en *La victoria no viene sola* (1952), cuyo título mismo es una frase conocida del dictador Stalin. En *La luna se hizo con agua* (1944) ofrece una visión del campo con pupila de gente de la ciudad. Ensayó la novela detectivesca de crímenes y policías en *El asesino desvelado* (1945); pero en ésta y otras novelas de la ciudad no tuvo mucho éxito. Matices neorrealistas se encuentran en *Corral abierto* (1956), rudo cuadro de la delincuencia juvenil y los barrios más pobres. La injusticia social lo preocupa y produce un cuadro realmente crudo de esa realidad. Sus últimas novelas llevan por título: *Todo puede suceder* (1956), *Los montaraces* (1957), *La desembocadura* (1958).

También se destacó Amorim como un magnífico cuentista. Después de su primer ensayo, publicó varias colecciones de cuentos de la ciudad y sobre temas rurales. Aunque los segundos son superiores en general, algunos de ambiente urbano son cuadros admirables. Entre sus títulos están: *La trampa del pajonal* (1928) y, *Después del temporal* (1953). A esta colección pertenece "La fotografía", la historia de una prostituta francesa que desea sacarse una fotografía con una mujer decente para enviarla a su madre a Francia. Define muy bien sus personajes, sobre todo a los gauchos. Otro de sus mejores cuentos—esta vez de tema rural—es "La doradilla". Aunque en general es mejor novelista que autor de cuentos, algunos de éstos son verdaderas creaciones.

El realismo social de Juan Bosch. A la cabeza de los narradores de la República Dominicana se encuentra JUAN BOSCH (1909), uno de los buenos cuentistas de Hispanoamérica. Desterrado de su patria en 1937, pasó toda la larga dictadura de Trujillo viajando por Europa o residiendo, sobre todo, en Cuba. Luego vivió en Chile y Venezuela. Fue uno de los más firmes luchadores contra aquella tiranía. En revistas de esos países publicó sus primeros cuentos. Jefe del Partido Revolucionario Dominicano, regresó a su patria a la caída de Trujillo en 1961 y resultó electo Presidente de su país en las primeras elecciones libres y democráticas, celebradas con posterioridad a la liberación (1963). A los pocos meses lo derribó del poder un golpe militar y volvió al exilio, esta vez en Puerto Rico, para regresar después de los sangrientos sucesos de 1965. Presentó su candidatura en las elecciones presidenciales de 1966 resultando derrocado por don Joaquín Balaguer, un candidato moderado.

Aunque ha escrito una novela, *La mañosa* (1936) debe su renombre a sus afamados cuentos entre los cuales sobresalen "La revolución", "Sombras", "El alzado", "La mujer", "Forzados" y "La bella alma de don Damián". Sus colecciones incluyen: *Camino real* (1933), *Indios* (1935), *Dos pesos de agua* (1941), *Ocho cuentos* (1947) y *La muchacha de la Guaira* (1955). Aunque Bosch es básicamente un regionalista, se notan dos orientaciones en su producción: en su primera etapa cae de lleno dentro del casillero del criollismo de tendencia social, pero sobre todo a partir de 1937,— aunque todavía tiene cuentos en aquella vena—se acerca más a las nuevas corrientes, permitiendo más amplitud a su fantasía, a lo irreal y a los símbolos. Bosch sobresale por la técnica de sus cuentos y por la perfecta integración que logra de sus personajes y el paisaje, casi siempre antillanos. Presenta los conflictos sociales y hasta humanos de sus caracteres, poniéndose siempre de lado de los más indefensos, humildes y pobres, con una marcada intención social.

A partir de 1937, como ya hemos señalado, le da más rienda a la imaginación. Los escenarios no son sólo criollos o antillanos, sino que pueden ser en cualquier parte. Muestra interés por lo fantástico, lo simbólico, alegórico e irreal, como en "La bella alma de don Damián", uno de sus mejores cuentos. Aquí el alma de don Damían sale del cuerpo y desde una lámpara del techo contempla las hipocresías y mentiras de los familiares, el cura y el médico y la sinceridad de la vieja criada. Luego se mira al espejo y, encontrándose muy fea, vuelve al cuerpo moribundo, que al fin revive. En "Dos domingos" de la colección *Dos pesos de agua*, presenta un par de perros que simbolizan al que nada le falta y al rico. En "Maravillo" las injusticias se revelan en la sicología de un viejo y estropeado buey, cansado de trabajar. Sin embargo, con mucho comedimento, Bosch no permite nunca que la intención social se sobreponga a la finalidad artística de sus relatos.

El neorrealismo en los cuentos de José de la Cuadra. El mejor cuentista ecuatoriano de su generación es JOSÉ DE LA CUADRA (1903-1941). Nació en Guayaquil y murió a los treinta y siete años en la propia ciudad. En 1929 obtuvo su doctorado en leyes en la Universidad de esa ciudad. En sus días de estudiante fue miembro de la Federación de estudiantes y fundador de la Universidad Popular en 1925. Desempeñó cargos públicos de importancia, entre ellos Cónsul en Argentina y Uruguay. Con otros escritores formó el llamado "Grupo de Guayaquil", que orientó la novela ecuatoriana hacia un realismo social, a veces muy crudo y descarnado. Trataron de incorporar lo nacional—el cholo, el montuvio, los problemas sociales—a la literatura. De la Cuadra era un socialista moderado, pero esto no impide para que a veces ahonde en lo más brutal y violento.

De la Cuadra es básicamente el novelista de la región y del habitante costeño, del "montuvio" ecuatoriano. Sin contar sus producciones *Perlita*, recuerdos (1925) y *Sueño de una noche de Navidad* (1930), ganadora ésta de un segundo premio literario, sus obras más sobresalientes son: *El amor que dormía* (1930); *Repisas*, narraciones breves (1931); *Horno*, cuentos (1932) y, especialmente *Los sangurimas* (1937), la novela por excelencia del "montuvio" ecuatoriano. Libro de violencia primitiva y brutal, de asesinatos y luchas feroces, con un evidente simbolismo de la naturaleza del montuvio, cuyos vicios y virtudes expone mediante alegorías. Posteriormente publicó su notable ensayo *El montuvio ecuatoriano* (1937), en que fuera de lo novelesco ahonda en la realidad sociológica del personaje con mucha precisión. Sus últimos libros de relatos y crónicas, *Guásinton* (1938) y *Los monos enloquecidos* (1951) fueron publicados póstumamente. De la Cuadra presenta dos estilos: cultiva la prosa poética, no exenta de rasgos de fina ironía y humor, como en la narración "Se ha perdido una niña" (verdadera excepción en la narrativa ecuatoriana), y una manera realista muy descarnada, que se aprecia en muchos cuentos y en su obra maestra, *Los sangurimas*.

BIBLIOGRAFÍA

1 ESTUDIOS GENERALES SOBRE EL AMBIENTE ESPIRITUAL DE LA ÉPOCA, LAS CORRIENTES Y TÉCNICAS NOVELÍSTICAS CONTEMPORÁNEAS

(Véanse la bibliografía sobre el fondo histórico en el Cap. XXIV; sobre la novela en los Caps. I, XI, XV, XVII, XXIII, XXVII, y, especialmente: Alegría, Sánchez, Uslar Pietri, Zum Felde; historias generales de esta literatura y las nacionales de los autores estudiados)

Alegría, Fernando, *Novelistas contemporáneos hispanoamericanos*, Boston, Heath, 1964; vocabulario y notas de Carlos Lozano.

Brown, Calvin S., (Editor general), *The Reader's Companion to World Literature*, Chicago, Dryden Press, 1956.

Cruz, Salvador de la, *La novela iberoamericana actual*, México, Secretaría de Educación Pública, 1956.

Humphrey, Robert, *Stream of Consciousness in the Modern Novel*, Berkeley-Los Angeles, Univ. of California Press, 1962.

Macauley, Robie y Lanning, George, *Technique in Fiction*, New York, Harper & Row, 1964.

Pérez Minik, Domingo, *Novelistas españoles de los siglos XIX y XX*, Madrid, Ed. Guadarrama, 1957. Véase "Introducción a la novela actual", 229–348.

Volpe, Edmond L., *William Faulkner*, New York, Farrar, Straus & Giroux, 1964.

2 NOVELISTAS "MAYORES"

EDUARDO MALLEA

Textos

Cuentos para una inglesa desesperada (1926), Buenos Aires, Espasa-Calpe, 1944 (Col. Austral, 202).

Historia de una pasión argentina (1937), 3ra. ed., Buenos Aires, Espasa-Calpe, 1944 (Col. Austral, 102); 8va. ed., Buenos Aires, Sudamericana, 1961; con prólogo de Francisco Romero.

Fiesta en noviembre (1938), Buenos Aires, Losada, 1956 (Bibl. Contemporánea, 89).

La bahía de silencio (1940), 4ta. ed., Buenos Aires, Sudamericana, 1960.

Todo verdero perecerá (1941), 2da. ed., Buenos Aires, Espasa-Calpe, 1951 (Col. Austral, 502); Madrid, Aguilar, 1952; prólogo de Guillermo de Torre.

Las águilas, Buenos Aires, Sudamericana, 1943.

Los enemigos del alma, Buenos Aires, Sudamericana, 1950.

La torre, Buenos Aires, Sudamericana, 1951.

Chaves, Buenos Aires, Losada, 1953.

La razón humana, Buenos Aires, Losada, 1959 (Bibl. Contemporánea, 291). También en *Todo verdor perecerá* antes citada.

Las travesías, 2 vols., Buenos Aires, Sudamericana, 1961–1962.

Obras completas, 2 vols., Buenos Aires, Emecé, 1961; prólogo, bibliografía y notas de Mariano Picón Salas.

Crítica

Arrieta, *Literatura argentina*, IV, 274–284.

Diccionario. . . . Argentina, II, 319–323.

Chapman, Arnold, "Terms of Spiritual Isolation in Eduardo Mallea", *Modern Language Forum*, XXXVI (1951), 21–27.

Dudgeon, Patrick O., *Eduardo Mallea, a Personal Study of his Work*, Buenos Aires, Ed. Agonía, 1949.

Morsella, Arturo, *Eduardo Mallea*, Buenos Aires, Mac Co., 1956.
Polt, John H., *The Writings of Eduardo Mallea*, Berkeley-Los Angeles, Univ. of California Press, 1959.
Topete, José M., "Eduardo Mallea y el laberinto de la agonía", *Revista Iberoamericana*, 39 (1955), 117-151.

ALEJO CARPENTIER

Textos

Ecue-Yamba-O, Madrid, Editorial España, 1933.
El reino de este mundo, México, E.D.I.A.P.S.A., 1949.
Los pasos perdidos (1953), México Cía. General de Ediciones, 1959.
El acoso, Buenos Aires, Losada, 1956.
Guerra del tiempo (Tres relatos y *El acoso*), México, Cía. General de Ediciones, 1958.
El siglo de las luces, México, Cía. General de Ediciones, 1962.
La música en Cuba, ensayo, México, Fondo de Cultura Económica, 1956.

Crítica

Bueno, Salvador, "Alejo Carpentier, novelista antillano y universal" en *La letra como testigo*, Santa Clara, Cuba, Publicaciones de la Univ. Central de las Villas, 1957, 153-179.
Poniatowska, Elena, *Palabras cruzadas*, México, Ediciones Era, 1961.
Weber, Frances Wyers, "*El acoso*: Alejo Carpentier's War on Time", *PMLA*, LXXVIII (1963), 440-448.
Harss, Luis y Dohmann, Barbara, *Into the Mainstream*, New York, Harper & Row, 1966; traducida como *Los neustros*, Buenos Aires, Sudamericana, 1966, 37-67.

AGUSTÍN YÁÑEZ

Textos

Archipiélago de mujeres, México, Univ. Nacional Autónoma, 1943.
Al filo del agua (1947), 3ra. ed., México, Porrúa, 1961; prólogo de Antonio Castro Leal.
La creación (1959), 4ta. ed., México, Fondo de Cultura Económica, 1965.
La tierra pródiga, México, Fondo de Cultura Económica, 1960.
Ojerosa y pintada, México, Libro-Mex, 1960.
Las tierras flacas, México, Joaquín Mortiz, 1962.

Crítica

Brushwood y Rojas Garcidueñas, *Breve historia de la novela mexicana*.
Delgado, Jaime, "La novela mexicana de Yáñez", *Cuadernos Americanos*, XVI (1953).
Ezcurdia, Manuel de, "Trayectoria novelística de Yáñez", *Memoria del Sexto Congreso de Literatura Iberoamericana*, México, 1954.
González, *Trayectoria*, 327-338.
Martínez, *Literatura mexicana del siglo XX*, I, 201-213.
Millán, María del Carmen, *Literatura mexicana*, México, Editorial Esfinge, 1962.
Morton, *Los novelistas de la Revolución Mexicana*, 223-231.
Schade, George P., "Augury in *Al filo del agua*", en *Texas Studies in Literature and Language*, Austin, Univ. of Texas Press, 1960, 78-87.
Vázquez, Amaral, José, "Técnica novelística de Agustín Yáñez", *Cuadernos Americanos*, XCVIII (1958), 245-251.

LA NOVELA SUPRARREALISTA

MIGUEL ÁNGEL ASTURIAS

Textos

Leyendas de Guatemala, Madrid, 1930; Buenos Aires, Pleamar, 1948.
El Señor Presidente, 4ta. ed., Buenos Aires, Losada, 1964.
Hombres de maíz, Buenos Aires, Losada, 1949.
Poesía: Sien de Alonda. Antología de treinta años de poesía, 1918-1948, Buenos Aires, Biblioteca Argos, 1949; prefacio de Alfonso Reyes.
Viento fuerte, Guatemala, Editorial del Ministerio de Educación Pública, 1950; Buenos Aires, Losada, 1955.
Ejercicios poéticos en forma de soneto sobre temas de Horacio, Buenos Aires, 1951.
El papa verde, 2da. ed., Buenos Aires, Losada, 1957.
Los ojos de los enterrados, Buenos Aires, Losada, 1955; 2da. ed., Novelistas de nuestra época, 1960.
Week-end en Guatemala (1956), La Habana, Imprenta Nacional de Cuba, 1960.
Soluna, teatro, Buenos Aires, 1957.
Mulata de tal, Buenos Aires, Losada, 1963.

Crítica

Alegría, Fernando, *Breve historia*, 223-226.
——, "Miguel Angel Asturias: novelista del viejo y del nuevo mundo", en *Memoria del Octavo Congreso.*
Diccionario....América Central, I, 89-91.
Harss, *Into the Mainstream*, 68-101.
Menton, Seymour, "Miguel Ángel Asturias: realidad y fantasía" en *Historia crítica de la novela guatemalteca*, Guatemala, Editorial Universitaria, 1960, 195-241.
Sánchez, *Proceso y contenido*, 295-297.
Trigueros de León, Ricardo, "Miguel Ángel Asturias" en *Perfil en el aire*, San Salvador, Ministerio de Cultura, 1955, 115-131.
Tuñón de Lara, M., "Un romancier social des tropiques: Miguel Ángel Asturias", *Les Temps Modernes*, París, X (1954), 107.
Zum Felde, *Índice crítico*, II, 370-373.

MANUEL ROJAS

Textos

Hombres del sur, Santiago, Nascimento, 1926; prólogo de Raúl Silva Castro.
El delincuente (1929), Santiago, Zig-Zag, 1949.
Lanchas en la bahía, Santiago, Zig-Zag, 1932.
De la poesía a la revolución, Santiago, Ercilla, 1938.
Hijo de ladrón (1951), Santiago, Zig-Zag, 1961.
Mejor que el vino, Santiago, Zig-Zag, 1958.
El vaso de leche y sus mejores cuentos, Santiago, Nascimento, 1959.
El árbol siempre verde (*Mi experiencia literaria*), Santiago, Zig-Zag, 1960.
Obras completas, Santiago, Zig-Zag, 1961; prólogo de González Vera.
Antología autobiográfica, Santiago, Ercilla, 1962.

LA NOVELA SUPRARREALISTA

Crítica

Alegría, Fernando, "Manuel Rojas: trascendentalismo en la novela chilena", *Cuadernos Americanos*, CIII (1959), 244–258.

"Alone", "Prólogo" a *Lanchas en la bahía*, ya citada.

Diccionario....Chile, 169–170.

Latorre, Mariano, *La literatura chilena*, 152–153.

Silva Castro, *Retratos*, 163–179.

——, *Panorama literario*, 196–203.

ARTURO USLAR PIETRI

Textos

Las lanzas coloradas (1931), Santiago, Zig-Zag, 1940; New York, Norton, 1944; editada por Donald D. Walsh; 4ta. ed., Buenos Aires, Losada, 1962 (Bibl. Contemporánea, 64).

Red (Cuentos), Caracas, Editorial Elite, 1936.

El camino de El Dorado (1947), 3ra. ed., Buenos Aires, Losada, 1954.

Letras y hombres de Venezuela, México, Fondo de Cultura Económica, 1948.

Las nubes (ensayos), Caracas, Ministerio de Educación Pública, 1951.

Breve historia de la novela hispanoamericana, Caracas-Madrid, Ed. Edime, 1954.

Obras selectas, Madrid, Caracas, Ed. Edime, 1953.

Un retrato en la geografía, Buenos Aires, Losada, 1962.

Crítica

Chase, Kathleen, "Venezuelan Writing Today", *Américas* (noviembre, 1958), 38-40.

García Hernández, Manuel, *Literatura venezolana contemporánea*, 1ra. serie, Buenos Aires, Ediciones Argentinas, 1945, 345–351.

González, Manuel Pedro, *Estudios*, 287–296.

González López, Emilio, "Uslar Pietri y la novela histórica venezolana", *Revista Hispánica Moderna*, XIII (1947), 44–49.

Picón-Salas, *Formación y proceso*, 223–224.

Uslar Pietri, Arturo, "The Spanish American Novel Declares its Independence", *Books Abroad*, XI (1938), 150–152.

MARÍA LUISA BOMBAL

Textos

La última niebla (1935), 2da. ed., Santiago, Nascimento, 1941; estudio preliminar de Amado Alonso.

La amortajada (1938), 2da. ed., Santiago, Nascimento, 1941.

The House of Mist, New York, Farrar & Straus, 1947.

Crítica

Alegría, *Breve historia*, 221–222.

Anderson Imbert y Kiddle, *Veinte cuentos*, 170–171; contiene el cuento "El árbol" (171–181).

Allen, Martha E., "Dos estilos de novela: Marta Brunet y María Luisa Bombal", *Revista Iberoamericana*, 35 (1952), 63–91.

Campbell, Margaret V., "The Vaporous World of María Luisa Bombal", *Hispania*, XLIV (1961), 415–420.

Silva Castro, *Panorama literario*, 324.

Torres-Rioseco, *Breve historia*, 162–163.

LA NOVELA SUPRARREALISTA

ERNESTO SÁBATO

Textos

Uno y el Universo, Buenos Aires, 1945; ensayos.
El túnel (1948), Buenos Aires, Cía. General Fabril Editora, 1961; New York, Macmillan, 1965; editada por Louis C. Pérez.
The Outsider (*El túnel*), New York, 1950; traducida por Harriet de Onís.
Hombres y engranajes, Buenos Aires, 1951; ensayos.
Heterodoxia, Buenos Aires, 1953; ensayos.
El escritor y sus fantasmas, ensayos, Buenos Aires, 1963.
Sobre héroes y tumbas, novela, Buenos Aires, 1961.
"El dragón y la princesa" de *Sobre héroes y tumbas*, en Alegría, *Novelistas contemporáneos*, 27–60.

Crítica

Alegría, *Novelistas contemporáneos*, 26–27.
Bonet, Carmelo M., "Ernesto Sábato" en *Historia de la literatura argentina* dirigida por Arrieta, IV, 202–204.
Diccionario....Argentina, II, 368–371.
Pérez, Louis C. "Introducción" a la edición de *El túnel* ya citada.
Petersen, Fred, "Sábato's *El túnel*: more Freud than Sartre", *Hispania*, L, No. 2 (1967), 271–276.
Sánchez Riva, Arturo, "Ernesto Sábato: *Uno y el Universo*", Sur, Buenos Aires, 135 (enero, 1946), 101–106.
——, "Ernesto Sábato: *El túnel*", Sur (noviembre, 1948), 82–87.
Zum Felde, *Índice crítico*, II, 480–482.

3 OTROS NARRADORES EN LA LÍNEA CONTEMPORÁNEA

JAIME TORRES BODET

Textos

Poesías, Madrid, Espasa-Calpe, 1926.
Sonetos, México, Gráfica Panamericana, 1949.
Sin tregua, México, Ediciones Tezontle, 1957.
Margarita la niebla, México, Cultura, 1927.
La educación sentimental, Madrid, Espasa-Calpe, 1929.
Proserpina rescatada, Madrid, Espasa-Calpe, 1931.
Nacimiento de Venus y otros relatos, México, Cultura, 1941.
Obras escogidas, México, Fondo de Cultura Económica, 1961.

Crítica

Anderson Imbert, *Historia*, II, 160–161.
Dauster, Frank, "La poesía de Jaime Torres Bodet", *Revista Iberoamericana*, 49 (1960), 73–94.
Leiva, *Imagen*, 123–136.
Martínez, *Literatura mexicana del siglo XX*.

LINO NOVÁS CALVO

Textos

El negrero (1933), 3ra. ed., Buenos Aires, Espasa-Calpe, 1946 (Col. Austral, 194).
La luna nona y otros cuentos, Buenos Aires, 1942.
No sé quién soy, México, 1945.

Crítica

Anderson Imbert y Kiddle, *Veinte cuentos*, 132–133.
Henríquez Ureña, Max, *Panorama histórico*, 406.
Olivera, *Literatura antillana*, 168–169.
Portuondo, José A., "Lino Novás Calvo y el cuento hispanoamericana", *Cuadernos Americanos*, XXXV, 5 (1947), 245–263.

4 Persistencia del criollismo o regionalismo

ENRIQUE AMORIM

Textos

La carreta (1929), Buenos Aires, Ed. Rosso, 1937; Buenos Aires, Losada, 1952 (Bibl. Contemporánea, 237).
El paisano aguilar (1934), Buenos Aires, Losada, 1958 (Bibl. Contemporánea, 57).
El caballo y su sombra (1941), 3ra. ed., Buenos Aires, Losada, 1957 (Bibl. Contemporánea, 120).
Nueve lunas sobre el Neuquén, Buenos Aires, Lautaro, 1946.
Corral abierto, Buenos Aires, Losada, 1956.
La desembocadura, Buenos Aires, Losada, 1958.
Eva Burgos, Montevideo, Alfa, 1960.
Mi patria, Montevideo, Imprenta Uruguaya, 1960.
La trampa del pajonal; cuentos y novelas, Montevideo, Ed. del Río de La Plata, 1963.

Crítica

Anderson Imbert y Kiddle, *Veinte cuentos*, 91–92. Insertan su cuento "La doradilla" (92–97).
Bollo, Sarah, *Literatura uruguaya*, II, 108 y 141.
Ortiz, Alicia, *Las novelas de Enrique Amorim*, Buenos Aires, Impresora Chile, 1949.

JUAN BOSCH

Textos

(Selecciones de sus cuentos en: Anderson Imbert y Florit, ("La bella alma de don Damián", 710–714); "La mujer" en Batchelor, C. Malcolm, *Cuentos de acá y de allá*, Boston, Houghton Mifflin, 1953, 25–28; "Dos pesos de agua" en Rodríguez, Mario, *Cuentistas de hoy*, Boston, Houghton Mifflin, 1952, 101–113; "La mujer" en Rojas González, Francisco *Antología del cuento americano contemporáneo*, México, Secretaría de Educación Pública, 1953, 241–243; "Revolución" en Vázquez, Alberto, *Cuentos de la América Española*, New York, Longmans, Green & Co., 1952, 103–108; "El alzado" en Walsh, Gertrude M., *Cuentos criollos*, Boston, Heath, 1965)

Crítica

Anderson Imbert, *Historia*, II, 247-248.
Florit, Eugenio, "Bosch, Juan, *Dos pesos de agua*", *Revista Hispánica Moderna*, VIII (1942), 69.
Henríquez Ureña, Max, *Panorama historico de la literatura dominicana.*
Olivera, *Literatura antillana*, 165-166.

JOSÉ DE LA CUADRA

Textos

El amor que dormía, Guayaquil, 1930.
Repisas (Narraciones breves), Guayaquil, 1931.
Horno, cuentos, Guayaquil, 1932; Buenos Aires, Colección América, 1940.
Guásinton; relatos y crónicas, Buenos Aires, 1938; prólogo de Isaac J. Barrera.
Los sangurimas, novela (1934), 2da. ed., Club del Libro Ecuatoriano, 1939.
Los monos enloquecidos, Quito, Casa de la Cultura Ecuatoriana, 1951. Estudio preliminar de Benjamín Carrión.
Obras completas, Quito, Casa de la Cultura Ecuatoriana, 1958. Prólogo de Alfredo Pareja Diezcanseco; recopilación, ordenación y notas de Jorge Enrique Adoum.

Crítica

Arias, Augusto, *Panorama de la literatura ecuatoriana*, 306 y 336-337.
Barrera, Isaac J., *Historia de la literatura ecuatoriana*, IV, 143-146.
Diccionario....Ecuador, 18-20.
Rojas, Ángel F., *La novela ecuatoriana*, 182-185.
Schwartz, Kessel, "José de la Cuadra", *Revista Iberoamericana*, XXII, 43 (1957), 95-107.

33 El ensayo en la actualidad

Características del ensayo actual: su contenido, temática y orientaciones

En los últimos treinta y cinco años ha habido un intenso cultivo del ensayo, sobresaliendo algunos autores que pueden fácilmente compararse con los mejores de todos los tiempos. Aunque la novela sigue siendo el género más popular dentro de esta literatura—y diríamos de cualquier otra—seguida de la poesía, el ensayo ha ido ganando en importancia, aunque por su propia naturaleza no pueda alcanzar la amplitud de público de los otros géneros mencionados. A pesar de todas las dificultades que ha encontrado en su camino, el ensayo muestra un desarrollo progresivo entre nosotros, hasta llegar a la época contemporánea donde encontramos autores muy sobresalientes que han podido aunar: profundidad de pensamiento, intención ético-doctrinaria, prosa tersa y expresiva y un estilo lleno de elementos líricos innegables. Cuando se analiza la evolución total del ensayo y la producción actual se da uno cuenta de que nunca se ha escrito tanto en América como en los últimos años.

Nuestro ensayo muestra su naturaleza propia: análisis subjetivo de algún aspecto, con el ansia se convencimiento ajeno, en un estilo ajustado a la naturaleza expositiva y analítica del género. Aunque la tendencia general del ensayo hispanoamericano ha sido la meditación y reflexión sobre lo nacional y regional de este continente, superada en cierto sentido en el que hemos estudiado bajo el postmodernismo, en esta época se sigue ampliando su temática con una mira más universal. En este período el ensayo se ha orientado fundamentalmente hacia estos objectivos:

a) Análisis del espíritu, la cultura y la realidad hispanoamericana y los problemas que se plantean alrededor de los mismos. Búsqueda de las raíces últimas del ser y el existir de estos países.

b) Crítica literaria encaminada a desentrañar los valores intrínsecos de los principales exponentes de esta literatura, sin excluir a las grandas figuras de otras naciones.

c) Valoración de aspectos culturales y del pensamiento universales.

d) Ensayos de tipo filosófico, sobre todo alrededor de la persona humana, los problemas de la transformación cultural y los conflictos que el mundo moderno plantea al hombre.

e) Exposición de los problemas de tipo político, económico y social, tanto del ámbito continental como del mundo. Aunque es evidente que el ensayo es género de minorías, por lo general estos ensayistas han tenido y tienen influencia porque casi todos cultivan el periodismo de ideas y sus opiniones llegan a públicos más amplios con rapidez.

Francisco Romero: problemas del hombre y la cultura en su pensamiento

Aunque fundamentalmente un filósofo, FRANCISCO ROMERO (1891) debe venir a este estudio por su amplia obra de ensayista y pensador. Muy joven ingresó en la marina de guerra, pero su afición a la crítica, la estética y la filosofía terminaron por imponerse. Su formación se realizó al lado del filosófo argentino Alejandro Korn, a quien sustituyó en la cátedra de Gnoseología y Metafísica de la Universidad de Buenos Aires. Debido a la dictadura renunció a su cátedra en 1946 y volvió a ella en 1955. Fue fundador y director de la prestigiosa revista *Realidad* (1947-1949). Es un filósofo de formacion alemana, hecho en las lecturas de Dilthey, Hartmann, Scheler y algo de Leibniz. Es probablemente el pensador más profundo con que cuenta Hispanoamérica en este período.

La obra de Romero es vastísima y de ella se desprende una especie de nuevo humanismo por su dimensión antropológica, ya que el centro de su filosofía es el hombre. Su otra preocupación es la cultura occidental y su crisis actual, así como la problemática del hombre contemporáneo. Entre sus obras más sobresalientes deben mencionarse: *Filosofía contemporánea* (1941), *Sobre historia de la filosofía* (1943), *Filosofía de la persona* (1944), *Papeles para una filosofía* (1945), *Filosofía de ayer y de hoy* (1947), *Ideas y figuras* (1949), *El hombre y la cultura* (1950), *Sobre la filosofía en América* y, sobre todo *Teoría del hombre* (1952), considerada como su obra mejor lograda. La obra de Romero abarca estudios de análisis e interpretación y de pensamiento original. En los primeros se aprecian tres preocupaciones sobresalientes: la historia de la filosofía, la interpretación de la filosofía moderna y contemporánea y la exposición y análisis de las culturas superiores. En cuanto a las obras de punto de vista personal, Romero se orienta por una filosofía antropológica, de aquí sus reflexiones sobre el origen, naturaleza y destino del hombre y de la cultura occidental. Sus ensayos *Filosofía de la persona, El hombre y la cultura* y *Teoría del hombre* son posiblemente las más profundas e importantes escritas en Hispanoamérica. Se afilia a la metafísica trascendental y es partidario de los movimientos filosóficos del intuicionismo y de las corrientes espiritualistas y vitalistas.

Romero intenta primero llegar a una caracterización del humano; de la cultura como herencia verdadera del hombre; del espíritu; de la realidad y los valores, todo debidamente concatenado en un pensamiento tan original como profundo. En él se dan la mano el pensador riguroso, profundo, con un prosista de expresión clara, diáfana y siempre elegante y poética. Únicamente un pensador y escritor de la inteligencia y capacidad de Romero pueden lograr la exposición de ideas filosóficas complicadas y profundas, en una forma accesible y comprensible, con lo cual se emparenta con Manuel García Morente, el gran profesor español, aunque tiene más semejanzas con José Ortega y Gasset. Uno de sus trabajos cortos más interesantes es el titulado "Apócrifo del apócrifo", en el que hace hablar al profesor Juan de Mairena, creación de Antonio Machado, a quien admira mucho.

El temperamento analítico e incisivo de Ezequiel Martínez Estrada

Pocos escritores argentinos superan la influencia que ha ejercido EZEQUIEL MARTÍNEZ ESTRADA (1895-1964) entre la nueva generación de escritores. Nació en San José de la Esquina, provincia de Santa Fe. Por algún tiempo fue empleado de Correos. De 1924 a 1946 fue profesor de literatura del Colegio Nacional en la Universidad Nacional de La Plata y enseñó por un corto período en la Universidad Nacional del Sud (Bahía Blanca). Ocupó la dirección de la revista *La Vida Literaria*. Dos veces resultó electo presidente de la Sociedad Argentina de Escritores (1942-43; 1944-45). Como escritor recibió los más altos honores: Tercer Premio Nacional de Literatura, con el poemario *Nefelibal* (1922); Primer Premio Municipal de Poesía para *Argentina* (1927); Primer Premio de Literatura con *Humoresca* (1929); Segundo Premio Nacional de Ensayo con *Radiografía de la pampa* (1933); el Gran Premio de Honor de la Sociedad Argentina de Escritores (1946) y el Premio Continental de Ensayo otorgado por el gobierno de Cuba (1960). Colaboró en las revistas literarias más sobresalientes de Argentina, México y otros países. Viajó por Europa, los países comunistas, los Estados Unidos, Cuba, México y otros de Hispanoamérica. Al morir gozaba de renombre continental.

Martínez Estrada se distinguió como poeta, autor dramático, ensayista y narrador. Parece que lo más perdurable de su obra son sus poemas y ensayos, aunque en los demás géneros hay más de un acierto. Como poeta se afilió al realismo poético reaccionando hacia la ironía sentimental y evocadora a la declinación modernista. Pertenecía al grupo de seguidores de Lugones frente al vanguardismo. Es poesía de tono pesimista e intelectual y, aunque su genio descolló más en el ensayo, llegó a ser uno de los más altos poetas de su época. Sus principales volúmenes de versos llevan por título: *Oro y piedra* (1918), *Nefelibal* (1922), *Motivos del cielo* (1924), *Argentina* (1927) y *Humoresca* (1929). Ya hemos visto que algunos de estos libros ganaron altos premios literarios. Juzgando su poesía en general hay que llegar a la conclusión de que si bien tenía destreza como versificador, carecía del verdadero genio poético. Después Martínez Estrada hizo incursiones por el arte dramático con *Títeres de pies ligeros* (1929), Premio Nacional de Literatura; es pieza en verso, quizás escenificada una sola vez. Luego compuso *Lo que no vemos morir* (1941), *Sombras* (1941) y *Cazadores* (1957). La caracterización es débil porque el lector se da cuenta de que es el autor quien habla, no los personajes. También los diálogos resultan flojos por su falta de naturalidad y fuerza. Los esfuerzos de Martínez Estrada en este campo parecen malogrados, salvo algunos actos o escenas aisladas en las que se adivina la mejor influencia de Ibsen y de Strindberg.

Su temperamento analítico e incisivo lo llevó al genero donde realmente ganó renombre continental: el ensayo. Las influencias que le acompañan en todo momento son las de Spengler, Simmel, Brinton y, especialmente Nietzsche, a quien debe mucho de su actitud pesimista y visión negativa de la realidad argentina. Sobresalió grandemente sobre todo en los ensayos de visión sociológica y en los de crítica literaria. Entre los primeros debe estudiarse su *Radiografía de la pampa* (1933), uno de los ensayos más leídos de esta literatura. El título le viene muy bien porque al igual que en los rayos x, la visión alcanza a lo más profundo y produce un cuadro espectral, en sombras, de la realidad. Es un examen muy pormenorizado y profundo de la realidad argentina hecho con gran pesimismo, amargura, desengaño y acusaciones implacables. Es un análisis con muchas observaciones inolvidables y algunas afirmaciones de tono muy polémico. El autor parece más interesado en destacar los lados negativos y cruzar de pasada por los aspectos mejores del espíritu nacional. Igual tono amargo y desesperanzado encontramos en *La cabeza de Goliat* (1940), que él mismo subtitula "microscopia de Buenos Aires". Luego publicó una serie de ensayos de naturaleza histórica, filosófica y literaria como *Panorama de las literaturas* (1946), *Sarmiento* (1946), *Los invariantes históricos en el Facundo* (1947), *Nietzsche* (1947), *Semejanzas y diferencias entre los países de la América Latina* (1962), producto de unas conferencias pronunciadas en México.

En 1948 publicó su segundo ensayo en importancia, *Muerte y transfiguración de Martín Fierro* (2 vols.), donde lo vemos un poco más inclinado al optimismo. La tesis central de la obra es lo gauchesco como una constante en el espíritu nacional argentino a través de todas las etapas. El mismo autor ha dicho que lo gauchesco es "un modo de ser de la gente; y eso queda firme a través de los cambios políticos, de las técnicas industriales, de la enseñanza y de la obra de gobierno". Es uno de los más lúcidos ensayos de interpretación y análisis de la literatura gauchesca. Seguidamente publicó ensayos de crítica literaria y de análisis de la cultura como: *El mundo maravilloso de Guillermo Enrique Hudson* (1951), *El hermano Quiroga* (1957); *Análisis funcional de la cultura* (1960), premiado por el régimen de Castro debido posiblemente a coincidencias ideológicas.

Con valentía, sinceridad y honestidad se dio a la tarea de interpretar la totalidad de la realidad argentina por medio de sus signos más profundos y figuras representativas. A pesar de su posible buena fe, sus ensayos se reducen a ser repetidas acusaciones contra el país, por su tendencia a destacar solamente los lados negativos. Sus ensayos han levantado gran ola de admiración y de protestas y polémicas. Son ensayos pesimistas y amargos, escritos en un estilo incisivo, penetrante y analítico, con anhelo de desentrañar la verdad y las fuentes de la crisis nacional. Es un pensador muy serio, preocupado, profundo y original, con un estilo hecho como para expresar su amargura en cada acercamiento a la verdad nacional. Su estilo es muy escudriñador de gran garra esclarecedora; muy sutil en el argumento y de elevación lírica sostenida.

En los últimos tiempos publicó una serie de relatos: *Tres historias sin amor* (1956), *Sábado de gloria* (1956), *Marta Riquelme* y *Examen sin conciencia* (1956), que realmente añaden poco a su gloria de escritor, pues el autor queda por sus ensayos de interpretación sociológica, histórica y de crítica literaria.

Germán Arciniegas: dimensión americanista de sus ensayos

Muerto don Baldomero Sanín Cano, GERMÁN ARCINIEGAS (1900), es el escritor más distinguido en las letras colombianas. Ha ganado renombre en todo el Hemisferio, Estados Unidos y España como periodista, educador, ensayista, historiador y diplomático. Vio la primera luz en Bogotá y en la Universidad Nacional obtuvo su título de doctor en leyes. Ha llevado una vida muy activa y múltiple: líder estudiantil, director de los periódicos *Voz de la Juventud* y *Universidad;* corresponsal de *El tiempo* de Bogotá en Europa; Cónsul de Colombia en Londres; Representante a la Cámara; jefe de redacción y luego director de *El tiempo;* director-fundador de la casa editorial "Ediciones Colombia"; colaborador asiduo de los más importantes periódicos de habla española en España, Estados Unidos e Hispanoamérica; Ministro de Educación; Embajador en países europeos e hispanoamericanos. Ha enseñado literatura, civilización y sociología hispanoamericana en instituciones docentes de los Estados Unidos: Colombia, Universidad de Chicago, Mills College, Brooklyn College. De 1944 a 1948 sirvió como director de la *Revista de América* de Bogotá. Miembro de número de las Academias de la Historia y la Lengua de Colombia y correspondiente de la Española, Argentina, Cubana, Mexicana y Venezolana. Miembro del Consejo de Honor de *Cuadernos*, la revista del Congreso por la Libertad y la Cultura. En época más reciente fue Embajador de su país en Italia.

Arciniegas es uno de los ensayistas más brillantes de la literatura hispanoamericana. Aunque es un escritor de formación cultural y filosófica muy amplia, sus ensayos todos se centran en la sociología, historia, cultura, arte y literatura de su patria y de la América Latina. Ha escrito obras fundamentales sobre la materia, tanto por el pensamiento y el análisis como por el valor estético de su prosa, una de las mejores en las últimas décadas. Por lo general sus libros de ensayos son colecciones de artículos de periódicos como los titulados *El estudiante de la mesa redonda* (1932); *América, tierra firme;* sociología (1937); *Este pueblo de América* (1945); *Entre la libertad y el miedo* (1952) y *El continente de siete colores. Historia de la cultura en América Latina*, 1965; *En el país del rascacielo y las zanahorias* (2 vols., 1945). Debido a su origen les falta por lo general unidad orgánica, pero este mismo hecho les alivia de la densidad y pesadez que a menudo tienen los tratados de este tipo. Otros volúmenes responden al criterio de unidad básica: *Los comuneros* (1938); *Los Alemanes en la conquista de América* (1941), *Este pueblo de América* (1945), *Biografía del Caribe* (1945). Su obra, *El caballero de El Dorado* (1942), la vida del conquistador de Colombia y fundador de Bogotá, Gonzalo Jiménez de Quesada, puede colocarse al lado de las mejores biografías escritas en este continente, Su interés por los grandes hombres de Hispanoamérica lo llevó a publicar *El pensamiento vivo de Andrés Bello* (1946).

En el ensayo *El estudiante de la mesa redonda* presenta en una forma muy interesante la evolución de la cultura hispanoamericana, considerada como una rama de la cultura occidental. Esa presentación se hace en una discusión de un grupo de estudiantes. Desde aquí aparecen las cualidades esenciales del ensayista: visión amplia y filosófica de los problemas de América; preparación humanista y filosófica; datos bien documentados y un estilo brillante y ágil. Por la sociología, historia y bases culturales de América se adentra en *América, tierra firme* (1937) y luego en *Este pueblo de América* (1945). La historia se ha encargado de demostrar el no poco optimismo de la tesis central de este último libro al afirmar que la América Hispana era el continente democrático por excelencia. Uno de sus ensayos mejor logrados es *Biografía del Caribe* (1945), indagación socio-histórica de los países del continente de habla hispana. Otro de sus libros más difundidos es *Entre la libertad y el miedo* (1952), donde estudia la honda crisis de la democracia en la mayoría de los países hispanoamericanos, a los que pasa revista en su situación política de ese momento. Su tono es pesimista.

En Arciniegas, el ensayo adquiere categoría de instrumento para el esclarecimiento de las esencias más profundas, tanto colombianas como hispanoamericanas. Donde pone su pluma, brota el dato histórico, artístico o literario siempre sorprendente y, lo que es más importante, el juicio esclarecedor, lúcido y original. Su valiosa producción esnayística comprende más de quince títulos, muchos de los cuales han sido traducidos al inglés. La historia o la sociología no son para Arciniegas fárrago pesado de erudición, datos y fechas, sino la clave para ahondar en las raíces de los problemas actuales y apuntar hacia sus posibles soluciones. Es un desentrañador ameno y ágil de las raíces sociológicas, históricas y culturales de América, dando las causas de la problemática actual y en actitud siempre de proyectarse hacia el porvenir. Su pensamiento es siempre liberal: defensor de las buenas causas (democracia genuina y efectiva, la justicia, los humildes, los verdaderos valores, héroes y líderes). Posee Arciniegas un estilo lleno de agilidad, dinamismo y nervio, que pone colorido e interés aun en los temas más densos. En pleno trajín de historiador o sociólogo lo sorprende el novelista que hay en él y, sin desfigurar ninguna de esas ciencias, le insufla un aire de anécdota y de cosa actual descubriendo todo lo dramático que encierran. Su amplia cultura e intuición de verdadero ensayista se combinan para ofrecernos una nueva visión de las cosas, personajes, hechos y figuras, con relaciones entre ellos que no habíamos imaginado antes.

Búsqueda de una conciencia histórica y cultural en los ensayos de Mariano Picón-Salas

Con valores propios se destaca MARIANO PICÓN-SALAS (1901-1965) en la tradición de los grandes hombres de letras de Hispanoamérica. Aunque muy venezolano debe a Chile, al igual que Andrés Bello, casi todo en su formación y los más brillantes

EL ENSAYO EN LA ACTUALIDAD

momentos de su carrera literaria. Se ha distinguido como crítico, profesor, periodista, novelista, diplomático y, especialmente como ensayista de mucha garra y alcance. Nació en Mérida, Venezuela, iniciándose muy joven en las letras con su primer libro, *Buscando el camino* (1920), páginas de adolescencias que produjeron los juicios más opuestos. En 1923 se trasladó a Chile, en cuya Universidad Nacional se doctoró en filosofía y letras y fue más tarde profesor (1928-1936). Ganadas también por concurso-oposición desempeñó las cátedras de literatura general y estética y de historia del arte. Se incorporó plenamente a la vida intelectual chilena, siendo fundador del grupo Índice (1930-1934). Al regresar a Venezuela en 1936, después de la caída de la dictadura de Juan Vicente Gómez, ocupó la Dirección de Cultura del Ministerio de Educación donde realizó una labor muy encomiástica. Años después se unió al cuerpo diplomático con una misión en Checoeslovaquia, que le permitió viajar extensamente por España, Francia, Alemania, Austria e Italia. Conoció directamente casi todos los países del hemisferio y a su regreso se le nombró director de la conocida *Revista nacional de cultura de Caracas*. Durante la dictadura de Pérez Jiménez vino a los Estados Unidos donde enseñó como profesor visitante en Columbia, U.C.L.A. y otras instituciones. Al caer la dictadura en 1958 volvió nuevamente a Venezuela, ingresando como profesor y más tarde Decano de la Facultad de Humanidades en la Universidad Central.

La amplia y brillante producción literaria de Picón-Salas comprende más de treinta títulos sobre: novela, biografías, ensayos de interpretación histórica y cultural. Entre las primeras sobresalen *Odisea en tierra firme* (1931) con el subtítulo de "Vida, años y pasión del trópico"; *Registro de huéspedes* (1934), así como *Los tratos de la noche* (1955). El tono altamente intelectual de sus novelas le ha impedido ganar amplio público, aunque no dejan de tener méritos literarios. También cultivó la biografía novelada en *Para un retrato de Alberto Adriana* (1936), *Miranda* (1946), y, especialmente *Pedro Claver, el santo de los esclavos* (1950), donde su estilo alcanza gran plenitud expresiva.

Es, sin embargo, en el ensayo donde Picón-Salas ha ganado un puesto junto a los espíritus más altos y las inteligencias más agudas del continente. Es uno de los más sobresalientes historiadores de la cultura y la literatura hispanoamericanas, mereciendo distinción junto a Germán Arciniegas y Pedro Henríquez Ureña. Sus profundas meditaciones sobre la naturaleza y problemas de la cultura de Hispanoamérica las ha vertido en muchos ensayos, esenciales para la comprensión de la formación histórico-cultural de la misma y que muestran a un maestro en el dominio del tema, con una base filosófica y humanística que lo capacitan para su plena comprensión. En este campo se inició con *Hispanoamérica, posición crítica* (1931), seguido de *Formación y proceso de la literatura venezolana* (1940), verdadera obra maestra en el género. Su obra cumbre en este aspecto es *De la conquista a la independencia, Tres siglos de historia cultural hispanoamericana* (1944), producto de los cursos explicados en Universidades de los Estados Unidos. Es su ensayo de valores más firmes y de obligada consulta sobre la formación de Hispanoamérica. De 1947 es su comentado estudio, *Europa-América, preguntas a la esfinge de la cultura,* al que siguió *Crisis, cambio, tradición* (1952), ensayos de gran madurez sobre la forma de nuestra cultura. Este interés continental no le impidió estudiar a fondo algunos aspectos de sus patrias: Chile y Venezuela. A la primera dedicó *Imagénes de Chile* (*Vida y costumbres chilenas en los siglos XVIII y XIX a través de testimonios contemporáneos*), en colaboración con Guillermo Feliú Cruz (1933) e *Intuición de Chile y otros ensayos en busca de una conciencia histórica* (1935). Su propia patria constituyó una de las constantes de sus preocupaciones y meditaciones intelectuales: *1941: cinco discursos sobre pasado y presente de la nación venezolana* (1941) y, sobre todo, *Comprensión de Venezuela* (1949), muy ampliada en 1955 y luego publicada como *Suma de Venezuela* (1965).

En 1959 publicó en México el libro que ya había anunciado muchas veces: *Regreso de tres mundos* (*Un hombre en su generación*), especie de memorias donde lo que más interesa no son los datos de su biografía externa, sino la proyección de su conciencia en los objeticos intelectuales que persiguió siempre: la comprensión, la armonía, elevación ética y una visión universalista de la vida. El objetivo cardinal de los estudios de Picón-Salas fue demostrar los fundamentos formativos y la universalidad de la cultura hispanoamericana. Él mismo afirmó: "Lo universal no invalida para mí lo regional y autóctono". Sobresale por una gran habilidad para presentar en forma sintética y ordenada grandes momentos de nuestra cultura, con interpretaciones muy novedosas y originales. Aunque es siempre un ensayista bien documentado, valen mucho también la hondura del pensamiento y la galanura de su estilo que lo sitúan entre los mejores del ensayo hispanoamericano contemporáneo. Era un verdadero artífice de la frase definitiva y feliz para caracterizar con toda precisión, movimientos, aspectos o figuras literarias o de la cultura. Las normas de su conducta fueron la "calma y autenticidad interior", desde donde se desborda la inquietud ética y universal que presentan todos sus ensayos.

Jorge Mañach y la indagación de lo cubano y lo universal

Entre los grandes ensayistas de esta época debía situarse al cubano JORGE MAÑACH (1898-1961). Estudió en España, la Universidad de Harvard y Francia y se doctoró en leyes y en filosofía y letras en la Universidad de la Habana. En la década del 20 se unió al llamado "Grupo Minorista" y más tarde a los de la *Revista de Avance* (1927-1930), grupo de jóvenes intelectuales de vanguardia que luchaban por la renovación integral de Cuba: cívica, política y artísticamente. Entró de lleno en las actividades revolucionarias contra la dictadura de Machado (1925-1933) como miembro de la organización clandestina A.B.C. y luego fue uno de sus más distinguidos dirigentes al advenir partido político. Sufrió el destierro y en esa oportunidad enseñó literatura hispanoamericana por dos años en la Universidad de Columbia. A su regreso a Cuba, después de la caída de Machado, ocupó altos cargos públicos: Delegado a la Convención Constituyente de 1940, Ministro de Educación y de

Estado, Senador de la República. De 1941 a 1960 ocupó la cátedra de historia de la filosofía en la Universidad de la Habana. Fundador y rector de la Universidad del Aire; colaborador asiduo del *Diario de la Marina* y de la revista *Bohemia* y miembro de número de las Academias Cubanas de la Historia y de Artes y Letras. Colaboro en las mejores revistas de España, Estados Unidos e Hispanoamérica. Al igual que la mayoría de los intelectuales, escritores y artistas cubanos, Mañach tomó el camino del exilio cuando Castro entregó la revolución cubana al comunismo, muriendo en Puerto Rico, de cuya Universidad era profesor. Es uno de los escritores más representativos dentro de las letras continentales.

Salvo breves incursiones por la novela con *Belén el Aschanti* (1925), el cuento como "O.P. No. 4" (1926) y el drama social, *Tiempo muerto* (1926), lo esencial de la obra de Mañach está en el periodismo de ideas y el ensayo. Sus "Glosas" del *Diario de la Marina* y los artículos de *Bohemia*, eran verdaderos ensayos breves por la trascendencia de las meditaciones y el estilo. En su ensayística se notan cuatro orientaciones fundamentales:

1) Una de carácter esteticista representada por sus volúmenes *Estampas de San Cristóbal* (1925), *La pintura en Cuba, desde sus orígenes hasta 1900* (1924), *Goya* (1928) y *Paisaje y pintura en Cuba* (1957).

2) Indagación del proceso histórico, el carácter y la cultura cubana, donde cabrían *La crisis de la alta cultura en Cuba* (1925), *Utilitarismo y cultura; Indagación del choteo*. (1928), *Pasado vigente* (1939), *Martí, el apóstol* (1933) e *Historia y estilo* (1944).

3) literarios, donde pueden incluirse sus múltiples estudios sobre la materia, muchos de ellos dispersos en periódicos y revistas.

4) Tendencia filosófica nacional y universal: *Examen del quijotismo* (1950), *Hacia una filosofía de la vida* (1951) y los dos consagrados a José Ortega y Gasset: *Imagen de Ortega y Gasset* (1956) y *Dualidad y síntesis de Ortega y Gasset* (1957). Su último libro lleva por título *Visitas españolas* (1960), una serie de entrevistas con escritores e intelectuales españoles.

Resultaba siempre un deleite espiritual y un reto intelectual escuchar a Mañach disertar desde la cátedra o la tribuna o leerle en sus artículos para periódicos y revistas, o en sus enjundiosos ensayos, donde no se sabe qué admirar más, si lo medular y definitivo del pensamiento y opiniones o las galas de un estilo excepcional. Los ensayos de Mañach son el producto de una inteligencia aguda puesta a meditar y una pluma creadora de la mejor prosa de Cuba, por su soltura, limpidez, modernidad, imágenes y poder conceptual, reflejos de su sólida formación humanística.

Sus ensayos más famosos son *Indagación del choteo* (1928) donde muestra una pupila muy alerta en el análisis de matices esenciales del carácter cubano, lo que ha jugado un papel muy importante en el devenir social, cultural y político. *Martí, el apóstol* (1933) es una de las mejores biografías escritas en Hispanoamérica. Ha sido traducida al inglés y gozado de varias ediciones. El gran escritor y patriota sale retratado de cuerpo entero, sobre todo en sus rasgos sicológicos y humanos. Sus más profundas meditaciones sobre lo cubano se encuentran en *Historia y estilo* (1944), uno de sus ensayos maestros en el que recoge dos conferencias: "La nación y la formación histórica" (1943), al ingresar en la Academia de la Historia. Aunque algunas ideas son polémicas, no hay trabajo que lo supere en hondura y penetración; y "El estilo en Cuba y su sentido histórico" (1944), discurso de ingreso a la Academia de Artes y Letras. Otro de sus ensayos cumbres es "Examen del quijotismo" (1950) que muestra a Mañach en su madurez intelectual y estilística. Se cuenta entre los más penetrantes estudios interpretativos del gran personaje de Cervantes. Mañach se margina del mero campo literario para internarse en una honda disquisición filosófica alrededor del binomio Don Quijote-Sancho. El autor sostiene que Don Quijote surga como símbolo de la lucha entre el espíritu medioeval en que prevalece la fantasía y lo imaginativo y las corrientes racionalistas del Renacimiento.

Otros ensayistas. Hispanoamericanos en los Estados Unidos de América

Lamentamos profundamente que la falta de espacio y los límites de este estudio nos impidan el estudio de otros ensayistas sobresalientes en las letras de Hispanoamérica. Una lista—de ninguna manera exhaustiva—nos daría los siguientes nombres: Luis Alberto Sánchez (1900), Víctor Raúl Haya de la Torre (1895), Manuel Seoane (1900), Antenor Orrego (1892), Juan Marinello (1898), Medardo Vitier (1886-1960), Leopoldo Zea (1912), Roberto Giusti (1887), Victoria Ocampo (1891), Benjamín Carrión (1898), José Antonio Portuondo (1911), Alberto Zum Felde (1889), Francisco Ichaso (1900-1962), José María Chacón y Calvo (1893), Samuel Ramos (1897-1959), Félix Lizaso (1881), Banjamín Subercaseaux (1902), Alberto Baeza Flores (1914).

Hay un grupo de ensayistas de la época actual que hemos estudiado, dado el plan de este libro, dentro de otros géneros o períodos literarios, como: Jorge Luis Borges, Eduardo Mallea, Octavio Paz y otros.

Por último, hay un grupo bastante numeroso de ensayistas hispanoamericanos que viven y enseñan en los Estados Unidos, con una labor digna de los mayores elogios en el campo de la ensayística. Entre ellos debemos citar a: Arturo Torres-Rioseco (1897), Enrique Anderson Imbert (1910), Andrés Iduarte (1907), José Juan Arrom (1914), Raúl Silva Castro (1903), Homero Castillo, Fernando Alegría (1918), Eduardo Neale-Silva (1905), Alfredo A. Roggiano (1919), Carlos García Prada (1898), Aníbal Sánchez-Reulet, José A. Balseiro y otros muchos.

BIBLIOGRAFÍA

1 REFERENCIAS GENERALES

(Consúltense la bibliografía sobre el ensayo de los Caps. IX, XIII, XXII, XXVI, y, especialmente: Mead, *El ensayo;* Vitier, *El ensayo;* Zum Felde, *Índice crítico*, I: "Ensayo y crítica"; las historias y antologías generales de la literatura hispanoamericana y las nacionales de los autores estudiados en este capítulo)

2 ENSAYISTAS MÁS SOBRESALIENTES

FRANCISCO ROMERO

Textos

Papeles para una filosofía, Buenos Aires, Losada, 1945.
Sobre la filosofía en América, Buenos Aires, Raigal, 1952.
Teoría del hombre, Buenos Aires, Losada, 1952.
Theory of Man, Berkeley-Los Ángeles, Univ. of California Press, 1964. Traducción de William F. Cooper; introducción de William J. Kilgore.
El hombre y la cultura, Buenos Aires, Espasa-Calpe, 1950 (Col. Austral, 940).
Filosofía del la persona, Buenos Aires, Losada, 1944 (Bibl. Contemporánea, 124).
Filósofos y problemas, Buenos Aires, Losada, 1947 (Bibl. Contemporánea, 197).
Ideas y figuras, Buenos Aires, Losada, 1949 (Bibl. Contemporánea, 224).
Ortega y Gasset y el problema de jefatura espiritual, Buenos Aires, Losada, 194? (Bibl. Contemporánea, 290).

Crítica

Asenjo, F. G., Reseña sobre *Theory of Man* de Francisco Romero, *Revista Iberoamericana*, 60 (1965), 303–304.
Mead, *El ensayo*, 111–113.
Rodríguez-Alcá, Hugo, "Francisco Romero: vida y obra; bibliografía, *Revista Hispánica Moderna* (enero-abril, 1954), 1–44.
——, *Korn, Romero, Güiraldes, Ortega*, México, Studium, 1958.
Salgado, Antonio, "La filosofía en Hispanoamérica. Desde Fray Alonso de la Vera Cruz hasta Francisco Romero", *Américas*, Vol. XV, 6 (junio, 1963), 17–22.
Torchía, Estrada, *La filosofía en la argentina*, Washington, D.C., Unión Panamericana, 1961, 273–284.
Zum Felde, *Índice crítico*, I, 441–445.

EZEQUIEL MARTÍNEZ ESTRADA

Textos

Radiografía de la pampa (1933), 2da. ed., Buenos Aires, Losada, 1957.
La cabeza de Goliath (1940), 2da. ed., Buenos Aires, Emecé, 1947.
Sarmiento, Buenos Aires, Ed. Argos, 1946.
Muerte y transfiguración de Martín Fierro (1948), 2da. ed., 2 vols., México, Fondo de Cultura Económica, 1958.
El mundo maravilloso de Guillermo Enrique Hudson, México, Fondo de Cultura Económica, 1951.
Diferencias y semejanzas entre los países de la América Latina, México, Escuela Nacional de Ciencias Políticas y Sociales, 1962.
Tres dramas: "Lo que no vemos morir", "Sombras", "Cazadores", Buenos Aires, 1957.

Crítica

Diccionario......Argentina, II, 332–335.
Mead, *Ensayo*, 118–120.
Murena, H. A., "Martínez Estrada: la lección a los desposeídos", *Sur*, Buenos Aires, 204 (1951), 1–18.

Romero, José Luis, "Ezequiel Martínez Estrada: Sarmiento", *Cuadernos Americanos*, (mayo-junio, 1949), 197–204.
Soto, Luis Emilio, *Crítica y estimación*, Buenos Aires, 1938, 109–124.
Zum Felde, *Índice crítico*, I, 472–480.

GERMÁN ARCINIEGAS

Textos

El estudiante de la mesa redonda (1932), Santiago, Ercilla, 1936.
América, tierra firme, Santiago, Ercilla, 1937.
El caballero de El Dorado, Buenos Aires, Losada, 1942.
Este pueblo de América, México, Fondo de Cultura Económica, 1945.
América mágica: los hombres y los meses (1959), Buenos Aires, Sudamericana, 1961.
Entre la libertad y el miedo, México, Cuadernos Americanos, 1952.
El continente de siete colores (Historia de la cultura en la América Latina), Buenos Aires, Sudamericana, 1965.
Latinoamérica: El continente de siete colores, New York, Harcourt, Brace & World, 1967; editado por Cecil D. McVicker y Osvaldo N. Soto.

Crítica

Córdova, Federico, *Vida y obras de Germán Arciniegas*, La Habana, Dirección de Cultura, 1950.
Diccionario......Colombia, 141–142.
Mead, *Ensayo*, 124–125.
Vitier, *El ensayo*, 251–268.

MARIANO PICÓN-SALAS

Textos

Imágenes de Chile, Santiago, Nascimento, 1933.
Formación y proceso de la literatura venezolana, Caracas, Ed. Cecilio Acosta, 1940.
De la conquista a la independencia (1944), 3ra. ed., México, Fondo de Cultura Económica, 1958.
——, *A Cultural History of Spanish America, From Conquest to Independence*, Berkeley-Los Ángeles, Univ. of California Press, 1962.
Viaje al amanecer (1943), 2da. ed., Buenos Aires, Losada, 1959 (Bibl. Contemporánea, 216).
Crisis, cambio, tradición (Ensayos sobre la forma de nuestra cultura), Caracas-Madrid, Edime, 1952?
Obras selectas, Madrid, Edime, 1953.
Comprensión de Venezuela, Madrid, Aguilar, 1955; prólogo de Hernando Téllez.
Ensayos escogidos, Santiago, Zig-Zag, 1958; edición de Juan Loveluck M.; prólogo de Ricardo A. Latcham.

Crítica

González, Manuel Pedro, *Estudios*, 305–309.
Grases, Pedro, "Un humanista de América", Revista *Américas*, Vol. XVII, 6 (junio, 1965), 6–10.
Mead, *Ensayo*, 125–126.
Sánchez Carrillo, Antonio, "El mensaje de Mariano Picón-Salas", *Cuadernos Americanos*, LXXXII (1955), 143–148.

JORGE MAÑACH

Textos

Martí, el apóstol (1933), 4ta. ed., Espasa-Calpe, 1952 (Col. Austral, 252); New York, Las Américas, 1963.

Historia y estilo, La Habana, Editorial Minerva, 1944.

Examen del quijotismo, Buenos Aires, Sudamericana, 1950.

Crítica

Baquero, Gastón, "Jorge Mañach", revista *Cuba Nueva*, Miami, Florida, Vol. 1, No. 5 (mayo, 1962).

Holmes, Henry A., *Contemporary Spanish Americans*, New York, Crofts, 1942, 172–177.

Mead, *Ensayo*, 120.

Meléndez, Concha, *Signos de Iberoamérica*, México, Imp. Manuel León Sánchez, 1936, 155–167.

Riaño Jauma, Ricardo, "Jorge Mañach", *Revista Cubana*, XX (1945), 99–111.

Zum Felde, *Índice crítico*, I, 585–587.

3 Otros ensayistas. Escritores en los Estados Unidos

(Véanse las "referencias generales" de este capítulo)

34 Las promociones más recientes: poesía, prosa narrativa, ensayo y teatro

Circunstancias que modelan el ambiente espiritual y social de la llamada "generación del 50"

Con esta generación del medio siglo se entra de lleno al momento presente de esta literatura. Hay una serie de hechos internacionales e hispanoamericanos que configuran la época: en 1954, Francia pierde la batalla de Dien-Bien-Fu y con ello casi todo su imperio en Asia. Más tarde tiene lugar la rebelión e independencia de Argelia. Casi todas las antiguas colonias europeas en Asia, África y América obtienen su soberanía, comenzando su vida independiente no exenta de altas y bajas. En 1954 la Corte Suprema de los Estados Unidos declara ilegal la segregación racial en las escuelas públicas de la nación, iniciándose así un amplio movimiento de la gente de color en favor de sus derechos civiles. Un año después se alinean los llamados países neutralistas—algunos no lo son tanto—en la famosa Conferencia de Bandung. Nasser consolida su poder unipersonal en Egipto y en 1956 nacionaliza el Canal de Suez, preparando el conflicto israelí-árabe de 1967. En 1956 también comienza la revolución cubana contra el régimen de Batista y en 1959 toma Castro el poder, entregando luego la revolución al comunismo internacional. En esta época comienza un amplio movimiento de liberalización de la Iglesia Católica con el Concilio Ecuménico Mundial. Continúan los efectos directos de la guerra fría con el forcejeo político de las grandes potencias y la carrera armamentista. Se produce la guerra del Viet-Nam y la ruptura, al parecer, del bloque monolítico del comunismo con las discrepancias ideológicas entre China y la Unión Soviética. El Presidente Kennedy inicia el programa de la Alianza para el Progreso, plan de ayuda económica y social muy amplio para los países latinoamericanos, seguido en sus líneas generales por la administración del Presidente Johnson. Los países de la América Hispana continúan la lucha para lograr su mejoramiento económica y social, contra las dictaduras todavía existentes y por una participación más efectiva de las masas en el poder político y la distribución de la riqueza. En el aspecto económico y social se dejan sentir cada vez más los efectos

LAS PROMOCIONES MÁS RECIENTES

de la revolución tecnológica y el industrialismo de los nuevos tiempos. Muchos de los países ayer colonias y otros de la América Latina juegan un papel más importante cada día en las relaciones internacionales.

La característica esencial de la literatura de esta época es una combinación de la visión universalista con el aumento del nacionalismo, debido en gran parte a la situación internacional. Angustia metafísica y actitud de protesta social suelen ser parte del material literario que se utiliza. La literatura se hace más testimonial del hombre, de la vida y del tiempo contemporáneos. Se tiene plena conciencia de que no se pueden resolver los problemas de hoy y de mañana con las fórmulas del pasado, de aquí los varios caminos ensayados en todas las ramas de la actividad humana. La literatura se orienta hacia lo fundamental y básico, hurgando en las mismas raíces de los conflictos humanos y del destino del hombre. Es literatura de experimentos técnicos, de procedimientos y mensajes directos, de actitud crítica. Como bien ha escrito el profesor José Juan Arrom, "En general predomina la frase dura, el verso agrio, el cuento y la novela neorrealistas, el ensayo denunciador y severo, y aparece en escena el teatro del absurdo".[1]

A medida que más nos acercamos al momento presente, carecemos de la debida perspectiva y el juicio histórico y crítico se hace más inseguro. Estamos entonces ante un mar de nombres y títulos de obras y resulta sumamemte difícil decidir sobre los autores más representativos. A los nombres con cierta estatura literaria vienen a unirse en oleadas sucesivas los nuevos escritores que van surgiendo, provocándose una mayor confusión todavía. La dificultad se agrava por el carácter convulsivo y revolucionario permanente de esta época. Sin embargo, en vez de optar por esperar la obra de selección del tiempo, vamos a ofrecer algunos de los autores más representativos en los géneros literarios más importantes, con lo cual daremos cima a esta historia de la evolución de las letras hispanoamericanas.

La poesía: corrientes y principales exponentes

En este período se continúan las corrientes que ya vimos a la declinación del vanguardismo y aparecen otras modas, de manera que se hace muy difícil la clasificación de autores. Entre los nombres que la crítica considera más prometedores y representativos nos encontramos:

Daniel J. Devoto. Como poeta, crítico literario y musicólogo se ha destacado DANIEL J. DEVOTO (1916), en cuya poesía se combinan las mejores esencias hispánicas—desde Berceo hasta García Lorca—con su conocimiento de la literatura francesa. Estudió en la Facultad de Filosofía y Letras de la Universidad de Buenos Aires y en la Sorbona de París con el ilustre hispanista Marcel Bataillon. Ha colaborado en *Sur*, *La Nación* y otras importantes publicaciones. Desde hace muchos años vive en París, por eso lo argentino y lo hispánico aparecen en él con cierto aire de universalidad.

---

[1] *Esquema generacional de las letras hispanoamericanas*, p. 217.

Posee una profunda cultura que incluye clásicos y modernos; literatura francesa y española; además de filología, crítica literaria, estilística y poética. Es posiblemente el poeta más representativo de la "generación del 40" en las letras argentinas. En 1940 empezó la publicación de unos cuadernillos de poesía de mucho gusto y corto tiraje, indicativo del sello personal, selecto y exigente que imprime a su poesía. Debido a este concepto refinado, el conocimiento de sus versos no es tan amplio como debiera ser por su calidad.

Ha publicado unos diez volúmenes delgados de poesía: desde *Tres canciones* (1938) hasta *Hexasílabos de los tres reinos* (1959), pasando por otros libros también muy representativos: *Aire dolido y Las elegías de Empalme* (1940), *El arquero y las torres* (1940), *La muerte de alguien* (1940), *Canciones de la azotea y Libro de las fábulas* (1943), *Canciones contra mudanza* (1945), *Canciones despeinadas* (1947) y *Dos rondeles con maderas del país* (1948). Devoto canta las angustias, desilusión y soledad del hombre actual, pero en vez de pulsar la nota estridente o violenta, se sumerge en un mundo interior de serenidad. La desesperanza nos llega en un verso alado, de profundidad lírica, acento refinado y lleno de delicadeza.

También ha escrito cuentos, recogidos en *Paso del Unicornio, 1938-1948* (1956). Admira la precisión crítica en sus ensayos y estudios sobre Gonzalo de Berceo y García Lorca, anunciados en forma de libro por la Editorial Gredos de Madrid.

Alí Chumacero. La crítica considera que ALÍ CHUMACERO (1918) es el poeta más sobresaliente de México después de la generación de *Taller*, constituída por Octavio Paz, Efraín Huerta, Neftalí Beltrán y otros. Vio la primera luz en Acaponeta, Nayarit y después de cursar sus estudios en la Escuela Preparatoria de Guadalajara, se trasladó a la ciudad de México, donde dirigió la revista literaria *Tierra nueva* (1940-1942), digna sucesora de la anterior. Por muchos años ha estado vinculado a esfuerzos editoriales, sobre todo en la magnífica editorial Fondo de Cultura Económica. Aunque cultiva una poesía semejante a la de Xavier Villaurrutia en su meditación, estructura inteligente y la expresión de angustia, su generación tuvo el propósito de ir más allá en el quehacer poético. Bien se la puede situar en lo que se ha llamado "prolongación o extensión del vanguardismo". Su carrera literaria comenzó con *Páramo de sueño* (1944), apropiado para su poesía de puro y hondo lirismo con juego de lo onírico. Al igual que Aleixandre ve la vida—y aun el amor—como conduciendo a las ruinas y duda muchas veces de su propia existencia. Lo primero se nota en su "Poema de amorosa raíz", perteneciente a una sección titulada "Amor entre ruinas" del mencionado libro. En "Diálogo con un retrato" nos dice:

> Por qué, ¿quién eres tú si no la imagen
> de todo lo que nutre mi silencio,
> y mi temor de ser sólo una imagen?

Esta actitud poética se repite en sus libros *Imágenes desterradas* (1948), *Palabras en reposo* (1956). En 1960 publicó en un solo volumen sus dos primeros cuadernos de versos. Su escepticismo lo lleva a una poesía de desolación, de abandono total del ser.

Chumacero se aleja de la poesía de tipo social, abundante en su generación, para dar la expresión pura de un alma solitaria que, al propio tiempo que medita sobre su estado, recuerda la situación de millones de seres de nuestra época. Ruinas, muerte, abandono, temor, inútil, ilusión, vacío son palabras favoritas de sus poemas. Es poeta con magnífico sentido de la imagen para situarla en el momento correspondiente y con un papel esencial dentro del poema. Poeta meditativo, que no pierde la serenidad ni al expresar desgarramientos del alma. Escribe siempre con calma, de aquí la buena organización del verso y el profundo acento lírico del sentimiento. Es la suya una poesía profunda, rica en sustancia filosófica y lírica.

Cintio Vitier. Como ha dicho el propio CINTIO VITIER (1921), mientras la generación cubana de la *Revista de Avance* anhelaba avanzar, ellos querían ir a lo hondo en busca de la sustancia del origen, de aquí que titularan su órgano oficial, *Orígenes* (1944–1956). Al publicar Vitier su antología del grupo, *Diez poetas cubanos* (1948), el joven crítico y poeta Roberto Fernández Retamar (1930) le dio el nombre de "trascendentalistas" en su tesis doctoral titulada "La poesía contemporánea en Cuba" (1954). En su citada antología Vitier dijo que "la misma voluntad de cada uno de integrar sus intuiciones, sus posibles apoderamientos de lo desconocido, en un distinto absoluto poético a partir de dos supuestos radicales: la experiencia (tanto vital como cultural) y la palabra (en su deseo de identificación simbólica con la realidad)". Cintio Vitier se inició a los diecisiete años con su libro *Poemas* (1938), aunque versos adolescentes, se le nota aquella ansia que hemos mencionado. Con *Sedienta cita* (1943) está de lleno en la nueva orientación poética, reafirmada en sus próximos libros: *Extrañeza de estar* (1943), *El hogar y el olvido* (1949), *Sustancia* (1950) y *Conjeturas* (1953). En su último libro, *Canto llano* (1956) hay un regreso a formas más tradicionales.

El tema fundamental de la poesía de Vitier es el ansia afiebrada por apoderarse de la esencia última, la sustancia, del mundo. Se le ve preocupado tanto por el ser, como por el estar. El poeta comienza con una cierta zozobra ante el mundo como se revela en sus dos sonetos "Entretiempo". En 1953 publicó *Vísperas*, compendio de toda su producción desde 1938, que da a entender la esperanza del poeta en poder aprisionar la realidad total, formada de tiempo, de espacio, seres y cosas. Pero se ha sumergido tanto en esa búsqueda, que a veces da la impresión de haber llegado a la conclusión de que el hombre no es más que un prisionero de su propio destino. Por eso dice en el poema "El enorme asunto":

> Poco importa ya tu destino,
> o lo que pienses que deba ser tu destino.
> Sea cual fuere el desenlace, si hay alguno
> estás dentro. Te han llamado,
> te han hecho entrar en la monstruosa construcción.

Vitier ha mostrado también un talento especial en el ensayo de investigación y crítica literaria. Como antólogo recogió la poesía de su propio grupo en *Diez poetas cubanos* (1948) y la poesía cubana de la primera parte del siglo XX en *Cincuenta años de poesía cubana* (1952). Como crítico hay que destacar su estudio *Lo cubano en la poesía* (1958), lleno de meditaciones muy certeras y el excelente prólogo a *Obra poética* de Emilio Ballagas, uno de los mejores estudios que existen sobre ese gran poeta.

Ernesto Mejía Sánchez. En Nicaragua, ERNESTO MEJÍA SÁNCHEZ (1923) fue el más destacado de los jóvenes que quisieron seguir la renovación literaria hacia el vanguardismo iniciada por Coronel Urtecho y otros. Nació en Masaya, Nicaragua y después de recibir su grado de bachiller en 1942, viajó a México en cuya Universidad Nacional obtuvo su licenciatura en filosofía y letras. Allí hizo estudios especializados de antropología y filología. Una beca del Instituto de Cultura Hispánica le permitió continuar sus estudios para el doctorado en la Universidad Central de Madrid. Ha viajado por España, Francia, Italia, Centro-América, los Estados Unidos. Ha sido redactor y director de varios periódicos. Actualmente es investigador del Colegio de México.

Mejía Sánchez se ha destacado como poeta, investigador, crítico literario y estudioso del folklore. Siguiendo las huellas de Coronel Urtecho se deja influir por la poesía norteamericana como lo demuestra el hecho de que toma para su tenso poema en prosa *Carne contigua* (1948) el asunto de un amor incestuoso empleado por Robinson Jeffers en *Tamar*. Se inició con la publicación de una antología de *Romances y corridos nicaragüenses* (1946) y, al año siguiente vio la luz su primer libro de versos: *Ensalmos y conjuros* (1947), donde se notan algunas orientaciones persistentes de su poesía: reacción contra el modernismo y la tradicional poesía nacional, influencia norteamericana y unos versos hechos más de gimnasia verbal que de sentimientos o ideas. Poesía aguda, paradojal, indirecta, llena de rodeos. Después publicó en Buenos Aires, *Sangre contigua* (1948), a la cual nos hemos referido. También sobresalen sus investigaciones y estudios sobre el folklore y autores hispanoamericanos y la literatura hispánica de fines del siglo XIX. Entre ellos se destacan: *Darío y Montalvo* (1948), *Nueva poesía nicaragüense* (1949), para el Colegio de México; *La impureza* (1950); *Contemplaciones europeas,* poesía (1957) y la antología, *Los primeros cuentos de Rubén Darío* (segunda edición, 1961).

Idea Vilariño. Los versos de IDEA VILARIÑO (1920) significan posiblemente el punto más alto de la poesía uruguaya contemporánea, lo que significa mucho dada la abundancia de buenos poetas. Seis delgados volúmenes han bastado para acreditarla en la primera fila de los escritores de esta época. Ha colaborado en las revistas *Clinamen, Número, Marcha* y *Asir*. A más de poesía, ha publicado dos ensayos de mérito: *Julio Herrera y Reissig* (1950) y *Grupos simétricos en poesía* (1953). Su primer libro, *La suplicante* (1945) significó un hito insólito en la poesía uruguaya por su ansia de renovación, ritmo y concepto del verso. La poetisa nos ofrece algunos de los rasgos constantes de su poesía: una franca y desolada visión del universo; una especie de ascetismo formal demostrado en formas escuetas, sobrias, en las que hasta se prescinde de la puntuación; una autoexigencia constante para llegar no a una perfección formal, pero sí a una justeza expresiva de su mundo interior, en que lo esencial es la existencia desolada, el sufrimiento físico y espiritual.

Luego publicó *Cielo cielo* (1947); *Paraíso perdido* (1949), donde reúne poemas de los dos anteriores y sólo añade el que da título a la colección; *Por aire sucio* (1951); su obra maestra, *Nocturnos* (1955) y *Poemas de amor* (1958). El dolor, que en sus primeros libros es puramente intuicional, adquiere con el tiempo realidad vital por sus experiencias. El choque entre el anhelo de felicidad, de amor y hasta de ternura con la aparición de la enfermedad, la muerte que ronda y no acaba de dar el zarpazo definitivo, la dejan en un estado de desolación y desilusión, hasta hacerla exclamar en *Nocturnos*:

> No hay ninguna esperanza
> de que todo se arregle
> de que ceda el dolor
> y el mundo se organice.

Emplea siempre un lenguaje muy ajustado a su visión poética, donde canta todas sus vicisitudes y problemas más íntimos. Sus influencias reconocibles son las de Raymond Queneau, Juan Ramón Jiménez, Pedro Salinas y Cernuda. La desesperanza, la conciencia de la dicha perdida para siempre aparece en su último libro, *Poemas de amor* en las composiciones "Carta I", "Carta II", "No te amaba" y, sobre todo en "Ya no":

> Ya no soy más que yo
> para siempre y tú ya
> no serás para mí
> más que tú. . . .

Su anhelo de renovación de las normas poéticas y el indiscutible mérito de su poesía, le han abierto múltiples admiradores y seguidores. Su influencia es amplia en la poesía del Uruguay.

La novela y el cuento: los autores más representativos

Esta generación continúa las fórmulas novelísticas iniciadas por los autores que hemos analizado en el Capítulo XXXII bajo el título de "La novela suprarrealista", cuya introducción con algunas simples adiciones le puede servir de prefacio a los autores de esta reciente promoción. La novelística sigue expresando la angustia y desasosiego del hombre actual. Muy a menudo adquiere tono de protesta y crítica social y, aunque emplea por lo general escenarios locales, no vive apegada a los problemas regionales, sino que aspira a una visión universalista en el enfoque de los conflictos humanos. Las obras por lo general destilan una gran desesperanza como testimonio del estado espiritual de la época. También se cultiva la narrativa del absurdo de la cual vamos a estudiar a uno de los autores más caracterizados. Las corrientes neorrealistas, existencialistas y otras que ya hemos visto prosiguen dominando la escena de la narrativa. Es lástima que la falta de espacio nos impida estudiar a todos los autores. Pero aquí estudiamos algunos de los más sobresalientes.

Augusto Roa Bastos. También al Paraguay han llegado las fórmulas narrativas contemporáneas como se comprueba leyendo a AUGUSTO ROA BASTOS (1917), el narrador más representativo de esta generación. Nació en Iturbe, pequeño pueblo del Paraguay, pasando su infancia casi en el campo. A los ocho años se puso su primer par de zapatos. Su inclinación literaria se inició en la infancia mediante una precocidad admirable. Ya joven, se empleó en un banco, profesión que pronto abandonó por el periodismo. Sus programas de literatura inglesa por radio le ganaron una beca del British Council que le permitió estudiar nueve meses en Inglaterra y viajar por toda Europa. A los diecisiete años hizo la campaña de la Guerra del Chaco entre Paraguay y Bolivia. Desterrado de su patria por las dictaduras, se radicó en Buenos Aires donde ha continuado su labor literaria con todo éxito. Durante la Segunda Guerra Mundial sirvió de corresponsal en varios países de Europa y el Norte de África. Alcanzó bastante renombre con sus poesías sueltas publicadas en revistas y periódicos y luego coleccionadas bajo el título de *El naranjal ardiente* (1949), con poemas en español y guaraní. Como guionista de cine ha escrito los libretos de *Shunko, Alias Gardelito* y otros éxitos de la pantalla argentina. Con el segundo libreto, basado en un cuento de Bernard Kordon obtuvo el Primer Premio del Festival de Santa Margherita, Italia.

Aunque iniciado en el verso, ha encontrado su camino definitivo en la prosa narrativa. Su primera obra de este tipo es una colección de diecisiete cuentos titulada *El trueno entre las hojas* (1953), entre los que sobresalen "El prisionero", "Galope a dos tiempos" y "La gran salvación". En sus obras presenta tanto el drama angustioso del Paraguay como una visión más amplia del mundo y de los conflictos humanos. Ha adoptado las fórmulas más recientes. Lo esencial de su obra es cierto dualismo entre presente y pasado; vida y muerte; habla regional y metáforas superrealistas. Para él no cuenta el tiempo convencional: ayer y hoy están a menudo confundidos en sus relatos. Son narraciones por lo general de violencia brutal con desenlaces trágicos. En estos cuentos puede verse un fondo paraguayo, pero con trascendencia para todos los hombres. Técnicamente pertenece al grupo de los nuevos narradores: Asturias, Marqués, Rulfo y otros. La prosa es una mezcla de lengua dialectal, refinamiento estilístico e imágenes a menudo superrealistas.

La trascendencia universalista esbozada en sus cuentos alcanza su punto más alto en *Hijo de hombre* (1959), novela considerada como su obra maestra. Es un amplio cuadro del ambiente social y político de su patria y una apasionada defensa de los valores humanos. El autor no oculta su protesta contra todo aquello que tiende a destruir la dignidad humana y la justicia: los prejuicios, la dictadura política, las diferencias sociales y la explotación económica. Dos capítulos de esta novela ganaron un Premio de la revista *Life en Español* (1961). Como algunos de sus cuentos, esta novela alcanza momentos de gran simbolismo y fuerza épica.

Juan Rulfo. México es uno de los países donde han encontrado mejor clima las corrientes modernas de la novelística. Es lástima no contar de espacio para estudiar, entre los más sobresalientes, a Juan José Arreola (1918), Josefina Vicens (1915), Jorge López Páez (1922), Luis Spota (1925), Sergio Galindo (1926) y otros. Sin duda alguna JUAN RULFO (1918) es uno de los valores más destacados de la llamada "generación del 40" en las letras mexicanas. Nació en Sayula, Jalisco donde su padre tenía una hacienda. La guerra de los *cristeros* arruinó la familia y Rulfo conoció la miseria y el abandono en un orfelinato. En 1934 se trasladó a México obteniendo un empleo en el Archivo de la Secretaría de Gobernación, donde conoció a Efrén Hernández, escritor sensible que lo ayudó mucho. Luego estudió contabilidad y comenzó a trabajar con la Compañía Goodrich, empleo que le ha permitido viajar por todo el territorio nacional. Su gran afición a la fotografía se nos revela en su técnica narrativa. Le molesta que le atribuyan influencias de Faulkner, pero tiene colgado en su casa un retrato de Paul Claudel. Entre sus influjos deben mencionarse también a Kafka y a los españoles Azorín (en la prosa aforística y parca), Gabriel Miró en el poder de evocación y el Valle-Inclán de *Tirano Banderas*. Su primer cuento apareció en la revista *Américas* en 1942 y otros en la revista *Pan* de Guadalajara. Tres libros han bastado para darle consagración nacional e internacional, pues sus obras han sido traducidas a varios idiomas modernos. Esos volúmenes son: *El llano en llamas* (1953), colección de quince cuentos llenos de intensidad y del dramatismo de la vida campesina. En 1961 iba por su quinta edición. Relatan el hondo drama humano y la desesperación de los hombres del campo, pero con la visión más amplia de los problemas universales. La estructura de sus cuentos es sencilla, más bien esquemática, pero el universo mental de sus personajes es por lo general muy complejo, ya que el autor muestra mucho interés por el subconsciente de sus caracteres. Pinta los sufrimientos, angustias y agonías básicos de la existencia humana y la conducta del hombre frente a ellos.

Después Rulfo publicó *Pedro Páramo* (1955), uno de los relatos más complejos dentro de la nueva novelística. En esta obra Juan Preciados va a Comala porque ha prometido a su madre moribunda exigir lo que le corresponde de su padre, Pedro Páramo, una vida llena de codicia, violencia, sensualidad y despotismo, con un solo afecto real: el sentido por Susana, su amiga de los años infantiles. Poco a poco el lector se va dando cuenta de que todos los personajes están ya muertos y que la propia Comala es un pueblo fantasma, desaparecido. En el relato hay una ruptura completa del tiempo convencional, pues hay la impresión, a veces, de que la novela está escrita al revés, de atrás para adelante. Existen asimismo varios planos en la narración. A pesar del extraordinario juego de la fantasía y la realidad, los personajes todos aparecen muy reales. Lenguaje e imágenes directas, a veces duras; dinamismo de la trama; valor poético y realidad del estilo; dramatismo y suspenso auténticos. Lo esencial de la novela es la impresión de absurdo, de pesadilla sobrenatural que deja en el lector. Rulfo es un maestro en la creación de estas atmósferas fantásticas y sobrenaturales. Su último libro lleva por título *La cordillera* (1965).

En todas sus obras, Rulfo muestra preferencia por personajes desolados, en lucha abierta con un ambiente que les es hostil. El mundo subjetivo y el objetivo; lo fantástico y lo real están más que integrados, confundidos en sus relatos. Su fantasía no se detiene ante nada: ni a las puertas de la muerte. Presenta un estilo directo, a menudo descarnado, de frases cortas y parcas. Es un maestro en la creación de estos ambientes extraños y raros, mediante la técnica del realismo mágico. Las fórmulas narrativas más modernas no impiden la reproducción del habla regional de su estado nativo, Jalisco. Es autor muy personal, muy mexicano y al propio tiempo con orientación universalista.

Julio Cortázar y la literatura del absurdo. Aunque siempre se acostumbra a dar los antecedentes europeos de la literatura fantástica y del absurdo, es bueno recordar que un hispanoamericano, el guatemalteco Rafael Arévalo Martínez la había cultivado con anterioridad en sus relatos "sico-zoológicos", el primero de los cuales, *El hombre que parecía un caballo,* data de 1914. Cuatro grandes escritores europeos del absurdo son: Franz Kafka, autor de *Metamorfosis*; Eugene Ionesco, que ha ganado fama internacional con *La soprano calva* (1950) y *Rhinoceros* (1960), René Crevel y Henri Michaux. En algunos países de la América Hispana ha habido amplio cultivo de la literatura fantástica, sobre todo en la Argentina, donde basta citar los nombres de Leopoldo Lugones, Jorge Luis Borges, Macedonio Fernández, Adolfo Bioy Casares, Roberto Arlt y otros.

Uno de los más destacados cultivadores de ese literatura es el argentino JULIO CORTÁZAR (1914), magnífico autor de obras en que priva el sin sentido, lo fantástico y lo irracional como expresión de las ambigüedades mentales y dilemas morales del mundo contemporáneo. Aunque argentino, Cortázar nació en Bélgica, donde su padre servía un cargo diplomático y ha vivido casi todo el tiempo en París. Ya en 1950 el poeta Daniel Devoto le había considerado como una de las primeras figuras de la literatura argentina, pero su pleno reconocimiento es relativamente reciente. Conoce la literatura francesa mucho mejor que las hispánicas, aunque siente viva admiración por los grandes autores peninsulares e hispanoamericanos. Es autor muy argentino y cosmopolita a la vez. A más de su labor literaria se ha dedicado a las traducciones y en esa calidad trabaja para la UNESCO y algunas editoras. El mismo ha dicho que la lectura de *Opium* de Jean Cocteau fue decisiva en el despertar de su vocación literaria. También le influyen mucho Joyce en el uso frecuente de monólogos interiores, Virginia Woolf y René Crevel. Aunque ha sentido el influjo de Borges, ha sabido apartarse de su atrayente personalidad y crear un estilo muy personal y suyo.

Desde su primera obra, *Los reyes* (1949) atrajo vivamente la atención de la crítica y de los lectores. Es un poema dramático en prosa presentando una nueva versión del mito del Minotauro, cuya hermana Ariana se enamora de él, pero prefiere morir al objeto de sobrevivir en los instintos y aluciones de Ariana. Mayor interés despertó su colección de cuentos fantásticos *Bestiario* (1951), cuyo título indica las relaciones de los animales con el destino del hombre, muy propio de esta literatura desde Arévalo Martínez. En su tercera obra, la colección de cuentos *Final del juego* (1956) tiene un relato titulado "Axolotl", en que el protagonista y narrador cree ser uno de los monstruos que contempla en un acuario. Después publicó *Las armas secretas* (1959), donde se encuentra "El perseguidor", posiblemente su mejor cuento. La obra parece estar basada en la vida del músico americano Charlie "The Bird" Parker y presenta un cuadro de las generaciones perdidas y confundidas de esta época. Un crítico de jazz,

Bruno, quiere escribir un libro sobre su amigo Johnny, un saxofonista adicto a las mujeres, la marihuana y los licores.

Ha escrito dos novelas: la primera fue *Los Premios* (1960), cuyo asunto es el extraño viaje de dieciocho caracteres que han ganado un premio de lotería en Buenos Aires. El autor se las ingenia para manejar bien esta docena y media de personajes. La obra fue muy bien recibida en Francia. En 1962 dio a las prensas *Historias de cronopios y de famas,* donde su fantasía llega al punto de crear unos seres fantásticos (los cronopios, famas y esperanzas). Finalmente ha publicado *Rayuela* (1963), con tercera edición dos años después, que es la obra más compleja y ambiciosa de Cortázar. La novela tiene al frente un "Tablero de dirección" para explicar al lector unas claves según las cuales debe leerse. Su asunto es la búsqueda que el protagonista emprende de su amada, una mujer de identidad muy ambigua y dudosa. Tiene elementos humorísticos, irónicos y semi-trágicos. Es una novela absolutamente nueva y original en su estructura, en que se expone la falta de autenticidad de la vida, la literatura, la sicología y algunos valores de la vida humana presente. El autor no se basó en un esquema previo—nunca lo hace—sino que escribía la novela según le iba saliendo.

Cortázar es un autor muy original: sus relatos se mueven en varios planos de la realidad y abundan los juegos de la inteligencia, la fantasía, la intuición, el mundo lógico o real y el inventado por el autor. Emplea muchos neologismos e inclusive crea palabras nuevas como Quevedo, Lewis Carroll y André Martel. Se complace en lo irracional, abstracto, incoherente e increíble, mostrando huellas del dadaísmo, superrealismo y otras tendencias vanguardistas. Aguda percepción de ideas e imágenes sorprendentes. Sus cuentos y fantasías son verdaderas fantasmagorías, por su aire de alucinación, misterio y extrañeza. Pero este mundo fantástico tiene una fuerte dosis de poesía y su incoherencia es más aparente que real. Sus obras no dejan el sabor de amargura y desesperanza de un Henri Michaux, sino una sonrisa amable. En definitiva está muy interesado en el destino humano, pero prefiere enfocarlo en esta forma absurda, porque la vida también lo es.

Perfil interno de México a través del neorrealismo de Carlos Fuentes. Entre los jóvenes escritores mexicanos que han reaccionado enérgicamente contra el regionalismo impuesto por el ciclo de la Revolución Mexicana se cuenta CARLOS FUENTES (1929), joven narrador de amplia cultura y mucho talento literario. Se inició con una colección de cuentos, *Los días enmascarados* (1954), en los que sigue la técnica del realismo mágico. Más hondura sicológica muestra en *Cantar de ciegos* (1965), colección de siete relatos. Es característica de los personajes de Fuentes estar en contradicción con el medio, ante el cual sucumben generalmente. En sus relatos emplea las fórmulas más modernas del arte de novelar y da salida a su pensamiento social avanzado. Usando los recursos técnicos contemporáneos, el autor presenta en su primera novela, *La región más transparente* (1958) la complejidad del ambiente colectivo de la capital mexicana, a través de la sicología de todas las clases sociales: "Aristocracia", burguesía, clase media y proletariado. Quiere presentar el proceso de aburguesamiento de la Revolución mediante los revolucionarios de ayer que han olvidado desde el poder político, las reivindicaciones populares, objetivo esencial de aquélla. La sociedad está presentada por medio de los procesos mentales de los personajes. La acción tiene lugar en 1951, pero mediante el artificio de una estructura compleja y moderna se desdobla en diferentes tiempos y planos. Es un exponente de la actitud crítica del autor ante los logros de la Revolución. La novela abunda en monólogos interiores y libres asociaciones de ideas a lo Joyce; contrapunto a lo Huxley y Dos Passos; lo laberíntico de Kafka y la mitología contemporánea como la emplean éste último y Faulkner. Está en la línea del neorealismo, con asomos existencialistas.

Luego publicó Fuentes *Las buenas conciencias* (1959), primera novela de la tetralogía "*Los nuevos*", de la cual no ha publicado los restantes títulos ya anunciados: "La patria de nadie", "Guadalupe Villegas" y "Los grandes intereses". En la novela inaugural de esta serie y a través de la crisis de adolescencia de Jaime Ceballos, miembro de una familia prominente y católica de Guanajuato en la época de Porfirio Díaz, hace una crítica a fondo de la sociedad provinciana pacata y convencional. El héroe tiene inquietudes para rebelarse contra la educación burguesa y religiosa y hasta parece inclinarse al liderazgo social, en contacto con el indio Juan Manuel, pero, al fin el medio es más fuerte que él y decide seguir la misma trayectoria de su familia. La obra tiene el método directo, ciertas crudezas y el hondo lirismo de todas las producciones de Fuentes.

Su tercera novela, *La muerte de Artemio Cruz* (1962) fue traducida inmediatamente al inglés y publicada en los Estados Unidos en ese idioma. Mediante los recuerdos en el tiempo que precede al fallecimiento de un revolucionario enriquecido, ofrece un amplio panorama de la sociedad mexicana de su época. Hay un juego muy hábil de planos de la acción mediante el desplazamiento del presente al pasado y viceversa. La crítica social vuelve a ser despiadada y en consonancia con la ideología y puntos de vista del autor.

Aura (1962) es una novela breve—unas 60 páginas—de tema fantástico y elaboración rara. La mayor parte de lo que ocurre en el libro es irreal, producto de la fantasía del protagonista, Felipe Montero. La línea entre lo real y el sueño es casi imperceptible. La historia está contada como por boca del *alter ego* de Felipe Montero y deja en el lector la sensación de estar asistiendo a un largo sueño, apenas interrumpido.

En una entrevista en París con el crítico Emir Rodríguez Monegal, Fuentes afirmó que había terminado la novela *Cambio de piel* (1967), anteriormente titulada *El sueño*. Con recursos muy modernos integra cabalmente el pasado, el presente y el futuro, mediante "flashbacks", traslaciones y otras técnicas. Parece un intento de analizar la historia total del siglo XX a través de la historia de México desde la época pre-colombina. En esa misma entrevista dio a entender que tenía casi terminada *Zona sagrada* afirmando que la historia surge "de las relaciones de una gran estrella de cine, de una hechicera que al mismo tiempo es madre, con su hijo". Intenta llegar a la elaboración de un mito mediante aspectos de la realidad, técnica muy del gusto de

Joyce y otros novelistas contemporáneos. También informó que tiene en proyecto una novela sobre Emiliano Zapata, el gran líder de la revolución agraria en México.

Todas las novelas de Carlos Fuentes son, a más de su dimensión estética, proyección de su pensamiento social, de fuerte raigambre marxista. Fuentes experimenta con todos los recursos técnicos que ofrece la novela moderna, salvo en *Las buenas conciencias* en la que vuelve al realismo tradicional de Balzac y Galdós. Sus obras son como una disección sicológica y humana del pueblo mexicano en el instante actual de su proceso nacional. En sus relatos aparecen fuertemente integrados la vena lírica con la especulación filosófica e ideológica. Es la suya una prosa muy poética, llena de símbolos, natural y capaz de comunicarle a los relatos la tensión buscada por el autor. Algunas de sus páginas deben colocarse al lado de la mejor prosa mexicana contemporánea. Debido a su edad, Fuentes puede producir las obras que todavía faltan en su colección, cuando se descargue un poco de intención doctrinaria. Hoy por hoy es una verdadera promesa de la narrativa mexicana.

El teatro: tendencias actuales

En los últimos veinte años ha llegado el teatro hispanoamericano a su plenitud, poniéndose bastante cerca de la poesía y la novela en cuanto a calidad estética e interés social. Esta generación de autores dramáticos que vamos a estudiar ahora ha proseguido, superándolo en muchos aspectos, el proceso de modernización y transformación del teatro iniciado por Eichelbaum, Moock, Nalé Roxlo y el grupo mexicano de Villaurrutia, Usigli, Gorostiza y otros. A pesar de que todavía existen grupos del teatro experimental, se nota una tendencia creciente a hacer desembocar estos esfuerzos en un teatro realmente profesional. Hay asimismo una orientación hacia a) la introducción de las más modernas técnicas teatrales, b) la formación de nuevos dramaturgos, directores, actores y empresas sólidas y solventes y c) la creación de un genuino teatro nacional en cada país, con dignidad y decoro artístico suficientes.

En el teatro actual se pueden apreciar las siguientes corrientes:

I. Continúa existiendo un teatro costumbrista, más interesado en el entretenimiento y el color local que en cumplir el verdadero objetivo trascendental de este arte.

II. Otros autores cultivan el nacionalismo teatral, haciendo énfasis en la presentación de problemas políticos, económicos y sociales referidos a un tiempo y región en particular.

III. Finalmente tenemos la corriente encaminada a seguir la huella del teatro de la postguerra y el ejemplo de los grandes autores contemporáneos, tanto europeos como norteamericanos, con ansia de universalismo.

A las influencias que ya vimos en el grupo precedente deben añadirse ahora las de Eliot, Brecht, Sartre, Camus, Tennessee Williams, Arthur Miller, Vildrac, Michel Ghelderode, Anouilh, Giraudoux, Andreyev, García Lorca, Ugo Betti, Eugène Ionesco. El interés por las actividades dramáticas se comprueba al constatar que en cada país hay más de media docena de buenos dramaturgos, con abundancia de grupos o sociedades teatrales que alientan su perfeccionamiento y auge. El futuro del teatro hispanoamericano descansa en el talento y los esfuerzos de esta generación y en los jóvenes que andan ahora por los veinte y treinta años. De perseverar en su lucha puede augurarse un brillante futuro para el arte dramático en estos países. Ante la imposibilidad de estudiarlos a todos, vamos a dedicar breves estudios a los más representativos.

Algunos dramaturgos muy destacados

Emilio Carballido. México cuenta en la actualidad con un grupo de autores dramáticos de mucho valor donde se destacan: Elena Garro (1917), Luisa Josefina Hernández (1928), Sergio Magaña (1924), Jorge Ibargüengoitia (1928), Héctor Mendoza (1932) y otros. Vamos a estudiar a EMILIO CARBALLIDO (1925) porque sus obras representan el punto de partida, en muchos aspectos, en la orientación de la nueva generación en el teatro mexicano. Es miembro de la facultad de la Escuela Dramática del Instituto Nacional de Bellas Artes y ex-director-asistente de la Escuela Dramática de la Universidad de Veracruz. Es principalmente dramaturgo aunque también ha escrito novelas, cuentos, libretos para el cine, la ópera y el ballet. Carballido se inició en el teatro realista, en el cual presenta los contrastes entre la estrecha vida provinciana y la visión más cosmopolita de las ciudades. Es el tema de *Rosalba y los Llaveros* (1950), su mejor comedia; *La danza que sueña la tortuga* (1955) y *Felicidad* (1955), estudio sicológico de la clase media mexicana. Estas obras están presentadas con buen gusto, sentido de humor y ninguna chabacanería. Más tarde muestra una orientación hacia formas más recientes del teatro contemporáneo en *La hebra de oro* (1956), cuyo asunto es el conflicto entre el paso del tiempo y los sueños y *Él y la hora* (1956), especie de drama de horror. Carballido presenta los conflictos entre la individualidad y la sociedad, con un agudo sentido del humor y del ridículo.

En su etapa más reciente, Carballido ha compuesto *El día que se soltaron los leones* (1957), una presentación de la lucha contra la conformidad mediante una fantasía de buen humor. En *El relojero de Córdoba* (1958) el protagonista pierde de vista lo inmediato en la búsqueda de objetivos más altos. La mejor obra de Carballido hasta la fecha es *Medusa* (1958), una tragedia de simbolismo profundo: mediante un mito griego presenta la corrupción del hombre contemporáneo. Es una pieza muy bien lograda en todos los aspectos. Después estrenó *Las estatuas de marfil* (1960), presentando la lucha del hombre lleno de ilusiones, a quien al fin se impone la realidad del fracaso. También ha publicado *D.F.* (1962), colección de varias piezas de un acto presentando costumbres contemporáneas.

René Marqués. Existe una amplia actividad en todas las esferas de la cultura puertorriqueña. Asimismo es evidente el anhelo de reafirmar la personalidad, tanto histórica como cultural del país, presentando los problemas que produce la acción de progreso material e industrialista al estilo norteamericano dentro del tradicional medio hispánico y nacional de la isla. La literatura del país es muy rica como indicador de la firme vocación literaria de los países aun más pequeños de la América Hispana. Muchas obras literarias reflejan la división política entre estadidistas, independentistas y partidarios del presente status político. Otras presentan problemas raciales y de otro tipo.

Entre los valores contemporáneos de las letras de Puerto Rico se destaca RENÉ MARQUÉS (1919), posiblemente su mejor escritor. Ha seguido estudios en su patria, Madrid y los Estados Unidos. En 1954 se le confió la dirección del Teatro Experimental del Ateneo Puertorriqueño y en ese año obtuvo una beca Guggenheim que le facilitó la composición de su novela *Víspera del hombre*. Aunque la vocación literaria de Marqués es básicamente dramática, ha sobresalido también en el cuento, la novela y el ensayo. Como autor teatral ha estrenado en Nueva York, España y Puerto Rico y gozó de renombre continental. Se inició en el arte dramático con *El hombre y sus sueños* (1948), muy influído por *Niebla* y el teatro de Unamuno. A ésta siguió *Palm Sunday* (1949), estrenada en Nueva York; *El sol y los MacDonald* (1950), *La carreta* (1952), la pantomima *Juan Bobo y la dama de Occidente* (1956), *La muerte no entrará en palacio* (1957), *Los soles truncos* (1958), *Un niño azul para esa sombra* (1959), *La casa sin reloj* (1961) y *Carnaval afuera, carnaval adentro* (1958). Aun cuando el teatro de Marqués se ha apartado del costumbrismo fácil, por lo general presenta los problemas y conflictos de su patria. Después de sus estudios en Columbia escribió *El sol y los MacDonald* (1950). Su asunto transcurre en el sur de los Estados Unidos y es la lucha de Gustavo MacDonald, rico del sur para conservar la pureza de sangre de su familia. Al fin se produce la desintegración de sus sueños. Le presta mucha atención al análisis interior de sus personajes y a las técnicas modernas del teatro.

Una de sus obras más vigorosas es *La carreta* (1952), estrenada primeramente en Nueva York. Es la historia de una pareja anciana de puertorriqueños desarraigados que abandonan el monte para ir a San Juan y luego a Nueva York. Al final regresan nuevamente a la tierra nativa, con cierto tono de optimismo a pesar de las muchas pesadumbres pasadas. El drama, como otros de Marqués, tiene mucho simbolismo y se destaca por la brillantez de la concepción y el realismo y naturalidad de los diálogos. Quizás la mejor obra del autor sea *La muerte no entrará en palacio* (1957), que marca su punto más alto de madurez en cuanto al dominio de las técnicas modernas con profusión de juego de luces. La obra presenta uno de los temas más debatidos en la vida de Puerto Rico: la lucha entre los amantes de la República y los del presente estado político. El autor defiende la ideología independentista. La ideología y el mensaje político son muy directos y las semblanzas políticas demasiado obvias: don José es el ex Gobernador Muñoz Marín y don Rodrigo, Albizu Campos. La obra tiene mérito social y estético.

En el campo de la narrativa de ficción Marqués se ha situado en el grupo de nuestros autores más capaces. Sus mejores colecciones de cuentos son: *Otro día nuestro* (1955), la antología *Cuentos puertorriqueños de hoy* (1959) y *En una ciudad llamada San Juan* (1960). Análisis sicológico y simbolismo se combinan a menudo con una prosa de gran excelencia. Cuentos de alta tensión dramática iluminados por un buen manejo de las imágenes poéticas. En su novela, *La víspera del hombre* (1959) presenta el angustiado amor de Pirulo hacia su esposa, la tierra nativa y la gente pobre. Como en otras obras de Marqués, el planteamiento político entre independentistas y "asociacionistas" es crudo y directo, como lo muestran los diálogos entre el protagonista y Raúl, partidarios de dichas posiciones, respectivamente.

Sebastián Salazar Bondy. Posiblemente el más destacado autor dramático peruano de esta época es SEBASTIÁN SALAZAR BONDY (1924–1965), cultivador tanto del drama como de la comedia llena de buen humor. Nació en Lima y desde muy joven se dedicó al periodismo. Con una beca del gobierno francés estudió en el Conservatorio Nacional de Arte Dramático en París. A su regreso al Perú fundó el Club del Teatro de Lima, que ha realizado una labor de renovación en ese arte. Salazar Bondy comenzó su carrera como poeta delicado y melancólico según aparece en nueve volúmenes de versos, de los cuales los más importantes son: *Rótulo de la esfinge* (1943), *Voz desde la vigilia* (1946), *Cuaderno de la persona oscura* (1946), y *Los ojos del pródigo* (1951).

Su primera pieza dramática, *Amor, gran laberinto* (1947) obtuvo el Gran Premio de Teatro, galardón que ganó también *Rodil* (1951). El teatro de Salazar Bondy apunta hacia varias direcciones: dramas y "farsas"; obras largas y piezas de un acto. En los primeros sobresale el agudo observador y sicólogo; en las segundas hay mucho de los "esperpentos" a lo Valle-Inclán, así como intención irónica y humorismo bien logrado. En todo su teatro logra un pleno dominio del diálogo y de las situaciones. Entre sus dramas deben citarse: *Algo quiere morir* (1952), *No hay isla feliz* (1954), *Como vienen se van* (1955). Sus mejores comedias: *Todo queda en casa* (1961) *Pobre gente de París* (1961), *El fabricante de deudas* (1962). En las piezas de un acto se distinguen: *Los novios, El de la valija, En el cielo no hay petróleo* (la mejor) y *Un cierto tic-tac*. Sus obras que han logrado más atención son: *No hay isla feliz, El fabricante de deudas* y la adaptación de *La escuela de los chismes* de Richard Sheridan. La primera es un drama intenso sobre la frustración de un hombre que ha puesto toda su esperanza en un hijo y las promesas por el paso de la carretera panamericana cerca de su propiedad, ilusiones que ve desvanecidas al cambiar la ruta del camino. El fin es trágico cuando después de la huída de sus hijos y la muerte de su mujer, a Daniel no le queda otro camino que el aniquilamiento de su personalidad. Está entre lo mejor del teatro hispanoamericano.

El fabricante de deudas (1962) está inspirada en *Le Faiseur* de Balzac. Busca las similitudes entre el especulador de Bolsa parisiense del siglo XIX y el pícaro financista, con la burguesía criolla de hoy. Los caracteres salen de la obra con vida independiente para criticar la sociedad y explicar la comedia. Es una crítica con humor recatado de la falta de plenitud de la vida contemporánea. En la chispeante adaptación de *La escuela de los chismes* de Richard Sheridan acusa a los autores de calumnias y rumores que a veces arruinan la vida de cualquier hombre. Su teatro merece más atención porque es uno de los valores más firmes de la escena en Hispanoamérica.

Wilberto Cantón. Por la calidad de su teatro, WILBERTO CANTÓN (1925) ha llegado a ser uno de los más conocidos y triunfadores dramaturgos mexicanos de este tiempo. Es uno de los que más ha contribuído a continuar la tradición de un teatro nacional moderno iniciada por Villaurrutia, Usigli, Gorostiza y otros. Como casi todo el teatro de su generación, sus obras reflejan los problemas básicos de la sociedad mexicana contemporánea. Después de obtener el doctorado en leyes en la Universidad Nacional de México, viajó a París, donde estudió en la Sorbona y visitó los países más importantes de Europa. A su regreso a México se dedicó al periodismo y al teatro. Ha sido presidente de la Asociación de Críticos de Teatro (1955), director asistente de la escuela dramáctica del Instuto Nacional de Bellas Artes y jefe del Departamento de Teatro. Hasta 1964 había estrenado una docena de piezas dramáticas, todas de calidad, aunque de desigual valor. Comenzó su carrera con una pieza breve titulada *Cuando zarpe el barco* (1948). Pertenecía entonces al grupo *Proa*. Entre sus mejores piezas merecen mención: la farsa llena de ironía y buen humor *La escuela de cortesanos* (1954); el drama *Nocturno a Rosario* (1957), basado en el amor del poeta mexicano Manuel Acuña hacia la bella Rosario de la Peña. A veces se vuelve a los problemas y condiciones reales de la sociedad mexicana actual como en *Pecado mortal* (1957), *Malditos* (1958) e *Inolvidable* (1960). Su manera es entonces franca, sincera y realista. Uno de sus grandes éxitos ha sido *Tan cerca del cielo* (1961), con muchas representaciones en México. Con fondo histórico, trata de los hechos alrededor de Maximiliano y Carlota. Se destaca por el cambio de escenarios y el buen empleo de la escenografía moderna.

Es posible que su mejor obra sea *Nosotros somos Dios* (1962), ganadora del Premio Nacional de Teatro Juan Ruiz de Alarcón. Ocurre en el tiempo de la Revolución, en la época del régimen de Victoriano Huerta, después del asesinato del Presidente Madero en 1913. El asunto de la obra es la crítica de una época en que se olvidaron los ideales revolucionarios en la lucha por los beneficios del poder. El título significa que para hacer todo el bien que hace falta, cada hombre es Dios, es decir, debe actuar como aquél actuaría. Aquí se percibe quizás mejor que en otras obras del autor "un eco de los ideales de las luchas del pueblo mexicano en busca de una existencia más libre, más justa y más democrática; y el testimonio que da un escritor de hoy sobre la vida de su país en el presente siglo", según ha dicho el propio Cantón.

Agustín Cuzzani. Otro de los autores teatrales argentinos más sobresalientes de este período es AGUSTÍN CUZZANI (1924), novelista, cuentista y, sobre todo, autor dramático. Después de graduarse de doctor en leyes en la Universidad de Buenos Aires, se dio por entero a la carrera literaria, donde ha alcanzado grandes éxitos. En su juventud escribió dos novelas, *Lluvia para Yosia* (1946) y *Las puertas del verano* (1947) y una colección de cuentos, *Los mundos absurdos* (1949), muchos de los cuales han sido televisados en la Argentina con mucho éxito. También el autor ha servido como comentarista por televisión. Después se dedicó a escribir obras teatrales que él llama "farsátiras", donde sobresale por su capacidad para la ironía, a veces muy amarga, y su conocimiento del teatro moderno. Su primera obra, *Una libra de carne* (1955), fue todo un éxito desde su estreno y ha tenido gran difusión internacional. Igual ha sucedido con la segunda, *El Centro Forward murió al amanecer* (1955), traducida ya a varios idiomas. Posteriormente compuso *Los indios estaban cabreros* (1957). Su última obra—que sepamos—es *Sempronio* (1961), de la cual ha hecho dos versiones. Además tiene una obra inédita titulada *Para que se cumplan las Escrituras* (1961?).

Sempronio (1961) es una comedia muy agradable, con gran despliegue de buen humor, ironía y crítica muy directa a la política nacional e internacional. Su asunto es el siguiente: un padre se vuelve radioactivo sin saberse la causa y da energía para usos pacíficos, pero cuando el gobierno se "encauta" de él, pierde su energía que recupera al volver al seno de su familia. La comedia defiende los usos de paz de la radioactividad y condena su empleo para bombas y medios de destrucción. Cae dentro del teatro fantástico o del absurdo, con muy buena técnica teatral, logro de un magnífico humorismo y un final aleccionador.

Egon Wolff. El autor más representativo del teatro chileno de esta época, donde tan buenos escritores encontramos, es EGON WOLFF (1926), que imprime a su teatro una fuerte orientación de crítica social, sobre un fondo ideológico radical. Miembro de una familia burguesa de origen alemán, Wolff estudió humanidades y luego ingeniería química en la Universidad Católica de Santiago. A los diecisiete años escribió una novela, *El ocaso* (1942). Luego recogió sus ensayos en un volumen titulado *Ariosto furioso* (1945). Finalmente se dedicó al teatro donde ha cosechado éxitos y distinciones. Con su primera obra, *Mansión de lechuzas* (escrita en 1956, estrenada en 1957), ganó una mención de honor en el Concurso del Teatro de la Universidad de Chile. El triunfo de su estreno lo entusiasmó en su carrera, sucediéndose entonces los estrenos: *Discípulos del miedo* (1958), *Parejas de trapo* (1959). Con esta última obtuvo el Primer Premio del Concurso Teatral Anual de la Universidad. Fue muy aplaudida por el público y la crítica. Su tema es un caso de megalomanía situado en el ambiente social peruano con el fin de criticar las costumbres. En 1960 escribió *Niñamadre*, estrenada en los Estados Unidos, donde estudiaba drama con una beca; y en 1962 *Esas 49 estrellas*.

Una de sus mejores obras es *Los invasores* (1962) en la cual el rico industrial Meyer sueña que un grupo de pobres y harapientos ha invadido su casa y organizado una especie de gobierno socialista. Al terminar de contar la pesadilla a su familia, se siente cuando una mano rompe un vidrio de la ventana abriendo el picaporte, sospechándose que el sueño comienza a convertirse en realidad. La obra presenta en forma radical la lucha entre ricos y pobres. El autor escribió la obra teniendo en cuenta la Revolución Cubana porque hasta el protagonista fue cesanteado un 26 de julio. El objetivo del drama es, al parecer, servir de advertencia a la burguesía peruana y de otros países, indiferente a la condición de los más desvalidos. Es obra polémica, pero muy bien construída y con profundidad poética y humana, a más de su crítica a fondo de las clases ricas contemporáneas. La acción es muy dinámica, con magnífico aprovechamiento de los momentos de tensión y dramatismo. El autor muestra buen sentido del suspenso y un diálogo natural, intencionado y rico ideológicamente.

La reciente promoción de ensayistas

El ensayo ha llegado a ser uno de los géneros de más abundante cultivo en Hispanoamérica. En esta generación hay valores muy destacados, pero solamente vamos a citar los más sobresalientes en algunos países, porque la generación anterior de ensayistas todavía pesa más en el plano continental y, por la falta material de espacio. Algunos de estos pensadores ocuparán en pocos años el sitial que ahora tienen Picón-Salas, Mañach, Arciniegas y otros de la etapa precedente. En Argentina tenemos a Alberto M. Salas (1922), Emma Susana Speratti Piñero (1919); en Colombia, Otto Morales Benítez (1920), Andrés Holguín (1919), Daniel Arango (1920), Jaime Tello (1918); en Cuba, José Lezama Lima (1912), Cinto Vitier (1921); en Chile: Juan Loveluck (1917), Alfredo Lefebvre (1917), José Zamudio (1918), Hernán Poblete Varas (1919), Luis Oyarzún (1920), Jorge Millas (1917); en Ecuador, Jorge Enrique Adoum (1923); en México, Ramón Xirau (1924), Antonio Alatorre (1918); en Perú, Antonio Pinilla (1924), Francisco Miró Quesada (1918) y Alberto Wagner de Reyna (1915); Uruguay, Emir Rodríguez Monegal (1921), Carlos Real de Azúa (1916).

La promesa futura: porvenir de la literatura hispanoamericana

Los autores más recientes de esta literatura son los jóvenes poetas, ensayistas, autores dramáticos, narradores que andan ahora por los veinte o treinta años. Muchos de ellos son ya valores destacados, pero hemos preferido no considerarlos aquí al objeto de dejar pasar el tiempo necesario para que sus obras consoliden su prestigio. Ellos tienen quizás la tarea más difícil en el porvenir de esta literatura. Ahora constituyen muchos nombres sin una significación literaria definida, pero en el transcurso de unos años—cinco, diez, quince—tendrán que ser estudiados con detenimiento en las futuras historias de la cultura en Hispanoamérica.

BIBLIOGRAFÍA

1 GENERAL

(Consúltense la bibliografía general de los Caps. XXIV, XXX y XXXI; sobre la poesía, el teatro, la novela y el ensayo; los estudios y antologías generales de la literatura hispanoamericana y las nacionales de los autores estudiados)

Arrom, *Esquema generacional*, Cap. XVIII.
Benedetti, Mario, *Literatura uruguaya siglo XX*, ensayos, Montevideo, Alfa, 1963.

LAS PROMOCIONES MÁS RECIENTES

 Chang-Rodríguez, Eugenio y Kantor, Harry, *La América Latina de hoy*, New York, Ronald Press, 1961.
 Earle, Peter G., *Voces hispanoamericanas*, New York, Harcourt, Brace & World, 1966.
 Gamio, Manuel, *Forjando patria*, México, Porrúa, 1960.
 Madariaga, Salvador de, *Presente y porvenir de Hispanoamérica*, Buenos Aires, Sudamericana, 1959.
 Picón-Salas, Mariano, *Crisis, cambio, tradición,* Caracas-Madrid, Edime, 1956.
 Salinas, Pedro, *Literatura española del siglo XX*, México, Séneca, 1941.
 Suárez Calimano, E., "Orientaciones de la literatura hispanoamericana en los últimos veinte años", *Nosotros*, LVII (1927), 285–314.
 Vitier, Medardo, "Caracteres de la literatura contemporánea", *Revista Iberoamericana*, IV (1941), 15–35.

2   LA POESÍA: ALGUNOS AUTORES REPRESENTATIVOS

DANIEL J. DEVOTO

Textos

Tres canciones, Buenos Aires, 1938.
El arquero y las torres, Buenos Aires, 1940.
La muerte de alguien, Buenos Aires, 1940.
Canciones en la azotea, Buenos Aires, 1943.
Fragmentos de los cánticos, Buenos Aires, 1953.
Selecciones en Caillet-Bois, 1666–1669.

Crítica

Anderson Imbert, *Historia*, II, 298–299.
Diccionario.... Argentina, II, 453.
Ghiano, Juan Carlos, *Poesía argentina del siglo XX*, México-Buenos Aires, Fondo de Cultura Económica, 1957, 225- 227.
Martínez, David, *Poesía argentina (1940–1949)*, Buenos Aires, Imprenta "Chile", 1949, 73–76.

ALÍ CHUMACERO

Textos

Páramo de sueños, México, 1944.
Imágenes desterradas, México, 1948.
Palabras en reposo, México, 1956.
Páramo de sueños e *Imágenes desterradas*, México, 1960.

Crítica

Castro Leal, Antonio, *La poesía mexicana moderna*, México, Porrúa, 1953, 447.
Martínez, *La literatura mexicana del siglo XX*, I, 189–190.

CINTIO VITIER

Textos

Sedienta cita, La Habana, 1943.
Extrañeza de estar, La Habana, 1944.
Sustancia, La Habana, 1950.

Conjeturas, La Habana, 1951.
Vísperas, 1938-1953, La Habana, 1953. Antología de su poesía.
Diez poetas cubanos, antología, La Habana, Orígenes, 1948.
Cincuenta años de poesía cubana, 1902-1952, La Habana, Dirección de Cultura, 1952.

Crítica

Fernández Retamar, *La poesía contemporánea,* 105-110.
Henríquez Ureña, Max, *Panorama histórico,* 440.
Olivera, *Literatura antillana,* 149-150.
Rosales, César, "Cintio Vitier o la poesía del deseo", La Habana, *Revista Cubana,* XXXI (1957), 45-55.

ERNESTO MEJÍA SÁNCHEZ

Textos

Romances y corridos nicaragüenses, México, 1946.
Ensalmos y conjuros, México, 1947.
La carne contigua, Buenos Aires, 1948.
Contemplaciones europeas, San Salvador, Departamento Editorial, Ministerio de Cultura, 1957.
Los primeros cuentos de Rubén Darío, 2da. ed., México, Univ. Nac. Autónoma, 1961. Antología y estudio preliminar.

Crítica

Cardenal, Ernesto, "Introducción" a *Nueva poesía nicaragüense,* Antología. Managua, 1948.
Diccionario....América Central, II, 218-219.

IDEA VILARIÑO

Textos

La suplicante, Montevideo, 1945.
Cielo, Cielo, Montevideo, 1947.
Paraíso perdido, Montevideo, 1949.
Por aire sucio, Montevideo, 1951.
Poemas de amor, Montevideo, Alfa, 1962.

Crítica

Benedetti, Mario, *Literatura uruguaya siglo XX,* 116-125.

3   LA NOVELA Y EL CUENTO

(Véase la bibliografía general en los capítulos anteriores correspondientes, y, consúltese especialmente a: Alegría, Sánchez, Uslar Pietri y Zum Felde en sus estudios sobre la novela)

AUGUSTO ROA BASTOS

Textos

Poesía: *El naranjal ardiente,* Asunción, 1949.
Cuentos: *El trueno entre las hojas,* Buenos Aires, 1953.
Novela: *Hijo de hombre,* Buenos Aires, 1959.
Selecciones: Alegría, *Novelistas contemporáneos,* "Madera y carne", tomado de *Hijo de hombre,* 131-154.

LAS PROMOCIONES MÁS RECIENTES

Crítica

Alegría, *Novela hispanoamericana*, 236–237.
——, *Novelistas contemporáneos*, 130-131.
Anderson Imbert, *Historia*, II, 316.

JUAN RULFO

Textos

El llano en llamas, México, 5ta. ed., Fondo de Cultura Económica, 1961.
Pedro Páramo, México, 7a. ed., Fondo de Cultura Económica, 1965.
La cordillera, México, Fondo de Cultura Económica, 1965.
Selecciones: "Luvina", "Paso del norte", "No oyes ladrar los perros", tomados de *El llano en llamas* en Alegría, *Novelistas contemporáneos;* y "Talpa" de igual colección en Peter G. Earle, *Voces hispanoamericanas*.

Crítica

Alegría, *La novela hispanoamericana*, 257–258.
——, *Novelistas contemporáneos*, 94–95.
Earle, Peter G., *Voces hispanoamericanas*, New York, Harcourt, Brace & World, 1966, 230–231.
Ferro, Hellén, "La nueva novela mexicana: visión de Juan Rulfo", *Américas*, XVI, No. 11 (noviembre, 1964), 40–41.
Harss, *Into the Mainstream,* 246-275.

JULIO CORTÁZAR

Textos

Los reyes, Buenos Aires, 1949.
Bestiario, Buenos Aires, 1949.
Final del juego, Buenos Aires, 1956.
Las armas secretas, Buenos Aires, 1959.
Los premios, Buenos Aires, 1960.
Historias de cronopios y famas, Buenos Aires, 1962.
Rayuela, Buenos Aires, Sudamericana, 1965.

Crítica

Alegría, *La novela hispanoamericana*, 247–249.
Anderson Imbert, *Historia*, II, 318–320.
Barrenechea, Ana María y Speratti Piñero, Emma Susana, *La literatura fantástica argentina*, México, 1954.
Durand, José, "Julio Cortázar: los cuentos del gigante", *Américas*, XV, No. 6 (junio, 1963), 39–43.
Durán, Manuel, "Julio Cortázar y su pequeño mundo de cronopios y famas", *Revista Iberoamericana*, 59 (1965), 33–46.
Earle, Peter G., *Voces hispanoamericanas*, 208–210. Inserta selecciones de "Historias de cronopios y famas".
Harss, 206-245.
Palau, Graciela, "La literatura de lo absurdo", *Américas*, XVII, No. 3 (marzo, 1965), 6–10.

LAS PROMOCIONES MÁS RECIENTES

CARLOS FUENTES

Textos

Los días enmascarados, cuentos, México, Studium, 1954.
La región más transparente (1958), 3ra. ed., México, Fondo de Cultura Económica, 1960; 4ta. ed., 1963.
La muerte de Artemio Cruz (1962), 2da. ed., México, Fondo de Cultura Económica, 1965.
Las buenas conciencias (1959), 3ra. ed., México, Fondo de Cultura Económica, 1961.
Aura (1962), 2da. ed., México, Alacena, 1964.
Cantar de ciegos (1964), 2da. ed., México, Joaquin Mortiz, 1966. Colección de siete relatos.
Cambio de piel, México, Ed. Joaquín Mortiz, 1967.

Crítica

Alegría, *La novela hispanoamericana,* 257–260.
——, *Novelistas contemporáneos,* 115–116; con una selección tomada de "La muerte de Artemio Cruz".
Andrés Murillo, Luis, "Carlos Fuentes, *La región más transparente*", *Revista Iberoamericana* (1960), 194–196.
Castellanos, Rosario, "La novela mejicana contemporánea y su valor testimonial", *Hispania,* XLVII, No. 2 (1964), 223-230.
Díaz-Lastra, Adalberto, "Carlos Fuentes: *La región más transparente*", *Cuadernos Hispanoamericanos,* Nos. 175–176, 242–247.
Harss, Luis, "Carlos Fuentes, or the New Heresy" en *Into the Mainstream,* 276–309.
Jackson, Richard L., "Hacia una bibliografía de y sobre Carlos Fuentes", *Revista Iberoamericana,* 60 (1965), 297–301.
Maldonado Denis, M., "Sobre Carlos Fuentes", *Cuadernos Hispanoamericanos,* III, No. 9 (1963), 63–66.
Mead, Jr., Robert G., "Carlos Fuentes, México's Angry Novelist", *Books Abroad,* XXXVIII, No. 4 (Autumn 1964), 380–382.
——, "Airado novelista mexicano", *Hispania,* L, No. 2 (1967), 229–235.
Millán, María del Carmen, "Sobre Carlos Fuentes, *La muerte de Artemio Cruz*", *Revista Iberoamericana,* XXVIII (1962), 397–399.
Sommers, Joseph, "Sobre Carlos Fuentes, *La muerte de Artemio Cruz*", *Hispania,* XLVI (1963), 856–857.

4 EL TEATRO: TENDENCIAS ACTUALES

a) GENERAL

(Consúltese bibliografía general sobre el teatro en los capítulos anteriores correspondientes)
Basurto, Luis G., *Teatro mexicano,* Madrid, Aguilar, 1959.
Dauster, Frank N., *Teatro hispanoamericano: tres piezas,* New York, Harcourt, Brace & World, 1965.
Lewis, Allen, *El teatro moderno,* México, Porrúa, 1954.
Saz Sánchez, Agustín del, *Teatro hispanoamericano,* 2 vols., Barcelona, Editorial Vergara, 1964.
Solórzano, Carlos, *Teatro latinoamericano del siglo XX,* Buenos Aires, Nueva Visión, 1961.
——, *Teatro latinoamericano del siglo XX, ampliado,* New York, Macmillan, 1963. No la hemos visto.

LAS PROMOCIONES MÁS RECIENTES

Solórzano, Carlos, *El teatro hispanoamericano contemporáneo*, 2 vols., México, Fondo de Cultura Económica, 1964.
Teatro contemporáneo, Madrid, Aguilar, 1962-1967.

b) ALGUNOS DRAMATURGOS MUY DESTACADOS

EMILIO CARBALLIDO

Textos

Teatro, México, Fondo de Cultura Económica, 1960.
"Rosalba y los Llaveros" en Dauster, *Teatro hispanoamericano: Tres piezas*, 13-108.

Crítica

Dauster, *Teatro hispanoamericano*, 8-10.

RENÉ MARQUÉS

Textos

"La muerte no entrará en palacio" (tragedia) en Solórzano, *El teatro hispanoamericano*, I, 310-417.
"En la popa hay un cuerpo reclinado", "La hora del dragón" tomados de la colección *En una ciudad llamada San Juan* (cuentos), en Alegría, *Novelistas contemporáneos*, 156-182.

Crítica

Alegría, *Novelistas contemporáneos*, 155-156.
Solórzano, *El teatro hispanoamericano*, I, 308-309.

SEBASTIÁN SALAZAR BONDY

Textos

"No hay isla feliz", drama, en *Teatro peruano contemporáneo*, Madrid, Aguilar, 1963, 213-315.
"El fabricante de deudas", comedia, en Solórzano, *El teatro*, I, 193-259.

Crítica

Bingham Powell, Olga, "Comentario sobre Sebastián Salazar Bondy", *Américas*, XVII, No. 11 (noviembre, 1965), 39.
Hesse Murga, José, "Prólogo" a *Teatro peruano contemporáneo*, 21-24.
Solórzano, I, 191-192.

WILBERTO CANTÓN

Textos

Nosotros somos Dios, pieza en dos actos, New York, Harper & Row, 1966; editada por S. Samuel Trifilo y Luis Soto-Ruiz.

LAS PROMOCIONES MÁS RECIENTES

Crítica

Cantón, Wilberto, "Un mensaje al lector" en la edición citada de *Nosotros somos Dios*.

Castro Leal, Antonio, "Wilberto Cantón" en *"La poesía mexicana moderna"*, México, Fondo de Cultura Económica, 1953.

De María y Campos, Armando, *El teatro de género dramático en la Revolución Mexicana*, México, Instituto de Estudios Históricos de la Revolución Mexicana, 1957.

Gorostiza, Celestino, "Introducción" a *Teatro mexicano del Siglo XX*, Vol. 3, México, Fondo de Cultura Económica, 1956.

Trifilo, Samuel S., y Soto-Ruiz, Luis, "The Mexican Revolution", "The Mexican Theater Today" y "Wilberto Cantón" en la edición citada de *Nosotros somos Dios*.

AGUSTIN CUZZANI

Textos

"Sempronio" (Farsátira en tres actos) en Solórzano, *El teatro hispanoamericano*, I, 17–62.

Crítica

Solórzano, I, 15–16.

EGON WOLFF

Textos

"Los invasores", en Solórzano, *El teatro hispanoamericano*, I, 126–190.

Crítica

Solórzano, I, 124–125.

5 PROMOCIÓN RECIENTE DE ENSAYISTAS. LA PROMESA FUTURA

(Consúltense Anderson Imbert, *Historia*, II, "Apéndice"; Torres-Rioseco, "La hora actual", Cap. VIII de su *Nueva historia de la gran literatura iberoamericana;* los estudios de la literatura del siglo XX; la revista *Américas* de la Unión Panamericana y las demás citadas en el Cap. I de esta obra, donde aparecen a menudo trabajos y artículos de y sobre los nuevos valores)

Índice-Glosario

Abad, Diego José, 185
Abolicionismo, 332: doctrina y lucha en favor de la libertad de los esclavos.
Acevedo Díaz, Eduardo, 314, 364–365, 379, 393, 579
Acevedo, Francisco, 142
Acevedo Hernández, Antonio, 379
Acosta, Cecilio, 288: jurisconsulto, poeta y escritor romántico venezolano (1818–1881).
Acosta y Enríquez, Mariano José, 228
Acosta, padre José de, 36–37, 73
Acuña de Figueroa, Francisco, 248
Acuña, Manuel, 261–263
Addison, Joseph, 284: ensayista inglés; Director con Richard Steele del diario el *Spectador* (1672–1719).
Adoum, Jorge Enrique, 733
Aforismo, 290: sentencia breve con algún principio, pensamiento o idea moral, profunda y elevada.
Agamenón (Agammemnon), 191: rey legendario de Micenas y Argos, jefe supremo de los griegos en la guerra de Troya, famoso por su valentía.
Aguiara y Eguren, Juan José de, 136
Aguilar y Córdova, Diego de, 52, 67
Aguirre, Juan Bautista de, 122–123, 153
Aguirre, Lope de, 686: capitán y conquistador español, famoso por su crueldad (1518–1561).
Agustín, San, 96: obispo de Hipona (actual Argelia); uno de los padres de la iglesia y santo muy famoso.
Agustini, Delmira, 482–483
Alarcón. *Véase* Ruiz de Alarcón, Juan
Alarcón, Pedro Antonio de, 331, 361, 413: novelista realista español.
Alas, Leopoldo (Clarín), 284, 389, 622: novelista, crítico y ensayista español (1852–1901).
Alatorre, Antonio, 733
Albedrío, libre, 389: concepto opuesto al determinismo científico del naturalismo; según él, el hombre es completamente libre para realizar su vida.
Alberdi, Juan Bautista, 246, 248, 345: político, jurisconsulto y escritor argentino (1810–1884).
Albergati Capacelli, Francesco, 223: noble y autor dramático italiano, precursor de Alfieri (1728–1804).
Alberti, Rafael, 508, 523, 535, 649, 650, 661: poeta popular y superrealista español (n. 1902).
Albizu Campos, Pedro, 729: líder nacionalista puertorriqueño (¿1884?–1965).
Alegoría, 572, 602, 671: representación de una idea compleja o abstracta (la libertad, la esclavitud, la vida, el universo, el Estado) mediante imágenes o cuadros simbólicos cuyo significado debe descifrarse.
Alegre, Francisco Javier, 185: historiador y humanista jesuíta mexicano (1729–1788).
Alegría, Ciro, 565, 612, 616–619, 625
Alegría, Fernando, 712
Aleixandre, Vicente, 508, 523, 654, 655: poeta vanguardista español (n. 1900).
Alejandrino, 427: verso de catorce sílabas por lo general dividido en dos hemistiquios de siete (versos heptasílabos).
Alejandrino francés, 427: tiene doce sílabas, dividido en dos hemistiquios de seis sílabas.
Alemán, Mateo, 90, 105: novelista español, autor de *Vida del pícaro Guzmán de Alfarache* (1599) con matices barrocos (1547–¿1614?).
Alfaro Siqueiros, David, 594
Alfieri, Vittorio, 217, 244, 355: autor dramático, poeta y autor satírico italiano (1749–1803).
Aliteración, 651: empleo de palabras con sílabas o sonidos semejantes.
Alonso, Amado, 205, 469: filólogo, profesor y crítico español (1896–1952).
Alonso, Dámaso, 139: crítico, poeta y ensayista español (n. 1898).
Allonza, Juan de, 127
Almafuerte, 433: seudónimo del poeta argentino Pedro Bonifacio Palacios (1854–1917).
Almagro, Diego de, 66
Alsina, Arturo, 636–637
Altamirano, Ignacio Manuel, 232, 262, 324–327, 336, 345, 349, 372
Altenberg, Peter, 494, poeta y autor dramático austríaco (1859–1919); verdadero nombre: Richard Engländer.
Alva Monteagudo, Mariano José de, 213
Alvarado, Jorge, 52
Alvarado, Pedro de, 52
Álvarez de Cienfuegos, Nicasio, 187, 189, 190, 193, 194, 202, 244: poeta español de tono melancólico y precursor del romanticismo (1764–1809).
Álvarez de Velasco y Zorrilla, 156
Álvarez Quintero, 380: comediógrafos costumbristas españoles: Serafín (1871–1938) y su hermano Joaquín (1873–1944).
Amador de los Ríos, José, 35: historiador, erudito y crítico español (1818–1878).
Amarilis Indiana, la, 115, 119–120
Amaneramiento, 184: manera o estilo afectado para escribir.
Amor de la estanciera, el, 377.
Amorim, Enrique, 565, 692–693

ÍNDICE—GLOSARIO

Amunátegui, Miguel Luis, 356: político, publicista y escritor chileno (1828-1888).
Anacreonte, 186: poeta lírico griego, creador de la anacreóntica (560–478 A.C.).
Anacreóntica, 186: composición lírica que imita las odas báquicas de Anacreonte. Por lo general cantan los placeres, sobre todo del amor y el vino.
Anastasio el Pollo. *Véase* Campo, Estanislao del.
Andersen, Hans Christian, 638: escritor danés, autor de *The Little Mermaid* (1805-1875).
Anderson Imbert, Enrique, 409, 712: professor, narrador y crítico argentino (n. 1910).
Anderson, Maxwell, 641: dramaturgo norteamericano (1888-1959).
Andrade, Alonso de, 127
Andrade, Olegario Víctor, 249-251
Andreiev (Andreyev), Leonid N., 622, 727: escritor ruso (1871-1919).
Andreini, Giovanni Battista, 217: dramaturgo italiano, autor de la tragedia *Adamo* (1578-1650).
Anouih, Jean, 632, 640, 727: dramaturgo francés de gran influencia (n. 1910).
Apollinaire, Guillaume, 517, 649, 650, 671: poeta superrealista francés; promotor del cubismo (1880-1918).
APRA, 410, 476, 527: Alianza Popular Revolucionaria Americana, movimiento social y político peruano de izquierda, fundado por Víctor Raúl Haya de la Torre.
Aprismo, 410, 476, 527: la doctrina del APRA.
Aguiles, 191: el más famoso de los héroes griegos, biznieto de Júpiter, héroe de la *Ilíada* y la *Odisea*.
Aragón, Louis, 528, 649: poeta y novelista francés; perteneció al dadaísmo y al superrealismo (n. 1897).
Aranda, Conde de, 167: iluminista español, Ministro de Carlos III, Pedro Pablo Abarca y Bolea (1718-1798).
Arango, Daniel, 733
Aragón, Fernando de. *Véase* Reyes Católicos.
Arciniegas, Germán, 707-708, 709
Areche, Visitador, 225
Arévalo Martínez, Rafael, 493-495, 673, 724
Arguedas, Alcides, 292, 565, 612-614, 618
Ariana (Ariadna), 724: hija de Minos que dio a Teseo el hilo para salir del Laberinto, después de matar al Minotauro.
Arias Dávila, Pedro, 34: conquistador español, fundador de la ciudad de Panamá (¿1440?-1531).
Arlt, Roberto, 724: novelista argentino (1900-1942).
Ariosto, Ludovico, 46, 49, 93, 96: célebre poeta épico italiano (1474-1533).
Aristóteles, 37: filósofo griego, el que más influyó en la Edad Media, sobre todo en la filosofía escolástica (384–322 A.C.).
Arolas, Juan, 123: poeta español (1805-1849).
Arrate, José Martín Félix, 157

Arreola, Juan José, 722
Arriaza, Juan Bautista, 183, 193, 199, 256: poeta español famoso por sus cantos patrióticos (1770-1837).
Arrieta, Rafael Alberto, 486
Arriola, Juan José, 154-155
Arrom, José Juan, 712, 717
"Arte por el arte", 404, 405: considera la obra de arte en su concepción estética, con autonomía de cualquier consideración ética o social. Expresión tomada de una frase de Víctor Cousin.
Artículo de costumbre, 344
Artigas, José Gervasio, (1764-1850) 206, 365: general uruguayo, padre de la Independencia de ese país.
Asbaje y Ramírez de Santillana, Juana Inés. *Véase* Cruz, Sor Juana Inés de la.
Ascasubi, Hilario, 303-305, 306
Ascensio Segura, Manuel, 222, 345, 350, 355-357
Ascetismo, 126, 127: doctrina preparatoria del alma para lograr la perfecta comunión con la divinidad; patrocina la vida austera, religiosa y alejada de los placeres humanos.
Asturias, Miguel Ángel, 495, 566, 673, 681-683, 722
Atahualpa, 26, 191: último Inca o emperador de los Incas del Perú; luchó contra su hermano Huascar y murió ejecutado (1533).
Atl, doctor, 680
Augier, Guillermo Víctor Emilio, 253, 258: autor dramático francés (1820-1889).
Austrias, 85: familia de los Habsburgo. A ella pertenecieron los reyes desde Carlos V (1516) hasta la muerte de Carlos II (1700). Los últimos Austrias acentuaron la decadencia política española.
Autóctono: nativo, propio de un país.
Avellaneda, Nicolás, 250: presidente de Argentina entre 1874 y 1880. (1837-1885).
Avellaneda, La. *Véase* Gómez de Avellaneda, Gertrudis.
Ávila, Alonso de, 141
Ávila y Cadena, Antonio de, 92
Ávila, Juan de, 413: figura del misticismo español (1500-1569).
Ayacucho, 190: batalla en que los ejércitos de Bolívar dirigidos por el Mariscal Sucre derrotaron definitivamente a los españoles asegurando la Independencia de Suramérica.
Ayax, 191: nombre de dos guerreros de la guerra de Troya; el pequeño y el grande; de gran valor, destreza y habilidad.
Azaña y Llano, Josefa de, 142
Azcuenaga, Domingo de, 216
Azorín (José Martínez Ruiz), 85, 493, 552, 622, 723: crítico y novelista español; una de las grandes figuras de la "generación del 98".
Aztecas, 25
Azuela, Mariano, 230, 396, 566, 594, 595-597, 598, 601

ÍNDICE—GLOSARIO

Baca, Manuel, 616, 617
Bacon, Francis, 70, 165, 284, 285: filósofo inglés que influyó en la ilustración con sus estudios sobre el método experimental en su obra *Novum Organum*.
Baeza Flores, Alberto, 712
Bain, Alexander, 289: filósofo empirista inglés nacido en Escocia (1818–1893).
Balaguer, Joaquín, 694: escritor, crítico y político dominicano; dos veces presidente de la República (n. 1906).
Balboa, Silvestre de, 47, 92
Balbuena, Bernardo de, 46, 47, 62, 91, 92–95, 141, 154, 228, 533
Balcárcel (Antonio González), 194: general y político argentino (1777–1819).
Balmaseda Toro, Pedro, 427
Balseiro, José A., 712
Balta, José, 346: militar, político y presidente del Perú (1814–1872).
Balzac, Honoré de, (1799–1850) 361, 362, 363, 366, 389, 468, 524, 566, 567, 595, 727, 731: novelista francés a quien se llama el "padre" del realismo.
Ballagas, Emilio, 512, 653, 654–656
Banchs, Enrique, 486–487
Banville, Théodore de, 427: poeta francés romántico (1823–1891).
Barazábal, Mariano, 216
Barba Jacob, Porfirio (Seudónimo de Miguel Ángel Osorio), 488–489, 495
Barbey d'Aurevilly, Jules Amédée, 494: novelista francés con mucha influencia sobre varios modernistas (1808–1889).
Barbusse, Henri, 548: escritor francés (1873–1935).
Barco Centenera, Martín del, 40, 92
Barletta, Leónidas, 631
Baroja, Pío, 572, 678, 684: famoso novelista español de la "generación del 98" (1872–1956).
Barreda, Octavio G., 532
Barrenechea y Albis, Juan de, 228
Barrès, Maurice, 269, 462, 464, 469: escritor y crítico francés (1862–1923).
Barrios, Eduardo, 565–569, 572, 673
Barroco, 86–90
Barroquismo. *Véase* Barroco o Vanguardismo.
Bartrina, Joaquín María, 417, 418, 419: poeta español (1850–1880) muy escéptico.
Bastida, fray Antonio, 120, 121
Bataillon, Marcel, 717: hispanista francés, autor de *Erasmo en España* (n. 1895).
Batalla de las Navas de Tolosa, 41: en ella los reyes de Castilla (Alfonso VIII), de Aragón (Pedro II) y de Navarra (Sancho VII) obtuvieron una gran victoria sobre los moros, lo que favoreció mucho la Reconquista (1212).
Batlle Ordóñez, José, 268: líder político y presidente del Uruguay varias veces (1856–1929).

Batres Montúfar, José, 346: escritor guatemalteco (1790–1841).
Baudelaire, Charles, 290, 403, 414, 418, 419, 433, 439, 440, 483, 514, 656: poeta francés (1821–1867); gran perfeccionista de la forma; autor de *Les Fleurs du Mal* (1857).
Baxter, Walter, 673
Beckett, Samuel, 662: dramaturgo francés nacido en Irlanda; secretario de James Joyce, (n. 1906).
Bécquer, Gustavo Adolfo, 239, 244, 257, 261, 264, 265, 269, 271, 346, 404, 413: poeta romántico español (1836–1870) muy influyente en los últimos románticos y los modernistas.
Behrman, Samuel, 641: autor dramático norteamericano (n. 1893).
Bejarano, Lázaro, 62
Belgrano, Manuel, 194, 328: general y político argentino (1770–1820).
Beltrán, Neftalí, 718
Bello, Andrés, 12, 184, 189, 191, 193, 194, 196, 197–201, 205, 221, 223, 242, 243, 245, 286, 457, 552, 553
Benavente, Jacinto, 380, 632: famoso dramaturgo español (1861–1954); uno de los creadores del teatro moderno; Premio Nobel 1922.
Benavente, Fray Toribio de (Motolinía), 16, 39, 42, 72, 75
Benedetti, Mario, 721: cuentista y novelista uruguayo (n. 1920).
Benítez, Jaime, 652
Bentham, Jeremy, 255, 269: uno de los grandes filósofos ingleses (1748–1832); fundador del utilitarismo.
Béranguer, Pierre-Jean de, 222: poeta francés (1780–1857).
Berceo, Gonzalo de, 717, 718: primer poeta español de nombre conocido (¿1195–1264?).
Bergson, Henri, 401, 454, 545, 547, 557: filósofo francés cuyas ideas han influído mucho la literatura y el pensamiento contemporáneos. Opuso su filosofía del intuicionismo como fuente del conocimiento a las concepciones cientificistas y mecanicistas del siglo XIX.
Berisso, Luis, 428
Bernard, Claude, 388: fisiólogo francés (1813–1878). Su obra *Introduction á la médecine experimental* influyó mucho en Zola y el naturalismo.
Bernardin de Saint-Pierre, Jacques Henri, 227, 239, 318, 321, 329, 330, 331: novelista francés, (1737–1814), autor de *Paul et Virginie* y de *Études de la nature*.
Berro, Aurelio, 268
Betancourt, José Victoriano, 345
Betancourt, Rómulo, 491: político venezolano (n. 1908) y presidente de la República (1945; 1959–1964).
Betti, Ugo, 727: autor dramático italiano (1892–1953).
Bilbao, Francisco, 280

743

ÍNDICE—GLOSARIO

Bimba, Juan, 491: símbolo del pueblo venezolano.
Bioy Casares, Adolfo, 724: escritor argentino de la literatura fantástica (n. 1914).
Bjornson, Bjornstjerne, 376, 403: poeta, novelista y dramaturgo noruego (1832–1910); únicamente superado por Ibsen.
Blake, William, 640: artista y poeta inglés (1757–1827).
Blanco, Andrés Eloy, 491–492
Blanco, Elvira, 267
Blanco-Fombona, Rufino, 547–549
Blasco Ibáñez, Vicente, 389, 397, 398: novelista español naturalista (1867–1929).
Blest Gana, Alberto, 363–364, 367
Blest Gana, Guillermo, 345
Bloy, León, 520: escritor francés (1846–1917), católico y reformista.
Bocanegra, Matías de, 115, 121–122, 142
Boccaccio, Giovanni, 107: poeta, prosista y humanista italiano (1313–1375), autor de los cuentos *Il Decamerone*.
Boiardo, Matteo María, 46, 48, 96: poeta épico italiano, autor del poema *Orlando Innamorato*.
Bolaños, Joaquín, 228
Bolet Peraza, Nicanor, 345, 349
Bolívar, Simón, 175, 176–179, 189, 191, 196, 197, 222, 223, 408, 454, 686
Bombal, María Luisa, 673, 687–688
Bonaparte, José, 158
Bonaparte, Paulina, 677: hermana de Napoleón I (1780–1826).
Borbones, 85: dinastía francesa que comienza a reinar en España con Felipe V d' Anjou (1700–1746), nieto de Luis XVI de Francia y concluye con la salida del rey Alfonso XIII en 1931.
Borges, Jorge Luis, 311, 507, 512, 519–523, 537, 538, 712, 724
Borrero, Juanita, 417
Boscán, Juan, 61: poeta renacentista español (¿1492?–1542), uno de los introductores de los metros italianos.
Bosch, Juan, 694–695
Bourget, Paul, 462: escritor católico francés, famoso por sus novelas de análisis sicológico (1852–1935).
Bouilhet, Louis, 414: poeta y autor dramático francés (1822–1869).
Boucher, Francisco, 152: pintor francés (1703–1770) del período rococó.
Boutroux, Émile, 454, 557: filósofo francés (1845–1921), maestro de Bergson.
Boves, José Tomás, 686: guerrillero español vencedor de los patriotas venezolanos varias veces (¿ ?–1814)
Bracco, Roberto, 381: autor dramático italiano (1862–1943).
Bramón, Francisco, 142, 228
Brandes, Georg (Morris Cohen), 557: crítico literario danés (1842–1927); su hermano Carl (Edward Cohen) fue crítico y dramaturgo.

Brannon Beers, Carmen. *Véase* Lars, Claudia.
Braque, Georges, 505: pintor francés (n. 1881), con Picasso lanzó el cubismo en 1907. Sus pinturas son muy abstractas.
Bravo Dávila, Juan monseñor, 138
Brecht, Bertold, 632, 727: escritor y dramaturgo alemán (1898–1956), uno de los maestros del expresionismo; Premio Stalin de la Paz en 1954.
Bretón, André, 506, 649, 671: sicólogo, crítico y poeta francés; (n. 1896), uno de los teóricos y directores del superrealismo.
Bretón de los Herreros, Manuel, 220, 221, 354, 356: escritor y comediógrafo español (1796–1873).
Bretón, Tomás, 270
Brinton, 706
Broquea, Alfonso, 270
Brown, Thomas, 279: filósofo escocés (1778–1820), discípulo de Dugald Stewart.
Brull y Caballero, Mariano, 515–516
Bryant, William Cullen, 244, 261: poeta romántico norteamericano (1794–1878).
Bucólica, 186, 198: poesía que se inspira en los encantos de la naturaleza y la belleza y vida apacible del campo.
Bucólico, 185, 186, 198: genero poético con temas pastoriles y escenarios rústicos, creado por el griego Teócrito.
Bunge, Carlos Octavio, 301: sociólogo y ensayista argentino (1875–1918).
Burckhardt, Jacob Christoph, 557: historiador suizo (1818–1897), fundador de la historia de la cultura; autor de un ensayo célebre sobre el renacimiento.
Bustamante Carlos Inga, Calixto, 228
Bustamante, Carlos María, 186
Byron, George Gordon, Lord, (1788–1824) 202, 204, 222, 244, 245, 248, 249, 256, 257, 261: el más famoso e imitado de los poetas románticos ingleses.

"Cábala", 522: explicación de la Sagrada Escritura según la tradición oral de los hebreos.
Cabalista, el israelita que profesa la cábala.
Caballero, Fernán (Cecilia Böhl de Faber), 361: novelista española iniciadora del realismo (1796–1877).
Cabello Balboa, Miguel, 67
Cabral, Manuel del, 512 y 658
Cabrera, Fray Alonso de, 62
Cabrera Quintero, Cayetano, 142, 154, 155
Cadalso, José, 183, 193, 233: escritor español, (1741–1782), autor de las *Noches lúgubres* y *Cartas marruecas*.
Cadena, Pedro de la, 52
Caicedo Rojas, José, 345
Caillet-Bois, Julio, 205

ÍNDICE—GLOSARIO

Caldas, Francisco José de, 170: naturalista y escritor colombiano (1771–1811).
Calderón de la Barca, Pedro, 114, 115, 144, 145, 218, 219, 224, 351: uno de los grandes dramaturgos españoles del Siglo de Oro (1600–1681), autor de *La vida es sueño*.
Calderón, Fernando, 262, 354–355
Calles, Plutarco Elías, 599, 605: general y político mexicano (1877–1945), presidente de la República (1924–1928).
Cambacéres, Eugenio, 390, 391–392
Camoens, Luis de, 139: famoso poeta épico portugués (1524–1580), autor de *Os Lusiadas*.
Campe, Joaquin Enrique, 227: escritor alemán (1746–1818), escribió un diccionario de la lengua alemana.
Campo, Estanislao del, 303, 304, 305–306
Campoamor, Ramón de, 263, 284, 419, 427: poeta realista, humorístico y satírico español (1817–1901).
Campobello, Nellie, 594, 606
Campomanes, conde de. Pedro Rodríguez Campomanes, 167: erudito, economista y político español (1723–1803), ministro de Carlos III y seguidor de la ilustración.
Campos Cervera, Herib, 512, 536–537
Camus, Albert, 633, 640, 673, 689, 727: ensayista y novelista francés (1913–1960), existencialista. Premio Nobel de 1957.
Cánovas del Castillo, Antonio, 202: político, historiador y crítico español (1828–1897).
Cantón, Wilberto, 731
Cañas, General Juan J., 427
Caraffa, Brandán, 519
Carballido, Emilio, 728
Carbonell, Luis, 652
Cárdenas, Lázaro, 476: general y político mexicano (n. 1895), presidente de la República (1934–1940), nacionalizó la industria petrolera y puso en práctica la reforma agraria.
Cárdenas y Rodríguez, José María de, 345
Carlos II, "El Hechizado", 85, 115: monarca español (1665–1700).
Carlos III, 152, 167, 168, 183, 214, 217: rey de España (1759–1788), siguió las ideas de la ilustración y practicó el despotismo ilustrado.
Carlos IV, 214: rey de España (1788–1808).
Carlos V, 27, 33, 35, 36, 43: el Emperador Carlos V de Alemania y I de España (1500–1558), reinó de 1517 a 1556; con él llegó el poderío de España a su cumbre.
Carlota, Emperatriz de México, 262, 642: hija de Leopold I de Bélgica (1840–1927), esposa del Emperador Maximiliano cuando la intervención francesa.
Carlyle, Thomas, 454: historiador y ensayista inglés nacido en Escocia (1795–1881).
Caro, Francisco Javier, 255
Caro, José Eusebio, 244, 255–257
Caro, Miguel Antonio, 105, 198, 199: humanista colombiano (1843–1909).

Carpentier, Alejo, 515, 673, 676–678
Carranza, Dorantes de, 66
Carranza, Venustiano, 412, 591, 592, 595, 598, 602, 606: líder revolucionario y general mexicano (1859–1920), presidente de la República (1914; 1915–1920).
Carrasquilla, Ricardo, 335
Carrasquilla, Tomás, 370–271
Carrera Andrade, Jorge, 512, 530–532
Carrió de la Vandera, Alonso ("Concolorcorvo"), 228–230
Carrión, Benjamín, 712
Carroll, Lewis (seudónimo de Charles Lutwidge Dodgson), 725: escritor inglés (1832–1898), autor de *Alice's Adventures in Wonderland* (1865) y otras historias de fantasía.
Carta Magna, 222: constitución política.
Carvajal, Fray Andrés de, 77
Carvajal, Fray Gaspar de, 40–41
Carvajal, María Isabel. *Véase* Lyra, Carmen.
Carvajal, Micael de, 62: comediógrafo español del siglo XVI.
Casacuberta, Juan Aurelio, 351
Casal, Julián del, 406, 415–417, 514
Casas, Bartolomé de las, 27, 31, 36, 42–44, 51, 72, 319, 320, 330, 611
Caso, Antonio, 287, 554, 557: pensador y ensayista mexicano (1883–1946).
Casona, Alejandro (Alejandro Rodríguez), 632: dramaturgo español (1900–1965).
Castelar, Emilio, 284, 466: famoso orador, político y escritor español (1832–1899).
Castell-dos-Rius, Marqués de. *Véase* Oms, Manuel.
Castellanos, Juan de, 50–51, 64, 104, 319
Castellanos, Rosario, 565, 612, 619
Castera, Pedro, 321
Casti, Juan Bautista, 346
Castilla, Isabel de. *Véase* Reyes católicos.
Castilla, Ramón, 240: general, político peruano (1797–1867), Presidente (1845–1851; 1854–1862).
Castillejo, Cristóbal de, 61: poeta español (¿1490?–1550), defensor de la escuela tradicional en poesía.
Castillo y Andraca, Francisco del ("El Ciego de la Merced"), 142, 159–160
Castillo y Guevara, Francisca Josefa del, 118, 127–130
Castillo, Homero, 712
"Castillo, La madre". *Véase* Castillo y Guevara, Francisca Josefa.
Castillo, María del, 140
Castro, Américo, 521: profesor y ensayista español (n. 1885).
Castro, Cipriano, 241: general y político venezolano (1858–1924), presidente; gobernó dictatorialmente.
Castro, Eugenio de, 428, 436: poeta simbolista portugués (1869–1944).
Castro, Fidel, 716: líder de la revolución cubana

745

contra Batista; (n. 1926); dictador de Cuba desde 1959.
Castro, José Agustín, de, 216, 218, 224-225
Castro, Rosalía de, 239: poetisa española (1837-1885)
Caviedes. *Véase* Valle Caviedes, Juan del.
Celestina, La, 107, 356: *Tragicomedia de Calisto y Melibea* (1499) de Fernando de Rojas.
Cendrars, Blaise, 650: autor francés de origen suizo (1887-1961).
"Cenicienta", 376: progatonista de un cuento de Perrault; persona injustamente postergada.
Cepeda y Alcalde, Ignacio de, 253
Cernuda, Luis, 523, 654, 655, 721: poeta español (1902-1963).
Cervantes Saavedra, Miguel de, 44, 52, 62, 65, 66, 67, 88, 90, 105, 142, 161, 197, 227, 229, 230, 285, 290, 408, 522, 712: el más grande novelista español de todos los tiempos (1547-1616), autor de *Don Quijote.*
César, Cayo Julio, 33, 34: general, historiador y dictador romano (101-44 A.C.).
Cetina, Gutierre de, 62, 63, 66: poeta español del Renacimiento (1520-¿1557?).
Cevallos, don Pedro de, 302: militar español (1716-1778), primer virrey del Río de la Plata.
Cézanne, Paul, 505: pintor francés (1839-1906), uno de los precursores del arte moderno.
Ciboneyismo, 297: tendencia en la poesía popular cubana a usar temas y motivos indios.
Cicerón (Marcus Tullius Cicero), 101: político, orador y filósofo romano (106-43 A.C.).
Cicognini, Giacinto Andrea, 161: autor dramático florentino (1606-1660).
Cienfuegos. *Véase* Álvarez de Cienfuegos, Nicasio.
Cieza de León, Pedro, 37-38, 46, 73
Clarín. *Véase* Alas, Leopoldo.
Clarinda, 67: la anónima poetisa peruana autora del "Discurso en loor de la poesía".
Clasicismo académico, 183, 184: equilibrio, ponderación, serenidad y otras cualidades tomadas de los autores clásicos grecolatinos.
Claudel, Paul, 662, 673, 723: poeta y dramaturgo francés (1868-1955); sigue el simbolismo católico y ha ejercido mucha influencia.
Cleopatra VII, 146: célebre reina egipcia, famosa por su belleza (69-30 A.C.), fue amante de César y de Marco Antonio.
Cocteau, Jean, 640, 673, 691, 724: dramaturgo, narrador, director de cine, pintor francés (1891-1963), caracterizado por su gran modernidad.
Cole, Margaret, 559: su nombre era Isabel Postgate (n. 1893), notable autora inglesa de relatos detectivescos.
Coleridge, Samuel Taylor, 239, 520: poeta, crítico y filósofo inglés (1772-1834), líder de los románticos.
Colón, Cristóbal, 26, 31-32, 35, 64

Colón, Diego, 319: hermano de Cristóbal Colón (¿1445?-1515), gobernador de la Española (Santo Domingo).
Coloquio, 79: composición literaria en prosa o verso o en ambos, en forma de diálogo.
Collantes, Catalina, 104
Compañía de Jesús, 38, 36, 76, 102: orden religiosa fundada por Ignacio de Loyola en 1534 para defender el catolicismo contra la difusión del protestantismo.
"Comprometida, literatura", 670: aquélla en que el autor no se queda al margen del acontecer político y social, sino que toma parte en esa lucha, bien directamente, bien a través de sus personajes.
Comte, Auguste, 255, 279, 289, 388: filósofo francés (1798-1857), autor de *Cours de Philosophie Positive* y fundador del positivismo.
Conceptismo, 88: uno de los extremos radicales del barroco español. Consiste en las asociaciones ingeniosas de ideas y palabras. Se juega con el significado de los vocablos, con su ortografía, sonido semejantes y significación distinta. Lo importante es la profundidad, originalidad y sutileza del pensamiento expresado. Los dos máximos exponentes fueron Francisco de Quevedo y Baltasar Gracián.
Concolorcorvo. *Véase* Carrió de la Vandera, Alonso.
Condillac, Etienne Bonnot de, 279: filósofo francés (1715-1780), creador de la escuela del sensualismo.
Condorcanqui, José Gabriel, 225: representante indígena del Perú (1744-1781) que se rebeló contra los españoles tomando el nombre de Tupac Amaru II.
Condorcet, Antoine Caritat, marqués de, 166: filósofo, matemático y político francés (1743-1794).
Connolly, Cyrill, 673: autor inglés (n. 1903).
Conrad, Joseph, 472, 622: novelista inglés de origen polaco (1857-1924).
"Contemporáneos", 532: grupo literario mexicano que ha jugado un papel muy importante en la renovación artística.
Contra-reforma, 87: movimiento religioso dirigido por España para frenar la Reforma protestante.
Contrapunto, 671: expresión, palabra tomada de la terminología musical. Técnica literaria consistente en presentar dos o más acciones paralelas o que se cruzan, u opuestas o varios puntos de vista. A veces presenta paralelamente dos hechos aparentemente contradictorios o sin relaciones aparentes. Muy usado en la novela suprarrealista.
Cooper, James Fenimore, 244, 329, 330, 331, 334, 335: novelista romántico norteamericano (1789-1851).
Copla, 67: una composición lírica breve, general-

mente para ser cantadada y de carácter popular.
Copleros: autores de coplas por lo general de tipo popular, expresando deseos y la sicología del pueblo.
Coppée, François, 403, 414: poeta parnasiano francés (1842-1908).
Córdova, Fray Matías de, 216
Córdova y Salinas, Diego de, 127
Corneille, Pierre, 143, 144, 216: dramaturgo francés (1606-1684), creador de la tragedia moderna.
Coronado, Martín, 378
Coronel Urtecho, José, 537, 720
Corpus Christi, 77: fiesta religiosa celebrada en mayo-junio para conmemorar la Eucaristía.
"Correspondences", 411: especie de símil en que se aprovecha la relación o conformidad que existe entre dos o más cosas; muy usadas por Baudelaire y Rimbaud.
Cortázar, Julio, 724-725
Cortes de Cádiz, 189: primera convención constituyente española celebrada en territorio no ocupado por los franceses y dominada por los liberales; votó la Constitución de 1812.
Cortés, Hernán, 25, 27, 32-34, 39, 43, 52, 62, 65, 72, 73, 102, 158, 663
Cortés, Martín, 39: hijo del anterior (¿1530?-1589), inició una sublevación contra la autoridad virreinal.
Coruña, Conde de la, 53
Cosme, Eusebia, 652
"Cosmopolitismo", 669, 670: sentido universal de la vida o el arte; por definición opuesto al regionalismo.
Costumbrismo, 335-338; 344-350
Coturno, calzar el, 223: escribir tragedias o adoptar un estilo sublime
Cousin, Víctor, 245, 278: filósofo francés (1792-1867), iniciador de la filosofía ecléctica.
Covarrubias, Francisco, 218
Coya, Francisca, 104
Creacionismo, 506
Crevel, René, 724: poeta y escritor francés (1900-1935).
Criollismo o regionalismo, 361, 573-574
Croce, Benedetto, 70, 545, 557: historiador, crítico y filósofo italiano (1866-1952).
Croce, Julio César, 227: poeta y dramaturgo italiano (¿1550?-1620), creador de personajes burlescos como Bertoldo y Bertoldino.
Croix, Teodoro de la, 213
Cromwell, Oliver, 238: político inglés (1599-1658), inspiración de Víctor Hugo para su drama histórico *Cromwell*, que contiene el "Manifiesto" del romanticismo.
Cronistas o historiadores de Indias, 29
Cruz, Guillermo Feliú, 710
Cruz, Sor Juana Inés de la, 87, 91, 110, 115-118, 125, 127, 130, 136-137, 141, 142, 144-145, 161, 185, 186, 205, 350, 639
Cruz, San Juan de la, 62, 87, 413: poeta místico español (1542-1591).
Cruz, Manuel de la, 334
Cruz, Ramón de la, 217, 356: comediógrafo español (1721-1794), famoso por sus sainetes.
Cruz Varela, Juan, 184, 189, 193-195, 218
Cuadra, José de la, 695
"Cuadros y artículos de costumbres", *Véase* Costumbrismo.
Cubismo, 505, 506: palabra derivada de un cuadro del pintor francés Braque expuesto en el Salón de Independientes en 1908. Movimiento en la pintura inciado en París por dicho autor, Picasso y otros hacia 1910. El cubismo tiende a la descomposición de la forma real de los objetos en formas geométricas sólidas para lograr una visión más completa y realista de ellos. Para estos autores el arte es creación y no sólo representación.
Cuéllar, José Tomás, 336-338, 345
Cuéllar, María, 319
Cuervo, Rufino José, 126: filólogo y erudito colombiano (1844-1911).
Cuesta, Jorge, 532
Cueto y Mena, Juan de, 142
Cueva, Juan de la, 62, 63: poeta y dramaturgo español (¿1543?-1610).
Culteranismo. *Véase* Gongorismo.
Cuzzani, Agustín, 731-732

Chacón y Calvo, José María, 712
Chateaubriand, François René de, 195, 201, 202, 223, 227, 239, 244, 318, 320, 321, 322, 329, 330, 331: novelista francés (1768-1848), uno de los fundadores del romanticismo; ejerció una extraordinaria influencia.
Chéjov or Chekhov, Anton P., 376, 403, 559, 621, 634: cuentista, novelista y dramaturgo ruso (1860-1904).
Chelia, Francisco, 692
Chenier, André, 222: poeta francés (1762-1794), muerto en la guillotina durante la Revolución Francesa.
Chesterton, Gilbert Keith, 520, 523, 558, 559: ensayista, cuentista y novelista inglés (1874-1936); sus obras han tenido una gran influencia.
Chimpu Ocllo, Palla Isabel, 44
Chocano, José Santos, 413, 437-439, 485, 488, 490, 497, 516, 548
Christophe, Henri, 677: militar haitiano, presidente de la República (1767-1820), que en 1911 se proclamó rey.
Chumacero, Alí, 718-719

Dadaísmo (movimiento de dada), 506-507
Dailliez, Ana Cecilia Luisa, 430
D'Alembert, Jean Le Rond, 166: matemático y

filósofo francés (1717-1783), autor del discurso preliminar de la *Enciclopedia francesa*.
Dalí, Salvador, 506: pintor español, pero residente en París (n. 1904); sigue las técnicas de vanguardia.
Damocles, espada de, 329: Damocles era un cortesano del rey Dionisio y tenía una espada suspendida de una crin de caballo sobre su cabeza. Se aplica a un peligro inminente que pesa sobre un individuo.
D'Annunzio, Gabriele, 403, 436, 453, 462, 464, 468, 472, 483, 551: poeta, dramaturgo y novelista italiano (1868-1938), influye mucho a varios modernistas.
Dante Alighieri, 96, 269: el más grande poeta de la Edad Media y de Italia (1265-1321), autor de la *Divina Comedia*.
Darío, Rubén, 12, 27, 256, 284, 367, 368, 370, 381, 393, 405, 406, 407, 409, 412, 419, 426, 427-430, 432, 433, 434, 435, 436, 439, 440, 441, 450, 451, 452, 453, 454, 455, 463, 469, 476, 483, 489, 490, 494, 514, 519, 528, 537, 548, 661, 720
Darwin, Charles, 388: fisiólogo, biólogo y naturalista inglés (1809-1882), cuyo teoría sobre la evolución expuesta en su obra *Origin of Species* (1859) influye mucho el naturalismo.
Daudet, Alphonse, 390, 408, 469, 472: novelista realista francés (1840-1897), autor de *Tartarín de Tarascón* (1872).
Dávalos y Figueroa, Diego, 228
D'Halmar, Augusto, 390, 393, 463, 464, 471-472, 569
Decadentismo, 401: tendencia derivada del simbolismo francés a fines del siglo XIX, con antecedentes en el romanticismo de Baudelaire y Nerval; al realismo oponen lo refinado, anormal, exquisito, neurótico, raro y decadente.
Décima, 640: composición de diez versos octosílabos con la rima abbaaccddc. Se le llama también espinela por su inventor, el poeta español Vicente Espinel.
Delavigne, Casimir, 351: dramaturgo francés muy popular a principios del siglo XIX (1793-1843).
Delgado, Rafael, 371: novelista mexicano (1853-1914), autor de *La Calandria*, *Angelina* y otras.
Delteil, José, 467: escritor francés (n. 1895).
Derain, André, 505: pintor francés (1880-1954); uno de los "fauvistas".
Dermée, Paul, 517
Derqui, Santiago, 249: político argentino (1810-1867), Presidente de la Confederación (1860-1862).
Descartes, René, 110, 165: filósofo y matemático francés (1596-1650), tenido por el padre del racionalismo, base del pensamiento moderno

Descripción omnisciente, 671: *véase* "Monólogo interior".
Despotismo ilustrado, 167: política cultural y social seguida por Carlos III y otros monarcas; consistía en establecer mejoras sin contar con el pueblo. Su lema era: "todo para el pueblo, pero sin el pueblo".
Determinismo, 388-389: uno de los postulados básicos del naturalismo.
Devoto, Daniel J., 717-718, 724
Díaz del Castillo, Bernal, 25, 34-35, 39, 102, 109, 449
Díaz Castro, Eugenio, 335-336, 345
Díaz Dufóó, Carlos, 413
Díaz de Guzmán, Ruy, 39-40
Díaz, Leopoldo, 428: poeta parnasiano argentino (1862-1947).
Díaz Mirón, Salvador, 406, 411-412
Díaz, Pastor, 264
Díaz, Porfirio, 241, 262, 372, 402, 591: general y político mexicano (1830-1915); presidente de la República (1876; 1877-1880; 1884-1911), estableció un régimen oligárquico aunque hubo progreso material. Fue derrocado por la revolución de Madero.
Díaz Rodríguez, Manuel, 436, 452, 462, 463, 464-466, 564, 569, 575
Díaz Romero, Eugenio, 428: poeta modernista argentino (1877-1927).
Díaz Tamariz, Domingo, 411
Dickens, Charles, 326, 334, 361: novelista inglés (1812-1870), uno de los fundadores del realismo en ese país.
Didactismo, 167, 215: la literatura sirve de vehículo a la propaganda de principios morales y conocimientos prácticos.
Diderot, Denis, 166: escritor y pensador francés (1713-1784); uno de los directores de la famosa *Encyclopédie*, que divulgó el pensamiento del iluminismo.
Diego, Gerardo, 507, 661: poeta español (n. 1896).
Diez-Canedo, Enrique, 496: poeta, crítico y ensayista español (1879-1944).
Dilthey, Wilhelm, 704: filósofo alemán (1833-1911) hizo notables estudios de sicología, e historia.
Diomedes, 191: rey de Argos y uno de los héroes de la guerra de Troya.
Documental, 670: película u obra literaria (novela, pieza dramática) que da información fiel y verídica sobre algún aspecto de la realidad.
Domínguez Camargo, Hernando, 118-119, 120, 121, 156
Domínici, Pedro César, 575: novelista venezolano (1872-1954).
Dos Passos, John, 618, 673, 726: novelista americano que emplea temas sociales (n. 1896).
Dostoyevski (o Dostoievsky), Feodor Mikhailovich, 361, 392, 468, 595, 621, 682, 691:

novelista ruso (1821–1881); uno de los gigantes de la novela moderna.
Dreiser, Theodore, 618: novelista norteamericano (1871–1945); autor de *An American Tragedy* (1925).
Dualismo, 428: cuando una cosa goza de dos naturalezas diferentes.
Ducrai-Duminil, François Guillaume, 227: novelista francés (1761–1819).
Dumarsais, Cesar, 222: filólogo, gramático y filósofo francés (1676–1756).
Dumas, Alexandre, 239, 245, 252, 257, 318: padre, novelista y dramaturgo francés romántico.
Dunbar, Paul Lawrence, 650: poeta negro norteamericano (1872–1906).
Dunne, Finley Peter, 520: humorista y periodista norteamericano (1867–1936).
Duplessis, Maurice, 455
Durán, Fray Diego, 39
Durán, Rodrigo, 37: conquistador español del siglo XVI.

Echeverría, Esteban, 245–247, 248, 249, 280, 313, 345, 349, 361
Eclecticismo, 278: consiste en dar por válidas lo mejor de varias doctrinas.
Edelberg, Betina, 511
Égloga, 93, 185, 205: poema lírico de carácter bucólico cuyos personajes son pastores y con partes descriptivas y dialogadas.
Eguren, José María, 516
Eichelbaum, Samuel, 633–635, 727
Einstein, Albert, 432: famoso físico alemán (1879–1955), naturalizado norteamericano; una de las cumbres de la ciencia moderna. Premio Nobel 1921.
Elegía, 190, 264, 269: composición poética en que se expresa un gran dolor frente a la muerte o la desgracia, con profundidad y elevación.
Eliot, Thomas Stearns, 508, 632, 727: poeta, ensayista, crítico y dramaturgo inglés nacido en los Estados Unidos (n. 1888); recibió el Premio Nobel en 1948.
Éluard, Paul, 662: poeta francés (1895–1953), asociado al superrealismo.
Elmore, Edwin, 437
Emerson, Ralph Waldo, 284, 290, 408, 454: ensayista y pensador norteamericano (1803–1882), seguidor del transcendentalismo.
Empirismo, 453: sistema filosófico que postula la experiencia como única fuente del conocimiento. A veces se usa como sinónimo de práctico, opuesto a idealista.
Enciclopedia francesa (*L'Encyclopédie*), 166: publicada de 1751 a 1772 reunió los conocimientos básicos de la época con una orientación racionalista, anti-escolástica y liberal.

Enciclopedismo revolucionario, 166: dícese del espíritu de rebeldía producido por la lectura de las ideas de *L'Encyclopédie*.
Encina, Juan del, 205: uno de los iniciadores del drama moderno español (1469–1529).
Encomiendas, 27: porciones de tierra—incluyendo a los indios—dadas por la Corona española a los primeros conquistadores de Hispanoamérica con la obligación de hacerlas productivas y pagar al gobierno parte de las ganancias.
Engels, Friedrich, 238: socialista alemán (1820–1895), cofundador con Karl Marx del comunismo marxista.
Enrique VIII, 355: Henry VIII, rey inglés (1491–1547), reinó de 1509 a 1547.
Enríquez de Almansa, Martín, 78: político español (¿?–1583), virrey de Nueva España (1568–1580) y del Perú (1580–1583).
Entremés: pieza teatral cómica, breve y de tono costumbrista. Debe su nombre al hecho de representarse entre los actos de una pieza mayor.
Epigrama: composición poética festiva irónica o satírica, de ritmo ligero.
Erauso, Catalina de, 228: dama española (1592–¿?), que viajó mucho vestida de hombre por lo que se le llama "La monja alférez".
Ercilla y Zúñiga, Alonso, 46, 47–49, 50, 51, 91, 330, 611
Escalona Agüero, Gaspar, 136: jurisconsulto y humanista ecuatoriano (siglo XVII).
Escepticismo: incredulidad o no aceptación de las creencias de una mayoría; filosofía que niega la existencia de verdades absolutas.
Escolástica, escolasticismo, 28, 85, 165, 166: filosofía única seguida por los teólogos de la Edad Media con predominio de las ideas de Aristóteles adaptadas al catolicismo. El máximo exponente es Santo Tomás de Aquino (1226–1274) en su *Suma Teológica*. Según esta doctrina al conocimiento se llega por la especulación racional sin necesidad de la observación o la experiencia; de aquí que condujera a un apoteosis del silogismo verbal.
Espacio síquico, 670: escenarios de la novela contemporánea que no tienen una ubicación precisa; por lo tanto, la acción puede ocurrir en muchos lugares diferentes.
Espejo, el Doctor. *Véase* Santa Cruz y Espejo, Francisco Eugenio de.
Espinel, Vicente, 52: poeta español (1550–1624), inventor de la décima, por eso llamada "espinela".
Espinosa Medrano, Juan ("El Lunarejo"), 115, 136, 138–140, 142
Espronceda, José de, 142, 239, 244, 257, 263, 264, 268: famoso poeta romántico (1808–1842), llamado "el Lord Byron" español.
Esquilache, Príncipe de (Francisco de Borja y

ÍNDICE—GLOSARIO

Aragón), 138: político español (1581-1658), poeta de gusto culterano y virrey del Perú.
Esquilo, 251: poeta trágico griego (525-456 A.C.), autor de *Prometeo encadenado* y otras grandes tragedias.
Estébanez Calderón, Serafín, 344: escritor costumbrista español (1799-1867).
Esteticismo, 404, 405: tendencia a destacar los valores estéticos de la obra literaria, a veces por encima de cualquier otra consideración.
Estrada Cabrera, Manuel, 477, 682: como presidente de Guatemala (1898-1920), gobernó despóticamente.
Eticismo, 286: referente a la ética, parte de la filosofía que estudia la moral.
Eufuismo, 88: estilo literario artificioso parecido al gongorismo, introducido en Inglaterra por John Lyl con su *Euphues, the Anatomy of Witt* (1578).
Europeísta, 559: seguidor de las corrientes culturales de Europa
"Evasión," 402, 419, 429, 435
Evia, Jacinto de, 119, 120-121
Existencialismo, 670, 673: la filosofía existencialista hace de la vida humana lo fundamental del conocimiento. Sus varias ramas tienen su punto de partida en Kierkegaard (tendencia cristiana) y en Heidegger (orientación atea). Unamuno en España y Sartre en Francia han llevado el existencialismo a la novela, el drama y el ensayo.
Exotismo, 404: tendencia al uso de temas extranjeros, de países y culturas lejanas, distantes, raras y extrañas.
Expresionismo, 401: se manifiesta principalmente en la pintura y la literatura alemanas. Tiende a presentar las sensaciones o representaciones producidas en uno por impresiones internas o externas sin tener en cuenta la esencia real de los objetos; traspone la realidad según la sensibilidad individual.

Fábula, 215-216
Faria y Souza, Manuel de, 139: poeta e historiador culterano portugués (1590-1649).
Fascismo, 647: movimiento totalitario basado en un partido único, la exaltación nacionalista y el corporativismo, fundado por Benito Mussolini (1883-1945), estuvo en el poder en Italia desde 1922 hasta 1945.
Faulkner, William, 673, 674, 678, 684, 692, 723, 726: novelista norteamericano (1897-1963); recibió el Premio Nobel en 1950.
"Fauvismo" o "los fauves", 650: grupo de pintores expresionistas franceses (Matisse, Derain, Braque y otros), procedentes del cubismo; sus pinturas presentan grandes distorsiones y colores vivos para producir efectos emotivos; usaron temas negros.
Feijoo, Fray Benito Jerónimo, 137, 229, 230: uno de los más sobresalientes representantes de la ilustración en España (1676-1764).

Felipe II, 27, 44, 47, 77, 85, 91: rey de España (1527-1598); reinó (1556-1598).
Felipe III, 85: rey de España; su reinado duró de 1598 a 1621.
Felipe IV, 85, 110: rey de España de 1621 a 1665.
Felipe V, 85: primer rey de España de la Casa de los Borbones franceses (1700-1746).
Fernández Gómez, Diego, 222
Fernández González, Manuel, 318: cultivador de la novela histórica y legendaria en España (1821-1888).
Fernández de Lizardi, José Joaquín, 106, 169, 216, 230-234, 317, 318, 324, 327, 337, 601
Fernández, Macedonio, 519, 537-538, 724
Fernández Madrid, José, 185, 218, 223, 245, 264, 419: médico, político, poeta y dramaturgo colombiano (1789-1830) del neoclasicismo.
Fernández de Moratín, Leandro, 217, 219, 220, 354: ensayista y dramaturgo neoclásico español (1760-1828).
Fernández de Moratín, Nicolás, 53, 217: padre del anterior y poeta y dramaturgo (1737-1780).
Fernández Moreno, Baldomero, 492-493
Fernández Moreno, César, 492
Fernández de Oviedo, Gonzalo, 35-36, 41, 51, 72, 319
Fernández de Piedrahita, Lucas, 102, 104-105
Fernández Retamar, Roberto, 719: crítico y poeta cubano (n. 1920).
Fernández de Sotomayor, Gonzalo, 67
Fernández de Valenzuela, Fernando, 142
Fernando V de Aragón. *Véase* Reyes católicos.
Fernando VII, 206: rey de España (1784-1833), estableció un régimen de oprobioso absolutismo.
Filosofía intuicional. *Véase* Bergson.
Flaubert, Gustave, 361, 389, 408, 464, 468, 472, 566: novelista realista francés (1821-1880).
"Flashback", 671: relato retrospectivo. Técnica muy usada en el teatro y la novela contemporáneos. Se interrumpe el relato actual para presentar hechos ocurridos con anterioridad al momento presente. Trata de reflejar el pensamiento, el sueño, la evocación o el recuerdo de los caracteres.
Flores, Juan José, 189, 192: general y político ecuatoriano (1801-1864), presidente (1830-1834).
Flores, Manuel M., 262
Flórez, Julio, 258
Florian, Jean Pierre Claris de, 227: autor francés de novelas, fábulas y comedias pastoriles (1755-1794).
Floridablanca, José Moñino, conde de, 167: ministro de Carlos III y seguidor de los principios de la ilustración (1728-1808).
Florit, Eugenio, 658-660
Folletín o folletón, 335: capítulo de una novela, artículo o ensayo que se publica por espacio de algún tiempo en algún periódico.
Fombona Pachano, Jacinto, 536

Fouillet, 363: novelista francés.
Foxá Lecanda, Francisco Javier, 352–353
Fragmentación del tiempo convencional, 671: en la novela contemporánea a menudo se rompe la secuencia lógico del tiempo; se narran hechos anteriores con posterioridad y viceversa; el relato avanza o retrocede o transcurre en círculo.
Fragonard, 152: pintor francés del rococó (1732–1806).
France, Anatole, (seudónimo de Anatole Thibault), 462, 469: escritor francés de fina ironía y estilo clásico (1844–1924).
Francisco I, 35: rey de Francia (1494–1547).
Franklin, Benjamin, 165: estadista, pintor, escritor y científico norteamericano (1706–1790).
Freud, Sigmund, 673, 678: médico austríaco (1856–1939), creador del sicoanálisis y famoso por sus teorías sobre el subconsciente.
Frobenius, Leo, 650: arqueólogo y antropólogo alemán (1873–1938).
Fúcar, un, 69: se castellaniza el nombre de un banquero alemán para significar rico, poderoso.
Fuentes, Carlos, 725–727
Futurismo, 506

Galdós. *Véase* Pérez Galdós, Benito.
Galindo, Sergio, 722
Galsworthy, John, 458, 641: novelista y dramaturgo inglés (1867–1933); Premio Novel de 1932.
Galván, Manuel de Jesús, 319–321
Galve, Conde de (Gaspar de la Cerca Sandoval), 110: politico español; virrey de Nueva España (1688–1696).
Gálvez, Manuel, 362, 390, 565–568, 582
Gallego, Juan Nicasio, 183, 189, 192, 193, 202, 244, 252, 254, 256: poeta español (1777–1853); precursor del romanticismo.
Gallegos, Rómulo, 491, 565, 574–577
Gallo, Aniceto el. *Véase* Ascasubi, Hilario.
Gamboa, Federico, 371, 379, 390, 395–396
Gamboa, José Joaquín, 379
García, don. *Véase* Hurtado de Mendoza, García.
García Calderón, Francisco, 179, 550, 570
García Calderón, Ventura, 230, 550–551
García Goyena, Rafael, 215–216
García Gutiérrez, Antonio, 353: autor dramático romántico español (1813–1884).
García de la Huerta, Vicente, 217: dramaturgo español del neoclasicismo (1734–1787).
García Lorca, Federico, 508, 515, 523, 525, 535, 632, 649, 650, 653, 654, 655, 656, 661, 674, 717, 718, 727: poeta y dramaturgo español (1898–1936).
García Menocal, Mario, 289: general y caudillo cubano (1866–1941), presidente (1913–1921).

García Moreno, Gabriel, 240, 282, 283: político y escritor ecuatoriano (1861–1865); dictador (1861–1865; 1869–1875).
García Morente, Manuel, 545, 705: profesor y filósofo español (1888–1942).
García Prada, Carlos, 712
García Sarmiento, Félix Rubén. *Véase* Darío, Rubén.
García Velloso, Enrique, 378
Garcilaso de la Vega. *Véase*, Vega, Garcilaso de la.
Garcilaso, el Inca. *Véase* Vega, el Inca Garcilaso de la.
Garibay, K., Ángel M., 73
Garro, Elena, 728
Gasca, Pedro de la, "El Pacificador", 38: sacerdote y político español (1485–1567), enviado como pacificador al Perú donde venció a Gonzalo Pizarro.
Garshin, Usevolod, 403: cuentista ruso (1855–1898).
Gauchesca, novela, 578–584
Gautier, Theophile, 380, 403, 414, 428, 469, 472: poeta romántico y parnasiano francés (1811–1872).
Gavidia, Francisco, 427
Generación del 98, 572: grupo de escritores españoles que cubre el período de los últimos 25 años del XIX y los primeros 25 del siglo XX. Se les considera como un segundo Siglo de Oro.
Genlis, Estefanía Felicidad Du Crest de Saint-Aubin, condesa de, 227: escritora francesa (1746–1830).
Gentile, Giovanne, 545: filósofo y político italiano afín al fascismo (1875–1944).
Ghelderode, Michel, 727: dramaturgo y autor satírico belga de lengua francesa (1898–1962).
Ghiraldo, Alberto, 428
Giacosa, Giuseppe, 381: poeta y autor dramático italiano (1847–1906).
Gide, André, 640, 673, 691: novelista y dramaturgo francés (1869–1951); muy influyente.
Gil Albert, Juan, 654
Gil y Carrasco, Enrique, 318: novelista romántico español (1815–1846).
Gil Polo, Gaspar, 186: poeta español (¿1529?–¿1591?), autor de la *Diana enamorada*, novela pastoril.
Giner de los Ríos, Francisco, 286: filósofo, profesor, pedagogo y escritor español (1839–1915); defensor de la doctrina krausista.
Giovio, Paulo, 34: historiador italiano (1483–1582).
Giraudoux, Jean, 467, 632, 638, 640, 673, 691, 727: novelista y autor dramático francés (1882–1944); ha ejercido gran influencia.
Girondo, Oliverio, 537: poeta ultraísta argentino (n. 1891).
Giusti, Roberto F., 712

Gnoseología, 704: rama de la filosofía que se refiere al conocimiento.
Godoy Alcayaga, Lucila. *Véase* Mistral, Gabriela.
Godoy, Juan Gualberto, 302
Goethe, Johann Wolfgang, (1740–1832) 227, 244, 245, 251, 252, 318, 322, 436
Gogol, Nikolai Vasilyevich, 361: uno de los grandes narradores rusos (1809–1852).
Goldoni, Carlo, 217, 223: el más grande dramaturgo italiano del siglo XVIII (1707–1793).
Gómez de Avellaneda, Gertrudis, 251–253, 267, 332, 333, 350
Gómez Carrillo, Enrique, 436, 452, 454–456, 464, 551
Gómez, Juan Gualberto, 289
Gómez, Juan Vicente, 477, 491, 548, 549, 575, 709: general, político venezolano (1864–1935); que gobernó dictatorialmente (1908–1915; 1922–1929; 1931–1935).
Gómez Restrepo, Antonio, 130, 223: político y crítico literario colombiano (1869–1947).
Gómez de la Serna, Ramón, 537: escritor español (1888–1963), afiliado a las vanguardias.
Goncourt, los hermanos, 361, 388, 390, 395, 408, 464: Edmond (1822–1896) y Jules de (1830–1870), novelistas franceses naturalistas.
Góngora, Luis de, 44, 87, 91, 92, 114, 115, 117, 118, 119, 138, 139, 140, 212, 404, 412, 515, 535, 558, 650: poeta español del Siglo de Oro (1561–1627). *Véase* Gongorismo.
Gongorismo, 88: también llamado culteranismo; se caracteriza por el uso del lenguaje culto (latinismos, mitología, palabras nuevas), culto a la metáfora y retorcimiento del orden sintáctico y gramatical.
González, Fray Diego Tadeo, 187: poeta español (1732–1794).
González de Eslava, Fernán, 66, 77, 78–80, 205, 350
González Lanuza, Eduardo, 512, 519
González Martínez, Enrique, 405, 441–442, 476
González Prada, Manuel, 346, 406, 409–411, 452, 527
González Rojo, Enrique, 532
González Sánchez, José, 228
González Vera, 393
Gorki, Maxim, 403, 595: cuentista y novelista ruso (1868–1936), uno de los grandes del realismo social.
Gorostiza, Celestino, 631, 632, 727, 731
Gorostiza, José, 512, 532, 534–536
Gorostiza, Manuel Eduardo de, 218–220, 350, 354
Gounoud, Charles, 305, 306: compositor francés (1818–1893); autor de numerosas óperas.
Goya, Francisco de, 682: uno de los grandes pintores españoles (1786–1828).
Gracián, Baltasar, 229, 408, 450: uno de los grandes prosistas del Siglo de Oro (1601–1658); seguidor del conceptismo.

Gracioso, 226: el tipo cómico del teatro del Siglo de Oro español.
Granada, Fray Luis de, 96, 413: escritor místico español (1504–1588).
Granada, Nicolás, 378
Grant, Ulysses Simpson, 407: jefe del ejército de la Unión en la Guerra de Secesión (1822–1885), 18vo. presidente de Estados Unidos (1869–1877).
Green, Julian, 673: cuentista, periodista y novelista francés (n. 1900), nacido en los Estados Unidos.
Greene, Graham, 673: cuentista, dramaturgo y novelista inglés (n. 1904); de orientación católica.
Grijalva, Juan de, 43, 319: conquistador español (¿ ?–1527).
Gris, Juan (seudónimo de José Victoriano González), 505: figura importante de la pintura cubista española y europea (1887–1927).
Groot, José Manuel, 345
Groussac, Paul, 433, 469: escritor y crítico argentino (1848–1929) de origen francés.
Gruesso, José María, 185, 245
Guajirismo, 297: tendencia de la poesía popular cubana a usar temas rurales.
"Guerra fría", 4, 647, 669
Guerrero, Margarita, 521
Guevara, Juan de, 145: poeta mexicano del siglo XVI.
Guevara, Trinidad, 351
Guillén, Jorge, 508, 523, 654, 659, 660: poeta español (n. 1893); cultivador de la poesía "pura".
Guillén, Nicolás, 512, 649, 653, 656–658, 659
Güiraldes, Ricardo, 298, 300, 301, 303, 304, 314, 470, 519, 565, 579–582, 618
Guizot, François, 245: estadista, escritor e historiador francés (1787–1874).
Gumilla, José, 136: sacerdote jesuita y escritor español del siglo XVII.
Gutiérrez, Eduardo, 314, 377, 579
Gutiérrez González, Gregorio, 257–259
Gutiérrez, Juan María, 187, 194, 216, 246, 248, 280, 303, 313, 345: poeta y crítico argentino (1809–1878).
Gutiérrez Nájera, Manuel, 406, 407, 413–415, 451, 463
Gutiérrez, Ricardo, 305
Guyau, Marie-Jean, 454: filósofo francés (1854–1888).
Guzmán Blanco, Antonio, 241, 402: general y político venezolano (1829–1899); presidente dictatorial (1873–1888).
Guzmán, Martín Luis, 566, 594, 597–599

Haeckel, Ernst Heinrich, 388: filósofo y biólogo alemán (1834–1919); exponente del "darwinismo"; tuvo influencia en el naturalismo.
Haikai, 531, 639: poesía lírica japonesa, por lo general breve y concentrada, con abundancia de miniaturas líricas.

ÍNDICE—GLOSARIO

Hamilton, William, 279: filósofo escocés (1788–1856), seguidor de las ideas de Kant y Reid.
Hartmann, Nicolás, 704: filósofo alemán (1882–1950) que ha estudiado los valores en relación con la moral.
Harte, Francis Brett (llamado Brett), 624: novelista norteamericano (1836–1902) sobre temas del oeste.
Hartzenbusch, Juan Eugenio, 144: poeta, crítico y dramaturgo español (1806–1888).
Haupmann, Gerhart, 376, 381, 401, 403, 636: dramaturgo y novelista alemán (1862–1946).
Haya de la Torre, Víctor Raúl, 476, 527, 528, 712: político, pensador y ensayista peruano (n. 1895); fundador y líder del APRA.
Hebreo, León (Judá Abarbanel), 44: humanista judío español (1470–1521); autor de *Diálogos de amor* de inspiración neo-platónica.
Hegel, Georg Wilhelm Friedrich, 360: filósofo idealista alemán (1770–1831), cuyo pensamiento ha ejercido enorme influencia.
Heine, Heinrich, 244, 252, 263, 264, 265, 266, 346: poeta alemán (1797–1856), autor de *Buch der Lieder* (1827).
Helenismo, 452: se refiere a la filosofía y cultura griegas.
Hemingway, Ernest, 673, 684, 692: famoso novelista y cuentista norteamericano (1899–1961).
Hermetismo, 508, 509: se dice de la poesía o prosa difícil de interpretar por los medios comunes (en el vanguardismo, superrealismo, etc.).
Hermosilla, 242: (José Mamerto Gómez y Hermosilla), gramático, crítico y helenista español (1771–1837).
Henríquez Ureña, Max, 430, 712: profesor, ensayista y crítico dominicano (n. 1885), hermano de don Pedro y autor de numerosos ensayos sobre esta literatura.
Henríquez Ureña, Pedro, 10, 126, 144, 287, 352, 537, 546, 547, 551–553, 554, 556, 688, 709
Heredia, José María, 9, 184, 189, 193, 201–205, 218, 223, 242, 243, 245, 251, 252, 261, 265, 266, 267
Heredia, José María de, 403, 441, 497: primo del anterior (1842–1905), poeta parnasiano nacido en Cuba; autor de *Les Trophées* (1893), el mejor libro de los parnasianos.
Heredia y Mieses, Francisco, 201
Heredia, Nicolás, 252: novelista y crítico cubano (1859–1901).
Hernández Catá, Alfonso, 569, 620, 622–623
Hernández, Domingo Ramón, 264
Hernández, Efrén, 723
Hernández, José, 206, 300, 303, 304, 305, 306–312
Hernández, Luisa Josefina, 728
Hernández, Pero, 42: conquistador español (¿1513– ?), secretario de Álvar Núñez Cabeza de Vaca y cronista de Indias.
Hernández de Serpa, Capitán Diego, 21

Hernani, 238: famoso drama de Víctor Hugo (1830), con el cual triunfó el romanticismo en Francia.
Herrera, Ernesto, 378, 383–384
Herrera, Fernando de, 66, 183, 189, 268: uno de los grandes poetas líricos del Siglo de Oro (1534–1597).
Herrera y Obes, Julio, 439
Herrera y Reissig, Julio, 432, 433, 439–441, 483, 514, 528, 533
Herrera y Tordesillas, Antonio de, 102, 319: cronista oficial de Indias (1559–1625).
Hesse, Hermann, 673: uno de los más grandes poetas y novelistas alemanes contemporáneos (1877–1962). Premio Nobel de 1946.
Hidalgo, Alberto, 527
Hidalgo, Bartolomé, 205–206, 297, 302, 303
"Hinduísmo", 662, 663: religión brahmánica, la más practicada en la India.
Hita, Arcipreste de. *Véase* Ruiz, Juan.
Hojeda, Fray Diego de, 46, 92, 95–98, 127
Holderlin, Friedrich, 662: poeta y dramaturgo alemán (1770–1843).
Holguín, Andrés, 733
Homero, 48, 96, 155, 192, 206, 303: poeta griego (siglo IX A.C.), autor de la *Ilíada* y la *Odisea*.
Horacio, Quintus Horatius Flaccus, 155, 190, 192, 194, 198, 199, 201, 224, 230, 261, 289: poeta latino (65–8 A.C.).
Hostos, Eugenio María de, 243, 286–288, 458
Huáscar, 26, 190: hermano y rival de Atahualpa (¿ ?–1525); su hermano lo derrotó y mandó a matar.
Huayna-Capac, 190
Hudson, William Henry, 577: poeta, cuentista y novelista inglés (1841–1922), nacido en la Argentina.
Huerta, Efraín, 718
Huerta, Victoriano, 591, 602, 606, 731: general y político mexicano (1845–1916), derribó al presidente Madero y se proclamó presidente de México; la revolución lo hizo renunciar.
Hughes, Langston, 650, 657
Hugues, Víctor, 678
Hugo, Víctor, 189, 192, 200, 221, 239, 244, 245, 250, 261, 263, 318, 321, 346, 351, 403, 408, 437, 433, 436: poeta romántico francés (1802–1885).
Huidobro, Vicente, 506, 512, 516–519, 531
Huitzilopochtli, 25: dios azteca de la guerra; se hacían sacrificios humanos en su honor.
Huizinga, Johan, 545: historiador y ensayista holandés (1872–1945).
Humboldt, Alexander Freiherr von, 195: explorador, filósofo y naturalista alemán (1769–1859); hizo estudios muy notables sobre América.
Hume, David, 165: filósofo e historiador escocés (1711–1776), seguidor del escepticismo.
Hurtado de Mendoza, Diego, 62: noble y escritor español (1503–1575).

753

ÍNDICE—GLOSARIO

Hurtado de Mendoza, García, 48, 49, 50: llamado "don García", octavo virrey del Perú y gobernador de Chile (1535-1609).
Huxley, Aldous Leonard, 671, 673, 674, 678, 684, 688, 726: ensayista, cuentista y novelista inglés (1894-1963); autor de *Point Counter Point* (1928); gran influencia en la novela contemporánea.
Huysmans, Joris Karl, 462, 468, 551, 624: novelista francés (1848-1907), de notable influencia.

Ibarbourou, Juana de, 485-486
Ibargüengoitia, Jorge, 728
Ibsen, Henrick, 376, 381, 382, 401, 403, 428, 632, 635, 637: dramaturgo noruego (1828-1906); uno de los grandes autores dramáticos del mundo.
Icaza, Jorge, 565, 612, 614-616
Ichaso, Francisco, 515, 712
Iduarte, Andrés, 712: profesor y ensayista mexicano (n. 1907).
Ifigenia, 557: hija de Agemenón, su padre quiso sacrificarla a Artemisa para obtener la protección de los dioses para salvar la flota helénica cautiva; la diosa la metamorfoseó, salvándola.
Iglesias de las Casas, José, 212: poeta y dramaturgo español (1748-1791).
"Ilíada", 191
Iluminismo, 165: sinónimo de ilustración.
Iluminista, 165: seguidor de la filosofía de las luces del siglo XVIII.
Ilustración, 165-170
Illescas, Gonzalo, 34
Imaginismo, 508
Impresionismo, 401: la tendencia estilística quizás más importante en la primera parte del siglo XX. Se inicia en las obras de varios pintores franceses, sobre todo de Claude Monet. La palabra se deriva del cuadro de éste *Impressions* (1874). Consiste en representar no la realidad de las cosas mismas, sino las sensaciones o emociones que los objetos provocan en un espíritu.
Inclán, Luis G., 336
Incas, 25-26
Ingenieros, José, 367, 428, 432: ensayista y sociólogo argentino (1877-1925).
Inquisición o Santo Oficio, 28, 78, 80, 90, 105: tribunal eclesiástico para combatir la herejía; inciada en Francia, luego se extendió a España e Hispanoamérica.
Intuicionismo: *Véase* Bergson, Henri.
Ionesco, Eugène, 724, 727: dramaturgo y escritor francés (n. 1912); cultivador de la literatura del absurdo y autor de *La soprano calva* (1950) y *Rhinoceros* (1960).
Iriarte, Tomás de, 183, 215, 230, 419: fabulista español (1750-1791).
Isaacs, Jorge, 321-323, 335, 488

Irving, Washington, 319, 344: escritor norteamericano (1783-1859).
Isabel, la reina. *Véase* Reyes católicos.
Isla, padre José Francisco de, 227, 230: escritor y novelista español (1703-1781).
Iturbe, Ramón F., 598
Ixtlilxochitl, Fernando Alva, 102, 105: famoso historiador nativo mexicano (¿1568?-1648).

Jacob, Max, 517: pintor y escritor francés (1876-1944) de extremado simbolismo.
Jacobinos, 453: miembros del partido más radical de la Revolución francesa. Se aplica a los individuos de ideas extremas o revolucionarias.
Jaimes Freyle, Ricardo, 428, 435-436
James, Henry, 520, 673: uno de los más famosos novelistas norteamericanos (1843-1916).
James, William, 557: filósofo de EE.UU. (1842-1910), creador del pragmatismo, según el cual "lo verdadero es lo prácticamente eficaz".
Jammes, Francis, 441, 531: poeta francés (1868-1938) aunque simbolista muestra simplicidad rústica y estilo casi clásico.
Jaspers, Karl, 505: filósofo existencialista alemán (n. 1883).
Jeffers, Robinson, 720: autor y poeta norteamericano (n. 1887).
Jiménez, Juan Ramón, 402, 428, 487, 515, 523, 552, 654, 659, 660, 661, 721: uno de los grandes poetas españoles del siglo XX (1881-1958). Premio Nobel de 1958.
Jiménez de Quesada, Gonzalo, 27, 51, 104, 707: conquistador español y de Colombia (¿1500?-1579) y fundador de Bogotá.
Jitanjáforas, 511, 515, 651, 653: palabra inventada por Alfonso Reyes para denotar los juegos onomatopéyicos y fonímicos de palabras y expresiones.
Job, Conde. *Véase* Gutiérrez Nájera, Manuel.
Johnson, James Weldon, 650: autor norteamericano (1871-1938); fundador de la asociación nacional para la superación de los negros.
Johnson, Lyndon Baines, 716
Joliort, M., 222
Jouvet, Louis, 677: actor, director y productor francés (1887-1951).
Jovellanos, Gaspar Melchor de, 183, 202, 320: poeta, economista, ensayista y dramaturgo español (1744-1811); gran figura de la ilustración.
Joyce, James, 467, 494, 520, 529, 671, 673, 678, 684, 691, 724, 726: novelista irlandés (1882-1941); uno de los padres de la novela contemporánea.
Juan Manuel, Don, 353: escritor español (1282-1349), autor del famoso *Libro de Patronio* o *Conde Lucanor* (1335).
"Juana de América". *Véase* Ibarbourou, Juana.

Juárez, Benito, 240, 241, 262, 324, 326: político mexicano de raza india (1806-1872); tres veces presidente de la Republica; venció a los franceses con ayuda de EE.UU. y mandó a fusilar al Emperador Maximiliano; autor de las famosas "Leyes de Reforma".
"Juegos florales", 480: concursos poéticos todavía celebrados en algunos países hispánicos.
Juguetes cómicos, 351: piezas cómicas de un acto y muy breves.
Junín, batalla de, 191: en ella Simón Bolívar venció a los españoles (1834) en el Perú.
Júpiter, 191: o Zeus para los griegos; padre de todos los dioses romanos.
Juvenal, 155, 230, 213: (Décimo Junio), poeta satírico latino (¿60-140? D.C.).

Kafka, Franz, 494, 520, 523, 673, 723, 724, 726: ensayista y novelista nacido en Praga de lengua alemana (1883-1924); su literatura laberíntica, del absurdo y expresiva de la soledad y la agonía del hombre contemporáneos es de las más influyentes.
Kahn, Gustave, 514: poeta simbolista.
Kant, Immanuel, 545, 557: filósofo alemán (1724-1804); una de las grandes figuras de la filosofía, autor de *Critique of Pure Reason* (1781).
Keats, John, 520: uno de los más grandes poetas líricos ingleses (1795-1821).
Keller, Gottfried, 361: uno de los mayores novelistas de Alemania (1819-1890), nacido en Suiza; uno de los fundadores de la novela realista.
Kennedy, John Fitzgerald, 716
Kepler o Keplero, John, 165: célebre astrónomo alemán (1571-1630).
Kierkegaard, Sören, 401, 673: teólogo danés (1813-1855); uno de los iniciadores del existencialismo de base religiosa; para él el propósito de la vida humana es la búsqueda angustiosa y preocupada de Dios.
Kino, Eusebio Francisco, 111: misionero jesuita (¿1644?-1711) en la América del Sur.
Kipling, Rudyard, 403, 621, 622: poeta, novelista y cuentista inglés (1865-1936); nacido en la India.
Klopstock, Friedrich Gottliek, 96: famoso poeta épico alemán (1724-1803).
Kordon, Bernard, 722
Korn, Alejandro, 704
Korolenko, Vladimir Galaktionovich, 403: cuentista ruso (1853-1921).
Krausismo, 286: doctrina basada en la filosofía del pensador alemán, Christian F. Krause (1781-1819). *Véase* Giner de los Ríos, Francisco.

La Bruyère, Jean de, 349: autor francés (1645-1696).
Lacunza, Juan María, 216

Lacunza, Manuel, 127
Ladrón de Guevara, Diego, 137, 146
Laferrère, Gregorio, 378, 379-381
La Fontaine, Jean de, 215: el más importante autor de fábulas francés (1621-1695).
Laforgue, Jules, 433, 439, 514: poeta simbolista francés (1860-1867) nacido en Montevideo, Uruguay.
Lagerkvist, Pär (Fabián), 673: poeta, dramaturgo y novelista sueco (n. 1891), autor de *Barrabás* (1950).
Lajeunesse, Ernst, 455: literato francés (n. 1874).
Lalou, René, 683
Lamar y Cortázar, José de, 191: general y político ecuatoriano (1776-1830), se destacó en las batallas de Junín y Ayacucho con Bolívar.
Lamartine, Alphonse de, 239, 244, 245, 249, 256, 257, 261, 269, 318, 321, 322, 403: escritor y poeta romántico francés (1790-1869).
Lamberti, Antonio, 428
Lamennais o La Mennais, Felicité Robert de, 245, 279: escritor francés (1782-1854), defensor del humanitarismo liberal.
Landívar, Rafael, 185
Lange, Norah, 519
Lara, Juan Jacinto, 191: general venezolano (1778-1859).
Larbaud, Valery, 467: escritor y novelista francés (1881-1957).
Larra, Mariano José de, 222, 239, 244, 344, 348: célebre escritor costumbrista español (1809-1837).
Larrea, Juan, 507: poeta español (n. 1895), precursor del ultraísmo.
Larreta, Enrique R., 462, 469-471
Larriva, José Joaquín de, 213, 222: autor satírico peruano (1780-1832).
Lars, Claudia (Carmen Brannon Beers), 660-661
Lastarria, José Victorino, 280, 345, 349
Latorre, Mariano, 620, 623-625
Latorre, Obispo, 40
Lavalle, Juan, 305, 328: general argentino (1797-1841).
Lavardén, Manuel José de, 196, 218, 225
Lawrence, David Herbert, 673, 678, 683: novelista inglés (1885-1930).
Laya, León, 413
Lazarillo de Tormes, 601: la más célebre novela picaresca española (1554).
Leconte de Lisle, Charles, 403, 433, 435, 441, 455: figura dirigente de los parnasianos franceses (1818-1894).
Ledesma, Bartolomé, 78: religioso español (¿ ?-1604), obispo de Oaxaca.
Lefebvre, Alfredo, 733
Léger, Fernand, 505: pintor cubista francés (1881-1955).
Leguía, Augusto Bernardino, 437, 477: político, presidente y dictador del Perú (1864-1932).
Leguizamón, Martiniano P., 229, 314, 365-366, 378

Leibniz, Gottfried Wilhelm, Baron von, 165, 704: matemático y filósofo alemán (1646-1716).
Lemoine, Gustave, 253: autor dramático francés (1802-1885).
Lenormand, Henri René, 634: autor dramático francés (1882-1951).
León, Francisco de, 140
León, Fray Luis de, 62, 183, 187, 188, 413: uno de los grandes poetas líricos españoles (1527-1591) del Siglo de Oro.
León Pinelo, Antonio de, 136
Leopardi, Giacomo, 261: poeta italiano (1798-1837) de tono triste y melancólico.
Lerma, Duque de, 85: (Francisco de Sandoval y Rojas), (¿1550?-1625) valido o favorito de Felipe III, rey de España.
Lerminier, Juan Luis Eugenio, 245: escritor francés (1803-1857).
Leroux, Pierre, 245, 279: filósofo y socialista francés (1798-1871).
Lesage, Alain René, 227: novelista francés (1668-1748), autor de *Gil Blas*.
Letrilla, 254: composición popular con un estribillo (uno o más versos) que se repite al final de cada estrofa.
Lewis, Sinclair, 618: novelista norteamericano (1885-1951). Premio Nobel 1930.
Leyenda negra, 27, 43: acusaciones por los abusos y crueldades de los españoles echadas a rodar contra España por sus enemigos tradicionales, los ingleses y franceses.
Lezama Lima, José, 733
Libre asociación de ideas, 671. *Véase* Superrealismo.
Libre, verso, 404, 408: también llamado blanco; verso sin rima exterior y que no sigue un metro fijo.
Lied, 265: canción o balada alemana.
Lillo, Baldomero, 390, 392-393, 564
Lira, Miguel N., 594, 607
Lista, Alberto, 202, 205, 220, 246, 256: escritor y poeta español (1775-1848).
Literatura del absurdo, 724: literatura en que predomina lo fantástico, lo irracional, el aparente sin sentido, lo paradojal; presenta un aire de extrañeza y alucinación, incoherencia, pero en el fondo es expresión de las ambigüedades mentales y dilemas metafísicos del mundo contemporáneo.
Literatura pura, 402
Lizardi. *Véase* Fernández de Lizardi, José Joaquín.
Lizaso, Félix, 712
Lobo y Lasso de la Vega, Gabriel, 21, 52
Lock, 435: simboliza el mal en la mitología escandinava.
Locke, John, 165, 279: filósofo inglés (1632-1704), fundador del empirismo; muy influyente en el pensamiento moderno.
Londoño, Víctor Manuel, 497: poeta parnasiano colombiano (1876-1936).

Longfellow, Henry Wadsworth, 244, 261: poeta romántico norteamericano (1807-1882).
Lope de Vega (Lope Félix de Vega Carpio), 46, 52, 62, 66, 120, 142, 143, 161, 162, 183, 186, 198, 212, 351, 553, 635, 650: poeta, novelista y dramaturgo español (1562-1635); creador del teatro nacional.
López Albújar, Enrique, 620, 625-626
López Contreras, Eleazar, 575: general y político venezolano (n. 1883); presidente de la República (1935-1941).
López y Fuentes, Gregorio, 566, 594, 602-604, 612
López, José Hilario, 255: político colombiano (1798-1869); presidente de la República.
López de Gómara, Francisco, 34: historiador español (1510-¿1572?); cronista de Indias.
López, Lucio Vicente, 246, 390
López, Luis Carlos, 490, 495-496
López Páez, Jorge, 722
López-Portillo y Rojas, José, 371-372
López Velarde, Ramón, 512-514, 532, 533, 639, 640, 680
López, Vicente Fidel, 345
Lorrain, Jean, 494
Loti, Pierre (seudónimo de Julien Viaud), 455, 462, 472: autor francés (1850-1923); pesimismo romántico y escenarios exóticos.
Louys, Pierre, 462, 469: autor francés (1870-1925).
Loveluck M., Juan, 733
Loveira Chirino, Carlos, 390, 396-398, 564
Loyola, Íñigo (San Ignacio de), 118: español, fundador de la Compañía de Jesús u orden de los jesuítas (1491-1556).
Lozano, Abigaíl, 257, 264
Lozano, Pedro, 136: conquistador y escritor español (1697-1752).
Luaces, Joaquín Lorenzo, 252
Luca, Esteban de, 250: poeta argentino (1786-1824).
Lucano, Marcus Annaeus Lucanus, 48, 171, 199: poeta latino (39-65 D.C.), nacido en Córdoba, España; autor del poema épico *Pharsalia*.
Lucrecio, Titus Lucretius Carus, 192: poeta latino (99-55 A.C.).
Lugones, Leopoldo, 301, 305, 306, 311, 367, 406, 409, 428, 432-435, 439, 464, 486, 514, 528, 533, 620, 638, 705, 724
Luis XIV, 151: el "rey Sol" (1638-1715), reinó en Francia (1643-1715).
Luis XV, 151: rey de Francia (1710-1774), reinó de 1715 a 1774.
Luis XVI, 80: rey de Francia (1754-1793), reinó de 1774 a 1791.
Lunarejo, el. *Véase* Espinosa Medrano, Juan.
Lussich, Antonio D., 307
Luz y Caballero, José de la Luz, 252, 280
Lynch, Benito, 303, 314, 565, 582-584
Lyra, Carmen (María Isabel Carvajal), 623

ÍNDICE—GLOSARIO

Llamosas, Lorenzo de las, 142, 146: autor dramático peruano (¿1665?–1705).
Llerena, Cristóbal de, 77–78
Lloréns Torres, Luis, 489–490

Macaulay, Thomas Babington, 454: poeta, político, escritor e historiador inglés (1800–1859).
Maceo y Grajales, Antonio, 490: héroe y patriota cubano (1845–1896).
Machado, Antonio, 428, 487, 705: uno de los grandes poetas de la "generación del 98" (1875–1939).
Machado de Asís, Joaquín María, 572: poeta y novelista brasileño (1839–1908).
Machado y Morales, Gerardo, 290, 677, 678, 710: general y político cubano (1871–1939), presidente que gobernó dictatorialmente (1925–1933).
Mackandal, 677
MacPherson, James, 239: poeta escocés (1736–1796); uno de los primeros románticos.
Madero, Francisco Indalecio, 591, 600, 602, 607: líder revolucionario mexicano (1873–1913), iniciador de la Revolución Mexicana y presidente de la República (1911–1913).
Maeterlinck, Maurice, 401, 404, 431, 433, 538: escritor y dramaturgo francés (1862–1949) de origen belga; Premio Nobel de 1911.
Maeztu, Ramiro de, 545: ensayista español (1875–1936).
Magaña, Sergio, 728
Magdaleno, Mauricio, 594, 607
Maitín, José Antonio, 257, 263–264, 265
Maldonado, Pedro Vicente, 136
Malón de Chaide, Pedro, 413: escritor místico español (¿1530–1596?).
Mallarmé, Stéphane, 404, 419, 436, 529: uno de los grandes poetas del simbolismo francés (1842–1915).
Mallea, Eduardo, 673–676, 712
Malraux, André, 673: ensayista y novelista francés (n. 1901).
Maluenda, Carlos, 67
Mancera, Marqueses de, 115
Manchester, Duque de, 178
Mancisidor, José, 594, 606
Mann, Thomas, 618, 671, 673, 678, 684, 688: novelista alemán (1875–1955); una de las grandes figuras de la novela contemporánea; Premio Nobel de 1929.
Manrique, Jorge, 44: célebre poeta español (¿1440?–1479).
Mansilla, Lucio Victorio, 345
Manzoni, Alessandro, 195, 244, 334: célebre poeta, novelista y dramaturgo italiano (1785–1873).
Mañach, Jorge, 515, 710–712, 733
Maquet, Auguste, 253: escritor y autor dramático francés (1813–1888).
Maran, René, 653: escritor francés (1887–1960) nacido en Martinique.

Marcial (Martial), 212: poeta satírico latino (42–104 D.C.), nacido en España.
Marañón, don Sancho, 67
"Marañones", 686: soldados del capitán Lope de Aguirre.
Marechal, Leopoldo, 512, 537
Mariátegui, José Carlos, 527: ensayista peruano (1895–1930) de ideas radicales.
Marinello, Juan, 515, 712: poeta, profesor, político cubano (n. 1898).
Marinetti, Filippo Tommaso, 490, 506: escritor y poeta italiano (1876–1944).
Marini, Giambattista, 490, 506: poeta italiano (1569–1625) creador del marinismo.
Marinismo, 88: estilo afectado y florido, parecido al gongorismo.
Markham, Clements Robert, 38, 45: geógrafo y escritor inglés (1830–1916), autoridad en la civilización de los Incas.
Mármol, José, 248–249, 327–329
Marmontel, Jean François, 227, 254, 330: novelista y dramaturgo francés (1723–1799).
Marqués del Valle de Oaxaca. *Véase* Cortés, Hernán o Cortés, Martín.
Marqués, René, 722, 728
Marroquín, José Manuel, 345
Marte, 191: en la mitología griega dios de la guerra.
Martel, André, 725
Martí, José, 12, 263, 264, 265, 266, 289, 291, 320, 402, 406, 407–409, 414, 426, 427, 428, 450, 451, 452, 454, 458, 463, 711
Martí, Manuel, 157
Martinenche, Ernst, 613
Martínez Estrada, Ezequiel, 299, 301, 705–707
Martínez Irala, Domingo, 40, 42: conquistador español (1500–1556), gobernador del Río de la Plata.
Martínez de Navarrete, Fray José Manuel, 185–188
Martínez de la Rosa, Francisco, 192, 254, 256, 331, 352: poeta y dramaturgo español (1787–1862).
Marx, Karl, 238: filósofo social alemán (1818–1883); autor de *Das Kapital* y fundador de la doctrina marxista.
Marxismo, 504, 670: doctrina creada por Karl Marx.
Mastronardi, Carlos, 512
Mata Hari, 455: bailarina holandesa-indonesia (1876–1917), espía al servicio de Alemania; fue ejecutada por los franceses.
Mauthner, Fritz, 520
Matto de Turner, Clorinda, 369–370, 611, 612, 625
Maugham, William Somerset, 622: novelista, dramaturgo y cuentista inglés (1874–1967).
Maupassant, Guy de, 394, 472, 548, 580, 621, 622, 624: novelista y cuentista francés (1850–1893); muy influyente en el género.
Mauriac, François, 673: novelista católico francés (n. 1885); Premio Nobel 1952.

757

ÍNDICE—GLOSARIO

Maurois, André, 521: ensayista, biógrafo, historiador y novelista francés (1885-1967).
Maury, Juan María, 199: poeta español (1772-1845).
Maximiliano, Emperador, 241, 262: hermano del emperador Francisco I de Austria (1832-1867); nombrado emperador de México (1864-1867), fue fusilado por las fuerzas de Benito Juárez.
Mayakovsky, Vladimir, 526: poeta y autor dramático ruso (1893-1930).
Mayas, 24
Maziel, Juan Bautista, 302
"Mazorca", 247: policía secreta del Dictador Rosas; se dice que quería decir "mas-horca".
Medina, Julián, 595
Medusa, 728: en la mitología griega la única mortal de las tres gorgonas.
Mejía (o Mexía) de Fernangil, Diego, 96, 120, 142
Mejía Sánchez, Ernesto, 720
Meléndez Valdés, Juan, 183, 186, 187, 190, 193, 202: el más sobresaliente poeta neoclásico español (1754-1817).
Mena, Juan de, 66: poeta español (1411-1456), antecedente del estilo de Góngora.
Menandro, 144: poeta festivo griego (¿342?-292 A.C.).
Mendès, Catulle, 403, 414, 430: poeta, crítico y novelista parnasiano francés (1841-1909).
Méndez, Leopoldo, 594
Menelao, 191: mitología; rey de Lacedonia, hermano de Agamenón, esposo de Helena.
Mendive, Rafel María de, 252
Mendízábal, Luis de, 216
Mendoza, Elvira, 64: poetisa de Santo Domingo (siglo XVI).
Mendoza, Héctor, 728
Mendoza Monteagudo, Juan de, 92
Menéndez y Pelayo, Marcelino, 35, 43, 48, 51, 68, 79, 97, 119, 130, 137, 140, 144, 191, 199, 200, 203, 204, 216, 220, 221, 248, 252, 287, 311, 557: el más famoso crítico literario español (1856-1912).
Menéndez Pidal, Ramón, 126, 200, 552, 557: filólogo, historiador y ensayista español (n. 1869).
Menocal. *Véase* García Menocal, Mario.
Mera, Juan León, 330-332, 345, 350
Mérimée, Prosper, 687: novelista francés (1803-1870).
Mesonero Romanos, Ramón de, 222, 344: costumbrista español (1802-1882).
Metastasio, Pietro, 223: poeta y dramaturgo italiano (1698-1782).
Meyer, Konrad Ferdinand, 361: poeta y novelista alemán (1825-1898).
Michaux, Henri, 724, 725: poeta y novelista belga de lengua francesa (n. 1899), uno de los cultivadores de la "literatura del absurdo".

Michelet, Jules, 279: historiador francés (1798-1874).
Mier, Fray Servando Teresa de, 173-175
Miguel Ángel (Michelangelo Buonarroti), 86: escultor, pintor y poeta del Renacimiento italiano (1475-1564).
Milá y Fontanals, Manuel, 200, 205: filólogo, erudito y crítico español (1818-1884).
Milanés, José Jacinto, 252, 352
Mill, James, 279: filósofo inglés nacido en Escocia (1773-1836).
Mill, John Stuart, 289, 547: hijo del anterior, filósofo y economista inglés (1806-1873).
Millas, Jorge, 733
Miller, Arthur, 633, 640, 727: dramaturgo norteamericano (n. 1915).
Miller, Henry, 673: novelista norteamericano (n. 1891), avecindado en París.
Milton, John, 96: poeta épico inglés (1608-1674); autor de *Paradise Lost*.
Minotauro, 724: en la mitología griega monstruo con cabeza de toro y cuerpo de hombre encerrado en el laberinto construido por Minos; se alimentaba de carne humana.
Miomandre, Francis, 681: escritor francés (n. 1880).
Miralla, José Antonio, 185, 245
Miranda, Francisco, 170: patriota venezolano (1750-1816) y uno de los grandes líderes de la guerra de independencia sudamericana.
Miranda, Lucía, 40
Miranda, Luis de, 40: escribió un famoso "romance" relatando la fundación de Buenos Aires.
Miramontes y Zuázola, Juan de, 92
Miró, José, 390
Miró, Gabriel, 493, 572, 723: novelista español (1879-1930).
Miró Quesada, Francisco, 733
Miró, Ricardo, 490-491
misticismo, 126-127
Mistral, Gabriela (Lucila Godoy Alcayaga), 270, 457, 480-482, 516, 531, 570
Mitre, Bartolomé, 206, 241, 246, 303, 313, 469: general, estadista e historiador argentino (1821-1906); presidente de la República (1862-1868).
Modernismo, 401-405
Molière, Jean Baptiste Poquelin, 142, 144, 147, 217, 641: uno de los grandes autores dramáticos franceses (1622-1673).
Molina, Tirso de (Fray Gabriel Téllez), 90, 143: uno de los grandes dramaturgos españoles (1584-1648) del Siglo de Oro.
Molinari, Ricardo E., 512: uno de los grandes poetas argentinos contemporáneos (n. 1898).
Mollinedo y Angulo, Manuel de, 139
Moncayo, Marina, 614
"Monólogo interior", 671: soliloquio; una de las técnicas más usadas en las últimas corrientes novelísticas; trata de reflejar el fluir de la conciencia, lo que va pensando,

las evocaciones, y recuerdos de los protagonistas; expresa la soledad, incomunicación y aislamiento en que vive el hombre contemporáneo. Muy usado por James Joyce y otros grandes de esta novela.
Montalván. *Véase* Pérez de Montalván, Juan.
Montalvo, Juan, 12, 240, 243, 282-286, 291, 345, 350, 408, 454, 457
Monte, Domingo del, 201, 297, 332, 333
Monteagudo, Bernardo de, 175-176
Monte Caseros, batalla de, 304
Montesclaros, Virrey (Juan de Mendoza y Luna), 96
Montesquieu, Charles de Secondat, barón de, 166, 176, 178: filósofo político francés (1689-1755), autor de *L'Esprit des Lois* y de *Lettres Persanes*.
Montherlant, Henry de, 467: dramaturgo y novelista francés (n. 1896).
Monti, Vincenzo, 194: poeta italiano (1754-1828).
Moock, Armando, 635-636, 727
Mora, José María Luis, 280
Morales Benítez, Otto, 733
Morales, Francisco, 140
Morales, Merced, 351
Moratín. *Véase* Fernández de Moratín, Leandro.
Morcillo, Diego, 146: prelado español (1642-1730), virrey del Perú (1720-1724).
Moréas, Jean, 427, 430, 455: poeta francés nacido en Atenas (1856-1910).
Morell de Santa Cruz, Pedro Agustín, 156
Moreno, Mariano, 175, 176: jurisconsulto, político y revolucionario argentino (1778-1811); Secretario de la Junta Gubernativa (1910) al triunfo de la lucha por la Independencia. Tuvo gran influencia histórica y política.
Moreno Villa, José, 552: poeta, pintor y escritor español (1887-1955).
Moreto, Agustín, 161, 218: dramaturgo español (1816-1869).
Morgan, Sir Henry, 104: filibustero inglés (¿1635?-1688).
Moya Contreras, Arzobispo, 79
Muñoz Marín, Luis, 606, 729: poeta y político puertorriqueño (n. 1898); gobernador de Puerto Rico (1948-1964).
Muñoz, Rafael F., 594, 606-607
Musset, Alfred de, 239, 245, 261, 403, 414: poeta romántico francés (1804-1880).

Nájera. *Véase* Gutiérrez Nájera, Manuel.
Naldi, Nita, 636
Nalé Roxlo, Conrado, 637-639, 727
Nandino, Elías, 532
Nariño, Antonio, 170: escritor y político colombiano (1765-1823); uno de los padres de la Independencia.
Narváez, Pánfilo de, 33, 41, 43: militar y conquistador español (1470-1528).
Nasser, Gamal Abdel, 716: general egipcio (n. 1918), presidente-dictador de ese país y presidente de la República Árabe Unida (1958-1961).
Nativismo: uso de temas criollos o nativos de los países de Hispanoamérica. *Véase* Criollismo.
Naturalismo, 388-391
Neale-Silva, Eduardo, 721
Nebrija, Elio Antonio de, 26: humanista y gramático español (1444-1522), autor de *Arte de la lengua castellana* (1492), primera gramática de una lengua moderna.
Necochea, Mariano, 191: general argentino (1791-1849); se distinguió en las batallas de Chabuco, Maipo y Junín.
Neoclasicismo, 165-170
Neo-kantianos, 545: renovadores de la filosofía de Kant; prestan atención a las investigaciones sicológicas y lógicas.
Neonaturalismo, 670
Neoplatonismo, 40: culto a la belleza ideal y al amor espiritualizado con base en la renovación de las ideas de Platón hecha por humanistas italianos del Renacimiento.
Neorrealismo, 670: tendencia del cine y la novela de presentar con toda crudeza, sin artificios, la realidad y, sobre todo la condición de los más humildes, como testimonio de su estado social.
Neorromanticismo, 488: vuelta al subjetivismo y otros elementos de los románticos, como reacción contra el realismo y el naturalismo.
Neosensualismo, 401: conectado al decadentismo, es la tendencia a la glorificación del placer que siguen algunos simbolistas y modernistas a fines del siglo XIX. Culto al atletismo, los deportes y los placeres del cuerpo (Jean Prevost, Paul Morand y Henri de Montherlant).
Neosimbolismo, 677, 678: tendencia a volver a algunos de los elementos del simbolismo como son la expresión imaginativa, misteriosa, vaga e inefable del espíritu y las cosas.
Neruda, Jan, 523: poeta checo.
Neruda, Pablo, 512, 516, 523-527, 655, 661
Nervo, Amado, 118, 430-432, 436, 482, 528
Netzahualcoyotl, 25: rey y filósofo indio de México del siglo XV.
Newton, Isaac, 165: físico y filósofo inglés (1642-1727).
Nieremberg, Juan, 118: jesuita español (1595-1658), autor de una biografía de San Ignacio de Loyola.
Nietzsche, Friedrich Wilhelm, 290, 401, 439, 464, 483, 545, 555, 557, 706: filósofo alemán; mantiene la superioridad de lo vital sobre la ciencia; la fuerza del instinto y la voluntad. Defiende una moral, valores y un hombre superior y nuevo frente al cristianismo, que considera en decadencia.
Nodier, Charles, 257: escritor francés (1780-1844); autor de cuentos de gran fantasía.

Novalis, seudónimo de Friedrich von Hardenberg, 431: poeta romántico alemán (1772-1801).
Novás Calvo, Lino, 673, 691-692
Novo, Gilberto, 532
Novo, Salvador, 532
Núñez de Arce, Gaspar, 268, 284, 413: poeta español (1832-1903) postrromántico.
Núñez Cabeza de Vaca, Álvar, 40, 41-42
Núñez Cáceres, José, 216
Núñez de Pineda y Bascuñán, Álvaro, 108
Núñez de Pineda y Bascuñán, Francisco, 106, 108-109, 228

Obligado, Rafael, 247, 304, 313-314, 347
Obregón, Álvaro, 592, 598: general y político mexicano (1880-1928); presidente de la República (1920-1924).
Ocampo, Melchor, 107: político liberal mexicano (¿ ?-1861).
Ocampo, Victoria, 262, 687, 712
Ocantos, Carlos María, 362, 367-368, 566
Octava real italiana u octava rima, 48, 49, 51: estrofa introducida en España por Boscán y Garcilaso y de origen italiano; consta de ocho versos endecasílabos con la rima ababadcc; muy usada en la poesía épica.
Oda: composición lírica, de tono elevado cuyas estrofas no se ajustan a un molde, emplea diversos metros.
Odín o Votan, 435: dios autor de toda la vida universal en la mitología escandinava; representa toda sabiduría.
Ochoa y Acuña, Anastasio María de, 213, 228
Ojeda, Alonso de, 43: conquistador español (¿1466-1515?).
Olimpo, el, 196: morada de los dioses en la mitología griega.
Olivares, Conde-Duque de (Gaspar de Guzmán), 85: político y estadista español (1587-1645), favorito de Felipe IV.
Olmedo, José Joaquín de, 178, 184, 189-193, 194, 201, 268
Olmos, Fray Andrés del, 77
Ollantay (o Ollanta), 225-226
Oms, Manuel (Marqués de Castell-dos-Rius), 137: político español (¿ ?-1710), virrey del Perú.
O'Neill, Eugene Gladstone, 632, 634: uno de los más famosos e influyentes dramaturgos norteamericanos (1888-1953).
Onís, Federico de, 402, 652, 659: profesor y crítico español (1885-1967).
Oña, Pedro de, 47, 49-50, 51, 96, 115
Ordóñez, Arzobispo de Quito, 284
Orellana, Francisco de, 41: explorador español (¿1470?-1550).
Oribe, Emilio, 547
Orozco, José Clemente, 594, 607, 680
Orrego, Antenor, 527, 712: poeta y ensayista peruano (1892-1960).

Ors, Eugenio d', 545: ensayista y crítico español (1882-1954).
Ortega y Gasset, José, 458, 545, 691, 705, 711: filósofo y ensayista español (1883-1955); una de las grandes figuras de la literatura contemporánea.
Ortiz, José Joaquín, 223, 245, 255, 256
Ortiz de Montellano, Bernardo, 532
Ortiz Rubio, Pascual, 605: ingeniero y político mexicano (1877-1963); presidente de la República (1930-1932).
Orwell, George (Eric Blair), 673: ensayista, escritor y novelista inglés (1903-1950); preocupación por la libertad individual y temor al autoritarismo.
Osorio, Miguel Ángel. *Véase* Barba Jacob, Porfirio.
Ossian, 239: poeta escocés del siglo III, más legendario que real; Macpherson firmó muchas de sus poesías atribuyéndoselas a él.
Ovalle, Fray Alonso de, 102-103
Ovando, Leonor de, 63-65
Ovando, Nicolás de, 43: conquistador español (1460-1518); gobernador de Santo Domingo (1502-1509).
Ovidio, Publio Ovidio Nason, 145, 194: poeta latino (43 A.C.-16 D.C.).
Owen, Gilberto, 532
Oyarzún, Luis, 733

Palacio Valdés, Armando, 389: novelista español (1853-1938).
Palacios, Carlos, 177
Palacios, Dr. Eustaquio, 322
Palafox y Mendoza, Juan de, 228
Palés Matos, Luis, 512, 652-654, 655
Palma y Romay, Ramón de, 349, 352, 353
Palma, Ricardo, 159, 345-348, 357, 369, 527
Pan-americanismo, pan-latinismo, indo-americanismo, pan-hispanismo, 477: doctrinas para la unión y defensa de los países latinoamericanos.
Paniagua de Loaisa, Pedro, 67
Panteísmo, 431, 442: doctrina que identifica a Dios con el mundo; también actitud en que el autor tiende a identificarse con la naturaleza, con todo lo creado o con algun aspecto del mundo.
Pardo y Aliaga, Felipe, 218, 220-222, 345, 350, 355
Pardo Bazán, Emilia, 371, 389: novelista y cuentista española (1851-1920) del naturalismo.
Parker, Charlie ("The Bird"), 724
Parnasianismo, 401: escuela poética francesa que cultiva una poesía objetiva, impersonal, con gran preocupación por la forma; sigue la fórmula del "arte por el arte". A él pertenecieron José María de Heredia, Sully Prudhomme, François Coppée.
Parra, Teresa de la (seudónimo de Parra-Savojo, Ana Teresa), 566-569

Pascal, Blaise, 454: pensador y filósofo francés (1623-1662).
Pascual Ferrer, Buenaventura, 218
Pater, Walter Horatio, 557: ensayista, crítico y novelista inglés (1839-1894).
Patrick, John, 641: dramaturgo norteamericano (n. 1906); Premio Pulitzer de 1956.
Patroclo (Patroclus), 191: amigo íntimo de Aquiles, héroe de la *Ilíada*.
Payno, Manuel, 336, 345
Payró, Roberto Jorge, 314, 367-368, 378, 428
Paz, José María, 245
Paz, Octavio, 654, 662-664, 712, 718
Paz y Salgado, Antonio, 157
Pellicer, Carlos, 512, 533-534
Peña, Rosario de la, 263
Peñaloza, Ángel Vicente, 307
Peralta Barnuevo, Pedro, 110, 115, 127, 135, 137-138, 142, 146-147, 157
Pereda, José María de, 331, 336, 366, 372: novelista regional español (1833-1906).
Pérez de Ayala, Ramón, 371, 487, 572: novelista, poeta y ensayista español (1880-1962); de orientación intelectualista.
Pérez Bonalde, Juan Antonio, 263, 264, 265-267, 406
Pérez Escrich, Enrique, 318: novelista español de folletines (1829-1897).
Pérez Galdós, Benito, 286, 335, 361, 364, 366, 370, 389, 397, 413, 455, 467, 622, 624, 727: el más grande novelista español (1843-1920) después de Cervantes.
Pérez de Montalván, Juan, 218: poeta y dramaturgo español (1602-1638).
Pérez Ramírez, Juan, 77
Pérez Rosales, Vicente, 345
Pérez Triana, Santiago, 578: escritor colombiano (1858-1916).
Pérez de Villagrá, Gaspar, 92
Perón, Juan Domingo, 519: general y político argentino (n. 1895), presidente-dictador (1946-1955).
Perricholi, la (Micaela Villegas), 217: actriz peruana de mucha fama en el siglo XVIII; amante del virrey Amat.
Petrarca, Francesco, 66: poeta italiano (1304-1374); uno de los iniciadores del humanismo renacentista.
Peza, Juan de Dios, 262
Picasso, Pablo Ruiz y, 505: pintor español contemporáneo (n. 1881); cultiva el cubismo.
Picón Febres, Gonzalo, 349, 390
Picón-Salas, Mariano, 708-710, 733
Pigmalión (Pygmalion), 602: rey de Chipre, más bien legendario; escultor que se enamoró de la estatua de Galatea que había esculpido, con quien se casó al infundirle Afrodita vida.
Pillement, Georges, 648, 682: escritor francés (n. 1898); traductor de novelas españolas e hispanoamericanas.

Píndaro, 192: poeta griego (518-¿438?), de entonación robusta y gran emoción.
Pinilla, Antonio, 733
Piñero, Francisco, 519
Pirandello, Luigi, 632, 634, 637: novelista y dramaturgo italiano (1867-1936).
Pita, Santiago de, 142, 160-162, 218
Pizarro, Francisco, 27, 159: militar español (¿1475-1541?); conquistador del Perú.
Plácido. *Véase* Valdés, Gabriel de la Concepción.
Platón (Plato), 557: filósofo griego (428-¿347?).
Plauto (Plautus), 230: comediógrafo latino (¿254?-184 A.C.).
Poblete Varas, Hernán, 733
Podestá, familia, 377: actores y empresarios argentinos de ascendencia italiana.
Poe, Edgar Allan, 244, 265, 290, 323, 404, 419, 428, 433, 439, 520, 580, 620: poeta y cuentista norteamericano (1809-1849).
Poesía existencial, 662-664
Poesía negra o afro-antillana, 650-652
Poesía pura, 515 y, principalmente, 659
Polimetría, 252, 257: uso de versos de distinta medida en una misma composición.
Poma de Ayala, Felipe Huaman, 102: poeta y escritor peruano indio (¿1526-1613?).
Pombo, Rafael, 120, 259-261
Pope, Alexander, 190, 256: poeta inglés (1688-1744).
Popol-Vuh, 24: especie de Biblia de los mayas; es una cosmogonía completa. *Véase* Mayas.
Portales, Diego, 197: político chileno (1793-1837); presidente de la República.
Portuondo, José Antonio, 712
Positivismo, 279, 289: sistema filosófico iniciado por el francés Auguste Comte (1798-1857), cuyo nombre deriva de su "Curso de filosofía positiva"; según él el conocimiento tiene tres etapas: teológica, metafísica y positiva; ésta es la real y verdadera por basarse en la observación y datos comprobables. La corriente positivista inglesa está representada por John Stuart Mill y Herbert Spencer.
Postmodernismo, 477, 478
Poveda, José Manuel, 512, 514-515
Prado, Pedro, 393, 463, 471, 565, 569, 572-573, 673, 683
Prados, Emilio, 654: poeta español (1899-1962).
Pragmatismo. *Véase* James, William.
Preciosismo (preciosité), 88, 431: estilo artificioso semejante al gongorismo, desarrollado en Francia en el siglo XVII. Algunos modernistas practicaron el preciosismo consistente en el atildamiento del estilo y el refinamiento de imágenes y expresiones.
Prerrafaelismo, 401: movimiento iniciado en Inglaterra en la segunda mitad del siglo XIX por Dante Gabriel Rossetti (1828-1882) y otros, cuyo ideal era volver a la naturalidad, simplicidad y sentimiento de los pintores italianos anteriores a Rafael.

ÍNDICE—GLOSARIO

Prescott, William Hickling, 38: historiador norteamericano (1796-1859).
Prieto, Guillermo, 262, 297
Prim y Prats, Juan, 286: general y político español (1814-1870); también el título de uno de los *Episodios Nacionales* de Pérez Galdós.
Prosaísmo, 433: vulgaridad, trivialidad, falta de armonía y de sentido poético, principalmente en el verso.
Protagonista múltiple, 369, 671: carácter colectivo (un pueblo, ciudad o grupo de personas).
Proust, Marcel, 467, 640, 671, 673, 678, 684, 688, 691: novelista francés (1871-1922), cuya influencia en la novela contemporánea es extraordinaria.
Prometeo, 250, 251: en la mitología dios del fuego; robó el fuego del cielo para uso de los mortales; encadenado a una roca, un águila le roía el hígado, pero fue libertado por Hércules.

Queneau, Raymond, 721: autor francés (n. 1903).
Quetzacóatl, 25: divinidad de los indios toltecas mexicanos; enseñó a los hombres todas las actividades; su nombre significa serpiente emplumada; predicó el amor y la resignación como bases de la religión.
Quevedo y Villegas, Francisco de, 87, 91, 114, 115, 118, 125, 157, 215, 225, 227, 229, 230, 520, 650, 683, 725: poeta, prosista y autor satírico español (1580-1645) del Siglo de Oro.
Quijote, Don (*El Ingenioso Hidalgo Don Quijote de la Mancha*), 285, 308, 581, 712: famosa novela de Miguel de Cervantes Saavedra (Primera parte, 1605; Segunda, 1615).
Quincey, Thomas de, 520: novelista y ensayista inglés (1785-1859).
Quinet, Edgar, 279: filósofo, historiador y escritor francés (1803-1875), idealista y liberal.
Quintana, Manuel José, 97, 183, 189, 190, 192, 193, 194, 198, 202, 244, 254, 256, 268, 319, 320: poeta español (1772-1857) de tono enérgico y grandilocuente.
Quintero, hermanos. *Véase* Álvarez Quintero, hermanos (Serafín y Joaquín).
Quiroga, Camila, 635, 636
Quiroga, Juan Facundo, 281: caudillo gaucho argentino (1790-1835), aliado del dictador Rosas, pero a quien éste mandó a asesinar.
Quiroga, Horacio, 439, 546, 569, 582, 620-622, 684, 693

Rabassa, Emilio, 371
Racine, 217: poeta y dramaturgo francés (1639-1699), el más célebre autor de tragedias clásicas en Francia.
Racionalismo, 165, 166: corriente doctrinal según la cual la razón es la fuente esencial del conocimiento humano.
Ramírez, Códice, 25: se llama así a la edición revisada de la *Historia de las Indias de Nueva España y islas de Tierra Firme* (1581) del cronista Diego Durán (a. 1538-1588) hecha y publicada por el erudito mexicano José Fernando Ramírez (1804-1871), con base en la obra de un indio mexicano.
Ramírez, Ignacio ("El Nigromante"), 263, 324
Ramos, José Antonio, 379
Ramos, Samuel, 712
Rangel, Alberto, 578
Raynal, abate Guillermo, 222: filósofo e historiador francés (1713-1796).
Raynaud, Georges, 681
Real de Azúa, Carlos, 733
Realismo, 360-361
"Realismo crítico", 671: técnica que consiste en que el escritor se sitúa desde una perspectiva para considerar la totalidad de la realidad o los hechos, los que juzga de acuerdo con una ideología, y muestra su posible relación con otros.
"Realismo mágico", 671, 677, 685: término creado por el crítico alemán Franz Roh en su estudio sobre el arte contemporáneo. La realidad es tratada por el autor subjetivamente y la vaguedad de las palabras, las metáforas, símbolos y alegorías crean una escena de misterio, que dan la impresión de las escenas de un sueño en que las cosas y objetos de todos los días aparecen envueltos en una atmósfera extraña, aunque reconocible, que nos choca como si fuera fantástica.
Regionalismo o criollismo, 361, 362, 564, 565, 573, 574: tendencia de la literatura a reflejar la realidad política, humana, económica y social, de una región determinada; en Hispanoamérica surgió como anhelo de crear una literatura original con base en los elementos naturales de este continente.
Regnard, Jean-François, 219: poeta y dramaturgo francés (1655-1709).
Régnier, Henri de, 514: poeta francés, líder de los jóvenes simbolistas (1864-1936).
Reid, Thomas, 279: filósofo escocés (1710-1796), basa la moralidad en la conciencia.
Renán, Ernst, 290, 454: pensador, crítico e historiador francés (1823-1892).
Renard, Jules, 622: escritor y novelista realista francés (1864-1910).
René-Moreno, Gabriel, 291-292
"Repartimientos", 27: por disposición del rey de España, los indios fueron "repartidos" entre aldeas y predios y el encomendero tenía la obligación de protegerlos y enseñarles la religión cristiana.
Restrepo, Juan de Dios, 345
Reverdy, Pierre, 506, 517, 531: poeta francés

(1889), que discute al chileno Vicente Huidobro la paternidad del creacionismo.
Revueltas, José, 680
Reyes, Alfonso, 11, 70, 430, 485, 511, 515, 537, 552, 554, 556-560, 576, 681
Reyes Católicos, 26, 35, 50: Isabel I de Castilla (1452-1516) y Fernando V de Aragón (1451-1504), al casarse lograron la unidad nacional de España y organizaron la primera monarquía centralizada y moderna de Europa.
Reyes Neftalí, Ricardo. *Véase* Neruda, Pablo.
Reyes Nevares, Salvador, 338
Reyes, José Trinidad, 218
Reyles, Carlos, 390, 462, 464, 466-469, 546, 564, 569
Ribera Chevremont, Evaristo, 661-662
Ribera, José de, 88: famoso pintor español (1588-1652).
Rice, Elmer, 641: dramaturgo norteamericano (n. 1892).
Rilke, Rainer María, 507, 533, 658: poeta lírico alemán (1875-1926), nacido en Praga.
Rimbaud, Arthur, 404, 433, 440: poeta francés (1854-1891) del simbolismo con gran influencia sobre Verlaine y otros.
Rioja, Francisco de, 199, 553: poeta español (1583-1659).
Río, Dolores del, 642: actriz mexicana (n. 1906) del cine y el teatro.
Riva Agüero, José de la, 45: escritor y político peruano (1783-1858).
Riva Palacio, Vicente, 345, 349
Rivadavia, Bernardino de, 175, 193, 194, 240: político y estadista argentino (1780-1845); primer presidente de la República (1926).
Rivadeneyra, Pedro de, 118: prosista y escritor ascético español (1526-1611).
Rivas, Duque de (Ángel de Saavedra), 239, 246, 352, 353: poeta y dramaturgo romántico español (1791-1865).
Rivera, Diego, 594, 680: pintor y muralista mexicano (1886-1957).
Rivera, José Eustasio, 497-498, 565, 577-578
Rivero, Rodrigo de, 77
Rivet, Paul, 23: etnólogo, etnógrafo, historiador y arqueólogo francés (n. 1876).
Roa Bárcena, José María, 345, 349
Roa Bastos, Augusto, 537, 722
Roca, Julio, 250: general y político argentino (1843-1914); presidente de la República (1880-1886; 1898-1904).
Roca, Vicente Ramón, 190
Rococó, 13, 91, 151-152.
Rodenbach, George, 441: poeta simbolista belga (1855-1898).
Rodó, José Enrique, 12, 290, 291, 406, 428, 451, 452-454, 458, 546, 550
Rodríguez Campomanes, Pedro, Conde de Campomanes, 167: economista, erudito y político español (1723-1803), ministro de Carlos III.

Rodríguez Freile, Juan, 106-108, 228
Rodríguez Galván, Ignacio, 262, 352, 353
Rodríguez Monegal, Emir, 726, 733
Rodríguez, Simón, 177
Roggiano, Alfredo A., 712
Rojas, Fernando de, 106: escritor español (¿ ?-1541), autor de *La Celestina*.
Rojas, Jorge, 512, 661
Rojas, Manuel, 673, 683-685
Rojas Paz, Pablo, 519
Rojas, Ricardo, 226, 301, 311, 553: profesor, poeta, crítico y dramaturgo argentino (1882-1957).
Rojas Zorrilla, Francisco de, 218: dramaturgo español (1607-1648).
Romains, Jules, 467, 559, 673: poeta, novelista y dramaturgo francés (n. 1885).
Romanticismo, 238-244
Romero, Elvio, 537
Romero, Francisco, 537, 703-705
Romero García, Manuel Vicente, 321
Romero, José Rubén, 566, 594, 599-602
Roosevelt, Franklin Delano, 4, 477: demócrata (1882-1945), 32° presidente de los Estados Unidos (1933-1945).
Roosevelt, Theodore, político norteamericano (1858-1919), 26° presidente de los Estados Unidos (1901-1909).
Rosales, Fray Diego, 102, 103-104
Rosas, Juan Manuel, 193, 194, 240, 245, 246, 247, 248, 280, 281, 304, 305, 328, 329: dictador argentino (1829-1952); su reinado de terror coincide con el romanticismo.
Rosas, Manuelita (hija del anterior), 328
Rosas de Oquendo, Mateo, 67, 68, 70, 212
Rosseti, D. G., 403: poeta romántico inglés (1828-1882).
Rousseau, Jean Jacques, 166, 176, 178, 205, 222, 239, 244, 279, 318, 321, 329: pensador, escritor y filósofo francés (1712-1778).
Rovetta, Jerónimo, 381: dramaturgo italiano (1850-1910).
Rubalcava, Manuel Justo de, 196
Rueda, Salvador, 428: poeta español (1857-1933), precursor del modernismo.
Ruiz de Alarcón, Juan, 93, 130, 141, 142-144, 220, 350, 633, 731
Ruiz, Francisco, 92
Ruiz, Juan (Arcipreste de Hita), 553: clérigo y poeta español de la Edad Media (¿ ?-1350).
Ruiz de León, Francisco, 153
Rulfo, Juan, 722-724
Ruskin, John, 290, 403: ensayista y crítico inglés (1819-1900).

Saavedra Guzmán, Antonio de, 52
Sábato, Ernesto, 673, 688-690
Sacher Masoch, Leopoldo de, 394: novelista austríaco (1836-1895); sus obras han dado origen a la palabra "masoquismo".
Saco, José Antonio, 252, 280

ÍNDICE—GLOSARIO

Sáenz, Manuelita, 177
Sahagún, Bernardino de, 39, 42
Sainete, 351: pieza teatral cómica en un acto, de tono costumbrista.
Saint Beuve, Charles Agustin, 290: crítico e historiador literario francés (1804–1869).
Saint Phalle, Fal, 687
Saint-Simon, Claude Henri de Rouvroy, Comte de, 279: filósofo social francés (1760–1825).
Salado y Álvarez, Victoriano, 92
Salas, Alberto M., 733
Salas, Manuel de, 170
Salazar y Alarcón, Eugenio de, 62, 63, 64: poeta español (¿1530?–1602).
Salazar Bondy, Sebastián, 730–731
Salazar y Torres, Agustín, 142
Salinas, Pedro, 508, 649, 654, 659, 661, 721: poeta, profesor y dramaturgo español (1892–1951).
Salmerón y Alonso, Nicolás, 286: filósofo y político español (1837–1908); presidente de la Primera República (1873).
Salustio (Cayo Crispo), 29: historiador latino (86–35 A.C.).
Salvá, Vicente, 242: bibliógrafo y gramático español (1786–1849).
Samain, Albert, 433, 439, 483, 528: poeta francés (1858–1900).
Samaniego, Félix María de, 183, 215, 230: fabulista español (1745–1801).
Samper, José María, 345
San Lúcar, 69: puerto de España (Cádiz).
San Martín, José de, 175, 177, 194, 250: general argentino (1778–1850), héroe de la Independencia.
Sánchez, Florencio, 298, 303, 314, 378, 381–383, 384, 478, 631, 633, 635
√ Sánchez, Luis Alberto, 214, 527, 712: profesor y ensayista peruano (n. 1900).
Sánchez-Reulet, Aníbal, 712
Sancho Panza, 712: el escudero y compañero de Don Quijote en esa famosa novela.
Sancho VII, el rey, 41: *Véase* Batalla de las Navas de Tolosa.
Sand, George (Aurore Dupin), 318: novelista y escritora francesa (1804–1877) del romanticismo.
Sandoval y Zapata, Luis de, 115, 121
Sanín Cano, Baldomero, 345, 409, 452, 456–458, 496, 707
Sannazaro, Jacobo, 93: poeta y prosista italiano (1458–1530); perfiló la novela pastoril con *Arcadia*.
Santa Anna, Antonio López de, 240, 262: general y político mexicano (1791–1876); presidente de la República varias veces; de 1853 a 1855 gobernó dictatorialmente.
Santa Cruz, Andrés de ("El Protector del Perú"), 221, 356: militar y político boliviano (1792–1865); Presidente interino de Bolivia; "Protector del Perú" (1836–1839).

Santa Cruz y Espejo, Francisco Javier Eugenio ("El Doctor Espejo"), 170–173
Santa Rosa de Lima, 127: poetisa, santa y escritora mística peruana (1586–1617).
Santillana, Marqués de (Íñigo López de Mendoza), 44: poeta español (1398–1458) del prerrenacimiento.
Sanz, Miguel José, 170, 177: patriota y ensayista venezolano (1754–1814); abrazó la ilustración.
Sanz del Río, Julián, 286: filósofo español (1814–1869), seguidor del krausismo.
Sarmiento, Domingo Faustino, 12, 241, 242, 243, 248, 280–282, 286, 288, 291, 299, 303, 307, 329, 345, 457
Sartorio, José Manuel, 185: poeta clásico mexicano (1746–1828).
Sartre, Jean-Paul, 632, 640, 673, 727: filósofo, escritor, novelista, dramaturgo y ensayista francés (n. 1905), afiliado al existencialismo ateo.
Sátira, 212–213
Schéhadé, Georges, 641: escritor francés (n. 1910) de origen libanés.
Scheler, Max, 704: filósofo alemán (1874–1928).
Schiller, Johann Cristoph, 245: poeta, dramaturgo y crítico alemán (1759–1805).
Schiuma, Alfredo, 270
Schopenhauer, Arthur, 401, 483, 520, 545, 557: pensador y filósofo alemán (1788–1860), para quien el mal, el conocimiento y el principio de la existencia humana tienen su base en la voluntad; su filosofía se conoce como el "voluntarismo pesimista".
Scott, Walter, 205, 240, 244, 257, 318, 319, 320, 334: novelista y poeta inglés (1771–1832); "padre" de la novela histórica.
Scribe, Eugène, 318: novelista francés (1791–1861).
Seoane, Manuel, 712
Serinam, Conde Zaccharia, 227
Shakespeare, William, 44, 245, 261, 287, 634: célebre dramaturgo inglés (1564–1616).
Shaw, George Bernard, 458, 520, 632, 641: dramaturgo inglés (1856–1950), nacido en Irlanda.
Shelley, Percy Bysshe, 245: poeta romántico inglés (1792–1822).
Sheridan, Phillip, 408: general norteamericano (1831–1888).
Sheridan, Richard, 731: político y dramaturgo inglés (1751–1816).
Sicologismo, 670: corriente de la novela contemporánea que trata de presentar la vida anímica, el fluir de la conciencia de los protagonistas.
Sierra, Justo, 243, 288, 349, 413, 414: educador, historiador, poeta y ensayista mexicano (1848–1912).
Siglo de Oro, 6, 28, 46, 61, 91, 97: los siglos XVI y XVII cuando España llega a la cumbre política, cultural y artísticamente.

Sigüenza y Góngora, Carlos, 136–137, 110–111, 115, 135
Silva Castro, Raúl, 712
Silva, José Asunción, 406, 409, 417–419, 456, 514
Silva, Dr. Miguel, 600
Simbolismo, 401, 671: más que un movimiento poético articulado, grupo de tendencias que se definen en Francia hacia 1886 con Verlaine, Rimbaud y Mallarmé. La verdadera escuela está formada por sus discípulos y seguidores. Cultivan una poesía vaga, intuitiva, imaginativa, decadente, intangible, misteriosa, como reacción contra el realismo y el naturalismo. Contrario a los parnasianos gustan del efecto musical, el verso libre. Parnasianos y simbolistas influyen poderosamente en el modernismo.
Simmel, Georg, 706: filósofo y sociólogo alemán (1858–1918).
Sinclair, Upton, 618: novelista norteamericano (n. 1878) de tendencia social.
Sinestesias, 411: muy usadas por los simbolistas; son las imágenes en que se describe una sensación con palabras propias de otro sentido; por ejemplo cuando se dice "un amarillo frío".
Soliloquio, 671: *Véase* Monólogo interior.
Solís y Rivadeneyra, Antonio de, 102: historiador, poeta y dramaturgo español (1610–1686).
Solórzano y Pereira, Dr. Juan de, 136
Sotelo, Baltazar de, 353
Soto, Hernando de, 45: conquistador español (¿1500?–1542).
Soulié, Frédéric, 253: novelista y autor dramático francés (1800–1847).
Soumet, Alexander, 221: poeta y dramaturgo francés (1788–1845).
Soupault, Phillip, 650: novelista francés (n. 1897).
Spelucín, Alcides, 527
Spencer, Herbert, 279, 289: filósofo y escritor inglés (1820–1903), jefe del positivismo en ese país.
Spengler, Osvald, 706: historiador y filósofo alemán (1880–1936).
Speratti Piñero, Emma Susana, 733
Spinoza, Baruch, 165: filósofo holandés (1632–1677).
Spota, Luis, 722: uno de los mejores novelistas mexicanos contemporáneos (n. 1925).
Staël, Germaine Necker de (Madame Staël), 239: escritora romántica francesa (1766–1817).
Stalin, Joseph V., 694: dictador de la Unión Soviética (1879–1953).
Steinbeck, John, 673: novelista norteamericano (n. 1902); Premio Nobel de 1962.
Stendhal, Henri Beyle, 363, 389, 464: novelista francés (1783–1842); autor de *Le Rouge et le Noir* (1831).

Sterne, Lawrence, 559: novelista inglés (1713–1768).
Stevenson, Robert Louis, 403, 520, 559: poeta, ensayista y novelista inglés (1850–1894).
Steward, Dugald, 279: filósofo y sicólogo escocés (1753–1858), autor de *Ensayos filosóficos*.
Storni, Alfonsina, 482, 483–485
Stowe, Harriet Beecher, 332: novelista norteamericana (1811–1896); autora de *Uncle Tom's Cabin* (1851–1852).
Strindberg, August, 376, 632, 634: novelista y dramaturgo sueco (1849–1912).
Suárez, Francisco, 96: jesuíta, teólogo y filósofo español (1548–1617).
Suárez de Peralta, Juan, 38–39
Suárez y Romero, Anselmo, 252, 332, 333, 345
Subercaseaux, Benjamín, 712
Sucre, Antonio José de, 190, 191: general venezolano (1795–1830), el más ilustre lugarteniente de Bolívar; héroe de la batalla de Ayacucho (1824).
Sudermann, Hermann, 376, 403: dramaturgo y novelista alemán (1857–1928).
Sue, Eugène, 257, 318, 321: novelista romántico francés (1804–1857).
Sully Prudhomme, Armand, 403: poeta francés (1839–1897).
Superrealismo, 506–507
Superregionalismo, 506–507, 573–574, 577: tendencia de la novela a poner el mayor énfasis o interés en el mundo físico, o naturaleza americana.
Supervielle, Jules, 508: poeta francés (1884–1960) nacido en Montevideo, Uruguay.
Surí y Águila, José, 153–154
Suzarte, José Quintín, 353
Swinburne, Algernon (Charles), 403: poeta y dramaturgo inglés (1837–1909).
Synge, John Millington, 632: poeta y dramaturgo irlandés (1871–1909).

Tácito (Cornelio), 29: historiador latino (¿55–120? D.C.).
Tacón, Miguel, 202: general español (1775–1854), gobernador de Cuba.
Tagore, Rabindranath (Rabindranth Thakur), 654: poeta hindú (1861–1941); Premio Nobel de 1913.
Taine, Hippolyte Adolphe, 1, 388, 454: crítico e historiador francés (1828–1893); autor de *Filosofía del arte*.
Tamayo y Baus, Manuel, 346: dramaturgo español (1829–1898).
Tanco y Bosmeniel, Félix, 332
Tasso, Torquato, 48, 86, 96: poeta épico italiano (1544–1595), autor de *Gerusalemme Liberata* (1575).
Técnicas cinematográficas (en la novela suprarrealista), 671
Tello, Jaime, 733
Tennyson, Alfred, 261: poeta inglés (1809–1892).
Teócrito, 93: poeta griego (¿315–250? A.C.).

Terencio (Trentius), 230: comediógrafo latino (¿190–159? A.C.).
Teresa de Jesús, Santa (Teresa de Cepeda y Ahumada), 128, 130, 408, 413: escritora mística española (1515–1582).
Terralla y Landa, Esteban, 67, 212, 213–215
Terrazas, Francisco de, 52, 62, 63, 65–66, 68, 78
Testimonial, literatura, 564, 670: obra literaria que documenta realidades del individuo o sociales.
Thackeray, William, 361: novelista inglés (1811–1863).
Thomson, Augusto Goemine. *Véase* D'Halmar, Augusto.
Thompson, James, 239: poeta inglés de origen escocés (1700–1748).
"Tianquez", 68: significa mercados.
Ticknor, George, 52: hispanista norteamericano (1791–1871).
"Tiempo histórico", 670: usado en el realismo; a través del relato se puede distinguir fácilmente la época específica de la acción de un cuento, novela o pieza teatral.
"Tiempo síquico", 670: se le llama así porque el autor no asigna un tiempo determinado a la acción de su obra, que puede situarse en cualquier momento; generalmente es el propio lector quien ubica el tiempo. Muy usado en la narrativa y novela que hemos llamado "suprarrealista".
Tirteo, 192: poeta griego (siglo XVII, A.C.) de poesías patrióticas y guerreras.
Titán, 251: en mitología, el hijo de Urano y hermano primogénito de Saturno.
Tito Livio, 29: historiador latino (64 ó 69 A.C.–17 D.C.).
Toledo, María de, 319
Tolstoy, Leo Nicolaevich, 290, 361, 401, 468, 471, 595: novelista ruso (1828–1910); uno de los grandes de la novela.
Tomás, Santo (Santo Tomás de Aquino), 96, 140: filósofo católico italiano (1225–1274); *Véase* Escolástica.
Tor, 435: hijo de Odín; dios de la guerra en la mitología escandinava.
Toro, Fermín, 345
Torre, Guillermo de, 507: crítico y ensayista español (n. 1900); muy unido al ultraísmo.
"Torre de marfil", 403, 429: actitud de evasión, aristocrática de muchos modernistas al huir de la vida real hacia un mundo de belleza perfecta, creado por su imaginación.
Torres Bodet, Jaime, 512, 532, 673, 690–691
Torres-Rioseco, Arturo, 712
Torres de Villarroel, Diego, 227: autor de prosa satírico-narrativa español (1693–1770).
Toussaint, Manuel, 187
Tostado, Francisco, 64
"Tradiciones", 345–348
Trascendentalismo, 670, 684: la novela no es simple obra para deleitar, sino que debe tener un mensaje, "comprometerse" en la crisis de los protagonistas y del mundo contemporáneo.
"Traslaciones", 671: técnica suprarrealista; consiste en aprovechar acontecimientos o caracteres contemporáneos para explicar o representar hechos o personajes remotos o pasados, o viceversa.
Trejo, Nemisio, 378
Triolet, 411: composición poética provenzal, parecida al zéjel.
Trotaconventos o Celestina, 356: intermediaria en los asuntos de amor, entre dos personas.
Trujillo, Leónidas, 694: general y político dominicano (1891–1961); dictador de la República Dominicana (1932–1961).
Tupac Amaru II. *Véase* Condorcanqui, José Gabriel.
Turcios, Froilán, 626
Turguenef or Turguenev, Ivan, 361, 394: novelista ruso (1818–1883).
Tzara, Tristán, 506, 517: escritor rumano de lengua francesa (n. 1896), iniciador del dadaísmo.

Ulises (en griego Odiseo), 191, 555: rey legendario de Itaca, hijo de Laertes, padre de Telémaco y esposo de Penélope; héroe de la guerra de Troya y de la *Ilíada* y la *Odisea;* famoso por su valor, astucia y prudencia.
Ultraísmo, 504–512
Ulloa, Francisco Antonio, 245
Unamuno, Miguel de, 311, 366, 418, 487, 496, 545, 547, 564, 656, 678: filósofo, ensayista, poeta, dramaturgo español (1864–1936), líder de la "generación del 98".
U.N.E.S.C.O., 679, 689, 690
Universalismo o cosmopolitismo, 10, 670: tendencia de la obra literaria a reflejar temas y asuntos de interés humano para un público internacional.
Uribe Piedrahita, César, 578: novelista colombiano (1897–1953); de tendencia social.
Urquiza, Justo José de, 240, 281: general y político argentino (1801–1870), presidente de la Confederación varias veces.
Urquizo, Francisco L., 594, 606
Usigli, Rodolfo, 631, 641–643, 727, 731
Uslar Pietri, Arturo, 673, 685–687
Utilitarismo, 278: filosofía que estima que únicamente valen las actividades que rinden alguna utilidad; "sólo es bueno lo útil".

Vaca de la Vega, Diego, 67
Valdelomar, Abraham, 527, 625
Valdés, Gabriel de la Concepción ("Plácido"), 252, 253–255
Valdez, Antonio, 225
Valdivia, Aniceto, 416
Valdivia, Pedro de, 27: militar español (¿1500?–1554), conquistador de Chile y fundador de Santiago.

ÍNDICE—GLOSARIO

Valencia, Guillermo, 430, 436–437, 457, 490, 491, 514
Valentino, Rodolfo, 636
Valenzuela, Jesús E., 430: poeta mexicano (1856–1911).
Valera, Juan, 284, 331, 361, 366, 406, 413, 426, 427, 455: novelista y crítico español (1829–1905).
Valéry, Paul, 467, 515, 516, 520, 533, 658, 681: poeta francés (1875–1945); iniciador de la "poesía pura".
Valverde, Fernando de, 127
Valle Caviedes, Juan de, 67, 115, 123–125, 142, 147, 160, 212
Valle-Inclán, Ramón de, 371, 572, 678, 723, 730: poeta, novelista y autor dramático español (1869–1936); de tendencia modernista.
Vallejo, César, 511, 512, 527–530
Vallejo, José Joaquín ("Jotabeche"), 345
Vanguardismo, 504–512
Vargas Tejada, Luis, 218, 222–224
Varona, Enrique José, 243, 252, 286, 288–291
Vasconcelos, José, 533, 554–556, 557, 566, 594, 604–605
Vaz Ferreira, Carlos, 546–547
Vega, Garcilaso de la, 44, 50, 61, 93, 183, 186: poeta español (1503–1536) del Renacimiento.
Vega, el Inca Garcilaso de la, 29, 35, 38, 44–46, 49, 73, 75, 80, 102, 104, 130, 349, 611
Vega, Ventura de la, 220, 246, 350: dramaturgo argentino (1807–1865), asimilado a España.
Veintemilla, Ignacio de, 283: general y político ecuatoriano (1828–1908); presidente de la República.
Vela, Eusebio, 142
Velasco, Luis de, 39, 140: I, II, ambos virreyes de Nueva España.
Velázquez de Cárdenas y León, Joaquín, 154
Velázquez, Diego de, 32, 43, 319: militar y conquistador español (1465–1524), gobernador de Cuba.
Vélez de Guevara, Luis, 218: poeta y dramaturgo español (1579–1644).
Vélez Ladrón de Guevara, Francisco Antonio, 154, 155–156
Vello de Bustamante, Fernando, 79
Venegas, Francisco Javier, político español; virrey de Nueva España (1810–1813).
Vera, Agustín, 594, 605
Verdugo, Coronel Domingo, 253
Vergara y Vergara, José María, 335, 345
Verhesen, Fernand, 518
Verlaine, Paul, 404, 414, 419, 427, 436, 441, 455, 528: poeta francés (1844–1896); uno de los líderes del simbolismo.
Vernáculo, 206, 297, 650: lo propio, nativo de un país.
Versolibrismo, 404, 408: verso blanco, verso libre.
Viana, Javier de, 314, 390, 393–395, 564, 579
Vicens, Josefina, 722

Victoria, Manuel Félix Hernández (Guadalupe Victoria), 174, 201: general y patriota mexicano (1786–1843); primer presidente de la República (1824–1829).
Vieira, padre Antonio de, 116, 136: famoso orador sagrado portugués (1608–1697).
Vigny, Alfred de, 245, 322: poeta, cuentista y novelista francés (1797–1863).
Vilariño, Idea, 720–721
Vildrac, Charles Mesager, 727: poeta y autor dramático francés (n. 1882).
Villa, Francisco (Pancho), 591, 592, 595, 598, 599, 606: el más famoso caudillo de la Revolución Mexicana (1887–1923); jefe de la llamada "División del Norte".
Villaespesa, Francisco, 428: poeta y autor dramático español (1877–1936).
Villalobos, Arias de, 92
Villancico, 79, 145: canción rústica con estribillo que forma parte del cancionero de Navidad a partir del Siglo de Oro.
Villanueva Tordesillas, Alonso, 16, 39
Villarroel, Gaspar de, 136: prelado ecuatoriano (1587–1665); escritor y Obispo de Santiago.
Villaurrutia, Xavier, 512, 532, 631, 639–641, 654, 718, 727, 731
Villaverde, Cirilo, 252, 332, 333–335, 345, 349
Villaviciosa, José de, 46: poeta festivo español (1589–1658).
Villegas, Esteban Manuel de, 196: poeta español (1589–1669).
Villegas, Micaela, 217: *Véase* "Perricholi, la".
Villena, Marqués de, 122
Villon, François, 125, 656: poeta francés (1431–¿1465?).
Virgilio, Publius Virgilius Maro, 48, 96, 192, 199, 261: poeta latino (79–19 A.C.); autor de la *Eneida*, las *Geórgicas* y las *Bucólicas*.
Virués, Cristóbal de, 46: poeta español épico (¿1550?–1609).
Vitier, Cintio, 719–720, 733
Vitier, Medardo, 712
Vivonne, Catherine de (Marquesa de Rambouillet), 152: creadora de los "salones literarios" de Francia (1588–1665).
Volney, Constantino Francisco de Chasseboeuf, Conde de, 202: filósofo y erudito francés (1757–1820).
Voltaire, Jean François Maria Arouet, 48, 166, 176, 222, 330: filósofo y escritor francés (1694–1778), campeón de la libertad; ejerció influencia en el pensamiento de la época.
"Voluntarismo pesimista", 401: *Véase* Schopenhauer, Arthur.
"Vorticismo". *Véase* Imaginismo.

Wagner de Reyna, Alberto, 733
Wagner, Richard, 401: compositor alemán (1813–1883).
Walter, Guillermo, 246
Watteau, Antoine, 152: pintor francés (1684–1721) del rococó.

Waugh, Evelyn Arthur St. John, 673: novelista inglés (n. 1903).
Wells, Herbert George, 520: novelista, historiador y ensayista inglés (1866-1946).
Werfel, Franz, 643, 673: escritor austríaco (1890-1945).
Westfalen, Emilio Adolfo, 512, 649-650
Westfalia, Paz de, 86: firmada en 1648, puso fin a la llamada Guerra de los Treinta Años entre potencias de Europa.
Whitman, Walt, 404, 407, 408, 433, 489, 520, 528: poeta norteamericano (1819-1892).
Wilde, Oscar, 403, 418, 430, 436, 462, 464, 472, 632: autor, novelista y dramaturgo inglés (1854-1900) nacido en Irlanda.
Williams, Tennessee (Thomas Lanier Williams), 633, 727: dramaturgo norteamericano (n. 1914).
Wolf, Ferdinand, 200: filólogo y romanista austríaco (1796-1866).
Woolf, Virginia, 673, 678, 679, 724: novelista inglesa (1882-1941), que usa las técnicas suprarrealistas.
Wolff, Christian, 165: matemático y filósofo alemán (1679-1754).
Wolff, Egon, 732-733
Wordsworth, William, 239, 323: poeta inglés (1770-1850); inspirado en los hechos cotidianos y la naturaleza.

Xirau, Ramón, 733

Yáñez, Agustín, 673, 678-681
Yáñez, Jacoba, 202

Yerovi, Leónidas, 379
Young, Edward, 233, 239: poeta y dramaturgo romántico inglés (1683-1765).

Zamudio, José, 733
Zapata, Emiliano, 591, 593, 603, 727: revolucionario mexicano (1883-1919); líder de la reforma agraria.
Zavala Muñiz, Justino, 314, 579: novelista uruguayo (n. 1898) de la tendencia gauchesca.
Zea, Leopoldo, 712
Zéjel, 413: estrofa española muy antigua compuesta de tres partes: un estribillo inicial, el terceto cuya consonante cambia; y la vuelta o verso final.
Zenea, Juan Clemente, 252
Zeno Gandía, Manuel, 390: novelista naturalista de Puerto Rico (1855-1930).
Zequeira y Arango, Manuel, 195-196
Zola, Émile, 366, 388, 389, 390, 391, 392, 394, 395, 397, 398, 468, 471, 595, 596: novelista francés (1840-1902); principal líder de la escuela naturalista.
Zorrilla, José, 239, 244, 248, 249, 254, 257, 261, 264, 268, 331, 346, 351, 413: uno de los poetas representativos del romanticismo español (1817-1893); autor del drama *Don Juan Tenorio*.
Zorrilla de San Martín, Juan, 244, 267-271, 406, 452, 483, 485
Zum Felde, Alberto, 712: crítico y ensayista uruguayo (n. 1888).
Zweig, Arnold, 673: novelista alemán (n. 1887).

Luis R. Sánchez